U0529462

先秦诸子与中华民族精神

康中乾 著

中国社会科学出版社

图书在版编目（CIP）数据

先秦诸子与中华民族精神／康中乾著．—北京：中国社会科学出版社，2023.9
 ISBN 978 - 7 - 5227 - 2507 - 9

Ⅰ.①先… Ⅱ.①康… Ⅲ.①中华民族—民族精神—研究—先秦时代 Ⅳ.①C955.2

中国国家版本馆 CIP 数据核字（2023）第 156925 号

出 版 人	赵剑英
责任编辑	韩国茹
责任校对	张爱华
责任印制	张雪娇

出　　版	中国社会科学出版社
社　　址	北京鼓楼西大街甲 158 号
邮　　编	100720
网　　址	http://www.csspw.cn
发 行 部	010 - 84083685
门 市 部	010 - 84029450
经　　销	新华书店及其他书店
印　　刷	北京君升印刷有限公司
装　　订	廊坊市广阳区广增装订厂
版　　次	2023 年 9 月第 1 版
印　　次	2023 年 9 月第 1 次印刷
开　　本	710×1000　1/16
印　　张	46
插　　页	2
字　　数	754 千字
定　　价	278.00 元

凡购买中国社会科学出版社图书，如有质量问题请与本社营销中心联系调换
电话：010 - 84083683
版权所有　侵权必究

目　　录

绪　论 ·· (1)
　一　中华民族 ·· (2)
　二　中华民族精神 ·· (7)
　三　中国古代哲学与中华民族精神之灵魂 ································· (13)
　四　中国古代形而上学（本体论）概略 ····································· (21)

第一章　儒家的心性论与中华民族的伦常之道 ···························· (42)
　一　中国封建社会与儒学 ··· (43)
　二　儒学中所表现的中华民族精神 ·· (51)
　三　儒家伦常之道的伦理学本体论 ·· (137)
　四　儒家心性形而上学的得与失 ·· (166)

第二章　道家的"道德"论与中华民族的立世之道 ······················ (184)
　一　儒道互补与中华士子的立世方略 ··· (185)
　二　道家"道德"思想述略 ·· (198)
　三　道家思想中所体现的中华民族精神 ····································· (227)
　四　道家的"道德"形而上学初论 ··· (262)

第三章　兵家的"诡道"论与中华民族的谋略之道 ······················ (282)
　一　兵家述略 ·· (283)
　二　兵家思想中所体现的中华民族精神 ····································· (286)
　三　试论"诡道"的军事艺术 ·· (321)

第四章 墨家的"兼爱""尚力"论与中华民族的侠义、勤俭之道 ⋯⋯（338）
　　一　墨家及其思想概论 ⋯⋯⋯⋯⋯⋯⋯⋯⋯⋯⋯⋯⋯⋯（339）
　　二　墨家思想中所体现的中华民族精神 ⋯⋯⋯⋯⋯⋯⋯⋯（362）
　　三　附论：农家的"神农之言"与中华民族的稼穑之道 ⋯⋯（398）

第五章 法家的法治论与中华民族的治国之道 ⋯⋯⋯⋯⋯⋯（408）
　　一　法家概说 ⋯⋯⋯⋯⋯⋯⋯⋯⋯⋯⋯⋯⋯⋯⋯⋯⋯⋯（409）
　　二　法家思想中所体现的中华民族精神 ⋯⋯⋯⋯⋯⋯⋯⋯（426）
　　三　法家法本体概论 ⋯⋯⋯⋯⋯⋯⋯⋯⋯⋯⋯⋯⋯⋯⋯（453）

第六章 名家的名言思想与中华民族的思维方式 ⋯⋯⋯⋯⋯（466）
　　一　名家思想概述 ⋯⋯⋯⋯⋯⋯⋯⋯⋯⋯⋯⋯⋯⋯⋯⋯（467）
　　二　名言观念与思维方式 ⋯⋯⋯⋯⋯⋯⋯⋯⋯⋯⋯⋯⋯（508）

第七章 《易》的"阴阳"论与中华民族"燮理阴阳"之道 ⋯⋯（540）
　　一　《易经》的"- -""—"观念和思想 ⋯⋯⋯⋯⋯⋯⋯⋯（541）
　　二　《易传》的"阴阳"之道 ⋯⋯⋯⋯⋯⋯⋯⋯⋯⋯⋯⋯（555）
　　三　"阴阳"之赜与思想方法 ⋯⋯⋯⋯⋯⋯⋯⋯⋯⋯⋯⋯（571）

第八章 庄玄禅的生命体悟与中华民族的生活之道 ⋯⋯⋯⋯（598）
　　一　庄子"独与天地精神往来"的"逍遥"自由 ⋯⋯⋯⋯⋯（599）
　　二　嵇康、阮籍对生命的感悟 ⋯⋯⋯⋯⋯⋯⋯⋯⋯⋯⋯（621）
　　三　禅宗的"自性"或"自心"本体 ⋯⋯⋯⋯⋯⋯⋯⋯⋯（636）
　　四　庄禅互补与中华民族的生活之道 ⋯⋯⋯⋯⋯⋯⋯⋯⋯（655）

结束语 中华古学向何处去？ ⋯⋯⋯⋯⋯⋯⋯⋯⋯⋯⋯⋯⋯（686）
　　一　中国古代的形而上学或本体论思想 ⋯⋯⋯⋯⋯⋯⋯⋯（686）
　　二　中国古代情境反思的思维方式 ⋯⋯⋯⋯⋯⋯⋯⋯⋯⋯（704）
　　三　中国古代的"字" ⋯⋯⋯⋯⋯⋯⋯⋯⋯⋯⋯⋯⋯⋯⋯（719）
　　四　中华古学向何处去？ ⋯⋯⋯⋯⋯⋯⋯⋯⋯⋯⋯⋯⋯⋯（728）

参考文献 ⋯⋯⋯⋯⋯⋯⋯⋯⋯⋯⋯⋯⋯⋯⋯⋯⋯⋯⋯⋯⋯（731）

后　记 ⋯⋯⋯⋯⋯⋯⋯⋯⋯⋯⋯⋯⋯⋯⋯⋯⋯⋯⋯⋯⋯⋯（734）

绪　　论

　　黑格尔在《逻辑学》"第一版序言"中说："假如一个民族觉得它的国家法学、它的情思、它的风习和道德已变为无用时，是一件很可怪的事；那么，当一个民族失去了它的形而上学，当从事于探讨自己的纯粹本质的精神，已经在民族中不再真实存在时，这至少也同样是很可怪的。"[①]泛而言之，一个民族是由处在不同生活地域、具有不同生活习惯和风习传统、秉持着不同的伦常道德准则的人群组成和构成的社会生活的共同体。在这样一个人群共同体中，倘若没有了法的条文和思想、学说，这个人群共同体就无法被组织和统一起来而正常运行；同时，在这样一个人群共同体中，倘若没有了人情世故、风俗习惯、伦常道德，这个人群共同体的存在也就成了行尸走肉。所以，一个现实的民族不能没有它的法学、情思、风习、道德等方方面面的东西。如果说一个民族的法学、风土情思、习惯道德等方面是其得以现实存在的表层条件和指标的话，那么一个民族的现实存在也必有其深层的条件和指标，这就是一个民族在漫长的生存和生活过程中凝聚和形成的民族精神以及支撑、营养、培育着这一精神的哲学——形而上学。因此黑格尔又说："一个有文化的民族竟没有形而上学——就象一座庙，其他各方面都装饰得富丽堂皇，却没有至圣的神那样。"[②] 从民族的发展历史来说，民族有野蛮和文明程度之分。就野蛮民族而言，它当然少不了自己的律法、风习及伦常道德等方面的一般准则，否则的话它就根本无法以民族组织的形式出现和存在；但野蛮民族却可以没有自己的哲学——形而上学。但对文明民族而言，即对一个有文化的民族而言，绝不可能没有自己的形而上学，否则的话它就不会有自己的

---

① ［德］黑格尔：《逻辑学》上卷，杨一之译，商务印书馆1966年版，第1页。
② ［德］黑格尔：《逻辑学》上卷，杨一之译，商务印书馆1966年版，第2页。

民族精神，就失去了凝聚力、向心力而不可承传下来。中华民族有五千余年的历史，是一个有悠久文化传统的、传承久远的文明民族，它之所以能历久弥新而生生不息地传承久远，正因为它有自己的民族精神这一内在凝聚力、向心力和力量源泉；而之所以它能有自己的民族精神，当然离不开其形而上学的培育和滋润。所以，认识和研究中华民族精神，离不开认识和发掘中国传统哲学思想，即离不开对中国传统形而上学思想发展的重新认识。

一　中华民族

"中华民族"是个概念、名称。从语言角度说，它是一个词或词组。就词组的结构类型而言，"中华民族"是个偏正词组，即"中华"是定语，是用来限制和修饰"民族"的，意思是"中华之民族"。那么，何为"民族"呢？"民族"是一个外来词，是近代以来民族学的一个术语，是19世纪末从日本传入的。在中国古代文献中，用以指称人群共同体的词有"人""民""族""家"等。《周礼·地官》曰："四闾为族。"相邻的二十五家为一闾，四闾就是相邻的一百家，这就是一个族。斯大林在《马克思主义和民族问题》中说："民族是人们在历史上形成的一个有共同语言、共同地域、共同经济生活以及表现于共同文化的共同心理素质的稳定的共同体。"[1] 按照这个说法，"民族"的基本内涵和指标有六个"共同"，即它是一个有共同语言、地域、经济生活、文化、心理素质、稳定群体的共同体。可见，"民族"既有地域内容也有历史内容。

任何一个民族的繁衍生息都依赖一定的生存空间，这就是它的存在地域或地理环境。中华民族当然是存在于一定的地域空间中的，即它位于亚洲东部，西起帕米尔高原，东临太平洋，南有横断山脉，北有广漠，形成了一个广大的地域空间，是一个地理单元。就地形结构而言，中华民族的居住地西高东低，西部是号称世界屋脊的青藏高原，东部是广大的平原和丘陵；背对欧亚大陆腹地，面朝浩瀚的太平洋。受地形和季风的影响，东部湿润多雨，西部少雨干旱，南热北寒，形成了完整而复杂的内部结构。

---

[1] 《斯大林选集》上卷，人民出版社1979年版，第64页。

所以，中华民族首先是一个地理单元或地域单位，有其完整、多样、复杂的地理环境。

辽阔的地域，多样的地形，多变的气候，使得中华民族早在新石器时代就形成了三大经济区——稻作农业经济区、旱地农业经济区、狩猎采集经济区。这三大经济区并存互补，为中华民族多种经济和多民族的发展提供了坚实、雄厚的物质基础。这些经济区同时也是文化区。至新石器时代晚期，在三大经济文化区的基础上，中华民族形成了六个小文化区，即中原文化区、燕辽文化区、甘青文化区、山东文化区、江浙文化区、长江中游文化区，它们并存而互相影响着；其中中原文化区居于核心，辐射和影响着其他的文化区域，也易于吸收周围文化区的养分，后来成为中华民族第一个王朝——夏的诞生地。所以，中华民族的史前文化就形成了一种分层的向心结构，即中华民族的文明首先发生、发展于中原地区，然后是它周围的五个文化区，最后是作为第三层次即最外层的各文化区域，考古学家称此种文化结构为"重瓣花朵式的向心结构"。钱穆先生称此为中华文化的"大局面"，曰："埃及和巴比伦的地形，是单一性的一个水系与单一性的一个平原，印度地形较复杂，但其最早发展，亦只在印度北部的印度河流域与恒河流域，它的地形仍是比较单纯，只有中国文化开始便在一个复杂而广大的地面上展开。有复杂的大水系，到处有堪作农耕凭藉的灌溉区域，诸区域相互间都可隔离独立，使在这一个区域里面的居民，一面密集到理想适合的浓度，再一面又得四周的天然屏障而满足其安全要求。如此则极适合于古代社会文化之蕴酿与成长，但一到其小区域内的文化发展到相当限度，又可藉着小水系进到大水系而相互间有亲密频繁的接触。因此中国文化开始便易走进一个大局面，与埃及巴比伦印度，始终限制在小面积里的情形大大不同。"①

中华民族是以农立国的民族。在新石器时代中华先民就形成了南北各具特点的农业，以秦岭—淮河为界，北方以粟、黍为代表的旱地农业，南方则是以水稻为代表的水田农业。特别是在距今约2800年出现了铁制农具和战国后期铁制农具被普遍推广后，农业得到了更大的发展。黄河流域因地理、气候条件优越，农业最为发达，这就形成了中华文明的起源和发

---

① 钱穆：《中国文化导论》，上海三联书店1988年版，第4—5页。

展中心。考古学家认为，中华民族早在公元前四五千年就已形成了南北两大农业体系，这对中华民族和中华文化的生息发展有极重要的影响。严文明说："这两个农业体系的形成对中国来讲极为重要。为什么？这两个农业体系在两个地方，但两者又紧挨着。北方旱地农业歉收了，南方的水地农业可以作补充；南方水地农业歉收了，北方旱地农业可以作补充。而且这个农业体系涵盖的地方非常大，……比伊拉克要大好多倍，比埃及也大好多倍，比古印度那块地方也大好多倍。这两个大而互补的地方，会起一种什么作用？因为大，它就有一个宽广的基础，而中国周围都还是采集狩猎经济，没有强势文化。即使有一个比较强势的文化来干扰，它这个核心地区也是稳稳当当的。西方就不是这样了，尽管有的地方发展程度很高，但它比较脆弱，有一个野蛮民族入侵，一下子就把它消灭了。所以不管是像伊拉克两河流域的文化也好，古埃及文化、古印度文化也好，都中断了。……只有中国这个地方没有中断过。这是中国文明的一大特点。中国文化的特色，就以这个广大的农业为基础，而且是两个农业体系，就像双子星座似的，拧在一起。"[①] 也正是这种独具魅力的农业经济的发展，使得汉民族成为整个中华民族的凝聚力核心。费孝通先生指出："如果要找一个汉族凝聚力的来源，我认为汉族的农业经济是一个主要因素。看来任何一个游牧民族只要进入平原，落入精耕细作的农业社会里，迟早就会服服帖帖地主动融入汉族之中。"故"汉族通过屯垦和通商各非汉民族地区形成一个点线结合的网络，把东亚这一片土地上的各民族串联在一起，形成了中华民族自在的民族实体，并取得大一统的格局"。[②]

"中华"是中国的固有术语。它实际上是由"中"和"华"两个概念和名称组合成的。"中"指中国，这最初是一个地理概念，大体上有三种含义，一是指"京师"，与"四方"相对。《诗经·大雅·民劳》曰："惠此中国，以绥四方。"毛传解曰："中国，京师也。四方，诸夏也。"二是指城邑之中。如《孟子·公孙丑下》曰："我欲中国而授孟子室。"东汉赵岐注："王欲于国中而为孟子筑室。"三是指中原地区或天下。如西周成王时期的青铜器《何尊》铭文曰："唯武王既克大邑商，则延告于天，曰：

[①] 严文明：《农业起源与中华文明》，《光明日报》2009 年 1 月 8 日。

[②] 费孝通：《中华民族多元一体格局》（修订本），中央民族大学出版社 2003 年版，第 34—35 页。

其宅兹中国，自之乂民。"这里的"中国"指伊洛流域。后来"中国"作为地域名称其范围逐步扩大了，如《史记·吴太伯世家》说："自太伯作吴，五世而武王克殷，封其后为二：其一虞，在中国；其一吴，在夷蛮。"又《中庸》说："是以声名洋溢乎中国，施及蛮貊。"有时"中国"也指华夏族、汉族地区。南北朝时期南朝自称"中国"，而称北朝为索虏；北朝也自称"中国"，称南朝为岛夷，都是把自己当成了华夏正统。至明清时期，"中国"基本上已等同于现代的概念了。

"华"一般指"华夏"或"夏"，它既有地理的含义，也有历史的含义。就"华"这个字言，为"日光""光辉""光彩"等意思。用"华"来称呼氏族部落，这与五帝时代的最后一帝——舜有关。按氏族部落的传统，氏族首领的名称即全体氏族成员及后裔的名称。"舜"是谥号，舜的名字叫重华。舜建立国家政权后，人们就以舜的名称称呼有虞氏朝族及其治理下的民为"华"。"华""华夏"或"夏"，春秋以后始见于记载，是建立西周的姬姓之族的自称，也指西周所封的诸侯。"华夏"作为族称，最早见于《尚书·周书·武成》篇，曰："华夏蛮貊，罔不率俾。"唐孔颖达疏曰："冕服采章，对被发左衽，则为有光华也。……夏，大也，故大国曰夏。"周人自称为"华夏"，意为以居于当时经济文化发展的先进地位为尊贵。后来，就以"华"作为族称了。《北史·西域传》说："国有八城，皆有华人。"这里的"华人"就是指所有的中国人。

"中国"与"华夏"复合成"中华"一语，大约在魏晋时期。"中华"一语最早见于裴松之注《三国志·诸葛亮传》"若使游步中华"。而"中华"一词的渊源又可溯自"中国诸华"一语。"中国诸华"出于汉高诱注《吕氏春秋·简选》，其意思是"中国诸圣人的后代"。《晋书·刘乔传》载，刘乔上表晋惠帝，曰："今边陲无备豫之储，中华有杼轴之困。"这里的"中华"与"中国"这一地理概念相当，指中原地区。《魏书·韩显宗传》载，韩显宗于太和元年（477年）上书魏孝文帝说："自南伪相承，窃有淮北，欲擅中华之称。"这里的"中华"即"华夏"之义。经过魏晋南北朝时期的民族大融合，"中华"一词已成为超越汉族而兼容当时内迁中原的边疆各族的族称。唐高宗李治永徽四年（653年）颁行了《唐律疏议》，有对"中华"一词的正式诠释，曰："中华者，中国也。亲被王教，自属中国。衣冠威仪，习俗孝悌，居身礼仪，故谓之中华。"这是从行政区划及文化制度上规定了"中华"概念的内涵。在漫长的历史发展过程中，中华民族的内部结构在不断变化，但中华民族的族体没变，这个族体本身始终是一个数千年来包容着中国境内各民族人民共同存在、发展、生息的永久主体。

中华民族的族体已存在数千年之久，其形成与发展经历了一个漫长的历史演变过程。新石器时代晚期，在黄河中下游和长江中下游地区，生活着许多部落和部落联盟，其中比较强大的有黄帝、炎帝、蚩尤、颛顼等。中华民族即华夏族的形成就始于这些部落间的战争、交往和融合。《史纪·五帝本纪》说，居于轩辕之丘的黄帝部落曾与蚩尤部落战于涿鹿之野，并与炎帝"战于阪泉之野，三战然后得其志"，最后炎、黄两部融合，形成了华夏民族，炎、黄帝乃华夏族之始祖。

黄帝之后的尧、舜、禹时期，华夏族得到了进一步发展。《尚书·尧典》曰："帝尧曰放勋。……克明俊德，以亲九族。九族既睦，平章百姓。百姓昭明，协和万邦。黎民于变，时雍。"这是说，帝尧名叫放勋，他能发扬大德使家族亲密和睦。家族和睦后，他又能辨明其他各族的政事。众族的政事辨明了，他又协调万邦诸侯，从而使天下众民也递相变化而友好和睦起来。此后，历经夏、商、西周时期的长期发展与相互交往，各方国部落星罗棋布地分布在黄河和长江流域这一中心地区，共同构成了华夏族之族体。春秋战国时期，随着生产力的发展和社会体制的变化，华夏族与诸少数民族的融合加快，往来频繁，经济文化相互吸收补充，西方的戎族、北方的狄族、东方的夷族都不同程度地与华夏族得到融合，许多少数民族国家并入了华夏版图，中华民族的族体规模在扩大，内涵在加深。秦统一了诸夏之后，继续向四方扩张，南征百越，西逐匈奴，在西至甘肃、北至内蒙古、东至海河及辽河以东、南至岭南以及海南的广阔范围内实现了大一统，其民族构成以华夏族为主，包括南方百越系统和苗瑶系统的民族、西方氐羌系统的部分民族、北方和东北方阿尔泰系统的部分民族，一个统一的多民族的国家初步形成了。汉承秦制。继秦以后的汉王朝其辖区进一步扩大，管辖的民族也在增加。汉初，东瓯和闽越被封为"外诸侯国"，南越成为汉的藩邦。汉武帝时，北战匈奴，收秦河南之地设置朔方、五原郡；派张骞通西域，征服大宛，在西域设屯田都尉；东北征东夷、朝鲜，置乐浪等郡；灭南越，置南海等九郡；征东瓯、东越，设会稽郡；开西南夷置犍为等郡。汉宣帝时，在西域设都护府，管理西域各部族。汉朝建立了空前强大的多民族的大帝国，其民族构成几乎包括了我国目前大多数民族或他们的先民。魏晋南北朝时期是民族矛盾复杂，民族斗争激烈，民族战争频繁的时期。这一时期除西晋短暂的统一外，经常处于汉族和少数民族政权鼎立的状态，这既是一个分裂混战的时期，也是一个各民族大规模迁徙和融合的时期，北方的匈奴、鲜卑、羯、氐、羌等少数民族大规模进入中原，先后建立了各类政权，使得各民族在斗争中不断融合，强固了中华民族的族体。此后，经隋、唐、宋、元、明、清诸时期，中华民族都是一个多民族融合、统一的整体，生息繁衍于广阔的中华大地上。

二　中华民族精神

根据斯大林的"民族"定义，民族是历史上的人们在共同的地域中和共同的经济生活基础上自然形成的具有共同的文化背景和心理素质以及通用语言的稳定的人群共同体。而中华民族就是历史上生存、生活于中华大地上的人们在追求共同经济生活的基础上逐步形成的、具有共同的文化心理素质和通用语言文字的稳定的共同体。民族与氏族、家族、部落等不同，它含有自然性、历史性、经济性、文化心理性、语言文字性、内聚向心性等基本的内涵特性，它最大和最明显的特点和标志就是凝聚力和稳定性。那么，是什么力量和因素将一个民族黏合、凝聚、杂糅为一个稳固、牢固、一体的群体呢？当然这里面有地域的、历史的、语言的、经济的、文化的、心理的、习惯的甚至血缘的等条件和因素，但这些条件、因素之间本来就需要整体化的统一，这些条件、因素不是也绝不能是外在的拼合和凑合，而必定是内在的一体黏合，这个起黏合作用的因子就是民族精神。所以，中华民族一定有和一定要有自己的民族精神。

"精神"一词，可泛指人的意识、思维活动和心理状态，也有宗旨、要义等含义。那么，"民族精神"是什么意思呢？有学者认为："民族精神，是一个民族在其漫长的历史发展过程中逐渐形成的、为本民族绝大多数成员所认同和追求的价值取向、道德规范和审美情趣；是一个民族共同的心理、德性与特质的集中反映。民族精神既集中体现了一个民族及其文化的个性与特质，它便成为了本民族赖以凝聚与发展的强大精神支柱。"① 有学者说："民族精神为某一民族在长期的生产生活实践中形成的、积淀于民族文化之中、构成民族特征的稳定素质和共同品格。"② 有学者指出："民族精神就是在民族实践过程中产生、反映民族成员整体性格和深层心理、内化于民族性格深层、为民族成员所普遍接受，并在实践中指导民族成员行为的精神力量；它是一个民族社会实践中所体现的时代精华，也是一个民族文化优秀成分的结晶；它是一个民族活的灵魂，随着历史的发展而不断进行自我整合和更新，从而成为一个民族赖以生存和发展的精神支柱。从构成要素来讲，它包括了一个民族最根本的价值系统、思维方式、社会心理和审美情趣；从生成机制来讲，它以民族实践基础上产生的民族意识为素材，又根据实践的要求对民族意识进行升华与提炼，进而推动实践的发展；从发展规律来讲，它以促进民族实践的顺利进行为内在要求，随着民族实践环境的变化而自我发展和更新；从涵盖范围来讲，它渗透于民族成员处理人与自然、人与自我、个人与他人、个人与民族等关系的态度中；从社会影响来讲，它既影响着整个民族绝大多数成员的世界观、人生观和价值观，又影响着民族成员基本的生产方式和生活方式。简而言之，民族精神就是在民族实践过程中形成，反映整个民族价值系统、思维方式等方面内在特质，并能够在实践中促进民族发展的精神力量。"③ 这些定义和看法都不同程度地揭示和规定了"民族精神"的基本内涵。总体而言，民族精神是一个民族的灵魂、标准、取向、方针等，是民族心理、风习、气质、德性等的凝结、升华和集中表现，是该民族成员共同的价值取向、道德准则、审美情趣等。

中华民族是一个历史悠久、生生不息的有文化的民族。中华民族之所以能历久弥新而生生不息，正是因为它的民族精神的支撑和营养。1903年《江苏》第7、第8期连载佚名文章《民族精神论》④，这是国人第一次使用"民族精神"一语。但对中华民族精神问题的自觉讨论却始于梁启超于1899年12月23日发表于《清议报》上的《中国魂安在乎》一文。梁启

---

① 郑师渠主编：《中华民族精神研究》，北京师范大学出版社2009年版，第1页。
② 胡孝红：《中华民族精神论纲》，中国社会科学出版社2006年版，第7页。
③ 李宗桂等：《中华民族精神概论》，广东人民出版社2007年版，第5页。
④ 参见郑师渠、史革新主编《近代中国民族精神研究读本》，北京师范大学出版社2006年版。

超在文中说:"日本人之恒言,有所谓日本魂者,有所谓武士道者。又曰日本魂者何？武士道是也。日本之所以能立国维新,果以是也。吾因之以求我所谓中国魂者,皇皇然大索之于四百余州,而杳不可得。嗟乎伤哉！天下岂有无魂之国哉？吾为此惧。""今日所最要者,则制造中国魂是也。中国魂者何？兵魂是也。有有魂之兵,斯为有魂之国。夫所谓爱国心与自爱心者,则兵之魂也。而将欲制造之,则不可无其药料,与其机器。人民以国家为己之国家,则制造国魂之药料也；使国家成为人民之国家,则制造国魂之机器也。"① 这里以"兵魂"作为中华民族的根本精神,有失偏狭。但以爱国心与自爱心作为兵魂之内容,却有可取之处,这的确是中华民族精神的重要内容之一。

时下人们对中华民族精神的内容已有了多方面、多视角的研究。有人将中华民族的精神概括为中和、仁爱（或仁德）、自强不息、爱国等方面。② 有人认为:"爱国主义的民族情怀、团结统一的价值取向、贵和尚中的思维模式、勤劳勇敢的内在品质、自强不息的进取意识、厚德载物的宽厚胸怀、崇德重义的传统情操、科学民主的现代精神等八个方面""构成了中华民族精神的基本内容"。③ 有人指出:"从中华民族精神的基本构成要素来看,天下为公、爱国团结,自强不息、自尊自爱,刚健有为、至大至刚,傲然卓立、不畏强暴,崇尚气节、讲求和谐,厚德载物、博大宽和,目光远大、放眼世界,豁达超脱、谦恭礼让,仁爱明礼、厚生利用,朴实无华、兼容并蓄,勤奋睿智、同甘共苦,英勇不屈、百折不挠,严于律己、顾全大局,坚忍不拔、求真务实,刻苦耐劳、乐于奉献,如此等等,都是贯穿古代、近代、现代和当代民族精神中的主要内容。"④ 有人说,中华民族在长期的生产、生活实践中"形成了中华民族以爱国主义为核心的团结统一、爱好和平、勤劳勇敢、自强不息的民族精神";"团结统一、爱好和平、勤劳勇敢、自强不息即是中华民族精神的基本表现形态"。⑤ 有人认为,中华民族五千多年的伟大精神延续到了现时代并以现代

---

① 转引自郑师渠、史革新主编《近代中国民族精神研究读本》,北京师范大学出版社2006年版,第1页。
② 参见郑师渠主编《中华民族精神研究》,北京师范大学出版社2007年版,第11—26页。
③ 李宗桂等:《中华民族精神概论》,广东人民出版社2007年版,第76页。
④ 卞敏:《中华民族精神研究》,光明日报出版社2008年版,第30页。
⑤ 胡孝红:《中华民族精神论纲》,中国社会科学出版社2006年版,第72页。

的形式表现了出来，这就是：五四精神、井冈山精神、长征精神、延安精神、"抗大"精神、红岩精神、西柏坡精神、好八连精神、老西藏精神、红旗渠精神、北大荒精神、沂蒙精神、大庆精神、雷锋精神、焦裕禄精神、孔繁森精神、"两弹一星"精神、九八抗洪精神、抗击非典精神、载人航天精神、抗震救灾精神、北京奥运精神、上海世博会精神等。① 有人认为，以儒家思想为主要代表的中华民族精神表现为以人为本、以和为贵、以礼为序、经世致用等方面。② 有人说，"在长期的历史发展过程中，中华民族形成了许多基本精神，其中持续时间最长、影响面最大、特色最鲜明的主要有以下四个方面"，即求真务实精神、博大宽容精神、艰苦奋斗精神、尚仁重义精神③。张岱年先生认为，指导中华民族延续发展的中华精神集中表现于《周易》中的两个命题，即"天行健，君子以自强不息"和"地势坤，君子以厚德载物"，这两点体现了中华民族的精神和气质，因此，中华民族的科学和文化才能在世界历史上一度处于领先地位。④ 方立天先生把中华民族精神的内容概括为五个方面，即重德精神、务实精神、自强精神、宽容精神、爱国精神。刘纲纪先生认为，中华民族精神大致可概括为相互联系的四个方面，即理性精神、自由精神、求实精神、应变精神。姜汝真先生认为，中华民族精神主要有人本主义、自强不息、以和为贵、爱国精神、大一统思想等方面。俞祖华、赵慧峰先生认为，刚健奋进、自强不息的自强精神，宽容博大、厚德载物的宽厚精神，保全金瓯、精忠报国的爱国精神，酷爱自由、勇于斗争的自由精神，勤劳勇敢、质朴俭约的勤俭精神，正道直行、崇德尚义的重德精神，鄙视玄虚、求真务实的务实精神，天道为末、人事为本的人本精神，民贵君轻、民惟邦本的民本精神，革故鼎新、改革变法的变革精神，这些就是中华民族的基本精神。刘良海先生认为，中华民族精神有传统精神与现代精神之分，传统精神的主要特征有重整体性、重精神价值、重人伦关系、求稳求静四个方面；现代精神有爱国主义和集体主义精神、民族自信精神、不断进取精神、勤奋求实精神。⑤ 总之，关于中华民族精神的内容，学者们有不同的

---

① 徐东升：《中华民族精神研究》，山东人民出版社 2014 年版，见该书目录、导言等。
② 宋志明：《论儒学关于中华民族精神的培育理念》，《广东社会科学》2007 年第 2 期。
③ 涂可国：《论中华民族精神的基本结构与主要特征》，《山东社会科学》2006 年第 3 期。
④ 参见俞祖华、赵慧峰《中华民族精神问题研究述评》，《史学月刊》2003 年第 12 期。
⑤ 参见俞祖华、赵慧峰《中华民族精神问题研究述评》，《史学月刊》2003 年第 12 期。

概括和总结。

与中华民族精神的内容相关的问题就是关于中华民族精神的核心,即中华民族精神中最本质、最关键的精神是什么。对此,学者们也有不同看法。方立天先生说自强不息精神是中华民族精神的核心;刘纲纪先生认为中华民族精神中最为重要的是理性精神;臧宏先生说追求真、善、美统一的理想是中华民族精神的核心;李宗桂先生认为人文精神是中华民族精神的核心;俞祖华、赵慧峰认为"自强不息""厚德载物"是中华民族精神的核心;还有人以爱国主义、内圣外王为中华民族精神的核心。①

关于中华民族精神的特征(特点)或特质问题,有人将其概括为四点,即历史悠久、涵盖面广、内容丰富、理性色彩浓;有人认为中华民族精神的特征包括以下五个方面,即尚同求和的价值取向、人伦政治本位的文化传统、生生不息的变易观、注重直观的经验型思维、积极有为和指向未来的处世态度;有人说中国传统的民族精神具有鲜明的"内向性"特征。② 也有人说:"追求和谐,重视'和'或称'和合'的思想,是中华民族精神的特质。"③ 有人认为,所谓中华民族精神的特征问题就是关于民族精神的特殊性或个性问题,"所谓民族精神的特殊性,是指一个民族在其自身的历史发展进程中,由于受特定生存空间的制约,形成了特定的生产方式、生活方式、经济基础、政治条件和语言环境,造就出特定的文化传统,并孕育出该民族所特有的伦理价值体系,影响和支配着该民族每一成员的思想行为,从而使其民族精神具有鲜明的个性特征"。对中华民族来说,"在几千年的历史发展进程中,形成了以集体主义为价值取向的民族精神"④。也有人认为,"中华民族精神具有三个方面的基本特征",这就是理性精神、辩证精神、人本主义精神。⑤

关于中华民族精神的作用、功能,有人将其概括为三个方面,即民族凝聚功能、精神激励功能、价值整合功能。有人说,在以上三个功能的基础上,还有民族稳定功能,认为:"民族精神属于文化的深层结构,具有相对稳定性,民族精神、民族文化心理的相对稳定是维护社会稳定的必要

---

① 参见俞祖华、赵慧峰《中华民族精神问题研究述评》,《史学月刊》2003 年第 12 期。
② 参见俞祖华、赵慧峰《中华民族精神问题研究述评》,《史学月刊》2003 年第 12 期。
③ 郑师渠主编:《中华民族精神研究》,北京师范大学出版社 2009 年版,第 11 页。
④ 卞敏:《中华民族精神研究》,光明日报出版社 2008 年版,第 12 页。
⑤ 胡孝红:《中华民族精神论纲》,中国社会科学出版社 2006 年版,第 17—24 页。

条件，……民族精神折射出社会发展中的深层利益关系，使民族成员认识到民族利益和个人利益是紧密联系在一起的，民族利益高于个人利益，从而使民族成员自觉地维护民族利益，维持社会系统的稳定有序发展。"有人认为，中华民族精神应该具有并且能够具有这样几种功能或作用，即（1）感召力，引发各族人民的心理共鸣；（2）引导力，引导人们为实现共同的价值进行自觉调控；（3）凝聚力，使人民把自己的命运同民族的命运联系起来，增强吸引力和向心力；（4）激励力，增强和鞭策人们对民族和国家的贡献欲；（5）协调力，有利于形成和睦相处、同舟共济的环境；（6）展示力，向全世界展示我国人民群众的精神风貌；（7）组合力，促进各种要素的优化组合。有人说："民族精神具有导向作用、凝聚作用、激励作用和教育作用等四个方面的作用。"[1] 还有人认为，中华民族精神"具体表现为五种功能：支撑功能、凝聚功能、导向功能、教育功能和激励功能"[2]。

总之，目前学界对中华民族精神的内涵、特质、核心、功能等问题都有一定深度和广度的研究，成就斐然。关于中华民族精神，笔者也有一个初步的看法，即"中华民族的民族精神可概括为：生生不息，自强进取；乐天知命，正德厚生；以和为贵，团结统一。具体而言，即为①家国一体，舍家为国；②以民为本，以德治国；③天下为公，选贤与能；④取和去同，和而不党；⑤不狂不狷，隆礼时中；⑥忠恕诚信，孝悌为先；⑦义利结合，义而后利；⑧成仁取义，崇尚气节；⑨刚健奋发，自强不息；⑩参赞化育，天人合一。"[3] 笔者对中华民族精神的这个概括有两方面的特色，一是体现了中国传统文化中的儒学主体性，即这里所概括的中华民族精神的内容基本上以儒家思想为主；二是体现了中国传统思想文化中的哲学性，突出了中华民族精神中所内蕴的哲学（形而上学）思想厚度。究竟如何来发掘、概括、总结中华民族的民族精神？这是一个见仁见智的问题。人们完全可以从哲学、史学、文化、艺术、经济、政治、技术、科学等视野来概括、发掘中华民族精神的内涵及其价值；也完全可以以儒家思想、道家思想、法家思想、墨家思想等为内容主体来厘析中华民族精神；

---

[1] 见俞祖华、赵慧峰：《中华民族精神问题研究述评》，《史学月刊》2013年第12期。
[2] 胡孝红：《中华民族精神论纲》，中国社会科学出版社2006年版，第27页。
[3] 康中乾：《中国古代哲学史稿》，中国社会科学出版社2009年版，第5页。

还可以基于政治、经济、哲学、文学、艺术等不同目的来总结和阐发中华民族精神。现在笔者要研究中华民族精神,其研究视角、标的在这样两个方面,即一是中国传统哲学与中华民族精神,这是要从哲学的深度和意蕴来认识、把握中华民族精神,或者说要探索中华民族精神中的哲学底蕴以及中华民族精神中所蕴含着的哲学问题和内容;二是诸子思想与中华民族精神问题,这个"诸子"即与先秦"诸子十家"的诸子有关,但也不限于先秦诸子,而是从先秦延伸下来的、依然活在中国人的习惯、生活、思想、心理等之中的思想学派,这体现了中华民族精神的时间性、历史性或历时性的维度,与多数研究者对中华民族精神作横向的、条块的、概念化的罗列研究不同。这一设想是否能够达到?能达到什么程度?是所望焉。

三 中国古代哲学与中华民族精神之灵魂

中华民族精神,是古老的中华民族在漫长的历史发展中逐步形成的,为生活在中华大地上的各民族成员所认同、秉持、倾心、追求的心理习惯、价值取向、道德规范、审美情趣、理想目标;它是中华民族特质的集中表现。世界上的各个民族都有自己的生存空间、生存环境和生活方式,因此也都有适合于本民族经济、政治、社会、文化的独立的民族精神。比如说,法兰西民族精神的浪漫、抒情,日耳曼民族精神的严谨、思辨,美利坚民族精神的开拓、冒险,中华民族精神的礼让、谦和、尚中,等等,每一种民族精神都各具异彩,各有自己的质性。这是民族精神的特殊性。

就学术性质而言,民族精神是一种社会意识现象,是观念形态,是一种世界观。所以,民族精神原本就与哲学相关,一个民族的民族精神其沃土根基就在该民族的哲学中。作为观念形态的民族精神,从本质上讲是对一个民族之存在的地域环境、生活习俗、生产方式等社会存在的反映。这个反映本身就有世界观和方法论,或者说它就是世界观和方法论,这就是哲学。一个民族为什么有不同于其他民族的精神?为什么要从自己的生存条件中和能从自己的生存中提炼出如斯的民族精神?这首先就有该民族成员对自己生存环境(生存条件)的认识和把握,就有某种自发或自觉的认识原则和标准,这里就有哲学思想,或者说这就是哲学思想,否则的话人们是无法对自己的生存环境作认识和把握的,也就不可能从自己的生存、生活条件中提炼出自己的民族精神。而且，民族精神并不是一个一蹴而就的死观念，它是在该民族人们漫长的生产、生活过程中逐渐形成的，并不断充实和发展。那么，在民族精神的形成和发展过程中，它的生存和生长的营养是什么呢？是什么东西不断酝酿、孕育、培养、浇灌、营养着一个民族的民族精神呢？这正是哲学思想。没有哲学思想提供养料，就不会孕育出民族精神，更不会有生长着的活的民族精神。哲学思想不仅是民族精神得以发生的沃土肥壤，更是它得以生长的丰富养料。没有哲学思想，民族精神就不会被哺育出来；退一步讲，即使民族精神在没有哲学思想的贫瘠沙砾中能够侥幸生出，也会像某些在贫瘠土壤中侥幸生出的植物苗木一样先天不足，可能还会早早夭折。当民族精神出现后，哲学思想又是其继续发育、生长的养料，也是其生长的方向、目标、规范、道路；如果缺少了哲学思想的规范和护持，民族精神这株生出的幼苗就会漫然生长而荒芜化为莠草，是不会长成人们所需要的样子的。所以，黑格尔有段意味深长的话，曰："一个有文化的民族竟没有形而上学——就像一座庙，其他各方面都装饰得富丽堂皇，却没有至圣的神那样。"① 就其结构、形状、用途等方面而言，庙宇就是房舍。那为何要把一所房舍不叫房子而叫庙宇呢？关键就在于庙宇这所房子里居住着神，如果没有了神，庙宇就成为一般房子了，即使精雕细刻、画彩炫目而富丽堂皇，但它仍是房子而不是庙宇；而一座破败残舍，如果有神被供在里面它就仍是庙宇而不会是一般房子。一个民族也是如此，如果没有了自己的哲学（形而上学），这个民族就失去了灵魂，充其量只能是个野蛮民族，而不会是一个有文化的文明民族，这样的民族是不会有自己的民族精神的。所以，民族精神与哲学有着内在的深刻关联。罗素说："要了解一个时代或一个民族，我们必须了解它的哲学。"② 冯友兰先生说："一个民族的文化，是一个民族精神活动的结晶。一个民族的哲学，是一个民族的精神对于它的精神活动的反思，从这个意义说，一个民族的哲学是一个民族的文化的最高成就，也是它的理论思维的最高发展。"③ 张岱年先生说："文化的范围很广，其中包括哲学、宗教、科学、技术、文学、艺术、教育以及生活方式等等，在这广泛的范围中起

---

① ［德］黑格尔：《逻辑学》上卷，杨一之译，商务印书馆1966年版，第2页。
② ［英］罗素：《西方哲学史》上卷，何兆武、李约瑟译，商务印书馆1963年版，第12页。
③ 冯友兰：《中国哲学史新编》上卷，人民出版社1998年版，第29页。

主导作用的是哲学。……哲学可以说是文化总体的指导思想，也可以说是文化发展的思想基础。"①

中华民族精神的思想基础是中国哲学。我们这里所说的中华民族精神是中华民族的传统精神即古代精神，因此它的思想基础就是中国古代哲学，即中国传统哲学。那么，什么是中国古代哲学呢？或者说它是一种什么性质和类型的哲学呢？它作为传统中华民族精神的思想基础是从什么意义和方面来影响、培育、塑造中华民族的传统精神的呢？这就需要首先对"哲学"和"中国古代哲学"的概念作一厘析。

现今之人对"哲学"的理解和看法是：哲学是世界观的学问。所谓世界观就是观世界，即人对自己面前世界的一种认识和看法，是对诸如世界的本质、世界上各事物间的联系、人同周围世界的关系等问题的根本看法。但世界观一般是自发的和不系统的，而哲学作为世界观的学问则是理论化、系统化的世界观，同时也是观察、分析和处理各种问题的方法论。依据如斯的"哲学"标准，根据人们观察世界的不同方式、条件、倾向、目的等的不同，哲学有了本体论、认识论、辩证法、真理观、实践观、历史观、伦理学、美学等内容，由此也有了政治哲学、社会哲学、经济哲学、教育哲学、法哲学、科学哲学、艺术哲学、自然哲学、心灵哲学等哲学门类。

中国古代哲学是这样的"哲学"吗？表面看来就是。因为，中国古人也是人，是生活、生存在世界上的人；既是生活于世界上的人，总有对世界的一些根本看法，即有世界观，将中国古人的世界观予以总结、提升，即理论化和系统化，就形成一种思想、理论、文化、学问（学术），这不就成为中国古代的哲学了吗？！复何疑哉！时至今日，诸多的"中国哲学史"著作基本上就是这样来看待中国古代哲学的，也基本上是依本体论、认识论、辩证法、历史观、真理论、伦理学等条块框架来梳理、剪裁中国古代哲学思想的。

但是，如斯意义上的中国古代"哲学"却并非真正的中国古代哲学，这样的中国"哲学"与中华民族精神并无内在关联，所以它是不能作为中华民族精神之沃土根基的。为什么呢？因为人们对"哲学"的理解有误。

---

① 张岱年：《文化与哲学》，教育科学出版社1988年版，第3页。

当说哲学是世界观的学问，是对世界的本质等问题的根本看法的理论化、系统化时，这里已经预设了一个根本的前提，即人与世界的并存和分立，这就是"主客二分"的构架。人要对世界提出看法，无论是根本的看法还是一般的看法，总要有人和世界这两个因素同时存在着且二分式地并存着，少了其中的任何一个要件，就根本不会有人对世界的看法了。在"主客二分"这种预设构架中，既然人与世界已经分立、分离了，已经是两种性质和类型的存在者了，那么人何以能观察（认识）他对面的与自己对立着的世界呢？人究竟是如何超出、超越了自身而到达那个异质的世界的呢？世界又是如何超越自身而能被不与自己同质、同类的人所观察（认识）的呢？《庄子》中有则庄子与惠施"濠梁观鱼"的故事，就涉及人究竟是如何得以观察（认识、把握）自己面前的对象的问题。它说："庄子与惠子游于濠梁之上。庄子曰：'鲦鱼出游从容，是鱼之乐也。'惠子曰：'子非鱼，安知鱼之乐？'庄子曰：'子非我，安知我不知鱼之乐？'惠子曰：'我非子，固不知子矣；子固非鱼也，子之不知鱼之乐，全矣。'庄子曰：'请循其本。子曰"汝安知鱼乐"云者，既已知吾知之而问我，我知之濠上也。'"（《庄子·秋水》）人能观察、认识自己面前的对象，比如能认识鱼，这似乎是常识，是自然而然的，这就是西方现代哲学现象学所批评的传统哲学的"自然主义"立场。其实，人究竟何以能观察、认识、把握在性质、类别上均与自己相异的对象的，这是一个颇为重要的、很值得深究的重大哲学问题。就庄、惠的辩论说，惠施提出的问题绝非一味的诡辩，的确事关认识问题、哲学问题的本质。人是人，鱼是鱼，人非鱼，鱼非人，各有自己的质性和类别；既如此，人究竟凭什么能耐能够认识、把握非己的鱼呢？庄子所谓的"子非我，安知我不知鱼之乐？"的辩论和回答，非但无助于惠施所提问题的解决，而且更加强化、挑明了惠施的问题，所以惠施就顺理成章地说："我非子，固不知子矣；子固非鱼也，子之不知鱼之乐，全矣。"所以，只要一提到人对自己面前世界的观察、认识的问题，就非得预设人与世界二分并立的构架不可，否则的话就根本不会有人对世界的观察和认识；然而，却恰恰是此种主、客二分的构架却从本质上堵住了人对自己所面对的世界的观察和认识！可见，由于这个"主客二分"的构架使得人能对自己所面对的世界进行认识和把握；也由于这个"主客二分"的构架却使得人不能或不可能对自己所面对的世界进行认识和把握！现在人们把"哲学"理解为世界观，理解为人对世界作认识和把握的、理论化和系统化的根本看法，这正是囿于"主客二分"的预设构架。不言而喻，如此理解的"哲学"是难以真正把握世界的！看来，要正确地理解"哲学"，或者说要能合理、合法、合式地把握人和世界，是必须消解"主客二分"构架的。庄子所谓的"请循其本"，其实就关涉到对"主客二分"构架的消解。循什么"本"呢？就是"子曰'汝安知鱼乐'云者"。"汝安知鱼乐"，这不就是一句疑问性的话吗，有什么本不本的？实则这正涉及人认识世界之"本"以及人与世界得以存在之"本"！因为当你说"汝安知鱼乐"这句话时，不管你是肯定"知道鱼之乐"还是否定"知道鱼之乐"，抑或是疑问"（我）怎么知道鱼之乐"，此时的你已经将"汝"与"鱼"，即将认识主体与客体（对象）合而为一了，如果此时的这个你把"汝"与"鱼"完全视为两个根本对立而无任何关联的各自独存的东西，你是压根说不出"汝安知鱼乐"这句话的。这就反映或透露出一个根本的哲学问题和原则，即人与自己所处的世界本来就是一体同在的，这个"一体"或"一"是人和世界的任何存在者得以实实在在地存在的最原始的根（根基、根本、根子），正是在这个根基处，人与世界（或人与自己面前的对象）本来就没有分开，也不需要分开，本来就没有人、世界（或对象）等那种对象性的"什么"出现。这就是海德格尔所谓的"人在世中"或"在世中"（In-der-Welt-sein。英文为 being-in-the-world），这就是"存在"。当人与世界一体同在或主客一体的"本"被循到后，人能否知鱼之乐的问题就自然解决了，故庄子最后肯定地说"我知之濠上也"。

所以，现代人对"哲学"的理解是不到位的。其症结就在于当把"哲学"作为世界观的理论体系时已预设了"主客二分"的构架。由此，就人为地先将人与世界分立、分离、隔离、绝缘开来，然后再说人如何如何地来对自己面前的世界作"根本性"看法。既然人与世界已然分离、隔绝了，何能有人对世界的看法呢？岂不谬哉！这是现时人们对"哲学"理解的差错之一。

其差错之二是，这种对"哲学"的理解导致了那种主观符合客观的"符合真理观"。既然哲学是人对世界的本质的观察和把握，那么此种把握的对否就只能在对象身上，即符合于对象了就是对的，就是真理，否则就是错的，就是谬误。且不说在人与世界二分的构架中人如何能超越自身而到达世界（即对象）那里以与世界相符合；即使退一步讲，人真的能超越自身而与世界相符合，这种符合的结果也是单纯地还原了世界而消泯了人的存在和作用、意义，所以此种知识论和真理观是有严重偏颇的。

其差错之三就是此种"哲学"所要求和体现出的方法是感性直观的经验法，实际上这是从根本上取消了理性的作用和方式。因为，当主观（人）对世界（对象）作观察时，无论此时怎样观察，也无论观察的是世界的本质还是一些特殊、普通的事象，既然是观察，所展现的就只是或首先只是感性的、经验的直观，靠眼、耳等感官是观察不到富有理论性、系统性的一般性的本质的。而"哲学"作为世界观的理论体系，作为理论化、系统化的世界观，所要求和需要的恰恰是一般性的本质，那么此种一般、本质是从何而来呢？人们的解释是：本质、一般、普遍这些东西来源于感性直观到的现象、个别、特殊，即从感性直观的个别现象中总结、归纳、抽绎出所需要的一般、本质来。这听起来不错，但实则不然。因为，倘若感性直观中压根就没有一般、普遍、本质，任你怎样去总结、归纳、抽绎，最终还是无法得到一般的东西；而倘若感性直观中就有一般、本质在，还需要你去抽绎吗？你何必要多此一举地去总结、归纳、抽绎呢？所以，现时的"哲学"观实际上是自戕式地消灭了一般和本质，这也就消灭了哲学。其实，在人的感性直观中本来就有本质直观在，这乃胡塞尔的现象学所揭示的真理。

立足于现时的"哲学"观，对"中国古代哲学"的看法和认识也就自有偏失。若"哲学"是对对象世界的观察和认识，那么"中国古代哲学"就是中国古人们对其所生存、生活于其中的那个世界的观察和认识的思想和理论、学说。这种思想、理论、学说究竟是怎么样呢？它到底有一些什么内容呢？它究竟对与否呢？对中国古人的生活有什么作用和意义呢？由于是对对象世界的观察、认识（即使观察和认识自己，它非得把自己对象化不可），所以这个观察、认识的正确与否只能以是否正确地反映了对象本身为评判准则；一种哲学思想其自身价值和意义也以对象世界为准则来衡量和剪裁。只要是对对象世界作了合乎其存在规定的观察、认识，这种哲学就对，否则就错；更有甚者，只要是对对象世界所作的观察、认识，不管这种观察、认识正确与否，也不管此种观察、认识深刻与否，均给其冠以"唯物主义"的头衔，认为它是正确的思想，即使观察、认识得表面和肤浅，有时甚至是观察、认识错了，但依然坚信其哲学思想的性质、方向是对的，目的、初衷是好的；相反，把那些心性之学，把那些"道""心"之论，均批评为"唯心主义"的臆说，认为它是从头脑中主观地构想出来的，不论你讲得多么深刻，也不论你说得多么有道理，都判定其为错的，因为这不是对对象世界的观察和认识，不是从经验活动的直观中得出的结论和形成的思想。因此，到目前为止的绝大多数有关中国古代哲学的论著和教科书不仅以本体论、认识论、辩证法、历史观、伦理观等条块分割来肢解中国古代哲学思想，而且以"唯物主义""唯心主义""辩证法""形而上学"等定性标准来曲解它，往往人为地抬高那些其实是常识性的、肤浅的所谓唯物主义的哲学家和其思想，而对那些颇为深刻的所谓唯心主义的哲学家和其思想则予以贬低和否定，有时遇到实在无法予以否定而不得不承认其思想的正确性时，也只是遮遮掩掩地说这不过是偶尔地观察和认识到了客观世界的某些方面而已。其结果是，对于那些博大精深的中国古代哲学思想，比如说孔子的"仁"、老子和庄子的"道"、孟子的"心"、禅宗的"自性"和"悟"，等等，无法作出合理的、有说服力的解释，一概斥为唯心主义的主观臆断。比如说，孔子《论语》中有109处讲到"仁"。那么，孔子的"仁"究竟是什么？现在的"哲学"言之凿凿地断定其为主观唯心主义概念，认为"仁"应是对人的伦理行为作观察、认识、提炼的结果。果真是这样吗？如果真是这样，也只能说"仁"表征的是人的伦理行为和关系，那它就不是人的本质、本性了。那么请问：人如果没有原本属于自己的质性规定，他（她）何以能以人的面目展现之？何以能有不同于一般禽兽的作为人的伦理行为呢？或者说，人究竟是先有伦理行为还是先有"仁"之类的伦理本质、本性？倘若人的伦理行为中没有"仁"这种一般性的本性、本质，即使你如何观察、认识人的伦理行为，最终还是提炼、抽象不出这个"仁"来；而如果人的伦理行为中本来就有"仁"之类的本性、本质，也就不需要你从观察中作归纳、总结和提炼了。对此，现有"哲学"观指导下的"中国古代哲学史"是提不出合理解释的。由于对"仁"提不出合理的解释，也就难于把握和吸取"仁"思想的精华，往往将其视为一个范畴、概念，它体现在人的伦理行为中的生生不息的本性不见了，它活生生地塑造、范导、构成人的伦理行为的鲜活过程不见了，因此"仁"这一哲学思想对中华民族精神之培育、滋生的价值和作用也就没有了。这样理解的"中国古代哲学"与中华民族精神还有什么内在关系呢？

再比如说，《老子》中提出了"道"概念。那么，"道"是什么？现时"哲学"观指导下的"中国古代哲学"将其判定为客观唯心主义概念，是说老子对对象世界作了歪曲的观察和认识，从中抽象出了一个"道"概念。这样看来，"道"表征、表示的仍是对象世界，只是没有正确地表示罢了。"道"如果是这样，它实际上已被提离出了对象世界本身，它就只是个表示、表征对象世界的符号、代号。若如此，它还能反映对象世界吗？即使能反映，它能反映对象世界的什么质性呢？《老子》第一章说的同是作为"道"的规定性的、"此两者同出而异名，同谓之玄"的"有"和"无"如何解释？即这里的"有"和"无"如何作"道"的本质规定？"道"到底是"有"还是"无"？还有，《老子》第二十一章所谓的"道之为物，惟恍惟惚。惚兮恍兮，其中有象；恍兮惚兮，其中有物；窈兮冥兮，其中有精，其精甚真，其中有信"的话如何理解？"道之为物"的"物"究竟是什么？作为"物"的"道"为什么是"惟恍惟惚"的恍恍惚惚？现代"哲学"观指导下的"中国古代哲学"对老子"道"的质性是作不出合理解说的。还有庄子的"道"。庄子哲学是"独与天地精神往来而不敖倪于万物"（《庄子·天下》）。庄子哲学或思想是如何"独与天地精神往来"的呢？《庄子·逍遥游》有言："若夫乘天地之正而御六气之辩以游无穷者，彼且恶乎待哉！"看来庄子的这个"独"是要"乘天地之正而御六气之辩"的。那么如何是"乘天地之正"呢？如何是"御六气之辩"呢？按现时的"哲学"观，除了将这种"乘""御"的主体解说为神仙形象外，别无他法。但实际上并不是这样子的。老、庄"道"论的基础和前提是有如海德格尔所谓的"人在世中"的人与对象世界的一体同在。所以，这个"道"是道境或境道，在这里既非主非客又亦主亦客，根本无法用"什么是什么"那种对象式、概念化的原则和方法来予以把握。实际上，"道"是活境，是活化在世界本身中的势态或态势。正因为如此，"道"才能成为中华民族精神的活水源头，才能滋生、泽润、培育、营养中华民族的精神。现时"哲学"观指导下的"中国古代哲学"的"道"观和"道"论是根本无法作为中华民族精神的养料的。

民族精神与民族哲学有紧密的内在关系。中国古代哲学哺育、滋养着中华民族的精神,是中华民族精神的灵魂。但时下"世界观"意义上的"哲学"对"中国古代哲学"的理解、认识并未揭示出中国古代哲学的真精神,这样的"中国古代哲学"实际上并不能成为中华民族精神的根基和沃土。那么,什么是中国古代哲学呢?

四 中国古代形而上学(本体论)概略

现时"世界观"意义下的"哲学"概念和内容是有偏失的,以其为指导和准则所理解和认识的"中国古代哲学"也并未得中国古代博大精深的哲学思想的真谛。因此,要比较合理地理解和认识中国古代哲学思想,先要对"哲学"的概念和涵义作一辨证。

"哲学"是个外来词,古汉语中无此词汇。古汉语中有"哲"字,并有"哲人""哲思""浚哲""贤哲"等词。例如,《尚书·皋陶谟》曰:"知人则哲。"《尚书·舜典》曰:"浚哲文明,温恭允塞。"《诗经·小雅·小旻》曰:"民虽靡膴,或哲或谋。"《诗经·小雅·鸿雁》曰:"维此哲人,谓我劬劳。"关于"哲"字的涵义,东汉许慎《说文解字》有言:"嚞,知也,从口,折声。悊,哲或从心。嚞,古文哲从三吉。"意思是说,"哲"字与知识、智慧(当"哲"或从心时,按《孟子·告子上》"心之官则思"所言,即"心"与思谋、思想相关系)有关。

作为外来词的"哲学"是从英文 philosophy 一词翻译过来的。而英文源于希腊文 philosophia,这个字是由两部分构成,即 philein 和 sophia,前者是"爱""追求"之意,后者是"智慧"之意,合起来就是"爱智慧"或"追求智慧"。所以,起源于古希腊的"哲学"一语其基本涵义是智慧之学或追求智慧之学。那么,"哲学"所要寻求的智慧又是什么呢?古希腊亚里士多德说:"有一门学问,专门研究'有'本身,以及'有'凭本性具有的各种属性。这门学问与所谓特殊科学不同,因为那些科学没有一个是一般地讨论'有'本身的。它们各自割取'有'的一部分,研究这个部分的属性;例如数理科学就是这样做的。我们现在既然是在寻求本原和最初的原因,那就很明显,一定有个东西凭本性具有那些原因。如果那些寻求存在物的元素的人是在寻求这些本原,那些元素就必然应当是'有'的元素——'有'之所以具有这些元素,并非出于偶然,正是由于它是

'有'。因此我们也必须掌握'有'本身的最初原因。"[1] 亚里士多德所说的"'有'本身",就是哲学所要追寻的智慧,也就是哲学学科的基本涵义。对"'有'本身"的研究,在哲学中有个专门术语,叫"形而上学"[2]。所以,哲学原为形而上学,即以研究"'有'本身"为目标、目的和根本任务。

那么,中国古代有"形而上学"这样的知识、思想和学问吗?从表面看当然没有。但中国古代却不乏形而上学意义上的思想。比如说,《论语·公冶长》载:"子贡曰:'夫子之文章,可得而闻也;夫子之言性与天道,不可得而闻也。'"不论子贡之类的弟子是否听说了孔夫子讲论"性与天道"类的问题,可以肯定的是,孔子的确有关于"性"(人性)、"天道"之类的思想,这就是孔子讲的"仁"、"天"、"命"(或"天命")之类的话。这里的"性"就是人性,涉及的是人与禽兽根本区别的人的本质所在;而"天"或"天道""天命"则关涉到宇宙存在之本质、本性。而且,在孔子这里,并不是单一地研究"性"和单一地研究"天道"问题,而是"性与天道",即在人性与天道合一或一体同在的意义上思考之,此乃中国古代的"天人合一"思想。这既是"'有'本身"意义和论题中的应有之义,且比"'有'本身"问题更广泛、全面、深刻,是真正意义上的形而上学。还有老子和庄子的"道"论,也是深刻的、真正意义上的形而上学。《老子》第一章讲,"道"既是"有"又是"无","无,名天地之始;有,名万物之母。故常无,欲以观其妙;常有,欲以观其徼,此两者同出而异名,同谓之玄,玄之又玄,众妙之门"。单纯的"有"或单纯的"无"都不能规定和把握"道",只有"有""无"一体同在的统一,即"有—无"才是"道"的根本内涵。这岂不是真正意义上的形而上学!《老子》第二十一章所说的"道之为物,惟恍惟惚。惚兮恍兮,其中有象;

---

[1] 亚里士多德:《形而上学》(Ⅳ),转引自北京大学哲学系外国哲学史教研室编译《西方哲学原著选读》上卷,商务印书馆1981年版,第122页。

[2] "形而上学"这个术语,与对亚里士多德著作的编辑整理有关。亚里士多德是公元前384年至前322年人,是古希腊"百科全书"式人物,著述颇丰。至公元前60—50年,古希腊的安德罗尼柯整理编辑了亚里士多德的著作,他将亚里士多德研究"有"本身问题的著述作为附录放在亚氏"物理学"之后,起名为"ta meta ta physica",英文为 metaphysics,其字面意思为"物理学后诸篇"。汉语在译 metaphysics 这个字时,据《易传·系辞上》的"形而上者谓之道,形而下者谓之器"之说,将其译为了"形而上学"。

恍兮惚兮，其中有物；窈兮冥兮，其中有精，其精甚真，其中有信"，就是"道"的形而上学或形而上学的"道"论。还有庄子，当他在《庄子·逍遥游》中讲"乘天地之正而御六气之辩以游无穷者，彼且恶乎待哉"时，当《庄子·养生主》中通过"庖丁解牛"的故事讲由"技"进乎"道"时，这都是形而上学，而且是真正合乎"'有'本身"问题的境域形而上学。禅家所讲的"自性""自心"，所讲的以体悟时间本身为根本内容的"顿悟"或"悟"，也是真品味、真价值的形而上学。所以，中国古代哲学并非以"观世界"为目的和方式的"世界观"意义上的经验性"哲学"，而是追寻人本身和天（地）本身之存在本性、真性的真正意义上的形而上学。

厘定中国古代哲学的形而上学性质和类型并不算难，真正的困难在于如何认识和把握、诠解此种形而上学。用"什么是什么"的那种"是"判断的思维方式能把握住此种形而上学吗？否！这里涉及如何把握"'有'本身"即"'存在'本身"的深刻的哲学思想和理论，也涉及西方传统哲学和现当代哲学的思想分野问题，还关涉到中国哲学（中国古代意义的哲学）与西方哲学的价值取向及优劣得失问题。难矣！

还得回到亚里士多德的哲学观。亚氏认为，哲学即形而上学，以研究"'有'本身"为己任。那么，这个"有"本身（或"存在"本身，"是"本身）究竟是什么？怎么来研究？人如何才能把握到它呢？这是整个西方传统哲学的根本问题。依海德格尔的看法，整个西方哲学在这个问题上有偏失，出现了方向性差错，其结果只是研究了那种有者、存在者、是者而已，两千五百余年的西方哲学史统统遗忘了、漏掉了"有"本身、"存在"本身或"是"本身的问题，故在以往的西方哲学中围绕研究"有"的问题而产生和形成的形而上学、本体论的思想、理论均是无根的，并未得到那个"有"本身（可简称为"有"）。但海德格尔认为，在对"有""存在"的研究方面，古希腊哲学与后来的西方哲学是有所不同的，特别是前柏拉图或前苏格拉底哲学对"有"或"存在"的研究、把握是有真见地和真思想的，赫拉克利特和巴门尼德就是其中的佼佼者。赫拉克利特所说的"逻各斯"、巴门尼德所讲的"存在"，都有现象学的视野和识度，所揭示、开显的正是"有"或"存在"本身。到了柏拉图和亚里士多德，对"有""存在"的研究方向、方式发生了变化，但"有"或"存在"的问题"曾使柏拉图和亚里士多德为之思殚精力竭"①，在他们那里仍有明显的现象学思想，"存在"或"有"对他们来说仍是显现着的活的东西，并不是那种从众多的有者、存在者中抽绎出来的一个概念、范畴。② 海德格尔在《形而上学导论》一书的"追溯'在'这个词的语法和语源"一章中，具体探讨了语言的演变如何使古希腊和西方哲学中"有"或"存在"（"是"）的意义发生改变的。他认为，在古希腊处"存在"或"存在"自身的原初形态是"physis"，其义是"出现、自身展现、打开见光和保持在那里"，比如亚里士多德的"ousia"（"存在"或"存在"自身。现在通常译为"实体"）是"parousia"的略写，其义是在场、来临、持续地在场；后来这种活生生地在现场持存着的、原初形态的"存在"（physis）变成了不定式，由原来的动词性向名词转化，再后来这种不定式（比如希腊文的einai）就向名词转化，成了名称、概念。③ 这是说，"有""存在"的原义是动态的显现，显现、显示的是天地万物之存在着的活过程，具有生存、生命的意义和价值。后来随着词性和词形的变化，这种活的、动态的、当场构成和生成着的活性渐次消失了，使其变成了一个名词，表征着某种已经形成了的"什么"，即一个现成的对象。所以，在传统西方哲学中，"有""存在"或"是"在存在性质上都是概念，表示、表征的是某种现成的、固定的、对象化了的"什么"；而其"有论""存在论"或"是论"这些研究"有""存在"本身的哲学思想理论就以"……是……"的判断式或陈述句来表现了。这恰恰遗漏了或遗失了对"有"本身或"存在"本身的把握，所把握到的仅是现象界的那些个有者、存在者、是者而已。难怪海德格尔要感叹两千多年的西方哲学均错失了"存在"，其形而上学或本体论是无根基的。

可见，把握"有"本身这一问题的难度之大！那么，人究竟可否把握"有"本身？如果能，如何把握或怎样把握之呢？为何人们在把握"有"

---

① ［德］海德格尔：《存在与时间》（修订本），陈嘉映、王庆节译，生活·读书·新知三联书店2006年版，第2页。

② 关于柏拉图、亚里士多德的现象学思想的论析，参见张祥龙《海德格尔传》，商务印书馆2007年版，第113—119页；又见张祥龙《海德格尔思想与中国天道》，生活·读书·新知三联书店1996年版，第50—72页。

③ 参见张祥龙《海德格尔思想与中国天道》，生活·读书·新知三联书店1996年版，第50—72页。

本身时其结果却失去了、失掉了对其把握，最后把握住的只是那种有者（存在者、是者）而并非"有"本身呢？这个"有"本身到底在哪里栖身着？它的真面目究竟是什么呢？要考察和回应如斯问题，其唯一的立足点只能在人与世界的关系中，即既不能和不可偏向人，也不能和不可偏向世界，只能在人和世界连线的"中"上。这是考察"有"本身问题的基本原则。至于这个原则的运用、实施和展现，这就是人的思维活动或认识活动。

　　人与世界究竟是什么关系呢？一方面人与世界二分并存，少了其中的任何一项，就没有人与世界的关系可言。在此种二分并存的关系中，人和世界各自外在，这是一种外在关系。既然人和世界在各自之外，这实际上就是无关系的关系或关系的无关系。所以，另一方面，人与世界一体同在，即世界要到人这里来或人要到世界那里去，二者要联系成、连接为一个统一的体，即"一"。这是一种内在关系。但这也有问题，即既然人和世界连接为一体了，还有人、世界可言吗？故这也是一种关系的无关系或无关系的关系。可以看出，人与世界之关系的这种外关系和内关系都不是真正的关系，即尚不是"关系"本身。"关系"本身在哪里呢？恰恰在外关系与内关系的关系之中，即在外关系和内关系的交点、中点上，才是关系的无关系或无关系的关系自己，这就是正在形成和构成中的、活的"关系"自身，它绝非对象化了的"什么"，是不能用那种对象性、概念化方式来把握的。

　　那要用什么思维方式来把握呢？人的思维活动和方式到底有哪些表现形式呢？对此，我们先看看美国的威廉·詹姆斯从心理学视野对人的意识活动的描述和揭示。詹姆斯认为，人的意识活动一开始就是感觉与思想的粘黏不分。他说："没有任何人曾经有过一个孤立的简单感觉。意识，由我们出生的日子起，就饱含许许多多的对象和关系；我们所谓简单的感觉，其实是辨别的注意（discriminative attention）的产品，……事实证明感觉是思想的元素之一。"① 这是说，意识活动原本就包含着感觉的意识。这已透露出意识活动本身是一个富有趋向的动态结构。因此，詹姆斯提出了"意识流"（the stream of thought）的思想。他指出："意识，在它自己看，

---

① ［美］詹姆斯：《心理学原理》，唐钺译，北京大学出版社2013年版，第47页。

并不像切成碎片的。像'锁链'（chain），或是'贯穿'（train）这些名词，在意识才现的当儿，并不能够形容得适当。因为意识并不是衔接的东西，它是流的。形容意识的最自然的比喻是'河'（river）或是'流'（stream）。此后我们说到意识的时候，让我们把它叫做思想流（the stream of thought），或是意识流，或是主观生活之流。"① 这说明，在意识活动的过程中，既有一个个的印象，也有这个印象和别个印象之间连接、连续着的过渡带、中间地带或"关系"。如果只有印象而没有这些过渡带或关系，每个印象就都成了死点，是根本不会有意识现象和活动的。所以，意识（思想）活动中的"过渡""关系"对意识来讲是绝对存在的和真实的，绝不比"印象""观念"缺少真实性。詹姆斯说："事物是分散的，不连的；它出现于我们之前，是一串的或像一个链，往往突如其来，把彼此互相切成两段。可是事物的来来去去以及对称，并不把想它的思想之流截断，就像它并不会把它所在的时间空间截断一样。静寂也许会给雷响打断；我们也许一时给这个打击弄得那么昏乱，以至于不能说是怎样一回事。但这个错乱也是个心理状态，把我们由静寂过渡到响声的一个状态。竹的节并不是竹竿上的断裂；对这个对象的思想过渡到那个对象的思想，并不是思想的断裂。这种过渡是意识的一部分，就像竹节是竹的一部分一样。"② 詹姆斯分析了人的意识对自身的这个连续的、过渡的"带"或"关系"的把握，他说："在速度慢的时候，我们在比较安闲并稳定的情境之下觉到我们思想的对象。在速度快的时候，我们觉到一种过程，一种关系，一种由这个对象出发的过渡，或它与另一个对象中间的过渡。……这个意识流，好像一只鸟的生活，似乎只是飞翔与栖止的更迭。"③ 意识活动在速度较慢时把握到的是静的对象，当速度快时把握到的就是一种过程、关系、过渡。"让我们把思想流的静止的地方叫做'实体部分'（substantive parts），它的飞翔的地方叫做'过渡部分'（transitive parts）……过渡部分的主要用途，就在于引我们由这个实体的终结到那个实体的终结。"④

可见，人的意识或意识活动本来就是个"流"（stream），这个"流"

---

① ［美］詹姆斯：《心理学原理》，唐钺译，北京大学出版社2013年版，第55页。
② ［美］詹姆斯：《心理学原理》，唐钺译，北京大学出版社2013年版，第56页。
③ ［美］詹姆斯：《心理学原理》，唐钺译，北京大学出版社2013年版，第57页。
④ ［美］詹姆斯：《心理学原理》，唐钺译，北京大学出版社2013年版，第57—58页。

以两种形式或状态来呈现或存在，一种是实体相，另一种是流动相或过渡相。实体相是一种对象，是个"什么"，是易于认识和把握的；而流动相则是一种"趋势"，是不易把握的。詹姆斯指出："思想的冲进那么急猛，所以我们差不多总是在还没有捉住过渡部分的时候已经到了终结了。……盛在热手上的雪花并不是雪花了，只是一滴水；同样，我们要捉住正要飞到它的终结的关系之感的时候，我们并没有保住它，所捉到的只是一个实体部分，通常只是我们还说的最后一个字，硬板板的，它的功用，趋势，和在句内的特别意义通通烟消火灭了。在这些地方，要想作内省分析，事实上等于捏住正在旋转的陀螺，想捉到它的运动，或是等于想快快开亮煤气灯，看黑暗的样子。怀疑的心理学家一定会向任何主张有这种过渡的心理状态的人挑战，请他'呈出'（produce）这些状态来。但这种挑战，同芝诺对付主张有动的人的法子一样不合理。"① 由于意识活动中的这个"过渡部分"不易把握而易于被忽视，往往遭到否定，这正是一些心理学家和哲学家所犯错误的根源所在。"一切学派容易犯的大错，一定是没有看到思想流的过渡部分而把它的实体部分过分重视了。"② "休谟和贝克莱的可笑的主张，以为我们除了性质完全确定的意象以外，不能有任何意象。"③

在意识活动中，这个"心灵的泛音，灌液，或说边缘"的"过渡部分"是非常重要的，因为"知道一个东西就是知道它的关系。见过一个东西只限于它对我们的印象"。虽然"对于它的关系之大多数，我们只是隐约地觉到，只是觉到关于这个东西的联锁（offinities）所成的边缘——这些联锁是说不出的"④，但它的重要作用绝不容忽视。詹姆斯分析说："一个人第一次朗读一篇文字，假如他不是最初就至少觉得快要念到那一句的形式，这种感觉与他对当前这一个字的意识融合起来，而且影响他心上对于这个字的意义轻重，使他能够读得语气轻重都对，那么，他怎么能够才念就把一切字的轻重都念得不错呢？这种轻重差不多全是文法上结构的关系。假如我们念到'与其'，我们就预期一会就有'宁可'字样；假如在句首有'虽然'，我们就预料底下有'但是'或'可是'或'然而'字

---

① [美]詹姆斯：《心理学原理》，唐钺译，北京大学出版社2013年版，第58页。
② [美]詹姆斯：《心理学原理》，唐钺译，北京大学出版社2013年版，第58页。
③ [美]詹姆斯：《心理学原理》，唐钺译，北京大学出版社2013年版，第63页。
④ [美]詹姆斯：《心理学原理》，唐钺译，北京大学出版社2013年版，第65页。

样。一个在某地位的名词要有个某形式的动词配它；在别个地位，又是要一个代名词。形容词后要有名词，动词后要有副词。这种对于与每个先后念到的字相连的未来的文法结构的预料，实际上可以做到相当准确，以至于读者对于他朗诵的书一点不懂，也可以念得跟懂的人的极微妙的抑扬顿挫一样。"① 这是说，一个人在读书的时候，必然是由"实体部分"和"过渡部分"有机融合而构成和呈现的意识活动，没有"过渡部分"这个"形式""灌液""边缘"或"心灵的泛音"作为基垫，这些"实体部分"的文字是不会连成和联成一体的，阅读行为就不可能发生。"这个正像音乐中的泛音（overtones）。不同的乐器发出同一个乐音，但色彩各有不同，因为每个乐器除了那个乐音之外，还发出它的许多不同的上列倍音（upper harmonics）——这些泛音是随乐器而不同的。耳朵并不是个别地听见它们；它们与基音（fundamental）混合起来，灌注它，改变它；也像这样，每刹那的渐长渐消的脑作用，都与正达高点的脑作用的心理结果混合起来，灌注它，改变它。"② "假如我背诵 a，b，c，d，e，f，g，在说 d 的倾间，a，b，或是 e，f，g，都没有完全离开我的意识以外，这两组各依它的方式将它的微光与 d 的亮光混合起来，因为它们的神经作用也是有某程度的活动的。"③ 詹姆斯还举了儿童听故事的事例，说明那种作为"过渡部分"的"泛音"早在儿童那里就存在和表现了。他说："幼儿听人读故事，即使有一半的字是他们不懂的，也不追问这些字的意义，而且往往聚精会神听下去；我们成年人以为这是很奇怪的。但是，幼儿的思想，恰恰跟我们思想很快时候的思想形式相同。在这种时候，我们同幼儿一样，都是把那些说出的句子的大部分飞快地跳过去，只注意到中间的实体部分——出发点、承转点和结论。其余的一切，虽则从可能性上说，也是实体部分，也是可以独立成意义的，实际只是作为过渡的材料。这个节与节间的意义，使我们觉得思想是连续的；但除了补满空隙的功用以外，是没有意义的。在幼儿听过一大串不了解的字之后，很快地碰到一个他们认识并了解的终点时候，他们大概不觉得有什么间断。"④ 没有这个"泛音"

---

① ［美］詹姆斯：《心理学原理》，唐钺译，北京大学出版社 2013 年版，第 63 页。
② ［美］詹姆斯：《心理学原理》，唐钺译，北京大学出版社 2013 年版，第 65 页。
③ ［美］詹姆斯：《心理学原理》，唐钺译，北京大学出版社 2013 年版，第 64—65 页。
④ ［美］詹姆斯：《心理学原理》，唐钺译，北京大学出版社 2013 年版，第 69 页脚注。

的"过渡部分",儿童听不了故事,甚至学不了和学不会话语。詹姆斯还举例说:"设想我们追忆一个忘了的姓。我们意识的状况是很特别的。我们意识里有个缺口;但却不只是缺口。这缺口是个极端活动的缺口。这缺口里好像有个姓的魂魄,指挥我们朝某方向去,使我们在有些瞬间觉得快要记起,而所要记的姓结果又没来,使我们沮丧。假如想起来的姓是错的,这个非常特别的缺口就立刻排斥它;因为这些姓与这个缺口的模型不相配。两个缺口,只作为缺口讲,当然好像都是空无所有;可是这一个字的缺口跟另一个字的缺口,我们觉得不相似。……空的意识不可胜数,其中没有一个本身有名字,而却个个彼此不同。……可是,不存在的觉态与觉态的不存在完全不同。不存在的觉态是个强烈的觉态。一个忘掉的字的节奏会挂在心上,虽则没有包含这个节奏的声音;或是,对于似乎是一个字的字头的元音或辅音的模糊感觉会往来飘忽地作弄我们,而始终不变成更分明。有时候,有一句诗忘记了,只剩下空的音节,这音节在心上跳来跳去,想找字补上,这种空音节会缭乱心思,一定是人人都知道的。"①

在人的意识活动中,那个"实体部分"是易于感觉的,也是易于用语言来把握的;传统西方哲学中所使用的所谓概念,基本上就是用来把握意识活动中的"实体部分"的,这就是"什么是什么"这种判断形式中的"什么"。而对于那个更重要、更基本的"过渡部分"则往往视而不见而不予把握。"其实,人类语言中有很大的部分只是思想内方向的符号(signs of direction)。对于这种方向,我们有精细的辨别,不过绝没有确定的感官意象参加任何种作用在内罢了。感官的意象是稳定的心理现象;我们能够把它抓住,要观察多久就观察多久。反之,这些仅是逻辑的动向的影子,是心理的过渡,好像总在翱翔,除在它飞的时候,是不能瞥见的。这些影子的功用在于从这一组意象领到另一组意象。在这些'影子'来临的时候,我们觉得那些渐长和渐消的意象。这种'觉得'是很特别的,与这些意象整个在心上的时候完全不同。假如我们想要抓着这个方向之觉,结果意象整个来了,而方向之觉反而消灭了。逻辑动向的语言空格能够在我们念诵它的时候,使我们'稍纵即逝'地感到动向,就像合理的语句能够由它所含的字引起确定的意象一样。"② 由于不易把握和忽视了意识活动

---

① [美] 詹姆斯:《心理学原理》,唐钺译,北京大学出版社 2013 年版,第 61—62 页。
② [美] 詹姆斯:《心理学原理》,唐钺译,北京大学出版社 2013 年版,第 62 页。

中的"过渡部分",所以以往的那些关于意识的看法和思想理论均是有偏失的。"从我们的观点看,理智主义者和感觉主义者都错了。如果是有觉态这种东西,那么,在自然事物中确有物与物间的关系,我们也确实,并且更确实,有认识这些关系的觉态。在人类语言里,没有一个接续词或前置词,并且差不多没有一个副词性短语,或句法,或语言的变化不是表示这一色样或那一色样的关系;而这些关系都是我们曾经实际觉得我们思想内的比较大的对象间存在的关系。"① 在日常语言中,有表示对象的那些"实词",还有诸如连词、介词、副词等"虚词"。语言中的虚词,还有短语,一般都是用来表示意识活动中的"过渡部分"的。詹姆斯说:"我们应该说'并且'(and)之感,'假如'(if)之感,'然而'(but)之感,以及'被'(如被人欺)(by)之感,也像我们说蓝色之感,寒冷之感那么顺嘴容易说。可是,我们并不这样。我们承认只有实体部分的习惯那么根深蒂固,弄得语言差不多除此以外不能说别的。经验主义者老说起语言有种力量,使我设想'有一个独立的名字,就有一个与它相当的独立东西';那一大堆抽象的对象,原理,势力,除有个名字以外毫无其他根据。经验主义否认有这一堆东西,是对的。可是,他们对于与这个相对的谬误,丝毫没有提到;这个谬误就是设想没有这个名字,就没有这个东西。因为这个谬误,一切'哑巴的',无名字的心理状态都被冷酷地取消了;或是,万一承认这些状态,也是按它所到达的知觉把它叫做'关于'(about)这个对象或'关于'那个对象的思想。'关于'这个笨话的单调声音,把这些状态的一切微妙的特色都埋没了。实体部分不断地越来越注重,越来越孤立,就是这样来的。"②

以上是詹姆斯从心理学的视野对人的意识活动即认识活动所作的颇富深意的科学分析。我们之所以没有概括、简略地引述他的一些研究结论而是不厌其烦地引述看似冗长的论述,就是为了使我们再研究和认识人的意识活动,即跟着詹姆斯的研究而研究、认识人的意识,而不只是外在、简单地接受和引用一些结论。通过引述我们现在亦认识到,人的意识是一个"流",这个"流"由"实体部分"和"过渡部分"两个部分或方面相辅相成地构成,这乃意识自身先天的结构所在。意识中"实体部分"的表现

---

① [美] 詹姆斯:《心理学原理》,唐钺译,北京大学出版社2013年版,第58页。
② [美] 詹姆斯:《心理学原理》,唐钺译,北京大学出版社2013年版,第59页。

就是那些经验的"印象",它可用名称、概念来把握之;而那个"过渡部分"则表现为意识(认识)活动中的趋势、形势、关系、姿态、形式等,它不可用语言中的名词概念来定性、定型地表示,而是用有如连词、介词、副词以短语来展现的,它才是意识活动或认识中的基流,万万不可或缺!

詹姆斯从心理学视野所揭示的人的意识活动有必要也有可能从哲学的视野予以揭示和规定,这就是现代西方哲学中的现象学、存在论的有关思想,即胡塞尔的"范畴直观"、海德格尔的"实际生活的形式指引"等思想。

传统西方哲学认为,在人的意识活动即认识活动中,只有源于感觉器官的感性直观;通过感性直观获得感觉材料,然后再以理性的分析、判别能力来从感觉材料中总结、抽绎出概念、范畴来,人是不可能有"范畴直观"的。康德在《纯粹理性批判》中所反复申明的就正是这种观点和主张。西方传统哲学的这种主张是不对的。因为,倘若人的感性直观中本来就没有范畴直观,即那些感觉中原本就没有普遍、一般、本质等"范畴"存在,人何以会从这些感觉中获得(即最后抽绎、抽象出)"范畴"来呢?这些"范畴"难道是人为地硬加给感觉的吗?如若感觉中真的没有、根本没有那种"范畴",即使人的理性想把"范畴"硬加给感觉材料,那也是加不上的;即使人为地硬加,所加上去的"范畴"对感觉材料而言那也是外在的附加,根本就不会与感觉材料相融合。所以,在人的意识活动即认识活动中只有感性直观而没有"范畴直观"的看法和主张,是传统西方哲学中的一大痼疾。1900年胡塞尔出版了《逻辑研究》一书,这标志着现象学运动的开始。在该书第二卷第二部分的第六章中,胡塞尔以"感性直观与范畴直观"为题,阐发了"范畴直观"的思想,认为在人的意识活动即认识行为中,不仅有感性直观也有范畴直观。这个第六章"涉及范畴的客观的形式,或者说,在客体化行为领域中的'综合'功能,这些客观形式就是通过这些功能而构造起自身,它们通过这些功能而成为'直观'并且据此而成为'认识'"[①]。人如何进行"范畴直观"呢?胡塞尔举例说:"'白'这个词所指的肯定是某种在白纸本身上的东西,这样,这个

[①] [德] 胡塞尔:《逻辑研究》(第二卷第二部分),倪梁康译,上海译文出版社2006年版,第139页。

意指便在充实的状态中与那个与对象的白因素有关的局部感知相合。但仅仅设想一种与此局部感知的单纯相合似乎还不够。人们在这里通常会说，显现的白被认识为白的并且被指称为白的。然而关于认识的通常说法更多地是将主语对象标识为'被认识的'。在这种认识中显然还有另一个行为，它或许包含着前一个行为，但至少有别于前一个行为，这张纸被认识为白，或者毋宁说，被认识为白色的，只要我们在表达感知时说'白纸'。'白'这个词的意向只是局部地与显现对象的颜色因素相合，在含义中还存有一个多余，一个形式，它在显现本身之中没有找到任何东西来证实自身。白的，这就是说，白地存在着的纸。而这个形式在纸这个主词那里不也在重复着自身吗，尽管是以始终隐含的方式？"[1] 人们在观察面前的一张白纸时，靠感性直观仅能观察到、把握到一个有形状的、有颜色的东西，而"白"或"长方形"等"形式"却是观察不到的；但对一个正常的观察而言，人在观察一张白纸时，在由感官把握其形状和颜色时，能同时把那张纸的形状、颜色中所潜含着的"形式"，即那个"多余"的部分观察到和把握住，说"这是白的、长方形的纸"，这个"白"或"白的"、"长方形"或"长方形的"称谓、表示就是概念、范畴，这就是"范畴直观"。所以，在认识活动中"尤其会出现这样一些判断，它们不具有与一个个体的、须通过某个直观来给予的个别性的特定联系，而是以一种总体的方式表达着观念统一之间的联系"[2]。这种"总体的方式"就是范畴直观的方式。这种"范畴直观"是以什么样的语言形式来展现、存在的呢？胡塞尔说："如果名称被分解为语词，那么这个形式便一部分在于排列的方式，一部分在于特有的形式词，一部分在于个别语词的构成方式，而这个个别语词自身又可以再区分出'质料'因素和'形式'因素。这类语法区分回溯地指明了含义的区分；语法的环节与形式至少是粗糙地表达着建立在含义本质之中的环节与形式；因此我们在含义中发现各种极不相同的特征的部分，而在这些部分中我们在这里尤其可以注意到这样一些部分，它们通过'这个'、'一个'、'几个'、'许多'、'少数'、'两个'、'是'、

---

[1] ［德］胡塞尔：《逻辑研究》（第二卷第二部分），倪梁康译，上海译文出版社2006年版，第141——142页。

[2] ［德］胡塞尔：《逻辑研究》（第二卷第二部分），倪梁康译，上海译文出版社2006年版，第143页。

'不'、'哪一个'、'和'、'或'等等一些形式词而被表达出来；此外也通过名词、形容词以及语词的单、复数构造形式等等而被表达出来。"① 他还说："'一个'与'这个'、'并且'与'或者'、'如果'与'那么'、'所有'与'没有'、'某物'与'无物'、'量的形式'与'数的规定'等等——所有这些都是意指性的命题要素，但是，在实在对象的领域中——而这无非就意味着，在可能的感性感知之对象的领域中——我们只是徒劳地寻找这些命题要素的对象相关项（如果我们还可以认为它们具有这种相关项的话）。"② 这里的"一个""这个""并且""或者"等语词，当然还有"存在"，都是范畴直观的对象。这与詹姆斯讲的以"并且"（and）、"假如"（if）、"然而"（but）、"被"（by）等语词来表达意识中那种非实体的、飞翔着的"过渡部分"的思想岂不一致？！

胡塞尔的"范畴直观"思想在西方哲学史上具有划时代的意义。但由于他仍囿于西方哲学传统那种"主体性"原则，使得这种"范畴直观"思想和原则未能发挥出其应有的作用。胡塞尔的《逻辑研究》出版后，新康德主义者那托普对他的描述性的现象学提出了两条反对意见：一是现象学的反思会止住活生生的生活体验；二是对经验的任何描述都必定是一种普遍化和抽象化，这反而会使那种描述离开经验本身，达不到胡塞尔所主张的"回到事情本身"的现象学原则。为了化解胡塞尔现象学中的这两方面的不足，海德格尔受其师兄拉斯克"投入的生活体验"和"反思范畴"思想影响，发展出了"实际生活经验"的"形式显示"的存在论现象学，将现象学思想推到了一个新的水平和高度。③

海德格尔认为，哲学或现象学的思想起点并不在主观观察客观的那种传统意义上的经验中，这种观察观察不到真正的世界，对思想无益。哲学的真正起点在人的"实际生活经验"中，这种实际生活经验从根子上是境域化的、主客无区别的、混混沌沌的和意义自发构成的。海德格尔指出了"实际生活经验"的如下三个特点，一是它的经验方式是"无区别"的或

---

① ［德］胡塞尔：《逻辑研究》（第二卷第二部分），倪梁康译，上海译文出版社2006年版，第140页。

② ［德］胡塞尔：《逻辑研究》（第二卷第二部分），倪梁康译，上海译文出版社2006年版，第149—150页。

③ 关于此方面的具体阐述，见张祥龙《海德格尔传》，商务印书馆2007年版，第92—99页。此部分参考了张祥龙此书的一些讲法和思想，特此注明。

"不计较"的，它不顾及对象化的区别，分不出主体与对象、人与世界的孰存孰在，这是人与世界的一体同在。这就是海德格尔后来在《存在与时间》中所主张的"人在世中"或"在世中"。二是此种生活经验是"自足"的，它同时意味着主动和被动、经验与被经验的自足、自洽。所以，三是这种生活经验是一种"有深意的状态"，即"在这样一个决定着经验内容本身的有深意状态的方式中，我经验着所有我的实际生活形势"①。总之，海德格尔所说的人的"实际生活经验"是人与世界一体同在的一种境域或形势。这已从根子上化解掉了人与世界的二分状态和性质。

那么，如何来把握这种活的、境域化的"实际生活经验"呢？不言而喻，传统哲学所用的概念化方法是无能为力的，这需要哲学思维方式和方法的改变和革新。对此，海德格尔在其师兄拉斯克关于"反思范畴"思想的影响下，借鉴胡塞尔"形式化"的思想和方法，发展出了"形式指引"的思想和方法。何谓"形式指引"？这是针对抽象化、普遍化、形式化这些思想方法而来的。早在古希腊人那里，人们就已经在使用从个别上升到一般的抽象化、普遍化的方法了。例如，从"人"到"哺乳动物"，再到"动物"，再到"生物"，再到"物"，最后一直可以上升到"存在"这一最大的普遍性。人们习以为常地认为，这种抽象化、普遍化的方法是可以一直进行到底的。但至胡塞尔，从逻辑上区分出了普遍化与形式化的不同。1913年胡塞尔出版了《纯粹现象学和现象学哲学的观念》（第一卷），在其第13节"一般化和形式化"中指出："人们应该明确地把一般化和特殊化的关系与纯逻辑形式中的实质物和普遍化之间的，或反过来说逻辑形式和事物化之间的本质上不同种类的关系加以区分。换言之，一般化完全不同于在（例如）数学分析中起着如此大作用的形式化；而特殊化也完全不同于非形式化，后者是对一种逻辑数学的空形式或对一种形式真理的'充实'。"②胡塞尔所谓的"逻辑形式"或"纯逻辑形式"或"形式化"是指什么呢？实际上就是他所谓的"范畴直观"。

我们还是接着上面的从"人"到"物"再到"存在"的一般化、普遍化的例子来说。在这里，"人"指的是一切具体的人，它有自己的质和

---

① 张祥龙：《海德格尔传》，商务印书馆2007年版，第99页。
② [德]胡塞尔：《纯粹现象学和现象学哲学的观念》（第一卷），李幼蒸译，商务印书馆1992年版，第66—67页。

自己的构成领域；或者说，这个"人"可被还原为任何具体的人。"哺乳动物""动物""生物"这些概念都是如此，都有它们自己的存在范围和领域，也有它们各自的质性，是可对象化的东西；区别只是在于在从"人"到"哺乳动物"到"动物"到"生物"的抽象、概括过程中，即一般化、普遍化过程中，概念的外延愈来愈大，内涵逐渐减少，但总有各自的内涵或质性在，即那个"什么"性、"对象"性总是在的。但是，到了"物""存在"，情况就不同了。表面看来，"物"这个概念与"生物"甚至"动物""人"之类的概念是一样的，"生物"可以还原为植物、动物这些具体的生命存在物，有自己的构成域和质性；同理，难道"物"就不可以还原为各种生物和非生物的各种物质存在者吗？这些物质存在者难道就没有它们自己的构成领域、存在领域和质性吗？看似有的，但其实是不一样的。"生物"者，有生命之物也，这里的"物"本来就被"生"限定着，这个"生"就是这个"物"的存在质底或基质，它支撑着、规定着、限制着这个"物"，倘若没有了这个"生"，尽管可以有"物"存在，但却不会有"生物"存在了。所以，"人""哺乳动物""动物""生物"这些概念原本就是有质性和规定、限定的概念，它们本来就有自己的构成域，故是"构成性范畴"。而"物""存在"这些概念、范畴就不一样了，它已化掉了概念中的质性，已回到了自己自身或本身中，它已没有了自己存在的那种构成领域；尽管表面看来"物"可以还原为各种植物、动物、有生命物、无生命物等物质存在者，但当如此地还原了以后，所还原出的是各种物者，并非这个"物"本身了。可见，"生物"等之所以能被还原为植物、动物等各生存物，是因为它原本就有"生"那个质地、质性在，故还原前的"生物"与还原后的各具体生物在存在性质上是一致的，并没有存在性质或质性上的改变；而"物"在作了还原后其存在性质就变了，故它与"生物"等概念不同，是另类质的概念、范畴。人们在从事从个别到一般，或从具体到抽象的普遍化、抽象化活动时，往往忽视了或漏过了普遍化过程中这一细微的但却很根本的差异，认为普遍化可以畅通无阻地进行到底，这就混淆了或取消了概念、范畴间的区别及其意义。

　　胡塞尔从其"范畴直观"的思想出发，从逻辑上厘定了普遍化、抽象化过程中的区别和意义。这表明，普遍化过程并不能进行到底，到了一定的程度之后就被形式化所打断了。例如，在"人—哺乳动物—动物—生物—物—存在"这一抽象化、普遍化过程中,从"人"到"生物"的过程是普遍化过程,这里的"人""哺乳动物""动物""生物"都有自己的质性,有它们各自的构成域或事物域。而从"生物"到"物"再到"存在",已不是普遍化过程,而成了形式化过程,因为"物""存在"已化去了、化掉了自己的质性,它们已没有了自己存在的事物域,故它们实际上不是"构成性范畴"而是"反思性范畴"了,这类范畴的意义不能被属加种差的层级次序来决定,它是一个形式的概念,表示、呈现、展示的是那种原发的生活经验本身"被推动着的趋向或趋向着的推动和这体验自身的朝向姿态中所获得表达的意义"[①]。这种范畴的意义并不在于指呈"什么",其意义来自"纯粹的姿态关系本身的关系含义",而不来自任何的"什么内容"。[②] 例如,说"这块石头是一块花岗岩"与说"这块石头是一个对象"这两个句子就属于不同的逻辑类型,前者的谓词"花岗岩"是事物性的,后者的谓语"对象"则是个形式。所以,"有""存在""同一性""持存""区别""某物"等,都是形式范畴,亦即反思范畴。在语言中这种形式范畴还表现为"和""或""与""另外""总括""多""一""种""组""群""特殊""普遍""超出"等。

　　胡塞尔从逻辑语法上所区分的普遍性和形式化的思想与其"范畴直观"思想一样,具有非常重要的哲学价值。但海德格尔看到,这形式化的原本意义可能而且往往被掩盖住了,这就是将形式化概念视为了"形式本体论的范畴",即将那种本来是纯姿态、纯关系、趋向、趋势性的范畴转化为"对象域"或"形式域",比如数学中的抽象对象域在最广义上也是一种事物域。对此,他在1920年冬季学期作的题为"宗教现象学引论"的讲稿中,提出了"形式显示"或"形式指引"的思想和方法,用以防范形式本体论的倾向,从而能实现和把握纯关系姿态的意义构成。海德格尔指出:"它〔即'形式显示'〕属于现象学解释本身的方法论的方面。为什么称它为'形式的'?〔因为要强调〕这形式状态是纯关系的。显示则意味着要事先显示出现象的关系——不过是在一种否定的意义上,可以说

---

　　① 〔德〕海德格尔:《全集》第56/57卷,转引自张祥龙《海德格尔传》,商务印书馆2007年版,第96页。
　　② 〔德〕海德格尔:《宗教生活的现象学》,转引自张祥龙《海德格尔传》,商务印书馆2007年版,第100—101页。

是一种警告！一个现象必须被这样事先给出，以致它的关系意义被维持在悬而未定之中。"①"形式指引"要显示的就是范畴所展现的那种纯姿态关系或纯关系姿态，显示那种推动的趋势或趋势的推动。这是一种非常深刻的解释学化了的存在论现象学方法。

　　以上我们引述性地介绍了西方现代哲学中胡塞尔的"范畴直观"法和海德格尔的"形式指引"法。这种方法究竟要把握什么和能把握什么呢？它有益于人们把握那个"有"本身或"存在"本身吗？它的哲学意义和价值到底如何？要了解这些方法的意义和作用，还得返回到人是如何把握世界这个问题上来。康德有一个观点，说人只能认识与自己发生了关系的、相关的"现象"，人不可能认识"物自体"，即那个与人不相关的、处在人之外的纯而又纯的东西。这曾被讥为唯心主义的先验论和不可知论。其实康德的讲法是有道理的。那种根本不与人相关的，根本不进入人的生活中的纯而又纯、原原本本的自体世界，人何以能认识和把握之呢？！不论怎么讲，要认识和把握世界，这个世界必须要进入人的视野和范围内。这是原则之一。但是，当世界进入人的视野和范围后，仍要保留住和保留下世界本身的信息，这个世界不可能完全地、彻底地被吸收到、消化为人自己的东西，否则就全成了人主观的感受、感觉、想象，也就没有世界可言了。这是原则之二。显然，这两个原则必须同时得到贯彻和落实，任何偏差都不足以把握世界。1892年德国的弗雷格发表了一篇在分析哲学形成中具有重要意义的文章《论意义与所指》②，讲到了人通过望远镜来观察月亮的例子。天上的月亮如果不被人看到，如果它完全处在人之外，人是没有办法把握月亮的；但当人看到了月亮，月亮引起了人的情思遐想，这时的月亮就成了人的主观感受，成了人的心理感受，这个心理感受尽管是实际存在的，但却完全是私人的，它无法在人与人之间交流和沟通，这样一来，实际上就不会有关于"月亮"的概念和认识，人类也就无知识可言了。所以，天上的那个月亮如果完全不进入人的视野，人无法认识之；而如果完全地进入人的视野而变成了人自己的心象和心理感受，人也无法认识之。因此，这个月亮要以一种居中的"中"性和状象出现，这才可被人

---

　　① ［德］海德格尔：《宗教生活的现象学》，转引自张祥龙《海德格尔传》，商务印书馆2007年版，第101—102页。
　　② 也译为《论涵义和意谓》，见《弗雷格哲学论著选辑》，王路译，商务印书馆2006年版。

认识和把握之。弗雷格之所以要讲用望远镜看月亮，因为这个望远镜（镜筒）就起着一个"中"的作用。其实，人的感觉并非完全主观的或完全客观的，它本来就有亦主亦客的"中"性在。

佛家有句话，说"物无自性"或"缘起性空"，这说的实际上就是人如何把握真实世界的问题。受生活习惯的影响，人们一见到对象就立刻说"这是某某"，那个"什么"一下子就出现了，这就视物为有自性的东西了。这看起来没错，但实际上却错了。举例来说：我看桌子上的这个杯子，一上来就肯定地说"这是一个茶杯"。但它真是茶杯吗？你为什么能作出"这是一个茶杯"的断定呢？原来你是自然地、自发地将这个茶杯放在了因缘关系中，即放在与其他东西的关系中了。其实，桌子上放的这个圆柱体的东西并不先天地有"茶杯"的质性，你若用它来盛水、盛茶水、盛饮料等，那它就是个茶杯；但你如果用它来装垃圾，它就是个垃圾桶或垃圾盒；如果用它来盛酒，那它就是个酒杯；若用来装钱币，那它就是个钱罐；若用来压住被风吹起的纸，那它就是个镇纸；若用来打人，它就成了凶器；等等。你说桌子上的这个圆柱形的中空着的东西到底是个啥？它天生带有"什么"这一质性吗？否！它要有"什么"这个质性，必须处在与别的东西的关系中，这个关系就是"缘"或"因缘"。所以，物无自性，物在质性上原是空的，是个"空""无"，是因"缘"而有了其质性的。可见，那个"缘"比那个"性"或"自性""质性"更深刻和根本，人要把握和能把握的就正是这个"缘"。龙树《中论》的"观因缘品第一"一开篇就说："不生亦不灭，不常亦不断，不一亦不异，不来亦不出。能说是因缘，善灭诸戏论。我稽首礼佛，诸说中第一。""中"恰恰就是这个关系自身，是那种正在构成着、正在发生着、正在出现着、正在生成中的活的关系，即关—系。这个"中"也正是"性空"和"缘起"的统一，正因为性是空的，所以才有缘起和才能有缘起；也正因为是缘起的，所以才能性空和才有性空。"缘起性空"是佛家的真言。在佛教空宗看来，只有把握了这个"中"才能把握"世界"自身，也才能把握"人"自身。以我的粗浅理解，胡塞尔的那个"范畴直观"法，特别是海德格尔的那个"形式指引"法，所要扣住的也就是这个"中"。

现在回到中国古代哲学。中国古代哲学所要切中和把握的恰恰是这个"中"，它根本不是以观察对象为己任的把握那个"什么"的经验论，也不是那种在感性观察材料中抽绎出那种普遍或一般的理性论，而是有如胡塞尔"范畴直观"那样的在感性观察中直取、直奔那种"多出的"、"飞翔着的"、作为形式、价值、意义的"范畴"所在；在这样做时，它是"形式指引"的"中"法。且看孔子讲的那个"仁"。"仁"是什么？它在哪里？"仁"根本就不是"什么"性质的概念；它既不在我这里，也不在你这里，但又同时在我这里和在你这里。就是说，世上如果仅有一个人存在的话，就根本没有"仁"这种行为、品性可言；"仁"作为人的行为、品性只能在至少两个人中存在和发生，它既不能单纯地导向我，也不能单纯地导向你，但又关系着我和你，所以它既非我亦非你，同时又既是我又是你，就在你与我之中的这个"中"中。许慎《说文解字》释"仁"为"亲也，从人，从二"。其说中的。不仅是"仁"，儒家所谓的"义""礼""信""智""孝"等，都有"中"的意义。那么，怎么把握这个活在每个人时时处处行为之中的"仁"呢？那个"什么是什么"的概念之言是捉襟见肘、无能为力的，这里要让情境来说话，要使那种情境本身呈现出、显现出自己的真面目来。此种情境说的话就是"道言"而非"名言"。这里就有"形式指引"的思维方式存在。《论语·颜渊》曰："齐景公问政于孔子，孔子对曰：'君君，臣臣，父父，子子。'"这里的"君君"等是何意？一般的解释是"君要像君的样子"，这就有概念化之嫌了。其实孔子这里的"君君"是让"君"这个言自己来说话。"君君"中的一个"君"字为名词，另一个"君"字为动词；若第一个"君"字为名词，第二个"君"字必为动词，意思是：所谓的君（君主）就是那个正在从事着君主之职责的人，即正在发号施令、君临天下的人；若第一个"君"为动词，第二个"君"就为名词，意思就是：正在发号施令、君临天下的那个人才是名副其实的君主，而不只是一种名称、概念。"臣臣""父父""子子"都如此。这难道不是让语言自己来说话吗？！让语言自己来显现、呈现自己吗？！这恰恰就是"形式指引"法。

再看老、庄的"道"。何为"道"？人们往往说它是个概念，其性质是客观唯心主义的。此乃大谬！"道"根本就不是个简单的概念，它是天地本身的存在消息或气息，也可以说就是天地之存在的"存在"本身，也是人之存在的"存在"本身，还是人与天地双宿双栖、生息与共的那种一体同在的"存在"本身。"道"绝不可只是存在于人的理性中的一个名称、概念，它生在、活在整个天地万物中，活在天上人间，生生不息，神鬼神帝。把握这样的活"存在"本身的"道"，概念哲学的思想、方法已无能为力了，非得用"道言"那种"形式指引"法不可。《老子》第一章开宗明义地说："道可道，非常道；名可名，非常名。无，名天地之始；有，名万物之母。故常无，欲以观其妙；常有，欲以观其徼。此两者同出而异名，同谓之玄，玄之又玄，众妙之门。"这里就规定和揭示了"道"的"存在"本性和结构，即其"有—无"性。"道"既非单纯的"有"，亦非单纯的"无"，倘若如此的话这个"道"就死了，就成为一个"什么"，成为一个死概念、名称了。"道"是由"有"和"无"二者构成、生成、创造出的，由有、无二者托起和悬浮起来的境域、气运、气势、气息，它既是有又是无，既不是有又不是无，是由"有""无"构造出的"中"。怎么把握这个具有"中"性的"道"呢？老子在此与孔子一样，是让"道"自己说话，自己来展现、开显自身，此即"道道"也。这里的一个"道"为名词，另一个"道"为动词，意思是正在道着的那个"道"，或那个"道"正在道着。这岂不是"形式显示"？！《老子》第二十一章描写此种"道道"或"道—道"所道出的、处在情境中的"道"为"惟恍惟惚"，"惚兮恍兮，其中有象；恍兮惚兮，其中有物；窈兮冥兮，其中有精，其精甚真，其中有信"。这是概念化地给"道"下定义吗？否！它是情境，是境域，人就活在这种境域中，呼吸着"道"的气息，沐浴着"道"的春风，吮吸着"道"的营养！还有庄子，他直接从"道"的境域出发要"乘天地之正而御六气之辩以游无穷"地生存、生活在"道"中，这种境域和气势怎么能用"什么是什么"那种概念化方法把握呢？！《庄子》中有"庖丁解牛""匠石运斤""老丈粘蝉"等寓言故事，通过对工具的出神入化的使用来达到人与对象的一体化而得"道"，这既是"道"境，也是"道"言，这就是庄子所说的"重言""寓言""卮言"等方法，这里难道没有"形式指引"吗？！

最后再说一点，即胡塞尔、海德格尔这些现代西方大哲所悟出和提出的"范畴直观""形式指引"等哲学思想和方法，何以早在中国古代哲人那里就存在和运用了呢？这是人为地给中国古人脸上贴金吗？当然不是。中国古代哲学中的确就有那种"范畴直观""形式指引"的思想，只是以前我们没有合式的思想导引和参照而未识其庐山真面目而已。那么，中国古代为什么会有如此早熟的、根扎得如此之深的那种"范畴直观""形式指引"思想和方法呢？我以为这与我们的汉字有直接、深远的关系！在全世界的文字中，其他文字都是以字母组成的拼音文字，只有汉字是由笔画组成的象形文字。拼音文字只有"音"这一个编码和信息量，而象形文字有"形"和"音"这两个编码和信息量。拼音文字是表音的，而汉字是构意、表意的。还有，在书写形式上，拼音文字只是线性的一维结构，而汉字却是平面性的二维结构。人们常说书画同源，这对汉字来说的确如此。在汉字初创时的甲骨文、钟鼎文（金文）那里，一个象形字（比如"鸟"字）就是一幅简笔画，汉字经后来的演变，字形虽然抽象化、符号化了一些，但其二维结构没有变，象形的质性没有变，故其"画"性根本不会变（一维的线性结构根本无法构成画，只有二维的平面结构才可构成画）。更为重要的是，汉字的二维平面结构和象形性质，本身就是一种富有"中"性思维的方式。比如"山"这个字，作为象形字，它表现、表示、表象的就是那种真山，但同时又不是真山，它处在是与不是之"中"。作为真山，最小的丘山也有丈许高和丈许大；但作为象形之"山"（比如一幅山的画）却可以将真山表现于尺寸之间，但又不失真山之山形和山性。同时，作为象形字的"山"字，不同于用字母表示的"mountain"，后者只表音不表意，它的意义是由人来人为地赋予的，即如果用"mountain"这个字表示别的东西未尝不可；而前者既表音又表意，即同时表示着一种对象存在。此存在并不是单纯的人的想象或幻想，即不是也不能是人头脑中的想象者。所以，汉字"山"既是对象又非对象，既是主观又非主观，它是真正的亦主亦客又非主非客的，其"中"性昭然！这在哲学思维方式上特别重要，既不会完全地还原到客观，也不会完全地收敛到主观，总在主与客的中线上跳着多彩多姿、翩跹婆娑的钢丝舞。所以，汉字此种深厚的"中"性哲学性质和"形—式"化的现象性质，从其象形时期开始就孕育、培养着和培育出了具有"形式指引"性质和方式的中华哲学的思维方式。[①]

[①] 关于汉字凝结的智慧，可参见王树人、喻柏林《传统智慧再发现》"第一篇汉字凝结的智慧"，作家出版社1996年版。

第一章 儒家的心性论与中华民族的伦常之道

儒学是中华传统文化的主流，儒学对中华民族精神的形成和培育有巨大作用，可以说没有儒学就不会有深广、博厚的中华民族精神。从某种意义上说中华民族精神就是儒学建立在心性论思想基础上的伦理精神。

东汉班固在《汉书·艺文志》中述说了儒家的从出和思想旨趣，曰："儒家者流，盖出于司徒之官，助人君，顺阴阳，明教化者也。游文于六经之中，留意于仁义之际，祖述尧舜，宪章文武，宗师仲尼，以重其言，于道最为高。孔子曰：'如有所誉，其有所试。'唐虞之隆，殷周之盛，仲尼之业，已试之效者也。"这是说儒家是从"司徒"这种官职演化而来的。司徒，是西周始置之官名，金文多作"司土"，春秋时沿置之，它主要是掌管土地和人民的，即官司籍田，负责征发徒役。在西周末期"官学下移"时，这种司徒之官演变成了儒家学派。孔子（前551—前479年）是儒家的创始人。孔子去世后儒家发生了分化。《韩非子·显学》言："世之显学，儒墨也。儒之所至，孔丘也。……自孔子之死也，有子张之儒，有子思之儒，有颜氏之儒，有孟氏之儒，有漆雕氏之儒，有仲良氏之儒，有孙氏之儒，有乐正氏之儒。……儒分为八。"儒家这八派中多数已不可考，其思想传于世的是子思之儒、孟氏之儒、孙氏之儒这三派。子思和孟子思想上有传承，思想旨趣基本一致，后世称为"思孟学派"；孙氏之儒就是荀子的儒学，他与子思、孟轲重心性的儒学不同，他重儒学的"外王"功业。在后世社会中，儒学被定于一尊，遂有汉代董仲舒的儒学，还有宋明理学这种新儒学。从春秋至清末，儒家世代相传而蔚为大观，它对中华民族诸多精神的培育有良多作用。

儒学的思想主旨在基于血缘关系的伦理道德方面，它培育出了对两千多年中国社会深有影响的伦理纲常的中华民族精神。

一　中国封建社会与儒学

思想、观点等意识形态是与政治、法律制度和设施这些政治上层建筑不同的思想上层建筑、观念上层建筑，是在奴隶时代起源的。儒学作为思想、意识、学派，与墨、道、法、名、阴阳等"先秦诸子"一起，亦起源、产生于奴隶制时代，即中国的春秋时期，也就是德国雅斯贝尔斯所说的人类文明史上的"轴心时代"①。春秋时期为什么能产生众多的具有原创性的思想学派呢？因为当时的社会发生了根本变化，即处在由奴隶制向封建制转变中。当时社会体制发生变化的根本原因是生产力水平的提高，即铁制农具和牛耕的出现。随着社会生产力水平的提高，奴隶制的生产关系即奴隶制的经济基础开始解体，明显地表现在当时赋税制度的变化上。比如说，公元前685年，齐国的管仲"相地而衰征"（见《国语·齐语》），即考察土地的肥瘠等级来分级征收赋税；前645年，晋国"作爰田"，"作州兵"（见《左传》僖公十五年），改革了土地分配制度和兵役制度；前594年，鲁国实行"初税亩"（见《左传》宣公十五年），承认了私田的合法性；前548年，楚国令尹子木整理田制和军制（见《左传》襄公二十五年）；前538年，郑国子产"作丘赋"（见《左传》昭公四年），"丘赋"即"丘甲"，以丘为单位派定赋税（九夫为井，四井为邑，四邑为丘）；前536年，郑国子产"铸刑书"（见《左传》昭公六年），即把刑法铸在鼎上，以为国之常法；前513年，晋国的赵鞅"遂赋晋国一鼓铁，以铸刑鼎，著范宣子所为刑书焉"（见《左传》昭公二十九年），即赵鞅向晋国人民征收了"一鼓"（四百八十斤）铁，用来铸造刑鼎，铸上范宣子所制定的刑法；等等。这些情况表明，当时的赋税体制以及政治、法律、军备体制均在发生改变，一种新的体制正在产生和形成中。这种产生和形成的过程是漫长的，它历经了春秋战国（春秋：公元前770—前476年；战国：公元前475—前221年）时期。如果说春秋时期社会体制的变化主要表现在奴隶制解体的话，那么战国时期则主要表现出了新的封建制的建立和建

---

① ［德］雅斯贝斯：《历史的起源与目标》，魏楚雄、俞新天译，华夏出版社1989年版，第14页。

设。至战国时期，"变法"成为时代的潮流，当时各诸侯国都程度不同地实行了变法强国活动，如李悝在魏国、吴起在楚国、申不害在韩国、商鞅在秦国都进行了变法。变法最彻底也最有成效的是秦国的商鞅变法，他于秦孝公六年（前356年）和十二年（前350年）两次变法，核心内容是废井田、开阡陌，承认土地私有，允许土地买卖。这种土地制度的改变，即生产资料所有制的改变，使社会的经济基础即经济结构发生了根本改变，为封建社会的建立和发展奠定了基础。秦统一六国后，秦国所建立的经济体制和相应的政治体制——中央集权制的郡县制就成了中国社会的基本体制，中国封建社会建立了。汉承秦制。两汉以来，进一步完善和强化了中国封建社会的经济、政治、思想、文化等体制，后经三国、两晋、南北朝、隋、唐、宋、元、明、清，直到1911年的"辛亥革命"，中国一直是漫长的封建时代。虽然历有朝代的更替，虽然中国封建社会经历了前期和后期两大阶段[①]，但中国封建社会的社会性质一直未变。

所以，儒学虽然产生于春秋时期的奴隶制时代，但它并没有真正为奴隶制服务，也根本未成为奴隶社会的社会意识形态；虽然孔子不遗余力地恢复"周礼"，孟子大力提倡"正经界"的"井田"制（直到北宋的张载等人还提恢复"井田"之制），不仅奴隶制意义上的"周礼""井田"未能恢复，且提出这些主张的目的也并不是要将社会真正倒退到西周的奴隶制，而仍是为当时已经发生了变化的社会寻求稳定的社会秩序，以及使社会能有序发展的方式、途径。儒学（以及先秦的其他学派）真正是为中国封建社会服务的，它是中国封建社会的意识形态。

结束百家争鸣的思想局面而将儒学定为一尊，这是在汉武帝时代正式完成的。但这个过程却从秦统一六国时就开始酝酿了。秦统一六国的过程实际上是秦孝公时商鞅变法的政策措施和行动纲领在全国范围内的推行和运用。关于商鞅变法的举措，《史记·商君列传》有言："令民为什伍，而相牧司连坐。不告奸者腰斩，告奸者与斩敌首同赏，匿奸者与降敌同罚。民有二男以上不分异者，倍其赋。有军功者，各以率受上爵；为私斗者，

[①] 中国封建社会前后阶段的区分，在经济结构上的标志是唐德宗建中元年（780年）"两税法"的实行；政治体制上的标志则是唐末的黄巢农民起义。但有学者认为应分为三个阶段，即前期阶段，主要是秦、汉时代；中期阶段，主要是三国、两晋、南北朝、隋、唐时代；后期阶段，即宋、元、明、清时代。

各以轻重被刑大小。僇力本业，耕织致粟帛多者复其身。事末利及怠而贫者，举以为收孥。宗室非有军功论，不得为属籍。明尊卑爵秩等级，各以差次名田宅，臣妾衣服以家次。有功者显荣，无功者虽富无所芬华。""令民父子兄弟同室内息者为禁。而集小乡邑聚为县，置令、丞，凡三十一县。为田开阡陌封疆，而赋税平。平斗桶权衡丈尺。"在这些变法内容中有行动纲领：一是军事手段，即军事镇压；二是法令手段，即刑罚严惩。这两条手段相结合，是为了把当时奴隶制解体封建制建立过程中必然形成的一家一户的分散的家族制确立为社会结构的基本单位，以解决当时国家的赋税和兵役来源问题。商鞅变法的经验是大大强化封建国家的法令，对于反对和不遵守国家法令的各种活动，无论是贵戚还是庶民，无论贤愚贵贱，一律严惩不贷，这在客观上造成了令行禁止的政治局面，使思想上和行动上达到了高度统一。此种治国方略极有益于秦国的兼并战争，终于于公元前221年（秦始皇二十六年）兼并了六国而一统宇内。"秦并海内，兼诸侯，南面称帝"（《史记·秦始皇本纪》）后，用什么政策、手段来守天下和治天下呢？秦国把进行兼并战争时的法令手段延续了下来，仍用它来治理臣民。秦始皇三十四年（前213年）关于以什么思想为秦王朝主导思想的问题，针对周青臣和淳于越的辩论，秦始皇叫群臣讨论。李斯说，以前"天下散乱"，诸侯割据，造成了各家各派"私学"的兴起，私学"语皆道古以害今，饰虚言以乱实"，而今天下统一了，就应该禁止私学；他建议，除"医药、卜筮、种树之书"外，"《诗》、《书》百家语"都应烧掉，有谈论《诗》《书》的就处死，有"以古非今"者杀其全家，全社会都"以吏为师"来学法令。秦始皇批准了李斯的这个建议，并于第二年（前212年）在咸阳坑杀了四百六十余名儒生方士。（《史记·秦始皇本纪》）这样，秦王朝在思想领域就完全实现了韩非所说的"明主之国，无书简之文，以法为教；无先王之语，以吏为师"（《韩非子·五蠹》）。

秦王朝从建立到灭亡仅十五年（前221—前207年）。如此强大的秦王朝为什么败亡得如此快速？秦亡的教训是深刻的。汉初的思想家们都在总结秦亡的教训。有个叫陆贾的人说："秦非不欲为治，然失之者乃举措暴众而用刑太极故也。"（《新语·无为》）汉初政治家贾谊作《过秦论》，云："秦以区区之地致万乘之势，序八州而朝同列，百有余年矣。然后以六合为家，殽函为宫。一夫作难而七庙堕，身死人手，为天下笑者，何也？仁义不施而攻守之势异也。"陆贾说的"用刑太极"和贾谊说的"仁义不施",指的都是秦王朝那种"以法为教""以吏为师"的法家指导思想及其实践。在兼并六国的征战中,以法家作为指导思想是合乎秦国的实际和当时形势的。但夺取天下后,形势已经发生了变化,国内的情况也不同了,此时还坚持"以吏为师""以法为教"的严刑苛法的法家路线,就要出问题了。《史记·郦生陆贾列传》说:"陆生时时前说称《诗》、《书》,高帝骂之曰:'乃公居马上而得之,安事《诗》、《书》?'陆生曰:'居马上得之,宁可以马上治之乎?且汤武逆取而以顺守之,文武并用,长久之术也。……乡使秦已并天下,行仁义,法先圣,陛下安得而有之?'高帝不怿而有惭色。乃谓陆生曰:'试为我著秦所以失天下,吾所以得之者何,及古成败之国。'"陆贾总结秦亡的书就是《新语》。这里讨论的就是攻守之势不同的问题。夺取天下要用攻势,要用征战方略和明赏罚的法制手段,这有利于组织和调动以一家一户家族制形式出现的分散的全国民力,为整个国家服务。秦兼并六国的实践证明了这一法制路线的正确,合乎兼并战争的形势。但天下平定后,征战已非主要任务,而恢复和发展生产,安顿民生,稳定社会,才是其时的主要任务。秦统一全国后,一方面分天下为三十六郡,把原来各国所有的防御工事以及截断河流的堤防一律撤除,还统一了度量衡,使车同轨、书同文、行同伦,为社会的稳定和发展作出了贡献。但另一方面仍延续征战时的方略,利用高度集中的中央政权力量来实施严刑苛法的法家路线,滥用民力而大规模地修筑长城、建造宫室、修建陵墓,致使人民得不到休息,社会生产得不到有利发展,生产力无以提高,于是新兴起的封建社会的经济实力和基础成了问题。所以,秦二世元年(前209年)七月一队开赴渔阳(今北京密云)的闾左戍卒九百人,为了死中求生,在陈胜、吴广带领下,在大泽乡(今安徽宿县境)揭竿而起,中国历史上第一次大规模的农民起义开始了。乘农民起义之风,在六国旧贵族武装力量的联合打击下,公元前207年十月,秦王子婴出咸阳城向刘邦投降,大秦帝国就这样烟消云散了。

西汉王朝立国后,面对"天下既定,民无盖藏,自天子不能具纯驷,而将相或乘牛车"(《汉书·食货志上》)的经济凋敝的现实,鉴于秦王朝苛法责民,滥用民力,而民得不到休养生息,社会生产力无以提高和发展,致使秦王朝的社会经济基础得不到巩固而迅速灭亡的沉痛教训,以刘邦为首的统治阶层对当时急需要与民休息、发展生产、恢复经济的时势倒有比较清醒的认识。汉初的几十年，与民休息、发展生产、一直是西汉王朝的基本国策；与此相配合，废除秦王朝的严刑苛法，不以法家的功利思想而以道家清静无为思想为指导原则，也就自然地和历史必然地被提出来了。刘邦一打到咸阳，就召集各县的父老豪杰开会，说："父老苦秦苛法久矣，吾与诸侯约，先入关者王之，吾当王关中，与父老约法三章耳：杀人者死，伤人及盗抵罪。余悉除去秦法。"（《史记·高祖本纪》）这是汉初清静无为指导思想的开始。到惠帝、吕后时期（前194—前180年），无为思想在政治上起着显著作用。惠帝时几次征发农民修筑长安城，每次都不过一月，且都在冬闲时候（见《汉书·惠帝纪》）。惠帝四年（前191年）又"省法令妨吏民者，除挟书律"（《汉书·惠帝纪》）。吕后元年（前187年）"除三族罪、妖言令"（《汉书·高后纪》）。到文帝和景帝时期（前179—前141年），继续推行"与民休息"方针。文帝十三年（前167年）下诏令免田租；文帝时丁男徭役减为"三年而一事"（《汉书·贾捐之传》），算赋也由每年的一百二十钱减为四十钱。景帝元年（前156年）复收田租之半，即三十税一。与这些政策措施相一致，汉初的最高统治者在指导思想上都推行黄老之学。当时最尊崇黄老的是窦太后，即窦姬。《史记·外戚世家》说："窦太后好黄帝老子言，帝（景帝）及太子（武帝）诸窦，不得不读黄帝老子，尊其术。"窦姬是汉文帝刘恒（前179—前157年在位）的妻子，是汉景帝刘启（前156—前141年在位）的母亲，是汉武帝刘彻（前140—前87年在位）的祖母，她作了二十三年的皇后，十六年的皇太后，六年的太皇太后，在这四十五年中她极力推崇黄老思想。《史记·儒林传》言："窦太后好《老子》书，召辕固生问《老子》书。固曰：'此是家人言耳。'太后怒曰：'安得司空城旦书乎？'乃使固入圈刺豕。景帝知太后怒而固直言无罪，乃假固利兵。下圈刺豕，正中其心，一刺豕应手而倒。太后默然，无以复罪，罢之。"辕固生是个儒生，当窦太后问他《老子》是怎样的一部书时，他说那不过是一些老生常谈而已。这下惹怒了窦太后，她说："安得司空城旦书乎？"司空，是主刑徒的官名；城旦书，泛指刑书。窦太后是说，难道它是教人犯罪的书不成？！窦太后于是就罚辕固生去猪圈刺猪。这件事说明了两点：一是在当时的思想领域仍有儒与道等的思想斗争；二是道家思想是受统治者青睐和倡导的。上有统治者倡导和运用黄老之学，下有宰辅大臣秉持和实践黄老之学，于是黄老之学就在全社会普及了。萧何是随刘邦打天下的重臣，西汉开国后他制定了萧何律九章，代替刘邦临时颁行的"约法三章"，但萧何律的主题仍在稳定社会，发展生产，与民休息。萧何死后，曾在齐地作了九年相国的曹参代替萧何为西汉宰相。他继续推行"清静无为"的方针。据说曹参作了宰相后一切都依萧何所为，自己只是坐在家里喝酒。汉惠帝看他不做事，就问他，他说："高帝与萧何定天下，法令既明。今陛下垂拱，参等守职，遵而勿失，不亦可乎？"（《史记·曹相国世家》）司马迁说他"为汉相国，清静极言合道。然百姓离秦之酷后，参与休息无为，故天下称其美矣！"并记下了当时老百姓对曹参的颂歌："萧何为法，顜若画一。曹参代之，守而勿失。载其清静，民以宁一。"（《史记·曹相国世家》）曹参作了三年的西汉丞相，他死后陈平为相。陈平"少时好黄帝老子之术"（《史记·陈丞相世家》），他亦大力推行黄老的清静无为之道。这样，皇帝等统治者的重视和倡导，宰辅们的推行和实施，黄老之学就成了汉初六十余年间的指导思想。

汉初奉行黄老之学，取得了很可观的社会和政治效果，迎来了中国历史上首个太平盛世——文景之治。史载文帝初年每石"粟至十余钱"（《史记·律书》），盐铁业、商业也得到了发展，文帝十三年（前167年）下诏全免田租。从文帝、景帝至武帝，西汉社会的经济恢复和发展了，出现了社会繁荣景象，当时"都鄙廪庾皆满，而府库余货财。京师之钱累巨万，贯朽而不可校。太仓之粟陈陈相因，充溢露积于外，至腐败不可食"（《史记·平准书》）。

可见，西汉王朝高祖、惠帝、吕后、文帝、景帝统治时期实行的是黄老道家清静无为的思想方针，取得了良好的社会效果。既如此，那么汉武帝刘彻于建元元年（前140年）即位后，为何要改变以道家为指导思想的基本国策而定儒学为一尊呢？一般的解释是：汉初经济凋敝，人民困疲；还有异姓诸侯王和同姓诸侯王与中央集权的矛盾等问题，所以当时需要"无为"之治的指导方针。经过从高祖到景帝六十多年的发展，经济恢复了，生产发展了，国家的经济实力增强了；加之通过"众建诸侯而少其力"（《汉书·贾谊传》）、削藩等政策的实行，也基本解决了诸侯王与中央政府的矛盾，此时国内稳定，国家实力增强，要开始对匈奴用兵了，故

"无为"的指导思想不合时宜，需要"有为"的指导思想，因此这时就要由汉初的黄老之学向儒学转变。实际上这个解释似是而非，并未搔到问题的痒处。黄老道家的"无为"并不是什么事都不干而垂手等死，那样的话就连最低级的动物都不如了，"无为"是说要自然而为，即顺其自然而为之，而不是人为地为之，所以道家的"无为"并非彻底取消"有为"，可以说恰恰是为了能更好、更大地有为。退一步讲，即使道家的"无为"真的是一点"有为"都没有，随着形势的变化西汉王朝要对匈奴用兵而需要有所作为了，故需另选"有为"的思想来作指导，那也不是非得要选儒学，法家不是更有为吗，何以不选法家呢？你也可以说：秦王朝的实践证明法家不行，故要选儒家。这样说又有问题，即法家为什么就不行了呢？而儒家如何就能行呢？这行与不行的准则究竟在哪里呢？看来真正的问题并不在"无为""有为"的方针上，而在封建社会自身。

封建社会是自然经济占主导地位的社会，即它是以一家一户为基本生产单位的、以农业和家庭手工业结合为特征的、男耕女织的自给自足的自然经济。封建社会最基本的生产资料是土地，占有土地的主体有三种：一是封建国家，特别在前期封建社会中国家掌握有大量的土地；二是封建地主；三是自耕农。还有无地而靠租地生活的佃农。在前期封建社会土地主要集中在封建国家和大地主手中。国家和大地主是土地所有者，它们对土地有所有权，但却不直接使用土地。土地这种生产资料必须和劳动者直接结合起来才能创造出社会财富。直接使用土地的是那些自耕农和大量佃农。封建社会最基本和最突出的矛盾就是高度集中的中央政治和高度分散的小农经济的矛盾。一方面是中央集权制，即高度集中的政治，最后都统一到皇帝手中；另一方面却是以一家一户为基本社会生产单位的、男耕女织、自给自足的小农生产，即小农经济。和奴隶社会的奴隶相比，封建社会的生产者有比较大的自由度，且高度分散。早在秦兼并六国的过程中，即在中国封建社会的形成时期，中央政治和小农经济之间的矛盾就产生和开始了。可以说，秦王朝的治国方略就是围绕如何解决这一矛盾而展开的。秦王朝之所以看重法家，之所以要行申、商之术，就是为了强化中央政权的力量，再掺杂以军事组织和手段，来有效地统治高度分散的小农经济。尽管实践证明在兼并战争中此法有效，但此法终究是有偏差和失误的，原因就在于这是以经济去适应或配合政治（政权）的方法，其结果与奴隶制相去不远。所以，在秦王朝的国策中，在有意采用军事编制的同时还有意保留了奴隶制的残余。这在商鞅变法中就有，比如规定"事末利及怠而贫者，举以为收孥"，这是将当事者本人连同家属统统罚作奴隶。出土的《云梦秦简》的《秦律》中有"刑为隶臣""耐为隶臣""完为隶臣"等规定，说的都是罚为奴隶的举措。秦帝国仅存在了十五年就灭亡的事实表明，采用法家思想为指导，靠强化中央政权力量的手段来使经济适合于政治，以解决封建社会高度集中的中央政治和高度分散的小农经济的矛盾的做法，是本末倒置的，是不成功的。

西汉立国后，在采取以清静无为、与民休息的黄老思想为指导方针时，里面就渗入了儒家的"孝""悌"观，这就是汉初的"孝弟力田"国策。比如《汉书·惠帝纪》说，惠帝四年（前191年）"春正月举民孝弟力田者复其身"；《汉书·高后纪》说，高后元年（前187年）"初置孝弟力田二千石者一人"；《汉书·文帝纪》说，文帝十二年（前168年）下诏曰："孝弟，天下之大顺也；力田，为生之本也。……以户口率置三老孝弟力田常员，令各率其意以道民焉。"孝、悌、忠、信这明明是儒家的基本主张，何以与"力田"这种农业生产扯上了关系呢？难道一个行孝行悌的人就有力气有技术耕好田，而一个不行孝行悌的人就不能耕田了吗？看来耕田与行孝道、悌道是没有直接关系的。但如果从封建社会的经济基础即经济结构着眼，"孝悌"与"力田"恰恰有极为密切的内在关联。因为，封建社会最基本的生产单位不是后来资本主义生产方式下的那种出卖劳动力的个人，亦非以前奴隶制生产方式下那种被集中起来束缚于土地上的"十千维耦"（《诗经·周颂·噫嘻》）、"千耦其耘"（《诗经·周颂·载芟》）式的集体劳作的群体，而是家庭，即一家一户为一个基本的生产单位或单元。所以，家庭关系的和谐、协调与否直接关系到家庭组织的稳定与否，而家庭组织的稳定与否则直接关系到社会生产能否正常进行这一大事。那么，如何来和谐家庭关系以稳定家庭组织呢？不用说儒家是最合适的思想学派。儒学的核心思想是基于血缘关系的人际关系和谐问题，它以家庭为中心，辐射向全社会；通过父子、夫妇、兄弟（姐妹）间的和谐扩大到朋友、君臣。《论语·学而》曰："有子曰：'其为人也孝弟，而好犯上者，鲜矣；不好犯上而好作乱者，未之有也。君子务本，本立而道生。孝弟也者，其为仁之本与！'"有若此言当然与孔夫子的思想主张一致。孝悌乃"为人之本"。因为当一个人懂得了孝、悌之道后,就不会犯上作乱,社会由此就稳定和谐,社会就能有序发展。表面看来,孝、悌与犯上作乱没有逻辑上的必然性,比如一个杀人越货的江洋大盗可以是位孝子,也可以是位好哥哥或好弟弟;一个谋权弑君者可以是个孝子,是个好丈夫。但如果从社会生产的视野看,孝悌与不犯上作乱就有了内在关联。孟子说,实行王道的根本途径在于"制民之产"(见《孟子·梁惠王上》),即让民要有一定的产业。民有了产业,就不会轻易去犯险,不会去犯上作乱。而要制好自己的产业,离了和谐的家庭行吗?!可见,"孝悌"的确与"力田"内在相关。由此说明,在封建社会中,解决高度集中的中央政治与高度分散的小农经济的矛盾的正确方式和途径不是那种以法家思想为指导的、靠强化集权的力量来使分散的小农经济以适合、迎合政治,而是要以儒家思想为主导,靠和谐家庭关系来稳固家庭组织以进行和发展生产,从而使政治最终服务于经济。所以,封建社会最终要选择儒学作为社会主导思想,此乃必然!只要封建社会不灭亡,只要封建社会的经济结构存在,儒学是不会退出社会历史舞台的。

建元元年(前140年)汉武帝刘彻即位。他一当皇帝就雄才大略地向其时的知识精英们(即"贤良"之士)提出了"册问",知识精英们回答了皇帝的问题,作了"策对"。其中董仲舒的回答深得武帝赏识。董仲舒在上汉武帝的第三次对策中提出一个建议,说:"《春秋》大一统者,天地之常经,古今之通谊也。今师异道,人异论,百家殊方,指意不同,是以上亡以持一统;法制数变,下不知所守。臣愚以为诸不在六艺之科、孔子之术者,皆绝其道,勿使并进。邪辟之说灭息,然后统纪可一而法度可明,民知所从矣。"(《汉书·董仲舒传》)汉武帝采纳了他的这个建议,这就是"罢黜百家,独尊儒术"这一汉代指导思想的诞生。汉武帝和董仲舒一起为汉代制定了指导思想,也为整个封建社会制定了指导思想。

二 儒学中所表现的中华民族精神

儒学是中国封建社会的统治思想。在两千多年的中国封建社会中,儒学对中华民族精神的孕育、培养、发展起了极为重要的作用;儒学中的不少思想就是中华民族的民族精神,许多儒学思想和观念已远远超出了学派、学术性而内化为中华子民的心理结构并演变为人们的心理习惯,在活生生的社会生活中起着举足轻重的作用。

儒学中表现出了哪些中华民族精神呢?

1. "民为邦本"的民本思想

中华民族精神的一个基本方面是"以民为本"的民本思想。《尚书》中就有明确的"民本"思想。诸如:

> 天聪明,自我民聪明;天明畏,自我民明畏。(《尚书·皋陶谟》)
> 民可近,不可下。民惟邦本,本固邦宁。(《尚书·五子之歌》)
> 天佑下民,作之君,作之师。(《尚书·泰誓上》)
> 天矜于民,民之所欲,天必从之。(《尚书·泰誓上》)
> 天视自我民视,天听自我民听。(《尚书·泰誓上》)
> 天畏棐忱,民情大可见。(《尚书·康诰》)
> 皇天无亲,惟德是辅;民心无常,惟惠之怀。(《尚书·蔡仲之命》)
> 天惟时求民主。(《尚书·多方》)

这说明,早在夏、商、周三代时期统治者们就清楚地认识到了民在社会和国家中的基础性和重要性。在三代时期天命思想还甚盛行,统治者们就自然地将他们统治的依据归于天命。但天命总要有所表现和体现,否则的话它就没有什么意义和作用了。所以,统治者们不得不把民或下民作为天命施行和表现的对象,认为上天并不可以无原则地、随心所欲地委派人间的统治者,而要以民心向背作为依据,顺应民意的人上天才让他来作统治者;如果有悖民意,失去了民心,即使已经成了统治者上天也要把他废掉而另选合民心、顺民意的新统治者。《尚书·多方》是一篇周初的政治文告,是周公代表成王告诫众诸侯国君臣的诰辞,其中明确表现出周公等统治者们对天命与民心之关系的看法。周公认为"天惟时求民主",是说上天时刻在为下民寻求适合于作民君主的人。周公回顾了从夏到殷再到周的天命转移过程,认为夏代由于"大不克明保享于民,乃胥惟虐于民",所以上天就抛弃了夏朝统治者,命成汤"简代夏作民主",夏王朝就被商王朝所取代。但到商纣王之时,他荒淫虐民,然"天惟五年须暇之子孙,诞作民主"，是说尽管殷纣王昏庸虐民，但上天是仁慈的，仍用了五年的时间等待纣王的醒悟，以便让他继续作民之主。但殷纣王"罔可念听"，终不悔悟，所以上天才"简畀殷命"，选择了周文王、武王来作民之主。《尚书·召诰》也言道："我不可不监于有夏，亦不可不监于有殷。我不敢知曰：有夏服天命，惟有历年；我不敢知曰：不其延。惟不敬厥德，乃早坠厥命。我不敢知曰：有殷受天命，惟有历年；我不敢知曰：不其延。惟不敬厥德，乃早坠厥命。今王嗣受厥命，我亦惟兹二国命，嗣若功。"总之，在夏商周三代，特别在周初，已有了明确的民本思想。《尚书·五子之歌》所说的"民惟邦本，本固邦宁"，是三代民本思想的精华所在。

在春秋战国的社会大动荡时代，一些思想家们也清楚地看到了民作为本的重要性。如说：

> 天所崇之子孙，或在畎亩，由欲乱民也；畎亩之人，或在社稷，由欲靖民也。无有异焉！（《国语·周语下》）

这是周灵王的儿子太子晋说的。这是说，有的贵族子孙之所以沦为农夫，是因为他们祸害了民；而有些农人之所以能在朝为官，是因为他们能安民。又说：

> 夫民，神之主也。是以圣王先成民而后致力于神。（《左传》桓公六年）

这是随国大夫季梁说的。季梁认为，真正的明君应把为政的重心放在为民上，而不是先去献祭求神。他说，祭神时虽然要"粢盛丰备"，要诚恳，但还有个基本前提，即要"民力之普存"，要"其三时不害而民和年丰也"；如今则"民各有心，而鬼神乏主，君虽独丰，其何福之有！"（《左传》桓公六年）人民都离心离德了，何来鬼神赐福呢?！又说：

> 国将兴，听于民；将亡，听于神。神，聪明正直而壹者也，依人而行。（《左传》庄公三十二年）

这是虢国史嚚讲的。他认为听于民则国兴，听于神则国亡。当时虢国是"多凉德"，行的多是虐民之政，所以史嚚认为虢公求神赐福也是没用的，"虢其亡乎！"还有：

> 夫君，神之主而民之望也。若困民之主，匮神乏祀，百姓绝望，社稷无主，将安用之？弗去何为？……天之爱民甚矣，岂其使一人肆于民上，以从其淫，而弃天地之性？（《左传》襄公十四年）

这是晋国师旷回答晋悼公的话。晋悼公说：卫国人赶走了他们的国君，不是太过分了吗？！师旷说也许情况正好相反，是国君不爱民勤政而做得太过分了哩！"天之爱民甚矣"，上天是很爱民的，绝不会选派一个君主来虐民。师旷等多是从神民关系的意义来谈民的作用的。但这是在神民关系的形式中讲君民关系、国民关系，其思想重心是民本论。既然民为邦本，所以统治者要爱民养民，"养民如子"（《左传》哀公十四年）；还要富民，使"民生厚而利用"（《左传》襄公二十八年）；当然也要教民，"民生于三，事之如一。父生之，师教之，君食之"（《国语·晋语》）。

在儒家创始人孔子处，有重要的民本思想，《论语·颜渊》说：

> 子贡问政。子曰："足食，足兵，民信之矣。"子贡曰："必不得已而去，于斯三者何先？"曰："去兵。"子贡曰："必不得已而去，于斯二者何先？"曰："去食。自古皆有死，民无信不立。"

在孔子看来，粮食、军备、民信这三者是为政的基本要素。在这三者中，尤以民信为重，即政府要取得民众的信任。如果政府不能爱民、富民而是压民、虐民，民当然就不会信任政府，那必然就不能立国了。所以，当子贡问为政之道时，孔子说要重视军备、生产和民信这个三方面。而当子贡问在这三者中迫不得已而要有所取舍时，孔子说应先去军备，再去生产，民信是万万不能去的。这难道不是以民为本的"民本"思想吗？！那么，如何才能取得民的信任呢？孔子讲了三条措施：一是"使民以时"。《论语·学而》说："子曰：'道千乘之国，敬事而信，节用而爱人，使民以时。'""使民以时"也就是《孟子·梁惠王上》所说的"不违农时"。政府不可滥用民力，妨害农务，要让老百姓按时生产。二是"养民也惠"。《论语·公冶长》说："子谓子产，'有君子之道四焉：其行己也恭，其事上也敬，其养民也惠，其使民也义。'"这是孔子赞美子产的话，说子产能给民以实惠。《论语·雍也》说："子贡曰：'如有博施于民而能济众，何如？可谓仁乎？'子曰：'何事于仁！必也圣乎！尧舜其犹病诸！'"《论语·宪问》说："子路问君子。子曰：'修己以敬。'曰：'如斯而已乎？'曰：'修己以安人。'曰：'如斯而已乎？'曰：'修己以安百姓。修己以安百姓，尧舜其犹病诸。'"这里说的"博施于民而能济众""安百姓"，也是养民、惠民的意思。三是"齐之以礼"。《论语·为政》说："子曰：'道之以政，齐之以刑，民免而无耻；道之以德，齐之以礼，有耻且格。'"这是孔子的教民主张。孔子认为，对人民要用道德来诱导，用礼仪来教化，这样不仅使人民有廉耻之心，而且会使人心归服。"不教而杀谓之虐。"（《论语·尧曰》）如果统治者对民不进行教育，民因无知犯了过错而将他杀掉，这是虐民。如何教化民呢？孔子强调了两点：一是富后再教。《论语·子路》说："子适卫，冉有仆。子曰：'庶矣哉！'冉有曰：'既庶矣，又何加焉？'曰：'富之。'曰：'既富矣，又何加焉？'曰：'教之。'"这是主张先富再教。如果民众没有基本的生活保障，即使教他知礼守法也没有效果。二是要以身垂范。《论语·颜渊》说："季康子问政于孔子。孔子对曰：'政者，正也。子帅以正，孰敢不正？'"又说："季康子问政于孔子曰：'如杀无道，以就有道，何如？'孔子对曰：'子为政，焉用杀？子欲善而民善矣。君子之德风，小人之德草。草上之风必偃。'"这是说对民不要一味地用杀戮，而要用道德教化和良行垂范以使其向善。

战国时期孟子提出了"民贵君轻"的思想，这是民本思想的精粹。孟子曰：

> 民为贵，社稷次之，君为轻。是故得乎丘民而为天子，得乎天子为诸侯，得乎诸侯为大夫。诸侯危社稷，则变置。牺牲既成，粢盛既洁，祭祀以时，然而旱干水溢，则变置社稷。（《孟子·尽心下》）

孟子对人民、社稷（土谷之神）、君主三者在国家中的作用和地位作了明确区分。他认为，丘民即广大民众在国家中占有基础地位，社稷的地位就比民众次一等了，君主的地位与社稷相比又次之。君主的所作所为是为民服务的，君主的作为如果危害到国家存在和民众利益，就要更换君主了；如果社稷神不遂众民心愿而使风调雨顺，也要更换之。孟子把民放在首要地位。他对那些虐民的暴君进行了猛烈抨击，认为汤放桀、武王伐纣是正义行动，所讨伐的仅是那些残害百姓的害民贼，即"闻诛一夫纣矣，未闻弑君也"（《孟子·梁惠王下》），这完全合乎道义。他警告那些虐民的统治者，说"暴其民甚，则身弑国亡；不甚，则身危国削"（《孟子·离娄上》）。他分析桀、纣之失天下的原因，说："桀纣之失天下也，失其民也；失其民者，失其心也。得天有道：得其民，斯得天下矣；得其民有道：得其心，斯得民矣；得其心有道：所欲与之聚之，所恶勿施，尔也。"（《孟子·离娄上》）这是说，统治者施政要照顾到广大民众的利益，这样就会得民心，就会取得广大民众的拥护和支持，自然就会得天下。他当面批评梁惠王的所作所为，说"庖有肥肉，厩有肥马，民有饥色，野有饿莩，此率兽而食人也。兽相食，且人恶之；为民父母，行政，不免于率兽而食人，恶在其为民父母也？"（《孟子·梁惠王上》）孟子的民本思想是何等明白！

既然民众是国家之本，那当然要把民众的事办好。怎么办呢？孟子讲了两点：其一，"制民之产"，就是使广大民众有基本的生活、生产保障。孟子曰："若民，则无恒产，因无恒心。苟无恒心，放辟邪侈，无不为已。及陷于罪，然后从而刑之，是罔民也。焉有仁人在位罔民而可为也？是故明君制民之产，必使仰足以事父母，俯足以畜妻子，乐岁终身饱，凶年免于死亡，然后驱而之善，故民之从之也轻。"（《孟子·梁惠王上》）在孟子看来，实行王道的重要条件之一就是要让人民安居乐业，就是要使人民有一定的产业去经营，这样才会使人民思想安定，他们的行为由此才会得到约束；若民众无产无业而成了游民，思想就会不安，也就没有了基本的理想、道德信念，就会去干那些违法乱纪的事；等民众犯了罪再来惩处杀戮，这就是在坑害他们，这绝非王者之所为。王道政治首先使人民有田业可以耕守，使他们有基本的物质生活保障而"养生丧死无憾"（《孟子·梁惠王上》），这样他们就会遵守礼教，服从统治。倘若民众"惟救死而恐不赡，奚暇治礼义哉？"（《孟子·梁惠王上》）所以，"制民之产"是孟子王道政治的经济主张，是他民本思想的重要内容。那么，又如何来做到

"制民之产"呢？孟子讲到两个方面：一是"易其田畴，薄其税敛，民可使富也"（《孟子·尽心上》）。即要轻徭薄赋，要"不违农时"。二是要"正经界"，"夫仁政，必自经界始。经界不正，井地不均，谷禄不平。是故暴君污吏必漫其经界。经界既正，分田制禄可坐而定也"（《孟子·滕文公上》）。"经界"就是"阡陌"，也就是"井田"的边界界限。这是孟子针对战国时期"废井田""开阡陌"的土地私有化和兼并现象而提出的解决耕者土地问题的主张。其二，"善教得民心"，要对人民进行仁义礼制方面的教育。孟子曰："饱食暖衣，逸民而无教，则近于禽兽。"（《孟子·滕文公上》）孟子说，民众在"惟救死而恐不赡"的情况下没有条件接受教育，但如果基本的物质生活保障已经有了，民还不接受教育而只是吃喝耽逸，那就是禽兽之行为了。故孟子曰："仁言不如仁声之入人深也，善政不如善教之得民也。善政，民畏之；善教，民爱之。善政得民财，善教得民心。"（《孟子·尽心上》）

荀子也认为，民在国家中占有基本的地位。他说：

> 马骇舆则君子不安舆，庶人骇政则君子不安位。马骇舆则莫若静之，庶人骇政则莫若惠之。选贤良，举笃敬，兴孝弟，收孤寡，补贫穷，如是，则庶人安政矣。庶人安政，然后君子安位。传曰："君者，舟也；庶人者，水也。水则载舟，水则覆舟。"此之谓也。故君人者欲安则莫若平政爱民矣。（《荀子·王制》）

荀子认为，如果民众（庶人）对统治者的政策感到不安，统治者的地位就岌岌可危了。他用水舟之喻说明了民与君的本末关系。荀子很痛恨那些虐民的暴君，说"诛暴国之君若诛独夫"（《荀子·正论》）。他批驳了那种把汤武革命视为弑君的说法，认为："以桀、纣为君而以汤武为弑，然则是诛民之父母而师民之怨贼也，不祥莫大焉。"（《荀子·正论》）他认为汤、武革命是正义之举，"夺，然后义；杀，然后仁；上下易位然后贞。功参天地，泽被生民"（《荀子·臣道》）。荀子将其民本思想概述为这样一个命题："天之生民，非为君也；天之立君，以为民也。"（《荀子·大略》）这一思想与孟子的"民贵君轻"说一样，是中华民族民本思想和精神之精华。

汉初，鉴于秦亡的教训，许多有见地的思想家都看到了民众的力量，深刻认识到了民在国家、社会中的基础地位。例如陆贾主张轻徭薄赋，发展生产，"以闲养民"（《新语·道基》）。汉初著名政论家贾谊则明确讲"民无不为本"。贾谊曰：

> 闻之于政也，民无不为本也，国以为本，君以为本，吏以为本。故国以民为安危，君以民为威侮，吏以民为贵贱，此之谓民无不为本也。闻之于政也，民无不为命也，国以为命，君以为命，吏以为命。故国以民为存亡，君以民为盲明，吏以民为贤不肖，此之谓民无不为命也。闻之于政也，民无不为功也，故国以为功，君以为功，吏以为功。国以民为兴坏，君以民为强弱，吏以民为能不能，此之谓民无不为功也。闻之于政也，民无不为力也，故国以为力，君以为力，吏以为力。故夫战之胜也，民欲胜也；攻之得也，民欲得也；守之存也，民欲存也。故率民而守，而民不欲存，则莫能以存矣；故率民而攻，民不欲得，则莫能以得矣；故率民而战，而民不欲胜，则莫能以胜矣。（《新书·大政上》）

贾谊认为，民众乃国家之根本，君主、官吏均赖民以生。他一再告诫统治者不可轻视民众的力量。他说："故夫民者，至贱而不可简也，至愚而不可欺也。故自古至于今，与民为仇者，有迟有速，而民必胜之。"（《新书·大政上》）"故夫民者，大族也，民不可不畏也。故夫民者，多力而不可适（敌）也。呜呼！戒之哉！戒之哉！与民为敌者，民必胜之！"（《新书·大政上》）贾谊以陈胜、吴广起义为例，说："是以陈涉不用汤武之贤，不藉公侯之尊，奋臂于大泽而天下响应者，其民危也。故先王见终始之变，知存亡之机，是以牧民之道，务在安之而已。"（《新书·过秦论》）他为汉初统治者献上的治国方略就是安民。如何安之呢？从贾谊思想中可看出两条具体的安民措施：一是富民，即"故君子之贵也，与民以福，故士民贵之。故君子之富也，与民以财，故士民乐之"（《新书·大政上》）。二是教民，即"道之以德教者，德教洽而民气乐；驱之以法令者，法令极而民风哀"（《疏·治安策》）。贾谊的民本思想及安民方针基本上是在秉承和宣传孔子的思想。

西汉董仲舒从"天人感应"的目的论出发,提出了"屈民而伸君,屈君而伸天"(《春秋繁露·玉杯》)的思想,这看来是在贬低和限制民众的作用,但实际上他仍很看重民众的作用。他说:

> 天之生民,非为王也;天之立王,以为民也。(《春秋繁露·尧舜不擅移汤武不专杀》)

这就突出了民众的重要性。他认为,如果君主的道德足以使民安乐,上天就将天子的权位给予他;如果君主的所作所为是残害民众,上天就会剥夺他的天子权位。(见《春秋繁露·尧舜不擅移汤武不专杀》)在对待民众问题上,董仲舒也主张富民、教民。他认为对待民众的基本政策应是"贫者足以养生,而不至于忧"(《春秋繁露·度制》)。针对当时土地兼并的情况,他主张"薄赋敛,省徭役,以宽民力"(《汉书·食货志》)。在富民的同时,董仲舒主张要教民。他说:"君者,民之心也;民者,君之体也。心之所好,体必安之;君之所好,民必从之。……故曰先王见教之可以化民也。"(《春秋繁露·为人者天》)

东汉的王符、荀悦都有以民为本的重民思想。王符指出:"国以民为基,贵以贱为本。愿察开辟以来,民危而国安者谁也?下贫而上富者谁也?故曰:夫君国将民之以(与),民实瘠,而君安得肥?夫以小民受天永命,窃愿圣主深惟国基之伤病,远虑祸福之所生。"(《潜夫论·边议》)在君民关系上,他明确主张:"天之立君,非私此人也以役民,盖以诛暴除害利黎元也。"(《潜夫论·班禄》)他也主张富民,认为:"国之所以为国者,以有民也。民之所以为民也,以有谷也。谷之所以丰殖者,以有人功也。功之所以能建者,以日力也。"(《潜夫论·爱日》)这是主张要使民以时,发展生产,使民富足。荀悦指出:"人主承天命以养民者也,民存则社稷存,民亡则社稷亡。故重民者,所以重社稷而承天命也。"(《申鉴·杂言上》)这是说民之存亡是国家社稷存亡的前提基础。

秦汉以降,中国的封建体制已形成,相应的以民为本的思想也逐渐成为人们的普遍观念,儒家学者或重民,或抑君,或倡复"井田",都有以民为本的思想。例如东汉末的经学家何休,就主张井田制。他说:"《春秋》经传数万,指意无穷状,相须而举,相待而成。至此独言颂声作者,民以食为本也。夫饥寒并至，虽尧舜躬化，不能使野无寇盗；贫富兼并，虽皋陶制法不能使强不凌弱。是故圣人制井田之法而口分之。"（《公羊传解诂》）汉魏之际的仲长统也提倡复井田，说："今欲张太平之纪纲，立至化之基址，齐民财之丰寡，正风俗之奢俭，非井田实莫由也。"（《昌言·损益》，《后汉书·仲长统传》引）直到北宋张载，以"复三代"为口号，以为"三代"之制中有井田、封建、内刑三种制度，其中尤以井田制最为重要。他说："治天下不由井地，终无由得平。周道止是均平。"（《经学理窟·周礼》）这种恢复井田制的提法看起来是倒退，但实际也未必，因为这是这些思想家们用以解决土地兼并问题，使民有田可耕的方略，最终仍是以民为本的民本思想的表现。

至明末清初的社会动荡时期，中华民族的民本思想有了新的时代意义。黄宗羲作《明夷待访录》，其中有《原君》一篇，提出"天下为主君为客"的思想，说："古者以天下为主，君为客，凡君之所毕世而经营者，为天下也。今也以君为主，天下为客，凡天下之无地而得安宁者，为君也。"他揭露封建君主的危害说："……是以其未得之也，屠毒天下之肝脑，离散天下之子女，以博我一人之产业，曾不惨然?! 曰：我固为子孙创业也。其既得之也，敲剥天下之骨髓，离散天下之子女，以奉我一人之淫乐，视为当然，曰：此我产业之花息也。然则为天下之大害者，君而已矣！"（《明夷待访录·原君》）于是他提出了"学校"议政方案，以限制君权。还有清末的谭嗣同，认为："生民之初，本无所谓君臣，则皆民也。民不能相治，亦不暇治，于是共举一民为君。""共举之，则非君择民，而民择君也。""则因有民而后有君；君末也，民本也。天下无有因末而累及本者，亦岂可因君而累及民哉?!"谭嗣同认为，既然君主是由民共举的，所以"必可共废之"（《仁学》三十一），人民有权拥立君主，也必有权废去君主。黄宗羲、谭嗣同的民本思想已有了近世资产阶级民主思想的含义。

总之，以儒家思想为主张倡导的"以民为本"的民本思想，是中华民族精神的重要内容。重民、富民、为民、教民，以民为国家社稷之基，是中华民族的共识，是人们共同的心理倾向，是我们民族的行为习惯。这个"以民为本"的民本精神的实施和表现虽然主要在统治者的国策和施政中，但作为一种民族心理、民族习惯、民族倾向、民族行为，已深深扎根于广大中华民族人们的生活中，至今仍放射着它应有的光辉。

2. "天下为公"的大同之道和爱国主义

"天下为公"的理想和信念是以儒家思想为主体的中华民族精神的又一重要内容。"天下为公"与"以民为本"本来就有内在关联。作为国之根基的民或民众、众民，本来就不是一个人，不是一个地域的一部分少数人，这个"民"原本就是全天下之民众；以这个意义上的"民"为国之本，也自然就有了"公天下"或"天下为公"的价值取向。"天下为公"作为一种民族精神，既是个人的生活信念，也是一个人的理想目标，还是个人所作所为的价值取向；同时，这也是中华民族的民族心理、行为习惯、目标理想以及价值诉求。几千年来，中华民族所积淀、凝结而成的"天下为公"的民族精神在中华民族的"大同"理想和"爱国"情怀中得到了表现和绽放。

"天下为公"的这个"公"，起码应在三种意义上得到体现。一是与"私"相对的意义，这个"公"就是天下，"天下为公"或"公天下"的意思就是说天下乃是全天下人的天下，而非某人某姓某家某党的私有产品。另一是与"分"或"分裂"相对的意义，这个"公"就是"一"或"一统"，而不是分裂割据，占山为王的各自为政。这个"公"还有一种政治性的意义，是与动乱、压迫、剥削、不平等、不自由等相对的意思，这就是"大同"之道这一理想目标和追求。

中华民族早在形成之初就以华夏族为中心而与四周的戎、狄、夷、蛮等民族相互互动影响着，"华夏是蛮夷戎狄异化又同化的先进产物"，"可以说，中国是蛮夷戎狄共同缔造的"。① 后来就形成了一个多元一体的格局，"汉族的形成是中华民族形成中的一个重要阶段，在多元一体格局中产生了一个凝聚的核心"②。从春秋战国到秦汉时期，一统的中华民族正式形成。经魏晋南北朝时期的民族大融合，中华民族这个多元一体的"一"最终牢固地熔铸成了。中华民族一体的"一"就是这个"天下为公"的真正的"公"之所在。《尚书·尧典》说帝尧"克明俊德，以亲九族。九族既睦，平章百姓。百姓昭明，协和万邦，黎民于变时雍"。这是说尧能发

---

① 张正明：《先秦民族结构、民族关系和民族思想》，《民族研究》1983年第5期。
② 费孝通：《中华民族多元一体格局》（修订本），中央民族大学出版社2003年版，第23页。

扬大德，能使家族亲密和睦。家庭和睦后又能辨明其他各族的政事。众族的政事辨明了，又协和了万邦诸侯，天下民众也递相变化而友好和睦起来了。这正是"天下为公"这个"公"之形成和表现。《尚书》中有《禹贡》一篇，说的是大禹治水平土的历史功绩。"禹敷土，随山刊木，奠高山大川。"（《尚书·禹贡》）这是说大禹分别土地的疆界，行走高山砍削树木作为路标，以高山大河奠定界域。这样一来，大禹就刊定出天下"九州"，即冀、兖、青、徐、扬、荆、豫、梁、雍（见《尚书·禹贡》）。这是从领土疆域上对一统天下的勘定，这也是"天下为公"的"公"之义。《诗经·小雅·北山》云："溥天之下，莫非王土；率土之滨，莫非王臣。"这是对当时天下一统的政治局面的描写。管仲相齐桓公而使齐国称霸于天下，齐桓公成为春秋时的第一个霸主。《论语》中有几处是孔子对管仲的评价，认为管仲"之器小哉"，即他气量狭小，又不节俭，不知礼（见《论语·八佾》），没有什么值得称道的。但孔子却说管仲有仁德。《论语·宪问》载："子路曰：'桓公杀公子纠，召忽死之，管仲不死。'曰：'未仁乎？'子曰：'桓公九合诸侯，不以兵车，管仲之力也。如其仁，如其仁。'"又载："子贡曰：'管仲非仁者与？桓公杀公子纠，不能死，又相之。'子曰：'管仲相桓公，霸诸侯，一匡天下，民到于今受其赐。微管仲，吾其被发左衽矣。岂若匹夫匹妇之为谅也，自经于沟渎而莫之知也？'"管仲曾是公子纠的师傅，当齐桓公杀死他的哥哥公子纠后，管仲非但没有为公子纠死难，还做了齐桓公的相国。从儒家的一般标准来看，管仲的确不够"仁"之德，子路、子贡都是这么认为的。但孔子却偏偏以"仁"许管仲，为什么呢？关键就在于管仲能为国家着想，能为天下着想。正因为他相齐桓公，才能使桓公"九合诸侯"而制止了战争，避免了天下的混战和分裂，这个功劳就大了，难道还不算"仁"吗?！还有，如果没有管仲相齐桓公，"霸诸侯，一匡天下"，西周以后的天下就会走向分裂和倒退，中原的文明礼制就会失去，"吾其被发左衽矣"，哪还有中华文化、中华文明可言呢？哪还有中原、中华之称呢？所以，孔子明确以"仁"许管仲，看中的正是他在"一天下"或"公天下"中无可替代的重要作用。孔子说："天下有道，则礼乐征伐自天子出；天下无道，则礼乐征伐自诸侯出。自诸侯出，盖十世希不失矣；自大夫出，五世希不失矣；陪臣执国命，三世希不失矣。天下有道，则政不在大夫，天下有道，则庶人不议。"

(《论语·季氏》)孔子所谓的"天下有道"的"道",在此就有"公"的含义,因为此时的天下是一个一统或统一的整体,从地域组织到政令施行,都是统一的,礼乐征伐这些大事都由天子来执行。倘若诸侯、大夫、陪臣也来发号司令了,那么国家在政治上就失去了一统,这就是分裂,就不是"公天下"了。

"天下为公"的"公"的另一种意义是要将天下作为全天下人的天下,而不是一族、一姓、一人的私有产品。这个意义上的"天下为公"有很重要的政治性,这实际上是说治国施政要为民着想,不可只为了满足统治者的私欲,这已是儒家所倡导的王道政治或仁政了。孔子说过这样的话:"子曰:'直哉史鱼!邦有道,如矢;邦无道,如矢。君子哉蘧伯玉!邦有道,则仕;邦无道,则可卷而怀之。'"(《论语·卫灵公》)还说:"子谓南容,邦有道,不废;邦无道,免于刑戮。"(《论语·公冶长》)邦者,国也。孔子在此说的"邦有道""邦无道"的"道"有明显的政治内涵,即国家的政治清明还是政治混浊。那么,国家政治清明与否的标志又何在呢?这自然涉及是为民还是为己,是仁政还是霸政等问题。孔子在此讲的意思虽不甚明确,但他所谓的"邦有道"已有"天下为公"的政治意义。故孔子说:"道不行,乘桴浮于海。"(《论语·公冶长》)这个"道"也有"天下为公"的政治意义和价值取向。

身处兼并战争盛行的战国时代的孟子,反对霸政,提倡仁政。这个仁政就有"天下为公"的涵义。有次孟子去见梁襄王,梁襄王"问曰:'天下恶乎定?'"孟子说:"定于一。"梁襄王问:"孰能一之?"孟子说:"不嗜杀人者能一之。"梁襄王听了后就说:"孰能与之?"意思是"还有谁来跟随呢?"这是说,战国之时正在进行兼并战争,战争的进行得靠法令惩处方可,否则的话有谁听你的话而跟随你呢?孟子就给他讲了一番"定于一"或"一天下"的道理,说:"天下莫不与也。王知夫苗乎?七八月之间旱,则苗槁矣。天油然作云,沛然下雨,则苗浡然兴之矣。其如是,孰能御之?今夫天下之人牧,未有不嗜杀人者也,如有不嗜杀人者,则天下之民皆引领而望之矣。诚如是也,民归之,由水之就下,沛然谁能御之?"(见《孟子·梁惠王上》)孟子说,你不要担心没有人跟随你,只要你不嗜杀而行仁政,人们就会自然跟从你,这就像久旱逢甘霖后苗木勃然生长起来一样,有谁能阻挡得了呢?!可见,孟子的这个"定于一"的"一"就是"天下为公"的"公"。

有次孟子去见齐宣王,还是劝他行仁政王道。齐宣王就说,我恐怕不行,因为"寡人有疾",即我有毛病;什么"疾"呢?"寡人好勇""寡人好货""寡人好色"。孟子就给他讲道理,说大王请不要只好小勇,而要好大勇;像"文王一怒而安天下之民"那种勇,"武王亦一怒而安天下之民"那种勇,所以"今王亦一怒而安天下之民,民惟恐王之不好勇也"。好勇并不是错,单纯好勇斗狠的那种一己之私的勇,的确不对,而如果为了天下苍生的生存幸福"一怒而安天下"之勇,苍生万民尚求之不得哩,这有什么不好呢?!对于好货、好色,孟子讲了同样的道理,云:"王如好货,与百姓同之,于王何有?""王如好色,与百姓同之,于王何有?"(见《孟子·梁惠王下》)只要能与民同好之,这些勇、货、色之好不仅不是实行仁政王道的障碍,反而正是实行王道的有利条件。孟子的这个"定于一"或"一天下"的"一",正是"天下为公"的"公"。

  荀子有"天下为一"的思想。这个"天下为一"就是"天下为公"的"公天下"。荀子作有《正论》篇,论述的正是"天下为一"或"一天下"的问题。荀子指出:"世俗之为说者曰:'汤、武不能禁令,是何也?曰:楚、越不受制。'是不然。汤、武者,至天下之善禁令者也。汤居亳,武王居鄗,皆百里之地也,天下为一,诸侯为臣,通达之属莫不振动从服以化顺之,曷为楚、越独不受制也?彼王者之制也,祝形埶而制械用,称远迩而等贡献,岂必齐哉!故鲁人以榶,卫人用柯,齐人用一革,土地刑制不同者,械用备饰不可不异也。故诸夏之国同服同仪,蛮、夷、戎、狄之国同服不同制。封内甸服,封外侯服,侯卫宾服,蛮夷要服,戎狄荒服。甸服者祭,侯服者祀,宾服者享,要服者贡,荒服者终王。日祭、月祀、时享、岁贡,夫是之谓视形埶而制械用,称远近而等贡献,是王者之至也。"(《荀子·正论》)"天下为一"或"一天下"的实质在于以天下为天下人的天下,而不在于单纯地域上或体制形式上的统一。荀子认为,一些人仅从外在制度形式上说汤、武之时不能禁令而未达到"天下为一",这是错误的。汤、武以仁义治天下,为天下苍生计,使天下人安居乐业,这才是真正的"一天下"。荀子针对那些"桀、纣有天下,汤、武篡而夺之"的说法,指出:"以桀、纣为常有天下之籍则然,亲有天下之籍则不然,天下谓在桀、纣则不然。天子千官,诸侯百官。以是千官也,令行于诸夏之国,谓之王;以是百官也,令行于境内,国虽不安,不至于废易遂亡，谓之君。圣王之子也，有天下之后也，执籍之所在也，天下之宗室也；然而不材不中，内则百姓疾之，外则诸侯叛之，近者境内不一，遥者诸侯不听，令不行于境内，甚者诸侯侵削之，攻伐之，若是，则虽未亡，吾谓之无天下矣。圣王没，有执籍者罢不足以县天下，天下无君，诸侯有能德明威积，海内之民莫不愿得以为君师，然而暴国独侈，安能诛之，必不伤害无罪之民，诛暴国之君若诛独夫，若是，则可谓能用天下矣。能用天下之谓王。汤、武非取天下也，修其道，行其义，兴天下之同利，除天下之同害，而天下归之也。桀、纣非去天下也，反禹、汤之德，乱礼义之分，禽兽之行，积其凶，全其恶，而天下去之也。天下归之之谓王，天下去之之谓亡。故桀、纣无天下而汤、武不弑君，由此效之也。"（《荀子·正论》）荀子的道理已经说得很明确了。纣、桀这些虐民的暴君虽在形式上有天下，但实则已亡天下了；汤、武那些能爱民、为民的诸侯臣下，名义上虽然是臣而非君，但全天下之人心向往之，实则已有天下了。这说明，"天下为公"的这个"公"不是形式上的一个统一地域，其实质在于得民心而为民行政。

"天下为公"还有一个意思，即它还是一种理想目标和社会价值观。这就是人人所理想的"大同"社会，是一种自由、平等、和谐、安定、富足的社会。这就是儒家所说的"大同"之世。《礼记·礼运》云：

> 大道之行也，天下为公，选贤与能，讲信修睦。故人不独亲其亲，不独子其子。使老有所终，壮有所用，幼有所长，矜寡孤独废疾者皆有所养。男有分，女有归。货恶其弃于地也，不必藏于己；力恶其不出于身也，不必为己。是故谋闭而不兴，盗窃乱贼而不作。故外户而不闭，是谓大同。
>
> 今大道既隐，天下为家。各亲其亲，各子其子，货力为己。大人世及以为礼，城郭沟池以为固。礼义以为纪，以正君臣，以笃父子，以睦兄弟，以和夫妇，以设制度，以立田里，以贤勇知，以功为己。故谋用是作，而兵由此起；禹、汤、文、武、成王、周公由此其选也。此六君子者，未有不谨于礼者也。以著其义，以考其信，著有过，刑仁讲让，示民有常。如有不由此者，在势者去，众以为殃。是谓小康。

这就是儒家所理想的美好社会，即"大同"之道，而与"小康"社会不同。"小康"社会是"天下为家"的社会，此时大道隐而未显，人人各为自己，"各亲其亲，各子其子"，这显然是那种私有制社会，其中有明确差别和界限；为了在差别、界限的前提下组织起来以形成社会，这就需要礼义规章，即"礼义以为纪，以正君臣，以笃父子，以睦兄弟，以和夫妇，以设制度，以立田里，以贤勇智，以功为己"。在《礼运》的作者看来，儒家所盛赞的禹、汤、文、武的时代尚且不是最好最高的社会，它们还是私有制形式下的小康之世。相比之下，"大同"之世是大道已显，天下为公，这时当然不是人人各为自己着想，而是人人为公，即人人都为社会着想，"人不独亲其亲，不独子其子"，这已打破了人我之限，全社会人人平等，亲如一家，使"老有所终，壮有所用，幼有所长，矜寡孤独废疾者皆有所养"，每种人、每个人都能合适、合己地生活；此时的社会当然是人人各得其所，各尽所能。显而易见，这与我们现在所说的"共产主义"社会已经一致了。但何以能达到此种"大同"社会呢？《礼运》的作者没有讲实现此种社会的途径、方式，故而成了理想性的"乌托邦"。但作为一种社会理想，"大同"之道还是有一定意义的，它起码是一种理想的社会蓝图，对儒家知识分子良多鼓舞和影响。可以看出，此种"大同"之道是"天下为公"这一民族精神的最高表现和最后落实。

"天下为公"这种心理、习惯、信念、目标，作为一种民族精神，它与爱国主义有直接关联。要爱国，怎么爱？爱什么？去哪里爱呢？这都要在"天下为公"这一信念、目的和目标中得以实行和实现。试想，如果天下是那种一人一姓的私天下、家天下，那天下就是暴君独夫手中的工具，人民只能遭受涂炭，这样的社会、国家有何可爱之处呢？爱这样的国岂不是为虎作伥、助纣为虐，有何爱国的价值可言呢?！所以，要爱国，首先要有一个"天下为公"的国才值得去爱，也才能去爱；如若是那种"天下为私"的国，即使去爱了，所爱的也仅仅是一姓一人，何来真正意义上的"国"呢？因此，"天下为公""大同之道"和"爱国主义"是相统一的，它是以儒学思想为主体的中华民族精神的重要方面。

3. "自强不息"的奋斗精神

自强不息，积极进取，这是以儒学为主体的中华民族的又一重要精神。在古代的印度、巴比伦、埃及和中国这四大文明古国中，只有中华文明历经五千多年而传承不息，香火继续，这与中华民族"自强不息"、积极进取的民族精神饶有关系。中华民族自古以来就是一个勤劳、节俭、自强、进取的民族。中华先民代代相传，自强不息，使泱泱中华文明得以历久弥新，传流久远。

自强不息，很早就是中华先民的朴素观念。《诗经·周颂·维天之命》说："维天之命，於穆不已。"这赞许的是庄严肃穆、运行不息的天道。天道既然运行不息，那么人应该如何做呢？自然要像天道那样运作不息。《诗经·大雅·文王》说："周虽旧邦，其命维新。"这是说周虽是一个旧邦国，但受命于天后却在于除旧布新。这里当然有自强自新、不断进取的思想。《诗经》中有许多诗句，如"夙兴夜寐"（《诗经·小雅·小宛》）、"战战兢兢，如临深渊，如履薄冰"（《诗经·小雅·小旻》）、"黾勉从事"（《诗经·小雅·十月之交》）等，都反映出了小心谨慎、自强不息的思想。

《易经》成书于西周初年，原是一部筮书。遇事为何要占要筮？当然是为了解决问题，把事做好。所以这种占卜决疑、期许未来的书中也有进取自强的涵义和精神在。正如《易传·系辞下》所言："易之兴也，其于中古乎？作易者其有忧患乎？""易之兴也，其当殷之末世，周之盛德耶？当文王与纣之事邪？"在周代替殷，由殷向周转化之际，周王朝正处在生死存亡之时，没有积极进取、自强自立、奋斗不息的精神，没有忧患意识，没有远大的理想目标，是难于立世的，更不要说除旧布新地来作旧邦之新命以建立新朝代了。成书于战国中晚期的《易传》一书，引申、发挥了《易经》的思想，明确提出了"自强不息"的观念和思想。《周易·乾·象传》曰：

天行健，君子以自强不息。

这是说，天的运行刚强劲健，奋进不已；君子要效法天之刚健奋进的品德，要不断地奋发图强，进取创新。《易传》的《象传》是解释每卦卦象的，并以卦象为根据来诠解卦名及卦义。乾卦的六个爻均是阳，故它乃纯阳之卦，表示刚强雄健之义。人取法于乾卦的刚健之性和阳刚之象，就要积极进取，发愤图强，不断奋进。《周易·乾·象传》解释了乾卦每一爻的涵义，具体展示了天之"行健"之性。它指出："'潜龙勿用'，阳在下也。'见龙在田'，德施普也。'终日乾乾'，反复道也。'或跃在渊'，时无咎也。'飞龙在天'，大人造也。'亢龙有悔'，盈不可久也。'用九'，天德不可为首也。"这里以乾卦卦象为根据，对乾卦六爻每一爻辞的涵义作了解说。它说：初九爻的"潜龙勿用"以潜伏着的龙为象，说明此时阳气刚萌动尚处于潜伏阶段。九二爻的"见龙在田"以龙已显出为象，说明阳气已显并已发挥了作用。九三爻的"君子终日乾乾"以龙的强胜为象，以喻君子反复行道而不使自己出现行为上的偏差。九四爻的"或跃在渊"以龙的退守潭渊为象，说明君子要审时度势以明进退，不可一味地死为。九五爻的"飞龙在天"以直冲云霄凌空飞舞着的龙为象，比喻道高德厚且身处高位的大人物正得其时。上九爻的"亢龙有悔"以飞到穷极之高的龙为象，说明上进过分后就会向反面转化。而"用九"说的则是对"九"数之用，说明上天的美德是不以首领自居而能去刚取柔也。显然，这里以龙的潜、见（现）、高飞、跃下、再腾上、亢为象，以说明天道奋进不息之本性。人生存、生活于天地间，当然要"法天"而行，为人处事亦应奋斗不息，奋勇向前（向上）。值得注意的是，《乾·象传》在解说乾卦以龙之活动为取象的奋进刚健之道时，并没有作直线式的诠解，而是直中有曲、进中有退，曲曲直直，进进退退，反反复复，这才合乎真正的刚健之道，若一味地直线走去，并不是真的、合乎时势的刚健，而是会折断、夭折的脆刚，这当然是不足为法的。这正是《易传》所说的"天行健"之"健"的可贵之处，因为这个"健"是健中有非健，刚中有柔，阳中有阴，直中有曲，进中有退，这才是真正的"健"。君子要取的德性正在这里，这才最终能成就君子之业；倘若是那种一刚到底，一刚为终，一条道地走到黑，那就是蛮干胡为，是刚愎自用，这绝对是要坏事的，君子还有必要效法于这种健吗？！

《易传·乾·象传》发挥、引申、提炼《易经·乾》卦所提出的"天行健，君子以自强不息"之"自强不息"的理念、思想，深刻地表现、反映了中华先民的刚健奋进精神。不悲观，不绝望，不怨天，不尤人，不求神，不问鬼，不徘徊，不等靠，不守株待兔，不希冀侥幸，而是乐观地面对人生，发愤图强，积极进取，百折不挠，持之以恒，这种思想倾向和价值标准，亦含心理习惯，已深深扎根在中华民族的精神沃土中，放射着熠熠光辉。

"自强不息"的奋斗、进取精神在儒、墨、法等各家各派中都有不同程度的展现，但这种精神在儒家思想中表现得比较突出。例如，孔子曾说过这样的话："道之将行也与，命也；道之将废也与，命也。"(《论语·宪问》)看来孔夫子是认"命"的，他说自己"五十而知天命"(《论语·为政》)。这里不无悲观情绪和无可奈何的心理，看似没有"自强不息"的积极进取精神。但这只是孔子在某种情境下发的一时之感叹，孔子的基本生活态度和行为仍是自强不息、积极进取的。《论语》中有一条材料说："子路宿于石门。晨门曰：'奚自？'子路曰：'自孔氏。'曰：'是知其不可而为之者与？'"(《论语·宪问》)这是石门的看门人对孔子的评价，即孔子是一个明知道做不到而还要坚持去做的人。这难道不是一位积极进取、自强不息的孔子吗？！《论语·泰伯》载："曾子曰：'士不可以不弘毅，任重而道远。仁以为己任，不亦重乎？死而后已，不亦远乎？'"这是曾参说的话，但孔子是完全认可这种作为的，因为孔子自己难道不就是"仁以为己任"吗？死而后已地做事，难道还不是"自强不息"的精神吗？！《论语·卫灵公》载："子曰：'人能弘道，非道弘人。'"没有自强不息、积极进取的理想和精神，人岂能弘扬光大道？！《论语·述而》载："叶公问孔子于子路，子路不对。子曰：'女奚不曰，其为人也，发愤忘食，乐以忘忧，不知老之将至云尔。'"孔子说他自己是一个"发愤忘食，乐以忘忧，不知老之将至"的人，这种自强不息的进取精神跃然纸上。

《孟子·告子下》有言："孟子曰：'舜发于畎亩之中，傅说举于版筑之间，胶鬲举于鱼盐之中，管夷吾举于士，孙叔敖举于海，百里奚举于市。故天将降大任于斯人也，必先苦其心志，劳其筋骨，饿其体肤，空乏其身，行拂乱其所为，所以动心忍性，增益其所不能。人恒过，然后能改；困于心，衡于虑，而后作；征于色，发于声，而后喻。入则无法家拂士，出则无敌国外患者，国恒亡。然后知生于忧患而死于安乐也。'"这是一段脍炙人口、鼓舞人心的话。孟子说：大舜从田野中兴起，傅说从筑墙中被提举出来，胶鬲从鱼盐之市中被举出，管仲从狱官手中被释放出来，孙叔敖被提举于海边，百里奚被提举于买卖场；所以，天要将重大任务落到某人身上，就要先苦恼他的心志，劳动他的筋骨，饥饿他的肠胃，穷困他的身子，使他的每一行为都不如意称心，这样便可震动他的心意，坚韧他的性情，增强他的能力。一个人如果错误经常发生，就会促迫他彻底改正；心意困苦，思虑阻塞，能使人有所奋发而创造；表现在面色上，吐发在言语中，才能被人了解。一个国家如果国内没有有法度的大臣和畏弼的士子，国外没有敌对的邻国和外患之忧，就容易怠惰而灭亡。因此人们可以明白这样一个道理：安逸快乐易于使人灭亡而忧愁患祸却能使人求生。在这里，逆境励志，发愤图强，自强不息，奋勇进取的精神何其明确！孟子自己一生的所作所为所秉持的就是这种自强不息、自信自励，以天下为己任的高尚精神。他说："五百年必有王者兴，其间必有名世者。……夫天未欲平治天下也；如欲平治天下，当今之世，舍我其谁也？吾何为不豫哉？"（《孟子·公孙丑下》）在战国这个动荡时代，孟子除了游说统治者实行王道外，他自己就以"平治天下"来自评自期，发出了"当今之世，舍我其谁也"的响亮之音。这是高傲自大吗？是狂妄疯话吗？否！这是对时代的关怀，是士者的担当，是对天下的责任感！如果这句话从一个独夫民贼口中说出，那是狂妄和荼毒天下；如果从一位心系天下苍生的有良知的士子口中说出，就正是一种勇于担当、乐观进取、自强不息、以天下为己任的高尚情怀和高贵精神。难道孟子不正是这样的吗？！

荀子主张和宣扬的也正是这种"自强不息"的奋斗精神。荀子有言："水火有气而无生，草木有生而无知，禽兽有知而无义。人有气，有生，有知，亦且有义，故最为天下贵也。（人）力不若牛，走不若马，而牛马为用，何也？曰：人能群，彼不能群也。人何以能群？曰：分。分何以能行？曰：义。故义以分则和，和则一，一则多力，多力则强，强则胜物，故宫室可得而居也。故序四时，裁万物，兼利天下，无它故焉，得之分义也。故人生不能无群，群而无分则争，争则乱，乱则离，离则弱，弱则不能胜物，故宫室不可得而居也，不可少顷舍礼义之谓也。"（《荀子·王制》）荀子认为，在天地万物中人"最为贵"，这是因为人兼综水火、草木、禽兽诸多物的优长，即不仅"有气、有生、有知，亦且有义"；人在天地中的质性、材质优于别的东西，那他的地位和责任也自然就与一般物不同，人要"序四时，裁万物，兼利天下"，要改造天地，给天地以秩序。所以，人来到世上，本来就自立、自强、自信、自为地改造着天地万物，与天地之"行健"一起行动着，这岂非自强不息的表现？！

西汉的司马迁在逆境中自强不息，勇于进取，百折不挠，终于写成了

"史家之绝唱"的《史记》。《史记·太史公自叙》说："西伯拘羑里，演《周易》；孔子厄陈蔡，作《春秋》；屈原放逐，著《离骚》；左丘失明，厥有《国语》；孙子膑脚，而论兵法；不韦迁蜀，世传《吕览》；韩非囚秦，《说难》《孤愤》；《诗》三百篇，大抵贤圣发愤之所为作也。"这是从骨子里迸放出的"自强不息"的精神。推演《周易》的文王，作《春秋》的孔子，撰《离骚》的屈原，著《国语》的左丘明，修兵法的孙膑，写《吕览》的吕不韦，还有作《说难》《孤愤》的韩非，当然也包括写《史记》的司马迁自己，这些奇士伟人，都是在逆境中奋斗不息、奋发有为的。这如果没有一种信念、一种内在力量、一种高尚精神的支撑，是难以这样作为的。这正是自强不息精神的生动体现。

鲁迅说："我们从古以来，就有埋头苦干的人，有拼命硬干的人，有为民请命的人，有舍身求法的人……这就是中国的脊梁。"（《且界亭杂文·中国人失掉自信力了吗》）"中国的脊梁"者，中华民族之精神也；何种精神？此乃"自强不息"之精神也！

4. "厚德载物"的宽广胸怀

"厚德载物"是以儒家思想为主体的中华民族的又一重要精神。具有悠久历史和深厚文化底蕴的中华民族，一贯看重人的德性品质，主张纯德、厚德、贤德、仁德、道德，强调人的道德修养，由此以宽广的胸怀，能容的大度，海纳百川的气度，来对人对物，承载起天地万物，挺立于天地之间。

"德"这个字所指广泛，可指人的品行、节操，也指有道德的贤明之人，也指恩惠、恩德，也指感恩、感激，也指善教、仁政、德政，也指心意，也指性质、属性，也指事物的开始，也指上升、升登，也指得到，等等。但"'德'的原始含义究竟是什么，是一个迄今并不清楚而很值得研究的问题。'它的原义显然并非道德，而可能是各氏族的习惯法规。'最近也有人论证'德'原指拘执、捆缚奴隶以及征伐掠夺、占有财富，以后演化为等级秩序和天命伦理。'德'在殷商卜辞及《尚书·盘庚》中虽多见，但作为一个主要观念和中心思想，是在姬周。周初再三强调'敬德'、'明德'，金文中多有'德'字。'帝'（殷商）在意识形态中的地位在周初已被结合天意与人事的'德'所取代。'德'字在甲骨文中从直从行，与'循'字近（容庚说），'示行而视之之意'（闻一多说），《庄子·大宗师》有'以德为循'。我以为，'德'正是由此'循行''遵循'的功能、规范义转而为实体性能义，最终变为心性要求义的。'德'在周初被提到极高位置，恐怕也与周公当时全面建立规范化的氏族制度有关。""'德'似乎首先是一套行为，但不是一般的行为，主要是以氏族部落首领为表率的祭祀、出征等重大政治行为。它与传统氏族部落的祖先祭祀活动的巫术礼仪紧密结合在一起，逐渐演变而成为维系氏族部落生存发展的一整套的社会规范、秩序、要求、习惯等非成文法规。"[1]无论"德"的原始含义是什么，到周初时已演化为与思想品质、品德、善政、德政等有关的含义，其伦理道德方面的含义已突出和明确了。

《尚书》中就出现了不少"德"字。比如"玄德升闻，乃命以位"（《尚书·舜典》），"正德、利用、厚生惟和"（《尚书·大禹谟》），"惟德动天，无远弗届"（《尚书·大禹谟》），"日宣三德"、"九德咸事"（《尚书·皋陶谟》），"祗台德先，不距朕行"（《尚书·禹贡》），"乃陈戒于德"、"常厥德"、"厥德匪常"、"夏王弗克庸德"、"眷求一德"、"惟尹躬暨汤咸有一德"、"惟天佑于一德"、"惟民归于一德"、"德惟一"、"德二三"、"惟天降灾祥，在德"、"惟新厥德"、"臣为上为德"、"德无常师"（《尚书·咸有一德》），"作福作灾，予亦不敢动用非德"、"用德彰厥善"（《尚书·盘庚上》）；等等。《诗经》中也有"德"字，如说"忘我大德，思我小怨"（《诗经·小雅·谷风》），"欲报之德，昊天罔极"（《诗经·小雅·蓼莪》），"淑人君子，其德不回"、"淑人君子，其德不犹"（《诗经·小雅·鼓钟》），"既见君子，德音孔胶"（《诗经·小雅·隰桑》），"抑抑威仪，维德之隅"、"有觉德行，四国顺之"、"颠覆厥德，荒湛于酒"、"无言不雠，无德不报"、"辟尔为德，俾臧俾嘉"、"温温恭人，维德之基"、"其维哲人，告之话言，顺德之行"、"回遹其德，俾民大棘"（《诗经·大雅·抑》），"乃如之人兮，德音无良"（《诗经·邶风·雄雉》），等等。当然，《书》《诗》中这些"德"字其含义还比较复杂，但已有了德行、品行、道德、德政等伦理道德方面的基本意思。

殷末周初之时，小邦周要替代大国殷，时势在发生着巨大变化。周初

---

[1] 李泽厚：《孙老韩合说》，见李泽厚《中国古代思想史论》，人民出版社1986年版，第86—87页。

统治者对天命的转移已有了清醒的认识。例如《尚书·召诰》言:"我不可不监(鉴)于有夏,亦不可不监(鉴)于有殷。我不敢知曰,有夏服天命,惟有历年;我不敢知曰,不其延。惟不敬厥德,乃早坠厥命。我不敢知曰,有殷受天命,惟有历年;我不敢知曰,不其延。惟不敬厥德,乃早坠厥命。"有夏统治者说他们是受天命而王天下的,但为什么后来天命就变了,他们作了若干年的天下王后,上天就不让他们再王天下了呢?有殷统治者代夏而王天下后,也说他们是受天命而王的,那又为什么统治了若干年后被周朝所取代了呢?周朝统治者当然也要讲受命而王,但问题是这个天命为何要发生转移呢?能受天命的前提条件是什么呢?周初统治者明确认识到"皇天无亲,惟德是辅;民心无常,惟惠之怀。"(《尚书·蔡仲之命》)天命转移的基本条件是统治者的"德",有良好的品德,有德性和德行,上天就选择他作民众的统治者;如果丧失了德性德行,上天就不再让他作统治者了,就要选有"德"的新统治者。所以,"敬德保民"成了周初的核心政治理念。这个"德"已有了个人的品德、德性和统治者的德政、善政方面的基本含义。

《易经》这部书成书于周初,是在当时"天命靡常"(《诗经·大雅·文王》)、"惟德是辅"(《尚书·蔡仲之命》)的政治气候和民族文化心理习惯的氛围下产生的,所以它也折射、反映着当时"敬德保民"的时代特征,此乃作《易》者的"忧患"意识之所在。《易传·系辞下》言:"易之兴也,其于中古乎?作易者其有忧患乎?"当然有了!忧患什么呢?还不是忧患"靡(无)常"的天命能否在周朝统治者这里被保而不失!既如此,可以肯定,《易经》与《尚书》《诗经》一样,也有"德"的思想、意识在。由于《易》在形式上的特殊性,它讲"德"当然要通过其卦图、卦象来展示,这就是《易》的乾、坤之卦。乾、坤二卦是《易》的门户,是其他卦的父母,它们最明显和集中地展示了"德"性。乾卦纯阳,展示了阳刚之德,即"健"性品德;坤卦纯阴,展示的是阴柔之德,即"坤"(柔顺)性品德。成书于战国中晚期的《易传》,正式提升出《易经》中乾、坤二卦的"德"性品性,凝练成了道德格言。《周易·坤·象传》曰:

地势坤,君子以厚德载物。

这是说，大地的气势是厚实的，又是柔顺、和顺的；君子就应效法大地之势而增厚自己的美德，以之来容纳、承载万物。《说文·土部》："坤，地也，《易》之卦也，从土从申，土位在申。"坤的基本意思是柔顺，故它乃古代女性的代称。"坤"是与"乾"相对之卦。关于"坤"卦之义，《易传》多有诠解，如说："乾道成男，坤道成女。乾知大始，坤作成物。乾以易知，坤以简能"，"夫乾，其静也专，其动也直，是以大生焉；夫坤，其静也翕，其动也辟，是以广生焉"，"乾坤，其《易》之缊邪？乾坤成列，而《易》立乎其中矣；乾坤毁，则无以见《易》；《易》不可见，则乾坤或几乎息矣"（均见《易传·系辞上》）；"夫乾，确然示人易矣；夫坤，隤然示人简矣"，"子曰：'乾、坤，其《易》之门邪？'乾，阳物也；坤，阴物也。阴阳合德而刚柔有体，以体天地之撰，以通神明之德"，"夫乾，天下之至健也，德行恒易以知险；夫坤，天下之至顺也，德行恒简以知阴"（均见《易传·系辞下》）；"坤也者，地也，万物皆致养焉，故曰致役乎坤"，"乾，健也；坤，顺也"，"乾为马，坤为牛"，"乾为首，坤为腹"，"乾，天也，故称乎父；坤，地也，故称乎母"，"坤为地，为母，为布，为釜，为吝啬，为均，为子母牛，为大舆，为文，为众，为柄，其于地也为黑"（《易传·说卦传》）；"乾刚坤柔"（《易传·杂卦传》）；等等。总之，乾象征的是刚健之德性，而坤象征的则是柔顺、和顺之德性。从大地之性能的厚实、和顺出发取象，人生在世就应厚德载物，这是一种品质、德性，也是一种理念、思想、精神。

  注重德性修养，强调道德品质，主张和提倡德政、德教，是孔、孟、荀这些先秦儒家的重要思想。孔子就很看重"德"。《论语》中"德"字38见，基本上都是在伦理道德意义上用的。例如，"季康子问政于孔子曰：'如杀无道，以就有道，何如？'孔子对曰：'子为政，焉用杀？子欲善而民善矣。君子之德风，小人之德草，草上之风必偃。'"（《论语·颜渊》）"樊迟从游于舞雩之下，曰：'敢问崇德，修慝，辨惑。'子曰：'善哉问！先事后得，非崇德与？……'"（《论语·颜渊》）"子夏曰：'大德不逾闲，小德出入可也。'"（《论语·子张》）"子曰：'天生德于予，桓魋其如予何？'"（《论语·述而》）"子曰：'德之不修，学之不讲，闻义不能徙，不善不能改，是吾忧也。'"（《论语·述而》）这些意义上的"德"是指人的品质、德性、作风，有时也指行为等。又如，"或曰：'以德报怨，何如？'

子曰：'何以报德？以直报怨，以德报德。'"（《论语·宪问》）这里的"德"乃恩德、恩惠、德惠等意思。再如，"子曰：'君子怀德，小人怀土；君子怀刑，小人怀惠。'"（《论语·里仁》）"子曰：'道之以政，齐之以刑，民免而无耻；道之以德，齐之以礼，有耻且格。'"（《论语·为政》）"子曰：'为政以德，譬如北辰居其所而众星共之。'"（《论语·为政》）"子曰：'德不孤，必有邻。'"（《论语·里仁》）这些意义上的"德"指的是道德、德行等。但无论在哪种意义上用，"德"都指的是人的伦理道德，是人的行为规范，以及由此表现、体现出的仁德善政。

《孟子》中"德"字37见，基本上都是在道德、品德、德行等意义上用的。比如，"德何如则可以王矣？"（《孟子·梁惠王上》），"天下有道，小德役大德，小贤役大贤"（《孟子·离娄上》），"周于利者凶年不能杀，周于德者邪世不能乱"（《孟子·尽心下》），"动容周旋中礼者，盛德之至也。"（《孟子·尽心下》），等等，说的都是人的道德、德行。

荀子也很看重人的德行，比如他说："积善成德，而神明自得，圣心备焉"（《荀子·劝学》），"礼者，法之大分，类之纲纪也，故学至乎礼而止矣。夫是之谓道德之极"（《荀子·劝学》），"……除其害者以持养之，使目非是无欲见也，使耳非是无欲闻也，使口非是无欲言也，使心非是无欲虑也。及至其致好之也，目好之五色，耳好之五声，口好之五味，心利之有天下。是故权利不能倾也，群众不能移也，天下不能荡也。生乎由是，死乎由是，夫是之谓德操"（《荀子·劝学》）。荀子主张："君子崇人之德，扬人之美，非谄谀也；正义直指，举人之过，非毁疵也。"（《荀子·不苟》）荀子所说的"德"，当然指道德、德行。在这里，荀子讲"德"时已有了修养工夫的涵义在内。通过自觉的修养以提高人自己的道德情操，这正是"厚德"的表现。

"厚德载物"的重心当在"厚德"方面，只有德厚了，才能载物。所以，在儒家这里，很强调人的道德修养。孔子讲"崇德"（《论语·颜渊》）、"修德"（《论语·述而》）、"居敬而行简"（《论语·雍也》）、"克己复礼"（《论语·颜渊》），这些都是修养功夫，也就是"厚德"之道。孟子讲"养心"、"寡欲"（《孟子·尽心下》），讲"求放心"（《孟子·告子上》），这些都是增强人的德性修为的修养之道，这就是"厚德"。荀子讲的"化性起伪"的"伪"（人为也）（《荀子·性恶》），讲的"积善成德而神明自得"(《荀子·劝学》),也都是"厚德"的修养功夫。至宋明理学,修养功夫问题被提升到"明天理""存天理"的本体论高度来予以重视和认识。例如,周敦颐讲"主静"的修养功夫(见《太极图说》),他指出:"圣可学乎?曰:可。曰:有要乎?曰:有。请问焉。曰:一为要。一者无欲也。无欲则静虚动直。静虚则明,明则通。动直则公,公则溥。明通公溥,庶矣乎!"(《通书·圣学》)程颢讲"识仁"(《二程遗书》卷二),程颐讲"涵养须用敬,进学则在致知"(《二程遗书》卷十八),也都是修养功夫。朱熹讲"居敬"、"穷理"(《朱子语类》卷十二等),陆九渊讲"切己自反"、"发明本心"(《陆九渊集·语录》),也是修养功夫。至王阳明,将功夫(工夫)与本体一并论之,认为:"工夫不离本体,本体原无内外,只是后来做工夫的分了内外,失其本体了。如今正要讲明,工夫不要有内外,乃是本体工夫。"(《传习录》下)在王阳明这里,体察"良知"本体就是修养功夫,二者是一致的。通过儒家学者讲的修养功夫,"厚德"问题就可落到实处;由此,"厚德载物"的精神也就能得以实现。

5. "浩然之气"的民族气节

"浩然之气"也称"浩然正气",它是以儒学思想为主体的中华民族精神的重要内容和高度表现。每当民族危难之时,每逢社稷倾覆之日,我中华民族那些志士仁人,那些精英脊梁,为了民族大义,为了苍生利益,或为了某种道义信仰,挺身而出,临危不惧,勇于牺牲,视死如归,气贯长虹,感天动地,生动地展示了中华民族这一"浩然之气"的民族大义和气节。

关于"气"(氣),《说文·气部》:"氣,馈客刍米也。从米,气声。《春秋传》曰:'齐人来氣诸侯。'"氣(气)的本义是指赠送客人饲料和粮食。氣(气)有云气、气体、气候、节气、气息、生气、气恼、血气、气势、风气、意气、气运、运气、气数等含义。作为哲学概念的"气",一般有三义,即构成天地万物的基质、人的精神状态和道德境界、气数或命运。关于"浩然之气"的"气",冯友兰先生指出:"'气'字本来有两种意义。一种指客观存在的一种物质,这是稷下黄老派所谓的'气'。一种指精神或心理状态,这是孟轲所谓的'气'。"孟轲"所说的'浩然之气'的那个'气'并不是一种物质,像空气、雾气那种气,而是一种精神境界或精神状态,像勇气,或气概的那种气。那是一种主观的精神境界,但是可以转化为客观的物质力量"。"'浩然之气'并不是一种外在的物质,而是一种内在的精神境界。"①

将"浩然之气"的"气"理解为一种内在的精神状态或主观的精神境界,看似不错,但实际上这么理解和解释是有问题的,因为这实际上并无益于理解和认识"浩然之气"的真实存在及其所发挥、表现的实际作用,只是将它概念化、对象化为一个"什么"了。这样,这个作为"什么"的"气"实则已成了死气,何以能活生生地在人的现实行为中施行出来呢?或者这么说:"浩然之气"如果只是一种内在的精神状态或境界,那它在存在性质上就是主观性的;若如此,它何以能"转化为客观的物质力量"呢?它由主观向客观转化的内在契机在哪里呢?或者说,这个作为主观精神的"气"中究竟潜涵不潜涵客观的动因、因素?如果不潜涵,那么它根本就没有可能转化为客观的物质力量!如若潜涵了,那么它实质上原本就不是主观的精神;既然它本来就不是那种通常意义上的主观精神,那为什么还要这么称谓它呢?这对人们理解此种"浩然之气"又有何益处呢?!可见,"浩然之气"的"气"不是那种客观存在的物质,也非一种精神境界或状态,但又与这二者都相关着,否则的话它压根就不是"浩然之气"了。那么,到底如何理解"浩然之气"的"气"?此"气"究竟是什么?

实际上,这个"浩然之气"的"气"本身具有现象学所讲的"居中"或"中"的维度,它是一种非常深刻的东西。对此,我们还是看看张祥龙先生的说法:"'气'既不是任何具体的认识官能,也不是任何认知对象和抽象的(物质)实体。它是感官与心识的统一所要求、所逼出的最根本的居间发生状态,不可能再带有任何现成的性质。'气也者,虚而待物者也'说的就是这个意思。它是适合于人的天性的本源,不是'精气'、'元气'那样的抽象'场',而只意味着纯构成、纯缘起意义上的势态引发,也就是'虚'这个不有不无、纯居中的词所显示者。……因此,这虚性的或纯势态的气才能使接受外物的耳目'内通',而又使内在的心知外向,两者相冲和而使万物的显现和维持可能。到了这种纯构成境地,主客、彼此的

---

① 冯友兰:《中国哲学史新编》(上卷),人民出版社1998年版,第381、382—383页。

确定性势必被化去，让外人疑为鬼神之能的势道认知形态就清晰地出现了。所以，老庄讲的那使人的生存认知得机得势、玄游无待者也可以理解为这里讲的气。'气'这个词的好处是很有些隐喻冥通的意味，但如果被解释为宇宙论意义上的、在天地之先的鸿蒙元气，就有失去它的纯构成势态的危险。进一步对象化就会使它堕为一种原质、气质，乃至形而下之'器'，与无质可言的'理'相对。""从'气'这个词在中文中的极丰富的用法中可知，它确是历代中国人体会天道的'近譬'。每当人要表达那既非具体对象亦非一己观念、既非有形质者亦非抽象道理的微妙含义时，就不期然而然地求之于'气'这个有无之间的大象，因为它提供了一种表达和理解非现成者、余意不可尽者的可能。'天气'、'地气'、'节气'、'正气'、'邪气'、'阴气'、'阳气'、'灵气'、'运气'、'勇气'、'神气'、'骨气'、'怒气'、'士气'、'泄气'、'气数'、'气节'、'气色'、'气势'等等，简言之，'道'无处不在，那么以'气'为首的一族构境之词对于中国人来讲也无处不在，因为他从古至今就活在天道与天下的构成境域之中，而'气'恰是对这种境域型的存在状态、生存状态和领会状态相当'称手'和'出神'的描述。"[①] 也就是说，"气"本来就有居间之"中"性在，它既非主亦非客但既是主又是客，既非感性物又非精神心但既是感性物又是精神心，既非有形又非无形但既是有形又是无形；正因为如此，它才能把人的主体意志力"形化"为人的肉体活动，而又同时能把人的肉体行动"心化"为人的精神力量，它内外兼通，心物一体，物物心心，心心物物，心物物心，物心心物，表现出一种似形非形、似心非心的充塞于天地间的力量——意力和体力，生生不息，掷地有声，铿锵有力。

中国古人很早就看中了这种"气"，即这种物质化了的精神力量和精神化了的物质力量。《左传》庄公十年曰：

  十年春，齐师伐我。公将战，曹刿请见。其乡人曰："肉食者谋之，又何间焉。"刿曰："肉食者鄙，未能远谋。"乃入见。问："何以战？"公曰："衣食所安，弗敢专也，必以分人。"对曰："小惠未遍，民弗从也。"公曰："牺牲玉帛，弗敢加也，必以信。"对曰："小信未

[①] 张祥龙：《海德格尔思想与中国天道》，生活·读书·新知三联书店1996年版，第317—318页。

孚，神弗福也。"公曰："小大之狱，虽不能察，必以情。"对曰："忠之属也，可以一战，战则请从。"公与之乘，战于长勺。公将鼓之，刿曰："未可。"齐人三鼓，刿曰："可矣。"齐师败绩。公将驰之，刿曰："未可。"下，视其辙；登，轼而望之，曰："可矣。"遂逐齐师。既克，公问其故，对曰："夫战，勇气也。一鼓作气，再而衰，三而竭。彼竭我盈，故克之。夫大国难测也，惧有伏焉。吾视其辙乱，望其旗靡，故逐之。"

这就是著名的"曹刿论战"。这里之所以未简单摘引论战的结论而引述了《左传》记载的全过程，一是这个记事的确精练集中，值得全引；二是为了看出论战之"论"的全部内容，而不仅是结论。这里明确讲到了"勇气"的问题，它是进行作战的关键，倘若没有了这种动于心而发于形的"勇气"，作战就没有了底气，要取胜几乎是不可能的。可见"气"在作战中的重要性。后来的《孙子》十三篇在其《军争篇》中说："故三军可夺气，将军可夺心。是故朝气锐，昼气惰，暮气归。故善用兵者，避其锐气，击其惰归，此治气者也。""治气"是军事上的要素之一。

我们这里要问的是，包括"勇气"在内的这个"气"究为何物？很明显，它不是纯物质性的东西，如空气一样，这样的气在作战中是没有用的，因为它根本就表现不出力量来；它也并非纯精神、心理的心气，因为这仅是一种心态，尚不是发出来的实际力量。此种"勇气"之"气"是基于某种主体力量的行动力，是以肉体的力气、力量、气概、气势、气力而实实在在地表现着的。故《左传》《孙子》从军事的意义上说的"气"已具备主、客合一而"居中"的性质。只有具有"中"性的此种"气"才可"治"，也才可"养"；倘若只是物质性的天气之气，虽说可养、可治（制），但养之无功也无益，不仅无益反而有害，因为此种气往往会变成一种怒气而会"匹夫见辱，拔剑而起"（苏轼语），这是要坏事的；而如若只是纯精神的、心理的心气，它就只是一种心理感受，是不可治和养的，终究发不出来而见诸行动。

《左传》等从军事方面讲的"治气"，到儒家学派这里就被改造、提炼为一种精神力量和意志品格，它兼有神和形、心和物、主和客、肉体和精神、可见和不可见等"中"道品性，这就是"浩然之气"。比如，在孔子

处就有这种"浩然之气"的思想。《论语·卫灵公》言:

> 子曰:"志士仁人,无求生以害仁,有杀身以成仁。"

孔子认为,志士仁人,不能因为贪生而损害"仁"这种品德,而应该勇于牺牲自己的身体以成全仁德。这个"杀身成仁"就有"浩然之气"的"气"势、"气"机在内。"杀身成仁"这种主张、说法究竟是什么?是一种单一的主观信念吗?有这方面的意思,但不全是,倘若只是主观信念,那就没有力量了,是表现不出"杀身"这一行动的!是单纯的肉体行为吗?亦有这方面的意思,但亦不全是,如果只是肉体行为、行动,那无异于赌气自残或被逼无奈而自杀,是表现不出意志力和内在的坚忍不拔、视死如归的意力和品质的。所以,要做到"杀身成仁",这是意力和体力的融合,是意力化了的体力,又是体力化了的意力,在这里意力与体力的"居中",才能真正成就既可视可见又超然高尚而意力惊人的"杀身成仁"这一精神性的行为和行为性的精神。所以这个"杀身成仁"才能学、能养。孔子还说:"三军可夺帅也,匹夫不可夺志也。"(《论语·子罕》)"匹夫不可夺志"的这个"志"是什么?当然是一种信念、信仰、主张。但只是如此吗?未必。倘若只是一种观念、信念而不予发出,这个"志"也就不可贵了,夺与不夺它意义都不大。这个"志"恰恰是意力与体力的统一,是行为化了的信念,同时又是信念化了的行为,所以才可贵。孔子还说:"我未见好仁者,恶不仁者。好仁者,无以尚之;恶不仁者,其为仁矣,不使不仁者加乎其身。有能一日用其力于仁矣乎?我未见力不足者;盖有之矣,我未之见也。"(《论语·里仁》)孔子为什么说他未见到过好仁的人和厌恶不仁的人呢?又为什么说有谁能在某一天使用他的力量于仁上,我没有见过力量不够的呢?"仁"在孔子看来就这么难吗?诚然!为什么呢?因为"仁"根本就不是一个对象性的"什么",它只能在由两个人夹撑起的关系姿态或姿态关系中存在,即在纯境域中得以存在和展现。所以,这根本不是一味地用体力、蛮力的问题,并不是说你力大如牛就能抓住这个"仁";也不是一味求思索、求内省的问题,"思而不学则殆",如果一味地冥思苦想,非但得不到"仁"还会走向危险。"仁"是意力与体力的结合、融合,是行为、行动与思想、信仰、观念的结合,故把握"仁"不易,要做到"仁"更难。"子曰:'回也,其心三月不违仁,其余则日月至焉而已矣。'"(《论语·雍也》)只有颜回才能比较长时间地守住"仁",别的人仅偶尔一下遇到"仁"罢了。颜回为什么能较长时间守住"仁"呢?"哀公问:'弟子孰为好学?'孔子对曰:'有颜回者好学,不迁怒,不贰过。不幸短命死矣,今也则亡,未闻好学者也。'"(《论语·雍也》)因为颜回"好学"。这个"学"当然不只是学知识,而是学做人,也就是学"仁"。颜回的"学"在于能"不迁怒,不贰过",不走极端,能守"中"道,故只有他才能较长时间地守住"仁"。

正式提出"浩然之气"之说并对如何获得"气"作了阐发的人是孟子。《孟子·公孙丑上》有一段孟子和他的弟子公孙丑的对话,曰:

> 公孙丑问曰:"夫子加齐之卿相,得行道焉,虽由此霸王,不异矣。如此,则动心否乎?"孟子曰:"否,我四十不动心。"曰:"若是,则夫子过孟贲远矣。"曰:"是不难,告子先我不动心。"曰:"不动心有道乎?"曰:"有。北宫黝之养勇也:不肤挠,不目逃,思以一豪挫于人,若挞之于市朝;不受于褐宽博,亦不受于万乘之君;视刺万乘之君,若刺褐夫;无严诸侯,恶声至,必反之。孟施舍之所养勇也,曰:'视不胜犹胜也;量敌而后进,虑胜而后会,是畏三军者也。舍岂能为必胜哉?能无惧而已矣。'孟施舍似曾子,北宫黝似子夏。夫二子之勇,未知其孰贤,然而孟施舍守约也。昔者曾子谓子襄曰:'子好勇乎?吾尝闻大勇于夫子矣:自反而不缩,虽褐宽博,吾不惴焉;自反而缩,虽千万人,吾往矣。'孟施舍之守气,又不如曾子之守约也。"曰:"敢问夫子之不动心与告子不动心,可得闻与?""告子曰:'不得于言,勿求于心;不得于心,勿求于气。'不得于心,勿求于气,可;不得于言,勿求于心,不可。夫志,气之帅也;气,体之充也。夫志至焉,气次焉;故曰:'持其志,无暴其气。'""既曰,'志至焉,气次焉。'又曰,'持其志,无暴其气'者,何也?"曰:"志壹则动气,气壹则动志也;今夫蹶者趋者,是气也,而反动其心。""敢问夫子恶乎长?"曰:"我知言,我善养吾浩然之气。""敢问何谓浩然之气?"曰:"难言也。其为气也,至大至刚,以直养而无害,则塞于天地之间。其为气也,配义与道;无是,馁也。是集义所

生者，非义袭而取之也。行有不慊于心，则馁矣。我故曰，告子夫尝知养，以其外之也。必有事焉，而勿正，心勿忘，勿助长也。无若宋人然：宋人有闵其苗之不长而揠之者，芒芒然归，谓其人曰：'今日病矣！予助苗长矣！'其子趋而往视之，则苗槁矣。天下之不助苗长者寡矣。以为无益而舍之者，不耘苗者也；助之长者，揠苗者也——非徒无益，而又害之。"

这就是"浩然之气"思想和观念提出的缘由及其内容和特征。通过与弟子公孙丑的对话，孟子逐渐引出和阐发了"浩然之气"的问题。这里先从"不动心"的问题开始。当公孙丑问到不动心有没有方法时，孟子讲了北宫黝和孟施舍这两个人两种不同的"勇"或"勇气"。可以这样说：北宫黝的"勇"是贼胆大，孟施舍的"勇"是不在乎或不计较，这都有凭血气、任蛮力的意思在内，尚算不得真正的勇。然后孟子借曾参的话说，真正的勇并不在于血气方刚之类的好勇斗狠，而在于是否正义在手或是否有理；正义在我，我占着理，就是千军万马也敢向前，如若正义不在我，我理亏，就是对方是卑贱弱小之人我也不敢去恐吓他。这就将"勇"从血气转向了道义。在这个基础上，孟子通过回答公孙丑提出的"老师（孟子）的不动心与告子的不动心有何不同"的问题，指出意气感情是受意志思想统帅、统驭的，但意气感情也能影响意志思想。当公孙丑再问在意志与意气这两者之间老师您长于哪一方时，孟子就说"我善于培养我的浩然之气"。公孙丑接着就问何为"浩然之气"，孟子先说这种"气"难于说清，然后就说这种"气"刚强、伟大，它要用"道""义"来喂养、营养、培养，然后才能发出来；如果没有"道""义"来喂养它，它就会慢慢消瘦掉，只要有一件事于心有愧，这种"气"马上就疲软了。所以，养这种"气"一定要顺着它的性，不可人为地靠外力强加给它，否则就如揠苗助长一样一定会坏事。可以看出，孟子所说的"浩然之气"是一种道义力量，是一种正义、真理的力量，是道义指使、支配下的意气和勇气。当然，这种"气"已非天气之气可比，也不是单纯的主观感受或幻想，它是心力与气力的合一。

养成了此种"浩然之气"，不用说人就有了莫大的精神力量和理想信仰，就会作出坚决、如一、正确、伟大的价值选择，这就是孟子所说的

"富贵不能淫,贫贱不能移,威武不能屈"的"大丈夫"精神(见《孟子·滕文公下》)。此种精神与孟子所谓的"舍生取义"的精神是一致的。孟子曰:

> 鱼,我所欲也,熊掌亦我所欲也;二者不可得兼,舍鱼而取熊掌者也。生亦我所欲也,义亦我所欲也;二者不可得兼,舍生而取义者也。生亦我所欲,所欲有甚于生者,故不为苟得也;死亦我所恶,所恶有甚于死者,故患有所不辟也。如使人之所欲莫甚于生,则凡可以得生者,何不用也?使人之所恶莫甚于死者,则凡可以辟患者,何不为也?由是则生而有不用也,由是则可以辟患而有不为也,是故所欲有甚于生者,所恶有甚于死者。非独贤者有是心也,人皆有之,贤者能勿丧耳。一箪食,一豆羹,得之则生,弗得则死,呼尔而与之,行道之人弗受;蹴尔而与之,乞人不屑也。万钟则不辨礼义而受之。万钟于我何加焉?为宫室之美、妻妾之奉、所识穷乏者得我与?……此之谓失其本心。(《孟子·告子上》)

"舍生取义"正是"浩然之气"的展现和落实!

孔子讲"杀身成仁",孟子讲"舍生取义",这种成仁取义的道义原则,密切配合着、涵养着"浩然之气"的大丈夫气节,深深扎根于中华民族的民族心理中,已深化为铿锵有力的民族精神,每到民族和国家的生死存亡关头,它都会迸发出熠熠光辉而光照千秋。民族英雄文天祥在元朝的监狱中写下了《正气歌》,热情讴歌了"浩然之气"的精神,真乃气贯日月,凛冽万古!

6. "仁以为己任"的仁道原则

重仁重义,是儒学思想哺育下的中华民族的又一重要精神。中华民族历来讲仁讲义,对那些有仁心、施仁德、仁民爱物的人,对那些讲义气、重义行、义薄云天的人,都是肃然起敬,礼敬有加,交口称赞,千古传颂的。而对那些不仁不义、为富不仁、见利忘义之辈,总是嗤之以鼻,大加挞伐的。中华民族在几千年的发展中,经儒学思想的滋养哺育,重仁重义的仁道思想和原则已深深扎根和广泛普及于广大民众之中,已内化为中华民族的民族心理和民族习惯，成为亿万人民的行为准则和价值取向，放射着耀眼的光芒。

"仁"这个观念起源甚早。例如《尚书》中就有不少"仁"字，如"克宽克仁，彰信兆民"（《尚书·仲虺之诰》）、"予仁若考能，多材多艺，能事鬼神"（《尚书·金縢》）等。《诗经》中也有"仁"字，如"不如叔也，洵美且仁"（《诗经·郑风·叔于田》）、"卢令令，其人美且仁"（《诗经·齐风·卢令》）等。《左传》中"仁"字已比较多见，如"能以国让，仁孰大焉"（《左传》僖公八年）、"出门如宾，承事如祭，仁之则也"（《左传》僖公三十三年）、"仁而不武，无能达也"（《左传》宣公四年）等。《国语》中也有不少"仁"字，如"以怨报德，不仁"、"仁所以保民也"、"不仁则民不至"（《国语·周语中·富辰谏襄王以狄伐郑及以狄女为后》），"勇而有礼，反之以仁"、"能获郑伯而赦之，仁也"、"夫仁、礼、勇皆民之为也"、"畜义丰功谓之仁。奸仁为佻"（《国语·周语中·单襄公论郤至佻天之功》），"今海鸟至，己不知而祀之，以为国典，难以为仁且智矣"、"夫仁者讲功"、"无功而祀之，非仁也"（《国语·鲁语上·展禽论祭爰居非政之宜》），"为仁与为国不同。为仁者，爱亲之谓仁；为国者，利国之谓仁"（《国语·晋语一·伏施教骊姬谮申生》）等。在这些"仁"字中，其含义比较广泛，一般指人的德性或行为原则。

把"仁"提升为一个具有哲学意义的范畴，始于孔子，这是孔子对中华文化和文明作出的重大贡献。孔子为什么要提升"仁"这个概念呢？这当然与当时的社会政治形势有关。孔子说："天下有道，则礼乐征伐自天子出；天下无道，则礼乐征伐自诸侯出。"（《论语·季氏》）孔子所生活的春秋时代就是他所谓的"天下无道"时期。当时由于铁制农具的出现和牛耕的使用（春秋时期只在中原某些地方有，并未普及），生产力水平提高了，导致了奴隶制经济结构即经济基础的变化，相应地导致了政治体制及思想观念这些上层建筑的变化，其社会表现就是"礼崩乐坏"。《论语·八佾》载："孔子谓季氏，'八佾舞于庭，是可忍也，孰不可忍也？'"八佾舞是天子才能用的，季氏是大夫，按礼制只能用四佾（三十二人）舞，但季氏竟然也用起了八佾舞，这就是奴隶制礼乐被破坏的表现。奴隶制遭到解体，意味着当时的天下出现了无序化状态。孔子对此很是担忧，他总想使社会有序化，并认为这就要恢复由周公"制礼作乐"而定的"周礼"

或"礼"。孔子认为,只要能恢复"礼",天下就有道了,社会就走上了有序化。这里要顺便说一句:孔子的"复礼"之举不能简单说成是反动的和倒退的,因为孔子的初衷是好的,他要恢复社会秩序。在他看来与其使社会无序化还不如恢复社会秩序好,因为无序化社会对社会生产和人们的生存、生活均不利。如若在战国时势下孔子要去复礼就明显是倒退,但在春秋时期讲复礼并非倒退和反动。因为在春秋时期,尚看不出封建制的建立是种必然趋势,而至战国时期经各诸侯国的变法活动,新的封建制的建立才成了不可逆转的趋势。

那么,怎么才能"复礼"呢?孔子看到,复礼并不是一个简单的行为举措,并非单纯地恢复和实施一种人定的制度,而要从根子上、根本上解决问题。怎么解决呢?这就是要把"礼""乐"这些外在的社会规范导入人的心理情感中,以之变成人的心理作用和行为习惯,即变成人自己自觉自愿的行动,这样来恢复礼、乐就有了内在动力,也就真的实现了恢复"周礼"的理想目标。如果不把"复礼"的任务导向人的心理情感而使人产生、生成自觉自愿的内在动力,复礼终是难以奏效的。人的这种具有心理情感特征的自觉自愿的意志和精神,孔子用了一个名称来指称之,这就是"仁"。"子曰:'人而不仁,如礼何?人而不仁,如乐何?'"(《论语·八佾》)倘若一个人没有了"仁"这种内在的品性、德性、品质,他从根本上就丧失了人的存在和生活意义,这样的话礼、乐对他还有何意义可言呢?对牛弹琴有意义吗?否!要恢复礼、乐,首先要让人认识到礼乐在人的生存、生活中的意义和价值,激起人的内在自觉,这才有动力去复。所以孔子说:"礼云礼云,玉帛云乎哉?乐云乐云,钟鼓云乎哉?"(《论语·阳货》)礼、乐本来是人的情感、情性的表现方式和形式,它并不是单纯的物件、物料。孔子第一次把礼、乐这些外在规范导入到人的内在情感心理上,这就逼向了人的心性。

"曾子曰:'士不可以不弘毅,任重而道远。仁以为己任,不亦重乎?'"(《论语·泰伯》)曾子认为"仁以为己任"是天下之士的重大责任所在。这当然也是孔子所认可和赞同,可以说孔子自己一生都在追求着并践履着"仁以为己任"这一重大的使命和担当;为了实现这种重大的使命担当,孔子甚至认为要不惜牺牲自己的生命,"志士仁人,无求生以害仁,有杀身以成仁"(《论语·卫灵公》)。"仁以为己任"在这里有双重的责任和意义，即对内要成就理想的圣贤人格，要做尧舜那样的道德楷模；对外要克制自己的行为以恢复周礼，"克己复礼为仁"（《论语·颜渊》）。这双重责任互为前提，即只有成就了圣贤人格才使复礼有可能实现，而只有克制自己的言行而合乎和恢复了周礼才使成就圣贤人格和理想之事能落到实处。所以，"仁以为己任"的这一重大责任和目标是人与己、个人与社会、内与外、道德修养与社会责任的结合和统一。

据杨伯峻先生统计[①]，"仁"字在《论语》中出现了109次，作为"人"的意思1次，作为"仁人"即有仁德的人的意思3次，其余105次都是在道德准则或标准的意思上用的。但对于出现频率如此之高的"仁"，孔子却从未给其下过一个定义。所以，"仁"究竟是什么？孔子说的哪一句话能代表他真正的"仁"思想？很难言定。因之关于孔子"仁"的含义，直到现代还是仁者见仁智者见智，人们对其作了多种理解和阐释。综合、比较一下孔子对"仁"的论说，它基本上有这样几方面的含义。

一是情感性。这是建立在人的血缘关系基础上的人的亲情关系和感情、感受，其具体展现或表现形式就是孝悌行为。《论语》有言：

> 有子曰："其为人也孝弟，而好犯上者，鲜矣；不好犯上而好作乱者，未之有也。君子务本，本立而道生。孝弟也者，其为仁之本与！"（《论语·学而》）
> 宰我问："三年之丧，期已久矣。君子三年不为礼，礼必坏；三年不为乐，乐必崩。旧谷既没，新谷既升，钻燧改火，期可已矣。"子曰："食夫稻，衣夫锦，于女安乎？"曰："安。""女安，则为之。夫君子之居丧，食旨不甘，闻乐不乐，居处不安，故不为也。今女安，则为之！"宰我出，子曰："予之不仁也！子生三年，然后免于父母之怀。夫三年之丧，天下之通丧也，予也有三年之爱于其父母乎！"（《论语·阳货》）

子女为父母守丧三载，这是礼，即社会规定或规范，这显然是外在的东西，它虽然对人的行为有约束力，但这个约束力得以生效的前提是人要认

---

① 参见杨伯峻《论语译注》附后的"论语词典"，中华书局1980年版，第221页。

可它，并要自觉自愿地来执行它，倘若人不是出自内心的自觉自愿，这种"礼"就生不了效，即使用法制手段来强制执行，那也难见长久之效，因为人总能和总会想方设法来不遵守它。孔子与宰予的这段对话明确涉及"礼"或"周礼"得以实现的人性基础问题。宰予是从实用的功利性出发来谈"三年之丧"问题的，认为三年时间有些长了，可否改为一年。孔子并没有给宰予讲这是圣人的规定，是全天下通行的礼，不能和不可随便更改等的道理，如若这样讲宰予就会举出别的事例来予以辩驳，孔子未必能说服他。孔子只问宰予，如果你的父母辞世了，你吃好的，穿好的，心里觉得安吗？宰予却说"安"。孔子就说，如果你觉得安，你自己就去吃，就去穿吧，但君子是不会这么做的，因为君子在惦记、怀念父母的养育恩情，心里过不去，故"食旨不甘，闻乐不乐，居处不安，故不为也"。宰予听了孔子的这番话后就走了，孔子就对别的弟子说"予之不仁也"。可见，这个"仁"是人在特殊情境（父母去世）下的心理情感，是对父母的爱和孝。这说明，孝，还有弟（悌），这些行为是人的内在心理情感的表现和表达，就是"仁"，甚至是"仁"存在之"本"。有若说"孝弟也者，其为仁之本与"的话，肯定是孔子所认同的，可以说孔子正有此思想。以孝悌作为"仁"之本，这就是"仁"的情感意义或含义。

　　孔子在说"孝"时，也有这种情感性在。《论语》有载："孟懿子问孝。子曰：'无违'。樊迟御，子告之曰：'孟孙问孝于我，我对曰，无违。'樊迟曰：'何谓也？'子曰：'生，事之以礼；死，葬之以礼，祭之以礼。'"（《论语·为政》）这是说，所谓"孝"就是生、死都按礼的规定办。这样看来，只执行外在规范（礼）不就行了吗，何来情感性呢?！其实这里是有情感性的，否则的话这个"礼"最终也执行不好和执行不了；即使人为地强制执行，执行出来也变味了，根本不是礼了。所以，"孟武伯问孝，子曰：'父母唯其疾之忧。'"（《论语·为政》）"子游问孝。子曰：'今之孝者是谓能养。至于犬马，皆能有养；不敬，何以别乎？'"（《论语·为政》）"子夏问孝。子曰：'色难。有事，弟子服其劳；有酒食，先生馔，曾是以为孝乎？'"（《论语·为政》）这些"孝"都有明确的情感性，且情感色彩愈来愈强。敬、色难，这都不是装出来的假表情，而是发自内心的亲情、真情，所以才有孝可言，否则的话就成了单纯的功利活动而根本不是孝了。

二是诚实性。这种意义上的"仁"说的是人内在的正直、诚实、心口如一、光明磊落的品性、品格。孔子有言:

> 刚、毅、木、讷,近仁。(《论语·子路》)
> 巧言令色,鲜矣仁。(《论语·学而》)
> 司马牛问仁:子曰;"仁者,其言也讱。"曰:"其言也讱,斯谓之仁已乎?"子曰:"为之难,言之得无讱乎?"(《论语·颜渊》)
> 唯仁者能好,能恶人。(《论语·里仁》)

孔子为什么认为那些刚强、坚毅、木然(即朴质)、言语不轻易出口的人近于仁德或有仁德,而那些花言巧语、装腔作势、面现谄媚的人是很少有仁德的或者说就没有仁德?原因就在于刚毅木讷的人有真性情并如实地表现、表达了自己的真性情,做到了心口如一;而那些巧言令色之辈则往往心口不一,以假面目示人,以伪善欺骗人,这种人还有什么正直的品质、品性可言呢?还有什么仁德呢?!孔子干脆说:"仁者,其言也讱。"讱,就是说话木讷,言语迟钝。这种言语迟钝的人与仁德有何关系呢?难怪司马牛不理解,我们现在想来也觉得不好理解。实际上孔子还真说对了。"仁"如果作为对象来对待,它就是个"什么",这是能明确说出的,用不着"讱"。但实际上"仁"却不是"什么是什么"的那种对象性的东西,故很难用"什么"那种话语说出来,这难道还不需要"讱"吗?再说,"仁"作为人的正直、诚实之品性,要明确讲出还真困难,这大有"说似一物即不中"的意味,故就不得不讱了。正因为"仁"是人的真性情,是人的正直、诚实之品性,所以一个有仁德的人才能好人恶人,因为他说某人对、好就是真的对和好,他说某人错也是真错,实实磊磊的,并没有歪曲,更没有曲意奉承,这岂不是真正的"好"或"恶"吗?!

孔子所说的"直",就是"仁"的诚实性或诚实性意义上的"仁"。子曰:"人之生也直。罔之生也幸而免。"(《论语·雍也》)在孔子看来一个人处世立身,依凭的就是他自己的正直品性和行为。孔子此言当然有理。但现实生活中尚有不如是的情况,即一些不正直的投机钻营之辈,靠搞阴谋,要手段,拉关系,说假话,阳奉阴违,蝇营狗苟,也能生存于世;不仅能生存,生存得还比正直的人好。怎么看待这种情况呢?难道

"人之生也直"的话不对吗？人生于世靠的不是正直的品性和行为吗？非也！不正直的人的确可以生存，也的确生存得还很不错，但这仅是侥幸地免于祸罢了，或者说是一时半会侥幸成功获利而已，此终非人的处世之道，真正的立世之道还是人的"直"。《论语·子路》中有这样一条："叶公语孔子曰：'吾党有直躬者，其父攘羊，而子证之。'孔子曰：'吾党之直者异于是：父为子隐，子为父隐。——直在其中矣。'"一位父亲偷了人家的羊，他的儿子挺身而出指证父亲，这个儿子的所作所为是正直还是不正直呢？叶公认为这是最好的正直，因为这是大义灭亲，为道义、正义而牺牲亲情，岂非正直?！甚至世上的人几乎都这么认为，肯定这个儿子的品性、行为是"直"的。然而孔子却不这么认为。孔子认为，真正的直不是这样的，而是"父为子隐，子为父隐"式的，认为这其中所包含的才是真正的"直"。这看来有些费解，父亲和儿子互相隐瞒、包庇，这明明是合伙欺骗别人嘛，算哪门子的直呢？其实孔子还真说对了，因为这样做才能显现出那种基于血缘关系的父子亲情，才是内外如一、心口如一的表现，它把父亲和儿子各自内心的真实心理和想法表现了出来，合乎父子间的真情，所以是直的。一个父亲可以是个贼，可以是个杀人越货的江洋大盗，也可以是个弑君篡位的大奸恶人，但他对自己的儿子总有一份亲情在，当他怀抱着儿子时，那种呵护、爱怜、疼爱之情会油然而生、自然而出。常言道"虎毒不食子"，连兽类都有这种本能性的"爱"，何况人呢?！所以说，一位父亲疼爱儿子（子女）乃是天性所在，超越、超脱了那些外在规范。如若没有了此种情感，可以肯定，人世这个社会组织也就彻底没有了。父亲对儿子有此份基于血缘关系的真情、亲情，儿子对父亲就没有此份真情、亲情吗？当然有！一个儿子可以是个十恶不赦的恶棍，但他对自己的父母尚不失敬和孝，例如梁山的李逵对其母就有孝心、孝行嘛，尽管他自己是个占山者。从父子之间的这种真情出发，一位父亲总习惯于保护儿子，一位儿子也总习惯于保护父亲，这就是父子相互之隐。在私下父亲可以痛责不成器的儿子，但面对别人时这位父亲总不希望别人说他儿子坏，总要不由自主地替儿子遮掩；同样，一个儿子在私下可以批评甚至于斥责、大骂不争气的父亲，但当着别人的面总不希望别人说他父亲的坏处，这就是父子间的真情、亲情，这就是人情世故，这就是实实在在的人的社会。如若父子二人不相互隐瞒了，父亲像对待别人一样对待自己的儿子，这倒让人觉得异常而不可理解，人们的第一感觉就是：这个孩子到底是不是这人的儿子？如果是，他为何做的不是父亲应做的事呢？这位父亲就不真了，他就有所图谋了。儿子亦然。父子相隐才真是"直"的表现，因为父和子的所作所为合乎各自的内心情感倾向，是心口如一的表现。孔子对微生高的行为就很不以为然，认为根本就算不得"直"。"子曰：'孰谓微生高直？或乞醯焉，乞诸其邻而与之。'"（《论语·公冶长》）微生高看来是有"直"之声誉的人。但孔子通过他做的一件事彻底否定了他"直"的名声。有人向微生高借点醋，他家里正好没醋了，但他去邻居家借了醋再来借给这个人。微生高的行为本没有什么可非议的，去邻居家借来醋再转借给这个向他借醋的人，这是助人嘛，是想方设法来帮助别人嘛，有何不好呢？但这里却反映出微生高人品的"曲"而非"直"。如果微生高真的"直"，当别人向他借醋而他正好没有醋时，他就应该老实告诉别人真相，向这位借者表示歉意也就行了。但微生高没有如实告诉借者他的真实情况，这时的微生高心里就有所图谋了。他到底图谋什么？怕别人说他穷？怕丢了脸面？怕得罪了这位借者？有求于这位借者？正好想趁机与这位借者拉上关系以便今后去他家里干自己想干的事？等等。微生高究竟想干什么？这只有他知道。但不论怎么说，微生高的做法是表里不一的，这就是不"直"。不"直"的人当然无仁德可言！

三是关爱性。《论语·颜渊》载："樊迟问仁。子曰：'爱人。'"爱人，就是对人要有一颗爱心，还要有爱怜的行为，这是"仁"的一个基本含义。在孔子看来，有仁德的人能表现和要表现出对别人的爱。这是人的亲情之爱的放大和辐射，是将家庭关系推向了社会。"仁"的这种关爱人的属性是如何表现、展示的呢？这就是孔子讲的"忠恕"之道。"子曰：'参乎，吾道一以贯之。'曾子曰：'唯。'子出。门人问曰：'何谓也？'曾子曰：'夫子之道，忠恕而已矣。'"（《论语·里仁》）"忠"的意思是："己欲立而立人，己欲达而达人。"（《论语·雍也》）这是设身处地地为别人着想。"恕"的意思是："己所不欲，勿施于人。"（《论语·卫灵公》）这也是设身处地地为别人着想，不过是限制性的，即自己不愿做的也不要让别人来做。通过"忠"和"恕"，就将对别人的关爱具体落实在了行动上。

四是主体性。这种意义上的"仁"是一种人格力量，是人的意志力所在。孔子说：

> 我欲仁，斯仁至矣。(《论语·述而》)
> 为仁由己，而由人乎哉？(《论语·颜渊》)
> 有能一日用其力于仁矣乎？我未见力不足者；盖有之矣，我未之见也。(《论语·里仁》)
> 志士仁人，无求生以害仁，有杀身以成仁。(《论语·卫灵公》)

当孔子这样讲"仁"时，"仁"显然是一种人格力量和主体意志力。这表明，孔子已认识到或觉察到了"仁"的非对象性，即不可作为一个概念外在地来学习和接受，它必须是人自己在当场的情境中生成的、产生的、活生生的存在，此乃事情本身也！因此，"仁"根本不能由外接受，不能是个概念规定，即不能是个"什么"。"仁"由人的行为当场产生、构成，这正好需要人的意志力量来运作；但同时这个意志力又不可能只是一种心理上的想象或感受，而是要形化出来的，倘若只是自己个人的心象或幻想，只是个人的心理感受，那别人是不知道的，也与别人无关，这样的话这个"仁"也就没有什么意义了，所以"仁"或"成仁"又需要人的身体来运作和表现的。可见，"仁"这个东西还真难把握，既非单一的意力、心力，也非单一的体力、身力，但又是意力、心力和体力、身力，这就有了居"中"性，故"仁"既是意力又是体力，既不是意力又不是体力。"我欲仁，斯仁至矣。"乍一看孔子这句话，完全说的是人的主观意志力问题，只要我想要这个"仁"，它就来了，就出现了，好像这个"仁"就是我心里的东西，我想要就要了，想让它出现它就马上出现了。但实际上没这么简单。如果"仁"真的是人的内心就有的，那就是个现成的东西，这与人的个人努力实际上就没有关系了，因为即使你再作努力也根本不会影响和改变这个既成的"仁"，充其量只是在形式上改变一下它的存在地位或方式罢了，这岂不就最终消解掉了人的意志力或主体力量了吗？！所以，"仁"不能现成地、对象性地存在于、存储在人的意志、思想中。然而，如果人的心中、意志中根本就没有"仁"这种东西，连一丁点儿的蛛丝马迹也不会有，那么人终究也不会获得"仁"这种东西，"我欲仁，斯仁至矣"就终归是不可能的，说此话还能有何用呢？可见，当孔子讲"我欲仁，斯仁至矣"时，"仁"好像既已在心中了，又好像没有在心中；既好像没有在心中，又好像在心中了，这正好是"仁"的"中"性本质。正因为这样，"我欲仁，斯仁至矣"的说法才有道理和意义，"仁"才能是个当场构成、当场生成的活东西。孔子所说的"为仁由己，而由人乎哉"的话也应作如斯理解。但不论怎么讲，孔子的"仁"有主体性的含义在，它是一种掷地有声的人格力量却是不容置疑的。故孔子才说出了"志士仁人，无求生以害仁，有杀身以成仁"这种话，当真正杀身以成仁的时候，这是意力统帅、主导下的体力，又是体力支撑、展示着的意力，是意—体一体化的活在当场的巨大的人格力量。

五是守礼性或合礼性。这种意义上的"仁"与"礼"是一致的，可以说是以"礼"来表现"仁"、实现"仁"、造就"仁"。难怪孔子说"复礼"就是"仁"了。《论语》有载：

颜渊问仁。子曰："克己复礼为仁。一日克己复礼，天下归仁焉。为仁由己，而由人乎哉？"颜渊曰："请问其目。"子曰："非礼勿视，非礼勿听，非礼勿言，非礼勿动。"颜渊曰："回虽不敏，请事斯语矣。"（《论语·颜渊》）

子张问仁于孔子。孔子曰："能行五者于天下为仁矣。""请问之。"曰："恭、宽、信、敏、惠。恭则不侮，宽则得众，信则人任焉，敏则有功，惠则足以使人。"（《论语·阳货》）

把"仁"与"礼"直接联系起来，由"礼"趋进到"仁"，这是孔子教导弟子（人们）把握"仁"的方式、途径。"子曰：'人而不仁，如礼何？人而不仁，如乐何？'"（《论语·八佾》）倘若人没有了"仁"的品性、品质，"礼""乐"就失去了存在的依据，还能有什么真"礼""乐"可言呢？！这种由"礼"到"仁"和由"仁"到"礼"的双向运作，真切地显现了"仁"与"礼"的内在联系，即"仁"的守礼性内涵。

当颜渊问怎样才能得到"仁"时，孔子说要"克己复礼"；而当子张问怎样才能得到"仁"时，孔子说要做到"恭、宽、信、敏、惠"这五个方面。孔子前后的讲法一致吗？当然！"子曰：'恭而无礼则劳，慎而无礼则葸，勇而无礼则乱，直而无礼则绞。'"（《论语·泰伯》）恭、慎、勇、直与恭、宽、信、敏、惠都是人的品德以及由此品德发出来的行为。这些品德和行为当然是好的。但这里面有个"度"的问题，如果一味地做下去，一种品德就会被极端化，由此产生的行为就会起不良作用。比如拿"恭"来说，见人恭敬，这当然是好事，但如果不分对象，不看场合，不辨好坏曲直，见谁都恭敬有加，这会使行施恭敬的人劳顿不堪，恭敬最终也就失去意义了。所以，恭敬的执行是有个"度"的，这个"度"就是"礼"，合"礼"的品性、行为才算是真正的"恭"。可见，孔子讲的"克己复礼"与"能行五者"是一致的，这都是按"礼"来办。

按礼来办，这已是"为仁之方"了，其方法论意义是明确的。所以，"仁"的守礼性与孔子所说的"和""中"等"中庸之道"又是内在一致的。"子曰：'君子和而不同，小人同而不和。'"（《论语·子路》）"子曰：'中庸之为德也，其至矣乎！民鲜久矣。'"（《论语·雍也》）"子曰：'不得中行而与之，必也狂狷乎！狂者进取，狷者有所不为也。'"（《论语·子路》）"子贡问：'师与商也孰贤？'子曰：'师也过，商也不及。'曰：'然则师愈与？'子曰：'过犹不及。'"（《论语·先进》）"有子曰：'礼之用，和为贵。先王之道，斯为美；小大由之。有所不行，知和而和，不以礼节之，亦不可行也。'"（《论语·学而》）这些论述都有"中"或"中道""中庸"的方法论意义。在行为处事中，"过"和"不及"都不好，都是极端，其结果是一样的，只有既不"过"也不"不及"的"中"才是最好的。这种方法当然有用。更重要的是，这种方法与"仁"的本性若合符节，它正合于"仁"的既有又无、非有非无、既心亦物、非心非物、既内亦外、非内非外等的本性。孔子有言："夫仁者，己欲立而立人，己欲达而达人。能近取譬，可谓仁之方也已。"（《论语·雍也》）为"仁"之方在于"能近取譬"。那么，这个"近"是什么？这里的"近"恰恰有现象学的识度在，它指的当然是情境。概念化、对象性的东西因为是人之外的存在者，所以它离人其实最远；而情境是当场构成的、当场发生着的，人就生活于其中，故它才离人最近最真。能在"近"中取譬，当然就是融于境域中而感受到境域的气息，这就是与境域一体同在，就是回到事情本身！为"仁"、行"仁"、得"仁"之方正是这个"近"，此也正是"中"道。

孔子的"仁"是个内涵丰富的范畴，但其基本含义在人的内在品性、品质方面。到了孟子,将"仁"的表现形式或表现面扩大了,这就是孟子所讲的"四端"。孟子说:"人皆有不忍人之心。……所以谓人皆有不忍人之心者,今人乍见孺子将入于井,皆有怵惕恻隐之心——非所以内交于孺子之父母也,非所以要誉于乡党朋友也,非恶其声而然也。由是观之,无恻隐之心,非人也;无羞恶之心,非人也;无辞让之心,非人也;无是非之心,非人也。恻隐之心,仁之端也;羞恶之心,义之端也;辞让之心,礼之端也;是非之心,智之端也。人之有是四端也,犹其有四体也。"(《孟子·公孙丑上》)孔子讲了一个"仁",孟子讲了"仁""义""礼""智"四个,但这些指的都是人所具有的本质、本性,不过显然比孔子的"仁"细目化了,使"仁"有了具体的和不同类的表现形式。

孔子的"仁"学,当然包括孟子讲的"仁""义""礼""智"这些东西,而不只是一个伦理观念,也不仅是儒家的一个思想,它实际上已超出了儒学,超出了伦理范围,已范型化为人们的心理倾向、观念和结构,已有了民族精神的意义了。当代学者李泽厚先生在《孔子再评价》一文中阐发了孔子"仁"的结构特征及其作为中华民族精神的优劣所在。他说:"孔子以'仁'释'礼',将社会外在规范化为个体的内在自觉,是中国哲学史上的创举,为汉民族的文化—心理结构奠下了始基。孔子成为中国文化的象征和代表。""'仁'的四个层面:(A)血缘基础,(B)心理原则,(C)人道主义,(D)个体人格。四因素的相互制约,构成有机整体,其精神特征是'实践(用)理性'。"[①]李泽厚指出:"就是仁学结构原型的实践理性本身,也有其弱点和缺陷。它在一定程度和意义上有阻碍科学和艺术发展的作用。由于强调人世现实,过分偏重与实用结合,便相对地忽视、轻视甚至反对科学的抽象思辨,使中国古代科学长久停留并满足在经验论的水平(这是仅从认识论来说的,当然还有社会经济和阶级、时代的原因,下同),缺乏理论的深入发展和纯思辨的兴趣爱好。而没有抽象思辨理论的发展,是不可能有现代科学的充分开拓的。这一点今天特别值得注意:必须用力量去克服这一民族性格在思维方式上的弱点和习惯。这一弱点与孔学有关。""同时,由于实践理性对情感展露经常采取克制、引导、自我调节的方针,所谓以理节情,'发乎情止乎礼义',这也就是生活

---

① 李泽厚:《中国古代思想史论》,其"内容提要"之"孔孟",人民出版社1986年版,第1页。

中和艺术中的情感经常处在自我压抑的状态中，不能充分地痛快地倾泄表达出来。中国大街上固然较少酗酒的醉汉，似乎是民族性格的长处；但逆来顺受，'张公百忍'等等，却又正是一种奴隶性格。在艺术中，'意在言外'、高度含蓄固然是成功的美学风格，但'文以载道'、'怨而不怒'，要求艺术服从和服务于狭窄的现实统治和政治，却又是有害于文艺发展的重大短处。只是由于老庄道家和楚骚传统作为对立的补充，才使中国古代文艺保存了灿烂光辉。当然，仁学中的人道精神、理想人格对文艺内容又有良好的影响。""另一方面，这个文化—心理结构又有其优点和强处。毋宁说，中国民族及其文化之所以具有如此顽强的生命力量，历经数千年各种内忧外患而终于能保存、延续和发扬光大，在全世界独此一份（古埃及、巴比伦、印度文明都早已中断），与这个孔子仁学结构的长处也大有关系。那种来源于氏族民主制的人道精神和人格理想，那种重视现实、经世致用的理性态度，那种乐观进取、舍我其谁的实践精神……都曾在漫长的中国历史上感染、教育、熏陶了不少仁人志士。它是在中国悠久历史上经常起着进步作用的传统。即使在孔学已与封建统治体系溶为一体的后期封建社会，象范仲淹的'先天下之忧而忧，后天下之乐而乐'，张载的'民吾同胞，物吾与也'，文天祥的'孔曰成仁，孟曰取义'，顾炎武的'天下兴亡，匹夫有责'，王夫之的'六经责我开生面，七尺从天乞活埋'……都闪烁着灿烂光华，是我们这个民族的基本观念、情感、思想和态度，而它们又都可以溯源于仁学结构。"[①] 不容置疑，"仁以为己任"的仁学思想已内化、积淀为中华民族基本的和重要的民族精神。

7."和而不同""执两用中"的中庸之道

中华民族历来讲"和"重"和"，也讲"中"或"中庸"。"中""和"或"中和"思想是中华民族的重要精神。儒学思想对培育、滋养、铸造中华民族的"中和"精神有重要作用和贡献。

中华先民很早就看中"和"。如《尚书·尧典》曰："百姓昭明，协和万邦。"这是说尧能"克明俊德"而使万邦诸侯和谐相处。至春秋时期，人们已明确认识到了"和"与"同"的不同，主张"去同取和"。《国

[①] 李泽厚：《孔子再评价》，见李泽厚《中国古代思想史论》，人民出版社 1986 年版，第37—38 页。

语·郑语·史伯论西周必然衰亡》说：

> 公[按：郑桓公]曰："周其弊乎？"[史伯]对曰："殆于必弊者也。《泰誓》曰：'民之所欲，天必从之。'今王弃高明昭显，而好谗慝暗昧；恶角犀丰盈，而近顽童穷固。去和而取同。夫和实生物，同则不继。以他平他谓之和，故能丰长而物归之；若以同裨同，尽乃弃矣。故先王以土与金木水火杂，以成百物。是以和五味以调口，刚四支以卫体，和六律以聪耳，正七体以役心，平八索以成人，建九纪以立纯德，合十数以训百体。出千品，具万方，计亿事，材兆物，收经入，行姟极。故王者居九畡之田，收经入以食兆民，周训而能用之，和乐如一。夫如是，和之至也。于是乎先王聘后于异姓，求财于有方，择臣取谏工而讲以多物，务和同也。声一无听，物一无文，味一无果，物一不讲。王将弃是类也而与专同。天夺之明，欲无弊，得乎？"

史伯在回答郑桓公提出的"周王室将会衰亡吗？"这一问题时，认为周王室现在做的事是"去和而取同"，这就是"专同"，所以它是必定会走向衰亡的。因为"以他平他谓之和，故能丰长而物归之；若以同裨同，尽乃弃矣"。这里的"和"已有了一定的哲学意义。

继史伯之后，齐国的晏婴提出了"和与同异"的思想，进一步论述了"和"与"同"的区别以及"和"的政治意义。《左传》昭公二十年记载：

> 齐侯至自田，晏子侍于遄台。子犹驰而造焉。公曰："唯据与我和夫！"晏子对曰："据亦同也，焉得为和？"公曰："和与同异乎？"对曰："异。和如羹焉，水火醯醢盐梅以烹鱼肉，燀之以薪。宰夫和之，齐之以味，济其不及，以泄其过。君子食之，以平其心。君臣亦然。君所谓可而有否焉，臣献其否以成其可。君所谓否而有可焉，臣献其可以去其否。是以政平而不干，民无争心。故《诗》曰：'亦有和羹，既戒既平。鬷嘏无言，时靡有争。'先王之济五味，和五声也，以平其心，成其政也。声亦如味，一气，二体，三类，四物，五声，六律，七音，八风，九歌，以相成也。清浊，小大，短长，疾徐，哀

乐，刚柔，迟速，高下，出入，周疏，以相济也。君子听之，以平其心。心平，德和。故《诗》曰：'德音不瑕。'今据不然。君所谓可，据亦曰可，君所谓否，据亦曰否。若以水济水，谁能食之？若琴瑟之专一，谁能听之？同之不可也如是。"

"和"与"同"的确是不同的。"和"是各种成分、因素、方面、条件的有机结合和统一，这就像做羹汤一样，要将盐、醋、梅、肉酱、水等各种原料和佐料按适当比例搭配起来，还要用温火来慢炖，使各种味道充分融合之，"济其不及，以泄其过"，这样方能食用。"若以水济水，谁能食之？"而"同"就不是这样了，只是同一种东西的简单相加或外在拼合，根本起不到"济其不及，以泄其过"的效果和作用。倘若用"同"的方式来调羹，谁能食之呢？晏婴认为，为政之道亦应如是。这里的"和"亦有一定的哲学意义。

至孔子，对"和"已很重视。他说："君子和而不同，小人同而不和。"（《论语·子路》）是"和"还是"同"，这是辨别君子与小人的极重要的标准。这里的"和""同"既是人的不同的思想品质，也是人的思维定势和思想方法，还是人的生活态度和处事方式，有丰富的含义。君子能取和去同，故事情就能做得好；小人则取同去和，往往结帮拉派，结党营私，党同伐异，打击异己，这岂能将事做好？！孔子又说："丘也闻有国有家者，不患寡而患不均，不患贫而患不安。盖均无贫，和无寡，安无倾。"（《论语·季氏》）这里的"和"是平和、和平、团结、和谐等意思。这个"和"虽无明显的哲学意义，但很明显孔子是主张"和"、看重"和"的。《论语·学而》有一条说："有子曰：'礼之用，和为贵。先王之道，斯为美，小大由之。有所不行，知和而和，不以礼节之，亦不可行也。'"有若的这个话可视为孔子的看法和思想。这个"和"是恰当、得当、适中等意思，是说"礼"所起的实际作用就在于在它的节制下能将事情做得适中、适当而恰到好处。这乃孔子所谓的"恭而无礼则劳，慎而无礼则葸，勇而无礼则乱，直而无礼则绞"（《论语·泰伯》）。如果没有"礼"作标准和节制，事情做得就不会恰当、适合、适中、适度，比如无"礼"节制的恭敬就会劳倦不堪甚至劳而无功。这就从反面突出了"礼"的和谐作用。这个"和"不仅是"礼"的作用和结果，且已有了适中、合适、适度等方法论意义。

　　这就是孔子讲的"中"或"中庸"之道。什么是"中"？《论语·先进》言："子贡问：'师与商也孰贤？'子曰：'师也过，商也不及。'曰：'然则师愈与？'子曰：'过犹不及。'""师"是颛孙师，即子张；"商"是卜商，即子夏。子贡问孔子，子张和子夏这两个人谁更好一些，孔子说子张有些过分，而子夏有些不及。子贡听后说，看来子张要好些了。孔子说，过分和不及是一样的，都不好。不言而喻，好的品行、行为、结果、方式等既不是过分也不是不及；这个既非过分又非不及的居中情境就是"中"或"中道""中庸"。这也就是孔子所说的"不狂不狷"的"中行"。"子曰：'不得中行而与之，必也狂狷乎！狂者进取，狷者有所不为也。'"（《论语·子路》）狂是狂放、猛烈；狷有急躁义，也有正直义。如果这里的"狷"取急躁义，那当与"狂"是同义的，就没有言行之"中"可言了。故这里的"狷"当作正直、耿直义。孔子的意思是说，如果与言行不合乎"中"的人相交往，那所交到的就是激进的人和狷介的人，激进者太过向前了，而狷介者却不肯去作，这两种品行当然都不是最好的。在孔子这里，"中"既是一种不过亦不及、不狂亦不狷的良好品德和行为，也是一种思想方式和处事方式。"子曰：'吾有知乎哉？无知也。有鄙夫问于我，空空如也。我叩其两端而竭焉。'"（《论语·子罕》）这里的字面意思是说，我本来没有某一知识；譬如当一位农人问我某一问题时，我本来一点也不知道，但我从他所问问题的首尾（两头）作盘查、考问，然后我就知道了，就可以告诉他了。这是骗人的投机行为吗？看来有点。但这里本有深刻的问题在。究竟什么才是"知"呢？一般认为就是知道某个东西、某一对象。然而，对象不是人，是人之外的东西，既然在人之外，人何以能知之呢？所以，无论怎样，当你去知道某一对象时，这个对象要进入你的认识活动和范围之中才行，否则人根本无法认识对象！这是一方面。还有另一方面，即当这个对象进入你的认识活动和范围后，又不可进得太深、太过，即不可一下子完全变成了你自己的主观存在，不可变成了你的纯心理感受，因为这样的话对象就完全成了个人的内心感受，人是没有办法沟通、交流这种完全私人化了的感受的，因此最终也就没有认识、知识可言了！那怎么样才算是认识活动呢？才算是"知"呢？这只能是：对象既不能完全地不进入人的意识活动中，又不能完全地进入人的意识活动中，这就自然地逼到"居中"或"中"的地带了。这恰恰是当代西方哲学中现象学和分析哲学所探讨的问题。1892年德国的弗雷格发表了一篇文章《论意义与意谓》，讲了一个人通过望远镜看月亮的事例，讲的就是认识活动中的这个"居中"或"中"性问题。如果月亮根本进不到望远镜的镜筒中，人是观察不到月亮的；如果看到的月亮一下子成了人自己的主观心理感受，比如某甲看到月亮时心花怒放而某乙此时却伤心欲绝，那么这两人就根本没法沟通和交流。能交流的、具有认识意义和价值的"月亮"只是和只能是望远镜镜筒中的月亮，或人的视网膜上的月亮，恰恰是它才有居"中"性。明白了这个道理，再看孔子所说的"叩其两端而竭焉"的方式、方法，难道这里就没有"中"的思想和方法吗？！孔子看重的就是此种"中"道。他赞扬舜"允执其中"（《论语·尧曰》）。他说："质胜文则野，文胜质则史，文质彬彬，然后君子。"（《论语·雍也》）对君子来说，太质朴或太有文采都不是其应有的品德，必须是"文质彬彬"，质与文有机结合，这不就是"中"的质性吗？！所以，孔子把"中"或"中道""中庸"看得颇高，他说："中庸之为德也，其至矣乎！民鲜久矣。"（《论语·雍也》）"中庸"是最高的道德，但人们却缺乏它很久了。为什么呢？关键在于这个"中"是两端、两极之间的活转，根本不是对象性、概念化的方式所能把握的，故一说它、一想它，把它作为"什么"来对待时，它就离人而去了，所以一般人由于受概念化思维方式影响太久、太深，是难以把握住这个"中庸"的。"子曰：'天下国家可均也，爵禄可辞也，白刃可蹈也，中庸不可能也。'"（《中庸》）可见把握"中庸"难度之大！谁能得到这种"中庸"呢？"子曰：'舜其大知也与！舜好问而好察迩言，隐恶而扬善，执其两端，用其中于民，其斯以为舜乎！'"（《中庸》）"子曰：'回之为人也，择乎中庸。得一善，则拳拳服膺，而弗失之矣。'"（《中庸》）像舜这样的大圣人和颜回这样的大贤人才能得到"中庸"。

孔子之后，对"中""和"思想作了阐发的有子思、孟轲、荀子、《易传》等，还有一些宋明理学家。后世儒家学者是很看重"中"或"中庸""中和"之道的。子思是孔子的孙子，他作了《中庸》[1]。《中庸》当然是专论"中庸"之道的，书中除了援引孔子的话以宣扬"中庸"是最高

---

[1] 关于《中庸》的作者和成书时代，学界有不同看法。这里采用《中庸》乃子思作之说，它当在《孟子》之前。

的德性，是难以为一般人所把握的等思想外，最主要的方面是突出了"中"，将其提升到本体的地位来认识。《中庸》曰：

> 喜怒哀乐之未发，谓之中；发而皆中节，谓之和。中也者，天下之大本也；和也者，天下之达道也。致中和，天地位焉，万物育焉。

这是《中庸》"中""和"论的特点，即从人的情绪、情感出发来说"中"道"和"。乍看起来这么讲层次比较低，因为讲人的情绪活动既显得平常又私人化，这样的东西与"中""和"究竟有什么关系呢？何以能与"天下之大本""天下之达道"这样的宇宙存在论、本体论相通呢？看来有些费解。但实际上从人的情绪出发是有道理的，这才是通向宇宙存在的必由之路。我们前面在几处都说过，人究竟如何来把握对象呢？很明显，如果这个对象（世界）完全在人之外而与人无关，人压根儿就无法把握它；而如果这个对象与人相关后完全变成了人的主观想象或内心活动、内在观念，这就等于牺牲掉了对象而只有人自己了，这还谈什么把握对象的问题呢？！可见，人如何把握对象（世界）的确是个重大的哲学问题。唯一的把握途径和前提是：世界既要与人相关而进入人的意识中，但又不能进得太深、太过，这就逼到了人与世界的中间地带，"居中"性问题就出来了。所以，用那种"什么"化的方式、方法人是根本把握不住世界的。人的情绪恰恰具有"居中"性或"中"性之质性、特点。一方面，情绪与人的内心观念、内在心象不一样，它并非纯主观的；另一方面，情绪显然也不是人之外的物，本来就与人相关联着，这正是情绪的居中之"中"性所在，也正是人与世界相连通的桥梁。所以，从人的情绪开始讨论把握世界的问题，探讨人以及世界存在的存在之"根"和"本"，这个方向是对的；这正是《中庸》谈论本质、本体问题的长处所在，也是儒学和中国哲学的长处所在。

有了情绪这个出发点和立脚点后，又如何从情绪出发来解决宇宙或世界之存在的本原问题呢？这当然就要分析"情绪"本身是如何存在的问题。然而，喜怒哀乐这些情绪究竟是什么？它们又是如何存在的呢？倘若一上来就将其概念化、对象化的话，喜怒哀乐不就是喜怒哀乐嘛，不就是那么个东西嘛，还有什么可说的呢？这样一来，这里的喜怒哀乐的情绪就被一棍子敲死了，就成了死躯壳，实则就根本不是喜怒哀乐了，就不是真正的、活的情绪了。活生生的喜怒哀乐是如何存在的呢？从其存在性质上说，如果喜怒哀乐只是"有"，实际上就并没有喜怒哀乐的存在，因为当喜怒哀乐已经有了、存在了时，它就是个"什么"，就是个对象，你谈它它是它，你不谈它它还是它，实际上已与人无关了，已被提离开了人本身，这还算什么情绪？！而如果喜怒哀乐只是"无"，就等于一下消灭了喜怒哀乐，还有什么情绪不情绪可言呢？！这就有些犯难了：喜怒哀乐这些情绪既不能是"有"也不能是"无"，但同时既是"有"又是"无"；这到底是什么呢？它的真面目究竟是什么样子呢？它到底是如何存在的呢？它存在的唯一途径就是既非有非无而又亦有亦无，这正是"中"之本义所在。《中庸》说"喜怒哀乐之未发，谓之中"，所揭示的正是喜怒哀乐之非有非无又亦有亦无的本性、本质。什么是这个"未发"？它到底"发"了还是"没发"？如果它发了，既然已经发了，就已经发过了，已过去了，还有这个"发"自身存在吗？否！如果它没发，既然没有发，那还有"发"存在吗？否！可见，对这个"未发"本身，就不可作简单的概念化理解，这个"未发"的真正意义就在于蓄势待发，即发而未发且未发而发，正处在"发"与"不发"之"中"。所以，《中庸》说"喜怒哀乐之未发，谓之中"是很贴切的。当喜怒哀乐发而已出时，就表现为人的行为，即此时的人已表现为一种状态、样子，他已处在或喜或怒等状态中了，这时倒可以用"什么"这种对象化方式来予以把握之。尽管如此，但这些喜怒哀乐等状态本身也有个限度、尺度、标准问题，不能太过分了。比如说，面带笑容是喜，呵呵而笑也是喜，放声大笑还是喜，笑得泪花流出还是喜，笑得直不起腰来而委顿于地还是喜，笑得昏厥过去还是喜，甚至笑死了也还是喜……那么到底什么是"喜"呢？很清楚，不能不喜也不能过分地喜，这里面就有个限度问题，这就是"中节"，就是"和"。相对而言，"和"比"中"好理解、好把握一些。但"和"也非对象化的"什么"，它仍是活转中的形势或态势。用海德格尔的解释学化了的现象学方法来说，《中庸》讲的"中""和"都不是概念规定，而是一种"形式显示"或"形式指引"法。明白了"中""和"的形式显示的性质和意义，《中庸》所谓"中也者天下之大本也，和也者天下之达道也"的话也就自然可以理解，这样说也就顺理成章、水到渠成了。所以，只要人能抓到"中和",天地万物就依其"存在"之本性而存在的道理也就明白了,天地的存在就以其"正位"表现、显现着,万物的存在就是其"发育"之展示,复何怪哉?

正因为《中庸》发掘了"中""和"或"中和"这个富有"存在"意义的本或本体,所以它自然构造了一个天人合一的一体世界,这恰恰有海德格尔讲的"人在世中"(being-in-the-world)的意义和价值。这就是《中庸》讲的"诚"。表面看来,"诚"指的是人的品性、品质,即真实无妄、正直不欺之意。但《中庸》从"中""和"出发,已将"诚"提升、升华为具有"中"性质性和价值的概念、名称,它本来就是天性与人性、天道与人道的统一。《中庸》曰:"诚者,天之道;诚之者,人之道也。诚者,不勉而中,不思而得,从容中道。"又说:"天命之谓性,率性之谓道,修道之谓教。"不论从"诚"还是从"性"的意义上讲,天与人的沟通、合一是自然的。这就为天道与人道的统一建立了本体论基础。正因为这样,《中庸》的一些讲法从概念化方面看很难说通,但实则合情合理而顺理成章。比如说,《中庸》一方面大讲圣人,盛赞舜这样的圣人之德,这当然是凡人、常人所不能企及的;但另一方面却对愚夫愚妇之行称赞有加,曰:"夫妇之愚可以与知焉,及其至也,虽圣人亦有所不知焉。夫妇之不肖,可以能行焉,及其至也,虽圣人亦有所不能焉。天地之大也,人犹有所憾。故君子语大,天下莫能载焉;语小,天下莫能破焉。"夫妇的那些发自本能、本性的行为,怎么能合于圣人之道呢?而且还是"圣人亦有所不知""圣人亦有所不能"呢?其实,就像喜怒哀乐这些情绪具有"中"性本质一样,夫妇之性、夫妇之行实则也有"中"性在,故它是合"道"的,"君子之道,造端乎夫妇,及其至也,察乎天地"。再比如说,《中庸》将"诚"提高到本体地位,说"唯天下至诚,为能尽其性;能尽其性,则能尽人之性;能尽人之性,则能尽物之性;能尽物之性,则可以赞天地之化育;可以赞天地之化育,则可以与天地参矣"。"诚"作为人的品德、品性怎么能"尽物性"呢?以至于"可以赞天地之化育""可以与天地参矣"呢?从概念化的视野无法说清,但从"中"性出发却合情合理!《中庸》甚至将"诚"神化了,说:"至诚之道,可以前知。国家将兴,必有祯祥;国家将亡,必有妖孽。见乎蓍龟,动乎四体。祸福将至,善,必先知之;不善,必先知之。故至诚如神。"从概念化方面理解,这就是十足的唯心论臆语。但从"诚"的"中"性本质来看,却并不深奥和神秘。

总之,《中庸》将孔子的"中""和"思想和"中庸"之道向哲学本体论的高度和层面大大提升了;而且,此种提升并不是人为的概念规定,而是从天人之"中"性出发的合理引申。可以说,自《中庸》后,"以和为贵""执两用中""和而不同"等"中庸"之道就积淀、内化、升华为中华民族的心理和精神。

而后的孟子、荀子以及后世儒者也有对"中和"之道、"中庸"思想的提倡、解释,但都无出孔子和《中庸》之右者。比如孟子,他也讲过"和"的问题,如说:"天时不如地利,地利不如人和",并把"人和"之"和"上升为"道",认为:"得道者多助,失道者寡助。寡助之至,亲戚畔之;多助之至,天下顺之。"(《孟子·公孙丑下》)这当然也是对孔子"和"的发展,赋予了其"仁政"的内涵。孟子对孔子的"狂狷"说也作了解说。《孟子·尽心下》云:"万章问曰:'孔子在陈曰:"盍归乎来!吾党之小子狂简,进取,不忘其初。"孔子在陈,何思鲁之狂士?'孟子曰:'孔子"不得中道而与之,必也狂狷乎!狂者进取,狷者有所不为也"。孔子岂不欲中道哉?不可必得,故思其次也。''敢问何如斯可谓狂矣?'曰:'如琴张、曾晳、牧皮者,孔子之所谓狂矣。''何以谓之狂也?'曰:'其志嘐嘐然,曰:"古之人,古之人。"夷考其行,而不掩焉者也。狂者又不可得,欲得不屑不絜之士而与之,是狷也,是又其次也。孔子曰:"过我门而不入我室,我不憾焉者,其惟乡原乎!乡原,德之贼也。"'"这里对"狂""狷"的解说并未说到什么深意。但孟子是认同孔子"中和"观的。他非常称赞孔子识"时"。"孟子曰:'伯夷,圣之清者也;伊尹,圣之任者也;柳下惠,圣之和者也;孔子,圣之时者也。孔子之谓集大成。'"(《孟子·万章下》)"圣之时者"就是识"时"、知"时"者。这个"时"本来就有现象学意义。能知时、识时者,自然能做到进退合度,合规中矩,其"中"的意义是明确的。

成书于战国中晚期的《易传》中有"保合太和"的说法。《易传·乾·彖传》说:"大哉乾元,万物资始,乃统天。云行雨施,品物流行,大明终始,六位时成,时乘六龙以御天。乾道变化,各正性命,保合太和,乃利贞。首出庶物,万国咸宁。""彖"的原义为"断定"。《易传》

的《象传》是专门论述一卦之体的。这里赞扬的是乾卦的"元始创造"的品德，说它的元始创造的品德是很伟大的，万物都要依靠它来生成，所以它统领着天，体现着天的意志。云在飘，雨在降，各类生物流布成形，表现出丰富多姿的生命形态；灿烂的阳光四季照耀着，乾卦的六个阳爻按不同的时位组成，宛如阳气乘着六条巨龙按季节之变换驾驭着天之运行。大自然的运行变化之道，使宇宙万物各自形成其品德属性，又保全了阴阳冲和之元气，以利于守持正固。阳气开始生成万物，又周流不息地运行着，天下万方都和美安宁了。这里的"保合太和"说的是阴、阳二气会合、结合而形成冲和的元气。这个"和"虽然说的是宇宙存在，但也"万国咸宁"，仍有人文意义。

战国末期的荀子也说过"和"，如说："上不失天时，下不失地利，中得人和，而百事不废。"（《荀子·王制》）荀子的"人和"与孟子讲的"人和"一样，指的是人的和谐、团结、统一，其人道政治含义明显。

到了宋明时代，理学家在解说《论语》等儒家经典时，当然对"和""中"等观念的解说，也有"中和"方面的思想。这里要提到张载，他在《正蒙·太和篇》中说："气本之虚则湛一无形，感而生则聚而有象。有象斯有对，对必反其为；有反斯有仇，仇必和而解。"这个"仇必和而解"是从对立出发达到的最终统一，此乃"和"的高级形态。

以儒学为主体的"和而不同""执两用中"的"中庸之道"，是我泱泱华夏民族极为重要的精神。此种精神培育出了中华民族知礼讲和、待人和气、彬彬有礼、於穆纯厚等能够担待、容忍、团结、求同的良好民风，这是我们十分宝贵的精神财富。尽管此种"中庸之道"也会培育、养成"好好先生"、怕得罪人的"乡愿"来，但这方面终究是次要的。

8."孝弟为仁之本"的孝道纲常

孝悌忠信之道是中华民族的一贯精神，可以说中华民族是以孝治天下的民族。"百善孝为先"，这是中华子民的基本信条和行为原则。儒家历来重视孝，强调孝，并身体力行之；儒家有流传甚广、影响甚大的"二十四孝"故事。《孝经·三才章》借孔子之口说："夫孝，天之经也，地之义也，民之行也。"把孝提升到治国之本的地位。在儒家思想哺育下，中华孝道昭昭煌煌，历久不衰。

第一章　儒家的心性论与中华民族的伦常之道

舜是圣人，是儒家所说的"二十四孝"之首。帝尧之所以能将天下禅让于他，与舜的孝德、孝行有关。《尚书·尧典》有这样一段："帝曰：'咨！四岳。朕在位七十载，汝能庸命，巽朕位！'岳曰：'否德忝帝位。'曰：'明明扬侧陋。'师锡帝曰：'有鳏在下，曰虞舜。'帝曰：'俞！予闻，如何？'岳曰：'瞽子，父顽，母嚚，象傲，克谐。以孝烝烝，乂不格奸。'帝曰：'我其试哉！女于时，观厥刑于二女。'厘降二女于妫汭，嫔于虞。帝曰：'钦哉！'"这说的是尧提拔舜的经过。尧想把帝位给四方诸侯之长，但被谢绝了，尧就让他们推荐能继帝位的候选人，于是他们就举荐了民间的虞舜。身无官职的一位民间穷困之人——虞舜为什么能被重视而推举为天子的候选人呢？根本原因就在于舜的孝行和孝名。舜是乐官瞽叟的儿子，其父心术不正，后母奸险，弟弟象傲慢不善，在这样的家庭背景下，舜却能处理好同他们的关系，同他们和谐相处，这正表现出他的纯美、淳厚的孝德、孝心。"以孝烝烝，乂不格奸"，是说因为舜的孝心美厚，故治理天下不至于坏吧。尧听从了四岳之长的建议，就让舜来处理政务。可见，早在上古时期人们就看重孝（悌）之道。这已说明孝（悌）乃为政之本。

成书于殷周之际的《易经》是由六十四个卦图和相应的卦辞、爻辞组成的占筮之书。在这六十四个卦图（卦象）中，乾、坤、震、巽、坎、离、艮、兑被称为"八经卦"。成书于战国中晚期的《易传》一书对《易经》思想作了引申、诠释。《易传》中有《说卦传》一篇，是解说八经卦之间的关系和卦象之意的。它说："乾，天也，故称乎父；坤，地也，故称乎母。震一索而得男，故谓之长男；巽一索而得女，故谓之长女。坎再索而得男，故谓之中男；离再索而得女，故谓之中女。艮三索而得男，故谓之少男；兑三索而得女，故谓之少女。"《说卦传》将八卦视为一个家庭，以乾、坤为父母，以震、坎、艮为三男，巽、离、兑为三女。这种家庭关系或家庭系统就是宇宙（世界）存在的结构和秩序，或者反过来说，宇宙存在之道以家庭关系及组织结构来体现、表现、存在着。所以《说卦传》开篇就说："昔者圣人之作《易》也，幽赞于神明而生蓍，参天两地而倚数，观变于阴阳而立卦，发挥于刚柔而生爻，和顺于道理而理于义，穷理尽性以至于命。"又说："昔者圣人之作《易》也，将以顺性命之理。是以立天之道曰阴与阳，立地之道曰柔与刚，立人之道曰仁与义。兼三才而两之，故《易》六画而成卦；分阴分阳，迭用柔刚，故《易》六位而成章。"这种家庭结构与宇宙结构同构的思想，是《易传》发挥、引申《易经》的极重要的思想成果。这实际上为家庭存在建立了宇宙论依据和基础。《易传·序卦传》曰："有天地然后有万物，有万物然后有男女，有男女然后有夫妇，有夫妇然后有父子，有父子然后有君臣，有君臣然后有上下，有上下然后礼义有所错。夫妇之道不可以不久也。"这就更明确地将天地万物与家庭、社会、君臣、礼仪等关系连接为一个链条、一个整体。天地—万物—男女—夫妇—父子—君臣—上下—礼仪这一关系整体和链条，既是横向地展开，也是纵向地延伸，有横有纵，纵横交错，这里面本来就有空间和时间维度在。这是《易传》所构造的天人一体系统结构的一个特点。另一个特点就是，在这个天人系统中，夫妇关系占据重要的中心、核心地位，如果掐断了这一环节，天与人的沟通、联系就没有了。"天地—万物—男女"这一链条段可以归到自然存在中去，这里的"男女"尚是自然属性意义上的不同种，仍属于阴阳差别的自然存在；而"父子—君臣—上下—礼仪"这一链条段可以归到社会存在或人文存在中去，从"父子"关系开始已经是有伦有序的人文世界或价值世界、意义世界了。荀子有言："水火有气而无生，草木有生而无知，禽兽有知而无义。人有气、有生、有知，亦且有义，故最为天下贵也。"（《荀子·王制》）人之"义"的真正表现在哪里呢？恰好就在"夫妇"这里！夫妇，从外表形式看，不就是一男一女两个不同性别的生物或动物的结合嘛，这与一般的动物行为甚或一般的生物行为有什么不一样呢？但谁都知道这真的不一样。这个不一样之处就在于"义"。"义"的本义是合宜、合理、合适或合式。两个异性动物的结合为什么就没有"义"，即算不得合宜、合理、合式，而一个男性与一个女性的结合就是合宜、合理、合式的呢？这里当然也有不合式之处，但这恰恰是人绝对要限制、克服的。显然，由一般意义上的两个异性结合上升到"夫妇"关系，这里有个由自然存在走向社会存在的转变，即有个由自然性向社会性的转化。这个"义"恰恰就处在这一转变、转化的中间地带，如果这里的自然性还没有转变或还没有转变过去，很显然就没有"义"可言；而如果这里的自然性已发生了转变即已转变成了社会性，或者说已经转变完了，很明显也没有"义"可言。这里之所以有"义"和能有"义"，恰恰在于由自然性向社会性转化的"中"中，所以对此时的人来说既是自然性（性欲表现）又是社会性（限制、隐藏、遮掩性欲而表现为人的行为）的，但又既不是自然性的又不是社会性的，这就是既非自然性和社会性而又亦自然性和社会性。这正是《中庸》所谓的"夫妇之愚可以与知焉，及其至也，虽圣人亦有所不知焉。夫妇之不肖，可以能行焉，及其至也，虽圣人亦有所不能焉"，"君子之道，造端乎夫妇，及其至也，察乎天地"之言。将天人一体系统中的"夫妇"这一链段本身所含有的居中的"中"性意义之"义"质和"义"性表现、展现、显现出来，就是人世中的"孝""悌"之道。"孝"是晚辈与长辈间的关系表现，"悌"是平辈间的关系表现；前者以时间上的前后关系来展开，后者则以空间上的平行、平列关系来展开。

以上之所以要围绕《易传》所述来辨析家庭与宇宙存在的同构结构以及家庭关系中"夫妇"现象的"中"性本质，是为了更本原或原本地把握"孝""悌"之道，是为了不让那种对象化、概念化的方法歪曲了"孝""悌"本质。当然，关于"孝""悌"之道的论述、阐发，在《易》中尚是取象示义性的，还未直接就"孝""悌"的思想含义予以阐析。

直接对"孝""悌"之道作论说的人是孔子。《论语》记载："子曰：'弟子入则孝，出则弟，谨而信，泛爱众，而亲仁。行有余力，则以学文。'"（《论语·学而》）"有子曰：'其为人也孝弟，而好犯上者，鲜矣；不好犯上，而好作乱者，未之有也。君子务本，本立而道生，孝弟也者，其为仁之本与！'"（《论语·学而》）孔子明确教导弟子要入孝出悌，要孝悌并行，此乃做人的基础、基本。有若之言如夫子之言。有若把孝悌提得更高，视作政治清明、社会有序的基本前提，认为如若一个人能做到孝悌，就不会去犯上作乱；君子一生所追求的正是孝悌这样的基础性东西，这也就是"道"。这里的"道"显然就是孝悌之道，孝悌是"道"的基础，也是"仁"的根本和基础。以"孝""悌"为"仁"之本，反映了以血缘关系为基础的家庭关系的极端重要性。这不难理解。但"孝""悌"这种伦理原则和行为又为什么与不犯上、不作乱这类社会政治问题扯上了直接关系呢？看来有些费解。但如果从封建社会小农经济这一经济基础即经济结构来看问题，则"孝""悌"与社会政治的关系就文通理顺了。我们在前面已经指出，封建社会基本的经济方式是农业与家庭手工业相结合的、男耕女织的、自给自足的自然经济，这种经济的基本运作单位就是家庭，家庭关系的和谐与否直接关系到社会生产的进行。所以，从"孝""悌"原则出发，和谐好了家庭关系，使社会生产得以正常进行，社会自然就安定了，人们自然就安居乐业了，这时谁还会去做那些犯上作乱、铤而走险的事呢?! 可见，这里说的能孝悌就不会犯上作乱的问题，与汉初"孝悌力田"的国策和方针有紧密关联。儒书经秦火后，汉初曾有过恢复整理。而《论语·学而》"有子曰"这一章，是否折射出汉初整理《论语》的时代痕迹呢？

《论语》中"孝"字19见，"悌"（同"弟"）字4见。孔子比较重视的是"孝"。关于"孝"的含义，大概有三个方面：一是无违礼。"孟懿子问孝。子曰：'无违。'樊迟御，子告之曰：'孟孙问孝于我，我对曰，无违。'樊迟曰：'何谓也？'子曰：'生，事之以礼；死，葬之以礼，祭之以礼。'"（《论语·为政》）这是说，"孝"是按"礼"的规定来办事的行为和方式。这当然是对子女侍奉父母而言的，即子女要按照规定的礼节来对待、侍奉父母，父母活着时要按礼节奉养之，死后要按礼节安葬之、祭祀之，如果对父母的所作所为违背了"礼"的规定，那就是不孝。二是继承父母的遗志，"无改于父之道"。"子曰：'父在，观其志；父没，观其行；三年无改于父之道，可谓孝矣。'"（《论语·学而》）这说的是子承父业、子继父志的事。人的生命总归是有限的，一生所做的事也是有限的，好多事可能想而未做，也有好多事可能做而未完，这对一个人来说往往是件憾事，大有死不瞑目之感。人之所以要有子女，之所以要将父代与子代的关系牢牢维系在家庭范围内，除了养儿防老外，更重要的是历史性、时间性的，即不能使前代与后代断了联系而使每一代都成了无根的浮萍。父代与子代之间这种历史性、时间性的表现，就是善于继父之志，完成父辈未完成的事业，实现父辈未能实现的理想、抱负，这当然是对父辈最大的报答和安慰了。这就是孝。这个意义上的"孝"有时间维度在，是很深刻的。三是对父母要有一种敬爱之情。这是孔子讲"孝"讲得最多的含义，也是"孝"最基本的含义所在。《论语·为政》中几处论"孝"，说的都是子女对父母的爱心问题。"孟武伯问孝。子曰：'父母唯其疾之忧。'"（《论语·为政》）这里的"其"字历来有两解，有说指的是父母，有说指的是儿女。笔者取前说。什么是"孝"呢？孔子回答孟武伯的话是：要时刻操心、担忧父母的健康状况。这当然是孝心的表现。"子游问孝，子曰：'今之孝者是谓能养，至于犬马皆能有养；不敬，何以别乎？'"（《论语·为政》）当时的人就有这种看法，即所谓"孝"就是能给父母供吃供穿，能养活他们。孔子认为"孝"不只是这样的。养活、供养对方，有各种不同的意义在里面，有的纯是功利动机，比如你之所以比较用心地去供养你的狗、马，是因为它们对你有用，要为你做事，这里没有真情在。养活父母难道也是出于功利的动机和目的吗？当然不是！养活父母首先有情感在里面，是为了报答父母的养育之恩，并不是考虑某种利益问题，这就是对父母的"敬"的情感。《论语·阳货》中孔子与宰予关于"三年之丧"问题的对话，关涉的也是对父母"敬"与否的问题。所以，如果没有"敬"的情感在，养活父母无异于养活犬马，这有何"孝"可言呢？！"子夏问孝。子曰：'色难。有事，弟子服其劳；有酒食，先生馔，曾是以为孝乎？'"（《论语·为政》）"色难"这话，孔子说得就更直截了当了。孝，不是仅仅能替父母干活，也不是仅仅能让父母先享用酒食，关键在于在父母面前要有一副真诚的、发自心底的好脸色。难道脸色能代表孝吗？然！试想，如果你端了一碗山珍海味给父母，这时你一脸怒气，恶狠狠地将碗蹾在父母面前，并说"吃去吧，老东西！"父母还能吃得下你这碗山珍海味吗？！如果你手捧一碗菜汤甚至谷糠给父母，这时你恭敬有加，和颜悦色地说"对不起，没有什么好吃的，只有这点菜汤，让二老受罪了，儿罪该万死"，并把碗温柔地放到父母手上，可以肯定，此时的父母不但不嫌弃这碗菜汤，还如吃蜜糖哩；父母甚至会激动得落泪，会从心底称赞你的孝行啊！所以，"孝"的行为中本来就有真情在，有基于血缘关系的亲情在。如果能将此种真情表现出来，就是大孝、真孝，而并不在于单纯的物质享受。时至今日，孔子讲的为孝"色难"的话还很能打动人。市场经济中的人们，学着点吧！

　　孔子之后，儒家学者对孝、悌都很重视。孟子在回答梁惠王如何实行仁政问题时，说："……谨庠序之教，申之以孝悌之义，颁白者不负戴于道路矣。"（《孟子·梁惠王上》）孟子以"孝悌"为仁政的重要内容。在孟子看来，"孝"的本质在于"亲亲""尊亲"。他说："天下大悦而将归己，视天下悦而归己，犹草芥也，惟舜为然，不得乎亲，不可以为人；不顺乎亲，不可以为子。舜尽事亲之道而瞽瞍厎豫，瞽瞍厎豫而天下化，瞽瞍厎豫而天下之为父子者定，此之谓大孝。"（《孟子·离娄上》）孟子称赞舜为"大孝"，就是因为舜能使其父瞽瞍（或作瞽叟）高兴，舜父高兴了，天下的风俗就发生变化了，父子伦常也就由此确定了，这不正是大孝吗?! 孟子还说："仁之实，事亲是也；义之实，从兄是也；智之实，知斯二者弗去是也；礼之实，节文斯二者是也；乐之实，乐斯二者，乐则生矣；生则恶可已也，恶可已，则不知足之蹈之手之舞之。"（《孟子·离娄上》）孟子将"仁"的实质确定为"事亲"，将"义"的实质确定为"从兄"，这不正是仁、义的"孝""悌"性质和内容吗？而且，智、礼、乐这些都是围绕"仁""义"即"孝""悌"来展开和表现的。孟子又说："孝子之至，莫大乎尊亲；尊亲之至，莫大乎以天下养。"（《孟子·万章上》）"事，孰为大？事亲为大。""事亲，事之本也。"（《孟子·离娄上》）既然"事亲"为"事之本"，那怎么"事亲"呢？孟子曰："悦亲有道，反身不诚，不悦于亲矣。"（《孟子·离娄上》）事亲的关键要"诚"，即心底要诚实、真诚，要设身处地地为亲者、长者着想。孟子举了曾子事亲的例子予以说明。曰："曾子养曾皙，必有酒肉；将彻，必请所与；问有余，必曰：'有。'曾皙死，曾元养曾子，必有酒肉；将彻，不请所与；问有余，曰：'亡矣。'——将以复进也。此所谓养口体者也。若曾子，则可谓养志也。事亲若曾子者可也。"（《孟子·离娄上》）曾参奉养其父曾皙，每餐都有酒肉，吃完而要撤除时，一定要问父亲剩下的需要给谁；若曾皙问有没有剩余，曾参一定说"有"。而到曾子的儿子曾元奉养曾子时，也每顿有酒肉；吃完撤除的时候便不问剩下的要给谁；若曾子问还有剩余吗，曾元便说"没有了"。曾元的意思是留下预备以后进用。所以，曾元是养体，而曾子却能养志，即顺从父亲之意以养之。这里的"养志也"就是孔子所说的"敬"。

荀子也注重孝道。他说："入孝出弟，人之小行也；上顺下笃，人之中行也；从道不从君，从义不从父，人之大行也。若夫志以礼安，言以类使，则儒道毕矣，虽舜，不能加毫末于是矣。孝子所以不从命有三：从命则亲危，不从命则亲安，孝子不从命乃衷；从命则亲辱，不从命则亲荣，孝子不从命乃义；从命则禽兽，不从命则修饰，孝子不从命乃敬。故可以从而不从，是不子也；未可以从而从，是不衷也。明于从不从之义，而能致恭敬、忠信、端悫以慎行之，则可谓大孝矣。"（《荀子·子道》）荀子明确肯定"入孝出弟"的孝悌之道，但他认为这样的孝悌尚是"小行"。

那种"从道不从君,从义不从父"的道义才是"大行"。可以看出,荀子虽然认可孝悌之道这样的伦常,但他更看重已超出了伦常关系的社会道义和行为。荀子这里的孝悌已超越了或者说谈化了亲亲之类的含义,更重社会性和社群性。

还有《中庸》,也讲孝悌之道。如说:"夫孝者,善继人之志,善述人之事者也。"这与孔子讲的是一致的,即所谓孝要继承、完成先辈的遗志和未竟之业。又说:"敬其所尊,爱其所亲;事死如事生,事亡如事存,孝之至也。"这与孔子讲的也一致,是说孝要按礼的规定来侍奉长辈;特别在长辈去世后不可忘记,仍要按礼的规定来祭祀、纪念。《中庸》很看重舜的孝行,说:"舜其大孝也与!德为圣人,尊为天子,富有四海之内,宗庙飨之,子孙保之。"大舜的孝天下无双,其孝与德、位、富、享(祭)达到了一致。与孔、孟、荀等讲孝的最大不同在于,《中庸》讲到"夫妇"之道,说:"君子之道,造端乎夫妇,及其至也,察乎天地。"夫妇问题当然并非直接是孝,也非直接是悌,而是一般男女之间的关系。但它却是孝悌的前提和基础,因为正如《易传·序卦传》所言,"有夫妇然后有父子",然后才有兄弟(姐妹)。夫妇间的那种自然结合,就孕育着父子之间的"孝"和兄弟之间的"悌"。而且,我们前面已说到,夫妇关系本身有自然性与社会性之间居中之"中"性,尤为重要。

专门论述孝问题的是《孝经》。据《史记·仲尼弟子列传》:"曾参,南武城人,字子舆。少孔子四十六岁。孔子以为能通孝道,故授之业。作《孝经》。"《孝经》乃曾子所作,汉代列入"七经"。《孝经》把"孝"提高到天经地义的高度,说:"甚哉!孝之大也。""夫孝,天之经也,地之义也,民之行也。"又说:"子曰:'夫孝,德之本也,教之所由生也。'"认为"孝"是道德之本。《孝经》论"孝"先从人的身体开始,认为:"身体发肤,受之父母,不敢毁伤,孝之始也。"身体是一个人生命存在的基本前提和保障,只有人的身体在,才谈得上敬亲行孝,否则一切都成了无稽之谈。"孝"行从爱惜身体开始,然后"立身行道,扬名于后世,以显父母,孝之终也"。孝的直接行为是事亲,但它并不囿于家庭之中,而是要扩大、辐射开来,这就涉及社会政治问题,"夫孝始于事亲,中于事君,终于立身"。一个人事亲、事君都做到了,他也就安身立命了,就立身了。《孝经》具体论述了"爱敬尽于事亲,而德教加于百姓,刑于四海"的"天子之孝"、"富贵不离其身，然后能保其社稷，而和其民人"的"诸侯之孝"、"非法不言，非道不行；口无择言，身无择行；言满天下无口过，行满天下无怨恶，三者备矣，然后能守其宗庙"的"卿大夫之孝"、"以孝事君则忠，以敬事长则顺。忠顺不失，以事其上，然后能保其禄位，而守其祭祀"的"士之孝"、"用天之道，分地之利，谨身节用，以养父母"的"庶人之孝"，对"孝"的论述是多方面的。

总之，在儒学思想的哺育、培育下，孝悌之道已深深扎根于中华民族的沃土中，成为中华民族的心理习惯和行为准则、价值取向。那些不忠不孝不悌不友之徒，历来为人们所唾弃。这些方面都不再赘言了。这里有必要再说几句关于"孝"的居"中"性和时间性维度，当不无益处。

人们往往讲"孝"，那么"孝"是什么？它在哪里呢？显然，这个"孝"绝不可予以对象化和概念化，即不能用"什么"来理解。"孝"显然在父母、子女之间发生和存在着。试想，倘若仅有父母而没有子女，是没有"孝"道可言的；而如果只有子女而没有父母（父母不在人世了），也没有所谓的"孝"道可言。当然，父母过世后子女仍可在父母的遗像、牌位前祭祀行孝，但这时总得有父母在，哪怕是想象中的父母，总不能任何对象都没有而只是子女的呓语吧。所以，真正的"孝"既不单在父母身上又不单在子女身上，同时又既在父母身上又在子女身上，这就是其"中"性本质，也是其时间维度。张祥龙先生说："孝爱这样一个典型的和独特的人类现象既不仅仅来自习俗、后天教育，也不就源自个人的心理、一般意义上的主体间意识或社团意识（'大家伙儿'意识），与功利意识也没有关系。它的出现与被维持首先来自人类的生存时间形态，而这种时间形态则被理解为意义构成的方式。同时还被显明的是：孝与慈是同一个时间结构——亲子和狭义家庭的时间结构——中相互依存与相互构成的两极，可以视为家庭关系中的'纵向'阴阳。慈爱为阳，健行涌流，云行雨施；孝爱为阴，顺受反辅，含弘光大。因此，孝爱意识的构成必以接通慈爱为前提。"[1]"慈爱之流天然地会反激出孝爱的回流。"[2] 慈爱是基于自然的生物本能、本性的爱，它体现的是时间构架中的顺流；而孝爱是被慈爱反激出的人的社会本性，它体现的是时间构架中的逆流。

---

[1] 张祥龙：《〈尚书·尧典〉解说》，生活·读书·新知三联书店2015年版，第156页。
[2] 张祥龙：《〈尚书·尧典〉解说》，生活·读书·新知三联书店2015年版，第167页。

正因为"孝"的时间性本质或其"中"性特质,把握和实行它非常不易,根本不是那种对象性概念化方法所能奏效的。"子曰:'事父母几谏,见志不从,又敬不违,劳而不怨。'"(《论语·里仁》)孝是侍奉父母。但人不是机器,子女不是像机器一样光去侍候父母就完了,还有与父母的思想交流;如果父母真的错了,子女不能知错不说,这就叫"从义不从父"(荀子语),也就是孔子所说的"谏",即对父母的规劝。但规劝不能是一枪戳下马式的,这样会起冲突,不但劝不了父母还会落个不孝之名,所以规劝父母很不容易,一定不能用"什么"那种方式,而要委婉、婉转,这就是"几谏",它很有"中"道方法在内。究竟怎么做呢?我们来看"曾子耘瓜"这则故事:

曾子耘瓜,误斩其根。曾皙怒,建[援]大杖以击其背。曾子仆地而不知人久之。有顷乃苏,欣然而起,进于曾皙曰:"向也参得罪于大人,大人用力教参,得无疾乎?"退而就房,援琴而歌,欲令曾皙而闻之,知其体康也。

孔子闻之而怒,告门弟子曰:"参来勿内[纳]。"曾参自以为无罪,使人请于孔子。子曰:"汝不闻乎?昔瞽叟有子曰舜。舜之事瞽叟,欲使之,未尝不在于侧;索而杀之,未尝可得。小棰则待过,大杖则逃走。故瞽叟不犯不父之罪,而舜不失烝烝之孝。今参事父,委身以待暴怒,殪[死]而不避。既身死而陷父于不义。其不孝孰大焉?女非天子之民也?杀天子之民,其罪奚若?"曾子闻之曰:"参罪大矣!"遂造孔子而谢过。(《孔子家语》)

乍一看,曾参不是很孝顺嘛,他锄瓜时不小心斩断了瓜秧的根,他父亲曾皙发怒了,就操起一根大棍来打他,他被打翻在地而不省人事。过会他醒了,就高高兴兴爬起来到他父跟前请罪,回到家里还又弹琴又唱歌的,以示他身体没事,不让他父亲担心打坏了他。这难道有什么不对吗?有!这就在于曾参把"孝"看得太死板,做得太生硬,差点酿成了大错。为什么呢?当曾皙暴怒之时,很可能一时失手而将曾参打死;如果把曾参打死了,曾皙就杀了人(尽管是过失杀人),必然要受到王法的惩处,这不成罪人了吗?!所以,真正的"孝"不可像曾参那样,明明知道父亲发大怒要来打他,还死死等着,这看来是孝行,实则非孝也;曾参理应逃跑,不让父亲的大棍把自己打倒。比如大舜,他的父亲瞽叟要害他,但每当是一些小事时,舜就在父亲身边,让父亲责罚一下;但若瞽叟真的要害他时,舜却躲起来不让他找到,这才成全了父亲而自己也成了真正的大孝之人。"曾子耘瓜"这则故事说明,"孝"根本就不是那种"什么"的对象性的东西,它是处在儿子和父亲之间的、由父与子之间的纯关系所当场构成的情境,它得几得势,势态盎然,活活泼泼,生生不息,这完全要靠能入境的体悟来把捉之。这大有海德格尔所谓的"形式指引"的意味。对此,还是自己来体悟吧,多说无益。

9. "修身为本"的理想人格

儒家很重视修身进德的心性修养。在儒学思想哺育下,中华民族历来提倡道德修养,形成了"以修身为本"、成就圣贤人格的民族理想、风气和精神,这是中华民族宝贵的精神财富。

关于"修身为本"的修养问题,涉及这样三个方面:一是关于修身、修养的目标。倘若少了修养之目的、目标,修养就成了大水漫滩、四处涌流,最终是难以有成就的。二是关于修养的基础。修养的目的、目标在于成就理想人格,成为圣人、贤人、君子,那么这一目标得以实现的基础何在呢?人成圣、成贤有没有可能呢?三是关于修养的途径和方法,即通过什么方式方法以达到进德扬善、成圣成贤。这三个方面的问题互有关联,共同构成了以儒学思想为主体的中华民族"修身为本"的民族精神。

儒家一直有自己理想的人格目标和榜样,这就是尧、舜、禹、汤、文、武、周公这些圣人。圣人不仅德迈天地,是全天下人的道德楷模,而且能济天下苍生,功业赫赫,这就叫"内圣外王"。这个理想和目标显然是很高的,一般人或大多数人是难以真正达到的。所以,儒家又多讲君子、贤人、仁人志士之类的人,这些人品德高洁,心系天下,眷念苍生,同样是人们理想的目标、榜样。

孔子就很看重"圣人"和"君子"。"子曰:'圣人,吾不得而见之矣;得见君子者,斯可矣。'"(《论语·述而》)"圣人"和"君子"都是孔子心目中的榜样、楷模,但"圣人"的目标更高一些,也更难企及和达到。"子贡曰:'如有博施于民而能济众,何如?可谓仁乎?'子曰:'何事于仁！必也圣乎！尧舜其犹病诸！'"（《论语·雍也》）这里的"仁"和"圣"都可以作为理想目标。"仁"与"圣"有何不同呢？"仁"重在人的品性、品德方面，而"圣"不仅有"仁"这样的品性、品德，更有"博施于民而能济众"的事功伟业。但有时孔子所说的"仁"也注重其外在功业一方，比如孔子认为"管仲之器小哉"，说他"不知礼"（见《论语·八佾》），但却说："桓公九合诸侯，不以兵车，管仲之力也。如其仁，如其仁。"（见《论语·宪问》）但在总体倾向上，"圣"还是比"仁"的人格、目标要高。正因为"圣"这个理想目标太高，所以孔子讲得很少（《论语》"圣"字共4见，有2次还是别人用以称谓孔子的），他讲得最多的是"君子"。《论语》中"君子"107见。比如，"子谓子夏曰：'女为君子儒，无为小人儒。'"（《论语·雍也》）"君子和而不同，小人同而不和。"（《论语·子路》）"君子周而不比，小人比而不周。"（《论语·为政》）"君子有三畏：畏天命，畏大人，畏圣人之言。小人不知天命而不畏也，狎大人，侮圣人之言。"（《论语·季氏》）"君子不可小知而可大受也，小人不可大受而可小知也。"（《论语·卫灵公》）"君子上达，小人下达。"（《论语·宪问》）"君子而不仁者有矣夫，未有小人而仁者也。"（《论语·宪问》）"君子泰而不骄，小人骄而不泰。"（《论语·子路》）"君子成人之美，不成人之恶，小人反是。"（《论语·颜渊》）"君子坦荡荡，小人长戚戚。"（《论语·述而》）"君子怀德，小人怀土；君子怀刑，小人怀惠。"（《论语·里仁》）"君子喻于义，小人喻于利。"（《论语·里仁》）这些"君子"都是在与"小人"相对的意义上用的，指具有某种道德品质和行为的人。

孟子也讲"圣人"和"君子"。他说："圣人，人伦之至也。"（《孟子·离娄上》）"圣人，百世之师也。"（《孟子·尽心下》）这是说"圣人"是人伦道德的楷模，是垂范天下的万世师表。在孟子处，"圣人"的形象标准已有所变化。孟子认为："伯夷，圣之清者也；伊尹，圣之任者也；柳下惠，圣之和者也；孔子，圣之时者也。孔子之谓集大成。"（《孟子·万章下》）孟子将伯夷等人视为"圣人"，而孔子则说伯夷、叔齐是"古之贤人也"（《论语·述而》）。孟子之所以这么认识圣人，大概是为了突孔子。孟子对"圣人"的外王功业是很推崇的，曰："圣人治天下，使有菽粟如水火。菽粟如水火，而民焉有不仁者乎？"（《孟子·尽心上》）

这是说圣人治理天下能够发展生产，使粮食同水火那样多，这样民就富足了，民也就归向仁了。这说的仍是圣人博施济众的功业。孟子也看重"君子"。他以"仁"来规定君子的人格。孟子说："君子所以异于人者，以其存心也。君子以仁存心，以礼存心。"(《孟子·离娄下》)"君子亦仁而已矣。"(《孟子·告子下》)"君子所性，仁义礼智根于心。"(《孟子·尽心上》)因为"君子"以"仁"为德性根本，所以他能推己及人，兼济天下。孟子曰："君子之守，修其身而天下平。"(《孟子·尽心下》)"君子所过者化，所存者神，上下与天地同流，岂曰小补之哉！"(《孟子·尽心上》)这样的君子就是治理天下者，即"无君子莫治野人，无野人莫养君子"(《孟子·滕文公上》)。

荀子也以"圣人""君子"为理想人格。他说："所谓大圣者，知通乎大道，应变而不穷，辨乎万物之情性者也。"(《荀子·哀公》)又说："行之，明也，明之为圣人。圣人也者，本仁义，当是非，齐言行，不失毫厘，无它道焉，已乎行之矣。"(《荀子·儒效》)在荀子看来，圣人不仅是道德上的典范，同时也是功业上的典范，所以圣人是治理天下最理想的人选。荀子说："故天者，高之极也；地者，下之极也；无穷者，广之极也；圣人者，道之极也。故学者固学为圣人也。"(《荀子·礼论》)"天下者，至重也，非至强莫之能任；至大也，非至辩莫之能分；至众也，非至明莫之能和。此三至者，非圣人莫之能尽。故非圣人莫之能王。圣人备道全美者也，是具天下之权称也。"(《荀子·正论》)"圣人者，尽伦者也；王也者，尽制者也。两尽者，足以为天下极矣。"(《荀子·解蔽》)在荀子看来，只有圣人才可治理天下，统治天下。荀子也讲"君子"，他认为君子和小人在本性上是相同的，区别来自后天的教化，即"化师法，积文学，道礼义者为君子；纵性情，安恣睢，而违礼义者为小人"(《荀子·性恶》)。荀子从后天的教化出发，将人分为三类："好法而行，士也；笃志而体，君子也；齐明而不竭，圣人也。"(《荀子·修身》)士与君子可属同类，都是礼法之士。礼法是由君子来实行的，这是君子的社会职责。荀子说："有良法而乱者有之矣，有君子而乱者，自古及今，未尝闻也。"(《荀子·致士》)他还说："天地者，生之始也；礼义者，治之始也；君子者，礼义之始也。为之，贯之，积重之，致好之者，君子之始也。故天地生君子，君子理天地。君子者，天地之参也，万物之总也，民之父母也。"(《荀子·王制》)君子参天地，治万物，理万民，这已是很高的道德人格和社会职责了。这样的君子与圣人已无多大差别。

《中庸》也讲"圣人"和"君子"。如说："舜其大孝也与！德为圣人，尊为天子，富有四海之内。宗庙飨之，子孙保之。故大德必得其位，必得其禄，必得其名，必得其寿。"这里以舜为圣人的代表，将道德修养、治民之业、赫赫事功都统一在圣人身上。《中庸》中也多次提到"君子"，如说"君子中庸，小人反中庸，君子之中庸也，君子而时中。小人之反中庸也，小人而无忌惮也"。"君子素其位而行，不愿乎其外。素富贵，行乎富贵；素贫贱，行乎贫贱；素夷狄，行乎夷狄；素患难，行乎患难；君子无入而不自得焉。"还有"君子之道""君子胡不慥慥尔"等说法。

《大学》也重视"圣人""君子"之理想人格。如说"尧舜帅天下以仁而民从之"，这显然称颂的是"圣人"之治和"圣人"之德业。《大学》多次讲"君子必慎其独也""君子必诚其意""君子有大道"等。显然，在《中庸》《大学》这里，"圣人""君子"等是儒家理想的人格目标。

至唐代韩愈，将"圣人"观念上升为儒家传承不断的"道统"，认为尧、舜、禹、汤、文、武、周公、孔子、孟轲就是"道统"的传人，他们当然非圣者莫属！直到理学宗主周敦颐，还讲"圣人"这一理想的人格目标。他在《通书》中说："诚者，圣人之本。""圣，诚而已矣。诚，五常之本，百行之源也。""诚，神、几，曰圣人。""圣人之道，仁义中正而已矣。"周敦颐突出了"圣人"的"诚"性本质。他还说："古者圣王制礼法，修教化，三纲正，九畴叙。百姓大和，万物咸若。"这是"圣人"的事功表现，这样的"圣人"当然是天下的楷模。

总之，儒者多讲"圣人""君子"的理想人格和目标。人要成圣、成贤、成为君子，成为对民生、对天下有用的人，以在积极入世中实现自己的人生意义和价值。《周易·乾卦·象传》所谓的"天行健，君子以自强不息"，《周易·乾卦·象传》所谓的"地势坤，君子以厚德载物"，将天地之性赋予了君子，作为君子的理想人格，也是君子生命的意义和价值。这也就是《中庸》说的"赞天地之化育""与天参矣"！

"圣人""君子"的理想人格是儒家倡导的做人目标，也是其人生理想。儒生一生苦读圣贤、修身养性，就是为了实现这种理想人格。这是儒者生命和生活的动力，是儒者奋斗不息的意力源泉。那么，这里就有一个问题，即成就理想人格的根据何在呢？人有没有成为"圣人""君子"的可能性？如果有，这种可能性究竟何在？这就涉及儒学的心性思想。

儒家的"性"论源头可以追溯到周初。如《诗经·大雅·卷阿》有"俾尔弥尔性"之说，这个"性"当指你自己的本性、情性（有人说这个"性"同"生"，指生命）。《尚书·召诰》有"节性，惟日其迈"说，这个"性"当指感情、情性。《左传》昭公二十五年记述郑子产的话："淫则昏乱，民失其性。""哀乐不失，乃能协于天地之性，是以长久。"这里的"性"指天地人的本性。可以看出，从周初到春秋，"性"尚是个一般性概念。

至孔子"性"有了哲学意义。"子曰：'性相近也，习相远也。'"（《论语·阳货》）孔子将"性""习"对举，这个"性"当指人的情性、本性；"习"是指人的行为习惯、风习等。孔子认为，人在"性"上原是相近的或相通、相同的，由于后天的习惯影响才使人有了差别。这个相近的"性"究竟是人的什么性呢？是人的社会性抑或是人的自然性？这个"性"在性质上是善还是恶？这些问题孔子都未说。"子贡曰：'夫子之文章，可得而闻也；夫子之言性与天道，不可得而闻也。'"（《论语·公冶长》）看来孔子不大谈论"性"的问题，他对这个"性相近"的"性"没有什么解说。故"性相近也，习相远也"这句话也就有了不同理解的可能性。如果这个"性"指道德之类的人性，那么这个"性"就是善的，而这个"习"倒是不好的行为习惯，这句话的意思可解说为：人的本性作为道德类的善性原是相同的，只是由于后天不良行为习惯的影响才使人变得相差甚远了。如果这个"性"指人的口目之欲的自然本能性，那么这个"性"就是不善的、不良的（恶的），与之相对的"习"倒是好的行为习惯了，这句话的意思就可解说为：人的本性作为其自然的本能欲望原是一致的，是由于后天的教育和习礼等行为习惯才使人有了不同的区别。这两种理解都合乎孔子人性思想的内在逻辑。后来孟子的"性善论"和荀子的"性恶论"可以说正是孔子人性论思想的逻辑展开。

孟子主性善论。在他看来，所谓人之性就是人生而固有的仁、义、礼、智之类的伦理道德本性，这当然是好的、善的。孟子的著名议论是：

　　人皆有不忍人之心。先王有不忍人之心，斯有不忍人之政矣。以不忍人之心，行不忍人之政，治天下可运之掌上。所以谓人皆有不忍人之心者，今人乍见孺子将入于井，皆有怵惕恻隐之心——非所以内交于孺子之父母也，非所以要誉于乡党朋友也，非恶其声而然也。由是观之，无恻隐之心，非人也；无羞恶之心，非人也；无辞让之心，非人也；无是非之心，非人也。恻隐之心，仁之端也；羞恶之心，义之端也；辞让之心，礼之端也；是非之心，智之端也。人之有是四端也，犹其有四体也。有是四端而自谓不能者，自贼者也；谓其君不能者，贼其君者也。凡有四端于我者，知皆扩而充之矣，若火之始然，泉之始达。苟能充之，足以保四海；苟不充之，不足以事父母。(《孟子·公孙丑上》)

孟子认为，人之所以为人，天生就具备"仁""义""礼""智"这些最基本的道德品质，此乃人的善根、善端。人与其他动物的本质区别正在于斯。"人之所以异于禽兽者几希，庶民去之，君子存之。"(《孟子·离娄下》)孟子举例说："舜之居深山之中，与木石居，与鹿豕游，其所以异于深山之野人者几希；及其闻一善言，见一善行，若决江河，沛然莫之能御也。"(《孟子·尽心上》)这是说，大舜之所以与一般人不同，就在于他始终存有善的本性，在适当的外在环境的诱发下，这种善性就会喷薄而出，"沛然莫之能御也"。孟子对人的这种先天的善性作了多方面阐发。如他说："人之所不学而能者，其良能也；所不虑而知者，其良知也。孩提之童，无不知爱其亲也；及其长也，无不知敬其兄也。亲亲，仁也；敬长，义也。"(《孟子·尽心上》)他又说："故凡同类者，举相似也。……口之于味也，有同耆焉；耳之于声也，有同听焉；目之于色也，有同美焉。至于心，独无所同然乎？心之所同然者何也？谓理也，义也。圣人先得我心之所同然耳。故理义之悦我心，犹刍豢之悦我口。"(《孟子·告子上》)这里从人的感官和心功能的类比上来说明人心天生就有一种倾向和质性，这就是人的善性。孟子还说："人性之善也，犹水之就下也。人无有不善，水无有不下。今夫水，搏而跃之，可使过颡；激而行之，可使在山，是岂水之性哉？其势则然也。人之可使为不善，其性亦犹是也。"(《孟子·告子上》)这是从水性（向下）与人性（向善）的类比上来讲人性本善。他还指出："口之于味也，目之于色也，耳之于声也，鼻之于臭也，四肢之于安佚也，性也；有命焉，君子不谓性也。仁之于父子也，义之于君臣也，礼之于宾主也，知之于贤者也，圣人之于天道也，命也；有性焉，君子不谓命也。"(《孟子·尽心下》)这是从人的自然性、命运、社会伦常性方面来说的，突出的仍是人的善性所在。

荀子主张性恶。他为什么这么说呢？且看：

今人之性，生而有好利焉，顺是，故争夺生而辞让亡焉；生而有疾恶焉，顺是，故残贼生而忠信亡焉；生而有耳目之欲，有好声色焉，顺是，故淫乱生而礼义文理亡焉。然则从人之性，顺人之情，必出于争夺，合于犯分乱理而归于暴。故必将有师法之化，礼义之道，然后出辞让，合于文理而归于治。用此观之，然则人之性恶明矣，其善者伪也。(《荀子·性恶》)

这是从人的自然本性来立论的。这样讲当然有一定道理。荀子之所以要从人的自然本能出发讲人性恶，目的是突出和强调后天社会教化的作用，即"伪"的意义。荀子对"性"与"伪"作了明确区分；"凡性者，天之就也。……不可学，不可事之在天者，谓之性"(《荀子·性恶》)。"生之所以然者，谓之性。性之和所生，精合感应，不事而自然，谓之性。"(《荀子·正名》)"性者，本始材朴也。"(《荀子·礼论》)这是说"性"是人与生俱来的自然本性、本质。而"伪"则不同，"可学而能，可事而成之在人者，谓之伪"(《荀子·性恶》)。"心虑而能为之动，谓之伪。虑积焉，能习焉而成，谓之伪。"(《荀子·正名》)"伪者，文理隆盛也。"(《荀子·礼论》)这是说"伪"是后天人为的结果。荀子认为，人就其自然本性来说虽然是恶的，但人却可以"化性起伪"，通过后天的教化趋向于善。他指出："故构木必将待檃栝、烝、矫然后直，钝金必将待砻、厉然后利。今人之性恶，必将待师法然后正，得礼义然后治。今人无师法则偏险而不正，无礼义则悖乱而不治。古者圣王以人之性恶，以为偏险而不正，悖乱而不治，是以为之起礼义，制法度，以矫饰人之情性而正之，以扰化人之情性而导之也。始皆出于治，合于道者也。今之人，化师法，积文学，道礼义者为君子；纵性情，安恣睢，而违礼义者为小人。用此观之，然则人之性恶明义，其善者伪也。孟子曰：'人之学者，其性善。'

曰：是不然。是不及知人之性，而不察乎人之性、伪之分者也。"（《荀子·性恶》）

在先秦儒家的人性论中，孟子的性善论和荀子的性恶论是两个极端，可以说是对孔子中性人性论的展开和发展。但究其实质，孟、荀的人性论都是有偏失的，因为人性不可能是纯善或纯恶的。如若人性是纯善的，那么人天生就是圣贤，根本就没有作恶的可能，想让人变坏也根本不可能，因此人也就根本不需要学习了，先王的礼义也就没有必要了；如若人性是纯恶的，那么人天生就作恶，一生下来就是十恶不赦之徒，想让人学好也根本就无可能性，这样的话先王之教也就废弃了，礼义也就没有必要和意义了。很显然，现实的人性都不是这样子的。一个人能受环境的影响而变好或变坏，这在人性上起码有好的根苗或坏的根苗，否则，若人仅有好的根苗就不可能变坏，仅有坏的根苗就不可能变好。实际上，孟子和荀子在人性问题上是可以相通的，即都是性可善可恶或能善能恶论者。就孟子而言，他言之铮铮地讲性善，但他不得不承认"富岁，子弟多赖；凶岁，子弟多暴，非天之降才尔殊也，其所以陷溺其心者然也"（《孟子·告子上》）；"若夫为不善，非才之罪也。……或相倍蓰而无算者，不能尽其才者也"（《孟子·告子上》）。这不是承认有"恶"存在吗？尽管孟子认为"恶"的出现是由于没有发挥"才"（"性"）的作用而受后天环境影响的结果。但是，从逻辑上讲，人性中必须有"恶"的因素、可能，环境才能起作用，否则坏的环境是影响不了人的。所以说孟子的人性论实质上是有善有恶论。荀子亦然。他从人的自然性出发言之凿凿地讲性恶，但他不得不承认"化性起伪"，认为人的自然恶性是可以改变的。他说："涂之人可以为禹。曷谓也？曰：凡禹之所以为禹者，以其仁义法正也。然则仁义法正有可知可能之理，然而涂之人也皆有可以知仁义法正之质，皆有可以能仁义法正之具，然则其可以为禹明矣。……其可以知之质，可以能之具，其在涂之人明矣。"（《荀子·性恶》）这不是明确承认人的"恶"性中本来就有一种"可以知仁义法正"的质性吗？途之人倘若根本就没有"知仁义法度"之质性，就是尧舜这样的圣人重生来教化人，人也是为不了善的。可见，荀子的性恶论中本来就有性善论的成分。孟子的性善论和荀子的性恶论只是先秦儒家人性论的两个极限。实际的人性论应是有善有恶论。

因此，先秦以后儒家的人性论就发生了变化。先是汉代的董仲舒讲"性三品"，将人性分为"圣人之性""斗筲之性""中民之性"三类，"圣人之性，不可以名性；斗筲之性，又不可以名性。名性者，中民之性"（《春秋繁露·实性》）。"圣人之性"是纯善的，"斗筲之性"是纯恶的，这都不是真正现实的人性，故董仲舒才说"不可以名性"，真正可称之为人性的就是可变善也可变恶的"中民之性"。西汉扬雄也说："人之性也，善恶混。"（《法言·修身》）到唐代韩愈，就讲"性情三品"，说："性也者，与生俱生也。""其所以为性者五：曰仁，曰义，曰礼，曰智，曰信。""情也者，接于物而生也。""其所以为情者七：曰喜，曰怒，曰哀，曰惧，曰爱，曰恶，曰欲。"（《原性》）他认为："性之品有上、中、下三"，"情之品有上、中、下三"（《原性》）。所谓上品之性是以"五德"中的一德为主而五德全具，中品之性是"五德"中的各德都有所不足，下品之性是"五德"俱违。情三品是依性三品来定的，即上品之性发而为上品之情，中品之性发而为中品之情，下品之性发而为下品之情。汉唐时期的人性论，是先秦儒家人性论的扩展和丰富。

宋明理学家对人性又有了新的看法。例如理学开创者周敦颐说："性者，刚柔善恶中而已矣。……刚善，为义，为直，为断，为严毅，为干固；［刚］恶，为猛，为隘，为强梁。柔善，为慈，为顺，为巽；［柔］恶，为懦弱，为无断，为邪佞。惟中也者，和也，中节也，天下之达道也，圣人之事也。故圣人立教，俾人自易其恶，自至其中而止矣。"（《通书·师》）周敦颐把人性分为刚善、刚恶、柔善、柔恶、中五种，其中以"中"性最好。圣人最合于"中"，圣人的任务也就在于教化人去掉恶性以达到"中"。怎么达到"中"呢？周敦颐主张"主静"，"圣人定之以中正仁义（自注：'圣人之道，仁义中正而已矣。'）而主静，立人极焉"（《太极图说》）。

对儒家人性论贡献甚大者是张载。他将人性分为"天地之性"和"气质之性"两种，认为天地之性为太虚之气的本性，太虚之气凝聚为人、物后，人和物理应禀此天地之性。张载比喻说："天性在人，正犹水性之在冰，凝释虽异，为物一也。"（《正蒙·诚明》）由于太虚之气清澈纯正，"参和不偏"（《正蒙·诚明》），故由其所构成的人的本然之性是善的。气质之性指人后天禀受阴阳二气的不同而形成的特殊性，即"形而后有气质之性","人之刚柔、缓急，有才与不才，气之偏也"（《正蒙·诚明》）。张载又称气质之性为"攻取之性"，即"湛一，气之本；攻取，气之欲。口腹于饮食，鼻舌于臭味，皆攻取之性也。知德者属厌而已"（《正蒙·诚明》）。张载肯定人的气质之性，认为："饮食男女皆性也，是乌可灭？"（《正蒙·乾称》）虽然气质之性不可少，但却不能放任之，而要加以限制。故张载说："气质之性，君子有弗性者焉。"（《正蒙·诚明》）"形而后有气质之性，善反之则天地之性存焉。"（《正蒙·诚明》）"为学大益在自求变化气质，不尔皆为人之弊，卒无所发明，不得见圣人之奥。"（《张载集·语录中》）

自张载将人性厘定为天地之性（也叫义理之性、天命之性、本然之性等）与气质之性后，理学家们都秉持这一区分。例如二程就有"天命之谓性"和"生之谓性"之说，认为："善固性也，然恶亦不可不谓之性也。"（《二程遗书》卷一）善、恶同是人之性，当然不可单说性善或单说性恶了，"论性不论气，不备；论气不论性，不明"（《二程遗书》卷六）。南宋朱熹是理学思想的集大成者，对人性问题也作了明确阐发。他将人性分为"天地之性"与"气质之性"，说："天地之性，太极本然之妙，万殊之一本也；气质之性，二气交运而生，一本而万殊也。"（《近思录集注》卷二引）"论天地之性，是专指理言；论气质之性，则以理与气杂而言之。"（《朱子语类》卷四）朱熹还从心、性、情的关系上论述了人性问题，说："性者心之理，情者性之动，心者性情之主。"（《朱子语类》卷五）这是对张载"心统性情"思想的继承。明代的王阳明则明确主张"性无善无恶"。他说："性无定体，论亦无定体。有自本体上说者，有自发用上说者，有自源头上说者，有自流弊处说者，总而言之，只是一个性，但所见有浅深尔。若执定一边，便不是了。性之本体，原是无善无恶的，发用上也原是可以为善，可以为不善的，其流弊也原是一定善一定恶的。……孟子说性，直从源头上说来，亦是说个大概如此。荀子性恶之说，是从流弊上说来，也未可尽说他不是，只是见得未精耳。众人则失了心之本体。"（《传习录》下）王阳明"四句教"的第一句就是"无善无恶心之体"。在人性问题上，他所谓的"性之本体原是无善无恶的"也就是"无善无恶性之体"。王阳明"无善无恶心之体"的思想，是儒家人性论自先秦以来发展的必然结果。

正因为人之性原是有善有恶、可善可恶的,儒家圣贤理想人格才有了心性或人性基础。人能成圣成贤,其依据当然不在人的肉体上,而一定在人的心性上。正因为人性有固善的一面,故成圣成贤才有可能性,否则人是成不了圣贤的;也正因为人性有固不善(恶)的一面,故修养、积习才有必要性,修养才可以实施,否则的话人根本就没有必要作后天修养了。成就圣贤这一理想人格既有人性上的可能性也有必要性,所以才是现实的。那么,人究竟怎样来成圣成贤呢?这就是修养问题。

孔子很看重人的修养。孔子有"崇德"说(见《论语·颜渊》),有"古之学者为己,今之学者为人"(《论语·宪问》)的感叹,有对"居敬而行简"(《论语·雍也》)的赞同,有"君子博学于文,约之以礼,亦可以弗畔矣夫"(《论语·雍也》)的教导,有"克己复礼为仁"(《论语·颜渊》)的教诲,这些言说都关系到人的修养问题。孔子明确指出:"德之不修,学之不讲,闻义不能徙,不善不能改,是吾忧也。"(《论语·述而》)在人的修养中,孔子尤重"修德"。而这个"德"的核心内容就是"仁",表现在人的行为上就是要做到"忠""恕",要能行"恭""宽""信""敏""惠"(见《论语·阳货》)。孔子认为这是一个君子应具有的基本素质。《论语·宪问》载:"子路问君子。子曰:'修己以敬。'曰:'如斯而已乎?'曰:'修己以安人。'曰:'如斯而已乎?'曰:'修己以安百姓。修己以安百姓,尧舜其犹病诸。'"这可以视为孔子修养论的目标,即修养自己以达到"敬""安人""安百姓"。"安百姓"是最高最大的修养目标,即"博施济众"以安天下苍生,这已是圣者的不世之功了。从"敬"到"安百姓",走的就是"内圣外王"之道。

孟子也重视人的修养。他说:"养心莫善于寡欲。其为人也寡欲,虽有不存焉者,寡矣。其为人也多欲,虽有存焉者,寡矣。"(《孟子·尽心上》)人能清心寡欲,其善性就能得以保存和发扬,这是成为圣人、君子的必备方面。怎么"养心"呢?孟子举例论述说:"牛山之木尝美矣,以其郊于大国也,斧斤伐之,可以为美乎?是其日夜之所息,雨露之所润,非无萌蘖之生焉,牛羊又从而牧之,是以若彼濯濯也。人见其濯濯也,以为未尝有材焉,此岂山之性也哉?虽存乎人者,岂无仁义之心哉?其所以放其良心者,亦犹斧斤之于木也,旦旦而伐之,可以为美乎?其日夜之所息,平旦之气,其好恶与人相近也者几希,则其旦昼之所为,有梏亡之矣。梏之反覆，则其夜气不足以存；夜气不足以存，则其违禽兽不远矣。人见其禽兽也，而以为未尝有才焉者，是岂人之情也哉？故苟得其养，无物不长；苟失其养，无物不消。孔子曰：'操则存，舍则亡；出入无时，莫知其乡。'惟心之谓与！"（《孟子·告子上》）如果一座树木葱茏的山被不断砍伐的话就会光秃；即使山有生长树木的本性，而如果不去爱护而经常放牧的话，树木终究长不成。人的心性亦然。人尽管有善的本心、本性，但如果不去修养，就会受生活中不良方面的影响而丧失掉。孟子在此提到"平旦之气"，此气不同于日间的浊气，它清明舒和，人接触到这种气当能清心明性。孟子的"浩然之气"说（见《孟子·公孙丑上》）把这种"平旦之气"说推进到一个新的高度。常言道"理直气壮""气壮山河""气吞山河""气贯长虹""正气凛然"，等等，这种"气"之所以有力量，就在于它配备上了"道"和"义"，是被道义喂养长大的，所以才能在关键时刻"舍生取义"而成就理想人格。孟子的"养心""养气"说是培育圣贤人格的修养功夫。

  荀子从其"性恶论"出发，主张："人之性恶，其善者伪也。"（《荀子·性恶》）"伪"就是人为，这里当然有人的修养问题在。荀子说"积善成德而神明自得，圣心备焉"（《荀子·劝学》），"积善而全尽，谓之圣人"（《荀子·儒效》）。这个"积"就是修养问题。荀子在《劝学》中说："不积跬步，无以至千里；不积小流，无以成江海。骐骥一跃，不能十步；驽马十驾，功在不舍。锲而舍之，朽木不折；锲而不舍，金石可镂。"这既是君子进学的过程，也是其道德修养的过程。荀子有《修身》篇，专论"修身"（修养）之道，认为人通过不懈地学习和修养，就能成为圣人、君子这样的"成人"。

  《大学》尤重修养问题，它提出了一套"修齐治平"的修养路线。它指出，上自天子下至平民，"壹是皆以修身为本"。朱熹训"壹是"为"一切也"（见《四书章句集注·大学章句》）。这是说，不论职位高低每个人都要以"修身"为本。它说："古之欲明明德于天下者，先治其国；欲治其国者，先齐其家；欲齐其家者，先修其身；欲修其身者，先正其心；欲正其心者，先诚其意；欲诚其意者，先致其知；致知在格物。物格而后知至，知至而后意诚，意诚而后心正，心正而后身修，身修而后家齐，家齐而后国治，国治而后天下平。自天子以至于庶人，壹是皆以修身为本。"《大学》说，如果"修身"这个"本"乱了的话，那么齐家、治国、平天下就都不可能了。而"修身"的关键在于"正心""诚意"，即心要正而意要诚。意诚就是"毋自欺也。如恶恶臭，如好好色，此之谓自谦。故君子必慎其独也！"（《大学》）正心就是要排除心中的私心杂念，使心清静而安。"心不在焉，视而不见，听而不闻，食而不知其味。"（《大学》）如果心念不专，修身就无望。"（心）有所忿懥则不得其正，有所恐惧则不得其正，有所好乐则不得其正，有所忧患则不得其正"（《大学》），所以必须先使心清静，然后才能正。心正了，意也就诚了，修身就做到了，由此可以推进到齐家、治国、平天下。《大学》走的也是"内圣外王"的路线。

《中庸》也有修养论，即"君子尊德性而道问学，致广大而尽精微，极高明而道中庸，温故而知新，敦厚以崇礼"。这个"尊德性"和"道问学"就是修养之道。"尊德性"是极乎道体之大，是存心事；"道问学"是尽乎道体之细，是致知事。前者是德性功夫，后者是学问功夫。德性修养和学问修养相结合，是成就圣贤人格的必要途径。《中庸》"尊德性""道问学"的修养方法，连同《大学》"修齐治平"之道，对后世儒家影响深远。

宋明理学家都有修养功夫的思想和理论。比如程颢讲"识仁"，认为："学者须先识仁，仁者浑然与物同体，义礼智信皆仁也。识得此理，以诚敬存之而已，不须防检，不须穷索。"（《二程遗书》卷二）"仁"是天与人的共同本质，识得此"仁"就达到天人一体的合内外之道。这是修养的最高境界和目标。程颢在《答张横渠书》中说："夫天地之常，以其心普万物而无心；圣人之常，以其情顺万事而无情。故君子之学，莫若廓然而大公，物来而顺应。……与其非外而是内，不若内外之两忘也，两忘则澄然无事矣。无事则定，定则明，明则尚何应物之为累哉？圣人之喜，以物之当喜；圣人之怒，以物之当怒，是以圣人之喜怒，不系于心而系于物也。是则圣人岂不应于物哉？乌得以从外者为非而更求在内者为是也。"这里说的既是修养过程也是修养结果。

程颐提出了"涵养须用敬，进学则在致知"（《二程遗书》卷十八）的修养功夫论。这个功夫论包括为道与为学两个方面。"涵养须用敬"是为道问题，其方法和功夫就是"敬"。程颐说"主一之谓敬""无适之谓一"(《二程遗书》卷十五),即"主一无适"为"敬",就是让精神保持高度集中、专一而不分散,外表还要齐整肃穆,这是从内到外都要遵循和恪守道德规范。程颐说:"敬一直内,有主于内则虚,自然无非僻之心,如是则安得不虚。必有事焉,须把敬来做件事著。此道最是简,最是易,又省工夫,如此语虽近似常人所论,然持之久必别。"(《二程遗书》卷十五)"若主于敬,则自然不纷扰。譬如以一壶水投于水中,壶中既实,虽江湖之水,不能入矣。"(《二程遗书》卷十八)"进学则在致知"说的是为学问题,其方法和功夫在"格"上,即通过"格物"以穷其"理";又通过穷物理以穷心理。有人问程颐"进修之术何先",他说:"莫先于正心诚意。诚意在致知,致知在格物。格,至也,如祖考来格之格。凡一物上有一理,须是穷致其理。……或问格物须物物格之,还只格一物而万理皆知?曰:怎生便会该通。若只格一物便通众理,虽颜子亦不敢如此道。须是今日格一件,明日又格一件,积习既久,然后脱然自有贯通处。"(《二程遗书》卷十五)"涵养"与"致知"是有联系的。一方面涵养需致知,只有致得心中之知才能有所持守,"持守甚事?须先在致知"(《二程遗书》卷十五);另一方面要格物穷理又要涵养此心,惟心有主才能防止外在物欲所染。"涵养"与"致知"的结合就是修养功夫所在。

南宋朱熹继承了二程的修养思想,提出了"居敬穷理"的修养论。他说:"圣人千言万语,只是教人存天理,灭人欲。……人性本明,如宝珠沉溷水中,明不可见,去了溷水,则宝珠依旧自明。自家若得知是人欲蔽了,便是明处。只是这上便紧著力主定,一面格物,今日格一物,明日格一物,正如游兵攻围拔守,人欲自销铄去。所以程先生说敬字,只是谓我自有一个明底物事在这里,把个敬字抵敌;常常存个敬在这里,则人欲自然来不得。夫子曰'为仁由己,而由人乎哉!'紧要处正在这里。"(《朱子语类》卷十二)这里讲的就是"居敬"与"穷理"相辅相成的修养方法。"居敬"是"身心收敛,如有所畏"(《朱子语类》卷十二),"穷理者欲知事物之所以然与其所当然者而已"(《朱文公文集·答或人》)。这二者是互相促进的,"学者工夫,唯在居敬穷理二事,此二事互相发。能穷理则居敬工夫日益进;能居敬则穷理工夫日益密"(《朱子语类》卷六)。

南宋陆九渊从其"心即理"的心本论出发,主张"发明本心"的修养论。当学生问"先生之学当来自何处入"时,他说:"不过切己自反,改过迁善。"(《陆九渊集·语录》)陆九渊称他的这种"发明本心""切己自反"以明心见性的修养思想和方法为"易简工夫"。他说："学无二事，无二道，根本者立，保而不替，自然日新，所谓可大可久者，不出简易而已。"(《陆九渊集·与高应朝》)

明代王阳明直接讲"工夫即本体"的修养论。"问：不睹不闻是说本体，戒慎恐惧是说工夫否？先生曰：此处须信得本体原是不睹不闻的，亦原是戒慎恐惧的。戒慎恐惧不曾在不睹不闻上加得些子。见得真时，便谓戒慎恐惧是本体、不睹不闻是工夫亦得。"(《传习录》下)王阳明从"良知"出发，认为"良知"一方面是天理，是道，即本体，但同时"良知"又是知行的主体，知与行的过程都是良知去认识和实现自身的过程，这便是功夫。从此出发，王阳明反对朱熹的"格物穷理"说，认为那是离却本体去做功夫，所以不是真功夫。"工夫不离本体，本体原无内外，只为后来做工夫的分了内外，失其本体了。如今正要讲明，工夫不要有内外，乃是本体工夫。"(《传习录》下)"本体即工夫"说表现了王阳明心学之本体论、认识论、修养论、功夫论相统一的特色。

总之，儒家从成圣成贤的理想人格、人何以能成圣成贤的心性基础以及如何成圣成贤的修养方法等方面，对"修身为本"之理想人格的培养问题作了阐说，由此构成了中华民族成人之道这一重要的民族精神。

10. "道德仁义，非礼不成"的礼仪之道

中华民族是历史悠久的文明古国，是泱泱大国，也是礼仪之邦。中华民族自古讲礼仪，重礼节，"礼尚往来"，以礼相待。《礼记·礼器》云："经礼三百，曲礼三千。"《中庸》云："礼仪三百，威仪三千。"中国古代的礼仪是很多的，也是很全的，几乎涉及社会生活的方方面面，覆盖了社会生活的各个角落。中国古人对礼仪方面的研究也非常深广，有《周礼》《仪礼》《礼记》这些儒家经典传世。不可否认，儒学思想对礼仪之道这一中华民族精神的形成、培养有十分重要的作用。

关于"礼"字，许慎《说文解字》说："禮，履也，所以事神致富（福）也。从示，从豊（豐），豊亦声。"关于"豊"，《说文解字》曰："豊，行礼之器也。从豆，象形。凡豊之属皆从豊。读与礼同。"可见这个"礼"最初与祭神祈福有关，指的是祭神的器物和仪式。现在学者大多认

为,"礼"字虽晚出,但它的形式却起源甚早,当与原始先民的巫术仪式活动有关。关于"仪",《说文解字》曰:"仪(儀),度也。从人,义(義)声。"段玉裁注曰:"度,法制也。毛传曰:仪,善也。又曰:仪,宜也。""仪"与度、宜有关,也与"义"字有关。《说文解字》曰:"义(義),己之威仪也。从我羊。"段玉裁注曰:"威义连文不分者,随处而是,……义之本训谓礼容各得其宜,礼容得宜则善矣。"有人认为"仪"字来源于"义",而"义"的本义是指在巫术——祭祀之礼仪活动中行为、举止、容貌、语言的适当、合度。①李泽厚先生说,"仪"的本义是装饰舞蹈的羽毛,就是人插着羽毛在歌舞祭祀,故"礼仪"原与巫术活动有关。②这些都说明,礼、仪之起源都很早,而且"礼""仪"这两字本可等同交换,比如上引的《礼记·礼器》说"经礼三百,曲礼三千"即是。

"礼"或"礼仪"起源于原始先民的巫术祭祀活动,将它从巫术活动中提升出来予以文明化和形式化的人是周公,此乃周公的"制礼作乐"活动。《汉书·郊祀志上》说:"周公相成王,王道大洽,制礼作乐,天子曰明堂辟雍,诸侯曰泮宫。郊祀后稷以配天,宗祀文王于明堂以配上帝。四海之内各以其职来助祭。天子祭天下名山大川,怀柔百神,威秩无文。五岳视三公,四渎视诸侯。而诸侯祭其疆内名山大川,大夫祭门、户、井、灶、中霤五祀,士庶人祖考而已。各有典礼,而淫祀有禁。"周公的最大历史贡献就是这个"制礼作乐"。他将久远的、原始巫术祭祀歌舞活动中的仪式形式,通过以祭祀为中心,结合日常生活习俗,发展、完善为"经礼三百,曲礼三千"的一整套规范准则,笼罩了社会生活的各个方面。这是周公对中华文化作出的莫大贡献。

至春秋时期,"礼"这个观念已经成为人们的普遍意识。例如《左传》隐公十一年(前712年)说:"礼,经国家,定社稷,序民人,利后嗣者也。"《左传》庄公二十三年(前671年)说:"二十三年夏,公如齐观社,非礼也。曹刿谏曰:'不可。夫礼,所以整民也。'"《左传》昭公五年(前537年)说:"晋侯谓女叔齐曰:'鲁侯不亦善于礼乎?'对曰:'鲁侯焉知礼?'公曰:'何为?自郊劳至于赠贿,礼无违者,何故不知?'对曰:'是仪也,不可谓礼。礼所以守其国,行其政令,无失其民者也。'"

---

① 参见李泽厚《历史本体论·己卯五说》,生活·读书·新知三联书店2006年版,第378页。
② 参见李泽厚《历史本体论·己卯五说》,生活·读书·新知三联书店2006年版,第377页。

《左传》昭公二十五年（前517年）说："于大叔见赵简子，简子问揖让、周旋之礼焉。对曰：'是仪也，非礼也。'简子曰，'敢问何谓礼？'对曰：'吉也闻诸先大夫子产曰："夫礼，天之经也，地之义也，民之行也。"……简子曰'甚哉，礼之大也！'对曰：'礼，上下之纪，天地之经纬也，民之所以生也，是以先王尚之。故人之能自曲直以赴礼者，谓之成人。'"可以看出，至春秋时期虽然与奴隶制有关的"周礼"这种"礼"已处在崩坏之中，但一般意义上的"礼"观念却已深入人心，人们把"礼"视为天经地义的东西，是"经国家，定社稷，序民人"不可或缺的社会规范，能起到"整民""无失其民"的重要作用。

　　从哲学意义上对"礼"作了提升的人是孔子。"子曰：'克己复礼为仁。一日克己复礼，天下归仁焉。'"（《论语·颜渊》）"子曰：'人而不仁，如礼何？人而不仁，如乐何？'"（《论语·八佾》）孔子首先把"礼"由人之外提升到了人之内，即从外在的礼义规范、制度上升到人的内在心理情感，这是孔子继周公之后对中华文化的重要贡献。周公将"礼"（还有"乐"）从原始的巫术祭祀活动中提升为社会礼仪规范，成为西周奴隶制的社会政治体制，这是其一大贡献。"礼"这个外在的制度怎么来发挥作用呢？当然可以用外在的强制力、强制手段来进行。但这终非长久之计。如果人不愿意遵守这个礼，强制是解决不了最终问题的，因为人可以有意识地反强制，可以最终不守这个礼。为孔子所感叹的那个春秋时代之所以出现了"礼崩乐坏"的政治局面，除了社会生产力的发展这一根本原因外，一个直接的原因就是人们不愿意遵守那个礼了，而是有意去违背它，比如说当时仅为大夫的季氏就公开用起了只有天子才能用的"八佾"舞。所以，孔子意识到，礼这个外在的规范、制度不管制定得、规定得多么完善，多么好，最终是要人来执行的；由人来执行，这就有人自觉自愿的问题。孔子讲"仁"，说"人而不仁，如礼何"，就是看到"礼"之存在和实施的人的心理情感基础。如果少了这个心理情感基础，再好的礼（乐）也是一纸空文。故孔子曰："礼云礼云，玉帛云乎哉？乐云乐云，钟鼓云乎哉？"（《论语·阳货》）礼、乐这些东西难道真的只是玉帛、钟鼓这些物质实体吗？非也！它里面蕴涵有人的心理情感因素。不管孔子能否恢复那个"周礼"，他将"礼"实施的动力导入人的心性、心理情感上，这确是个重大贡献。

"礼"字在《论语》中有74见。基本上都是礼仪、礼法、礼制之类的意思。比如说，"礼之用，和为贵"（《论语·学而》），这是就礼的作用说的，即"礼"能起到"中和"之"中"的作用。"子曰：'恭而无礼则劳，慎而无礼则葸，勇而无礼则乱，直而无礼则绞。'"（《论语·泰伯》）"恭""慎""勇""直"这些都是好品质，但如果表现得过了头，就反而成了不良行为。比如说，"直"或"正直"吧，这就是人的良好品德，"子曰：'人之生也直，罔之生也幸而免。'"（《论语·雍也》）人之所以能立于世靠的就是正直、诚实的人品和作为。但这个"直"也得有个限度，得分个时间、场合，如果一味地直下去，就成了"绞"，即尖酸刻薄。怎么使这种"直"合式（合适）、合理呢？这就要靠"礼"来节制，"礼"能起到调节、协和的作用。在这个意义上，"礼"与"中庸"之道是相通的。比如说，"子贡曰：'贫而无谄，富而无骄，何如？'子曰：'可也；未若贫而乐，富而好礼者也。'"（《论语·学而》）富贵而谦虚好礼，这是孔子教导子贡的话，当然也是对一般人言的。这个"礼"当指制度、规章、规范等。富贵者往往财大气粗，骄横傲物，这就有违礼节，这当然很不好；所以富贵的人如果还能循规蹈矩，礼让有加，那才是谦谦君子。所以孔子教导人们说："君子博学于文，约之以礼，亦可以弗畔矣夫！"（《论语·雍也》）博学当然好，但难免博杂或驳杂，所以要用礼来节制和约束之。当子贡问孔子"君子亦有恶乎"时，孔子说"有啊"，所厌恶的一个方面就是"恶勇而无礼者"（《论语·阳货》）。勇敢是好，但如果有违礼制就大大的不好了。比如说，孔子教导他的儿子孔鲤说："不学礼，无以立。"（《论语·季氏》）他还说："不知命，无以为君子也；不知礼，无以立也；不知言，无以知人也。"（《论语·尧曰》）这个意义上的"礼"是一般的礼仪轨制，是人必须学习、懂得和遵守的一般社会规范、礼节、礼仪、礼俗，这是做人的根本；如若没有了必要的礼仪、礼节，人连基本的处世都难，何以做人呢？！所以当樊迟问孔子稼穑之事时，孔子说他不懂这个；樊迟走后，"子曰：'小人哉，樊须也。上好礼，则民莫敢不敬。'"（《论语·子路》）"礼"是人处世之本，也是君子治世之本！比如说，"子曰：'道之以政，齐之以刑，民免而无耻；道之以德，齐之以礼，有耻且格。'"（《论语·为政》）这里的"礼"指礼教、礼制、礼法等。孔子主张用礼教来教化、引导人民，人才会有廉耻心而且才能从心里归服。"定公问：'君使臣，臣事君，如之何？'孔子对曰："君使臣以礼，臣事君以忠。'"（《论语·八佾》）这里的"礼"也是礼教、礼仪、礼节等。君主不能仅凭权势指使臣下，这里含有对臣下的尊重、理解、关怀等意思。孔子还说："能以礼让为国乎？何有？不能以礼让为国，如礼何？"（《论语·里仁》）这与"齐之以礼"的"礼"相同。比如说，"子曰：'生，事之以礼；死，葬之以礼，祭之以礼。'"（《论语·为政》）"子贡欲去告朔之饩羊。子曰：'赐也！尔爱其羊，我爱其礼。'"（《论语·八佾》）当有人对孔子说"然则管仲知礼乎？"时，孔子曰："邦君树塞门，管氏亦树塞门。邦君为两君之好，有反坫，管氏亦有反坫。管氏而知礼，孰不知礼？"（《论语·八佾》）这些"礼"当指礼仪规定。"礼"有时是指某一朝代的礼节条文等，比如孔子说"夏礼""殷礼"（见《论语·八佾》）。有时是"礼""乐"连用为"礼乐"，如说"礼乐不兴"（《论语·子路》），"天下有道，则礼乐征伐自天子出"（《论语·季氏》）。等等。在孔子这里，"礼"已多用，且有较丰富的含义，但其基本的含义仍是礼仪、礼节、礼治、礼规等。

　　孟子也多讲"礼"。有人统计，《孟子》中"礼"字有64见，其中作动词用有2次，作礼文、礼书用有2次，其余60次是在礼仪、礼制等意义上用的。① 比如孟子说："此惟救死而恐不赡，奚暇治礼义哉？"（《孟子·梁惠王上》），"言非礼义，谓之自暴也。"（《孟子·离娄上》）"礼人不答，反其敬。"（《孟子·离娄上》）"礼之实，节文斯二者是也。"（《孟子·离娄上》）"非礼之礼，非义之义，大人弗为。"（《孟子·离娄下》）"以礼存心""有礼者敬人""自反而有礼矣"（《孟子·离娄上》），"又从而礼貌之"（《孟子·离娄上》），"其接也以礼""其馈也以礼""苟善其礼际矣"（《孟子·万章下》），"诸侯失国，而后托于诸侯，礼也；士之托于诸侯，非礼也"（《孟子·万章下》），"庶人不传质为臣，不敢见于诸侯，礼也"（《孟子·万章下》），"夫义，路也；礼，门也"（《孟子·万章下》），等等。孟子讲"礼"时，表现出两方面的特点：一是将"礼"与"心"直接联系、统一起来。孟子说："无恻隐之心，非人也；无羞恶之心，非人也；无辞让之心，非人也；无是非之心，非人也。恻隐之心，仁之端也；羞恶之心，义之端也；辞让之心，礼之端也；是非之心，智之

---

① 见杨伯峻《孟子译注》后附"孟子词典"，中华书局1960年版。

端也。人之有是四端也，犹其有四体也。"（《孟子·公孙丑上》）人本来就有恻隐、羞恶、辞让、是非之心性；有这个心性就必然要发出来，就是仁、义、礼、智这些伦理道德的规范和行为。所以"礼"与"心"原本是一致的，心之本性发出来就是礼，礼之行为的根基就在心，这是内与外的统一，是意志与行为的统一，也是知与行的统一。这是孟子对人的心性的开发，也是对礼仪的提升。在孔子处，"礼"与"仁"也是有内在联系的，如说"克己复礼为仁""人而不仁如礼何""礼云礼云，玉帛云乎哉"，等等，但这个"礼"与"仁"总似是两个东西，尚有距离在。至孟子这里，"礼"本来就是"辞让之心"的表现，有是"心"必有是"礼"也，礼与心相统一了。二是将"礼"与"权"统一了起来。"淳于髡曰：'男女授受不亲，礼与？'孟子曰：'礼也。'曰：'嫂溺，则援之以手乎？'曰'嫂溺不援，是豺狼也。男女授受不亲，礼也；嫂溺，援之以手者，权也。'"（《孟子·离娄上》）一般言男女之间的确要保持一定距离，这是正常的社会关系所要求和需要的一个方面，所以规定男女之间不亲手递接东西，这的确是礼制。但这是对一般情况而言的。假如你的嫂子不慎落水，你正好就在旁边，这时你是去拉她上来呢，还是眼睁睁地看着她被淹死？孟子说，假如你嫂子掉进水里了而你不去救命，这简直就是豺狼嘛，还说什么人呢！男女间不亲手递接东西，这是正常的礼制。但人不能在任何时候任何情况下都坚守这一礼制，比如在嫂子落水将要被淹死的情急之下，你还不肯施以援手而怕授受之嫌，这就是见死不救，是大错特错的；这时施以援手去救人，是变通之法，当然是对的。这说明，礼制、礼仪这些东西是要坚守的，但也不能死守，否则礼就毫无意义，而且成了杀人之刀。这个"权"字很重要，大有现象学的识度在。"礼"与"仁""义""孝""信""智"等的品质一样，是不能对象化和概念化的，因为这样一来就被提离开了人的活生生的经验（经历）过程，即止住了活的生活经验，这时还有什么真正的礼可言呢？礼一定是在当下呈现的，生在、活在正在当下构成、生成着的情境中。"权"就是用来切入、进入这个情境的。"权"虽然有"术"的外表，但它的真正意义是"形式指引"性的。

荀子也很重视"礼"。《荀子》的第一篇为《劝学》，劝人学什么呢？"学恶乎始？恶乎终？曰：其数则始乎诵经，终乎读礼。"（《荀子·劝学》）为什么要将读"礼"作为一个人为学完成的标志呢？因为"礼者，法之大分，类之纲纪也"(《荀子·劝学》)。故"隆礼，虽未明，法士也；不隆礼，虽察辩，散儒也"(《荀子·劝学》)。所以荀子强调"学至乎礼而止矣"(《荀子·劝学》)。《荀子》的第二篇为《修身》。修什么、怎么修呢？荀子曰："礼者，所以正身也。"(《荀子·修身》)礼怎么正身呢？"宜于时通，利以处穷，礼信是也。凡用血气、志意、知虑，由礼则治通，不由礼则勃乱提僈；食饮、衣服、居处、动静，由礼则和节，不由礼则触陷生疾；容貌、态度、进退、趋行，由礼则雅，不由礼则夷固僻违，庸众而野。故人无礼则不生，事无礼则不成，国家无礼则不守。"(《荀子·修身》)可见，礼在社会生活中有极为重要的作用。荀子曰："礼之于正国家也，如权衡之于轻重也，如绳墨之于曲直也。故人无礼不生，事无礼不成，国家无礼不守。"(《荀子·大略》)"虽王公士大夫之子孙也，不能属于礼义，则归之庶人；虽庶人之子孙也，积文学，正身行，能属于礼义，则归之卿相士大夫。"(《荀子·王制》)故礼为"治国之本"，"天下从之者治，不从者乱；从之者安，不从者危；从之者存，不从者亡"(《荀子·礼论》)。

荀子论"礼"有三个方面的特点。一是他的礼范围众广，涉及社会生活的众多方面。荀子说："礼者，以财物为用，以贵贱为文，以多少为异，以隆杀为要。""礼者，谨于治生死者也。""礼者，谨于吉凶不相厌者也。""礼者，断长续短，损有余，益不足，达爱敬之文而滋成行义之美者也。"(《荀子·礼论》)在荀子这里，礼已大大超出了以俎豆、祭祀为主的孝悌礼仪方面，而成了人们社会生活方方面面的规定、条规。

二是荀子将礼与人的生存相联系。荀子说："故礼者，养也。刍豢稻梁，五味调香，所以养口也；椒兰芳苾，所以养鼻也；雕琢、刻镂、黼黻、文章，所以养目也；钟鼓、管磬、琴瑟、竽笙，所以养耳也；疏房、檖䫉貌、越席、床笫、几筵，所以养体也；故礼者，养也。"(《荀子·礼论》)"礼者，养也"是个很重要的思想，这关系到礼存在的社会生活基础问题。社会之所以需要礼，从根本上讲是人的生存需要。接着上引那段话，荀子说："君子既得其养，又好其别。曷谓别？曰：贵贱有等，长幼有差，贫富轻重皆有称者也。故天子大路越席，所以养体也；侧载睪芷，所以养鼻也；前有错衡，所以养目也；和鸾之声，步中《武》、《象》，趋中《韶》、《护》，所以养耳也；龙旗九斿，所以养信也；寝兕、持虎、蛟鞊、丝末、弥龙，所以养威也；故大路之马必倍至教顺，然后乘之，所以养安也。"（《荀子·礼论》）在一个社会中，人与人之间是有等级差别的，即"贵贱有等，长幼有差，贫富轻重皆有称"，这就是"礼"。这个"礼"是在"既得其养"的基础上才得以存在的。荀子在这里以天子之礼为例说明了"礼"之"养"的内涵。他进而考察说："孰知夫出死要节之所以养生也，孰知夫出费用之所以养财也，孰知夫恭敬辞让之所以养安也，孰知夫礼义文理之所以养情也。故人苟生之为见，若者必死；苟利之为见，若者必害；苟怠惰偷懦之为安，若者必危；苟情说之为乐，若者必灭。故人一之于礼义，则两得之矣；一之于情性，则两丧之矣。"（《荀子·礼论》）各种礼义规范的作用都是为了养生，倘若没有礼义之制而一味地苟且偷生，人最终是难以存在的。

三是荀子对礼的起源问题作了理性考察。他说："凡礼，事生，饰欢也；送死，饰哀也；祭礼，饰敬也；师旅，饰威也。是百王之所同，故今之所一也，未有知其所由来者也。"（《荀子·礼论》）生、死等礼是如何起源的呢？荀子对此作了理性主义的说明。他指出："礼起于何也？曰：人生而有欲，欲而不得则不能无求；求而无度量分界则不能不争；争则乱，乱则穷。先王恶其乱也，故制礼义以分之，以养人之欲，给人之求；使欲必不穷乎物，物必不屈于欲。两者相持而长，是礼之所起也。"（《荀子·礼论》）这里不涉及历史考察，完全是一种理性主义的说明和推断，其基本意思是，人由于自然的欲望而最终会导致争夺，这样会使社会陷于混乱而无法生存；所以先王就制定了礼义制度，用以满足人的生存需要，这样"礼"就起源了。这个说明虽然有合理的一面，但终归是一种理性推论。荀子在《富国》《非相》《王制》等篇中都不同程度地讲到了"礼"的起源问题，与他在《礼论》中讲的基本一致，都是一种理性主义的推测。总之，荀子的"礼"论思想是比较完整、系统的，有一定的理性条理性。

《礼记》是战国至汉初儒家各种礼仪著作的选集。它对礼仪问题作了各方面的阐发。例如，在《礼记·曲礼上第一》中指出："道德仁义，非礼不成。教训正俗，非礼不备。分争辨讼，非礼不决。君臣、上下、父子、兄弟，非礼不定。宦学事师，非礼不亲。班朝治军，治官行法，非礼威严不行。祷祠祭祀，供给鬼神，非礼不诚不庄。是以君子恭敬撙节退让以明礼。鹦鹉能言，不离飞鸟。猩猩能言，不离禽兽。今人而无礼，虽能言，不亦禽兽之心乎？夫唯禽兽无礼，故父子聚麀。是故圣人作礼以教人，使人以有礼，知自别于禽兽。"礼是人与禽兽相区别的根本标志。在此礼的地位被大大提升了，比"仁"、"义"、"道德"（或"道""德"）这些人的根本品性还高，因为如果没有礼的话仁义道德也就无成了，君臣父子之道也就无定了，甚至男女之别也就没有了，人就倒退到"父子聚麀"的禽兽生活。礼的重要和作用不言自明。《礼记·礼器第十》说："先王之立礼也，有本有文。忠信，礼之本也。义理，礼之文也。无本不立，无文不行。礼也者，合于天时，设于地财，顺于鬼神，合于人心，理万物者也。"这里突出了"礼"的"忠信"内容。又说："礼，时为大，顺次之，体次之，宜次之，称次之。"礼的根本内容和价值在于顺应时势，合乎天道，而不是那种外在的形式；"尧授舜，舜授禹，汤放桀，武王伐纣，时也"，尧、舜、禹的禅让，汤、武之革命，这些极为重要和重大的历史政治活动之所以合理和合礼，就是因为合乎"时"，即顺应了历史潮流，上合天道而下应民心。《礼记·乐记》说："致礼以治躬，则庄敬，庄敬则严威。心中斯须不和不乐，而鄙诈之心入之矣。外貌斯须不庄不敬，而易慢之心入之矣。故乐也者，动于内者也；礼也者，动于外者也。"这是从音乐和礼仪的关系来讲礼的形式和内容相统一的问题。礼在形式上要庄敬威严，但这个庄敬威严并不是装出来唬人的把式，而是人的内心情感的表达。

《礼记》对礼作了相当广泛、深刻的阐发。它谈礼的一个重要特点是将人间秩序与宇宙法则相统一，例如说："凡礼之大体：体天地，法四时，则阴阳，顺人情，故谓之礼。"（《礼记·丧服四制》）"夫礼，必本乎天，殽于地，列于鬼神，达于丧、祭、射、御、冠、昏、朝、聘。"（《礼记·礼运》）"古之制礼也，经之以天地，纪之以日月，参之以三光，政教之本也。"（《礼记·乡饮酒义》）这说明"礼"能上通天地鬼神，下开人世秩序，要求人们在此世的居家、从政、接物、待人、揖让、举止、容貌、言语等各方面都展示这天地神圣的礼。所以李泽厚先生认为《礼记》讲的"'礼'仍然保存着'巫'所特有的与天地沟通、与神明交往从而能主宰万事万物的神圣力量和特质"[①]。

[①] 李泽厚：《历史本体论·己卯五说》（增订本），生活·读书·新知三联书店2006年版，第381页。

总之，在先秦儒家思想的哺育下，礼义观念已深入人心。先秦以后的中国社会中，礼义和礼仪之道已成为中华民族的心理习惯和行为方式，已成为中华民族广泛而深厚的民族精神。

以上我们列举、分析了以儒学思想为主体的中华民族精神十个方面的表现和内容。这里不是凑数，也非简单的列举，而是在探求儒学思想与中华民族精神的内在关系。可以肯定，在中华民族精神的产生、发展中，儒学起了决定性作用；倘若没有儒学，没有儒学被定于一尊，就不会有以上所言的这些中华民族的精神。至于对儒学思想影响下的中华民族精神的表现、内容如何总结、概括，当然可以形式多样，看法各别，也可以概括出少于或多于十个方面的内容。但笔者以为，这十个方面是中华民族精神最基本的方面，它的确能体现、表现、反映中华民族精神的主要思想内容。

三　儒家伦常之道的伦理学本体论

儒学产生于春秋时代。在先秦时期，儒与道、墨、名、法等学派一样只是一个一般的思想学派，并非社会主导思想或占统治地位的社会意识形态。儒学成为社会统治思想始于汉武帝之时。公元前140年（汉武帝建元元年）汉武帝即位。武帝本好儒术，又雄才大略，他刚即位，就令群臣举"贤良文学"之士，他向这些知识精英们提问（"册问"），让他们回答（"对策"）。他提的总问题是："朕……欲闻大道之要，至论之极。""大道之要"的问题是具有重要哲学意义的大问题。与此相关的还有三个分问题，即"三代受命，其符安在？灾异之变，何缘而起？性命之情，或夭或寿，或仁或鄙，习闻其号，未烛厥理"（《汉书·董仲舒传》）。董仲舒参与了此次"对策"，并且得到了武帝赏识。汉武帝的这次"册问"关系到汉王朝重大的政治政策和思想文化政策问题，即汉王朝究竟应以什么思想为指导。汉初实行的"黄老之学"是为了适应刚取得天下的时势而采取的策略，目的在于与民休息，发展生产，稳定局势。黄老之学作为汉初近70年的指导思想，效果的确不错，迎来了"文景之治"这样的盛世，使汉王朝生产得到了恢复和发展，国力增强了；中央集权制的政治体制得到了巩固，政治局势稳定了。汉武帝即位后，以什么思想作为汉王朝统治思想的问题终于提上了议事日程。在第一次举"贤良"时，当时丞相卫绾奏曰：

"所举贤良，或治申、韩、苏、张之言，乱国政，皆罢。"武帝接受了这个建议（"奏可"）。（见《汉书·武帝纪》）这表明，当时所举的"贤良"已全是儒家者流了。但儒学要取得政治和学术上的"独尊"地位却并非一蹴而就。当时汉武帝以窦婴为丞相，田蚡为太尉，赵绾为御史大夫，王臧为郎中令，这些人都是尊儒术的。但其时窦太后还在，她是武帝的祖母，这个作了二十三年皇后、十六年皇太后的人，当时是太皇太后，尚有左右朝政的实力，由于她"好黄帝老子言"（《史记·外戚世家》），故要一下子用儒学代替黄老之学实不可能。建元二年（前139年），赵绾"请无奏事东宫"，想限制窦太后的权力，结果窦太后大怒，当面责问武帝，这个十七岁的皇帝面对祖母的指责只好免了窦婴、田蚡的职，将赵绾、王臧下狱，这两个人后来在狱中自杀。（见《汉书·武帝纪》）所以，汉武帝刚即位后，儒学并未取代黄老之学。至建元六年（前135年），窦太后去世，田蚡再次出任丞相，这才"绌黄老刑名百家言，延文学儒者数百人"（《汉书·儒林传》）。此时董仲舒在第三次"对策"中提出的"诸不在六艺之科、孔子之术者，皆绝其道，勿使并进。邪辟之说灭息，然后统纪可一而法度可明，民知所从矣"（《汉书·董仲舒传》）的建议才真正得到了实行。从此，儒学成了汉王朝的统治思想，也成了尔后整个中国封建社会的统治思想。

这里要思考这样两个问题：其一，儒学为什么能取代黄老学而成为汉朝的统治思想？其二，儒学被定为"一尊"后，什么才是真正意义的"尊"或"一尊"？

关于第一个问题，我们在本章的"中国封建社会与儒学"一节中已有分析论说，此不赘喋。只是在此再点出和强调这样一点，即因为儒学合乎中国封建社会以一家一户（家庭）为生产单位的小农经济（或自然经济）的经济基础或经济结构，所以它成为封建社会的统治思想是历史的必然。黄老之学虽然合乎汉初急需恢复和发展生产、稳定社会的时势，但终究不适合中国封建社会的经济结构，故仅是策略性政策，而非战略性方针。在黄老之学的思想指导下，经汉初近七十年的发展，当汉王朝在经济、政治等方面稳定和稳固了后，黄老学自然要让位于儒学，这是中国封建社会经济结构的要求，亦是其政治的要求。

关于第二个问题，这的确需要认真思考。"罢黜百家，独尊儒术"，这在政治上很容易做到，汉武帝下诏就能实行之。那么，从思想文化层面上讲，事情也这么容易吗？未必。一种思想要真正能被"尊"，它必须被推到"老大"的地位；思想上的这个"老大"就是哲学上的本原、本体之谓。就当时的儒学言，它要能真的"一尊"起来，就必须被提升到本体地位，使它成为自本自根者，成为一切存在者之存在的原因、依据、准则、标准，使一切东西都取"法"于它。所以，儒学要被定于"一尊"，这在哲学上的任务就是要将儒学本体论化。

怎样把儒学本体论化呢？儒学本体化所要做的实际工作是什么呢？在阐说这些问题之前，先要讨论一个问题，即人类为什么非要本体不可？人为什么非得要为天地万物的存在寻找一个绝对无待的、形而上的、自本自根的本原、本体呢？实际上，这是由人的世界即人文世界的本质所要求和决定的。人之所以要屡屡寻求那个"始基"，那个"实体"，那个"存在"等之类的本原、本体，是人为了把自己这个独一无二的人文世界表现、呈现出来。所以说，形而上学、本体论乃哲学思想的核心所在，是一个有文化民族的精神和灵魂。

一说起本体问题，人们总习惯于向外看，将视野投向天地万物这些自然事物的存在上，认为本体思想就是在为自然事物的存在寻找源头、根基、原因、依据等。这是一个不小的思想误导，这严重影响了人们对真正本体的认识和把握。其实，自然世界自身并无本体可言，即自然世界中本来就没有那种绝对无待、自本自根的"本体"这种东西。这无论从何种意义上说都是如此。比如说，就自然世界的现存状态看，它本来就是"多"即多样，一物之外总有个他物在，你是根本找不到那个绝对无待的、真正独一无二的、其存在不依赖于任何别的存在者的、自本自根的"本体"的。如果说真的能有这样一个东西，那么这个东西也不能实际存在。因为，倘若把世上的一切的一切都抽掉，甚至连真空都不剩下，只留有一个东西，那这个东西就真的是独一无二的，是绝对者了；但很可惜，这样的独一无二者却根本无法现实存在，因为当一切都被抽掉而成了虚无、空无后，仅有的这个独一无二者就只能存在于虚无中，那它还能是有吗？还能实际存在吗？否！自然世界的现实存在其状态总是个"多"，是各种各样存在者的横向铺开，根本没有所谓的独一无二者。

再从自然世界的纵向演化来看，也不会有那种真正的独一无二者存在。就自然世界的任一存在者言，它肯定是从别的什么东西转化、变化来的，绝不会来自空无、虚无；当这个东西消灭、消失后，只是它的存在状态和形式发生了变化，它自身绝不会凭空蒸发掉而成为空无或没有。所以，要在自然世界的每一存在者身上寻找那种绝对的、真正独一无二的起点（本体、本原）是根本不可能的。自然世界中每一存在者的存在是这样，整个自然世界本身亦然。例如就我们现在所处的这个宇宙言，不管它起源于一个"奇点"的大爆炸还是什么，它总是从什么东西开始的，而决不会从虚无中突然冒出来；当我们这个宇宙存在了一段时间（科学家说我们的太阳系已有50多亿年的历史了，它的寿命是100亿—150亿年）而灭亡后，它肯定不是现在的存在状态，但它总要有个状态在，不管它成为黑洞、白洞还是别的什么，它总归是个什么，绝不会是虚无或零。可见，无论就自然世界自身还是就其中的每一存在者言，在其纵向发展上均不会有一个真正的开端或结束，即没有一个本原、本体。至于人们用"物质""存在""理念（式）""实体"等的规定来作为自然世界之存在的本原、本体，那其实已是人的问题了。一句话，在人和人类社会出现前，纯自然世界是没有什么"本体"可言的。

　　实则哲学所屡屡讲的"本体"就只是在人这里，即在人的人文世界中。哲学上的"本体"观念反映、表现的是人的人文本质，是人文世界的存在和表现。为什么这么说呢？这必须先看看"人"的规定。人是什么？答曰：人是理性动物、是会说话的动物、是政治动物、是会制造和使用生产工具的动物……这等等对"人"的规定包含关于人存在的两个本质方面：一是人与动物世界，即自然世界的联系；二是人对动物世界的超越、超拔。没有前者，人就成了游魂野鬼，根本不会是一肉体存在者；没有后者，人就是个动物，就老老实实地归属于那个自然世界，何来"人"这个存在者呢?! 所以，人既属于自然世界又超出了自然世界，既不在自然世界中又正在自然世界中；就是说，人既是自然世界又不是自然世界。这，就是人这个存在者的存在本质！当人超越了自然世界即把自己从自然世界中超越、超拔出来后，人真正成就了自己的世界，这就是人文世界或人类社会。人是从哪里来的？生物进化论和辩证唯物主义都承认，人是由类人猿演变来的，而类人猿又是从比它低级的东西演变成的。所以，就人的肉体（形体）产生来说，它并不来自空无或虚无，它总是从什么而来的。西方宗教说人是由神造出来的。西方有一则古老的寓言说人是女神"烦"（也译为"操心"）用一块胶泥塑造的（见海德格尔《存在与时间》第四十二节）。中国古代有女娲"抟黄土作人"的神话（见《太平御览》卷七八引汉代《风俗通》）。《圣经·创世纪·伊甸园》说："神用地上的尘土造人，将生气吹在他鼻孔里，他就成了有灵的活人，名叫亚当。"宗教神话的这些说法均表明，神在造人时并不能凭空造出，即任何材料都没有而一下子就弄出个有形体的人来；神造人时必须用泥土之类的材料才行。可见，人作为一肉体存在者，它根本就没有离开自然世界，它仅是自然物的变形而已。再说，人死亡后，这个肉体并不是马上化为虚无，它总是有，是存在，即使人的尸体被土壤分解了而成了土壤的成分，仍有这个成分在，它仍是有，即使尸体被烧成灰而撒在了大海中，还有海水中的灰尘在，总不会凭空蒸发掉的。人的本质肯定不在其肉体的有方面。人的出现是宇宙中开天辟地的大事，因为人的出现成就了、带来了、产生了一个只属于人自己的世界——人文世界，这才是人与其他动物不同的根本标志。那么，这个人文世界究竟是从何而来呢？反正不是来自自然世界，自然世界中没有这个人文世界的任何蛛丝马迹。那它是来源于神吗？你可以这么认为，但即使如此，那还是表明人的世界原本就不在自然世界中。自然世界不论怎样进化，也无论进化上多少亿年，充其量也仅有人的肉体（身体）的出现，而不会和人的肉体一起生出一个人文世界来，因为自然世界中原本没有人文世界，人文世界的出现完全是超越性的。原来没有这个人文世界，现在却有了，它出现了，它来了。所以，人的人文世界的来源不是"有"，而是"无"！人与别的动物有别，正是因为人是存在于、生活于人自己的人文世界中的。人一旦离开了自己的这个人文世界，这个人文世界对人来说没有了，那就标示和标志着人的死亡，所以人把自己的死亡称为去世、逝世、离世、过世、谢世、辞世，等等。人死了，其肉体还在呀，即使尸体分化了，也还有分化了的成分在呀，这不是有吗，何以说这个人死了呢？所谓人死终究指什么？就是指人所在的那个人文世界对死者来说没有了，不存在了！那这个人文世界究竟到哪里去了呢？是去了上帝天国抑还是丰都地狱，还是到了别的什么地方？尽管宗教神话对此可以津津乐道并乐此不疲，但我们这些活人是不知道的；我们所知道的和所能知道的只是当一个人死后他生前所在的人文世界对他来说就没有了，就一下子蒸发掉了，即成了"无"。可见，人所在的这个人文世界从"无"而来又终归于"无"，是由两个"无"支撑、夹撑、托浮起来的存在，即"有"。人的人文世界来源于"无"而又终归于"无"，这个情况究竟说明了什么问题呢？这正好说明：人的人文世界的真正本质是"无"！本质是"无"，这说明人文世界原来是没有什么规定和限制的，它天生就没有带来或带着什么，故它原本就没有自己的质性规定，不像人的肉体所表现、体现的自然世界那样天生就有"有"这一质性在。所以佛家说"人无自性"且"物无自性"，世上的一切均是"缘起性空"的，这确是真言！

　　人的本质是"无"，这就从根子上表明人的存在是自由的，即人的"无"＝自由。人原本就没有什么规定和限制，一切的一切都是由人自己来决定的和成就的，人自己才真正决定着自己，人自己才是自己存在的根和本，人自己才是真正的本体、本原。如果人的本质不是"无"即"自由"，人天生带着某种规定和质性的话，那么人的所作所为就不是由自己所决定、所构成的，由此人也就根本没有责任可言，人也压根就不必为自己的行为负责了。比如说，一个人如果天生带有作恶的质性（或曰是上帝决定了让他天生作恶人的），他犯了罪时人（类）没有理由给他定罪，要定罪也是去定那个使他犯罪的先天的质性（比如上帝什么的）；这岂不荒谬绝伦！所以，说到"本体"，它只存在于人文世界中，它是人的"无"即"自由"本质的要求和表现，这实际上是人自己为自己定的行为准则和处世标准。因为一旦没有了"本体"这个尺度、标杆、标准、准则，人的"无"即"自由"的本性、本质就没有办法实施和表现了。人们在日常生活中有各种度量单位（度量衡），如"尺""斤""圆（元）""斗"等。那请问：这个"尺"或"一尺"究竟是多长？它实际上没有长度，除了说"就这么长"或"一尺就是一尺"这样的同语反复的话外，别的什么也说不了，也根本不必说，因为当你说一尺是多长时正要用到"尺"这个单位，否则根本无法说；这就是说，一切长度的最终标准是这个"尺"，一切依赖于"尺"来存在，而"尺"本身的存在却并不依赖于它自身之外的任何标准，它就是它自己，它自己就是自己的存在根据和标准，这不正是自本自根的意义吗？！所以，早在日常生活中就已经有"本体"的思想了。这表现在哲学上，就是形而上的本体论的思想和理论。

　　对本体问题作了以上一番辨正之后，我们现在回到关于儒学本体论化的问题上来。把儒学本体化，就是和才是把儒学定为"一尊"。所以，汉王朝"罢黜百家，独尊儒术"或将儒学定于一尊的思想文化政策，其哲学意义和实质就是将儒学本体论化，或曰要建立儒学本体论。至于如何将儒学本体论化？这当然不能用政治权威来简单宣布，说儒学是本体它一下子就成了本体。儒学本体化就是儒学自己要将自身自本自根化，即自己就是自身的存在原因和依据。那么，所谓自己依赖于自己究竟如何来做呢？这就涉及"本体"自身的存在结构问题。"本体"在思想形式上当然是一种思想或观念，或是一种学说。但它必然是有内在结构的。什么结构呢？一言以蔽之，就是自身和超自身的"二元"一体结构。一方面，这个"本体"就是本体，它一旦被提出来了就是它自己，就是存在，绝不会什么都不是，这就是"本体"的自身性、自己性、自我性之所在。但"本体"不能只有自身性，因为这样一来它就仅仅是它自己，就与别的东西无关、无涉了，那它还有什么本体不本体可言呢？！当一个东西仅仅是它自己时，它也就不是它自己了。这里有必要多话几句：人们在日常生活中老是振振有词地说"这是某某"或"什么是什么"，比如总是脱口而出"这是长的""这是大的""这是白的""这是好的"，等等。那么请问：你怎么知道你面前的这个存在者是个长的呢？你可答曰：这是我看到的。那你为什么不把它看成个短的呢？不把它看成个妖怪呢？不把它看成个皇帝呢？为什么要偏偏看成个长的呢？你可回答说：它本来就是个长的嘛，这有何怀疑的！那请问：这个"本来"是什么意思？真的是你主观臆断的吗？还是那个存在者自己站出来说它是长的呢？当然都不是。这是人对自己面前的存在者作出的定谓。你之所以能作出这个定谓（任何正常的人都能作出），不论你自觉与否，你必须把这个存在者与它之外的他存在者作比较，否则你是绝对定谓不出它是个长的。这就表明：当你说"这是个长的"时，"长"这一规定出场了，存在了；但同时，"短"这一规定也就在现场待着、存在着，即短亦出场了，存在了，倘若这个"短"根本就没出场，就不存在，那你无论如何是把握不到这个"长"的。可见，把握"长"（把握"短"也一样）要在"长"和"短"同时出场、同时存在的前提和条件下方有可能。既然"长"和"短"同时出场了，都现实地存在着，那你为何现在只说个"长"而将"短"不要了呢？是谁给你的权力随便不要这个"短"呢？这样做显然是非法的，而合法、合理的做法只能是两个

（"长"和"短"）都要。怎么都要呢？用语言表述就是：既是长又是短，既不是长又不是短。《庄子·齐物论》中有这样的话："物无非彼，物无非是。自彼则不是，自是则知之。故曰：彼出于是，是亦因彼。彼是方生之说也。""是亦彼也，彼亦是也。彼亦一是非，此亦一是非，果且有彼是乎哉？果且无彼是乎哉？彼是莫得其偶，谓之道枢，枢始得其环中，以应无穷。"这说的就是"两个都要"的意思。这话听起来不顺耳，怎么能两个都要呢，这可能吗？但道理的确如此。其实，所谓"两个都要"就是逼进到了现象学所讲的"居中"之"中"中，这只能在时间构架中予以展现，这已不是对象性、概念化的方法所能奏效的。

"本体"的存在亦如此，也有"两个都要"的维度和性质在内，这就是"本体"的自身性和非自身性（超越性）的一体同在。用萨特描述"自为"的话来说就是"是其所不是和不是其所是"。当"本体"仅有自身性时，它反而显不出自己是自己的自身性来，这等于它自己丧失了自身性；所以这个自身性要与非自身性同时出场，要"两个都要"。"本体"的非自身性，就是"本体"超出自身的超越性。所以，说到"本体"时它在存在性质上一定是自身性与非自身性即超越性"两个都要"的，这就是它的存在构架——时间性。更多的问题这里不宜再说。这里只是强调："本体"自身一定有"时间性"的"二元"一体之结构，否则就没有本体可言！

我们还是接着谈关于儒学的本体论化问题。儒学的本体论化，说白了就是如何将儒学思想的自身性与其超越性展开和统一起来的问题。儒学是什么思想？它是伦理道德思想。它讲父子之慈孝、兄弟之友恭、夫妻之唱随这些基于血缘关系的家庭伦常关系；并扩大到君臣之仁忠、朋友之互信的一般社会伦常关系。孔、孟、荀等讲的仁、孝、悌、礼、忠、信、义、智等都是一种以家庭为核心而辐射开来的社会伦理关系。至汉代，儒家的这些伦理关系被确定为"三纲""五常"之道。如董仲舒说："君臣、父子、夫妇之义，皆取诸阴阳之道。君为阳，臣为阴；父为阳，子为阴；夫为阳，妻为阴。……王道之三纲，可求于天。"（《春秋繁露·基义》）他又说："夫仁、谊（义）、礼、知（智）、信五常之道，王者所当修饬也。"（《举贤良对策》）此后，"君为臣纲，父为子纲，夫为妻纲"这"三纲"和"仁义礼智信"这"五常"相配合，就成为中国封建社会的神圣礼教，不二纲常；这也是儒学思想的典型表现。儒学之所以为儒学，就是因为它以"三纲""五常"为核心的伦理内容，这是儒学的思想特质，这就是它的自身性所在。

然而，"三纲""五常"这些东西一旦被提出和定型后，就成了社会规范、规定，具有法制、法度的意义，全社会的人是必须遵守而不可违背的，具有了神圣性和约束力，似乎这些东西是由人之外的什么超人世的力量制定和赋予人的，这正如董仲舒所言"王道之三纲，可求于天"。这又成了儒学思想的超越性所在，这是儒学的又一特质。

可见，儒学讲的这些纲常一方面是人自己的关系，这当然是由人自己来规定、决定和实施的；但同时，另一方面这些纲常又是人之外的约束力，是制度，是人之外的力量，人是不能决定它的存在的，也根本无权选择是否来实施和遵守它，人是否愿意都要无条件地服从它、遵守它。那么，这些伦理纲常到底是人自己的抑或是人之外超人（类）的存在？看来这两者都是又都不是，都不是又都是！所谓都是是说，如果儒学讲的这些伦常只是属于人自己的而根本没有超越性，它当然就不是社会纲常了；反过来说，倘若儒学讲的这些伦常只是超越性的，完全是由人之外的超人力量来左右和实施的，人根本无法选择和不容选择它，那它也就不是人的社会纲常了。所以，这些纲常要是纲常，就必须既是人自己的又是超越人的。而所谓两者都不是是说，它不能只是人自己的，完全由人的主观意志来左右，想怎么样就怎么样，这样的话它就不是纲常了；同时它也不能只是人之外超越的，根本与人无关，倘若这样的话人也就不必实施它了，这样一来它也就不是纲常了。总而言之，说来说去，儒家所说的"三纲""五常"之纲常既是人的又是超人的，既是超人的又是人的，这才是儒学纲常的真正本质！

其实，一提到伦理问题，总免不了这种内在与外在、属人与非人、主观与客观、内在与超越、心性与宇宙等"二元"本质和结构问题。早在孔子当年主张"克己复礼"时就面临着此问题。周公"制礼作乐"的这个"礼""乐"当时已成为一种规范伦理或伦理规范，是一种社会规定、规范，它当然具有约束力和强制性，这就是其超越性所在。然而，再好的礼制规定，再威严神圣的超越性力量，终归要人接受、服从和遵守，要人来实施之，如果人不接受它甚或有意违背它，它当然就彻底失去了超越性和强制力、约束力了。所以孔子说"礼云礼云,玉帛云乎哉?乐云乐云,钟鼓云乎哉?"(《论语·阳货》)才慨叹"人而不仁,如礼何?人而不仁,如乐何?"(《论语·八佾》)人倘若没有恢复"礼"的内在基础和可能,礼乐是没有意义的,也根本就恢复不了。正是看到了这一点,孔子才由"礼"内趋到"仁",即为"礼"找到了存在的人的心理情感根基。这是孔子继周公之后对中国文化的莫大贡献。但也由此潜伏下了矛盾,这就是:一旦从"仁"出发来恢复"礼",复"礼"是有了内在的主体力量性,成了人的自觉自愿的活动;但是,正因为是主体力量,是人自己的自由意志的自觉自愿,它就不是外在的约束力,亦没有外在的标准来衡量和判定这个主体力量本身的得与失、是与非、好与坏,就无法确保人的行为本身的正确性和善性。比如说,一个人可以自觉自愿地去忠君,甘愿为他献出生命,但也可以自觉自愿地去弑君,去谋权篡位,这也是出于自觉自愿啊。所以,只从主观或主体的自觉自愿出发,实际上就不会有真正的伦理行为的存在。这里就逻辑地要求赋予伦理规范以外在的超越性,以之来制约人的动机而确保其行为的正确性。孔子"与命与仁"(见《论语·子罕》)的仁学思想体系就关系到这一问题。对此此处不必再说,下面谈儒学心性形而上学的得与失时再言。这里只是要强调指出,儒学的伦理纲常中本来就含有"二元"性的张力和结构,这就是其伦理性和超伦理性,也可以叫内在心性性与外在宇宙性。

正因为儒学的纲常伦理或伦理纲常有内在性与超越性的"二元"性结构,才使得将儒学伦理学向外提升而予以本体论化是可能的,否则的话建构儒学伦理学本体论就是不可能的;同时,也才使得这种向外提升予以本体论化是必要的,如果儒学伦理学没有那种以主体意志力为基础的自觉自愿性维度,它也根本就不必作提升了,建立儒学伦理学本体论就是不必要的了。正因为儒学伦理学本体论化既是可能的又是必要的,所以建构儒学伦理学本体论是必然的。

儒学伦理学本体论化的尝试,在战国儒家那里就开始了。例如《中庸》[①]开篇就说:"天命之谓性,率性之谓道,修道之谓教。"这就是宇宙论与心性伦理学的贯通。这里的"天命之谓性"的"性"显然指人的本

---

① 这里取《中庸》乃子思作,故当在《孟子》之前,与有的学者认为《中庸》成书于《孟子》后的观点不同。

性。人不同于一般动物的质性（比如仁义之性）是从何而来的？《中庸》说是由"天命"来的，即"天"授予人以"性"。既然人性乃"天"所命，那"天"就必定有人性这种质性，否则的话它何以能授给人以"性"呢？！这表明，天性与人性本来就是相通的，在性质上是一致的，故天与人的相合、统一就是理所当然的。"率性之谓道，修道之谓教"讲的实际上就是儒家以伦理学为核心的心性论与宇宙存在相统一的思想理论。这是从"天"下贯到"人"的儒学伦理学本体论化的路线。与这一路线相同而方向和理路不同的是《孟子》。《孟子·尽心上》言："尽其心者，知其性也；知其性，则知天矣。"孟子说"心之官则思"（《孟子·告子上》），心这个器官具有思考、思想之功能。通过认真思考，人就能认识到自己的本心或本性，此乃孟子所言的仁、义、礼、智这些善性（见《孟子·公孙丑上》等）。所以，从"尽心"到"知性"的过渡是合逻辑的必然。而从"知性"到"知天"的过渡就有些困难了。这里首先要厘定"天"的属性，倘若这个"天"是自然之天，那"知性"就不能"知天"，一个人再怎样发挥心的思考、内省功能而体悟、体察到了自己的善性，也不能由此而知道自然之天的存在之性！这里的"天"如果是被人化了的具有伦理属性的天（意），那么由"知性"到"知天"就能导通了。在这里，《孟子》与《中庸》其实是一样的，所谓的"天"都具有伦理（道德）属性，不过《中庸》是由"天"下贯到人性，而《孟子》是从人性上达于"天"。很明显，在《中庸》和《孟子》这里都有儒学伦理学本体论化的探讨、努力和尝试。

真正开始儒学伦理学本体论化工作的人是汉代的董仲舒。董仲舒建议汉武帝定儒学为"一尊"，这在政治上很快就实现了，但在哲学上却并非易事，这关系到将儒学伦理学本体论化的问题。那么，怎样才能把儒学伦理学本体论化呢？这实际上是一个非常艰巨的哲学任务，要完成这一任务涉及这样四个相关的问题：一是要有天人关系的框架，如果光有人或光有天，那显然是无法将伦理学向外、向上提升的；二是关于宇宙发生论，即要有包括人在内的天地万物的产生、起源的哲学理论和思想，这就是宇宙发生论或宇宙生成论问题，包括宇宙是如何形成的、是由什么材料构成的、宇宙存在的结构是怎样的等问题；三是要讨论和解决宇宙存在的原因和依据问题，即已经起源了的、如此存在着的宇宙其存在原因、依据何在，这就是宇宙本体论的思想理论；四是还要讨论和解决人存在的原因和依据问题，这实际上是关于人是什么的问题，这就是心性本体论。只有当这四方面的问题有了相应的探索后，才能从本体层面上沟通天人，也才能建构起真正的伦理学本体论。显然，在汉初，这四方面的问题尚不能完全探索。但可以和可能作部分探索，即关于天人相关的构架和宇宙发生论或简称为宇宙论的思想理论已是汉代哲学的问题所在。与汉帝国在继承秦制的基础上对中国封建社会体制的建构相一致，在哲学上汉代哲学走出了先秦诸子那种社会政治哲学的方向、理路和范式，开启了"究天人之际"（司马迁语）这样的天人问题，其气势非凡。同时，汉代哲学很关注宇宙论问题，不仅有盖天说、浑天说、宣夜说这样的关于宇宙（天体）结构的思想理论，还有《淮南子》、张衡《灵宪》等所讨论的关于元气构成天地万物的宇宙（天地）起源论，汉代的宇宙论是相当丰富的。但关于宇宙本体论和心性本体论的问题在当时却无条件来探讨。这就是董仲舒在从事儒学伦理学本体论化的工作时所面临的思想形势和背景。所以，董仲舒既有部分条件来将儒学伦理学本体论化，但又无法真正完成这一艰巨任务。这就是董仲舒讲的那个"天人感应"论思想。这个"天人感应"论一方面具有明显的神学目的论色彩，表现出比较浓厚的神秘性，这实际上是把人的目的、意志和力量直接外化给了"天"；但另一方面他的这个思想理论也不是完全的宗教内容和方式，并非纯粹臆说，他在讲道理，在讲人生活、生存的道理，所以又使人能感到有某种思想、理论的内容在，这实际上是把自然的必然性（宇宙存在之理）引入人的存在中。读董仲舒的《春秋繁露》，一方面能感到有某种宗教形式的神秘性，另一方面又能感受到某种理论的论证性。比如他所谓的"春，喜气也，故生"，"春气暖者，天之所以爱而生之"（见《春秋繁露》的《阴阳义》《王道通三》等）云云，既觉得可理解，但又觉得有些牵强，即人为地把两种不相干的存在硬通过类比而扯在了一起。之所以会如此，就在于董仲舒把本应从哲学本体论上来讲的道理、作的论证，予以经验直观、类比化了。董仲舒所要完成的儒学伦理学本体论化的任务，到宋明理学才告完成了。但他的努力和开创之功是不可没的。

董仲舒所要做的工作就是将封建社会的纲常名教之存在的基础归于"天"，即他所谓的"王道之三纲，可求于天"（《春秋繁露·基义》），

"道之大原出于天"(《汉书·董仲舒传》)。在董仲舒看来,封建社会的君臣、父子、夫妇之道以及仁、义、礼、智、信这些五常之理,都根源于神圣的"天",因此这些伦常、纲常也就有了神圣性和必然性。将封建社会伦理纲常的存在归于"天",这种思想和做法没有什么不对和不可。但问题是,将伦理纲常存在依据归于天后,天是否接受了人的这一归属?天如果根本就不接受或不能接受这一归属,那么此种做法就丝毫无用了。当然,董仲舒肯定天是能接受人的这一归属的。那么此种接受的表现何在呢?这就是他所讲的"天人感应",即"天"像人一样有目的,有意志,能赏善罚恶,"天"的行为本身就具有伦理意义和价值。在这里,董仲舒明显将天人化了,即把人的意识、目的、好恶等转让给了"天"。将"天"目的化、意志化后,这个"天"明显有了主宰性的力量,其宗教性和神学性是很明显的。从这里,董仲舒的思想、学说完全有可能步入宗教,他可以建构起一种神学理论。如果这样的话,董仲舒就成了神学家,他所谈的"王道之三纲可求于天"的问题就成了宗教学内容,而非儒学伦理学问题了。倘如此,儒学以及中国的思想文化将会是另外的局面。但董仲舒没有这样做。他不是神学家,他是思想家,是哲学家,是儒家,是学者。所以,当把伦理纲常的存在依据归之"天"后,董仲舒就要完成这样一个理论问题:"天"是怎样把自己具有伦理道德质性的目的性、意志性表现出来的?或曰"天"是如何来表达、传达自己的目的性、意志性的?倘若"天"没有表达、传达自己目的性的方式、途径,而只是一味地施行自己的目的、意志,那这就成了神秘的"天"了,谈这种神秘的"天"就是宗教。董仲舒的思想之所以有哲学意义,他之所以是一位儒家思想家,正在于他对"天"如何表达自己的目的性、意志性的问题作了探讨,他充分吸收和利用了当时阴阳、五行、四时、物候等天文历法方面的知识,来论证"天"的目的性、意志性的展现问题。他具体是怎么做的呢?

第一步,他肯定自然之天的存在和运行。他说:"天、地、阴、阳、木、火、土、金、水,九,与人而十者,天之数毕也。"(《春秋繁露·天地阴阳》)"天地之间,有阴阳之气,常渐人者,若水常渐鱼也,所以异于水者,可见与不可见耳,其澹澹也。"(《春秋繁露·天地阴阳》)"是故惟天地之气而精,出入无形,而物莫不应,实之至。"(《春秋繁露·循天之道》)他反复说"天之道,有序而时……"(《春秋繁露·天容》),"天之常道，相反之物也不得两起，故谓之一……"（《春秋繁露·天道无二》），"天之道，终而复始……"（《春秋繁露·阴阳终结》），等等。当董仲舒讲"天之道""天之常道"时，这个天就是自然之天。

第二步，他赋予自然之天的运行以伦理道德属性。他指出："天道大数，相反之物也不得俱出，阴阳是也。春出阳而入阴，秋出阴而入阳，夏右阳而左阴，冬右阴而左阳，阴出则阳入，阳入则阴出，阴右则阳左，阴左则阳右，是故春俱南，秋俱北，而不同道。夏交于前，冬交于后，而不同理。并引而不相乱，浇滑而各持分，此之谓天之意。"（《春秋繁露·阴阳出入》）这里把阴阳的自然运行说成是表现、表达天意的途径。他又说："天地之行美也。是以天高其位而下其施，藏其行而见其光，序列星而近至精，考阴阳而降霜露。高其位所以为尊也，下其施所以为仁也，藏其形所以为神也，见其光所以为明也，序列星所以相承也，近至精所以为刚也，考阴阳所以成岁也，降霜露所以生杀也。为人君者其法取象于天也。"（《春秋繁露·天地之行》）这给自然之天的高位、光明、列星、阴阳等的特性均赋予了尊、仁、神、明等的伦理道德性和政治性。就这样，董仲舒将自然之天予以伦理道德化了。这是董仲舒"天人感应"说的关键一步。

第三步，将已经伦理道德化了的天再予以目的论化和主宰化。"天"有了伦常道德性，也就有了目的意志性和主宰性。董仲舒有言："仁之美者在于天，天，仁也。天覆育万物，既化而生之，有[又]养而成之，事功无已，终而复始，凡举归之以奉人。察于天之意，无穷极之仁也。"（《春秋繁露·王道通三》）"仁，天心。"（《春秋繁露·俞序》）在董仲舒看来"天"与人一样有"仁"性，当然也就与人一样有了目的性和意志性。所以他说："天者，百神之君也。"（《春秋繁露·郊义》）"受命之君，天意之所予也。"（《春秋繁露·深察名号》）到此，"天"终于成了主宰者。

经过以上三步，董仲舒完成了对"天"的伦理道德化的任务，从而使人与天相沟通了，天与人就有了同质性。董仲舒因此也就在形式上完成了将儒学伦理学本体论化的任务。他的结论是："君臣、父子、夫妇之义，皆与诸阴阳之道。君为阳，臣为阴；父为阳，子为阴；夫为阳，妻为阴。……王道之三纲，可求于天。"（《春秋繁露·基义》）

董仲舒这种"天人感应"的目的论式的儒学伦理学的本体论化显然不

第一章 儒家的心性论与中华民族的伦常之道

是儒学伦理学本体论化的最终形式，它的外在痕迹太明显了，这里的天与人的沟通是在保留着人与天的形体的情况下通过二者功能、属性之类比的比附之合，尚非真正哲学意义上的本体论之合。所以，要完成董仲舒提出的将儒学定于一尊的儒学伦理学本体论化的任务，接下来就要分别探讨宇宙本体和人的本体（心性本体）问题了。这分别是魏晋玄学和隋唐佛学的哲学任务。

魏晋玄学是什么样的思想理论呢？前辈学者汤用彤先生于1940年撰《魏晋玄学流别略论》一文，认为玄学"乃本体之学，为本末有无之辨"。他说："汉代寓天道于物理，魏晋黜天道而究本体，……而流连于存存本本之真"，"汉代思想与魏晋清言之别，要在斯矣"[①]。这明确将魏晋玄学厘定为宇宙本体之学。这个厘定当然是对的。魏晋玄学是接着两汉经学而出现的一种时代思潮。至于魏晋玄学产生的历史条件及原因，此处不论。这里只指出，魏晋玄学的宇宙本体论与两汉的宇宙论或宇宙发生论有内在的逻辑关系。汉代的思想文化形式是经学，其官方思想是董仲舒的"天人感应"论，这实际上是为封建纲常建立天道依据的儒学伦理学本体论，尽管它还不算成熟。在经学形式下，真正的哲学思想和理论是宇宙论问题，即包括人在内的天地万物是如何产生的、是由什么材料构成的、宇宙是什么结构等问题。宇宙论要解决的基本问题就是宇宙的产生、来源等问题。可以说，汉代哲学一定程度地解决了或完成了这个问题。宇宙来了，形成了，就表明宇宙存在着；宇宙存在着，就表现出它的状态，就有个存在的样子。那么现在就要问：宇宙为什么存在着？它为什么是这个样子？这话乍一听觉得奇怪，宇宙来了，它就是个样子嘛，还有必要问个为什么吗？恰恰必要！宇宙形成了，出现了，来了，它就表现为如斯的样子，它就如此这般地有着、在着，岂有他哉?！当然有！这里要说的意思是，宇宙是这个样子一定有是这个样子的原因和根据，它不能没有原因和根据，否则的话它就不会是如斯的样子了，就可以随便存在了；宇宙存在是必然的，这就表明它的存在必有其原因、依据。探讨宇宙存在的原因、根据的思想、理论，就是宇宙本体论。魏晋玄学就是此种理论。

魏晋玄学宇宙本体思想的建构完成有个过程，它历经了正始玄学、竹

[①] 汤用彤：《魏晋玄学论稿》，上海古籍出版社2001年版，第43—55页。

林玄学、中朝（西晋中期及以后）玄学几个大阶段，其突出的思想理论有王弼的"贵'无'论"、嵇康和阮籍的"'自然'论"、裴頠的"崇'有'论"、郭象的"'独化'论"。关于玄学演化的历史过程，此处不叙。这里仅言玄学演化的思想逻辑。

魏晋玄学的开端是正始玄学，其思想表现是王弼"以'无'为本"的"无"本论。王弼言："凡有皆始于'无'。故未形无名之时，则为万物之始。"（《老子注》第一章）又说："无形无名者，万物之宗也。"（《老子指略》）这里明确规定，天地万物之存在的本原、本体是"无"。王弼为什么要讲"无"？为何不说"有"？为什么偏要拈出个"无"来作万物存在之本？原来，王弼玄学是从注《老子》而来的。他注《老》，当然离不开对老子核心观念——"道"的接受。老子曾以"道"为天地万物存在之根、本。对此王弼是接受的，即他同意"道"是天地万物存在的原因、依据。既如此，王弼为什么不讲以"道"为本而要讲以"无"为本呢？这其中的道理在于：以"道"（或以别的什么）作为天地存在之根本，这有人为的因素；但是，当你将"道"确定为天地万物之本时，随即就引来了一个问题，这就是这个"道"能不能作本，有没有资格作本？倘若它没有资格作本，没有作本或本体的内在维度或质性，任你再怎么规定，它也作不了本。那么，"道"能作本体的内在维度是什么呢？这就是其抽象性、普遍性、一般性之质性。"道"要作本体，最起码的功能是要把天地万物都能统住、包揽住，如果它统不住万事万物，它何以是本体呢？这就像一位君主，至于何人去作这个君主那有人为性，但你一旦坐上了君主这个位子，你自己必须要有君临天下的能力，否则你就是个假的或是个傀儡，就不是真君主。显然，"道"要能将天地万物包揽住、统辖住，它自身必须要有抽象、一般、普遍之质性。其实，这个思想在《老子》中就有。《老子》第十章说："视之不见名曰夷，听之不闻名曰希，搏之不得名曰微。此三者不可致诘，故混而为一，其上不皦，其下不昧，绳绳不可名，复归于无物，是谓无状之状，无物之象，是谓惚恍，迎之不见其首，随之不见其后。执古之道以御今之有，能知古始，是谓道纪。"这说的就是"道"的一般性、普遍性、抽象性问题。"道"用眼看不到，用耳听不到，用手触不到，它是超感性的东西，故它只能是一般或普遍。《老子》中的"道"有多层涵义，但普遍性是其义之一；只是老子未明确突出"道"的普遍性涵义。当王弼注《老》时，因时代需要，他再接过老子的"道"而在本原、本体意义上来使用时，就不能不回答"道"何以能作本体的问题，这自然要对老子"道"的抽象性、普遍性维度予以强调和突出，这就逼进到了"无"。王弼说："无形无名者，万物之宗也。不温不凉，不宫不商，听之不可得而闻，视之不可得而彰，体之不可得而知，味之不可得而尝。……故能为品物之宗主，苞通天地，靡使不经也。若温也则不能凉矣，宫也则不能商矣。形必有所分，声必有所属。故象而形者，非大象也；音而声者，非大音也。"（《老子指略》）王弼明确肯定，那种"无形无名者"才能为"万物之宗"，才可"为品物之宗主"，才能"苞通天地，靡使不经也"。一句话，"无形无名者"才能作本体。这个"无形无名者"就是"道"，"道者，无之称也，无不通也，无不由也；况之曰道，寂然无体，不可为象"（王弼《论语释疑》）。之所以称"道"为"无形无名者"，正是为了突出和强调"道"的普遍性、一般性。正因为"道"无形，所以才能形天下之形；正因为"道"无名，所以才能名天下之名；正因为"道"无状，所以才能状天下之状；正因为"道"无象，所以才能象天下之象。如果"道"是有形有名有状有象的，去形天下之形等就根本不可能了。所以，这个"无形无名者"是对"道"的一般性、普遍性、抽象性之性质或质性的表征、称谓。但经常说"无形无名无状无象"之类的话有些啰唆，故简称为"无"。可见，王弼"以'无'为本"实则是"以'道'为本"。

可见，王弼的"无"本论是有道理的。但这个"无"本身却逻辑地潜伏着抽象与具体或普遍与特殊或一般与个别的矛盾。王弼一方面说"故象而形者，非大象也；音而声者，非大音也"（《老子指略》），这是强调普遍、抽象的一面；另一方面又说"然则四象不形，则大象无以畅；五音不声，则大音无以至。四象形而物无所主焉，则大象畅矣；五音声而心无所适焉，则大音至矣"（《老子指略》），这又是强调特殊、具体的一面。可见，"无"为了能成为本体，必须使自身抽象化；同样，"无"为了能成为本体，又必须使自身具体化。这同一个"无"其自身就有了抽象性与具体性的矛盾。正因为"无"本论自身的这一内在矛盾，才逻辑地决定了正始玄学的发展和演化；这一矛盾既是"无"本论自身展开的内在动力和契机，同时也逻辑地决定了整个魏晋玄学演化的途程和方向。具体言，"无"

本论的演化无非两途：或者把"无"的抽象性、普遍性推至极致，使其发展到底而寿终正寝；或者将"无"的具体性（即"有"性）推至极致而使其得到落实。承接"无"本论前一演化道路的就是竹林玄学的"自然"论，而承接其后一演化道路的则是裴𬱟的"有"本论。当竹林玄学喊出"越名教而任自然"（嵇康《释私论》）的口号时，这就是它的玄学纲领。当它越过"名教"、撇开"名教"而纯任"自然"时，这个"自然"已与现实的方方面面没有关系了，这实际上已逼进到了纯粹抽象的精神领域而止在了这里。而当裴𬱟讲"夫总混群本，宗极之道也。方以族异，庶类之品也。形象著分，有生之体也"（《崇有论》）时，他的玄学致思方向完全转到了现实世界的有上。他虽然通过论证"夫品而为族，则所禀者偏，偏无自足，故凭乎外资"（《崇有论》）解决了"众有何以能有"的问题而使其"有"本论得以成立，但因为他的致思方向完全在"有"上而缺少超越性，故这个"有"最终也要寿终正寝了。可见，竹林玄学的"自然"本论和裴𬱟玄学的"有"本论只是展开了王弼"无"本论自身的矛盾，并没能解决这一矛盾。

　　整合了"无"本论和"有"本论而最终完成了魏晋玄学关于宇宙本体论理论建构任务的玄学理论是郭象的"独化"论。郭象从事玄学活动时对什么是"本体"问题作了认真沉思。他说："无既无矣，则不能生有；有之未生，又不能为生。然则生生者谁哉？块然而自生耳。"（《庄子·齐物论注》）又说："世或谓罔两待景，景待形，形待造物者。请问：夫造物者有邪？无邪？无也，则胡能造物哉？有也，则不足以物众形。故明众形之自物，而后始可与言造物耳。是以涉有物之域，虽复罔两，未有不独化于玄冥者也。"（《庄子·齐物论注》）究竟什么是"本体"？是"无"吗？"无既无矣，则不能生有"，"无也，则胡能造物哉？"这是说，"无"既然是没有，那它何以能生出天地万物这些有呢？这从道理上说不通！郭象说的"无"看似王弼之"无"，但实则相去有间，郭象这里的"无"已经经过竹林玄学那个"越名教而任自然"的纯"自然"论过滤了，所以这个"无"真的成了空无或没有，要让它生出有的确不可能。故"无"终不可作本体。那么"有"能作本体吗？郭象认为也不行，因为"有之未生，又不能为生"，"有也，则不足以物众形"。这是说，如果让"有"作本体，这个"有"必须是个开端，即它之前、之外没有别的东西，这样它才不是别的东西生出来的；就此而言，它的确可作本体。但如此一来问题就来了，即它既然不是被生出来的，它压根就没有"生"的本性；既无"生"性那它还能生别的东西吗？它不能生别的东西，当然与别的东西就没关系，那它还有何资格作本体呢？！就这样，郭象对他之前的"无"本论和"有"本论均予以否定。这表明，单一的"无"和单一的"有"均无资格作本体。那怎么办呢？郭象在此确有一种无奈心情。他似乎找不到"本体"了，也就不找了，故才说"是以涉有物之域，虽复罔两，未有不独化于玄冥者也"。所以，这个"独化"从表面上看指的就是天地万物每一存在者之存在着的状态，即每个存在者都是它自己，它就这样地存在着，而且变化着，如此而已。但这只是表面的看法。实际上，"独化"范畴是有内在结构的，这就是其"有—无"性的本性、本质。事物有"有"性，它才能有，能存在，才能表现为它自己是自己的"独"的一面，否则绝没有"独"可言！同时，事物又有"无"性，故它才能无，才能由有向无（没有）转化，它才能变化，否则的话事物一开始是什么就永远是什么，就根本没有变或"化"可言！正因为事物在存在本质、本性上是"有—无"性的，故它才既能"独"又能"化"，即"独化"也。可见，郭象的"独化"论逻辑地整合了此前的"无"本论和"有"本化，将它们整合进了一个体系中。也正是这个"独化"，能揭示天地万物之存在的本质、本性，即事物的存在既不是一有到底也不是一无到底，而是既有又无、既无又有、非有非无且亦有亦无的，故整个宇宙及其中的每一事物处在生生不息的大化流行中，这就是"独化"。

"独化"范畴颇有现象学的识度，即不能用对象性、概念化的"有"和"无"来把握宇宙（及万物），"有"和"无"都把握不住宇宙存在；只有在既有又无、既无又有、非有非无且亦有亦无的居"中"中方可把握住宇宙的存在。郭象没有办法揭示出"独化"范畴这种"有—无"一体的"中"性本质，只能用诸如"窅然""块然""诱然""历然""畅然""泯然""旷然""苍然""蜕然""掘然""荡然""闷然""冥然""泊然""扩然""突然""忽然""欻然"（见《庄子》的《逍遥游注》《齐物论注》《大宗师注》等）等摹状性词语来予以描述。到了东晋的僧肇，借用大乘空宗般若学的思想理论，用佛学"中观"的方法和语言才揭示出了"有—无"性的本性。比如《肇论·不真空论》说："诸法不有不无者，第一真谛也。""诚以即物顺通，故物莫之逆；即伪即真，故性莫之易。性莫之易，故虽无而有；物莫之逆，故虽有而无。虽有而无，所谓非有；虽无而有，所谓非无。""然则万物果有其所以不有，有其所以不无。有其所以不有，故虽有而非有；有其所以不无，故虽无而非无。虽无而非无，无者不绝虚；虽有而非有，有者非真有。若有不即真，无不夷迹，然则有无称异，其致一也。"这说明，"有"和"无"并非对象性的"什么"，而是由这二者夹撑起来的有而非有、无而非无的有有无无、无无有有的"中"性存在。这大有海德格尔所言的"形式指引"的韵味，此处就不必多说了。总之，僧肇用佛学思想和语言把郭象"独化"论的"有—无"性本质揭示了出来。

魏晋玄学由王弼的"无"本论开始，中经竹林玄学的"自然"论和裴頠的"有"本论，到郭象的"独化"论达到峰巅，完成了关于宇宙本体论的理论建构任务。

接下来就是隋唐佛学的心性本体论了。由隋唐佛学来接魏晋玄学，有其内在的思想逻辑。玄学解决了宇宙存在的本体论问题。它对人的存在问题有所关涉吗？可以说既有又没有。说有，是因为当它说宇宙存在本体时，人作为一肉体存在与宇宙存在是一致的，故人也可以笼统地纳入整个宇宙存在中去予以考察，这也合乎情理。然而，谁都知道人是个特殊存在，人与天地万物是不一样的。所以，把人纳入宇宙存在中予以处理终究是不对的和不行的。因此说在魏晋玄学中没有真正涉及人的存在问题。现在，当对宇宙存在问题的考察告一段落后，考察人的存在问题就逻辑地接续上了。

隋唐时期的思想格局是儒道释三教并存。这三教都涉及心性问题。因为儒教人成圣，道教人成仙，佛（释）教人成佛；要成圣成仙成佛，都有个成的根据问题，这个根据当然不在人的肉体上，肯定在人的心性上。但在隋唐时的儒、道、释这三教中，儒、道都没有直接面对和突出人的心性问题，只有佛教比较深入和深刻地逼进了这一问题。所以隋唐的心性论问题以佛教为代表。隋唐佛学的思想理论是心性论，其目的和目标在于建构一心性本体。如果对隋唐佛教有关宗派的思想作一厘析，可以看出，天台宗、唯识宗、华严宗、禅宗这四宗在心性本体的建构上有相关联的思想逻辑理路，它们共同完成了隋唐佛学关于心性本体论的思想建构任务。

天台宗的思想主旨是"一念三千"说。智𫖮云:"夫一心具十法界,一法界又具十法界,为百法界;一界又具三十种世间,百法界即三千世间。此三千在一念心,若无心则已,介尔有心,即具三千。"(《摩诃止观》卷五上)这里的"三千"是"三千种世间",是对大千世界即现象界诸存在的概称、泛称。之所以叫"三千世间",这是综合了佛教的"法界""如是""世间"诸思想和理论的结果。"法界"乃梵文意译,它有二义:一是种类义,谓诸法一一差别,各有分界,故名;二是本原义,指宇宙存在的本原、本质,尤指成佛之原因,与"真如""实相"等同义。天台宗依《华严经》所说,将整个宇宙中有情识的生物分为十个层次,它们从高到低依次是:佛法界、菩萨法界、缘觉法界、声闻法界、天法界、人法界、阿修罗法界、鬼法界、畜生法界、地狱法界,这就是"十法界"。"如是"即"是这样"的意思,是关于诸法实相的存在性质和状态问题。智𫖮在《法华玄义》卷二上和《摩诃止观》卷五上之中对"如是"有解说,将"如是"分为相、性、体、力、作、因、缘、果、报、本末究竟十个方面,即"十如是"。"世间"就是尘世,佛教认为有三种世间,即五阴世间、众生世间、国土世间。因为"十法界"中的十个"法界"是互相沟通的,即 $10 \times 10 = 100$ 法界;而每一"法界"中有十个"如是",故 100 法界中就有 1000 如是;而每一"如是"中有三种世间,故 1000 如是中就有 3000 世间。这就是天台宗所谓的"一念三千"说的含义。这是说,三千大千世界的诸现象、诸存在都是从人的"念"即"心"中发出、产生的。

可以看出,天台宗的"一念三千"说作为一种哲学思想有两点贡献:一是为大千世界的存在找到了"心"这一基础。魏晋玄学就宇宙存在自身来寻找其存在根据,这种做法当然也对,但终究不到位。因为,"本体"这一思想和问题本来就与人和人文世界相关联,倘若没有人或在人出现之前,根本就无所谓"本体"问题。你可以说人出现之前自然世界早就存在了,但这时的自然界是没有意义的,根本无所谓本体不本体的问题;何况,当你说人出现前什么什么、如何如何时,人恰恰已经出现了,否则谁来说这个问题呢?!所以,谈"本体"最终要回归到人,回归到人的心性上来。天台宗言"一念三千",这种致思方向是对的。二是为以心把握心确定了一个"二元"构架。既然"心"是宇宙存在的真正之源,那当然就需要把握住这个"心"。怎么把握？谁来把握呢？当然是"心"自己来把握。"心"要把握自身，就非得把自己"二分"不可，这就是对象意义上的心和主体意义上的心，没有这个"二分"形式和"二元"结构，"心"根本无法把握自己。天台宗这里的"一念"与"三千"的问题，实际上就是主体心和对象心这种"二元"构架的展现和确立。正因为有了这种"二元"构架，才有可能从事建立心性本体论的任务。

然而，天台宗的理论之失也正在这个心的"二元"构架上。因为在这里，主体心与对象心或曰心主与心象显然是两截的或二分着的，主体心只能把握它面前的对象心，而并未把握到自己；它把握住的这个对象心实际上已被止住活动了，故是个死心，那个活生生的正处在运转之中的心体并未显出，并未显山露水，故未展现出其庐山真面目。这样一来，"心"真正把握住自己了吗？否！既然"心"未把握住自己，还谈何心本体的建立呢？所以，天台宗留下需要进一步完成的问题就是怎样让这个活心显出自己的庐山真面目来。那究竟如何来做呢？

唯识宗出场了。唯识宗或法相宗的理论中心和重心是"万法唯识"或"唯识无境"。"识"是梵文的意译，指对对象作分析、分类所生起的认识作用。故"识"是心的一种特殊功能，与通常所谓的"心""意"略有不同，说的是能缘之心对所缘之境的了别作用。唯识宗认为，万法均是由"识"变现来的。这一致思方向与天台宗是一样的，即将宇宙存在的根据完全导入"识"（"心"）上。唯识宗对"识"作了比较细致、深入的分析，这包括两个方面：一是关于"识"体如何变现的问题，此乃其"八识"说；二是"识"与万法的现存关系，即"识"如何变现万法的问题，这是其"五位百法"、"三性"和"三无性"、"种子"和"缘生"等思想。这里只对其"识"体自身如何变现的思想作以概述。原始佛教将"识"分为六类，即眼识、耳识、鼻识、舌识、身识、意识。在这"六识"的基础上，唯识宗加上了第七识"末那"（Manas）和第八识"阿赖耶"（Alaya）而成"八识"。关于"八识"的含义及解释，这里不予涉及。此处要考察的是，唯识宗的这个"八识"思想在隋唐佛学建构心性本体论活动中意义何在。这就是它将天台宗"一念三千"说中所建构起的主体心与对象心的"二元"结构收摄进了"识"（也就是"心"）自身中，这就是其体现在"阿赖耶识"中的净、染二重性。《成唯识论》卷二说阿赖耶识"与杂染互为缘故","能引诸界,趣生善、不善业异熟果故"。《大乘法苑义林章》卷一说:"末那唯染",第八阿赖耶为"染净本识"。阿赖耶识中的染、净二性,就是阿赖耶识自身的"二元"构架。如果说天台宗的"一念三千"说建构起的是主体心与对象心这种"二元"性的外在构架的话,那么唯识宗的"八识"说,特别是其"阿赖耶识"说则建构起了"识"("心")自身的净、染性之"二元"性的内在构架。这正是唯识宗的重要思想贡献。

有了阿赖耶识自身净、染性这种"二元"性的内在构架,"心"就可以展开对自身的真正把握了。把握心与把握物不同,物本来就有对象性的性质和形式,故用对象性、概念化的方式是可以予以把握的,尽管此种把握方式最终还是不能把握物之存在的真正"存在"本身,但对象性、概念化的方式还是可用的。但对心的把握则不然。如果把心对象化后再作以概念规定,那么这个心就死了,就根本不是它自己本然的、正活在当场情境中的心了。可见,心是不能将自己对象化的。这也正是天台宗"一念三千"说这种"念(心)—三千世界"的外在"二元"性构架不能真正把握心自身的原委所在。所以,"心"自己要把握自己一定要返回到自身、本身中,这恰是现象学的根本原则"回到事情自身"!"心"不能把自己对象化,但又不能不把自己对象化,倘若"心"完完全全地不把自己对象化,它就根本无法把握自己;然而此时的对象化与"心"在那种"二元"性外构架中的对象化是根本不同的,因为此时的对象化是在"心"已返回到自身的情境、境域中予以进行的,故这时所使用的正是"心"自身的"二元"性内构架。唯识宗"阿赖耶识"思想的意义也正在这里。可见,"心"要把握自己就不能把自己对象化,又不能不把自己对象化;它既不能将自己完全地对象化而提离开自己活的情境根基,但又不能将自己彻底地闷裹在自己的情境中而不予露面。一句话,"心"要把握自己就既要在自身中又要在对象中,即它既在自身中又不能完全在自身中,既在对象中又不能完全在对象中,它既是自身又不是自身,既是对象又不是对象,这就是"心"的真正本性,也就是它的真面目。所谓"心"自身"二元"性构架的实质就在于此。说了这么多,究竟如何来揭开"心"自身既是自己又非自己、既非自己又是自己的本性呢?这就轮到华严宗粉墨登场了。

华严宗认为:"统唯一真法界,谓总该万有,即是一心。"(《注华严法界观门》）这表明华严宗的哲学致思方向与天台、唯识是一致的，即均在心性上。华严宗的思想标的是"法界"说。澄观有言："言法界者，一经之玄宗，总以缘起法界不思议为宗故。然法界之相，要唯有三，然总具四种：一事法界，二理法界，三理事无碍法界，四事事无碍法界。"（《华严法界玄镜》）宗密更明确指出："统唯一真法界，谓总该万有，即是一心。然心融万有，便成四种法界：一、事法界。界是分义，一一差别，有分齐故。二、理法界。界是性义，无尽事法，同一性故。三、理事无碍法界。具性、分义，性、分无碍故。四、事事无碍法界。一切分齐事法，一一如性融通，重重无尽故。"（《注华严法界观门》）这是说，人的"心"将宇宙万有融于自身，而在"心"观宇宙万有时表现为四种不同的情形：一是"事法界"，这是观察现象界的结果，观到的是各各不同、森罗万象的世界；二是"理法界"，这是观察事物本性的结果，观到的是事物在存在性上的同一；三是"理事无碍法界"，这是从相、性结合上对事物所作的观察，观到的是事相之"多"与内性之"一"的统一，也就是相"有"与性"空"的统一；四是"事事无碍法界"，这是再返回到现象界并对其存在作再观察的结果，这与在"事法界"时所观到的情形全然不同，即那时观到的是事物的差别相，而现在观到的则是事物的圆融、统一之性相。华严宗为什么要讲"理法界"和"事法界"这两界？为什么要讲"理事无碍法界"，特别是讲"事事无碍法界"？若撇开佛学的语言和目的，从如何把握"心"这个哲学视野来看，这正是"心"对自身那种既是自己又是对象、既不是自己又不是对象的"中"性或"居中"性的把握与揭示。人们常说华严宗这里有辩证法思想，这当然对。但用"辩证法"来定谓华严宗思想有些掩盖和降低了其思想的真正价值。实际上，华严宗在讲"理事无碍"，特别在讲"事事无碍"时所说的"理事互摄""六相圆融""一多依持"等，所揭示的是"心"的自身性与对象性的"中"性本性，这就将"心"逼到了情境显现中，即它的当场构成和生成中，故这里很有现象学的"显现"和"构成"识度。也就是说，"心"在自己把握、把捉自己时，既不能使自己停止在对象上也不能使自己停止在自身中，这样无法把握住自己的真性和本性，都不是自己的真面目；"心"的真性、真面目必然是其"中"性，这就是它既在对象上又不在对象上，既在自身上又不在自身上，这就构成了或生成了活的境域这一"中"间地带。到了这一步，可以说"心"已把握到了、捉到了自己的真性，起码从性质上说明了"心"的存在本性、本质。接下来要做的就是把"心"的这种"中"性之真性、本性、本质能"身临其境"地展示出来。这就是禅宗要做的工作了。

禅宗是最富中国特色的、最有社会影响力的佛教宗派，它产生后几乎成为中国佛教的代名词。禅宗僧人虽然将该宗的创始人归到佛祖，将中国禅宗的创始者定为印度高僧菩提达摩，但它的真正创始者是慧能和尚，禅宗是中国自己的产物。吕澂说："禅宗是佛学思想在中国的一种发展，同时是一种创作。在印度的纯粹佛学里固然没有这种类型，而它的基本理论始终以《起信论》一类的'本觉'思想贯穿着，又显然是凭借中国思想来在丰富它的内容的。"① 日本的铃木大拙说："禅，是中国佛教把道家思想接枝在印度思想上，所产生的一个流派。""禅，是不是属于宗教？在一般所理解的意思来说，禅并不是宗教，因为禅并没有可作礼拜对象之神，也没有可执行的任何仪式，也不持有死者将转生去的叫做来世的东西，而且一个很重要之点，即：禅是连灵魂都不持有的。"②

以慧能为代表的禅宗以"心"自身为本体，名为"本心""本性""自心""自性"等。如慧能说："无上菩提，须得言下识自本心，见自本性，不生不灭。于一切时中，念念自见，万法无滞，一真一切真，万境自如如，如如之心，即是真实。若如是见，即是无上菩提之自性也。"（《坛经·行由》）（这是慧能转述弘忍的话。慧能对此当然是认可的）又说："善知识，世人终日口念般若，不识自性般若，犹如说食不饱。……本性是佛，离性无别佛。"（《坛经·般若》）又说："善知识，一切般若智，皆从自性而生，不从外入。"（《坛经·般若》）又说："善知识，不悟即佛是众生，一念悟时众生是佛，故知万法尽在自心，何不从自心中顿见真如本性？若识自心见性，皆成佛道。"（《坛经·般若》）又说："汝当今信佛知见者，只汝自心，更无别佛。"（《坛经·机缘》）这都是说，佛或真正的佛就在"自心""自性"中；这个"自心""自性"也就是"本心""本性"。慧能的这些话究竟要说什么或说明了什么呢？就是说，"佛"绝不是对象性的"什么"，故根本不可用概念化的方式、方法来把握之；"佛"

---

① 吕澂：《禅宗》，见《中国佛教的特质与宗派》，大乘文化出版社1978年版，第34页。
② ［日］铃木大拙：《禅佛教入门》，李世杰译，协志出版公司1970年版，第12—13页。

就是人"心"自身,就是"本心""自心"或"本性""自性"。这样说又究竟要说明什么呢?是说"心"要从对象化的位置返回到自身中,这恰恰是现象学所谓的"回到事情自身(本身)"的原则和方法。"心"若处在对象性存在中,它当然就把捉不到自己(自身);它要把握自己就得回归自身,这就是"自心""自性"或"本心""本性"的哲学意义和价值。

"心"把握自己的原则和方式是返回到自身。那么,究竟如何返回到自身呢?这就是禅宗的根本方法——"顿悟"法。慧能反复强调:"不悟即佛是众生,一念悟时众生是佛。故知万法尽在自心,何不从自心中顿见真如本性。"(《坛经·般若》)所谓"顿悟"就是一下子契悟到自己的"自心""本心";这实际上是"心"自己一下子飞跃到或返回到自身。这可能吗?可能!这实际上就是意识(思想、思维)进入自己的"流"即"意识流"之中,随着、顺着这个"流"一起流动,这就是一种思而无思、无思而思的"思思"或"如如"状态。这样说难道不显得神秘吗?其实不然。我们先看慧能所言:"善知识,我此法门,从上以来,先立无念为宗,无相为体,无住为本。无相者,于相而离相;无念者,于念而无念;无住者,人之本性。"(《坛经·定慧》)这就是慧能的"三无"说。这到底在说什么呢?说的就是思维("心")如何把握自身或返回到自身的问题。"心"(思想、思维)这个东西的天性就是要思要想,如若它不思不想了,它就不是思想了,就不是心了,它就死了。但心在思在想时,往往却被思想的对象遮盖了或掩盖住了其正在思着正在想着的活生生的思想自身;因为当心在思想时不能是空的,总要思个、想个"什么",而当这个"什么"一出来后,心自身的活的过程就被这个对象性的"什么"定住了,由此也就静在一个点上了,故思想的结果就是一系列静止着的"什么"。但心之思、想本身并不是这样子的,在一系列"什么"之间肯定有一种连续着、接续着的不间断的连续体,这就是詹姆斯所谓的思维的"过渡部分",也就是胡塞尔所谓的"意识流"。这个"什么"的点和这个"流"的线是交织起来的,点、线之间可以相互转换而交替显现,形成一种向前推进着的"波"。当思想(心)转到了"点"上时,就是念、住、相;而当思想(心)转到了"线"上时,就是无念、无住、无相。显然,只有"点"而没有"线","点"与"点"之间就断而无续,这不可能有思想(心);只有"线"而没有"点","线"本身就无有间断或间隙,就会浑然无涯，这也不可能有思想（心）。真正的"心"（思想）是在"点"与"线"的相互支撑和交替转换中得以存在和表现的，这就叫念而无念、无念而念，相而无相、无相而相，住而无住、无住而住。所以，"心"（思想）把握自身的方式、方法只能在"点"上契入"线"，即进入"流"自身，亦即进入"时间"流自身中。这，就是慧能所言的"三无"，实际上是对"时间"自身的跃入，这就叫"顿悟"。李泽厚先生说："禅宗这种既达到超越又不离感性的'顿悟'究竟是甚么呢？这个'好时节'、'本无烦恼'、'忽然省悟'又到底是什么呢？我以为，它最突出和集中的具体表现，是对时间的某种神秘的领悟，即所谓'永恒在瞬刻'或'瞬刻即可永恒'这一直觉感受。这可能是禅宗的哲学秘密之一。"[①] 所谓"对时间的某种领悟"就是契入时间本身中，这不是把"时间"作为对象来看待，而是进入、融入时间之中，实际上就是意识（思想、心）使自己进入自己的"流"或"意识流"之中，与这个"流"一起流动或同步流动，这时的人当然是正常的，意识、思想、心本身并没有停下来而在正常地思着、想着，但却没有思、想个"什么"，而是思、想个没"什么"，这就与意识本身的那个"过渡部分"相契合了，这本来就进入了时间。这些道理难以三言两语说清楚。庄子讲的"坐忘"，尤其是"道忘"，就是使意识契入自己"流"的方式、方法。故禅与庄有相通的地方。总而言之，禅宗通过"顿悟"方法，使"心"契合到自己本身中，即把握住"本心"或"自心"，这时的"心"就自己把握到了自己或自己本身，"心"自身的真面目也就自己开显、显现、昭示出来了，这时的"心"就是个自本自根的存在，心本体也就建立起来了。当然，这个"心"本体自身是有结构的，且与郭象"独化"范畴的"有—无"性结构一致。

汉代哲学成就了宇宙论，魏晋玄学成就了宇宙本体论，隋唐佛学成就了心性本体论。经过这些必需的思想准备，终于到了宋明理学，建构儒学伦理学本体论的条件成熟了，建构任务被正式提了出来。所以，宋明理学是什么？它乃伦理学本体论或曰伦理学主体性的本体论。这一本体论的核心任务就是将儒学伦理学的那些思想内容和问题提高到宇宙存在的高度，使其成为有如宇宙存在一样的必然、根本和神圣。

[①] 李泽厚：《庄玄禅宗漫述》，见李泽厚《中国古代思想史论》，人民出版社1986年版，第207页。

宋明理学伦理学本体论的建构完成当然经历了一个过程。先有"宋初三先生"（胡瑗、孙复、石介）的"造道"先声，后是"北宋五子"（周敦颐、邵雍、张载、程颢、程颐）的"造道"活动，至南宋朱熹集大成为"理"学体系，终于建构起伦理学本体论的"理"本论大厦。然而此时与朱熹同时的南宋陆九渊的"心"学体系亦出现了，至明代王阳明集大成为"心"本论体系。陆王"心"学与程朱"理"学的理论基点和思想理路有所不同，但作为理学其实质是一样的，即都是伦理学本体论。宋明理学被称为"新儒学"，是说它与汉代经学形式的儒学相比是一种新的思想理论。李泽厚先生指出："原典儒学（孔、孟、荀）的主题是'礼乐论'，基本范围是礼、仁、忠、恕、敬、义、诚等等。当时个人尚未从原始群体中真正分化出来，但它奠定了'生为贵'、'天生百物人为贵'的中国人本主义的根基。第二期儒学（汉）的主题是'天人论'，基本范畴是阴阳、五行、感应、相类等等，极大开拓了人的外在视野和生存途径。但个人屈从、困促在这人造系统的封闭图式中。第三期儒学（宋明理学）主题是'心性论'，基本范畴是理、气、心、性、天理人欲、道心人心等等，极大地高扬了人的伦理本体，但个人臣伏在内心律令的束缚统制下，忽视了人的自然。"① 这是说，与汉代儒学的"天人论"相比，宋明儒学（宋明理学）是"心性论"，这种"心性论"的实质就是要建构伦理学本体论。即"以朱熹为首要代表的宋明理学（新儒学）在实质意义上更接近康德。因为它的基本特征是，将伦理提高为本体，以重建人的哲学"。"如果从宋明理学的发展行程和整体结构来看，无论是'格物致知'或'知行合一'的认识论，无论是'无极''太极''理''气'等宇宙观世界观，实际上都只是服务于建立这个伦理主体（ethical subjectivity），并把它提到'与天地参'的超道德（trans-moral）的本体地位。"② 总之，宋明理学是以建构伦理学本体论为哲学任务和目标的。

　　那么，宋明理学所建构的这个伦理学本体论究竟是什么？我们这里一是不再重述著名理学家（比如周、张、程、朱、陆、王等）的具体思想，

---

① 李泽厚：《说儒学四期》，见李泽厚《历史本体论·己卯五说》，生活·读书·新知三联书店 2006 年版，第 154 页。
② 李泽厚：《宋明理学片论》，见李泽厚《中国古代思想史论》，人民出版社 1986 年版，第 220 页。

二是暂不关涉"理"学与"心"学的差异及问题所在，只是从总体上、广义上看看以朱熹所集大成的理学体系的思想实质。对此，笔者援引一段李泽厚先生的论说，也就能说明问题了。李先生指出：

> 朱熹庞大体系的根本核心在于建立这样一个观念公式："应当"（人世伦常）＝必然（宇宙规律）。朱熹包罗万象的"理"世界是为这个公式而设：万事万物之所以然（"必然"）当即人们所必需（"应当"）崇奉、遵循、服从的规律、法则、秩序，即"天理"是也。尽管与万物同存，"理"在逻辑上先于、高于、超越于万事万物的现象世界，是它构成了万事万物的本体存在。"未有天地之先，毕竟是先有此理。"（《朱子语类》卷一）"宇宙之间，一理而已，天得之而为天，地得之而为地，而凡生于天地之间者，又各得之以为性，其张之为三纲，其纪之为五常，盖此理之流行，无所适而不在。"（《朱子文集》卷七十）"性即理也，在心唤做性，在事唤做理。"（《近思录集注》卷一）……这个超越天、地、人、物、事而主宰的"理"（"必然"）也就正是人世伦常的"应当"：二者既相等同又可以互换。"天理流行，触处皆是：暑往寒来，川流山峙，父子有亲，君臣有义之类，无非这理。"（《朱子语类》卷四十）"事事物物皆有个极，是道理之极至，蒋元进曰，如君之仁，臣之敬，便是极。曰，此是一事一物之极，总天地万物之理，便是太极。太极本无此名，只是个表德。"（《朱子语类》卷九四）可见，这个宇宙本体的"理—太极"是社会性的，是伦理学的，"只是个表德"。它对个体来说，也就是必须遵循、服从、执行的"绝对命令"："命犹令也，性即理也，天以阴阳五行，化生万物，气以成形，而理亦赋焉，犹命令也。于是人物之生，因各得其所赋之理。以为健顺五常之德，所谓性也。"（《四书集注·中庸注》）"人物之生，同得天地之理以为性，同得天地之气以为形。其不同者，独于人其间得形气之正而能有以全其性。"（《四书集注·孟子离娄下》）[1]

---

[1] 李泽厚：《宋明理学片论》，见李泽厚《中国古代思想史论》，人民出版社1986年版，第232—234页。

李泽厚先生的这一论述已清楚表明，以朱熹"理"本论为代表的宋明理学，已将人世应然，即将伦理道德的方方面面上升、提升、升华为宇宙存在的必然，即宇宙万物之如此存在的必然法则；这样，人世的伦常观念和行为就由人的所作所为转化、升华为人之外的神圣准则、规范。这就终于完成了儒学伦理学本体论的建设任务，儒学的"一尊"地位就在哲学意义上完成了。

四　儒家心性形而上学的得与失

儒家思想的直接内容是伦理学，是关于人的伦理关系的观念、思想、行为、规范、准则等的学说。一说到伦理学，就一定要逼进到人的自由意志、主体性等方面；而自由意志、主体性等问题归根到底关系到人的心性存在，终归是心性形而上学问题。

人的伦理行为的发生及结果首先要以人的意志自由为前提和基础，正因为人的意志是自由的，人才能决定其伦理行为的实施与否，也才能对自己所采取的伦理行为的后果负责；倘若人没有自由意志，人天生就受着人之外的某种力量或什么东西的统治和支配，那么包括人的伦理行为的一切行为的发生就与人无关，人对自己的行为后果当然就不能和不该负责了。比如说疯子就不能有目的地来选择自己的行为（包括伦理行为），因此也就不对自己行为的后果负责，从来没有过把一位疯子押到法庭上对其审判并让他或她对自己的行为负责而给其判刑的。人该做什么或不该做什么，自己是清楚知道的；人对自己的行为该负什么责任也是明明白白的。人尽管可以说谎，可以有目的地为自己的行为开脱而逃避责任，但当他这么做时他自己心里一定知道自己在做什么，知道自己所做的事究竟是应该的还是不应该的，知道他自己该不该为其行为负责。这就是说，人可以欺骗别人，可以欺骗自己的亲人，甚至可以骗上帝，但人绝不能和不会骗自己，因为当你骗自己时你自己恰恰知道你自己在干什么。萨特说人有"自欺"行为，人能自己欺骗自己。这说的是人在有些情况下自己为自己开脱，即自己为自己的行为寻找合理、正当的理由，比如自己对自己说"我这样做是出于无奈，是为了暂时留下有用之身而完成某一重要任务"等；但当你这么做时你恰恰知道你自己正在做什么，当你自己为自己一个劲儿地开脱了一段时间后，你也可能麻木了，竟然自己就接受了自己对自己的开脱而渐渐心安下来，这的确能起到自欺的效果。但那是你自己麻木了以后的事，当你正在从事着自己欺骗自己时，你明明知道你在为自己开脱，这是欺骗不了自己的，否则的话就根本无"自欺"可言。这都说明，人的行为，包括伦理行为在内，必须建立在意志自由或自由意志的基础上。

人的意志（思想、心等）是自由的。这本来就表明意志是本原、本体，即意志的存在完全是由人自己来决定和实施的，除了人自己之外，没有任何之外的什么能决定和左右人的选择和决定，故人的存在是自因，是自本自根的，所以人自己就是本体。这个"本体"的意义就是：人的行为的一切都以意志自由或自由意志为依据。这正好说明人或人文世界的"无"即"自由"的本性、本质。儒家讲的伦理关系这一整套思想，其底层均有一个自由意志的本体在。在中国哲学中，这个意志本体就是心性本体或曰心性形而上学。正因为有心性形而上学作支撑，儒家的伦理思想才得以出现，才得以实施和操作，也才得以评价。

儒家心性形而上学的思想开端在孔子处，孔子那个"仁"就是第一个心性形而上学。孔子为什么想到了这个"仁"呢？这当然是为了复"礼"。"礼"是用以约束人的行为的一整套社会规范，它当然有约束力，有强制性，但它却是外在的。现在孔子要恢复这个"礼"，当然他也可以采用外在的方式，比如用强权行为来强制人按"礼"的规定办。但这种外在强制方式是不会长久的，只是权宜之计，因为被施用强权的人完全可以用强权来反强权从而使强权失效。再说，当一个社会能施行强权时它的那个"礼"本来就在实施中，不存在恢复与否的问题。要复"礼"，这不正表明社会自身没有能力（或强力）来实施"礼"了所以才要复之吗？故用外在的强权方式终究复不了"礼"。可以说孔子对这种情由是有所认识的。"子曰：'人而不仁，如礼何？人而不仁，如乐何？'"（《论语·八佾》）孔子认识到，一个人如果没有了"仁"这种本性，"礼"对他又有何用呢？！"礼"再好，是要人来执行、实施的，如若人不愿意守"礼"甚或自觉自愿地来抵制、破坏"礼"，它就失效了。所以，孔子由"礼"这种外在规范逼进到了"仁"这种人的心性本性，这是孔子对周公之"礼"的重要和重大推进，这为"礼"的实行建立起了心性基础并找到了实行的内在动力。当把"礼"的实施与存在引向人的"仁"性基础后，这个"仁"自然就成了最后依据,它就是心性形而上学。

后来的儒家学派由于倡导伦理思想和学说之需,都有心性形而上学。比如孟子,他为了回答齐宣王提出的"若寡人者,可以保民乎哉?"的问题,即关于实行王道政治——"仁政"的可能性问题,就逼进到了"不忍人之心"这种人性本质(见《孟子·梁惠王上》)。正因为人都有这种"不忍人之心"的同情心、怜悯心,所以"仁政"王道才有实施的可靠依据,统治者有此种人性依据来选择和实行王道,天下之民亦有此种人性依据来接受和实践王道,所以在孟子看来王道的实行就是必然的,即"以不忍人之心,行不忍人之政,治天下可运之掌上"(见《孟子·公孙丑上》)。孟子将人的这种"不忍人之心"扩大开来,发掘出人所固有的"恻隐之心""羞恶之心""辞让之心""是非之心"这"四心",这种"心"的发用、表现就是人基本的伦理行为及规范——仁、礼(见《孟子·公孙丑上》)。孟子所谓的"恻隐之心"等,就是其心性形而上学。

这种心性形而上学荀子亦有。荀子不是讲"隆礼重法"吗,不是讲"人性恶"吗,还有心性形而上学思想呢?有!荀子从人的自然本能出发,认为人天生有好逸恶劳的品性,人性的确有"恶"的一面。正因为人性在本然的意义不是"善"而是"恶",这才要有社会的教化作用,才有圣王治世的必要,"礼""法"才有存在的余地,才有意义,否则的话一切礼义规则就都失去价值了。所以,荀子讲"人性恶"的目的和初衷仍是好的,是与孟子一样的,都是要实现天下大治和太平。荀子虽然认为人性的起点是"恶",但他十分肯定人能"化性起伪"(见《荀子·性恶》),即人能改变自己的"恶"性而转变为"善"性。比如他说:"故古者圣人以人之性恶,以为偏险而不正,悖乱而不治,故为之立君上之势以临之,明礼义以化之,起法正以治之,重刑罚以禁之,使天下皆出于治,合于善也。是圣王之治,而礼义之化也。"(《荀子·性恶》)又说:"'涂之人可以为禹。'曷谓也?曰:凡禹之所以为禹者,以其为仁义法正也。然则仁义法正有可知可能之理,然而涂之人也,皆有可以知仁义法正之质,皆有可以能仁义法正之具,然则其可以为禹明矣。"(《荀子·性恶》)一般的路人都可以变成像大禹那样的圣人,因为一般人都有"可以知仁义法正之质","可以能仁义法正之具",这个"质""具"就是人能变善的先天本性、本质,倘若人先天无此种"善"性在,人是不能由"恶"变成"善"

的，人的"恶"性也就最终不可化之了。故荀子言："无性，则伪之无所加；无伪，则性不能自美。"(《荀子·礼论》) 这里实际上已有了两种意义的"性"，即性恶之性和性善之性。所以说荀子的"性恶论"中本来就潜含着"性善"之根。只要逼向了人性之"善"，就非得走向心性形而上学不可。故荀子这里仍有一心性形而上学思想理路。

《中庸》讲"天命之谓性"，讲"诚"；《大学》讲"正心诚意"，都有一心性形而上学在，只不过它们没有孔、孟讲得那样突出而已。在汉儒处，他们讲"天人论"，看来与人的心性形而上学不相干，但实则仍与人的心性形而上学息息相关。汉儒讲"天人感应"，只是为了为人世伦常的存在寻找一个宇宙存在基础，并没有否认人有仁、义、礼、智、信（汉代所谓的"五常"）这些质性；非但未能否认，且寻找"仁"等人性存在的宇宙论根据正是为了强化和突出人的"仁"性的神圣性。至宋明理学，当"理"学讲"性即理"以及"心"学讲"心即理"时，都将人的心性予以宇宙本体化，这从儒学伦理学这个视野讲是儒学伦理学的本体论化，但从儒学的心性论这个角度来讲正是其心性形而上学化。可见，从先秦原典儒学中经汉代的"天人"儒学到宋明时代的"心性"儒学，儒学的根基都扎在心性形而上学上。从孔子开始的儒家就牢固地逼进到人的心性领域。将人的心性提升为自本自根的本体，就形成了儒学的心性形而上学。

儒家心性形而上学的长处何在？这种长处起码可以表现在两个方面：一是为儒学伦理学奠定了基础。上已指出，伦理、道德之规范、准则不是离开人和人的生活的外在摆设，它本来就是关于人的行为的规范，是融进和融入了人的行为之中的，是在人的实行中得以显现和存在的。再好的伦理规范如果人不去认可和实行，那就一文不值。所以，伦理、道德存在的根基在人这里，在人的心性这里。那么，人的心性存在的基础、根据又何在呢？这自然就逼进到心性本体论或心性形而上学了。现在反过来说，有了这种心性本体论或心性形而上学，就使得儒家的伦理关系和思想有了可靠的存在基础。这一方面可以使伦理思想、学说有根基；另一方面也使得伦理规范的实施有了内在动力，使伦理行为的存在和表现有了动力源泉。孔子为了"复礼"而逼进了"仁"，正是为了为"礼"的存在和实行建立起可靠的人性基础和动力来源，这正是孔子继周公之后对中华文化做出的重大贡献。因为有了"仁"这一心性形而上学，故在孔子的思想体系中谈

"复礼"问题就是自然的和必然的。后世儒家在讲伦理、政治之道时也都有关于伦理行为的基础这个问题以及被逼进的心性形而上学问题，比如说孟子要倡导"仁政"，荀子要"化性起伪"，《中庸》要"存诚尽性"而"与天地参"，《大学》的"格致正诚"和"修齐治平"之道，董仲舒的求王道于天的"天人感应"论，到宋明理学的"存天理，灭人欲"以及变化"气质之性"以复"天地之性"说，等等，莫不内含着一个心性形而上学思想原则和理论根基，否则一切问题都将成为无根浮萍！

二是摊出和确立了人自身的意义和价值。伦理原则及作为它的存在基础的心性形而上学都是关于人的问题，但这二者对人的存在意义和价值的确定与提升却是不同的。伦理原则是用来约束、限制人的行为的，可谓是用一种外在力量来对人的自由意志进行限定、限制；而心性形而上学是关于人的伦理行为和原则之存在的基础、依据问题，这正是对人的自由意志的确认和高扬，由此也是对人之为人的存在本质和意义的提升和高扬。孔子说"我欲仁，斯仁至矣"（《论语·述而》），"为人由己，而由人乎哉？"（《论语·颜渊》）这突出、凸显的正是人的自由意志的意志力。当孔子说"志士仁人，无求生以害人，有杀身以成仁"（《论语·卫灵公》）时，就极大地凸显和高扬了人的意志力，这正是儒家心性形而上学的思想价值所在。孟子的"养浩然之气"说和"舍生而取义"（见《孟子》的《公孙丑上》和《告子上》）说，所高扬、凸显的也是人的自由意志的力量。荀子说："水火有气而无生，草木有生而无知，禽兽有知而无义，人有气、有生、有知、亦且有义，故最为天下贵也。"（《荀子·王制》）这里讲的是人在"义"原则下"明分使群"后所展现出来的"居宫室""序四时，裁万物，兼利天下"（《荀子·王制》）的优势和能力，然思想根子仍是心性形而上学。人如果缺少了这种自本自根的心性本体或形而上学，一切的"义""分"就都没有了存在的土壤，人"最为天下贵"的优势和能力也就荡然无存了。还有《易传》，其《乾·文言》曰："夫大人者，与天地合其德，与日月合其明，与四时合其序，与鬼神合其吉凶；先天而天弗违，后天而奉天时。天且弗违，而况于人乎？况于鬼神乎？"这里以"大人"为人的代表，大人的"与天地合其德"云云，展现的不正是人"与天地参"的主体力量和能力吗？！而此种力量的存在必有一深层的心性形而上学根基。至于《大学》讲的在"格致诚正"基础上的"修齐治平"之道，和《中庸》讲的"赞天地之化育""以与天地参"的"存诚尽性"之道，都内含有心性形而上学的根基。西汉董仲舒说："天地之精所以生物者，莫贵于人；人受命乎天地，故超然有以倚。物疢疾莫能为仁义，唯人独能为仁义；物疢疾莫能偶天地，唯人独能偶天地。"（《春秋繁露·人副天数》）宋明理学的开创者周敦颐说："无极之真，二五之精，妙合而凝。'乾道成男，坤道成女'，二气交感，化生万物。万物生生，而变化无穷焉。惟人也得其秀而最灵。"（《太极图说》）程颢言："学者须先识仁，仁者浑然与物同体，义礼智信皆仁也。"（《二程遗书》卷二上）张载则说："乾称父，坤称母；予兹藐焉，乃混然中处。故天地之塞，吾其体；天地之帅，吾其性。民，吾同胞；物，吾与也。"（《正蒙·乾称篇》）这些说的就是人与天的合一。这个合一并不是把人倒退到肉体存在的意义而与天地万物同归于物化，而是在承认、突出、凸显人之"性"的前提下对天地万物的存在意义与价值作提升、升华而达到的人天一体。故张载说："为天地立志，为生民立道，为去圣继绝学，为万世开太平。"（《张载集·张子语录中》）这里的"为天地立志"也作"为天地立心"。天地本是一自然存在体，在人出现之前天地就是那么个样子，若问它的存在有何意义和价值，无法谈论；是人出现后，天地间有了人以后，才给天地万物的存在赋予了意义和价值。张载所谓的"为天地立心"，很有人文价值的意义，明确指出是人为天地立起了一个"心"，这个心就是人的世界，就是人的心性形而上学。所以，人的心性形而上学的建立，从根本上突出和提升了人的存在意义和价值。

以上两个方面充分表明了儒家心性形而上学的思想价值和意义。但还有更深的一面，这就是这种心性形而上学最深层地揭示和表现了人文世界的"无"即"自由"的本质。在前面谈关于"本体"问题时，我们已说到，就人的肉身说，仍属于自然世界的存在，它来源于自然世界又要回归于自然世界，与自然世界一体同在，它始终是"有"——就连基督教《圣经》、中国神话等都说是上帝或神用泥土造出了人之身，人身来源于自然世界的泥土，绝不会源于虚无；人死后其肉身还在，即使埋在土中被分解了和被土壤吸收了，但它只是变成了土壤（或植物）的成分，它仍是有，而不是无。但就人所成就的人文世界言，却根本不属于自然世界，它源于"无"而终归于"无"，体现了真正的"无"本质。正是这个"无"本质充分表明了人的世界的"自由"本质，即人一来到这个世上，根本没有先天带来的任何限制，一切的一切均由人作主而构成、生成、形成；当人离开了自己的人文世界后，这个世界对他而言就归于"无"，不会留下任何的蛛丝马迹。所以，在本质上是"无"的这个人文世界中，一切都出于人自己的创造，故人才是真正自由的主体。因此，人的"无"即"自由"的人文本质内在地要求人文世界的形而上的"本体"论，人必然要有和能有一形而上的本体思想和理论。儒家的心性形而上学或心性本体论，其更深层的意义也正在这里，可以说这是人对自己存在本质的真正发现和确认。王阳明《传习录》中有几段话说得很好，曰："先生游南镇，一友指岩中花树问曰：'天下无心外之物，如此花树在深山中自开自落，于我心亦何相关？'先生曰：'你未看此花时，此花与汝同归于寂；你来看此花时，则此花颜色一时明白起来；便知此花不在你的心外。'"（《传习录》下）"问：'人心与物同体，如吾身原是血气流通的，所以谓之同体；若于人便是异体了，禽兽草木益远矣，而何谓之同体？'先生曰：'你只在感应之几上看，岂但禽兽草木，虽天地也与我同体的，鬼神也与我同体。''请问。'先生曰：'你看这个天地中间，什么是天地的心？'对曰：'尝闻人是天地的心。'曰：'人又什么教做心？'对曰：'只是一个灵明。''可知充塞天地中间只有这个灵明，人只为形体自间隔了。我的灵明便是天地鬼神的主宰，天没有我的灵明，谁去仰他高？地没有我的灵明，谁去俯他深？鬼神没有我的灵明，谁去辨他吉凶灾祥？天地鬼神万物离却我的灵明，便没有天地鬼神万物了；我的灵明离却天地鬼神万物，亦没有我的灵明，如此便是一气流通的，如何与他间隔得？'又问：'天地鬼神万物，千古见在，何没了我的灵明便俱无了？'曰：'今看死的人，他这些精灵游散了，他的天地万物鬼神尚在何处？'"（《传习录》下）"朱本思问：'人有虚灵，方有良知。若草木瓦石之类亦有良知否？'先生曰：'人的良知，就是草木瓦石的良知，若草木瓦石无人的良知，不可以为草木瓦石矣。岂惟草木瓦石为然，天地无人的良知，亦不可为天地矣。盖天地万物与人原是一体，其发窍之最精处，是人心一点灵明，风雨露雷日月星辰，禽兽草木山川木石，与人原是一体。故五谷禽兽之类皆可以养人，药石之类皆可以疗疾，只为同此一气，故能相通耳。'"（《传习录》下）怎么理解王阳明的这些话？我们暂先不作定性评论。但有一点却可肯定，王阳明大大提升了人的

第一章 儒家的心性论与中华民族的伦常之道

"心"或"良知",把它直接提升到天地万物之存在的本原、本体高度,认为一旦没有人的"心"("灵明")在,天之存在,地之存在,万物之存在,鬼神之存在……就都没有了,因为它们统统失去了存在的意义和价值;是人,是人的"心"赋予天地万物鬼神之一切的一切以存在的意义和价值,才使得它们存在了。在王阳明这里,大大彰显了人的心性形而上学或心性本体论。

儒家的心性本体论或心性形而上学确有其优长之处,它对儒家伦理思想的产生、形成、发展、成熟有奠基性意义和作用,对中华民族三纲之道伦理学本体论的培育形成亦功不可没。但如何理解这个心性形而上学体系,则困难多多。如果将心性形而上学中的"心性"作对象对待,这个心性马上就成了主观唯心的东西,它何以能作本体,何以能成为天地万物之存在的本体、依据,就都成了问题,在这里主观("心")何以能超出、超越自己而去与物相关联,就无法说明了。因此,上面所引王阳明的山中观花之说,如果从概念化、对象性的视角看,就无异于梦话胡诌,有何哲学思想和价值可言呢?其实,儒家的心性形而上学根本就不是对象性的东西,也不是概念化方式、方法所能把握的。它具有海德格尔所谓的"形式显示"或"形式指引"的深刻意蕴在。所以,儒家心性形而上学的"心性"本身就具有自身性和超越性的"二元"一体的质性和结构。一方面这个"心性"要超出自身而将自己对象化,这时它就被提离开了自身,它就是非自身了;但另一方面这个被提离开的"心性"又要回归到自身,又要与自身结合起来,倘若这个被提离开的"心性"一去不复返,永远地逃之夭夭,那就没有"心性"存在了,一切就都不可能了。所以,这个"心性"既要离开自身又要返回自身,既要返回自身又要离开自身;既是自己又不是自己,既不是自己又是自己;当它正是自己时它恰恰不是自己,而当它不是自己时它却恰恰正是自己。"心性"的这一"二元"质性究竟表明了什么呢?这正表明其"活"性存在,即它是有如生命一样的自我更新和自我维持,所以它才能自本自根,倘若它单落在对象身上或单落在自己身上,它就一下子定在了那里、死在了那里,它的生命也就终结了,就没有它自己存在了。因此,"心性"的真正存在既不在对象性上又不在自身性上,但既在对象性上又在自身性上,这种"二元"性的存在构架、结构必然要将"心性"自身逼到"居中"或"中"上来,使其处在由自身性和对象性夹撑起来的"中"间地域，这只能是一种势域，是一种形势，是一种推动着的趋势和趋势着的推动，是一种纯姿态、势态的关系或纯关系的姿态、势态，它这时完全化掉了自己的"什么"之质，成了一种"形式"即"形势"，成了一种非象之象的"几象"。所以，把握这种"心性"本体或"心性"形而上学，只能用海德格尔说的"形式指引"法，而绝不可用"什么是什么"那种对象规定的概念化方法。这往往要在纯情境的当场构成中来理解、认识和把握。但问题恰恰就出在这里。人们往往受生活中"什么是什么"那种对象化思维方式的影响，把"心性"也"什么"化为对象来把握，使其成了人的主观规定性，这就根本难以说明"心性"何以成为和能成为本体，心性形而上学何以能是合理、有用的哲学本体论的思想理论，因此对此种心性形而上学否定得多，贬损得多，而将其应有的价值和作用倒全给掩埋了。这不能不说是儒家心性形而上学之失的地方。

儒家心性形而上学之失，在其伦理学本体论中有明显体现，这就是意志力和强制约束力的冲突和纠结。我们在前面反复指出过，伦理行为的实施要以人的意志自由或自由意志为基础和前提。有了自由意志，伦理行为的实行、执行才有内在动力，这是自由意志的优长处。但正因为这个自由意志是自由的，所以它自身并没有必要的和必然性的约束力，它的选择是自由的，比如说一个人可以自觉自愿地去忠君孝父，同时他也可以自觉自愿地去篡位弑父，前者是人们所说的伦理行为和准则，而后者就远远不是了。所以，从自由意志出发仅是伦理行为出现的一个方面的条件，它同时尚需要另一方面同等重要的条件，这就是外在的限制力和强制力，用它来限制、规范、矫正意志，使其按一定的要求和方向作选择。这两方面必须结合起来，否则的话就不会有人世伦理行为了。儒学伦理学的本体论化就是这种结合的一种努力和尝试。但此种尝试是成功的吗？未必。这就是说，儒家伦理学本体论很难形成一个自身融洽、一以贯之的哲学思想和理论，其自身就有自我解体的契机。

这种情况在孔子处就已露端倪了。孔子为了复"礼"而逼进到了"仁"，即把外在的伦理规范导回到人自身的心性基础，这使得"礼"的存在有了人性依据，"礼"的实行也有了主体动力，这的确是孔老夫子对"礼"的贡献，功莫大焉！但恰恰在这里就潜伏下了问题。如果人们能自觉自愿地守礼、复礼，那当然好了，孔子要的也正是这样；但如果人不自觉自愿地守礼，甚至有意识、有目的地想废弃礼，那怎么办呢？当然别人可以教育他，以使他能自觉自愿地遵守礼。但如果教育后他仍不守礼呢？社会当然也可以凭其权力把他压服，甚至把他杀掉。但问题依然存在，即如果人不自觉自愿地守礼或自觉自愿地不守礼的话怎么办呢？这其实是没有办法的，因为人的意志是自由的，既然是自由的，那一切就由他自己来决定和选择，就他的选择本身言这是允许的、合理的。孔子的弟子中绝大多数人是听老师话的，即自觉自愿地来"克己复礼"，比如颜渊听了孔子"非礼勿视，非礼勿听，非礼勿言，非礼勿动"的话后，"颜渊曰：'回虽不敏，请事斯语矣。'"（《论语·颜渊》）表示愿意诚心诚意地来守礼。但也有个别弟子有自己的看法和选择，并不完全接受孔子的教诲而诚心诚意地按"礼"来办。比如那个宰予，对"三年之丧"的丧礼就有看法，认为守丧一年也就够了，不必要守三年；他的理由是"君子三年不为礼，礼必坏；三年不为乐，乐必崩。旧谷既没，新谷既升，钻燧改火，期可已矣"。这是说自然界的循环周期只不过是一年，人们守丧为何非要三年呢？宰予的话当然不是胡说。孔子没有就此与他辩驳，只是启发他回到以血缘关系为基础的子女与父母的亲情感，但宰予并没有返回到这种亲情感，故当孔子问他假如你的父母过世了，你"食夫稻，衣夫锦"，心里觉得安吗时，宰予竟然说"安"。在此启发无用的情况，孔子也无话可说了，只说"女安，则为之。"宰予于是就走了，师生的谈话就这样不欢而散（见《论语·阳货》）。宰予显然是没有自觉自愿地来遵守那个"三年之丧"的"礼"的，而是想自觉自愿地来改变这种"礼"哩！"子贡欲去告朔之饩羊。子曰：'赐也！尔爱其羊，我爱其礼。'"（《论语·八佾》）子贡就想去掉鲁国每月初一用一只活羊去祭祖庙的礼，孔子对此表示很不满意。不满归不满，然子贡想去掉这个礼却是出于自觉自愿。还有那个季氏，竟然用起了只有天子才能用的"八佾"舞，这使孔子很气愤，"孔子谓季氏，'八佾舞于庭，是可忍也，孰不可忍也？'"（《论语·八佾》）尽管孔子很气愤，尽管此举违礼但季氏还是做了，季氏的做法当然是出于自觉自愿，难道有人逼他这么干不成？！所以，就自由意志自身的逻辑而言，它既可以自由地去"是"，也可以自由地去"非"，它自身并不能保证自己一定是"是"。正因为这样，孔子把"礼"的存在和实施根据导入人的自由意志的心性根基上后，这既为"礼"的实行找到了内在动力，同时也为"礼"的废行埋下了引火线，这就是孔子"仁"学这种心性形而上学的逻辑。

这种情况也表现在孔子"与命与仁"的哲学思想体系中。孔子逼到了"仁"，这是他思想的最高范畴，也就是他的心性形而上学。按理说，他应以"仁"学为主体来建构一个"一以贯之"的思想体系[1]，但他却未能做到。《论语·子罕》言："子罕言利与命与仁"，对这句话首先有个断句问题，一种是不断开，依如原式；一种是断为"子罕言：利与命与仁"；一种是断为"子罕言利，与命与仁"。第二种断句法虽合乎语法，但不合乎事实，因为此种断句法是说孔子很少言利益、利害之类的问题，同时也很少言"命""仁"之类的问题，句中的"与"字就成为连词。这显然不符合孔子的思想实际，孔子很少言利，这是事实；但他讲"命"啊，他尤其讲"仁"，《论语》中"仁"字出现了109次，这能说是"罕言"吗？所以此句的正确断句法应该是第三种，即"子罕言利，与命与仁。"这里的"与"为"與"的简化字。但在《说文解字》中"与""與"为两字。《说文》曰："与，赐予也，一勺为与。此与與同。""與，党與也。从舁，从与。""与"的基本意思是赐予、许与；"與"的含义比较丰富，它有党羽、朋党、盟国、亲近等意思，也有交往、取得、得到、赞许等意思（见《汉语大字典》等）。在"与命与仁"这里，用"与"或"與"都能通，这个"与"（"與"）当然非连词，它是动词。"子罕言利，与命与仁"这句话的意思是：孔子是很少讲利的，但他却亲近、亲与、赞许"命"和"仁"。按理说孔子主张、亲近、赞许一个"仁"也就够了，为何要同时主张、亲近"命"呢？看来这似乎是多余的，或者是孔子不经意间偶然为之，不必介意。但实则不然。愚见是：这是孔子有意为之的，这正是他真实的哲学体系或架构，即"命—仁"体系。"仁"是人之为人的本质、本性，它有多种含义，比如有情感义、诚实义、关爱义、主体义、守礼义等[2]，但它的基本含义是指人的自由意志力等，就是说人的所作所为均由

---

[1] 《论语·里仁》载："子曰：'参乎，吾道一以贯之。'曾子曰：'唯。'子出。门人问曰：'何谓也？'曾子曰：'夫子之道，忠恕而已矣。'"用"忠恕"来"一贯"孔子的"道"（思想）并不准确，这只是从孔子的为人处世上来说的，孔子的思想（"道"）显然不能这么来统贯之。"仁"才是孔子的"道"。

[2] 见康中乾《中国古代哲学史稿》，中国社会科学出版社2009年版，第52—59页。

人自己决定和选择，人的存在是目的而不是手段。"命"字在《论语》中有21见，它也有多种含义，作寿命用2次，作生命用2次，作辞令、政令等用1次，作使命用5次，作命令用1次，作命运用10次。① 在孔子处，"命"的基本含义是命运，是人无可奈何的一种必然性的力量。这个"命"与"天"还不一样，"天"作为一种主宰性的力量，是可以与人沟通的，人对它可以祈祷；但"命"不然，它作为一种同样有主宰作用的力量，是不听人祈祷的，具有人对其无可奈何的主宰、左右性。可见，"仁"体现的是人的自由意志力，表现的是人的主体性力量；而"命"体现的却是人无可奈何的主宰力，是人只能认可、接受和臣服的东西。"仁"与"命"显然是相抵牾的。但孔子偏要"与命与仁"，既赞许"仁"又赞许"命"，构成"命—仁"的哲学思想体系，这究竟为了什么呢？这恰恰是孔子"仁"学的内在要求和逻辑必然。"仁"的提出使得伦理道德行为有了内在的主体性动力，人可以自觉自愿地去实行之；但这种自觉自愿本身并没有约束和限制，这就面临着伦理道德行为的失范和解体，所以此时必须要对这个自觉自愿的自由意志力作化约和限制，这就是"命"。所以"命"出现在孔子思想体系中以构成"命—仁"的思想架构，是儒家心性形而上学之必然，否则的话孔子的"仁"学就自行解体了。

在孔子这里被伦理学本体论或被心性形而上学本身所逼出的"命—仁"思想体系及问题，在整个儒学中都是存在的。比如说，孟子那个"尽心—知性—知天"的"天人合一"思想，《中庸》"天命之谓性"的"天人合一"思想，都有个"人"与"天"的结合、统一问题，不过孟子是由人外化到天，而《中庸》是由天（天命）下贯到人（人性），总之都有个内与外、人与天的牵连、缠绕。荀子讲"天行有常"（《荀子·天论》），讲"隆礼重法"和"化性起伪"，看来是把人与天分开了，没有天与人的牵缠。但实际上仍有，因为他明确主张："大天而思之，孰与物畜而制之？从天而颂之，孰与制天命而用之？望时而待之，孰与应时而使之？因物而多之，孰与骋能而化之？思物而物之，孰与理物而勿失之也？愿于物之所以生，孰与有物之所以成？故错人而思天，则失万物之情。"（《荀子·天论》）这不是仍要"制天命而用之"吗？天与人的纠缠能分得开吗？！在

---

① 见杨伯峻《论语译注》，中华书局1980年版，后附"论语词典"。

荀子思想中，不仅在人性论上他的"性恶论"中逻辑地潜伏有"性善论"的种子，在认识论上亦有"心"的"虚"与"藏"、"一"与"满"、"静"与"动"的"二元"结构（见《荀子·解蔽》）。所以，在荀子思想中也有一种类似于孔子"命—仁"结构的思想结构或构架。在汉儒董仲舒"天人感应"思想中，天与人的"二元"性构架也是明显的。董仲舒虽然讲"王道之三纲可求于天"，表面看来是将人类社会的伦理道德规范的来源归于人之外的"天"，与人的意志自由或自由意志无关了，但实际上仍有关，不但有关且有极为密切的关系。这实际上是将人的自由意志外化给了天，使天成为有目的、有意志者；否则，若天是那个苍茫的自然之天，则根本无法作为人类纲常之来源。

儒家心性形而上学中所内含的这种"命—仁"结构，从先秦原始儒学到汉代天人儒学再到宋明时代的心性儒学，一路走来，一直存在着。这种"命—仁"构架在宋明理学中表现得尤为突出和激烈，理学的解体正是此构架的必然结局。在北宋五子分别对理学方方面面作构造的基础上，南宋朱熹集大成为理学的"理"体系。正如李泽厚先生所言："朱熹庞大体系的根本核心在于建立这样一个观念公式：'应当'（人世伦常）=必然（宇宙规律）。朱熹包罗万象的'理'世界是为这个公式而设：万事万物之所以然（'必然'）当即人们所必需（'应当'）崇奉、遵循、服从的规律、法则、秩序，即'天理'是也。"[①] 在朱熹"理"本论中，人世伦常的"应然"与宇宙存在的"必然"是相辅相成的核心内容，这正是"理"本身的"二元"架构所在。于是，"正是朱熹，把体用、中和、性情、静动、未发已发等等作了明确的区划，具有鲜明的二元体系特色而极大地突出了理性本体的主宰、统帅、命令、决定作用。其实，整个宋明理学要讲的就是这个问题"[②]。朱熹讲的"理一分殊"，讲的"格物致知"等，都是为了把人的自由意志力向上、向外超拔，以建立"理"的权威性和强制力量。"只有做到了上述这些，才能建立起张载《西铭》中所提出的那样一个'天地之塞吾其体，天地之帅吾其性'，'存吾顺事，殁吾宁也'，与天

---

① 李泽厚：《宋明理学片论》，见李泽厚《中国古代思想史论》，人民出版社1986年版，第232—233页。

② 李泽厚：《宋明理学片论》，见李泽厚《中国古代思想史论》，人民出版社1986年版，第234页。

第一章　儒家的心性论与中华民族的伦常之道

地合德与万物同体的伦理学的主体性，而这种主体性实际上是超越了现实道德要求，达到了存在的本体高度。所以宋明理学是一种伦理学主体性的本体论。这种本体论要求在平凡中见伟大，'极高明而道中庸'，在普通日常生活实践中展现出道德律令的普遍必然和崇高地位。"① 李泽厚先生所分析、指出的朱子"理"本体中的这些理性与情感等方面的纠结，归根结底是因其儒学心性本体论或心性形而上学中的"命—仁"结构所致。这反映在宋明理学这里，"象'仁'这个理学根本范畴，既被认作是'性'、'理'、'道心'，同时又被认为具有自然生长发展等感性因素或内容。包括'天'、'心'等范畴也都如此：既是理性的，又是感性的；既是超自然的，又是自然的；既是先验理性的，又是现实经验的；既是封建道德，又是宇宙秩序……本体具有了二重性。这样一种矛盾，便蕴藏着对整个理学破坏爆裂的潜在可能。这个可能在朱熹的庞大的宇宙论、认识论的体系掩盖下还不突出，'心统性情'、'道心人心'的命题还没有占居整个体系的主导地位，矛盾被淹没在大量有关格物致知、无极太极等等议论中。但只要一到以'心'为本体的明代理学（心学）的新阶段，'心'比'理'更成为体系的中心课题后，这个矛盾便不可避免地呈现出来和不断向前发展，最终造成理学体系在理论上的瓦解"②。李泽厚先生对"理"本体所蕴涵的"二重性"以及在这一质性作用下理学体系的解体的分析，当然是中肯和到位的。但说得复杂了些。另外，李先生认为在朱熹的"理"本论处这种导致理学解体的矛盾尚未爆发，尚可掩盖，而到了阳明"心"学中此种矛盾就掩盖不住了，终于爆发了，这就导致了理学的最终解体。这个讲法当然也有理，且合乎理学的发展、演化进程。但事实上，朱熹的"理"本论中和阳明的"心"本论中都逻辑地潜含有使各自体系解体的可能和契机，由"理"学向"心"学的转化本身就说明了这一点。

朱熹的"理"论是一种伦理学本体论或伦理学主体性的本体论，这当然要对人的伦理行为作提升；因为人的伦理行为与人的自由意志原本就不可分，所以这里实际上是将人的自由意志的"自由"性转化、转让、外

---

① 李泽厚：《宋明理学片论》，见李泽厚《中国古代思想史论》，人民出版社1986年版，第236页。

② 李泽厚：《宋明理学片论》，见李泽厚《中国古代思想史论》，人民出版社1986年版，第241页。

化、提升、升华了出去，使其落在了宇宙身上，成为有如宇宙存在一样的必然性。为什么要将人的意志提升出来而外在化呢？就是为了对其作转化、规整和限制，以便钝化它的"自由"性而渗入"必然"性，以此才能保证人的伦理道德行为的必然性、神圣性和可靠性，倘若从人的自由意志出发来作自由选择的话，就有消解和破坏伦理行为、规范的极大危险。但是，作了这样的提升后就一定会一劳永逸地保证人的伦理行为及规范的正确实施吗？未必！人的自由意志被钝化了、被提升出去了，这恰恰造成了因噎废食、杀鸡取卵式的不治之症，因为这样一来伦理规范就成了外在的摆设和僵尸，不会有自身营养源了，它被饿死、渴死将是必然的。所以，即使没有陆王"心"学的出现，程朱"理"学也终究会解体的。当然，陆、王新的伦理学本体论——"心"本论的出现，正是程朱"理"本论自身所造成的契机。我们来看一段王阳明对朱熹"理"论缺陷的分析："朱子所谓格物云者，在'即物穷其理'也。即物穷理，是就事事物物上求其所谓定理者也，是以吾心而求理于事事物物之中，析心与理而为二矣。夫求理于事事物者，如求孝之理于其亲之谓也。求孝之理于其亲，则孝之理其果在于吾之心邪，抑果在于亲之身邪？假而果在于亲之身，则亲没之后，吾心遂无孝之理欤？见孺子之入井，必有恻隐之理；是恻隐之理果在于孺子之身欤，抑在于吾心之良知欤？其或不可以从之于井欤，其或可以手而援之欤？是皆所谓理也，是果在于孺子之身欤，抑果出于吾心之良知欤？以是例之，万事万物之理，莫不皆然，是可以知析心与理为二之非矣。……若鄙人所谓致知格物者，致吾心良知于事事物物也；吾心之良知，即所谓天理也；致吾心良知之天理于事事物物，则事事物物皆得其理矣。致吾心之良知者，致知也；事事物物皆得其理者，格物也；是合心与理而为一者也。合心与理而为一，则凡区区前之所云，与朱子晚年之论，皆可以不言而喻矣。"（《传习录·答顾东桥书》）王阳明明确指出，朱子是"析心与理而为二矣"。这是说，朱熹的"理"或"天理"离开了、被提离开了人"心"；"理"既然离开了"心"，这个"理"就完全成了人之外的东西，它再好与人又有何关系呢？这样的"理"不终结、不死掉才怪哩！所以，"理"学解体是必然的。

那么"心"学呢？它是"合心与理而为一者也"，即"心即理"也。这是将外在的"理"导回到"心"中，这就为"理"的存在和实行输入了内在动力，能保证"理"的实施。但这样一来问题又来了。什么问题？李泽厚先生说："把'心'作为通万物同天地的本体，这个'心'本体比起那纯'理'世界当然客观上具有更多的感性血肉。"① 顺着这个感性化方向，"王学集中地把全部问题放在身、心、知、意这种种不能脱离生理血肉之躯的主体精神、意志上，其原意本是直接求心理的伦理化，企图把封建秩序直接装在人民的心意之中。然而，结果却恰恰相反，因为这样一来，所谓'良知'作为'善良意志'（good will）或'道德意识'（moral conciousness）反而被染上了感性情感色调。并由王龙溪到王心斋，或以'无念'为宗，强调'任心之自然'即可致良知；或以'乐'为本，强调'乐是心之本体'，'人心本自乐，自将私欲缚，……乐是乐此学，学是学此乐'，都把心学愈益推向感性方向发展。"② "李卓吾更大讲'童心'，不讳'私'、'利'：'夫私者，人之心也。人必有私而后其心乃见，如无私则无心矣'，'若不谋利，不正可矣，……若不计功，道又何时而可明也？'这几乎是与宋明理学一贯肯定和宣讲的'正其谊不谋其利，明其道不计其功'唱完全的反调了；不但肯定了'利'、'功'、'私'、'我'，而且还认它们是'谊'、'道'、'公'、'群'的基础。"③ 从这里已可以逻辑地步入西方近代的自然人性论了。到了这一步，"心"学终于走向了解体。李泽厚先生认为当"理"学转向"心"学后，"心"学染上了人的情感性因素，故导致了它的解体。这个看法当然有一定道理。但笔者以为，问题的真正原委仍在儒家心性形而上学的"命—仁"性结构上。具体到宋明理学言，由于朱子的"理"把人的自由意志外化为宇宙存在的必然，这提升、提高了人的伦理规范的权威性，但导致了它的枯萎和衰竭，使其实行没有了力量源泉，故"心"学的出现是必然的，即需要给那些伦理规范赋予主体意志的力量。这是"心"学的长处。但这也正好是其短处。当把伦理规范和约束力（即那个"理"）收回到人"心"后，固然可以使伦理规范获得主体意志的动力，但却因此而使得人的自由意志失去了规范和约束，它

---

① 李泽厚：《宋明理学片论》，见李泽厚《中国古代思想史论》，人民出版社1986年版，第243页。

② 李泽厚：《宋明理学片论》，见李泽厚《中国古代思想史论》，人民出版社1986年版，第247页。

③ 李泽厚：《宋明理学片论》，见李泽厚《中国古代思想史论》，人民出版社1986年版，第248页。

真的"自由"了，即一切都由自己来作主了，但同时它却要泛滥起来，它既能作好主，也可作坏主，这原本是合逻辑的。所以，"心"学重人的自然欲望，重"童心"等，都是这个自由意志的必然表现。笔者以为这才是"心"学趋于解体的哲理根源。

在宋明理学中，当"理"学把人世应然提升到宇宙必然后，由于强化了宇宙必然而弱化了或钝化了人世应然，这有使"理"学趋于消失的危险，故要逻辑地演化出"心"学以救"理"学之偏失；那么，当"心"学把宇宙必然回归到人世应然后，由于强化了人世应然则弱化了或消化了宇宙必然，这有使自由意志泛滥开来而导致"心"学趋于消解之险。由"心"学可以救"理"学之失，那么"心"学之失又由谁来救治呢？从"心"学又向哪里演化呢？再回到"理"学去吗？可以这么做，但这终非解决问题的长久之计。由"理"学演化到"心"学，再由"心"学反演回"理"学，难道就这样走马灯式地原地打转吗？那么，"理"学与"心"学能不能这样互治对方之疾呢？笔者以为是不行的。

冯友兰先生说要"接着宋明理学讲"而不是"照着宋明理学讲"。此言很中肯。的确不能照本宣科地"照着宋明理学讲"，而要"接着宋明理学讲"下去，这是时代的要求。但究竟怎么"接"？用冯先生所用的新实在论思想和方法吗？未必可行。那到底如何办呢？笔者才疏学浅，难以说一言。不过笔者不揣浅陋，想到了一点点哲学道理，不妨聒噪几句。"理"学将"心"化归于"理"，"心"学将"理"化归于"心"，这都是有所偏的，实则仍在对象性、概念化的方向上运作着，这无益于问题的最终解决。宋明理学所表现出的问题在根子上是儒家心性形而上学那种"命—仁"的"二元"性结构问题。在这里，将"命"予以"仁"化或将"仁"予以"命"化，都非正途。既然是"命—仁"这种"二元"性结构，就不能靠将一个化归于另一个的方法来处理和解决，而必须"命""仁"同时都要！所谓"同时都要"就是将两者并列地摆放在一起吗？当然不是，因为这种外在的摆列是不能解决问题的。这里必须将两个化合为一个整体，但又能同时保住这两者各自的自身；这就出现了如下状态：它既是"命"又是"仁"，既不是"命"又不是"仁"。那它到底是什么？这非逼到"时间"性中不可；所用的思维方式就是海德格尔所说的"形式指引"，它是一种情境反思，是在化约掉了"命""仁"各自的"什么"这一质底后所留下的"形式"或"纯形式",此时它表达的不是"什么是什么"的对象性存在,而是在趋势的推动和推动的趋势中所构成的纯关系姿态或纯姿态关系。这,就是那个"居中"的"中"性方式,把握住的是活着的、正在构成和生成着的"存在"本身。到了这一步,宋明理学的"理"学和"心"学将各开生面,中国传统儒学和中国传统文化亦将别开生面。

第二章　道家的"道德"论与中华民族的立世之道

在中国传统文化中，道家同儒家一样对中华文明和中华民族精神的形成具有奠基作用。如果说以伦理思想为核心的儒家对中华民族三纲之道这一民族精神的形成、哺育起了决定性作用的话，那么以"道德"或天道思想为核心的道家对中华民族清虚、谦下之民族精神的培育则有决定性意义。儒道互补，共同缔造了丰富多彩、博大精深的中华民族精神。

关于道家的起源，东汉班固在《汉书·艺文志》中言："道家者流，盖出于史官。历记成败、存亡、祸福、古今之道，然后知秉要执本，清虚以自守，卑弱以自持，此君人南面之术也，合于尧之克攘，易之嗛嗛；一嗛而四益。此其所长也。及放者为之，则欲绝去礼学，兼弃仁义，曰独任清虚可以为治。"这是说道家是从周王室的"史官"那里传承下来的思想学派。此种说法为大多数学者所接受，如章太炎、冯友兰等人就持此说。但也有学者持反对意见，如胡适有《诸子不出于王官论》一文，认为："诸子自老聃孔丘至于韩非，皆忧世之乱而思有以拯济之故，其学皆应时而生，与王官无涉。"[1]但道家的源起也不可能一点历史渊源都没有。这里笔者同意冯友兰先生在"道家出于史官"说基础上的一种看法："道家者流盖出于隐者。"在春秋时代，"还有些人，很有学问和天才，但是深受当时政治动乱之苦，就退出人类社会，躲进自然天地，他们被称为'隐者'"[2]。

老子是道家学派的创始人。老子之后道家思想发生了分化，基本上向三个方向发展：一是以庄周为代表，将老子那里有较多处世之道的"术"

---

[1] 胡适：《中国哲学史大纲（卷上）》之"附录"，该书由商务印书馆1919年2月出版，有1987年上海影印本。

[2] 冯友兰：《中国哲学简史》，北京大学出版社1985年版，第47页。

思想向绝对无待的"逍遥"境界推进，形成了对绝对精神自由的追求。另一是以《管子》四篇——《心术上》《心术下》《白心》《内业》——为代表，将老子的"道"解释为"精气"，这就是"稷下道家"。还有一种就是以1993年郭店楚墓出土的《太一生水》为代表，重点阐发老子的宇宙生成论思想。在道家思想的这些发展中，以庄子思想最为深刻和有影响力，是对老子"道"思想的真正继承和发展，故后世以老庄并称，同时尊其为道家学派的思想代表。

一　儒道互补与中华士子的立世方略

《荀子·解蔽》在评论先秦诸子思想优劣时说："庄子蔽于天而不知人。"如果我们将这一看法略作扩充，不妨也可以这样讲：老庄蔽于天而不知人，孔孟蔽于人而不知天。这既是儒、道学派各自的长处所在，同时也是其短处所在。这种长处和短处，正好为儒道的互补提供了学派自身的条件。在中华文化的漫长发展过程中，儒道互补构成了中华文化的基本取向。

中华文化根基深厚，源远流长。中华文化的源头可上溯至石器时代的巫术礼仪活动。进入文明时代后，对中华文化的发展有重要贡献者当为周公。周公"制礼作乐"，对此前包裹在深厚巫术礼仪活动中的礼乐文化作了一次大规模的系统整理和提升，从而形成了以西周奴隶制为主要内容的礼乐文化——周礼，这是中华文明和文化的正式形成和表现形式。

到了春秋时期，随着铁制农具的出现和牛耕的使用，社会生产力发生了根本性变化，这就需要对奴隶制的生产关系作调整和改变，由此涉及奴隶制的经济结构即经济基础的变动以及相应的上层建筑和其中以赋税制为核心的政治体制和思想观念的变动[①]，于是出现了"礼崩乐坏"的时代大变动。面对此种关系到社会制度根本改变的时势，孔子所采取的对治方式是恢复"周礼"，即要恢复周公制定的那一套奴隶制的礼乐制度。但怎么恢复？孔子将外在的"礼"导入人的心理情感中，为"礼"的实行找到了心性基础，这就是"仁"。"子曰：'人而不仁，如礼何？人而不仁，如乐

[①]　关于铁制农具出现以及由赋税制度的改变而引起的政治体制的变动，这里不再详述。请参看康中乾《中国古代哲学史稿》，中国社会科学出版社2009年版，第35—38页。

何?'"(《论语·八佾》)在孔子看来,一个人如果缺少了"仁"这种品性、质性的话,就失去了为人的根本,这时礼、乐这些外在的社会规范对他又有何用呢?!"仁"思想的提出是孔子对中华思想文化的重要贡献。孔子的伟大之处正在于他继周公之后为礼乐文化找到了人的心性基础。至汉武帝时期儒学被定为一尊后,儒学成了封建社会的统治思想,儒学对中华文化和中华民族精神的培育功莫大焉。

然而,奠立在心性基础上的儒学纲常之道的礼制文化并不是唯一的,它对中华文化和中华民族精神的作用也并非全是正面的。在第一章中我们分析儒家心性形而上学的得失时曾指出过其不足。这里我们从儒家礼制文化的功能和作用的视野,有必要再看看其不足。我们将其概括为下列三个方面。

一是儒学缺少对现实社会或社会现实的批判功能。儒学成为封建社会的统治思想后,它成了维护和服务于封建专制政权的工具,它在"三纲五常"的名教旗帜下要维护的是封建皇权的神圣地位。虽然儒学中有孟子的"民为贵,社稷次之,君为轻"(《孟子·尽心下》)的"民贵君轻"思想,有董仲舒的"天之生民非为王也,而天立王以为民也"(《春秋繁露·尧舜不擅移汤武不专杀》)的思想主张,甚至在儒家经典《尚书》中早有"民惟邦本,本固邦守"(《尚书·五子之歌》)、"皇天无亲,惟德是辅。民心无常,惟惠之怀"(《尚书·蔡仲之命》)之类重民限君的思想,然而在长期的封建社会中这些思想主张并未真的起作用,实际上只成了君权的点缀品,并未能限制君主专制之权。所以,以儒学为主导的中华礼制文化和精神并没有对以君权为核心的封建社会予以批判,这才引得"戊戌维新"主将之一的谭嗣同说出了这样的话:"俗学陋行,动言名教,敬若天命而不敢渝,畏若国宪而不敢议。嗟呼,以名为教,则其教已为实之宾,而决非实也。又况名者,由人创造,上以制其下而不能不奉之,则数千年来,三纲五伦之惨祸烈毒,由是酷焉矣。君以名桎臣,官以名轭民,父以名压子,夫以名困妻,兄弟朋友各挟一名以相抗拒,而仁尚有少存焉者得乎。"[1]

二是儒家的伦理思想和原则缺乏必然性的维度和力量。这一点我们在

---

[1] 《谭嗣同全集》,中华书局1981年版,下册,第299页。

第二章 道家的"道德"论与中华民族的立世之道

前面讲到儒家的心性形而上学时已有论说。为了论述的需要，这里有必要再予以强调。我们反复指出，儒学的思想核心是以血缘关系为基础的以家庭组织为中心的伦常关系。而这种伦常关系和规范能否得以贯彻和实施，不能完全依靠和依赖社会的强制力，最终要靠人的自由意志作用下的自觉自愿的原则和力量。人只有自觉自愿地认可、遵守、执行了那些伦理纲常规范，这些规范才能实行，才会有效果和有用，否则的话那些纲常规范就根本不能存在。孔子的伟大之处就在于将外在规范的"礼"导入人内在心理情感中，这就是他所谓的"仁"，这就为"礼"的恢复和实施奠定了自觉自愿的原则和动力。但这只是事情的一个方面，还有另一方面必然潜存着，这就是：奠立在自由意志基础上的自觉自愿原则自身无法确保其行为的善和正确。同是自由意志基础上的自觉自愿，人既可以自觉自愿地奉行某种伦理规则，也可以自觉自愿地违背和破坏某种伦理规则，这对自由意志本身来说都是可能和合理的。可能有人会说你之所以未能自觉自愿地奉行某一伦理规则，是因为你尚未体会到自己真正的善性、善心或良心，如果你能从自己的善性或善心出发，其意志就一定是良好的，其自觉自愿的行为也就一定是合乎伦理原则的。这种说法看似有理，实则未必。请问：你怎么知道人的性就一定是善的？倘若有不善的人性又怎么办呢？你只能说人性可能善或者或许善，但你无法断定人性就一定善。你或许可信誓旦旦地说："我肯定或相信人性善，这绝不会错！"那只是你的相信，并没有逻辑的必然性力量。你也可以说人性是由上天所赋予的，有如《中庸》所谓的"天命之谓性"，所以是先天的和善的。但此种说法与前面所谓的你相信人性是善的说法是一样的，并没有什么逻辑力量；你可以相信人性是上天赋予的故善，我为什么就不能相信人性不是上天赋予的故不善呢？像孟子所举的"孺子将入于井"（见《孟子·公孙丑上》）的情境例子，这里的确有自由意志这种"绝对命令"的力量在，故此时人可以自觉自愿地去救那个将要掉到井里的孩子。但一个人此时就没有自觉自愿地不救那个孩子的可能性吗？你可以骂他说此时不施以援手是禽兽不如。但骂归骂，就他的自由意志而言他完全有可能不去救，这难道不是他建立在自己自由意志基础上的自觉自愿吗？可见，这种自觉自愿本身是没有力量来保证人的伦理行为之实施的必然性和正确性的。这样，当把人的伦理行为的实施建立在意志自由的自觉自愿基础上时，这既为伦理行为的实施提供了动力保障，但同时也埋下了消解和破坏伦理行为的隐患。这，正是儒学伦理学本身的问题所在。从先秦儒学到汉代儒学再到宋明儒学，儒学伦理学中一直有一个如何使奠立在自觉自愿原则基础上的伦理行为和规范获得一种神圣的必然性维度和力量的问题。

三是儒学的伦理学本体不能完全、最终解决人生存的意义和价值问题。与其自觉自愿的心性原则相一致，儒学是一种积极入世的思想情怀。早在孔子那里，他就心系天下，要"弘道"（见《论语·卫灵公》），要"克己复礼"（见《论语·颜渊》），他说自己是"其为人也，发愤忘食，乐以忘忧，不知老之将至"（《论语·述而》）的人，他带领弟子周游列国，积极宣扬自己的思想政治主张，这些都是乐观、积极的入世情怀。孟子说："如欲平治天下，当今之世，舍我其谁也？吾何为不豫哉！"（《孟子·公孙丑下》）这种自信、坚毅、心系天下的入世情怀跃然纸上。荀子要人"化性起伪"（见《荀子·性恶》），主张"序四时，裁万物，兼利天下"（《荀子·王制》），他喊出了"制天命而用之"（《荀子·天论》）的响亮口号，这都是积极入世的情怀。《大学》讲的"明明德""亲民""止于至善"的"三纲领"和"格物""致知""诚意""正心""修身""齐家""治国""平天下"的"八条目"，是中国古代士大夫知识分子的人生理想和奋斗目标。世人读书科考，就是为了入仕和入世，能将自己十年寒窗苦读所学付诸实践，能实现"治国平天下"的理想和抱负，如杜甫就想要"致君尧舜上，再使风俗淳"（杜甫《奉赠书左丞丈二十二韵》）。儒者及一般知识分子的这种理想是高尚的，情怀是诚挚的，奋斗是努力的，入世是积极的，在入仕之前都有一腔热血和干一番事业以实现自己的政治社会理想和人生价值的理想目标。然而，当他们真正入世后，真的科举得中后，严酷的社会和政治现实却使他们的理想、主张很难实现；当然，也有个别士子得遇明主而能实现自己的政治抱负，也能展示和实现自己的人生价值，但对大多数士子而言仕途并不是一帆风顺的，而是命途多舛的。这时的士子要么委身于权奸门下为虎作伥而做违背良心和道义、出卖人格的事，要么触犯权贵而惨遭迫害，要么屡进忠言而不被所用最后忧愤离世，等等。在这种情势下，士大夫知识分子的理想就出现了波动，原来所秉持的那种理想和主张灰飞烟灭了，除了极个别的势利之辈外绝大多数士子又不愿昧着良心来趋炎附势地生活，这时他们往往就会隐退。对中国古代的

第二章 道家的"道德"论与中华民族的立世之道

知识分子而言,当他们隐退而归田后,仍有田产可守,生活是可以维持的。但他们退隐后思想如何得到安顿?人不可能只知吃睡而没有思想。特别是那些苦读的士子们,当他们原来的理想破灭后,究竟何去何从,怎样生存呢?这对这些读书人来说绝非小事,而是折磨他们心灵的重大问题。这时再秉持儒学积极入世的那一套思想主张就不行了。所以说,儒家的入世情怀的价值观并不能成为封建士大夫的终极指导,它解决不了士子们生命的终极关怀和安顿问题及人生意义问题。

说到这里,有人不免会提出诘问:你说儒家的积极入世的思想主张不能解决人生命的终极关怀问题,这是错的;事实上,当儒者退回来后仍可严于律己,心系苍生,遵守道义,做自己所做的事,始终以一个儒者身份来生存和生活。比如说孔子,他周游列国而积极宣扬"克己复礼"的主张,在未能实现自己的理想时他回到鲁国删《诗》《书》、定《礼》《乐》、作《春秋》,不是仍以"发愤忘忧,不知老之将至"(《论语·述而》)的态度和行为来积极生活,以实现自己生命的意义和价值吗,哪里因为无法实现理想而徘徊彷徨呢?孔子说"道不行,乘桴浮于海"(《论语·公冶长》),"饭疏食饮水,曲肱而枕之,乐亦在其中矣。不义而富且贵,于我如浮云"(《论语·述而》),这难道不是乐观进取的人生情怀和态度吗,哪里是没有了理想呢?!还有孟子,他除了说"如欲平治天下,当今之世,舍我其谁也!"(《孟子·公孙丑下》)那种自负和有担当精神的话外,当他宣扬"仁政"的行为未能实行而退回来后,他并没有失望和消极下去,而仍在乐观进取着。如孟子说:"君子有三乐,而王天下不与存焉。父母俱存,兄弟无故,一乐也;仰不愧于天,俯不怍于人,二乐也;得天下英才而教育之,三乐也。君子有三乐,而王天下不与存焉。"(《孟子·尽心上》)这难道不是积极乐观的人生态度吗?!孟子更说:"居天下之广居,立天下之正位,行天下之大道;得志,与民由之;不得志,独行其道。富贵不能淫,贫贱不能移,威武不能屈,此之谓大丈夫。"(《孟子·滕文公下》)这种"大丈夫"精神何其铿锵有力、振奋人心,哪里有什么失去理想的颓废呢?!

这些看法的确有道理。笔者不否认有些真儒者始终如一、矢志不渝地坚持和实行儒家的理想,令人钦佩。但就大多数士大夫知识分子来说,他们在入仕前寒窗苦读的时候的确有"治国平天下"的雄伟理想和抱负;而当仕途受挫返归故里后，他们就没有了"治国平天下"的雄心，起码不以此理想为人生的价值目标了，当然此时他们仍可做自己该做的事，但他们的理想肯定与原来不一样了，这时就不是原来所秉持的儒家的理想，起码不全是了。正是在这个意义上讲，儒家积极入世的情怀缺乏必要的回旋性和调节力，不足以解决广大士子生命的终极关怀问题。

儒学思想的诸种不足，是需要补充的。而道家思想正好有此方面的长处，能补充儒家思想的不足。比如在社会批判方面，道家就有比较深刻、犀利的思想。例如老子说："夫礼者，忠信之薄而乱之首。"（《老子》第三十八章）又说："天下多忌讳而民弥贫；民多利器，国家滋昏；人多伎巧，奇物滋起；法令滋彰，盗贼多有。故圣人云，我无为而民自化，我好静而民自正，我无事而民自富，我无欲而民自朴。"（《老子》第五十七章）又说："民之饥，以其上食税之多，是以饥。民之难治，以其上之有无，是以难治。民之轻死，以其上求生之厚，是以轻死。"（《老子》第七十五章）在老子看来，用礼仪这些规范来治国理政，只能浇薄人心，使社会越来越多地陷入尔虞我诈的竞争中，这样是不会使天下大治的。他说："大道废，有仁义；慧智出，有大伪；六亲不和，有孝慈；国家昏乱，有忠臣。"（《老子》第十八章）仁义这些东西的出现已表明社会出现了不和谐的因素，已经是不好的社会了，不值得大力提倡。老子批评统治者说："朝甚除，田甚芜，仓甚虚；服文彩，厌饮食，财货有余；是谓盗竽。"（《老子》第五十三章）国贫民穷，而统治者却锦衣玉食，财货有余，这样的统治者难道不是害民的强盗头子吗？！老子警告统治者说："民不畏死，奈何以死惧之？"（《老子》第七十四章）等到将民逼得走投无路时，再严酷的刑法也都没用了。老子对统治者的批评，对社会现实的揭露是深刻的和有警示作用的。

还有庄子，他对当时的社会现实作了深刻的批判，对儒家追捧的圣人作了尖锐抨击。他说："及至圣人，蹩躠为仁，踶跂为义，而天下始疑矣；澶漫为乐，摘僻为礼，而天下始分矣。故纯朴不残，孰为牺樽！白玉不毁，孰为珪璋！道德不废，安取仁义！性情不离，安用礼乐！五色不乱，孰为文采！五声不乱，孰应六律！夫残朴以为器，工匠之罪也，毁道德以为仁义，圣人之过也。"（《庄子·马蹄》）在庄子看来，圣人乃造成社会动乱的罪魁祸首！他又说："圣人不死，大盗不止。虽重圣人而治天下，则是重利盗跖也。为之斗斛以量之，则并与斗斛而窃之；为之权衡以称之，则并与权衡而窃之；为之符玺以信之，则并与符玺而窃之；为之仁义以矫之，则并与仁义而窃之。何以知其然邪？彼窃钩者诛，窃国者为诸侯，诸侯之门而仁义存焉，则是非窃仁义圣知邪？"（《庄子·胠箧》）在庄子眼里，社会上所提倡和实行的仁义礼智等伦理道德规范，原来都是统治者手中的工具，正好是他们行使一己之私欲的通行证，这样的仁义道德还有什么意义和价值可言呢？！

可以看出，老、庄对社会现实作了深刻揭露，对儒家礼仪所带来的负面结果作了尖锐揭批，这无疑有助于世人对社会现实统治的认识，也有助于对儒家伦常之道作反省。有人可能会说，儒家讲的那些纲常之道并没有什么错呀，因为只要世上有人和人群在，就总有人与人之间的交往关系，因此也必定要有处理人际关系的规范和准则，故儒家所提倡的纲常之道难道不是合理的和必然的吗，有何疑哉？！正如郭象所言："夫仁义者，人之性也。"（《庄子·天运注》）"明夫尊卑先后之序，固有物之所不能无也。"（《庄子·天道注》）"千人聚，不以一人为主，不散则乱。故多贤不可以多君，无贤不可以无君，此天人之道，必至之宜。"（《庄子·人间世注》）人类社会需要仁义礼乐，就像需要君主一样是自然的和必然的。既然如此，社会的伦常礼仪就绝少不了，也就没有必要指责其非，故老、庄的那些社会批判言论不要也罢，还有什么要对儒家伦理之道作补充的呢？！此种说法看似不错，但不对。社会是人群共同体，的确需要处理人际关系，因此也的确需要儒家所提倡的那些社会礼仪规范，这无可怀疑。但是，社会需要儒家的那些礼仪规范和思想原则，这是一回事；而如何实施、应用儒家的礼仪规范和原则，如何让它们正确发挥作用和发挥正确的作用，这是另一回事。所以，对社会现实弊端作以揭露和批判，这一方面有益于人们更深刻、更全面、更好地认识和理解社会，能在全面、深入理解社会现实的基础上更好地治理社会；另一方面也有益于更好地认识和理解儒家的伦理思想和规范，能更好地应用和实施这些伦理规范，这对社会岂能无利？！相反，如果缺少了对社会的批判，一味粉饰和肯定社会现实，这只会使社会积弊日深从而使社会肌体受腐，这对社会发展有何益处呢？！《国语·郑语》中有一则郑桓公和史伯的对话，讲了"和实生物，同则不继"的为政之道，提出了"取和去同"的思想原则和方法，颇富深意。孔子说:"君子和而不同,小人同而不和。"(《论语·子路》)君子以"和"的原则为人处世,这种"和"不正说的是社会需要那种有益的批判思想吗?!儒家建立在自觉自愿基础上的伦理学非常重视和强调纲常之道,却缺乏对社会的深度批判,故其思想是有所偏的,两千多年的中国社会现实就表明,儒家思想指导下的中国社会大大膨胀了君权、父权、夫权,造成了许许多多的恶果。所以,用老庄道家的社会批判思想来补充儒学思想是必要的。

另外,道家思想还能对儒家伦理学本体论中自觉自愿的"应然"性维度强而限制性、约束性的"必然"性维度弱的情形予以弥补。伦理行为是以自由意志的自觉自愿性为基础的,自孔子始的儒学伦理学就奠立在此基础上,这是其长处。但这恰恰也是其短处,因为自由意志的自觉自愿本身尚无限制和约束力,这无法保证自觉自愿原则指使下的人的伦理行为的正确性方向和效果,这样一来就潜伏着使儒学伦理学解体的可能和危险。所以,继先秦儒学后,从汉儒到宋儒,都在努力构建着儒学伦理学本体论,试图为其伦理学自觉自愿的"应然"性原则建立起宇宙存在的"必然"性根据。但此种努力仍不能解决根本问题,这在宋明理学中就有明显体现,"理"学强化了伦理道德的必然性一面,"心"学则强化了伦理道德的应然性一面,这样做的结果都潜涵着理学的解体。这种情况表明,儒家心性论的伦理学原本就有"本体"维度上的缺陷和不足。而在此方面,道家正好有其长处。

《荀子·解蔽》说:"庄子蔽于天而不知人。"这里的"庄子"可视为老庄道家代表,故可以说道家是"蔽于天而不知人"的。在荀子眼里这是道家思想的弱点,但这未尝不是其优点哩!道家讲"道"。"道"是什么?老子有言:"有物混成,先天地生。寂兮寥兮,独立不改,周行而不殆,可以为天下母。吾不知其名,字之曰'道',强为之名曰大。"(《老子》第二十五章)这明显说的是天地万物之存在一定有个"独立不改,周行而不殆"的根据和标准,此乃"道",它就是"天下母"。老子明确以"道"为天地万物的存在本原、本体。《老子》中直接论"道"的有三十七章,"道"字出现了75次,这显然是老子哲学的核心范畴。庄子也说:"夫道,有情有信,无为无形;可传而不可受,可得而不可见;自本自根,未有天地,自古以固存;神鬼神帝,生天生地。"(《庄子·大宗师》)庄子认为

第二章 道家的"道德"论与中华民族的立世之道

"道"是"自本自根,未有天地,自古以固存"的东西,这就是本体,即它是"自本自根"的存在,自己就是自己存在的原因和根据,因此它才有资格作天地万物的存在本体。老庄的"道"是个颇为复杂的概念。一般认为这个"道"是存在于宇宙中的客观唯心的东西。这种理解是对"道"的对象化、概念化把握,并不能揭示"道"的本质。至于"道"的相关含义,我们下面在适当处再说,这里不宜多言。这里只强调一点:老庄之"道"的确是宇宙存在的本原、本体,它与孔孟讲的"仁"正好形成对比。孔孟的"仁"是心性形而上学,而老庄的"道"则是宇宙形而上学。"仁"有明显的心性特征,它是心理性质的东西,而"道"却是宇宙存在,是必然性本体,具有绝对存在的意义。显然,道家的"道"本论思想对儒家伦理学的"心"("性")本论思想形成了补充和弥补。可以说儒家从先秦儒开始中经两汉儒到宋明儒的演化、发展过程,就是道家的宇宙存在本体论的思想理论对儒家心性存在本体论之补充的过程,也是儒学伦理学本体论之建构的过程。如果没有道家宇宙本体论思想对儒家心性本体论思想的补充和参比,儒学的发展就不是现有的历史面目了。因为,如果没有道家思想向儒学的引入来给儒学输血和对其刷新,就不会出现由两汉经学向魏晋玄学的过渡、发展,就不会有魏晋玄学这一思想形式和阶段,由此也就不可能有承接魏晋玄学宇宙本体论思想而来的隋唐佛学的心性本体论思想形式和阶段;如果没有了魏晋的宇宙本体论和隋唐的心性本体论思想理论,就不会出现宋明理学伦理学本体论的思想,也就根本没有所谓的"新儒学"可言。可见,正是道家的"道"本论思想补充、促动着儒家心性伦理学,从而才有了儒学伦理学本体论的建构和运行,也才有了儒学从汉代向宋明的演进。

  这里顺便要说明一下:因所论述问题的需要,我们这里是从儒学伦理学心性论的不足着眼来谈道家"道"论之优势和对儒学形成的补充作用的。事实上,儒、道的补充、补足是互相的。儒学伦理学的心性论需要道家的"道"论来补足,而道家的"道"论这种宇宙论的本体论同样需要儒家的心性论来予以补足。为什么呢?这里涉及根本的哲学问题,实质上涉及的是人与宇宙存在的根本问题。我们所在的现实世界一开始就是人和对象世界的同在,也就是人文世界与自然世界的同存共在。倘若只有人的世界而没有自然世界存在,人就是鬼魂之类的东西,根本就不是要食人间烟火和能食人间烟火的有血有肉有身体的、有生老病死的现实人了，一句话，如果没有自然世界而只有人文世界，这个人文世界是无法存在的；反之，倘若只有自然世界而没有人的世界存在，这个自然世界当然可以有，可以存在，但没有人的自然世界是没有意义和价值的，根本就没有天地万物为何存在及存在的原因、根据何在等问题可言，故如果没有人存在也就等于没有自然世界的存在，是人，正是人使得自然世界有了意义和价值，有了其存在可言，是人为天地立了心！因此，现实的世界必是人文世界和自然世界的共在。既然是二者共在，那么这二者就都需要，即在思想上、思维方式上、语言表述上要能将两者都呈现出来，绝不可用"什么是什么"这种对象性、概念化的方式来做定性描述。定性描述只能是要一个而不要另一个，这恰恰是日常思维方式和日常语言的特点所在，即往往只要某一个而丢掉、消解、消灭了另一个。比如在日常生活中人们老说"这是人"或"这是世界"，要么只肯定人的存在，要么只肯定世界的存在，而把同时在场、同样活着的"另一个"随便丢掉了。这样做显然是非法的！但日常思维不管这些，只振振有词地说"什么是什么"就完了。所以，人的活动的一切起点（包括人的思想、思维活动）不能只在人一方也不能只在世界（自然）一方，而是既是人又是自然且既不是人又不是自然的是与不是之"中"。这，就是海德格尔所说的真正的哲学问题的起源、起点，他叫"人在世中"（Being-in-the-world），在这个起始点上，人根本分不出也不需分出究竟是人还是世界，只能是人与世界的浑然一体。显然，表现、表达这个浑然一体的"中"性存在的方式绝非对象性、概念化之法，而是情境性的反思法，所用的是"反思范畴"这一工具。这些问题在此难以三言两语地说清道明。我们在此只是要说明和想说明：中国哲学中儒家的心性论和道家的"道"论的互补是人的生存本性和方式的根本要求，是哲学问题的原点和根基所在，是万万少不得的！至于儒、道互补后所应达到的结果、结局，就既不在儒一方也不在道一方，而是既融儒道又超儒道的第三种思想和道路。那么它是什么呢？这除了"中"还是"中"！

还有，道家所追求的超越境界和绝对自由的逍遥精神可以一定程度和一定范围地为中华士人的人生终极价值和生命关怀提供思想指导，在这方面能对儒家积极入世的价值取向形成补充。对中华士子来说，儒家"修齐治平"的积极入世精神固然可以给进取中的人们以动力和目标，亦可给仕途顺利的人们以人生的意义和价值,使人的生命关怀得到安顿。然而,人生的科举之路并不都是一帆风顺的,人生的仕途并非都是坦荡的。社会是复杂的,政治是有风险的,中华士子的仕途往往是多塞的。当一个人屡试不中时怎么办?当科举得中能入仕为官却逢权奸当道时怎么办?当屡进忠言不被采纳且受到排挤打击时怎么办?当面对权奸拉拢而需要违背良心、出卖人格来助纣为虐时怎么办?当一生的理想抱负实现无望而郁悒难解时怎么办?……士子们十年寒窗苦读圣贤书之时,都有一腔出仕为官以实现自己治国平天下的理想热血,这时他秉持的是儒教,其思想是健康、积极的,其人生理想是美好的,其生命的意义是进取的。但当他科举不进或仕途受挫后,士子们往往就得折回来,他们往往要过隐逸生活。封建时代的士子们大都有田业可守,物质生活倒能过得去。但此时他们的精神生活怎么过?其思想怎样得到安顿?当一个人原来的理想破灭后,当一个人觉得自己的生命没有了意义和价值时,这是人生中极为危机和危险的时刻;正是在此时此际,有的人因绝望而走上了自杀之路,有的人因失望而对酒当歌消沉下去,但对大多数人来说还得继续活下去,还得做自己该做的事,这时他就需要思想上的安顿,精神上的支撑,可想而知,此时儒家教人的那种治国平天下的入世理想和进取精神就不适用了和不能用了,他需要新的理想和精神支撑力。中华文化不像西方文化有宗教信仰和情怀,西方人在人生而带有"原罪"且人一生就是"赎罪"的信念支撑下仍能在逆境中生存和生活下去,而中华文化没有宗教情怀,士大夫们往往也不把生命的意义和价值交给超越的主宰者——上帝来谋求来生追求,中华士子相信只有一个世界,只有一生一世,人生命的意义和价值就实现在和只能实现在今生这一个世界中,所以他在逆境中仍要活着和活下去,这时就需要老庄的出世思想和处世情怀以安顿思想和落实精神。所以,老庄道家思想,特别是庄子绝对无待的"逍遥"自由思想就成了士大夫知识分子的理想情怀和精神动力,形成了对儒家入世思想的必要补充。

  人们往往将老、庄并称,同视为道家思想的重要代表。但老子和庄子的思想旨趣并不一致。老子哲学仍有先秦哲学的一般特征,即它是社会政治哲学,它谋划的是人如何处世,如何在退中求进,弱中求强,它有不少"术"的成分和味道,故班固说它是"君人南面之术"(见《汉书·艺文志》);司马迁将老子与申不害、韩非同传也不无道理。但庄子思想就不同了,它没有退中求进的"术"性味道,它不讲权谋治世,它追求的是绝对无待的精神自由和对现实社会、人生的超越,故它讲的不是如何应对现实社会的处世方略,而讲齐物我、同生死、超利害、乐逍遥的超越形而上学。庄子说:"故夫知效一官,行比一乡,德合一君而征一国者,其自视也,亦若此矣。而宋荣子犹然笑之。且举世誉之而不加劝,举世非之而不加沮,定乎内外之分,辩乎荣辱之境,斯已矣。彼其于世,未数数然也。虽然,犹有未树也。夫列子御风而行,泠然善也,旬有五日而后反。彼于致福者,未数数然也。此虽免乎行,犹有所待者也。若夫乘天地之正,而御六气之辩,以游无穷者,彼且恶乎待哉?故曰:至人无己,神人无功,圣人无名。"(《庄子·逍遥游》)庄子认为,世人生活在社会中故受制于社会环境等方面的限制而得不到真正无待的超然自由。那些生存于蓬蒿间的小雀儿看似自由,其实它们要受限于周围的环境和条件因而并不自由;那些才智可以担任一官的职守,行为可以顺着一乡的俗情,德性可以投合一君的心意而得到了一国信任的人,他们自鸣得意认为不错了,但实则与雀儿一样是受限制的,宋荣子就嗤笑他们。宋荣子能够做到整个世界都夸赞他,他却不感到兴奋,整个世界都非议他,他却不感到沮丧,他能认定内我与外物的分际,能辨察荣耻的界限,他对世俗的声誉没有去追求。虽然这样,宋荣子还是未曾树立。列子可以轻妙地乘风而行达十五日之久,他已不去追求世人的那些福祉了。然而列子之行终要乘风,这还是有所待的呀。如果能顺着天地的正性而把握六气的变化,以游于无穷之境域,这还有什么可依待的呢?所以说至人已超越了自我,神人已超越了功业,圣人已超越了名誉,他们才是真正的"逍遥"自在。庄子要人们追求的就是这种"至人""神人""圣人"。因为这些人"出入六合,游乎九州,独往独来,是谓独有。独有之人,是谓至贵"(《庄子·在宥》)。这就是庄子提供给世人的理想目标和自由形象——"逍遥"。至于怎么理解庄子的"逍遥"之游?这是个很困难的问题,这里笔者无能力论说清楚。但可以肯定的一点是:如果用对象性、概念化方式对这种"逍遥"说三道四、说长道短,那只是隔靴搔痒,于事无补;而如果用"形式指引"式的情境反思法来作审美式体悟,则是可以领会到此种物我同一、内外玄通、心物一体、古今同在的"逍遥"之境的。所以李泽厚先生说"庄子的哲学是美学","关心的不是伦理、政治问题,而是个体存在的身(生命)心(精神)问题,才是庄子思想的实质"①。

有了老庄道家思想,特别是庄子超越性的"逍遥"游思想的补充,就弥补了儒家入世思想的不足,使得人们在科举得第,仕途风顺之时积极进取而鹏翼得展,踌躇满志,而在仕途受阻,理想无望,碰了南墙而被迫折回时也能使思想得到安顿,精神得到支撑而能继续乐天知命有滋有味地生活下去,做到得亦乐失亦乐,得即高歌失即安,无忧无愁乐逍然。这,就是中华士大夫知识分子的人生理想和价值追求,是他们生命意义的终极安顿。中华文化中没有真正的宗教情怀,西汉董仲舒的"天人感应"说没能发展为宗教,而是思想,是儒学,是哲学;隋唐时的佛教也未能成为国教而取代儒、道为一尊,反而儒学一尊的地位并没能动摇;至宋明理学,儒学反过来吸收、同化了佛、道的一些思想而返本开新出了新的思想天地。这正是得益于中华传统文化中的儒道互补。

《史记》的第一百三十篇是《太史公自序》,其中载有司马迁之父的评论,说:"儒者博而寡要,劳而少功,是以其事难尽从然。其序君臣父子之礼,列夫妇长幼之别,不可易也。""道家使人精神专一,动合无形,赡足万物。其为术也,因阴阳之大顺,采儒墨之善,撮名法之要,与时迁移,应物变化,立俗施事,无所不宜。指约而易操,事少而功多。"这是说道家能综合阴阳、儒、墨、名、法诸家之长,能"与时迁移,应物变化",其"指约易操",能收到事半功倍之效。汉初近七十年间黄老之学是社会的指导思想,对恢复生产,发展经济,繁荣社会起了良好的作用,使西汉社会迎来了"文景之治"的太平之世。建元元年(前140年)汉武帝即位,他采纳了董仲舒的建议而定儒学为一尊,于建元五年(前136年)正式公布于天下。至此以后,儒学就成了整个中国封建社会的意识形态。但是,道家思想并没有因此而销声匿迹,它依然存在,只不过转到了民间而已。据说汉代注《老》者有六十余家,学术规模很可观。但汉代注《老》的著作大多亡佚,今存有河上公《老子道德经河上公章句》、严遵(字君平)《老子指归》等。特别是严遵的《老子指归》影响了西汉末年的扬雄,他作了《太玄》;东汉末荆州学的主持者宋衷曾有十卷本《太玄》注,其思想影响了与宋衷友善的王弼祖父王粲,后来对魏晋玄学的开

---

① 李泽厚:《庄玄禅宗漫述》,见李泽厚《中国古代思想史论》,人民出版社1986年版,第278、281页。

创者王弼也不无影响。这一学术史的情况表明，在儒家经学一统天下的汉代，道家老子思想并未中断，一直延续着而影响到魏晋玄学。学术思想史的事实表明，儒、道思想的互补和影响在儒学思想取得统治地位之时就存在了。

正是这种儒道互补，终为中华士子处世提供了方略和原则，即入世用儒而出世用道，儒道合璧而进退有据，使中华士子的生命存在终得安顿。

二　道家"道德"思想述略

《老子》亦称《道德经》，道家也叫"道德家"（如司马谈《论六家之要旨》所言）。"道德"是道家的核心观念。在老子处"道"和"德"一直是单独使用的。据统计，《老子》中直接言到"道"的有三十七章，"道"字出现了74次；言到"德"的有十六章，"德"字出现了44次。"道"字多单用，与其有关的词语有"天之道"（《老子》第九、七十三、七十七章等），"古之道"（《老子》第十四章），"道纪"（《老子》第十四章），"大道"（《老子》第十八、三十四、五十三章等），"道者"（《老子》第二十三、六十二章等），"有道者"（《老子》第二十四、三十一章等），"不道""为道""明道""进道""夷道"（《老子》第三十、五十五、四十八、四十一章等），"道法自然""道之动""道之用""道生之"（《老子》第二十五、四十、五十一章等），"天道""人道""人之道"（《老子》第四十七、七十三、七十七、七十九、八十一章等），等等。"德"字亦多单用，与其有关的词语有"玄德"（《老子》第十、五十一、六十五章等），"孔德"（《老子》第二十一章），"上德""广德""建德""常德""积德""有德""无德"（《老子》第三十八、四十一、二十八、五十九、七十九章等），"德者""德善""德信"（《老子》第二十三、四十九章等），"德畜之""德之贵""含德之厚""报怨以德"（《老子》第五十一、五十五、六十三章等）。但在《老子》中没有出现"道德"一语。而在文意上将"道"与"德"连起来用的是《老子》第五十一章，即"道生之，德畜之"，"道之尊，德之贵"；还有第三十八章，是在"道"主"德"次的层次上用的，即"失道而后德，失德而后仁，失仁而后义，失义而后礼；夫礼者忠信之薄而乱之首"。这是说"道"是最高的层次,"德"是"失道"后的表现,当然要次于"道"了,但它比"仁""义"这些礼仪规范仍要根本。

到了庄子,既在单独意义上使用"道""德"概念,也在"道""德"合一的意义上使用"道德"概念。比如《庄子·大宗师》中有"夫道,有情有信……"一段文字,集中论说了"道"的"自本自根,未有天地,自古以固存;神鬼神帝,生天生地"的本根性。《庄子·人间世》说:"知其不可奈何而安之若命,德之至也";《庄子·德充符》说:"知不可奈何而安之若命,唯有德者能之。"这个"德"看似人的一种品德,即在明知无可奈何的情况下"安之若命",有如知命、认命那样安时处顺。关于"命",《庄子·德充符》借仲尼之口言:"死生、存亡、穷达、贫富、贤与不肖、毁誉、饥渴、寒暑,是事之变,命之行也,日夜相代乎前,而知不能规乎其始者也。"就像生死存亡、寒暑递变一样,"命"是一种无可奈何的必然性,人只能安于它,而且是心甘情愿地"安之若命",这就是最好、最高的"德"。庄子论"道"和论"德"都比老子具体。而且,庄子已将"道""德"合用为"道德"。例如《庄子·骈拇》言:"则仁义又奚连连如胶漆纆索而游乎道德之间为哉,使天下惑也!"又说:"余愧乎道德是以上不敢为仁义之操,而下不敢为淫僻之行也。"《马蹄》有言:"道德不废,安取仁义!""夫残朴以为器,工匠之罪也;毁道德以为仁义,圣人之过也。"这里的"道德"是与儒家的"仁义"观念相对的观念,当指人大朴未亏的纯朴德性,这就是庄子所谓的"夫至德之世,同与禽兽居,族与万物并,恶乎知君子小人哉!同乎无知,其德不离;同乎无欲,是谓素朴;素朴而民性得矣。及至圣人,蹩躠为仁,踶跂为义,而天下始疑矣;澶漫为乐,摘僻为礼,而天下始分矣"(《庄子·马蹄》)。这与《老子》第三十八章所谓的"失道而后德,失德而后仁,失仁而后义,失义而后礼"的社会退化情形是一致的。人那种本然纯朴的天性、品性保不住了,才会有"仁""义"甚至有"礼""乐"这些被社会强加于人的规范性的东西出现;仁义等并不是人原有的本然之性,人的本然之性是"道德"性。这与儒家的伦理道德意义上的"道德"是截然不同的。

关于"道"字,《说文》曰:"道,所行道也。从辵,从首。一达谓之道。""道"的本义是指人行走的道路,通达无歧路者叫道。后来这个字的意思发生了变化,可指清明的政治环境,如《左传》成公十二年说:"天下有道，则公侯能为民干城，而制其腹心，乱则反之。"也可指某种道义原则，如《左传》桓公六年说："所谓道，忠于民而信于神也。"至老子将"道"提升为最高的哲学范畴，使其成为天地万物之存在的本原、本体。关于"德"字，《说文》曰："德，升也。从彳，悳声。"德的原义为登升，后来演化为人的品性、品质。怎么演化的呢？这当是一个颇为复杂的学术史问题。李泽厚先生从"巫史传统"出发对"德"字含义的演变作了考察，他指出："周金中多见'德'字。'德'作何解，众说不一。我认为，它大概最先与献身牺牲以祭祖先的巫术有关，是巫师所具有的神奇品质，继而转化成为'各氏族的习惯法规'。所谓'习惯法规'，也就是由来久远的原始巫术礼仪的系统规范。'德'是由巫的神奇魔力和循行'巫术礼仪'规范等含义，逐渐转化成为君王行为、品格的含义，最终才变为个体心性道德的含义。""周初讲的'德'，处在第二个阶段上，'德'在那里指的是君王的一套行为，但不是一般的行为，而主要是祭祀、出征等重大政治行为。日久天长，它与祖先祭祀活动的巫术礼仪结合在一起，逐渐演变而成为维系氏族、部落、酋邦生存发展的一整套的社会规范、秩序、要求、习惯。也就是说，'德'首先是与'祀'、'戎'等氏族、部落、酋邦重大活动相关的非成文法规。'德'在周初被提升到空前的高度位置，与周公当时全面建立以王的政治行为为核心的氏族—部落—国家的整套规范体制即'制礼作乐'有关。这个'制礼作乐'的'德政'可分为内外两个方面：'敬'与'礼'。""'德'的外在方面便演化为'礼'。'夫德，俭而有度，登降有数，文、物以纪之，声、明以发之，以临照百官，百官于是乎戒惧，而不敢易纪律。'（《左传·桓公二年》）这也就是'礼'。郭沫若说：'礼是由德的客观方面的节文所蜕化下来的。古代有德者的一切正当行为的方式汇集下来便成为后代的礼。德的客观上的节文，……是明白地注重在一个敬字上的。'（郭沫若：《青铜时代·先秦天道观的发展》。见《沫若文集》卷16，人民文学出版社1962年版，第25页）《说文》：'礼，履也，……从示从豊。''示，神也。'可见，'礼'本是巫君事神衷心敬畏的巫术活动。"[1]李泽厚先生的考察当然很能说明问题。但这是从"德"字的伦理道德和礼仪规范的含义方面说的演化。在道

---

[1] 李泽厚：《说巫史传统》，见李泽厚《历史本体论·己卯五说》，生活·读书·新知三联书店2006年版，第172—175页。

家处情况就并非如此了。

在道家老、庄处，"道"与"德"是同等性质的概念，但"道"高于"德"。《老子》第三十八章说"失道而后德"。"德"是"道"失散后的情形和表现。尽管"德"低于"道"，但它与"道"在性质上仍是相通的，故《老子》第五十一章言："道生之，德畜之，物形之，势成之，是以万物莫不尊道而贵德。道之尊，德之贵，夫莫之命而常自然。"道生成万物，德则畜养万物，万物的存在是既需"道"也需"德"的，这二者都是万物生存和发展的依据。老子这里已有了"道""德"连用的意思。

至庄子处，已出现"道德"一词，"道"与"德"的关系就更为密切了。例如《庄子·天地》言："故通于天者，道也；顺于地者，德也；行于万物者，义也；上治人者，事也；能有所艺者，技也；技兼于事，事兼于义，义兼于德，德兼于道，道兼于天。"又说："故形非道不生，生非德不明。存形穷生，立德明道。"这是说天地是结合的，故道与德也是结合的；万物的生存既要道（"非道不生"）也要德（"非德不明"）。《庄子·刻意》曰："夫恬惔寂漠，虚无无为，此天地之本而道德之质也。"将恬淡无为作为"道德"之质，这显然与儒家的道德观有别。在庄子这里，"道"与"德"都非常重要，都是天地万物存在的依据。庄子曰："夫道，覆载万物者也"，"物得以生谓之德"（《庄子·天地》）。但一般来说，"道"还是比"德"根本。《管子·心术上》说："德者，道之舍……德者得也，得也者，谓其所得以为然也。"这是说所谓"德"就是得于"道"，是具体事物所得以然者，是道在具体事物上的表现。这与《韩非子·解老》所言"道有积而德有功，德者道之功"的思想是一致的。关于"道"和"德"在事物存在和发展过程中的作用、功能，《庄子·天地》中有一论说，曰："泰初有无，无有无名，一之所起，有一而未形。物得以生谓之德。未形者有分，且然无间，谓之命。留动而生物，物成生理谓之形。形体保神，各有仪则，谓之性。性修反德，德至同于初。"这里的"泰初有无，无有无名"者就是"道"，这里虽未提"道"之名，但这就是"道"，也就是"一"；"道"是"一"之所起，但还没有形。这与《老子》第四十二章所言"道生一"思想是相通的。"一"可指阴阳未分的元气，也可指天地未判的宇宙混沌体，这就是天地之起源、起点。这个"一"是从哪里来的呢？从生成论意义上讲，这可以一直追下去；但这样一来实际上就消解了这个"一",宇宙的生成也就无法开始了。所以,在作为宇宙之源的"一"这里一定暗含有一个本体论思想,即这个"一"作为宇宙之始乃自本自根之存在,这就是"道",故这里的"道"与"一"在存在形式上相同但在存在性质上却不同,"道"是宇宙存在的本原、本体,而"一"乃是宇宙生成的开端。有了"道生一"的"一"后,宇宙就开始演化了,这就是"物得以生"的过程,就是"德"。"德"也是还未有形的,但已从"道"分出了("未形者有分");虽然"德""道"有分,但二者在本质上还是相通的("且然无间"),这就叫"命"。这个"命"与"德"实际上是一个东西,从人和物这一方说它们是源于即得于"道"的,故叫"德";若从"道"一方说则是"道"施予给人和物的,故叫"命"。"道"是天地万物存在的原因和根据,"道"施予给万物存在,故万物就存在了,就流动分化开来,具体的物就产生出来了,物就有了形体也有了质性,这就是"形""理";有形有理,事物就有了自己的存在规定,这就叫"性"。庄子在此所讲的俨然是一幅宇宙生化图。在此一宇宙生化中,"道"和"德"的作用和意义都表现了出来。

总之,道家以"道德"论为思想核心。但在道家处"道"毕竟是最高最核心的概念,"德"是"得于道"者,故它次于"道"。

(一) 老子的"道"论

《老子》中论"道"的章节有37章,"道"字出现了74次。但老子始终未给"道"作定义。老子的"道"究竟是什么?分疏《老子》有关论"道"的文字,大体上可以厘析出它的五种含义。

1. 生成义。按18世纪初德国哲学家沃尔夫给哲学作的分类,宇宙论和本体论都属于形而上学。宇宙论也称宇宙生成论、宇宙结构论等,它讨论的是关于宇宙的产生、结构等方面的问题。本体论则是讨论宇宙及人如此存在的原因和根据之类的问题,它有宇宙本体论、心性本体论等。在中国先秦哲学中,宇宙论和本体论尚未明确区分,人们在涉及宇宙存在问题时有时讲的是它的产生、结构等方面的问题,有时则指宇宙如此存在的原因、根据等问题。在老子处就是如此。老子有明确的宇宙生成论思想,这就是"道"生万物的生成模式。《老子》第四十二章云:

第二章 道家的"道德"论与中华民族的立世之道

> 道生一,一生二,二生三,三生万物;万物负阴而抱阳,冲气以为和。

此乃典型的宇宙生成模式。整个天地万物都是由"道"生出的。这里的"一""二""三"各指什么？老子没有说明。后世有不同看法。有人说这个"一"指阴阳未分的元气,"二"指已分开的阴、阳二气,"三"指阴气、阳气及二者结合的合气。而有人说"一"指天地未判的宇宙混沌,"二"指天、地,"三"指天、地、人（及万物）。这两种理解均可。这是说,我们现在所处的宇宙源自"道","道"先生出一个混沌的原始宇宙,然后逐渐演化为天地万物,一直到人的出现。这种讲法原是古人对天地万物来源的一种看法,它是一种猜测。现在这方面的内容成了天体物理学、量子力学等研究的对象。

这里最难理解的是"道生一"一句。按理说"道"乃"一",二者是一致的。既如此,又何以言"生"呢？《老子》第二十二章说"圣人抱一为天下式";第三十九章说"天得一以清,地得一以宁,神得一以灵,谷得一以盈,万物得一以生,侯王得一以为天下贞"。可见"道"就是"一"。"道"既然就是"一",为何还要言"道生一"呢？三国魏王弼在注此章时说："万物万形,其归一也。由何致一？由于无也。由无乃一,一可谓无。已谓之一,岂得无言乎？有言有一,非二如何？有一有二,遂生乎三。从无之有,数尽乎斯,过此以往,非道之流。故万物之生,吾知其主,虽有万形,冲气一焉。"（《老子注》第四十二章）王弼的注释当然有助于理解老子"道生一……"思想,但仍未说清既然"道"与"一"一致何以又要"道生一"的问题。按笔者愚见,这里实际上涉及宇宙本体论与宇宙生成论的关系问题。宇宙生成论一定涉及一个源头、一个开端点的存在,否则的话宇宙就无法产生和开始。但既然有了开端和源头,人们自然会问：这个源头从何而来？这样就可以一直追溯下去而进入无限,这实际上就取消了宇宙的开端。所以,在宇宙生成论中一定逻辑地蕴涵着一宇宙本体论思想;就是说,这里的开端就具有自本自根的本体意义和价值,它是开端,也就是本体,在它之上和之外再无别的什么存在了,这样才能保证宇宙的起源和开始。因此,这个"道生一"中的"道"是本体性质的,而"一"则是宇宙生成性质的,二者虽然形式一样,哲学性质和意义却不同。正因为有"道生一"这一环,老子"道生一……"的宇宙生成论模式才能是一思想理论。

2. 本体义。当"道"作为天地万物之出现、形成的开端时,这个生成义中就逻辑地蕴涵一本体义。因此,老子之"道"确有本原、本体含义。关于"道"的本体义思想,《老子》第二十五章言:

> 有物混成,先天地生。寂兮寥兮,独立不改,周行而不殆,可以为天下母。吾不知其名,字之曰道,强为之名曰大。

这里的"有物混成,先天地生"说的就是天、地产生之前的宇宙混沌体。这在形式上是宇宙开始问题,但在存在性质上却是宇宙原始的、自本自根的存在问题,故具有本体意义,否则的话就不可能有宇宙的起始。这个具有本体意义的宇宙混沌是个怎样的存在呢?它是无声无形的,是超越感性的;它也是独立的、不变的,它就存在于万物之中且与万物并行不息,它就是万物之母体。这里提到"独",这表明这个东西只能是本体,因为现象界是根本没有"独"可言的。老子将这个东西命名为"道",勉强说它就是"大",即宇宙有多大这个东西就有多大(也不妨说它就是"小",即构成宇宙之"砖"有多小它就有多小)。在这里,"道"的本体义是显然的。

3. 抽象义(或曰普遍义、一般义)。"道"是老子给那种"可以为天下母"的东西命的名字,即称它为"道";如果叫它为别的什么,那也是可以的。这说明,以"道"来作本原、本体乃是人为的,并非"道"天生就是本体。但是,"道"一旦被选中作为"本体"了,它自身就必须具有作本体的维度和资格,否则是作不了本体的。举例言:皇帝的位子人人都可以坐,选谁做皇帝有人为性。但某人一旦坐上了皇位,他自己就必须具有做皇帝的能耐,即能君临天下统治万民,否则他就当不了皇帝,即使勉强做了皇帝,充其量也是个假的傀儡皇帝。"道"作本体的道理亦然。"道"要作本体,它自身必须有资格有能耐。那么"道"的这个资格是什么呢?《老子》第十四章有言:

> 视之不见,名曰夷;听之不闻,名曰希;搏之不得,名曰微。此

> 三者不可致诘，故混而为一。其上不皦，其下不昧，绳绳不可名，复归于无物，是谓无状之状，无物之象，是谓惚恍。迎之不见其首，随之不见其后。执古之道以御今之有，能知古始，是谓道纪。

这是说"道"是看不见、听不到、摸不着的东西，即它乃超感性的存在。"道"是非感性存在，故它就是抽象，是普遍，是一般。为什么在此要强调和突出"道"的抽象性、一般性呢？这就是为了作"本体"之需。"道"要作本体，起码要能将万物统住、囊括住、包揽住，这就必然关乎其抽象性、普遍性、一般性。比如说，当说人时，这个人可指具体的、个别的人，这样的人个个不同，人人有别，一个人是统不住、包不住另一个人的。但如果说"人"这个名称、概念，这个"人"就是个抽象和一般，它可将古今中外的一切人都包揽无余。"道"作本体亦然。关于"道"的这个意思，王弼在《老子指略》中倒说得很明白，曰："无形无名者，万物之宗也。不温不凉，不宫不商。听之不可得而闻，视之不可得而彰，体之不可得而知，味之不可得而尝。故其为物也则混成，为象也则无形，为音也则希声，为味也则无呈。故能为品物之宗主，苞通天地，靡使不经也。若温也则不能凉矣，宫也则不能商矣；形必有所分，声必有所属。故象而形者，非大象也；音而声者，非大音也。"这不是说得很清楚嘛，只有那种无形无名无状无象的东西才可"苞通天地，靡使不经也"，而有形有状的个别东西则不行，苞通不了天地，故作不了本体。从这里也可看出，王弼之所以讲"无"，主张"以'无'为本"，正是为了突出"道"的抽象性、一般性、普遍性之特性。所以，王弼的"无"是对老子"道"的抽象性的表征。

4. 境界义（或境域义）。这种意义上的"道"是与人一体同在的，是当场生成着的意境、境界，而非对象性、概念化的东西。为什么有这层意思呢？原因在于：老子自己在思考"道"、在讲说"道"时，当然是为了能得"道"；别人接受、学习老子关于"道"的思想，也是为了能得到"道"。得"道"就要与"道"融为一体，就生存、生活（即生—活，这里的"生""活"均是动词性的）在"道"中。但在日常生活中，当人们一讲论"道"时，"道"就被概念化、对象化了，这恰恰是没能得到"道"。《庄子·知北游》开篇讲了一个知北游于玄水之上求道的故事，这有助于我们理解这里的问题。它说:"知北游于玄水之上,登隐弅之丘,而适遭无为谓焉。知谓无为谓曰:'予欲有问乎若:何思何虑则知道?何处何服则安道?何从何道则得道?'三问而无为谓不答也。非不答,不知答也。知不得问,反于白水之南,登狐阕之上,而睹狂屈焉。知以之言也问乎狂屈。狂屈曰:'唉!予知之,将语若。中欲言而忘其所欲言。'知不得问,反于帝宫,见黄帝而问焉。黄帝曰:'无思无虑始知道,无处无服始安道,无从无道始得道。'知问黄帝曰:'我与若知之,彼与彼不知也,其孰是邪?'黄帝曰:'彼无为谓真是也,狂屈似之,我与汝终不近也。夫知者不言,言者不知,故圣人行不言之教。'"黄帝说了怎样知"道"等问题,知听了后也知道了此问题,那黄帝为何说"我与汝终不近也"呢?问题就在于黄帝说"道"时将"道"对象化、概念化了,而知在听时也将"道"对象化、概念化了。这样一来,"道"就成了说者和听者各自思想上的对象,成了一个被定死了的"什么",这样的"道"就不是生存在、活在人的行为中的"道",所以是没有用的。活的"道"一定在人的当下生存情境中存在着和显现着,是不可用对象性、概念化方式来把握的,这就叫"道不可闻,闻而非也;道不可见,见而非也;道不可言,言而非也。知形形之不形乎!道不当名"(《庄子·知北游》)。

在老子这里也有怎样才能得到"道"的问题。《老子》第一章一开始就说:"道可道,非常道。"这是说,用语言道出来的"道"就成了对象化的东西,就不是那个第一位的、活着的"常道"了。那么,不用语言来道"道",怎么办呢?这就必须体悟之!老子曰:

> 道之为物,惟恍惟惚;惚兮恍兮,其中有象;恍兮惚兮,其中有物。窈兮冥兮,其中有精,其精甚真,其中有信。自古及今,其名不去,以阅众甫。(《老子》第二十一章)

"道"不是理性对象,它乃意境、境界,是活在、体现在、显现在人的生存、生活中的形势、态势、势态。所以当你正要将它作为"什么"来对待时它就消失了,不见了,逃之夭夭了;而当你放弃了用对象化的方式来把握它时,或者说当你不去把握它时,它却出现了,却显示、显现出来了;它就是这样忽有忽无,恍恍惚惚地真真切切,同时又真真切切地恍恍惚惚。这正是"道"的意境性所在，也是人得"道"后的感受状态。这是老子"道"的境界性含义。

5. 自然性。这层意思说的是"道"的存在性问题，也是"道"的存在结构及状态、方式等问题。这又回到"道"的本体义上来了。"道"是本体，即它乃自本自根之体。那么，凭什么它是自本自根的呢？现象的东西也是存在，它为何就不是自本自根的呢？这就必然涉及"本体"的存在结构问题。我们反复说现象界没有"独"可言，至少有两个以上的东西存在着；正是这两个东西构成了一个存在构架或架构、结构，此时一物与它之外的他物都能以对方为存在的前提条件而现实地存在着。这个构架或结构显然是一物与他物之间的构成关系，故是一种外构架或外结构。一物与他物既然非得处在这种外构架中不可，那么这种外构架就必然要内化在、印记在一物和他物各自身上，即转化为一物和他物各自的内性或内构架、内结构，我们可称物自身中的这种内构架或内结构为自身性与非自身性，或曰自我性与超越性，也可叫"有"与"无"，等等。正因为每一存在者自身中的这一内构架，才使得存在者在本性、本质上能自我存在，能自本自根，即自己就是自己存在的原因和根据，这就是本体。如果存在者没有了这种内构架、内结构，它是根本无法在本性上有自本自根之性质的，当然也就根本无"本体"可言了。老子在提出"道"这个概念时已有了此方面的一些思想。为了能说明问题，我们不妨将《老子》第二十五章再全文引出：

> 有物混成，先天地生。寂兮寥兮，独立不改，周行而不殆，可以为天下母。吾不知其名，字之曰道，强为之名曰大。大曰逝，逝曰远，远曰反。故道大，天大，地大，人亦大。域中有四大，而人居其一焉。人法地，地法天，天法道，道法自然。

这章的"有物混成……强为之名曰大"为一段，是关于"道"名称的提出，说的是"道"的本原、本体性问题。"大曰逝……道法自然"为一段，说的就是"道"的自然性问题。"道"作为"天下母"，是天地万物之存在的本原、本体，故它与宇宙（天地）同在，宇宙有多大它就有多大，故叫它为"大"。但这个"大"在存在性质上不能具体化、特殊化，因为一具体化、特殊化它就有了具体限制，就失去了其抽象、一般、普遍之性，就成不了本原、本体。所以，这个"大"不能被对象化地定限住，它是活在宇宙之中的活的宇宙自身，这就叫"大曰逝"，"逝"者消逝也，它状摹的就是"大"的动态性，即大下去或正在大下去着。既然这个"逝"状摹的是"大"的动态过程，故它自身也不可停住或止住，一停住就不是"逝"了，它要一直逝下去，这就叫"逝曰远"。"远"者远去也，它状摹的就是"逝"的动态过程，所以这个"远"也要一直远下去。但究竟要"远"到哪里去呢？要"远"到何时呢？按理说这是没有开头和终点的，故是无限的。但在宇宙存在的意义上讲，任何具体的宇宙总有个开端和终结，否则就不可能有真实的宇宙存在。所以，这里要逻辑地由宇宙生成论、宇宙存在论向宇宙本体论转化，即必然要逼出一个宇宙本原、本体来，这就有了"远曰反"一说。"反"者"返"也，即返回，即宇宙存在从外在的状态返回到了内在的本性、本质，这样宇宙存在就有了自本自根性，这才是"真无限"所在。返回到了存在自身或自身存在的宇宙就是"道"。所以，在整个宇宙存在中，人可以取法于地，地可以取法于天，天可以取法于道，道则取法于自身，即"道法自然"，是说"道"的存在是自然而然的，这个"自然"与"自本自根"同义，它就是本体义。可见，"道法自然"之"自然"表征的是"道"的本体性和自本自根性的存在结构问题。"道"的存在不依赖于它之外的任何东西，它自己就是自己存在之根和本。那么，"道"如何能有如此之性质、本性呢？这就在于"道"的内结构或内构架。这个内结构到底是什么呢？《老子》第一章曰：

> 道可道，非常道；名可名，非常名。无，名天地之始；有，名万物之母。故常无，欲以观其妙；常有，欲以出其徼。此两者同出而异名，同谓之玄；玄之又玄；众物之门。

这就清楚了，"道"的结构就是其"有—无"性。"道"是"有"，故它存在着；但它不可能一有到底地定死在那里，它本身处在由有向无的转化中，故它又是"无"。"道"是"无"，故它无化着，变化着，处在由有向无的转化中；但这个"道"也不能一无到底地无下去而最终凭空蒸发掉，它本身又处在由无向有的转化中，故它又是"有"。就这样，"道"由有

第二章　道家的"道德"论与中华民族的立世之道

到无,由无到有,有而无之,无而有之,有有无无,无无有有,有无无有,无有有无,有无相生而生生不息,这就是本体之"道"的存在。老子所谓的"恍兮惚兮""惚兮恍兮"的"恍惚"或"惚恍"就是对"道"的"有一无"性结构的展现和描述。

以上就是老子"道"的一些基本含义。老子的"道"是个整体,以上的五种含义是从不同方面和角度来说的,将这五个方面结合起来才能理解这个"道"范畴,如果将五种含义的任何一种单独拉出来而予以夸大,都将会窒息"道"。

在老子这里,与"道"有关的还有两个问题,在此略予述说。一是把握"道"的方式问题。如何才能把握住"道"呢?《老子》第四十八章言:"为学日益,为道日损,损之又损,以至于无为。无为而无不为。"为"道"与为"学"是不一样的。为学是经验认识活动,是个知识积累的过程,故为"益"。为道则要"损",要"损之又损,以至于无为"。那么"损"什么呢?《老子》第一章言:"道可道,非常道。"这是说"道"是不可用名言概念的方式、方法来说三道四、说长道短的,因为一说就将其对象化了,这样的道当然是无用的。所以要"损"掉概念化的方式方法。不用名言概念化的方法,那用什么方法来把握"道"呢?这就是如何"损"的问题。所谓"损"就是减损、减少,即把经验认识中所获得、积累的知识减损掉,这也就是"忘"。但"忘"也是一种意识、思想活动。意识,天生就是有意有识、能意能识的;思想,天生就是能思能想、要思要想的。现在要"损",要"忘",难道是停止思想吗?怎么才能让人不思不想而停止思想呢?人死了就不思不想了,成了植物人也就不思不想了,难道这里要求人成为死人、成为植物人吗?当然不是!从事"损""忘"的人必须是、一定是正常、健全的人,是有思想的人。那么,让思想在正常思想的情况下怎么"忘"、怎么"损"呢?这些问题老子都没有说。实际上,后世源于道家和道教的气功修炼法,后世佛家坐禅时的数念珠法,就是这种"损""忘"之法。在这两种情况下,人都是正常、健全的人,是处在正常思想中的人。修炼气功时使意念或思想随气而动,自然流行,这就做到了思而不思,想而无想,即没有思想的思想,就是"思想流"或"意识流",这就叫进入思想本身。在坐禅时和尚往往要数(动词)念珠,随着数数(前为动词后为名词)的进行,意念可以随数而流动，这也能进入思而无思、想而无想的不思不想的思想中，这就是思想本身。老子的"损"法是不是这样？老子自己没有说。笔者这里只是诠解而已。然而，这些方法是关于"损"的操作方法，还不是哲学理论。从哲学理论上说，所谓的"损"或"忘"是针对对象性、概念化方式而言的，即要化解掉"什么是什么"那种对象化方式，要将思、想本身留存下来。这就是胡塞尔讲的由"普遍化"向"形式化"的转化，就是海德格尔将"形式化"法进一步提升了的"形式指引"或"形式显示"法，这是进入思维、思想过程的形势、态势、势态中去，进入思想自身所营造的推动的趋势或趋势的推动之中去，这是一种化解掉了"什么"的纯关系姿态或纯姿态关系，这与中国佛家讲的"性空缘起"的因缘法有相似性。这到底是一种怎样的思维或思想呢？话也只能说到此了。这需要现象学的思想和训练，需要在研读胡塞尔和海德格尔有关思想时细心体会。

　　另一个就是如何将"道"运用于处世的处世方略问题。"道"是天地万物之存在的本体，当然也是人存在的本体。所谓人存在的本体，就是人之生存（生一存）、生活（生一活）的依据、方式、尺度、标准之所在，即人要依"道"为标准、尺度来行动。人要丈量一物的长度，手中就要有一把"尺子"，这就是活动之准则，否则的话就没有丈量活动存在。人的生活亦然，要生存、生活就要有一准则。人的生活准则当然就是"道"。"道"作为人的生活准则，当然不是人面前的对象，而是融入、体现、呈现在人的生活中的生、活自身，这就是人的处世方略。班固说道家是"君人南面之术"，说的就是其处世方略问题。到底是什么样的处世方略呢？由于"道"的结构是"有一无"性，故既不可将它单独地有化也不可将它单独地无化，这样就都失去了"道"，它必须在"有"与"无"夹撑起来的"中"间地带存在和活动；表现出来，就是既有又无而又非有非无的意境或境界；再转化为处世方式或行为，就是极具灵活性和策略性、权谋性的"术"。老子似乎很懂得这一套，很有兵家的权谋思想，这就是他以退为进、以弱胜强、守雌持柔的阴柔辩证法。比如老子说："天下之至柔，驰骋天下之至坚，无有入无间。"（《老子》第四十三章）他看到柔弱的东西能克制坚强的东西且能保全自身，而不是像以刚克刚那样往往两败俱伤。老子常以水为喻，认为："上善若水。水善利万物而不争，处众人之所恶，故几于道。"（《老子》第八章）"天下莫柔于水，而攻坚强者莫之能胜,其无以易之。"(《老子》第七十八章)水之所以"攻坚强者莫之能胜",正在于它的至柔之性。所以,老子主张在生活中持柔、守雌,以退为进,后发治人和制人。他极具兵家权谋思想地说:"将欲歙之,必固张之;将欲弱之,必固强之;将欲废之,必固兴之;将欲夺之,必固与之。是谓微明。柔弱胜刚强。鱼不可脱于渊,国之利器不可以示人。"(《老子》第三十六章)这是权术吗?是的。这是兵家惯用的"诡道"吗?是的。但老子不是将兵的将军,也非政治谋略家,他是思想家、哲学家,他讲的是处世的道理。这个道理当然是很有道理的。至于人们怎样用这个理,用成处世的艺术还是用成阴谋诡计之权术、诈术,那就不是老子的问题而是使用者的问题了。

(二)庄子的"道"论

老、庄同是先秦道家的代表,他们都以"道"为思想目标。但老、庄的思想旨趣并不完全相同。《庄子·天下》概括老子的思想特色说:"以本为精,以物为粗,以有积为不足,澹然独与神明居。古之道术有在于是者,关尹、老聃闻其风而悦之。建之以常无有,主之以太一,以濡弱谦下为表,以空虚不毁万物为实。"并阐述老子的思想倾向是:"人皆取先,己独取后,曰受天下之垢;人皆取实,己独取虚,无藏也故有余;其行身也,徐而不费,无为也而笑巧;人皆求福,己独曲全,曰苟免于咎。以深为根,以约为纪,曰坚则毁矣,锐利挫矣。常宽于物,不削于人,可谓至极。"可见,老子思想的旨趣在处世方略上,他寻求的是以退为进、处柔守雌的政治之术,即他把"道"落实在了"术"上。《庄子·天下》概括庄子的思想特色说:"芴漠无形,变化无常,死与生与,天地并与,神明往矣;芒乎何之,忽乎何适,万物毕罗,莫足以归。古之道术有在于是者,庄周闻其风而悦之。"并指出庄子的思想倾向是:"独与天地精神往来而不敖倪于万物,不谴是非,以与世俗处。……上与造物者游,而下与外死生无终始者为友。其于本也,弘大而辟,深闳而肆;其于宗也,可谓稠适而上遂矣。"可以看出,庄子的思想旨趣在人的精神超世的自由、独立上,此即"独与天地精神往来而不敖倪于万物"也。

"道"无疑是庄子思想的核心。庄子亦多论"道"。庄子的"道"有哪些含义呢?这个"道"究竟是什么性质和意义的哲学范畴呢?李泽厚先生指出：" '道' 在庄子哲学中是一个异常复杂的概念。哲学史家们关于它有许多争论。有的解释 '道' 是精神，有的却认为是物质，有人又判断它为上帝。有的说 '道' 是客观的，有的说 '道' 是主观的。……总之它的特征似乎是无所不在而又万古长存。它先于天地，早于万物，高于一切，包括高于鬼神、上帝、自然、文明，它是感官所不能感知，思辨所不能认识，语言所不能表达，而又能为人们所领会所通晓。它无意志，无愿欲，无人格，无所作为，而又无所不为。"具有如此特征的"道"究竟是什么？李泽厚先生说：庄子"讲的 '道' 并不是自然本体，而是人的本体。他把人作为本体提到宇宙高度来论说。也就是说，它提出的是人的本体存在与宇宙自然存在的同一性"。"就实质说，庄子哲学即美学。他要求对整体人生采取审美观照态度；不计利害、是非、功过，忘乎物我、主客、人己，从而让自我与整个宇宙合为一体。……所以，从所谓宇宙观、认识论去说明理解庄子，不如从美学上才能真正把握住庄子哲学的整体实质。"[1] 李泽厚先生的看法很有启发性。庄子思想的确具有审美性，即意境性。因此，庄子之"道"具有审美感受的境界性，这是庄子"道"的一个突出特征。但可以肯定，庄子的"道"并非仅此一义。"道"字在《庄子》中出现了320 余次[2]，有的是在道路、道说等一般意义上用的，但"道"在大多数情况下有哲学含义。作为哲学观念的"道"在《庄子》的《大宗师》《齐物论》《秋水》《知北游》等篇中有比较明确的论说。分疏一下，庄子的"道"基本上有下列含义。

1. 生成义。老子有一个"道"生宇宙万物的典型模式，而庄子没有；但庄子有"道"产生天地万物的相关思想。比如庄子说：

夫昭昭生于冥冥，有伦生于无形，精神生于道，形本生于精，而万物以形相生，故九窍者胎生，八窍者卵生。其来无迹，其往无崖，无门无旁，四达之皇皇也。（《庄子·知北游》）

泰初有无，无有无名；一之所起，有一而未形。物得以生，谓之德；未形者有分，且然无间，谓之命；留动而生物，物成生理，谓之

---

[1] 李泽厚：《庄玄禅宗漫述》，见李泽厚《中国古代思想史论》，人民出版社 1986 年版，第 184、185、189 页。

[2] 见崔大华《庄学研究》，人民出版社 1992 年版，第 118 页。

形；形体保神，各有仪则，谓之性。性修反德，德至同于初。同乃虚，虚乃大。合喙鸣，喙鸣合，与天地为合。其合缗缗，若愚若昏，是谓玄德，同于大顺。(《庄子·天地》)

这里的"泰初有无，无有无名"当指"道"。由"道"生出来"一"，但尚无形。这个无形的"一"是什么？据《知北游》所谓"夫昭昭生于冥冥，有伦生于无形，精神生于道，形本生于精，而万物以形相生"的话来看，这个"一"乃精气。由"道"化生出还没有形体的精气，由精气再生化出有形者，一直到万物。把"道——一"的过程解说为"道"生精气的过程，这是从形体之生的角度来看宇宙生成的。如果从化生的性质方面来说，先由"道"生出"德"，"德者得也。得也者，谓其所得以然也"(《管子·心术上》)。"德"也是未有形的，但它毕竟与"道"有别，因为它已从"道"中生出来了；虽然已从"道"中生出，但在本质上"道"与"德"又是一致的，这就叫"未形者有分，且然无间"。这个"道"与"德"有分有合的一体化，即"道—德"就叫"命"。"命"和"德"是一个东西，从人和物这一方面看，都是源于"道"的，故是"德"，即得之于"道"；但从"道"这一方面看，是"道"把存在给予了人和物，这就叫"命"，即赋予、命予。无论从精气来说还是从德、命来说，天地万物都是从"道"生化出来的。《庄子·则阳》说："四方之内，六合之里，万物之所以生，恶起？"这说的是天地万物的起源问题。《庄子·知北游》曰："人之生，气之聚也，聚则为生，散则为死。若死生为徒，吾又何患？故万物一也，是其所美者为神奇，其所恶者为臭腐。臭腐复化为神奇，神奇复化为臭腐，故曰通天下一气耳。"包括人在内的天地万物都是源于"气"的；但"气"又是源于"道"的。所以，是"道"生成了天地万物。庄子有宇宙生成的思想，这是可以肯定的。

2. 本根（或本体）义。"道"既是万物生成的源头，同时也是万物之所以存在的本原、本体。我们在说老子"道生一"的宇宙生成论思想时说过，宇宙生成论中逻辑地蕴涵着一宇宙本体论思想，否则的话宇宙根本就无法开始，也终无宇宙生成论可言。在庄子这里也一样，当他思考宇宙来源问题时，就蕴涵着关于宇宙之存在的本体问题。《庄子·天运》开篇说："天其运乎？地其处乎？日月其争于所乎？孰主张是？孰纲维是？孰居无事而推行是？意者其有机缄而不得已邪？意者其运转而不能自止邪？云者为雨乎？雨者为云乎？孰隆施是？孰居无事淫乐而劝是？风起北方，一西一东，在上彷徨，孰嘘唏是？孰居无事而披拂是？敢问何故？"天地万物不管是如何来的，当它来了后就是一存在；是存在，就必有存在的原因和根据，倘若没有原因和依据，它就不可能如斯地存在着。庄子在此提出了十多个天动地处方面的问题，要思考和寻求的就是"何故"的这个"故"，这就是本体论问题。就这里提出的问题而言，庄子是在已形成的、现成的宇宙状态中来问其存在之"故"的。实则早在关于天地起源的宇宙生成论中就已逻辑地蕴涵着本体论问题。比如《庄子·齐物论》言："有始也者，有未始有始也者，有未始有夫未始有始也者。有有也者，有无也者，有未始有无也者，有未始有夫未始有无也者。俄而有无矣，而未知有无之果孰有孰无也。"这里所说的就是关于宇宙起源的问题。这个起源的开端到底在哪里？如何来确定这个开端呢？按理说这是可以一直追踪下去的，根本找不到一个开端或一个终了。但这样的话宇宙就无法开始了，也就压根没有宇宙存在了。这当然不行！我们的宇宙一定是存在的，故一定有其起源；既有起源，就一定有个开端，这个开端就具有"本体"的意义和价值，即它是自本自根的存在，这就是本体。庄子在此当然没有这样来讲这个道理。他说"俄而有无矣"，"俄而"者突然者也，这是说"有无"就一下子在了，存在了，再不可去追溯了。这就是"本体"的思想。

在庄子看来，这个本体当然就是"道"，即那个"物物者非物"（《庄子·知北游》）的"物物者"。庄子有言：

夫道，有情有信，无为无形；可传而不可受，可得而不可见；自本自根，未有天地，自古以固存；神鬼神帝，生天生地；在太极之上而不为高，在六极之下而不为深，先天地生而不为久，长于上古而不为老。（《庄子·大宗师》）

合彼神明至精，与彼百化，物已死生方圆，莫知其根也，扁然而万物自古以固存。六合为巨，未离其内；秋毫为小，待之成体。天下莫不沉浮，终身不顾；阴阳四时运行，各得其序。惛然若亡而存，油然不形而神，万物畜而不知。此之谓本根，可以观于天矣。（《庄子·知北游》）

天不得不高，地不得不广，日月不得不行，万物不得不昌，此其道与。(《庄子·知北游》)

这里说的就是"道""自本自根"的"本根"性，也就是其本原、本体性。在庄子看来，大到整个宇宙（六合），小到秋毫，其存在都以"道"为原因和依据。作为宇宙万物之存在依据的"道"，其自身的存在是没有也不需要它之外的东西来作存在依据的，它是"自本自根"的"本根"。所以，"夫道，覆载万物者也，洋洋乎大哉"（《庄子·天地》）。"夫道，于大不终，于小不遗，故万物备。"（《庄子·天道》）总之，"道者，万物之所由也"（《庄子·渔父》）。

3. "道一分殊"义。在说老子"道"的本体义时我们讲了这样一个道理，即"道"要作本体就必须具有抽象性、普遍性、一般性之属性或维度，否则是统揽不住万物的，因此也就作不了本体。那么，庄子在说"道"的本体义时，也是这样的思想逻辑吗？是的。庄子有此方面的思想，但他在此方面没有老子那里明白。《庄子·齐物论》中有这样一段：

道行之而成，物谓之而然。有自也而可，有自也而不可。有自也而然，有自也而不然。恶乎然？然于然。恶乎不然？不然于不然。恶乎可？可于可。恶乎不可？不可于不可。物固有所然，物固有所可。无物不然，无物不可。故为是举莛与楹，厉与西施，恢恑憰怪，道通为一。其分也，成也；其成也，毁也。凡物无成与毁，复通为一。

这里就有"道"的抽象性、普遍性、一般性的思想。"道行之而成，物谓之而然"，这是说世上的道路是由于人的行走而形成、出现的；同样，世上人们视之为事物的那些东西，是由人称谓出来的。那么，人怎么来称谓事物，即给其命名呢，命名活动难道是主观随意的吗？当然不是。事物的名称虽然是人给予的，但事物本来就有可与不可、然与不然的方面，这就关乎事物之存在的本性、本质问题。事物如此地存在着，这是其现象；但它为何要如此存在并能如此存在呢？倘若没有事物内性上的根据这将是不可能的。这就是庄子所谓的"有自也而可，有自也而不可。有自也而然，有自也而不然。恶乎然？然于然。恶乎不然？不然于不然。恶乎可？可于可。恶乎不可？不可于不可。物固有所然，物固有所可。无物不然，无物不可"这段议论的意思。庄子在此发出这样的议论目的何在？他想表达什么思想呢？笔者以为，庄子在此说的是名称之获得的依据和命名方式等问题。世上的东西作为存在者都是具体的，有具体的状象和属性，这是其异。但事物如何能表现出自己的具体性状呢？这必须在一物与他物的联系、比较中才有可能，如若世上仅仅有一个物，你说它究竟是长是短、是高是低、是圆是扁、是轻是重、是白是黑……呢？根本就无法确定！只有在一物与他物的联系、比较中，这一物和他物才都能显示出自己的规定性来。一物与他物既然相联系了，二者中就必有一个"中间"地带存在和出现，即有一个由一物向他物的"过渡带"存在，否则的话无联系可言。这个"中间"带或"过渡带"就是二者的"共同"带，这就是一般、普遍或抽象。名字的出现只不过是将事物间或事物中的"共同"部分确定下来、表示出来而已。所以，庄子在发了"物固有所然"那一段议论后，就说："故为是举莛与楹，厉与西施，恢恑憰怪，道通为一。"莛是小草之茎，楹是大木柱；厉即疠，丑癞妇人也，西施者大美人也，这些东西在外形上差别巨大，但在"道"处却"通为一"了，即有了"一"这个共同、共通的质性，这难道不是普遍性、一般性、抽象性之属性吗？所以，在庄子这里"道"是有抽象性之义的。

按理说"道"有了抽象义后，其本体义就得到了说明和确定。然在此方面庄子比老子更进一步，即在确定了"道"的抽象义后，他还考察了这个抽象、普遍之"一"如何存在的问题。这个"一"被从个别的事物中提取、抽象出来后，它就是一概念、范畴，它是存在于人的理性、思想上的，这没错；但它只能存在于人的思想上吗？难道从此就彻底离开事物而与它们无关了吗？当然不能！如果这个"一"从此再与事物无关联了，那还要它干什么呢！这个"一"或"道"既然是作万物存在本体的，那它自然与万物就要同在，要处在万物中。这就是庄子的"道一分殊"思想。《庄子·知北游》中有庄子和东郭子关于"道"在哪里存在的一段对话，云：

东郭子问于庄子曰："所谓道，恶乎在？"庄子曰："无所不在。"东郭子曰："期而后可。"庄子曰："在蝼蚁。"曰："何其下邪？"曰：

"在稊稗。"曰："何其愈下邪？"曰："在瓦甓。"曰："何其愈下邪？"曰："在屎溺。"东郭子不应。庄子曰："夫子之问也，固不及质。正获之问于监市履狶也，每下愈况。汝唯莫必，无乎逃物。至道若是，大言亦然。周遍咸三者，异名同实，其指一也。"

这段对话生动地说明了"道"的存在方式，即"道一分殊"。东郭子认为"道"只有人才有，只能在人的认识中存在，这就把"道"作为纯概念来对待了，所以庄子说他"固不及质"，即没有抓住"道"的本质。在庄子看来，"道"存在于天下的每一事物中，因为每一事物只要存在了，就一定有其存在的根据和原因，这就是"道"，所以连天下最污秽的屎尿中都有"道"存在。那么，"道"究竟是如何存在于每一事物中呢？难道是把这个"道"像切西瓜一样切成数块（份）而分给天下的每一事物吗？这当然不可以，因为这样瓜分后"道"也就不是"道"了。"道"是以一个整体的"一"处在每一事物中的，即每一事物中都有一个完整、囫囵的"道"，这就是"道一分殊"。这就是"道"的存在方式，是"道"作为本体之存在的存在方式。

这个"道一分殊"义是较难把握的。如果把"道"作为现成的对象，作为如同事物一样的对象来对待，那是不会有"道一分殊"存在的，这除非有像事物一样多的"道"才行，那还有"道一"可言吗？！这里所涉及的问题是个别和一般的关系问题。人们常说一般是从个别中抽取出来的。那请问：个别中究竟有没有一般？如果没有，任你怎么抽取也无法抽象出一般来；如果有，既然已经有了，一般已经在个别中了，你还抽它干什么，抽象活动岂不多此一举！可见，说个别中有一般是不对的，说个别中没有一般也是不对的。之所以会出现这种两难处境，原因就在于把"一般"作为对象来对待和处理了。实际上，"一般"并非对象，它只能是一种"形式"或形势、趋势、态势、势态，它既在个别中又不在个别中，既不在个别中又在个别中，这就是"中"之谓。"道一分殊"的"道"亦然，它既在事物中又不在事物中，既不在事物中又在事物中，这才有和能有"道一分殊"可言。这里已是海德格尔说的"形式指引"的现象学方法了。话也只能说到此为止。

4. 技术义。和老子的"道"相比，庄子之"道"的一个突出特点是其技术性含义。这是在实际生活中得"道"的一种方法。在说"道一分殊"性时我们说：此时的"道"是以"一"的性质和身份处于每一事物中的，其表现形式就是它既在事物中又不在事物中，既不在事物中又在事物中的"中"。"道"在事物中，这好说，即它表现、体现在事物身上；"道"不在事物中，这就不太好说了，它不在事物中，那它在哪里呢？就在人这里！所以，要把握"道"的"道一分殊"性，其实涉及"道"与人和物的关系，这其实就是人与物（对象）的关系，只有在此关系中才可得"道"，才不是将"道"仅仅作为对象性概念来把握。这里就涉及"道"的技术性。"道"的技术性是什么意思？且看：

> 庖丁为文惠君解牛，手之所触，肩之所倚，足之所履，膝之所踦，砉然向然，奏刀騞然，莫不中音；合于《桑林》之舞，乃中《经首》之会。文惠君曰："嘻，善哉！技盖至此乎？"庖丁释刀对曰："臣之所好者道也，进乎技矣。……"（《庄子·养生主》）

这是一篇脍炙人口的故事，说的是一位厨师的解牛活动。人解牛当然不是如一般野兽那样用口、爪去撕咬，而是用刀这一工具。通过对工具（刀）的使用，将人与对象合而为一，使得此时区分不出孰为对象孰为人，这就是入境，就进到了海德格尔所谓的"人在世中"（being-in-the-world）的物我一体状态，这既是哲学的起点也是哲学活动所要取得的结果和所达到的终点。这里的关键是要将工具使用到出神入化的化境，才会有物我一体之意境的产生和出现，泛泛地使用工具达不到此效果。庖丁之所以能达到"以神遇而不以目视"的境地，能"由技进乎道"而得"道"，正在于他将刀用到了出神入化的化境，这把刀在他手中使用了十九年，还像新磨过的一样。在此已非劳动，而是一种技术和艺术，"合于《桑林》之舞，乃中《经首》之会"，把文惠君都看呆了。不用多言，在用刀用到如此程度和水平时，已出现了超然的效果，即人与牛（对象）的一体化，这时的"牛"是牛化了的人，这时的"人"是人化了的牛，孰牛孰人？一体同在矣！这，就是"道"，就是"得道"，就是生、活在"道"中。

《庄子》中除了"庖丁解牛"这一篇外，尚有许多寓言故事，说的都是对工具出神入化的使用。比如"轮扁斫轮"（《庄子·天道》），这是使

第二章 道家的"道德"论与中华民族的立世之道

用斧、凿等工具的技术。一个行年七十的老头在做车轮，他深懂做轮时的"不徐不疾"的"数"，他通过出神入化地使用斧、凿等工具来把握这个"数"；也正是在把握这个"数"时人与轮处在了一体同在的"物化"境界。再比如"痀偻承蜩"（《庄子·达生》），这是用竿子的技术。一位驼背老人用竿子粘蝉，手到擒来，比囊中取物还容易。这是将竿子使用到化境的结果，这时竿随意动，人蝉一体。再比如"津人操舟"（《庄子·达生》），这是操作舟的技术。到了"操舟若神"的地步，这时心随意转，身随心动，身舟一体同在。再比如"丈夫蹈水"（《庄子·达生》），这是用水的技术。一丈夫在流沫四十里，连鼋鼍鱼鳖都不能游的激水中蹈水，从容自如，悠然自得，其驾驭水的技术世所罕见。这里的水已非对象，而是人水一体矣。再比如"梓庆削鐻"（《庄子·达生》），这是使用刀、斧等的技术。一位工匠用木来削"鐻"这种乐器，器成后人们叹为观止，惊为鬼斧神工。刻刀在梓庆手中已被用到化境。再比如"东野御车"（《庄子·达生》），这是驾车的技术。一辆车在东野稷的驾驭下前后进退中绳，左右旋转中规，人与车已合为一体，其技神矣！再比如"工倕旋指"（《庄子·达生》），这是用手指的技术。一位工匠用自己的手指画圆，画出的圆比用圆规画的还标准，可见他对自己手指的神妙使用，这时的人已处在"灵台一而不桎"的境界。再比如"大马捶钩"（《庄子·知北游》），这是使用刀、剪等工具的技术。一位大司马家的钩带制作者年已八十，但制出的钩带却"不失毫芒"。这位制钩者通过对刀等的使用，已达到人钩一体。再比如"匠石运斤"（《庄子·徐无鬼》），这是使用斧子的技术。一位工匠挥动斧头砍去了一位粉刷工鼻子尖上薄如蝇翼的一滴泥水点，而该人鼻子丝毫未伤，这将斧子用到了化境。这些故事都是出神入化地使用工具的例子。正是通过化境中的工具，使人与对象合而为一，这就是"道"。德国现代哲学家海德格尔说："打交道一向是顺适于用具的，而唯有在打交道之际用具才能依其天然所是显现出来。这样的打交道，例如用锤子来锤，并不把这个存在者当成摆在那里的物进行专题把握，这种使用也根本不晓得用具的结构本身。锤不仅有着对锤子的用具特性的知，而且它还以最恰当的方式占有着这一用具。在这种使用着打交道中，操劳使自己从属于那个对当下的用具起组建作用的'为了作'。对锤子这物越少瞠目凝视，用它用的越起劲，对它的关系也就变得越源始，它也就越发昭然若揭地作为它所是的东西来照面,作为用具来照面。锤本身揭示了锤子特有的'称手',我们称用具的这种存在方式为上手状态。"[1] 海氏说的对锤子的称手使用,与庄子这里出神入化地使用工具的思想是相通的,尽管用语不同。

"道"的技术性含义这一层意思,具有很重要的思想价值。首先,这涉及人的存在本质和方式问题。人是怎么来的?对此迄今有不同的说法。其中人是由类人猿进化来的,这仍是科学、可信的观点。靠自然界自身的进化,到了类人猿这个层级就封顶了。类人猿之所以能进化为人,关键环节是制造和使用生产工具。如果有一个猿在不经意间从树上扯下一根枝条来敲打野果,这一人类意义上的劳动活动的萌芽就出现了。由于制造和使用生产工具,猿的四肢逐渐发生了分化,随之猿的心脏循环系统、脊椎系统和脑髓系统等也发生了分化,人就这样慢慢地形成了。是生产工具这根杠杆把人撬离开了动物世界(自然世界)而成就了一个属于人自己的人文世界或人类社会。但人从自然世界中被提升出来后到哪里去了呢?它怎么来生存呢?人就存在于、生活在自然世界中,要靠使用生产工具来从自然世界中获得自己所必需的物质生活资料。如果没有生产工具,如果人像一般动物那样仅靠天然的四肢和口牙来谋食,人类早就灭亡了。就人的自然肢体说,人远远比不上别的动物,比如人没有鱼那样的腮,不能在水中生存;人也没有鸟儿那样的翅膀,不能在天空飞翔,等等。但人能使用生产工具来制造在水中、天上生存的东西,即轮船和飞机,这远远超过了一般动物。有了生产工具,人把自己的自然肢体大大地延伸了,现在仍在延伸着。可见,由于生产工具的使用人把自己提升出了自然世界,还由于生产工具的使用人又把自己与自然世界联系、连接起来而得以生存和生活。使用生产工具,这是人生存的条件和方式、途径。庄子"道"的技术性含义,揭示的正是人对生产工具出神入化地使用,其意义是不言而喻的。

其次,"道"的技术性还涉及人得"道"的方式问题。老、庄讲"道",常人学"道",其最终目的都是能得到"道"。怎么得呢?老子讲"日损",庄子讲"坐忘",后世讲"修道",这些方式当然都有一定道理,也都有用,但这些方式与人的认识有直接关系,且与人的知识准备大有关

---

[1] 海德格尔:《存在与时间》(修订译本),陈嘉映、王庆节译,生活·读书·新知三联书店2006年版,第81页。

联，似乎有知识、有智能之人才能体会到"道"的深奥道理，也才可修道，一般目不识丁的凡夫俗子似乎体悟不出"道"的高深之理，故而也修不了道，得不到道。但在庄子"道"的技术性这里，情况却恰恰不是这样的。"道"用不着去苦思冥想地体悟，也用不着长年累月在山间静坐苦修，"道"就在人的生产和生活活动中，人通过对工具出神入化地使用，就能达到与对象的合一和一体同在，这就是"道"，这就是"由技进乎道"，有如庖丁解牛那样。这样一来，"修道"的方式就大大改变了。三百六十行各行各业中各层次的人，都能修"道"，也都能得"道"，因为都能在使用工具中进入化境。所以，得"道"、修"道"并非知识和认识活动，而是人的生活自身，是使用工具进行活的生活自身的过程，这乃是人的生存根基，而那些认识、知识活动只是从生活自身中脱落下来的第二位的东西。这样，"道"就没有什么神秘性，修"道"也就没有神秘性了。"道"的技术性这一意义是非常重要的。

5. 境界义。老子讲"道"的目的是得"道"，庄子讲"道"的目的也是得"道"。但在得"道"这方面，庄子比老子更进一步。班固在《汉书·艺文志》中说老子乃"君人南面之术"，可见老子的"道"是被运用和表现在社会政治中的处世方略，仍有对象性的性质。而《庄子·天下》说庄子是"独与天地精神往来而不敖倪于万物"，这说明庄子的"道"是意境和境界，是人与"道"一体同在的"逍遥"之境。所以，庄子"道"的境界性比老子更突出和明显。《庄子·大宗师》曰：

  吾师乎！吾师乎！𩐋万物而不为义，泽及万世而不为仁，长于上古而不为老，覆载天地刻雕众形而不为巧。此所游已。

这是借许由之口说的得"道"。其方式是"游"，即"游夫遥荡恣睢转徙之途"（《庄子·大宗师》）。这也就是"乘天地之正而御六气之辩，以游无穷者"（《庄子·逍遥游》），这是一副"无己""无功""无名"的"恶乎待哉"的绝对无待的自由之境。这时的人不知有己，也不知有物，当然更不知有"道"，而是与"道"融在了一起，此即"出入六合，游乎九州，独往独来，是谓独有"（《庄子·在宥》）。

这种得"道"之境或"道"的境界性，已超越了对象化，故无法用概念语言来作"什么是什么"式的定性描述,而只能作情境性的形象化状摹,这就是庄子笔下的"神人""至人""圣人""真人"等形象,尤以"神人"为突出表现。庄子言:

> 藐姑射之山,有神人居焉,肌肤若冰霜,绰约若处子,不食五谷,吸风饮露;乘云气,御飞龙,而游乎四海之外。其神凝,使物不疵疠,而年谷熟。(《庄子·逍遥游》)
>
> 至人神矣!大泽焚而不能热,河汉冱而不能寒,疾雷破山而不能伤,飘风振海而不能惊。若然者,乘云气,骑日月,而游乎四海之外。死生无变于己,而况利害之端乎!(《庄子·齐物论》)
>
> 古之真人,不逆寡,不雄成,不谟士。若然者,过而弗悔,当而不自得也;若然者,登高不慄,入水不濡,入火不热。是知之能登假于道者也若此。(《庄子·大宗师》)

这些"神人""真人"等不悦生,不恶死,哀乐不入,安时处顺,随造化往来,"与物有宜而莫知其极"(《庄子·大宗师》);他们的睡、醒、食、息与常人不同,即睡不梦,醒不忧,食不甘,息深深,"真人之息以踵"(《庄子·大宗师》)。这样的人"登高不慄,入水不濡,入火不热"(《庄子·大宗师》)。这已是超人,已超越了生死、是非、古今、人物等之界限,这就是"乘天地之正而御六气之辩,以游无穷者"。

庄子状摹的这些"神人"等的特点是能"逍遥"地游,即自由自在地游。这种"游"虽然被庄子形象化为"乘云气,御飞龙""乘云气,骑日月"的神仙,但这显然非身游,而是心游、神游。庄子多次指出:

> 且夫乘物以游心,托不得已以养中,至矣。(《庄子·人间世》)
> 不知耳目之所宜,而游心于德之和。(《庄子·德充符》)
> 游心于淡,合气于漠,顺物自然而无容私焉。(《庄子·应帝王》)
> 游心于物之初。(《庄子·田子方》)

这种"心游"就是精神的自由驰骋,"游于物之所不得遁而皆存","游乎天地之一气"(《庄子·大宗师》),"游乎万物之所终始"(《庄子·达生》),"浮游乎万物之祖"(《庄子·山木》)。这种"游"是"物物而不物于物"的"与道游",即"若夫乘道德而浮游则不然。无誉无訾,一龙一蛇,与时俱化,而无肯专为;一上一下,以和为量,浮游乎万物之祖;物物而不物于物,则胡可得而累邪?!"(《庄子·山木》)这也就是"独与天地精神往来而不敖倪于万物……上与造物者游"(《庄子·天下》)。这样的"游"就叫"致道者忘心矣"(《庄子·让王》)。这就是得"道"之境界,就是"逍遥游"。

顺便说一句,庄子在此所描摹的"神人"形象讲的是超越了物我之限的绝对无待的精神自由之境,是思想,是哲学思想。后世道教则将这种"神人"形象形象化为神人,使其成了能腾云驾雾的神仙。道教的神仙形象与庄子思想有关,但这并非庄子之过。

以上就是庄子"道"的一些基本含义。与其"道"论思想相关,还有庄子的得"道"方法及处世方略问题,在此也予以略述。

庄子"道"的境界性是比较突出的。因之,庄子把握"道"的方式、方法多是境界性的体悟法。但庄子的"道"不止境界义,还有生成义等含义,对于"道"的生成义、本体义等就不是体悟问题,而是论说的问题了。所以,把握"道"的方法,在庄子处实际上有两类,一类是"齐物"式的概念法、抽象法,另一类则是"忘"式的体悟法。实际上这两类方法很难明确区分开,而是交织的,但从大的思想理路来说应有这两类。

关于"齐物"法,《庄子》中有《齐物论》一篇,专门论说了"齐"的问题。关于《齐物论》的思想含义可以疏解为三个方面:"'齐物'论"、"齐'物论'"、"齐'物''论'"。"'齐物'论"就是论"齐物"。世上的物本来不齐,千差万别,这里讲的"齐物"就是要使万物齐同、齐一。怎么"齐"之呢?难道要人为地去把万物剪削齐不成?当然不是,这也做不到,即使能做到这样做也无意义。所以,论"齐物"之"齐"只能是思想上的抽象方法,这也就是概念化方法,即用一个共相的名称、概念来概括同类事物。《齐物论》所说的"故为是举莛与楹,厉与西施,恢恑憰怪,道通为一"之"一"就是对万物之"齐"。这里的"道"或"一"就有抽象义在。"齐'物论'"就是对"物论"作整合和齐同。"物论"就是关于物的思想言论、理论,也就是关于物的观点、言词、思想、理论。人们对物有各种不同的看法,学派众多,观点各异,庄子所在的战国时期是"百家争鸣"的时代，自然有各种思想和观点。庄子说："道隐于小成，言隐于荣华。故有儒墨之是非，以是其所非而非其所是。故是其所非而非其所是，则莫若以明。"(《庄子·齐物论》)怎么"以明"之呢？这就是"以指喻指之非指，不若以非指喻指之非指也；以马喻马之非马，不若以非马喻马之非马也。天地一指也，万物一马也"(《庄子·齐物论》)。这就是对"物论"的齐同。而"齐'物''论'"就是对"物"与"论"作整合、齐一。物乃对象，是关于客观方面的；论乃思想、言论、理论，是关于主观方面的。主与客、物与我、心与物等是哲学上重大、永恒的问题。可以说《齐物论》的最高目标和目的就在"齐'物''论'"这里。庄子讲了许多道理和方法，他说："是亦彼也，彼亦是也。彼亦一是非，此亦一是非。果且有彼是乎哉？果且无彼是乎哉？彼是莫得其偶，谓之道枢，枢始得其环中，以应无穷。是亦一无穷，非亦一无穷也。"(《庄子·齐物论》)在彼与是（此）两者之间，取的不是对象性的彼和是，而是由彼、是夹撑、浮托起来的"居中"或"中"，这时既是彼又不是彼，既是是又不是是，这就是"中"，也就是"道"或"道之枢"，这个"枢"就是"环"或"圆"，这就既化掉了彼、是之质而又保留了彼、是之性与势、态。这已是境界，是"人在世中"的境界。关于庄子"齐物论"之思想，笔者已有所论①，此不赘言。

到了"齐'物''论'"这里，已经关涉到人与对象一体合一的意境了，把握此意境的方法就是庄子所谓的"忘"法。关于这个"忘"又有两种：一是"坐忘"，另一是"道忘"。何谓"坐忘"？《庄子·大宗师》有言：

颜回曰："回益矣。"仲尼曰："何谓也？"曰："回忘礼乐矣。"曰："可矣，犹未也。"他日复见，曰："回益矣。"曰："何谓也？"曰："回忘仁义矣。"曰："可矣，犹未也。"他日复见，曰："回益矣。"曰："何谓也？"曰："回坐忘矣。"仲尼蹴然曰："何谓坐忘？"颜回曰："堕肢体，黜聪明，离形去知，同于大通，此谓坐忘。"仲尼曰："同则无好也，化则无常也。而果其贤乎！丘也请从而后也。"

---

① 见康中乾《中国古代哲学的本体论》，人民出版社2016年版，第235—239页。

第二章 道家的"道德"论与中华民族的立世之道

"坐忘"就是"堕肢体，黜聪明，离形去知，同于大通"。"大通"乃"大道"。这是忘记了自己的形体，忘记了知识，无知无识，无忧无虑，无是无非，无好无坏，这就是同于"道"，也就是体"道"。唐成玄英疏曰："堕，毁废也，黜，退除也。虽聪属于耳，明关于目，而聪明之用，本乎心灵。既悟一身非有，万境皆空，故能毁废四肢百体，屏黜聪明心智者也。""大通，犹大道也。道能通生万物，故谓道为大通也。外则离析于形体，一一虚假，此解堕肢体也。内则除去心识，悗然无知，此解黜聪明也。既而枯木死灰，冥同大道，如此之益，谓之坐忘也。"成玄英的疏解倒也不错。但将"坐忘"之"忘"解为"枯木死灰"之状，未必对。请问：在"枯木死灰"之时，人的身可以如此，但人的"心"难道也成了枯木死灰吗？若然，那这个"心"不就死了嘛，还有何思想可言呢？还谈何体"道"呢？可以肯定，人在"坐忘"之时其"心"一定是活的，是正常运作着的，此时的人不是死人，也不是植物人，是有正常思想的人。既有正常思想，就得思得想；既在思在想，又谈何"坐忘"呢?！关于这个问题，庄子这里没有说明白，后世解庄者也未能厘清。那么，这个"坐忘"之"忘"到底是怎么回事呢？它的实质在于使思想或心化解掉对象，而处在思而无思、想而无想的"自然"运作中。我们在说老子的"日损"法时说过，后世道教的"养气""导气"法，后世佛家的"数数"法，就是使心念随着"气"或"数"（动词）而流动，以达到动而非动、非动而动之状态和结果。法国现代哲学家萨特说，人在从事认识、反思活动时有一个更为原始、基本的前反思，它才是反思行为得以存在的基础。他举例说，当我在数香烟时，开始时是对象化地数，即"一支香烟""两支香烟"……这里不仅有"香烟"这个对象，还有量词"支"；但数着数着，我就化去了"香烟"这个对象，只说"一支""两支"……再到后来，我就只说"一""二"……连量词"支"也化掉了，最后我只在"数"（动词），连数的这个"数"（名词）都不知了，这就进入数而无数、无数而数的意境、境界，这就进入了前反思。但这时如果有人突然问我正在干什么，我就会脱口而出地说"数香烟"，这时就由前反思转到了反思。[①] 萨特所说的在数香烟时数着数着就化掉了"香烟"这一对象而只留下"数"

[①] 萨特:《存在与虚无》，陈宣良等译，生活·读书·新知三联书店1987年版，第11页。

（动词）这个活动自身，这就是"忘"或"坐忘"。

"坐忘"法作为收敛心念的导引术的确有效。但此法并不是得"道"的最佳方法。因为，其一，心念的导引仍要心念来进行和操作，这正像人想忘掉什么时却恰恰记住了一样，难以真正止虑息念而达到"忘"。其二，心念导引所追求的是"忘"，但这时又不可使"心"死去，故引导的结果往往会使"心"幻化成形，这就是所谓的"神仙"形象和自由之境。其三，"坐忘"法所达到的与"道"同体的境界，在哲学性质上属于审美；审美只有人有，动物谈不上审美与否。那么，人和动物的根本不同在哪里呢？就在对工具的制造和使用上。所以，要解决"坐忘"问题，还得与工具的出神入化地使用相关联，这就由"坐忘"转到"道忘"了。

关于"道忘"，《庄子·大宗师》有言：

> 鱼相造乎水，人相造乎道。相造乎水者，穿池而养给；相造乎道者，无事而生定。故曰鱼相忘乎江湖，人相忘乎道术。

以"道术"相忘，此乃"道忘"也。"道忘"就是在得"道"中忘却对象与自我的区别，使人与物合一而一体化。"人相忘乎道术"与"鱼相忘乎江湖"是相类似的。鱼天生在水中生、活着，水是它赖以生存的环境、境域。鱼就出生在这种境域中，故与水息息相通而一体同在，这时它倒不觉得有水，水不是它所面对的对象。相反，"泉涸鱼相与处于陆，相呴以湿，相濡以沫，不如相忘于江湖"（《庄子·大宗师》）。鱼离开了水了，从水中出来了，水就成了它面前的对象，这时它知道水是什么，却不能生存了，只能靠哈气和吐口水来苟延残喘。水是鱼生存的境域、形势。同理，"道"乃人生存的境域、形势，人只有融进"道中"，即处在"道"之"中"，方能得机得势地生存下去，这时才能自由，才能在自然而然地生存、生活中不知不觉地"忘"之。那么，人如何得"道"而处在"道"之"中"呢？这里就是"术"，即"道术"。这个"术"就正是人对工具出神入化地使用，以之由"技"进乎"道"而得"道"。"道忘"的积极意义是明显的。

庄子得"道"的目的又何在呢？当然是为了处世。但同是处世，庄子与老子有别。老子将"道"用于处世而形成了处柔守雌、后发制人的权谋、权术性的"术"。但庄子不是，他的处世方略不是权谋性的术，而是"不遣是非，以与世俗处"（《庄子·天下》）的"游世"。怎么"游"呢？《庄子·山木》曰：

> 庄子行于山中，见大木，枝叶盛茂，伐木者止其旁而不取也。问其故，曰："无所可用。"庄子曰："此木以不材得终其天年夫！"出于山，舍于故人之家。故人喜，命竖子杀雁而烹之。竖子请曰："其一能鸣，其一能不鸣，请奚杀？"主人曰："杀不能鸣者。"明日，弟子问于庄子曰："昨日山中之木，以不材得终其天年；今主人之雁，以不材死；先生将何处？"庄子笑曰："周将处乎材与不材之间。"

"处乎材与不材之间"，这就是"游世"。人生在世，处世颇难。如果才能太显，必会招妒，"古来材大难为用"（杜甫《古柏行》），这将难以处世；倘若没有才能，就会受人欺侮，会被人奴役，"途穷反遭俗眼白"（杜甫《丹青引》），这也难以处世。庄子说他"将处乎材与不材之间"，有人说这是庄子在耍滑头；实则不然，这个"之间"颇有"中庸"或"中"的韵味，实行起来颇为不易，需要高超的人生艺术，不是靠耍滑头，靠小聪明，靠玩弄权术能奏效的。同时，这个"之间"大有现象学的"居中"性识度，是要求化掉对象和自我各自的质性而逼进到既是对象又不是对象，既是自我又不是自我的既是又非、既非又是的活的"形式"或形势、态势、势态之中，随势而转，随时而化，这时就是真的得"道"，这样处世方能左右逢源自由自在地"游"。故庄子在讲了"周将处乎材与不材之间"的话后接着说："材与不材之间，似之而非也，故未免乎累。若夫乘道德而浮游则不然。无誉无訾，一龙一蛇，与时俱化，而无肯专为；一上一下，以和为量，浮游乎万物之祖，物物而不物于物，则胡可得而累邪！"（《庄子·山木》）只有得"道"，与"道"一体同在，才能游于世，"唯至人乃能游于世而不僻，顺人而不失己"（《庄子·外物》）。

三　道家思想中所体现的中华民族精神

道家和儒家一样，对中华文化和中华民族精神的形成和发展具有奠基作用。就总体特征言，儒家持守的是自强不息、积极有为的进取之道，而道家所秉持的则是见素抱朴、处柔守雌、无为而治的隐逸之道。前者是入世的和现实的，后者则是出世的和超越的。没有对现实的执着，中华民族不可能生存；但没有对现实的超越，中华民族就不可能发展。正是道家对现实社会的揭露、批判和对理想社会的憧憬，使得中华先民能够与现实拉开和保持一定距离，能够理智地、超越地看待和认识社会现实，这对社会的发展无疑是有益的。同时，由于在儒家刚强进取的精神情怀中加入了和渗进了道家柔和谦下、功成身退、知足常乐等精神情怀，中华士子能刚能柔，能进能退，进则兼济天下而博施济众，退则独善其身而自我逍遥，故中华士子能进则安退亦安，在进退中都能找到对生命的终极安顿和关怀，无须宗教之上帝来对生命的意义和价值作超越地安顿。有人说儒家持守的"格致诚正，修齐治平"之道是积极的，健康向上的，而道家秉持的持柔守雌、谦下退让之道是消极的，是对社会和人生发展不利的。所以，一提起道家对中华民族精神的贡献和作用，人们往往认为其价值是负面的，培养了中华民族中那些低三下四的奴才气和投机钻营的滑头主义。这种看法不能说纯是胡诌，但也不无偏颇。正像距离产生美一样，人们对社会以及社会发展的认识也需要距离。苏轼有著名诗句"不识庐山真面目，只缘身在此山中"（《题西林壁》）。如果你一生都不曾进入庐山，你当然不会认识和了解庐山；但倘若你一辈子都钻在庐山中而不曾出来过，你也就无从见识庐山的整个相貌了。所以，完全地在庐山中和完全地不在庐山中，都非认识和把握庐山真面目的正确途径和方法。人类对待自己的社会难道不是这个道理吗?! 如果完全地入世，对现实社会全是肯定和褒扬，这不利于社会发展。在中华民族的精神中，有儒家的入世和进取，也有道家的出世和隐逸，这才能进退结合、刚柔相济，既立足于社会现实，也有对社会现实的超越，这无疑是有益于社会发展的。从这个意义上来说，道家思想对中华民族精神的作用并非全是消极的和负面的。道家与儒家一样，对中华民族精神的形成和发展是有积极贡献的。

道家思想中所体现的中华民族精神有下列几个方面。

1. "见素抱朴"的尚朴精神

道家重素、朴。它将素、朴看作物和人最根本、最本质的质性，将尚

第二章 道家的"道德"论与中华民族的立世之道

素尚朴升华为人最基本的精神操守。"见素抱朴"的尚朴精神是以道家思想,尤其是以老子思想为代表的中华民族的重要精神之一。

老子很看重"朴"。他言道:

> 绝圣弃智,民利百倍;绝仁弃义,民复孝慈;绝巧弃利,盗贼无有。此三者以为文,不足,故令有所属。见素抱朴,少私寡欲,绝学无忧。(《老子》第十九章)
>
> 道常无,名朴,虽小,天下莫能臣也。侯王若能守之,万物将自宾。(《老子》第三十二章)
>
> 道常无为而无不为。侯王若能守之,万物将自化。化而欲作,吾将镇之以无名之朴。无名之朴,夫亦将不欲。不欲以静,天下将自定。(《老子》第三十七章)
>
> 天下多忌讳,而民弥贫;民多利器,国家滋昏;人多伎巧,奇物滋起;法令滋彰,盗贼多有。故圣人云:我无为而民自化,我好静而民自正,我无事而民自富,我无欲而民自朴。(《老子》第五十七章)

《老子》中论述"朴"的有五章,"朴"字7见。"朴"与"素"意思一致,往往连用为"朴素"或"素朴"。《说文》曰:"素,白致缯也。从糸 𢆶,取其泽也。凡素之属皆从素。"素是会意字,取其毛光润下垂意。素之原义是白而未加工的丝织品。又曰:"樸,木素也。从木,菐声。"段玉裁注曰:"素犹质也。以木为质,未雕饰,如瓦器之坯然。"素指未被加工(染色)的丝绢类,朴(樸)指未被雕琢加工的木材类。素、朴都有本然、本色、本质义。老子说要"见素抱朴",即要显现出"素"以持守住"朴"。这里的"见"同"现"。这是要求以显现、现出事物和人的本然质性,即人和物的真性、天性来。

老子在论述"见素抱朴"的尚朴之道时,有两方面的思想特点:一是将"朴"与"道"相论列;二是将"朴"与社会历史发展相联系。

对《老子》第三十二章"道常无名朴虽小天下莫能臣也",历来有不同的理解和断句,比如有人断为:"道常无名,朴虽小,天下莫能臣也。"也有人断为:"'道'常无名、朴。虽小,天下莫能臣也。"笔者的愚昧理解和断法是:"道常无,名朴,虽小,天下莫能臣也。"意思是说:"道"

是常无，以"朴"来名它，它虽然小，但全天下没有什么东西能使它为臣的，它只能来臣全天下的东西。这里的"常无"之"常"与《老子》第一章的"道可道，非常道"之"常"一致，道说出来的"道"就是被对象化了的东西，就是第二性的，故就不是本然的"道"了，即失其"常"了。可见，这个"常"有本然、本质、自身、原有等意思。"常无"的意思就是指那个真正的、本然的、本质的"无"。这又是什么意思呢？难道还有非真的、非本然的、非本质的无吗？当然。非真的、非本然的无就是对象化了的无，这是与有相对的无，即没有。"道"如果是这样的无，就是零，就是没有，那就无"道"可言了，要这样的"道"干什么呢！所以，"道"不是没有，它有，它存在着，它真实地存在于天下；但它又不是对象性存在，它是正存在于、正显现于、正生成于事事物物中的存在之趋势、态势、形势、姿势，是纯关系自身，这就是海德格尔所说的"形式指引"的"形式"！这样的"道"是活转，是正在构成着万事万物之存在的契几或契机、势机。用"常无"来指谓这个"道"，就是为了说明和突出"道"这种活的本质，即"常无，欲以观其妙"（《老子》第一章）。这个"常无"之"无"已不能用对象性、概念化的"什么是什么"来定谓了，它大有佛家大乘空宗讲的"缘起性空"的"空"义。那究竟怎样来表征这个"道常无"之"道"呢？就用"朴"来名之吧，即"名朴"，"名朴"就是指出它非对象化的、什么都不是的本然性之质性。"虽小"又是什么意思呢？《老子》第二十五章在称谓"可以为天下母"的东西时说："字之曰道，强为之名曰大。"这是以"大"来名"道"的，是说"道"作为"天下母"，包揽着、统驭着全天下，所以是"大"的。现在，说"道常无"说的也是"道"，为何不用"大"而用"小"了呢？因为现在不是说全天下，而是说"全天下"中的每一个，也就是构成天下的那种最基本的和最后的单位（这相似于现代物理学中说的作为宇宙起源的"基本粒子"），所以就用"小"了。实际上，对"道"而言，用"大"用"小"都可以，宇宙全体有多大"道"就有多么大，同时构成宇宙的"基本粒子"有多么小"道"就有多小。"道"在外形上虽然"小"，但正表现了它的本然性、本体性，故"天下莫能臣也"。对三十二章的意思作了这番疏解后就不难说明，老子所言的"朴"与"道"相关。

《老子》第三十七章所言的"化而欲作，吾将镇之以无名之朴"的

"朴"亦与"道"相关和相通。这里的"道常无为而无不为"一语,有人断开为"道常无为,而无不为",似不够好,因为这样来就将"无为"与"无不为"视为两截子了,成了"道"的两种不同作用,故不好。"道"的作用当然不是两截子的,它时时刻刻、时时处处在每一事物中存在着和起着作用。《老子》第五十一章说:"道生之,德畜之,物形之,势成之,……长之育之,亭之毒之,养之覆之,生而不有,为而不恃,长而不宰,是谓玄德。"说的正是"道"的"无为而无不为"的作用,"道"存在于万物产生、成长、结果、消亡的全过程中,离开了"道"万物将不能存在,这是"道"之"为";但此"为"全出于"道"自然而然的"自然"本性、本质,没有任何目的与欲望,看不出任何为己之作,故又是"无为"的。正因为"道"是"无为"的,所以它才能去"为",能完全地去"为",即"无不为"也,倘若"道"是"有为"的话就不能真"为"、完全地"为"了,因为"为"了甲就不能"为"乙;也正因为"道"是出于本性的"为",即"无不为",所以它才能"无为"。正因为"道"是"无为而无不为"的且是"无不为而无为"的,故它才能真"为",才能依自性而"为",这正是其"朴"性之展现。正因为如此,侯王将相才能取法之,才能依万物之势而顺万物之情,使得"万物将自化"。化的过程中如果出现偏差怎么办呢?"吾将镇之以无名之朴",即用"朴"即"道"来镇守之,使万物最终回归于"道",按"道"而行。第三十二章说"道常无,名朴";第三十七章说"无名之朴",看来不同,一个是"名朴",一个是"无名朴"。实则是一样的。"名朴"是说把"道常无"这种"无"性名之为"朴","无名朴"或"无名之朴"是说"朴"本身是再不可名之的,因为它指的就是"道",就是"道"本身,已经回到了事情本身了,岂容名哉?岂用名哉?岂有名哉?!

通过以上对《老子》第三十二、三十七章的解析,可以看出,老子之"朴"与"道"内在相关。老子要尚朴,也就是尚道,是要人们遵道守道,以"道"为行为准则。这是老子尚朴思想的一个特点。

老子尚朴思想的另一个特点就是将"朴"与社会历史的变迁相联系,使"朴"有了厚重的社会、历史内涵。老子说:

> 朴散则为器。圣人用之,则为官长。故大制不割。(《老子》第二

十八章）

　　天地相合，以降甘露，民莫之令而自均。始制有名，名亦既有，夫亦将知止，知止可以不殆。譬道之在天下，犹川谷之于江海。（《老子》第三十二章）

《老子》第二十八、三十二章这两章我们上面刚疏解过一些，说的是"道"与"朴"的关系。同时，也恰是这两章，又关系到"朴散"的问题。"朴"者木之未雕琢未加工之天然性态也，这乃木之本始、本然之质，它恰合于"大朴未亏"的"道"。但在人类现实生活中，这个"朴"是要散的，是要消散的，即要成为器具、器物。天然之木好是好，但却不合乎人类的需求，自然界长不出人类所要的器物，人类必须用"朴"来合于自己目的和需求地加工之，这样"朴"就散了；朴之散则是器之成，这就是人类生活、生产活动，也就是人类社会的存在表现，没有这种"朴散"活动就没有人和人的社会。"朴散则为器"这是人类活动的结果，是对自然物的加工和利用；恰恰是在加工和利用自然物的过程中，人自己的组织——人类社会才形成和出现了。这就是老子所谓的"圣人用之则为官长"的意思。在老子看来，人和人类存在的本始、本然性态也应是"朴"，这时就像"天地相合，以降甘露"一样，人与人的关系是本然的、纯朴的、真朴的、自然的，也因此是和谐的，"民莫之令而自均"也。但后来这种状态保不住了，社会的原始"朴"性就散了，就出现了不和谐，就有了等级差别，也就有了政令法度等规章制度，这就是所谓的"始制有名"。当然，在人类社会中这种"始制有名"的活动和结果是必需和必要的，即"名亦既有，夫亦将知止，知止可以不殆"；但是人的原始和谐的"朴"性和状态却不见了，消失了，人类从此就进入了不和谐的社会生活中。老子对这种不和谐的社会现象多有揭露和指责，如说："太上，不知有之，其次亲而誉之，其次畏之，其次侮之。信不足焉，有不信焉！"（《老子》第十七章）最和谐、最理想、最好的社会是人们各自安居乐业，人们根本就不知道有统治者存在，或者说当时就没有统治者存在，社会就不需要它。后来情况变了，高高在上的统治者出现了；但此时的统治者尚不压民欺民，能与民共同生活，所以人们尚能"亲而誉之"。情况愈来愈糟，再后来人就怕统治者了，直到人们痛恨统治者以致轻慢、侮辱统治者。随着

第二章 道家的"道德"论与中华民族的立世之道

社会的发展，人们与统治者的隔阂越来越大，对立越来越严重。到了老子所在的春秋时代晚期，社会对立已很严重，如老子说："朝甚除，田甚芜，仓甚虚；服文彩，带利剑，厌饮食，财货有余；是谓盗竽，非道也哉！"（《老子》第五十三章）人民贫穷不堪而统治者却锦衣玉食，统治者俨然是吮食民脂民膏的强盗头子嘛！老子认为最理想、最和谐的社会是那种"小国寡民"之世，此时"使有什伯之器而不用，使民重死而不远徙。虽有舟舆，无所乘之；虽有甲兵，无所陈之；使人复结绳而用之。甘其食，美其服，安其居，乐其俗，邻国相望，鸡犬之声相闻，民至老死不相往来"（《老子》第八十一章）。后来这种社会保不住了，"朴"散了，就有了差别和对立的社会，即"大道废，有仁义；智慧出，有大伪；六亲不和，有孝慈；国家昏乱，有忠臣"（《老子》第十八章）。老子把这种社会发展的退化过程抽象地概括为一个公式，即"失道而后德，失德而后仁，失仁而后义，失义而后礼；夫礼者忠信之薄而乱之首"（《老子》第三十八章）。总之，老子认为人类社会的发展过程是"朴散"的过程，即原始和谐散失的过程。

与老子一致，庄子也认为人类社会的发展过程是退化的。庄子批评战国时期的社会是"今世殊死者相枕也，桁杨者相推也，刑戮者相望也，而儒墨乃始离跂攘臂乎桎梏之间。噫，甚矣哉！"（《庄子·在宥》）他认为："自三代以下者，天下何其嚣嚣也！"（《庄子·骈拇》）"自三代以下者，匈匈焉终以赏罚为事，彼何暇安其性命之情哉！"（《庄子·在宥》）庄子这样描述人类社会的退化过程："夫至德之世，同与禽兽居，族与万物并，恶乎知君子小人哉！同乎无知，其德不离；同乎无欲，是谓素朴；素朴而民性得矣。及至圣人，蹩躠为仁，踶跂为义，而天下始疑矣；澶漫为乐，摘僻为礼，而天下始分矣。故纯朴不残，孰为牺樽！白玉不毁，孰为珪璋！道德不废，安取仁义！性情不离，安用礼乐！五色不乱，孰为文采！五声不乱，孰应六律！夫残朴以为器，工匠之罪也；毁道德以为仁义，圣人之过也。"（《庄子·马蹄》）原始和谐的社会是"同乎无欲，是谓素朴"的社会，即合乎人及社会的"素""朴"本性，"素朴而民性得矣"。后来不行了，素朴之质性被破坏了，社会越来越进入对立和"嚣嚣""匈匈"的动乱状态。

就社会发展过程中的现象来看，社会历史的确在步入对立、压迫、剥削之时期，的确不比原始时代的和谐。老、庄所揭示的这种社会现象不能说毫无道理。但老、庄是用理性抽象的方式方法来解读历史的，免不了主观臆断性。更重要的是，用此种方法来解读社会历史，无法揭示社会演化的真正原因。人类为什么要由和能由老庄所谓的原始和谐状态向"朴散"后的对立状态发展呢？这里的根本原因是以生产工具的改进为标志的生产力的发展。老庄自然是看不到这一点的。不过，以他们的才智也的确窥视到了人类社会历史演进的底蕴契机，这就是"人欲"的出现，即由于物质欲望的膨胀才导致了社会的分裂和动荡。例如老子多次指出："不尚贤，使民不争；不贵难得之货，使民不为盗；不见可欲，使民心不乱。是以圣人之治，虚其心，实其腹，弱其志，强其骨，常使民无知无欲，使夫智者不敢为也。为无为，则无不治。"（《老子》第三章）"五色令人目盲，五音令人耳聋，五味令人口爽，驰骋畋猎令人心发狂，难得之货令人行妨。是以圣人为腹不为目。故去彼取此。"（《老子》第十二章）"是以圣人抱一为天下式。不自见，故明；不自是，故彰；不自伐，故有功；不自矜，故长。夫唯不争，故天下莫能与之争。"（《老子》第二十二章）等等。在老子看来，正是人欲、欲望造成人的不满足和竞争、争夺，"祸莫大于不知足，咎莫大于欲得，故知足之足常足矣"（《老子》第四十六章）。既然找到了社会不和谐的根源，因此也就有了对治方法，这就是限制欲望，要自足，要知足故能常乐。老子曰："是以圣人去甚，去奢，去泰。"（《老子》第二十九章）"我无为而民自化，我好静而民自正，我无事而民自富，我无欲而民自朴。"（《老子》第五十七章）"治人事天莫若啬。夫唯啬，是谓早服。早服谓之重积德，重积德则无不克，无不克则莫知其极，莫知其极可以有国，有国之母可以长久。是谓深根固柢，长生久视之道。"（《老子》第五十九章）克制欲望，减少私心、私欲，人就能逐渐复原、恢复那种本然的"素""朴"之性。所以，"见素抱朴，少私寡欲"（《老子》第十九章），就是老子的"尚朴"精神。

以老子为代表的道家"少私寡欲"的尚朴之道，在长期的历史发展中培育形成了中华民族的尚朴精神。中华士人在崇信儒家"治国平天下"、建功立业、青史留名的信条以自强不息、积极进取的同时，也秉持着道家"见素抱朴，少私寡欲""功成身退，天之道"（《老子》第九章）的隐逸信条而自持退守、知足常乐，形成了中华民族谦让、退逸、知足、乐道的心理和精神，这无疑有益于中华民族的生存和发展。

2. "上善若水"的谦下精神

老子很看重雌和柔，他常以婴儿、水为喻来说明雌、柔的意义和作用。这种守雌尚柔的思想，培育和塑造了中华民族柔和谦下的韧性和忍性精神。

老子为什么重视柔和雌?《老子》第七十六章有这样的话：

> 人之生也柔弱，其死也坚强；万物草木之生也柔脆，其死也枯槁。故坚强者死之徒，柔弱者生之徒。是以兵强则灭，木强则折。坚强处下，柔弱处上。

老子看到并深深懂得，世上柔弱的东西是最富有生命力的，是充满了生机的，而坚强的东西看起来强大、有力，实际上却外强中干，是没有生命力的。正因为如此，人的处世就要取法于柔、弱，而不可取法于坚、强，因为"坚强者死之徒，柔弱者生之徒"，"坚强处下，柔弱处上"，柔弱的积极价值是昭然的。

老子常以婴儿、赤子为喻来说明这种柔弱的生机作用。他说："含德之厚，比于赤子。毒虫不螫，猛兽不据，攫鸟不搏。骨弱筋柔而握固。未知牝牡之合而朘作，精之至也。终日号而不嗄，和之至也。"(《老子》第五十五章）老子认为，含"德"深厚的人比得上初生的婴儿。婴儿看似弱小，却有成人所没有的优势和生机：毒虫不会刺他，猛兽不会伤害他，凶鸟不会搏击他；他全身筋骨柔弱拳头却握得颇牢固（婴儿的筋骨和其手之握力相比，胜过成人的筋骨和其手之握力之比）；他不知道男女交欢之事但其生殖器却会高高勃起，这是他精气充沛之故；他终日啼哭却喉咙不会沙哑，这是他元气醇和之故。这里表明了婴儿两方面的优点和优势：一是他对外无害。婴儿时期只有本能之需求，尚无成人那种欲望；因为婴儿之本能的实现和满足是纯自然的，并无心机或机心，所以婴儿的所作所为（往往表现为啼呼示求）并不危害到他之外东西的存在；正因为如此，别的东西也就不会对他产生防戒之心并施以防卫之力了，所以才会"毒虫不螫，猛兽不据，攫鸟不搏"。当然，如果一个婴儿被放在野外而无成人看护，野兽见之也会捕而食之，这是野兽的本能，与老子这里所言不是一回事。老子的意思是说，就人的生存意义言，婴儿比成人优越，这就是他的自然生命欲求不会对其周围存在产生威胁和危害。《老子》第五十章有这样的话："出生入死，生之徒十有三，死之徒十有三，人之生，动之死地亦十有三。夫何故？以其生生之厚。盖闻善摄生者，陆行不遇兕虎，入军不被甲兵。兕无所投其角，虎无所措其爪，兵无所容其刃。夫何故？以其无死地。"人在从生到死的一生中，能自然善终的大概仅有十分之三甚至不到十分之三。为什么呢？老子认为"以其生生之厚"也，即把生看得太重了。看重生有何不好呢？不好就在于欲望太多太过而机心太重太强了。欲望过多，机心或心机太重的人，不仅劳形伤神损心，而且往往造成对别人别物的威胁和危害，这自然会遭遇到别人或别物的反击或报复，其结果不伤生、损生才怪哩！这就是不善于摄生。"盖闻善摄生者，陆行不遇兕虎，入军不被甲兵。"这怎么可能呢？难道善摄生者有超人之能吗？难道他有神相助吗？难道兕虎、甲兵有了灵性而知道他善摄生故不去伤害他吗？当然都不是。关键在于善摄生者没有过度的欲望和因之而产生的心机或机心，故他不会招致兕虎之害，甲兵之伤，"兕无所投其角，虎无所措其爪，兵无所容其刃"也。庄子有言："故至德之世，其行填填，其视颠颠。当是时也，山无蹊隧，泽无舟梁；万物群生，连属其乡；禽兽成群，草木遂长。是故禽兽可系羁而游，鸟鹊之巢可攀援而窥。夫至德之世，同与禽兽居，族与万物并，恶乎知君子小人哉！"（《庄子·马蹄》）庄子这段话可看成老子所谓"兕无所投其角"云云之注脚。老子的意思表明，善于摄生者有如婴儿般的心欲和心态，故有婴儿类的生命效果。

二是婴儿自身的优势。婴儿天生骨弱筋柔，这看似其弱势，却正是其优势，这正表明他是生之徒，"柔弱者生之徒"（《老子》第七十六章），这是富有生机和生命力的，这表现在他的"握固""精之至""和之至"诸方面，这是成人所没有的。《老子》第十章云："载营魄抱一，能无离乎？专气致柔，能婴儿乎？"这是说，身体托载着精神使形神合一，这能使形神永不分离吗？结聚精气而使身体柔顺，能达到婴儿般的天然柔和吗？言下之意是说这是不行的。婴儿的柔和是天生的、天然的，故有生机在；成人通过练气也能使身体柔顺，但这是后天的，终达不到婴儿那种天机自张。《庄子》中有"练气""导气"之法，与老子这里说的"专气致柔"类似。《庄子·养生主》说:"缘督以为经,可以保身,可以全生,可以养亲,可以尽年。"关于"缘督以为经",王夫之《庄子解》云:"身前之中脉曰任,身后之中脉曰督。……缘督者,以清微纤妙之气,循虚而行,止于所不可行,而行自顺,以适得其中。"这就是"导气"。《庄子·刻意》说:"吹呴呼吸,吐故纳新,熊经鸟申,为寿而已矣,此导引之士,养形之人,彭祖寿考者之所好也。"这是"练气"。这种气功之法的确可使人的身体柔顺、和顺,庄子有"真人之息以踵,众人之息以喉"(《庄子·大宗师》)之说,还认为通过导气致柔法可以减少人的机欲,"其耆欲深者,其天机浅"(《庄子·大宗师》),只有减少人的嗜欲,人的天机才可加深,天机自张。尽管老、庄对"抟气"以致柔的看法有些不太一致,但婴儿有得天独厚的柔顺天机,这却是老庄道家都认可的,这是婴儿独有的优势。

从柔弱所具有的生命意义和价值出发,老子将其提升为人的品德和处世方略,这就是他的"上善若水"说。老子指出:

上善若水。水善利万物而不争,处众人之所恶,故几于道。居善地,心善渊,与善仁,言善信,正善治,事善能,动善时。夫唯不争,故无尤。(《老子》第八章)

天下莫柔弱于水,而攻坚强者莫之能胜,其无以易之。弱之胜强,柔之胜刚,天下莫不知,莫能行。是以圣人云:受国之垢,是谓社稷主;受国不祥,是为天下王。正言若反。(《老子》第七十八章)

江海所以能为百谷王者,以其善下之,故能为百谷王。是以欲上民,必以言下之;欲先民,必以身后之。是以圣人处上而民不重,处前而民不害,是以天下乐推而不厌。以其不争,故天下莫能与之争。(《老子》第六十六章)

老子认为,最好、最高的善就如同水。《说文》曰:"譱(善),吉也。从誩,从羊。此与義美同意。善,篆文善从言。"善与羊、言有关,取吉祥、美好意。老子的善怎么与水扯上了关系呢?这是由水和善各自的质性和特点所决定的。关于"水",其质性柔弱,是天下柔弱者的代表,"天下莫柔弱于水"。这种柔弱的质性决定了水的柔韧性和最大的形体可塑性,水几乎可以无孔不入，可适于任何形状、形体的容器而构形和成形，但又不丧失自己的质性。这是水这种液体优于固体之处。另外，就其柔性和可塑性而言，水与气有相同的一面，但气太飘忽、动荡，其柔性没有水实在、充实、可感、可用，这又是水优于气体之处。可以说"水"兼具固体和气体质性之优，它本身就有"居中"之"中"性。"气"在老庄处就很受重视，"'气'这个词的好处是很有些隐喻冥通的意味"，"每当人们要表达那既非具体对象亦非一己观念、既非有形质者亦非抽象道理的微妙含义时，就不期然而然地求之于'气'这个有无之间的大象，因为它提供了一种表达和理解非现成者、余意不可尽者的可能"①。如果说"气"的柔性之质和可塑之体有利于状摹、表达非对象化的"中"性思想观念的话，那么"水"的柔性之质和可塑之体则有利于状摹和表达人的非对象化的"中"性性情和品质。"善"作为人的性情品质，它本来就有"居中"的"中"性之质。因为，这个"善"就像仁、义、孝、忠等伦理道德之质性一样，必须表现于、存在于两个人之中，倘若世上仅仅有一个人存在，无论如何是不会有"善"之品性可言的。善之为善，既非单纯在对方（对象）身上，也非单纯在自我（主体）身上，但又既在对方身上又在自我身上，这就是其"中"性本质；倘若要用语言来表示和表达，只能是"善善"这样的"重言"语，即所谓的"善"这个东西只能存在于、表现于正在行着善的行为中，而只有那种正在当场出现着、产生着、构成着的正在施行着的善的行为才有"善"这个东西可言。在这种"善善"中，总是名（词）—动（词）结构或动（词）—名（词）结构，绝不可把"善"作为一个单纯对象化了的名称、概念来对待，这样的话就没有活生生的善行可言了。"善"的这个特征正需要"水"这个具有形体可塑性的柔性东西来状摹和表现。因此，老子说"上善若水"，这种思想不仅揭示了"善"的"中"性本质，也指出了在当场出现和构成的活的行为、行动中来体会和把握"善"的途径和方式。这种思想很有现象学的识度。

水的柔性之质，使得它具有善下、不争、处恶、胜强的优势和特点。水善于处下、向下，这是其品性也是其特点。常言道"水向低处流"，这是水的天性特质。老子以江海为例指出："江海所以能为百谷王者，以其

---

① 张祥龙：《海德格尔思想与中国天道》，生活·读书·新知三联书店1996年版，第318页。

善下之"。善下才利于聚集、集中，才能成就大；同时，"贵以贱为本，高以下为基"（《老子》第三十九章），下是上、是高的根基所在，它从根本上支撑着、成就着上和高。这是水的善下优点所带来的益处。水又不争，"水善利万物而不争"，夫为不争故莫能与之争。不争的特点使水呈现出了"仁"性品质。"天地不仁，以万物为刍狗；圣人不仁，以百姓为刍狗。"（《老子》第五章）天地不表现出它的"仁"德，即不把这个"仁"从自己身上对象化出来，所以才能使"仁"德真正返回到天地自身，真正在万物中存在、施行和表现之。同理，圣人也不将"仁"作为对象来对待，故才能体现、展现出真正的"仁"德，这就是心系苍生、兼济天下，为万民着想。故老子说："圣人无常心，以百姓心为心。……圣人在天下，歙歙为天下浑其心，百姓皆注其耳目，圣人皆孩之。"（《老子》第四十九章）水之不争性特点有如天地、圣人的真正"仁"性一样，善利万物，受益天下。水又能处恶，"处众人之所恶，故几于道"。只要是下，水均可往和要往，并不顾及和选择其所处之洁秽如何。所以，连世上最污秽的屎溺中都有水在。水的这个特点说明了什么呢？说明了水能处于天下的每一存在之中，真正能照顾到、施恩到每个存在者。这使人想起了《庄子·知北游》中庄子与东郭子关于"道"存在于哪里的那段著名对话。庄子说"道"无所不在，就连屎溺中也有"道"在，这让东郭子大感不解。庄子所言当然是对的，因为屎溺既然在世上出现了，存在了，必定有其存在的原因和依据，这就是"道"。水正以其善下、不争的品性特征，才能现实地处于屎尿之中，这已有了"道"的质性，故老子说它"几于道"。水"几于道"或者说水乃"道"，是水最重要和最显著的品性特征。水又能制强，"攻坚强者莫之能胜，其无以易之"。水滴石穿，这是水能攻强的充分表现。水是液体，没有任何有形的质形，在这个意义上说"天下莫柔弱于水"。但正是这个柔弱至极的东西，却能攻克天下最坚硬的东西，比如石头，甚至钢铁，这就是以柔克刚。人们为什么要以柔克刚呢？难道刚就不能克刚了吗？刚当然可以克刚，但克的效果往往是两败俱伤，被克者和克者都将受到严重损失，这不利于克者保存自己。用柔来克刚，既可克制住刚，柔本身尚能存在和保持，可收一举两得之效，故最有利。

《管子》中有《水地》一篇，论述了水的优势特点。曰："地者，万物之本原，诸生之根菀也，美恶贤不肖愚俊之所生也。水者，地之血气，如筋脉之通流者也，故曰水具材也。何以知其然也？曰：夫水淖弱以清，而好洒人之恶，仁也。视之黑而白，精也。量之不可使概，至满而止，正也。唯无不流，至平而止，义也。人皆赴高，己独赴下，卑也；卑也者，道之室，王者之器也。而水以为都居。准也者，五量之宗也。素也者，五色之质也。淡也者，五味之中也。是以水者万物之准也，诸生之淡也，违非得失之质也，是以无不满无不居也。集于天地，而藏于万物，产于金石，集于诸生。故曰水神。集于草木，根得其度，华得其数，实得其量。鸟兽得之，形体肥大，羽毛丰茂，文理明著。万物莫不尽其几，反其常者，水之内度适也。……人，水也；男女精气合，而水流形。"水乃地之血脉，具有仁、精、正、义、卑等特征；特别是其卑性，是"道之室，王者之器"也。所以水是"五量之宗""五色之质""五味之中"；它集于天地，藏于万物，产于金石，集于诸生，故称"水神"，具有神性和灵性。这里对"水"的赞许颇高。其所指出的水的仁、卑等性与老子之论是相合的。

水有柔弱的质性和善下、不争、处恶、胜强等优势，"故几于道"，与"道"是相通的，"弱者道之用"（《老子》第四十章），所以"水"是充满了生机的，有巨大的价值和作用。这样，水就成了圣人所要取法的东西，即圣人治世和处世要以水为法，要"居善地，心善渊，与善仁，言善信，正善治，事善能，动善时"，要秉持水的不争之德，"是以圣人处上而民不重，处前而民不害，是以天下乐推而不厌"。只有不去与天下争，才最终没有争，"夫唯不争，故无尤"，"以其不争，故天下莫能与之争"。相反，如果不秉持"水"的不争之德，而去与天下争锋，就是自取灭亡，"强梁者不得其死，吾将以为教父"（《老子》第四十二章）。

老子的"上善若水"思想，与其"知雄守雌"思想是一致的。《老子》第二十八章说："知其雄，守其雌，为天下谿；为天下谿，常德不离，复归于婴儿。知其白，守其黑，为天下式；为天下式，常德不忒，复归于无极。知其荣，守其辱，为天下谷；为天下谷，常德乃足，复归于朴。"老子在此说的知雄守雌、知白守黑、知荣守辱等诸法，与"上善若水"之法一致，都秉持的是柔弱之道，因为只有这个柔弱是"生之德"（《老子》第七十六章）。这是知雄守雌之法一个方面的含义。还有一个更为重要的含义在于，只有守住雌才可最终成就雄，如果为雄而雄，雄就失去了根

第二章 道家的"道德"论与中华民族的立世之道

柢,就无雄可言了。因为,真正的雄不是一个被提离开人生境域的干瘪概念和对象,而就生成于、构成于人生情境、人的生活中;这样活生生的雄正是与雌同时出场的,雌正在成全着、成就着雄,故这时的雄雌构成了一个境域,共同营造出和形成一种活势,这具有现象学所说的"中"势在,这就只能雄雌都要,知雄守雌了。

老子"上善若水""知雄守雌"思想,深深影响了中华民族的民族性格和培育了中华民族退让谦下、宽厚不争、礼让三先等的民族精神。中华民族有自强不息、积极进取的民族气质和精神。但如果仅有此种精神,并将此种精神推向极端,这个民族就不能进取,相反会物极必反地失去进取,这自然极不利于这个民族的生存和发展。有了道家老子倡导的"上善若水""知雄守雌"的退让、谦下、柔弱的阴性和韧性精神来中和和弥补中华民族自强不息的进取精神,这种进取之道因渗入了柔性因素而会增加韧性力度,使得其更现实和有力,也更有用。

3. "勤而行之"的实践理性精神

中华民族是一个有文化的民族,故它有理性精神。但中华民族的理性精神不是德意志民族那种思辨理性的精神,而是实践(用)理性的精神。"从商周巫史文化中解放出来的理性,没有走向闲暇从容的抽象思辨之路(如希腊),也没有沉入厌弃人世的追求解脱之途(如印度),而是执着人间世道的实用探求。"① 中华民族的实践(用)理性精神在儒家和道家思想中均有。老子关于"上士闻道,勤而行之"之说,就是一种实用理性的精神。

《老子》第四十一章有言:

> 上士闻道,勤而行之;中士闻道,若存若亡;下士闻道,大笑之,不笑不足以为道。故建言有之:"明道若昧,进道若退,夷道若纇,上德若谷,大白若辱,广德若不足,建德若偷,质真若渝,大方无隅,大器晚成,大音希声,大象无形。"道隐无名。夫唯道,善贷且成。

---

① 李泽厚:《试谈中国的智慧》,见李泽厚《中国古代思想史论》,人民出版社1986年版,第304页。

这里说的是不同层次的士子对待"道"的态度和方式。上等士人听到"道"后，确信不疑，并马上付之实行，落实在自己的生活之中。中等士人听到"道"后，将信将疑，信疑参半，当然他也就不会马上付之实行了；不付之实行的"道"，就被对象化出来而成了一个概念性的对象，这样的"道"实际上成了空壳和僵尸，已无用之矣。下等士人听到"道"后，便会以哈哈大笑来对待之。他为何要笑？一个"道"字有什么值得听而笑之呢？这是因为他根本不知"道"，不懂"道"；他之所以不知、不懂"道"，是由于这个"道"本来就是非对象、非概念的存在，无法用感官来把握，所以根本就没有个"什么"可言，故他听了之后不知就里，还以为别人（说"道"者）是在说胡话、梦话哩！这才引得自以为聪明的他大笑不止哩！对下等士人来说，这原属正常，倘若他不笑而马上就认可了，那么"道"也就被降低为现象世界中的对象性存在，成了人的感觉对象，就根本不是"道"了。所以，老子才说"不笑不足以为道"。上士对"道"的态度和对待方式当然是正确的，即闻之而行，并勤奋行之。这明显是一种精神，即非理论理性精神，乃实践或实用理性精神，就是将"知"与"行"合而为一，或者说将"知"化为"行"，将"道"这种东西展示、体现、表现、显现在人的一点一滴的生、活行为中，这时的人与"道"一体同在，人的所作所为、一举一动都是合"道"的，或者说人的一举一动就是"道"但不知这就是"道"。这就真正回到了"道"本身！《庄子·知北游》说："道不可闻，闻而非也；道不可见，见而非也；道不可言，言而非也。知形形之不形乎！道不当名。"说的正是"道"的实践（用）理性的质性和特点以及应对"道"采取的"勤而行之"的态度和方式。在行"道"方面老、庄是一致的。

为什么这种"勤而行之"的"知行合一"的实践（用）理性的态度和方式才是对待"道"的正确方式，才能真正把握到"道"呢？这自然与"道"的本质、性质有关，即"道"是非对象性、非概念化的，是在人生存、生活的世界中存在着、生成着、构成着、当场显现着的东西，就是人和世界一体共在的形式、形势、势态、态势所在，这就是"存在"本身，是自身构成着、显现着的"时间性"。这样的"道"也只是和只能是在人"勤而行之"的活动方式和行为方式中得以存在和把握。所以，老子在说了士人对待"道"的三种态度和方式后，就援引"建言"者之言来讲

"道"的质性和特点了。老子借古代立言者之口说，光明的道好似暗昧，前进的道好似后退，平坦的道好似崎岖；崇高的德好似低下的川谷，最洁净的白好似垢污，广博的德好似不足，刚健的德好似怠惰，质朴纯真好似混沌，最大的方正好似无棱角，贵重的器物最后才成，最大的乐声好似无声，最大的形象反而无形象。这些话究竟在说什么呢？当然在说"道"，在说"道"的"存在"之本性。"道"不是对象性的什么，如果它是对象性的什么的话，人就可以用"什么是什么"的方法来规定和把握它，但可惜它不是。"道"乃"存在"本身。这个"存在"本身又是什么意思呢？比如说，人们往往脱口而出说"这是大的""这是长的"等。那么请问：你怎么知道这个东西是大的？你可以说这是你看到的。那么你为什么不把它看成小的而看成了大的呢？你可以说它本来就大嘛！那么，这个"本来"怎么讲，是何意呢？问题的症结是这样的：当你说"这是大的"时，你一定是把这个东西与它之外的别个东西，即比它小的东西作了比较，否则你作不出"这是大的"这一判定。这表明，当人们肯定"大"的时候，"小"已经存在了，出场了，否则绝无"大"可言。所以，大与小同时在场。既如此，合理、合法的思维方式就是大和小"两个都要"。但日常思维中人们往往只要一个而不要别一个，这当然不对。"道"作为"存在"本身，表现的正是"两个都要"这一"存在"本质，这就是老子（庄子也一样）之"道"的"有—无"性结构。"道"是在这种"有—无"性结构中存在的，当然也要在这种结构中予以把握和认识，倘若只在一种规定（或者"有"或者"无"）中来把握"道"，那就把它对象化了，这当然是有失的。老子的"建言有之"之说就是对"道"的规定，同时也是对它的认识和把握，还是对它的实施和落实，这就叫"勤而行之"。老子在此章的最后说"道隐无名"，即"道"是幽隐的，它不能用表示对象性的"什么"来把握。说了这个结论性的话后，老子尚觉思想未尽，又来了一句："夫唯道，善贷且成。"这句话颇有深意。《说文》曰："贷，施也。从贝，代声。"段玉裁注曰："谓我施人曰贷。"贷的含义是施与、给与人。另外，贷还有"借"之义，《广雅·释诂二》："贷，借也。"贷怎么是借呢？《周礼·地官·泉府》："凡民之贷者，与其有司辨而授之，以国服为之息。"郑玄注引郑司农云"贷者，谓从官借本贾也。"可见，贷作为借是借入。又《左传》昭公三年："以家量贷而以公量收之。"这说明贷作为借又是借出。这就很有意思了,"道善贷"之"善",正在于这个"道"既能借出而给予人,同时又能借入而给予己。这正表现了"债"的特征,所谓"债"一方面是欠,是说欠别人的;另一方面又是收,是说是自己的。一个人向别人借了债,比如说借了一笔钱,这个钱从性质上讲不是你的,但你现在却正在用它,这又是你的了。那么,这个借的钱(即债)到底是你的抑或不是你的呢?说不是你的吧?你却能用它。说是你的吧?你最终是要还给别人。所以,这笔钱的性质只能是:既是你的又不是你的,既不是你的又是你的,这就有了"居中"的"中"性规定。"道"正是如此,它总具有"居中"之"中"性,故只有它才是真正的"存在"本身。上士闻"道"而立即付诸实行,难道这不是正好合乎"道"的"存在"本性吗?!

上士闻"道"后"勤而行之",这是上士的高明和智慧之处。上士究竟怎么"勤而行之"呢?老子描述了一个得"道"之士的形象,这就是与"道"同在、正在行"道"的人。《老子》第十五章言:

> 古之善为士者,微妙玄通,深不可识。夫唯不可识,故强为之容:豫焉,若冬涉川;犹兮,若畏四邻;俨兮,其若容;涣兮,若冰之将释;敦兮,其若朴;旷兮,其若谷;混兮,其若浊;澹兮,其若海;飂兮,若无止。孰能浊以止,静之徐清;孰能安以久,动之徐生。保此道者不欲盈,夫唯不盈,故能敝而新成。

此乃得"道"者,也就是行"道"者的表现和形象。古时善于行"道"的人是精妙通达、深刻而难以认识的。如果勉强来形容一下的话,他的表现是这样子的:他是多么小心审慎啊,像冬涉江河一样;他又是多么警觉戒惕啊,就像提防四周的围攻一样;他又是多么的恭敬严畏啊,就像来访的宾客一样;他又是多么的洒脱不羁啊,就像春冰消融一样;他又是多么的敦厚朴实啊,就像未经雕琢的材质一样;他又是多么的豁达宽旷啊,就像深山幽谷一般;他又是多么的浑朴纯厚啊,就像浑浊的江河一样;他又是多么的沉静恬淡啊,就像湛深的大海一样;他又是多么的飘逸无系啊,就像飘风刮起而无有止境一样。有谁能使深浊者停止而得以澄清呢,有谁能在空中得动而以显生机呢?这只有坚持"道"、保持"道"的人了。能坚持"道"的人不肯自满自足，正因为他不自满自足，所以才能去故更新。这种得"道"、行"道"者俨然就是神人、真人、至人、圣人，就是庄子笔下那种"不逆寡，不雄成，不谟士"，"登高不慄，入水不濡，入火不热"，"其寝不梦，其觉无忧，其食不甘，其息深深"而"息之以踵"的真人，他"不知悦生，不知恶死；其出不䜣，其入不距；翛然而往，翛然而来而已矣"（见《庄子·大宗师》）。就是那种"肌肤若冰雪，绰约若处子，不食五谷，吸风饮露；乘云气，御飞龙，而游乎四海之外"（《庄子·逍遥游》）的神人。这种人已超越了生死、物我、古今、是非、成败等的分别和对立，与天地并生，与万物为一，与"道"同体，也就是与宇宙同在。这种人已与常人有别。《老子》第二十章描述了这种得"道"和行"道"者与常人的不同，谓："众人熙熙，如享太牢，如春登台。我独泊兮其未兆，沌沌兮如婴儿之未孩，儽儽兮若无所归。众人皆有余，而我独若遗。我愚人之心也哉。俗人昭昭，我独昏昏；俗人察察，我独闷闷；众人皆有以，而我独顽似鄙。我独异于人，而贵食母。"这个得"道"行"道"中的"我"与常人、众人卓然不同，"我""泊兮未兆"，"如婴儿之未孩"，"独若遗"，"独昏昏"，"独闷闷"，"独顽似鄙"，这个"我"是个遗世独立者，他虽在世实已超世，故"贵食母"。王弼注"我独异于人而贵食母"说："食母，生之本也。人者皆弃生民之本，贵末饰之华，故曰我独欲异于人。"这个得"道"者已达于生之本了。

老子对这种"勤而行之"的得"道"者的描述，展现的正是实践理性的精神。得"道"、行"道"当然不是对"道"仅作对象性的认识和说明，或作那种理性的抽象思辨，这种方法是根本无法把握"道"的，"其出弥远，其知弥少"（《老子》第四十七章），而必须"知行合一"，与"道"同体，生、活在"道"这个母体中，这就是意境，就是审美意境，就是情境反思，就是"形式指引"的理性活动。这，就是实践（用）理性！老子在这里深切地、真切地展现了中华民族的实践（用）理性精神。

4. "和光同尘"的韬晦精神

中国古代的辩证法思想有两个源头，一个是在易学系统中，以《易经》和《易传》，尤其以《易传》为代表；另一个就在道家思想中，主要在老子思想中。从其性质来讲，易系的辩证法是阳刚性的，而老系的辩证法则是阴柔性的。老子要将他的辩证法思想运用于处世中，主张守柔守雌，以柔克刚，以弱胜强，退中求进，曲中求生，所以这种辩证法很有政治权术的意味，难怪班固说老子思想是"君人南面之术"（见《汉书·艺文志》）。这种"术"的思想，对中华民族精神有深刻影响，它培养和塑造了中华民族那种以退为进、曲中求进、后发制人等的韬光养晦精神。一提起这种韬晦精神，人们往往视其为消极、负面的东西，将它与阴谋诡计、权变诈术相等并论，这往往是曲解和偏见。这种韬晦精神是有权谋的意味在，但它本身并非权谋，而是在应用中才可能转化成权谋诈术。这就像五谷能养人，但同时也能使人生病；喝水有益于生命，但喝水也可以噎死人；毒药能害人命，但适当的使用毒药却能救人性命一样，韬晦是可以被用作权谋的，但也可以成为一种具有正面意义和价值的思想和精神。

老子明确主张"和光同尘"之道。他说：

道冲而用之或不盈，渊兮似万物之宗。挫其锐，解其纷，和其光，同其尘。湛兮似或存。吾不知谁之子，象帝之先。（《老子》第四章）

知者不言，言者不知。塞其兑，闭其门，挫其锐，解其纷，和其光，同其尘，是谓玄同。故不可得而亲，不可得而疏，不可得而利，不可得而害，不可得而贵，不可得而贱。故为天下贵。（《老子》第五十六章）

老子认为，"道"体有如酒盅一样是虚、空的，这才使得它可以用不穷竭，"其犹橐龠乎，虚而不屈，动而愈出"（《老子》第五章）；也正是因为"道"体是虚、空的，它才有如深渊能容纳万物，能作万物存在之宗主。"道"体的虚、空之性使得它消解了和化掉了"什么"之质性，它不是"什么"，它是形式、形势、态势、时势、势态、趋势，是纯关系姿态或纯姿态关系。这就是老子所谓的"道"消掉了锋芒，消解了纷扰，敛住了光耀，混然或浑然于尘世。这样的"道"当然是幽隐的，它似无而有，似有而无，"道之为物，惟恍惟惚。惚兮恍兮，其中有象；恍兮惚兮，其中有物；窈兮冥兮，其中有精；其精甚真，其中有信"（《老子》第二十一章）。不言而喻，此种体虚之"道"是非对象性和非概念化的，无法用"什么"来定谓之，这就叫"知者不言，言者不知"。因此，与"道"体

第二章 道家的"道德"论与中华民族的立世之道

虚、空之本性相一致，人们用以把握"道"的思维方式也必须是虚、空的。所以，关于对"道"的把握，老子说要塞住耳目口鼻这些感知孔窍，关闭住嗜欲的门径，要磨掉锋芒，消去纷扰，隐含光耀，混然于世，达到一体玄妙的齐同之境；这时就无亲无疏，无利无害，无贵无贱，这才是天下真正贵重和宝贵的东西！这里所谓的人把握"道"的思维方式必须是虚、空的，是什么意思呢？这就是老子所谓的"为道日损"（《老子》第四十八章）的"损"法；也就是庄子所谓的"忘"法（《庄子·大宗师》）。但这些方法仍是一些原则，究竟如何操作，仍是问题。实际上，此种思维方式与胡塞尔讲的"形式化"法和海德格尔讲的"形式指引"法相关。这里要强调的是，老子讲的"挫锐解纷""和光同尘"等，一是与"道"体的虚、空性有关，二是与人们把握"道"的方式有关，是关于本体论和认识论方面的思想，处世方略的意义尚不突出。

但是，这种"道"体论和认识论是必定要转化和能化为处世方略的。因为在老子这里"道"不是对象性存在，不是概念规定，它是融入人的生、活中的原构成和发生，是活在人的生活情境中的，所以就一定要显现、呈现、表现在人的生活中，这自然就有了处世方略的意义和价值。所以，这种"和光同尘"同时也就是老子的处世方略。在处世方面，老子为何讲起了"和光同尘"呢？这是因为他看到了一种生活现象和存在法则，这就是"坚强者死之徒，柔弱者生之徒"（《老子》第七十六章）。老子说："人之生也柔弱，其死也坚强；万物草木之生也柔脆，其死也枯槁。故坚强者死之徒，柔弱者生之徒。是以兵强则灭，木强则折。故坚强处下，柔弱处上。"（《老子》第七十六章）刚出生的婴儿身体是柔软的，生存能力是弱小的，但他充满了生机，潜含有强大的生命力。《老子》第五十五章描述了"含德之厚，比于赤子"的婴儿的生机，这是成人远远没有的。草木万物亦然，刚长出来的芽苗弱小柔脆，却有无限生机，等成了高草大树后虽然外形上强壮强大了，却外强中干，已没有了生命力。这是生物的成长之道，也是人的生存准则。所以，为人处世要以柔弱为法，因为"守柔曰强"（《老子》第五十二章），"勇于不敢则活"（《老子》第七十三章），这就叫"弱者道之用"（《老子》第四十章）；相反，"勇于敢则杀"（《老子》第七十三章），"坚强处下""坚强者死之徒"（《老子》第七十六章），这就叫"强梁者不得其死"（《老子》第四十二章）。可见，柔弱、弱小是合于"道"的，这就是人的生存、生活准则。而弱小、柔弱的外在呈现和存在状态就是"挫锐解纷""和光同尘"。老子说"是以圣人方而不割，廉而不刿，直而不肆，光而不耀"（《老子》第五十八章），这不正是"和光同尘"的表现吗?!

用这种"挫锐解纷""和光同尘"之法来处世，极易转化为一种阴谋和权术。比如《老子》第三十六章说："将欲歙之，必固张之；将欲弱之，必固强之；将欲废之，必固兴之；将欲夺之，必固与之。是谓微明。柔弱胜刚强。鱼不可脱于渊，国之利器不可以示人。"这里说的就是"柔弱胜刚强"之法。什么法呢？这就是权术。本想要收敛住，但先要扩张之；本想要削弱它，但先要强盛它；本想要废弃它，但先要兴举、抬举它；本想要夺取之，但先要给予之。老子叫这种做法为"微明"，这里面就有"几"和"机"存在。当然，老子在这里说的道理都对。比如说你要收敛住，如果为收敛而收敛，一个劲地去向一起拉和向一块压，这反而会增加被收敛者自身的内拒力，反而不利于敛住；相反，你用外推力或外拉力来向外拉它，反而会增强其内引力而使其向收敛的方向发展。再比如，你要想从别人那里拿到什么，如果你明目张胆地硬夺，那是不会成功的；你必须先给他一些甜头，然后他才会上当受骗。人们用鱼饵去钓鱼，不就是此法吗?! 常有报道说某某人利用非法集资的手段骗了多少钱，连有些高智商的人、高明的人都被骗了。为什么？这里用的就是老子所谓的"将欲夺之，必固与之"之法。先给你高利息，使你有利可图；当你把一定数额的钱投入其中后，骗子就收网拿走了。此法说来简单，但往往奏效啊！所以，老子这里所讲的的确有"兵者，诡道也"（《孙子兵法·计篇》）、"兵不厌诈"等兵家权术的诡、诈之味，的确有阴谋之阴性在。

但是，"和光同尘"之法是在用的意义上被权术化的，它本身并不是权术；如果人们不把它当权术、权谋来使用，它自己是不会成为权谋的。所以，在老子处"和光同尘"是思想，是精神。何况，连老子自己都说，这种"和光同尘"之法的使用要有"势"和"境"作基础，否则就失效了。因之，《老子》第三十六章讲了"将欲歙之"等法后，却说"鱼不可脱于渊，国之利器不可以示人"。为什么要讲这一句？其深意就在于这些权术之法的使用要在一定的前提和境域中，否则就根本不会有权术之法。正像鱼的生存要以渊水（深水）为前提条件一样，即鱼在水中方可生存，

第二章 道家的"道德"论与中华民族的立世之道

你要用钓饵钓鱼也只能在水中进行,处在陆地上的鱼和处在网中的鱼是不用钓的,钓之无意义可言。同理,人要施行权术,必先要有境域在,这个境域就是社会、生活本身。骗子能骗人为何不去骗狗?骗狗之方与骗人之方根本不同。因为骗子与狗不在一个生存境域中,故无法施展骗术。正因为人与人天生就处在同一个生存境域中,人与人才可交流和沟通,故人才可施骗和受骗。这个生存境域就是社会,就是国家,就是生活本身。圣人处世并不在于将一个个的人拉在自己的统治之下,那是拉不动和拉不来的;而是靠营造出一种共同的生活、生存境域而使人自然地倾向之和靠拢之。有人统计,王弼本《老子》中提到"圣人"的有26章,"圣人"一词出现了31次。比如老子说:"是以圣人处无为之事,行不言之教,万物作焉而不为始;生而不有,为而不恃,功成而弗居,夫唯弗居,是以不去。"(《老子》第二章)"不尚贤,使民不争;不贵难得之货,使民不为盗;不见可欲,使民心不乱。是以圣人之治,虚其心,实其腹,弱其志,强其骨,常使民无知无欲,使夫智者不敢为也。为无为,则无不治。"(《老子》第三章)等等。老子所谓的"圣人处无为之事""圣人之治虚其心"云云,是权术吗?不是权术吗?如果从统治手段方面看,这就是权术;但如果从营造治世境域、治世氛围、治世形势等方面看,它正是目的本身,何术之有?就表现形式来看,这里讲的"虚其心""使民无知无欲""为无为",等等,难道不正是"挫锐解纷""和光同尘"之法和之道吗?!所以,老子的"和光同尘"思想是有深刻意义的,它不是简单的权术;相反,它深合于"道"或"天道"。"天之道,其犹张弓与。高者抑之,下者举之,有余者损之,不足者补之。天之道损有余而补不足。人之道则不然,损不足以奉有余。孰能有余以奉天下?唯有道者。是以圣人为而不恃,功成而不处,其不欲见贤。"(《老子》第七十七章)天道之所以是天道,就在于它"损有余而补不足"的本性、本质。"损有余而补不足",就是在取平衡,这不就是"和光同尘"嘛。天道为何要对有余者损而对不足者补呢?这正是"天道"的存在本性使然。我们多次说过,世上绝没有仅此一个的东西存在,至少要和至少有两个东西并存;既然是两个东西并存,就互相依赖和需要对方,倘若没有了对方它自己也终会无存。所以,为了自己的存在,就必须和必然要维持、维护、营造他者的存在,这就必然有了"损有余而补不足"之行为和事实的发生。可见,存在者的

"存在"本身要求着和构建着这种"损有余而补不足",此乃"天道"也。人类社会的存在也一样,必须抑制强者而扶持弱者,使社会取得平衡与和谐,这就是治世,就是圣人所要做的事。把这种做法上升为思想和方法,岂非"和光同尘"也!

不言而喻,老子的"和光同尘"思想是中华民族的重要精神。浅薄者用它来作权术,深刻者则用它来修养和治世。和光同尘,挫锐解纷,韬光养晦,这有利于个人的心性修养,有益于修德,有利于人的行为,有利于个人处世。如果用此法来平治天下,就能营建和谐、平等、温馨的生存、生活环境和境域,有利于天下太平。这难道不是很有价值的中华民族精神吗?!

5."无为而治"的治世精神

"无为而治"是以老子为代表的道家核心思想。《老子》中直接或间接讲到"无为而治"的地方有二十余章,比如说:"是以圣人处无为之事,行不言之教,万物作焉而不为始。生而不有,为而不恃,功成而弗居。夫唯弗居,是以不去。"(《老子》第二章)"不尚贤,使民不争;不贵难得之货,使民不为盗;不见可欲,使民心不乱。是以圣人之治,虚其心,实其腹,弱其志,强其骨,常使民无知无欲,使夫智者不敢为也。为无为,则无不治。"(《老子》第三章)"天地不仁,以万物为刍狗;圣人不仁,以百姓为刍狗。"(《老子》第五章)"绝圣弃智,民利百倍;绝仁弃义,民复孝慈;绝巧弃利,盗贼无有。此三者以为文不足,故令有所属。见素抱朴,少私寡欲。"(《老子》第十九章)"将欲取天下而为之,吾见其不得已。天下神器,不可为也。为者败之,执者失之。故物或行或随,或歔或吹,或强或羸,或挫或隳。是以圣人去甚,去奢,去泰。"(《老子》第二十九章)"道常无为,而无不为。侯王若能守之,万物将自化。化而欲作,吾将镇之以无名之朴。无名之朴,夫亦将不欲。不欲以静,天下将自定。"(《老子》第三十七章)"圣人无常心,以百姓心为心。……圣人在天下,歙歙为天下浑其心。百姓皆注其耳目,圣人皆孩之。"(《老子》第四十九章)"天下多忌讳,而民弥贫;民多利器,国家滋昏;人多伎巧,奇物滋起;法令滋彰,盗贼多有。故圣人云:我无为而民自化,我好静而民自正,我无事而民自富,我无欲而民自朴。"(《老子》第五十七章)

"是以圣人无为，故无败；无执，故无失。……是以圣人欲不欲，不贵难得之货；学不学，复众人之所过。以辅万物之自然而不敢为。"（《老子》第六十四章）"民不畏威则大威至。无狎其所居，无厌其所生。夫唯不厌，是以不厌。是以圣人自知不自见，自爱不自贵，故去彼取此。"（《老子》第七十二章）等等。这些论述都是关于无为而治的思想主张。老子从当时社会上民受压迫而贫穷的现实出发，指出："朝甚除，田甚芜，仓甚虚；服文彩，带利剑，厌饮食，财货有余；是谓盗竽，非道也哉！"（《老子》第五十三章）一方面是民穷，另一方面则是官富。为什么是这样的社会状况？当然有多种原因。但老子认为一个重要的原因是统治者的私欲太多，私心太重，故对民的剥削太重。他说："民之饥，以其上食税之多，是以饥。民之难治，以其上之有为，是以难治。民之轻死，以其上求生之厚，是以轻死。夫唯无以生为者，是贤于贵生。"（《老子》第七十五章）既然民穷和社会动荡的原因在于统治者的私欲太多和法令太多、太重，那么对治的方式自然是减少私欲，减少法令，这就是"无为而治"。老子的名言是："天下多忌讳，而民弥贫；民多利器，国家滋昏；人多伎巧，奇物滋起；法令滋彰，盗贼多有。"社会越是有为，情况就越糟，"有为"之道的弊端是显然的，这就需要"无为"之道。老子理想的"小国寡民"（见《老子》第八十章）的社会就是一幅"无为而治"的场景，在这里人民"甘其食，美其服，安其居，乐其俗。邻国相望，鸡犬之声相闻，民至老死不相往来"。这虽然是乌托邦的社会，但其特点和性质是"无为而治"的。

在政治思想方面，庄子也持"无为而治"主张。他对战国时代的乱世多有批评，认为："自三代以下者，天下何其嚣嚣也！"（《庄子·骈拇》）"自三代以下者，匈匈焉终以赏罚为事，彼何暇安其性命之情哉！"（《庄子·在宥》）这样的乱世当然是有为的。但有为的结果如何呢？"今世殊死者相枕也，桁杨者相推也，刑戮者相望也。"（《庄子·在宥》）故庄子感叹道："方今之时，仅免刑焉。"（《庄子·人间世》）与此种社会相对的是他理想的"至德之世"。"故至德之世，其行填填，其视颠颠。当是时也，山无蹊隧，泽无舟梁；万物群生，连属其乡；禽兽成群，草木遂长。是故禽兽可系羁而游，鸟鹊之巢可攀援而窥。夫至德之世，同与禽兽居，族与万物并，恶乎知君子小人哉！"（《庄子·马蹄》）这样的社会肯定是"无为"的。泰氏之时就是这样的社会,"泰氏,其卧徐徐,其觉于于;一以己为马,一以己为牛;其知情信,其德甚真,而未始入于非人。"(《庄子·应帝王》)庄子借鸿蒙之口说:"噫!心养。汝徒处无为,而物自化。堕尔形体,黜尔聪明,伦与物忘;大同乎涬溟,解心释神,莫然无魂。万物云云,各复其根,各复其根而不知;浑浑沌沌,终身不离;若彼知之,乃是离之。无问其名,无窥其情,物固自生。"(《庄子·在宥》)这是鸿蒙回答云将"然则吾奈何?"(即如何来治理国家)的话,这就是以"无为"来治理天下。

道家"无为而治"的思想有这样几方面的内容:其一,返归真性。这就是返朴归真,使人回归到素朴之本性。在道家看来,在上古之世,人性是质朴的、自然的;社会本身也是质朴的、自然的,故有利于人性的实现。老子笔下的"小国寡民"的社会就是这样符合人朴性的社会。庄子笔下的"泰氏,其卧徐徐,其觉于于;一以己为马,一以己为牛"(《庄子·应帝王》),"夫赫胥氏之时,民居不知所为,行不知所之,含哺而熙,鼓腹而游,民能以此矣"(《庄子·马蹄》),"神农之世,卧则居居,起则于于,民知其母,不知其父,与麋鹿共处,耕而食,织而衣,无有相害之心"(《庄子·盗跖》),这样的社会也是合于人的质朴本性的。后来随着社会的发展,质朴的社会被破坏了,质朴的人性也就失去了。老子说这是"朴散则为器,圣人用之则为官长"(《老子》第二十八章);是"失道而后德,失德而后仁,失仁而后义,失义而后礼;夫礼者忠信之薄而乱之首"(《老子》第三十八章)的过程。庄子则说此乃"及至圣人,屈折礼乐以匡天下之形,县跂仁义以慰天下之心,而民乃始踶跂好知,争归于利,不可止也","及至圣人,蹩躠为仁,踶跂为义,而天下始疑矣;澶漫为乐,摘僻为礼,而天下始分矣"(《庄子·马蹄》)的过程。在老、庄看来,社会处在"朴散"的退化中,人性亦在退化中。而这种"无为而治"的方略就是对治社会之疾的方法,是有益于使人回归到其质朴性的,这就叫"我无欲而民自朴"(《老子》第五十七章)。庄子则说:"绝圣弃知,大盗乃止;擿玉毁珠,小盗不起;焚符破玺,而民朴鄙;掊斗折衡,而民不争;殚残天下之圣法,而民始可与论议。擢乱六律,铄绝竽瑟,塞师旷之耳,而天下始人含其聪矣;灭文章,散五采,胶离朱之目,而天下始人含其明矣;毁绝钩绳而弃规矩,攦工倕之指,而天下始人含其巧矣;故曰

'大巧若拙'。削曾、史之行，钳杨、墨之口，攘弃仁义，而天下之德始玄同矣。"(《庄子·胠箧》)这话说得有些过头了。但"无为"之治的思想却不错。

其二，主上无为。老子说："绝圣弃智，民利百倍；绝仁弃义，民复孝慈；绝巧弃利，盗贼无有。"(《老子》第十九章)这是说，社会不安宁和人民的贫穷，都与统治者的欲望、目的和有为政策有关；统治者越是有为，造成的社会恶果就越大。"民之饥，以其上食税之多，是以饥；民之难治，以其上之有为，是以难治；民之轻死，以其上求生之厚，是以轻死。"(《老子》第七十五章)既如此，那就需要减少、限制或取消统治者的目的、欲望和有为，即"夫唯无以生为者，是贤于贵生"(《老子》第七十五章)。"故以智治国，国之贼；不以智治国，国之福。"(《老子》第六十五章)要治理好国家，统治者就要用"无为"之道。"治人事天，莫若啬。"(《老子》第五十九章)"治大国若烹小鲜。"(《老子》第六十章)在老子看来，无为比有为好，统治者用"无为"来治国理政，天下才能太平，人民才有福祉。

庄子也主张统治者治世要用"无为"之策。《庄子·天道》说："夫虚静恬淡寂漠无为者，天地之本而道德之至，故帝王圣人休焉。……夫虚静恬淡寂漠无为者，万物之本也。明此以南乡，尧之为君也；明此以北面，舜之为臣也。以此处上，帝王天子之德也；以此处下，玄圣素王之道也。以此退居而闲游江海，山林之士服；以此进为而抚世，则功大名显而天下一也。"又说："夫帝王之德，以天地为宗，以道德为主，以无为为常。无为也，则用天下而有余；有为也，则为天下用而不足。故古之人贵夫无为也。上无为也，下亦无为也，是下与上同德，下与上同德则不臣；下有为也，上亦有为也，是上与下同道，上与下同道则不主。上必无为而用天下，下必有为为天下用，此不易之道。故古之王天下者，知虽落天地，不自虑也；辩虽雕万物，不自说也；能虽穷海内，不自为也。天不产而万物化，地不长而万物育，帝王无为而天下功。"可见，无为之道既是帝王之德，也是天地之性。西晋郭象在注《庄子》这些文字时，对"无为"之道作了深刻阐释，我们不妨引几段看看。郭象说："夫无为也，则群才万品，各任其事而自当其责矣。故曰巍巍乎舜禹之有天下而不与焉，此之谓也。"(《庄子·天道注》)又说："夫无为之体大矣，天下何所不为哉！故主上不为冢宰之任，则伊、吕静而司尹矣；冢宰不为百官之所执，则百官静而御事矣；百官不为万民之所务，则万民静而安其业矣；万民不易彼我之所能，则天下之彼我静而自得矣。故自天子以下至于庶人，下及昆虫，孰能有为而成哉！是故弥无为而弥尊也。"（《庄子·天道注》）又说："夫工人无为于刻木而有为于用斧，主上无为于亲事而有为于用臣。臣能亲事，主能用臣；斧能刻木，而工能用斧；各当其能，则天理自然，非有为也。若乃主代臣事，则非主矣；臣秉主用，则非臣矣。故各司其任，则上下咸得而无为之理至矣。"（《庄子·天道注》）又说："夫用天下者，亦有用之为耳。然自得此为，率性而动，故谓之无为也。今之为天下用者，亦自得耳。但居下者亲事，故虽舜禹为臣，犹称有为。故对上下，则君静而臣动；比古今，则尧舜无为而汤武有事。然各用其性而天机玄发，则古今上下无为，谁有为也！"（《庄子·天道注》）又说："夫在上者，患于不能无为而代人臣之所司。使咎繇不得行其明断，后稷不得施其播殖，则群才失其任而主上困于役矣。故冕旒垂目而付之天下，天下皆得其自为，斯乃无为而无不为者也，故上下皆无为矣。但上之无为则用下，下之无为则自用也。"（《庄子·天道注》）这些文字很明白地说明，"无为"之道就是各级都安于自己的所为和应为，而不越俎代庖，这样天下就能各司其职，就太平了。

其三，无为而无不为。所谓"无为"并不是什么都不做而坐以等死，还是要做事的，即做自己应做的和要做、该做的事。怎么才能保证自己作自己该做的事呢？其前提就是无为。这从整个社会而言，从最高统治层一直到最下层，都要以"无为"为原则，即不要干扰、干涉下级之为，这样下级才能做自己该做的事，最终万民才能乐业而安居。从个人来说，就是有所舍得，要克制欲望，不能事事都要，事事都做，这样最终是一件事也做不成的。老子说："不尚贤，使民不争；不贵难得之货，使民不为盗；不见可欲，使民心不乱。是以圣人之治，虚其心，实其腹，弱其志，强其骨，常使民无知无欲，使夫智者不敢为也。为无为，则无不治。"（《老子》第三章）这说的就是无为才可无不为的道理。有人说这是统治者的愚民政策。非也！社会需要的恰恰是这种无为之道。统治者只要无为而治，就不会干涉或过多干涉下层人民的生产和生活，人民就会安居乐业，就会太平，这有何愚民不愚民的呢？！故老子说："天地不仁，以万物为刍狗；

圣人不仁，以百姓为刍狗。"（《老子》第五章）圣人无所偏爱，才能广施其爱；同理，圣人无为，才能广为所为。老子说："太上不知有之，其次亲而誉之，其次畏之，其次侮之。信不足焉，有不信焉！悠兮，其贵言。功成事遂，百姓皆谓'我自然'。"（《老子》第十七章）这就是"上无为"的最好表现。人民不知道有统治者存在，这表面看来不好，是民与统治者的疏远、不亲；但实则不然，这才是民与统治者最最之亲，因为在这样的情况下民才能安居乐业，社会才会清平，统治者的统治才能久远，这就是人民从行动上、从心底里对统治者的拥护和支持，岂不亲哉！有一首据说是商代民歌的《击壤歌》说："日出而作，日落而息，凿井而饮，耕田而食。帝力于我何有哉！"人民安居乐业，自然而然地生存、生活着，帝力对他们来说有何关系呢?！这正是没有关系的关系本身啊！

总之，"无为而治"的思想方对中华民族的生存、发展深有影响。每当新王朝建立之时，鉴于历史教训和发展生产、稳定社会之需，上自统治者下至士民百姓，都会以这种"无为而治"思想为指导，这对社会生产力的恢复和发展，对社会进步，均有一定益处。汉初近七十年间实行的就是这种"无为而治"的方针，结果带来了"文景之治"这样的太平盛世。"无为"方针的社会历史作用和意义可见一斑。

6. "至人无己"的逍遥精神

老、庄都是先秦道家的思想代表，但二者的思想旨趣并不一样。老子讲"道"，但这个"道"要落实、表现在处世方略上，故其思想多有"术"性价值，与兵家的将兵之道和法家的法术之道倒有内在关联。李泽厚先生有一篇文章名为《孙老韩合说》[①]，就论述了由孙武的"诡道"军事辩证法向老子的生活智慧辩证法、再向韩非的冷酷利己主义的转化，说这是先秦中国思想的一条发展线索。其说有理。庄子虽然批评现实社会，虽然讲"至德之世"的社会理想，但其思想鲜有权谋性的"术"性味道，"就实质说，庄子哲学即美学"，"如何超脱苦难世界和越过生死大关这个问题，正由于并不可能在物质世界中现实地实现，于是最终就落脚在某种精神——人格理想的追求上了。个体存在的形（身）神（心）问题最终归

---

① 见李泽厚《中国古代思想史论》（人民出版社 1986 年版）一书。

结为人格独立和精神自由，这构成庄子哲学的核心"①。这就是庄子"逍遥游"的思想。

庄子为何要讲这种"逍遥游"？这究竟是一种怎样的"游"呢？庄子的思想之所以能被逼到"逍遥"之"游"上，这与他对人的生存意义的思考有关。面对战国之时那种"殊死者相枕也，桁杨者相推也，刑戮者相望也"（《庄子·在宥》）的社会现实，人究竟怎么生存和生活呢？在这种"匈匈焉"（《庄子·在宥》）、"嚣嚣也"（《庄子·骈拇》）的社会中，尽管生存环境恶劣，生命朝不保夕，但人还得活着，还要活着。当然，不同类型、不同层次的人其活法是不同的。对庄子来说，他悟到了一种"处乎材与不材之间"的"游世"之方。这就是《庄子·山木》中所讲的"庄子行于山中"的故事。路边的大木因其大"无所可用"而"得终其天年"，而庄子故人家的一只鹅因为不能鸣叫却被杀了用来招待客人，到底是无用好呢还是有用好？弟子们问庄子这个问题，"庄子笑曰：周将处乎材与不材之间"。这个方法看来不错，因为具有"中"性价值，既不是完全无用也非完全有用，看来这就保险了。但事实上这种"材与不材之间"的处世之道实行起来却很困难，很难做到恰到好处而合于"中"道。因为，作为处事方略，这是一种手段，要用这种手段，就非用"术"不可。用"术"，用权术、诈术，这的确有效，倘若用得好的话甚至连国家神器都可窃到手。但此终非长久之计，因为用"术"者必被"术"所用，这乃历史和生活辩证法。《庄子·徐无鬼》讲了一则故事："吴王浮于江，登乎狙之山。众狙见之，恂然弃而走，逃于深蓁。有一狙焉，委蛇攫抓，见巧乎王。王射之，敏给搏捷矢。王命相者趋射之，狙执死。王顾谓其友颜不疑曰：'之狙也，伐其巧，恃其便以敖予，以至此殛也。戒之哉！嗟乎，无以汝色骄人哉！'"这个故事的确有引以为戒之处，即不可恃才傲物而逞强于世。人世上是天外有天，人上有人，强中更有强中手；你恃才傲人，人自然恃才傲你；你施权术、诈术于人，人也必"以其人之道还治其人之身"地施术于你，故使诈者终被诈，役人者终被役，用术的结果只能是搬起石头砸自己的脚而自食其果。当然，人世间也有用"术"用得成功的。但这在庄子看来只是碰巧而已，终不可为法。《庄子·列御寇》说："人有

---

① 李泽厚：《庄玄禅宗漫述》，见李泽厚《中国古代思想史论》，人民出版社1986年版，第189、183页。

见宋王者，锡车十乘。以其十乘骄稚庄子。庄子曰：'河上有家贫恃纬萧而食者，其子没于渊，得千金之珠。其父谓其子曰："取石来锻之！夫千金之珠，必在九重之渊而骊龙颔下。子能得珠者，必遭其睡也。使骊龙而寤，子尚奚微之有哉！"今宋国之深非直九重之渊也，宋王之猛非直骊龙也，子能得车者，必遭其睡也。使宋王而寤，子为齑粉！'"你能从统治者那里赚得便宜，那是统治者一时疏忽了，并不见得你的"术"就真的有用。所以，用"术"来行世而想要做到"处乎材与不材之间"是不行的。

那怎么办呢？一味地去迎合统治者而得到一些残羹冷炙吗？庄子鄙视这种人和这种行为。《庄子·列御寇》曰："宋人有曹商者，为宋王使秦。其往也，得车数乘；王说之，益车百乘。反于宋，见庄子曰：'夫处穷闾阨巷，因窘织履，槁项黄馘者，商之所短也；一悟万乘之主而从车百乘者，商之所长也。'庄子曰：'秦王有病召医，破痈溃痤者得一乘，舐痔者得车五乘，所治愈下，得车愈多。子岂治其痔邪，何得车之多也？子行矣！'"曹商因能迎合统治者的需要而得以暴富，这在庄子看来是出卖自己人格和尊严的下贱行为，是根本不能做的。

靠行诈术来处世，庄子认为不行因而不取；靠迎合当权者来生存，庄子认为不值亦不取。那到底该怎么办呢？就此自杀吗？庄子没有这样做。他在做什么呢？他在思想，在思考人的生命意义和价值在哪里。《庄子·齐物论》说："一受其成形，不化以待尽。与物相刃相靡，其行尽如驰，而莫之能止，不亦悲乎！终身役役而不见其成功，苶然疲役而不知其所归，可不哀邪！人谓之不死，奚益！其形化，其心与之然，可不谓大哀乎？人之生也固若是芒乎？其我独芒，而人亦有不芒者乎？"人活一生究竟为了什么？就是为了"与物相刃相靡"而终日忙碌不休地混口饭吃吗？倘仅如此，与禽兽何异，与行尸走肉何别！这岂不失去了人自己的真性？《庄子·骈拇》说："自三代以下者，天下莫不以物易其性矣，小人则以身殉利，士则以身殉名，大夫则以身殉家，圣人则以身殉天下。故此数子者，事业不同，名声异号，其于伤性以身为殉，一也。……伯夷死名于首阳之下，盗跖死利于东陵之上，二人者所死不同，其于残生伤性均也。奚必伯夷之是而盗跖之非乎！天下尽殉也，彼其所殉仁义也，则俗谓之君子；其所殉货财也，则俗谓之小人。其殉一也，则有君子焉，有小人焉；若其残生损性，则盗跖亦伯夷已，又恶取君子小人于其间哉！"故"今世

俗之君子，多危身弃生以殉物，岂不悲哉！"(《庄子·让王》)

人既不能如禽兽那样只知吃睡来终其一生，也不可如儒家所教导的那样徒作仁义名利的牺牲品。人的一生究竟该如何呢？逼来逼去，就终于被逼到了"逍遥"之"游"上。庄子曰："材与不材之间，似之而非也，故未免乎累。若夫乘道德而浮游则不然，无誉无訾，一龙一蛇，与时俱化而无肯专为，一上一下，以和为量，浮游乎万物之祖，物物而不物于物，则胡可得而累邪！"(《庄子·山木》)这个"乘道德而浮游"就是"与时俱化"，"以和为量"，"浮游乎万物之祖，物物而不物于物"，这不是那种"处乎材与不材之间"有限制的身之游，而乃绝对无待的精神自由之"游"。关于这种精神之"游"，庄子讲了许多，曰：

若夫乘天地之正，而御六气之辩，以游无穷者，彼且恶乎待哉！故曰：至人无己，神人无功，圣人无名。(《庄子·逍遥游》)
乘云气，御飞龙，而游乎四海之外。(《庄子·逍遥游》)
乘云气，骑日月，而游乎四海之外。(《庄子·齐物论》)
无谓有谓，而游乎尘垢之外。(《庄子·齐物论》)
圣人将游于物之所不得遁而皆存。(《庄子·大宗师》)
彼方且与造物者为人，而游乎天地之一气。(《庄子·大宗师》)
予方将与造物者为人，厌，则又乘夫莽眇之鸟，以出六极之外，而游无何有之乡，以处圹垠之野。(《庄子·应帝王》)
立乎不测，而游乎无有者也。(《庄子·应帝王》)
体尽无穷，而游无朕，尽其所受乎天，而无见得，亦虚而已。(《庄子·应帝王》)
彼将处乎不淫之度，而藏乎无端之纪，游乎万物之所终始。(《庄子·达生》)

这等等之"游"，就是"逍遥游"。

很明显，这个"逍遥"之"游"是"心游""神游"。庄子说："且夫乘物以游心，托不得已以养中，至矣。"(《庄子·人间世》)"不知耳目之所宜，而游心乎德之和。"(《庄子·德充符》)"游心于淡，合气于漠，顺物自然而无容私焉。"(《庄子·应帝王》)这种"游心"或"心游"就是无条件的绝对自由，就是"出入六合，游乎九州，独往独来，是谓独有"（《庄子·在宥》）。《庄子》的《逍遥游》篇，引导人们所要达到的就是这种绝对自由的"逍遥"境界。庄子从高飞九万里，"背负青天而莫之夭阏者"的大鹏，讲到"决起而飞，抢榆枋而止"及"翱翔蓬蒿之间"的蜩、学鸠、斥鴳；从"举世而誉之而不加劝，举世而非之而不加沮，定乎内外之分，辩乎荣辱之境"的宋荣子，讲到"御风而行，泛然善也，旬有五日而后反"的列子，这些都是有待之游，即其游要依赖于一定的条件；有条件就最终是不自由的。所以，庄子看到，在现实世界中要使身体达到绝对的"逍遥"之"游"是不可能的，只有心或精神方能摆脱一切条件的束缚而进入一种自由自在的境界中，这才是"逍遥游"，即"乘天地之正而御六气之辩，以游无穷，彼且恶乎待哉！"庄子用艺术手法将此种"游"描写为"乘云气，御飞龙，而游乎四海之外"的神人形象。

"逍遥"之"游"本是心游、神游，其表现只能是意境、境界。但庄子却以艺术手法将其形象化了，这就是《庄子》中"真人""至人""神人""圣人""天人""德人""大人""全人"等形象，尤以"真人""神人"形象最为显明。《庄子·大宗师》中描述了"登高不栗，入水不濡，入火不热""不知说生，不知恶死，其出不䜣，其入不距，翛然而往，翛然而来"的"真人"形象；《庄子》的《逍遥游》《齐物论》中描写了"乘云气，御飞龙，而游乎四海之外"的"神人"形象。这是艺术笔法，都是为了形象地说明"逍遥"之"游"那种绝对无待的自由本性，这与后来道教中所说的神仙是两码事。

说"逍遥"之"游"是心游，是神游，是绝对无待的精神自由；或将其描写为"乘云气，御飞龙，而游乎四海之外"的神人形象，这都是对这种"游"所作的对象性、概念化的说明而已，尚不是正在做或操作这种游，即尚非人真正自由自在的逍遥之境。那么，人如何才能做到这种"逍遥"之"游"呢？或者说人怎样做才能达到它呢？这就涉及庄子"逍遥游"的思想主旨问题。对此，早在晋代就出现了两种解释。一种是向秀、郭象之义，如郭象在注《庄子·逍遥游》篇名时说："夫小大虽殊，而放于自得之场，则物任其性，事称其能，各当其分，逍遥一也，岂容胜负于其间哉！"在注"且夫水之积也不厚……水浅而舟大也"一段时说："夫质小者所资不待大，则质大者所用不得小矣。故理有至分，物有定极，各足称事，其济一也。若乃失乎忘生之生而营生于至当之外，事不任力，动不称情，则虽垂天之翼不能无穷，决起之飞不能无困矣。"这是说，每个事物均有自己的质性，只要依性而行，能满足其性，就是逍遥，就是逍遥之"游"。这可叫"适性逍遥"。这是影响颇大的一种解释。

另一种是支遁（字道林）之义。《世说新语·文学》载："《庄子·逍遥篇》旧是难处，诸名贤所可钻味，而不能拔理于郭、向之外。支道林在白马寺中，将冯太常共语，因及《逍遥》。支卓然标新理于二家之表，立异义于众贤之外，皆是诸名贤寻味之所不得。后遂用支理。"这个"支理"是什么理呢？该条下有刘孝标的注，曰："支氏《逍遥论》曰：'夫逍遥者，明至人之心也。庄生建言大道，而寄指鹏鷃，鹏以营生之路旷，故失适于体外；鷃之在近而笑远，有矜伐于心内。至人乘正而高兴，游无穷于放浪，物物而不物于物，则遥然不我得；玄感不为不疾而速，则逍然靡不适，此所以为逍遥也。若夫有欲当其所足，足于所足，快然有似天真，犹饥者一饱，渴者一盈，岂忘烝尝于糗粮，绝觞爵于醪醴哉？苟非至足，岂所以逍遥乎？'此向、郭之注所未尽。"支遁认为，"逍遥"就在于"明至人之心"耳。明什么心呢？就是认识到自满自足，在心理上获得平衡和满足，以此达到无适无虑、自然而然的自由自在。

两义相比，支义优于郭义。郭象认为"逍遥"就是"适于其性"或"自足其性"，这看似不错，但终不然。这里首先就有个"性"是什么之性的问题。这个"性"如若是人的自然之性，那很明显，适于这样的性是无用的，对人来说根本就得不到"逍遥"；对大鹏和小鸟来说适于其性固然可以使各自得到满足而自感逍遥，然人不是这样，人如若是这样就倒退到动物世界中去了，何言"逍遥"之"游"呢?! 可见，在讲"适性逍遥"时，这个"性"根本不是人的自然本能之性，它应是人的社会之性，是人的理性本质。这就又有问题了，即人的这种社会性、理性是哪里来的？是如何形成的？它是可改变的还是固定不变的？如果说这种"性"是天命之所在，有如《中庸》言"天命之谓性"那样，它就是先天的和不可变的；若如此，按这种"性"来"适性逍遥"的话，这就等于不仅承认了人世社会的现实等级差别的存在，而且将此种差别先天化和固定化了，根本就没有任何变动和调整的可能，试想，要这种不变的、死的"逍遥"又有何用呢?! 如果人的这种社会性之"性"不是先天的，是后天人们在从事社会生产和生活的过程中构成的和形成的,那这个"性"就与人心,即与人的意志有关系了;这样一来,是"适"这个"性"呢还是"不适"这个"性"呢,这就与人的意志力直接相关了;既与人的自由意志相关,那就不可能有真正的"逍遥",因为你选择"逍遥"是对的,你不选择它同样是对的,那还有什么"逍遥"不"逍遥"可言呢?可见,如果这个"性"是人的社会之性,同样会带来问题。在"性"是人的自然性或社会性的前提下,"适性逍遥"都不能得到真正的"逍遥",结果只能是消解掉"逍遥"。这是庄子"逍遥游"主旨之向、郭义的不足所在。

支遁认为"逍遥"就在于"明至人之心",这是有道理的。那又怎么来"明"呢?支遁说:"至人乘(天地)正而高兴,游无穷于放浪,物物而不物于物,则遥然不我得;玄感不为不疾而速,则逍然靡不适,此所以为逍遥也。"这个解释倒也不错,但可惜仍未说明问题,因为这只是对庄子所说的"若夫乘天地之正,而御六气之辩,以游无穷者,彼且恶乎待哉!"的话作重复说明,尚未指出究竟如何才能"明至人之心"以得到"逍遥"之境。

《庄子·应帝王》中有一则"季咸占卜"的故事,倒对怎样"游心"或"明心"有个诠释。故事说郑国有一个神巫名叫季咸,能断知人的死生存亡、福祸寿夭,所预言的生死之日准确如神,故全郑国的人看见他都惊慌奔逃了。列子见识了季咸的占术后很信服也很陶醉,于是他就回来告诉他的老师壶子。壶子说,这没有什么了不起嘛,季咸只是根据人的一些外表特征来看看相而已,他哪里算得上得"道"呢!壶子谓列子,你把他叫来给我看看相吧。第二天列子就叫季咸来为壶子看相。季咸看了看,出来后对列子说:"子之先生死矣!弗活矣!不以旬数矣!吾见怪焉,见湿灰焉。"列子听后"泣涕沾襟以告壶子"。壶子就说,我刚才显示给他的是心境寂静、不动又不止的状态,他看到我闭塞了生机,就说我要死了。你再请他来看看。第二次季咸看了壶子后对列子说:"幸矣,子之先生遇我也!有瘳矣,全然有生矣!吾见其杜权矣。"列子入告壶子,壶子说,我刚才显示给他的是天地间的生气,我名实不入于心,一线生机从脚跟升起,他看到了我的这线生机就说我要活了。你再请他来看看。第三次季咸看后告诉列子:"子之先生不齐,吾不得而相焉。试齐,且复相之。"列子入告壶子,壶子说:我刚才显示给他的是没有朕兆的太虚境界;他看到了我气度持平的机兆。你再请他来看吧。这次季咸看见壶子后站立未定就惊慌逃走了。壶子让列子去追,未追上,列子入告壶子,壶子说:我刚才显示给他的是万象空灵,无有始端的境界,我随顺此境界变化,如草遇风而靡,如水随波逐流,他难以捉摸,所以就逃走了。列子这才知道壶子的道行之深,于是回到家中"三年不出","一以是终"。壶子显示给相者季咸的那些相征,大概与"导气""炼气"的方法有关。但对"心"(意志、意识等)而言,这有一个使其从对象认知态向"意识流"自身导入而进入"意识流"自身的过程和结果;当心或意识、思想进入自身之"流"时,它就处于一种自然而然的思而无思、无思而思的自我运行态中,这就是庄子说的"忘"(它有"坐忘"和"道忘"两种不同形式和表现),也就是海德格尔所谓的"形式指引"。这都是意境、境界。庄子所谓的"逍遥"之"游"的真正意义就在这种"形式指引"式的意境中。

以庄子为代表的道家"逍遥游"的思想和精神,对中华文化和中华民族精神深有影响。因为这能给中华士子以生命安顿,能够取代宗教而在今生世界和今世生活中找到生命的意义和价值。正因为有道家这种"乘天地之正,而御六气之辩,以游无穷"的"逍遥"之"游",有这种既在世中而又超世的心游、神游,中华民族才没有走入悲观厌世的消极一途,也没有步入纯超越的、在未来天国中才可实现的宗教幻想一途,而是步入了既现实又超越、既超越又现实的"一个世界"的现实生活之道。这使得中华士子或得或失,或进或退,或"治国平天下"或"独善其身",都能寻得生活的意义和生命的价值。如若没有以庄子为代表的道家文化这种"逍遥"之"游"的思想作调节,中华民族有可能步入刚健进取、积极入世之道而太进躁,亦有可能步入厌弃红尘、寄身未来的出世之道而太悲怆,这都非我中华民族真正精神。

以上是道家思想中所体现的中华民族精神的六个方面。这六个方面是个整体,有些互有交叉。这些方面有机统一,构成了中华民族精神的另一方面。这些精神与儒家思想指导下的中华精神一起,甚至与墨、法等思想指导下的中华精神一起,在中华民族的生存发展中熠熠生辉,作用多多。

四 道家的"道德"形而上学初论

道家讲"道"。道家之为道家,就在于它提出了"道"这一观念。道

第二章　道家的"道德"论与中华民族的立世之道

原义为道路，通达无歧路者谓之道。至老子，将"道"厘定为哲学范畴。《老子》第二十五章是关于"道"概念的提出，曰："有物混成，先天地生。寂兮寥兮，独立不改，周行而不殆，可以为天下母。吾不知其名，字之曰道，强为之名曰大。"老子认为，在天地万物之前，有个"混成"者，这个东西既无声又无形，它独立长存而不变，周行而不停息，它可以作为万物存在之"母"。这个东西是什么呢？它本来没有名字，如若要给它个表字的话就叫"道"，且勉强地命名为"大"。这说明，"道"这个东西原来是人们（就是老子）给某个东西命的名字，这个东西就是那种浑然一体、无形无声、永存不衰，可以为天下"母"者；用我们现在的哲学行话来说，就是天地万物存在的本原、本体。故老子曰："道者万物之奥，善人之宝，不善人之所保。……古之所以贵此道者何？不曰以求得，有罪以免邪？故为天下贵。"（《老子》第六十二章）老子还说："昔之得一者：天得一以清，地得一以宁，神得一以灵，谷得一以盈，万物得一以生，侯王得一以为天下贞；其致之。天无以清，将恐裂；地无以宁，将恐废；神无以灵，将恐歇；谷无以盈，将恐竭；万物无以生，将恐灭；侯王无以贵高，将恐蹶。故贵以贱为本，高以下为基，是以侯王自谓孤、寡、不谷，此非以贱为本邪？非乎？故致数舆无舆。不欲琭琭如玉，珞珞如石。"（《老子》第三十九章）这里的"一"就是"道"，天、地、神、谷、万物、侯王等一切存在者，只有得到了"道"，才能得以存在，否则最终是不能存在的。这些都说明，在老子处"道"是天地万物之存在的本原、本体。

　　庄子也以"道"为天地万物存在的本原、本体。《庄子·齐物论》曰："故为是举莛与楹，厉与西施，恢恑憰怪，道通为一。"莛者小草茎也，楹者大柱子也，厉者病癞女也，西施者大美女也，这些东西以及一切稀奇古怪之事，它们都是存在的；既然它们出现了，存在了，就一定有其存在的根据、原因，这个根据就是"道"，在"道"面前天地万物都通而为一。《庄子·知北游》中有庄子与东郭子关于"道恶乎在？"的一段对话。在东郭子看来"道"这种东西只有人才可能有。他问庄子"所谓道，恶乎在？"庄子却说："无所不在"；当东郭子要庄子具体指出"道"到底在哪里存在时，庄子却说"在蝼蚁""在稊稗""在瓦甓"，甚至于在天下最污秽之物"屎溺"中。东郭子只好闭口不言了。庄子就说："夫子之问也，固不及质。"即你所问的问题本来就不对。为什么呢？就是因为东郭子一开始就以为"道"只人或超人才有，万物不可能有它，这就大大错了。"道"如果仅是人的或超人的，它就不是天地万物存在的本原、本体了；"道"作为本原、本体，就存在于世上的每一存在者中，只要这个存在者出现了，存在了，就一定有其存在的依据，这就是"道"，所以连屎溺这些污物都有"道"在！《庄子·大宗师》中有一段集中论"道"的话，曰："夫道，有情有信，无为无形；可传而不可受，可得而不可见；自本自根，未有天地，自古以固存；神鬼神帝，生天生地；在太极之上而不为高，在六极之下而不为深，先天地生而不为久，长于上古而不为老。豨韦氏得之，以挈天地；伏戏氏得之，以袭气母；维斗得之，终古不忒；日月得之，终古不息；堪坏得之，以袭昆仑；冯夷得之，以游大川；肩吾得之，以处大山；黄帝得之，以登云天；颛顼得之，以处玄宫；禺强得之，立乎北极；西王母得之，坐乎少广，莫知其始，莫知其终；彭祖得之，上及有虞，下及五伯；傅说得之，以相武丁，奄有天下，乘东维，骑箕尾，而比于列星。"这一段关于"道"说得很明确，但也有些玄乎。这里明确指出"道"是"自本自根"者，是"自古以固存"的不变者，是"神鬼神帝，生天生地"的创生者，它比太极更高，比六极更深，是天地万物一切存在者之存在的本原、本体。但这里却说"豨韦氏得之，以挈天地"云云，这就有些玄乎了，难道这个"道"真是有如神仙一样有意志力而能为豨韦氏等来整顿天地？当然不是这样。这里是用文学性笔触，用形象化语言来说明"道"的本体作用和意义，自然事物的存在要以"道"为依据和本体，人世的所作所为，甚至于超人世的神人的所作所为，也都有个所作所为的根源和依据问题，这也是"道"。所以，从自然世界到人文世界，甚至于超人的世界，只要有存在者存在，这个存在者哪怕是观念，甚至是幻想的观念，就都有其存在的原因、依据，这就是"道"。因此，在老、庄处，"道"的形而上学性，其本原性、本体性是肯定的和昭然的。

在先秦时期，道家为什么要提出和能提出这个"道"本论呢？就是说，老子、庄子为什么要提出"道"作为天地万物之存在的本原、本体？这个问题的根子在社会政治方面。就是说，这与老子、庄子的社会政治思想有关，与他们对当时社会的看法以及他们解决社会政治问题的理想、主张、方案等有关。这就是思想史（包括哲学思想）的社会史根源之所在。

第二章 道家的"道德"论与中华民族的立世之道

以前人们把思想史的原因、根源简单地划归为思想家的阶级性,从其阶级出身和阶级立场出发来厘定其思想性质及其作用、价值,这有些太偏和太公式化,往往是以偏概全而搞阶级立场的唯一论和扩大化,并不能真正解决问题。现在,人们又往往忽视思想史的社会史根源,就纯思想来论思想,这往往也会误入歧途。思想家不是神,他是人;思想家也不是死人或想象的人,而是现实社会中的现实人,是要食人间烟火的人。所以,每一时代的思想家们不一定是有目的、有意识地为某个阶级代言,但他却一定对当时的社会现实有感受和看法,有解决、对治现实社会问题的想法、方案;在谈社会政治问题时,往往就涉及了或者说就逼出了有关的哲学问题。老、庄之所以提出"道"和讲论"道",当与其社会政治思想、主张不无关系。

春秋战国时代是中国历史上大变动的时代。由于铁制农具的使用和牛耕的出现,使社会生产力发生了质的变化,从而引起了生产关系的变革,导政了社会经济基础(经济结构)和上层建筑的巨大变动,这就是由奴隶制生产方式和社会体制向以小农经济(自然经济)为基础的封建制生产方式和社会体制的转变。当然,当时的人们不会从社会生产力的变化引起社会经济基础和上层建筑变化方面来认识和说明、解决问题。但当时的人们,从上层统治者到一般士人,都看到了赋税制度的改变,史书也明确记载了这方面的变动,如公元前685年(鲁庄公九年)齐国的"相地而衰征"(见《国语·齐语》),公元前594年(鲁宣公十五年)鲁国的"初税亩"(见《左传》宣公十五年),等等。针对和面对这种巨大的社会变动,各级各层的人都有感受,也都有看法,也都有或对或错等关于社会问题的解决主张和方案。所以,胡适以为"诸子自老聃孔丘至于韩非,皆忧世之乱而思有以拯济之故,其学皆应时而生,与王官无涉"[①],是有见地的。即使诸子出于王官,那么由王官之学向社会下移也必与当时的时势紧密相关,否则的话王官学是不会下移的。正是春秋战国时期,使得当时的思想家们不得不对其时的社会政治问题提出看法,发表见解,这就引出了有关的哲学思想。

面对当时那种"礼崩乐坏"的社会现实,孔子以为恢复"周礼"是一

---

① 胡适:《诸子不出于王官论》,见胡适《中国哲学史大纲(卷上)》之"附录"。该书1919年2月由商务印书馆出版,上海影印厂1987年出版印影本。

条可行之路。那么，怎么才能恢复"周礼"呢？孔子认识到，"人而不仁，如礼何？人而不仁，如乐何？"（《论语·八佾》）人如果不首先抓住这个"仁"，礼、乐的存在就没有了基础和根据，要恢复它们就终是一句空话。孔子在这里看到了或者说发现了一个重大的根本性问题，即整个社会制度赖以存在的基础问题。人如果对那些社会制度不认可、不接受、不执行、不维护，甚至想方设法来破坏它，那么再好的社会制度也是空的。所以，包括伦理秩序在内的一切社会制度得以存在的前提基础是人的自由意志指导下的自觉自愿性。孔子"仁"的提出，是个重大的思想发现和贡献，它将"礼""乐"这些外在的社会规范导入人的心理情感和心性存在基础上，是继周公后对中华文化作出的重大贡献。这是孔子"仁"说的积极意义和正面价值。

但孔子之"仁"的负面价值和消极意义也正在这里。人在其自由意志力的支配、指使下能自觉自愿地遵礼守法，按礼法办事，甚至不惜牺牲性命来维护礼法之尊严和神圣性、权威性，有如孔子说的"志士仁人，无求生以害仁，有杀身以成仁"（《论语·卫灵公》）。但同时，人也同样可以在其自由意志的支配和指使下来有目的、有意识、有计划、有组织地反对和破坏礼法，可以利用礼法来反礼法。可见，孔子将"礼"导入人的"仁"性基础上，既为复"礼"提供了前提和保证，同时又为破坏"礼"埋下了更大的危险。问题究竟出在哪里呢？就出在这个自由意志本身上。正因为这个意志是自由的，所以才可以向正、反两面发展和推进。因此，从孔子开始，儒学本身就潜伏着一个致命危险，这就是如何防止和控制人的自由意志的越轨和泛滥。防止和控制自由意志的途径和方式就是给它安装上"必然"性的限制维度，这就是我们前面讲的儒家伦理学本体论化的问题。这是儒学必须要做的事。这个问题在孔子这里就出现了，即孔子思想体系中"与命与仁"（见《论语·子罕》）的"命—仁"结构。"仁"本来是人的心理情感和自觉自愿的主体力量。有了"仁"人的伦理规范就可以得到执行和实施，这里又来个"命"干什么呢？"命"是什么？"子曰：'道之将行也与，命也；道之将废也与，命也。公伯寮其如命何！'"（《论语·宪问》）这个"命"显然是一种无可奈何的必然性力量。"命"与"天"还不一样，"天"虽然也在人之外左右着、统治着人，但它能通人情，人有什么事可以求它，人犯了什么错可以向它忏悔、祷告，这个

"天"还能听进去人的话，还能体谅人，原谅人；"命"则不然，它像"天"一样左右着、统治着人，但人却不能向它忏悔、祷告，它不听人的，故它是一种左右人的必然性的力量。孔子不用"天"而用"命"来约束、牵制、限制"仁"，足见是为了用一种"必然性"的力量来限制"仁"这个自由意志的主体性力量。孔子的这个"命—仁"思想结构，就是儒学伦理学本体论化的开始和表现。

儒学伦理学本体论化正式始于汉代儒学。董仲舒"天人感应"论就是其表现形式。经魏晋玄学和隋唐佛学两大阶段的酝酿发展，至宋明理学才真正开始了儒学伦理学本体论化的工作。这方面的显著成就就是"理"本论和"心"本论的建立。但恰恰是宋明理学的"理"本论和"心"本论，却暴露出了儒学伦理学本体论化上的问题所在，即最终导致了儒学伦理学本体论的解体。宋明理学"理"本论和"心"本论的发展命运表明，解决儒学伦理学本体化问题的方向和道路非逼向"理"本与"心"本二者的"中间"地带不可，这个"中"既是"理"又是"心"，既不是"理"又不是"心"。那它到底是什么？这需要用现象学的那个"中间地带"的思想来说明，需要用海德格尔"形式指引"的思维方式和表达方式来诠解。此处暂不赘述。

本来是讲道家"道德"形而上学问题的，怎么一下子扯到了孔子的"仁"论和儒家伦理学本体化问题呢？这是不是脱题了？当然不是。其实恰与这里要谈的道家"道德"形而上学问题正密切相关。孔子为了救治当时社会之弊主张恢复"周礼"，要加强社会礼仪制度的建设。老子则不主张这样做，在他眼里"仁""义""礼"这些东西不是最好的规定，救不了社会之弊。老子曰："大道废，有仁义；智慧出，有大伪；六亲不和，有孝慈；国家昏乱，有忠臣。"（《老子》第十八章）儒家所倡导和看重的仁义、智慧、孝慈、忠臣，在老子看来并不是最好的，不值得提倡和取法。因为这些伦常规范的存在是有前提和有条件的。就拿孝慈言，这种规范行为看似不错，但实则不然。因为，当一个家庭的生存环境不好甚至很差时，方能显出"孝""慈"这种行为的意义和价值；比如说孩子的父母亲患了大病，卧床不起，这个家的日子非常艰难，这时一个刚刚懂事的孩子既要顾家，还要想方设法为父母治病，侍奉汤药，这个孩子的行为的确是孝，值得褒扬和崇敬。但为什么要使这个家庭成为这样子呢？这个家庭里父母健康能干，经济条件较好，家庭成员团结友爱，日子过得顺当、舒心，这难道不好吗？这时也就不需要让一个刚懂事的孩子挑起家庭重担来显示他的孝行了，这难道不是更好吗！还有忠臣，在国家政治清明，主上有道时，臣子们各干各的事，显不出忠不忠来。但当国家遇到重大变故时，比如说有人企图谋逆篡位，这时才需要有人挺身而出以维护王权，保护君上，这才要忠臣。忠臣的行为当然值得肯定，但为什么非要国家的昏乱呢？难道国家清平不好吗？！所以，在老子看来，儒家说的那些礼义规范，或者当时社会所提倡和标榜的那种治国方略，都不是根本的和最好的，已是某种退化后的现象了，这就是老子所谓的"故失道而后德，失德而后仁，失仁而后义，失义而后礼；夫礼者忠信之薄而乱之首"（《老子》第三十八章）的社会退化现象和过程。因此，老子对当时统治者所用的治国之道深为不满，他说："民之饥，以其上食税之多，是以饥。民之难治，以其上之有为，是以难治。民之轻死，以其上求生之厚，是以轻死。夫唯无以生为贵，是贤于贵生。"（《老子》第七十五章）统治者所用的那些治国方略是造成民穷国弱的祸根，是不值得用的。在老子看来："不尚贤，使民不争；不贵难得之货，使民不为盗；不见可欲，使民心不乱。是以圣人之治，虚其心，实其腹，弱其志，强其骨，常使民无知无欲，使夫智者不敢为也。为无为，则无不治。"（《老子》第三章）"绝圣弃智，民利百倍；绝仁弃义，民复孝慈；绝巧弃利，盗贼无有。"（《老子》第十九章）社会不是要提倡圣智、贤能、仁义、孝慈、欲望等，而是要加以限制和取消这些东西，这样社会方能安宁。相反，如果提倡圣智等，只会导致社会不宁，"天下多忌讳，而民弥贫；民多利器，国家滋昏；人多伎巧，奇物滋起；法令滋彰，盗贼多有"（《老子》第十七章）。因此，老子认为："古之善为道者，非以明民，将以愚之。民之难治，以其智多。故以智治国，国之贼；不以智治国，国之福。"（《老子》第六十五章）总之，在老子看来，治国的根本方针在于使人"见素抱朴，少私寡欲"（《老子》第十九章）。

庄子也认为，治世的最好方法是使人返朴归真，回到无私无欲的原初状态。庄子对三代以下的社会很不满，认为那是"嚣嚣"（见《庄子·骈拇》）、"匈匈"（见《庄子·在宥》）的乱世。最好的是三代以前的社会，那是合乎人的素朴本性的。《庄子·缮性》描述了人真朴性的丧失和社会退化的过程,云:"古之人,在混茫之中,与一世而得澹漠焉。当是时也,阴阳和静,鬼神不扰,四时得节,万物不伤,群生不夭,人虽有知无所用之,此之谓至一。当是时也,莫之为而常自然。逮德下衰,及燧人、伏羲始为天下,是故顺而不一。德又下衰,及神农、黄帝始为天下,是故安而不顺。德又下衰,及唐、虞始为天下,兴治化之流,浇淳散朴,离道以为,险德以行,然后去性而从于心。心与心识知,而不足以定天下,然后附之以文,益之以博。文灭质,博溺心,然后民始惑乱,无以反其性情而复其初。由是观之,世丧道矣,道丧世矣。世与道交相丧也,道之人何由兴乎世,世亦何由兴乎道哉!道无以兴乎世,世无以兴乎道,虽圣人不在山林之中,其德隐矣。"在庄子看来,最好的社会是那种处在混沌茫昧之中,举世都淡漠无求的时代,此时阴阳和顺,鬼神不扰,四时合节,万物不伤,众生不夭,人虽有心智但无用之,这是完满纯一的境地,人和万物都能顺其性而任自然。后来随着社会的发展,人的自然真朴之性消失了,人陷于迷乱之中,无法再返回到恬淡性情和回复自然本初了。庄子理想的就是那种"其卧徐徐,其觉于于,一以己为马,一以己为牛"(《庄子·应帝王》)、"居不知所为,行不知所之,含哺而熙,鼓腹而游"(《庄子·马蹄》)的"至德之世"。庄子反复描述"至德之世"是:"其行填填,其视颠颠。当是时也,山无蹊隧,泽无舟梁;万物群生,连属其乡;禽兽成群,草木遂长。是故禽兽可系羁而游,鸟鹊之巢可攀援而窥。"(《庄子·马蹄》)"至德之世,不尚贤,不使能;上如标枝,民如野鹿,端正而不知以为义,相爱而不知以为仁,实而不知以为忠,当而不知以为信,蠢动而相使,不以为赐。是故行而无迹,事而无传。"(《庄子·天地》)此种"至德之世"的上古社会生产力水平低下,但的确当时人的性情未被扭曲或较少被扭曲,人与人的关系有自然、和谐的一面。庄子认为这就是合乎"道"的社会。

可见,老、庄提出"道"的确与其社会政治观相关。他们反对、反感、厌恶当时争夺无止、杀伐不休、争强好胜、好勇斗狠的社会现实,认为要救治这样的社会就不能再参与其中而推波助澜,而要使人恢复素朴的天性。老、庄的这种思想当然有一定道理。要止浑水就不能参与其中去搅动,而要让它徐静;要止争斗就不可参与其中帮人打架,而要让争斗渐次平息。儒家、法家等都要参与到社会之中以解决社会纷争,这在老、庄看来无异于使浑水更浑，使社会更乱，因为这是"以智治国，国之贼"，而"不以智治国，国之福"（《老子》第六十五章）。所以老庄反复讲要"不尚贤""不贵难得之货""不见可欲"，治国的要诀是"非以明民，将以愚之"（《老子》第六十五章）。从这里就可以窥视出儒、道对治社会之弊的思想理路。孔子要用复"礼"来救治世弊，而复"礼"必要逼向人的意志自由的自觉自愿性；老、庄要用复民"朴"性来救治世乱，而复"朴"就要止欲，要止欲仍与人的意志自由的自觉自愿性相关。如果人不想止欲复"朴"，甚至于还要想方设法来满足欲望，那么欲望肯定是止不住的。所以，复"礼"要靠人的自觉自愿的行为，这非逼到人的自由意志不可；同样，要止欲复"朴"也要靠人的自觉自愿的行为，也非逼向人的自由意志不可。可以说先秦儒家和道家从不同的社会政治思想出发都逼向了人的心性问题，这是它们共同的思想贡献。

然而，虽然儒、道都将思想活动的起点和根基逼到了人的心性，但在对心性的功能和使用上其运思却正好相反。儒家主张发挥"心"这一自由意志力的正面作用，使人自觉自愿地去从事某一活动，比如自觉自愿地来克制自己以按"礼"来办。道家则反是，主张发挥"心"这个自由意志力的否定作用和功能，让人自觉自愿地不做某事，比如人自觉自愿地来控制自己的欲望，"不见可欲""不贵难得之货"等。用以表征和凸显人"心"这一自由意志力的正面功能和作用的观念，就是孔子的"仁"；而用来表征和凸显人"心"这一自由意志力的否定功能和作用的观念，就是老庄的"道"。这样说"道"难道不怕遭人非议吗？确实有。有人会引《说文》对"道"字的训释说，"道"的原义不是道路、行道吗，何以与"心"这一自由意志力的否定功能扯上了关系呢，这不太牵强了吗？此言有理。但笔者的引申、诠释也并非纯粹臆断。查《中文形音义综合大字典》，"道"字甲骨文阙，金文始出。"李敬斋氏以为'尔雅："一达谓之道"；从行从止，会意，首声。'小篆道：从辵首，亦从首声；辵谓长行，首谓面之所向，行之所达；长行于面之所向与行之所达之途，此途即道；故其本义作'所行道也'解（见说文许著），即由此达彼所行经之路，称之曰道。"[1]这是说，"道"是道路不假，但"道"作为路有其特点：一是行之所达

---

[1] 高树藩编纂：《中文形音义综合大字典》，中华书局1989年版，第996页。

者,二是面之所向者。这个"面之所向"者就是人所面对着的对象,这不正显示出人之所向、所行者是处在人的对面者吗?所以,笔者在此将道家的"道"与人"心"这个自由意志力联系起来,并厘定其为表示"心"力的否定功用。

为什么在此要颇费周折地这样来疏解老庄之"道"呢?当然是为了揭示其思想原义。我们在前面已阐明,先秦儒家的"仁"和道家的"道"提出的社会政治基础是一致的,即都是为了对治当时动乱的社会之弊。既然"仁""道"观念起源的社会基础一致或相通,那么,可以断言,"仁"与"道"的内在结构以及运思的思想逻辑亦有一致处和可参比之处。关于"仁",《说文》:"仁,亲也。从人,从二。古文仁从千心。"这表明,"仁"这个字说的是两个人(或至少是两个人)之间的事;倘若世上仅有一个人,那么他做任何事都对或都错,其行为、思想根本没有仁不仁可言。世上至少有两个人存在,一人的行为对他人就有了影响,他人对此人也就有了影响,每个人的行为就都有了好与坏、对与否等之分,这才有仁与不仁可言。这就是说,"仁"这个观念、范畴本身是有结构的,这就是"我—他"性,"我"总要受制于我之外的这个"他";"他"也总要受制于他之外的这个"我",无我则无他,无他则无我,我与他天生就处在关系中。这,就是"仁"的"二元性"结构。正因为"仁"的"我—他"性结构和本质,它才能和才要展现为"命—仁"思想体系,才有儒学伦理学本体论可言,否则的话儒学伦理学也就不需要本体论化了。

与"仁"一样,这个"道"观念和范畴也有其内在的"二元性"结构。《说文》曰:"道,所行道也。从辵从𦣻(首)。""辵"谓长行;"首"谓面之所向,行之所达。"从辵从首"的意思就是长行于面之所向与行之所达之途,这个途就是道。可见,所谓"道"一定包含一个起始点和一个面之所向的终结点在内,如若没有这个起点和终点,或者只有个起点或只有个终点,是没有"道"可言的。这个"起—终"性就是作为道路之"道"的内性结构。"道"有起(始)有终,所以它本身有闭合、内敛性,即它必定能收敛和要收敛为一个环、圈、圆,而不只是一条线段。正因为"道"自身"起—终"性这一"二元性"的内存在构架,它才是自本自根的和自因的,故才能作本原、本体,否则是作不了本体的。关于"道"的这个"二元性"内结构,老、庄已有发现和所言。比如《老子》第一章说:"道可道,非常道;名可名,非常名。无,名天地之始;有,名万物之母。故常无,欲以观其妙;常有,欲以观其徼。此两者同出而异名,同谓之玄;玄之又玄,众妙之门。"这一章不愧为《老子》首章,非常重要,因为这里揭示的就是"道"观念的"有—无"性结构。《老子》第二十五章是关于"道"观念的提出,并说:"人法地,地法天,天法道,道法自然。"即人和天地万物的一切存在者所要取法、依赖的最后依据就是"道",那么"道"以何为"法"呢?"道法自然",即"道"以"自然"为"法"。这个"自然"又是什么?原来就是和正是"道"自身的"有—无"性结构。正因为"道"有"有—无"性的"二元性"结构,它才能自我存在,其存在才是自本自根的,故才是本体。

庄子的"道"也有这种"有—无"性结构。当然,庄子说"道"的"有—无"性结构的视角与老子不同。老子是直接定谓和揭示"道"的"有—无"性结构的,庄子则通过分析、揭示事物的存在属性来逼向了"道"的"环""枢"或"环枢"性以揭示其"有—无"性结构。《庄子·齐物论》曰:"物无非彼,物无非是。自彼则不见,自是则知之。故曰彼出于是,是亦因彼。彼是方生之说也。虽然,方生方死,方死方生;方可方不可,方不可方可。因是因非,因非因是。是以圣人不由而照之于天,亦因是也。是亦彼也,彼亦是也。彼亦一是非,此亦一是非。果且有彼是乎哉?果且无彼是乎哉?彼是莫得其偶,谓之道枢;枢始得其环中,以应无穷。是亦一无穷,非亦一无穷也。故曰莫若以明。"庄子的这一段议论在说什么?当然是说"道枢",是说像"环""圆"一样的"道枢"。那么,这个"道"之"枢"到底是什么?在庄子看来,世上的物是分为彼、是(此)的,也是分为生、死的,还是分为是、非的,等等。这几乎是常识,似乎不必再说什么了。然问题恰恰在这里。人怎么知道这是"彼"?你可以回答说这是别人告诉你的。那么,别人又是怎么知道这是个"彼"呢?难道他天生就有这个"彼"观念吗?当然不是。这个"彼"是他在生活中所获得的。他要得到"彼"这个观念,就必须把这个所谓的"彼"拿来与它之外的东西作比照、参比,倘若不作任何参比,就这么一个东西而言,你无论如何是得不到"彼"这个观念的。把这个东西拿来与它之外的别个东西作参比,这两个东西就都能获得某种规定,比如把自己这里的这个东西叫"此"的话,那自己之外的东西就是"彼"了。所以,当你说"彼"时那个"此"已经潜涵于其中了；就是说，当"彼"在现场时，即当它出场时，"此"同时就在现场，同时就出场了，否则的话就根本不会有"彼"这个观念存在。既然"彼"与"此"是同时在场的，那为什么日常生活中的人们总是振振有词地说一个而不要另一个呢？比如总是肯定地说："这是彼"，而把与"彼"同时在场的那个"此"弄到哪里去了呢？是谁给了你权力把那个"此"消除掉了呢？要一个而不要另一个是非法的，只有两个都要才合法。庄子的这段议论讲的就是这个道理。所以，他的结论是"彼是（此）方生之说也"。《说文》"方，并船也。象两舟者、省头形。"这说明"方"是象形字，指相并的两只船，它的下方像两个舟字省并为一个的形状，它的上方像两个船头用绳索缆在一起的形状。"彼是方生之说"是说彼、是（此）是并列生存的或是并存的，少了一个也就不会有另一个。因此，庄子进一步扩大这个结论说"虽然，方生方死……"《说文》："雖（虽），似蜥蜴而大，从虫，唯声。""虽"原是虫名。"虽"字除作连词外，通"惟"。所以，这里的"虽然"就是"惟然"，即唯如此也之义。这是说，生与死、可与不可、是与非等，都是同时出场和存在着的。那么，怎样把同时出场、同时存在着的两个方面，比如说彼与此，都能保存下来、显示出来呢？这就不能用"什么是什么"的线性思维方式，而必须使"线"闭合，这就出现了"环"或"圆"；在一条线上，起点和终点是两个点，彼此是分离的，但在一个圆周上，起点和终点正是一个点，这个点既是起点又是终点，既不是起点又不是终点，这就是"道"或"道枢"。可见，在庄子这里，他视为"道枢"的这个"道"自身就是"彼—此""生—死""可—不可""是—非"等"二元性"结构。这与老子"道"的"有—无"性结构岂非一致！

　　道家"道"观念的"二元性"结构，逻辑地要求着"道"论的"道德"形而上学建构。就是说，正如儒家的"仁"论逻辑地要求着儒学伦理学本体论的建构一样，道家"道"论逻辑地要求着道德形而上学或道德本体论的建构。当然，儒家的伦理学本体论与道家的道德本体论的建构机制是一样的，但建构理路与方式却有不同。在儒家处，为了确保伦理规范的实施和伦理行为的实行，必须逼进到人的自由意志的自觉自愿性。但这个自由意志的自觉自愿性自身却是无限制的和自由的，它既可以自觉自愿地来实施某种行为也可以自觉自愿地不实施某种行为，这就潜伏着使伦理行为解体的可能和危险。为了化解这种危险以保证伦理行为的必然性和神圣性，就必须要把这种自由意志的自觉自愿性向外转化和向外升华，即将它提升到宇宙存在的必然性的高度和地位，这就叫儒家伦理学的本体论化。

道家道德形而上学或道德本体论的建构却不是这样的。前面我们分析指出，道家"道"观念的起源与救治当时社会之弊有关，即要把人的欲望、心智、意志等钝化和化解掉，使人性返"朴"归真，恢复到那种"其卧徐徐，其觉于于"（《庄子·应帝王》）、"其行填填，其视颠颠""含哺而熙，鼓腹而游"的"同与禽兽居，族与万物并"（《庄子·马蹄》）那种社会现状。恢复了人的这种"朴"性、真性，老、庄认为就合于"道"了。可见，"道"首先表征的是人的无知无欲的真性状态。故从"道"观念"有—无"性结构言，这里主要呈现、体现的是其"无"性的一面。但"道"不能只有和只是"无"性一面，这样的话它就废了，就自我消解了；"道"还有"有"性一面。所以，从道家"道"观念的构建之日起，就有个由"无"性向"有"性转化的问题，这就自然涉及"德"的问题了。

"道"从其"无"性向"有"性转化就转化吧，怎么与"德"扯上了关系呢？真的有关系在。人的真性是无知无欲、自然而然的"朴"。那么请问：当人返回到此种"朴"性时，或曰当人一开始处于此种"朴"性时，人知道不知道这是"朴"性？或曰人有没有可能知道自己的这种"朴"性？如果人根本不知道和压根就没有可能知道自己的"朴"性，那么这种"朴"性对人来说就根本没用，它也就非人的本性了，由此也就没有人和人的世界可言了，那还讲什么"朴"不"朴"呢？还谈什么对治社会之弊的问题呢？还有什么"道"论思想可言呢？人岂不成了老老实实、原原本本的动物即禽兽了吗！因此，当人处于此种"朴"性状态时人应该知道这个"朴"在。然而，一谈知，人的主体意识就非存在、非出现不可！人的主体意识就是人的自由意志。所以，道家在讲人的"朴"性，在讲"道"时，其前提基础是人的自由意志，这与儒家讲"仁"、讲伦理问题时是一样的。不过，自由意志在儒家处是在肯定意义上起作用的，即人自觉自愿地认可和执行某一伦理行为。而道家则在否定意义上来使用人的自由意志，即人自觉自愿地否弃人的欲望或意识、思想，也就是说使人无知无欲地存在和行为着。但是，既然是自由意志，它的本性、本质就是自由的，就没有任何约束和限制。这样，在道家这里，这个自由意志可以自由地否弃人的欲望、思想，同时也就可以自由地承认和肯定人的欲望、思想，这二者都是自由的，都是自觉自愿的，故都是合理的。但是，如果从人的自由意志出发肯定了、认可了人的欲望、思想，岂不破坏了人的真"朴"性？而如果从人的自由意志出发不认可、不肯定人的欲望、思想，这就等于人没有欲望、思想，那这种人还是人吗？还是现实社会中的现实人吗？看来，不承认人的欲望、思想是不行的，承认人的欲望、思想也是不行的，到底怎么办？这就是道家"道"论自身的问题。这个问题的根源就在于人如何安顿自己的自由意志。人不要自由意志，人没有自由意志，人就不是人了；但有了自由意志，人就能知道和要承认人的欲望、思想的存在和合理，这又有悖于人的真"朴"性。问题究竟怎么解决呢？这只能是：既要承认人的自由意志存在，但又不可任其自由而要对其作范导和约化。这就是道家"道"论思想中要由"道"向"德"转化和逼进的思想理路，也就是道家道德形而上学或"道—德"形而上学的建构问题。

正如在儒家的"仁"那里总有个"命"与之相伴而形成了"命—仁"性的心性形而上学一样，在道家这里"道"总有个"德"与之相伴而形成了"道—德"或"道德"形而上学。在道家思想中，"德"如鬼魅一样总缠着"道"。这在老子处已明显可见。如《老子》第二十一章云"失道而后德"，第二十八章云"常德乃足，复归于朴。朴散则为器，圣人用之则为官长"，尤其是第五十一章云"道生之，德畜之，物形之，势成之，是以万物莫不尊道而贵德。道之尊，德之贵，夫莫之命而常自然"。可见，在老子的"道"论思想中，"德"总与其如影随形。庄子讲"道"时也多与"德"相涉。但在《庄子》内篇中"道"与"德"还是两个独立观念，如说"若成若不成而后无患者，唯有德者能之"，"知其不可奈何而安之若命，德之至也"（《庄子·人间世》），"知其不可奈何而安之若命，唯有德者能之"（《庄子·德充符》）。等等。而在《庄子》外、杂篇中，已经"道""德"连用为"道德"观念。如说："则仁义又奚连连如胶漆纆索而游乎道德之间为哉？""余愧乎道德，是以上不敢为仁义之操，而下不敢为淫僻之行也。"（《庄子·骈拇》）"道德不废，安取仁义！""毁道德以为仁义，圣人之过也。"（《庄子·马蹄》）"夫恬淡寂漠虚无无为，此天地之本而道德之质也。"（《庄子·刻意》）"若夫乘道德而浮游则不然。"（《庄子·山木》）等等。这里"道德"概念的含义不尽相同，有的是在儒学伦理的意义上用，有的则在道家"道"和"德"的意义上用。但在庄子这里"道德"观念的出现是个值得注意的思想现象。

　　道家的"道"为什么要和"德"相关？"德"究竟是什么呢？李泽厚先生首先注意到"德"观念的复杂性。他说："'德'的原始含义究竟是什么，是一个迄今并不清楚而很值得研究的问题。'它的原义显然并非道德，而可能是各氏族的习惯法规。'"① 后来李泽厚先生在《说巫史传统》一文中又说："周金中多见'德'字。'德'作何解，众说不一。我以为，它大概最先与献身牺牲以祭祖先的巫术有关，是巫师所具有的神奇品质，继而转化成为'各氏族的习惯法规'。所谓'习惯法规'，也就是由来久远的原始巫术礼仪的系统规范。'德'是由巫的神奇魔力和循行'巫术礼仪'规范等含义，逐渐转化成君王行为、品格的含义，最终才变为个体心性道德的含义。"② 李泽厚先生关于"德"观念含义演化的看法，倒与笔者在此所思考的"道"与"德"的关系问题有些关系。"道"指人本然的真"朴"性。前面已指出，人不可能不知道自己的这种真"朴"性，不然的话人就不是人而倒退为禽兽了。所以，当道家拈出了人的真"朴"性而用"道"观念来予以表征时，人必然要认识和把握这个"朴"性或"道"，人的自由意志就非进来不可。人用自己的自由意志一把握、一认识这个"朴"性，这个"朴"就散开了，就成为人思想上的对象，它也就不是"朴"，就成了"非朴"了；相对于人的"朴"性的无知无欲言，"朴散"或"非朴"就是由无知无欲向有知有欲转化。老子已觉悟到这种由"朴"向"非朴"转化的必然性和不可避免性，故他说："朴散则为器，圣人用之则为官长。"（《老子》第二十八章）由"朴"向"非朴"转化，就是人对这个"朴"的认识和把握。如果把这个抽象的思想过程还原到人类社会礼仪规范的变化上，岂不正是由原始的巫术礼仪规范向各氏族的习惯法规转化，再转化为君王的行为品格，最后转化为人的心性品质吗？如果说在儒家处是要逐步将人的自由意志转移、转化、外化出去以赋予它神圣的权威性力量的话，那么在道家这里则是要将人的自由意志的无知无欲性逐渐内化进来以赋予它以自觉自愿的能动性和主体力量。这就是道家的

---

① 李泽厚：《孙老韩合说》，见李泽厚《中国古代思想史论》，人民出版社1986年版，第86页。
② 李泽厚：《历史本体论·己卯五说》，生活·读书·新知三联书店2006年版，第172—173页。

第二章 道家的"道德"论与中华民族的立世之道

由"道"而"德"转化的思想意义所在。所以，尽管这个"德"的确切含义至今未达成共识，然《庄子·天地》所谓的"物得以生谓之德"，《管子·心术上》所谓的"德者道之舍……德者得也；得也者，谓其所得以然也"的看法和说法仍是有重要意义的思想。简单地说，所谓"德"就是去得那个"道"，即人对"道"的自觉自愿地把握和获得。《说文》曰："德，升也。从彳，悳声。"这个训解显得含糊了些。《中文形音义综合大字典》说："金文德，吴大澂氏以为'恴，古相字，相心为德，得于心而形于外也。'小篆德，从彳，悳声，本义作'升'解（见《说文》许著），乃渐进之意，故从彳。又以悳从直心，会意，本为道德之德的本字。升须内得于心而外现于行，须平实不欺，故德从恴声。"①这个解释比较到位，"德"即相心也，得于心而形于外也。"德"即得"道"于心，也就是人对自己"朴"性的自觉和认识。

所以，"德"是得于"道"。其思想含义或意义就在于人由无识无欲的"含哺而熙，鼓腹而游"的类动物状态向有识有欲的、具有自觉自愿自由意志的人类转化、发展。这正好暗合人的演进过程。在人把自己从动物世界即自然世界中提升出来以前，人就是一动物类，它的确是无知无欲的，就是庄子所说的那种"其卧徐徐，其觉于于"（《庄子·应帝王》）、"其行填填，其视颠颠"的"同与禽兽居，族与万物并"（《庄子·马蹄》）的状态和生存方式。道家就称人的此种存在状态为人的"朴"性展现，认为此合于"道"。要说这个状态的确不错，但可惜真正意义上的此种存在状态和方式是属于禽兽类的动物，并不是真正人的生存方式和状态。人之所以是人，就在于人把自己从那种动物世界（自然世界）中提升出来而成就了一个人的世界，即人文世界或人类社会；相应地，这时的人就必须告别动物世界，就必须有意识，有自己作主的自由意志，否则就不是人。我们在前面说过，人的世界或人文世界的出现源于"无"，故人在本质上是"无"即"自由"的，一切均由人自己来作主，他自己才是自己存在的本和根，这才是本体的真正意义和价值所在。所以，自由意志的出现乃开天辟地之大事，人万万不可没有它。在道家的"道"这里，却是人的自由意志的钝化或消解，倘若就此下去，人类也就没有思想等可言了，最终也就

---

① 高树藩编纂：《中文形音义综合大字典》，中华书局1989年版，第449页。

无"道"存在了。人为了是人，或者说"道"为了是"道"，就必须由"道"向"德"趋进，以保证人的人文世界的存在意义。人有了自己的人文世界，反过来才使得那个自然世界有了意义和价值。

可见，道家的"道"必定要有"德"来相伴和安顿，否则的话"道"论终会消失。所以，在道家这里一定有个"道德"或"道—德"形而上学的建构问题。那么，怎么来建构呢？这在先秦已有端倪，这就是庄子和稷下道家。稷下道家是齐国稷下学宫中的道家思想派别。现在《管子》中有《心术上》《心术下》《白心》《内业》四篇文章，人们认为就是稷下道家的作品。从这些作品来看，稷下道家发展了老子的"道"论思想。其具体表现是：它明确提出了"道—德"思想体系，即明确把"道"向"德"导入。比如它说："虚无无形谓之道，化育万物谓之德。"（《管子·心术上》）它认为"道"是虚无无形的，这正合于"道"的无知无欲之"朴"性。但"道"不可老待在这个"朴"中，"朴"一定要散开，也就是"道"要进入万物之中以化育万物，此即为"德"矣。它又说："德者道之舍，物得以生。生知得以职道之精。故德者得也；得也者，其谓所得以然也。以无为之谓道，舍之之谓德。故道与德无间。"（《管子·心术上》）这是论述"道"与"德"关系最明确的言论。"德"乃"道"之舍，是"道"的居住地。故"德"的原义为"得"，就是得于"道"，这是说万物禀"道"之精才能得以生。所以"道"与"德"同体，而无内外先后之异。虽无内外先后之异，但"道"与"德"毕竟不同，即其存在性质不一样，"道"是虚无无形的，是体；而"德"则是"道"化育万物的存在表现，是"道"下贯到万物中的结果。这就类似于老子所谓的"道生一"（《老子》第四十二章）之说，这里的"道"与"一"在存在形式上类似，但其存在性质变了，"道"乃本原、本体之在，"一"则是生成之在。在稷下道家处，"道"论向"道—德"论发展了。这是稷下道家一个原则性思想。

"道"为什么要"德"化？或曰"朴"为何要"散"？是因为"道"这个体要"用"化，即"道"体要表现在用中。从人与"道"的关系这个视角来说，人总要认识这个"道"，总要把握到"道"；而一认识"道"，一把握"道"，人的主体意识即自由意志就出来了，这就是"心"。那么，如何将这个"道"导入"心"中来呢？这是一个非常重要但也非常难以说明的问题。难道是把"道"作为一种实存对象，同时也把"心"视

第二章 道家的"道德"论与中华民族的立世之道

为血肉之块,将两者弄到一起吗?非也!"道"与"心"如果一旦被视为对象了,就无二者可言了。又难道是把"心"视为认识主体,把"道"作为一种概念、范畴,以此来使"道"成为人思想上的一个概念吗?这样做可以,但终非对"道"的把握,因为这样的"道"只是人理性上、思想上的一个观念、符号、概念,已被提离开活的生活情境了,故如此把握的"道"只能是被止住了的死"道",要它何益?!这里既要保持"道"的活性和情境性不变,又要可被操作性地把握;既要保持"心"的自由意志性不变,又要可感知化。这就要求,"道"和"心"都要向"中"性逼进,即既非纯抽象的又非纯具体的,且既是抽象的又是具体的。这可能吗?当然!稷下道家在此两方面都作了努力。在"道"方面,它将"道"向"气"转化。《管子·内业》说:"凡物之精,此则为生。下生五谷,上为列星;流于天地之间,谓之鬼神;藏于胸中,谓之圣人,是故名〔原为'民'〕气。杲乎如登于天,杳乎如入于渊,淖乎如在于海,卒〔原为'卒'〕乎如在于屺〔原为'己'〕。是故此气也,不可止以力,而可安以德;不可呼以声,而可迎以意〔原为'音'〕。敬守勿失,是谓成德,德成而智出,万物果得。"这就是稷下道家的"精气"说。一看到这个"气",人们就视为客观存在的空气,故说稷下道家是唯物论者,是将老子"道"的客观唯心性改造成了唯物性,这是其功献所在。其实这个说法是驴唇不对马嘴,全是望文生义。实际上,这个"气"恰恰具有"中"性在。正如张祥龙先生所言:"'气'这个词的好处是很有些隐喻冥通的意味","每当人要表达那既非具体对象亦非一己观念、既非有形质者亦非抽象道理的微妙含义时,就不期然而然地求之于'气'这个有无之间的大象;因为它提供了一种表达和理解非现成者、余意不可尽者的可能"。故"它不抽象,也不形象,而是所谓'无状之状,无物之象',与海德格尔解释康德时讲的'纯象'乃至龙树理解的'缘'类似,都是居于形而上下之间,反复于有无之间的本源构成。从不会有'独立的'构成,而只有居间周行的构成。这居间比观念本体论的'独立'要更本原。……无怪乎后人要表示那概念名相说不出、实物也举不出的更真实也更严格的居间状态时,就说'气'、'气色'、'气象'、'气数'、'气运'、'气势'等等"[1]。

---

[1] 张祥龙:《海德格尔思想与中国天道》,生活·读书·新知三联书店1996年版,第318、288页。

可见，将"道""气"化后使其有了"中"性或"居中"性的维度。同时，稷下道家还对"心"作了"中"性规定。"心"一方面是血肉之块，这是其实象性所在；另一方面又是能思想的，或曰就是思想、意识、意志等，孟子曰："心之官则思，思则得之，不思则不得也。"（《孟子·告子上》）这是"心"的抽象性所在。可见"心"这个观念既非实象亦非抽象，但既是实象又是抽象，它本身就有"居中"或"中"性在。稷下道家反复强调，把握"道"要由心。用"心"来作抽象把握吗？不是。它讲"静因之道"的"心术"，即把"心之宫"要打扫干净，要"洁其宫"，"宫者，谓心也；心也者，智之舍也，故曰宫。洁之者，去好过也"。"夫心有欲者，物过而目不见，声至而耳不闻也。"只有把"心"中所积打扫干净，才能把握住"道"，这就是"心术"，"心术者，无为而制窍者也"（《管子·心术上》）。这个思想与老子所说的"为道日损""涤除玄览"的"损"法相一致。在对"道"和"心"都作了改造后，"心"与"道"的结合就在既非抽象又非实象的"中"的意义上进行了。所以，在稷下道家这里倒有些现象学的思想意味。但不论怎么说，稷下道家对道家"道—德"形而上学的建立是有贡献的。

  对道家"道—德"形而上学之建立作出了重要思想贡献的是庄子。不错，庄子的确讲了不少"其行填填，其视颠颠""其卧徐徐，其觉于于"的"至德之世"，认为此种社会合乎人的真"朴"性，也就是合于"道"。但庄子绝对是在人的自觉基础上来谈人的此种"朴"性的，即在人的主体意志的参与下来讲这种"朴"的。人不能也不可能在人不自觉的、毫不知道的情况下有这种"朴"性，这样的话人就倒退到了动物，实际上也就没有这种"朴"了；人一定要知道和能知道自己的这种真"朴"性，即知"道"。庄子就是这样，他讲人的"朴"性，讲合乎"道"的"至德之世"，是在自觉自愿地追求此种社会。所以，在庄子这里是有意志自由或自由意志的。庄子讲的那种"乘云气，御飞龙，而游乎四海之外"（《庄子·逍遥游》）、"出入六合，游乎九州，独往独来，是谓独有"（《庄子·在宥》）的"神人""至人""真人"等形象，是以文学性笔触所展示的人的自由意志（自由精神）的生动体现。但是，这个自由意志一出现就有了麻烦，因为这意味着人知道了自己的"朴"性，知道了"道"；然而，一知道这个"朴"，一知道这个"道"，这个"朴""道"就被提离开人，就成为人的自由意志面前的对象了,这就不是真正的人的"朴""道"了,再怎么说这种东西,怎么描述此种东西,就都无意义了。然而,上面已说了,倘若人真的没有主体意识或这种自由意志的话,人就倒退为动物了,这种"朴"或"道"同样就没有意义了。那么,究竟要怎么做呢?到底要不要人的自由意志呢?这就只能把人逼到这样的境地:既要自由意志又不能全要自由意志,既不能全要自由意志又不能全不要自由意志。这到底是个什么境地?到底该如何办呢?庄子思想或者说庄子哲学的长处和特点就在于此。庄子不能也没有简单地否弃人的自由意志,把人变成只有本能而没有思想的动物,也没有把人变成植物人或死人;既然是活着的正常人,就必定有自由意志,有思想。这里的办法只能是让思想、意志(意识)逼进自身之"流"中,进入自然而然地流动中,这就是思而无思、知而无知,无知而知、无思而思,这就是入境,就是得"道",就是返"朴"归"真"。我们在前面介绍庄子的"道"论思想时说过,庄子所描述的那种"堕肢体,黜聪明,离形去知,同于大通"的"坐忘"法,尤其是那种"人相忘乎道术"(《庄子·大宗师》)的"道忘"法,就是达到这种识而无识、无识而识的"意识流"状态的方法、途径。比如说,后世道教徒那种"养气""导气"法,就是"心"或"念"随"气"而动;佛教徒那种"数珠"法,亦是使"心"或"念"随"数"(动词)而流动的方法,这都能使意识(心)进入自身的"流"中,而获得一种人与对象一体同在的意境或境域。特别是那种"道忘"法,人通过出神入化地使用工具,使自己与对象化而为一,一体同在,生生不息,这就是意境,就是得"道",也就是"道—德"形而上学。所以,在庄子哲学中,建立起了一种具有审美韵味的"道—德"形而上学。庄子的此种"道德"或"道—德"形而上学,与海德格尔那种"形式显示"的存在论诠释学思想方式已暗通款曲了,尽管讲法不同。

第三章 兵家的"诡道"论与中华民族的谋略之道

兵家及其思想是中华文化中重要而独特的方面。说其独特有两方面的意思：一是兵家及其思想、理论在中国起源颇早，"中国自新石器时代中期以来，充满了极为频繁、巨大、复杂的战争"，故"中国兵书那么早就如此成熟和发达"①，这在中国、印度、埃及、古巴比伦这四大文明古国中是绝无仅有的。二是兵家的思想理论和用兵实践是密切相关的，甚至可以说其理论与实践是合而为一的，除了极少数"纸上谈兵"者外，兵家思想理论家都是将兵实战家；同时，主张"以正合，以奇胜"（《孙子·势篇》）的兵家思想是一种独特的辩证法，"它所具有的把握整体而具体实用，能动活动而冷静理知的根本特征，正是中国辩证思维的独特灵魂，使它不同于希腊的辩证法论辩术，而构成中国实用理性的一个重要方面"②。兵家及其思想是中华民族精神的重要内容之一，它对中华民族的生存发展极为重要和极有作用。

在先秦诸子中没有"兵家"这一专门名称。《汉书·艺文志》有"纵横家"类，说："纵横家者流盖出于行人之官。孔子曰'诵诗三百，使于四方，不能颛对，虽多亦奚以为。'又曰'使乎，使乎。'言其当权事制宜，受命而不受辞。此其所长也。及邪人为之，则上诈谖而弃其信。"这个"纵横家"就是现在的外交家之流，这里面就包括兵家。故班固将《尉缭》《吴子》这些重要和著名的兵书列于"纵横家"著作中。

下面以《孙子兵法》思想为主，探讨一下兵家的"诡道"即将兵之道思想与中华民族精神的问题。

---

① 李泽厚：《孙老韩合说》，见李泽厚《中国古代思想史论》，人民出版社1986年版，第78页。
② 李泽厚：《孙老韩合说》，见李泽厚《中国古代思想史论》，人民出版社1986年版，第83页。

一 兵家述略

我中华先民早在劈荆斩棘、筚路蓝缕的创业中,就伴随着战争。早在新石器时代,就有频繁、巨大的战争。《史记·五帝本纪》曰:"诸侯相侵伐,暴虐百姓,而神农氏弗能征。于是轩辕乃习用干戈,以征不享。诸侯咸来宾从,而蚩尤最为暴,莫能伐。炎帝欲侵陵诸侯,诸侯咸归轩辕,轩辕乃修德振兵,治五气,艺五种,抚万民,度四方,教熊罴貔貅貙虎,以与炎帝战于阪泉之野,三战然后得其志。蚩尤作乱,不用帝命,于是黄帝乃征师诸侯,与蚩尤战于涿鹿之野,遂禽杀蚩尤。而诸侯咸尊轩辕为天子,代神农氏,是为黄帝。天下有不顺者,黄帝从而征之,平者去之,披山通道,未尝宁居。东至于海,登丸山及岱宗;西至于空桐,登鸡头;南至于江,登熊湘;北逐荤粥,合符釜山而邑于涿鹿之阿。迁徙往来无常处,以师兵为营卫,官名皆以云命为云师,置左右大监,监于万国,万国和而鬼神山川封禅与为多焉。"这里说的就是在华夏民族融合和形成时候的战争,有黄帝和炎帝的大战,黄帝擒杀蚩尤的大战,等等。所以,"自剥林木而来,何日而无战?大昊之难,七十战而后济;黄帝之难,五十二战而后济;少昊之难,四十八战而后济;昆吾之战,五十战而后济"(罗泌《路史·前纪》卷五)。为史所载的黄帝炎帝、黄帝蚩尤之战只是其中有决定意义的战争而已。

后来到奴隶制国家建立后,商汤伐桀,武王代纣,都是通过大规模的和激烈的战争来进行的。到了社会大变动的春秋战国时期,尊王攘夷的战争和兼并土地的战争就更为频繁了。所带来的破坏性后果颇为严重,故孟子有"争地以战,杀人盈野;争城以战,杀人盈城,此所谓率土地而食人肉,罪不容于死"(《孟子·离娄上》)之感慨。春秋时的大战有公元前589年的齐晋鞍(今山东济南)之战,前575年的晋楚鄢陵(今河南鄢陵)之战、前506年的吴楚柏举(今湖北麻城)之战、前494年的吴越夫椒(今江苏苏州)之战,等等。被称为"战国"的时代战争更多,比如著名的战争有公元前354年的齐魏桂陵(今山东曹县)之战、前343年的齐魏马陵(今山东濮县)之战、前333年的秦魏之战、前318年魏赵韩燕楚联合攻秦之战、前316年的秦赵之战、前314年的秦韩之战、前312年秦楚丹阳（今河南淅川一带）之战、前316年秦灭蜀之战、前315年齐攻燕之战、前301年齐韩魏联合攻楚之战、前296年齐韩赵魏宋"合纵"攻秦之战、前286年齐灭宋之战、前284年燕联合韩赵魏秦楚伐齐之战、前270年秦赵阏与（今山西和顺）之战、前260年秦赵长平（今山西高平）之战、前230年秦灭韩之战、前226年秦灭燕之战、前223年秦灭楚之战、前222年秦灭燕赵之战、前221年秦灭齐之战，等等。春秋战国时期战争很频繁，可谓随时有之。

秦汉以降中国步入封建社会，战争也在不断进行。例如陈胜吴广农民起义战争，刘邦项羽之间的楚汉战争，赤眉绿林农民起义战争，黄巾起义战争，三国时期魏蜀吴之间的战争，魏晋南北朝时期汉族与五胡的战争，隋唐时期的战争，宋元明清时期的战争，等等，战争是极频繁和复杂的，且战争的规模、作战的武器和技术手段、作战的档次都在变化。在中国封建社会中，大的著名战役就有韩信破赵之战、刘项成皋之战、新汉昆阳之战、袁曹官渡之战、魏吴赤壁之战、吴蜀彝陵之战、秦晋淝水之战、宋金采石之战，等等。被载入"二十四史"等史书中的战争、战役真是数不胜数、鲜活有色，这在世界各民族中是颇为独特的历史现象和文化现象。中国古代战争的频繁性、复杂性、多样性为人类战争史所罕见。

中国古代的战争表现出了这样一些特点：一是战争的频繁度高。从春秋至清代，有记载的战争就达3700多次，这尚不包括一般不为史册所载的小型农民起义战争。平均下来，在中国历史上每年都有战争发生。二是战争进行的规模基本上都是较大的战争。比如说，秦始皇统一六国时运用兵力有60余万，战争遍及大半个中国。再比如，楚汉战争、淝水之战、唐元明末年的农民起义战争，参战兵力都达百万。还有，太平天国战争双方投入兵力达几百万，战争遍及十八省，长达14年。而在国外，比如1815年著名的滑铁卢之战，法军与英普联军参战兵力才30余万。三是战争种类繁多，战争性质复杂，战争形态多样。中国历史上的战争有农民战争，有保卫国家的战争，有王朝内部争夺政权的战争，还有民族战争，等等，种类多多。就战争性质言，有进步的战争，也有阻碍社会历史发展的非正义战争，还有为一己私欲和泄私愤而发起的不义之战，等等，其性质复杂。再说，战争的形态、进行战斗的方式、所采用的作战工具和手段，更是五花八门，形态多样。就导演战争的指挥员来说，既有智慧超群、指挥艺术高超的胜利者，也有才能平庸、只知纸上谈兵的失败者；然同是胜利者，既有侥幸成功的平庸之辈，同是失败者，也有才智惊人、气度不凡的英雄伟人。在战争这个大舞台上，战争指挥者们可以导演出一幕幕有声有色的舞剧来。

中国历史上众多的、频繁的、长期的、复杂的战争，大大地刺激和锻炼了中华民族的军事智慧，这使得中国很早就产生了颇为成熟和发达的军事思想和理论，其表现结果就是中国的兵书。有人统计，中国古代兵书见之于史册著录的存目有3380部，迄今保存下来的有2308部，仅清陆达节编纂的《历代兵书目录》一书就辑录了1304部，6830卷。① 现在传世的兵书以"武经七书"为代表，即《孙子》（春秋末孙武著）、《吴子》（战国时吴起著）、《尉缭子》（战国时尉缭著）、《司马法》（战国时齐威王集学者撰）、《六韬》（战国时无名氏著）、《黄石公三略》（汉末隐士著）、《唐太宗李卫公问对》（唐李靖著）。此外，还有一些影响较大的兵书，如《孙膑兵法》（战国时孙膑及弟子著。原失传，于1972年银崔山汉墓出土）、《鬼谷子》（战国时鬼谷子撰）、《淮南子》（西汉刘安集宾客编撰）、《将苑》（三国时诸葛亮撰）、《太白阴经》（唐李筌撰）、《武经总要》（宋曾公亮等撰）、《纪效新书》和《练兵实纪》（明戚继光撰）。还有《鹖冠子》《握奇经》《何博士备论》《百战奇法》《守城录》《历代兵制》《续武经总要》《筹海图编》《陈纪》《登坛必究》《武备志》《投笔肤淡》《草庐经略》《兵罍》《广名将传》《兵经》《乾坤大略》《兵迹》《戊笈谈兵》《三十六计》，等等。清乾隆年修成的《四库全书》子部兵家类，对历代有影响的兵书作了汇编，共二十部，即《握奇经》（旧题风后撰，汉公孙弘解，晋马隆述赞，宋高似孙注跋）、《六韬》（旧题周吕望撰）、《孙子》（周孙武撰）、《吴子》（周吴起撰）、《司马法》（旧题周司马穰苴撰）、《尉缭子》（周尉缭撰）、《黄石公三略》（旧题秦黄石公撰）、《三略直解》（明刘寅撰）、《黄石公素书》（旧题秦黄石公撰，宋张高英注）、《李卫公问对》（旧题唐李靖撰）、《太白阴经》（唐李筌撰）、《武经总要》（宋曾公亮、丁度等撰）、《虎钤经》（宋许洞撰）、《何博士备论》（宋何去非撰）、《守城录》（宋陈规撰）、《武编》（明唐顺之撰）、《陈经》（明何良

---

① 见夏征难《毛泽东如何读兵书》，解放军出版社2014年版，第7—9页。

臣撰)、《江南经略》(明郑若曾撰)、《纪效新书》(明戚继光撰)、《练兵实纪》(明戚继光撰)。这些浩瀚的兵书是古代军事家、政治家、思想家们智慧的结晶,既是韬略权谋、诡道策术,也是生活智慧、思想理论,它是中华智慧、中华文化和民族精神的重要内容。

二 兵家思想中所体现的中华民族精神

兵家作为中华文化和中华思想的一个方面,无疑对中华民族精神的构成是有作用和贡献的。兵家的思想性质和实用特点决定,它以"诡道"的将兵之道为思想理论中心和重心。"兵者,诡道也"(《孙子·计篇》),"兵不厌诈",这是军事行当中的基本原则和规则,这里没有儒家所倡导的重仁义、重情感的道义原则,也没有道家所说的"其行填填,其视颠颠""含哺而熙,鼓腹而游"(《庄子·马蹄》)的那种"朴"性生活方式和情境,这里所要的和所有的就是冷酷无情的如山军令,是刀光剑影的血腥冲突,是以取胜制敌为目的和最终目标的设计、用计以引对方上当的"诡道"和诈术。一切以能打胜为目的,一切手段均为取胜的目的服务,一切手段和方式、方法的对错好坏等都以是否有利于达到取胜的目的为评价和衡量标准;只要能取胜,能打胜仗,所用的手段、战术、战略就是对的,就是有效的,否则就是错的和无用的。这里没有合不合乎道义、仁义不仁义之说,仁义道德信誉等那一套日常生活中的规则在这里统统失效和作废了。所以,在军事领域中没有对使用、实施诈术的非议,没有对阴谋诡计的谴责,人们公认在这里设计用谋是天经地义的。正因为如此,在兵家思想作用、引导下的民族精神似乎有阴暗、阴性的一面,这使得民族精神不阳光,甚至于不正面和不地道。所以有人就认为兵家思想不应该算在民族精神中,认为这是民族精神中的负面因素,恰恰是应排除掉的。

但笔者的看法与此不同。按理说,一个民族的民族精神中应该既有阳光、正面的东西,也应该有那些阴性、负面的东西,这才是合情合理的,才是现实民族的现实情况和现实精神。正如一个民族在性格、气质、好恶等生活方面没有只是好的一样,一个民族的精神也绝不会全是阳光的而没有和不容许有些许的阴性因素存在,这样的话这只是理想化的、抽象、空洞、干瘪的民族精神。正如现实社会中的民族总是有强有弱、有好有坏、有长处也有短处、有进步也有退步等一样，民族精神也有正面的东西和反面的东西存在。因此，笔者赞同民族精神既有正面的也有负面的观点，以为兵家的"诡道"论理应是、实际上也就是中华民族精神中一个十分重要的方面和内容。再说，这种"诡道"和诈术听起来的确不怎么讨人喜欢，恐怕世界各民族中没有哪一个民族公开地、大张旗鼓地倡导这种"诡道"精神，然而事实上这种精神却在每个民族中现实地存在着，绝没有哪一个民族在做事时，包括对付入侵的敌人在内，把自己的计划和想法和盘托出以告知对方，而对对方的计划、想法等一点都不去了解，以此来展示这个民族的本分和地道；这不是一个民族应具有的和所具有的品质与生存之道，倘若有这样的民族，这恰恰表明这个民族的愚蠢甚至野蛮，这个民族就不是真正的文明民族，这正好是不地道的。所以，在中华民族精神中有一些"诡道"方面的精神原是正常的和现实的。另外，同是"诡道"之术，还有个如何使用的问题，如果运用合适和得当，就并非诈术，也根本不存在阴性问题。这就如同毒药能要人命故不可直接食用，然毒药在使用得当的情况下也能治病，能挽救生命，可延年益寿一样，诡道、诈术若适当、合理地使用，这又有什么坏处和错处呢？！

梳理一下，兵家思想中所体现的中华民族精神有下列方面的内容。

1. "道者令民与上同意也"
——战争的政治基础

战争是政治的继续，是政治斗争最集中和最高形式的表现。不用说，战争所带来的破坏性结果是巨大的和惊人的。老子有言："师之所处，荆棘生焉。大军之后，必有凶年。"（《老子》第三十章）孟子说："争地以战，杀人盈野；争城以战，杀人盈城，此所谓率土地而食人肉，罪不容于死。"（《孟子·离娄上》）《战国策·齐五·苏秦说齐闵王》中苏秦给齐闵王算了一笔从事战争的花费账，说："夫战之明日，尸死扶伤，虽若有功也，军出费，中哭泣，则伤主心矣。死者破家而葬，夷伤者空财而共药，完者内酺而华乐，故其费与死伤者钧。故民之所费也，十年之田而不偿也。军之所出，矛戟折，镮弦绝，伤弩，破车，罢马，亡矢之大半。甲兵之具，官之所私出也，士大夫之匿，厮养士之所窃，十年之田而不偿也。"可见一场战争打下来对社会财富的消耗、浪费是巨大的。正因为如此，有识之士都反对轻易作战。例如老子说："夫唯兵者，不祥之器，物或恶之，有道者不处。……战胜，以丧礼处之。"（《老子》第三十一章）孟子说："善战者服上刑。"（《孟子·离娄上》）孙子作为一名名将和军事理论家，他对战争的巨大消耗是有明确认识的。他说："凡用兵之法，驰车千驷，革车千乘，带甲十万，千里馈粮，则内外之费，宾客之用，胶漆之材，车甲之奉，日费千金，然后十万之师举矣。"（《孙子·作战篇》）战争耗费巨矣。再说，消耗了如此巨大的费用后，如果能打胜尚可，倘若战败了不但意味着这些财力、人力白费了，而且还会导致一个国家、民族的覆灭，有可能亡国灭种，其后果之严重不堪设想。所以，"孙子曰：兵者，国之大事，死生之地，存亡之道，不可不察也"（《孙子·计篇》）。他谆谆告诫人们："主不可以怒而兴师，将不可以愠而致战。合于利而动，不合于利而止。怒可以复喜，愠可以复悦，亡国不可以复存，死者不可以复生。故明君慎之，良将警之。此安国全军之道也。"（《孙子·火攻篇》）

所以，战争是危险的行当，绝非儿戏，绝不可因个人的主观好恶而穷兵黩武。但这只是说对待战争的态度要严肃、审慎，绝不是说因此而不要战争和随便取消战争。战争与社会的经济、政治有内在关系，乃社会经济、政治之继续。战争早在原始社会就出现和存在了，进入阶级社会后其规模更大，形式更多，激战程度更剧烈，技术手段更多样，战争性质更复杂，其重要性也更明显和突出，社会绝不可没有战争，绝不可人为地取消战争，而只能审慎地使用、进行战争，以战止战地减少战争或用政治、外交手段来停止或延缓战争。所以，战争理应受到重视，理应予以研究和把握。兵家对待战争的基本态度就是如此，因此也才有一大批颇富智慧谋略的兵书产生。

那么，如何来进行那些必须进行的战争呢？孙子首先看到了战争进行的政治基础。《孙子·计篇》开宗明义地说：

孙子曰：兵者国之大事，死生之地，存亡之道，不可不察也。故经之以五事，校之以计，而索其情：一曰道，二曰天，三曰地，四曰将，五曰法。道者，令民与上同意也，可与之死，可与之生，民弗诡也。天者，阴阳、寒暑、时制也。地者，高下、远近、险易、广狭、死生也。将者，智、信、仁、勇、严也。法者，曲制、官道、主用也。凡此五者，将莫不闻，知之者胜，不知者不胜。

在孙子看来，要进行战争必须先考虑、考察五个方面的情况，这就是"道""天""地""将""法"。凡为将者不可不知这五点，如若不知，是不会取得战争胜利的。孙子的这个主张当然是有见地的。

在进行战争必须考虑的五个方面中，"道"是第一位的因素和条件。"道者，令民与上同意也，可与之死，可与之生，民弗诡也。"这个"道"就是政治，是君与民的基本关系，也就是民心之所在和民心向背的问题。战争和政治密不可分，战争本来就是以另一种方式继续着的政治。所谓"政治"，就是政事之治理。《尚书·周书·毕命》曰："道洽政治，泽润生民。"孔《传》曰："道至普洽，政化治理，其德泽惠施，乃漫润生民。"从事政治，即治理政事必有一定的措施，战争就是此种广义的政事治理措施之一。在政治斗争趋于白热化的情况下，就出现了作为其继续的战争。所以，战争的进行一定有其政治前提和基础；就是战争的发展与其结果（结局）也与政治紧密相关。比如说，商朝末年，殷纣王荒淫无道，骄奢淫逸，宠信妲己，残害忠良，国内政治一片昏暗，早已失去了人心。而此时商的诸侯国周则能广施仁义，政治清明，民心所向。公元前1057年武王率领众多诸侯国伐纣，在牧野（今河南淇县南）之战中，由奴隶和战俘组成的纣王的军队本不愿为纣王作战，故在战斗中纷纷倒戈，纣王不战自败。再比如，公元前494年春，吴王夫差和越王勾践在夫椒（今江苏苏州西南）打了一仗，越军大败，勾践因此向夫差称臣求和。勾践回国后和夫人住在草棚中，亲自耕作，生活简朴，又礼贤下士，厚待宾客，体恤百姓，与民共疾苦，轻徭薄赋，开垦荒地，发展生产，与民休息，这一系列的政治活动很得民心。而吴王夫差却因胜利而生骄惰之心，耽于享乐，轻视生产，疏远忠臣，渐失民心，政治越来越腐败。勾践看准时机，在范蠡等贤臣的辅佐下，于公元前482年6月12日起兵伐吴，一举灭了吴国。中国历史上此类战例不少。这充分表明，民心向背是政治的风向标，而政治则是战争的基础。政治上不稳或不强，所进行的战争是必然要失败的。

毛泽东在其名著《论持久战》中作出了"抗日战争是持久战，最后胜利是中国的"的著名断言。他之所以能作出为以后战争发展实际所证明了的正确预断，就是基于对中、日两国的经济、政治情况的分析。他说：

"中日战争不是任何别的战争，乃是半殖民地半封建的中国和帝国主义的日本之间的在二十世纪三十年代进行的一个决死的战争。全部问题的根据就在这里。""日本方面：第一，它是一个强的帝国主义国家，它的军事、经济力和政治组织力在东方是一等的，在世界也是五六个著名帝国主义国家中的一个。这是日本侵略战争的基本条件，战争的不可避免和中国的不能速胜，就建立在这个日本国家的帝国主义制度及其强的军力、经济力和政治组织力上面。……""中国方面：第一，我们是一个半殖民地半封建的国家。……我们依然是一个弱国，我们在军力、经济力和政治组织力各方面都显得不如敌人。战争之不可避免和中国之不能速胜，又在这个方面有其基础。然而第二，中国近百年的解放运动积累到了今日，已经不同于任何历史时期。……今日中国的军事、经济、政治、文化虽不如日本之强，但在中国自己比较起来，却有了比任何一个历史时期更为进步的因素。……中国今天的解放战争，就是在这种进步的基础上得到了持久战和最后胜利的可能性。……"① 这种分析是一个范例。这足以说明战争的经济、政治之基础作用。

《左传》庄公十年有齐鲁长勺之战的记载，就涉及战争之进行的政治基础问题。公元前685年（齐桓公元年，鲁庄公九年）因齐国的君位继承问题齐和鲁在齐国的乾时（今山东临淄西）开战，鲁国战败。前684年春，齐国又发动了对鲁国的战争，鲁国被迫迎战。按理说，这次战争齐是入侵性的，鲁是防御性的，鲁是为保卫国家而战，是战争中具有正义性的一面。这可以说是这次齐鲁长勺（今山东莱芜北）之战最根本的政治基础问题。但古人不知道这些，故并没有从此方面来分析这次战争的政治基础，而把战争得以进行的政治基础放在了民心的向背上，这也独具慧眼。《左传》这样记载："十年春，齐师伐我。公将战。曹刿请见。……问：'何以战？'公曰：'衣食所安，弗敢专也，必以分人。'对曰：'小惠未遍，民弗从也。'公曰：'牺牲玉帛，弗敢加也，必以信。'对曰：'小信未孚，神弗福也。'公曰：'小大之狱，虽不能察，必以情。'对曰：'忠之属也，可以一战。战则请从。'"齐国已经打上门来了，鲁国不得不起来迎战，这对鲁国来说进行战争并非穷兵黩武，而是保家卫国，这本身就是

---

① 《毛泽东选集》第二卷，人民出版社1991年版，第447—450页。

政治，就是鲁国进行战争的政治条件和基础。曹刿和鲁庄公都清楚当时的形势，都知道此次战争难以避免，非战不可。但曹刿还是要明确问鲁庄公"何以战？"我们究竟靠什么跟齐国来打这一仗呢？倘若一点作战的根据和基础都没有，那是进行不了这场战争的，还不如干脆向齐国投降算了，何必还要劳民伤财，白费力气地打这一仗呢？所以，在大敌当前的情势下，曹刿"何以战？"之问并非多此一举或明知故问，确有深意在。那么弱小的鲁国究竟凭什么来与强大的齐国打仗呢？上已指出，其实这里的关键就在于鲁国进行的是不得不进行的保卫战，与鲁国每个人的生存直接相关，这就是鲁国从事这场战争的国民基础，这乃最大的政治。鲁庄公当然没有也不会从此方面思考问题。但他也认真思考了"何以战？"的问题。他先说他能将衣食之类的生活必需品向手下的人分一些。这按理来说也不错，因为这毕竟是关心下属嘛，可以赢得人心。但这一条却被曹刿否定了，曹刿说你这是小恩小惠，且只是极少数人能受到的恩惠，与全国国民无关，人民不会因此为你作战的。鲁庄公又说，他能向神如实报告祭品，他对神灵是诚信的。这一条也被曹刿否定了，曹刿说这只是一点小信用而已，未必能感动神灵来为你降福。这里的意思是说，鬼神这种东西只是人生活中的一种信仰，它并不能真的帮人干事，所以孙子就明确说过"成功出于众者，先知也。先知者，不可取于鬼神，不可象于事，不可验于度，必取于人"（《孙子·用间篇》）。鲁庄公最后说，对于大大小小的诉讼案件，我虽然不能都明察秋毫，但一定要根据实情来慎重处理。曹刿听了这一条后就肯定地说，这倒是你能为民尽心做事的表现，凭这一点就可以和齐国打这次仗了。曹刿为什么肯定这一点？为何偏看中这一点呢？因为这一点正与民心有关。在此鲁庄公没有说他能去判断大小讼案，这实际上是做不到的；而是说他"必以情"，这是说他对那些涉案者有同情心。曹刿认为这就够了。为什么呢？这里的问题实际上就涉及人的"仁"性本质，故这个"情"与孟子所说的人的"不忍人之心"相当。《孟子·梁惠王上》言，孟子向齐宣王宣扬仁政主张，齐宣王听后说"若寡人者，可以保民乎哉？"孟子就肯定地回答说"可"。齐宣王问"何由知吾可也？"孟子就说："臣闻之胡龁曰，王坐于堂上，有牵牛而过堂下者，王见之，曰：'牛何之？'对曰：'将以衅钟。'王曰：'舍之！吾不忍其觳觫，若无罪而就死地。'对曰：'然则废衅钟与？'曰：'何可废也？以羊易之！'——不识有诸？"

齐宣王说："有之。"孟子就说："是心足以王矣。百姓皆以王为爱也，臣因知王之不忍也。"在孟子看来，齐宣王之所以能行仁政，是因为他有"不忍人之心"这种"仁"德；他连一头牛都同情、怜悯，何况对人呢！所以，当曹刿听到鲁庄公说他从同情心出发来对待诉讼案件时，就认为他有关心民、同情民之心，即对民有同情、不忍之心；他对民有同情、怜悯心，民岂无关心他和他人之同情心?！上下都有了这种同情心，而这就是国家赖以存在的政治前提和基础。现在鲁国有难了，非打仗来保卫国家不可，那么人民能坐视不理吗？只要鲁国的人民能起来作战，就会有强大的力量来战胜齐军。所以，《左传》庄公十年记载的"曹刿论战"之事确有经典意义，这个"论"不只是战后论如何作战之类的战术问题，更是论战前如何从事战争的政治基础问题，这的确有深意。

在孙子所说的进行战争时必须考虑的"五事"中，他将"道"即政治问题放在了首位，确是有远见的。"道"的内核就是"令民与上同意也，可与之死，可与之生，民弗诡也"。这是说使民与统治者一条心意，民想要的也正是统治者想要的，统治者想做的也正是民想做和所要做的，这样的话民与统治者就在利益、目的、目标等方面一致起来，民与统治者就处在了生死攸关的关联中，就会同心同德，生死与共，这时统治者的命令还有什么得不到执行的呢？这时如果开战打仗，民还能不像保卫自己的生命、保卫自己的家园一样来奋力保卫君上和国家吗？在如此的政治基础上作战，战争还能打不胜吗？孙子说："不战而屈人之兵，善之善者也。"（《孙子·谋攻篇》）不用作战怎么使人屈服呢？这固然有外交的重要因素，但就己方来讲，政治因素不能不说是首要的。一个国家政治清明，人民就能安居乐业，就会与上同心同德并同力，国家就会富强，就会有能力、有力量来保家卫国。这时如果遇到入侵之事而要打仗，那自然是有胜利基础和把握的；如果对方了解了己方的这种政治情况和背景，还能不自己认输吗？如果没有国内的清明政治作基础，光用外交手段和诈术，那是终究不能屈人之兵的。所以，有作为的军事家都是有远见的政治家；有思想深度的军事理论都十分关心和重视民生疾苦和民心向背问题。例如，《六韬》的第一卷为《文韬》，其第一篇为《文师》，就有关于如何使天下归顺的政治问题的论述。"文王曰：'树欲何若而天下归之？'"即用什么样能得民心的方法使天下归顺呢？"太公曰：'天下非一人之天下，乃天下之天下也。同天下之利者，则得天下；擅天下之利者，则失天下。天有时，地有财，能与人共之者，仁也；仁之所在，天下归之。免人之死，解人之难，救人之患，济人之急者，德也；德之所在，天下归之。与人同忧、同乐、同好、同恶者，义也；义之所在，天下赴之。凡人恶死而乐生，好德而归利，能生利者，道也；道之所在，天下归之。'"很明显，这里所言都是政治问题，同时也是取天下的军事问题。再例如，《尉缭子·战威第四》曰："凡兵有以道胜，有以威胜，有以力胜。""夫将之所以战者，民也；民之所以战者，气也。""民死其上如其亲，而后申之以制。……励士之道，民之所以生，不可不厚也；爵列之等，死丧之礼，民之所以营也，不可不显也；田禄之实，饮食之粮，亲戚同乡，乡里相劝，死丧相救，丘墓相从，民之所以归，不可不速也。必因民之所生以制之，因其所营以显之。因其所归以固之。如此，故什伍如亲戚，阡陌如朋友，故止如堵墙，动如风雨，车不结轨，士不旋踵，此本战之道也。"再比如，《司马法·仁本第一》曰："古者以仁为本，以义治之之谓正，正不获意则权，权出于战，不出于中人。是故，杀人安人，杀之可也；攻其国爱其民，攻之可也；以战止战，虽战可也，故仁见亲，义见说，智见恃，勇见身，信见信。内得爱焉，所以守也；外得威焉，所以战也。战道：不违时，不历民病，所以爱吾民也。不加丧，不因凶，所以爱夫其民也。冬夏不兴师，所以兼爱民也。故国虽大，好战必亡；天下虽安，忘战必危。"再比如，《吴子·图国第一》曰："吴子曰：昔之图国家者，必先教百姓而亲万民。有四不和：不和于国，不可以出军；不和于军，不可以出陈；不和于陈，不可以进战，不和于战，不可以决胜。是以有道之主，将用其民，先和而造大事。……民知君之爱其命，惜其死，若此之至，而与之临难，则士以进死为荣，退生为辱矣。吴子曰：夫道者，所行反本复始。义者，所以行事立功。谋者，所以违害就利。要者，所以保业守成。若行不合道，举不合义，而处大居贵，患必及之。是以圣人绥之以道，理之以义，动之以礼，抚之以仁。此四德者，修之则兴，废之则衰。故成汤讨桀而夏民喜悦，周武伐纣而殷人不非。举顺天人，故能然矣。"这等等的论述明确表明，进行战争的基础是社会政治。

与军事相关的政治，其内容无非是重民、爱民、为民，要行仁政，为天下万民着想。就此而论，兵家的这种"令民与上同意也"的思想和精神是与儒家"民为邦本"的民本思想和精神相一致的。当然各自的讲法和目的不一。兵家讲"令民与上同意",讲仁爱,讲为民,是服务于战争这一目的的,认为倘若失去了民心,没有了民众与统治者的同心同德同力,就难以进行战争;即使人为地进行了战争也不会取胜。这个思想当然是对的。就塑造中华民族的民族精神来说,儒、兵的这一重民思想都对中华民族精神的形成有重要作用。如果说儒家通过以伦理规范为内容的王道、仁政的推行,践行了中华民族的"民本"思想和精神的话,那么兵家则以作战取胜为目标和目的,通过将兵实战,实施、践履了中华民族的"民本"思想和精神。

2. "知彼知己,百战不殆"
——战前准备

战争是一种特殊的行为和活动。在人类社会存在和发展中,战争的发生是不可避免的,故不得不重视之;同时战争是一项极富危险性的活动,倘若一着不慎而战败,就会小者失去身家性命,大者亡国灭种而万劫不复,故不能不慎之又慎。千万不敢和不可视战争为儿戏,轻率发动战争而穷兵黩武,那将是自取灭亡之道。所以,《孙子·计篇》作为第一篇开篇就说:"兵者,国之大事,生死之地,存亡之道,不可不察也。"

那么,怎么来"察"呢?孙子谈到"道""天""地""将""法"五个方面的内容。但要察这些方面,就要有相应原则和方式、方法,否则是察不了的,最终也就进行不了战争。所以,《孙子·谋攻篇》中结论性地提出了关于观察和研究战争情况的原则和方法,曰:

> 故曰:知彼知己,百战百殆;不知彼而知己,一胜一负;不知彼,不知己,每战必殆。

这一原则和方法有这样几个要点:一是全面。要了解和掌握敌我双方的全面情况,倘若对某一方不了解,倘若虽然了解了但了解得不全面,就会造成遗漏,而这个遗漏有可能恰恰是导致这场战争胜败的关键因素所在,如果这样的话这个"察"就没有什么作用和意义了,就等于没察。所以"察"一定要全面,要对敌我双方的情况都有了解和掌握;就我方和敌方

第三章　兵家的"诡道"论与中华民族的谋略之道

的各自情况而言，亦要全面，不可只知一方而不知另一个方，亦不可只知某个方面的某一点而不知另一点，这样都会影响对情况的正确把握。二是详细。了解双方情况一定要全面，这是首要的基本要求。但只有全面尚远远不够，还要详细，即对敌我双方各方面的情况都要有详细的了解和掌握，有时候往往是某一细节决定着战争的成败。常言道"千里之堤，溃于蚁穴"。这个道理在军事斗争中依然有用和有效。有时候某一方面一个小小的细节疏忽就有可能因此而酿成大祸；这就如同一个小小的蚁穴如果不被注意和重视的话，最后可能引起溃堤。所以，尤其在观察、了解战争情况时，一定要细心、细致、仔细、详细，尽量做到既全面又缜密，万万不可粗枝大叶。三是准确。察敌我双方的情况，当然是为了制定对策来御敌制胜。但如果了解到的情况不准确，不是真实情况，那么作出的判断就会失误，所制定的对策就会失策，不仅达不到御敌制胜之目的，还会因此而帮了敌人的忙，其后果之严重是可想而知的。因此，在观察了解敌我双方情况时，要全面，要详细，又要准确无误。一定要了解到、掌握到真情况、确实情况。由于战争行当的特殊性，敌我双方都在用谋和都要用诡使诈，所以敌方常常会伪装出一些假象来蒙蔽和欺骗对方，故意引对方上当，以便有机可乘并从中渔利。这就迫使那些观察敌情的军事指挥员一定要准确地了解情况，切不可上当受骗而遗憾终生。四是深入和深刻。在了解战争情况时，当然应全面详细准确，但还要深入和深刻，要深入地了解敌方情况，同时也要深入了解己方情况，倘若缺乏深入，以前那些全面详细准确的观察就有可能毁于一旦。"兵者，诡道也。"（《孙子·计篇》）用谋使诈乃战争领域中的家常便饭。你如果缺乏深入、再深入，就会被一些人为设计的假象所迷惑，就会上当受骗。可想而知，不深入、不深刻地观察、了解战争行情，无异于自掘坟墓，还不如不去观察、了解的好。全面、详细、准确、深入这四个方面是一个整体，把这四个方面结合起来，作为"察"战争的原则和方法，这就是孙子在此讲的"知彼知己，百战不殆"的"谋攻"之道。

毛泽东在《论持久战》中对孙子"知彼知己，百战不殆"的军事思想作了运用和发挥，说："我们承认战争现象是较之任何别的社会现象更难捉摸，更少确实性，即更带所谓'盖然性'。但战争不是神物，仍是世间的一种必然运动，因此，孙子的规律'知彼知己，百战不殆'，仍是科学的真理。错误由于对彼己的无知,战争的特性也使人们在许多的场合无法全知彼己,因此产生了战争情况和战争行动的不确实性,产生了错误和失败。然而不管怎样的战争情况和战争行动,知其大略,知其要点,是可能的。先之以各种侦察手段,继之以指挥员的聪明推论和判断,减少错误,实现一般的正确指导,是做得到的。"①毛泽东是大军事家和战略家,他将孙子"知彼知己"这一观察战争的原则和方法概括为两个可操作的方面,即先以各种侦察手段来全面详细准确地了解情况,然后再作理性的判断和推理以对所了解的情况作深入和深刻的分析,从中提炼出对战争的指导思想和方法。从认识论的角度讲,孙子关于"知彼知己"观察战争的原则和方法,包括经验观察和理性判断两个相辅相成的方面和阶段。先要观察敌我双方的全面情况,收集有关此次战争的全部情况,然后要对这些情况和材料作去粗取精,去伪存真,由表及里地处理,从中得出具有规律性的结论。如果没有第一手的经验观察材料,就难以作出正确的推论和判断;而如果没有理性的推论和判断,那些经验材料就得不到合理、正确的利用。所以,孙子"知彼知己"的"察"法是经验和理性、观察和判断等的结合运用,的确具有一定的指导战争的真理性。

《孙子》书中就有许多基于全面、细致、准确、深入观察分析基础上的对战争经验的总结。比如说,《孙子·计篇》说对于"国之大事,死生之地,存亡之道"的兵事不可不予以审慎考察,"故经之以五事,校之以计,而索其情:一曰道,二曰天,三曰地,四曰将,五曰法。道者,令民与上同意也,可与之死,可与之生,民弗诡也。天者,阴阳、寒暑、时制也。地者,高下、远近、险易、广狭、死生也。将者,智、信、仁、勇、严也。法者,曲制、官道、主用也。凡此五者,将莫不闻,知之者胜,不知者不胜。故校之以计,而索其情。曰:主孰有道?将孰有能?天地孰得?法令孰行?兵众孰强?士卒孰练?赏罚孰明?吾以此知胜负矣"。这就是对战争进行条件的全面深入观察、考察和在此基础上得出的结论。

比如说,《孙子·谋攻篇》说:"故君之所以患于军者三:不知军之不可以进而谓之进,不知军之不可以退而谓之退,是为縻军;不知三军之事,而同三军之政者,则军士惑矣;不知三军之权,而同三军之任,则军

---

① 《毛泽东选集》第二卷,人民出版社1991年版,第490页。

士疑矣。三军既惑且疑，则诸侯之难至矣，是谓乱军引胜。"这是对君主干预和参与军事情况的考察，这三种情况颇有指导性。又说："故知胜有五：知可以战与不可以战者胜，识众寡之用者胜，上下同欲者胜，以虞待不虞者胜，将能而君不御者胜。此五者，知胜之道也。"这是对胜利的预测和考察。作战能否取胜，这有众多因素，且战场上情况复杂，瞬息万变，要预测其胜利是非常困难的，也可以说几乎是不可能的。但孙子在这里还是振振有词地作了关于胜利的预测。这是痴人说梦吗？否！这是有根据的结论，这里就有长期、全面、深入、细致的考察在内。故孙子说的这五种取胜之道，的确有一定的真理性。

比如说，《孙子·行军篇》说："凡地有绝涧、天井、天牢、天罗、天陷、天隙，必亟去之，勿近也。吾远之，敌近之；吾迎之，敌背之。军行有险阻、潢井、葭苇、山林、蘙荟者，必谨复索之，此伏奸之所处也。"《孙子·地形篇》说："地形有通者，有挂者，有支者，有隘者，有险者，有远者。……凡此六者，地之道也。将之至任，不可不察也。"这是对地形和行军等所作的考察和判断性结论，当然具有指导意义。

比如说，《孙子·行军篇》曰："敌近而静者，恃其险也；远而挑战者，欲人之进也；其所居易者，利也；众树动者，来也；众草多障者，疑也；鸟起者，伏也；兽骇者，覆也；尘高而锐者，车来也；卑而广者，徒来也；散而条达者，樵采也；少而往来者，营军也。辞卑而益备者，进也；辞强而进驱者，退也；轻车先出居其侧者，陈也；无约而请和者，谋也；奔走而陈兵者，期也；半进半退者，诱也；杖而立者，饥也；汲而先饮者，渴也；见利而不进者，劳也；鸟集者，虚也；夜呼者，恐也；军扰者，将不重也；旌旗动者，乱也；吏怒者，倦也；粟马肉食，军无悬甀不返其舍者，穷寇也；谆谆翕翕，徐与人言者，失众也；数赏者，窘也；数罚者，困也；先暴而后畏其众者，不精之至也；来委谢者，欲休息也。兵怒而相迎，久而不合，又不相去，必谨察之。"这是对行军作战中各种情况全面细致的观察，也是作战经验的总结。有了这些细致入微的考察、总结，当然可以对战争的成败作出一定的合乎科学的预测。故孙子说："兵有走者，有驰者，有陷者，有崩者，有乱者，有北者。凡此六者，非天之灾，将之过也。……凡此六者，败之道也。将之至任，不可不察也。"（《孙子·地形篇》）凡此种种，均是孙子对其"知彼知己，百战不殆"这一军事原则的运用。

"知彼知己",是进行战争的前提,可谓战前准备;"百战不殆",才是进行战争的目的,之所以要全面、详细、准确、深入地考察、了解敌我方的情况,就是为了达到"百战不殆"的取胜目的。然而,取胜并非有了"知彼知己"就能必然达到,这里还有个对情况的推断和对现有条件的灵活把握和利用等问题,这需要高超的智慧。所以,"知彼知己"是"百战不殆"的必要条件,而非充分条件。即使作到了"知彼知己",倘若不能灵活运用和当机立断地采取措施,到手的战机也会失去,仍是不能打胜仗的。这里不妨举"孙膑减灶赚庞涓"和"虞诩增灶赚羌兵"的著名战例看看。

《史记·孙子吴起列传》中有孙膑减灶赚庞涓的故事。周显王二十七年(前342年)魏赵联合攻韩,韩向齐求救,齐派田忌、孙膑领军救援。齐军直奔魏国首都大梁,魏将庞涓听闻后立即从韩撤兵回救。这时齐军已入魏境,孙膑就对田忌说:魏军一向骄傲轻敌,急于求战冒进,我们可利用这一形势来诱敌深入予以打击;我军第一天可造锅灶十万个,第二天减少为五万个,第三天减少为三万个,让魏军觉得我军的人数在天天减少,以放松警惕。田忌就采纳了孙膑的计策。所以,奔向大梁的齐军听闻魏军已撤回,入魏后刚与魏军一接触就后撤了。庞涓从齐军后撤和天天减灶的现象判定,齐军胆怯,逃亡严重,不敢与魏军作战。于是庞涓就丢下步兵,只率一部分轻装锐师向齐军兼程追去。孙膑判定魏军当于日落后进到马陵(今河北省大名县东南),就重兵埋伏在那里;孙膑使人削掉了一棵大树的皮,上书"庞涓死于此树之下",并约定夜里见到火光就一齐放箭。庞涓领魏军果然天黑后追到了马陵,当他取来火照树上的字时,齐军万箭齐发,魏军溃败,庞涓也愤愧自杀了。

《资治通鉴》卷四十九载有虞诩增灶赚羌兵的故事。东汉末年,政治腐败,一些少数民族不断起来反抗朝廷,羌族就是其中之一。东汉安帝元初二年(115年)邓太后知道虞诩有将才,就调其为武都(今甘肃武都)太守。虞诩在去上任的途中,被数千羌人截击在陈仓的崤谷(宝鸡大散关),情况十分危险。虞诩马上命令随从的少数军队停止前进,竟然当着众多的羌兵休息起来,并声张说朝廷的援军马上就到了。这下羌人被唬住了,并未马上向虞诩进攻,而是派了少数人盯着虞诩,大部人马到附近县掠夺去了。虞诩趁羌兵分散之际，昼夜进军，兼程百余里，并命官兵在宿营时每人各做两个炉灶，每天增加一倍。羌兵看到此种情况就不敢逼近，只好尾随着。就这样虞诩领着少数人马到达了武都。到任后，汉军不满三千；而羌兵有万余，并围攻赤亭十多天。虞诩命令部队在羌兵开始进攻时不准用强弓，只可用小箭；羌人以为汉兵弓力弱，就蜂拥而上，这时虞诩就命令用二十只强弓集中射一个羌兵，羌兵一看就惊慌逃走了。第二天，虞诩把部队拉出城，让部队从东门出去，再从北门进来，每次更换衣服，来回转了几个圈，使得羌兵搞不清汉兵到底有多少。羌兵终于撤退了。虞诩先派了五百人在羌人的退路上秘密埋伏，结果大败羌兵，斩杀俘获甚多，羌人自此败散了。

这两则战例是中国军事史上的著名例子。孙膑知彼知己，用减灶之法来麻痹庞涓，使其作出了错误的判断而丢下强大的步兵只率少数精锐追赶，于是跳进了孙膑掘下的陷阱中，落得个身败名裂的下场。虞诩同样知彼知己，面对强大的羌兵他没有急忙逃跑，而是先唬住羌兵，再用增灶法迷惑羌兵，使其不敢贸然冲来，于是终于到达了武都，然后有效地组织力量反击羌兵，赢得了胜利。这就充分说明，"知彼知己，百战不殆"只是一个指导思想和原则，究竟如何知彼知己，这里面有莫大的智慧和玄妙，万万不可纸上谈兵地照搬生套。

3. "多算胜，少算不胜"
——运筹帷幄之中

做任何事都需要谋划。常言道"凡事预则立，不预则废"。不做谋划，贸然行事，鲜有能成功的。由于战争这一行当的特殊性，更要认真、细致、全面、深入地谋划，且不可贸然为之。孙子作为著名的军事家和军事理论家，深知军事斗争的特点和谋划的重要。他视兵者为"国之大事，死生之地，存亡之道"（《孙子·计篇》），兵是生死攸关之事，绝不可凭个人好恶来贸然行之，故"主不可以怒而兴师，将不可以愠而致战。合于利而动，不合于利而止。怒可以复喜，愠可以复悦，亡国不可以复存，死者不可以复生。故明君慎之，良将警之。此安国全军之道也"（《孙子·火攻篇》）。怎样才能慎之、警之地用兵呢？除了要有审慎的态度外，在施行上就是要谋划，此乃"运筹于帷幄之中"也。

孙子深知军事谋划的重要性。可以说《孙子》十三篇都是如何进行战争的谋划、运筹之道。孙子曰：

> 夫未战而庙算胜者，得算多也；未战而庙算不胜者，得算少也，多算胜，少算不胜，而况无算乎！吾以此观之，胜负见矣。（《孙子·计篇》）

所谓"庙算"，就是在祖庙中作筹划、谋算。古代在出师前，先要在祖庙里举行仪式和召开会议，主要是谋划作战方针，确定作战指导思想，分析作战的形势，预测战争的胜负，等等。古人有时在作军事谋划的时候，还辅助以占卜等手段。这种庙算当然是十分必要的，这就相当于我们现在召开的战前筹划会。庙算作好了，进行战争的指导思想就明确了，作战部署也就确定了，甚至连作战路线、作战步骤、作战手段、作战结果等都可事先谋定，这当然对于战争的进行非常有利；可以说若能使战争按照事先预定的方向和轨道发展，就掌握了战争全局，取胜是可想而知的。当然，庙算后在具体实施和执行这种庙算的方针时还有条件会发生变化，往往有变数在其中，但不论怎么说，庙算的重要性和必要性是不容小觑的。没有庙算而进行战争，那就是打无准备之仗、无把握之仗，岂有取胜之理！所谓"庙算胜"，就是在庙算中谋胜，也就是在作战的指导思想和战略方针等方面筹划和谋胜。"庙算胜"往往是战略上的谋胜，庙算不可能也无必要就具体的战术作出事先的谋划和规定，这完全要根据战争的变化灵活变通和运用，是不可能事先规定好的。所以，庙算和算胜是关系到战争全局的、带根本性的战略谋定和战略取胜。

那么，怎样才能在未开战之前就做到"庙算胜"呢？孙子认为这就要"多算"或曰"得算多也"，即运筹准确，谋划周到，考虑全面，分析深入，所具备的致胜条件就多，胜利的机会就多，胜利的可能性就大；相反，即使作了庙算但算得不准确、周密、全面、深入，就不能了解和掌握战争的发展形势和全面情况，那就仍然谋划不出带有全局性的战略指导思想，仍然不能掌握战争进行和发展的全局，就不会有取胜的把握，这就叫"庙算不胜"，原因就在于"得算少也"或"少算"所致。所以，孙子谆谆告诫政治家和为将者说："多算胜，少算不胜，而况无算乎！"从事战争

第三章　兵家的"诡道"论与中华民族的谋略之道

活动者一定要"多算",多作帷幄之运筹,这样才能有取胜的把握,千万不可无算,那样会自取灭亡。故孙子说:"吾以此观之,胜负见矣。"确实如此。依据"多算""少算"和"无算"的战前运筹情况,不光是孙子这位著名军事家能对战争的胜负作出预测,就是一般的非军事人员也能作出,这是军事领域中的科学和真理。

在帷幄中作运筹、谋算,是进行战争必不可少的一环,是非常重要的。那么,究竟如何来运筹和谋算呢?孙子讲"先知"。他说:

> 成功出于众者,先知也。先知者不可取于鬼神,不可象于事,不可验于度。必取于人,知敌之情者也。(《孙子·用间篇》)

谋算就是"先知",即事先谋划和知道战争的情况,包括战争发展的趋势、战争进行所必经的阶段、进行战争必须采取的方式方法、战争的最终结局等方面。可想而知,一个军事指挥者如果能事先预测到战争进展的趋势等方面,他就有如神人;庙算倘若能算到这种地步,就完全达到了目的!故孙子讲的"庙算"和"先知"是一致的,都是要把握战争全局,预测战争发展,达到最终取胜之目的。这样的"先知"当然好,也十分诱人,可以说没有哪位将军和军事指挥者不想成为先知者的。但先知者真的是神仙辈吗?世上真的有能预知未来之事的神人吗?当然没有!所谓"先知"是运筹、谋划的结果。孙子告诫人们,所谓"先知"不可求助于鬼神,不可靠焚香拜神、求巫问卜,这是没用的,往往还会坏事;"先知"也不可通过对以往经验的对比来得到,过去的经验当然有参考价值,但毕竟已经过去,在新的条件下还会出现以往所历经的那些事吗?这只能是或然的,谁也不敢作肯定。以前成功了,以后不必然就能成功,以前有用,以后不必然就会有用,在这种条件下能用的,在别的条件下未必也能用,情况是变化的,是十分复杂的,想靠类比往事("象于事")的方式来达到"先知",这是不可能的和不行的。"先知"也不可用所谓的天命历数、运数、气数等"度"或度数来验证之,因为这些东西带有一定的人为性和神秘性,并非科学事实和规律。实际上,说白了,所谓天命,所谓气运、气数、运数等东西,就是人自己的活动,或者说是由人自己的活动造成的和导致的。《尚书·皋陶谟》曰:"天聪明自我民聪明,天明畏自我民明威。"《尚书·泰誓上》曰："天视自我民视，天听自我民听。"这是至理名言。是人造了天而不是天造了人，天最终还得听人的，当然不是听个别的人即统治者，而是听民众或众人。作为一种思想，在适当的地方讲讲天、命或天命这些东西是可以的，毕竟能起到教化人的作用。但要把这些东西搬到战争领域来，搬到对战争的谋划、筹算上，作为判定事情的标准（"度"）来对待（"验于度"），那就大错特错了，是会坏事的，会坏大事的。如果一位将领把打了胜仗或败仗的原因全归于天命运数，那就根本不配作将领。楚霸王项羽在乌江兵败自杀时说"天之亡我"，司马迁就批评说："霸王之业，欲以力征经营天下，五年卒亡其国，身死东城，尚不觉寤而不自责，过矣；乃引'天亡我，非用兵之罪也'，岂不谬哉！"（《史记·项羽本纪》）孙子认为，所谓的"庙算""先知""不可取于鬼神，不可象于事，不可验于度"，鬼神等并非庙算的正当方式，庙算的正当方式是"必取于人"，此乃人的活动，人根据所了解、掌握的情况来作出分析、判断，才是"庙算"的真正内容。

"庙算"活动要"取于人"。那么，要取于什么人呢？所取的人必须是那些"知敌之情者"。能知敌情的人当然在敌内，一个敌外之人是不可能知敌之情的。在敌内的人把所知之情告诉敌之对方，这就是"间"或间谍。所以，在"庙算"即谋划方面，孙子最看重"间"的作用和价值。孙子专门作了一篇《用间篇》，作为《孙子》一书的结束，足见"用间"问题的重要。"孙子曰：凡兴师十万，出征千里，百姓之费，公家之奉，日费千金。内外骚动，怠于道路，不得操事者七十万家。相守数年，以争一日之胜，而爱爵禄百金，不知敌之情者，不仁之至也，非人之将也，非主之佐也，非胜之主也。"（《孙子·用间篇》）这是说，一个国家动用了数十万的军队，到千里之外去作战，还要花费老百姓的钱和国家的钱，日用千金；一旦发动战争，就会造成国内外骚动不安，人们往往疲惫地奔波于道路之上而不得安生，不能安心从事工作、生活的人家几达七十万家；而且一场战争不是一时三刻就能结束的，往往要相持数年，所有这些都是为了争取最终的那个胜利。但有些将领却爱惜爵位和财宝，不肯花钱来使用能知敌情的间谍，用间谍往往能很快很确切地掌握敌情而谋得战争的胜利，所以这些将军们岂不是没有仁爱心到极点了吗？这样的人不配作军队的将领，不配作君主的辅臣，更不是战争胜利的主宰者。故孙子主张用高官厚禄来收买间谍。这种主张在军事这个特殊领域完全是可理解的。

怎么具体来用间谍呢？首先要明白间的种类，以便根据不同情况和需要而用之。孙子说："故用间有五：有因间，有内间，有反间，有死间，有生间。五间俱起，莫知其道，是谓神纪，人君之宝也。因间者，因其乡人而用之；内间者，因其官人而用之；反间者，因其敌间而用之；死间者，为诳事于外，令吾间知之，而传于敌间也；生间者，反报也。"（《孙子·用间篇》）所谓"因间"就是利用敌国的乡人做间谍；"内间"就是利用敌国的官员做间谍；"反间"就是策反敌国的间谍为我所用；"死间"就是必死之间，即在外传播假消息，使我方间谍知之并故意透露给敌之间谍；"生间"是能返回来汇报敌情的间谍。五间一起使用，没有人能知道其中的秘密，这乃很高明的军事手段，是国君进行庙算谋划的法宝。在这五种间谍中，孙子认为最最重要的是反间，因为反间在五间中身份最为特殊，地位也最为重要，他是双方的间谍，可以说乃谍中之谍，间中之间，故反间也最能欺骗敌方，最能给我方提供所需的情报。故孙子曰："必索敌人之间来间我者，因而利之，导而舍之，故反间可得而用也。因是而知之，故乡间、内间可得而使之；因是而知之，故死间为诳事，可使告敌；因是而知之，故生间可使如期。五间之事，主必知之，知之必在于反间，故反间不可不厚也。"（《孙子·用间篇》）间，原作閒。《说文》："閒，隙也，从门，从月。䦧，古文閒字。"清段玉裁注曰："閒者，稍暇也，故曰閒暇。今人分别其音为户闲切，或以闲代之。閒者，隙之可寻者也，故曰閒隔、曰閒谍，今人分别其音为古苋切。"古汉语中的"閒"既可作暇，也可作隙，现在这两种用法分开了，前者作"闲"而后者作"间"。间是个会意字。尤其是古文"䦧"更能说明其含义，即门里面的外。就间谍来说，他有一身二任的身份，他一方面是我方人，但另一方面含心在敌方；或曰他一方面是敌方的人，但心在我方。这就是说，这个间既是我方人又不是我方人，既是敌方人又不是敌方人，他同时具有显与隐、公开与秘密、我与敌、是与非等双重性规定，这正是现象学所说的"居中"或"中"性本质，也最能反映战争这一活动的本质特征，因为战争就是敌我双方都要，都在场，不可倒向任何一方去，故它本来就有"居中"或"中"性在；恰恰在这种"居中"或"中"的领域，战争才能进行，才有无穷的发展和发挥余地，也才有庙算和谋划之可能和余地。在间（谍）

中，又以反间尤具双重性特征，故间难用，反间更难用。所以，用正常的手段使用不了间。孙子曰："故三军之事，莫亲于间，赏莫厚于间，事莫密于间。非圣智不能用间，非仁义不能使间，非微妙不能得间之实。微哉！微哉！无所不用间。"（《孙子·用间篇》）孙子用间之论本身就是一种帷幄之运筹，是一种庙算和先知。

可以说《孙子》全篇都贯穿了和体现了运筹和谋划的精神。比如说《孙子》之《虚实篇》言："出其所不趋，趋其所不意。行千里而不劳者，行于无人之地也。攻而必取者，攻其所不守也；守而必固者，守其所不攻也。故善攻者敌不知其所守，善守者敌不知其所攻。微乎微乎，至于无形；神乎神乎，至于无声，故能为敌之司命。"这是对攻守之道的谋算。又说："故形兵之极，至于无形；无形，则深间不能窥，智者不能谋。因形而错胜于众，众不能知；人皆知我所以胜之形，而莫知吾所以制胜之形；故其战胜不复，而应形于无穷。夫兵形象水，水之形避高而趋下，兵之形避实而击虚；水因地而制流，兵因敌而制胜。故兵无常势，水无常形，能因敌变化而取胜者，谓之神。"这是对用兵的谋算。《地形篇》说："知吾卒之可击，而不知敌之不可击，胜之半也；知敌之可击，而不知吾卒之不可以击，胜之半也；知敌之可击，知吾卒之可以击，而不知地形之不可以战，胜之半也。故知兵者，动而不迷，举而不穷。故曰：知彼知己，胜乃不殆；知天知地，胜乃可全。"这是对敌我双方兵力以及所处地形等的谋算。《九地篇》说："是故不知诸侯之谋者，不能预交；不知山林、险阻、沮泽之形者，不能行军；不用乡导者，不能得地利。四五者不知一，非霸王之兵也。……故为兵之事，在于顺详敌之意，并敌一向，千里杀将，是谓巧能成事者也。"这是对外交、山川、向导等用兵、作战方面的谋算，等等。所以，细心谋划，庙算而胜，是孙子所主张的帷幄用谋和运筹之道。

在中国战争史上，因谋划而安邦、取胜之事例是很多的。例如汉高祖二年至四年（前205—前203年）刘邦与项羽进行的"成皋之战"，东汉光武帝建武八年（32年）刘秀征讨隗嚣之战，皆因战前和作战中的细心运筹和谋算而取得了胜利。庙算之运筹和谋划往往是具有战略性的谋定，对一个国家和其所进行的战争具有多方面、长久性的指导作用和影响，此方面，诸葛亮的"隆中对"可谓典型。现在不妨将《三国志·蜀书·诸葛亮传》中的一段文字录于此："亮答曰：自董卓以来，豪杰并起，跨州连郡者不可胜数。曹操比于袁绍则名微而众寡，然操遂能克绍，以弱为强者，非惟天时，抑亦人谋也。今操已拥百万之众，挟天子以令诸侯，此诚不可与争锋。孙权据有江东，已历三世，国险而民附，贤能为之用，此可与为援，而不可图也。荆州北据汉沔，利尽南海，东连吴会，西通巴蜀，此用武之国；而其主不能守此，殆天所以资将军，将军岂有意乎？益州险塞，沃野千里，天府之土，高祖因之以成帝业；刘璋暗弱，张鲁在北，民殷国富，而不知存恤，智能之士思得明君。将军既帝室之胄，信义著于四海，总揽英雄，思贤如渴，若跨有荆、益，保其岩阻，西和诸戎，南抚夷越，外结好孙权，内修政理，天下有变，则命一上将将荆州之军以向宛洛；将军身率益州之众以出秦川，百姓孰敢不箪食壶浆以迎将军者乎？诚如是，则霸业可成，汉室可兴矣。"这就是诸葛亮为刘备谋划的未来战略方针。诸葛亮先分析了当时豪杰并起的天下形势，以为曹操挟天子以令诸侯，势力强大，暂不可与之正面争锋；孙权据有江东天险且已历三世，民心归附，故不可图之而只可结为外援；至于刘备自己要做的事是：先谋荆州以站住脚，再图益州以定基业，然后西和诸戎，南抚夷越，结好孙权，修好内政，等时机成熟后分兵两路夺取中原，即一路从荆州出发向洛阳，一路由益州出向长安，这就可以平定天下了。这个战略方针的确高明，已预示了三国鼎立的未来前景。若用兵将军能作出如此高瞻远瞩的运筹和谋算，取胜是可想而知的。

4. "不战而屈人之兵，善之善者也"
——战争与外交及作战中的攻心术等

用兵作战，当然是为了取胜。"孙子曰：凡兴师十万，出征千里，百姓之费，公家之奉，日费千金；内外骚动，怠于道路，不得操事者七十万家；相守数年，以争一日之胜。"（《孙子·用间篇》）用兵劳民伤财，以身犯险，究竟图什么呢？不就是图这个"一日之胜"吗？！如若不胜，吃亏太大，不仅战争之用费白花了，且有亡国灭族之重大后果。所以，用兵是"非利不动，非得不用，非危不战"，"合于利而动，不合于利而止"（《孙子·火攻篇》）。以取胜为直接动机和目的，这看似太势利了些，但这在军事这一特殊领域中却是应该的。因此可以说，在军事斗争中一切手段均是可用的和正确的，只要能够取胜，只要能够获得益处，故宋襄公那种"君子不重伤，不禽二毛"的所谓"仁义"之举只能遭到耻笑。然取胜之道却有多种，所能用的取胜手段也有权衡、商量、选择之余地。特别在现代高科技条件下，使用有些技术手段可能对全人类、对整个生态环境都会造成不可挽回的、毁灭性的后果，那就得限制和禁止。在这方面，人类的理性、理智是可以战胜狂热的，正义是能战胜邪恶的。但在战争中使用正常条件下和正常范围内的手段和技术是应该的，否则的话还有什么战争可言呢？

然而，取胜还得权衡和考虑结果和效果。如果是杀敌一千而自损八百，这种胜利不要也罢；如果是同归于尽式的求胜，那就不是胜；如果虽然俘获了敌人、占领了对方的地盘，但损伤太大太多，且所缴获的东西全都无用，那么这样的战争和胜利就不值得去争取了。老子有言："以道佐人主者，不以兵强天下，其事好还：师之所处，荆棘生焉；大军之后，必有凶年。善有果而已，不敢以取强。"（《老子》第三十章）又说："夫唯兵者不祥之器，物或恶之，故有道者不处。……兵者不祥之器，非君子之器，不得已而用之，恬淡为上。"（《老子》第三十一章）老子已有停战止兵的思想。但孙子是将军，是军事家和军事思想家、战略家，故他并不主张废兵，而主张用兵，但要有效果地用之；即使以求胜为目的也有个胜的质量问题。所以孙子提出了这样的用兵主张：

> 夫用兵之法，全国为上，破国次之；全军为上，破军次之；全旅为上，破旅次之；全卒为上，破卒次之；全伍为上，破伍次之。是故百战百胜，非善之善者也；不战而屈人之兵，善之善者也。
> 故上兵伐谋，其次伐交，其次伐兵，其下攻城，攻城之法为不得已。修橹轒辒、具器械，三月而后成，距闽又三月而后已。将不胜其忿，而蚁附之，杀士三分之一，而城不拔者，此攻之灾也。故善用兵者，屈人之兵而非战也，拔人之城而非攻也，毁人之国而非久也，必以全争于天下，故兵不顿［同"钝"］而利可全，此谋攻之法也。（《孙子·谋攻篇》）

孙子这里讲的就是谋攻之道，即如何运用谋略、计谋来攻取敌人，兵不血刃而使敌方屈服。孙子在此讲了谋攻的两个方面，即一是"不战而屈人之兵"，二是"上兵伐谋"。

　　孙子认为，靠攻战来取胜，即使百战百胜，那也不是最好的结果，因为"其下攻城，攻城之法为不得已"。攻城、进攻乃下下之策，是作战中迫不得已才用的一种方式。因为要进攻、攻城必要准备、制作一定的用具，比如要制造橹——一种攻城的盾牌车；还要制作轒辒——攻城时运土填壕沟的四轮战车；还要准备别的攻城工具——比如云梯等；还需要距闉——为攻城而堆积的土丘；等等。制作、准备这些东西起码要用半年之久或更长的时间，要花去很多人力、财力。再加上领兵的将帅因需要准备而耗费时日产生了焦躁愤怒的情绪后，就驱使士卒硬去攻城，这往往会遭到抵抗和反击，大约有三分之一的士兵会被杀死，而且往往是城仍不能被攻取，这就是攻城所带来的灾难。可见，用兵不应在攻城、进攻方面花时间死耗硬拼，这实在不是聪明之举。再者，如果所攻之城距离远而坚固，就要"兴师十万，出征千里"，这要花费国家的很多钱财，也要连带消耗百姓的许多费用，还会造成国家内外的骚动不安，使人们不得安心从事工作，故十万士兵的出征将会导致七十万家的不安，而攻与守往往还要相持数年才可见效果。如此算下来，攻城之法确是下策，只能是迫不得已的方式和选择。所以，孙子认为进攻取胜，即使每战都胜，也不是最好的结果。刚才所说的只是攻城时我方的人员损伤和财力消耗，还未涉及被进攻方的损伤和财力物力消耗。就被进攻方来说，一场相持战打下来，被打败的一方肯定是损伤惨重，几乎是尸横遍野，十室九空，民穷财尽，正如孟子所言"争地以战，杀人盈野；争城以战，杀人盈城"（《孟子·离娄上》）。这样，即使战胜者占领了战败国，也得不到多大好处和利益，可能占领者还要花更多费用来处理战争的后事。因此，看来看去，算来算去，攻战之法实非最好。最好的用兵之法就是"不战而胜"，即"不战而屈人之兵"，因为这样才能和才是"全胜而取"，这就是"全国为上，破国次之……"

　　不战而使敌人屈服，这的确好，是"善之善者也"的上上之策。那么，怎样来取得这一最理想的结果呢？这就是孙子主张的"伐谋"之道。所谓"伐谋"就是用谋来伐敌，即用谋略来征伐敌人以取胜。与此相关的和相配合的还有"伐交"，即用外交手段来取胜。伐谋和伐交相结合，再配合以用间，就能不战而屈人之兵了，即兵不血刃，不损兵折卒，不劳民伤财，不动用干戈而使对方屈从于我。如果说"不战而屈人之兵"是用兵的目标和目的，那么"上兵伐谋，其次伐交"等就是达到这一目的和实施这一目标的方式和手段。没有"不战而屈人之兵"之目的、目标，伐谋、伐交就没有意义，就几近开玩笑的恶作剧了；而没有伐谋、伐交的操作方式和手段，"不战而屈人之兵"就会成为空谈或幻想。"不战而屈人之兵"与"伐谋""伐交"相结合，才是孙子所说的"谋攻"之道。有人会说，不用伐谋、伐交，而用数倍于敌的强大武力同样可使敌方慑服而达到不战而屈人之兵之目的。的确有此种情况和可能。但此种压服要看情况，如果压服方和被压服方在武力上差距过大，比如说一支强悍的数万大军包围住几百人的一伙山贼，那自然会使山贼慑服而俯首称臣，但这就不是战争了，就失去了战争意义，故也就无所谓"不战而屈人之兵"可言了。如果压服方和被压服方实力相当，甚至于被压服方的实力还要强些，那谈用压服的方式来使对方慑服而达到"不战而屈人之兵"也就没有意义了。有时候，面对强敌的弱方也要求胜利而使敌人屈服，这看似不可能但实则有之，这时就非用伐谋和伐交不可了，这时才是孙子所说的通过伐谋、伐交而达到"不战而屈人之兵"的目标和结果这一军事思想的意义和价值所在。另外，伐谋、伐交也并非一味地挖空心思来捣鬼骗人、唬人，纯靠诈术或骗术得手，而要有一定的经济、政治、军事等实力做基础，特别要有一定的兵力做靠山，这样才能使伐谋、伐交奏效，假若一个穷光蛋去游说某一大军将领，或一个国穷民弱的小国使者去游说国富民强的万乘大国，即使游说者智欺孙吴，口胜苏张，也不见得就能一下子说动大国诸侯来向弱小国俯首称臣。所以，伐谋、伐交这些谋略的、政治的、外交的方式和手段要以一定的经济、军事实力为凭借和依据；反过来，军事斗争和力量也能利用和凭借伐谋、伐交之手段和方式得到改变。这就是战争乃政治（还有外交等）的继续，且政治亦可是战争的继续。这才是孙子所谓的"不战而屈人之兵"这一军事思想的内涵所在，它不只是一个简单的目标和一般的主张。

那么，究竟如何来伐谋、伐交而达到"不战而屈人之兵"的目的呢？这是一个综合运用智慧或曰智慧之综合运用的问题。这需要对敌我双方情况的了解与洞悉，如果不了解敌我双方情况而黑灯瞎火地干，那无论如何地"谋"和"交"也不能奏效。另外，还需要对敌、我双方的军事态势，对目前战局有中肯的意见,否则就游说不了敌方,也就难以去伐谋与伐交了。还有,还需要有过人的胆略和超常的智慧,要能抓住敌方将领的心理,还要有辩才和说话技巧,还要有随机应变的能力和虚实相济的韬略,等等,不一而足,这很难用固定的程式来规定。对此,多说无益,还是看一两个中国军事史上的相关战例吧。

一个战例是蒯通献计使武臣"传檄而千里定"。秦二世元年(前209年)陈胜、吴广在大泽乡(今安徽宿县境内)领导农民起义,建立了"张楚"政权。后来部将张耳、陈余向陈胜建议出兵赵地,陈胜应允,就派武臣为将军,张耳、陈余为左右校尉,予卒三千人北略赵地。武臣率军到达赵境范阳后,有个擅长纵横家术、能言善辩的人叫蒯通,来游说武臣,帮其不战而夺得了燕、赵之地。《史记·张耳陈余传》记载了蒯通游说进谋的事。秦统一后,蒯通隐居乡里,但他关注着天下大势。武臣到达范阳后,蒯通认为他出山的时机已到,所以就直奔范阳县衙来见县令徐公。蒯通见到徐公后说:"秦法重。足下为范阳令十年矣,杀人之父,孤人之子,断人之足,黥人之首,不可胜数。然而慈父孝子莫敢倳刃公之腹中者,畏秦法耳;今天下大乱,秦法不施,然则慈父孝子且倳刃公之腹中,以成其名。此臣之所以吊公也。今诸侯畔秦矣,武信君兵且至,而君坚守范阳,少年皆争杀君下武信君,君急遣臣见武信君,可转祸为福在今矣。范阳令乃使蒯通见武信君。"蒯通于是就来到武臣军中拜见,对他说:"足下必将战,胜,然后略地,攻得,然后下城。臣窃以为过矣。诚听臣之计,可不攻而降城,不战而略地,传檄而千里定,可乎?武信君曰:何谓也?蒯通曰:今范阳令宜整顿其士卒以守战者也,怯而畏死,贪而重富贵,故欲先天下降,畏君以为秦所置吏,诛杀,如前十城也;然今范阳少年亦方杀其令,自以城距君,君何不齎臣侯印拜范阳令,范阳令则以城下君,少年亦不敢杀其令。令范阳令乘朱轮华毂,使驱驰燕赵郊,燕赵郊见之,皆曰此范阳令先下者也,即喜矣,燕赵城可毋战而降也。此臣之所谓传檄而千里定者也。"蒯通的这个谋划和说词显然是合情合理的和有远见的。于是武臣就派蒯通为使者持侯印赐封徐公,这样一来,燕、赵各地的秦郡官员都纷纷效仿,归降了武臣,大量的秦军将士也投降了,成为后来武臣政权和赵国军队的重要力量。这就是运用谋略"不战而屈人之兵"的例子。

再看一个"烛之武退秦师"的例子。前630年,晋文公联合秦穆公攻打郑国。晋军抵达郑国的函陵（今河南新郑市北），秦军则驻扎在汜南（今河南中牟县南），两支大军对郑国都城形成了包围，情况非常危急。郑文公召集大臣商议对策，大臣佚之狐建议派人去游说秦穆公撤军，一旦秦军撤走，晋军是不会单独作战的。郑文公采纳了这个建议，就说服了烛之武作为使者去见秦穆公。当时秦军驻扎在城东，晋军在城西，故烛之武无法经由城门出去，郑文公就叫军士在夜间用绳子把烛之武从城上吊下去，他就去见秦穆公。《左传》僖公（也作釐公或厘公）三十年（前630年）记述了烛之武的游说，他对秦穆公说："秦、晋围郑，郑既知亡矣。若亡郑而有益于君，敢以烦执事。越国之鄙远，君知其难也，焉用亡郑以陪邻？邻之厚，君之薄也。若舍郑以为东道主，行李之往来，共其乏困，君亦无所害。且君尝为晋君赐矣，许君焦、瑕，朝济而夕设版焉，君之所知也。夫晋何厌之有？既东封郑，又欲肆其西封，若不阙秦，将焉取之？阙秦以利晋，唯君图之。"烛之武说词的意思是：如今秦、晋两个大国包围郑国，郑国已经知道是必定要亡了。如果灭亡了郑国对君王您有好处，那就烦劳您的左右了。越过别人的国家以远方的土地作为自己的边邑，您知道这是很困难的事。既如此，何必要灭亡郑国来给您的邻国（即晋）增加土地呢？邻国的实力增强了，君王您的实力不就削弱了吗？您如果放弃郑国，让郑国作个东路上的主人，贵国使者往来，郑国可供应各方面之需，这对您没有什么不利吧。再说，您曾给晋君以恩赐，晋君答应给您焦、瑕（在今河南陕县附近，晋惠公曾答应给秦国）土地，但他早晨渡河回去，晚上就修筑防卫工事，这是您所知道的呀。晋国的欲望哪有满足的时候呢？它已经在东边向郑国扩张了，又想向西边（您的国家）扩张哩，如果他不是想损害秦国的利益，它又能向哪里取得土地呢？做损秦而利晋的事，君王您想想吧。烛之武的这番外交辞令的确不错。他说服了秦穆公，秦穆公答应马上撤兵。秦、郑订立了盟约，秦穆公留下杞子、逢孙、杨孙三位将军带领两千士兵帮郑国守城，自己率大军回去了。秦撤军后，晋文公大怒，但也无可奈何，于是他也撤兵了。就这样，烛之武用伐谋和伐交之策使郑国转危为安。

这就是孙子所主张的以"伐谋""伐交"方式来达到"不战而屈人之兵"和"全国为上""全军为上""全旅为上""全卒为上""全伍为上"之目的的"谋攻"之道。

5. "凡战者，以正合，以奇胜"
——作战的手段和目的

作战的目的是取胜。没有哪一个战争进行者以失败为目的的。就战争的进行来说，有的是主动发动的，有的则是被迫应战的。就战争的性质来说，有的是义战，即保家卫国的正义战争，或者是救民于水火、解民于倒悬的征伐战争；有的则是不义或非义战，是侵略战争，或是倒行逆施的篡夺战争。就战争的形式来说，有的是阵地战，有的是运动战，有的是游击战，有的是伏击战，有的是歼灭战，有的是包围战，等等。就战争的规模来说，有大有小亦有中，小到卒伍厮杀，大到百万大军决战。就战争进行的形式言，有陆战，有水战，有空战，有火战，有谍战，等等。再就作战中所采取的手段来说，更是五花八门，千奇百怪，无所不用其极，有的甚至达到了令人难以接受和容忍的残暴程度。再就战争的结果来说，有的破坏性较少或甚少，例如那种"不战而屈人之兵"的"全国为上"等战争就没有破坏，有的破坏性则很大或特别大，几乎是灾难性、毁灭性的结果。等等。在战争这个大舞台上真有无穷无尽、千奇百怪的幕幕活剧出现。但对于战争而言，无论什么样的战争有两点或两个方面却是共同的，这就是其一，作战是为了取胜；其二，服务于取胜这一目的，要运用和允许运用必要的手段和方式，所以将日常生活中的一般道义原则搬到战争领域中是错误的，战争有其自身的道义原则和标准。

孙子作为大军事家和军事思想家、理论家，对作战的目的和为达到这一目的所要用的作战手段、战术等问题作了分析性总结，提出了"以正合，以奇胜""奇正相生"的原则和主张。他论述说：

> 凡治众如治寡，分数是也；斗众如斗寡，形名是也；三军之众，可使必受敌而无败者，奇正是也；兵之所加，如以碬投卵者，虚实是也。
>
> 凡战者，以正合，以奇胜。故善出奇者，无穷如天地，不竭如江河。终而复始，日月是也；死而复生，四时是也。声不过五，五声之变，不可胜听也；色不过五，五色之变，不可胜观也；味不过五，五味之变，不可胜尝也；战势不过奇正，奇正之变，不可胜穷也。奇正

相生，如环之无端，孰能穷之！(《孙子·势篇》)

这里论述的就是进行战争的方式、方法——"奇正"之法。所谓"奇"就是奇兵、奇法；所谓"正"乃正兵、正法或常规之法。孙子认为，进行战争就不可避免地要两军相遇而打斗，我军遭受到敌军之围斗乃是正常的和必然的，倘若进行战争而遭遇不到敌军那才是不正常的。但问题是，在必然、必定要遭遇到敌军围斗的情况下能立于不败之地，即"受敌而无败者"，这当然不是只凭运气，也不是求助鬼神保护，亦不是幻想敌人发善念，而只能靠自己采取行动、使用必要的方式方法来御敌求胜。这个行动，这个方式、方法就是"奇"与"正"的结合运用，即"奇正"，就是正中寓奇，奇中现正，正而奇之，奇而正之，奇正相生而生生不息，就是"凡战者，以正合，以奇胜"。为什么叫"以正合，以奇胜"呢？或曰为什么要用"以正合，以奇胜"呢？一言以蔽之，这是由战争本身的特点或特殊性所决定的。战争是由人进行的一个领域和一种职业。既然是一个领域、一种职业、一种行当，那就一定有自己的特征和要求，即有其行业本身的规定、标准、要求等，否则就不能是一个领域或一种行当、行业了。因此，要作战，要进行战争以求胜，首先作战双方都要入行，都要遵守本行业的行规和要求，这样方能开战，否则的话连开战都不可能了，遑论什么进行战争以谋胜呢！这就如同你要踢足球，踢球的两队都起码得按踢足球的规则办，这样才能开踢，才能去争取进球，倘若一个队或一个队中的某人不守足球运动的行规，用手拿着球投进球门，那就是犯规，如果故意这样弄，那就必定被罚出场外，连进场的资格都没有了，何谈进球呢！战争亦然。虽然是两军对垒，是一场你死我活的大比拼，但你也得按进行战争的方式、方法、套路来，绝对不可以乱来和胡来，这就是战争这个行当的行规，就是其"正"或"常"，否则就不是和不叫战争了。所谓"以正合"就是此义，即作战双方都要遵守战争的基本规则。但很清楚，用"正"、合"正"或"以正合"只是能有战争这一行当存在，使战争能够开始和进行，至于怎样进行，如何取胜，这就不是用"正"能解决的问题了，而要根据当时当地的情况来随机应变，灵活运用，寻求和造创战机，出奇制胜，这就是"以奇胜"，就是用"奇"。奇者，奇兵、奇术、奇袭、奇法、奇招等之谓也。很明显，在战争中奇、正是相辅相成的，即"奇正相生"也。光有"正"而无"奇",战争行当就变成了伦理道德之域,就没有战争可言了;光有"奇"而无"正",战争行当就成了阴谋诡计的权术勾当,也就没有战争可言了。只有"奇""正"结合,"奇正相生",战争这一行当才是真正自己的行当,才能正常进行下去和进行得有声有色而波澜壮阔。

中国军事史上有一个"宋楚泓水之战"的战役,其中宋襄公的所作所为从反面印证了"以正合,以奇胜"这一作战原则和方法的正确性。公元前638年(鲁僖公二十二年,郑文公三十五年),郑国国君去朝见楚成王。与楚有隙的宋襄公以此为由出兵攻郑,郑求救于楚,楚成王立刻发兵直奔宋国,宋襄公听到消息后率军从郑赶回,当宋军到达泓水(故道在今河南柘城西北)北岸时,楚军也到达了南岸,宋楚泓水之战开始了。《左传》僖公二十二年有载,曰:"楚人伐宋以救郑。……冬十一月己巳朔,宋公及楚人战于泓。宋人既成列,楚人未既济。司马曰:'敌众我寡,及其未既济也请击之。'公曰:'不可。'既济而未成列,又以告。公曰:'未可。'既陈而后击之,宋师败绩。公伤股,门官歼焉。国人皆咎公。公曰:'君子不重伤,不禽二毛。古之为军也,不以阻隘也。寡人虽亡国之余,不鼓不成列。'子鱼曰:'君未知战。勍敌之人,隘而不列,天赞我也。阻而鼓之,不亦可乎?犹有惧焉。且今之勍者,皆吾敌也。虽及胡耇,获则取之,何有于二毛?明耻教战,求杀敌也。伤未及死,如何勿重?若爱重伤,则如勿伤;爱其二毛,则如服焉。三军以利用也,金鼓以声气也。利而用之,阻隘可也;声盛致志,鼓儳可也。'"宋襄公"不鼓不成列"的作战观念和思想,单从这一点来看,倒也合乎"以正合"的原则,就像两个拳击手交手一样,对方尚未准备好,甚至裁判尚未发出"开始"的口令,你如果就去打,那是犯规的,一场拳赛就进行不了,就此而言,宋襄公等楚军渡过河并排好阵以后两军再正式地、名正言顺地展开厮杀,倒也算公平、守规,没有什么太可厚非的。但是,这只是作战中的一个方面而已,且只是一个前提性的方面而已。作战中还有另一个方面,还有更为根本的、目的性的方面,这就是为了取胜;而为了取胜,在战争这一特殊的领域中就允许用且必须用非常的方式和手段,这就是"奇",就是"以奇胜",就是出奇制胜。宋襄公只知前者而不知后者,这就错了,可以说是大大的错了。如果宋襄公面对的不是要与他打仗的楚军,而是楚国的一般

先秦诸子与中华民族精神

民众或是一些别的团队,你趁人家渡河去攻击之,趁人家刚过河而混乱之际就冲上去打,是根本不合乎道义的,这是强盗行为,这不叫战争;现在宋楚已经开战了,不管这场战争的起因何在,也不论双方孰对孰错,只要双方已开战,那就已经"合"上了,就是"以正合"了,在这种情况下,使用"奇"就是必要的和合理的,是合于道义的,因为这个"奇"是"正"中之"奇",是有存在基础和前提的。这时如果没有了这个"奇",战争就成了儿戏,战争也就不是战争了;如果有了这个"奇",战争才是战争,才能进行下去,才能显出战争这一特殊行当的存在意义和价值。所以,宋襄公的所作所为的确是"未知战",他的那些个"君子不重伤,不禽二毛","不以阻隘也","不鼓不成列"之论也不成道理,而是梦呓蠢言。故毛泽东说宋襄公是"蠢猪式的仁义道德"[1]。倒是子鱼所言才合道理。宋襄公之举从反面说明了"以正合,以奇胜"这一作战原则和思想的正确性。

怎么具体来运用和贯彻这种"以正合,以奇胜"的作战方针和思想呢?孙子实际上讲到了两个方面:一是要营造"势",二是要用"谋"。

"以正合,以奇胜""奇正相生"这一军事上的作战原则正是孙子在《孙子·势篇》中阐发的。很明显,"以正合,以奇胜"方略与"势"相关;可以说,如果没有了这个"势",奇、正就不能结合和相生,最终也就无奇正可言了。那么,"势"者何也?《说文》中无"势"(勢)字。《说文新附》:"势,盛力,权也。从力,埶声。"郑珍新附考:"势,经典本皆借作埶。古无势字,今例皆从俗书。《史》、《汉》尚多作埶。"即"势"是"埶"的俗字。关于"埶",《说文》曰:"埶,种也。从坴丮。持亟种之。"即"埶"是种植的意思,即把持握着的(苗木之类)赶快种下去。故"埶"与"藝"(艺)相同,乃"藝"之初文。就"势"的一般含义言,它指事物表现、呈现、显现出来的一种势头、趋向等,故有形势、姿势、地势、来势、态势、派势、声势、气势、伤势、走势、架势、时势、趋势、威势、优势、趁势、手势、阵势、长势、势头、势必、势胜、势位、势相、势样、势要等之语。孙子这里所说的"势",就是作战双方所蕴涵着的、可呈现的、尚看不见但能预感到的某种发展趋势和走

---

[1] 毛泽东:《论持久战》;见《毛泽东选集》第二卷,人民出版社1991年版,第492页。

向、势头。两军对垒,实际的厮杀、拼斗尚未开始,但这时的人们,特别是那些富有智谋和战略眼光的将军,却能预感到或预测到战斗的走向和发展势头;既然能预感、预见、预测到战争、战役的走向和势头,自然可以顺其势、用其势而提前作出谋划、部署,当然就可以操控战斗局面而迎来最后胜利。如果你感觉不到战争中的这个"势",你就只能就事论事地见招拆招,就完全处于被动,只能让对方牵着鼻子走,那不失败才怪哩。所以孙子很看重两军对垒中的这个"势",他专作《势篇》来论述这个问题,曰:

> 激水之疾,至于漂石者,势也;鸷鸟之疾,至于毁折者,节也。是故善战者,其势险,其节短。势如彍弩,节如发机。纷纷纭纭,斗乱而不可乱也;浑浑沌沌,形圆而不可败也。乱生于治,怯生于勇,弱生于强。治乱,数也;勇怯,势也;强弱,形也。故善动敌者,形之,敌必从之;予之,敌必取之。以利动之,以卒待之。故善战者,求之于势,不责于人,故能择人而任势。任势者,其战人也,如转木石。木石之性,安则静,危则动,方则止,圆则行。故善战人之势,如转圆石于千仞之山者,势也。

在两军对垒中,势很重要,只要造成了必战之势,将敌方罩入其中,那就可以胜券在握,这时敌人就是发现了不对,也已经来不及调整了,非败不可。这就有如下棋,一旦调动棋子而营造出了一定的格局和局势,一两步棋就可以将死对方,这时对方即使已经明白过来也已晚矣,非交棋不可。但很清楚,交战之势或战势并非天然的和自然的,而是由人来营造的。孙子在此既讲势的重要和作用,同时也讲关于造势的问题。如何造势呢?结合《孙子》的其他篇章,大体有这样几个方面:一是营造兵势,就是创造实力上的绝对优势,以大军泰山压顶般之势扑向敌人,其胜是可想而知的。比如孙子说:"故用兵之法,十则围之,五则攻之,倍则分之,敌则能战之,少则能逃之,不若则能避之。故小敌之坚,大敌之擒也。"(《孙子·谋攻篇》)这说的是因兵力的不同而采取不同的作战方式。"十则围之"就是以兵力上有绝对优势就围歼敌人。这个兵势问题也就是人们往往说的集中优势兵力打歼灭战的问题。二是选择和营造地势。在现代战争中地势因素已不甚重要了，因为许多现代化的工具可以越过天堑险境而使地利之优势失去意义。但这也不尽然，一些天然地利、地势对战争还是有战略价值的。但在古代条件下，地利、地势往往是战争中重要的和关键的因素条件。如果占据了有利地势，无异于扼守住了咽喉，其守与攻就都有了优势。《孙子》有《行军篇》《地形篇》《九地篇》等，专论地形、地势在战争中的作用和重要性，其思想内容是很丰富的。这里只就《孙子·九地篇》中的所论援引一二看看。"孙子曰：用兵之法，有散地，有轻地，有争地，有交地，有衢地，有重地，有圮地，有围地，有死地。诸侯自战其地，为散地；入人之地而不深者，为轻地；我得则利，彼得亦利者，为争地；我可以往，彼可以来者，为交地；诸侯之地三属，先至而得天下之众者，为衢地；入人之地深，背城邑多者，为重地；山林、险阻、沮泽，凡难行之道者，为圮地；所由入者隘，所从归者迂，彼寡可以击吾之众者，为围地；疾战则存，不疾战则亡者，为死地。是故散地则无战，轻地则无止，争地则无攻，交地则无绝，衢地则合交，重地则掠，圮地则行，围地则谋，死地则战。"这是对九种地形的分析和利用，讲得很具体。总之，造地势的目的就是要有效地利用天然地势、地利以达到取胜之目的。人们常说的"一夫当关，万夫莫开"、"关门打狗"、口袋阵、伏击战等均与地势相关。三是营造战势，这就是创造战机，灵活机动地打击敌人。孙子说："故知胜有五：知可以战与不可以战者胜，识众寡之用者胜，上下同欲者胜，以虞待不虞者胜，将能而君不御者胜。此五者，知胜之道也。"（《孙子·谋攻篇》）说的就是如何积极主动地利用时机而争取和创造战机、战势的问题。《三十六计》之"攻战计"所说的"打草惊蛇""借尸还魂""调虎离山""欲擒故纵""抛砖引玉""擒贼擒王"等计谋和方法，就是营造战势以求胜利之法。总之，创造、利用兵势、地势、战势以及形势等之"势"来"以奇胜"，这是孙子的一个重要思想。

"以正合，以奇胜"之战争原则和方法的运用、贯彻，除了要营造"势"，要有"势"这一条件和氛围外，同时还有个用"谋"的问题。战争是人的事，作战是人进行的，是人所谋划的，从来就没有固定不变的模式可用、可套，倘若只记住一些死的方法和阵式，那是作不了战的。作战要时刻注意和观察战势动态，要随时调整计划，要当机立断决定，这都包含着甚深的智慧和谋略思想。孙子"以正合，以奇胜"的军事原则和思想，本身就是个运筹、谋算的用谋问题。怎么"以正合""以奇胜"呢？如果没有谋划在其中，就只是一句淡话，就不是有用的军事思想、原则和方法了。《孙子》中有《谋攻》一篇，讲怎样用谋、伐谋的问题。实际上，《孙子》十三篇篇篇都是谋，都在讲如何谋划和用谋。但究竟如何来用谋、谋划、谋算呢？这本身就是谋和在用谋，根本无事先的程式和套路可言，这是个综合性地运用或使用智慧的问题，要依据时间、地点、情形、对象等综合情况和指标来综合和灵活地操作。比如我们前面讲过中国军事史上"孙膑减灶赚庞涓"和"虞诩增灶赚羌兵"的战例，这就是用谋的生动体现。在行军作战中，敌我双方都要吃饭，都得垒灶造饭，这是最普通、最简单的生活方式，本无什么军事价值。但高明的军事家却能根据形势来利用这一生活方式和现象来为战争服务，用"灶"这个道具导演出鲜活的战争剧。孙膑用减少灶数的办法骗了庞涓，使其作出了错误的判断而入了孙膑的设伏圈；而虞诩却反其道而行之，用增加灶数的办法蒙蔽和唬住了羌兵，使其不敢贸然攻击而错过了进攻取胜的时机。都是用"灶"，但究竟是减之还是增之，根本无死法可依，只能依时间地点而灵活运用。此岂非谋也？

　　造"势"、用"谋"相结合，就是运用"以正合，以奇胜"的军争原则，以达克敌取胜之目的。对于此种军事原则和思想，光讲道理似不够，下面还是看一两个中国战争史上的战例吧。

　　先看看秦赵长平之战的例子。它是"凡战者，以正合，以奇胜"的典型案例。《史记·白起王翦列传》中记载了此次战争。情况是这样的：秦昭襄王四十六年（前261年），秦王依丞相范雎"远交近攻"之战略，决定先攻韩。韩愿意割上党郡（今山西长治）求和。但韩国太守冯亭却不愿献地给秦，就私自把上党地给了赵国，这引起了秦交恶于赵，秦决定出兵进攻上党。赵王遂派大将廉颇往长平（今山西高平西北），秦、赵长平之战起。廉颇根据敌我情况，依有利地形深沟高垒，欲疲秦兵；秦军一再挑战，廉颇不理，秦军无策，其攻势被扼制，于是两军相持于长平。这时秦用反间计，派间谍用重金收买赵王身边的大臣，谎称秦最怕的是赵奢之子赵括。赵王信之，撤换了廉颇，派赵括去长平指挥。赵括是个纸上谈兵的书呆子，毫无实战经验。赵括一上任就改变了廉颇的固守之策，更换将领，改变制度，搞得赵军上下离德，军心不稳，他试图与秦军开战，欲夺回上党。秦国得知赵括代廉颇为将后,就秘密派遣白起为统帅,以免引起赵国警惕。白起根据赵括年轻鲁莽而缺乏实战经验之弱点,采取了诱敌深入、奇兵突袭的策略。前260年八月,赵括率赵军攻秦军,秦军刚一交锋就佯退,赵军追击,进到长壁后,秦军顽强抗击,赵军被堵在了坚壁下,这时事先埋伏于此的二万五千秦军出击,分割赵军,并穿插到赵军侧后,截断了其归路,赵军被包围。持续到九月,被围的赵军断粮已达四十六天,这时的赵军已军心动摇,失去了战斗力。赵括组织了四支突围部队轮番冲击秦军,均无果。绝望的赵括率精锐突围,结果惨败,他本人也被乱箭射死。失去主帅的赵军就集体解甲投降了,投降的四十万赵军全被白起活埋。长平之战秦军以正面作战吸引赵军,而以奇兵突袭之,这是典型的"以正合,以奇胜"战例。

再看看"韩信破赵"和"马谡失街亭"的战例,可看出如何灵活运用军事思想和原则。前204年十月。韩信率一万汉军越过太行山,攻打项羽的属国赵国。赵王歇和大将陈余聚集了二十万大军,驻扎在井陉口(今河北井陉县),准备与韩信决战。井陉口是太行山的八大关口之一,地势险要,易守难攻。赵军的兵力是汉军的二十倍,且扼守险关,以逸待劳,故赵军上上下下都以为此次战斗他们必胜。而韩信、张耳率领的汉军只有万余人,且多是新招募的没有作战经验的新兵,加之汉军千里行军,人困马乏,形势对汉军来说是非常不利的。韩信指挥部队在离井陉口三十里的地方扎下营。晚上吃饭时,韩信对大家说:"少吃一点,待天明破了赵军后再饱餐吧。"大家都将信将疑,只随口答应了一下。韩信作了这样的部署:先是半夜悄悄派了两千名骑兵,让他们每人带一面汉军旗帜,绕到赵军大营侧后去埋伏,并命他们在第二天看到赵军出战后,就趁赵营空虚之机攻入,将赵军旗子拔下,全插上汉军旗帜。第二天早晨韩信领兵来到井陉口,他在河边背水列下阵。赵军看后都耻笑韩信将部队放在了死地。战斗打响了,陈余以为汉军人少必败,且他立功心切,就领赵军倾巢而出,要生擒韩信。汉军因无退路,故人人奋勇,拼死战斗,赵军难以取胜。正在这时,韩信派遣的事先埋伏在赵营侧后的两千汉军骑兵突入赵营,换上了汉军旗帜。赵军突然发现大营失守了,顿时大乱。韩信趁势反击,斩杀了赵将陈余,生擒了赵王歇。韩信在一个早晨以万余人打败了二十万赵军,创造了中国军事史上的神话。《史记·淮阴侯列传》中记述了此次战斗。

第三章　兵家的"诡道"论与中华民族的谋略之道

战斗结束，庆贺完毕后，诸将"因问信曰：'兵法右倍山陵，前左水泽，今者将军令臣等反背水陈，曰破赵会食，臣等不服。然竟以胜，此何术也？'信曰：'此在兵法，顾诸君不察耳。兵法不曰"陷之死地而后生，置之亡地而后存"？且信非得素拊循士大夫也，此所谓"驱市人而战之"，其势非置之死地，使人人自为战；今予之生地，皆走，宁尚可得而用之乎！'诸将皆服曰：'善，非臣所及也。'"韩信根据他的部队多是新兵，思想上、组织上都无训练，有机会可能逃走等实际情况，故意将他们放在了死地，这才使他们为了求生而一以当十，奋力死战，发挥出了超常的战斗力。再加之韩信指挥有方，故赢得了这次战斗的全胜。

《三国演义》第九十五回写的是马谡失街亭一事。后主刘禅建兴六年（228年）诸葛亮出师北伐。在出师前他先用反间计使魏主曹睿免了司马懿军权，故蜀出师后节节胜利，魏军将领无能拒诸葛亮者。在此种情况下，经魏国一些老臣保举，司马懿复出，领兵来拒蜀军。诸葛亮深知司马懿用兵，知他要来断自己的运输咽喉要道街亭，于是就早作准备，派人防守。参军马谡自告奋勇，要去守街亭，诸葛亮就同意了，并派王平为副将，拨精兵两万五千，叮嘱他们一定要在要道处下寨。来到街亭后，王平建议在五路总口下寨，马谡看到侧边有一山且树木极广，就要在山上下寨。王平曰："若屯兵当道，筑起城垣，贼兵纵有十万，不能偷过。今若弃此要路，屯兵于山上，倘魏兵骤至，四面围定，将何策保之？"马谡说："汝真女子之见。兵法云：'凭高视下，势如劈竹。'若魏兵到来，吾教他片甲不回！"王平又说："今观此山，乃绝地也。若魏兵断我汲水之道，军士不战自乱矣。"马谡曰："孙子云：'置之死地而后生。'若魏兵绝我汲水之道，蜀兵岂不死战？以一可当百也。"就这样，马谡还是将营寨扎在了山上。在王平的坚持下，马谡分王平五千兵，在山西面下了一个小寨。司马懿领二十万魏军杀来，果然围了山。"魏兵自辰时，困至戌时，山上无水，军不得食，寨中大乱，嚷至半夜时分，山南蜀兵大开寨门，下山降魏。马谡禁止不住。"结果，马谡兵败街亭，狼狈逃回，诸葛亮挥泪斩之。马谡原想，被断了水道的山上蜀兵在身处死地的情况下会为求生而以一当百，结果却逼得蜀兵下山投降了。

"投之亡地然后存，陷之死地然后生。"这是《孙子·九地篇》的话。韩信以其为指导思想和作战原则，结果打了胜仗，创造了中国战争史上的神话。马谡亦以此为指导思想和作战原则，却逼得蜀军投降了敌人，自己落了个身败名裂的下场。那么，是孙子所言错了吗？当然不是！这完全是如何运用这一军事指导思想和原则的问题。韩信之所以要把他的汉军放在背水为阵的死地，是不得已而为之。因为他深知他的兵多为新招之兵，一是政治素质不高，他们没有明确的为何作战的思想和认识；二是没有训练和组织性，可以说战斗力有限。这样的士兵要马上上战场与强敌厮杀，韩信深知其中的弊端和潜在的危险，如若把他们放在有路和有机会可逃的生地，他们就不战自逃了。韩信背水列阵，正是要避免自己兵力之短而扬其所长，结果打了大胜仗。马谡的情况就不同了。他带领的两万五千兵是诸葛亮为北伐而用心训练出来的精兵，这些兵一是政治素质高，有明确的作战动机和目的；二是有很好的组织性和相互间的配合性，能听从号令；三是他们的家小均在川中，他们不可能随便逃走，故军心很稳。这样一支军队如果不在万不得已的非常情况下，你让它去投降敌人它都不干！马谡不知自己军队的特质，一味套用"陷之死地然后生"的军事原则，硬是将蜀军逼给了魏军，焉得不败？！

可见，用"谋"本身就是谋，要根据情况而灵活用之，绝不可按图索骥地死套。对聪明的将领来说，时时处处可以抓住战机而用谋，甚至那些迷信鬼神之事都可以成为"谋"的材料，起到巨大的作用。比如关于占卜之事，荀子曰："卜筮然后决大事，非以为得求也，以文之也。故君子以为文，而百姓以为神。以为文则吉，以为神则凶也。"（《荀子·天论》）即卜筮只是文饰政事的手段而已。孙子明确主张："先知者不可取于鬼神，不可象于事，不可验于度。"（《孙子·用间篇》）但在一些情况下，聪明的将领却可用卜筮之法来达到取胜的目的。难道真的有神灵告诉你怎样去打仗吗？当然不是。这完全是在用智谋。比如，"狄青掷钱"就是一例。宋仁宗皇祐四年（1052年），广源州（今越南高平省广渊）侬智高反，攻破了邕州（今广西南宁），建立了大南国。宋派狄青为宣抚使，率兵平叛。宋军行至桂林之南时，发现道旁有一座庙，传说庙中之神非常灵验。于是，狄青就命部队暂停，他带领众将来到庙中，振振有词地祷告说："如果我军能大获全胜，我撒出去的钱都是钱面向上。"众将听后都十分担心，因为搞不好会严重影响士气和军心，就劝狄青不要这样做。狄青不听，挥手掷出了百枚铜钱。众将提心吊胆地上前察看，说来也怪，这百枚铜钱果然都钱面朝上。消息传出，全军欢呼，军心大振；狄青本人也喜形于色，命随从取来百枚大钉将地上所掷铜钱一一钉住，说等凯旋时再取钱谢神。其后，宋军奇袭昆仑关，势如破竹地平定了南疆。当狄青率军返回时，他领众将再次来到神庙，拔去铁钉，取铜钱给众将观看，原来这一百枚铜钱是特制的，钱的两面都是一样的。① 这就是智慧，就是"谋"和用谋，就是"奇"和"奇胜"。

以上我们论述了以《孙子兵法》为代表的中国兵家思想的五个方面。这些方面只是兵家的部分思想，当然乃基本的和最为重要的思想。这些思想构成了中华民族精神的一部分，是中华民族精神的重要内容之一。由于兵家的特殊性，它极重理智、冷静和实践，是中国实用（实践）理性的表现和代表。在这种实用（实践）理性的熏陶和培育下，中华民族精神中有了冷静、理智、实用的一方。这对中华民族的生存和发展当然是非常重要的。

三 试论"诡道"的军事艺术

战争是一种特殊的领域和一个特殊的行当。其特殊性大体上表现在这些方面。

一是作战双方同时出场。要进行战争，得双方同时在场，倘若一方因故退出了或缺席了，就无战争可言，故当没有打架对手时是打不了和打不起架的。即使敌我双方尚未开战，仅是在准备和谋划之中，也是在和必须在双方在场的情境中来准备和谋划的，即双方均要同时考虑到己方和他方的情况并作权衡比较，绝不可只考虑一方而不管对方来谋划。所以孙子主张"谋攻"原则是："知彼知己，百战不殆；不知彼而知己，一胜一负；不知彼，不知己。每战必殆。"（《孙子·谋攻篇》）他又说："知吾卒之可以击，而不知敌之不可击，胜之半也；知敌之可击，而不知吾卒之不可击，胜之半也；知敌之可击，知吾卒之可以击，而不知地形之不可以战，胜之半也。故知兵者，动而不迷，举而不穷。故曰：知彼知己，胜乃不殆；知天知地，胜乃可全。"（《孙子·地形篇》）战争之谋划必须同时考

---

① 《三十六计全书》，内蒙古人民出版社2002年版，第910页。

虑敌我双方，只考虑一方不叫谋划。这显然与别的谋划和别的行当不同。在别的行当，事情的进行在多数情况下，也不能只靠一方，也要双方在场；但在一般情况下，却可以在没有对方的情况下进行谋划、操作。但战争万万不行，必须是敌我双方同时在场和同时出场。

二是作战耗费巨大。打仗是在耗费财富，且是最集中、最大量、最迅速地消耗财富，有时是巨额财富；对胜方来说，所耗去的财富还可能得到一些补偿、弥补，对败方来说则是完全、彻底的消耗。老子说："师之所处，荆棘生焉，大军之后，必有凶年。"（《老子》第三十章）说的就是战争所造成的危害。孙子对战争的消耗感受尤深，他说："凡用兵之法，驰车千驷，革车千乘，带甲十万，千里馈粮，则内外之费，宾客之用，胶漆之材，车甲之奉，日费千金，然后十万之师举矣。其用战也贵胜，久则钝兵挫锐，攻城则力屈，久暴师则国用不足。夫钝兵挫锐，屈力殚货，则诸侯乘其弊而起，虽有智者，不能善其后矣。故兵闻拙速，未睹巧之久也。"（《孙子·作战篇》）又说："凡兴师十万，出征千里，百姓之费，公家之奉，日费千金。内外骚动，怠于道路，不得操事者七十万家；相守数年，以争一日之胜。"（《孙子·用间篇》）几十万大军一旦起动，吃的、喝的、用的等花费是巨大的；一仗打下来，消耗、破坏更是严重；若打成旷日持久的战争，消费更是惊人，必会造成"屈力殚货"，国力空虚，此时若遇"诸侯乘其弊而起，虽有智者，不能善其后矣"，可能从此就亡国了，后果不堪设想。

三是战争后果事关国家大事。战争不比儿戏，不比他事，其后果是巨大的、不可挽回的。每个行当之事，都有其后果。但战争的后果不比别的。别的事其后果损失往往是钱财、物力等方面，还可以想法弥补。但战争不是这样，它是生死角逐和成败之争，倘若战败了，从此就全盘皆输，万劫不复，搞不好从此就亡国灭族了。别的事倘若一次没做好，还可以告诉对方从来一次；但战争不行，一仗打败了你不能说这一次不算，重来一次，战争只有一次机会，结局也永远是一次性的。故战争的后果不能不令人心惊使人胆寒，也不能不令人谨慎从事，慎而又慎。故老子说："夫唯兵者不祥之器，物或恶之，故有道者不处。……兵者不祥之器，非君子之器，不得已而用之，恬淡为上。……战胜，以丧礼处之。"（《老子》第三十一章）作为军事家和军事思想家的孙子，对战争的重要性和后果有清醒的认识,《孙子》第一篇《计篇》开篇就言:"兵者,国之大事,生死之地,存亡之道,不可不察也。"战争是事关国计民生,关系到人的生死存亡的大事,必须特别谨慎和认真对待。他说:"故不尽知用兵之害者,则不能尽知用兵之利也。""故知兵之将,民之司命,国家安危之主也。"(《孙子·作战篇》)又说:"夫将者,国之辅也,辅周则国必强,辅隙则国必弱。"(《孙子·谋攻篇》)正因为战争后果严重,事关重大,就必须以能取胜为目的;为了达到这一目的,有时候连君命都可以不受。孙子虽然说"凡用兵之法,将受命于君",但一旦将领接受了君命后就要行使行军作战的主权,就要根据实际情况灵活处事,故"君命有所不受"(《孙子·九变篇》),如果君主不明实情而发命于将,将是可以不受命的,"故战道必胜,主曰无战,必战可也;战道不胜,主曰必战,无战可也。故进不求名,退不避罪,唯人是保,而利合于主,国之宝也"(《孙子·地形篇》)。看起来将不受君之命是抗旨,是违背君意,但如果君、将都从有利于战局、为了取胜这一目的出发,则恰恰是合乎君意的,这才是忠君爱国之举,倘若一味听从不明真相的君主的意见而导致了战争失败以致亡国灭族,这还有何忠君可言呢?这样的"受君命"还有什么意义呢?所以,孙子说,对于用兵之事君、将应目标一致,目的明确,"明主虑之,良将修之,非利不动,非得不用,非危不战。主不可以怒而兴师,将不可以愠而致战。合于利而动,不合于利而止。怒可以复喜,愠可以复悦,亡国不可以复存,死者不可以复生。故明君慎之,良将警之。此安国全军之道也"(《孙子·火攻篇》)。

四是战争的手段是超常的。打仗当然要用技术、手段。但由于战争行当的特殊性和一切为了取胜这一目的、目标,所以在进行战争时允许和认可一些技术、手段的运用,也就形成了战争这一行当的行规,这就是用谋和行诈。在战争之外的其他行当中,往往主张信、诚、仁、义等道义原则,反对或起码不主张行"诡"、使"诈",认为这样做是不道德、不守道义的。但战争这个行当却恰恰相反,不仅不反对用"谋"行"诈",反而提倡此道,倒是仁、义、礼、信这些东西在战争领域中是失效的,你不遵守这些日常规范不仅没有人会指责你,反而会赢得人们的赞誉;如果你遵守了这些日常规范,人们才会认为是不应该的和愚蠢的。公元前638年宋楚泓水之战时宋襄公奉行的"君子不重伤,不禽二毛""不鼓不成列"

的主张，被后世讥笑为"蠢猪式的仁义道德"（毛泽东语）。正如宋国的子鱼评宋襄公的行为时所言："今之勍者，皆吾敌也，虽及胡耇，获则取之，何有于二毛。明耻教战，求杀敌也。伤未及死，如何勿重，若爱重伤，则如勿伤；爱其二毛，则如服焉。"（《左传》僖公二十二年）打仗就是为了杀敌，就是为了取胜，"明耻教战"，就是提倡和奖励士兵去奋勇冲杀，杀敌立功；受了伤的敌人只要没死、没有投降，他仍是敌人，怎么就不可再伤害之呢？！如果爱惜那些受伤的敌人，还不如干脆不要伤害他，如果疼惜那些头发花白的已上年纪的敌人，就不如干脆投降他们算了。所以，在战争这个行当中，仁义信礼等统统失效，在这里使用各种手段似乎都是被认同和许可的。比如在水战中有时水淹三军，多少生灵成了漂尸；在火战中多少生灵被烧得就地打滚而惨呼连天，葬身火海；在伏击战中，多少鲜活的生命被葬埋掉；……这就是战争，这种残忍性、残酷性是不容讳言的。但没有人对此提出非议和谴责。自古以来，人们无不指责法家的不施仁义、薄情寡恩，但无人说兵家的用谋行诈、奸敌杀人是不仁不义不道德的。为了达到克敌制胜之目的，有时几乎是无所不用其极，各种奸诈、阴险、残忍、挑拨离间的手段都用。当然，在现代社会和现代战争中，人类是有公约的，一些具有毁灭性的武器是限制使用的，比如说核武器、细菌武器等，但常规性的武器和手段仍在大量被使用。在孙子那个时代，他讲的战争手段主要是利用地形和用水、用火、用间、用谋诸方面，尤以用谋为主，这就是孙子的"兵者，诡道也"（《孙子·计篇》）和"兵以诈立"（《孙子·军事篇》）之谓。

可见，战争的确是一个特殊的领域和特殊的行当。其特殊性明确、集中的表现就是在战争中不像在别的行业中那样有明确的规矩可守和要守，这里没有规矩可守，无规矩就是规矩，不守规矩就是最好的守规矩。只要能进入战争和进入了战争，什么计谋都可以用和什么手段都可以使。进入战争，这就叫"以正合"；用谋使诈，出奇制胜，这就叫"以奇胜"。"战势不过奇正，奇正之变，不可胜穷也。奇正相生，如环之无端，孰能穷之！"（《孙子·势篇》）

对于战争领域以无规矩为规矩、以不守规矩为守规矩的特点，人们用一"诡"字、"诈"字来形容和概括之，即"兵者诡道也""兵以诈立""兵不厌诈"，等等。关于兵道之"诡"和"诈"，前面我们谈了一些；从

第三章 兵家的"诡道"论与中华民族的谋略之道

军事斗争方面的人们对此也讲得很不少了,大可无须再言。这里要讲的是战争领域中的这种"诈"与"诡",在思想上,特别是在哲学思想上,它究竟有什么意义和价值?这反映了人类思想的什么作用和功能?在此方面,学者们已有了一些有见地的见解,我们不妨先看看。

李泽厚先生从思维方式上分析了兵家"诡道""诈术"的思想意义。他说:"古兵家在战争中所采取的思维方式就不只是单纯经验的归纳或单纯观念的演绎,而是以明确的主体活动和利害为目的,要求在周密具体、不动情感的观察、了解现实的基础上尽快舍弃许多次要的东西,避开繁琐的细部规定,突出而集中、迅速而明确地发现和抓住事物的要害所在;从而在具体注意繁杂众多现象的同时,却要求以一种概括性的二分法即抓住矛盾的思维方式来明确、迅速、直截了当地去分别事物、把握整体,以便作出抉择。……这是一种非归纳非演绎所能替代的直观把握方式,是一种简化了的却非常有效的思维方式。在一般经验中,这种方式大都处在不自觉或隐蔽的状态中(如列维·斯特劳斯分析的人类各民族神话所普遍具有的二分结构)。因为在日常生活中并不需要到处都自觉采用这种思维方式,是不必要把任何对象都加以二分法的认识或处理的。"[①] 李泽厚先生认为兵家的"诡""诈"思想和手段反映、表现的是中国古代辩证法的思想特色,这种辩证法不同于古希腊论说谎术的辩证法,也不同于黑格尔概念逻辑推演的辩证法,而是在主客休戚与共、一体同在的情境中以一种概括性的二分法来当机立断地扣住矛盾的思想方法和思维方式,"是一种非归纳非演绎所替代的直观把握方式,是一种简化了的却非常有效的思维方式"。将兵家的"诡""诈"术厘析为一种辩证法,这是从思想上、哲学上对兵家思想的把握和认识,当有一定的哲学意义。李泽厚先生所说的中国古代兵家辩证法与人们习惯于认为以孙武为代表的中国古代军事思想是一种"朴素的唯物主义辩证法"之看法有所不同,指出兵家辩证法不是什么"朴素的"即自发的,也不是什么"唯物的"即揭示了客观事物自身特性的辩证法,而"是从主体的功利实用目的去把握的""一种非归纳非演绎所能替代的直观把握方式"的辩证法,即中国实用(实践)理性的辩证法。李先生的这一分析别开生面。但这种特殊的、作为一种直观把握方式

[①] 李泽厚:《孙老韩合说》,见李泽厚《中国古代思想史论》,人民出版社1986年版,第81页。

的、非归纳又非演绎的辩证法究竟是什么呢？似乎尚须接着李泽厚先生的所讲再来讲。

在这方面，张祥龙先生从现象学的哲学视野对以《孙子》为代表的兵家辩证法思想作了发掘。张祥龙在《海德格尔思想与中国天道》一书第十二章中有"《孙子兵法》——活在势域中的道"一节，讨论了兵家思想或兵家辩证法的"势域"性或"中"性居间性。他指出："一些研究者虽然也将《孙子》视为中国哲学史的研究对象，但将其思想成就归结为'素朴的唯物主义和原始的军事辩证法思想'，亦殊不尽其微妙意。""由于用兵者涉及的是一个无须遵守任何现成规则的、两军相搏的局势，兵家的探讨相当直观地（当然仅是'短程地'）暴露出道本身面临的终极形势，并告诉我们在这种形势下什么样的思想和表达方式才具有切实的意义。用兵之道绝不能归结为'理'和规律，因为双方都在尽全力使对方遵循的道理失效或反其道而用之。……如果你想像遵从科学、技术的定理一样地遵守它们，却不一定、而且往往是不能得到你期望的结果。因为你的对手并非受规律框架制约的物理、生物、心理对象，而是也会学习规律、学习如何使你运用的规则失效或反为他所用的人。道如果只是规律和法则，那么它就主宰不了战争的胜负，而只是取胜或不败的条件之一。《孙子兵法》却恰恰是要探究那让人能'立于不败之地'（《孙》形）的用兵之道。"① "用兵在于求胜。虽然《孙子兵法》也给出了大量的用兵规则，但它的要义却不在于阐释求胜利的定法，而在于揭示能够使这些法则发挥出来、活起来的势态和境界。一般的将领不知这个境界，他们之间的争斗无非是军力之争、法则之争；简言之，条件之争。……然而，对于孙子和范蠡这样的人，在'战而胜之'的对局和迷信某种外在者这两处可能之间，还有一个人与天地相对的道境或'善之善者'之境。'是故胜兵先胜而后求战，败兵先战而后求胜'。（《孙》形）怎样才能'先胜'于战斗之前呢？通观孙子全书，这种先胜并非指上面讲的那种用技术装备和组织管理的巨大差异来保证的对战争的'垄断'，而是指'其所措必胜，胜已败者也'，也就是使自己的思想反应的方式（'所措'）进入了或用海德格尔的话'先行到'（vorlaufen）了一个必胜的境界和势态：'胜者之战民也，若决积水于

---

① 张祥龙：《海德格尔思想与中国天道》，生活·读书·新知三联书店1996年版，第269页。

千仞之谿者。'(《孙》形)……能到这个地步,就是由于善战者在接战之先已捕捉、建构起了陷敌于必败之地的势态。"① 总之,张祥龙先生认为孙子"诡道""诈术"的所谓军事辩证法手段和方法,其根本思想是在于构势和造势,如果能营造出两军对垒中的一个势道、势域并能进入其中,则军事上讲的"诡""诈"不仅可以实现,而且也就消解了其外在的手段性和欺骗性的外形,成为真正的兵道原则。

张祥龙先生关于兵家"诡""诈"辩证法思想实质的分析,比李泽厚先生所谓的"这是一种非归纳非演绎所能替代的直观把握方式,是一种简化了的却非常有效的思维方式"、它"构成中国实用理性的一个重要方面"之说更富深刻性,这对我们认识和理解兵家的"诡道"思想颇有启迪。依据前辈学者们的研究,笔者在此想作一点思考:兵家为何要看中此种"诡""诈"之道?这种思想和主张是完全在耍阴谋诡计吗?是纯出于骗人之需吗?倘若不是,那这种"诡道"之术的依据何在?另外,以孙子为代表的古代兵家(实际上也包括纵横家等)是如何来使用"诡道"的?就算他们是在骗人,那么他们是如何来施骗的呢?是如何能将人骗信的呢?这里面难道就没有点真东西,全靠骗、靠蒙就能解决问题吗?笔者以为没这么简单。

关于"诡"(詭),《说文》:"詭,责也。从言,危声。"即"诡"的原义是责求、责备。责求不一定是欺骗。故这里尚直接看不出"诡"的诡计、欺骗之意思。《中文形音义综合大字典》说,"诡"是个会意字,甲骨文、金文中无此字,小篆有"詭"字,从言,危声,本义作"责"解,乃责让其过误之意,故从言;又以"危"本作"在高惧"解,责人常作危言使惧,故"诡"从危声。这个解释倒说出了"诡"的一些本义,即用大言、危言来责人以使其产生恐惧、危惧感,这就有欺骗、欺诈的含义了。故《玉篇·言部》:"诡,欺也,谩也。"关于"诈",《说文》:"诈,欺也。从言,乍声。"诈即欺诈也。总之,诡、诈是同义的,都是欺骗、欺诈、骗人等意思。那么,战争行当为何要看中和看重"诡""诈"行为呢?孙子说"兵者,诡道也"(《孙子·计篇》),"兵以诈立"(《孙子·军争篇》)。常言说"兵不厌诈"。看来"诡""诈"的确是人们公认的战

---

① 张祥龙:《海德格尔思想与中国天道》,生活·读书·新知三联书店1996年版,第271—272页。

争领域的特征。在战争中用诡行诈人们倒觉得合情合理和正常，如若没有诡谲和奇诈倒使人觉得不正常和不合乎情理了。战争何以要看中和使用诡诈？当然是为了达到取胜之目的。为了取胜，就不得不使用一些方法和手段，这就得行诡使诈，想方设法引对方上当，以从中渔利而取胜。孙子论述说："兵者，诡道也。故能而示之不能，用而示之不用，近而示之远，远而示之近。利而诱之，乱而取之，实而备之，强而避之，怒而挠之，卑而骄之，佚而劳之，亲而离之，攻其无备，出其不意。此兵家之胜，不可先传也。"（《孙子·计篇》）这不是讲得很清楚嘛，进行战争就是要用诡诈之法引对方上当，使对方产生错觉和出现失误，我好"攻其无备，出其不意"地出奇制胜。如果不行诡诈之术，就像在社会交往中那样处处讲信誉，时时守规矩，甚至"非礼勿视，非礼勿听，非礼勿言，非礼勿动"地循规蹈矩，这不等于自己捆住了自己的手脚而让别人来宰制吗？这岂是进行战争，恐怕连儿戏都弄不成！自古到今，人们讲了那么多的计谋，如《三十六计》所言，有谁说不对和不应该呢？所以，在以取胜为目的的军事斗争中行诡使诈是必然的和必须的。这样讲，道理似乎是蛮充分的，的确解说和回答了在战争领域中为何要用诈行诡的问题。

　　但这并没有完全说明问题，似乎仍有问题值得思考，这就是：即使行诡使诈出于取胜之目的而必要和必须，那么此法为何就能行得通呢？即对方为什么就能接受此法呢？对方为何还能反其道而行之地将诈术诡道用于使诈者呢？这就是说，倘若对方不能或不可接受你使的诈和行的诡，那你的诈、诡不就白使了吗？你的诈、诡不就失效了吗？这不就意味着人们最终行不了诡和使不了诈吗？人为什么能给人用谋，为何不给畜生、禽兽用谋呢？这是因为禽兽、畜生根本就接受不了人的谋，所以在这种对象身上用计用谋和行诡使诈是没有可能性的，是根本使用不了的。有人可能会说：怎么用不了？比如说人挖个陷阱、设个机关来捕获野兽，用饵料来钓鱼，这等等的作为不是在用计使谋吗？这实际上不是！这是人对付兽类的一种方法，对兽类来说不是谋，故对人来说也不是在用谋，因为人和兽类根本就不在一个层次上，故根本无法交流和交换信息，人的观念、思想对兽类来说根本就无意义可言，人的谋岂能对兽类有用?！所以，谋、计、诡、诈这些东西是人类意义上的思想、文化，它当然只能对人有效，对人使用。既然人对人能设计用谋，人就一定能接受和要接受这个谋，能认识和领会这个谋，故谋才能起作用，否则一切的一切就都成了泡影。可见，看起来行诡使诈、设计用谋只是战争中取胜的手段，但实际上这涉及人之为人的本质、本性问题。这就如同孟子给统治者宣扬王道政治时，统治者——例如齐宣王——要问孟子他自己有没有实行王道的可能一样，孟子当然肯定统治者有行王道的可能；不仅统治者有行王道的可能，天下之民也有接受王道的可能，因为统治者和民都有"不忍人之心"这一共同的基础或根基，否则的话，王道就是不可能实行的（见《孟子·梁惠王上》）。在战争中，一方能设计用谋，另一方也能接受这个计谋，故计谋才可用和才有用。

那么，对双方来说，使这个"诡""诈"成立的共同基础、根基究竟是什么呢？一般而言，就是人的社会性。因为都是人，都是社会的人，所以具有共同的性质和生存、生活方式，因此对方的所作所为才能为己方所了解和认同，即双方才能沟通之。这个解说当然不错，然稍嫌笼统。实际上，这与人的存在方式和存在本性相关，涉及"存在"本身的问题。战争中行诡使诈、用计设谋，其最深厚和深刻的根基就在人的"存在"本性上。一方面，正因为人与人之间（包括人群与人群之间）是外存在构架中的存在者，是分立的存在者，所以行诡使诈才有必要和才能生效，如果人与人不是分立的存在，每个人的所思所想、所作所为别人都能知之，那就根本不能用诡行诈了，用了也是白用，因为当你说谎来骗你自己时，你自己恰恰知道你干的是什么。另一方面，正因为人与人之间又是内存在构架中的存在者，是统一的和可沟通的，故行诡使诈才有可能，倘若人没有共同、共通的基础和可能，一人的所思所想、所作所为压根就没有别人可以知道和理解，那么一个人对别人是用不了谋的，即使你的谋非常奇妙和惊人，也压根起不了作用。当然，人作为社会存在者，其分立性和统一性在各个行业、领域中均有表现和要表现，但在别的领域和行业中表现得不完整，不突出，不典型，而只有在战争这个行业和领域中人的这一特性才能被完全、突出、典型地发挥和表现出来。所以，战争行当中的行诡使诈、设计用谋就被人们视为既是必要的又是可能的，所以就是必然的了。

人们往往将孙子的"诡道"、诈术视为一种军事辩证法思想和方法，试图来解说"兵者，诡道也"这一思想的真谛。但由于对"辩证法"概念的理解有误，故并未能诠释出孙子"诡道"思想的思想真意，特别是其哲学意义和价值，而往往说它是一朴素的辩证法而已。什么是"辩证法"？它是英文 dialectics 的翻译。而英文的 dialectics 源于古希腊文，原为谈话的艺术。它的本义与"逻辑"有关，而逻辑乃是"逻各斯"（logos）的退化形态。"按照海德格尔的看法，'逻各斯'的原本意义是'收拢'或'收集'（sammlung）。其后衍发出'谈话'和'说'的意思。（《形》95）'收拢'是指将不同的东西置于一处，但又不取消它们之间的区别。这个意思与'physis'或'原在'所意味者——'出现、打开并保持住'——有某种关联。……海德格尔讲：'逻各斯是这种稳定的收拢、存在或在的内在的结合。所以在残篇一节中'kata ton logon［按照这个逻各斯］'与'kata physin［按照原在］'具有相同的意思。原在（physis）与逻各斯（Logos）是相同的。逻各斯在一种新的但又古老的意义上刻画着存在：那存在着的在自身中直立着和显明着，在其自身中和凭借其自身被收拢起来，并且在此收拢中保持住自身。eon 或存在从根本上就是 xynon 或被收拢着的在场。Xynon 并不意味着'普遍的'，而是那在自身中收拢所有事物并将其保持在一起者。"（《形》100）① 所以，辩证法的本义与海德格尔所说的"存在"相当，即事物收拢、保持住自己并打开自己，也就是事物自我打开并收拢住的本性。而黑格尔那种概念自身推演的"辩证法"并非辩证法的真义和本义，这种"辩证法"无助于把握"存在"本身，故亦不能用于理解兵家的"诡道"艺术。

《说文》："辩，治也。从言在辡之间。"这是说，辩是治理的意思，由"言"放在"辡"中间会意而成。"言"是说、言说；"辡"是什么呢？《说文》："辡，辠（罪）人相与讼也。从二辛。凡辡之属皆从辡。"这是说："辡"是罪人相互打官司，是由两个辛字会意，大凡辡的部属都从辡。徐灏《段注笺》说："讼必有两造（打官司的双方，即原告和被告），故从二辛，犹二辠（罪）也。两造则必有一是非，因之为辩论之义，别作辩，又为辨别之义，别作辨。"可见，"辩"的本义是治理。治理什么呢？就是治理两个辛，即治理两个打官司的人。"辛"，《说文》："从一从辛。辛，辠也。""辛"，《说文》："辛，辠也。从干二。二，古文上字，凡辛之属皆从辛。""辠"，《说文》："辠，犯法也。从辛，从自，言辠人蹙鼻

---

① 张祥龙：《海德格尔思想与中国天道》，生活·读书·新知三联书店1996年版，第55—56页。

苦辛之忧。秦以皋似皇字，改为罪。"两个讼者打官司，一定是互相指责和辩驳，都想使对方失败。但结果究竟如何呢？这当然不是两个讼者说了算，而是由执法官来判断和裁夺。官员要作出判断、裁夺，他既要了解案件，要处在案件之中，同时又要从案中出来，处在案件之外，否则他是无法作判断的。这就形成了一种形势、态势、趋势，即既内又外、既是又内。这里没有"什么是什么"的那种对象性、概念化的方式，有的只是化去了对象与主体各自的"什么"质性，而保留下了对象与主体两者都在，即同时在场的态势或形势、形式。所以，在"辩"这里大有海德格尔所谓的"形式指引"意味。战争所营构的正是这种态势、势态或境域性存在。在战争领域中，一方面敌、我双方都出场和在场，形成了对峙的二分对立格局；但这时的两方又不可永远地对峙、二分下去，倘若如此，那就成了莽汉打架或草寇群殴，就不是战争了，这两方一定要化去对峙而构成统一，这个统一当然不是将敌我双方外在地摆在一起，也不是让一方投顺另一方，这都不会形成所谓的统"一"，而必定是在化去了两者"什么"之质的基础上所构成的形式、形势的"一"，这就是势态或势境、境域。战争的进行者（将军）如若能领悟到此种势态、境域并顺其而动，就将把握战争主动权，取胜是有把握的。兵之"诡道"恰恰诡于此！这，才是真正的军事艺术。

关于用兵"诡道"的军事艺术及其哲学意义，就只能说这么多了。现在我们有必要具体看看这种"诡道"的军事艺术在古人那里是怎么阐述、展现和运用的。在常人和外行眼里颇富神秘性和诡异性的此种"诡道"，在那些军事天才和行家里手眼中却平常、自然、亲切、熟悉。概言之，此种"诡道"的军事艺术大体运用于和体现于三个方面，这就是造势，用间，顺时。这在孙武和范蠡处都有所表现。

军事中的"势"是非常重要的，孙子对此颇为看重。《孙子》十三篇中有《形篇》《势篇》《虚实篇》等专门论述了"势"的问题。其实，《孙子》之所以伟大和重要，全书都呈现出一"势"字，它是在敌我双方的大势中来讲用兵之道的，而不只是一些具体的阵法和战术，故它是战略之法。孙子多讲"善战"，如说："昔之善战者，先为不可胜，以待敌之可胜。""善守者，藏于九地之下；善攻者，动于九天之上。故能自保而全胜也。""见胜不过众人之所知，非善之善者也；战胜而天下曰善，非善之善者也。故举秋毫不为多力，见日月不为明目，闻雷霆不为聪耳。古之所谓善战者，胜于易胜者也。故善战者之胜也，无智名，无勇功。故其战胜不忒，不忒者，其所措必胜，胜已败者也。故善战者立于不败之地，而不失敌之败也。是故胜兵先胜而后求战，败兵先战而后求胜。"（《孙子·形篇》）如说："凡先处战地而待敌者佚，后处战地而趋战者劳。故善战者致人而不致于人。""故善攻者敌不知其所守；善守者敌不知其所攻。"（《孙子·虚实篇》）如说："古之善用兵者，能使敌人前后不相及，众寡不相恃，贵贱不相救，上下不相收，卒离而不集，兵合而不齐。合于利而动，不合于利而止。""故善用兵者，譬如率然。率然者，常山之蛇也，击其首则尾至，击其尾则首至，击其中则首尾俱至。""故为兵之事，在于顺详敌之意，并敌一向，千里杀将，是谓巧能成事者也。"（《孙子·九地篇》）等等。善战的确很好，军事上要的就是这种善战。那么，这种"善"之战怎么才能取得呢？怎么才能"立于不败之地，而不失敌之败也"呢？这当然不是靠侥幸，不是凭运气，也不是乞求于神灵保佑，这完全靠人为，所为的就是"势"或造"势"。《孙子》中讲的"形""势""虚"都有"势"的含义。比如他说："故胜兵若以镒称铢，败兵若以铢称镒。胜者之战民也，若决积水于千仞之溪者，形也。"（《孙子·形篇》）又说："故形兵之极，至于无形；无形，则深间不能窥，智者不能谋。""因形而错〔措〕胜于众，众不能知；人皆知我所以胜之形，而莫知吾所以制胜之形，故其战胜不复，而应形于无穷。夫兵形象水，水之形避高而趋下，兵之形避实而击虚；水因地而制流，兵因敌而制胜。故兵无常势，水无常形，能因敌变化而取胜者，谓之神。"（《孙子·虚实篇》）这里的"形"就是形势或形之势，即形所造就的一种必然的、一定会如此的趋势、势头。孙子所谓的由千仞之高山这种"形"所造就的一种激水之势力，不可谓不速和不激，力量亦不可谓不大。有了这种"势"或"形势"，就对敌方形成了巨大的压制氛围，形成"不战而屈人之兵"（《孙子·谋攻篇》）的态势和势头。这样，胜之局是可想而知的。孙子在《孙子·势篇》中论军之"势"说："激水之疾，至于漂石者，势也；鸷鸟之疾，至于毁折者，节也。是故善战者其势险，其节短。势如彍弩，节如发机。纷纷纭纭，斗乱而不可乱也；浑浑沌沌，形圆而不可败也。乱生于治，怯生于勇，弱生于强。治乱，数也；勇怯，势也；强弱，形也。故善动敌者，形之，敌必从

第三章 兵家的"诡道"论与中华民族的谋略之道

之;予之,敌必取之;以利动之,以卒待之,故善战者,求之于势,不责于人,故能择人而任势。任势者,其战人也,如转木石。木石之性,安则静,危则动,方则止,圆则行。故善战人之势,如转圆石于千仞之山者,势也。""势"是趋势、形势,是可以预测到和预感到的一种必然如此、势必如此的方向、趋向和力量,它往往是不可抗拒的。如果对方被笼罩于此"势"道中,那就免不了灭顶之灾的厄运;而己方如果能顺着这个"势"而行动,那就有如顺水行舟、依坡滚石,就会自然张起气势力量,天机自张地荡平一切。所以,运兵如果用到顺势、依势而行的地步和境地,就能达到"形兵之极,至于无形",达到"微乎微乎,至于无形,神乎神乎,至于无声,故能为敌之司命"(《孙子·虚实篇》)。到了这种地步,那就是无形之"大象",希声之"大音",那就是"道",就是兵者之"诡道"。老子说:"道之为物,惟恍惟惚。惚兮恍兮,其中有象;恍兮惚兮,其中有物;窈兮冥兮,其中有精;其精甚真,其中有信。"(《老子》第二十一章)庄子说:"彼是莫得其偶,谓之道枢;枢始得其环中,以应无穷。"(《庄子·齐物论》)孙子说:"若决积水于千仞之溪者,形也。"(《孙子·形篇》)"如转圆石于千仞之山者,势也。"(《孙子·势篇》)老子将"道"形容为恍恍惚惚、窈兮冥兮的"大象""大音",庄子将"道"比喻为如环之"枢",孙子则将战争的存在和运作视为千仞山上的流水那种"形"和千仞山上的转石那样的"势",这些思想都是相通的。"道"是化去了"什么"性的一种推动的趋势或趋势的推动,故"道"乃势道或道势。用兵之道或"兵道"之"诡道"亦然,它是无形有象、无质有势的"形势",它乃势域或境域,乃势态或态势。"如能将此势态推广开来,则处处有道。"①

军事中的"间"也是非常重要的,孙子也很重视"间"的作用和价值。《孙子兵法》中有《用间篇》,专门阐述使用间谍的问题。关于"谍",《说文》:"谍,军中反间也。从言,枼声。"《左传》成公十六年:"谍辂(迎击)之。"《正义》曰:"兵书有反间之法。谓诈为敌国之人,入其军中伺候间隙,以反告己军,今谓之细作人也。"军中为什么要有"谍"或"间谍"这一角色和职业呢?当然这是战争的需要,或者说乃战

---

① 张祥龙:《海德格尔思想与中国天道》,生活·读书·新知三联书店1996年版,第274页。

争本身的要求。要作战取胜，必先"知彼知己"。知己尚易进行，当然要对己方情况知之全和知之深，那也并不容易，但就知之途径和方式言，知己是易进行的。但知彼就困难了。在军事斗争中，各方都在警惕着对方，都在隐藏着、保守着自己的军事机密，唯恐泄露被对方知之，还怎么能让你轻易知道呢？但彼方的情况又必须和必要知之，这就只好用"谍"了，用间谍、谍报人员来刺探军情，获知秘密。孙子很看重"间"或"谍"或"间谍"的作用。他说，兴十万之师，行千里之远，伤百姓之财，用公家之奉，使天下骚动，致万家不安，花数年之守，争一日之胜，费用实在太大了，造成的不良后果也太大太多了；那为什么不考虑花重金、用高爵来收买和雇用间谍呢，一旦成功了，可以很快很有用地获得敌方情报而赢得战争胜利，这岂不划算！（见《孙子·用间篇》）故孙子曰："成功出于众者先知也。先知者不可取于鬼神，不可象于事，不可验于度，必取于人，知敌之情者也。"能知敌情而又能将所知告诉我的人，非"间"莫属！"间"能起到无可替代的巨大作用，这不容置疑。但正因为如此，作间很危险，用间也颇难。"故三军之事莫亲于间，赏莫厚于间，事莫密于间。非圣智不能用间，非仁义不能使间，非微妙不能得间之实。微哉！微哉！无所不用间也。"（《孙子·用间篇》）诚哉斯言！

"间"之作用和孙子对"间"的重视，这些问题再不用多说了。我们应思考的是："间"这一现象和"用间"这一军事思想究竟有什么哲学意义和价值？一言以蔽之，"间"根本的哲学意义就在于它意味着"'处于两者之间'，可以比拟于海德格尔刻画'自身的缘构发生'（Ereignis）时常用的一个词，'Zwischen'（居间）。这种'间'如果是根本性的，那就比它的两端更本源，因为正是在两者之间所发生的实现了这两者，决定了这两者"[①]。"间"的本义是间隙、缝隙、细隙。用在军事上就是指窥视对方的间隙以谋得情报。"间"，在哲学上的确有"中间""居间""居中"等含义。就作为间谍的"间"言，他身在一方而心却在另一方，故他一身兼二任，是"二元"性存在，他既在这一方又不在这一方，既在那一方又不在那一方，所以他最具"居中"性特征，这正好合乎事物的"存在"本性，最有现象学存在论的思想识度。孙子将"间"分为五种类型，即因间、内间、

[①] 张祥龙：《海德格尔思想与中国天道》，生活·读书·新知三联书店1996年版，第278页。

反间、死间、生间。在这五种"间"中,"反间"乃五间之核心,因为它乃间中之间,是无间而间和间而无间,故最合于"间"之"居间""居中"之性。反间者,以对方之间为间也。这个间本来是对方的间,是对方派来打入我内部的,故他原本是身在我方而心在敌方;现在他被利用了,被策反过来了,故他的身在我方而心也在我方,就真正成了我方的人。但敌方并不知道他已成了对方的间,还以为他仍是自己的间,故他的欺骗性更大,更根本。再者,如果说一般的间是身在曹营心在汉,是"身—心"二元性结构的话,那么反间则化去了这个"身",而成为"心—心"二元性结构,这个结构更深刻和根本,其现象学的意义和价值更大。所以孙子更重"反间"。他说:"必索敌人之间来间我者,因而利之,导而舍之,故反间可得而用也。因是而知之,故乡间、内间可得而使也;因是而知之,故死间为诳事,可使告敌;因是而知之,故生间可使如期。五间之事主必知之,知之必在于反间,故反间不可不厚也。"(《孙子·用间篇》)

战争之"诡道",不仅表现在造"势"、用"间"上,还有个合"时"、顺"时"的问题。顺时以把握时机而取胜,这最明显地表现在范蠡的军事思想中。范蠡与孙武是同时代的人。范蠡在辅佐越王勾践灭吴的过程中,表现出杰出的军事才能和思想。吴越毗邻,常有争斗。吴王阖闾十九年(前496年),吴伐越,战于樵李(今浙江嘉兴),吴败,阖闾负伤而卒,第二年吴王夫差继位。越王勾践三年(前494年),吴攻越,战于夫椒(今江苏苏州),越败,越王勾践入吴作了夫差的奴隶。勾践七年(前490年),夫差放勾践回越。回国的勾践不忘战败耻辱,卧薪尝胆,"十年生聚而十年教训",国力逐渐强盛起来。勾践十八年(前479年)九月,越出兵攻吴,到达五湖,吴军前来挑战,往返了五次,范蠡劝勾践固守勿战,以疲吴军。就在此次战斗中,范蠡对勾践论述了战争应在"赢缩转化"中以"得时无怠"、把握"势"机的谋略思想。《国语·越语下》有勾践和范蠡的对话,曰:

> 至于玄月,王召范蠡而问焉,曰:"谚有之曰:'觥饭不及壶飨。'今岁晚矣,子将奈何?"对曰:"微君王之言,臣故将谒之。臣闻从时者,犹救火、追亡人也,蹶而趋之,唯恐弗及。"王曰:"诺。"遂兴师伐吴。至于五湖。吴人闻之,出而挑战,一日五反。王弗忍,欲许

之。范蠡进谏曰:"夫谋之廊庙,失之中原,其可乎?王姑勿许也。臣闻之,得时无怠,时不再来,天予不取,反为之灾。赢缩转化,后将悔之。天节固然,唯谋不迁。"王曰:"诺。"弗许。范蠡曰:"臣闻古之善用兵者,赢缩以为常,四时以为纪,无过天极,究数而止。天道皇皇,日月以为常,明者以为法,微者则是行。阳至而阴,阴至而阳;日困而还,月盈而匡。古之善用兵者,因天地之常,与之俱行。后则用阴,先用则阳;近则用柔,远则用刚。后无阴蔽,先无阳察,用人无艺,往从其所。刚强以御,阳节不尽,不死其野。彼来从我,固守勿与。若将与之,必因天地之灾,又观其民之饥饱劳逸以参之。尽其阳节,盈吾阴节而夺之,宜为人客,刚强而力疾;阳节不尽,轻而不可取。宜为人主,安徐而重固;阴节不尽,柔而不可迫。凡陈之道,设右以为牝,益左以为牡,蚤晏无失,必顺天道,周旋无究。今其来也,刚强而力疾,王姑待之。"王曰:"诺。"弗与战。

范蠡所言的中心思想是:作战不可仅凭个人好恶和力气,而要把握时机和战机,在时机还未到来时贸然行动将招致失败,时机已到而迟疑不取同样会招致祸灾。兵道与天道的赢缩转化是一致的。"天道皇皇,日月以为常,明者以为法,微者则是行。阳至而阴,阴至而阳;日困而还,月盈而匡。古之善用兵者,因天地之常,与之俱行。"在这里,范蠡看到的并不是敌、我各自单方面的情况,而是一全盘的战争整体。在这个整体中,双方力量就处在这一"兵道"之"枢"中,既相互对立又可相互转化。高明的战争指挥者即善用兵者就是处在这个"枢"或枢机点上,以把握战局之势态伺机而动,避实击虚,以实捣虚,取得以碬投卵之效果。与孙武的谋略思想相比较,范蠡更重"时",主张要把握时机,抢断战机,以占先机。这个"时"当然更有现象学的"中"性或"居中"性。《说文》:"时(時),四时也。从日,寺声。旹,古文時,从之日声。"将"时"解释为四时之运行,这表面化、现象化了些,尚看不出其意义。倒是这个古文"旹"从日从之,尚有"时"之本义。《说文》:"之,出也。象艸过中,枝茎益大,有所之。一者,地也。凡之之属皆从之。""之"的小篆是"㞢",上为屮,下为一,象草经过了屮的阶段(屮,草木初生也。象丨出形,有枝茎也),枝和茎渐渐长大了,有滋长而出的样子。一,表示地。可见,

"时"的本义状摹的是草木正从地中滋生而出的动态过程。这就不是一个"什么是什么"的对象化、概念化问题，而是一个动态的、生长的、活的经过和过程，这其中当然充满了时机。如果能进入这个活的时机中并倚其而动，那就化入了存在本身中，进入了存在自身。用兵如若能用到此地步，不神才怪哩！这时这个"诡道""诈道"的"诡""诈"也就成了鬼神之神了。

第四章 墨家的"兼爱""尚力"论与中华民族的侠义、勤俭之道

墨家是先秦的重要思想派别之一。它是手工业阶层的思想代表。它倡导的"兼爱""非攻""尚力""非命"等思想，通过手工业者的生产和生活实践，深深影响了中华民族勤劳、节俭等精神。

关于墨家的起源，《汉书·艺文志》说："墨家者流，盖出于清庙之守。茅屋采［按：当作棌，柞木也］椽，是以贵俭；养三老五更，是以兼爱；选士大射，是以上贤；宗祀严父，是以右鬼；顺四时而行，是以非命；以孝视天下，是以上同。此其所长也。及蔽者为之，见俭之利，因以非礼；推兼爱之意而不知别亲疏。"清庙即太庙，就是古代帝王的宗庙。《诗·周颂·清庙》："於穆清庙，肃雝显相。"《左传》桓公二年："是以清庙茅屋……昭其俭也。"清庙之守就是守清庙者。班固谓墨家出自太庙之守者。当然班固之说是源于刘向之子刘歆的，这是"诸子出于王官说"一派的看法。冯友兰先生对这个传统的看法作了一些修正，他认为"墨家者流盖出于武士"即游侠之士。① 但如果按胡适"诸子不出于王官论"的看法，包括墨家在内的诸子"皆忧世之乱而思有以拯济之故，其学皆应时而生"②。这个说法倒合乎先秦时期的社会现实。在由奴隶制向封建制转变的社会大变动时期，作为手工业阶层思想代表的墨家亦是对当时社会问题"思有以拯济之"的结果。

但不论怎么说，墨家是先秦诸子之一，是当世的"显学"。《韩非子·显学》曰："世之显学，儒墨也。"《庄子·齐物论》曰："故有儒墨之是非，以是其所非而非其所是。"《孟子·滕文公下》曰："杨朱、墨翟之言

---

① 冯友兰：《中国哲学简史》，北京大学出版社1985年版，第47页。
② 胡适：《诸子不出于王官论》一文，载胡适《中国哲学史大纲（卷上）》之"附录"，第8页。

盈天下。天下之言不归杨，则归墨。"这都说明，墨家在先秦的确是有很大影响的思想学派。墨子死后，墨家发生了分化。"自墨子之死也，有相里氏之墨，有相夫氏之墨，有邓陵氏之墨。……墨离为三。"（《韩非子·显学》）《庄子·天下》曰："相里勤之弟子，五侯之徒，南方之墨者，苦获、己齿、邓陵子之属，俱诵《墨经》，而倍谲不同，相谓别墨。"已发生分化的墨家三派，其各自的思想主张如何，现已不可知了。但从《庄子·天下》所言"俱诵《墨经》"来看，他们都是后期墨家，其著作就是《墨子》中的《经上》《经下》《经说上》《经说下》《大取》《小取》这六篇文章，后人称之为《墨经》或《墨辩》。后期墨家有一些数学、物理方面的自然科学思想。

一　墨家及其思想概论

（一）论墨家

墨家是春秋末的墨翟（约前468—前376年）所创立。为什么叫"墨家"呢？刘歆、班固说它出于"清庙之守"，今人冯友兰说它源于古代的武士或游侠，今人胡适说它当源于"忧世之乱而思有以拯济之故"，等等。从这些来源说倒看不出它为什么要叫"墨家"。那是因为它的创始人姓墨的缘故吗？看似这样，但其实不是。如果以创始人的姓氏来命名学派之名称的话，那么儒家就应叫孔家、道家就应叫李家或老家、法家就应该叫商家，等等。看来，这个"墨家"当与其创始者墨翟的姓氏无关。那它与什么有关呢？《说文》："墨，书墨也。从土，从黑，黑亦声。"墨的本义是用来书写的墨。这个墨当与绳墨，即木工从墨斗中拉出的用来打直线的墨线有关。故有人说"墨"的原意乃是使用绳墨的木匠。[①] 这一说法倒能说明"墨家"的学派性质和内容，即这派与手工业者这一小生产劳动者有关，墨家就是以手工业者即工匠为主体的小生产劳动者的思想代表，或者说它就是小生产者或小农的思想代表。

墨子为什么要创立墨家呢？《淮南子·要略》说："墨子学儒者之业，受孔子之术。以为其礼烦扰而不说，厚葬靡财而贫民，服伤生而害事，故

[①] 见求是《经史杂考》，《学习与思考》1984年第6期。

背周道而用夏政。"可见，墨子原来学的是儒家那些礼仪之道，但后来感到儒家所倡导的礼仪烦琐而不易实行，特别是儒家所倡导的厚葬风习要花费掉大量的财富导致民贫，还有儒家的那些礼乐有妨于人们做事，"故背周道而用夏政"，即不以西周以来周公"制礼作乐"的那些礼乐为事，而以夏代所行之政为事。夏代行的什么政呢？就是夏禹身体力行的勤劳为事。《庄子·天下》曰："墨子称道曰：'昔者禹之湮洪水，决江河而通四夷九州也，名川三百，支川三千，小者无数。禹亲自操橐耜而九杂天下之川；腓无胈，胫无毛，沐甚雨，栉疾风，置万国。禹大圣也，而形劳天下也如此。'使后世之墨者，多以裘褐为衣，以跂蹻为服，日夜不休，以自苦为极，曰：'不能如此，非禹之道也，不足谓墨。'"墨子之所以要以大禹为榜样而行夏政，看重的就是大禹这种"腓无胈，胫无毛，沐甚雨，栉疾风"的为天下而勤劳苦行的行为和精神。墨翟要创立的就是像大禹带领大家勤劳苦行以治水患那样的一个组织和派别。这与儒家提倡礼仪之道的思想学派截然有别。故"墨家学团是一个政治一体化、经济一体化的准军事化的学术结社组织"[①]。

  墨子为何要看重夏禹的勤劳苦行之道呢？他为什么要创立这样一个以苦行为特征的政治一体化和经济一体化的准军事化的学术结社团体或组织呢？难道这种苦行劳作真的有什么好处和乐趣在其中吗？难道墨子及其弟子是天生劳作的贱人、不劳作就觉得不舒服吗？当然这都不可能是真正的原因。墨子以及弟子们不是不知道享乐，不是不知道劳作之苦，这一切他们肯定是知道的。墨子之所以要"背周道而用夏政"来创立墨家学派，与其所代表的以手工业为主体的小生产者这一阶级基础有关。春秋战国时期是由奴隶制向封建制转变的、涉及社会制度根本变化的社会大变动或大变革时代。在这一社会大变动之时，各行各业的思想代表者从其阶级、集团及职业利益出发，基于"忧世之乱而思有以拯济之"的愿望和目的，提出了以社会政治思想为核心内容的各种思想观念，因之也形成和出现了各种思想派别。墨子作为以手工业者为主体的小生产劳动者或小农、小生产者这一阶层的思想代表，面对春秋时期社会大变动的局势，从小生产者如何存在、生存这一现实问题出发，提出了相应和相关的思想，并创建了墨家

---

① 郑杰文：《中国墨学通史》上，人民出版社2006年版，第2页。

第四章 墨家的"兼爱""尚力"论与中华民族的侠义、勤俭之道

这一独特派别。

春秋时期,孔子从恢复周礼、试图建立"礼乐征伐自天子出"的"有道"的社会政治秩序出发(见《论语·季氏》),从外在的"礼"逼向了人内在的心性"仁",这当然是以孔子为代表的先秦儒家的思想贡献。对儒家讲的以仁、礼这一套来对治社会问题的思想和方案,老子却不以为然。老子认为:"大道废,有仁义;智慧出,有大伪;六亲不和,有孝慈;国家昏乱,有忠臣。"(《老子》第十八章)在老子看来,仁义、智慧、孝慈这些礼仪之举的出现和存在是有前提条件的,故它不是对治和解决社会问题的最终和最好的思想、方略。最好的思想、方略就是返回到"小国寡民"(《老子》第八十章)的没有等级差别存在和出现的上古之世;与这一社会存在相一致的人的心性基础就是那种本然的、未经雕饰的人的"朴"性,这个"朴"的思想化、观念化就是"道"。而与孔、老这种社会政治性的哲学思想不同,墨子提出对治当时"礼崩乐坏"的社会现实问题的方案和思想是"尚力""非命""节用""节葬""尚贤""尚同""天志""明鬼"这一套。他把当时的乱世现象称为"别",将好的治世视为"兼",提出了"兼以易别"(见《墨子·兼爱下》)的思想,即用"兼爱"之道来拯济社会。墨子为什么与孔、老不同而要这样来看问题和讲问题呢?原因只能在他所代表的以手工业为主体的小生产者阶层这里。

在人类社会发展中,手工业起源甚早,可以说早在人们用石块打制石器工具的旧石器时代手工业就存在了,它比农业的出现还要早。到第二次社会大分工的时候,手工业正式从农业中分离出来而成为独立的社会生产行业和部门。就中国古代的手工业来说,早在商、周时代就颇为成熟。就其形式言,有属于封建领主的官府手工业和属于农民家庭副业的民间手工业,但以属于官工业的作坊为主。商、周时期以冶铸青铜器为主的手工业作坊已有了相当大的规模和很高的工艺水平。如河南安阳出土的青铜器司母戊大方鼎重875公斤,有很高的工艺技术。至西周末年,随着奴隶制的解体,各种手工匠作也从原来的官工业中解放出来而成为社会上比较自由的一个行当和行业。面对当时的社会大变动,手工业这个行业作为小生产劳动者亦面临着如何存在和生存的问题。一方面这些小生产者有一技之长,有一定的谋生之道,即有赖以生存的技术基础;但另一方面他们没有雄厚的经济力量,随时有面临风险而失业、破产的危机。所以,对这些手

工业劳动者来说，一方面他们需要团结和联合，因此手工业这个行业素有行帮、帮会的传统和特点，易于结合和组成有一定组织的行会；但同时他们又有保守自己的技术、技能而凭技术来独立谋生存的条件和可能、需要，即要赖己力以存在和独立。这，就是手工业这一劳动者阶层的特性、特征。因此，墨家作为手工业劳动者的思想代表，其学派的组织形式具有帮会、行帮的特征，即所谓政治一体化、经济一体化的准军事化的学术结社组织特征，这与儒家、道家明显不同。

就其学派的思想而言，它很看重人的劳动本性和技能，如《墨子·非乐上》中这样说："今人固与禽兽麋鹿、蜚鸟、贞虫异者也。今之禽兽麋鹿、蜚鸟、贞虫，因其羽毛以为衣裘，因其蹄蚤［同'爪'］以为绔屦，因其水草以为饮食。故唯使雄不耕稼树艺，雌亦不纺绩织纴，衣食之财固已具矣。今人与此异者也，赖其力者生，不赖其力者不生。"在墨子看来，人与麋鹿、飞鸟、贞虫这些动物的根本区别就在于人能进行"耕稼树艺""纺绩织纴"这些生产劳动活动，而人之外的一般动物则不能，它们只是和只能靠本能来生存，故以羽毛为衣服，以蹄爪为鞋履，以水草为饮食而已。强调和突出人的生产劳动活动和技能，这不正是手工业者这个小生产者阶层的本质特征吗？！从小生产者的劳动性出发，墨家强调"尚力"和强力，即通过生产劳动活动来达到富裕。墨子说："今也王公大人之所以蚤朝晏退，听狱治政，终朝均分，而不敢怠倦者何也？曰：彼以为强必治，不强必乱；强必宁，不强必危，故不敢怠倦。今也卿大夫之所以竭股肱之力，殚其思虑之知，内治官府，外敛关市、山林、泽梁之利，以实官府，而不敢怠倦者何也？曰：彼以为强必贵，不强必贱；强必荣，不强必辱，故不敢怠倦。今也农夫之所以蚤出暮入，强乎耕稼树艺，多聚叔粟，而不敢怠倦者何也？曰：彼以为强必富，不强必贫；强必饱，不强必饥，故不敢怠倦。今也妇人之所以夙兴夜寐，强乎纺绩织纴，多治麻统葛绪捆布缪，而不敢怠倦者何也？曰：彼以为强必富，不强必贫；强必暖，不强必寒，故不敢怠倦。"（《墨子·非命下》）人的自然本性有怠倦的一面，但人为什么不依其自然本性而要强力以行不敢怠倦呢？就是为了能够富裕而害怕贫困，求富裕是人生存和生活的目的和愿望所在；而且人自身也有这个能力来达到和实现这一基本意愿，这就是人的劳作、劳动活动。上自王公大人和卿大夫，下至农夫农妇，人的所作所为都是劳动或劳动意义上的活动，正是通过人的劳动活动，人自己能达到富贵而消灭贫困。这个思想和主张，不正是手工业小生产劳动者阶层对自己能力和力量的确信和展示吗？！

还是从小生产者的劳动性出发，墨家很看重社会财富，深知其来之不易，深知其重要，也深知不必要地消耗社会财富的可惜。墨子有言："凡五谷者，民之所仰也，君之所以为养也，故民无仰则君无养，民无食则不可事。故食不可不务也，地不可不力也，用不可不节也。……一谷不收谓之馑，二谷不收谓之旱，三谷不收谓之凶，四谷不收谓之馈，五谷不收谓之饥。"（《墨子·七患》）民所仰仗的就是五谷之粮，君赖以生存的还是五谷之粮；如果没有了五谷粮食，人将不可生存，别的一切事也都干不成，人类和社会也就不存在了。这里突出了物质生活资料的极端重要性，这个思想是很可贵的。五谷粮食如此重要，但来之不易，自然界不会给人送上五谷，这要靠人的劳动来生产；有时人就是花了大力气来劳作，但因水旱等灾害或别的原因，也不一定就能获得收成。所以，人应该好好珍惜五谷粮食，还应珍惜包括五谷在内的所有社会财富，这都是人用汗水换来的，来之不易。作为手工业劳动者的墨家，对此有儒家、道家所无法相比的深切体会。所以，墨家大力提倡"节用"，反对铺张浪费。《墨子·节用中》曰："是故古者圣王，制为节用之法曰：'凡天下群百工，轮车、鞼匏、陶、冶、梓匠，使各从事其所能。'曰：'凡足以奉给民用，则止。'诸加费不加于民利者，圣王弗为。""古者圣王制为饮食之法曰：'足以充虚继气，强股肱，耳目聪明，则止。不极五味之调，芬香之和，不致远国珍怪异物。'""古者圣王制为衣服之法曰：'冬服绀緅之衣，轻且暖；夏服絺绤之衣，轻且清，则止。'诸加费不加于民利者，圣王弗为。""古者圣王制为节葬之法曰：'衣三领，足以朽肉；棺三寸，足以朽骸；堀穴深不通于泉，流不发泄则止。死者既葬，生者毋久丧用哀。'"墨子认为，古代的圣王知道稼穑之艰和民之疾苦，很重视节用，在诸如使用工具、饮食、衣服、丧葬各方面都有节用法规，反对无端地消耗社会财富。当然，墨家讲"节用""节葬""非乐"等有过分的一面，故《庄子·天下》说它是："其生也勤，其死也薄，其道大觳。使人忧，使人悲，其行难为也，恐其不可以为圣人之道。"但墨家主张和强调节约、节俭，要珍惜社会财富，这是没有错的。倘若不是手工业劳动者阶层的思想代表，墨家是不会看重生产劳动和有些过分强调节用的。墨家的"兼爱""非攻""尚贤""尚同""天志""明鬼"等思想主张，其根子均在其手工业小生产劳动者方面。关于墨家的思想体系，下面再述，此不多言。

这里要说的是墨家学派究竟有没有消亡的问题。先秦以后，墨家学派及其思想似无传人了，似乎成了绝学；只是到了清末，特别是中国近代资产阶级革命时期，墨子及墨家才被再发现和抬了出来，《民报》第一期把墨子捧为"平等博爱"之中国宗师，并刊登了臆想的墨子画像，此后治墨学者盛极一时。[①] 怎样看待这一思想史、学术史现象？墨家在历史上究竟情况如何？消亡了没有？笔者认同"墨家思想并未消失"（李泽厚语）的看法。笔者的理由是这样的：一是墨家赖以存在的社会基础尚在。思想学派的产生及其存在是社会需要，一定有其赖以存在的社会基础。前面我们谈儒家时说过，西汉至汉武帝时之所以要取代和能取代在汉初六十多年间盛行的，且已取得了"文景之治"那样良好的社会政治效果的黄老之学，而定儒学为一尊，关键原因就在于以伦理学思想内容为核心的儒家（儒学）合乎中国封建社会的经济结构即经济基础；后来的封建王朝改朝换代了多次，但由于中国封建社会小农经济的经济基础未改变，所以儒学不会也实际上没有退出历史舞台，它一直是中国封建社会中占统治地位的意识形态和指导思想；只是至近代受西方资本主义商品经济的影响和冲击，中国封建社会小农经济这一经济基础面临着改变，儒学的思想统治地位才面临着改变。与儒学一样，墨学的产生和存在也有中国封建社会小农经济这一经济基础的支撑。墨学（墨家）产生的春秋时代当然尚不是封建社会，但正处在由奴隶制向封建制转变的过程中；正由于这一转变，手工业者这一小生产劳动者阶层才能从原来奴隶制的官属手工作坊中解放出来而成为社会上一个有一定自由度的阶层，它才有可能和才有必要有自己的思想代表，墨家才能应运而生，否则的话也不会有墨家的产生。墨家代表的就是以手工业为主体的小生产劳动者阶层的利益和愿望。秦汉以后，中国步入了封建社会，这个社会的经济结构就是以农业和手工业相结合为社会背景的、以家庭为基本生产单位的、男耕女织自给自足的小农经济或自然经济。所以，中国封建社会是不能没有手工业这一社会行业的。既如此，作

[①] 李泽厚：《墨家初探本》，见李泽厚《中国古代思想史论》，人民出版社1986年版，第73页。

第四章 墨家的"兼爱""尚力"论与中华民族的侠义、勤俭之道

为手工业阶层思想代表的墨家是不可能消失的,故墨家应该存在且事实上也存在着。但墨家存在是一回事,墨家是否发挥了社会作用且发挥了显著的社会作用,那是另一回事。至战国时期,作为中国封建社会生产力水平之标志的铁制农具和牛耕已然流行开来,至汉代作为这二者之结合的耕犁已初步成形,到唐代耕犁已完全成型,一直延续到了20世纪80年代。由于中国封建社会的生产力一直比较稳定,没有大的改变也不要求有大的改变,故作为手工业者思想代表的墨家,尤其是后期墨家那种经验论思想和一定程度的科学技术思想,就未能发挥出它应有的社会作用。相反,在生产力水平相对稳定的条件下,调整、维持生产关系就显得格外重要和突出,故以伦理思想为内容的、以对以家庭关系为核心而辐射出来的整个社会人际关系的协和、调整为任务的儒学就发挥出了显著的社会和历史作用。相应地,能配合儒学来发挥对生产关系和社会关系起维护和调节作用的别的思想派别,例如道家、法家、阴阳家、名家,甚至纵横家,都在中国社会中有一席之地而未消失,且有一定的社会影响和效应。倒是墨家,在漫长的中国封建社会中默默无闻,似乎是销声匿迹了。本来,富有经验论的认识论思想,有数学物理学思想和逻辑思想(这主要在后期墨家)的墨家,应该在以生产工具改进为标志的生产力发展方面作出较大的显著贡献,起到较大社会作用。但由于封建社会生产关系的影响和生产力的相对稳定,使墨家缺少了发挥其思想作用的社会条件和机缘,它被封建社会的社会现实逼到了和压到了极不起眼的后台冷位,故好似消失了一样。近代墨学之所以能盛极一时而复兴,与其说是出于中国近代资产阶级因革命之需而对墨子那种"摩顶放踵"精神的提倡,倒不如说是由于近代资本主义商品经济的发展而对科学技术和相应思想的深层需求。所以,笔者以为墨家并未消失或中绝,它存在着,因为它赖以存在的社会基础还在。

二是墨学在当时之世就是显学。韩非说当世之显学是儒、墨(见《韩非子·显学》),孟子说"墨翟之言盈天下"(《孟子·滕文公下》),庄子说天下之是非乃儒墨之是非(见《庄子·齐物论》),等等。可见,在春秋战国之时,墨家甚有影响,是可以与儒家平分秋色的思想学派,其影响甚于道家。这个史实和事实起码可以说明两点:其一,有如此大影响的思想派别不可能世人无知,既知之就不可能不传之,怎么到了秦汉以后一下子就销声匿迹了呢?这正常吗?上面刚说了,就算在秦汉以后的中国封建

社会中因以铁制农具和牛耕为标志的生产力相对稳定故使得以手工业阶层为基础的墨家思想缺少发挥其应有思想作用的社会条件而未能发挥较大的社会作用，但也不至于从此就消失了呀，因为毕竟还有封建社会在，还有手工业这一行业存在，社会总要使用工具和制作工具，哪能对墨家思想一点都不涉及呢？其二，作为与儒家并驾齐驱的当世显学的墨家，一定在思想史、学术史上有其地位，后世不可能把有如此影响和声望的墨学一笔划掉。所以，《庄子·天下》作为最早的学术史论著就有对墨子和墨派的专论；汉代刘歆、班固在《汉书·艺文志》中就有"墨家者流"云云。既有学术史上的如斯记载，何言墨家之消失呢？《史记》乃伟大的历史著作，作者司马迁以高尚的史德，广阔的历史视野，严谨的学风和信史之笔法，对其前的历史事件作了记载，给后世留下了无数可信的历史史实。那么，对于与儒家可以平分秋色、并世而立的墨学学派的创始人墨翟，司马迁难道能完全忽视掉吗？是不能的。《史记》中有"孔子世家"，司马迁将孔子视为列侯予以记载。关于墨翟呢？《史记·孟子荀卿传》之最后言："盖墨翟，宋之大夫，善守御，为节用。或曰并孔子时，或曰在其后。"这24个字就是墨子传略。这样的"传"是不是太简单了呢？基本上没有说出墨子的什么历史作用；或者说这就不是一个传记。所以笔者同意郑杰文先生之言："《史记·孟子荀卿列传》中本当像写孟子、荀子那样，有介绍墨家思想学说的较长的墨子传记，但因在《孟子荀卿列传》篇末，竹简散断而佚失致残。今本《孟子荀卿列传》文末文义未尽，文气骤止、无'太史公曰'不合体例等，皆为其证。《史记·荀子荀卿列传》中墨子传记的残缺，是'汉代墨学中绝论'产生的一大原因。"[1]

三是墨家和儒家在思想上有相通和渗透的一面。这一思想史的情况和事实说明，儒家在流行和传播的过程中，代表了和代替了墨家思想的传播。唐代韩愈有《原道》一篇，将杨（朱）墨（翟）和佛老同等看待，都在被拒斥之列。这是韩愈思想的大方向。而在一些具体问题上，韩愈则认为孔、墨有相同的一面。比如他在《争臣论》一文中说："自古圣人贤士，皆非有求于闻用也。闵其时之不平，人之不乂［按：治也］，得其道，不敢独善其身，而必以兼济天下也。孜孜矻矻，死而后已。故禹过家门不

---

[1] 郑杰文：《中国墨学通史》上，人民出版社2006年版，"绪言"第7—8页。

第四章 墨家的"兼爱""尚力"论与中华民族的侠义、勤俭之道

入,孔席不暇暖,而墨突不得黔[即孔子坐席不及温又游他国,墨子灶突即灶额不及黑即又他适]。彼二圣一贤者,岂不知自安佚之为乐哉,诚畏天命而悲人穷也。"这是说孔、墨都有以天下为己任的情怀和精神。韩愈又有《读墨子》一文,曰:"儒讥墨以上同、兼爱、上贤、明鬼。而孔子畏大人,居是邦不非其大夫,《春秋》讥专臣,不上同哉?孔子泛爱亲仁,以博施济众为圣,不兼爱哉?孔子贤贤,以四科进褒弟子,疾殁世而名不称,不上贤哉?孔子祭如在,讥祭如不祭者,曰'我祭则受福。'不明鬼哉?儒墨同是尧、舜,同非桀、纣,同修身正心以治天下国家,奚不相悦如是哉?余以为辩生于末学,各务售其师之说,非二师之道本然也。孔子必用墨子,墨子必用孔子,不相用不足为孔、墨。"韩愈这里的孔、墨之比较,尚有表面化倾向,并未深入儒、墨两家的思想核心和实质;另外,在墨子的尚贤、尚同、节用、节葬、非乐、非命、尊天(或天志)、事鬼(或明鬼)、兼爱、非攻这十大思想主张(见《墨子·鲁问》)中,他只比较了上同、兼爱、上贤、明鬼四个方面,亦不全面。但在韩愈看来,孔、墨即儒、墨在思想主张上有相通和相同的一面,故"孔子必用墨子,墨子必用孔子,不相用不足为孔、墨"。韩愈这样来说儒、墨之相关、相通之处,当然也有道理。儒学合于或者说迎合了中国封建社会小农经济的经济结构,所以它能作中国封建社会的主导思想;墨学作为手工业阶层的思想代表,本来也就与中国封建社会的小农经济结构相一致,故墨家与儒家有一定程度的相通,墨家借儒家这一思想主流而流,也就有可能和成现实了。对此,李泽厚先生这样讲:"墨家的好些思想如功利、重力等,已经以不同方式渗入或溶合在法家和儒家思想中。特别由于儒墨两家原都以古代氏族传统为背景,他们对氏族制度这一社会体制和秩序都是基本肯定的,对人生世事、政治经济也都采取积极作为的态度,都讲父慈子孝、兄友弟恭,都讲任贤使能。只是一个从氏族贵族立场出发,所以强调等级差别,重视礼乐文化和个体价值,强调维护'周制';一个从下层生产者出发,反对奢侈生活,抨击、排斥任何非生产性的消费,强调集体互助,幻想博爱世界,主张'行夏政'。但它们同道家彻底否定氏族制度,要求回到最古的动物式的世界里去,从而否定任何文明、秩序,对人生世事采取虚无消极的态度,则大不相同。也与以后代表奴隶主阶级利益的法家,以传播某些科技文化或贩卖政治策略为特色的、飘浮在上层而没有自己切实

的现实根基的名家、阴阳家、纵横家等等，很不相同。所以诚如汪中所说，墨子'其在九流之中，惟儒足与之相抗，其余诸子，皆非其比。'既然有上述这些共同基础和特征，儒家也用不着花多大气力，便不留痕迹地吸收了所可以容纳的墨子中的许多思想和观念。"① 所以，顺着儒学之昌盛、流行的强劲东风，墨学也在流行中。

四是从战国至明清的文献典籍中对墨家思想的征引和应用、评说。例如，《孟子》的《滕文公上》《滕文公下》《尽心上》《尽心下》等篇对墨子的"兼爱"等思想主张作了批评。《庄子》的《齐物论》《列御寇》《知北游》《徐无鬼》《盗跖》《骈拇》《胠箧》《天运》《在宥》《天地》《天下》等篇或强调了儒墨之对立，或批评了墨家之学说，或评说了墨家之思想等。《荀子》的《非十二子》《富国》《乐论》《王霸》《礼论》《天论》《解蔽》等篇对墨家的有关言论、思想、主张等作了评述。《韩非子》的《显学》《外储说左上》《五蠹》《八说》等篇对墨学的思想影响、墨家的科技贡献、墨家思想的优劣等作了论说。《吕氏春秋》的《不侵》《喻大》《务本》《顺说》《疑似》《尊师》《当染》《博志》《爱类》《高义》《下贤》《上德》《去私》《有度》《首时》《去宥》《贵因》《应言》《慎大》等篇对墨家的社会影响、学习精神、献身精神、行事、学说特点等作了述说。还有《战国策》的《宋卫策》《齐策六》，《晏子春秋》的《内篇问上》《内篇杂上》，《尸子》以及郭店楚墓出土的《唐虞之道》，都有对墨家事迹的引述和对墨家学说的评说。这是战国时期的文献典籍中所涉及的墨家情况。

两汉时期，墨学仍在流传。比如陆贾的《新语·思务》，贾谊的《过秦论》，邹阳的《狱中上书》，《淮南子》的《俶真训》《主术训》《齐俗训》《道应训》《氾论训》《说山训》《人间训》《修务训》《泰族训》等，《史记》的《平津侯主父列传》《孟子荀卿列传》《太史公自序》等，《盐铁论》的《险固》《毁学》《葆贤》《遵道》《论邹》《申韩》《论诽》《散不足》等，《汉书》的《陈胜项籍传》《贾邹枚路传》《司马迁传》《严朱吾丘主父徐严终王贾传》《艺文志》等，扬雄《法言》的《吾子》《五百》，刘向的《说苑·反质》，《新序》的《杂事》《节士》，王充《论衡》

---

① 李泽厚：《墨家初探本》，见李泽厚《中国古代思想史论》，人民出版社1986年版，第69—70页。

第四章　墨家的"兼爱""尚力"论与中华民族的侠义、勤俭之道

的《率性》《艺增》《儒增》《乱龙》《对作》《累害》《程材》《别通》《遭虎》《齐世》《案书》《自纪》《命义》《是应》《薄葬》等，《风俗通义》的《穷通》《皇霸》《十反》等，荀悦的《申鉴·俗嫌》，范晔《后汉书》的《桓谭冯衍列传》《刘赵淳于江刘周赵列传》《张衡列传》《蔡邕列传》等，都提到墨家。可见，墨学在两汉时代并未消失，且有相当的思想地位和影响。

从魏晋至明清时期，墨家仍在流传。例如，《三国志·魏书》的《田畴传》裴松之注引《魏略》，《管宁传》裴松之注引，《曹植传》裴松之注引《曲略》，《三国志·蜀书·刘巴传》裴松之注引《零陵先贤传》；《晋书》的《刘寔传》《夏侯湛传》《孙惠传》《范宁传》《袁乔传》《郭瑀传》《鲁胜传》《向秀传》等，对墨家都有论说，这是魏晋时期墨学之流传。《宋书·志序》《宋书·夷蛮列传》《南齐书·高逸列传》《梁书·昭明太子列传》等对墨家和墨学都有论说，这是南朝时期墨学之流传。《魏书·阳固传》《魏书·刘献之传》《魏书·释老志》《周书·武帝本纪》《周书·庾信列传》《周书·孝义列传》以及《颜氏家训》的《慕贤》和《省事》等，对墨学亦有言说，此乃墨家思想在北朝之流传。《隋书·经籍志》《隋书·李德林列传》《隋书·王贞列传》《隋书·潘徽列传》《隋书·艺术列传》等，对墨家事迹和思想有所论及，这是隋代墨家之流传。《旧唐书·经籍志》《新唐书·艺文志》《旧唐书·崔沔传》《旧唐书·李邕传》《旧唐书·于志宁传》《旧唐书·孝敬皇帝弘列传》等涉及墨家，这是唐五代时墨家之流传。至宋元时代，墨家仍在流传，比如《宋史·李淑列传》《宋史·艺文志》《元史·黄泽列传》《元史·胡长孺列传》中有墨家及思想之引说，另《太平御览》引《墨子》128次，引其他书引墨论墨31次。还有赵与时《宾退录》卷六，洪迈《容斋续笔》卷四、刘祁《归潜志》卷十三、陶宗仪《辍耕录》卷十三等宋元笔记中讲到墨家。唐宋时期文人学士对墨家多有论说，如唐代隐士赵蕤《长短经》，唐韩愈《读墨子》，唐柳宗元《送僧浩初序》和《曹溪第六祖赐谥大鉴禅师碑》，宋孙奭《孟子注疏·序》，宋欧阳修《答李秀才启》和《崇文总目叙释》，宋王安石《杨墨》《虔州学记》《送孙正之序》《答陈柅书》，宋苏洵《上韩昭文论山陵书》，宋苏轼《六一居士集序》《韩愈论》，宋苏辙《王衍》《老聃论下》，宋朱熹《朱子语类》，等等，都对墨子和墨家有批评和论

说。明清时期，《墨子》整理和墨学研究迎来了新时代。例如明代的墨学书目及版本有张宇初《墨子》十五卷、俞弁《墨子抄》三卷、唐尧臣《墨子》十五卷等计有28种，清代有纪昀等《四库抄本墨子》十五卷、张惠言《墨子经说解》二卷、王念孙《墨子杂志》六卷、戴望《墨子》十六卷、俞樾《墨子平议》三卷、孙诒让《墨子间诂》十五卷等计有39种。从20世纪初以来，墨学研究更是大盛，有墨学研究著作356种，墨学研究论文上千篇，可谓盛况空前。①

五是社会历史和生活中存在和表现着的墨家组织和思想。墨家在组织和思想上均有特色。与其他学派有别，它是一种经济一体化、政治一体化的准军事化的学术结社组织，有一定的组织规则，有统一的行动部署，有严明的内部纪律，有明确的集团宗旨，有严格的学术形式，等等。在思想上，墨家基于其手工业小生产者的阶层基础，非常重力行，强调强力、非命；爱惜社会财富，主张节用、节葬、非乐；从"交相利"的利益关系出发，主张兼爱、非攻；从其严格和严密统一的学术结社组织出发，主张尚贤和尚同，还配合以具有宗教约束性意义的天志、明鬼，等等。再加上墨家所特有的尚力苦行、勤俭奉献、摩顶放踵而为天下的高尚品行，使墨家在社会广大范围的下层民众中深深扎下了根。这方面的表现有：西汉时期的任侠集团。《史记·游侠列传》《汉书·游侠传》中记有朱家、剧孟、王孟、郭解、万章、楼护、陈遵、原涉等任侠集团，他们"不爱其躯，赴士之厄困"，"千里诵义，为死不顾世"，其行侠仗义、救人之难、解人之苦的行为和精神，为万民所敬仰。后世武侠小说中所言，当是这种游侠遗风的再续，就有墨家思想的影响和墨家的影子。还有农民起义的组织和思想，也深受墨家的影响。陈胜的"王侯将相宁有种乎"的思想观念与墨子的"官无常贵而民无终贱"（《墨子·尚贤上》）的思想岂无相通之处？东汉末年黄巾农民大起义的组织形式和思想观念，岂与墨家无涉？一直到太平天国运动，其平等观念、牺牲精神、上帝迷信等，仍有墨家的思想影子。还有，在民间有广泛影响的道教，其思想渊源之一就是墨家学说。②另外，在具有异端思想的一些儒家学者身上，也有明显的墨学思想影响。

---

① 以上部分参阅了郑杰文《中国墨学通史》上下册，人民出版社2006年版。其中的材料均源于该书，特此注明。

② 见卿希泰《中国道教思想史纲》第一卷，四川人民出版社1980年版，第129—131页。

第四章　墨家的"兼爱""尚力"论与中华民族的侠义、勤俭之道

对此，李泽厚先生列举了清代的颜元和近代的章太炎。① 这些情况和现象表明，墨家及其思想不仅在大量的古代文献中有所征引和保留，且在活生生的社会历史、生活和思想中一直活着。

所以说，墨家并未消失，它一直存在着，一直存在于中国古代的社会生活中。不过由于墨家与儒家在一些方面的一致性，在儒学被定于一尊而成为中国封建社会的主导意识形态大行其道之时，墨学则顺着这个流而流着。

（二）论墨家思想

作为先秦"显学"的墨家（这里包括后期墨家在内），究竟讲了什么思想呢？这基本上包括三个大的方面。

一是以社会政治思想为主的哲学思想。先秦哲学都是社会政治哲学，即在社会政治问题中涉及了有关哲学问题和思想。墨家亦然。《墨子·鲁问》言：

> 子墨子游，魏越［按：墨子弟子］曰："既得见四方之君子，则将先语？"子墨子曰："凡入国，必择务而从事焉。国家昏乱，则语之尚贤、尚同；国家贫，则语之节用、节葬；国家憙音湛湎，则语之非乐、非命；国家淫僻无礼，则语之尊天、事鬼；国家务夺侵凌，即语之兼爱、非攻。故曰择务而从事焉。"

墨子说要针对一国的实际情况来采取相应的措施予以治理。墨子将具体的治理措施概括为十项，即尚贤、尚同、节用、节葬、非乐、非命、尊天、事鬼、兼爱、非攻。尊天、事鬼也叫天志、明鬼。这就是墨家的十大思想主张和学说纲领。孙诒让《墨子间诂》本有十五卷七十一篇，其中八篇（《节用下》《节葬上》《节葬中》《明鬼上》《明鬼中》《非乐中》《非乐下》《非儒上》）阙文。《墨子》中对这十大主张均有专篇论说，可谓思想详尽。

二是"三表法"的知识判别标准和朴素经验论的认知思想。墨家是手

---

① 李泽厚：《墨家初探本》，见李泽厚《中国古代思想史论》，人民出版社1986年版，第71—75页。

工业小生产者阶层的思想代表，故它很看重使用人的体力的生产劳动活动；再者这一阶层多为有一技之长的工匠，故他们既看重经验性的认知，也提倡和重视科学技术。所以，墨家有"三表法"的知识判别标准和经验认知论以及一些普通逻辑知识。儒家和道家所探索和针对的问题最终都要逼到人的内在心性上，要靠思辨和体悟予以说明和把握。墨家就不同了，它针对的是生产、生活中的经验性的问题和认知，故需要的并非体悟，而是关于经验认知如何有效和有用的问题，这就要求和需要一种对大众都有效的具有"客观性"意义的标准，这就是墨子的"三表法"思想和理论。针对那些"执有命者"以命定论上说王公大人而下阻百姓行事，"子墨子言曰：'必立仪。言而毋仪，譬犹运钧之上而立朝夕者也，是非利害之辨不可得而明知也。故言必有三表。'何谓三表？子墨子言曰：'有本之者，有原之者，有用之者。于何本之？上本之于古者圣王之事。于何原之？下原察百姓耳目之实。于何用之？废［发］以为刑政，观其中国家百姓人民之利。此所谓言有三表也。'"（《墨子·非命上》）墨子认为，要判别一种言论是否有效和有用，先要有一个大家都能认可的标准、法度，即"仪"。《说文》："仪（儀），度也。从人，義声。"倘若没有标准而要判别是非，就如同在运转着的圆盘上立表以测影而不可能一样。作为判别言论之是与非的"仪"是什么呢？墨子认为有三种方式或三个方面，即历史事实、百姓见闻、人民之利，这就叫"三表"。墨子的这个"三表"法有一定道理，因为它基本上是建立在人的经验活动基础上的，即有一定的经验依据。但由于是建立在原始朴素的经验上而未经过理性思考，故此种经验就具有很大的或然性，而其必然性的质性就大大降低了。正因为如此，墨子用这个"三表"法既可以否定那些"执有命"论者之说（见《墨子》的《非命上》《非命中》《非命下》），也可用它来证明和肯定那些"有鬼"论者（包括墨子自己）之说（见《墨子·明鬼下》）。

这里要顺便说及的是，墨子"三表"法的"仪"，其本身却蕴涵着正确和深刻的一面，这就是它的工具性、技术性的"居中"性之质性。这是什么意思呢？我们先来看看逻辑分析方法的开创者、德国弗雷格（Frege）的有关思想。1892年弗雷格发表了一篇重要论文，叫《论意义与意谓》（也译为《论涵义和意谓》），是谈概念、名称的意义问题的。这里的"意谓"就是所指。文中弗雷格举了一个用望远镜来看天上月亮的例子。意思

第四章　墨家的"兼爱""尚力"论与中华民族的侠义、勤俭之道

是说，始果天上的月亮不与望远镜发生关系，即不进入望远镜的镜筒中，人无论如何是无法看到月亮的；而如果这个月亮经望远镜的镜筒进入了人的视网膜再反映到人的头脑中而成了人的心象和心理感受，这时虽然每个人都可以知道有个月亮存在，但一个人与另一个人却无法沟通和交流，因为人的心象和心理感受具有私人性和主观性，是无法交流的，无法交流就意谓着没有公共性的和人类意义上的知识可言。可见，完全在人之外的、与人不发生关系的月亮人不能知之，而与人发生了关系后完全变成了人自己的心理感受的月亮只能被个人知之而不能为公众知之，这实际上还是等于人不能知之；只有那个处在人与对象之间的、具有"居中"或"中"性意义的、在望远镜镜筒中的月亮，才是公共的和可交流的，才能为众人所知，才有关于月亮的知识可言。[①] 实际上，不只是望远镜的镜筒，人的感官在本质上就具有"中"性在，故人的所见所闻的经验知识才可交流和判别，才是知识。墨子的这个"仪"，就相当于弗雷格所说的望远镜镜筒。从这个意义上说，墨子的"三表"法中蕴涵有"中"性原则，这具有现象学的识度和思想价值。当然，墨子及其墨家自己是不会有这种思想的。

三是后期墨家的一些数学、物理学、知识论和逻辑的思想。《韩非子·显学》说墨子死后"墨离为三"；《庄子·天下》说："相里勤之弟子，五侯之徒，南方之墨者，苦获、己齿、邓陵子之属，俱诵《墨经》，而倍谲不同，相谓别墨。"这说的就是后期墨家。至战国时期，因铁制农具的制作和使用，也因大规模频繁战争攻守中对武器和工具的需求，社会对科学、技术有了一定的要求。这方面，恰是手工业者的用武之地和墨家之所长。后期墨家正是在这些方面有所贡献。《墨子》中的《经上》《经下》《经说上》《经说下》《大取》《小取》这六篇文章，就是后期墨家的著作，被后人称为《墨经》或《墨辩》。

《墨辩》中有比较丰富的数学、物理学、力学、光学方面的知识和思想理论，计数学概念和理论共十九条；基本的物理概念和理论共十条，包括空间和时间方面五条，运动和静止方面二条，五行方面一条，不同类的物理量不能相比一条，物质不灭一条；力学和一些简单的机械理论共八条；几何光学方面的理论共八条；还有两条是关于测臬影来确定南北方位

---

① 弗雷格：《论涵义和意谓》，见《弗雷格哲学论著选辑》，王路译，商务印书馆2006年版。

问题的。可见《墨辩》中有四十七条关于数学、物理、力学、光学等方面的知识理论，这在古代来说已是很重要和很可观的自然科学成就了。方孝博先生著《墨经中的数学和物理学》一书①，对每一条都作了分析、解说，可参阅。

《墨辩》中有比较丰富的知识论思想，可谓对人的经验认知活动和思想作了一定总结。这涉及认识活动的发生问题，比如《墨辩》说："物甚不甚，说在若是。"(《经下》)"(物)甚长，甚短，莫长于是，莫短于是；是之是也，非是也者，莫甚于是。"(《经说下》)"生，刑（形）与知处也。""卧，知无知也。""梦，卧而以为然也。""平，知无欲恶也。"(《经上》) 这里讲到了认识活动的主、客条件。还涉及认识活动过程的问题，如《墨辩》曰："知，材也。"(《经上》)"知也者，所以知也，而不必知。"(《经说上》)"知，接也。"(《经上》)"知也者，以其知（过）（应为遇）物而能貌之，若见。"(《经说上》)"惟以五路（即五官）知。"(《经说下》)"知而不以五路，说在久。"(《经下》) 这讲的就是认识活动的过程，即知识是人在经验活动中通过五种感觉器官来获得的。这里还提到"久"即时间，它也是知（知识），但不是通过感官（五路）来知的，而是要用理性抽象，这就是"心"的作用。故《墨辩》说："闻，耳之聪也。""循所闻而得其意，心之察也。"(《经上》)"言，口之利也。""执所言而意得见，心之辩（辨）也。"(《经上》)"恕（智）明也。""虑，求也。"(《经上》)"恕也者，以其知论物，而其知之也著。若明。"(《经说上》) 后期墨家认识到，认识活动过程需要感官和心的共同作用，这无疑是对的。后期墨家还看到了知与行的统一问题，如说："知：闻、说、亲；名、实、合、为。"(《经上》)"知：传受之，闻也。方不㢓（障），说也。身观焉，亲也。所以谓，名也。所谓，实也。名实耦，合也。志行，为也。"(《经说上》) 知识有闻知、说知、亲知三种，亲知当然是重要的。这里还提到"为"的问题，为就是作为；要作为就要先有知（志）再有行，是知与行的统一。只有意志、目的、想法而不行，这就不是行为；只有行动而无目的、计划、办法等，行动就是动物的本能而非人之行为，只有志与行的结合才是人的活动，即行为。后期墨家的这些知识论、

---

① 方孝博：《墨经中的数学和物理学》，中国社会科学出版社1983年版。

第四章 墨家的"兼爱""尚力"论与中华民族的侠义、勤俭之道

认识论思想是有一定道理的。

《墨辩》中还有比较丰富的逻辑知识思想。这一思想主要在《小取》篇中，它说："夫辩者，将以明是非之分，审治乱之纪，明同异之处，察名实之理，处利害，决嫌疑。焉摹略万物之然，论求群言之比。以名举实，以辞抒意，以说出故。以类取，以类予。有诸己不非诸人，无诸己不求诸人。或也者，不尽也。假（也）者，今不然也。效者，为之法也；所效者，所以为之法也。故中效则是也，不中效则非也，此效也。辟也者，举也（他）而以明之也。侔也者，比辞而俱行也。援也者，曰子然，我奚独不可以然也？推也者，以其所不取之，同于其所取者，予之也。是犹谓也者同也，吾岂谓也者异也。"这里讲了两方面的问题：一是关于论辩的重要性，即论辩能明是非、审治乱、别同异、察名实、处利害、决嫌疑，故不可轻视论辩。二是关于论辩的原则和方法。论辩要有双方所共同认同和遵守的原则和方法，否则就无法进行论辩。"焉（乃）摹略万物之然，论求群言之比"，就是关于辩的原则。是说在辩时要观察、反映事物的所以然，还要熟悉、探究论辩各方言论的相互关系。"有诸己不非诸人，无诸己不求诸人"，是关于辩的规则，即如果自己用了某种方法就不应反对对方也用此法，如果自己未用某种方法就不应要求对方也不能用之。"以名举实，以辞抒意，以说出故。以类取，以类予"，是辩的方法，也就是逻辑方法。"以名举实"说的是概念（名）的问题，即名要反映、定谓实，"举，拟实也"（《经上》）。墨辩具体将名分为三类，"名：达、类、私。"（《经上》）"名：物，达也，有实必待之名也。命之马，类也，若实也者，必以是名也。命之臧，（臧获，人名），私也，是名也止于是实也。"（《经说上》）"以辞抒意"说的是判断（辞）问题。后期墨家具体讲了三种判断方式，即"或""假""效"。"或也者，不尽也"，或是选言判断；"假也者，今不然也"，假乃假言判断；"效也者，为之法也"，效是定言判断，即依照一定的规定所作出的判断，"故中效则是也，不中效则非也"。"以说出故"说的是推理（说）问题。后期墨家讲了四种推理方式，即"辟""侔""援""推"。辟即譬，是比喻，相当于类比法。侔是齐等的意思，相当于直接推理的比附法。推即推论、推断，这是比较复杂的推理方式，相当于间接推理中的归纳法和演绎法。总之，后期墨家的形式逻辑思想是比较丰富的。

以上我们概括介绍了整个墨家的思想。从整体上说，墨家的经验认识论和一些科学思想、逻辑思想在漫长的中国古代封建社会中没有发挥多大的作用。上面说了，这是因为中国封建社会生产力水平趋于稳定，对科学技术及相应的逻辑思想未有要求的缘故。所以，说起墨家思想，真正重要的还是墨子讲的"尚贤""尚同""节用""节葬""非乐""非命""兼爱""非攻""天志""明鬼"这十大主张。那么，墨子的这十个主张是否构成了一个思想体系？或曰这十个主张之间有没有一个逻辑层次？笔者以为是有的。这就是：这十个主张（再加上墨子的"尚力"或强力说）构成了具有逻辑关系的四个方面：一、尚力、节用、节葬、非乐、非命；二、非攻、尚贤、尚同；三、兼爱；四、天志、明鬼。

墨学是手工业小生产劳动者阶层的思想代表，故它很重视劳动，它大讲"尚力""非命"，认为农夫之所以早出晚归，耕稼树艺，多聚菽粟而不敢怠惰，妇人之所以夙兴夜寐，纺绩织纴，多治麻丝葛绪而不敢怠倦，以至于王公大人之所以早朝晏退，听狱治政，终朝均分而不敢怠倦，卿大夫之所以竭股肱之力，殚思虑之知，内治官府，外敛关市而不敢怠倦，是因为他们明白一个道理，这就是"强必富，不强必贫，强必饱，不强必饥"，"强必暖，不强必寒"，"强必治，不强必乱，强必宁，不强必危"，"强必贵，不强必贱，强必荣，不强必辱"（见《墨子·非命下》）。人只有靠自己的力量和努力，才能强，才能富，才能饱，才能暖，才能治，才能荣。倘若听信有命者之言而不自强自立，人类社会将不复存在。"今虽毋在乎王公大人，蒉若（即藉若、假若）信有命而致行之，则必怠乎听狱治政矣，卿大夫必怠乎治官府矣，农夫必怠乎耕稼树艺矣，妇人必怠乎纺绩织纴矣。王公大人怠乎听狱治政，卿大夫怠乎治官府，则我以为天下必乱矣。农夫怠乎耕稼树艺，妇人怠乎纺绩织纴，则我以为天下衣食之财将必不足矣。"（《墨子·非命下》）所以墨子反复强调人要靠自己的力量和能力来自强自富。墨子还认为，人之所以不同于禽兽麋鹿飞鸟虫豸，就是因为人有"力"在，人能靠自己之"力"来劳动富强，故墨子的结论是"赖其力者生，不赖其力者不生"（《墨子·非乐上》）。正因为看中生产劳动和以力自强，故墨家深知稼穑之艰难和社会财富来之不易和宝贵，故它极力主张节用、节葬，反对浪费和享乐。《墨子·辞过》曰："当今之主，其为宫室则与异矣。必厚作敛于百姓，暴夺民衣食之财，以为宫室台榭曲

第四章 墨家的"兼爱""尚力"论与中华民族的侠义、勤俭之道

直之望、青黄刻镂之饰。为宫室若此，故左右皆法象之，是以其财不足以待凶饥、振孤寡，故国贫而民难治也。"墨子主张："凡足以奉给民用则止，诸加费不利于民利者弗为。"（《墨子·节用中》）《墨子》的《节用上》《节用中》《节葬下》《非乐上》等篇中反复论述了节用、节葬等节约主张。所以，尚力、非命、节用、节葬、非乐构成了墨子思想的第一个层面。这是其社会经济思想。

墨子的这些社会经济思想是可贵的。但如何实现这些思想主张呢？这必然要涉及社会政治。人本来就不是以单个人来存在的，人是以类（社会）的性质和状态出现的，这就是人类社会。人的活动为什么叫劳动，人为何有力，都是因为人是社会动物。《荀子·王制》有段话这样说："（人）力不若牛，走不若马，而牛马为用，何也？曰：人能群，彼不能群也。人何以能群？曰：分。分何以能行？曰：义。故义以分则和，和则一，一则多力，多力则强，强则胜物。故宫室可得而居也，故序四时，裁万物，兼利天下，无它故焉，得之分义也。故人生不能无群，群而无分则争，争则乱，乱则离，离则弱，弱则不能胜物；故宫室不可得而居也，不可少顷舍礼义之谓也。"人之所以多力而强，强而胜物，是因为人能"和"，即能组成社会，而社会之所以是社会，是因为有礼义规范之道义原则。墨子没有像荀子这样讲人为什么有"力"并能发挥和行使自己的力以强以富，但墨子也有人是社会性群体的思想。例如《墨子·非乐上》说人与麋鹿、飞鸟、贞虫不一样，这个不一样的根本表现就在于人能用其"力"。这里已然含有人是社会性存在的思想，只不过未突出表明而已。所以，为了实现尚力、非命、节用、节葬、非乐这种社会经济思想，就不能不关联到和进展到社会政治思想，这就是墨子讲的"非攻""尚贤""尚同"的思想主张。

对春秋时期的社会战乱现象墨子深为忧虑，他说："今王公大人、天下之诸侯则不然，将必皆差论其爪牙之士，皆列其舟车之卒伍，于此为坚甲利兵，以往攻伐无罪之国。入其国家边境，芟刈其禾稼，斩其树木，堕其城郭，以湮其沟池，攘杀其牲牷，燔溃其祖庙，劲杀其万民，覆其老弱，迁其重器，卒进而柱（极）乎斗。"（《墨子·非攻下》）这就是攻伐战争所带来的破坏结果。当然，墨子并不是一概反对战争，他对禹征三苗、汤伐桀、武王伐纣那样的正义之战是赞同的。但对那些为了个人私利

而发动的侵略性战争，他是坚决反对的，所以主张"非攻"。墨子以为，这种不正常的、非正义的进攻战争，当然与国内不清明的政治有关。故墨子的"非攻"主张又与其"尚贤""尚同"的政治主张有内在关联。墨子认为："今者王公大人为政于国家者，皆欲国家之富，人民之众，刑政之治；然而不得富而得贫，不得众而得寡，不得治而得乱，则是本失其所欲，得其所恶，是其故何也？子墨子言曰：'是在王公大人为政于国家者，不能以尚贤事能为政也。'"（《墨子·尚贤上》）一个国家的政治之所以不好，关键就在于贤者未在位。"是故国有贤良之士众，则国家之治厚，贤良之士寡，则国家之治薄。故大人之务将在于众贤而已。"（《墨子·尚贤上》）即治理国家的良方就在于将贤者放在领导位置上。"故古者圣王之为政，列德而尚贤。虽在农与工肆之人，有能则举之，高予之爵，重予之禄，任之以事，断予之令。……故官无常贵而民无终贱，有能则举之，无能则下之。"（《墨子·尚贤上》）只要有能耐，有德行，不论地位，不看出身，都应提拔到领导岗位上，这样国家就能得到治理。这明显表达了手工业小生产者的利益和愿望。在墨子这里，"尚贤"是治理国家的方式和手段，其目的是治理出一个上下齐心、团结一致的国家，这就是"尚同"。墨子说："是故选天下贤可者主以为天子。天子立，以其力为未足，又选择天下之贤可者置立之以为三公。天子、三公既以立，以天下为博大，远国异土之民，是非利害之辨，不可一二而明知，故画分万国，立诸侯国君。诸侯国君既已立，以其力为未足，又选择其国之贤可者，置立之以为正长。正长既已具，天子发政于天下之百姓，言曰：'闻善而不善，皆以告其上。上之所是必皆是之，所非必皆非之，上有过则规谏之，下有善则傍荐之，上同而不下比者，此上之所赏而下之所誉也'"（《墨子·尚同上》）"上之所是必皆是之，所非必皆非之"，这就是"尚同"，即达到上下政令统一、令行禁止的政治局面。墨子的这个愿望当然是良好的。这也是手工业者以及小农的良好愿望，即有一个以好皇帝为总代表的、各级官吏为清官的清平社会。在墨子这里，所谓"尚同"并非只同于天子，最终是要同于上天的，即"天下之百姓皆上同于天子"（《墨子·尚同上》），而"天子又总天下之义，以尚同于天"（《墨子·尚同下》）。故墨子的"尚同"最终是"尚同于天"的。这个"尚同"已有某种宗教情怀了。

经济上要"尚力""非命""非乐""节用""节葬"，政治上要"非

第四章 墨家的"兼爱""尚力"论与中华民族的侠义、勤俭之道

攻""尚贤""尚同"。墨子的这种经济、政治主张倒不错,比孔子恢复"周礼"、老子回归于朴的"小国寡民",更有现实意义和价值。那么,如何才能实现和实施这种经济、政治主张呢?难道等社会自然实现之吗?当然不是。这一切都要靠人来做,都是人自己的事情,没有人之外的什么东西来替人治理人的社会。那么,人自己能不能治理和治理好自己的社会呢?看来是能的。但实际上不尽然。因为,倘若人愿意来治理好自己的社会并下决心来做,社会是终能被治理好的;倘若人不愿意或不想治理好自己的社会甚或有意破坏社会秩序,那么社会就一定治理不好。所以,在墨子的经济、政治思想和主张中一定蕴涵着人的目的、动机等与人的自由意志有关的伦理问题。故在墨家这里有与儒家、道家一致的思想理路。孔子为了恢复周礼就一定要逼向"仁"这一内在心性,故孔子说"人而不仁如礼何?人而不仁如乐何?"(《论语·八佾》)如果人没有那种奠立在自由意志基础上的恢复礼乐的自觉自愿性,礼乐岂能自己恢复?老、庄为了回到"小国寡民"那种"至德之世",也要逼向人的心性,因为倘若人不愿意、不情愿回到那种"其卧徐徐,其觉于于"(《庄子·应帝王》)、"其行填填,其视颠颠"(《庄子·马蹄》)的上古社会,难道真的有什么神或造化者将人拉回去吗?因此,为了实现返回到"至德之世"这一理想的社会政治目标,就得钝化和损减人的自觉自愿的意志自由性,使人返朴归真到还没有自由意志力存在和表现的"朴"性上。墨子在此也遇到思想理路上的同样问题。倘若人不情愿、不愿意、不自觉自愿地来尚力、非命、节用、节葬、尚贤、尚同等,那么这些思想主张岂能实现?岂能让它们自己实现出来?所以,这里也要逼向人的心性。只不过这个问题在墨家处不特别重要和突出而已,但依然存在着。这,就是墨子的"兼爱"说。"兼爱"与"非攻"常结合而论,看起来是一个社会政治问题,但实则这是墨子人性论的伦理思想。

所谓"兼爱"就是普遍的、无条件的爱。《说文》:"兼,并也。从又持秝。兼持二禾,秉持一禾。"这是说,兼指同时涉及两件或两件以上的事物,由手持着秝(二禾)会意之。墨子之所以要用这个"兼"来定谓、修饰"爱",意在说明此种"爱"不是爱自己,而是爱别人。说到"爱",当然指爱别人、他人,但也不排除自爱。给"爱"加一"兼"字,其自爱之义就被排除了,而突出和凸显了爱别人的含义。墨子要用"兼爱"作为

方式、方法来救治社会动乱现象，即他称之为"别"的现象。"子墨子曰："兼以易别。然即兼之可以易别之故何也？曰：藉为人之国若为其国，夫谁独举其国以攻人之国者哉？为彼者由为己也。……是故子墨子曰：别非而兼是者，出乎若方也。'"（《墨子·兼爱下》）墨子具体论述说："圣人以治天下为事者也，必知乱之所自起，焉（乃）能治之，不知乱之所自起，则不能治。譬之如医之攻人之疾者然，必知疾之所自起，焉能攻之；不知疾之所自起，则弗能治。圣人以治天下为事者也，不可不察乱之所自起。当察乱何自起？起不相爱。臣子之不孝君父，所谓乱也。子自爱不爱父，故亏父而自利。弟自爱不爱兄，故亏兄而自利。臣自爱不爱君，故亏君而自利。此所谓乱也。虽父之不慈子，兄之不慈弟，君之不慈臣，此亦天下之所谓乱也。父自爱也不爱子，故亏子而自利。兄自爱也不爱弟，故亏弟而自利。君自爱也不爱臣，故亏臣而自利。是何也？皆起不相爱。虽至天下之盗贼者亦然，盗爱其室不爱异室，故窃异室以利其室；贼爱其身不爱人身，故贼人身以利其身。此何也？皆起不相爱。虽至大夫之相乱家，诸侯之相攻国者亦然。大夫各爱其家，不爱异家，故乱异家以利其家。诸侯各爱其国，不爱异国，故攻异国以利其国。天下之乱物具此而已矣。察此何自起？皆起不相爱。"（《墨子·兼爱上》）墨子认为，全天下乱之根源就在于"不相爱"。既如此，对治天下之乱的方式方法也就有了，这就是"相爱"或"兼爱"。故墨子说："若使天下兼相爱，爱人若爱其身，犹有不孝者乎？视父兄与君若其身，恶施不孝？犹有不慈者乎？视弟子与臣若其身，恶施不慈？故不孝不慈亡有，犹有盗贼乎？故视人之室若其室，谁窃？视人身若其身，谁贼？故盗贼无有。犹有大夫之相乱家，诸侯之相攻国者乎？视人家若其家，谁乱？视人国若其国，谁攻？故大夫之相乱家，诸侯之相攻国者亡有。若使天下兼相爱，国与国不相攻，家与家不相乱，盗贼无有，君臣父子皆能孝慈，若此则天下治。故圣人以治天下为事者，恶得不禁恶而劝爱？故天下兼相爱则治，交相恶则乱。"（《墨子·兼爱上》）总之，墨子认为，若以"兼相爱"或"兼爱"来治天下，天下则会大治。

墨子的这个"兼爱"说倒也有对的地方，作为一种普遍的伦理道德和政治原则倒也可以实施。但问题是这种"爱"太泛化和绝对化了，故在现实社会中往往流于形式而流产。故孟子说墨子的这种"兼爱"说是"无父",是最终行不通的(见《孟子·滕文公下》),也有道理。另外,墨子只说诸侯之攻伐、盗贼之窃室、父子之不家等是社会的乱象,但他未说明为何会有此种乱象?人为什么要各为自家谋利益呢?这乃因社会分工和私有制出现之必然结果。对治这样一个必然要进入私有制的阶级社会的私有现象和人的私有观念,并非提倡一个"兼爱"的伦理主张就能解决问题的。

墨子的"兼爱"说看似社会政治主张,实则是伦理主张和原则。作为伦理原则,这就与人的心性不无关系了。人要去爱别人,要兼爱,这难道是人的自发行为吗?是人的本能吗?有可能。儒家就说这是人性的自发和本能(本性)。但若真的是自然的本能,那么人就不会和不应该知道有此种本能在,那实际上也就没有本能不本能可言了。当你说"爱人"是人的一种伦理本性、本质时,人是知道人自己有这样一种本性、本质的,既知道,那就不是自发的,这一定有自觉自愿性在其中,一定牵涉到人的自由意志或意志自由的问题。墨子讲"兼爱"时就有此问题在。兼爱行为究竟是自发的还是自觉的?若是自发的,就不用墨子说了,也就不必提倡了,因为说了也白说。正因为这种兼爱不是自发的而是自觉的,是人的自觉自愿的行为,故才要说和才能说。孔子说要复礼就是要人自觉自愿地来做,否则无法复礼。墨子讲"兼爱"时亦然,兼爱行为要人自觉自愿地来做,如果人不愿意来实行这个兼爱,就不会有兼爱行为的发生和存在。那么,怎么才能保证这个自觉自愿呢?自由意志或意志自由本身保证不了这一点。因为既然是自由意志,那它就是自由的,即一切均由它自己来作主,它既可以自觉自愿地来实行、执行某一伦理行为,也可以自觉自愿地不实行和不执行某一伦理行为,这两者都是对的和合理的。但问题是,如果允许否定意义上的自觉自愿性的存在和作用,就会导致伦理原则和行为的解体。所以,在这里人要对自己的自由意志作升华、提升和外化,或者说自由意志自己要对自身作提升和外化,即把自由意志升华、外化为一种具有主宰性力量的实体,由此来约束、管控和指导自由意志自身之运作。墨子正是如此作的,这就是其思想中的第四根支柱——"天志""明鬼"说。

《墨子》中有《天志上》《天志中》《天志下》三篇和《明鬼下》(《明鬼上》《明鬼中》阙文)一篇,阐述了"天志"和"明鬼"思想,即"天"和"鬼(神)"的存在是合理的和必要的。墨子说:"今人皆处天下而事天，得罪于天，将无所以避逃之者矣。"（《墨子·天志下》）"天子为善，天能赏之；天子为暴，天能罚之。"（《墨子·天志中》）"顺天意者，兼相爱，交相利，必得赏；反天意者，别相恶，交相贼，必得罚。"（《墨子·天志上》）"夫既尚同乎天子，而未上同乎天者，则天灾将犹未止也。故当若天降寒热不节，雪霜雨露不时，五谷不熟，六畜不遂，疾灾戾疫，飘风苦雨，荐臻而至者，此天之降罚也，将以罚下人之不尚同乎天者也。"（《墨子·尚同中》）很明显，墨子认为"天"是有意志、有目的、有力量的人世主宰者，它能知道人世之好恶，能赏善罚恶。墨子还主张"明鬼"。他将"鬼（神）"分为"天鬼神""山水鬼神""人死而为鬼者"（见《墨子·明鬼下》）三类。但无论哪种鬼神都能赏善罚暴。他说："鬼神之明，不可为幽间广泽、山林深谷，鬼神之明必知之。鬼神之罚，不可为富贵众强、勇力强武、坚甲利兵，鬼神之罚必胜之。"又说："鬼神之所赏，无小必赏之；鬼神之所罚，无大必罚之。"（《墨子·明鬼下》）墨子用他的"三表"法证明了鬼（神）之存在是必然的。总之，墨子以"天""鬼"为实体性的最高、最后存在。这是他的宗教思想和情怀，是他思想的归宿。

可见，墨子思想的确可形成一个统贯的体系，这就是四个方面和层次的十大思想主张，即尚力、非命、非乐、节用、节葬的经济思想，非攻、尚贤、尚同的政治思想，兼爱的社会伦理思想，天志、明鬼的宗教思想。这里再说一点：人们常认为墨子一方面讲尚力、非命，看重人自身的劳动能力和力量，另一方面又讲天志、明鬼，看重超越性的超人间力量的存在，这似乎互相矛盾，反映了其思想的二元性的不彻底性，是手工业这一小生产者阶级立场的反映和表现。这种看法有一定道理，但显得表面化了些。我们以上的分析表明，墨子的思想是可以一以贯之的。至于他"天志""明鬼"的宗教思想，正是其"兼爱"思想的逻辑延伸和归宿，是其"兼爱"本体性之要求和表现。

二　墨家思想中所体现的中华民族精神

在中华民族存在和发展的过程中，儒家和墨家对民族精神的培育和成长贡献和影响最大。以伦理思想为核心的儒学迎合了中国封建社会小农经济的经济结构，故成了中国封建社会的主流意识形态；而墨学所代表的手工业者阶层本就属于这个小农经济的一部分，因而墨学与儒学本就有相交合和相通之处，因此墨学借儒学这一主流意识形态在流行中对中华民族精神的形成和发展产生了重要的作用和影响。而且，如果说道家思想的作用和影响主要在士大夫知识分子方面，儒家的思想影响主要在社会的伦理关系和行为方面，那么墨家的思想影响则渗入了人们的生活中，手工业者所具有的那种尚力、勤劳、严谨、节俭、科学、实干等品质和精神已深深渗透到中华士人思想中，特别是以小农为主体的中华国民的日常生活之中，成为中华国民日常生活的心理习惯和行为方式。所以说，墨家思想对中华民族精神的影响更实在、广泛和深厚。

概言之，墨家思想对中华民族精神的作用和影响主要表现在下列几个方面。

1. "尚贤""尚同"的大同理想

墨子从手工业者的基础、利益、愿望出发，很看重人的品德和才能，因此重视贤人、贤者。他认为崇尚贤者乃为政之本。"子墨子言曰：'今王公大人之君人民，主社稷，治国家，欲修保而勿失，故不察尚贤为政之本也。何以知尚贤之为政本也？曰自贵且智者，为政乎愚且贱者，则治；自愚贱者，为政乎贵且智者，则乱。是以知尚贤之为政本也。故古者圣王甚尊尚贤而任使能，不党父兄，不偏富贵，不嬖颜色，贤者举而上之，富而贵之，以为官长；不肖者抑而废之，贫而贱之，以为徒役。是以民皆劝其赏，畏其罚，相率而为贤。'"（《墨子·尚贤中》）在墨子看来，"今者王公大人为政于国家者，皆欲国家之富，人民之众，刑政之治"，这种为政目的和目标是好的。然"不得富而得贫，不得众而得寡，不得治而得乱，则是本失其所欲，得其所恶，是其故何也？"就在于"不能以尚贤事能为政也。是故国有贤良之士众，则国家之治厚，贤良之士寡，则国家之治薄。故大人之务，将在于众贤而已"（《墨子·尚贤上》）。尚贤之重要性毋庸多疑。"然则众贤之术将奈何哉？子墨子言曰：'譬若欲众其国之善射御之士者，必将富之，贵之，敬之，誉之，然后国之善射御之士将可得而众也。况又有贤良之士厚乎德行，辩乎言谈，博乎道术者乎？此固国家之珍，而社稷之佐也，亦必且富之，贵之，敬之，誉之，然后国之良士亦将可得而众也。'"（《墨子·尚贤上》）一个国家要有贤士，而且国家必须予以重视，对贤士要富之、贵之、敬之、誉之，否则国家不可能聚集到贤士。墨子以为，古代圣王的为政就在于能尚贤使能，"列德而尚贤。虽在农与工肆之人，有能则举之，高予之爵，重予之禄，任之以事，断予之令……故当是时，以德就列，以官服事，以劳殿（定）赏，量功而分禄。故官无常贵而民无终贱，有能则举之，无能则下之，举公义，辟私怨，此若言之谓也。"（《墨子·尚贤上》）不论出身，不管门第，不看职业，只重品德与才能，"虽在农与工肆之人，有能则举之"，要把真正的贤者举荐在领导之位，这样社会就能得到良好治理。故"贤者之治国也，早朝晏退，听狱治政，是以国家治而刑法正。贤者之长官也，夜寝夙兴，收敛关市、山林、泽梁之利，以实官府，是以官府实而财不散。贤者之治邑也，蚤出莫（暮）入，耕稼、树艺、聚菽粟，是以菽粟多而民足乎食。故国家治则刑法正，官府实则万民富。上有以絜为酒醴粢盛，以祭祀天鬼，外有以皮币，与四邻诸侯交接，内有以食饥息劳养其万民，外有以怀天下之贤人。"（《墨子·尚贤中》）让贤人来治理国家，就会刑法正而政治清，官府实而万民富，国内定而四邻安。这不就天下太平了吗？！

墨家"尚贤"的特点是"举公义，辟私怨"，唯能是举。《吕氏春秋·孟春纪·去私》说："晋平公问于祁黄羊曰：南阳无令，其谁可而为之？祁黄羊对曰：解狐可。平公曰：解狐非子之仇邪？对曰：君问可，非问臣之仇也。平公曰：善。遂用之，国人称善焉。居有间，平公又问祁黄羊曰：国无尉，其谁可而为之？对曰：午可。平公曰：午非子之子邪？对曰：君问可，非问臣之子也。平公曰：善。又遂用之，国人称善焉。孔子闻之曰：善哉祁黄羊之论也，外举不避仇，内举不避子，祁黄羊可谓公矣。墨者有巨子腹䵍，其子杀人。秦惠王曰：先生之年长矣，非有他子也，寡人已令吏弗诛矣，先生之以此听寡人也。腹䵍对曰：墨者之法曰杀人者死，伤人者刑。此所以禁杀伤人也。夫禁杀伤人者，天下之大义也，王虽为之赐而令吏弗诛，腹䵍不可不行墨子之法。不许惠王而遂杀之。"祁奚（字黄羊）"外举不避仇，内举不避亲"之事，在《左传》襄公三年和《左传》襄公二十一年、《国语·晋语七》中均有记载。他是否墨者，这里没有说。但不管他是否墨者，他的行为和所奉行的原则却很好地诠释了墨家的"尚贤"主张。腹䵍杀子卫法之事，更好地说明了墨家组织之严密和要求之严格；表明墨家弟子对其思想主张之践行的坚决，这当然也包括墨家的"尚贤"主张在内。总之，墨家的"尚贤"是唯能、唯才是举。这当然很重要。

墨子讲"尚贤"的目的和目标是要做到"尚同"，如果说"尚贤"尚是治理天下的途径和手段的话，那么"尚同"就是治理天下的最终目的。《墨子·尚同中》有言："子墨子曰：'方今之时，复古之民始生，未有正长之时，盖其语曰"天下之人异义。"是以一人一义，十人十义，百人百义，其人数兹众，其所谓义者亦兹众。是以人是其义，而非人之义，故相交非也。内之父子兄弟作怨仇，皆有离散之心，不能相和合。至乎舍余力不以相劳，隐匿良道不以相教，腐朽（列）余才不以相分，天下之乱也至如禽兽然，无君臣上下长幼之节，父子兄弟之礼，是以天下乱焉。'"墨子所谓的"方今之时"就是春秋末期，当时正处在奴隶制崩溃而天下诸侯各自为政之时，故政治上是不统一的。墨子认为，当时的政治情况与"古之民始生"时的情况相同，即没有形成统一的政治国家，故"天下之人异义"，各人有各人的"义"即标准、尺度，其结果就是各人都肯定自己的"义"而非别人的"义"，"故相交非也"；"相交非"的结果是相当严重的，以至于"父子兄弟作怨仇"，"天下之乱也至如禽兽然，无君臣上下长幼之节，父子兄弟之礼"，这当然是混乱的天下。这是说没有统一的国家政治和君主的危害性。墨子的这一看法和主张实际上与孔子是一致的。孔子说："天下有道，则礼乐征伐自天子出；天下无道，则礼乐征伐自诸侯出。"（《论语·季氏》）诸侯各自为政的社会就是"无道"的社会，这难道不正是墨子这里所言的"天下之人异义"而"相交非"的"无国"社会吗？

既然没有"同"的社会是混乱的，那当然就需要有"同"的社会了。怎么"同"之呢？墨子说："是故选择天下贤良圣知辩慧之人，立以为天子，使从事乎一同天下之义。天子既以立矣，以为唯其耳目之请（情），不能独一同天下之义，是故选择天下赞阅贤良圣知辩慧之人，置以为三公，与从事乎一同天下之义。天子三公既已立矣，以为天下博大，山林远土之民不可得而一也，是故靡（历）分天下，设以为万诸侯国君，使从事乎一同其国之义。国君既已立矣，又以为唯其耳目之请（情），不能一同其国之义，是故择其国之贤者置以为左右将军大夫，以远至乎乡里之长，与从事乎一同其国之义。天子诸侯之君，民之正长，既已定矣，天子为发政施教曰：'凡闻见善者，必以告其上，闻见不善者，亦必以告其上。上之所是，亦必是之；上之所非，亦必非之。已有善傍荐之，上有过规谏之。尚同义其上，而毋有下比之心。'"（《墨子·尚同中》）墨子认为，社会之"同"，即社会政治之统一需要两步，第一步是组织机构之建立，这就是国家行政体制的设立，要有健全的各级行政组织，其最高首领就是天子；第二步是行政命令的统一以及相应的思想观念等的统一，即"上之所是，亦必是之；上之所非，亦必非之"。做到了这两步，就达到"尚同"了。墨子的目的是"天下之百姓皆上同于天子"（《墨子·尚同上》）。这当然是对的，因为要使社会统一就必须要有一个统一的国家体制和政治，这就少不了最高统治者——天子。墨子在这里似乎看到了或者说意识到了一种情况，即天子权力的使用问题。当一切都上同于天子时，天子就成了一切的主宰和权威；这个天子如果是位仁者圣君，当然会为民着想而给民带来福祉，倘若这个天子是有如桀、纣式的暴君，他就会祸害全天下。但这个"天子"本身又不能保证自身一定是个好天子，因为天子作为人也有自由意志，其意志既可以使自己自觉自愿地为善亦可以自觉自愿地为恶。所以，在"尚同"思想中墨子最后引进了"天"，他说："天子又总天下之义以尚同于天。"（《墨子·尚同下》）为何要"尚同于天"呢？墨子未有论证。这里的意思大概是为了对天子的独断权力和权势作一定的约束和限制吧。不过，墨子用"天"来限制"天子"的权力是对的。墨子的"尚同"说是他的政治观和国家观。在这里他与道家思想有相通之处。《老子》第二十八章言："朴散则为器，圣人用之则为官长。"这里就关乎社会行政制度产生的问题。当然老子这里仅提出了社会行政体制之起源的原则，即此乃"道（朴）"散失后的结果和表现。但这太过原则和抽象了，难见具体方面。墨子的"尚同"说所涉及的社会行政机构和体制之设立问题就具体多了，它是基于现实社会中如何使社会由乱达到治的现实问题来讲的，故有一定的内容和实际性。

在墨子"尚贤""尚同"的政治思想主张中，"尚贤"说属于一般的思想主张，孔子也讲"举贤才"（见《论语·子路》）。最有意义和最能突出墨家政治思想特色的是其"尚同"说，因为墨子关于"尚同"之论其实涉及或关乎国家起源的问题，尽管墨子自己并不明白这一点。国家是什

第四章 墨家的"兼爱""尚力"论与中华民族的侠义、勤俭之道

么?自古以来就有"天佑下民,作之君,作之师"的"君权神授"说。黑格尔认为国家是地上的神物,"是道德观念的现实","是理性的形象和现实"。卢梭等人认为国家是人们共同签订的一种契约形式和结果。说法不一。人的社会需要国家这种政治体制和机构,这是墨子所意识到的,故他多次强调要"选天下贤可者立以为天子","天下之百姓皆上同于天子"(见《墨子·尚同上》)。但这究竟是为什么呢?墨子只能从治理乱世之需要出发来发表议论。按照马克思主义的阶级和国家理论,国家的起源与阶级直接相关。那么,什么是阶级呢?列宁在《伟大的创举》一文中说:"所谓阶级,就是这样一些大的集团,这些集团在历史上一定的社会生产体系中所处的地位不同,对生产资料的关系(这种关系大部分是在法律上明文规定了的)不同,在社会劳动组织中所起的作用不同,因而领得自己所支配的那份社会财富的方式和多寡也不同。所谓阶级,就是这样一些集团,由于它们在一定社会经济结构中所处的地位不同,其中一个集团能够占有另一个集团的劳动。"[①] 可见,阶级是在社会分工和发展中出现和形成的经济组织和实体,故它是一个经济概念和历史范畴,它是由于人们在特定的生产体系和经济结构中处于不同的地位,结成不同的关系所决定的。由于人们对生产资料的占有或不占有的关系不同,在劳动组织和生产过程中所起的或统治或服从的地位不同,参与社会财富的分配方式和取得收入的多少不同,因此在利益上形成了根本的对立,一个集团可以合理和合法地占有另一个集团的劳动。所以,阶级的出现是社会发展到一定阶段的必然结果。由于经济利益上的根本对立,当社会出现和产生了阶级后,社会就必然处于对立、斗争和冲突中,这种冲突甚至可能发展成巨大规模的战争。这种阶级之间的斗争的结果会怎么样呢?可能是一个阶级打败或奴役另一个阶级,也可能是两个阶级同归于尽,还可能是两个阶级长期对峙和冲突下去。总之,阶级与阶级之间的对立和斗争总得存在和进行下去且总会有结果的。换句话说,两大阶级集团要得以对立和斗争下去,总得在一个社会中存在,总得有一个什么组织和形式将这两个对立的阶级合理地收拢在一起,否则想斗争都没有可能了。再说,两个阶级的对立和斗争总得有个结果、结局,若永远无休止地斗下去,这两个阶级谁也生存不了,这

[①] 《列宁选集》第四卷,人民出版社1972年版,第10页。

就意味着人类自己会将自己推向毁灭,因此人们总得谋想个方式方法来解决阶级之间的对立和斗争,使这种对立和斗争趋于合理化、社会化、正常化。这个使阶级之斗争归于合理化和正常化的组织形式就是国家。故恩格斯在《家庭、私有制和国家的起源》中说:"可见,国家决不是从外部强加于社会的一种力量。国家也不象黑格尔所断言的是'伦理观念的现实','理性的形象和现实'。勿宁说,国家是社会在一定发展阶段上的产物;国家是表示:这个社会陷入了不可解决的自我矛盾,分裂为不可调和的对立面而又无力摆脱这些对立面。而为了使这些对立面,这些经济利益互相冲突的阶级,不致在无谓的斗争中把自己和社会消灭,就需要有一种表面上驾于社会之上的力量,这种力量应当缓和冲突,把冲突保持在'秩序'的范围以内;这种从社会中产生但又自居于社会之上并且日益同社会脱离的力量,就是国家。"[1] 列宁在《国家与革命》中说:"国家是阶级矛盾不可调和的产物和表现。在阶级矛盾客观上达到不能调和的地方、时候和程度,便产生国家。反过来说,国家的存在表明阶级矛盾的不可调和。"[2] 这就是说,当社会进入了阶级社会后,阶级对立和冲突必然导致国家的出现。国家是社会中最高的权力机构,是从社会中产生但又凌驾于社会之上的权力组织,它有官吏、军队、宪兵、警察、法庭、监狱等一系列制度和实体。墨子无论如何不可能从国家的角度来认识"天子"等各级组织的"尚同"问题。但他的"尚同"思想的确关乎国家问题,这可以说是墨子"尚同"思想的潜在价值所在。

作为一种社会政治思想,墨子讲的"尚贤""尚同"乃是一种"大同"理想,即以手工业者为主体的小农"大同"理想。《礼记·礼运》中有儒家的"大同"理想,这就是:"大道之行也,天下为公,选贤与能,讲信修睦。故人不独亲其亲,不独子其子。使老有所终,壮有所用,幼有所长,矜寡孤独废疾者皆有所养。男有分,女有归。货恶其弃于地也,不必藏于己;力恶其不出于身也,不必为己。是故谋闭而不兴,盗窃乱贼而不作。故外户而不闭,是谓大同。"这是一种自由、平等、和谐的各有所归、各尽所能的社会。这种社会已经没有天子、三公、诸侯、正长等的官级制度,看来是一种人人平等且自觉的社会。墨子的"尚同"说与儒家的

---

[1] 《马克思恩格斯选集》第四卷,人民出版社1972年版,第166页。
[2] 《列宁选集》第三卷,人民出版社1972年版,第175页。

"大同"说还是有一定距离的。《礼记·礼运》又说:"今大道既隐,天下为家。各亲其亲,各子其子,货力为己。大人世及以为礼,城郭沟池以为固。礼义以为纪,以正君臣,以笃父之,以睦兄弟,以和夫妇,以设制度,以立田里,以贤勇知,以功为己。故谋用是作,而兵由此起。"这是"大道"未行的社会,儒家称之为"小康"。墨子的"尚贤""尚同"思想看来就在这个层面上,即在承认"天下为家,各亲其亲,各子其子,货力为己"的基础上主张有从天子到正长的各级行政体制组织,以维持和保证社会秩序。但如果联系到墨子的"兼爱"说,他似乎又是反对这种"各亲其亲,各子其子,货力为己"的社会的,因为正是此种"子自爱不爱父,故亏父而自利;弟自爱不爱兄,故亏兄而自利;臣自爱不爱君,故亏君而自利"(《墨子·兼爱上》)的"各亲其亲,各子其子"的自利、自私性的行为才造成天下相互攻伐的乱世社会现象,他用以拯救社会之乱的方法就是"兼爱",即那种"人不独亲其亲,不独子其子"而关心、爱护他人的所作所为,这又与儒家的"大同"理想有一致之处了。所以,墨子"尚贤""尚同"的政治思想和主张作为一种治理社会的目标和理想,很难确切地说就是儒家所讲的"大同"或"小康"。当然,儒是儒,墨是墨,墨子讲其"尚贤""尚同"的思想主张时只是针对当时的社会问题来谈的,还并未想到这究竟是一种什么性质和目标的社会政治理想。我们之所以将墨子"尚贤""尚同"的思想拿来与儒家的"大同"理想作类比,当然是为了认识和把握其理想主张的社会政治性质及其价值、意义。大体来说,墨子"尚贤""尚同"的社会政治思想介于儒家的"大同"与"小康"之间,既没有儒家"大同"那样理想和高远,也没有儒家"小康"那样实际和低下。总之,这种"尚贤""尚同"说的确是墨家的社会政治理想。

正是墨家"尚贤""尚同"这种既不怎么太理想和高远亦不完全现实和低下的社会政治理想和思想,才对中华民族精神深有作用和影响。儒家的"小康"说讲的是一种社会现实,它不是理想和需要为之奋斗的目标,儒家自己也不将其作为要去奋斗和实现的一种理想目标来对待。儒家的理想目标是"天下为公"的"大同"。这个社会理想和目标的确高远,千百年来也激励了不少仁人志士为之奋斗。但它毕竟是理想,不是现实。墨家"尚贤""尚同"的思想主张作为一种社会政治理想就不同了,它很有现实性。从陈胜吴广领导中国历史上第一次农民大起义时所呐喊"王侯将相宁有种乎"(《史记·陈涉世家》)的口号,到太平天国"有田同耕,有饭同食,有衣同穿,有钱同使,无处不均匀,无人不饱暖"(《天朝田亩制度》)的政治纲领,再加上农民起义时高喊的"等贵贱""均贫富"的目的目标,在中国几千年来的农民运动中始终有一个"尚同"的目标和理想。这难道体现和贯彻的不正是墨家的"官无常贵而民无终贱,有能则举之,无能则下之"(《墨子·尚贤上》)的"尚贤"和"尚同"的社会政治理想吗?!且不说农民运动,就是在一般农人甚至士人的思想中,不也是盼望能有一个好皇帝,由此而能有一个清明的政治局面和社会现实吗?!这不正是墨家"尚同"理想在广大小农身上的体现吗?!甚至在一些宫廷斗争中所打的旗号也是"清君侧"而不是杀皇帝;梁山上的一帮好汉打出的旗帜是"替天行道",他们也只反贪官而不反皇帝。我们暂不论这些思想、观念对不对,革命不革命,落后与否,千百年来深深扎根于中华国民心中的这种"尚贤""尚同"的朴素观念和理想,不正活生生地体现着和实现着中华民族的精神吗?这种精神到底是正面价值大还是负面作用大,可暂不予多言,但这是中华民族的一种实实在在的精神,总是事实!

2. "兼爱""非攻"的泛爱主张

墨子讲"兼爱"。他说:"兼相爱,交相利,此圣王之法,天下之治道也,不可不务也。"(《墨子·兼爱中》)《墨子》中有《兼爱上》《兼爱中》《兼爱下》三篇,专讲"兼爱"或"兼相爱"的问题。墨子为什么这么看中和看重"兼爱"呢?他认为这是治理社会乱象的良方。"子墨子言曰:'仁人之事者,必务求兴天下之利,除天下之害。然当今之时,天下之害孰为大?曰:若大国之攻小国也,大家之乱小家也,强之劫弱,众之暴寡,诈之谋愚,贵之敖贱,此天下之害也。又与为人君者之不惠也,臣者之不忠也,父者之不慈也,子者之不孝也,此又天下之害也。又与今人之贱人,执其兵刃、毒药、水、火,以交相亏贼,此又天下之害也。姑尝本原若众害之所自生,此胡自生?此自爱人利人生与?即必曰非然也,必曰从恶人贼人生。分名乎天下恶人而贼人者,兼与?别与?即必曰别也。'"(《墨子·兼爱下》)墨子认为,仁者为政之目的和任务就是"兴天下之利"而"除天下之害",将社会治理好。但要除天下之害,首先就得明确天下之害是什么。他认为当时的天下之害莫过于"大国之攻小国,大家之乱

第四章　墨家的"兼爱""尚力"论与中华民族的侠义、勤俭之道

小家","强劫弱","众暴寡","诈谋愚","贵傲贱"之社会现象,他称此种乱象为"别"。而对治此种"别"的方法就是"兼"。"是故子墨子曰:'兼以易别。然即兼之可以易别之故何也?曰:藉为人之国若为其国,夫谁独举其国以攻人之国者哉?为彼者由为己也。为人之都若为其都,夫谁独举其都以伐人之都者哉?为彼犹为己也。为人之家若为其家,夫谁独举其家以乱人之家者哉?为彼犹为已也。然即国、都不相攻伐,人家不相乱贼,此天下之害与?天下之利与?即必曰天下之利也。……是故子墨子曰:别非而兼是者,出乎若方也。'"(《墨子·兼爱下》)"兼以易别",这就是墨子用来对治当时天下之乱的方针方式。"别"的内涵是人各自爱而不爱他人,故这是一种私,这样做会造成战争和混乱,是天下之祸害;"兼"的内涵则是人爱别人、他人,人都像爱自己一样来设身处地地爱他人,爱他人之国,爱他人之城(都),爱他人之家,爱他人之身,这样做的话就会人人相爱而和谐相处,世上也就消弭了战争和攻伐,也就没有了盗窃和争斗,社会就能治理好,天下就太平了。所以墨子讲:"故兼者圣王之道也,王公大人之所以安也,万民衣食之所以足也。故君子莫若审兼而务行之,为人君必惠,为人臣必忠,为人父必慈,为人子必孝,为人兄必友,人为弟必悌。故君子莫若欲为惠君、忠臣、慈父、孝子、友兄、悌弟,当若兼之不可不行也,此圣王之道而万民之大利也。"(《墨子·兼爱下》)

墨子反复说要用"兼相爱交相利之法"来治理社会。"然则兼相爱交相利之法将奈何哉?子墨子言:'视人之国若视其国,视人之家若视其家,视人之身若视其身。是故诸侯相爱则不野战,家主相爱则不相篡,人与人相爱则不相贼,君臣相爱则惠忠,父子相爱则慈孝,兄弟相爱则和调。天下之人皆相爱,强不执弱,众不劫寡,富不侮贫,贵不敖贱,诈不欺愚。凡天下祸篡怨恨可使毋起者,以相爱生也,是以仁者誉之。'"(《墨子·兼爱中》)兼爱之法乃治理社会之良方,那么怎么实行呢?难道此法会自动生效吗?当然不是。它要人自觉自愿地去实行,人若不自觉自愿地实行"兼爱"之法,"兼爱"将是一句空话。所以,在这里墨子的"兼爱"说遇到了如何实施的根本问题。这本来应该向人的心性逼进,最后建立起心性形而上的本体论。倘若这样,墨学的思想价值就颇不一般了,它不仅与儒学有了相通之处,且墨学的哲学意义就大为改变。然而墨子并没有如此来作,他只是说只要统治者重视和提倡,天下就会形成一种趋势和倾向,

兼爱就可实行起来。墨子这样说："然而今天下之士君子曰：'然，乃若兼则善矣。虽然，天下难物于故也。'"（《墨子·兼爱中》）他借天下之士君子之口说，兼爱虽好但实行起来却非易事矣。对此，"子墨子言曰：'天下之士君子，特不识其利，辩其故也。今若夫攻城野战，杀身为名，此天下百姓之所皆难也，苟君说（悦）之，则士众能为之。况于兼相爱、交相利，则与此异。夫爱人者，人必从而爱之；利人者，人必从而利之；恶人者，人必从而恶之；害人者，人必从而害之。此何难之有！特上弗以为政，士不以为行故也。'"（《墨子·兼爱中》）墨子的意思是说，士君子们的担心是由于"不识其利"，不"辩（辨）其故"之故。像攻城野战这种需要牺牲生命以成就声名之事，只要君上乐意人们去干，人们（士）都会去干的；何况相爱能对人带来莫大的好处和利益，即爱人者人必从而爱之，人们难道就不会去作吗?！接着上面之论，墨子举了好几个例子，如"昔者晋文公好士之恶衣，故文公之臣皆牂羊之裘，韦以带剑，练帛之冠，入以见于君，出以践于朝"。"昔者楚灵王好士细要（腰），故灵王之臣皆以一饭为节，胁息然后带，扶墙然后起，比期年，朝有黧黑之色。""昔越王句践好士之勇，教驯其臣，和合之〔按：孙诒让说此三字无义，疑为'私令人'三字，属下句〕，焚舟失火，试其士曰：'越国之宝尽在此！'越王亲自鼓其士而进之。士闻鼓音，破碎乱行，蹈火而死者左右百人有余。"（《墨子·兼爱中》）这都说明，只要统治者倡导、鼓励，一些行为习惯就会出现。同样，只要统治者倡导、推行"兼爱"，全天下人就会兼相爱之。何况，"兼相爱"是有"交相利"相伴的，给爱者和被爱者都能带来利益、好处，人们何乐而不为呢！墨子这样讲也的确是有一定道理。但将"爱"的实施动机和动力放在"利"上，这就成了功利主义的伦理原则了。墨子是手工业这一小生产者阶层的思想代表，他讲"利"，将"兼相爱"与"交相利"拉在一起，本也可以理解。但"兼爱"这一伦理原则和行为倘若奠立在利益、功利性上，它就失去了神圣性力量，最终是会解体的。其实，这里涉及的关键问题是伦理原则和行为得以存在和实行的人的自觉自愿的意志自由或自由意志问题，这个问题只能逼到心性本体论上，不可将其功利化。

墨子讲"兼爱"时往往讲到"非攻"。他讲"兼爱"的主要目的就是希望能制止当时的攻伐、争夺战争。《墨子》中有《非攻上》《非攻中》

《非攻下》三篇专论"非攻"问题。首先,墨子认为攻伐别人是不合道义的。他说:"今有一人,入人园圃,窃其桃李,众闻则非之,上为政者得则罚之。此何也?以亏人自利也。至攘人犬豕鸡豚者,其不义又甚入人园圃窃桃李。是何故也?以亏人愈多,其不仁兹甚,罪益厚。至入人栏厩,取人马牛者,其不仁义又甚攘人犬豕鸡豚。此何故也?以其亏人愈多。苟亏人愈多,其不仁兹甚,罪益厚。至杀不辜人也,扡(拖)其衣裘,取戈剑者,其不义又甚入人栏厩取人马牛。此何故也?以其亏人愈多。苟亏人愈多,其不仁兹甚矣,罪益厚。当此,天下之君子皆知而非之,谓之不义。今至大为攻国,则弗知非,从而誉之,谓之义。此可谓知义与不义之别乎?杀一人,谓之不义,必有一死罪矣。若以此说往,杀十人十重不义,必有十死罪矣;杀百人百重不义,必有百死罪矣。当此,天下之君子皆知而非之,谓之不义。今至大为不义攻国,则弗知非,从而誉之,谓之义,情不知其不义也。"(《墨子·非攻上》)墨子认为,当时最大的不义之举就是一国去攻伐另一国的进攻战争。偷人一个桃李,要遭人非议,当政者要予以处罚,这是因为此举有损别人;偷人的鸡犬猪羊,要遭更大的非议和受更重的处罚,因为这对别人的损害更大更甚;那些入室抢劫,杀人越货者其罪责更大,更不义了,这为天下人所不容。这些道理人们是知道的,并有全天下一致的标准认为其是不义的。既明白这个道理,那么难道就不明白进攻别人国家的行为是最大的不义吗?!攻国既为不义,那为何不停止呢?!故非攻才是对的。

其次,墨子认为攻伐战争的危害是很大的。他说:"今师徒唯母(毋)兴起,冬行恐寒,夏行恐暑,此不可以冬夏为者也。春则废民耕稼树艺,秋则废民获敛。今唯毋废一时,则百姓饥寒冻馁而死者不可胜数。今尝计军上,竹箭羽旄幄幕,甲盾拨劫,往而靡獘腑冷不反者,不可胜数;又与矛戟戈剑乘车,其列住碎折靡獘而不反者,不可胜数;与其牛马肥而往,瘠而反,往死亡而不反者,不可胜数;与其涂道之修远,粮食辍绝而不继,百姓死者,不可胜数也;与其居处之不安,食饭之不时,饥饱之不节,百姓之道疾病而死者,不可胜数;丧师多不可胜数,丧师尽不可胜计,则是鬼神之丧其主后,亦不可胜数。"(《墨子·非攻中》)在进行攻伐战争之时,师之出动,不仅要用很多车甲武器,要花很多费用,还要死很多人,还要连带影响正常的生产和生活,这真是劳民伤财。墨子又说:

"于此为坚甲利兵，以往攻伐无罪之国，入其国家边境，芟刈其禾稼，斩其树木，堕其城郭，以湮其沟池，攘杀其牲牷，燔溃其祖庙，劲杀其万民，覆其老弱，迁其重器，卒进而柱乎斗。"（《墨子·非攻下》）战争就是破坏，刈稼禾，斩树木，堕城郭，湮沟池，攘牲牷，溃祖庙，杀万民，这对社会有什么好处呢？有的只是破坏。如果说墨子是从手工业劳动者的立场出发来看攻伐战争的破坏性，这不免带有偏见性的话，那么孙武以一个军事行家的立场和眼光所看到的战争破坏性就鲜有片面性了。孙武有言："国之贫于师者远输，远输则百姓贫。近师者贵卖，贵卖则百姓财竭，财竭则急于丘役。力屈、财殚，中原内虚于家。百姓之费，十去其七；公家之费：破车罢马，甲胄矢弩，戟盾蔽橹，丘牛大车，十去其六。"（《孙子·作战篇》）又说："凡兴师十万，出征千里，百姓之费，公家之奉，日费千金。内外骚动，台［怠］于道路，不得操事者七十万家。相守数年，以争一日之胜。"（《孙子·用间篇》）可见，战争的破坏性和耗费的确是很大的。当然，孙子乃军事家、将军，他说这些话的目的是告诫战争进行者进行战争要审慎。墨子就不同了，他讲战争的破坏性，目的是制止和消弭战争，即非攻。

那么，如何才能实现"非攻"呢？这就与墨子的"兼爱"主张相合拍了。他认为制止攻战要"以兼相爱交相利之法易之"，"视人之国若视其国，……是故诸侯相爱则不野战"（《墨子·兼爱中》）。墨子一再说，当时攻伐战争兴起的原因就在于"以不相爱生。今诸侯独知爱其国不爱人之国，是以不惮举其国以攻人之国。……是故诸侯不相爱则必野战"（《墨子·兼爱中》）。既然战争的起因在于不相爱，当然制止战争的方式和道路就在于相爱即"兼爱"，"视人国若其国，谁攻？"（《墨子·兼爱上》）在墨子看来，"兼爱"就是救治攻伐战争的良方。实际上，在墨子这里，"兼爱"和"非攻"是互为前提条件的，一方面有了"兼爱"才能有"非攻"；另一方面有了"非攻"才能实现和表现"兼爱"。故"兼爱"和"非攻"是墨子用以救治他所谓"别"这一社会乱象的相互关联的两个方面。

以上就是墨子"兼爱""非攻"说这一社会政治和伦理主张的思想内容。应该承认和肯定，墨子的这一思想主张有合理和可取的一面。他将社会乱象产生的原因归结为人自私、自利的自爱，这也有一定的道理。"诸

第四章 墨家的"兼爱""尚力"论与中华民族的侠义、勤俭之道

侯不相爱则必野战，家主不相爱则必相篡，人与人不相爱则必相贼，君臣不相爱则不惠忠，父子不相爱则不慈孝，兄弟不相爱则不和调"（《墨子·兼爱中》）之说也的确是当时的社会现实和以后社会中经常出现的实际现象。故墨子倡"兼爱"，要用普遍广泛的爱来调节人际和社会关系，来治理社会之"别"这一乱象，不能不说这也是一种方式和途径；起码墨子倡"兼爱"说的目的和动机是良好的。他主张"非攻"，反对举其国以入别国的攻伐战争，指责攻伐战争给全社会带来的危害，这也是良言善语。老子不是说"师之所处，荆棘生焉；大军之后，必有凶年"（《老子》第三十章）吗？不是说"夫唯兵者不祥之器，物或恶之，故有道者不处"（《老子》第三十一章）吗？孟子不是讲"争地以战，杀人盈野；争城以战，杀人盈城，此所谓率土地而食人肉，罪不容于死。故善战者服上刑"（《孟子·离娄上》）吗？春秋战国之时有识之士大多看到了战争所带来的危害，故主张止战、停战。墨子讲"非攻"，不也是可以理解的和应该肯定的吗?! 起码可以说，墨子讲"非攻"的目的、动机和愿望是良好的。因此说，墨子的"兼爱""非攻"说是有一定意义和价值的思想。

但也应该看到，墨子的"兼爱""非攻"说是有问题和不足的。就"兼爱"言，这种普遍的、无条件的、爱一切人的泛爱，内容广博，目标高远，目的良好，的确值得称道，的确可以与近代西方资产阶级讲的"博爱"相提并论。但这种"兼爱"如何实现？如何才能达到呢？难道它会自动地出现在世上吗？难道真的有上帝会将"兼爱"这种原则施予人类社会吗？当然都不是的。"兼爱"这种伦理原则和主张是人提出的，是人自己的原则和主张，当然要靠人来实施，要人用自己的行动、行为来实现。而人要实施、实现、实行这种"兼爱"的行为和原则，首先人得自觉自愿，人得愿意，倘若人不情愿这样做，哪来"兼爱"行为可言呢！所以，当墨子说"兼爱"的时候，这里必然有一个怎么来实现"兼爱"的根本问题。墨子当然也注意到了这个问题，不过他认为只要统治者肯提倡，人们就会实施"兼爱"的，何况"兼相爱"而"交相利"嘛，"兼爱"对双方都能带来好处和利益，人们何乐而不为呢！（见《墨子·兼爱中》）这就将"兼爱"实施的原因和条件功利化了。这恰恰是问题所在！如果从功利出发来讲"兼爱"，这正好会消解"兼爱"，因为不兼爱而自爱，能得到更大的利益。墨子自己不就说了吗，人因为不爱别国才举其国而攻伐别国；

但为什么要攻伐别人呢？是吃饱了饭撑的吗？是无所作为地开玩笑吗？自然不是。就是为了自己的利益！为了能获得更多的好处！所以，如果"兼爱"也是为了"利"，其存在的前提和基础在功利，那还需要它吗？用攻伐、计谋、欺诈、偷盗、抢劫等手段和方式不就行了吗，何必多此一举地来讲"兼爱"呢？！因此说，"兼爱"原则的实施不能像墨子那样从"交相利"出发来立论，这一定涉及和要逼到人的自觉自愿的自由意志，即要返归到人的心性来，人在心性上要有一种能实施"兼爱"的可能和基础，正如孟子所讲的人先天有一种"恻隐之心"之类的善的本性在，才有救落井孺子那样的伦理行为存在和发生（见《孟子·公孙丑上》）。正因为如此，墨子的"兼爱"说只能是一种伦理上的"乌托邦"，是难以实现的；倘若此种"乌托邦"式的"兼爱"都能实现于人的现实社会中，那还有什么人类社会可言呢！故孟子评论墨子的"兼爱"主张是"无父也"，"无父……是禽兽也！"（《孟子·滕文公下》）孟子的这个话看似说得重了些，但理是对的。无条件、无差别、无差等地爱下去，那还有人伦之道吗？还有基于血缘关系的家庭存在吗？如果没有了家庭，还有家族、国家吗？国家没有了，社会生活没有了，人类岂不是一动物世界，人与禽兽何异呢！可见，墨子的"兼爱"说作为一种伦理原则和主张，是缺乏得以存在的心性基础的。

　　再就"非攻"言，其动机和目的当然是好的。但也有问题，这就是人类不可能没有战争。马克思主义的"阶级"理论告诉我们，阶级的出现和存在必然导致阶级之争，这少不了战争。政治乃经济的集中表现，战争乃政治以另一种方式的继续。在人类社会中，特别在因生产力发展和社会分工导致了私有制和阶级出现的社会历史阶段中，想要不存在战争是不可能的。所以墨子的"非攻"看似良好，但也是"乌托邦"式的空想。要真正达到"非攻"，要想制止战争必须要用战争；而真正要消灭战争只能等到消灭阶级，使国家消亡以后。在墨子所在的春秋时代，在社会大变动之时，倡"非攻"无异于痴人说梦。主张"非攻"，这从手工业小生产者的利益和愿望出发，想要一个安宁、平静、和谐的社会环境以利于生产和生活，是对的；但若因此而主张完全消除战争，这就不对了。其实墨子是承认正义战争的合理性的（见《墨子·非攻中》等）。

　　但不论怎么说，墨家的"兼爱""非攻"思想对中华民族精神之形成、构成和发展是有一定作用和影响的。中华民族哪一方面的精神呢？就是仁爱、平等、公平、侠义等方面的观念和精神。儒家也讲爱，是仁爱、亲亲之爱，是有差等的亲爱，这种爱当然也很高尚，很崇高，但毕竟受到了血缘关系的约束和限制，其范围和对象是有局限的，当然其作用也就有限了。相比之下，墨家的兼爱或泛爱才是一种全社会、全天下的对所有人的爱，这种爱的完全实施、实现是很困难的，甚至可以说是不可能的，但作为一种观念和理想仍有极为积极的社会意义和价值。墨子的"兼爱"思想在中华民族漫长的历史发展过程中，已演化为广大民众的一种相互的平等观念和心理倾向，这一方面渗透、反映在历代农民起义的组织和思想中，从那种拜把子、结兄弟式的"不求同年同月同日生，但求同年同月同日死"的观念和信条，到"有田同耕，有饭同食，有衣同穿，有钱同使，无处不均匀，无人不饱暖"的太平天国的政治纲领，和"天下多男子，尽是兄弟之辈；天下多女子，尽是姊妹之群"的伦常博爱原则，无不渗透和体现着墨家"兼爱"的泛爱思想原则。而且，此种"兼爱"的泛爱思想不仅渗透、表现在农民起义的组织和思想纲领中，更为深刻地演化为中华国民的一种平等观念和向往。孔子说："丘也闻有国有家者，不患寡而患不均，不患贫而患不安。盖均无贫，和无寡，安无倾。夫如是，故远人不服则修文德以来之。"（《论语·季氏》）这是孔子的社会政治观，这里面就有平等、兼爱的思想倾向。寡者少也，欠缺也；从个人角度讲，财富少而寡，当然是人所忧患的，但在全社会中却不尽然。在人与人的关系中看，我个人尽管有一些财富，但如果别人比我的更多，我就有所患了。这就像我住草蓬而别人住瓦房，我心里不平衡；我现在住上瓦房了，但别人已住进了高楼大院，我心里倒比原来更不平衡，其忧患更多更大了。如果人处在这种攀比忧患中，起码就埋下了社会不安定的思想导火线。就个人说，贫穷是人所忧患的，但如果将贫穷与颠沛流离、无家可归的生活比起来，人们更忧患的则是不安定的社会局面和生活环境。所以，孔子所谓的"不患寡而患不均，不患贫而患不安"的话是对治社会问题的良方之一。但如何将此种社会政治思想体现、落实在国民的思想观念中呢？这正是通过墨子"兼爱"这种泛爱主张来向一般民众的思想和心理导入和渗透的。我中华国民普遍认可和遵守寡而均、贫而安的信条和原则，是以一种相互的平等、平均、大家都一样的心理和思想来处世谋生、处事为人的。结合和配合以封建社会小农经济的经济结构，此种以"兼爱"式的平等、公平为心理和观念信条的思想倾向和生活准则，对中华民族的稳定生存和发展不能不说有积极作用。但问题总有两面。这种"兼爱"式的平均、平等、公平思想，对中华民族走向真正的现代化也不无影响。20世纪六七十年代中国农村"人民公社"的组织形式和所体现的"一大二公"的所谓优越性的特点，难道不是此种小农经济基础上的平均主义思想贻害吗？

如果说墨家的"兼爱"思想演化为中华民族公平、平等的平均主义精神的话，那么墨家的"非攻"说则在中华民族生活中形成、培育了和演化成了一种打抱不平的侠义精神。《墨子·公输》讲，当时有个能工巧匠公输盘，为楚王造了一种攻城的先进机械云梯，楚王准备用来攻宋。"子墨子闻之，起于齐，行十日十夜而至于郢，见公输盘。"最后墨子终于说服了并在防守技术上胜过了公输盘，使得楚王不得不放弃攻宋之举，从而使宋国避免了一场战争。墨子图什么呢？当然什么都不图，这是一种急人之急、救人于危的古道热肠的侠义道精神。墨家学派是一个准军事化的具有宗教特色的团体，它的成员大都有这种赴汤蹈火的侠义道精神。至后世，墨家这种以"非攻"、止战为原则的思想就演化为游侠行为和抱打不平的侠义精神。《史记》和《汉书》中都有《游侠列传》，为侠士朱家、剧孟、王孟、郭解、万章、楼护、陈遵、原涉等人立了传，颂扬了他们急人所难的可贵精神。在中华民族的漫长发展中，不乏此种游侠和打抱天下之不平的侠义精神。那些武侠小说中颂扬和诠释的不正是此种游侠和侠义精神吗？！《水浒传》中的梁山好汉不就是劫富济贫古道热肠的一帮侠义之士吗？中华民族中如果少了此种游侠，中华民族精神中如果没有了这种古道热肠的侠义精神，那这个民族就逊色多了。虽然侠有"以武犯境"（《韩非子·五蠹》）之嫌，但中华民族精神中侠义精神的积极价值仍是值得肯定和颂扬的。

3. "尚力""非命"的劳作实践

墨家是手工业小生产者的思想代表，所以它从手工业者的劳作实践出发，很看重人的力量，崇尚人的体力和能力。《墨子·非命下》曰："故昔者三代圣王禹、汤、文、武方为政乎天下之时，曰：必务举孝子而劝之事亲，尊贤良之人而教之为善。是故出政施教，赏善罚暴。且以为若此，则天下之乱也，将属可得而治也；社稷之危也，将属可得而定也。若以为不然，昔桀之所乱，汤治之；纣之所乱，武王治之。当此之时，世不渝而民不易，上变政而民改俗。存乎桀纣而天下乱，存乎汤武而天下治。天下之治也，汤武之力也；天下之乱也，桀纣之罪也。若以此观之，夫安危治乱存乎上之为政也，则夫岂可谓有命哉！故昔者禹、汤、文、武，方为政乎天下之时，曰'必使饥者得食，寒者得衣，劳者得息，乱者得治'，遂得光誉令问于天下。夫岂可以为命哉？故以为其力也！"天下得治还是天下为乱，这真的在"命"吗？墨子否认了这一点。他认为，社会之治乱全在于人力。桀、纣之乱天下是人为的结果，禹、汤、文武之治天下也是人为的结果，均是"为其力"之故。这从为政角度突出了"尚力"之重要。墨子还有一个更为可取的观点，这就是以"力"作为区分人与禽兽的标准。他说，人与麋鹿、飞鸟、贞虫本来就不一样，因为后者"因其羽毛以为衣裘，因其蹄蚤（爪）以为绔屦，因其水草以为饮食。故唯使雄不耕稼树艺，雌亦不纺绩织纴，衣食之财固已具矣"。而人则不然，"今人与此异者也，赖其力者生，不赖其力者不生。君子不强听治即刑政乱，贱人不强从事即财用不足"（《墨子·非乐上》）。禽兽没有"力"可言，其所作所为皆赖其遗传本能；人则不是靠遗传本能，而是靠"力"，"赖其力者生，不赖其力者不生"，如果人靠本能，那是最终生存不下去的，非灭亡不可。人从自身之"力"出发，男耕稼树艺，女纺绩织纴，男耕女织，创造自己所需要的基本的物质生活资料，并创造剩余财富和价值，使社会存在、扩大、发展。所以，"力"对人来说是很根本的。正因为如此，人当要发挥其"力"来生存，这就是墨子所说的"强"。他说："今也王公大人之所以蚤朝晏退，听狱治政，终朝均分，而不敢怠倦者何也？曰：彼以为强必治，不强必乱；强必宁，不强必危，故不敢怠倦。今也卿大夫之所以竭股肱之力，殚其思虑之知，内治官府，外敛关市、山林、泽梁之利，以实官府，而不敢怠倦者何也？曰：彼以为强必贵，不强必贱；强必荣，不强必辱，故不敢怠倦。今也农夫之所以蚤出暮入，强乎耕稼树艺，多聚叔粟，而不敢怠倦者何也？曰：彼以为强必富，不强必贫；强必饱，不强必饥，故不敢怠倦。今也妇人之所以夙兴夜寐，强乎纺绩织纴，多治麻统葛绪捆布縿，而不敢怠倦者何也？曰：彼以为强必富，不强必贫；强必煖，不强必寒，故不敢怠倦。"（《墨子·非命下》）上自王公大人下至农夫织妇，之所以都尽己力而认真做事，正在于人们都看到强可贵，可富，可饱，可暖，可荣，可治，可宁，否则必会贱、贫、饥、寒、辱、乱、危矣。所以，人只有靠自己的"力"以强以贵以富以荣，这才是真正人的社会。

墨子在讲"尚力"以强时，往往要与"非命"说相关系。就是说，在墨子的思想中，"尚力"与"非命"是一个问题相互关联着的两个方面，要"尚力"即要"非命"，只有"非命"才可"尚力"。墨子说："古者王公大人，为政国家者，皆欲国家之富，人民之众，刑政之治。然而不得富而得贫，不得众而得寡，不得治而得乱，则是本失其所欲，得其所恶，是故何也？"（《墨子·非命上》）古者王公大人为政于国家，其目的和愿望都是好的，即为了使国家富、人民众、刑政治。但为什么却达不到这一目的和目标呢？反而得到的是国家贫、人民寡、刑政不治之结果呢？"子墨子言曰：'执有命者以襍于民间者众。执有命者之言曰："命富则富，命贫则贫，命众则众，命寡则寡，命治则治，命乱则乱，命寿则寿，命夭则夭。命，虽强劲何益哉？"上以说王公大人，下以驵（阻）百姓之从事。故执有命者不仁。故当执有命者之言，不可不明辨。'"（《墨子·非命上》）墨子将国家未能治理好的原因归于"有命"论思想的影响，这虽然有点夸大，但的确是一个方面的原因。有"命"观念和思想主张的确影响人的积极进取，人倘若都执有命论思想，的确会消极等待，因为他们认为干什么事、怎么样干、如何努力都是无用的，一切都是必然安排好的，是无法改变的。墨子作为手工业小生产者的思想代表，当然是主张"非命"的。他用他的"三表"法否定了"命"的存在，即其一，从"古者圣王之事"看，在"先王之书""先王之宪""先王之刑""先王之誓"中都没有那种"执有命者之言"；其二，从"百姓耳目之实"看，在"生民""诸侯""古之圣王"那里都没有"见命之物""闻命之声"，即没有"命"这种东西；其三，从实际的为政效果看，世事还是一样的世事，百姓还是同样的百姓，但桀纣治之则天下乱，汤武治之则天下治，这难道真的是由于"命"吗？墨子说当然不是，这完全是为政者人为的结果，"故以为其力也"，"则夫岂可谓有命哉？"（《墨子·非命下》）所以，没有"命"这种东西。上自王公大人，下至农夫农妇，之所以都勤于做事，是因为人们从现实中看到，只有靠认真做事，靠自己之力，才能富能强能荣能贵，而并不是靠"命"来富之、贵之。故墨子曰："今虽毋在乎王公大人，黄（假、藉）若信有命而致行之，则必怠乎听狱治政矣，卿大夫必怠乎治官府矣，农夫必怠乎耕稼树艺矣，妇人必怠乎纺绩织纴矣。王公大人怠乎听狱治政，卿大夫怠乎治官府，则我以为天下必乱矣。农夫怠乎耕稼树艺，妇人怠乎纺绩织纴，则我以为天下衣食之财将必不足矣。"（《墨子·非命下》）可见，有命论所带来的社会后果是颇为严重的，它将最终导致天下财物匮乏而行政混乱，这样的话还有什么人类社会和人的生存、生活呢？一切不就都完了吗？！故人必须"非命"而"尚力"！

上已指出，在墨子这里"尚力"和"非命"是一致的，说的是一个问题的两个方面。但二者相比，"尚力"还是更为重要，"非命"是为"尚力"服务的，"非命"是手段而"尚力"才是最终目的，人们只有将"命"排除掉，才能以积极、健康、向上的心态来"尚力"。故在墨子的"尚力""非命"思想中重要和根本的方面是"尚力"，即"赖其力者生，不赖其力者不生"（《墨子·非乐上》）。

对包括手工业者在内的小农来说，"尚力"的确重要，因为这是他们赖以生存之道。其实不只是小农，社会各阶级、各阶层都要以"尚力"作为生存之道。因为，这个"力"不是单纯的人的自然力气，它是劳动力，是人特有的劳动能力，这是人之外的别类动物所没有的。墨子也看到了，人之所以不同于别的动物，就在于人有劳动之能力。正因为如此，整个社会的各阶级、各阶层岂能不依靠它来生存？岂有例外乎？这乃墨子"尚力"说中所蕴涵的深刻含义。就劳动力之"力"本身言，它就是社会生产力所在，它恰恰是整个社会之存在和发展的根基。在社会生产力—生产关系（经济基础）—上层建筑这一社会基本矛盾的运动中，生产力是基础和关键，生产力是最活跃的因素，它的变化势必导致生产关系的调整和改变；而生产关系的总和就是社会的经济基础，经济基础的变动势必引起上层建筑的变动。春秋时期之所以出现"礼崩乐坏"的社会政治局面，关键原因就是当时某些地方出现了铁器这一先进的生产工具，生产工具作为衡量生产力水平高低的一个关键因素，它的变化标志着生产力的变化，故铁器的出现最终导致了奴隶制生产关系的解体，也导致了整个奴隶制度的动摇和崩溃。墨子当然不知道这些，孔子、老子、孟子、庄子等都不会知道这些。但墨子的"尚力"说中有此种思想萌芽，起码我们可以从他的"尚力"之"力"中引申出劳动生产力的思想含义。这是墨子"尚力"说最珍贵的思想含义。

但不论怎么说,墨子"尚力"说的"力"与马克思主义的"生产力"概念还是有根本区别的,这也正是墨子"尚力"说的不足之处。墨子"尚"的这个"力"显然不是人的本能的自然力,而是人的社会力。作为社会力,其存在、表现方式当然不同于以人的自然肢体为载体的自然力,而必须以生产工具为载体和表现方式。作为手工业者思想代表的墨子,恰恰未能提到和看重手工业者所制作的生产工具及其重要性,这是很遗憾的。生产工具这个问题涉及人的产生以及存在这些根本的思想问题和哲学问题。人究竟从何而来?有外星人遗种说,有上帝造人说,等等。但最实在和最科学的思想是:人是从类人猿进化而来的。就自然进化言,从无机物进化到类人猿就封顶了,类人猿是不会自然地进化为人的。那么,由猿到人这一步到底是如何跨过来的呢?关键的关键就在于制造和使用生产工具。倘若一只猿在某一时刻不经意地抓起一块石头打砸了另一块石头,将砸出来的带一些棱角或棱刃的石头拿来投掷野兽,人类意义上制造和使用生产工具的劳动活动的萌芽就出现了。由于制造和使用生产工具,先是猿的四肢发生了分化,分化为手和脚;随之猿的内脏结构也慢慢发生了分化,因为人站起来后与地面是垂直的,故其内脏结构与用四肢着地与地面平行着的其他动物是不一样的;随之猿的脊柱系统、神经系统和脑髓量等也发生了变化。就这样,在十分漫长的过程中,猿终于过渡为人,或者说人终于把自己从动物世界这一自然世界中提升了出来而真正成就了另一个世界——人文世界或人类社会。可见,生产工具是杠杆,借助于它人才从动物世界中跃迁了出来。但人把自己从动物世界中提升出来后到哪里去了呢?哪里也没去,仍在自然世界中存在着。人要存在,就得吃饭、穿衣、住房子等,即需要基本的物质生活资料。但这些东西从何而来呢?难道自然界有现成的粮食、房子等吗?否!难道有上帝替人准备好了这些东西吗?否!这些东西的获得只有一条渠道,这就是人的劳动,即人使用生产工具作用于劳动对象(自然界)的活动。人如果只靠自己的自然肢体来生存,人类早早就灭亡了,因为人不比鱼能在水中生存,不比鸟能在天空飞翔,人的自然能力太有限了。但事实上人是万物之灵,人远远优于别的动物,这靠的是什么呢?正是生产工具。有了生产工具,人把自己的肢体无限地延伸了。使用生产工具的人(人类)能制造在水中、在天上等生存的

第四章　墨家的"兼爱""尚力"论与中华民族的侠义、勤俭之道

东西,这是任何别的动物都无法比拟的。所以,使用生产工具将人与自然世界联系了起来,使人能从自然世界中获取自己所需要的生存资料。这表明,由于使用生产工具人将自己提升出了自然世界而成就了一个只属于人自己的人文世界,又由于使用生产工具人又将自己与自然世界结合了起来而获得了其生存所需。不用说,生产工具的意义和价值是巨大的。墨子"尚力"说中没有生产工具这一维度,这是个缺陷。我们这里当然不是无谓地责备古人,只是引申出问题所在而已。

从中华民族精神方面来说,墨家的"尚力""非命"思想显然有其重要作用和意义。中国封建社会的经济基础就是小农经济,包括手工业者在内的广大小农是社会生产的基本组织和力量。因此,墨家的"尚力""非命"的思想观念已扎根于广大农民的意识和心理中,自古以来的中华国民就看重勤劳并认真地勤劳生产着,他们每天在劳作,劳而不倦并乐此不疲,男的早出晚归而耕稼树艺,女的夙兴夜寐而纺绩织纴,辛勤创造着社会物质财富。那些懒汉行为和观念,那些不劳而获的寄生行为和观念,历来是中华民族所反对和鄙视的。同样,天命思想和观念也为中华士人所反对和批评。楚霸王项羽在兵败乌江自杀前说"天之亡我,我何渡为",就被史学家司马迁批评道:"身死东城尚不觉寤,而不自责,过矣。乃引天亡我,非用兵之罪也,岂不谬哉!"(《史记·项羽本纪》)中国人重的是人力和人为,而不是虚妄的天命。当然,在现实生活中人们往往也用"天命如此"或"命该如此"的话来发感叹,那仅是感叹而已,在现实生活中我中华民族并不看重"命"而是崇尚"力"的。中华民族一直是尚力的、辛勤劳作着的伟大民族。

4. "节用""节葬"的勤俭原则

作为手工业者这一小生产者的思想代表,墨子深知稼穑之艰和作工之苦,深知社会财富之宝贵和来之不易,故他爱惜劳动成果,珍惜社会财富,反对铺张浪费,力倡"节用""节葬""非乐"。墨家的这一思想,如果在适当的范围内和适当的程度上实施,的确对社会和民生多有好处。

《墨子》有《节用上》、《节用中》(《节用下》阙文),来论述"节用"问题。墨子认为,圣人为政的目的和结果就是要给国家和民众带来加倍的利益。那么,怎么带来加倍之利呢?"其倍之非外取地也,因其国家

去其无用之费，足以倍之。"（《墨子·节用上》）要扩大国家利益，并不是向外扩张而攻城略地，抢劫财物，而是立足于本国，减少开支，"去其无用之费"，这样就等于增加了收入，扩大了社会财富。所以，墨子认为圣王为政的基本方针都是节约、节用的。"圣王为政，其发令兴事，使民用财也，无不加用而为者，是故用财不费，民德不劳，其兴利多矣。其为衣裘何？以为冬以圉寒，夏以圉暑。凡为衣裳之道，冬加温，夏加清者，芊鉏（此二字疑为'鲜且'。见孙诒让校说）不加者去之。其为宫室何？以为冬以圉风寒，夏以圉暑雨，有盗贼加固者，芊鉏不加者去之。其为甲盾五兵何？以为以圉寇乱盗贼，若有寇乱盗贼，有甲盾五兵者胜，无者不胜。是故圣人作为甲盾五兵。凡为甲盾五兵加轻以利，坚而难折者，芊鉏不加者去之。其为舟车何？以为车以行陵陆，舟以行川谷，以通四方之利。凡为舟车之道，加轻以利者，芊鉏不加者去之。凡其为此物也，无不加用而为者，是故用财不费，民德不劳，其兴利多矣。"（《墨子·节用上》）可见，圣王为道都是为民着想，本着节减、节约、节用的原则，必用的就用，不必用的不铺张用之，其结果就是"民德不劳，其兴利多矣"。他赞扬古者圣王的为政之法，说："是故古者圣王，制为节用之法曰：'凡天下群百工，轮车、鞼匏、陶、冶、梓匠，使各从事其所能。'曰：'凡足以奉给民用，则止。'诸加费不加于民利者，圣王弗为。"（《墨子·节用中》）他叙述了"古者圣王制为饮食之法"，"古者圣王制为衣服之法"，"古者圣王制为节葬之法"等诸法（见《墨子·节用中》），说明了圣人为政的"节用"之道。

墨子还主张"节葬"。《墨子》有《节葬下》（《节葬上》《节葬中》阙文）一文，论说"节葬"之重要。他说："今逮至昔者三代圣王既没，天下失义，后世之君子或以厚葬久丧以为仁也，义也，孝子之事也。"（《墨子·节葬下》）在墨子看来，厚葬久丧之风是三代圣王以后的人刮起来的，原不足取。"厚葬久丧实不可以富贫众寡，定危理乱乎，此非仁非义，非孝子之事也，为人谋者不可不沮也。仁者将求除之天下，相废而使人非之，终身勿为。"（《墨子·节葬下》）墨子叙说了当时厚葬久丧之风："此存乎王公大人有丧者，曰棺椁必重，葬埋必厚，衣衾必多，文绣必繁。存乎匹夫贱人死者，殆竭家室。（存）乎诸侯死者，虚车府，然后金玉珠玑比乎身，纶组节约，车马藏乎圹，又必多为屋幕，鼎鼓几梴壶滥，戈剑

第四章　墨家的"兼爱""尚力"论与中华民族的侠义、勤俭之道

羽旄齿革，寝而埋之，满意。若送从，曰天子杀殉，众者数百，寡者数十。将军大夫杀殉，众者数十，寡者数人。"（《墨子·节葬下》）这种厚葬法不仅耗财费事，且不仁不义，极不合道；特别是殉葬法更是野蛮和残忍，理应废除。墨子批评了此种丧葬法所造成的不良后果，曰："若法若言，行若道，使王公大人行此，则必不能蚤朝（宴退）；（使士大夫行此，则必不能治）五官六府，辟草木，实仓廪；使农夫行此，则必不能蚤出夜入，耕稼树艺；使百工行此，则必不能修舟车为器皿矣；使妇人行此，则必不能夙兴夜寐，纺绩织纴。细计厚葬，为多埋赋之财者也。"（《墨子·节葬下》）所以，厚葬久丧实在是耗财贻事之举，故应当节葬。"节葬"之法若何呢？墨子说："故古圣王制为葬埋之法，曰：'棺三寸，足以朽体；衣衾三领，足以覆恶。以及其葬也，下毋及泉，上毋通臭，垄若参耕之亩，则止矣。死则既已葬矣，生者必无久哭，而疾而从事，人为其所能，以交相利也。'此圣王之法也。"（《墨子·节葬下》）这当然是墨子假圣王之名来立的"节葬"或简葬之法。墨子接着列举了"尧北教乎八狄""舜西教乎七戎""禹东教乎九夷"的圣王薄葬之例，以说明"节葬"之必要。

与"节用""节葬"相关联的还有"非乐"说。墨子认为，人类社会不应该重"乐"，不应以享乐为事，而应限制"乐"，即"非乐"。"子墨子言曰：'仁之事者，必务求兴天下之利，除天下之害，将以为法乎天下。利人乎即为，不利人乎即止。且夫仁者之为天下度也，非为其目之所美，耳之所乐，口之所甘，身体之所安，以此亏夺民衣食之财，仁者弗为也。'"（《墨子·非乐上》）这是墨子"非乐"主张的标准和目的所在。他为什么要"非乐"？关键原因就在于乐和享乐会造成社会财富的消耗且不会为人民为社会带来益处，故这不是"仁者之为天下度也"。墨子进一步说："子墨子之所以非乐者，非以大钟、鸣鼓、琴瑟、竽笙之声以为不乐也；非以刻镂华文章之色，以为不美也；非以犓豢煎炙之味，以为不甘也；非以高台厚榭邃野之居，以为不安也。虽身知其安也，口知其甘也，目知其美也，耳知其乐也，然上考之不中圣王之事，下度之不中万民之利。是故子墨子曰：为乐非也。"（《墨子·非乐上》）墨子知道"乐"会给人以眼耳口身之愉悦，但它最终不能给人带来利益，不会给万民以利，故要非之。墨子指出，王公大人要享乐就要造乐器，"将必厚措敛乎万民，以为大钟、鸣鼓、琴瑟、竽笙之声"（《墨子·非乐上》）。这必定是对社

会财富的消耗。他说："古者圣王亦尝厚措敛乎万民，以为舟车，既以成矣，曰：吾将恶许用之？曰：舟用之水，车用之陆，君子息其足焉，小人休其肩背焉。故万民出财赍而予之，不敢以为戚恨者，何也？以其反中民之利也。然则乐器反中民之利亦若此，即我弗敢非也。然则当用乐器譬之若圣王之为舟车也，即我弗敢非也。"（《墨子·非乐上》）墨子认为，并不是一概不可"厚措敛乎万民"，如果用来做对万民有利的事，比如造舟车之类，那是应该的；但敛乎万民而用以造大钟、鸣鼓、琴瑟、笙竽之类用来享受的乐器，那就太不该了，故要非之。墨子还说："民有三患：饥者不得食，寒者不得衣，劳者不得息，三者民之巨患也。然即当用之撞巨钟、击鸣鼓、弹琴瑟、吹竽笙而扬干戚，民衣食之财将安可得乎？即我以为未必然也。今有大国即攻小国，有大家即伐小家，强劫弱，众暴寡，诈欺愚，贵傲贱，寇乱盗贼并兴，不可禁止也。然即当为之撞巨钟、击鸣鼓、弹琴瑟、吹竽笙而扬干戚，天下之乱也将安可得而治与？即我未必然也。"（《墨子·非乐上》）撞大钟，击鸣鼓，既不能解决民的饥寒问题，亦不能止息当时燃眉的攻伐战争和天下之乱问题，那么此种造乐器和奏乐器的为乐行为难道还不应该废掉吗？故墨子的结论是"为乐非也"。"今天下士君子，请将欲求兴天下之利，除天下之害，当在乐之为物，将不可不禁而止也。"（《墨子·非乐上》）

墨子的"节用""节葬""非乐"思想，当然有一定的道理；特别是从手工业小生产者的立场和视野来看，由于他们是直接的社会生产者，他们深知劳动之艰苦，深知稼穑之艰难，深知社会财富之宝贵，故也深知铺张浪费之可惜，故墨子作为这一阶层的思想代表，主张"尚力""非命"和"节用""节葬""非乐"，就合情合理了。何况，在社会范围内和在一定的程度上限制享乐，提倡和实行节约、节用、节葬，是对社会和每个社会成员都有好处的，对社会财富的积累和社会扩大再生产也是有利的。这当是墨子"节用"等思想主张的积极意义和正面价值。

但这种"节用""节葬"的主张如果实行得过分了，如果强调得过头了，对社会就有影响甚至危害了。摩顶放踵的墨子和墨家学派，就对"节用"等主张强调得过分了，故引起了后世学者的不少批评。如《庄子·天下》说："墨翟、禽滑厘……为之大过，已之大循。作为《非乐》，命之曰《节用》；生不歌，死无服。墨子泛爱兼利而非斗，其道不怒；又好学

第四章 墨家的"兼爱""尚力"论与中华民族的侠义、勤俭之道

而博,不异,不与先王同,毁古之礼乐。黄帝有《咸池》,尧有《大章》,舜有《大韶》,禹有《大夏》,汤有《大濩》,文王有《辟雍》之乐,武王、周公作《武》。古之丧礼,贵贱有仪,上下有等,天子棺椁七重,诸侯五重,大夫三重,士再重。今墨子独生不歌,死不服,桐棺三寸而无椁,以为法式。以此教人,恐不爱人;以此自行,固不爱己。未败墨子道,虽然,歌而非歌,哭而非哭,乐而非乐,是果类乎?其生也勤,其死也薄,其道大觳;使人忧,使人悲,其行难为也,恐其不可以为圣人之道,反天下之心,天下不堪。墨子虽独能任,奈天下何?!离于天下,其去王也远矣!"《荀子·解蔽》说:"墨子蔽于用而不知文。"《荀子·天论》说:"墨子有见于齐,无见于畸;……有齐而无畸,则政令不施。"《荀子·富国》说:"特墨子之私忧过计也。……我以墨子之'非乐'也则使天下乱,墨子之'节用'也则使天下贫,非将堕之也,说不免焉。墨子大有天下,小有一国,将蹙然衣粗食恶,忧戚而非乐,若是则瘠,瘠则不足欲,不足欲则赏不行。墨子大有天下,小有一国,将少人徒,省官职,上功劳苦,与百姓均事业,齐功劳,若是则不威,不威则罚不行。赏不行,则贤者不可得而进也;罚不行,则不肖者不可得而退也。贤者不可得而进也,不肖者不可得而退也,则能不能不可得而官也。若是则万物失宜,事变失应,上失天时,下失地利,中失人和,天下敖然,若烧若焦。墨子虽为之衣褐带索,嚽菽饮水,恶能足之乎?既以伐其本,竭其原,而焦天下矣。故先王圣人为之不然。知夫为人主上者不美不饰之不足以一民也,不富不厚之不足以管下也,不威不强之不足以禁暴胜悍也。故必将撞大钟、击鸣鼓、吹笙竽、弹琴瑟以塞其耳,必将雕琢、刻镂、黼黻、文章以塞其目,必将刍豢稻粱、五味芬芳以塞其口,然后众人徒、备官职、渐庆赏、严刑罚以戒其心。使天下生民之属皆知己之所愿欲之举在是于也,故其赏行;皆知己之所畏恐之举在是于也,故其罚威。赏行罚威,则贤者可得而进也,不肖者可得而退也,能不能可得而官也。若是,则万物得宜,事变得应,上得天时,下得地利,中得人和,则财货浑浑如泉源,汸汸如河海,暴暴如丘山,不时焚烧,无所臧之,夫天下何患乎不足也?"司马谈《论六家之要旨》说:"墨者俭而难遵……使天下法若此,则尊卑无别也。无世异时移,事业不必周。"(见《史记·太史公自序》)这些评论都能切中墨子"节用""节葬""非乐"思想的要害。笔者要说的一点

是，墨子的思想其根源仍在其手工业小生产者的本性。小手工业者的劳动性使得墨家"尚力""非命"，重视劳作和爱惜社会财富，等等；同样，手工业小生产者的狭隘性会使墨家对人类必要的礼乐文化等的忽视甚至排斥。人类社会或人文世界不是动物世界或自然世界，人将自己从动物世界中提离、提升出来后成就的是一个属于人自己的世界——人文世界或人类社会；既然是人的世界，就必有属人自己的存在方式和样子，这就是人所具有也应该具有的礼乐文化。人见了人要叙礼、要序礼、要施礼，这是多余的可笑之举吗？非也！这是人的存在方式的表现。所以，在人世中男女结合并非只有性行为，它体现的是超越了动物性活动的性爱之爱；人的吃饭并不是仅为了填饱肚子，这里面有美食行为和饮食文化在；人的穿衣不只是为了保暖御寒，这里面有漂亮，有审美，有服饰文化在；人听音乐并不是无聊和浪费时日，而是人的心灵慰藉，性情陶冶，是人与对象世界的交流和沟通；观赏鲜花美景并不是无谓之举，它在进行、体验着"天人合一"的与天地并生和与万物为一的生命本体存在和归宿；等等。音乐、美术等的享乐，是"人在世中"之存在的方式，这里面有深刻的"形式指引"性，并非墨子所谓的无益、无利之举。就从人类的生产、生活来说，享乐式的消费是生产—分配—交换—消费这个社会生产总过程中的一个必不可少的环节，它乃社会生产本身的内在要求，如若少了消费，整个社会生产将难以正常进行下去。故适当的"节用""节葬""节乐"是可以的，但过分强调和限制的话就适得其反了。

从中华民族精神方面看，墨家的"节用""节葬""非乐"说对培养和塑造中华民族勤俭、节俭、节约等品质和精神很有作用。我泱泱中华历史悠久，地大物博，有沃沃田地，有青青山梁，有浩浩江河，能给我们提供丰富、大量的社会财富。但中华民族自古以来就重节俭，反浪费，爱财物，这是民族的美德，是每个中华子民的心理习惯和行为习惯。从"暴殄天物，必遭天谴"的朴素格言，到《颜氏家训》《朱子家训》这些家教、家训，无不注重俭朴、节约、爱物惜食之品行的培养和教育。比如《颜氏家训》卷一之治家第五言："生民之本，要当稼穑而食，桑麻以衣。蔬果之畜，园场之所产；鸡豚之善，埘圈之所生。爰及栋宇器械，樵苏脂烛，莫非种殖之物也。……今北土风俗，率能躬俭节用，以赡衣食。"《朱子家训》（又名《朱子治家格言》）说："一粥一饭，当思来处不易；半丝半缕，恒念物力维艰。"这些训条已成为中华民族的行为准则和习惯。记得幼儿之时，外婆总是在我们跟前说要爱惜粮食、衣物，不可糟蹋，如果糟蹋了就要遭罪。外婆总是捡起我们掉在地上的馍渣，吹上几口又吃掉。中华民族有上亿万这样的"外婆"，以善良的本性和勤劳、俭朴的行为实践着和诠释着我们民族勤俭节约的精神！

5. "尊天""事鬼"的宗教情怀

墨家有明显的鬼神信仰和宗教情怀，这就是它"尊天""事鬼"或"天志""明鬼"的思想主张。

《墨子》中有《天志上》《天志中》《天志下》三篇，来论说"天"和"天志"问题。墨子说，现在天下的士君子在处事行政时只知道小道理而不知道大道理，这是不行的。这是怎么回事呢？墨子说，人们在处家时如若得罪了家长，就会害怕而逃到邻家去，如果亲戚兄弟等知道了你得罪了家长这件事的话，也会"共相儆戒"，说哪里有处家还敢得罪家长的呢，你千万要当心啊！人们在处国时如果得罪了国君，就会害怕而逃往邻国，如果亲戚兄弟等知道了这件事的话就会"共相儆戒"，说哪有处国能得罪国君的呢？要千万当心啊！得罪了家长和国君还有处可逃、可避，但人们还是很害怕的。那么，如果得罪了"天"呢，向哪里逃呢，向哪里避呢，无可逃避了，这不是更严重更可怕吗？但人们对此却不重视，没有清醒的和足够的认识，这不是只识小而不识大吗？故墨子说："然而天下之士君子之于天也，忽然不知以相儆戒，此我所以知天下士君子知小而不知大也。"（《墨子·天志上》）因此，墨子主张在人们处世处事之时，必先要知天，要明白天之志所在，即知道天喜欢什么和憎恶什么，才能不违背天意而得罪于天。"子墨子言曰：'我有天志，譬若轮人之有规，匠人之有矩，轮匠执其规矩，以度天下之方圆，曰：中者是也，不中者非也。'"（《墨子·天志上》）可见，"天志"就如同工匠手中的规矩一样，有了它就有了处世行事的标准和法规。"故子墨子之有天之意也，上将以度天下之王公大人为刑政也，下将以量天下之万民为文学出言谈也。观其行，顺天之意，谓之善意行，反天之意，谓之不善意行；观其言谈，顺天之意，谓之善言谈，反天之意，谓之不善言谈；观其刑政，顺天之意，谓之善刑政，反天之意，谓之不善刑政。故置此以为法，立此以为仪，将以量度天下之王公大人卿大夫之仁与不仁，譬之犹分黑白也。是故子墨子曰：今天下之王公大人士君子，中实将欲遵道利民，本察仁义之本，天之意不可不顺也。顺天之意者，义之法也。"（《墨子·天志中》）在墨子看来，"天志"是天下人从事一切活动的根据、标准、准则。

那么，这个"天"的意究竟是什么呢？"子墨子曰：'天之意不欲大国之攻小国也，大家之乱小家也；强之暴寡，诈之谋愚，贵之傲贱，此天之所不欲也。不止此而已，欲人之有力相营，有道相教，有财相分也。又欲上之强听治也，下之强从事也。上强听治，则国家治矣；下强从事，则财用足矣。若国家治财用足，则内有以洁为酒醴粢盛，以祭祀天鬼；外有以为环璧珠玉，以聘挠四邻，诸侯之冤不兴矣，边境兵甲不作矣。内有以食饥息劳，持养其万民，则君臣上下惠忠，父子兄弟慈孝。故唯毋明乎顺天之意，奉而光施之天下，则刑政治，万民和，国家富，财用足，百姓皆得煖衣饱食，便宁无忧。'"（《墨子·天志中》）可见，"天"之意或"天"之志就是要人与人"兼爱"之，要国与国"非攻"之，要君臣惠忠、父子慈孝、兄弟和睦，要刑政得治、国家富足、百姓饱食暖衣而安居乐业，最终达到天下太平。这不是一幅理想的"大同"之世的美好画卷吗！这就是以手工业为代表的小农阶层理想的社会蓝图。所以，墨子以"天志"为代表和依托，将治世的社会图景表现了出来。故墨子有一个理想的"尚同"标准，就是："天下百姓皆上同于天子"（《墨子·尚同上》），而"天子又总天下之义以尚同于天"（《墨子·尚同下》）。墨子论述说："天欲义而恶其不义者也。何以知其然也？曰：义者正也。何以知义之为正也？天下有义则治，无义则乱，我以此知义之为正也。然而正者，无自下正上者，必自上正下。是故庶人不得次己而为正，有士正之；士不得次己而为正，有大夫正之；大夫不得次己而为正，有诸侯正之；诸侯不得次己而为正，有三公正之；三公不得次己而为正，有天子正之；天子不得次己而为政，有天正之。今天下之士君子，皆明于天子之正天下也，而不明于天之正天子也。是故古者圣人，明以此说人曰：'天子有善，天能赏之；天子有过，天能罚之。'天子赏罚不当，听狱不中，天下疾病祸福，霜露不时，天子必且犓豢其牛羊犬彘，絜为粢盛酒醴，以祷祠祈福于天，我未尝闻天之祷祈福于天子也，吾以此知天之重且贵于天子也。是故义者不自愚且贱者出，必自贵且知者出。曰谁为知？天为知。"（《墨子·天志下》）从庶人到士到大夫到诸侯到三公到

第四章　墨家的"兼爱""尚力"论与中华民族的侠义、勤俭之道

天子最后到天,一切都上同于"天"之意,这就是真正的一统政治,即"尚同"。在墨子这里,"天志"与"尚同"是统一的,即"天志"的宗教情怀与"尚同"的政治理想、目标是合而为一的。

墨子不仅讲"天志",还讲"事鬼"或"明鬼"。《说文》:"鬼,人所归为鬼。从人,象鬼头。鬼阴气贼害,从厶(音私)。凡鬼之属皆从鬼。禔,古文从示。"这是说,人归向天地变成了鬼,鬼从人,甶象鬼的头;鬼的阴滞之气伤害人,所以鬼又从厶。大凡鬼的部属都从鬼。墨子认为,世上之所以有暴乱现象,有欺诈行为等,就在于人们不相信鬼神能赏善罚恶的缘故。"子墨子言曰:'逮至昔三代圣王既没,天下失义,诸侯力正,是以存夫为人君臣上下者之不惠忠也,父子弟兄之不慈孝弟长贞良也,正长之不强于听治,贱人之不强于从事也,民之为淫暴寇乱盗贼,以兵刃毒药水火,退(迖)无罪人乎道路率径(术径),夺人车马衣裘以自利者并作,由此始,是以天下乱。此其故何以然也?则皆以疑惑鬼神之有与无之别,不明乎鬼神之能赏贤而罚暴也。今若使天下之人,偕若信鬼神之能赏贤而罚暴也,则夫天下岂乱哉!'"(《墨子·明鬼下》)墨子将天下祸乱的原因归于不相信鬼神之能赏善罚恶,这有些想当然。天下之乱,其根本原因在社会生产力发展而引起的社会关系的变动和调整,并不单纯出于人们相信鬼神的存在与否。但墨子试图给人以自警自省的约束力,以"鬼神"来代替人的自觉自愿的自由意志力,这种愿望是好的。所以墨子说:"今天下之王公大人士君子,实将欲求兴天下之利,除天下之害,故当鬼神之有与无之别,以为将不可以不明察此者也。"(《墨子·明鬼下》)那么,怎么来察鬼神之有无呢?墨子说:"既以鬼神有无之别,以为不可不察已,然则吾为明察此,其说将奈何而可?子墨子曰:是与天下之所以察知有与无之道者,必以众之耳目之实知有与亡为仪者也。请惑(或)闻之见之,则必以为有,莫闻莫见,则必以为无。若是,何不尝入一乡一里而问之,自古以及今,生民以来者,亦有尝见鬼神之物,闻鬼神之声,则鬼神何谓无乎?若莫闻莫见,则鬼神可谓有乎?"(《墨子·明鬼下》)"以众之耳目之实知有与亡为仪者也",这就是墨子的"三表"法之一。他认为证明鬼神之存在的方式方法就是用百姓的实际见闻来予以证实。墨子于是列举了被周宣王无辜杀害的杜伯其鬼魂乘白马素车来报仇之事,郑穆公白昼在庙中见句芒神之事,被燕简公杀死的臣子庄子仪荷朱杖而击燕简公报仇之

事，宋文君时神助袾子（即祝史）举杖敲死祏观辜之事，等等（均见《墨子·明鬼下》），以证明无论从百姓之见和从史书之载中都可证实有鬼神存在。墨子强调说："古者圣王必以鬼神为，其务鬼神厚矣，又恐后世子孙不能知也，故书之竹帛，传遗后世子孙，咸恐其腐蠹绝灭，后世子孙不得而记，故琢之盘盂，镂之金石，以重之；有恐后世子孙不能敬莙以取羊（祥），故先王之书，圣人［之言］，一尺之帛，一篇之书，语数鬼神之有也，重有重之。此其故何？则圣王务之。今执无鬼者曰：鬼神者固无有。则此反圣王之务。反圣王之务，则非所以为君子之道也！"（《墨子·明鬼下》）墨子肯定，鬼神是存在的，人们必须相信它。"鬼神之明，不可为幽间广泽，山林深谷，鬼神之明必知之。鬼神之罚，不可为富贵众强，勇力强武，坚甲利兵，鬼神之罚必胜之。"故"鬼神之所赏，无小必赏之；鬼神之所罚，无大必罚之"（《墨子·明鬼下》）。"鬼神之明智于圣人，犹聪耳明目之与聋瞽也。"（《墨子·耕柱》）

所以，墨子明确肯定有"天"和"鬼神"的存在。他的这种鬼神观不光是出于个人的好恶，而是"譬若轮人之有规，匠人之有矩"的规、矩所在，要"明法以度之"的，这就是以天、鬼神为人世存在的原因、根据和标准，使其有了本体的意义和价值。因此，鬼神、天志在墨家这里是一种宗教情怀的世界观，是它的哲学本体论思想。尚力、非命的墨家为何要看重上天和鬼神呢？"尚力""非命"和"天志""明鬼"相矛盾吗？看似如此。但在墨家这里并不矛盾，有其思想自身的内在逻辑。这一点我们在前面论墨家思想时已说过。为了进一步理解和认识作为小农阶层之思想代表者的墨家的宗教情怀和其世界观，我们在此不妨再聒噪一二。

墨家作为小手工业者的思想家，当从手工业者的劳动实践出发时它看重的是个人的能力而不是外在的天命，故要"尚力""非命"。但社会从来就不是单个人的存在，它本来就是人群，是一个类；所以，任何个人（或某一阶层、集团等）的存在和其能力的发挥都是社会性的，故墨家并不可单讲"尚力""非命"，它同时还要讲"尚贤""尚同"的社会政治思想和"兼爱""非攻"的社会伦理思想。但一旦涉及人的社会政治和伦理行为，就必定会与人自觉自愿的自由意志力相关联。因为，社会政治活动，尤其是伦理行为和活动，都是人做的，人如果不想做和不愿做，是不会有政治活动和伦理行为的；如果依靠某种外在的什么力量来强迫、支使

第四章 墨家的"兼爱""尚力"论与中华民族的侠义、勤俭之道

人去干某些政治、伦理活动和行为，那实际上就没有社会政治活动和人的伦理行为可言。所以，不管墨子自己自觉与否，当他切入人"兼爱""非攻"的伦理行为和问题时，就逻辑地逼到了这样的问题：人为什么要实施兼爱和能实施之？这一定要涉及建立在人的自由意志基础上的自觉自愿性，否则根本无所谓"兼爱"可言。但当逼向和逼进了人的自由意志时，问题又来了，这就是：意志既然是自由的，那它就是无限制的和无约束的，这才有本原、本体的意义和价值。然而，既然意志是自由的，完全由人自己（自身）来做决定，那么，这个意志就既可以向好的方向和方面决定，也可以向坏的方向和方面决定，这都是合理的和允许的，但这样一来，就会最终解体了人的伦理原则和行为。因此，为了保证人的伦理原则和行为的存在，自由意志就必须由自由向不自由即必然转化，也就是人的自由意志必须要将自身提升、升华和外化出来而成为一种客观的必然性力量，这样才可确保人的伦理行为之实施的必然性和可靠性。这一行为从哲学上来讲，就是伦理学本体化的问题，也就是心性形而上学之建构的问题；而就其思想的表现方式言，就是天命、鬼神之类的宗教或准宗教情怀。这就是墨家"天志""明鬼"说的思想理路和逻辑。所以，在儒家那里有个伦理学本体论或心性形而上学的问题。其实这个问题在墨家这里也有，不过墨家以"天志""明鬼"的宗教方式表达了而已。

我们说，在整个中国哲学中没有真正的像西方基督教那样的宗教，原因就在于中华思想的基本构架是儒、道互补的，入世这一维度主要由儒家伦理学来承担，而超越、出世那一维度则由道家老、庄，特别是庄子绝对无待的"逍遥游"的精神独立和自由意境来承担，它替代了宗教神的观念和地位，使人的自由意志的超越性或外化性的维度得到了实现和落实。所以，在中华士大夫那里，不需要西方式的那种宗教，在"一个世界"中就能存在和生活。然而，对广大的劳动者即农民来说，他们可以有儒家那种基本的伦理原则和情怀，因为他们本身就在基于血缘关系的以家庭为核心的伦常关系中生存、生活着；但他们并不一定有或者说基本上没有道家那种不是宗教却胜似宗教的能使人的精神（意志）得到安顿和归宿的"逍遥"之"游"，因为这毕竟需要一定的知识、智力和理解，需要一定的文化层次和心性修养。但作为人，作为生存、生活于社会现实中的现实之人，作为处在伦常关系中并实践着这种关系的人，既需要自由意志也需要

自由意志的归宿和安顿，所以他们原本就需要一种外在的、超越性的、具有主宰性力量的东西存在，这自然就是上天、鬼神这种东西了。因此，在中华民族的社会和生活实践中，不只是墨家这里有"天志"和"明鬼"思想，天命观、鬼神观在广大农民和农村广为存在且根深蒂固。可以说，墨家的"天志""明鬼"的宗教情怀迎合了并代表了广大农民的宗教情怀。这种宗教情怀是不是中华民族精神？笔者以为是。且此种情怀不只是愚弄人的消极的东西，它对安抚人心，对社会和生活的稳定以及发展难道就没有些许作用吗？自然是有的。从这个视角和意义上言，墨家的"天志""明鬼"的宗教情怀对中华民族精神的形成发展能无作用乎?!

6. "察类""明故"的经验标准和科学精神

手工工匠大都是有一技之长的技工，他们在长期的劳作活动中积累了不少的技术经验和知识，有的人在工具改进和制作方面有一定的发明创造。墨家作为这一阶层的思想代表，重视科学技术和知识，不仅有一定的经验知识，还有一些逻辑思想和理论。墨子的"三表"法就是关于经验知识的判别标准。墨子还有"察类明故""取实予名"的形式逻辑思想。至战国中晚期，后期墨家深化了墨子的经验认识论和推理论辩的逻辑思想，也对手工业者的生产实践活动作了理论提升和总结，提出了一些科学技术方面的理论。[①] 在形式逻辑方面，后期墨家讲"以名举实，以辞抒意，以说出故"（《墨子·小取》），提出了关于"达、类、私"概念方面的思想，关于"或、假、效"判断方面的思想，关于"辟、侔、援、推"推论方面的思想等。这是中国古代非常重要的形式逻辑方面的思想理论。这些思想的具体内容前面论说墨家思想时已有所说，不再赘言。

墨家的"察类""明故"的经验论和科学精神，无疑对中华民族精神是有积极作用和影响的。中华民族是世界四大文明古国之一，在数千年的传承发展中创造了光辉灿烂的思想文化，其中科学方面的思想文化是其中的重要内容。英国人李约瑟著《中国科学技术史》[②]，总结了中国古代辉煌

[①] 参见方孝博《墨经中的数学和物理学》，中国社会科学出版社1983年版。

[②] 该书由科学出版社出版。计划7卷34册。目前已出齐1—4卷，5—6卷正在出版中，第7卷在编写中。第一卷，导论；第二卷，科学思想史；第三卷，数学、天学和地学；第四卷，物理学与相关技术；第五卷，化学及相关技术；第六卷，生物及相关技术；第七卷，社会背景和总结。

的科学技术成就。在这方面，墨家思想是有积极贡献的。中国是一个以农立国的大国，农业生产的进行当然离不开一定技术水平的工具，这里面必然渗透有作为手工业阶层思想代表的墨家思想；在这方面，墨家思想的作用可谓得天独厚，胜过儒、道、法、名等思想。

下面我们仅从数学方面来概括性地看看中国古代的科学思想和成就，略微感受一下泱泱中华民族在科学技术方面的深厚底蕴和辉煌成就。

中国的数学起源于原始社会的末期，私有制和货物交换产生后，数与形的概念得到了发展。仰韶文化时期出土的陶器上刻有Ⅰ Ⅱ Ⅲ ⅢⅠ等表示1、2、3、4的符号，这说明在原始社会末期中国先民就用文字符号取代了结绳记事。西安半坡出土的陶器上有用1—8个圆点组成的等边三角形和分正方形为100个小正方形的图案，半坡遗址的房屋基址都是圆形和方形。为了圆、方之作，人们创造了规、矩、准、绳等作图与测量工具。据《史记·夏本纪》载，大禹治水时已使用了规、矩等工具。商代中期，在甲骨文中已经产生一套十进制数字和记数法，其中最大的数字为三万；同时殷人用十天干和十二地支组成甲子、乙丑等60个名称来记日期。又把八卦发展为六十四卦，表示64种事物。公元前1世纪出现了《周髀算经》，举出了勾股形的勾三、股四、弦五以及环矩可以为圆等例子。《礼记·内则》说西周贵族子弟从九岁始要学习数目和记数方法。至春秋战国时期，筹算已普遍应用，筹算记数法已使用十进制。例如《墨子·经下》说："一少于二而多于五，说在建位。"这说的就是记数法。这是说，一在个位上少于二，在十位上则多于五，每个数字的大小除了它本身的数值外，还要看它在整个数中所处的位置。据后来的《孙子算经》（约4世纪）记载，当时人们已用九个纵排数字Ⅰ Ⅱ Ⅲ ⅢⅠ ⅢⅡ Ｔ Ⅱ Ⅲ ⅢⅠ和九个横排数字一 二 三 ≡ ≣ ⊥ ≚ ≛ ≜，按个、百、万等用纵，而十、千等用横来表示数字，零则用空位表示。这种记数法对世界数学发展有划时代意义。这时的测量数学在生产上有了广泛应用，在《考工记》中已分别用矩、勾、倨、宣、欘、柯、磬析表示直角、锐角、钝角、45°、67°30'、101°15'、151°52.5'，还有用规（圆周）的部分（圆弧）来表示刀和弓的大小。特别是当时的墨家给出了一些数字定义。比如，"圆：一中同长也"，即从中心到周界有相同长度；"方：柱隅四讙也"，即四边四角皆正；"次（相切）：无间而不相撄也"，即既无大小又不相合；"端

（点）：体之无厚而最前者也"（《墨子·经上》），即部分中没有大小并处于最前缘者；等等。

至秦汉时期，中国古代数学体系得以形成，其标志是算术已成为一个专门学科以及以《九章算术》为代表的数学著作的出现。《汉书·艺文志》著录有《许商算术》二卷和《杜忠算术》十六卷，但均已佚。现传世的是公元前1世纪的《周髀算经》和公元1世纪的《九章算术》。《周髀算经》是一部讲述盖天说的天文著作，书中有较复杂的开方、分数运算、勾股定理的应用等数学问题。《九章算术》是战国至秦汉时期数学发展的总结，其中有分数的四则运算，今有术，开平方与开立方法，盈不足术，各种面积和体积的公式，线性方程组解法，正负数运算的加减法则，勾股形解法，等等，成就和水平都是很高的。

魏晋时期，中国数学从理论上有所提高。这时三国吴国的赵爽注《周髀算经》，魏国的刘徽撰《九章算术注》十卷。赵爽、刘徽的工作为中国古代数学体系奠定了理论基础。刘徽的《九章算术注》不只是对该书的方法、公式和定理的一般解释和推导，而且有了很大的发展。例如，他从率（后称为比）的定义出发论述了分数运算和今有术的道理，并推广今有术得到合比定理；他根据率、线性方程组和正负数的定义阐明了方程组解法中消元的道理；他创造割圆术，利用极限思想证明圆面积公式，并首次用理论方法算得圆周率 157/50 和 3927/1250；他提出用无穷分割法证明直角方锥与直角四面体的体积之比恒为 2∶1，解决了一般立体体积的关键问题。

南北朝时期，中国数学在《九章算术》的基础上继续发展。《孙子算经》和《张丘建算经》就是此时期的著作。这些著作仍在《九章算术》的体例中，有些题目也是为了解释《九章算术》的算法，但也有超出的地方，例如一次同余式组解法、等差级数求和、求公差、求项数的方法和不定方程解法等。尤其是祖冲之和祖暅父子，在数学方面的工作具有代表性。祖冲之注解《九章算术》，并与儿子著《缀术》六卷（已佚）。他们在圆周率、球体积、二次和三次方程等方面都有新进展。

隋唐时期，数学仍在发展中。唐初王孝通著《缉古算经》。656年唐在国子监设算学馆，设有算学博士和助教。太史令李淳风等编注《算经十书》，这对保存数学经典作用很大。这一时期，计算技术也在改革中。唐

第四章 墨家的"兼爱""尚力"论与中华民族的侠义、勤俭之道 ◀◀◀

中期以后，由于商业的繁荣和数字计算的增多，筹算向珠算发展（但由于当时乘除算法仍不能在一个横列中进行，算珠尚未穿档，携带不便，故未普遍应用），在算法方面主要是简化乘、除算法（见《新唐书》等文献）。唐代的算法改革使乘除法可以在一个横列中进行运算，既可适用筹算，也可适用珠算。

宋元时期是中国数学的繁荣期。960年北宋立国后，农业、手工业、商业得到繁荣，科学技术得到很大发展，火药、指南针、印刷术得到广泛应用。1084年秘书省第一次印刷出版了《算经十书》。在从11—14世纪的约300年间，出现了一大批著名数学家和数学著作，如贾宪（11世纪中期）的《黄帝九章算法细草》（已佚），刘益（12世纪中期）的《议古根源》（已佚），秦九韶的《数书九章》（1247年），李冶的《测圆海镜》（1248年）和《益古演段》（1259年），杨辉的《详解九章算法》（1261年）、《日用算法》（1262年）、《杨辉算法》（1274—1275年），朱世杰的《算学启蒙》（1299年）、《四元玉鉴》（1303年），等等。当时的数学成就在许多方面都达到了古代数学的高峰，如增乘开方法与贾宪三角（二项系数表）、高次方程数值解法、高阶等差级数求和、一次同余式组解法、高次方程立法（天元术）、高次联立方程组、勾股形解法、弧矢割圆术、纵横图（幻方）、小数等方面均有世界领先的成就。这时期出现了珠算，"留头乘"与"归除"的出现使乘除法不需任何变通便可在一个横列中进行，与现今珠算法完全一样。同时穿珠算盘在北宋可能已出现，但穿珠算盘与算法口诀的最后完成当在元代。

从明初至明中叶，随着商业的发展，珠算得到了普及。明初《魁本对相四言杂字》（1371年）和《鲁班木经》（15世纪上半叶）的出现，说明珠算已十分流行。吴敬《九章详注比类算法大全》（1450年）、王文素《古今算学宝鉴》（1524年）、徐心鲁《盘珠算法》（1573年）、柯尚迁《数学通轨》（1578年）、朱载堉《算学新说》（1584年）、程大位《直指算法统宗》（1592年）等一大批珠算书出现，使珠算算法和口诀趋于完善。1582年意大利传教士利玛窦来华，1607年以后与徐光启翻译《几何原本》前六卷（1607年）、《测量法义》一卷（1607—1608年）。明代晚期以后，除珠算外，中国的数学发展逐渐衰落了。这时先是西方的初等数学，鸦片战争后西方的近代数学，传入中国，中国数学从此进入了一个以学习西方著作为主的时期。①

数学是科学的皇后。从中国数学的历史发展可以看出，在中华民族的发展过程中，始终有科学技术在发展着。在漫长的中国封建社会中，由于农业生产工具趋于完善和相应的生产力水平趋于稳定，故对科学技术的要求并不十分突出，但这并不等于中国封建社会中就没有科学技术，中国科学技术存在和发展着，这是中华民族赖以生存的技术基础，这对中华民族的存在及中华民族精神的形成发展有深厚的作用和影响。墨家思想在此方面的贡献是功不可没的。

以上就是墨家思想在中华民族精神中的作用和贡献。无论是有大的积极意义还是有消极因素，墨家思想对中华民族精神的价值是不可忽视的。

三　附论：农家的"神农之言"与中华民族的稼穑之道

手工业者和农业劳动者虽然都属于小生产者阶层，但毕竟是不同的职业，故社会地位、作用自当不同，其思想观念亦当有别。所以，在说到墨家时，就涉及既与墨家思想有某种联系但又不尽一致的农家思想。

农家是先秦诸子中的一家。《汉书·艺文志》说："农家者流，盖出于农稷之官。播百谷，劝耕桑，以足衣食，故八政一曰食，二曰货，孔子曰'所重民食'。此其所长也。及鄙者为之，以为无所事圣王，欲使君臣并耕，誖上下之序。"这是说农家是由农稷之官演变来的，即在奴隶制解体、官学下移的过程中原来的农稷官员流落到民间而有了代表农民利益的农家一派。这个说法未必属实。农家也是忧当时之世而从农民的立场和利益出发提出的有关解决民众之生产生活问题的思想派别。

儒、道、墨等学派都有创始人。农家的创始者为谁呢？据《孟子·滕文公上》说"有为神农之言者许行"，这是说许行是研究和宣扬神农氏学说的人，但看不出他就是农家的创始者。农家的创始者大概是神农氏即炎帝。据《国语·晋语》、《史记·五帝本纪》、《左传》昭公十七年等记载，古代黄河流域分布着许多部落，在陕西一带有姬姓黄帝部落和姜姓炎帝部

---

① 以上史料见《中国大百科全书》（中国大百科全书出版社1988年版）数学卷的"中国数学史"条。

落；在晋、冀、豫交界处有九黎部落；黄河下游一带有太昊氏和少昊氏；等等。这些部落对太古的物质文明和精神文明都有不同的贡献。例如，据《易传·系辞下》说，黄帝发明了衣服、舟、车；太昊氏即伏羲氏发明了网罟，又作八卦；神农氏炎帝则"斫木为耜，揉木为耒，耒耨之利，以教天下。"可见农业生产工具的不少发明当出自神农氏。对农业种植颇有贡献的还有周朝的始祖后稷（名弃）。《诗经·大雅·生民》曰："厥初生民，时维姜嫄。……不康禋祀，居然生子。"这是说姜嫄因踩了上帝的拇趾印而怀孕生下了后稷。后稷从小就长于种植，"艺之荏菽，荏菽旆旆。禾役穟穟，麻麦幪幪，瓜瓞唪唪。诞后稷之穑，有相之道。茀厥丰草，种之黄茂。实方实苞，实种实褎，实发实秀，实坚实好，实颖实栗，即有邰家室。诞降嘉种，维秬维秠，维糜维芑。恒之秬秠，是获是亩。恒之糜芑，是任是负，以归肇祀"。这是说后稷少年就会种大豆，他种的稷、黍、麦、豆、瓜、麻等作物都很茂盛。后来帝尧就举后稷为农师。这些历史传说说明，中国的农业起源很早，也很成熟。农业是社会生产的基础领域。

神农是传说中的农民代表。许行一派的农家称他们的思想为"神农之言"或"神农之教"。那么，神农的"言"或"教"究竟是些什么呢？《吕氏春秋·开春论·爱类》曰："神农之教曰：士有当年而不耕者，则天下或受其饥矣；女有当年而不绩者，则天下或受其寒矣。故身亲耕，妻亲织，所以见致民利也。"《淮南子·齐俗训》曰："故神农之法曰：丈夫丁壮而不耕，天下有受其饥者；妇人当年而不织，天下有受其寒者。故身自耕，妻亲织，以为天下先。其导民也，不贵难得之货，不器无用之物。是故其耕不强者，无以养生；其织不强者，无以掩形。有余不足，各归其身。衣食饶溢，奸邪不生，安乐无事，而天下均平。"这里的"神农之教"或"神农之法"，就基本思想言，与墨子所谓的"虽上世之圣王岂能使五谷常收而旱水不至哉？然而无冻饿之民者，何也？其力时急而自养俭也"（《墨子·七患》），"今也农夫之所以蚤出暮入，强乎耕稼树艺，多聚叔粟而不敢怠倦者，何也？曰：彼以为强必富，不强必贫；强必饱，不强必饥，故不敢怠倦。今也妇人之所以夙兴夜寐，强乎纺绩织纴，多治麻统葛绪捆布縿而不敢怠倦者，何也？曰：彼以为强必富，不强必贫；强必暖，不强必寒，而不敢怠倦"（《墨子·非命下》）的思想是一致的，即都主张要凭自己的力量来努力工作以达到强富。当然，不同之处在于，一个以手工业者的工作实践为基础（墨），而另一个则以农民的劳作实践为基础（神农或农）。就讲法而言，墨家直接讲农夫农妇因为认识到了强必富不强必贫的道理，才早出晚归地耕嫁树艺和夙兴夜寐地纺绩织纴，而神农之教则说其耕不强就无以掩生，其织不强就无以掩形。在任力以强、自强自富方面，农家（神农之教）与墨家的确思想相通。

春秋战国时，农家出现，其所秉持的思想主张就是"神农之言"或"神农之教"。但作为思想学派，农家当有具体的思想理论，那么它是什么呢？班固在《汉书·艺文志》中著录农家的著作有：《神农》二十篇、《野老》十七篇、《宰氏》十七篇、《董安国》十六篇、《尹都尉》十四篇、《赵氏》五篇、《氾胜之》十八篇、《王氏》六篇、《蔡癸》一篇，共九家一百一十四篇。但这些著作已无可考了，故关于农家的思想言论无法具体而知。关于以许行为代表的农家言行事迹，目前在《孟子·滕文公上》中有一些保留，尤为珍贵。我们不妨将《孟子》中的此段材料录于此：

> 有为神农之言者许行，自楚之滕，踵门而告文公曰："远方之人闻君行仁政，愿受一廛而为氓。"文公与之处。其徒数十人，皆衣褐，捆屦，织席以为食。陈良之徒陈相与其弟辛负耒耜而自宋之滕，曰："闻君行圣人之政，是亦圣人也，愿为圣人氓。"陈相见许行而大悦，尽弃其学而学焉。
>
> 陈相见孟子，道许行之言曰："滕君则诚贤君也；虽然，未闻道也。贤者与民并耕而食，饔飧而治。今也滕有仓廪府库，则是厉民而自养也，恶得贤？"孟子曰："许子必种粟而后食乎？"曰："然。""许子必织布而后衣乎？"曰："否；许子衣褐。""许子冠乎？"曰："冠。"曰："奚冠？"曰："冠素。"曰："自织之与？"曰："否；以粟易之。"曰："许子奚为不自织？"曰："害于耕。"曰："许子以釜甑爨，以铁耕乎？"曰："然。""自为之与？"曰："否；以粟易之。""以粟易械器者，不为厉陶冶；陶冶亦以其械器易粟者，岂为厉农夫哉？且许子何不为陶冶，舍皆取诸其宫中而用之？何为纷纷然与百工交易？何许子之不惮烦？"曰："百工之事固不可耕且为也。""然则治天下独可耕且为与？有大人之事，有小人之事。且一人之身，而百工之所为备，如必自为而后用之，是率天下而路也。故曰，或劳心，或

第四章 墨家的"兼爱""尚力"论与中华民族的侠义、勤俭之道

劳力;劳心者治人,劳力者治于人;治于人者食人,治人者食于人,天下之通义也。当尧之时,天下犹未平,洪水横流,泛滥于天下,草木畅茂,禽兽繁殖,五谷不登,禽兽偪人,兽蹄鸟迹之道交于中国。尧独忧之,举舜而敷治焉。舜使益掌火,益烈山泽而焚之,禽兽逃匿。禹疏九河,瀹济、漯而注诸海,决汝汉,排淮泗而注之江,然后中国可得而食也。当是时也,禹八年于外,三过其门而不入,虽欲耕,得乎?后稷教民稼穑,树艺五谷;五谷熟而民人育。人之有道也,饱食、暖衣、逸居而无教,则近于禽兽。圣人有忧之,使契为司徒,教以人伦——父子有亲,君臣有义,夫妇有别,长幼有叙,朋友有信。放勋曰:劳之来之,匡之直之,辅之翼之,使自得之,又从而振德之。圣人之忧民如此,而暇耕乎?尧以不得舜为己忧,舜以不得禹、皋陶为己忧。夫以百亩之不易为己忧者,农夫也。分人以财谓之惠,教人以善谓之忠,为天下得人者谓之仁。是故以天下与人易,为天下得人难。……尧舜之治天下,岂无所用其心哉?亦不用于耕耳!吾闻用夏变夷者,未闻变于夷者也。陈良,楚产也,悦周公、仲尼之道,北学于中国。北方之学者,未能或之先也。彼所谓豪杰之士也。子之兄弟事之数十年,师死而遂倍之!……今也南蛮𫛞舌之人,非先王之道,子倍子之师而学之,亦异于曾子矣。吾闻出于幽谷迁于乔木者,未闻下乔木而入于幽谷者。《鲁颂》曰:'戎狄是膺,荆舒是惩。'周公方且膺之,子是之学,亦为不善变矣。"

"从许子之道,则市贾不贰,国中无伪;虽使五尺之童适市,莫之或欺。布帛长短同,则贾相若;麻缕丝絮轻重同,则贾相若;五谷多寡同,则贾相若;屦大小同,则贾相若。"曰:"夫物之不齐,物之情也;或相倍蓰,或相什百,或相千万。子比而同之,是乱天下也。巨屦小屦同贾,人岂为之哉?从许子之道,相率而为伪者也,恶能治国家?"(《孟子·滕文公上》)

这是孟子对许行农家思想主张的批评。引文说明了两方面的问题,一是农家学派的基本构成和组织情况,二是以许行为代表的农家思想主张之非和难以在现实社会中得到实施。农家是一个团体,由许行领导,大概有几十个人,都穿着粗麻制的衣服,靠编织草鞋、席子来维持生计。他们原在楚

401

国，跟着许行来到了滕国，向滕君要了一块地方并住了下来。后来，有个叫陈相的人和他弟弟陈辛也带着几十个人，并拿着农业生产工具，从宋国来到了滕国，与许行他们会合起来，都以许行为师。许行、陈相这帮子人都直接参加生产劳动，并主张每个社会成员，包括国君在内，都要参加劳动，反对不劳而获。故农家虽说是"家"，但并无学术性可言，只是一个农民团体或农民结社组织。

以许行为代表的农家其思想是一个中心两个方面，这就是以人人都参加社会劳动为思想核心或中心，主张人人劳动和公平交易为两个相关的方面，这主要在社会生产和产品交换方面。墨家是苦行僧，是限制消费的。农家没有此方面的限制，它有基本的生活用度和消费，这与墨家不同。陈相原为陈良[①]的弟子，后来尽弃所学而以许行为师。陈相去见孟子，给孟子介绍和宣扬许行关于人人都得劳动的主张，并批评滕君"未闻道"，原因是有道贤君应"与民并耕而食，饔飧而治"，但滕君尚"有仓廪府库"，这就是"厉民而以自养也"，厉者，病也；这是说滕君是损害别人来奉养自己的，这就不是贤者所为。许行、陈相所言关系到社会分工和究竟什么是社会劳动的问题。时至春秋战国时期，人类社会已经发生了三次社会大分工，社会各行各业的活动都是广义的社会劳动。社会分工是人类社会存在和发展的必然。孟子正是从这个意义上有力地反驳了陈相的思想主张。

许行、陈相的农家思想的内容是两个相关的方面：一是人人亲自参与生产劳动，二是公平和等价交换。前者体现的是重农，后者体现的则是抑商。孟子就这两点思想主张进行了批评和反驳。他与陈相的对话逐步深入，最后落实到对社会分工的肯定上。孟子问陈相，许行（即农家一派）是亲自种粟而食吗？是亲自织布、做衣服而穿吗？他戴帽子吗？他做饭时用釜甑之类的灶具吗？他耕田时使用铁器吗？等等。陈相对此一一作了回答。许行等的确亲自耕种，这是他们能做到的；但别的行业的工作就不可能都由他们亲自来做了，因为这不是想不想做的问题，而是事实上做不到。倘若社会上的每个人都亲自来做自己生存、生活所需要的一切，一是人没有这么多的时间和能力，人总不能在耕田的同时来织布、缝衣、做饭、织屦……吧，总得在耕完田后来织布、缝衣吧，那么请想想，人耕田

[①] 陈良，据梁启超的《先秦政治思想史》（1936 年中华书局和上海书店联合出版，1986 年上海影印厂出影印本）说即为《韩非子·显学》中的"仲良氏之儒"。

第四章 墨家的"兼爱""尚力"论与中华民族的侠义、勤俭之道

时需要穿衣吗？需要吃饭吗？如果每样事都自己亲自做，那么请在耕田前或耕田中先做饭和吃饭，但做饭要有粮食呀，这就要求先得耕田，这样一来，一切都不可能从事了，一切活动也就都消亡了；二是退一步讲，假如人有充足的时间和分身术来同时从事每项所必需的活动，但也没有这个必要呀，因为这么做会导致许多重复性活动，这对社会生产力是个浪费，最终会导致人类社会解体和毁灭的。所以，人的一切活动都是社会性的，是在人类这一群体中得以进行和完成的，这就离不开社会的分工和协作。所以，当孟子问陈相许行戴的帽子、用的灶具、使用的生产工具等是怎么来的时，陈相只能回答说这些都是"以粟易之"的，即用自己所生产的粮食换来的。这就必然承认和肯定了社会交换的事实性和合理性！既然有社会交换，其前提就是社会分工，有不同的社会领域和部门存在；既有不同的社会部门存在，当然各部门都要有人来做事，各人所做的这些事就都是社会劳动，只是劳动的形式不同罢了。最后，连陈相自己也不得不承认"百工之事固不可耕且为也"。从这里孟子就总结出了"或劳心，或劳力"的"天下之通义"的"义"理。《荀子·王制》说："（人）力不若牛，走不若马，而牛马为用，何也？曰：人能群，彼不能群也。人何以能群？曰：分。分何以能行？曰：义。故义以分则和，和则一，一则多力，多力则强，强则胜物。"荀子的这个"义"是什么？从荀子这里看只能说是"分"之"义"。但这个"分"又是什么呢？这里直接看不出。结合孟子讲的"或劳心，或劳力"之"天下之通义"的"义"看，荀子的"分"就是社会分工；这个"义"就是合理的社会分工或社会分工的合理性。孟子在与陈相的对话中得出了社会必有分工的思想结论后，进一步从尧、舜这些圣王的为政实践阐发了社会分工的正确性。这就从根本上反驳了许行、陈相等主张人人都需亲自劳作的狭隘的农家观念和主张。

在驳倒了许行农家关于人人都要参加社会生产的狭隘主张后，陈相又说到许行绝对公平的交换主张，认为"从许子之道，则市贾不贰，国中无伪；虽使五尺之童适市，莫之或欺"。陈相一连提出了"布帛长短同""麻缕丝絮轻重同""五谷多寡同""屦大小同"一系列交换中的"同"的主张。许行、陈相这种公平交换思想提出的动机是可以理解的，也是必要的，即为了抑制商人和市场交换中的投机、欺诈行为，以维护农民这一小生产者的既得利益。商人的出现是第三次社会大分工的必然结果，是社会

发展的需要。但商人那种唯利是图、投机钻营、巧取豪夺、囤积居奇、买空卖空的本性和手段的确有损广大社会消费者，特别是天性质朴的农民的利益，可以说这使消费者防不胜防，深受其害。故许行、陈相等作为农家的思想代表，提出平等、公平交换的主张是可理解的。在这里，农家承认了社会中产品交换的必要性，他们对物交物（物物交换）那种原始、简单的产品交换方式是认可的和赞同的，因为这不会带来隐性欺诈。农民和农家害怕和反对的是那种有货币参与其中的商品交换，因为此种交换中潜伏下了欺骗和作伪的可能。《淮南子·齐俗训》所谓的"神农之法"中就有"其导民也，不贵难得之货，不器无用之物。是故其耕不强者无以养生，其织不强者无以掩形。有余不足，各归其身。衣食饶溢，奸邪不生，安乐无事，而天下均平"之说，这里的"不贵难得之货，不器无用之物"就是对商人和商品交换的抵制之法，就是要回到物物交换、人人劳动的早期社会，那时每人劳动，凭劳动生存，劳动成果多余的归己，不足的自负（"有余不足，各归其身"），人人都享受自己的劳动果实。农家的这种主张虽愿望良好但实行不通。随着社会分工的发展，物物交换必然要转化为商品交换，金银等专门货币必然要出现。其实，在商品交换中，也正是在商品交换中和只有在商品交换中才有真正的社会公正、公平可言。为什么呢？因为物与物要互换、交换，除了每种物都要有使用价值外，还得要有一种交换的比量标准，否则不会有正常的实际交换存在，这种交换时的比量就是交换价值。但两种不同的产品即商品进行交换的比例量度究竟是什么呢？只有社会劳动量，即抽象的或一般的人类社会劳动；往往用劳动时间来衡量，这就叫价值。正是这个价值，也只有这个价值，才能代表产品与产品之间的共同的本质性，这实际上就是不同的劳动（具体劳动）和劳动者之间所共有的本质所在，在这里，也只有在这里才能真正表现和体现出人人平等来。正因为有价值上的同，才有交换价值和其异；就是说，交换价值上的比量之不同（即不同比量，而不是同一比量），才表现了和真正体现了价值上的同，倘或交换价值上同了，都成了同一个比量了，反而价值上就没有同，就意味着没有必要的、一般的、共同的社会劳动存在了。陈相看不到这一点，所他谓的"贾相若"就是交换时交换价值上的一样、平等，这当然是不可能的和不对的，若如此则最终不会有社会交换存在。孟子正是从此出发，反驳并驳倒了农家在交换上的平等主张。孟子曰:"夫物之不齐,物之情也。……子比而同之,是乱天下也。巨屦小屦同贾,人岂为之哉?从许子之道,相率而为伪者也,恶能治国家?"诚哉孟子斯言!如果将交换价值弄齐了,搞平均了,就没有交换了,也就没有社会了,还有什么治世可言呢?!

这就是农家思想。其主张就是人人劳动和公平交换。这两点所代表和体现的的确是农民的愿望和要求,但因此也正反映了农民阶层的狭隘性。在社会分工已经出现的情况下,特别在进入阶级社会,有了凌驾于社会之上的国家机器后,要人人都参加生产劳动,要统治者像氏族酋长那样不脱离生产,这是不可能的;在第三次社会大分工后商人成了一个独立的社会阶层,不是物物交换而是商品交换成了社会交换的主要内容和方式,在此种情况下再提物物交换那种产品直接交换而试图取代以货币为中介手段的商品交换,这当然是倒退,是不可能实现的。在社会生产的生产—分配—交换—消费这个四环节中,墨家主张凭力来生产而不主张消费甚或限制消费;农家则主张人人凭力劳动而不主张有社会分工和社会分工下的交换甚至要取消交换,墨、农的这两种主张虽然都注重生产和立足于生产,但最终会影响到社会生产的进行和社会财富的增长以及社会生产的再扩大,故都非正确的思想主张。墨、农的思想在一定范围和一定程度、一定条件下提提是可以的,甚或有一定的社会批判作用和效果。但若用此来治国施政就行不通了,它们远比不上儒家思想。

中国是一个以农立国的大国,稼穑之道历来受到世人重视。虽然农家的地位并不显赫且其学派也未能在后世有所发展壮大,且农家思想的深度和广度都很有限,但重农意识和尚农观念在中华文化传统中深深不息和生生不息,可以说历朝历代的人们都重农、尚农。《吕氏春秋·士容论》中有《上农》《任地》《辩土》三篇,讲的就是农业生产方面的事。《上农》曰:"古先圣王之所以导其民者,先务其农民。农非徒为地利也,贵其志也。民农则朴,朴则易用,易用则边境安、主位尊。民农则重,重则少私义,少私义则公法立、力专一。民农则其产复,其产复则重徙,重徙则死处而无二虑。舍本而事末,则不令,不令则不可以守,不可以战。民舍本而事末,则其产约,其产约则轻迁徙,轻迁徙则国家有患皆有远志,无有居心。民舍本而事末则好智,好智则多诈,多诈则巧法令,以是为非,以非为是。后稷曰:所以务耕织者,以为本教也。"这是说,圣王治世以

"务其农民"为第一要务。它分析了民性朴、民少私、民产复等农民以及其职业——农业的特点，如果统治者能认识和利用民的这些特性，就易于治民和治理天下了；倘若舍本而事末，就会逆民之性，将会得到无向善、轻迁徙、多诈伪等不良结果，社会岂能安宁？《上农》篇还举了"是故天子亲率诸侯耕帝藉田，大夫士皆有功业，……以教民尊地产也。后妃率九嫔蚕于郊，桑于公田，是以春秋冬夏皆有麻枲丝茧之功，以力妇教也"的先王治世之例，以说明上农之重要性。《任地》篇则讲了使用地力的重要性。它说："后稷曰：子能以窐为突乎？子能藏其恶而揖之以阴乎？子能使吾土靖而甽浴土乎？子能使保湿安地而处乎？子能使雚夷毋湿乎？子能使子之野尽为泠风乎？子能使藳数节而茎坚乎？子能使穗大而坚均乎？子能使粟圆而薄糠乎？子能使米多沃而食之强乎？"借后稷之口一连问了这么多的"乎？"人究竟能不能做到这些呢？"无之若何？凡耕之大方，力者欲欲，柔者欲力；息者欲劳，劳者欲息；棘者欲肥，肥者欲棘；急者欲缓，缓者欲急；湿者欲燥，燥者欲湿。上田弃亩，下田弃甽，五耕五耨，必审以尽。"人只靠己力是做不到以窐为突，穗大而坚均等的，这就要任地，要尽地力了。怎么任呢？这里讲到锄草、深耕、农具等方面的规定和操作之法。《辩土》篇讲的是土壤等问题。它说："凡耕之道，必始于垆，为其寡泽而后枯；必厚其靹，为其唯厚而及饶者。莛之坚者耕之泽，其靹而后之。上田则被其处，下田则尽其污。"还提到要防治病虫害。还说："农夫知其田之易也，不知其稼之疏而不适也；知其田之际也，不知其稼居地之虚也。不除则芜，除之则虚，此事之伤也。故畮欲广以平，甽欲小以深，下得阴，上得阳，然后咸生。"然后具体讲到种植问题，禾苗生长问题，还有除草问题等。如说："凡禾之患，不俱生而俱死。是以先生者美米，后生者为秕。是故其耨也，长其兄而去其弟。树肥无使扶疏，树墝不欲专生而族居。肥而扶疏则多秕，墝而专居则多死。"这些当然来源于农业生产的实际经验，也是耕稼树艺的稼穑之道。

533—544年，北魏的贾思勰撰成《齐民要术》一书，这是完整保存至今的最早的中国古农书，凡十卷九十二篇。分别论述了各种农作物、蔬菜、果树、竹木等的栽培，家畜、家禽之饲养，农产品加工和副业等，系统总结了黄河中下游地区农业生产的丰富经验。关于旱地农业的耕作和谷物栽培方法，梨树的嫁接技术，树苗的繁殖，家畜家禽的肥育技术，农产品之加工，等等，都作了阐说，显示出中国古代农业生产的水平。

我们这里当然不是写农业史，说这些方面只是为了说明，在中华民族漫长的历史发展中，农业一直是我们民族赖以生存的根基和社会存在的基础，故"神农之言"或"神农之教"或"神农之法"一直渗透在中华民族的思想观念和生活方式中，已塑造成根深蒂固的、基本的民族精神。自古以来，士大夫们的传家训条就是"耕读"或"读耕"；时至今日，农村不少人家的大门上额仍然镌刻着"耕读传家"的匾额。中国人重农、尚农、力农、崇农，反对商人的投机和奸诈。"重农抑商"，这是中华民族的立国之道，也是中华民族的深厚情怀和精神。当然，站在商品生产的立场上看，这种重农抑商之道严重阻碍了商业的繁荣和发展，不利于中华民族从封建的小农经济向资本主义商品经济的过渡，这似乎是拖了社会进步的后腿。但若从封建社会自身来说，这种重农抑商政策和国策对中国封建社会的稳定发展是不无作用的。就是在商品大潮的现代，农业不应该重视吗？商业领域中的欺诈行为不应该被抑制吗？笔者以为是应该的。故"神农之教"对于中华民族精神仍有价值。

第五章　法家的法治论与中华民族的治国之道

　　法家是先秦诸子之一。法家的法治思想和精神对中华民族的生存发展无疑有积极的影响和作用。俗言"没有规矩，不成方圆"。法家所主张的这个"法"就如同工匠手中的规、矩一样，它乃社会生活中的规矩和标准。"法"乃"灋"的省略字。《说文》："灋，刑也。平之如水，从水；廌，所以触不直者，去之，从［廌］去。"这是说，灋为刑法，它像水一样平正，故从水；又像神兽廌一样用独角去抵不正直的一方使其离去，故又从廌、去。廌是独角兽，又作獬豸。段玉裁注曰："《神异经》曰：'东北荒中有兽，见人斗则触不直，闻人论则咋不正，名曰獬豸。'"可见，古人选这个"灋"（法）字是别出心裁的，用水、神兽来会意，象征公平和正直之道。没有了法，人类社会就没有了尺度和标准，这当然万万不行。所以，不管法家思想所起的社会作用是正面价值大还是负面价值大，法治和法治思想理论是必不可少的。故法家的社会地位理应得到肯定。

　　关于法家的起源，《汉书·艺文志》曰："法家者流，盖出于理官。信赏必罚，以辅礼制。《易》曰：'先王以明罚饬法。'此其所长也。乃刻者为之，则无教化，去仁爱，专任刑法，而欲以致治，至于残害至亲，伤恩薄厚。"这是说法家是从过去的刑狱官演化而来的。冯友兰先生说："法家者流盖出于法术之士。"[①] 但无论从"理官"来还是从"法术之士"来，在春秋战国的社会大变动之时，产生了立足于法治、以法来平治天下的思想学派，这是历史事实。

---

① 冯友兰：《中国哲学简史》，北京大学出版社 1985 年版，第 47 页。

一　法家概说

《汉书·艺文志》著录了法家著作十家二百一十七篇，即《李子》三十二篇，《商君》二十九篇，《申子》六篇，《处子》九篇，《慎子》四十二篇，《韩子》五十五篇，《游棣子》一篇，《晁错》三十一篇，《燕十事》十篇。就法家的著作情况来看，先秦的法家代表有李悝、商鞅、申不害、慎到、韩非诸人。李悝是魏文侯的相，他在魏国变法。申不害本是郑人，郑为韩所灭，故他也为韩人，他曾是韩国的相。韩非是韩国人。慎到是赵国人，但他在齐国稷下讲学，为"稷下先生"之一，不过他主要不是法家，属稷下道家的黄老之派。商鞅本是卫国人，但他的变法活动主要在秦国。韩、魏、赵当时称为三晋，故李悝、申不害、韩非，还有慎到（如果将他算作法家的话）都是晋法家。商鞅当代表秦法家。还有，管仲曾是齐桓公之相，最早在齐国实行"案亩而税"即"相地而衰征"的地税改革，他是法家思想理论和实践的先驱，他是齐法家。所以，说到法家，起码有齐法家、晋法家、秦法家三派。

齐法家的代表为管仲。管仲未有亲笔著作，他的思想在《国语·齐语》和《管子》中有记述。《管子》一书八十六篇，是以管仲名字命名的稷下学宫的"学报"。[①] 以管仲为代表的齐法家的思想大体有这样几个方面。

一是关于"案亩而税""相地而衰征""赋禄以粟"等方面的改革。春秋时期是奴隶制解体的时代。铁制农具的出现使生产工具有了质的变化，标志着生产力水平的提高和改变。生产力的变化必然引起生产关系即经济基础（生产关系的总和）的变化，由此而最终导致社会体制的改变。人们所谓的"礼崩乐坏"就是从社会上层建筑和思想上层建筑方面所说的当时奴隶制度的变化。那么，春秋时期因生产力的提高而导致的生产关系即经济基础方面的变化是怎么体现的呢？古人当然不知道有什么生产关系及经济基础的变化，但古人却知道赋税制度方面的改变。赋税是分配方式的表现，而分配方式就属于生产关系的内容。当时在赋税制度和政治制度方面发生了一系列变化，例如鲁僖公十五年（前645年），晋国作爰田、

---

① 冯友兰：《中国哲学史新编》上卷，人民出版社1998年版，第118页。

作州民，改革土地分配制度和兵役制度；鲁宣公十五年（前594年），鲁国实行"初税亩"，承认私田的合法性；鲁襄公二十五年（前548年），楚国令尹子木整理田制和军制；鲁昭公四年（前538年），郑国子产作丘赋；鲁昭公六年（前536年），郑国子产铸刑书，鲁昭公二十九年（前513年），晋国赵鞅铸刑鼎（以上均见《左传》），等等。在这些变化中，发生最早的，也可以说是最重要的就是鲁庄公九年（前685年）齐桓公即位后任管仲为相而推行的"相地而衰征"。《国语·齐语》曰："桓公曰：'伍鄙若何？'管子对曰：'相地而衰征，则民不移；政不旅旧，则民不偷；山泽各致其时，则民不苟；陆、阜、陵、墐、井、田、畴均，则民不憾；无夺民时，则百姓富；牺牲不略，则牛羊遂。'"这里的"伍鄙"就是"伍其鄙"，即将郊野之地划分为五部分，设官治理。这个"衰"（cuī）就是依照一定的标准递减。"相地而衰征"就是考察土地的肥瘠美恶等级来分级征收赋税。齐桓公问管仲"伍鄙怎么样来编制、治理？"管仲说："考察土地的肥瘠美恶来分级征收赋税，那么老百姓就不会任意迁移了；为政不遗弃先君的故旧，那么老百姓就不会苟且偷安了；山林川泽按照时令开放或封禁，那么老百姓就不会随意砍伐和捕捞了；平地、高地、山地、沟上的路、水井、稻田、麻地分配平均，那么老百姓就无有怨恨了；不占用百姓的农事时间，那么老百姓就会富足了；不过度杀戮祭祀用的牲畜，那么牛羊就能很快繁殖了。"与"相地而衰征"相应，《管子·大匡》为"案亩而税"，即将土地分为等次，因此而有不同的征税量，这样农民就不会随便迁移了。如果不分好坏而征收一样的税，那就没有人愿意耕种贫瘠的土地，住在坏地的人就会想方往好地迁移，这当然是会影响社会生产的。

　　管仲还规定了征税的税率。《管子·大匡》言："二岁而税一，上年什取三，中年什取二，下年什取一。岁饥不税，岁饥弛而税。"这是说，每两年征税一次，丰年的税率为十分之三，平年为十分之二，歉收年为十分之一。荒年就不收税了，等灾情过去后再收。

　　管仲还制定了"赋禄之制"（《管子·大匡》），就是给卿、大夫这些官员们一定的俸禄，即"赋禄以粟"。这也是一种新的制度。在奴隶制下，实行的是分封制，即全国所有的土地都是周天子的，天子封侯建国，给每个诸侯国一片土地；诸侯国的君主再分封卿、大夫，也给他们每人一片土地。在这种层层分封制下，受封的贵族们就在各自受封的土地内食邑，他们都没有俸禄可言，即低一级的贵族并不向高一级的贵族领受俸禄。管仲在齐国推行改革，把分封制改了，改为俸禄制，即"赋禄以粟"，国君要给臣下发俸禄，俸禄是按粮米来计算的，比如一年多少石粮食。

管仲还推行富国强兵之法。富国的具体办法就是发展农业、手工业、商业。他划分了社会职业，这就是士、农、工、商这"四民"。《管子·小匡》说："士农工商四民者，国之石民也。"这四种职业的人是国家的柱石。《国语·齐语》说："桓公曰：'成民之事若何？'管子对曰：'四民者，勿使杂处，杂处则其言哤，其事易。'公曰：'处士、农、工、商若何？'管子对曰：'昔圣王之处士也，使就闲燕；处工，就官府；处商，就市井；处农，就田野。"这个"士"就是知识分子，是搞文化工作，搞意识形态方面工作的。"农"就是农人、农民，是经营、从事农业生产的人，其职责是生产粮食。"工"就是手工业者，职责是制造器具。"商"就是商人，是从事货物流通工作的。这四类人和四种职业都是社会所需要的，且是世代相传，都有自己的居住地方，不相混杂，这样一来不仅使他们可以各专心于自己的职业，也易于形成、培养各专业之人的职业特性。比如"士"，"闲燕则父与父言义，子与子言孝，其事君者言敬，其幼者言弟。少而习焉，其心安焉，不见异物而迁焉"。这是说，让士人聚集在一起，平时父辈之间谈礼义，子弟之间论孝道，他们之中侍奉国君的人谈论恭敬尽职，年幼者讲论对兄长的尊敬。这些人从小耳濡目染于士子的生活，安心于士子的职业，就不会被外物所引诱而见异思迁了。比如"工"，"群萃而州处，审其四时，辨其功苦，权节其用，论比协材，旦暮从事，施于四方，以饬其子弟，相语以事，相示以巧，相陈以功。少而习焉，其心安焉，不见异物而迁焉"。这是说，让工匠们聚集在一起，他们会审察四季用品的不同需要，辨别物品质量的优劣，权衡物品的用度，比较材料的好坏，早晚加工制造，把产品运销到各地。他们平时用以教诲弟子的和谈论的都是加工、制作产品之事，互相传习的是技艺，互相展示的是产品。他们从小耳濡目染于工匠的生活，安心于工匠的职业，就不会被外物所引诱而见异思迁了。比如"商"，"群萃而州处，察其四时，而监其乡之资，以知其市之贾，……以其所有，易其所无，市贱鬻贵，旦暮从事于此，以饬其子弟，相语以利，相示以赖，相陈以知贾。少而习焉，其心安焉，不见异物而迁焉"。这是说，让商人居住在一起，能审察四季货物的不同需要，了解本地的货源，掌握市场的价格，用别处所有的货物来交换本乡所无的货物，贱买贵卖。他们从早到晚都做此类事情，并用这些来教育他们的子弟，平时他们谈论的是如何取得利润，互相显示的是盈利的多少，互相展示的是商品的价格。他们从小耳濡目染于商人的生活，就安心于商人的职业，就不会被外物所诱而见异思迁了。比如"农"，"群萃而州处，察其四时，权节其用，……以旦暮从事于田野。脱衣就功，首戴茅蒲，身衣被襫，霑体涂足，暴其发肤，尽其四支之敏，以从事于田野。少而习焉，其心安焉，不见异物而迁焉"。（以上均见《国语·齐语》）这是说，让农人居住在一起，审察不同季节的农事，准备好不同的家具，从早到晚在田野劳作。他们脱衣干活；雨天头戴笠帽，身披蓑衣，身子被雨水淋湿了，双脚沾满了泥巴；晴天他们顶烈日，沐骄阳，使出全身力气来劳动。这些人从小耳濡目染于农人的生活，他们安心于农人的职业，不会被外物所诱而见异思迁。管子所言当然有一定的道理。各职业的人会形成各职业的习惯，会有各职业的操守，也会有各职业的行为和心理习惯，这对社会稳定和生产的发展自然是有好处的。

管仲讲"富民""富国"时还讲"强兵"。怎么强兵呢？"管子对曰：'作内政而寄军令焉。'"内政是政治方面，军令是军事方面。这是说要把政治组织和军事组织统一起来。怎么统一呢？"管子于是制国：五家为轨，轨为之长；十轨为里，里有司；四里为连，连为之长；十连为乡，乡有良人焉。以为军令：五家为轨，故五人为伍，轨长帅之；十轨为里，故五十人为小戎，里有司帅之；四里为连，故二百人为卒，连长帅之；十连为乡，故二千人为族（旅），乡良人帅之；五乡一帅，故万人为一军，五乡之帅帅之。"这里前面讲的是行政组织，后面讲的是军事组织，这二者是一体的。这是说，每家出一个人为兵，每轨就有五个人，这在军事上就叫"伍"，由轨长带领；十轨为一里，故五十人为"小戎"，由里有司带领；四里为一连，故二百人为"卒"，由连长带领；十连为一乡，故二千人为一"旅"，由乡良人带领；五乡为一帅，故一万人为一"军"，由五乡之卿带领。全国编为三军，由国君统帅。这就是行政与军事的一体化。这样做有什么益处呢？"伍人之祭祀同福，死丧同恤，祸灾共之。人与人相畴，家与家相畴，世同居，少同游。故夜战声相闻，足以不乖；昼战同相见，足以相识。其欢欣足以相死。居同乐，行同和，死同哀。是故守则同固，战则同强。君有此士也三万人，以方行于天下，以诛无道，以屏周室，天下大国之君莫之能御。"（以上见《国语·齐语》）就是说，一个伍的人祭祀时同享祭肉，死亡丧葬时共同忧伤，天灾人祸共同承担。这样会使人与人之间关系密切，家与家之间紧密相连，世代居住在一起，从小在一起游玩。故夜战时彼此熟悉声音，白天作战时互相熟悉，从小结成的欢欣之情能使他们拼死相救。他们家居时同欢乐，行军时情感融和，死伤时共同哀悲。这样的话防守时就牢固，作战时就顽强。因此，管仲跟齐桓公说您带领着这样的军队就会无敌于天下了。

以上就是管仲在生产、赋税、军备等方面的改革。

二是关于法治方面的改革与思想。在春秋之时奴隶制解体，向封建制转变的过程中，不仅有经济方面，即赋税制度上的改革，也有上层建筑方面即法治上的改革。例如郑子产铸刑书（见《左传》昭公六年），晋赵鞅铸刑鼎（见《左传》昭公二十九年），就是法治方面的改革。管仲作为著名的政治家和治国良相，他有很明确的法治思想和主张。这首先表现在他对法的重视上。《管子·君臣上》曰："人君不公，常惠于赏而不忍于刑，是国无法也。治国无法，则民朋党而下比，饰巧以成其私。法制有常，则民不散而上合，竭情以纳其忠，是以不言智能，而顺事治国患解。"《管子·君臣下》曰："古者未有君臣上下之别，未有夫妇妃匹之合。兽处群居，以力相征。于是智者诈愚，强者凌弱，老幼孤独不得其所。故智者假众力以禁强虐而暴人止，为民兴利除害，正民之德，而民师之。……上下设，民生体而国都立矣。是故国之所以为国者，民体以为国；君之所以为君者，赏罚以为君。致赏则匮，致罚则虐，则匮而令虐，所以失其民也。是故明君审居处之教，而民可使居治战胜守固者也。"《管子·正世》曰："法立令行之谓胜。法立令行，故群臣奉法守职，百官有常。法不繁匿，万民敦悫反本而俭力，故赏必足以使，威必足以胜，然后下从。"又曰："民者服于威杀然后从，见利然后用，被治然后正，得所安然后静者也。夫盗贼不胜，邪乱不止，强劫弱，众暴寡，此天下之所忧，万民之所患也。忧患不除，则民不安其居。民不安其居，则民望绝于上矣。"还有《管子》的《法法》《任法》《禁藏》《七法》《法禁》《明法》《权修》《八观》《重令》《七臣七主》等篇，都讲到法的重要性和必要性。如《管子·七臣七主》曰："法律政令者，吏民规矩绳墨也。"可见，管仲对法的重要性是有足够认识的。在突出法的重要性的基础上，管仲还具体论述到法治与君主的关系问题，如说："君臣上下贵贱皆从法，此之谓大治。"又说："圣君任法而不任智，……然后身佚而天下治。"又说："故尧之治者，善明法禁之令而已矣。""故黄帝之治也，置法而不变，使民安其法者也。"又说："故曰法者不可恒［按：即不变］也，存亡治乱之所从出，圣君所以为天下大仪也，君臣上下贵贱皆发焉。""故法者，天下之至道也，圣君之实用也。""圣君亦明其法而固守之。"又说："故圣君失度［按：即圣君有见失度］，量置仪法，如天地之坚，如列星之固，如日月之明，如四时之信，然故令往而民从之。"（《管子·任法》）还说："有道之君者，善明设法，而不以私防者也。而无道之君，既已设法，则舍法而行私者也。为人上者释法而行私，则为人臣者援私以为公。"（《管子·君臣上》）又说："为人君者，信道弃法而好行私，谓之乱。"（《管子·君臣下》）等等。在管仲看来，君主也要守法，要用法来治理社稷。

管仲还论述到法治与人民的关系问题。他说："不为爱民亏其法。法爱于民。"（《管子·七法》）《管子·法法》中有段话集中阐发了法与民的关系，曰："宪律制度必法道，号令必著明，赏罚必信密，此正民之经也。……法立令行，则民之用者众矣，法不立，令不行，则民之用者寡矣。故法之所立，令之所行者多，而所废者寡，则民不诽议；民不诽议，则听从矣。法之所立，令之所行，与其所废者钧，则国毋常经；国毋常经，则民妄行矣。法之所立，令之所行者寡，而所废者多，则民不听；民不听，则暴人起而奸邪作矣。计上之所以爱民者，为用之爱之也。为爱民之故，不难毁法亏令，则是失所谓爱民矣。夫以爱民用民，则民之不用明矣。……故善用民者，轩冕不倪，而斧钺不上因，如是则贤者劝而暴人止。贤者劝而暴人止，则功名立其后矣。蹈白刃，受矢石，入水火，以听上令，上令尽行，禁尽止，引而使之，民不敢转其力；推而战之，民不敢爱其死。不敢转其力，然后有功；不敢爱其死，然后无敌。进无敌，退有功，是以三军之众皆得保其首领，父母妻子完安于内，故民未尝可与虑始，而可与乐成功。"从这段话可以看出，管仲是知道治民和爱民的。什么叫爱民呢？这当然要给民以实惠、实效。对民而言什么才是真正实在的东西呢？这莫过于使民之父母妻子完安于内；而要完安于内，非进无敌退有功不可；而欲其有功而无敌，非民皆为用不可；而要民皆为用，这就少不了法令，即法必立，令必行矣。所以说，"法者民之父母也"（《管子·法法》）。在这里，管仲比较明确地阐发了民与法的关系。

管子还论述到施法的问题。法立以后就要实施，如何来实行呢？管子认识到了这一问题，他说："道也者，上之所以导民也。是故道德出于君，制令传于相，事业程于官。""故主画之，相守之。""是故岁一言者君也，时省者相也，月稽者官也，务四支之力、修耕农之业以待令者庶人也。……大夫比官中之事，不言其外，而相为常具以给之。……而君发其明府之法，瑞以稽之，立三阶之上，南面而受要。是以上有余日，而官胜其任。……唯此上有法制，下有分职也。"（《管子·君臣上》）又说："是故有道之君者执本，相执要，大夫执法，以牧其群臣；群臣尽智竭力，以役其上。"（《管子·君臣下》）梁启超说，管仲的君、相、大夫、群臣之说，"此与今世立宪国内阁之制正相合。相者总理大臣，大夫则各部大臣也，群臣则下此之百司也"[1]。

总之，管仲对法与法治有比较丰富、明确的思想和认识。

以上是以管仲为代表的齐法家的思想。

秦法家的代表是商鞅。商鞅出身于卫国，他是卫国国君的子孙，故被称为公孙鞅，也称为卫鞅。商是他在秦国所受之封邑，他是商地的封君，故后人称他为商鞅，又称商君。商鞅（公孙鞅）原是魏相公叔痤门下，公叔痤死后，他听说秦孝公（前361年继位）下令求贤，便离魏入秦。他同秦孝公谈了三次。第一次给秦孝公讲"帝道"，听得孝公"时时睡"；第二次讲"王道"，孝公觉得好一些，但还未打动孝公；第三次讲"霸道"，就是讲"帝王之道"和"强国之术"，这下打动了孝公，孝公大为高兴，一连与商鞅谈了几天。最后秦孝公任商鞅"为左庶长，卒定变法之令"（见《史记·商君列传》）。商鞅于前356年（秦孝公六年）和前350年两次下令变法。关于两次变法的内容，《史记·商君列传》有载，曰："令民为什伍而相牧司连坐，不告奸者腰斩，告奸者与斩敌首同赏，匿奸者与降敌同罚。民有二男以上不分异者倍其赋。有军功者各以率受上爵。为私斗者各以轻重被刑。大小勠力本业耕织，致粟帛多者复其身，事末利及怠而贫者举以为收孥。宗室非有军功，论不得为属籍。明尊爵秩等级各以差次，名田宅臣妾衣服以家次。有功者显荣，无功者虽富无所芬华。"这是

---

[1] 梁启超：《管子评传》，《诸子集成》第五册，上海书店出版社1986年版，第22页。

第一次变法令。前350年，秦从雍（今陕西凤翔）迁都咸阳后，商鞅下第二次变法令，曰："令民父子兄弟同室内息者为禁。而集小都乡邑聚为县，置令丞，凡三十一县。为田开阡陌封疆，而赋税平。平斗桶、权衡、丈尺。"这两次变法实际上涉及两个重要的方面，一是对生产关系即经济体制上的变革，另一是对宗法体制即政治体制上的变革。现在结合《商君书》等材料，对商鞅变法这两个方面的内容予以概述。

春秋战国时期，因生产力水平的提高而导致生产关系（经济基础、经济制度等）上的变革是当时社会体制变化的根本方面。管仲在齐国实行"相地而衰征"，使齐国的生产关系适应了生产力的发展，故齐国最先富强起来。商鞅在秦国变法，生产关系方面的改革就是他变法的一个根本的和重要的方面，这就是人们常说的废井田，开阡陌，承认土地私有，允许土地买卖的新政令。早在商鞅对旧的生产关系即赋税制度作较彻底改革（即废井田，开阡陌）以前，秦国实际上已开始了此方面的变革，这就是史载的秦简公七年（前408年）的"初租禾"（见《史记·六国年表》），这是按"禾"来计算税。但这个"禾"究竟是正在地里长着的作物还是已成熟而收获了的作物，尚不十分清楚。《商君书·垦令》说："訾（赀）粟而税，则上壹而民平。上壹则信，信则臣不敢为邪。民平则慎，慎则难变。上信而官不敢为邪，民慎而难变则下不非上，中不苦官。下不非上，中不苦官，则壮民疾农不变。壮民疾农不变，则少民学之不休。少民学之不休，则草必垦矣。"这个"訾（赀）粟而税"就明确了，即按农民所收入的粮食量来定地租。这个量率是按收入的百分之几来抽租，这里没说。总之，这是一种不同于奴隶制那种直接剥削奴隶劳动的新的带有封建制意义的赋税方式。到商鞅第二次变法时，就明确规定"为田开阡陌封疆，而赋税平"。这是要废除奴隶制的井田界限，承认土地私有。土地成为开垦者自己的，他的生产积极性就上来了，生产也就正常和经常了，得到的收入也就比较稳定了，即能维持在一定的水平上；个人收入能维持一定的水平，国家的税收也就同样能维持一定的水平，这就叫"赋税平"。废井田，开阡陌，承认土地私有，允许土地买卖，这是商鞅在秦变法的根本内容。配合这一改革内容，还把全国的小都、乡、邑集中为三十一县，县置令、丞；对家庭组织结构也作了规定，即禁止家人"同室内息"，为了使父子、男女有别；还对"斗桶、权衡、丈尺"这些度量衡作了统一。这些既有利于社会经济的发展，也利于社会生活和社会进步。

商鞅变法的另一项内容是对宗法体制的改革，这可以说是政治体制方面的变革。这是商鞅第一次变法的主要内容。宗法是奴隶制的重要支柱和标志。商鞅变法就是首先让农民从奴隶制中解放出来，即把农民组织起来让他们互相监视，这是以国家编制为基础的组织形式。对宗室的人来说，全凭军功，如果没有军功就将他们从宗室中除名。还规定一家有两个儿子的要分家，这是对宗法制的进一步破除。

商鞅还有富国强兵的思想主张，《商君书》中有《农战》一篇，专门讲了这个问题。商鞅认为："凡人主之所以劝民者，官爵也。国之所以兴者，农战也。今民求官爵，皆不以农战而以巧言虚道，此谓劳民。劳民者，其国必无力；无力者，其国必削。"（《商君书·农战》）商鞅主张统治者用官爵来鼓励农民生产备战，将生产与军备统一起来。商鞅分析当时的情况说："今为国者多无要。朝廷之言治也纷纷焉务相易也。是以其君惛于说，其官乱于言，其民惰而不农。故其境内之民，皆化而好辩乐学，事商贾，为技艺，避农战。如此（亡国）则不远矣。国有事，则学民恶法，商民善化，技艺之民不用，故其国易破也。夫农者寡而游食者众，故其国贫危。"（《商君书·农战》）商鞅认为，造成这种状况的原因首先在统治者，因为他们没有抓住治国的要害问题，即教农力农为战。而那些治国者又无要害地发表了许多言论，弄得统治者也没了主意。这样，由于统治者不教农战，农民也生懒惰之心而不务农，有的喜辩，有的经商，有的为工，这些人统统逃避农战。他们都是游食者，不生产粮食还要消耗粮食，这样国力能不弱吗？当真的遇到战争时，喜辩者疏于纪律，为商者善于投降，有技术的工匠也无甚大用，这样国家就很容易被攻破了。所以，不教农战就会使国既贫且危。故商鞅主张："圣人知治国之要，故令民归心于农。归心于农，则民朴而可正也，纷纷则易使也，信可以守战也。壹则少诈而重居，壹则可以赏罚进也，壹则可以外用也。夫民之亲上死制也，以其旦暮从事于农。夫民之不可用也，见言谈游士事君之可以尊身也，商贾之可以富家也，技艺之足以糊口也。民见此三者之便且利也，则必避农。避农，则民轻其居。轻其居，则必不为上守战也。凡治国者，患民之散而不可抟也，是以圣人作壹，抟之也。"（《商君书·农战》）商鞅的意思是明白的，就是要将民组织起来，使他们为农为战。农民如果组织起来了，由于其职业的特点就会重居而轻迁徙，这样就会为保卫家园而死守抗敌，这对整个国家的安全当然是大有助益的。商鞅的农战思想和主张与前面我们讲的管子的富国强兵思想有一致处。

商鞅作为著名的法家，有明确的法治思想。他首先认为立法是必要的和必需的。他说："今有主而无法，其害与无主同。有法不胜其乱，与不法同。夫利天下之民者，莫大于治；而治莫康于立君；立君之道，莫广于胜法。"(《商君书·开塞》) 又说："先王县权衡，立尺寸，而至今法之，其分明也。夫释权衡而断轻重，废尺寸而意长短，虽察，商贾不用，为其不必也。夫倍法度而任私议，皆不必者也。不以法论知能贤不肖者，惟尧；而世不尽为尧。是故先王知自议誉私之不可任也，故立法明分，中程者赏之，不中程者诛之。"(《商君书·修权》) 这说得很明白，治国先要立法，否则就如同轮人匠人没有了规矩一样，那是难以治好天下的。商鞅所说的这个"法"乃是国之大法，相当于如今的宪法类，故包括君主在内都应遵守，按法而行。他说："国之所以治者三：一曰法，二曰信，三曰权。法者，君臣之所共操也。信者，君臣之所共立也。权者，君之所独制也。人主失守则危，君臣释法任私必乱。故立法明分，而不以私害法则治。"(《商君书·修权》) 法既然是治国之准则，包括君主在内人人都得遵守。《史记·商君列传》曰："于是太子犯法。卫鞅曰：法之不行，自上犯之；将法太子。太子，君嗣也，不可施行；刑其傅公子虔，黥其师公孙贾。明日秦人皆趋令。"商鞅以实际行动践行了法的公正和尊严，故他的变法措施才能在秦国得到比较彻底的实行。商鞅指出："所谓壹刑者，刑无等级，自卿相将军以至大夫庶人，有不从王令，犯国禁，乱上制者，罪死不赦。有功于前，有败于后，不为损刑；有善于前，有过于后，不为亏法。忠臣孝子有过，必以其数断。守法守职之吏，有不行王法者，罪死不赦，刑及三族。"(《商君书·赏刑》) 这讲的也是法的平等和公正问题。在商鞅的法治思想中，还涉及一个什么法才是良法的问题。商鞅曰："观俗立法则治，察国事本则宜。不观时俗，不察国本，则其法立而民乱，事剧而功寡。"(《商君书·算地》) 又曰："不法古，不修今，因世而为之治，度俗而为之法。故法不察民之情而立之则不成，治宜于时而行之则不干。"(《商君书·壹言》) 这是说，好的法是合乎时宜的和合于人民所需的法，而非一些写在纸上的不合时宜的死规定。故好法是合于时宜之法。

这就叫"当时而立法,因事而制礼"(《商君书·更法》)。总之,商鞅有重要的法治思想。

以上是以商鞅为代表的秦法家的思想。

法家的思想阵营主要在晋法家。晋法家的先驱为郭偃。关于郭偃,《韩非子·南面》言:"管仲毋易齐,郭偃毋更晋,则桓、文不霸矣。""故郭偃之始治也,文公有官卒;管仲之始治也,桓公有武车,戒民之备也。"这起码说明,管仲和郭偃是齐、晋推行变法的主要人物。郭偃是与管仲齐名的人。《商君书·更法》曰:"郭偃之法曰:'论至德者不和于俗,成大功者不谋于众。'"这里所谓的"郭偃之法"尚看不出其具体内容,至多只是一种变法思想而已。《战国策·赵策四》有"客见赵王"章,曰:"燕郭[曾巩本作'郭偃']之法,有所谓桑雍者,王知之乎?王曰:'未之闻也。''所谓桑雍者,便辟左右之近者,及夫人优爱孺子也。此皆能乘王之醉昏,而求所欲于王者也。是能得之乎内,则大臣为之枉法于外矣。故日月晖于外,其贼在于内,谨备其所憎,而祸在于所爱。'"这个"法"就具体一些了,这是说君主要小心、警惕身边的人。这里似乎有"术"的味道。《国语·晋语四》中有"郭偃论治国之难易"章,是郭偃与晋文公的一段对话。这说明,郭偃之法与晋文公的改革有关。晋文公元年(前636年)春天,晋文公和夫人嬴氏从王城回到了晋国,秦穆公派了三千卫士来护送。文公即位后作了一系列改革,《国语·晋语四》说:"公属百官,赋职任功。弃责薄敛,施舍分寡。救乏振滞,匡困资无。轻关易道,通商宽农。懋穑劝分,省用足财。利器明德,以厚民性。举善援能,官方定物,正名育类。昭旧族,爱亲戚,明贤良,尊贵宠,赏功劳,事耇老,礼宾旅,友故旧。胥、籍、狐、箕、栾、郤、柏、先、羊舌、董、韩,实掌近官。诸姬之良,掌其中官。异姓之能,掌其远官。公食贡,大夫食邑,士食田,庶人食力,工商食官,皂隶食职,官宰食加。政平民阜,财用不匮。"意思是说:晋文公回国后会集百官,分授官职,任用功臣。废去旧债,减轻赋税,布施恩惠,舍弃禁令,把财物分给寡少的人。救济困乏之人,提拔那些长期被埋没而有才能的人。匡救贫困,资助无财者。减轻关税,整修道路,往来商旅,宽免劳役。劝农勤于农事,互通有无,减省国用开支,积蓄财富以备凶年。提高工具质量,宣扬道德教化,培养民众淳美的德性。推举贤才,援引能人,制定官员规章,依法办事,确定名分，区分善恶。表彰旧族中有功之人，惠爱亲属贵戚，昭显贤良，尊宠贵臣，奖赏有功者，尊敬老年人，以礼待宾，友爱故交。胥氏、籍氏、狐氏、箕氏、栾氏、郤氏、柏氏、先氏、羊舌氏、董氏、韩氏等十一族权贵都在朝为官，姬姓中的优秀人才安排在宫廷任内官，异姓中的优秀人才安排在边远地区任地方官。公族享受贡赋，大夫享受采邑赋税，士享受禄田谷物，平民自食其力，百工、官商从国库领取粮食，皂隶依靠任职服役领取粮食，卿大夫的家臣食用卿大夫加田上的收入。于是晋国政清民富，财用不乏。这里讲了三个方面的事："公属百官……以厚民性"为一层，讲的是促进生产的一系列事，即"利器明德"，"利器"是改进、提高生产工具的档次，"明德"即增进劳动者的积极性。"举善援能……掌其远官"为一层，讲用人方面，可谓是人事方面的改革。"公食贡……官宰食加"为一层，说的是分配制度方面的事，这当是当时最重要的和最有意义的举措，因为这是真正新的政策。原来的奴隶制下的公族（贵族）是有封邑的，不食贡，但现在却是"公食贡"了，即靠贡赋来生存。要说"郭偃之法"的话，这里所言当与其有关。总之，晋国继齐国之后也对旧的生产关系作了改革。

晋法家中还有李悝的改革。李悝是魏文侯（前446—前396年在位）的相，他在魏国最有名的改革是"尽地力之教"。关于其具体内容，《汉书·食货志》有载，曰："李悝为魏文侯作尽地力之教。以为地方百里，提封九万顷。除山泽邑居参分去一，当田六百万亩。治田勤谨，则亩益三升；不勤则损亦如之。地方百里之增减，辄为粟百八十万石矣。又曰：籴甚贵伤民，甚贱伤农。民伤则离散，农伤则国贫。故甚贵与甚贱，其伤一也。善为国者，使民无伤而农益劝。今一夫挟五口，治田百亩，岁收亩一石半，为粟百王十石，除十一之税十五石，余百三十五石；食，人月一石半，五人终岁为粟九十石，余有四十五石。石三十，为钱千三百五十。除社闾尝新春秋之祠用钱三百，余千五十；衣，人率用钱三百，五人终岁用千五百，不足四百五十。不幸疾病死丧之费及上赋敛，又未与此。此农夫所以常困，有不勤耕之心，而令籴至于甚贵者也。是故善平籴者必谨观岁有上中下孰（熟）。上孰，其收自四，余四百石。中孰自三，余三百石。下孰自倍，余百石。小饥则收百石，中饥七十石，大饥三十石。故大孰则上籴三而舍一，中孰则籴二，下孰则籴一。使民适足，贾（價）平则止。

小饥则发小孰之所敛,中饥则发中孰之所敛,大饥则发大孰之所敛。而粜之,故虽遇饥馑水旱,籴不贵而民不散,取有余以补不足也。行之魏国,国以富强。"李悝的这个"尽地力之教"有两方面的内容:一是"尽地力",这当然不是更大地发挥土地的潜力,即不是农业技术方面的事,而是生产关系上的变革,是调整生产关系来调动农民的生产积极性。李悝说,一个地方百里的国家大约有田九万顷,山川、河流、人居等要占去大约三分之一,大约有六万顷即六百万亩可用于耕作。如果能把生产者的积极性调动起来而好好耕作的话,每亩就可增收三升(依臣瓒、颜师古说当为"斗"。见《汉书》注),倘若懒于耕作就会每亩减产三斗。这样,若积极耕种,六百万亩地就能多收一百八十万石;否则则会少收此数。这足见改变生产关系,提高生产者积极性之重要。这正是李悝"尽地力之教"的目的和意义所在。目的是使"农益劝"。怎么"劝"呢?当然不是用话语去给农民说勤奋种田的好处,这不是关键所在,首先得保证农民有地可耕才是要害,故这里有个"计口授田"的问题。比如对农夫授田一百亩,收入归农,国家抽十分之一的税。这个税当然可以是粮食,也可以是钱,因为李悝在此说"余有四十五石,石三十,为钱千三百五十"。这是说当时每石粮食是三十个钱,粮是可以折算为钱的。说到这里引起了一个问题,即说李悝计口授田有没有根据?当然有。这就是:《左传》僖公二十八年曰:"晋侯作三行以御狄。"这里的"三行"乃三军,晋国已有三军,此时又设三军,故为六军。古代天子有六军,晋是诸侯国,当有别于天子,故这里别称为"三行"。这一材料说明了什么呢?说明晋国在分为韩、赵、魏之前已有六军了。再看银雀山汉墓竹简本《孙子兵法》的《吴问》篇:"吴王问孙子曰:'六将军分守晋国之地,孰先亡?孰固成?'孙子曰:'范、中行是(氏)先亡。……智是(氏)为次。……韩、巍(魏)为次,赵毋失其故法,晋国归焉。'"吴王曰:"其说可得闻乎?"孙子曰:"可。范、中行是(氏)制田,以八十步为婉(畹),以百之十步为昒(亩),而伍税之。……韩、巍(魏)制田,以百步为婉(畹),以二百步为昒(亩),而伍税[之]。……赵是(氏)制田,以百二步为婉(畹),以二百卌步为昒(亩),公无税焉。"① 这里的"六将军"就是晋国的六

---

① 银雀山汉墓竹简整理小组编:《孙子兵法》,文物出版社1976年版,第94—95页。

卿，即韩、赵、魏、范、中行、智伯。这里就说明，包括魏在内的晋六军实行的都是按亩收税，但亩的大小却不一样，故实际收的税是不一样的，亩大的实际所收的税就轻，亩小的就重。在孙武看来晋六军中收税重的要先灭亡。包括魏在内的晋六军既然按亩收税，这当然就有个计口授田的问题。

李悝这个"尽地力之教"的第二个方面是"平籴"之法。李悝认为，若粮食价太高，靠买粮过活的人就吃亏；若粮价太低，生产粮食者就吃亏，这都不行，故"善为国者，使民无伤而农益劝"。其法就是"平籴"，即农民所产粮食除交税、食用、用于交换等外，多余的部分由国家收购，国家按年成的好坏收买一定的粮食，遇到荒灾年时国家再把丰年收购的粮食拿出来售卖，这样就会"虽遇饥馑水旱，籴不贵而民不散，取有余以补不足也"。李悝的这个方法当然是有效的。

作为法家的李悝还作有《法经》。据《晋书·刑法志》言："是时（即魏明帝时）承用秦汉旧律，其文起自魏文侯师李悝。悝撰次诸国法，著《法经》。以为王者之政莫急于盗贼，故其律始于《盗》、《贼》。盗贼须劾捕，故著《网》、《捕》二篇。其轻狡，越城，博戏，借假不廉、淫侈逾制，以为《杂律》一篇。又以《具律》具其加减。是故所著六篇而已，然皆罪名之制也。商君受之以相秦，汉承秦制。"这是说李悝作了《盗法》《贼法》《网法》《捕法》《杂律》《具律》六篇，称为《法经》。这些当然也属于改革，但当属政治上层建筑方面的改革。

晋法家中还有申不害。《史记·老庄申韩列传》说："申不害者，京人也。故郑之贱臣。学术以干韩昭侯，昭侯用为相，内修政教，外应诸侯。十五年，终申子之身，国治兵强，无侵韩者。申子之学本于黄老而主刑名。著书二篇，号曰《申子》。"司马迁评论说："申子卑卑，施之于名实。"京原为郑国之地，韩灭郑后申不害就成了韩人。申不害原来是个贱臣，当然没什么地位。前351年，韩昭侯任他为相，他在韩实行变法。申不害的书已佚，现在清严可均辑《全上古三代秦汉三国六朝文》[①]第一册中有辑文。申不害的突出思想是"术"。从辑文来看，以"术"为主他谈到这样几个方面：一是明确主张要有"法"。他说："尧之治也，盖明法审

[①]（清）严可均辑：《全上古三代秦汉三国六朝文》（共4册），中华书局1958年版。

令而已。圣君任法而不任智，任数而不任说。黄帝之治天下，置法而不变，使民安乐其法也。"他还重视"令"，说："君之所以尊者令。令不行，是无君也。故明君慎令。"这是说治国当以法令为先。那么，怎么来实行法令呢？这就是申子思想的第二个方面，即"主刑名"或"施之于名实"。他说："为人臣（当为君）者，操契以责其名。名者，天地之纲，圣人之符。张天地之纲，用圣人之符，则万物之情无所逃之矣。"《说文》："契，大约也。从大，从韧。《易》曰：'后（代）［世］圣人易之以书契。'"契是书契，也是古代买卖东西或借贷时的契券，从中划开，双方各执一半。《老子》第七十九章说："是以圣人执左契而不责于人。有德司契，无德司彻。"债权人执着契的一半可以向债务人讨账，这就叫"操契以责其名"。法就如同契一样，有了法，就有了标准和依据，君主就可以拿着"法"来要求臣下，这个"法"也就相当于"名"，某人做某官，这个"官"就是个官职名称，他相应地就应做自己该做的事，这就是官名与官实相符，否则就是名不符实。所以，君主只要有法在手，就能循名责实，就能治群臣了。有了"法"，就有了名，君主可以循名而作。但这只是个做事的原则，并不等于说有了法君主自然就能将臣下治理好。能不能治理好国家和臣下，君主还要有一定的为政手段，这就是申不害所谓的"术"。故申不害思想的第三个方面是重"术"。他说："夫一妇擅夫，众妇皆乱；一臣专君，群臣皆蔽。故妒妻不难破家也，而乱臣不难破国也。是以明君使其臣，并进辐凑，莫得专君焉。今人君之所以高为城郭而谨门闾之闭者，为寇盗贼之至也。今夫弑君而败国者，非必逾城郭之险而犯门闾之闭也，蔽君之明，塞君之听，夺之政而专其令，有其民而取其国矣。"可见，由于君人之位的重要性和特殊性，臣下总想蒙蔽君而代之，因此为君者非有统治之"术"不可。什么"术"呢？申子曰："君如身，臣如手；君若号，臣如响。君设其本，臣操其末；君治其要，臣行其详；君操其柄，臣事其常。……故善为主者，倚于愚，立于不盈，设于不敢，藏于无事，窜端匿疏，示天下无为。是以近者亲之，远者怀之，示人有余者人夺之，示人不足者人与之，刚者折，危者覆，动者摇，静者安，名自正也，事自定也。"这里说的就是君主如何驾驭臣下之"术"。其理论中心是君无为而臣有为，君逸臣劳，一切都在君的控制和掌握中。就无为的使用来说，就是一种手腕和手段，否则的话，君真的就愚昧了，就为臣所玩弄。《老子》第三十六章言："将欲歙之，必固张之；将欲弱之，必固强之；将欲废之，必固兴之；将欲夺之，必固与之。是谓微明，柔弱胜刚强。鱼不可脱于渊，国之利器不可以示人。"这正是申不害所谓"术"的精要所在。司马迁说"申子之学本于黄老而主刑名"（《史记·老庄申韩列传》），是有道理的。班固说老子之学是"君子南面之术也"（《汉书·艺文志》），亦颇中的。作为法家的申不害还说："昔七十九代之君，法制不一，号令不同，然而俱王天下，何也？必当国富而粟多也。"又说："四海之内，六合之间，曰：奚贵？曰：贵土。土，食之本也。"① 这里的土就是土地，粟就是粮食，看来申不害也是很重视经济、生产的。这也是法家的共同倾向。

晋法家中还有慎到。不过慎到的思想比较复杂，他是"学黄老道德之术"的"稷下先生"之一，但《汉书·艺文志》在法家类又著录了他的著作，另外他讲"势"，这对法家思想集大成者韩非有影响；还有，他本人也的确讲法。因此，有必要在这里把他作为晋法家予以概述。

《史记·孟子荀卿列传》中提到慎到，曰："慎到，赵人。……学黄老道德之术，因发明序其指意，故慎到著《十二论》。"《汉书·艺文志》著录"《慎子》四十二篇"，并注说："名到，先申韩，申韩称之。"《慎子》与《十二论》是何关系？是两部独立的著作，还是《十二论》就在《慎子》中？这只能暂时存疑。现据《诸子集成》②中的《慎子》，对其法家思想予以说明。慎到的法家思想基本上是三点：其一，他明确主张立法、用法。他说："法制礼籍，所以立公义也。"（《慎子·威德》）"大君任法而弗躬，则事断于法矣。"（《慎子·君人》）"为人君者不多听，据法倚数以观得失。"（《慎子·君臣》）"有权衡者不可欺以轻重，有尺寸者不可差以长短，有法度者不可巧以诈伪。"（《慎子逸文》）"故治国无其法则乱。"（《慎子逸文》）这些言论表明，慎到是很重视法的。在他看来，国家没有法就如同社会生活中没有了权衡尺寸，那就会引起伪诈，国家就会生乱。故人君治世"则事断于法矣"，要依法治国。其二，他主张君无为而臣有为的治世之道。慎到认为，在天下立一君主是必要的。他说："民杂处而

---

① 以上关于申不害的言论，俱见（清）严可均辑《全上古三代秦汉三国六朝文》第一册，中华书局1958年版，第32—33页。
② 《诸子集成》（共8册），上海书店出版社1986年版。

各有所能，所能者不同，此民之情也。大君者，太上也，兼畜下者也，下之所能不同，而皆上之用也。"（《慎子·民杂》）一个社会中有各种职业和各种各样的人，这就需要一个君主来全盘统帅之，否则就不会有社会生活秩序和社会正常运转。慎到的这个主张与墨家的"尚同"说在思想上有一致处。他们在这里实际上已涉及国家的起源和本质问题，但他们说不出其中的道理，就只能以抽象的道理来肯定君主存在的必要和重要。不过，慎到在此看到了国家的重要胜于君主。他说："故立天子以为天下，非立天下以为天子也。立国君以为国，非立国以为君也。立官长以为官，非立官以为长也。"（《慎子·威德》）在他看来，先有天下，或者说为了天下，才设立天子的，而不是先有个天子才弄出个天下来；先有国，才因需要而设立国君，并不是为了国君才去组织国家的；因为有官阶体制的存在才来设立官员，而不是相反，因有官员存在才设置官阶体制的。慎到的这个思想当然是对的，这和儒家的民本思想有一致处。有了国家后，其事务是繁多的，靠君主一个人自然不可，那就要有各级官吏的配合。慎到指出："君之智未必最贤于众也。以未最贤而欲以善尽被下，则不赡矣。若使君之智最贤，以一君而尽赡下则劳，劳则有倦，倦则衰，衰则复返于不赡之道也。是以人君自任而躬事，则臣不事事，是君臣易位也，谓之倒逆，倒逆则乱矣。人君苟任臣而勿自躬，则臣皆事事矣，是君臣之顺，治乱之分，不可不察也。"（《慎子·民杂》）这个道理说得就很清楚了，君主的智慧并不是天下最超群的，你要全揽天下的事，那是办不到的。即使君主是天下最聪明、最能干的人，那么以一个人之力来包揽全天下也会劳累不堪，最终还是治理不好天下的。再说，君主把什么事都做了，下面的臣子们就无所事事，这就是颠倒，就会乱套。如果君主采用无为而治的方式、方法，事情让臣下去做，就会君逸臣劳，这才合乎治世的情理，天下的事也就顺当了。这里有明显的黄老道家无为而治的思想倾向。其三，慎到主张"任势"。君人治世要用法，还要用臣下。那么，怎么用呢？这与申不害的"用术"不同，慎到主张用势、任势。慎到说："故腾蛇游雾，飞龙乘云。云罢雾霁，与蚯蚓同，则失其所乘也。故贤而屈于不肖者，权轻也；不肖而服于贤者，位尊也。尧为匹夫，不能使其邻家，至南面而王，则令行禁止。由此观之，贤不足以服不肖，而势位足以屈贤矣。故无名而断者，权重也；弩弱而矰高者，乘于风也。身不肖而令行者，得助于众也。"(《慎子·威德》)这就是慎到的"势"思想。势，是存在者所表现出来的一种趋势、形势、势头、势机等。如果仅有一个东西就不可能有势。势所反映的是一存在者与他存在者之间因相互作为而表现出来的一种关系姿态或姿态关系，也是一种推动着的趋势或趋势的推动。孙子用兵讲"势"，说："故善战者，求之于势，不责于人，故能择人而任势。""激水之疾至于漂石者，势也。""如转圆石于千仞之山者，势也。"(《孙子兵法·势篇》)用兵之势是因兵力调动和部署而造成必胜的形势和趋势，一旦这个势造成了，即使敌方只有发现了你的所作所为，也无能为力了，等待他的结果就只有俯首听命。慎到将这个"势"用于政治或治政上，认为君主要凭其地位而营造出一种具有威慑力和趋动力的形势，就像将要刮过来的龙卷风一样，在到来之前已涨满了势机或机势，已能将一切尽卷其中了。慎到认为，有了这个"势"，君主就可以驾驭群臣，顺势而为，君逸臣劳地来推行法治，就能治理好天下了。

晋法家还有韩国的韩非。韩非乃法家思想之集大成者，他集法、术、势于一体。故我们在下面讲法家思想中所体现的中华民族精神时当以韩非思想为主体来论述之，这里不赘述。

二　法家思想中所体现的中华民族精神

提起法家，首先给人一种冷冰冰、硬邦邦的感觉和印象，认为它薄情寡恩，不近情理。那么，这样一种思想与中华文化和中华民族精神相契合吗？即使它对中华民族精神能有作用，能起到好作用吗？能培育出好的、有用的中华民族精神吗？笔者以为，首先应把法家思想和它的实施、应用区别开来。法家的思想主张在运用时可能出现了偏差，难免过激而不近情理，但法家思想本身并不就是错的，它谋划的是富国强兵的治国之道，讲的是如何治国理政的道理，岂能全错而无用？另外，中华民族本来就是个人群共同体，是个社会组织，它的存在岂能没有规章？岂能无标准尺寸而任意妄为？所以，可以完全肯定，中华民族是有章程和规矩的，是少不了法的。法家只不过从思想上、理论上明确讲了法治的思想主张而已。不是由于有法家存在中华民族在历史上才有法，而是中华民族在漫长的生存、生活中本来就有规矩和章法，因此才出现了就此方面来立论和申论的法家。所以，法治思想和精神本来就活在中华民族精神中，它是中华民族精神中极为重要的一个方面。我们这里只不过是从法家思想中来梳理一下中华民族在此方面的精神而已。

法家思想的集大成者是韩非。《史记·老庄申韩列传》说："韩非者，韩之诸公子也。喜刑名法术之学，而其归本于黄老。……与李斯俱事荀卿。……人或传其书至秦，秦王见《孤愤》、《五蠹》之书，曰：'嗟乎，寡人得见此人，与之游，死不恨矣。'李斯曰：'此韩非之所著书也。'秦因急攻韩。韩王始不用非，及急，乃遣非使秦。秦王悦之，未信用。李斯、姚贾害之、毁之，曰：'韩非，韩之诸公子也。今王欲并诸侯，非终为韩，不为秦，此人之情也。今王不用久留而归之，此自遗患也，不如以过，法诛之。'秦王以为然，下吏治非。李斯使人遗非药，使自杀。韩非欲自陈，不得见。秦王后悔之，使人赦之，非已死矣。"韩非死于公元前233年。韩非并无轰轰烈烈之政绩，但其思想却深刻全面，是整个法家思想的代表。故下面我们讲以法家为代表的中华民族精神时以韩非思想为主。

法家思想中所体现的中华民族精神有如下几个方面。

1. 利益基础

法家大都是一些助君主平治天下的政要干吏。法家看到，要平治天下，其最重要和最根本之处在于社会的生产即经济，从管仲的"相地而衰征""案亩而税"，到李悝的"尽地力之教"，再到商鞅的垦草、开塞之法和"訾（赀）粟而税"，其为政的基点都在社会经济利益上。这一主张和思想当然是颇为重要的。人类社会是由人群和人的活动而构成的，吃饭穿衣乃人之生存的第一要务。所以，治理社会，安邦定国，经国济世，其关键就在于解决人的生存、生活问题。只有人的以吃穿为主要内容的生存、生活问题解决好了，才有社会的礼仪教化和各种政治生活，否则一切为政之道均是虚的，故管子谓"仓廪实则知礼节，衣食足则知荣辱"（《管子·牧民》），此乃至言，信矣。

因此，法家思想的一个重要方面在于发展生产，强国富民。这在大政治家管仲这里表现得最为突出。例如《管子·治国》曰："凡治国之道，必先富民，民富则易治也，民贫则难治也。奚以知其然也？民富则安乡重家；安乡重家，则敬上畏罪；敬上畏罪，则易治也。民贫则危乡轻家；危乡轻家，则敢陵上犯禁；陵上犯禁，则难治也。故治国常富，而乱国常贫。是以善为国者，必先富民，然后治之。"《管子·八观》曰："民偷处而不事积聚，则困仓空处，而攘夺窃盗残贼进取之人起矣。故曰观民产之所有余不足，而存亡之国可知也。"《管子·侈靡》曰："足其所欲，赡其所愿，则能用之耳。今使衣皮而冠角，食野草，饮野水，孰能用之？"《管子·五辅》曰："夫民必得其所欲，然后听上；听上然后政可善为也。"《管子·版法》曰："民不足，令乃辱；民苦殃，令不行。"等等。以管子为代表的法家认识得很清楚，要治民先要富民富国。那么，怎么才可富民富国呢？《管子·立政》曰："民不怀其产，国之危也。"要富国富民，其潜力和动力仍在民身上。统治者不是神仙，他变不出粮食、衣物来，他也不能靠嘴上说说就可使民富国强。富国富民的唯一办法就是使民制产，引导民、发动民靠自己的力量来致富。所以管子言道："欲为天下者必重用其国，欲为其国者必重用其民，欲为其民者必重尽其民力。"（《管子·权修》）"天下之所生，生于用力；用力之所生，生于劳身。"（《管子·八观》）故"一农不耕，民或为之饥；一女不织，民或为之寒"（《管子·轻重甲》）。只有教导民使力、出力、尽力，才能搞好生产，才能取得财富，才可富强之。所以管子反复说："天下不患无财，患无人以分之。"（《管子·牧民》）"官不理则事不治，事不治则货不多。""万物之于人也，无私近也，无私远也，巧者有余，而拙者不足。""均地分力，使民知时也。民乃知时日之蚤晏，日月之不足，饥寒之至于身也，是故夜寝蚤起，父子兄弟，不忘其功，为而不倦，民不惮劳苦。故不均之为恶也，地利不可竭，民力不可殚。不告之以时，而民不知；不道之以事，而民不为。与之分货，则民知得正矣。审其分，则民尽力矣。"（《管子·乘马》）管子还讲到一些具体的生产方式，如说："一曰：山泽不救于火，草木不植成，国之贫也。二曰：沟渎不遂于隘鄣，水不安其藏，国之贫也。三曰：桑麻不植于野，五谷不宜其地，国之贫也。四曰：六畜不育于家，瓜瓠荤菜百果不备具，国之贫也。五曰：工事竞于刻镂，女事繁于文章，国之贫也。"（《管子·立政》）这是说要将山泽、沟渎开垦、经营好，要将桑麻瓜果等种植好，还要把百工引导好，等等。总之，从管子这里可以看出法家力农富民、生产强国之道。

从经济利益出发，法家提升出了一种建立在利益需要基础上的历史观。比如商鞅说："天地设而民生之。当此之时也，民知其母而不知其父，其道亲亲而爱私，亲亲则别，爱私则险。民众而以别险为务则民乱。当此时也，民务胜而力征。务胜则争，力征则讼，讼而无正则莫得其性也。故贤者立中正，设无私而民说仁。当此时也，亲亲废，上贤立矣。凡仁者以爱为务，而贤者以相出为道，民众而无制。久而相出为道则有乱，故圣人承之，作为土地货财男女之分。分定而无制不可，故立禁；禁立而莫之司不可，故立官；官设而莫之一不可，故立君。既立君则上贤废，而贵贵立矣。然则上世亲亲而爱私，中世上贤而说仁，下世贵贵而尊官。"（《商君书·开塞》）这里说的就是人群进化的过程。这里虽然不是也不可能从生产力发展引起生产关系变化的视野来揭示人类历史的进化、发展过程，但这毕竟是从人的生存、生活的现实出发来述说历史演化的。这是说，人初为群时必起于家族，且是"知其母而不知其父"的那种母系氏族的家族，这就是亲亲之时代。随着家族的繁衍，还有家族间的联合，氏族组织扩大了，故设立酋长以统之；酋长是选举产生的，贤者为之，此即上贤之时代。后来氏族联合的组织再扩大，氏族酋长就不足以驾驭了，故由酋长变为了世袭之君主，这乃贵贵之时代。商鞅的这个说法虽然有些抽象化，但基本符合历史实际。由家族扩大为氏族，再到国家的出现，这里面一定有因生产力的发展而引起的生产关系变化，一定有社会分工在其中，也必定有氏族之间的斗争和战争出现，最后才由于阶级矛盾不可调和但又不得不调和而从阶级社会中分离出了凌驾于社会之上的权力机构——国家，因此才有了管理国家的君主和各级官吏。商鞅当然不可能有唯物史观，但从人的生存、生活的实际出发来观察社会历史，法家比儒家、道家优长和实际。

韩非的历史观比商鞅进了一步。他指出："上古之世，人民少而禽兽众，人民不胜禽兽虫蛇。有圣人作，构木为巢，以避群害，而民悦之，使王天下，号之曰有巢氏。民食果蓏蚌蛤，腥臊恶臭，而伤害腹胃，民多疾病。有圣人作，钻燧取火，以化腥臊，而民悦之，使王天下，号之曰燧人氏。中古之世，天下大水，而鲧禹决渎。近古之世，桀纣暴乱，而汤武征伐。今有构木钻燧于夏后氏之世者，必为鲧禹笑矣。有决渎于殷周之世者，必为汤武笑矣。然则今有美尧舜汤武之道于当今之世者，必为新圣笑矣。是以圣人不期修古，不法常可，论世之事因为之备。"（《韩非子·五蠹》）韩非将历史分为上古、中古、近古三个时期。他说的"上古"就是氏族部落时代，以有巢氏、燧人氏为代表。"中古"已是国家的前身，但还不是正式的国家，可以说是介于氏族与国家之间。"近古"是正式的国家时代，包括夏、商、周三代在内。韩非对中国上古时代历史发展的看法有两个特点：其一，历史发展是以人的生存、生活为基础的。有巢氏、燧人氏之所以受人们推举而能"王天下"，就在于他们解决了人们生存、生活中的困难和实际问题，这才受到了人们的拥戴。鲧禹能受到人们的拥戴，也是因为他们为天下人治水，解决了人们的实际生存问题。韩非这里以鲧、禹为"中古"时代的代表，没有以富有历史盛名的尧舜为代表，大概是因为鲧禹治水解决了人们燃眉之急的生存之缘故吧，尧舜作为君主当然也在为民做事，也在解决人们的生存问题，但毕竟不比大禹治水那样实际、紧迫和突出。韩非以商汤、周武王为"近古"时代的代表，他们征桀伐纣，解民于倒悬，解决的也是人们生存、生活的大问题。所以，在以韩非为代表的法家看来，社会、历史存在的根本、根基在民众，在人们的实际生存和生活中。这比儒家"天惟时求民主"（《尚书·多方》）的"君权神授"的历史观实际和进步。儒家虽然也讲"民惟邦本"（《尚书·五子之歌》），也重视民的作用，但君主的产生却是上天的事，而不是民自己的事，民决定不了君主，而是上天替民作主来拣选有德者作民的君主。法家就不是这样，它认为谁能解决人民的生存、生活问题，人民就拥戴谁来"王天下"，作民之主人。老子有"朴散则为器，圣人用之则为官长"（《老子》第二十八章）之说，这说的实际上也是包括君主和各级官吏在内的国家组织机构的起源问题，这当然也是一种历史观，但这就纯是抽象之说了。法家之说当然比道家这种历史观更实际和有价值。其二，历史是进化的、前进的。韩非在这里明确说，如果在夏后氏之世还有谁来构木为巢、钻燧取火，人们是不会推举他"王天下"的，且为世人所笑；在殷周之时如果有谁来决渎治水，必为汤、武所笑，人们也是不会推举他来"王天下"的。那么，在战国这个富国强兵的时代有谁来赞美、取法尧舜禹汤文武之道，也必不能见容于当世，必不能成功，因为"世异则事异，""事异则备变"（《韩非子·五蠹》）。韩非在此讲了一则"守株待兔"的故事，有力地嘲讽了那种守旧不变的人。

韩非还注意到物质财富在社会生活和历史发展中的决定性作用。他说:"古者丈夫不耕,草木之实足食也;妇人不织,禽兽之皮足衣也。不事力而养之足,人民少而财有余,故民不争,是以厚赏不行,重罚不用,而民自治。今人有五子不为多,子又有五子,大父未死而有二十五孙。是以人民众而货财寡,事力劳而供养薄,故民争,虽倍赏累罚而不免于乱。尧之王天下也,茅茨不翦,采椽不斫,粝粢之食,藜藿之羹;冬日麑裘,夏日葛衣,虽监门之服养不亏于此矣。禹之王天下也,身执耒臿以为民先,股无胈,胫不生毛,虽臣虏之劳不苦于此矣。以是言之,夫古之让天子者,是去监门之养而离臣虏之劳也,古传天下而不足多也。今之县令,一日身死,子孙累世絜驾,故人重之。是以人之于让也,轻辞古之天子,难去今之县令者,薄厚之实异也。……故饥岁之春,幼弟不饟(让);穰岁之秋,疏客必食,非疏骨肉爱过客也,多少之心异也。是以古之易财非仁也,财多也;今之争夺非鄙也,财寡也。轻辞天子,非高也,势薄也;重争土橐,非下也,权重也。故圣人议多少,论薄厚为之政,故罚薄不为慈,诛严不为戾,称俗而行也。故事因于世而备适于事。"(《韩非子·五蠹》)在韩非看来,人们的生活观念、价值标准,都是以社会物质财富为基础的。他认为上古的时候自然财富充足,能完全满足人的生存需要,故不需要男耕女织那样艰苦劳作,也不需要赏罚之类的手段,民就能达到自治。至后世,即韩非所处的战国时期,情况就不同了,首先是人口数量增长了,所需要的物质生活资料也随之增多了,自然财富就不够用,就得靠辛勤劳动来创造社会财富,人也就越发看重物质财富了。所以,古代的天子吃苦多而享受少,并没有什么利益可得,故人们并不看重这一位子。而现在,不要说天子,就是一个小小的县令也能赚到足以让后世子孙过富足生活的财产,故如今人们才连县令这样的小官之位都去争夺。韩非还指出,饥年时兄长连幼弟都不让,而丰年之时人们对过路之人都愿意施舍,可见人们的道德操守并不是单凭主观意志驱动的,而是完全建立在物质利益基础上的。这与管子所谓的"仓廪实则知礼节,衣食足则知荣辱"(《管子·牧民》)的思想是一致的。故韩非说:"上古竞于道德,中世逐于智谋,当今争于气力。"(《韩非子·五蠹》)

韩非等法家突出社会和历史的物质利益基础,这当然是很重要的。马克思主义唯物史观告诉我们,整个人类社会存在的基础、根基就在以生产物质生活资料为目的的社会生产劳动中。马克思有言:"任何一个民族,如果停止劳动,不用说一年,就是几个星期,也要灭亡,这是每一个小孩都知道的。"① 不论人类社会和历史多么复杂多样,其根基和原点都在社会生产劳动上。而物质财富正是社会生产劳动的结果。所以,马克思主义"在劳动发展史中找到了理解全部社会史的锁钥"②。从生产劳动出发,"历史破天荒第一次被安置在它的真正基础上;一个很明显而以前完全被人忽略的事实,即人们首先必须吃、喝、住、穿,就是说首先必须劳动,然后才能争取统治,从事政治、宗教和哲学等等,——这一很明显的事实在历史上应有的权威此时终于被承认了"③。韩非等法家当然没有也不可能上升到劳动基础这样的高度,但他们看中和看重物质利益,将人类社会和人类历史发展的基点放在对物质利益的追求上,甚至将人的道德观念和价值标准也与物质利益联系起来,这却是有一定见地和进步性的。

　　法家这种以物质利益为基础的历史观和价值观,对中华民族精神深有影响。秦王朝的力农政策不用说本身就是法家思想的指导和体现。从西汉初年的"孝悌力田"(见《汉书》之《惠帝纪》《高后纪》《文帝纪》等)到尔后各时代一直奉为国策的重农抑商政策,可以说都渗有法家这一利益基础的思想。这一方面因为中国一直是以农立国的农业大国,小农经济是整个封建社会的经济结构和经济基础;另一方面亦因法家思想的影响所致。直到20世纪初中国资产阶级民主革命者孙中山、章太炎等,仍以平均地权来解决人们的物质生产和生活问题为革命的重要内容。比如孙中山说:"对于土地,宜先平均地权,此与中国古时之井田同其意而异其法。法之大要有二,一为照价纳税,一为照价收买。"(《军人精神教育》)又说:"本党的民生主义,是有办法的,这个办法就是平均地权,平均地权的一部分的手续,就是定地价。"(《三民主义之具体办法》)章太炎亦然。他"所持论不出《通典》、《通考》、《资治通鉴》诸书,归宿则在孙卿韩非"(《章太炎自编年谱》)。章氏有明确的"均配土田"的思想,他说:"一曰均配土田,使耕者不为佃农;二曰官立工场,使用人得分赢利;三

---

① 《马克思致路·库格曼》,见《马克思恩格斯选集》第四卷,人民出版社1972年版,第368页。

② 《路德维希·费尔巴哈和德国古典哲学的终结》,见《马克思恩格斯选集》第四卷,人民出版社1972年版,第254页。

③ 《卡尔·马克思》,见《马克思恩格斯选集》第三卷,人民出版社1972年版,第41页。

曰限制相续，使富厚不传子孙；四曰解散议员，使政党不敢纳贿。斯四者行，则豪民庶几日微，而编户齐人得以平等。"（《五无论》）又说："……凡是皆可以抑官吏而伸齐民也。政府造币，惟得用金、银、铜，不得用纸，所以绝虚伪也。……不使钱轻而物益重，中人以下皆破产也。轻盗贼之罪，不厚为富人报贫者也。（……譬如家有百万金者，取二十万金犹无害，家有十金者，取三金则病甚……）限袭产之数，不使富者子孙蹑前功以坐大也。田不自耕植者不得有，牧不自驱策者不得有。山林场圃不自树艺者不得有。盐田池井不自煮暴者不得有。旷土不建筑穿治者不得有，不使枭雄拥地以自殖也。官设工场，辜较其所成之值四分之一，以为饩廪，使役庸于商人者，穷则有所归也。在官者身及父子皆不得兼营工商……不与其借政治以自利也。凡是皆所以抑富强振贫弱也。夫是则君权可制矣，民困可息矣。"（《代议然否论》）把这些文字拿来与管子、商鞅、韩非之所论作比较，我们俨然可以感受到又一个20世纪的法家思想家。由此可见法家思想，尤其是其经济利益思想对我们民族文化和精神影响之深。章太炎还从人们的职业出发将人的道德水准分为十六个等级，曰："今之道德，大率从于职业而变。都计其业，则有十六种人：一曰农人，二曰工人，三曰裨贩，四曰坐贾，五曰学究，六曰艺士，七曰通人，八曰行伍，九曰胥徒，十曰幕客，十一曰职商，十二曰京朝官，十三曰方面官，十四曰军官，十五曰差除官，十六曰雇译人。其职业凡十六等，其道德之第次亦十六等。农人于道德为最高，其人劳身苦形，终岁勤动。"（《革命之道德》）[1] 章太炎所说的农民职业及其相应的"劳身苦形"的道德品质，与管子所谓的农人"旦暮从事于田野。脱衣就功，首戴茅蒲，身被襏，露体涂足，暴其发肤，尽其四支之敏，以从事于田野"（《国语·齐语》）之品性岂无类似?! 由此可见法家经济利益思想对中华文化和中华精神影响之深。

2. 法治原则

法家，顾名思义，就是重法、讲法的思想家和政治家。故法治思想和原则乃法家的根本思想。从管仲到韩非，还有李悝、李斯等政治家、思想

---

[1] 以上关于孙中山、章太炎之言论，转引自李泽厚《中国近代思想史论》，天津社会科学出版社2003年版，第318、319、364、365、368页。

家莫不重视法治。例如，管子有言："法者，将立朝廷者也。""法者，将用民力者也。""法者，将用民能者也。""法者，将用民之死命者也。"（《管子·权修》）"法者，民之父母也。""令者，人主之大宝也。"（《管子·法法》）"法者，天下之至道也。""夫法者，上之所以一民使下也。"（《管子·任法》）等等。在管子看来，治国理政、治民使民，其第一要务就是法；国要有法，国才得治。"倍法而治，是废规矩而正方圆也。"（《管子·法法》）这里的"倍"即为"背"或"悖"，如果违背了法，就没有了尺度和标准，要正天下、治天下就根本不可能，这就像工匠手中如果没有了规、矩就无法正方圆一样。故"圣君任法而不任智"。"圣君亦明其法而因守之。""故尧之治也，善明法禁之令而已矣。""黄帝之治也，置法而不变，使民安其法者也。所谓仁义礼乐者皆出于法，此先圣之所以一民者也。"（《管子·任法》）有了法，天下就有了规矩标准，因此才能正天下之人。若"法不平，令不全，是亦夺柄失位之道也。故有为枉法，有为毁令，此圣君之所以自禁也"。"故圣君失度量（即圣君见有失度量），置仪法，如天地之坚，如列星之固，如日月之明，如四时之信，然故令往而民从之。"（《管子·任法》）"法立令行，则民之用者众矣；法不立，令不行，则民之用者寡矣。故法之所立，令之所行者多，而所废者寡，则民不诽议；民不诽议，则听从矣。"（《管子·法法》）管子重法，其法治思想是很明确的。在管子这里，"法"是个广泛的概念，既指法的思想、理论，亦指法令、律条等。管子指出："夫法者，所以兴功惧暴也；律者，所以定分止争也；令者，所以令人知事也。法律政令者，吏民规矩绳墨也。夫矩不正不可以求方，绳不信（伸）不可以求直。法令者，君臣之所共立也。权势者，人主之所独守也。故人主失守则危，臣吏失守则乱，罪决于吏则治，权断于主则威，民信其法则亲。"（《管子·七臣七主》）

商鞅亦重法治。他说："任法而治矣"，"法任而国治矣"（《商君书·慎法》）。又说："而必行法令者，民之命也，为治之本也，所以备民也。为治而去法令，犹欲无饥而去食也，欲无寒而去衣也，欲东西行也，其不几亦明矣。"（《商君书·定分》）商鞅将"法"提高到"民之命""治之本"的高度来认识，法的地位和重要性不言而喻。要治理天下而没有了法，就如同想使人吃饱而没有食物，想使人穿暖而不给衣物一样，是根本不能解决问题的；没有了法，治理天下就没有了规矩，就没有了方向，这就像走路时没有了目标和方向而既东又西地胡乱流窜一样，是根本走不到目的地的。所以，商鞅强调治国必有法，必要法。"国之所以治者三：一曰法，二曰信，三曰权，法者，君臣之所共操也；信者，君臣之所共立也；权者，君之所独制也。……君臣释法任私必乱。故立法明分，而不以私害法则治。……先王县（悬）权衡，立尺寸，而至今法之其分明也。夫释权衡而断轻重，废尺寸而意长短，虽察，商贾不用，为其不必也。夫倍（背）法度而任私议，皆不类者也。不以法论知能贤不肖者，惟尧；而世不尽为尧。是故先王知自议誉私之不可任也，故立法明分，中程者赏之，毁公者诛之；赏诛之法，不失其议，故民不争。"（《商君书·修权》）他指出："明王之治天下也，缘法而治。""故明主慎法制。言不中法者不听也，行不中法者不高也，事不中法者不为也。言中法则辩之，行中法则高之，事中法则为之，故国治而地广，兵强而主尊，此治之至也。"（《商君书·君臣》）又说："昔之能制天下者，必先制其民者也；能胜强敌者，必先胜其民者也。故胜民之本在制民，若冶于金，陶于土也。本不坚，则民如飞鸟禽兽，其孰能制之？民本法也，故善治者塞民以法。"（《商君书·画策》）这等等的论述足以表明商鞅对法治之重视。

　　作为法家思想之集大成者的韩非，当然高度看中和看重法治。韩非指出："释法术而任心治，尧不能正一国；去规矩而妄意度，奚仲不能成一轮；废尺寸而差短长，王尔不能半中。使中主守法术，拙匠执规矩尺寸，则万不失矣。则人力尽而功名立。"（《韩非子·用人》）这里突出了"法"的尺寸、规矩、标准等的地位和重要性。做任何事情都要有规矩、标准，没有规矩不成方圆，此乃简单、朴实但极为重要之真理。奚仲，据《左传》定公元年、《山海经·海内经》郭璞注引《世本》，他乃夏之车正，传说姓任，黄帝之后为车的创造者，《墨子·非儒》《荀子·解蔽》《吕氏春秋·君守》并谓"奚仲作车"。王尔，古巧匠。战国宋玉《笛赋》："乃使王尔、公输之徒，合妙意，角较手，遂以为笛。"汉扬雄《甘泉赋》："般倕弃其剞劂兮，王尔投其钩绳。"像奚仲、王尔这样的能工巧匠，要造出器具，也得有得用规矩尺寸这些标准，不能仅凭己意断之，没有尺寸标准，他们是制造不出好器具的。治世亦然。尧是古代的圣君明主，但他治理天下也要有规矩和凭规矩，不可专凭一己之意，否则是治不好一国的，不要说治理全天下了。一个虽然笨拙的工匠，只要手中有规矩尺寸可依，也不会有什么差错。同理，一位平常的君主只要依靠法术来治理天下，也会万无一失。所以，君主应舍弃连贤者仅凭主观臆断都不能做的事，而应守着如笨拙工匠凭借尺寸就能做好的事，这样他就能尽用人的潜力，其功名也就可以成就了。韩非又说："或问曰：辩安生乎？对曰：生于上之不明也。问者曰：上之不明，因生辩也，何哉？对曰：明主之国，令者言最贵者也，法者事最适者也。言无二贵，法不两适。故言行而不轨于法令者，必禁。若其无法令而可以接诈应变，生利揣事者，上必采其言而责其实，言当则有大利，不当则有重罪，是以愚者畏罪而不敢言，智者无以讼，此所以无辩之故也。乱世则不然，主上有令，而民以文学非之；官府有法，民以私行矫之，人主顾渐其法令，而尊学者之智行，此世之所以多文学也。……是以儒服带剑者众，而耕战之士寡；坚白无厚之词章（彰），而宪令之法息。"（《韩非子·问辩》）这里讲到"辩安生乎"的问题。说"法"、讲"法"在治国中的重要性和关键地位，怎么又扯到了"辩"的问题呢？这正体现了韩非法治思想不同于管仲、商鞅的特点。管、商乃政治家之法家，或曰他们是法家政治家；而韩非乃思想家之法家，即他是法家思想家、理论家。所以，韩非在说到法在治理国家中的重要性和作用时，同时还顾及了法的宣传和执行问题，故就涉及了"辩"的问题。对管仲、商鞅等这些政治家来说，对法的实施、执行本来就是法的作用的表现，似乎用不着再来宣传法的重要性了。但韩非作为法家思想家、理论家则不然，他不能直接用政权的力量来实施法，而是用宣传的引导和理论的澄清来配合法的执行和实施。因之，"辩"的问题体现、表现了"法"或"法治"在思想、意识领域中的斗争。在韩非看来，君子以及他所代表的国家将法令作为人们行动及思想言论的标准，这个法令就是最贵的言，就是最高的行动准则，而且，这个法令是最合适的、最贵重的行为准则，这是唯一的，世上不可亦不能有两个最合适的和最贵重的行为标准，只能有一个，否则就乱套了，国家法令就失去神圣性和权威性了，就得不到很好地贯彻了。《韩非子》中有《五蠹》一篇，论说当时社会中的五种蠹虫对国家法令和政策的干扰、破坏。这五种蠹虫是：学者或文学，这是儒家之徒；带剑者，这是社会游侠；言谈者，此乃游说之士和投机政客；患役者，即依附豪门而逃避耕战的人；工商者。在这五种人中，对社会法治为害最大者是儒生和游侠，"儒以文乱法，侠以武犯禁"（《韩非子·五蠹》），这都不利于法治的实行，故不但有辩论产生，还要有辩论存在，以配合君上和国家来实行法治。韩非曰："故明主之道，一法而不求智，固术而不慕信。……今境内之民皆言治，藏商、管之法者家有之，而国愈贫；言耕者众，执耒者寡也。境内皆言兵，藏孙、吴之书者家有之，而兵愈弱；言战者多，被甲者少也。故明主用其力不听其言，赏其功必禁无用，故民尽死力以从其上。夫耕之用力也劳，而民为之者，曰可得以富也；战之为事也危，而民为之者，曰可得以贵也。今修文学习言谈，则无耕之劳而有富之实，无战之危而有贵之尊，则人孰不为也。是以百人事智而一人用力，事智者众则法败，用力者寡则国贫，此世之所以乱也。故明主之国无书简之文，以法为教；无先王之语，以吏为师。"（《韩非子·五蠹》）这是说，人们知道法令是一回事，真正实施法令是另一回事，而治国的关键在于法令的真正实施和落到实处。故制定法令固然重要，宣传法令，让天下人明白法令固然必要，但更重要和更必要的则在于实行法令。作为政治家和权臣的管仲、商鞅能制定法令并能发号施令来推行和实施法令，故对这些权臣政要来说似乎法之实施不是什么大事和大问题。但作为法家思想家的韩非就不同了，他非权臣政要，不能直接实施法令，只能从思想理念上论说法治之重要和必要。但法令如果不实施和实施得不全面、不彻底和不好，不但起不到法治之作用，甚或带来附带的不良效果。所以，作为思想理论家的韩非很重视和看重法治之实行，这是可以理解的，当然也是十分重要的。

法家重法治，认为君主和国家如果没有了法，就如同工匠手中没有了规矩尺寸一样，是难以治理好国家的。显然，法家的法治思想对中华思想文化和中华民族精神是有深刻影响的。自从汉武帝采纳了董仲舒"罢黜百家，独尊儒术"（见《汉书·董仲舒传》）的建议而将儒学定为一尊后，儒家思想成了统治思想，仁义礼智信这些东西成了治世时所依赖的准则，而且成了唯一正确和奉行的准则。加上以法家思想为指导的强大的秦帝国迅速败亡的历史教训，似乎法家及其法治思想退出了历史舞台。但历史的实际并非如此，在漫长的中国封建社会中，法家思想和法治主张并未消失，它仍活在中国的政治和社会生活中，仍活在人们的生活观念中。一个国家没有礼治当然不行。但一个国家没有法治就行吗？偌大一个社会，偌大一群人，如此纷繁复杂的社会生活，怎么来治理呢？这当然非法令不可，没规矩不成，社会必须要有法。当然，也不能全部是法，还要配合以礼。因为人毕竟不是一般的动物，人是有目的、有意识的，也是有血缘传统和感情的，人的行为固然需要规整和约束，但人的心理、情感也需要调节和慰藉；规整人的行为要用法律制度，而调节、滋润人的心理情感就得用礼治、礼仪。法、礼结合、配合，就给社会安上了双翼和两轮，社会才能运动起来。关于礼、法的关系，汉初著名政治家、思想家贾谊（前200—前168年）有深刻论说，曰："夫礼者，禁于将然之前；而法者，禁于已然之后。是故法之所用易见，而礼之所为生难知也。若夫庆赏以劝善，刑罚以惩恶；先王执此之政坚如金石，行此之令信如四时；据此之公无私如天地耳，岂顾不用哉？然而曰'礼云礼云'者，贵绝恶于未萌而起教于微眇，使民日迁善远罪而不自知也。孔子曰'听讼吾犹人也。必也使毋讼乎？'为人主计者，莫如先审取舍。取舍之极定于内而安危之萌应于外矣。安者非一日而安也，危者非一日而危也，皆以积渐然，不可不察也。人主之所积在其取舍。以礼义治之者积礼义，以刑罚治之者积刑罚。刑罚积而民怨背，礼义积而民和亲。故世主欲民之善同，而所以使民善者或异。或道（导）之以德教，或驱之以法令。道之以德教者，德教洽而民气乐；驱之以法令者，法令极而民风哀。哀乐之感，祸福之应也。"（《汉书·贾谊传》）这已经说得很清楚了，即礼法并用乃人主治国之大道。后来汉宣帝（前73—前49年在位）这样说："汉家自有制度，本以霸王道杂之。奈何纯任德教，用周政乎？"（《汉书·元帝纪》）霸道与王道，即法治与礼治并用或杂之，这乃汉家的治国大法，也正是整个中国封建社会之治国大法。可以肯定，时至今日，尽管汉王朝已烟消云散，且整个中国封建社会已一去不返，时代的车轮已驶进21世纪，但礼法并用这一治理天下的大法大道却并未失效，而"礼""法"之内容自然会随着时代的变迁而不尽相同。

　　法家的法治思想对中国古代社会、文化和思想观念乃至民风民情等诸方面都有深层的作用和影响。当然，影响是有正反两方面的。以上我们说礼、法并用乃中国社会治理的大法大道，这是法家法治思想对中国文化和民族传统所起到的积极作用和影响。但也应看到，法家尚法、任法、行法的思想主张亦有不良的消极作用。秦王朝（前221—前207年）迅速败亡的历史实践就是法家法治思想和方针负面作用的显著证明。《韩非子·五蠹》所谓的"明主之国，无书简之文，以法为教；无先王之语，以吏为师"的思想主张，后来成为秦王朝的治国总方针。《史记·秦始皇本纪》载，秦始皇三十四年（前213年），周青臣和淳于越在秦始皇面前争论起郡县制的优劣问题，秦始皇令群臣展开讨论。丞相李斯支持周青臣而驳斥淳于越所谓"事不师古而能长久者，非所闻也"的观点，他说："五帝不相复，三代不相袭，各以治，非其相反，时变异也。今陛下创大业，建万世之功，固非愚儒所知，且越言乃三代之事，何足法也？异时诸侯并争，厚招游学。今天下已定，法令出一；百姓当家则力农工，士则学习法令辟禁。今诸生不师今而学古，以非当世，惑乱黔首。丞相臣斯昧死言：古者天下散乱，莫之能一，是以诸侯并作，语皆道古以害今，饰虚言以乱实，人善其所私学，以非上之所建立。今皇帝并有天下，别黑白而定一尊，私学而相与非法教人，闻令下则各以其学议之，入则心非，出则巷议，夸主以为名，异取以为高，率群下以造谤；如此弗禁，则主势降乎上，党与成乎下，禁之便，臣请史官非秦纪皆烧之；非博士官所职，天下敢有藏《诗》、《书》百家语者，悉诣守尉杂烧之；有敢偶语《诗》、《书》，弃市；以古非今者，族；吏见知不举者，与同罪；令下三十日不烧，黥为城旦；所不去者，医药、卜筮、种树之书；若欲有学法令，以吏为师。制曰：可。"这段记载说明了两个问题，一是李斯对淳于越复古思想的批驳，即"五帝不相复，三代不相袭，各以治，非其相反，时变异也"。这是法家一贯的历史观。二是建议秦始皇焚书，秦始皇同意了，于是就有了历史上著名的焚书事件。第二年（前214年），秦始皇派御史侦察咸阳的儒生方士，将被认为犯禁者四百六十多人坑死，即历史上著名的坑儒事件。秦王朝的"焚书坑儒"事件，就是对韩非所谓"以法为教""以吏为师"思想主张的贯彻，其负面作用是很大的，这一方面是对传统文化的毁灭性破坏，另一方面也是对治理国家和社会之治道的践踏。从此以后，可以说秦王朝真正地、纯粹地、全面地以法治为施政方针了，这表面看来是抬高了法治的地位和价值，实则糟践了法治之尊严，因为这时的法治完全退化、异化为专政统治者——皇帝手中的杀戮工具，已经不是为万民、为天下国家的法治了。这样做的结果是重大的，一是导致了秦帝国的迅速覆灭，偌大一个秦帝国，能吞并六国的秦帝国，实力不可谓不强，但仅存在了十五年（前221—前207年）就烟消云散了，这与其专制法治政治和方针有直接关系。

汉初的贾谊著有《过秦论》，总结秦亡的教训说："秦以区区之地致万乘之势，序八州而朝同列，百有余年矣。然后以六合为家，殽函为宫。一夫作难而七庙堕，身死人手，为天下笑者，何也？仁义不施而攻守之势异也。"不施仁义礼治而纯用法治，能不亡乎！秦纯用法治之恶果的第二点就是导致了对法治的破坏，使真正的法治未能实现和推行。秦王朝作为中国封建社会的第一个王朝，倘若能以礼法结合而借礼的辅助和调整功能来真正实施法治，不但秦帝国不会迅速败亡，也会为尔后中国封建社会建制立规，使中国社会有真正的法治。但很可惜，秦表面上抬高法制而实则窒息、毁灭了法制或法治，使法治成了名副其实的人治。时至今日，在中国宣扬法治观念和推行法治政体，仍是很紧迫的时代任务！

3. 法术势之方略

韩非之前，法家已有明确的思想理论，这就是法家三派，即商鞅重法，申不害重术，慎到重势。韩非作为法家思想家和法家思想的集大成者，将法、术、势融为一体，形成了一套完整的法家统治术。

韩非很重视法。他说："法者，宪令著于官府，刑罚必于民心，赏存乎慎法，而罚加乎奸令者也，此臣之所师也。"（《韩非子·定法》）又说："法者，编著之图籍，设之于官府，而布之于百姓者也。"（《韩非子·难三》）韩非所说的"法"就是现在所谓的法律文本或法律文件，这是由国家制定和颁布的，颁布后就在政府各部门中施行，并要向老百姓公布，使全天下的人都知道。鲁昭公六年（前536年）郑国的子产曾铸刑书，鲁昭公二十九年（前513年）晋国的赵鞅曾铸刑鼎，这都是成文法的开端。到韩非这里，明确肯定国家要有法令律条，要用明确的文件把它写出来和公布出来。这个"法"就是"臣之所师也"，是臣下做事时的依据和标准、准则；当然也是全国之人，上自君主下至百姓，判断是非和指导行为的标准。"故明主使其群臣，不游意于法之外，不为惠于法之内，动无非法。"（《韩非子·有度》）就是说，人的议论、行为都不能出于法之外，就是人的思想也要在法之内来运作，不能代之以个人的恩惠或智慧。这样，全天下的人做事就有了标准，事情也就易于做了。所以韩非说："故明主使法择人，不自举也；使法量功，不自度也。能者不可弊，败者不可饰，誉者不能进，非者弗能退，则君臣之间明辩而易治。故主仇法则可也。""法不

第五章　法家的法治论与中华民族的治国之道

信，则君行危矣；刑不断，则邪不胜矣。故曰巧匠目意中绳，然必先以规矩为度；上智捷举中事，必以先王之法为比。故绳直而枉木斫，准夷而高科削，权衡县而重益轻，斗石设而多益少。故以法治国，举措而已矣。法不阿贵，绳不挠曲。法之所加，智者弗能辞，勇者弗敢争；刑过不避大臣，赏善不遗匹夫。故矫上之失，诘下之邪，治乱决缪，绌羡齐非。一民之轨莫如法；属官威民，退淫殆，止诈伪，莫如刑。刑重则不敢以贵易贱，法审则上尊而不侵。上尊而不侵，则主强而守要，故先王贵之而传之。人主释法而用私，则上下不别矣。"（《韩非子·有度》）

　　国要有法，国应立法，法当然是很重要的。但法仅是写在纸上的条文规定，是一些标准规矩，它本身不会生效，要靠人来实施、执行。倘若人执行得好，法的效果就好，否则就没有好效果，甚或会出现恶劣的坏效果。实际上在商鞅变法时就涉及如何来使法生效和被执行的问题。《史记·商君列传》说："令既具，未布，恐民之不信己。乃立三丈之木于国都市南门，募民有能徙置北门者予十金。民怪之，莫敢徙。复曰能徙者予五十金。有一人徙之，辄予五十金，以明不欺。卒下令。"这是商鞅采取的推行新法的办法。这个办法当然有效，这是靠信誉来取信于民，当官者、当权者重承诺，说话算数，民就会相信他的话，他下达的法令也就能实行。但严格说来，重承诺，讲信用，这仍是人的道德品质问题，尚不是一种做事的方式、方法，尚不具备可操作性。韩非在法家思想中的贡献就在于，他将"法"与"术"结合起来，以"术"来配合法的执行和实施，这就使法的实行有了可操作性。《韩非子·定法》曰："问者曰：申不害、公孙鞅此二家之言孰急于国？应之曰：是不可程也。人不食，十日则死；大寒之隆，不衣亦死。谓之衣、食孰急于人，则是不可一无也，皆养生之具也。今申不害言术，而公孙鞅为法。术者，因任而授官，循名而责实，操杀生之柄，课君臣之能者也，此人主之所执也。法者，宪令著于官府，刑罚必于民心，赏存乎慎法，而罚加乎奸令者也，此臣之所师也。君无术则弊于上，臣无法则乱于下，此不可一无，皆帝王之具也。"韩非明确指出，"法"和"术"都是"帝王之具"，"不可一无"。这就如同食物和衣服对人的生存来说都一样重要，人饥饿了如若不吃饭就要死，故食物重要；天大寒时人不穿衣也要死，故衣物亦重要，故对人的生存、生活来说食和衣同等重要，不分轩轾。对国家、社会来说，法和术是同等重要的。

没有了法，臣下做事就没有了规矩尺寸，就会乱套；没有了术，君主则会被蒙蔽和欺骗而大权旁落，就驾驭不了和控制不住臣下，这也会乱套，也治理不好国家。接着上面所讲，韩非以韩国和秦国为例说明法与术不可偏废的道理。"问者曰：徒术而无法，徒法而无术，其不可。何哉？对曰：申不害，韩昭侯之佐也。韩者，晋之别国也。晋之故法未息，而韩之新法又生；先君之令未收，而后君之令又下。申不害不擅其法，不一其宪令，则奸多。故利在故法前令则道（导）之，利在新法后令则道（导），利在故新相反，前后相悖。则申不害虽十使昭侯用术，而奸臣犹有所谲其辞矣。故托万乘之劲韩，七十年而不至于霸王者，虽用术于上，法不勤饰于官之患也。公孙鞅之治秦也，设告相坐而责其实，连什伍而同其罪；赏厚而信，刑重而必，是以其民用力劳而不休，逐乱危而不却，故其国富而兵强。然而无术以知奸，则以其富强也资人臣而已矣。……故战胜则大臣尊，益地则私封立，主无术以知奸也。商君虽十饰其法，人臣反用其资。故乘强秦之资，数十年而不至于帝王者，法不（一说当为'虽'）勤饰于官，主无术于上之患也。"（《韩非子·定法》）这是说，申不害虽然在韩国为相而教韩昭侯用术，但韩终未称霸天下，原因就在于申不害没有将韩国的法弄好。怎么没弄好呢？韩国与赵国、魏国都是从晋国分出来的，故晋国的旧法还在韩国起作用，而韩国又有了自己的新法，这样新旧法就有不少不一致和冲突处，这恰恰为大臣和官吏们所利用，凡是旧法对他们有利的就依旧法，凡是新法对他们有利的就依新法，他们就这样来回钻空子，以利其私，故使国家终不得强盛而称霸天下。这就是申不害之有术而无法之害处。这也说明，所谓"法"就是标准，是规矩尺寸，一定要准确、具体、明确。故韩非说"法者，宪令著于官府，刑罚必于民心"。法是由国家颁布的、明文规定的文件。商鞅在秦变法，废旧法而立新法，法令明确，条律分明，执行严格，故秦国可以扩疆拓土，得以富强。但商鞅不讲术和不用术，结果秦国富强后却使大臣得利，君上却未得到好处。这就是商鞅之有法而无术的害处。可见，只有法、术并用才可强国。

与法相比，术是一种手段，是权术。法要"编著之图籍，设之于官府，而布之于百姓"（《韩非子·难三》），要规定明确，而不可含糊。术就不同了，它是权术，是权谋，像用兵一样有诡道、诡诈在里面，如果将"术"像"法"一样明确地著之于图册，颁之于天下，那就成了法了，就不是术了。所以,这个"术"很有些哲理在其中。但韩非主要讲的是用"术"的问题,也就是君主用什么方式方法才能把臣下控制住而不使大权旁落以至于被臣下所蒙骗和左右。故韩非给"术"的定谓是"因任而授官,循名而责实;操杀生之柄,课群臣之能者也,此人主之所执也。"就是说,术的要害在于"循名责实",即用"名"去考察、核定那个"实";与该"名"相符的"实"就是现实,就对,否则就错。这也叫"审合形名"。名有这么重要吗?它能当术用吗?甚至于能有"操杀生之柄,课群臣之能"之作用和效果吗?然也!一个官职,就是一个名;谁去当这个官,就应了这个名,相应地他就要干这个官职之名所规定和要求的事;他干了这个官名所要求的事,那就是名合于实,就名实相符,否则就是名不符实,名实相乖。君主正是根据这个官职之"名"来考察、考核臣下政绩,有功者赏,无功者罚,谁也欺骗不了君主,这就起到了"操杀生之柄"以"课群臣之能"的作用,这就是用术。韩非曰:"明主之所导制其臣者,二柄而已矣。二柄者,刑德也。何谓刑德?曰:杀戮之谓刑,庆赏之谓德。为人臣者,畏诛罚而利庆赏。故人主自用其刑德,则群臣畏其威而归其利矣。……人主将欲禁奸,则审合刑(形)名者,言与事也。为人臣者陈而言,君以其言授之事,专以其事责其功。功当其事,事当其言,则赏;功不当其事,事不当其言,则罚。故群臣其言大而功小者则罚,非罚小功也,罚功不当名也;群臣其言小而功大者亦罚,非不说(悦)于大功也,以为不当名也,害甚于有大功,故罚。昔者韩昭侯醉而寝,典冠者见君之寒也,故加衣于君之上。觉寝而说,问左右曰:谁加衣者?左右答曰:典冠。君因兼罪典衣,杀典冠。其罪典衣,以为失其事也;其罪典冠,以为越其职也,非不恶寒也,以为侵官之害甚于寒。故明主之畜臣,臣不得越官而有功,不得陈言而不当。越官则死,不当则罪。守业其官,所言者贞也,则群臣不得朋党相为矣。"(《韩非子·二柄》)韩非认为,君主的权力是至高无上的,君主应始终处在权力的峰巅,决不能大权旁落而被臣下左右。君主保住其地位的方法就是"审合刑(形)名""循名责实"的"术"。君主不可能将天下的事全办完,他总得使用臣下来办事。臣下也往往向君主进言献策,但臣下所言究竟对否,仅凭他所说的话是很难判定的,这时君主就可用"术"来解决问题。如果有臣下向君主献了一个策,君主就根据他所言让他去做相应的一个官来办某事,倘若他办事有成绩，且他的言与行、言与实相一致，这就赏，否则就罚，这样一来臣下就不敢欺瞒君主了，也就欺瞒不了君主，君主的大权就会牢牢保住。韩昭侯杀典冠者而罪典衣者的故事就是用术以课群臣的事例。

用"术"是件非常复杂的事，若用不好就会反被术所用，即用谋者反被谋所谋矣。韩非用"术"之方就是"审合形名""循名责实"。但这个"名"如果作为名称、名号、概念来用，那么"名"就成了对象性的工具。既然是工具，君主可以用，臣下也可以用；君主可用"名"来课责臣下，臣下也可以用"名"来行废立之实，完全控制住君主。再说，当用"术"或"术"被展开使用时，本来就牵动着君与臣这两端、两极；如果只有君而没有臣，或只有臣而没有君，就都无"术"可言了。故"术"的问题本来就牵涉到由君与臣所夹撑起来的或者说由二者共同构成和构造出来的一种境域或势域。一方面，只有处于这种境域、势域中才能用术；另一方面，也只有在这种境域、势域中才能产生和形成、构成一种具有方向性的趋势，这才不至于使"术"成为工具而由臣来反作用于君主以控制君上。所以，用"术"必须有"势"，术与势是内在关联的。韩非能将"势"与"法""术"结合，这正是他作为法家思想家和理论家的高明之处。

关于"势"，韩非以前的慎到专门讲过，如说："贤而屈于不肖者，权轻也；不肖而服于贤者，位尊也。尧为匹夫，不能使其邻家；至南面而王，则令行禁止。由此观之，贤不足以服不肖，而势位足以屈贤矣。"（《慎子·威德》）管子也重视"势"，如说："凡人君之所以为君者，势也。故人君失势，则臣制之矣。势在下，则君制于臣矣；势在上，则臣制于君矣。故君臣之易位，势在下也。"（《管子·法法》）"国无常法，则大臣敢侵其势。"（《管子·君臣上》）"权势者，人主之所独守也。"（《管子·七臣七主》）这里所说的"势"就是权势、威势，也是因地位之差别和悬殊而造成的一种不可逆转的必然趋势。这正如孙子所言："激水之疾至于漂石者，势也。""如转圆石于千仞之山者，势也。"（《孙子兵法·势篇》）包括权势在内的这种趋势一旦形成或造成，那就只能顺存和接受而不可逆转了，事情的发展也就成了必然的。

韩非主要继承了慎到"势"的思想，将它与法、术一起应用在治国中。韩非曰："明君之所以立功成名者四：一曰天时，二曰人心，三曰技能，四曰势位。""势"或"势位"是君主治理天下的必备条件之一。又说："夫有材而无势，虽贤不能制不肖。故立尺材于高山之上，下临千仞之溪，材非长也，位高也。桀为天子，能制天下，非贤也，势重也。尧为匹夫，不能正三家，非不肖也，位卑也。千钧得船则浮，锱铢失船则沉，非千钧轻而锱铢重也，有势之与无势也。故短之临高也以位，不肖之制贤也以势。"（《韩非子·功名》）这里主要讲的是"位势"，即君主之地位和因地位所产生和形成的威势或势力。千丈之木如果长在深谷中就显不出它的高，短小之木如果生于千仞之上就能显出其高，这就是因地位不同而造成的不同效果、结果。人世社会中的情况亦如是。贤德的尧如果是一介平民，他连三户人家都治不好，因为人家未必都听他的；而桀那样的暴君却能制住天下，这并非他德行高能耐大，而是因为他位高权重人们不能不和不得不听他的。如此就很明白，治理天下没有尊位重势不行。韩非曰："慎子曰：飞龙乘云，腾蛇游雾，云罢雾霁，而龙蛇与螾螘同矣，则失其所乘也。贤人而诎于不肖者，则权轻位卑也；不肖而能服于贤者，则权重位尊也。尧为匹夫，不能治三人；而桀为天子，能乱天下。吾以此知势位之足恃而贤智之不足慕也。夫弩弱而矢高者，激于风也；身不肖而令行者，得助于众也。尧教于隶属，而民不听；至于南面，而王天下，令则行，禁则止。由此观之，贤智未足以服众，而势位足以诎贤者也。"（《韩非子·难势》）他又说："人主之所以身危国亡者，大臣太贵，左右太威也。所谓贵者，无法而擅行，操国柄而便私者也。所谓威者，擅权势而轻重者也。此二者不可不察也。夫马之所以能任重引车致远道者，以筋力也。万乘之主，千乘之君，所以制天下而征诸侯者，以其威势也。威势者，人主之筋力也。今大臣得威，左右擅势，是人主失力。人主失力，而能有国者，千无一人。虎豹之所以能胜人执百兽者，以其爪牙也；当使虎豹失其爪牙，则人必制之矣。今势重者，人主之爪牙也。君人而失其爪牙，虎豹之类也。"（《韩非子·人主》）道理已讲得很清楚了，即君主必须要有位势和相应的威势，否则就驾驭不了臣下而反被臣下所制。位势和威势就相当于君主的爪牙，是少不得的，俗话说落架的凤凰不如鸡，龙游浅滩遭虾戏，虎落平阳遇犬欺，说的正是失势的情形和道理。

"势"对君主来说很重要。那么，怎么才能得到"势"呢？难道君主真的是天生的神人，或有奇特的外表或功能，使人一看就生畏害怕而不敢不听他的吗？当然不是。这个"势"的取得当然要靠人，要靠君主自己，这就是君主的赏罚之道。"术"的表现和运用靠"审合刑（形）名""循名责实"，"势"的表现和取得则在赏罚。这也就是《韩非子·二柄》中所说的"刑德"之二柄。《韩非子·六反》论述了君人的赏罚之道，曰："圣人之治也，审于法禁，法禁明著则官法（'法'当为'治'，见《韩非子集解》）。必于赏罚，赏罚不阿则民用。官官治（当作'民用治'）则国富，国富则兵强，而霸、王之业成矣。霸、王者，人主之大利也。人主挟大利以听治，故其任官者当能，其赏罚无私，使士民明焉，尽力致死，则功伐可立而爵禄可致。爵禄致而富贵之业成矣。富贵者，人臣之大利也。人臣挟大利以从事，故其行危至死，其力尽而不望。此谓君不仁臣不忠则［不］（'不'字当删）可以霸、王矣。……凡赏罚之必者，劝禁也。赏厚则所欲之得也疾，罚重则所恶之禁也急。夫欲利者必恶害，害者利之反也。反于所欲焉得无恶？欲治者必恶乱，乱者治之反也。是故欲治甚者其赏必厚矣，其恶乱甚者其罚必重矣。……故曰重一奸之罚而止境内之邪，此所以为治也。重罚者盗贼也，而悼惧者良民也。欲治者奚疑于重刑？若夫厚赏者非独赏功也，又劝一国。受赏者甘利，未赏者慕业，是报一人之功而劝境内之众也。欲治者何疑于厚赏。"在我们引的这一长段中，韩非讲了有关赏罚的三方面问题。一是"赏罚不阿"，一是"赏罚之必"，一是赏罚"又劝一国"。前两个方面可以结合起来，实际上说的是赏罚这一问题的两个方面。赏罚首先必"必"，即一定要执行，该赏的一定要赏，该罚的一定得罚，不应该"阿"，即该赏的不赏而应罚的不罚，这样就起不到赏罚的应有作用。通过赏与罚，就能营造一定的气氛和形势，构成一种导向和趋势，使人们都趋赏而避罚，这样君主的威信和威权也就建立起来，就有"势"了。一旦这种"势"形成，就能起到劝赏劝善而止禁的效果。赏罚可以造"势"。那么，赏罚得以进行的可能和依据又何在呢？韩非认为在于人情。他说："凡治天下必因人情。人情者有好恶，故赏罚可用。赏罚可用则禁令可立，而治道具矣。君执柄以处势，故令行禁止。柄者，杀生之制也；势者，胜众之资也。"（《韩非子·八经》）人都有趋利避害之本性、本能，所以君上才能进行赏罚，否则的话赏罚就没用了。正是从人的生存本性出发来赏善罚恶，君主才能营造出一种"势"，才可胜众，才能将天下治理好。

在韩非这里，法、术、势是一体三位的，均是"帝王之具"（见《韩非子·定法》），缺一不可。他说："抱法处势则治，背法去势则乱。"（《韩非子·难势》）这说的是法与势不可分。又说："君无术则弊于上，臣无法则乱于下，此不可一无。"（《韩非子·定法》）这说的是法与术不可分。总之，法、术、势必须三结合才可治天下。《韩非子·八经》曰："故明主之行制也天，其用人也鬼。天则不非，鬼则不困。势行教严，逆而不违，毁誉一行而不议，……然后一行其法。"这里的"行制"就是法，君主依法而行，公而无私，这就没有什么"非"了；这里的"用人"就是术，以术用人，这相当于以诡道、诈术来将兵，故说"其用人也鬼"，"鬼则不困"；这个"势行"就是势，君主以势行之，虽逆，天下不敢违也，这就叫"势行教严，逆而不违"。法、术、势三者合而为一，则法治可行于全天下，这就叫"然后一行其法"，这个"法"是广义的法治，包括法、术、势在内。

韩非作为法家思想家和集大成者的最大贡献就在于将他之前的法（商鞅重之）、术（申不害重之）、势（慎到重之）的思想、理论、方式结合统一起来，从而使法家有了一套比较完整的帝王统治术。班固说《老子》是"君人南面之术"（《汉书·艺文志》），但老子之"术"只是一种思想主张和原则，还缺乏可操作性，还不是真正的政治方略。到韩非的法、术、势这里，才形成了一整套治世方略，是统治者可操作的一套统治术。故司马迁将老子与韩非合传是有一定道理的。很明显，韩非法、术、势"三位一体"的这套统治术在中国两千多年的封建社会中起了非常大的正、反作用。不论是治世明君还是乱世奸雄，哪一个不懂得韩非的这一套统治术？哪一个没有用过此套统治术？它作为一种政治思想和治世理念，已融进了中华文化的骨髓中，深深影响着甚或左右着中华文化和精神。雄才大略、心系天下的明君圣主用这套方略来治世，取得了太平盛世之良好效果，使天下苍生得福而万民欢乐；而那些奸雄之辈用此套方略则篡权窃国，以国家、君上之名行一己之私，乱朝纲，毁神器，祸万民，玷我中华文化之血脉，罪莫大焉，害莫大焉！法家那种薄情寡恩、刻薄无情的一面也就在这里淋漓尽致地表现出来了。所以，以韩非为代表的法家这套法、术、势的统治方略至今仍值得细细咀嚼。

4. 功利理性

法家重法，亦重利。它将法的存在建立在利的基础上。如韩非说：

"凡治天下必因人情。人情者有好恶，故赏罚可用。赏罚可用，则禁令可立，而治道具矣。"(《韩非子·八经》)正因为人人都有趋利避害的本性，赏罚之法才可用，禁令才可立，否则的话法就失去了存在的基础和意义。故韩非又说："明主立可为之赏，设可避之罚。盲者处平而不遇深溪，愚者守静而不陷险危。如此则上下之恩结矣。"(《韩非子·用人》)人主树立好赏、罚的标准和规格，人们就有了努力奋斗的目标和方向，人们由此也就能安心和安定地生活，这就像一位盲人在平坦的路上行走就不会掉在沟里一样，一个愚者也可以在赏罚分明的社会中安分守己地生活而没有什么危险。这正是统治者给民的一种恩情、恩惠；同时，民有了安定的生活也会感激统治者，会认可和记着统治者的恩德，因此统治者和民的恩情就结成了。人们常批评法家说它薄情寡恩，不施仁义。但从韩非此处所言来看，在法家看来严格按法办事，赏罚严明，正是一种仁德所在。这种看法和说法当然有一定的道理。在法家这里，温情脉脉的血缘家族关系被利益之利剑斩断了，取而代之的是功利化的理性算计。这样做的历史意义和思想价值是不可小觑的。马克思、恩格斯在《共产党宣言》中说："资产阶级在它已经取得了统治的地方把一切封建的、宗法的和田园诗般的关系都破坏了。它无情地斩断了把人们束缚在天然首长的形形色色的封建羁绊，它使人和人之间除了赤裸裸的利害关系，除了冷酷无情的'现金交易'，就再也没有任何别的联系了。它把宗教的虔诚、骑士的热忱、小市民的伤感这些情感的神圣激发，淹没在利己主义打算的冰水之中。它把人的尊严变成了交换价值，用一种没有良心的贸易自由代替了无数特许的和自力挣得的自由。总而言之，它用公开的、无耻的、直接的、露骨的剥削代替了由宗教幻想和政治幻想掩盖着的剥削。"[①] 法家所代表的封建地主阶级对奴隶制世袭制关系的破坏和变更，正类似于资产阶级对封建的宗法关系的破坏和变更。法家将一切都功利化和利益化了，并且建立了一种以赏罚为主的功利理性尺度和标准。

所以，法家在冷酷的赏罚外衣下隐藏着的是冷静、清醒、精明的功利理性的算计和运筹。对此，在韩非思想中有淋漓之表述。且看：

---

① 《马克思恩格斯选集》第一卷，人民出版社1972年版，第253页。

今上下之接，无子父之泽，而欲以行义禁下，则交必有郄矣。且父母之于子也，产男则相贺，产女则杀之。此俱出父母之怀衽，然男子受贺，女子杀之者，虑其后便，计之长利也。故父母之于子也，犹用计算之心以相待也，而况无父子之泽乎？今学者之说人主也，皆去求利之心，出相爱之道，是求人主之过父母之亲也，此不熟于论恩诈而诬也。(《韩非子·六反》)

故王良爱马，越王勾践爱人，为战与驰。医善吮人之伤，含人之血，非骨肉之亲也，利所加也。故舆人成舆，则欲人之富贵；匠人成棺，则欲人之夭死也。非舆人仁而匠人贼也，人不贵，则舆不售；人不死，则棺不买。情非憎人也，利在人之死也。(《韩非子·备内》)

三人为婴儿也，父母养之简，子长而怨。子盛壮成人，其供养薄，父母怨而诮之。子父至亲也，而或谯或怨者，皆挟相为而不周于为己也。夫卖（一说为"买"）庸而播耕者，主人费家而美食，调布而求易钱者，非爱庸客也，曰：如是，耕者且深，耨者熟耘也。庸客致力而疾耘耕者，尽巧而正畦陌畦畤者，非爱主人也，曰：如是，羹且美，钱布且易云也。此其养功力有父子之泽矣，而心调（一说当为"周"）于用者，皆挟自为心也。故人行事施予，以利之为心。(《韩非子·外储说左上》)

这些论述给人一种冰冷、生硬和不近人情之感。儒家讲的那种"父为子隐，子为父隐"(《论语·子路》)的脉脉温情的血缘关系在这里荡然无存，人与人之间，甚至父子之间，所有的和所能有的只是利益、功利。读这些赤裸、露骨的功利主张的文字，的确使人有一种痛心的悲凉感，人间只有这种唯利是图的利益和算计关系，这种人类和人的社会还有什么值得存在的必要和价值呢？人岂连禽兽都不如了吗?! 所以，司马迁说商鞅"其天资刻薄人也"，"商君之少恩矣。余尝读商君《开塞》、《耕战书》，与其人行事相类，卒恶名于秦，有以也夫"(《史记·商君列传》)。说韩非"引绳墨，切事情，明是非，其极惨礉少恩"(《史记·老庄申韩列传》)。班固评法家说："及刻者为之，则无教化，去仁爱，专任刑法，而欲以致治；至于残害至亲，伤恩薄厚。"(《汉书·艺文志》)后世说法家薄情寡恩，这是有道理的。

但也应承认，读这些文字却能给人一种冷静的清醒感。这些论说犀利、冷峻而清新，它说的的确是人间事实，早在步入私有制和阶级社会之前，人们就为生存而争夺财富，部落之间的战争时有发生。"自剥林木而来，何日而无战？大昊之难，七十战而后济；黄帝之难，五十二战而后济；少昊之难，四十八战而后济；昆吾之战，五十战而后济。"（《路史·前纪》卷五）由于私有制的产生而进入了阶级社会后，人的私欲在不断膨胀，人们都在为利益而奔忙着、争斗着，这乃不争之事实。倘若一个人什么利益需求都没有了，根本就不需要物质财富了，那他也就不食人间烟火了，他也就不是现实社会中的现实人了，这样就根本无王化可言，亦无思想和情感可言。《孟子·告子下》中有孟子和宋牼的一段对话，宋牼听说楚秦两国准备交战，他打算以"交兵不利"为理由来说服秦楚退兵罢战。孟子知道了宋牼的打算后就对他说："先生以利说秦楚之王，秦楚之王悦于利，以罢三军之师，是三军之士乐罢而悦于利也。为人臣者怀利以事其君，为人子者怀利以事其父，为人弟者怀利以事其兄，是君臣、父子、兄弟终去仁义，怀利以相接，然而不亡者，未之有也。先生以仁义说秦楚之王，秦楚之王悦于仁义而罢三军之师，是三军之士乐罢而悦于仁义也。为人臣者怀仁义以事其君，为人子者怀仁义以事其父，为人弟者怀仁义以事其兄，是君臣、父子、兄弟去利，怀仁义以相接也，然而不王者，未之有也。何必曰利？"孟子认为宋牼游说秦、楚之王而罢兵，这是对的；但用"利"游说却不对，因为这样的话就会使全天下都以"利"为行事之准则，这就会亡天下。而应用仁义去游说秦楚，以使天下都以仁义为行为准则，这样天下就会走向王道。孟子是儒者，他提倡仁义标准本可理解。但他认为若以"利"为准则就会亡天下，却非事实。仁义固然需要，但利益何尝不需要呢？管子曰："仓廪实则知礼节，衣食足则知荣辱。"（《管子·牧民》）诚哉斯言！仁义是人来实行的，而人要行仁义和能行仁义，最最基本的前提是人要活着，要有生命在，倘若人没命了，包括仁义在内的一切准则就都无法实行了。当然，人有时可以自愿、宁愿牺牲掉自己的生命来维护和践履道德仁义，有如孔子所谓的"杀身成仁"（《论语·卫灵公》）、孟子所谓的"舍生取义"（《孟子·告子上》），但这仍要以人的生命存在为前提，人有生命在，才可舍生以求仁取义，如果没有了生命的话人舍什么呢？从这个意义上说，人的自然生命更为重要和基本！而人的自然生命本来就与"利"相关联,人要有和要谋求一定的物质利益,这是天经地义的第一要务,法家将这一事实揭示了出来,用明确的语言表述了出来,这是其思想的积极价值。法家将笼罩在利益原则上的一切面纱都撕掉了,使人的真面目显露了出来。同是父母之子,男儿为什么就受欢迎,女儿为什么就受歧视甚或遭到杀害呢,还不是利益思想在其中作祟吗!因为男孩可传宗接代而传承家业,"虑其后便,计之长利也"。造车的工匠为什么盼望天下的人富贵呢?因为人富贵了才能买车,造车者才能得利。做棺材的工匠为何盼望人早死呢?因为有死人才能出售棺材,才能得利。所以韩非说这并不是造舆者本性仁慈而做棺者本性残忍,而是利益关系和观念使然。在一个家中,父母因为家庭条件有限而没有优待儿子,儿子就会抱怨;儿子长大后会因父母没有好好养他而供养父母薄,又会遭到父母的不满和谩骂,这就是父子关系后面的物质利益原则在起作用。但奇怪的是,一个家里宁愿养儿子简、赡父母薄却对雇来的庸客"费家而美食",难道主雇关系还亲于父子关系吗?非也。这仍是后面的利益原则在起作用。所以,在韩非等法家看来,儒家所说的亲情关系是不足为据的,是不能真正治世的,治世只能采取这种赤裸的但颇为有用的利益原则。故韩非曰:"今有不才之子,父母怒之弗为改,乡人谯之弗为动,师长教之弗为变。夫以父母之爱,乡人之行,师长之智,三美加焉而终不动其胫毛,不改。州部之吏,操官兵,推公法,而求索奸人,然后恐惧,变其节,易其行矣。故父母之爱不足以教子,必待州部之严刑者,民固骄于爱,听于威矣。故十仞之城,楼季弗能方蹻者,峭也;千仞之山,跛牂易牧者,夷也。故明王峭其法而严其刑也。"(《韩非子·五蠹》)又说:"则圣人之治国也,固有使人不得不爱我之道,而不恃人之以爱为我也。恃人之以爱为我者危矣,恃吾不可不为者安矣。夫君臣非有骨肉之亲。正直之道可以得利,则臣尽力以事主;正直之道不可以得安,则臣行私人干上。明主知之,故设利害之道以示天下而已矣。"(《韩非子·奸劫弑臣》)利用人求利避害的本性,立法设刑以峻法严刑来治天下,这就是法家的治国之道。

法家通过对人的利益本性的观察和发掘,提升出了一种功利理性。这种理性既是一种处世方略,也是一种认识论思想。韩非反对"前识",主张从现实出发作实际观察。他说:"先物行、先理动之谓前识。前识者,无缘而忘(妄)意度也。何以论之?詹何坐,弟子侍,有牛鸣于门外。弟子曰：是黑牛也，而白在其题。詹何曰：然，是黑牛也，而白在其角。使人视之，果黑牛而以布裹其角。以詹子之术，婴众人之心，华焉殆矣。故曰道之华也。尝试释詹子之察，而使五尺之愚童子视之，亦知其黑牛而以布裹其角也。故以詹子之察，苦心伤神，而后与五尺之愚童子同功，是以曰愚之首也。故曰前识者道之华也，而愚之首也。"（《韩非子·解老》）这种不从实际出发的妄猜臆度是不能把握事情真相的，这是对认识有害的。故韩非认为认识的原则应是："因天之道，反形之理，督参鞠之，终则有始，虚以静后，未尝用己。"（《韩非子·扬权》）他提出了"参验"的认识检验标准，即"循名实以定是非，因参验而审言辞"（《韩非子·奸劫弑臣》）。具体怎么"参验"呢？韩非曰："人皆寐，则盲者不知；皆嘿，则喑者不知。觉而使之视，问而使之对，则喑盲者穷矣。不听其言也，则无术者不知；不任其身也，则不肖者不知，听其言而求其当，任其身而责其功，则无术不肖者穷矣。夫欲得力士而听其自言，虽庸人与乌获不可别也，授之以鼎俎，则罢（疲）健效矣。故官职者，能士之鼎俎也，任之以事而愚者分矣。"（《韩非子·六反》）又说："夫视锻锡而察青黄，区冶不能以必剑；水击鹄雁，陆断驹马，则藏获不疑钝利。发齿吻形容，伯乐不能以必马；授车就驾，而观其末涂，则臧获不疑驽良。观容服，听辞言，仲尼不能以必士；试之官职，课其功伐，则庸人不疑于愚智。"（《韩非子·显学》）这是说，判断事情不能仅凭其名言外表，而要视其实际的效果和功用。这虽然讲的是法家"审合刑（形）名""循名责实"的"术"道，但这也是一种建立在经验观察基础上的功利理性的原则和方法。总之，以韩非为代表的法家将功利理性化和将理性功利化，这是一种功利理性主义的思想。

　　法家这种功利理性主义能益人神智，能醒人思想，能使人理智地静观，这是它对中华文化和中华精神最大的和最深层的作用和影响。人生在世，就要认识和把握这个世界，而且要力争准确、全面地把握之。但这做起来却很不容易，因为人受到各方面的干扰和影响太多太大了。首先人就割不断、抛不开血缘之亲情关系，以至于对许多事情的看法有时合情不合理，有时合理不合情，有时还会因情失理、以理循情，很难透过纷繁的现象而把握到事情的本质、实质。老子教人静观玄览（见《老子》第十章、第十六章等），这当然是有道理的。但具体怎么来做呢？老子讲"损"，讲

"损之又损，以至于无为"（《老子》第四十八章），这带有内省体悟的某种神秘性，尚难以真正操作。韩非等法家就将道家的"静观"认识原则具体化和可操作化，使此种认识原则渗入了和融进了社会生活中。它斩断了一切温情脉脉的亲情脐带，掐断了一切"兼爱""非攻"的矫情造作，挡开了一切"玄览""心斋""坐忘"等内省体悟，抛开了一切"白马非马"式的概念纠缠，把一切都化归为、还原为赤裸裸的利益和功利，一切都以功利价值为尺度和标准来予以剪裁和评判，顺之者生，逆之者亡。这样看起来冷酷无情和不近人情，但明确、冷静、清醒、理智且客观，一切都以利益的天平为标准，这倒真的能透露出一些人世间的生存和生活秘密，能揭示出和揭开人类历史的运动底蕴。且不说思想理论的性质和时代特征，单就其思想理论的作用和意义而言，法家的这种功利理性与马克思主义的阶级和阶级斗争的思想理论有某种一致处。它将人类社会和人类历史演化的根基建立在物质利益上，将人与人的关系，包括父子间的亲情关系都还原为、简化为利益关系，将社会统治的原则和方式亦建立在利益关系上，这就显露出了人类社会和人类生活的物质基础，这为唯物地解释社会和历史打下了基础。顺着这个思想理路，最终会通向人类生活和生产方式，会揭开人类历史存在的"自然历史过程"。这个思想意义是巨大的。当然，法家毕竟是法家，毕竟是出现在两千多年前的先秦时代的思想理论，它与马克思主义的历史观和历史学说不可同日而语！但不可否认，法家的这种功利理性在漫长的中国封建社会中起了不可磨灭的作用。它与儒家的仁义理性、道家的道德理性一起，深刻地哺育和培养了中华民族的生存之道和生存、生活精神。汉宣帝刘询说王、霸道都是汉家必不可少的"家法"（见《汉书·元帝纪》）。其实，王、霸道杂就是整个中国封建社会的"家法"和大法。同理，儒、道、法杂而互补并用，就是整个中国封建社会的文化形式和传统，这正是深刻、深厚的中华民族精神。

三 法家法本体概论

乍听"法本体"这个概念，难免感到突兀，同时产生疑惑，接着就是质问："法"是本体吗？它能作本体吗？倘若法为本体，孰不可为本体?! 这些疑惑、质疑均可理解。但笔者仍要再次强调："法"能作本体，它就是本体。儒家的伦理学要本体化和能本体化，同样，法家的法学和法也要本体化和能本体化。

在前面绪论部分和讲儒家心性本体、道家道德本体时我们多次说到，"本体"观念和思想是人类社会或人文世界的必然，没有本体就意味着没有人类社会或人的世界。这里的关键就在于人文世界的真正本质是"无"即"自由"。自然世界的真正本质是"有"，永远不可能出现"无"。而人文世界的真正本质则是"无"，绝不能和绝不是"有"。人的这个世界即人文世界或人类社会究竟来自哪里？答曰来自"无"。在自然世界中原本没有人和人的社会，后来就是有了，人和人的社会就是出现了，就是来了。那么，它来自何处？来自自然界吗？否！自然界中找不出人文世界的蛛丝马迹。来自神灵的恩赐吗？神话和宗教可以这么讲，但实非其然。因为如果人和人的世界是上帝恩赐的，那么上帝就是人的主宰，人只是上帝手中的棋子和工具，这样人所做的一切都就与己无关，人也因此而没有任何责任和不负任何责任；倘若人和整个人类社会是这样子的，还要什么人间的思想和体制？还有什么人的社会可言呢？人类社会与自然世界岂不同质同类了？人岂不成了只有遗传本能的一般动物?! 所以，宗教和神话可以说人和人的世界来源于上帝、神灵，事实却不是如此和不能如此。那么，人和人的世界究竟来源于哪里？哪里都没有，哪里都不是，人就是人，人的世界就是人的世界，它就是它，在它之外和之上别无其他，也不需要其他。这，就是人和人文世界的真正本质——"无"。为什么要花笔墨辩证和辨析人文世界"无"的本性、本质呢？就是为了证明和表明人的"无"即"自由"的本性、本质。人的存在在本质上是"无"，所以人才不受任何他之外的他者的影响和左右，人就是人，人只是人，人所作的一切均出自自己，均是由人自己作主的，即全由自己的，这就是"自由"，即由自己也！既然人的一切都是由人自己作主，人就理应对自己的所作所为负责，人就有了无法推卸掉的责任和不得不为的义务，这才有了人类社会的一切，才有了人的世界存在。哲学上的"本"或"本体"思想就是人的"无"即"自由"这一存在本性、本质的思想表现和形式。所以，人和人的世界不能没有本体。人类为什么总要自觉或不自觉地提出某一"本体"？这实质上只是人将自己的"无"的本质或"自由"本质展现、表现出来而已。人本来是自由的，一切所作所为都是由人自己作出的，没有他

第五章 法家的法治论与中华民族的治国之道

之外的任何东西的指使和左右，这就表明人是以自己为存在准则、标准的。现在，人将人的这种"自由"本质展现出来，表现出来，让其作为一种尺度、规矩、标准等来存在，此即"本"或"本体"！人类生活中有许多许多的度量单位，比如说"尺"、"斤"、"升"、"圆"（钱币单位），等等，这实际上就是本体。拿长度单位"尺"来说，"一尺"究竟是多长？除了说"一尺就是一尺"这种同语反复的话之外，是说不出一尺究竟是多长的，原因就在于这个"尺"本身就是一切长度的最终标准，一切的长短都由它来衡量，而它自身由谁来衡量呢？没有别的东西了，只有它自己，即以"尺"来衡量"尺"。所以，这个"尺"就是自本自根的存在，即它存在的原因和根据就在自身中，它自己就是自己存在的本和根。本体的意义和作用就正在这里，即人类给自己的存在和活动建立了一种最终的和最后的必然性、神圣性的标准和尺度。有了这个标准，人就可以来规整和有序化人的生活了，所以，建立本体乃人类社会之必需和必然。这不只是哲学上的问题，而是人类社会方方面面都普遍存在的问题；只不过在哲学上这一问题是自觉的和理论性的，而在哲学之外的其他领域中这一问题则是自发的和非理论性的而已。

　　阐发了以上这一番道理后，现在我们再来看"法"的问题。法者何？法的正体字为"灋"，它由水、廌、去三部分组成。水，取其水平、平正义；廌，是一种兽，即獬豸兽，它能识别出不正直，所以古时判断官司时就让它去抵触不正直的一方，使不正直者离去；去，即离去，去掉，把不正直者去掉而留下正直者。故《说文》说："灋，刑也。平之如水，从水；廌，所以触不直者，去之，从［廌］去。"法乃刑法，它本身就是标准、准则；符合它的行为、做法就对，不符合它的就错。这就像工匠手中的尺规一样，是标准，是尺度。故商鞅说："国之所以治者三，一曰法，……先王具权衡，立尺寸，而至今法之，其分明也。夫释权衡而断轻重，废尺寸而意长短，虽察，商贾不用，为其不必也。"（《商君书·修权》）韩非说："释法术而任心治，尧不能正一国。去规矩而妄意度，奚仲不能成一轮。废尺寸而差短长，王尔不能半中。使中主守法术，拙匠守规矩尺寸，则万不失矣。"（《韩非子·用人》）这些论述不是说得很明白嘛，没有"法"国家就没有了规矩尺寸，没有了标准，哪还能做什么事呢？还能做好什么事呢？所以，国一定要有法，法就是一个国家的标准、准则。这，就是法的本体意义。法乃一国之最高、最后之准则，在它之外和之上别无准则了，故它乃自本自根者，这正是本体。

与儒家的伦理学本体论相比，法家的法本体论具有自然性和天然性，似乎不用作提升，不用作理论升华和论述。儒家的伦理学本体论是一种哲学思想和理论，这是需要作哲学论证和理论提升的。法本体论似乎不需要作论证和特别提升，法一确定，一建立就是神圣之标准，就具有尺度、规矩的性质和功能，再不用作特别说明和论证了。因此，在法家这里不像在儒家、道家那里有哲学本体论的思想和理论。法家只是直白地指称法的重要，明确地要求以法行事。也正是因为法自身的天然性、自然性的本体性意义和特点，倒使得人们往往熟视无睹法的本体性，这反而忽视了、漠视了法的本体性。一提到法，人们只知和只说它重要，没有它不行，却认识不到它的真正的本体性的性质和地位、作用，而把它降低为工具和手段来使用了。这对法的真正使用和其作用的真正发挥是不利的。加之，由于人为因素而导致的法的使用得不正当和不恰当，使人们对法往往产生厌恶感，这就大大影响了其公正、公平的神圣性价值，大大掩盖了或淹没了法的本体性的性质和地位，人们只看到和感受到法的工具性、强制性和残酷性甚至血腥性的一面，而从根本上谈化了、漠视了以至于最终抛弃了法的本体性、必然性、神圣性以及维护社会生活和社会秩序的公正性、公平性的一面；人们只感到和只说仁义礼乐这些社会伦理规范是人的生活所必不可少的，殊不知法对人的生存和生活更是必不可少的，法的尺度性、本体性的地位和作用比伦理道德的尺度性、本体性的地位和作用更大、更强和更明显。可以说，没有法人类社会休矣！所以，法的本体性和本体地位是不容置疑的。

辩证、辨析了法的本体性地位之后，现在所要考察的问题就是：法是什么样的本体？换言之，什么样的本体才应是法的真正本体？一提到本体，人们首先将它观念化和概念化了，即把本体作为一个对象体、一个实体对象来看待，然后再给这个实体对象一个名称，即概念。这就是概念化、对象性的本体。这样的本体实际上是人为的规定，它只是人的一个工具，并非真正的本体，因这种规定的根在人这里，而被规定的那个"本体"自身并没有根，即没有自本自根的存在性，所以它实质上并不是本体，不是真本体。所谓本体就是自本自根之体，就是它的存在是以自身为原因和根据的，别的东西的存在均以本体为依据，而本体之存在却不以任何别的东西为依据，它是并只能是以自己、以自身为依据，故本体是自因，是自本自根者。因此，将本体作为人的一种认识和规定是解决不了问题的，因为这是在人与对象之间的二分性关系中来处理和解决问题，当说对象时始终受到人的羁绊，而当说人时又始终受到对象的羁绊，这时的人和对象均没有独立性和自本自根性。本体者乃自本自根之体也。故本体必须超越出主体与对象这种二元分立的框架、构架之限制。怎么超越呢？难道是人为的抛弃一个而只要另一个就算完事了吗？当然不是这样和不能这样做，这种人为的做法仍不能解决问题。问题的真正解决在于必须从这种主客分立的二元性框架或结构出发来化解掉此种二元分立结构、构架，以获得一种无外在依赖的、全靠自身自本自根地存在的存在体，这正是本体。那么，究竟怎么来做呢？其道理何在呢？这还得从现实世界存在者的存在说起。现实世界中的每个存在者都存在着，这是事实，也是常识。那么，每一存在者为何能现实地存在着呢？此话听起来有点奇怪，现实世界中的每个存在者就存在着，已然存在了，事实就是这样，你还要问它们为什么能存在着，这不是明知故问，多此一举吗？非也！这里的意思是说，每个存在者存在着，它一定有其存在着的根据和原因，否则它就不会实际地存在着。那么，存在者之存在的原因、根据何在？它是什么呢？这就是一存在者和他存在者，也就是一物与他物所构成、形成的存在结构或构架！试想：世上倘若只有一个存在者存在着，而它之外的一切的一切都是虚无，那么，这个唯一的存在着怎么存在？在哪里存在呢？合乎逻辑的结论只有一个，即这个唯一的、独一无二的存在者只能存在于虚无中，那它自身也就非成为虚无不可！所以，倘若世上仅仅有一个存在者，它根本就无法存在。一存在者要存在，必得要有它之外的他物存在，这样一物与他物就天然地和逻辑地结构、组构起来而形成一存在结构或构架；正是在这个构架中，一存在者和他存在者都现实地存在了。现实世界本身是多种多样的大千世界，它本来就是个存在构架。因为这是存在者与存在者之间所组构成的存在构架，故可称之为外存在构架或存在的外构架。正因为现实的存在者是处在存在构架中的，因此，这个外构架就必须和必然地要烙印在、印记在、内外在、积淀在每个存在者身上，由此而成为每一存在者自身之内性或内在本质。换言之，每个存在者自身中均有一存在构架或结构，我们可称其为存在者的内构架或内结构。有了这个内构架，存在者的存在就依自不依他，这就是自因，就是自本自根，就是本体。

所以，说到本体，必然要逼到和逼进存在者的内结构。存在者一定要将一物与他物相关系的外构架内化为自身的本性，这也就是存在者自身中的自性与他性，或叫自性与非自性，若就存在、有这一角度来说，就是存在者自身的"有"与"无"之性。现在的问题是，这个作为存在者之存在内性或内构架的"有"与"无"如何存在呢？很明显，这个"有"和"无"都不能对象化和概念化，也不可分离开来而单独地存在和表现，因为这样一来存在者的存在内性就没有了，就蜕化为存在者的外在存在状态，就又回到了一物与他物之并存的外在状态，这自然就无本体可言。作为存在者之内性的"有"与"无"是一个整体，是原本就不可分和不能分的一个"一"，即浑然一体的"一"；但同时，这个"一"在性质上，在存在本性上又是二，即它不是也不能是只有"有"或只有"无"这一种性质、质性，而是同时具有"有""无"这两种性质或质性的，即这里的"有""无"总是同时存在着或同时并存的，就这是"有—无"性。这就是一存在者与他存在者这一外在存在构架或存在状态内化为每一存在者之存在本性（"有—无"性）的表现。在存在状态上是个"一"，是一整体，而在存在内性上又是"有—无"之二，这究竟是怎么回事呢？这究竟要表明什么和表明了什么呢？这表明这个"一"是一种存在的显现、显示，它在将自身显示为"有"的同时要显示为"无"，而在将自身显示为"无"的同时又要显示为"有"，这样，这个"有"与"无"不是也绝不能是空间意义上的并存，而只是和只能是时间意义上的继起，是处在时间构架中的前牵后扯的圆周运动中，这就如同庄子所谓的"彼是莫得其偶，谓之道枢。枢始得其环中，以应无穷"（《庄子·齐物论》）。可见，存在者在其存在内性上是"有—无"性的，这时的存在者可"知"其有"有""无"却无法"分"出"有"与"无"来，这时的存在者就是个"一"也只有这个"一"，除此之外别无所有了。这就是老子对"道"的描述："道之为物，惟恍惟惚。惚兮恍兮，其中有象；恍兮惚兮，其中有物。窈兮冥兮，其中有精，其精甚真，其中有信。"（《老子》第二十一章）讲论这些，是为了说明一个道理或哲理，即真正的本体是不可和不能被对象化和概念化的，不能用"什么是什么"的"是"这种语言方式作定性表述，它本来就是一种境域，是言说者已身处其中的、身临其境的、自我感受和体验着的、审美式的对象与主体一体同在的一种境域或构成域。海德格尔所说的"存在"本身，所谓的"在世中"，说的就是此中物我一体、心物浑然的"天人合一"之"一"的境域。它不是也不可能是对象，只能是由"有—无"同时构成的一种具有"中"之意义和性质的势域或形势、趋势。

因此，真正的法本体必是境域、势域性的，而不是对象化、工具性的。对这一点，韩非子是有一定程度的认识和自觉的，因为他不只是讲"法"，他还讲"术"，更讲"势"。韩非说："法者，宪令著于官府"（《韩非子·定法》），"法者，编著之图籍，设之于官府，而布之于百姓者也"（《韩非子·难三》）。韩非明确认识到，法只是人规定的、写在纸上的法令条文，它是标准，是尺度，但它并不能自然地、自动地生效，它要人执行，执法之人如果公平和执行得好，法就能起到罚恶扬善的作用；否则，法就成了执行者手中的工具，他完全可以用此工具来剪除异己，而满足一己之私欲。《庄子·胠箧》有言："为之斗斛以量之，则并与斗斛而窃之；为之权衡以称之，则并与权衡而窃之；为之符玺以信之，则并与符玺而窃之；为之仁义以矫之，则并与仁义而窃之。何以知其然邪？彼窃钩者诛，窃国者为诸侯，诸侯之门而仁义存焉。"斗斛、权衡、符玺这些东西都是标准，本身是不错的，但它们自己不会自动生效，它们只能由人来执行、使用；执行的人如果利用这些标准来谋取私利，那这些标准就起到了反作用，比没有标准结果更糟。所以，制定了法规条文是一回事，要更好地执行法令是另一回事，而且是非常关键的事。怎么来执行法，使其成为真正的本体呢？韩非讲起了"术"。"术者，因任而授官，循名而责实，操杀生之柄，课群臣之能者也，此人主之所执也。"（《韩非子·定法》）说得好听一些，这个"术"是领导艺术，是领导者的政治艺术，是高明的领导才能的表现。但说白了，这是一种权术、诈术、谋术，是权谋之道，与"诡道"的将兵之道具有一样的性质和本质，即用诡诈之韬略将群臣牢牢地控制在手中而为我所用。老子有言："将欲歙之，必固张之；将欲弱之，必固强之；将欲废之，必固兴之；将欲夺之，必固与之。是谓微明。柔弱胜刚强。鱼不可脱于渊，国之利器不可以示人。"（《老子》第三十六章）韩非说得没有这样直白和露骨。他讲的是用"名"，即"审合刑（形）名"和"循名责实"之法。君主用群臣的官名来考察、核综他们的当官之实，考核他们的政绩，如果名副其实就赏，否则就罚，这样谁也蒙骗不了君主，欺骗不了君上，而君主则会牢牢掌控住臣下，使他们俯首听命而不敢心生歹念，不敢妄为。这个"术"即权术说起来也蛮不错，看起来也有模有样。但这个"术"最终还是不行，它仍是一种权术、诈术和手段，其对象性、概念化成分和性质太强，是入不了境的，即构造不出境域、势域、势道来。用"术"来配合"法"和以"术"运"法"、以"术"行"法"，会使"法"更加对象化、概念化和工具化、手段化，进一步异化为人的统治工具，成为人的桎梏，其结果使"法"与人的目的和人性更外在和生硬地对立起来。所以，以"术"行"法"的结果并不能使"法"有效地得以执行。不能说秦始皇帝不懂"术"和不用"术"，他可谓用"术"之高手和能手，但结果并不能从根本上制奸和去奸，奸依然隐藏着且会更深地潜藏着，这就使国家政权潜伏下了深层的危机和隐患。秦王朝的迅速覆灭不能说没有此方面的因素。用"术"者必被术所用，使"谋"者终为谋所谋，搬起石头砸了自己的脚，这往往是用"术"的下场。

韩非作为一位聪明的法家思想家，应该是看到了和体会到了"术"的双刃剑作用和结果的，故他不像申不害那样专讲用"术"，他又讲起了"势"。何谓"势"？《韩非子·难势》曰："飞龙乘云，腾蛇游雾，云罢雾霁，而龙蛇与蚯蚓同矣，则失其所乘也。贤人而诎于不肖者，则权轻位卑也；不肖而能服于贤者，则权重位尊也。尧为匹夫不能治三人，而桀为天子能乱天下。吾以此知势位之足恃而贤智之不足慕也。"《韩非子·功名》曰："桀为天子能制天下，非贤也，势重也；尧为匹夫不能正三家，非不肖也，位卑也。千钧得船则浮，锱铢失船则沉，非千钧轻而锱铢重也，有势之与无势也。"可见，所谓"势"是一种位势或势位，它不是对象性存在，不是实体，而是因地位或位置悬殊所造成的一种倾向、趋向、形势、势头、势力、气势、态势等无形而有象的氛围力量，孙子说在千仞之山上转动着的圆石、从高处奔泻而下能漂起石头的激水（见《孙子兵法·势篇》），就是一种"势"。这是一种让人能感受到却看不见、摸不着的气势、趋向和力量，它真真切切地存在着，无形而有象。韩非说："威势者，人主之筋力也。"（《韩非子·人主》）"势者，胜众之资也。"（《韩非子·八经》）"势"乃人主取胜之资，是人主的筋力，其重要性当在"术"之上。韩非提出"重人"概念，谓："重人也者，无令而擅为，亏法以利私，耗国以便家,力能得其君。此所为重人也。"(《韩非子·孤愤》)这个"重人"不就是权奸吗?他大权在握,倒将君主玩弄于股掌之上,"主上卑而大臣重,故主失势而臣得国"(《韩非子·孤愤》)。因此,君上不能允许这种"重人"存在,而必须颠倒过来,使君上大权在握而驾驭住群臣,使权奸者不敢为且不能为。怎么才可做到这点呢?靠用"术"并非长久之计和长久之道,因为奸臣照样可以用"术",可以"以其人之道还治其人之身"。这里只能造"势",即营造出一种能压倒一切的、有如从万仞之山顶奔泻而下的激水一样的形势、趋势、气势、势几,有一种能包裹宇内、席卷天下的气势、势道和力量,有一种气吞山河、荡涤群臣的威力,在这种境域、势域中君上就处在了主动位置,就能稳站涛头而弄潮了。故韩非说:"今人主处制人之势,有一国之厚,重赏严诛,得操其柄,以修明术之所烛,虽有田常、子罕之臣,不敢欺也。奚待于不欺之士?……故明主之道,一法而不求智,固术而不慕信,故法不败而群官无奸诈矣。"(《韩非子·五蠹》)只有造就了或营造出了这种必然之"势","法"和"术"才都能被盘活而发生应有的效用,这样一来,治国这盘棋就下活了,君主就会时时处处制人而不制于人。

可见,在韩非的法、术、势的法家思想理论中,"势"是最重要的和最可贵的东西,它最有玩头。但这个"势"是一种化去了主与客或主体与对象之二分状态的、主客一体、物我同一的一种境界和意境、势域,这远非对象性、概念化之方式所能扣住的,这只能用"形式指引"式的方法来捕捉。当然,韩非不可能有势域的思想和认识,也根本不可能有如海德格尔"形式指引"那样的思想深度和方法。但作为思想家的韩非却感觉到了把握这种"势"和进入此"势"之困难。《韩非子》中有《说难》一篇,云:"凡说之难,非吾知之有以说之之难也,又非吾辩之能明吾意之难也,又非吾敢横失而能尽之难也;凡说之难,在知所说之心可以吾说当之。所说出于为名高者也,而说之以厚利,则见下节而遇卑贱,必弃远矣。所说出于厚利者也,而说之以名高,则见无心而远事情,必不收矣。所说阴为厚利而显为名高者也,而说之以名高则阳收其身而实疏之;说之以厚利则阴用其言,显弃其身矣。此不可不察也。""说之难"究竟难在何处呢?难就难在它不是对象化的概念规定,即不是"是什么"的那种"什么"之谓,这种"什么"是不难说出的,再复杂也不难说出,只须说得多些而已；真正的"说"是处在自己与对方之间的"居中"或"中"的地带，这本身就带有那种亦此亦彼而又非此非彼的是之而非、非之而是的是是非非、非非是是、是非非是、非是是非的境域性、势域性，说出的话既要切合对方之意又要切合自己之想，既不能全为对方又不能全为己方，但既要能为对方又要能为己方，这种难度是不言而喻的。这才真正涉及境域，这时的"说"才真的有如"飞龙乘云，腾蛇游雾"一般而翻腾舒卷，自由自在。然而，不是得"道"高人，不是既能入世又能出世的"从心所欲不逾矩"（孔子语）的圣人，是难以入境的，故要在境外用概念性的评议来说这个境本身就非常困难了。故韩非又说："故与之论大人则以为闲己矣，与之论细人则以为卖重，论其所爱则以为藉资，论其所憎则以为尝己也，经省其说则以为不智而拙之，米盐博辩则以为多而交之，略事陈意则曰怯懦而不尽，虑事广肆则曰草野而倨侮。此说之难不可不知也。"（《韩非子·说难》）"说"的确难啊，难就难在它不是概念陈述而是境域开显，是心领神会、心照不宣地默契和"相视而笑"之举。这时的这个"说"根本不是表述对象，而是显示心声。韩非举了个例子，说："昔者郑武公欲伐胡，故先以其女妻胡君，以娱其意。因问于群臣：吾欲用兵，谁可伐者？大夫关其思对曰：胡可伐。武公怒而戮之，曰：胡，兄弟之国也，子言伐之，何也？胡君闻之，以郑为亲己，遂不备郑。郑人袭胡，取之。宋有富人，天雨墙坏，其子曰：不筑，必将有盗。其邻人之父亦云。暮而果大亡其财。其家甚智其子，而疑邻人之父。此二人（按：即关其思和邻人之父）说者皆当矣，厚者为戮，薄者见疑。则非知之难也，处之则难也。"（《韩非子·说难》）郑武公杀关其思以安胡人使其放松警惕，这尽管是权术计谋，但也表明"说"的确是很困难的。郑武公明明想伐胡国，但要把说了真话、说得对的大臣杀掉，可见这时完全说真话并不对；那么，如果完全说假话呢？恐怕也是死路一条，郑武公同样会有理由杀掉说假话者的。所以，此时就处在了两边较劲的状态，这时偏于任何一方都不行，其由两边夹撑起来的平衡态就被破坏了，其结果必然是失败。此时的高招就是模棱两可、含糊其辞，这就涉及语言的模糊性问题，这恰恰是现象学存在论用以把握"存在"本身的方法。

韩非意识到了"势"的势域性、境域性特征，并从"说难"这个视角涉及了把握"势"的境域之难。这都是他思想的敏锐和深刻之处，也正是

第五章 法家的法治论与中华民族的治国之道

法家法本论的长处和价值所在。但韩非本人毕竟是以对象性、概念化的思维方式为主体的思想家，故他远非孔子、老子、庄子等人可比，他自己，包括以他为思想代表的整个法家，都终未入境。韩非未真正进入天人一体、得机得势的天道之中，他充其量只有人道而没有天道，更没有人道与天道的合一。张祥龙先生说韩非是"得人势而未得天势"[1]，很有见地。由于韩非功利理性的思维方式和相应的"参验"式的经验方法，使得他往往在自觉中不自觉地将"法""术""势"，尤其是将这个颇有意境性、境域性、势域性的"势"，予以概念化和对象化了，故在法家这里"法""术""势"等就只是工具和手段而已。韩非这一概念化、对象性的思维方式，在他对待老子"道"时明确表现了出来。

老子的"道"是个颇为复杂的哲学范畴。但在老子处"道"仍不失境域性、势域性，比如《老子》第二十一章用"恍兮惚兮""惚兮恍兮""窈兮冥兮"等话语所状摹的就是人与"道"浑然一体的那种境域、势域性。但到韩非这里，"道"的势域性、境域性荡然无存，而将"道"完全予以"理"化，"道"成了万世万物之存在的那个总"理"。《韩非子·解老》曰："道者，万物之所然也，万理之所稽也。""万物各异理，而道尽稽万物之理，故不得不化；不得不化，故无常操。无常操，是以死生气禀焉，万智斟酌焉，万事废兴焉。天得之以高，地得之以藏，维斗得之以成其威，日月得之以恒其光，五常得之以成其位，列星得之以端其行，四时得之以御其变气，轩辕得之以擅四方，赤松得之与天地统，圣人得之以成文章。道与尧舜俱智，与接舆俱狂，与桀纣俱灭，与汤武俱昌。……凡道之情，不制不形，柔弱随时，与理相应。"这说的是"道"的本原性、本体性、本根性，是说"道"是一切存在者之存在的原因和依据。这样来定谓"道"当然可以。但问题是这个用作本体的"道"是什么性质的存在体呢？韩非将"道""理"化了，将"道"视为"万理之所稽也"，即"道"乃总"理"，是"理"之一般。而"理"则是万物各各具有的，"万物各异理"。"理者，成物之文也。道者，万物之所以成也。故曰：道，理之者也。物有理不可以相薄。物有理不可以相薄，故理之为物之制。万物各异理。万物各异理而道尽稽万物之理，故不得不化。不得不化，故无常

---

[1] 张祥龙：《海德格尔思想与中国天道》，生活·读书·新知三联书店1996年版，第264页。

操。""凡理者，方圆、短长、粗靡、坚脆之分也。故理定而后物可得道也。故定理有存亡，有死生，有盛衰。"（《韩非子·解老》）这就将"道"理化了，即将"道"转化成了"理"。"道"与"理"的关系是一般、普遍、抽象与个别、特殊、具体的关系。这个理解、解释看似不错，也易于理解和把握。但总体的思维方式、方向却有所偏，因为这里将"道"对象化、概念化了，"道"成了概念规定，成了理性上的对象。这样的"道"对人来说永远是个外在的东西，是没有境域可言的，故人得不了"道"。

　　这就是法家本体的得与失。一方面，法家将法本体化，使其成为社会生活的尺度、准则，这对人类社会最重要和最有益。人类在生产活动过程中不能不发生联系和关系，这种联系和关系随着社会生产和社会分工而不断扩大和复杂，后来伴随着私有制的出现而出现了阶级，又随着阶级矛盾不可调和并不得不调和而有了从阶级社会中产生出来又凌驾于社会之上的权力机构——国家；国家这个大机器除了军队、警察、法庭、监狱等政治上层建筑外，还有政治、法律、哲学、宗教、文学、艺术等思想上层建筑，于是法的出现和存在就成为社会生活的必然。政治、法律是个复杂的概念，既有体制方面，也有思想方面，是制度、体制与思想、观念的统一。不用说，法的制度和思想在社会生活中有决定性意义和作用，没有法，社会将无秩序可言。法家当然认识不到这些。但它看到了法的地位和作用，将法作为整个社会生活的尺度、规矩来对待，赋予法以本体的意义，这是其思想的进步性和有价值的一面。

　　但法的使用却并非易事。法就像一把双刃剑，既能伤敌亦能伤己；又像水一样，既能载舟亦能覆舟。法若用得得当，用得好，就能惩恶扬善，祛邪扶正，就能净化社会环境，营造和谐氛围，这当然有益于人和社会。但如果用得不好，如果被坏人所利用，就成了为虎作伥的罪魁祸首，成了坏人手中的杀人利器，这不仅会乱国，更会乱天下，会把天下推向万劫不复的深渊。法家，特别是像韩非这样的法家思想家和理论家，是看到了和意识到了法之使用的重要性和危险性，故他主张和希望将"法"这一工具牢牢地掌控在君主手中，韩非讲的"术""势"就是用以配合"法"之实施的，他希望用"术""势"这些条件和手段将"法"正确地实施出来。这个初衷是好的，用心是良苦的。但由于新兴地主阶级的阶级本性和他个人的经验理性或功利理性的思维方式，"法"被他和法家对象性、工具化了；相应地，"术""势"亦被对象化和工具化了，只是作为工具和手段来对待。本来"法"之实施和运作所需要的那种势机或机势，那种腾云驾雾、涛头弄潮的势域、境域，没有了，干瘪了，这就使得"法"这条巨龙被困在了泥沼中而终难腾飞上天，它成了一条虫了。在法家思想指导下的秦始皇帝，的确既得"势"又会用"术"，他大权独揽，神鞭独挥，牢牢扣住了群臣这些骏马，驾驭着秦王朝这驾马车向前飞驰。但这仍是权术和权势，充其量只是得了人势而终未得天势，所以终究还是让拉车的骏马脱了缰而失了控，秦王朝这驾马车也就倾翻了。秦王朝的政治实践证明了法家法本体之失。

法家多是智术之士，干练之吏，王佐之才，治世之臣。他们的目的和初衷也是治世，也是使社会有序化地发展。他们替君上出谋划策，支招用术，试图将国家机器掌控在君主手中以之来平定天下，统一宇内。秦王朝以法家思想为指导，的确也做到了平定海内而天下归一，却迅速败亡了，这个历史教训值得后人不断地总结和深思。西汉初贾谊写了《过秦论》来总结秦亡的教训。后人还需再写此类的论文吗？又需写些什么呢？

第六章　名家的名言思想与中华民族的思维方式

中华民族是世界四大文明古国（印度、埃及、巴比伦、中国）之一，它有自己的象形文字和语言，有自己的文化传统和思维方式，这是构成中华民族精神的深层因素。而且，在世界文明古国中，至今血脉传承、宗祧未断的就只有中华民族。中华民族之所以宗脉相传而生生不息，这与汉字这一语言形式和相应的民族思想文化有深刻关系。所以，以名家为代表的名言观念和思想对中华民族精神的培育、形成有重要作用。

名家乃先秦诸子之一。关于名家，司马谈《论六家之要旨》说："名家使人俭而善失真，就其正名实不可不察也。""名家苛察缴绕，使人不得反其意，专决于名，而失人情。故曰'使人俭而善失真。'若夫控名责实，参伍不失，此不可不察也。"（《史记·太史公自序》）东汉班固《汉书·艺文志》言："名家者流盖出于礼官。古者名位不同，礼亦异数。孔子曰'必也正名乎！名不正则言不顺，言不顺则事不成。'此其所长也。及警者为之，则苟钩䥯析，乱而已。"此乃"诸子出于王官说"的观点，即名家源于古之礼官。实际上名家与其他各家一样，不必出于礼官，而是"忧世之乱而思有以拯济之故"（胡适语），名家是从辨析名言出发试图正名以正实来解决社会思想领域的混乱现象。荀子说："今圣王没，名守慢，奇辞起，名实乱，是非之形不明，则守法之吏、诵数之儒，亦皆乱也。"（《荀子·正名》）又说："假今之世，饰邪说，文奸言，以枭乱天下，矞宇嵬琐，使天下混然不知是非治乱之所以存者有人矣。"（《荀子·非十二子》）这就是春秋战国时期思想文化领域"名不正"的混乱现实。当时由于社会体制的根本变革，许许多多事物的称谓（名）和其实际发生了矛盾，或者旧名未变而新事出现了，或者出现了新名但旧实未去，这都造成了"名实玄纽"(《荀子·正名》)。所以,解决思想文化战线上的名实问题已是时代的要求。当子路问孔子"卫君等你去理政,你准备先干什么呢"时,孔子郑重其事地说"必也正名乎!""名不正则言不顺,言不顺则事不成,事不成则礼乐不兴,礼乐不兴则刑罚不中,刑罚不中则民无所措手足。故君子名之必可言也,言之必可行也。"(《论语·子路》)一个名的问题,经孔老人家这么一推论言说,真的很重要!如果名不正的话,老百姓连手脚都不知道该放哪里了,还有什么政治清明呢!荀子也说:"若有王者起,必将有循于旧名,有作于新名。"(《荀子·正名》)可见,名的问题并非可有可无的无谓的概念论争和文字游戏,它与社会政治问题密切相关,更与语言和思想深层相连,"此不可不察也"。

一 名家思想概述

所谓"名家"就是刑(形)名家,即辨析形名关系以确定和揭示名的含义,正定名的运用。名家多是逻辑学家。"名"可有狭、广义之分。狭义的"名"就是名称,是名言概念;广义之"名"就是语言,是思想。若从广义言,中国古代的思想家,尤其是哲学家,均可称为名家,因为没有人不思想和不用语言来交流和思想的。我们这里所概述的"名家"是就先秦时期的一个专门学派而言的,即《汉书·艺文志》所谓的"名家者流"。《艺文志》在"名家"下著录"邓析二篇,尹文子一篇,公孙龙子十四篇,成公生五篇,惠子一篇,黄公四篇,毛公九篇","名七家三十六篇"。名家的这些著作有一些已佚,还有一些人也不为后世所知。现在依据比较明确、可靠的史料,我们对下列先秦名家及其思想作以概述。

1. 邓析。邓析(前545—前501年),郑国人,是名家先驱者。西汉刘向《别录》说"邓析好刑名"。《汉书·艺文志》列邓析为名家第一人,并著录《邓析子》两篇。今本《邓析子》有《无厚》《转辞》两篇,但内容零碎杂乱,系后人抄缀的伪书,多不可信。西晋鲁胜在《墨辩注序》中说:"自邓析至秦时名家者,世有篇籍,率颇难知,后学莫复传习,于今五百余岁,遂亡绝。"(见《晋书·隐逸传》)关于邓析的"刑名"思想,《吕氏春秋·离谓》中有保留,曰:

> 郑国多相县以书者。子产令无县书，邓析致之。子产令无致书，邓析倚之。令无穷，则邓析应之亦无穷矣。
>
> 洧水甚大，郑之富人有溺者，人得其死者，富人请赎之，其人求金甚多，以告邓析，邓析曰："安之，人必莫之卖矣。"得死者患之，以告邓析，邓析又答之曰："安之，此必无所更买矣。"
>
> 子产治郑，邓析务难之。与民之有狱者约：大狱一衣，小狱襦袴，民之献衣、襦袴而学讼者不可胜数，以非为是，以是为非，是非无度，而可与不可日变，所欲胜因胜，所欲罪因罪。郑国大乱，民口讙哗。子产患之，于是杀邓析而戮之，民心乃服，是非乃定，法律乃行。

以上是邓析名辩思想的三条材料。第一条材料说的是邓析利用"刑名"之辩来与郑国执政子产的禁令作斗争的事。子产是郑国的宰相，邓析曾教人用"县书"即揭贴（就是张贴），来批评朝政。于是子产下令禁止"县书"，邓析就改用"致书"即简书递送（就是写信揭发），来继续批评朝政。子产又下令禁止"致书"，邓析就改用"倚书"即寄书裹交（就是将信杂在包裹中送出去），又来批评朝政。所以，子产的禁令无穷，邓析对付的办法也无穷。邓析的这些方法说明了什么呢？说明邓析善于用"刑名"之法。子产先公布了法令，但他并未同时公布不准用"县书"，于是邓析就用"县书"来对法令进行批评；当子产下令禁止"县书"时，并未同时说不许用"致书"，于是邓析就改用"致书"继续批评朝政；而当子产下令禁止"致书"时，邓析又改用"倚书"了。就这样，邓析总能想出应付的办法来。这看来是利用法令的形式来钻法令的空子以反对法令，但这起码说明邓析是善于利用"刑名"的。《吕氏春秋·离谓》是反对邓析这种做法的，说："是可、不可无辨也。可、不可无辨，而以赏罚，其罚愈疾，其乱愈疾。此为国之禁也。故辨而不当理则伪，知而不当理则诈。诈伪之民，先王之所诛也。理也者，是非之宗也。"这是说，做任何事，包括论辩在内，都要合乎"理"，不可利用名言来投机取巧钻空子。这当然是有道理的。

第二条材料就是著名的邓析"两可之说"。郑国有一富户人家，其一家人掉在河里淹死了，有人得到了这具尸体，富家想出钱赎回尸体，但得尸者索要太高，于是富家人就去问邓析，邓析说："你就放心吧，不会有别人去买这个尸体的，他只能卖给你。"得尸者听到后就着急了，就去问邓析，邓析就说："你就放心吧，这家富人在别处是买不到他所要的尸体的，只能上你这里来买呀。"这就是邓析的"两可之说"，即利益对立的双方都可以"安之"。这可能吗？从邓析的分析来看这是可能的。得尸者和赎尸者之间构成了一种特殊的买卖关系，即得尸者必须卖掉这个尸体，他保留这具尸体是没用的；而赎尸者必须要买回这具尸体，他买别的尸体是没用的。如果是一般的买卖关系，双方的关系是可以随时变更的，一个人想买东西，他从这个人这里买不到，就可以去别的人那里买；一个人想卖东西，他不卖给这个人，还可以卖给那个人的。故在一般的买卖关系中不会形成这种"两可"，即买者只能从这里买而卖者只能向那里卖，没有别的变更可能。但邓析说的这种情况就非一般了，买这具尸体的仅此一家而卖这具尸体的亦仅此一家，故买者只能从这里买而卖者只能向那里卖。正因为这样，买者和卖者都可以心安理得，买者不怕有别人来买走这个尸体，买此尸体的就他一家，故这个尸体终究是他的；卖者也不怕买尸者能从别处买到这具尸体，他非上自己这里来买不可，故这具尸体终究是会卖出去的。所以，从道理上讲，双方的确可以都"安之"。这是就特殊的买卖关系而言的。但如果同时考虑到别的条件和因素的话，情况可能就有了变化。比如说，这个溺死者死在骄阳六月，尸体易于腐烂，且国家有规定获得别人尸体者如果让尸体腐烂了的话就要承担责任，这样的话这个得尸者就被动了、着急了，而买尸者反而有了主动权。而如果溺死者死在初冬时节，且国家规定在一定时间内不领取尸体的话得尸者可以自行处理掉尸体，这样的话那个买尸者就大大被动了。在此种情况下，如果再让邓析来说，恐怕他就不会言词凿凿地对双方都说"安之"了。所以，这个例子是特殊情况下的特殊事例，不可一般化；如果将其普遍化、一般化了，就会弄错。故《吕氏春秋·离谓》在叙述完"郑之富人有溺者"这则故事后说："夫伤忠臣者有似于此也。夫无功不得民，则以其无功不得民伤之；有功得民，则又以其有功得民伤之。人主之无度者，无以知此，岂不悲哉?!比干、苌弘以此死，箕子、商容以此穷，周公、召公以此疑，范蠡、子胥以此流；死生、存亡、安危从此生矣。"这种特殊情况下的"两可"之法如果被普遍化了，的确有诡辩之嫌和较大危害。

第三条材料说的是邓析教人学诉讼之事。邓析不仅用"县书""致书""倚书"这些方式与子产的禁令作斗争，还教民有狱者学诉讼，他与有狱者约定，大案送他一身衣，小案送短衣裤，他就教民诉讼，帮民打官司；郑国跟邓析学诉讼的人还真不少，"不可胜数"。民从邓析处学习诉讼后，也竟然能了解和掌握"刑名"的意义和方法，竟然可以"以非为是，以是为非，是非无度"了，使得"可与不可日变"，想胜就能胜，想罪就能罪。这样一来，其后果可想而知，就是"郑国大乱，民口讙哗"。这样，郑国的国政还怎么理呢？于是，作为郑国执政的子产就把邓析杀了，罪名大概是扰乱和破坏国家法令吧。杀了邓析后，民心服了，是非定了，法令可以行了。邓析给民教的是什么样的诉讼问题呢？这里没有具体说。但从"以非为是，以是为非"，"可与不可日变"，"所欲胜因胜，所欲罪因罪"的话来看，邓析大概教人认识和寻找名言概念的歧义性而故意钻法令的空子，这就是对子产的法令常作形式的解释，只在形式字句上遵守之，实际上却干与法令原意相反的事。《吕氏春秋·离谓》在讲述了"子产治郑……郑律乃行"这一段后，接着说："今世之人多欲治其国，而莫之诛邓析之类，此所以欲治而愈乱也。齐有事人者，所事有难，而弗死也。遇故人于途。故人曰：'固不死乎？'对曰：'然。凡事人，以为利也，死不利，故不死。'故人曰：'子尚可以见人乎？'对曰：'子以死为顾可以见人乎？'是者数传，不死于其君长，大不义也。其辞犹不可服。辞之不足以断事也明矣。夫辞者意之表也，鉴其表而弃其意，悖。故古之人得其意则舍其言矣。听言者，以言观意也。听言而意不可知，其与桥言无择。"从这段话大概可以窥视出邓析教人诉讼的内容。齐国有个侍奉人的人，也就是个奴才吧，所奉侍的主人有难而他却没有死难，苟且偷生了。这个事人在路上遇见了旧交，旧交见他还活着，就有些吃惊，说："你竟然没有死呀？"言下之意是这个事人本应随他的主人殉难的。事人回答说："对呀，我没死。凡奉侍人的人是为了求利，死是得不到什么利的，所以我没死。"故交就说："你只为利考虑，不守节殉难，你有何脸面见人呀！"这个事人却说："你以为死了反而就能见人了吗？"言下之意是说，要见人就得活着呀，难道死了还能见人吗？那些与这个事人品行一般的人竟然赞同这个事人的看法，还传给了许多人，其结果是违反了天下应有的道义，从此没有死于君的人了，这是天下最大的不义啊！这里对"见人"一语的理解就有歧义。事人的故人所谓的"见人"是将以何面目、以何脸面来见人的意思，这个"见人"有道德意义。而事人的"见人"是指见到别人，或被人见到，这是身体意义上的见人。可见，"见人"这个"名"或"形名"就有不同的含义，如果理解得不对或者故意往歪处理解，那这个"名"或"形名"就表达不了思想，这样的话问题就很严重了。故《离谓》篇的作者说："夫辞者意之表也，鉴其表而弃其意，悖。"如果仅仅根据言辞的字面意义而抛弃了或有意歪曲了言辞的本义，这就是背理！这样的"言"就是"桥言"。高诱注说："桥，戾也。"桥言就是戾言，就是曲折不明之言。邓析教人诉讼的大概就是这一套东西。这的确有碍于社会政治，故邓析被诛是可想而知的。据《吕氏春秋·离谓》，是子产杀了邓析。而《左传》定公九年（前501年）记载："郑驷歂杀邓析，而用其竹刑。"故邓析终为谁所杀有不同说法。

邓析是先秦最早的名家，这是肯定的。《荀子·非十二子》言："不法先王，不是礼义，而好治怪说，玩琦辞，甚察而不惠，辩而无用，多事而寡功，不可以为治纲纪；然而其持之有故，其言之成理，足以欺惑愚众，是惠施、邓析也。"《荀子·不苟》言："山渊平，天地比，齐秦袭，入乎耳，出乎口，钩有须，卵有毛，是说之难持者也，而惠施、邓析能之。"这起码表明，邓析、惠施之流的确是先秦名家的著名人物。他们的学说虽有"玩琦辞"之嫌，但并非一味地胡说，而是"持之有故""言之成理"的，即的确有一定道理。

2. 惠施。惠施（约前370—前318年），宋国人，曾为魏相。《吕氏春秋·淫辞》说："惠子为魏惠王为法。为法已成，以示诸民人，民人皆善之；献之惠王，惠王善之；以示翟翦，翟翦曰：善也。"可见，惠施与法家之为有一致之处。《吕氏春秋·爱类》说："匡章谓惠子曰：'公之学去尊，今又王齐王，何其到（倒）也？'惠子曰：'今有人于此，欲必击其爱子之头，石可以代之。公取之代乎？其不与？施取代之。子头所重也，石所轻也。击其所轻，以免其所重，岂不可哉？'匡章曰：'齐王之所以用兵而不休，攻击人而不止者，其故何也？'惠子曰：'大者可以王，其次可以霸也。今可以王齐王，而寿黔首之命，免民之死，是以石代爱子头也，何为不为？民寒则欲火，暑则欲冰，燥则欲湿，湿则欲燥。寒暑燥湿相反，其于利民一也。利民岂一道哉？当其时而已矣。'"这是说惠施曾主张

"去尊"，这大概是为了一定程度地限制和制止兼并战争。但惠施的政治方法是灵活的，"当其时而已"的，这就是他既主张"去尊"，又可尊齐王为王，这看似矛盾的做法惠施却认为并不矛盾。战国时代"兼并"战争盛行，尽管政治家们可以提倡"去尊"来缓和并一定程度地制止兼并战争，但在那个时代是无法根除攻城略地的兼并战争的。如果"尊王"对当时的百姓有利，能使天下暂时得到安宁，能与"去尊"得到同样的结果，甚或还能得到比"去尊"更大更好的结果，那为什么就不可以用之呢？这就如同可用石头来代替爱子之头让其受击，那有什么理由不用呢?！魏惠王是魏武侯的儿子，魏国到魏惠王时强盛起来。魏惠王十年（前361年）他从安邑（今山西夏县）迁都大梁（今河南开封），从此加紧了对宋、卫、韩、赵等国的进攻。魏惠王十七年（前354年）魏攻赵，围邯郸，次年攻陷邯郸。魏惠王二十七年（前344年），他在逢泽（今河南开封东北）开会，开始朝贡周天子，称霸于天下。但此时的齐国与魏国战争不断，继公元前354年"围魏救赵"的齐魏桂陵（今山东曹县）之战后，公元前343年齐魏在马陵（今山东濮县）作战，魏军大败。这时西边的秦国也屡攻魏，魏失去了少梁（今陕西韩城）和安邑；公元前342年，商鞅率兵伐魏，虏魏将公子卬。于是魏惠王后元二年（前334年），魏惠王和齐威王在徐州（今山东藤县）相会，互尊为王，共分霸业。《吕氏春秋·爱类》所言当指此事。这些都说明，惠施是一位类似于法家的政治家。

  但惠施却以名家代表著称于世。《庄子·天下》曰："惠施多方，其书五车，其道舛驳，其言也不中。""南方有倚人焉曰黄缭，问天地所以不坠不陷，风雨雷霆之故。惠施不辞而应，不虑而对，遍为万物说，说而不休，多而无已，犹以为寡，益之以怪。以反人为实，而欲以胜人为名，是以与众不适也。弱于德，强于物，其涂隩矣。由天地之道观惠施之能，其犹一蚊一虻之劳者也。……惠施不能以此自宁，散于万物而不厌，卒以善辩为名，惜乎！惠施之才，骀荡而不得，逐万物而不反，是穷响以声，形与影竞走也，悲夫！"这说明惠施有很丰富的宇宙自然方面的知识，且以善辩著称。

  以辩名著称的惠施究竟辩了些什么呢？或曰他对什么问题作了论辩，并且他是怎么阐发道理以进行论辩的呢？惠施的书已佚。《汉书·艺文志》在"名家"类只著录了《惠子》一篇；但这一篇后来也没有了。关于惠施

第六章　名家的名言思想与中华民族的思维方式

的思想，《庄子·天下》保留了他关于"历物之意"的十条意见，也就是十个命题，曰：

> 至大无外，谓之大一；至小无内，谓之小一。
> 无厚不可积也，其大千里。
> 天与地卑，山与泽平。
> 日方中方睨，物方生方死。
> 大同而与小同异，此之谓小同异；万物毕同毕异，此之谓大同异。
> 南方无穷而有穷。
> 今日适越而昔来。
> 连环可解也。
> 我知天下之中央，燕之北，越之南是也。
> 泛爱万物，天地一体也。

惠施的这十个命题是什么意思？他讲的是什么问题？惠施当时提出它们时必对其有解释和说明，且他与别的辩者作论辩时也不得不说明和阐述这些命题的含义，否则就根本无辩可言了。但可惜惠施之书已佚，已无法知道惠施的论说了。现在，参考前辈和时贤的一些研究、理解，试对惠施的这十个命题作以解释。

"历物之意"之"历"，其正体为"歷"，《说文》："歷，过也。从止，厤声。"而"歷"的古体为"厤"，《说文》："厤，治也。从厂，秝声。"即厤是磨治之义。"历物之意"就是治物之大意，这就是人所理解、认识到的关于物的一些道理。惠施所认识、理解的关于物的道理表现在十个方面。命题一说的是"大一"与"小一"的问题。"一"就是一体、整体、全部等。什么是一体、整体呢？这使人们想到了整个天地，即宇宙存在。人从自己这个存在者开始，逐层向外扩展，一直可以扩展至整个天地即宇宙，即宇宙总体，就是现代天文学上所谓的"总星系"，它就是目前人们所能认识到的最大的东西了，现代天文理论说这个总星系大概有200亿光年这么大的一个范围。这大概就是惠施所谓的"至大无外"的"大一"吧。人从自己这个存在者开始既可以向外扩之，即向外添加之，同时也可以向内缩之，即一层层地削减之，一直削减下去，最后必至一个点而不可再削之，这就是"至小无内"者，就是那个小得再不能小者，即"小一"也。惠施所处的时代尚无"物质结构"的观念。现在从物质结构的视角来说"小一"，就更好理解和更具体了。比如说，物质均由分子构成，分子则由原子构成，原子则由原子核和绕核高速旋转的电子构成，原子核则由质子和中子构成，质子、中子、电子等则由夸克构成，目前有"夸克幽禁"理论，即夸克目前尚打不开而不可分之。这个"夸克"在目前来说就是"至小无内"的"小一"了。其实，从量子力学和现代宇宙学来说，基本粒子（即"小一"）之形成的过程和宇宙（即"大一"）之起源的过程是一致的，这就是说，这个宇宙之"大一"和构成宇宙之基质的"小一"是一致的，是同一个"一"的不同存在和表现而已。所以，惠施的这第一个命题涉及对宇宙结构和物质结构的朴素猜测和认识。

命题二是关于面积的问题，这是几何学上的有关概念。与惠施同时的后期墨家就有比较丰富而深刻的几何知识，如关于"体""端""圆"等。[①] 惠施也思考过几何方面的问题，这就是"无厚不可积也，其大千里"这一命题。《墨子·经上》曰："厚，有所大也。"《墨子·经说上》曰："厚：惟无所大。"厚，作为体积是有所大的，但就面积言却可以大至千里、万里……有人说这里的"有所大也"的"有"字乃"毋"字，即"无"的意思，这也可通。惠施已知道对物体可以从不同的方面来把握。比如说，现实世界中的物都是"体"，是有长度、宽度和高度的。但人们为了从某一方面说明和认识物体，有时就可以将其作为没有长、宽、高的"点"来对待，有时又将其作为只有长度而没有宽、厚度的"线"来对待，有时又将其作为只有长和宽而没有厚度的"面"来对待。惠施所谓的"无厚不可积也，其大千里"的命题，就是关于"面"的概念。中国战国时期尚无欧几里得那种《几何原本》的几何学体系，但中国人总有关于"点""线""面"的基本观念。惠施的这个命题涉及面积问题，当是可以肯定的。

命题三涉及两个存在者在位置上的相对性问题。一般来说天高地卑，山高泽低。但在有些情况下这个高低位置也可以变化。比如说，在远处的地平线上，天与地就一样了，无高低可言；山顶上的湖（即泽）就与山同

[①] 参见方孝博《墨经中的数学和物理学》，中国社会科学出版社1983年版，第1—29页。

第六章 名家的名言思想与中华民族的思维方式

高。所以,位置关系不是绝对的,它可以变化。惠施能看到这一点当然是不错的。

命题四涉及存在者在时间上的相对性问题。这里的"方"指什么?一般理解为方才、刚刚等。实际上这个"方"之本义是并列的意思。《说文》:"方,并船也。象两舟省、总头形。"这是说,方指相并的两只船。它的下面象两个舟字并为一个的形状,上面象两只船的船头用绳索总缆在一起之形状(方)。人们常说日中、物生、物死等,似乎这是自然而然的。但这里却涉及很不简单的思维方式。你怎么知道这时的日(太阳)是正"中"呢?你何以得知这时的物是"生"(即活着)呢?乍听此问觉得奇怪,日中、物生等不正是你、我、他这些人所看到的吗,这还有什么"怎么知道""何以得知"之类的问题呢?这样问不是故弄玄虚吗?当然不是!试想,当你说"中"时,联系不联系"不中"即"偏"或"斜"?如果根本就不联系,或者说世上压根就没有"不中""偏""斜"存在,这个"中"是什么?根本就不可理解,它根本就没有意义。"日中"之所以是"日中",之所以可理解和有意义,正是因为有"偏""斜"这些"不中"存在着。所以,用现代西方哲学现象学的话来说,当"日中"在场、出场着时,"日不中"即"日偏""日斜"等也在场、出场着,正因为"日中"与"日不中"同时出场、同时在场,故这个"日中"才可理解,才可被人把握,才有意义。惠施当然讲不出这样的道理,他也没有这样讲,但他所谓的"日方中方睨,物方生方死"的命题就涉及此方面的问题,有此方面的思想意义。这个思想价值和哲学价值是很大的,因为这涉及"居中"或"中"这种极富深义的思维方式。龙树《中论》一开篇就说:"不生亦不灭,不常亦不断,不一亦不异,不来亦不出。能说是因缘,善灭诸戏论。我稽首礼佛,诸说中第一。"这说的正是具有现象学识度和价值的"中"论。惠施的这个命题已接触到这一问题,很有意义。

命题五是说世上的万事万物均是"同"与"异"的统一,有"同"即有"异",有"异"即有"同",同异互补,各自才可存在。就具体事物言,既有同的一面又有异的一面。比如说,桌子和凳子不一样,二者有异;但它们都是家什,或者说它们均是木头,这又是其同的一面。又比如,桌子、电灯、人是各自不同的东西,这是其异;但它们都是东西,都是存在者,这又是其同了。惠施这里说的"大同""小同",似乎不只是说物有同有异的一面，他可能注意到了名称的共相与殊相的区别问题。比如说，"人"与"男人"，这两个名都是共名，都代表的都是一种"类"存在，这就是其"同"；但同的程度是不同的，"人"的概括程度显然高于"男人"的概括程度。这大概就是"大同而与小同异"之谓的含义。但无论是事物还是名称，没有只有同而没有异，也没有只有异而没有同的，总是有同有异，同异并存的，这就是"万物毕同毕异"之说。毕，完毕、终了、最终之义。《广雅·释诂三》："毕，竟也。"《集韵·质韵》："毕，终也。"万物终有其同，也终有其异，这就是"大同异"了。西晋鲁胜在《墨辩注序》中说："同而有异，异而有同，是之谓辩同异。至同无不同，至异无不异，是谓辩同辩异。"这是对"小同异"和"大同异"的解说。总之，这一命题涉及"同"与"异"的关系和统一问题。

命题六涉及"南方"这个名与南方之实的关系问题。"南方"作为一个名称、概念，有确定的内容和所指，是有穷尽的，即有穷也；但作为实际地域的南方，并没有固定的界限，一个县可称为南方，几个省亦可称为南方，甚至于几个国家还可称为南方，这是无穷的。这个命题说明，地域概念本身是相对的。这揭示了概念的相对性。

命题七涉及"今""昔"这两个名的相对性问题。什么是"今"？什么是"昔"？今、昔本来就是相对而言的。倘若世上只有"今"而没有"昔"，"今"将根本不可理解；同样，倘若世上只有"昔"而无"今"，"昔"也就根本不可理解。今之所以为今，是因为有昔在；昔之所以为昔，是因为有今在。所以，当你说"今日来到了越国"时，这个"今"指现在、今天；但每个人的每天都是今天、现在，我的今天固然是今天，我的昨天其实也是今天，因为当你在昨天时昨天就是个"今天"呀。所以，"昨天"本身就是"今天"，它只是相对于今天言才成了昨天。故说"今日适越"与说"昨日来越"是可以相通的。这样说是诡辩吗？好像有此嫌，但其实不是。这里涉及对"时间"本身的理解问题。时间，人们往往分为过去、现在、将来三相，但真正存在着的只是现在，因为过去已不存在了，将来尚未存在。而恰恰是这个"现在"却既在又不在，既不在又在，是在与不在的统一。所以，当你说"现在"时，现在已成为不现在的过去了；而当你说"将来"时，这个没有来的"将"恰恰已来了，已是现在了，因为如果它真的不来的话人们是根本无法说"将来"的。时间本来就不是一个光秃秃的点，它是前后相随、前牵后扯着的线。就拿"现在"与"过去"即"昔"言，当你说"现在"时它已成了"过去"，而当你说"过去"时这个过去恰恰被拉了回来，被拽了回来，它正好就在当下被说着或被思考着。如果"过去"一去不复返而永远地逝去了，与现在根本无关了，那么人们就说不了"过去"，也根本就不知道有"过去"在；如果"现在"永远现存着而不过去，那么它就被钉死在了当下，也就根本不是"现在"了，就无现在可言。这种既过去又不过去、既不过去又过去，或曰这个既现在又不现在、既不现在又现在，就是"时间"本身。这就是现象学所揭示的"内时间"。惠施这个"今日适越而昔来"的命题，实际上涉及"时间"本身的问题，很有意味。

命题八比较费解。连环者环环相扣也，故是解不开的。惠施却下断语说"连环可解也"。那么，他是在什么意义上来讲这个"解"的呢？当然已无法了解惠施的解释了。但就通常情况言，"连环可解"的"解"有两种方式：一种是将连环打碎。在没有什么前提条件的限制下，此法不能不说是解连环的方法之一。另一种是拓扑之法，即将连着的环在连续变形的情况下可以将两个环分开来，例如捏橡皮泥的几何中就有此种游戏。惠施大概不会在此种意义上谈连环可解之事，他要谈也只能在打碎连环的意义上来说。总之这个命题有些费解。

命题九是关于"中央"的概念。规定天下之"中"或"中央"有许多方式。惠施是以燕国和越国为两个边界，来确定天下之"中央"位置的。这种方法当然是极为普通的方式，本来没有什么值得辩的。但惠施的讲法却不一般。燕国在北边，越国在南边，要说"中央"的话只能是燕之南和越之北。然惠施却说"我知天下之中央，燕之北，越之南是也"。从燕向北、从越向南，只能是背离中央，哪能达到中央呢？但这个"中央"可以是正面的中央，也可是反面的中央，正面的中央和反面的中央都可以叫"中央"。惠施正是利用了这一点，说你从燕国向北走，从越国向南走，在地球是一个有限的圆球的情况下，总能走到一起而到达背面之中央的。这看来是有诡辩之嫌。但这种理解和认识并非一点道理都没有，而揭示了"中央"这个地域概念的相对性。

命题十是对天地存在的一个总看法以及人对待天地万物之立场、态度。"天地一体"，这是惠施对天地存在的一个总看法。天与地本来是有差别的，但惠施却视其为一体，这就将事物的差别都消泯掉了，天地万物都是个"一"。所以惠施被人们认为是"合同异"派的代表。既然天地是无差别的一体，所以人对待天地万物的立场和态度就是无条件的爱，即"泛爱"。看来惠施"历物"之意图和目的在于异中求同，是要寻找天地万物的存在共性和一般性、普遍性。

惠施"万物之意"的这十个命题，有些命题不乏诡辩之嫌，有些命题却揭示了或涉及了事物的某些存在性质，有一定意义，有些命题还有一定的深刻性。《庄子·天下》说惠施很看重他的这些命题，"以此为大，观于天下晓辩者，天下之辩者相与乐之"。看来惠施的这十个命题是当时颇有影响的论辩题目。但荀子对惠施的名辩思想和行为却持批评态度，他在《荀子·非十二子》中说惠施、邓析之流是"不法先王，不是礼义，而好治怪说，玩琦辞，甚察而不惠，辩而无用，多事而寡功，不可以为治纲纪"。荀子也承认惠施等人的这种名辩思想是"持之有故""言之成理"的，并非纯粹的胡说和蛮横的强词夺理。这个"故""理"到底何在呢？是因为这种名辩直接涉及名即概念自身的一些性质和规定，这对概念的认识和把握是有意义的。

3. 公孙龙。公孙龙，赵国人，生卒年不详，大约生活在赵武灵王、赵惠文王和赵孝成王时代，约当公元前 320 年（一说为前 319 年，一说为前 325 年等）至前 250 年（一说为前 252 年）。他曾出使燕国，"说燕昭王以偃兵"（《吕氏春秋·应言》）。他也曾游魏国，偕魏王出猎（见《庄子·逸文》，据《艺文类聚》卷六十六），与公子牟论学（见《庄子·秋水》）。他在赵国也主张"偃兵"。"赵惠王谓公孙龙曰：'寡人事偃兵十余年矣而不成。兵不可偃乎？'公孙龙对曰：'偃兵之意，兼爱天下之心也。兼爱天下，不可以虚名为也，必有其实。'"（《吕氏春秋·审应》）可见，"偃兵"是公孙龙的主要政治主张。公孙龙曾是赵国平原君的门客，"平原君厚待公孙龙"（《史记·平原君列传》），公孙龙也曾帮平原君解决外交上的问题。《吕氏春秋·淫辞》说："秦赵相与约，约曰：自今以来，秦之所欲为，赵助之；赵之所欲为，秦助之。居无几何，秦兴兵攻魏，赵欲救之，秦王不说（悦），使人让赵王曰：'约曰秦之所欲为赵助之；赵之所欲为秦助之。今秦欲攻魏，而赵因欲救之，此非约也。'赵王以告平原君，平原君以告公孙龙。公孙龙曰：'亦可以发使而让秦王曰：赵欲救之，今秦王独不助赵,此非约也。'"公孙龙将名辩思想和方法发挥在了外交辞令上。

关于公孙龙的著作,《汉书·艺文志》著录为十四篇,后多散失。现存《公孙龙子》一书有六篇,保存在《道藏》中。后人多认为,除《迹府》外,《白马论》《指物论》《通变论》《坚白论》《名实论》这五篇为公孙龙本人所作,是研究公孙龙名辩思想的主要材料。

"白马非马"说。"白马非马",这是公孙龙的成名之论。公孙龙自己说:"龙之所以为名者,乃以白马之论尔!今使龙去之,则无以教焉。"(《公孙龙子·迹府》)日常生活中的人们总说"白马是马"。但公孙龙凿凿有词地说"白马非马"。这是公孙龙故意与世人作对吗?非也。这个"白马非马"命题揭示了"名"的种属差别,合乎逻辑。在《白马论》中,公孙龙从不同角度对这一命题作了反复论说。他说:

> 马者,所以命形也;白者,所以命色也。命色者非命形也,故曰:白马非马。
>
> 马固有色,故有白马。使马无色,有马如已耳,安取白马?故白马非马也。白马者,马与白也。马与白,马也?故曰:白马非马也。
>
> 马者,无去取于色,故黄、黑马皆所以应;白马者,有去取于色,黄、黑马皆所以色去,故唯白马独可以应耳。无去者非有去也,故曰白马非马。(《公孙龙子·白马论》)

这是从"马"与"白马"这两个名称即概念的内涵上来说明二者的不同,即"非"所在。"马"是个概念,"白马"也是个概念,这是两个名,这两个名当然是不一样的,这难道不是"非"而能是"是"吗?!公孙龙反复申述,"马"这个名称主要就马这类动物的形状、形体而言,以示与牛、猪、羊等在形体上的不同。而"白马"这个名称主要指的则不是马这类动物的形状,突出的却是马的颜色,所以二者在内在含义上是不同的,故不应混为一谈。如果将马的颜色去掉而只说"马",那么黄马、黑马、红马、白马等一切马都可以应之,而如果不去掉颜色来说马,就必然有"白马""黄马"等之谓,这时就不能只说个"马"了。公孙龙在这里看到,"马""白""白马"是三个概念,各自的内涵不同;将"马"与"白"搭配、结合成一个概念——"白马"后,这个"白马"作为名称既与"马"不同亦与"白"不同，故白马非马也，白马亦非白也。

公孙龙还说：

> 求马，黄、黑马皆可致；求白马，黄、黑马不可致。使白马乃马也，是所求一也。所求一者，白马不异马也。所求不异，如黄、黑马有可有不可，何也？（《公孙龙子·白马论》）

这是从概念的外延方面揭示出"马"与"白马"这两个名的不同。"马"的外延大，它包括黄马、黑马、红马、白马等一切马；"白马"的外延小，就只包括白色的马。如果不顾这个事实，而说"白马是马"，那就取消了白马、黑马等的区别，天下就只有"马"而已，这样倒会严重影响和阻碍思想交流，是会造成混乱的。所以，说"白马非马"有利于正确地把握和认识"马""白马"等名称，有利于名称的使用和思想的表达。

可见，这个看似诡辩的"白马非马"说倒有确切的道理。这里的这个"非"字也并非简单的"不"或"不是"，而是"异于"之类的意思。如果承认公孙龙的这个"白马非马"命题是正确的，那么日常生活中人们所谓"白马是马"的命题就错了吗？实际上"白马是马"和"白马非马"这两个命题都没错，都从不同方面揭示了"名"即概念本身的一般性和个别性或普遍性与特殊性等的对立统一关系。列宁在《谈谈辩证法问题》一文中说："从任何一个命题开始，如树叶是绿的，伊万是人，哈巴狗是狗等等，在这里（正如黑格尔天才地指出过的）就已经有辩证法：个别就是一般。……这就是说，对立面（个别跟一般相对立）是同一的：个别一定与一般相联而存在。一般只能在个别中存在，只能通过个别而存在。任何个别（不论怎样）都是一般。任何一般都是个别的（一部分，或一方面，或本质）。任何一般只是大致地包括一切个别事物。任何个别都不能完全地包括在一般之中，如此等等。任何个别经过千万次的转化而与另一类的个别（事物、现象、过程）相联系，如此等等。"[①]"名"或概念本身就正是一般与个别的对立统一，即它既是一般同时又是个别，既不是一般同时又不是个别。就是说，它是一般时不是也不能只仅是一般，这时它含有个

[①] 列宁：《哲学笔记》，人民出版社1974年版，第409页。

别；而当它是个别时不是也不只仅是个别，这时它含有一般。这正是"名"的实质所在。比如说，当我们说张三这个人时，他是个具体的、个别的人；但同时他必然具有"人"这个类、这个一般的特质，否则这个张三就不可理解了。而当我们说"人"时，这是个一般的名称，指的是人这个种类，是人的一般，人的普遍；但这个"人"必然具有张三、李四、王五、赵六等个别人、具体人的特性，否则的话这个"人"也就虚无缥缈而难以理解了。所以，在每个"名"身上，都是一般与个别，或普遍与特殊的统一。"马""白马"这些名本身亦如此。正因为如此，"马"既可以是"白马"，也可以不是"白马"；或者说"白马"既可以是"马"，也可以不是"马"，故说"白马是马"与说"白马非马"就都是可以的。公孙龙"白马非马"的命题揭示了概念（简单概念）自身的对立性、矛盾性问题，这是人类认识的深化和进步。

"离坚白"说。"离坚白"是公孙龙名辩思想的核心和特色。惠施主"合同异"说，公孙龙则主"离坚白"说。所谓"离坚白"，就是坚、白、石分离也。公孙龙为何要讲这个，为什么要讲"离"？讲这个的意义何在呢？我们先看他在《坚白论》中的论述：

> 坚白石三，可乎？曰：不可。曰：二可乎？曰：可。曰：何哉？曰：无坚得白，其举也二；无白得坚，其举也二。
>
> 视不得其所坚而得其所白者，无坚也；拊不得其所白而得其所坚者，无白也。得其白，得其坚，见与不见谓之离。一二不相盈，故离。离也者，藏也。（《公孙龙子·坚白论》）

这说的就是"离坚白"。意思是说，一块石头有"坚"即坚硬的性质，也有"白"即白颜色的性质。但"坚""白"这两种性质、属性的获得却基于不同的来源，即"白"性来源于眼睛的看，"坚"性来源于手的触摸，眼看不见"坚"而手摸不到"白"，故当知道石头的"坚"性时不能同时知道其"白"性，而当知道石头的"白"性时也不能同时知其"坚"性，"坚"和"白"是分离的，是分开存在的。正因为如此，当人们观察面前的一块石头而要对其作出判定时，正确的讲法只能是："这是一块坚硬的石头"，或曰"这是一块白色的石头"，这两种说法都对，因为都有来源和依据；但不可说"这是一块坚硬的和白色的石头"，因为这样说没有根据。所以，当假设的客人问公孙龙说"坚白石三，可乎？"时，公孙龙说不可，因为一块石头不可能没有任何属性，坚、白这些属性也不可能不与石头结合，故必有坚石或白石存在。或是坚石，或是白石，这就是二而不是三。坚白石不能是"三"，它们能是"一"吗？公孙龙认为也不行。"离坚白"命题所要表述的就是这一思想，即只可说"坚石"或"白石"，而不可说"坚白石"。公孙龙的这个说法也不是一点道理都没有，他有自己的立论依据，即基于人的感觉的分离性。人的感觉器官各有其功能，比如眼睛能看形状和颜色而不能看声音，耳朵可听到声音却听不出形状和颜色，手能感受到温度和软硬度却感受不到颜色和声音，等等。所以，从这个意义上来说，公孙龙所谓的"离坚白"或"坚白石二"是有道理的。但如果把这一点绝对化，那就错了。感觉不能兼通而有分离性，但人还有知觉，知觉就能将分离的感觉综合、统一起来。

公孙龙"离坚白"命题的正面意义在于它揭示了复合判断的矛盾性问题。在日常生活中人们常作简单判断，比如说"这是马""这是白马""白马是马"等；也常作复合判断，如说"这是一个圆形的、红色的、有芳香气味和酸甜滋味的苹果"，"这是一块坚硬的和白色的石头"，等等。公孙龙的"白马非马"说揭示了简单判断中的矛盾性，而"离坚白"或"坚白石二"说则揭示了复合判断中的矛盾性。这当然是有意义的。

"通变"说。《说文》："通，达也。从辵，甬声。"通即通达、到达也。"通变"就是关于变的通达或贯通。公孙龙到底要通达什么"变"呢？伍非百说："通变者，通名实之变也。其意与《名实论》相互发明。《名实论》曰：'谓彼而彼不唯乎彼，则彼谓不行。谓此而此不唯乎此，则此谓不行。'盖言此之谓行乎此，彼之谓行乎彼。既已谓之彼，不得复谓之此。既已谓之此，不得复谓之彼也。大致以'实'变则'名'与之俱变，不得复以'故实'与'今实'同一加减。譬如'二'之为名，指两'一'之合而言，既谓之'二'，不复谓之'一'也。他日分二得一，但当言其一，又不得以曾经为二之一体，而冒二之名也。以名实通变之大例也。"[①] 这是说，"通变"乃通名实之变也，即实若有变则名亦应变之。这

---

① 伍非百：《中国古名家言》，中国社会科学出版社1983年版，第531页。

第六章　名家的名言思想与中华民族的思维方式

个"通变"论有方法论的思想。《公孙龙子·通变论》曰：

> 曰：二有一乎？曰：二无一。曰：二有右乎？曰：二无右。曰：二有左乎？曰：二无左。曰：右可谓二乎？曰：不可。曰：左可谓二乎？曰：不可。曰：左与右可谓二乎？曰：可。
>
> 曰：谓变非不变，可乎？曰：可。曰：右有与，可谓变乎？曰：可。曰：变奚？曰：右。曰：右苟变，安可谓右？曰：苟不变，安可谓变？曰：二苟无左，又无右，二者左与右，奈何？曰：羊合牛非马，牛合羊非鸡。

对这里讲的"二""一"历来有不同理解。有人认为这里的"二"指两个，指的是部分；"一"指的是整体、全体。有人则认为这个"二"指复合体，即由两个一构成的复合体，是整体；"一"则是一个，是构成复合体的部分。笔者同意"二"是整体、"一"乃部分的理解。"二有一"的"有"可理解为"为"或"是"。这里假设客人来问："二有一乎？"即"二"是"一"吗？亦即总体、整体、全体是部分吗？或曰总体与部分是相同的吗？总体与部分当然不同，故公孙龙说"二无一"，由两个"一"构成一个总体"二"后，"二"当然就不是原来的那个"一"了，原来是两个"一"，数量上是两个；现在这个"二"就是个总体，并非并列着的两个"一"。"二无一"就是整体"二"不是部分"一"。假设的客人换了种说法，问"二有右乎？""二有左乎？""右可谓二乎？""左可谓二乎？"公孙龙一一作了回答，说"二无右""二无左""右不可谓二""左不可谓二"，如果这个"二"是左与右的结合、合一、统一体的话，单一的"右"或"左"当然就不是这个左右相结合的"二"了，而只有"左与右可谓二"。这看似无谓的和简单的数字游戏，实际上却有一定深刻性的思想在其中。由两个"一"构成"二"后，"一"这个部分就转化为或变为一个总体、整体了，它就再不可和不能保持原来那种"一"的性质了；反过来说，当"二"分解为两个"一"后，"二"这个整体、总体就变为两个部分"一"，"二"就再不能保持原来的整体、总体之性了。通过"一"与"二"、"二"与"一"这个数字间的变化，揭示的却是存在者的存在本性、本质。世上的每个存在者都不能是和不可是绝对的自己，它总要与和总能与它之外的别的存在者相联系和相结合；而由一存在者和他存在者结合而成的复合体不可能是绝对的自己，它总要分为和总能分为部分。这就是说，世上的每一存在者既能合又能分，它乃合分、分合的统一，是合中有分而分中有合，合合分分，分分合合的，这就是存在者的根本性质，是其存在本性，这才是这个"通变"之"变"的本质内涵。

正因为世上的每一存在者既能分又能合，即既能"一"又能"二"，所以世上的存在者才能分类和才有"类"可言，否则的话就根本不会有"分类"出现。所以，公孙龙通过假设的主、客问答讨论了"二"与"一"即整体与部分的"变"的关系后，接着谈起了"类"和"分类"的问题。当假设的客人说"二苟无左、又无右，二者左与右，奈何？"时，公孙龙却说："羊合牛非马，牛合羊非鸡。"这看起来很突兀，似乎是答非所问，其实在思想理路上却内在相通，因为这里自然就转到了"类"和"分类"问题。羊与牛可归为一类，比如说都是反刍类动物，但这个"类"就不能包括马，也不可包括鸡，因为这里有个"类"的区别和"分类"的标准问题。所以，在《通变论》的接下来部分，谈的都是"分类"问题。它说：

> 羊与牛唯异，羊有齿，牛无齿，而牛之非羊也，羊之非牛也，未可。是不俱有而或类焉。羊有角，牛有角，牛之而羊也，羊之而牛也，未可。是俱有而类之不同也。羊牛有角，马无角，马有尾，羊牛无尾，故曰羊合牛非马也。非马者，无马也。无马者，羊不二，牛不二，而羊牛二，是而羊而牛非马也。

"羊与牛唯异"的这个"唯"字，孙诒让说："唯，与虽通。"谭戒甫说："唯者，特也，独也。"作为动物来说，羊是羊，牛是牛，牛、羊是两种动物，不是一种；再说，羊有上齿，牛却无上齿，这两种动物的确不一样。但尽管如此，牛与羊仍有相同的一面，即都是食草动物；不仅食草，且它们都是反刍类动物，与马等食草动物不同。所以，牛、羊虽有不同的地方，但亦有相同的地方，而这个相同之处更为根本，故羊、牛应该合为一类，这就叫"是不俱有而或类焉"。这说明，分类时一定要根据本质的方面，而不可根据那些非本质的方面。比如说，如果因为牛、羊都长有角而

第六章　名家的名言思想与中华民族的思维方式

将这两种动物混为一种,"牛之而羊也,羊之而牛也",这就错了,因为"是俱有而类之不同也"。就牛、羊、马这三种动物来说,牛羊有角,马无角,角是将牛羊与马区分开的根本标志之一;还有,马有尾(毛尾),牛羊无尾(无毛尾),这也是区别牛羊与马的主要标志。所以,牛羊这个"类"与马这个"类"就可区别开了。在"牛羊"这个类中没有"马"存在,故"牛羊"就是一个类;这个"牛羊"之类不只是牛,也不只是羊,而是"而羊而牛"并且是"非马"的。公孙龙的这个"分类"思想和理论当然有逻辑上的合理性,亦有重要的思想价值。这是公孙龙"通变"说的积极意义。

但也应看到,《通变论》中有一些诡辩之嫌。上已指出,"通变"的真正意义在于揭示了存在者分、合的统一。黑格尔在《逻辑学》中一开始讲"纯有",讲"有""无""变",说:"这里的真理既不是有,也不是无,而是已走进了——不是走向——无中之有和已走进了——不是走向——有中之无。……所以,它们的真理是一方直接消失于另一方之中的运动,即变。"① 这是说,单纯的"有"和单纯的"无"都不是真理,只有"有"与"无"的统一即"变"才是真理。公孙龙"通变论"之"变"正有"有""无"统一之义,这是其思想的深刻和正确之处。但如果将这个"变"绝对化了,把它推向了极端,就有诡辩之嫌了。比如说:"牛羊有毛,鸡有羽。谓鸡足一,数足二,二而一故三;谓牛羊足一,数足四,四而一故五。牛羊足五,鸡足三,故曰牛合羊非鸡。"(《公孙龙子·通变论》)"鸡足"作为一个概念,指的是鸡足这个整体,故是"一";实际的鸡足是两个,是"二",所以说"鸡足三"。同理,可说"牛羊足五"。所以,"牛合羊非鸡"。这就有点类似玩弄概念的诡辩了。公孙龙还说:"青白不相予而相予,反对也;不相邻而相邻,不害其方也。不害其方者,反而对各当其所,若左右不骊。故一于青不可,一于白不可,恶乎其有黄矣哉!"(《公孙龙子·通变论》)这是利用阴阳家的东西方位说来解释青与白的颜色关系。根据阴阳五行家的说法,青是东方之色,东方属木;白是西方之色,西方属金,金克木,木反而贼金,这就是反常,其结果只能成为"骊色"了。这些说法就不仅牵强,还有些神秘,也不免诡辩之嫌。

---

① 黑格尔:《逻辑学》上卷,杨一之译,商务印书馆1966年版,第70页。

"指物"说。《指物论》是《公孙龙子》中比较难读的一篇。其难有两方面，一是该文的标点历来就有异议，一个标点的位置不同就会影响全文的文意和思想；二是该文说的不是某种或某些比较具体的问题，比如像论述"白马非马""离坚白"之类的问题，它论述的是"物"与"指"这类比较抽象、一般的问题，这就涉及有关本体论、认识论方面的比较深层的哲学问题，增加了理解的难度。正因为该文关涉到人如何认识和把握事物这一根本的和深层的问题，所以才显得这个《指物论》比《公孙龙子》中的其他篇章更为重要和有思想价值。庞朴先生说："《公孙龙子》是诸子书中最难读的一本，而《指物论》又是《公孙龙子》中最难读的一篇。它除去具有其他各篇共有的诡辩特点因而难读外，自己还有两个特殊的难点：一个是，它也是对辩体，却未用'曰'字标明双方的界限；文中客难主答，一气呵成，稍不留心，难免张冠李戴。另个是，它的诡辩过程一波三折，层出不穷，在这个意义上肯定了的东西，到另一意义上又把它否定，为的是最后再把它肯定；愈转愈深，如走龙蛇，偶一疏忽，便觉不知所云。《指物论》还是全书中最重要的一篇。它是公孙龙思想的理论基础，回答的是物质和意识的关系问题。所谓'物'，就是物质或存在；所谓'指'，就是意识和思维。'指'的本义是手指，是一个具体名词；因为人总是用手指来指指划划，所以'指'又成了动词，如'千夫所指'，以及今语中的'指使'、'指示'等；后来更由此一转又成名词，成为抽象名词，出现了'恉'字'旨'字，和'意'字相近。《指物论》中的'指'，多半是这第三种意义。"[①]

《指物论》曰：

（曰：）物莫非指，而指非指。（曰：）天下无指，物无可以谓物。非指者天下，而物可谓指乎？指也者，天下之所无也；物也者，天下之所有也。以天下之所有，为天下之所无，未可。（曰：）天下无指，而物不可谓指也。不可谓指者，非指也？非指者，物莫非指也。天下无指而物不可谓指者，非有非指也。非有非指者，物莫非指也。物莫非指者，而指非指也。

[①] 庞朴：《公孙龙子研究》，中华书局1979年版，第19—20页。

第六章　名家的名言思想与中华民族的思维方式

这是该文的一段。以三个"（曰:）"字区分开了主客之对辩。第一个"（曰:）"所言是公孙龙关于物的根本主张，即"物莫非指，而指非指"。第二个"（曰:）"所言乃客人的辩驳，第三个"（曰:）"则是公孙龙的答辩。这里的"物"就是事物，即存在者，亦即物质；这个"指"就是旨、恉、意，是思想、观念、意识。这是一般的理解。但在"物莫非指，而指非指"这句话中"物""指"的含义并不是如此明朗和简单。笔者以为，第一个"物"字并非实物，并不是现象界中的具体事物，而是观念、概念、思想、意识意义上的"物"，即人给现象界的事物命的名字——"物"。正是这个作为名称、名字的"物"，才能进入人的思想、意识中，也才能为人所认识和把握；如果是现象界中那种原本的、未进入人的思想、意识中的客观意义上的物质，人根本就无法认识和把握它，根本就不知道它存在与否，它与人根本就没关系可言。当人振振有词地说外在的事物、客观存在着的事物如何如何时，这个所谓的"外在的""客观存在着的"云云已不是真外在的和客观存在的了，它已进到人的思想、意识中，已与人发生了关系和联系，已不是物而是"物"了。所以，"物莫非指"这句话的意思是：所谓"物"没有不是"指"的，即"物"只是和只能是个名称概念，不可能是实物。"而指非指"这句话中的前一个"指"是动词，即指称、指谓等；后一个"指"是名词，就是概念的意思，而"非指"就是非概念、非名称，这里指的是外在的那种实物。这是说："物"作为名言概念却是指称、指向那种外在的、对象意义上的实物的。"物莫非指，而指非指"的意思是：所谓的"物"没有不是概念、名称的，但作为名称的这个"物"却有一种本然的、必然的、必须的指向和倾向，这就是它指示、指向实存之物（即所谓"非指"）。作了这样一番辨析后就不难看出，早在战国之时的公孙龙就已注意到或觉察到，所谓的物原来不是那种根本与人没有关系的甚至在人出现前就已存在了的外在的实物，而只能是已与人发生了关系、关联的，已进入人的思想、意识中的，为人所认识和把握着的东西，即"物"；这个"物"虽然是名称，是名言概念，它却有一种本质、本然之性，这就是其指示、指向性，即指向那种实物。公孙龙的这个思想，已有现代西方哲学中分析哲学和现象学的思想识度。这个"物莫非指"命题可以说已然发现了或揭示了一个意义世界；而"而指非指"却正是胡塞尔所谓的"意识的意向性"思想和识度。明白了"物莫非指，而指非指"这个思想总纲后，以上客人与公孙龙之间的对辩之话亦可以理解了。

《指物论》还说：

（曰：）天下无指者，生于物之各有名，不为指也。不为指而谓之指，是无不为指，以有不为指之无不为指，未可。（曰：）以"指者天下之所无"。天下无指者，物不可谓无指也；不可谓无指者，非有非指也；非有非指者，物莫非指，指非非指也，指与物非指也。使天下无物指，谁径谓非指？天下无物，谁径谓指？天下有指无物指，谁径谓非指，径谓无物非指？且夫指固自为非指，奚待于物而乃与为指？

这是该文的第二段。该段以客难主辩的形式进一步阐发了"物莫非指，而指非指"的思想主题。客人说："指"指的是概念、观念、思想、意识等，所以天下没有"指"这种东西实存着；至于世上各种各样的事物，人们给它们以不同的名字，名字嘛仍是物的名字，是与物在一块的，哪能是"指"呢？你把不是"指"的东西称谓"指"，这样的话天下的东西就都成为"指"了。以不是"指"的东西称为"指"，这是不可以的。公孙龙回辩："指"这个东西的确不在天下存在，它在思想、意识领域中存在。但天下要是没有"指"，要是没有名称、概念存在，那么世上的那些物、那些事事物物就都根本无法指认和把握了，故世上的事物不可以说没有"指"；既然事物不可以无"指"，那就表明世上没有"非指"即那种本然的实物；既然世上没有"非指"，那不就表明物没有不是"物"即"指"的，但这个作为"指"的"物"却本然地指向、指示到"非指"即实物。所以，这个"指"与"物"都不是"非指"的实物。假使天下没有"物"和"指"，谁能径直地说实物即"非指"呢？天下要是没有"物"这种东西，谁能直接说"指"呢？天下如果仅有"指"而这个"指"没有指向、指示实物的意向、功能，即没有"物指"，谁能直接指称实物，直接说实物是"物"呢？"指"虽然是思想、意识领域中的存在，但它本来就有指示、指向"非指"的本性，哪里用得着碰到物质、事物后才表现为指向之性呢？这就进一步说明，天下的事物首先必须进入人的思想、意识领域中方有意义；而处在思想、意识领域中的"物"又不是光秃秃的纯粹观念、

第六章 名家的名言思想与中华民族的思维方式

概念，它原本就有指向性、意向性，是要与实存的事物相结合、符合的。

"名实"说。《公孙龙子》中有《名实论》一篇，专门阐述了"名"与实的关系问题。公孙龙曰：

> 夫名，实谓也。知此之非此也，知此之不在此也，则不谓也；知彼之非彼也，知彼之不在彼也，则不谓也。（《公孙龙子·名实论》）

这是公孙龙关于"名"的一个总原则，即"名，实谓也"，"名"是用来指谓实的，要根据实来定名。如果知道"此"不是此，此不在此这里，那就不能称之为"此"；"彼"亦然。这个主张当然是对的。从"名，实谓也"的正名原则出发，公孙龙对"物""实""位""正"等概念作了厘定。他说：

> 天地与其所产焉，物也。物以物其所物而不过焉，实也。实以实其所实而不旷焉，位也。出其所位非位，位其所位焉，正也。（《公孙龙子·名实论》）

天地以及天地间所产生的一切，都统称为"物"。"物"这个名称就用来指称所有的存在物而没有什么超过的地方，即没有除指称、概括所有的物之外还有多出的部分，这就叫"实"，意思是"皆无过差，各当其物，故谓之实也"。这个"实"之名就是用来充实实际存在着的那些东西的，不会留下什么空缺处（"旷"），这就叫"位"。离开了这个位置就是"非位"，位于这个位置上就是正位，这就叫"正"。有了"物""实""位""正"，特别是有了"正"这个名，就可以用来匡正不合乎名的东西了。公孙龙说：

> 以其所正，正其所不正；以其所不正，疑其所正。其正者，正其所实也；正其所实者，正其名也。其名正则唯乎其彼此焉。谓彼而彼不唯乎彼，则彼谓不行；谓此而此不唯乎此，则此谓不行。
>
> 其以当不当也。不当而当，乱也。故彼彼当乎彼，则唯乎彼，其谓行彼；此此当乎此，则唯乎此，其谓行此。其以当而当也。以当而

当，正也。故彼彼止于彼，此此止于此，可。彼此而彼且此，此彼而此且彼，不可。(《公孙龙子·名实论》)

正名的目的就是做到名与实一致，这就叫"彼彼当乎彼""此此当乎此"，这就"正"了。公孙龙的这个主张当然是对的。他说："至矣哉，古之明王。审其名实，慎其所谓。至矣哉，古之明王！"(《公孙龙子·名实论》)正名事业是古之明王的大事，不可轻视。

惠施、公孙龙都是名家的思想代表。但因惠施的著作已佚，只有十个命题，故对其思想的理解受到了一定的限制。公孙龙有《公孙龙子》传世，故其"白马非马""离坚白""通变""指物""名实"等之论就比较具体，亦有一定的思想深刻性。但名家在讨论"名"的问题时，难免有夸大和极端之处，这就不免诡辩之嫌。《庄子·天下》说："桓团、公孙龙辩者之徒，饰人之心，易人之意，能胜人之口，不能服人之心，辩者之囿也。"

4."辩者二十一事"。战国时期的辩者或名家除惠施、公孙龙外，肯定还有别人，比如《庄子·天下》中提到的桓团、黄缭等。但这些辩者均无著作传世，故其具体的辩论内容不得而知。《庄子·天下》中除记载有惠施"历物之意"的"十事"(十个命题)外，还记载了"天下之辩者"与惠施论辩的一些论题，共有二十一个，被人们称为"辩者二十一事"。《庄子·天下》曰：

> 惠施以此为大，观于天下而晓辩者，天下之辩者相与乐之。卵有毛；鸡三足；郢有天下；犬可以为羊；马有卵；丁子有尾；火不热；山出口；轮不蹍地；目不见；指不至，至不绝；龟长于蛇；矩不方；规不可以为圆；凿不围枘；飞鸟之景未尝动也；镞矢之疾而有不行不止之时；狗非犬；黄马骊牛三；白狗黑；孤驹未尝有母；一尺之捶，日取其半，万世不竭。辩者以此与惠施相应，终身无穷。

辩者以这"二十一事"来与惠施相论辩而"终身无穷"。这"二十一事"中，不可能全是惠施所赞同的，也不可能全是他所反对的。冯友兰先生将这"二十一事"划分为两组，一为"合同异"组，一为"离坚白"组。属"合同异"组的有九事，即"卵有毛""郢有天下""犬可以为羊""马

第六章　名家的名言思想与中华民族的思维方式

有卵""丁子有尾""山出口""龟长于蛇""白狗黑""一尺之捶，日取其半，万世不竭"。其余的十二事属"离坚白"组。① 这些命题的确切含义是什么？现在已无辩者的史料可以查阅，故对它们的理解历来有不同。下面结合有关学者的疏解，试对辩者这"二十一事"的含义作以略说。

"卵有毛。"动物分卵生类和胎生类，鸟类卵生，兽类胎生。鸟之毛叫羽，兽之毛谓毛。说"卵有毛"，这究竟是在何意义上讲的呢？是说一枚卵可孵化出小鸟（小鸡）来，而小鸟（小鸡）不是长有羽毛吗？是指鸟类可以生出兽类，鸟与兽可以转化吗？是说上溯到原始动物那里，其鸟类与兽类尚未分化，二者是相通的吗？这个命题的含义难以确定。"卵有毛"的意思是说，卵含有成为羽毛动物的可能性、潜能性。

"鸡三足。"这是公孙龙的命题。《公孙龙子·通变论》曰："谓鸡足一，数足二，二而一故三。"这是说，"鸡足"作为一个概念就是一整体，一个类存在，故为"一"；但实际的鸡足是两只，故为"二"，这一加二就是三。这有明显混淆概念的内涵之嫌，不无诡辩成分。

"郢有天下。"郢是楚国的首都，在今湖北江陵县北的纪南城。郢与天下相比，只是天下的一部分，故它没有天下，或曰它包括不了天下。但就天下与郢的不可分割性而言，郢是天下的一部分，在这个意义上也可以说郢有天下了。这显然是从惠施"毕同"观点而立言起论的。

"犬可以为羊。"犬乃豢养动物，羊为刍养动物，二者不同类。这个命题却说犬可为羊，这从何意义上讲呢？或言：犬为四足动物，羊亦为四足动物，故从"四足"类出发可以说"犬可以为羊"矣。这看中的是共相的一面。

"马有卵。"马为胎生动物，鸟为卵生动物，马与卵不相类。但如果从"动物"这个大类出发，马与鸟，或马与卵就可归为一类了。这个命题看中的仍是共相，仍是从"毕同"的观点来立论的。

"丁子有尾。"楚人称虾蟆为丁子。虾蟆无尾巴，但虾蟆由幼虫蝌蚪变化而成，蝌蚪有尾巴，故如果就丁子的整个成长过程言，丁子曾经有过尾，这也可以说"丁子有尾"了。

"火不热。"这属公孙龙派的命题。火可分为"火"之名与火之实，

---

① 见冯友兰《中国哲学史新编》上，人民出版社1998年版，第475—476页。

"火"之名为一名称，一概念，它本身没有热可言；但火之实就是燃烧着的火，它是热的。但还有一说，热乃人的感觉，火本身就只是那种存在者，谈不上热不热的问题。所以，可以说"火不热"。

"山出口。"这乃惠施"合同异"派的论题。山与口究竟有何关系呢？此命题不知本作何解。有人说山本不自名为山，"山"是人叫出的名称，故言。又有人讲，人们把山的隘处称为山口、关口，故从山的变动过程中所有"毕异"的概念言，可谓"山出口"也。

"轮不蹍地。"轮者车轮，蹍即辗。轮子过处是一定有辙迹的，故它着实辗地了。但此论题说"轮不蹍地"，这是从何种意义上说的呢？有人从共相与殊相的意义上作解释，认为"轮"和"地"作为共相言是名称，故"轮"不辗地而"地"也不被轮所辗。有人从运动的角度作解释，比如唐代的成玄英言："夫车之运动，轮转不停，前迹已过，后途未至，除却前后，更无蹍时。是以轮虽运行，竟不蹍于地也。"（《庄子·天下》之成疏）这个解释倒有一定的深义，因为它切中了时间构架。车轮是运动着的，当轮子的某点与地相触（即蹍地）时，它不能一下子待死在这一点上，它是马上要离开此点的；而当它要离开此点时，它又不能一下子完全地、彻底地离开此点，它总要在这个点上逗留片刻，哪怕是待一瞬间。这就如同"计数"行为，当你数某个数时，比如说数"3"，一方面数数（前一个字为动词，后一个字为名词）的行为必须在这个"3"上有停留，否则的话即无"3"可言；但另一方面又不能一下子定死在这个"3"上，这个"3"马上要过去，要逝去，计数活动要接着往下数，否则也就无计数活动可言了。所以，当说"3"时这个"3"既过去又不能完全地过去，既不能完全地过去又不能完全地不过去，它总是处在既过去又不过去，既不过去又过去的前牵后扯中而生生不息。轮在地上的运行过程与计数活动一样，都处在前牵后扯的"时间"构架中。从这个意义上说，轮并未蹍住那个地。但辩者是否在此意义上立论，就不可知了。

"目不见。"这个目可有两解，即作为概念、名称的"目"和作为实际的目（眼睛）。实际的目是能见的，这是目特有的功能；而概念之"目"只是个名称，它是不可见的。故这个命题与"火不热"命题有类似处。又有人以为，就实际之目言，仅有它并不能见，要见还要有光和神（精神）在，否则仍不可见。辩者是在何种意义上讲"目不见"的，就不得而知了。

"指不至，至不绝。"这乃公孙龙《指物论》的论题，起码与该文有关。指，指事；至，到达。此命题的意思是说，指事不能到达物的本质，即使到达了也不可穷尽物的绝对本质。比如胡适就说，我们知物只是仅知物的形色，而并不能到达物之本体，即使想知物之本体，也只是从这一层物指进到那一层物指罢了，最后的那个本体仍是不可穷尽的。比如认识水，一般到达的是水的形表，化学家知道水由氢、氧二气构成，那也只是到达氢氧之水；再进到氢、氧之原子核和电子，那也只是到这一层，总之下面的、那个最终的本质、本体仍是不可"至"的，即达不到的。这就像数学上的级数，可以指向但无法穷尽之。这个理解不无道理。

"龟长于蛇。"有人说这个龟如果指大龟，蛇如果指刚出卵的小蛇的话，龟就长于蛇了。这种解释当然也有道理，但不免外在化了。《庄子·齐物论》说："天下莫大于秋豪之末，而大山为小；莫寿于殇子，而彭祖为夭。天地与我并生，而万物与我为一。"如果你将"秋豪"取为天下的长度标准，那么再大的山也只是这一标准的多少倍而已，故大山在存在性质上就与"秋豪"无异了；同理，如果你将"殇子"取作寿命的标准，彭祖也只不过是这个殇子的多少倍而已，与殇子在本质上是一样的。所以，世上的长与短没有绝对，只有相对。"龟长于蛇"这个命题所说的就是长短大小的相对性问题。

"矩不方，规不可以为圆。""矩"是量度方的工具，"规"是量度圆的工具。就一般意义来说，矩是方的而规是圆的，故没有规矩不成方圆。但这里却说矩不方而规不圆，这究竟是在何种意义上讲的呢？有人说，真正的"矩"、真正的"规"乃方之共相、圆之共相，而个体之矩与规，不是"方""圆"之共相，故可以说"矩不方，规不可以为圆"（冯友兰说）。也可理解为："矩""规"作为名称、概念言是没有方、圆的，实际的矩和规才有方、圆可言。

"凿不围枘。"这个"凿"作动词用，即凿孔，就是凿出孔。"枘"就是榫子、榫头，榫头要安插在凿孔中，这样就将两块木材接连起来了。一般言凿孔是紧紧围住榫头的。但这个"围"也是相对的，在凿与枘之间不可能没有万分之一甚或亿万分之一的缝隙在，从这个意义上说就叫"凿不围枘"。

"飞鸟之景未尝动也。"鸟在飞行，投于地上的影子也在运动，这是人们的普遍看法。但辩者却谓"飞鸟之景未尝动也"，为什么呢？古希腊的芝诺有个"飞矢不动"的诡辩，与辩者的这个命题是一样的。射出去的箭看似在空中飞行，但实则这支箭每时每刻只是停在空间的某个点上，飞行的箭只不过是一串各自分离的、停止着的点而已。这就像电影胶片，人们在银幕上看到的是轰轰烈烈的打斗场面，但顺着投出去的光线回到胶片上，我们看到的只是一连串不动的相片而已。"飞鸟之景未尝动也"这一命题揭示了动与静的矛盾关系，有一定的深刻性。

　　"镞矢之疾而有不行不止之时。"镞矢者，箭头也。这是说射出去的箭头有"不行不止"之时刻。这个命题与"飞鸟之景未尝动也"的命题有类似处，但比此命题更深刻些，因为这里不只是揭示了"止"的一面，还揭示了"行"的一面。射出的箭头在某一瞬间的确要停留在某一点上，但不能永远停下去或永远停住，这样的话就根本没有运动了，故在停一下时必须马上离开此点而向前去；但当它离开这一点时又不可完全地离开，即不能一下子永远与这一点没有关系了，因为要是这样的话这支箭永远只有一个现在的点，也就根本无运动可言了，它在离开这一点时又要逗留于这一点。所以，射出的箭在每一瞬间既在这一点上又不在这一点上，既不在这一点上又在这一点上，这种既在又不在既不在又在的一体统一，就是飞矢之本质。恩格斯说："运动本身就是矛盾；甚至简单的机械的位移之所以能够实现，也只是因为物体在同一瞬间既在一个地方又在另一个地方，既在同一个地方又不在同一个地方。这种矛盾的连续产生和同时解决正好就是运动。"① "镞矢之疾而有不行不止之时"命题的深刻性正在于此。

　　"狗非犬。"一般来说狗就是犬。但辩者却提出了"狗非犬"的命题，为什么？王先谦认为："狗犬同实异名，名实合，则彼所谓狗，此所谓犬也；名实离，则彼所谓狗，异于犬也。"② 有人说，狗为犬之一部，非全等于犬，故说"狗非犬"。

　　"黄马骊牛三。"这个命题与"鸡三足"说同类。认为"黄马骊（黑）牛"之概念是"一"，而实际的黄马和骊牛为两种动物，为二，一而二故为三。这有些诡辩味道。

---

① 《马克思恩格斯选集》第三卷，人民出版社1972年版，第160页。
② （清）郭庆藩：《庄子集释》第四册，中华书局1961年版，第210页。

"白狗黑。"《经典释文》引司马彪说："白狗黑目，亦可为黑狗。"此为一说。有人认为，狗有白狗、黑狗之不同，但从"狗"这个共相出发，都是一样的，故可谓"白狗黑"矣。

"孤驹未尝有母。"孤驹者，其母不在也。但无论这个孤驹的母亲现在存在与否，它肯定是有母的，否则它就不会出生了。但这个命题是就名号而言的，既然叫"孤驹"，就是无母之驹，所以说"孤驹未尝有母"。这样说也对，但不免诡辩之嫌。

"一尺之捶，日取其半，万世不竭。"捶即棰，杖也。这是说一尺长的一根木棍，一日截去一半，万世都截不完。这揭示了物质的无限可分性，有一定道理。这个命题与古希腊芝诺的"二分辩"说有一致处。

总之，辩者的这"二十一事"是名辩思潮中的著名论题，"辩者以此与惠施相应，终身无穷"（《庄子·天下》）。看来这些问题是当时长久的、大规模的论辩问题。这当然不是无谓的闲磕牙，而是有一定的甚至深刻的思想意义的，这起码有益于对"名"的认识和把握。

5. 后期墨家。后期墨家是以《墨辩》为思想资料的墨家思想，它有比较丰富的自然科学知识和逻辑知识。尤其是《小取》一篇，是我国的第一篇逻辑专文，是第一个逻辑体系大纲，它论述了"以名举实""以辞抒意""以说出故""以类取""以类予"等逻辑原则、方法和形式，有丰富而深刻的逻辑思想。关于后期墨家的自然科学思想和逻辑思想，我们在前面论说墨家时已有所述。这里要说的是，后期墨家也参与了当时盛行的名辩思潮，对名辩问题有一定的见解和思想。这里就对后期墨家的名辩思想予以论述。

战国时期，名辩之风颇盛。后期墨家亦参与其中。但它不像其他辩者，就一些命题与人们论辩，它第一次从逻辑上对"辩"的对象、范围、性质等作了规定和概括，使论辩驶入了逻辑科学的轨道，这有重要的思想意义。

后期墨家说："辩，争彼也。辩胜，当也。"（《墨子·经上》）"辩，或谓之牛，或谓之非牛，是争彼也。"（《墨子·经说上》）这说的是关于"辩"的性质，提出了"辩"的定义，规定了"辩"的对象、范围。他们认为，"辩"的性质就是论辩，包括整个论辩过程；"辩"的对象就是"彼"，而"辩"的内容和范围就是"争彼"。"争彼"就涉及同一主词的两个矛盾命题的是非之争,比如"或谓之牛,或谓之非牛"也。"彼"在论辩中是关键。"彼,不可两也。"(《经上》)"彼,凡,牛;枢,非牛。两也,无以相非也。"(《经说上》)这是说,"彼"作为辩的对象不能是两个,而只能是一个。比如"凡"和"枢",凡,是一种牛类动物;枢,是一种虎类动物,一为牛,一为非牛,这就不是一对矛盾命题,因而是"无以相非也",即无法肯定必有胜者和负者,因为这两个命题可以都是正确的或错误的。如果有人指牛为虎,又指虎为非虎,那就是错的;而如果有人指牛为牛,又指虎为非牛,这就是对的。

后期墨家主张,"辩"的范围和内容就是争辩关于同一事物的是或非,故"辩"必须是同一主词的矛盾关系;如果是同一主词而不一定为矛盾关系,就会出现两胜或两负的情况。故《经说下》云:"谓,所谓非同也,则异也。同则或谓之狗,其或谓之犬也;异则或谓之牛,其或谓之马也,俱无胜,是不辩也。辩也者,或谓之是,或谓之非也,当者胜也。"这是说,如果对同一事物(或主词),有人断定它为狗,有人断定它为犬;有人断定它为马,有人断定它为牛,这都不属于矛盾命题,都不能确定其中必有胜者和负者。只有对同一事物,比如说牛,有人说是牛,有人说非牛,这才构成一对矛盾关系,这才有"当者胜也"的结果。故"辩"必须限于同一事物(或主词)的矛盾命题。而"争彼"就是关于同一事物或命题的两个矛盾命题的是非之争。所以,无论"辩"的具体内容是什么,其思维形式都是矛盾命题之间的关系,故"辩"必定有胜、负之分。因此说,凡属于矛盾命题的是非之争都是"辩"。

后期墨家承认和看重"辩"的作用和价值。《小取》说:"夫辩者将以明是非之分,审治乱之纪,明同异之处,察名实之理,处利害,决嫌疑。"这个明是非、别同异、察名实、审治乱、处利害、决嫌疑,就是"辩"的重要性和作用。后期墨家还提出了关于"辩"的根据和标准问题,这就是"摹略万物之然,论求群言之比"(《墨子·小取》)。所谓"摹略万物之然",就是考察事物自身的所然和所以然;而"论求群言之比"就是分析、比较各种不同的言论。既考察事物的所然和所以然方面,又分析、对比各种不同的言论、观点,这样就能使"辩"客观、充分和正确。

后期墨家还涉及"辩"的逻辑规律问题。比如说,《经下》言:"循此循此（应为'彼彼此此'）与彼此同，说在不异。"《经说下》言："彼，正名者彼此彼此，可。彼彼止于彼，此此止于此，彼此不可。彼且此也，彼此亦可。彼此不止于彼此，若是而彼此也，则彼亦且此也。"这是说，"彼"之名必专指彼之实，"此"之名必专指此之实。如果"彼"名不同于"此"名，以"彼"名为"此"名则不可；若"彼"名同于"此"名，以"彼"名为"此"名则可。这里所说的这一原则，就是形式逻辑的同一性原则。《经上》所谓的"彼，不可两也"，体现和贯彻的正是同一原则，即在"辩"中其对象和论题必须同一，不能是相异的，更不能任意改变或偷换论题。又，《经上》言："辩，争彼也。辩胜，当也。"《经说上》言："（辩）或谓之牛，谓之非牛，是争彼也。是不俱当。不俱当，必或不当。不若当犬。"这里所说的"是不俱当。不俱当，必或不当"就是矛盾律原则的反映。"是不俱当"是说矛盾命题不可能两者同时合乎实际而皆真；既然是"不俱当"，当然其中必有一不当，即必有一假。《小取》说"有诸己不非诸人，无诸己不求诸人"，这一论辩的态度和准则，就是要求在论辩中要遵守同一律和矛盾律原则。自己有这种观点，就不能反对别人也有这样的观点；自己没有这种观点，则不能要求别人也不应有这样的观点。同样，在辩论中自己使用了某种方法，就不能反对别人也用此法；自己不同意用的方法，则不能强求别人也不去用它。

　　《墨辩》中曾列举了三条典型的自相矛盾的悖论，对其作了揭露，这乃运用矛盾律的重要成果。一条悖论是"学之无益也"。《经下》："学之益也，说在诽者。"《经说下》："以为不知学之无益也，故告之也。是使智（知）学之无益也，是教也。以学为无益也，教誖。"这是说，正因为有人不知道"学之无益"，才告之以"学之无益也"；而告之以"学之无益也"这本身就是一种教，教就是承认了学之有益，这就是悖论，是自相矛盾的。第二条悖论是"非诽者悖"。《经下》："非诽者谆（即誖），说在弗非。"《经说下》："（不）诽非，已之［诽］非也。不非诽，非可非也，不可非也。是不非诽也。"诽者诽谤、批评也；非诽者，反对批评也。反对批评正是一种批评，这就造成了悖论。《经说下》的意思是说，如果批评是不对的，那么你自己这种批评就不能成立；只有不反对批评，才能批评别人，这才无可非议。第三条是"以言为尽誖誖"。《经下》："以言为尽誖，誖。说在其言。"《经说下》："（以）誖，不可也。出处（当作'之人')之言可,是不誖,则是有可也;之人之言不可,以当必不审(应作'以审必不当')。"这是说,说"一切言都是悖"这本身就是悖,这表明有不悖之言。这种包含自我否定的悖论必然陷入自相矛盾。又,《经下》言:"谓辩无胜,必不当,说在辩。"《经说下》言:"'所谓非同也,则异也。同则或谓之狗,其或谓之犬也。异则或谓之牛,牛(当作"其")或谓之马也。俱无胜。'是不辩。辩也者,或谓之是,或谓之非,当者胜也。"这里说的是排中律原则在"辩"中的体现和作用。"辩"的活动限于矛盾命题之间进行,如果不是矛盾命题而进行"辩",就会出现"辩不当"的情形,这就叫"说在不辩"。比如说,甲乙二人同时看见一条狗,甲说这是狗,乙说这是犬,这两人说法相同,也都正确;甲说这是牛,乙说这是马,这两人说法相异,也都错误。说狗说犬,这是两可;说牛说马,这是两不可。这两可两不可不可能有胜者,这就叫"不辩"。如果出现了"辩而无胜"的情况,此辩必为不当。可见,在后期墨家这里,对形式逻辑的同一律、矛盾律、排中律均有所涉及。

后期墨家不仅对"辩"的性质、对象、范围,"辩"中的逻辑规则等问题作了较深入的研究,还特别对"名"作了仔细考察。因为"辩"与"名"直接相关,辩论或论辩的直接承载者就是"名"或名言。后期墨家以"名以举实"为原则,认为名实必须一致,《经说上》曰:"所以谓,名也;所谓,实也。名实耦,合也。"认为必须以实来正名,《经说上》曰:"有文(之)实也,而后谓之;无文(之)实也,则无谓也。"认为"名"必随实之变而变,《大取》曰:"诸以居运命者,苟入于其中者皆是也;去之,因非也。"这是说以居住地域所命之"名",必随地域的改变而改变。比如原来住在赵国,就应是"赵国人";现在迁居到了楚国,就改为"楚国人"了。它还指出,"名"之过就在于不实。《经下》曰:"或(同'域'),过名也,说在实。"《经说下》曰:"或(域),知是之非此也,有知是之不在此也,然而谓此南方,过而以已为然。始也谓此南方,故今也谓此南方。"这是说,从前认为某地是"南方",而实为"东南方",现在仍称为"南方",这就是"过名"。"过名"是那种不能反映实的旧名,是一种虚假之名。

后期墨家就"名"本身作了不少研究。"名"既是语词之名,也是概念之名。后期墨家对此已有认识,并作了相关研究。比如,它认为语词之

"名"具有约定性，但一旦约定俗成后就必须遵守而不可随意改变。《经下》曰："惟吾谓，非名也，则不可，说在仮。""惟"作"离"解；"仮"即"反"。一旦约定就要遵守，不可有意违背之。它还分析了"二名一实"的同义词问题。如《经说上》曰："同，二名一实，重同也。"《经说下》曰："知狗而自谓不知犬，过也，说在重。"《经下》曰："狗，犬也，而杀狗非杀犬也，不可，说在重。"它还注意到多义词问题。《经上》曰："且，言然也。"《经说上》："且，自前曰且，自后曰且，方然曰且。""且"就具有多义，既可指某事发生前的情形，又可指某事发生后的情形，如说"病且不起"；还可指某事发生的同时情形，如说"且歌且舞"，等等。后期墨家将"名"区分为"达、类、私"三种（见《墨子·之经上》和《经说上》）。在此基础上它区分了具体之名和抽象之名，如《大取》说："以形貌命者，必智是之某也，焉智某也；不可以形貌命者，唯不智是之某也，智某可也。""诸以形貌命者，若山丘室庙者皆是也。"这里的"形貌命者"就是形貌之名，也就是具体之名；"不可以形貌命者"就是非形貌之名，也就是抽象之名。后期墨家又区分了兼名与别名，如《经下》和《经说下》云："牛马之非牛，与可未可，说在兼。""牛，或非牛而非牛也可。或牛而牛也可。故曰'牛马非牛也，未可。牛马牛也，未可。'则或可或不可，而曰'牛马牛也，未可'亦不可。且牛不二，马不二，而牛马二。则牛不非牛，马不非马，而牛马非牛非马无难。""牛马"就是"兼名"，"牛"或"马"乃"别名"。所以，说牛马是牛或牛马是非牛（马）均不可。后期墨家对类名中的种属关系也有认识。《小取》说："盗，人也；多盗，非多人也；无盗，非无人也。""人"是属名，外延大；"盗"是种名，外延小。盗是人的一部分，人不等于盗。后期墨家又区分了时空之名与数量之名，《大取》叫"居运之名"和"量数之名"。居运之名是反映事物的时间或空间位置的名，这样的名随时空位置之变而变。数量之名是反映事物数量大小和差别的名，它反映事物数量的变化，不反映事物性质变化，且它有大、小、轻、重之别。

　　后期墨家还对正名的要求和定义的方法作了规定。在"名"的确定性问题上，后期墨家与公孙龙的主张倒相一致，即都坚持"彼彼止于彼，此此止于此"（《墨子·经说下》。《公孙龙子·名实论》亦有）的正名原则。而要贯彻这一原则，其基本方法就是定义，因为通过定义才能规定"名"

的内涵，使名具有确定性。例如，《经上》说："体，分于兼也。""仁，体爱也。""义，利也。""梦，卧而以为然也。""圜，一中同长也。"这些都是定义。它还给一些互相矛盾的"名"同时下定义，如《经上》说："誉，名善也。""诽，明恶也。""赏，上报下之功也。""罚，上报下之罪也。""利，所得而喜也。""害，所得而恶也。"这些定义都建立在对事物矛盾认识的基础上。后期墨家还认识到划分是正名的重要方法，它提出了"偏有偏无"的划分原则和标准。如《经说下》云："牛与马惟异，以牛有齿，马有尾，说牛之非马也，不可。是俱有，不偏有偏无有。曰'牛与马不类，用牛有角，马无角，是类不同也！'若举牛有角、马无角，以是为类之不同也，是狂举也。犹牛有齿，马有尾。"要区分类的不同，必须坚持"偏有偏无"的划分原则和标准，而不能以双方共有的属性作标准。例如，牛马都有齿和尾，故不能以"牛有齿、马有尾"作牛马异类的划分标准。而以"牛有角、马无角"似可作为划分牛马不同类的标准，但后期墨家认为这也不行，因为这并非牛、马最本质之别。因此，划分的标准应是事物的本质属性。后期墨家还认识到，可以依据不同的标准对一个大类作不同的划分。例如《经上》云："同，重、体、合、类。"《经说上》云："二名一实，重同也。不外于兼，体同也。俱处于室，合同也。有以同，类同也。"《大取》云："重同。具同。连同。同类之同。同名之同。丘同。鲋同。是之同，然之同。同根之同。"这就是依不同的标准对"同"的不同划分。

总之，后期墨家有比较丰富深刻的名辩思想和逻辑思想。它总结、发展了前期墨家在政治、伦理立论中运用辩学方法的思想和实践，又吸收了邓析、惠施、公孙龙等名家的正名思想和方法，将我国先秦乃至整个古代的名辩思想推向高峰，其思想功绩不可没。

6. 荀子。荀子（约前313—前238年），名况，字卿，又称孙卿，战国末赵国人。《史记·孟轲荀卿列传》说，荀子"年五十始来游学于齐……田骈之属皆已死，齐襄王时而荀卿最为老师。齐尚修列大夫之缺，而荀卿三为祭酒焉。齐人或谗荀卿，荀卿乃适楚，而春申君以为兰陵令。春申君死，而荀卿废，因家兰陵。……序列著数万言而卒，因葬兰陵"。据刘向言，荀子的著作在汉代流传的有321篇之多，其中大多重复。后经刘向校、删，定为32篇，名为《孙卿新书》。唐代杨倞把32篇分为二十卷，重新安排各篇次序，并为之作注，更名为《荀子》，此即现在所传版本。据杨倞、梁启超等考证，《荀子》除《大略》以下六篇（即《大略》《宥坐》《子道》《法行》《哀公》《尧问》）为后人杂录外，余皆为荀子手笔，或为其弟子记录。

荀子是战国时期的最后一位大儒，他的思想内容广泛，有集成之性质。在名辩方面，他著有《正名》篇，可谓对名辩思潮作了批判总结。

荀子很重视"辩"。《荀子·非相》曰："法先王，顺礼义，党学者，然而不好言，不乐言，则必非诚士也。故君子之于言也，志好之，行安之，乐言之。故君子必辩。"在荀子看来，"辩"是君子的责任和职责所在，为了"法先王"而"顺礼义"，"君子必辩"。荀子将"辩"分为圣人之辩、君子之辩和小人之辩三类。他说：

> 不先虑，不早谋，发之而当，成文而类，居错迁徙，应变不穷，是圣人之辩者也。（《荀子·非相》）
>
> 有兼听之明，而无奋矜之容；有兼覆之厚，而无伐德之色。说行则天下正，说不行则白道而冥穷，是圣人之辩说也。（《荀子·正名》）

圣人是礼义的化身，他的辩是为了天下、国家，而不是为了个人之得失；故圣人之辩纯熟恰当，自合章法，自合道义，这是最好的辩。他又说：

> 先虑之，早谋之，斯须之言而足听，文而致实，博而党正，是士君子之辩者也。（《荀子·非相》）
>
> 辞让之节得矣，长少之理顺矣，忌讳不称，袄（同"妖"）辞不出；以仁心说，以学心听，以公心辨；不动乎众人之非誉，不治观者之耳目，不赂贵者之权势，不利传（当作"便"）辟者之辞；故能处道而不贰，吐而不夺，利而不流，贵公正而贱鄙争，是士君子之辨说也。（《荀子·正名》）

士君子有坚定的信念，有一定的认识，在辩论中不为众人之毁誉和外力之胁迫而改变自己的主张，不搞无原则的争论和歪门邪道；他的辩论精细、中肯、周道，且有谦让之德风。荀子又说：

> 听其言则辞辩而无统，用其身则多诈而无功，上不足以顺明王，下不足以和齐百姓。然而口舌之均，噡唯则节，足以为奇伟、偃却之属，夫是之谓奸人之雄，圣王起，所以先诛也。（《荀子·非相》）
>
> 愚者之言，芴（同"忽"）然而粗，啧然而不类，諮諮然而沸。彼诱其名，眩其辞，而无深于其志义者也。故穷借而无极，甚劳而无功，贪而无名。（《荀子·正名》）

小人不讲道德，自以为是，辩论是为了求声名；故言谈轻浮、粗鄙、欺诈，没有条理，不伦不类。这种辩无异于泼妇骂街，就没有什么价值了。

荀子作了圣人、君子、小人之辩的分类后，还论述了"辩"的原则。他认为，辩论首先要合逻辑，即要"正其名""当其辞"，"辩异而不过"，"推类而不悖"，要"辩则尽故"。他反对那种"诱其名""眩其辞"的"辩而无统"。（见《荀子·正名》）其次，辩论要对社会、国家有用，即"君子辩言仁"，"凡言不合先王，不顺礼义，……虽辩，君子不听。"又说："言而非仁不中也，则其言不若其默也，其辩不若其呐也。"（《荀子·非相》）荀子反对那种不合礼义的辩，反对"以期胜人为意"（《荀子·性恶》）。最后，荀子还主张辩要有道德，出于公心，要虚心兼听，宽以待人，不要刺人和伤人。辩的语言要准确、明白、朴实、顺达，反对华而不实之言。

荀子很看重"辩"。他说："今圣王没，天下乱，奸言起，君子无势以临之，无刑以禁之，故辩说也。"（《荀子·正名》）可见，辩并非可有可无的无谓之争，而是事关天下的正义和大义。"以正道而辨奸，犹引绳以持曲直；是故邪说不能乱，百家无所窜。"（《荀子·正名》）正是通过这种"辩"，才能扬仁义之道，明是非之分，息百家之说，立天下之正。辩的作用和意义不言而喻。

辩是很重要的。那么，怎么来进行辩呢？对此，荀子有比较丰富的论辩思想。这大概有以下几个方面。

一是关于名、辞、辩的思维形式。《荀子·正名》曰："实不喻然后命，命不喻然后期，期不喻然后说，说不喻然后辩。故期、命、辨、说也者，用之大文也，而王业之始也。……名也者，所以期累实也。辞也者，兼异实之名以论一意也。辩说也者，不异实名以喻动静之道也。期命也者，辨说之用也。"这里讲到命、期、说、辩四种思维活动形态。命即命名。当人们见到某事物时就要命名以称呼之。期即期定、判定。有了名字后若还不明白，就要下判断了，即用一句话来表达。说是解说。如果下判断还不能使人明白，就要从不同方面加以解说了。辩是论辩、辩论。若解说后还有疑问，这就要进行论辩以明曲直了。与命、期、说、辩这四种思维活动直接相关的是名、辞、辩这三种思维形式。"名也者，所以期累实也。"这是说名是对许许多多事物的反映。荀子要求"名"要正，即要名实相符。"辞也者，兼异实之名以论一意也。"这是说辞是连属不同的名以表现思想的思维形式。荀子主张"辞"要当，即辞能正确地表达思想就为当，否则就不当。"辨说也者，不异实名以喻动静之道也。"这是说辩说是针对同一论题的不同说法以辨明孰是孰非的思维形式。荀子认为，辩说要"推类而不悖"，要"当是非"。

二是关于为什么要有名和正名的意义问题。《荀子·正名》说："异形离心交喻，异物名实玄钮。贵贱不明，同异不别。如是，则志必有不喻之患，而事必有困废之祸。故知者为之分别制名以指实，上以明贵贱，下以辨同异。贵贱明，同异别，如是，则志无不喻之患，事无困废之祸。此所为有名也。"这是荀子所论说的关于"名"的作用和意义问题。人类要"名"干什么呢？是为了"别同异"，即区别、辨别事物的同异，进而分辨是非。如果不同的事物没有各自不同的名，相同的事物没有同一的名，那就会出现不同事物彼此混淆，不同名实缠结不清的现象，就会影响到人们正常的思想交流，甚至还会产生隔阂，其后果当然是很严重的。所以，必须要有"名"，有了"名"就可分别事物的同与异，就可分辨是非，思想的沟通和交流也就能进行了。同时，"名"还可"明贵贱"。能明贵贱，就能分尊卑，就能使社会政治有秩序，人们就能各安其位了。"名定而实辨，道行而志通，则慎率民而一焉。"（《荀子·正名》）

三是关于制定名的根据问题。人类社会需要各种"名"。那么，"名"是如何制定出来的呢？荀子说制名的根据是"所缘以同异"。"然则何缘而以同异？曰：缘天官。凡同类同情者，其天官之意物也同。故比方之疑似而通，是所以共其约名以相期也。形体、色、理，以目异；声音清浊、调竽奇声，以耳异；甘、苦、咸、淡、辛、酸、奇味，以口异；香、臭、芬、郁、腥、臊、漏、酸、奇臭，以鼻异；疾、养、凔、热、滑、铍、轻、重，以形体异；说、故、喜、怒、哀、乐、爱、恶、欲，以心异。心有征知。征知，则缘耳而知声可也，缘目而知形可也。然而征知必将待天官之当簿其类然后可也。五官簿之而不知，心征知而无说，则人莫不然谓之不知。此所缘而以同异也。"（《荀子·正名》）这涉及"名"的来源问题，也是人的认识问题。"名"是人提出来的，是人与人之间约定而成的。但人不是也不能仅凭主观想象或好恶来任意命名，名字的提出总要有一个客观的、人人都可依循的根据，这就是荀子这里所说的"所缘以同异"的问题，即"缘天官"。天官即人天然所具有的感觉器官。人有眼、耳、鼻、舌、身等器官，故能对形、色、声、香、味、冷、热等方面作把握；人的感官有相同性，故人的感觉可以相通和交流，这才使"名"的形成有根据，使"名"能被不同的人所理解，"名"才可传达和交流。荀子以"缘天官"为"名"获得的认识依据，这是有道理的。荀子在这里还论述了"天官"和"心"的相互作用，这也很重要。

四是关于制定名的要领和方法问题。有了制名的依据，还不等于就有了正确的名称；正确、合适的名称的制定还要有一定的原则、要领和方法。这就是荀子的"制名之枢要"说。他指出："然后随而命之：同则同之，异则异之；单足以喻则单，单不足以喻则兼；单与兼无所相避则共；虽共，不为害矣。知异实者之异名也，故使异实者莫不异名也，不可乱也，犹使异（应为'同'）实者莫不同名也。故万物虽众，有时而欲遍举之，故谓之物。物也者，大共名也。推而共之，共则有共，至于无共然后止。有时而欲徧（应为'偏'）举之，故谓之鸟兽。鸟兽也者，大别名也。推而别之，别则有别，至于无别然后至。名无固宜，约之以命，约定俗成谓之宜，异于约则谓之不宜。名无固实，约之以命实，约定俗成谓之实名。名有固善，径易而不拂，谓之善名。物有同状而异所者，有异状而同所者，可别也。状同而为异所者，虽可合，谓之二实。状变而实无别而为异者，谓之化；有化而无别，谓之一实。此事之所以稽实定数也。此制名之枢要也。"（《荀子·正名》）这说的就是制定名的要领和方法。具体有这么几点：其一，"同则同之，异则异之"。事物相同，其名则同；事物相异，其名则异，即"异实者莫不异名"，"同实者莫不同名"。其二，"单足以喻则单，单不足以喻则兼"。如果用一个单名就可将某种实表达明白，就用单名；如果用单名不能表达明白某种实，就要用兼名，即两个或两个以上单名的结合。如"马"就是单名;"白马"就是兼名。其三,"共名"和"别名"。共名是类名,可概括、指称一类事物,如"马""人"等都为共名,最大的共名就是"物",即指天下所有的事物。别名是单名,是某一单独的事物,比如"张三"这个名就是别名。共名有一般共名与大共名之分,别名也有一般别名与大别名之分。其四,"约定俗成"和"径易不拂"。名称不是天生就有的,是人命的,这就是"名"的约定俗成性。某人先提出个名称,别人接受了和同意了,就约定而成俗了,就有了名称。一个好的名称,应该明确、清楚、易知,不被误解,这就是所谓的"径易而不拂"。径易,易懂易晓也;拂,拂违也。杨倞说:"径疾平易而不违拂,谓易晓之名也。即谓呼其名遂晓其意,不待训解者。"[1] 其五,"稽实定数"。这是指通过考察事物的多少来确定数量之名。在"名"中还有数量之名。数量之名就是反映事物实体数量的名。事物的情状是复杂的,有"同状而异所者",如两头牛都是牛,但却在两个地方;有"异状而同所者",如一个人从小到老形体、相貌在发生变化但占据同一空间,这种不同的情况就要用不同的名。"状同而为异所者",虽可用一名,但那是二实;"异状而同所者",形状虽有异但实未变,故为一实。区别这些情况就是"稽实定数"。从以上五个方面,荀子论述了关于"制名之枢要"的问题。

五是关于破除"三惑"的问题。荀子处在战国末期,他对名辩思潮中"作名以乱正名"的诡辩行为深表反对,要破除此种诡辩。他说:"凡邪说辟言之离正道而擅作者,无不类于三惑者矣。"(《荀子·正名》)可见,"三惑"是邪说辟言之代表;故破"三惑"对反对名辩思潮中的诡辩之风具有一般的方法论意义。荀子要破的这"三惑"为:其一,"用名以乱名者"。荀子曰:"'见侮不辱'、'圣人不爱己'、'杀盗非杀人也',此惑于用名以乱名者也。"(《荀子·正名》)"见侮不辱",这是宋钘的学说。宋钘认为,人们都以受到欺侮为耻辱,故有争斗发生;如果人们懂得了受欺侮并非耻辱,那就可以停止争斗了。荀子不同意这种观点。荀子作有《正论》一篇,其中对"见侮不辱"这一命题作了分析批评。他说,"辱"这个名可分为"义辱"和"势辱"两个别名,"流淫、污慢、犯分、乱理,

---

[1] 见《荀子集解》,中华书局1988年版,第420页。

骄暴、贪利，是辱之由中出者也，夫是之谓义辱。詈侮捽搏，捶笞膑脚，斩、断、枯、磔，籍靡后缚，是辱之由外至者也，夫是之谓势辱。"（《荀子·正论》）在荀子看来，人们受到欺侮就是辱，不过辱有义、势辱之分而已。"辱"为共名，"义辱"和"势辱"为别名。宋钘用"辱"这个共名混淆了"义辱"和"势辱"这两个别名的区别，这就是"用名以乱名"了。"圣人不爱己"和"杀盗非杀人"这两个命题出自墨家。荀子认为，"人"和"己"、"人"和"盗"都是共名与别名的关系，"己"和"盗"应包括在"人"中，所以以上两个命题是错的，都是"用名以乱名"。怎么破这种"用名以乱名"的诡辩呢？荀子曰："验之所以为有名而观其孰行，则能禁之矣。"（《荀子·正名》）就是说，根据名所提出的原因和它的确切含义，再看看名在实际生活中的应用情况，就能禁止那种"用名以乱名"的诡辩了。其二，"用实以乱名者"。荀子曰："'山渊平'、'情欲寡'、'刍豢不加甘，大钟不加乐'，此惑于用实以乱名者也。"（《荀子·正名》）"山渊平"是惠施的命题，"情欲寡"是宋钘的命题。"刍豢不加甘，大钟不加乐"是墨子的命题。这些都是以特殊的实来反对一般的名的。比如说，就"山""渊"之名说，山高渊低，本不平；但处在高山上的渊（比如山顶之湖）却与山一样高。在一般情况下，人的情欲是不少的，但在人生病时或在一些特殊情况下人的情欲的确有寡的表现。一般情况下，肉味甘美，钟鼓听乐，但在人有病或心情不好时也会感到食肉不甘美、听钟不快乐。但荀子认为，不能用特殊的事例来反对、破坏"名"的一般含义，否则就是"以实乱名"了。破解这种诡辩的方法是："验之所缘〔无〕以同异，而观其孰调，则能禁之矣。"（《荀子·正名》）这是说，从感官出发去亲自感受外在对象的情况，再比较、斟酌一下哪种说法合乎实情，就能禁止"用实以乱名"的诡辩了。其三，"用名以乱实者"。荀子说："'非而谒楹'、'有牛马非马也'，此惑以用名以乱实者也。"（《荀子·正名》）这里的"非而谒楹"一句历来有不同看法，含义不明，不可强解。"有牛马非马也"，是墨家命题。《墨子·经下》有"牛马非牛"说，这与"有牛马非马也"义同。"牛马非牛"是说"牛马"这个名说的是牛和马，而"牛"这个名则只指牛，故"牛马"非"牛"也。"牛马非马"的意思同此。荀子认为，说"牛马"非"牛"或非"马"是违反事实的，因为事实上"牛马"应包括牛和马在内。所以，说"有牛马非马"

就是"以名乱实"。消除此种诡辩的方法是:"验之名约,以其所受悖其所辞,则能禁之矣。"(《荀子·正名》)即根据一个名的约定俗成的含义来检验,用人们所接受的事实来反对那种玩弄概念的命题,就可禁止此类诡辩了。荀子对"三惑"的批评坚持了名的正确性,反对了各种混淆、偷换、歪曲名的错误,这是有意义的。

六是关于"以类度类"的推理问题。在论辩中人们不仅要用名,要正确使用名,还有推理、类推方面的问题。荀子对类推问题也有论说。荀子认为人们要正确表达思想就要知类,"其言有类"(《荀子·儒效》),"言以类使"(《荀子·子道》),"多言则文而类……是圣人之知也"(《荀子·性恶》)。关于"类"的思想,荀子有两个重要方面。其一,"类不可两"。《荀子·解蔽》曰:"类不可两也,故知者择一而壹焉。""不可两"就是不两可,就是说同一类事物的正反两种不同的说法不可能都对。这正是矛盾律的精神实质。《荀子·修身》说:"是是,非非谓之知;非是,是非谓之愚。……是谓是,非谓非,曰直。"《荀子·臣道》说:"是案曰是,非案曰非,是事中君之义也。"这里说的是谓是,非谓非,这正是同一律的思想要求。荀子的"类不可两"和"是谓是,非谓非"从反正两方面表述了思维的确定性。其二,"以类度类"。《荀子·非相》说:"圣人何以不可欺?曰:圣人者以己度者也。故以人度人,以情度情,以类度类,以说度功,以道观尽,古今一也。类不悖,虽久同理,故乡乎邪曲而不迷,观乎杂物而不惑,以此度之。"度就是测度,这里就是推论。荀子认为,圣人之所以不受欺骗,就在于圣人可以推理、类推,即"以类度类"。这个"以类度类"的推论有两种:演绎性的类比式和一般的演绎式。荀子所谓的"类不悖,虽久同理"就是一种演绎性的类比推理。例如,已知A、B同类,A有某种性质,所以B也有某种性质。另外,"以类度类"中的第一个"类"字指类的一般,而第二个"类"字指这一类中的个别,所以"以类度类"就是从一般出发来推断该类中的某一事物的性质,这正是一般的演绎推理方式。荀子在《解蔽》《劝学》《非相》等篇中都用到了"以类度类"的推论方式。

总之,荀子有比较丰富的名辩思想。他虽然不属名家,但他身处战国末期,以其丰富的学识和思想对当时的名辩思潮作了批判和总结。

二　名言观念与思维方式

中国先秦有名家，古希腊有智者学派，现代西方哲学中有语言分析学派，这都关涉到名言或语言问题。这是为什么呢？因为名言、语言与思想、意识直接相关，没有名言人们无法思想，更遑论来交流思想、传播和积累知识了。有人说，说话、阅读、写作等活动需要语言（言语、文字），但我既不说也不写，我在默默地想心思，这也需要语言吗？当然需要！如果没有任何的语言，没有任何言语符号，人就根本无法思和想，就根本不可能有思想、意识存在。正因为名言、语言与思想直接相关，所以，人类在从事思想、认识等活动时就不得不关涉到它，也就需要有人对言自身作思考和研究。

先秦名家以及"百家争鸣"中的名辩思潮虽然直接关心的是"名"的含义及在论辩中如何运用名言的问题，但其实质体现在言意关系上，即言如何传达、表达意（思想）的问题。例如，早在邓析教民"学讼"，即利用对法律概念的不同理解和解说来寻求打赢官司之方时，就涉及言意关系这一实质问题。因为当官府颁布法律条令时就是要通过这些法律规定来传达、表现统治者的思想意识，而当邓析对官府的法律条文作出不同的理解和解说以试图推翻和否定这些法律规定时，不也正是为了表达和实现自己的思想、意志吗？故《吕氏春秋·离谓》在讲述了邓析教民学诉讼之事后评论说："辞之不足以断事也明矣。夫辞者意之表也，鉴其表而弃其意，悖。故古之人得其意则舍其言矣。听言者，以言观意也。听言而意不可知，其与桥言无择。"高诱注说："桥，戾也。择犹异。"桥言即戾言，就是曲折难晓之言，这样的名言当然是不能正确表达意的。言如果不达意而言意相乖相悖，不仅会造成思想混乱，更会扰乱天下之治。故《离谓》开篇即言："言者，以谕意也。言意相离，凶也。乱国之俗，甚多流言，而不顾其实，务以相毁，务以相誉，毁誉成党，众口熏天，贤不肖不分。以此治国，贤之犹惑之也，又况乎不肖者乎！"

所以，言意问题是名辩思潮中所涉及的和蕴涵的真正实质性的哲学问题。就广义言，这个言意问题是整个中国古代哲学中极为重要的问题。例如，《论语·阳货》载："子曰：'予欲无言。'子贡曰：'子如不言，则小子何述焉？'子曰：'天何言哉？四时行焉，百物生焉，天何言哉！'"孔子为何会有"予欲无言"之想法呢？这大概是他看到了或体会到了言与意（思想）之间的距离吧。言是用来表达意的，但言一定能将意正确、全面地表达出来吗？孔子体会到这大概是不行的，因为言既能表达意，但同时也要受意的主宰、指使和左右。故孔子说："巧言令色，鲜矣仁。"（《论语·学而》）"刚、毅、木、讷，近仁。"（《论语·子路》）巧言令色之辈就是那些言不达意的佞人，而刚毅木讷者则心口如一而言达其意。所以，孔子认为用语言来表现、表达意（思想）是有不尽之处的；与其这样，还不如不要人为地去说那个意，而让意自己自我开显、显现出来，有如天是于四时行、百物生中以开显、显示自己的存在之道一样。《论语·公冶长》记载："子贡曰：'夫子之文章，可得而闻也；夫子之言性与天道，不可得而闻也。'"像人性与天道之类的根本性问题，孔子是不大说和不多说的。为什么？不是孔子不知道这类问题，也不是孔子不关心和未思考此类问题，而大概是因为此类问题不是那种"什么是什么"之类的对象性的问题，不可用概念化的语言来径直指称之，故往往一说即非，这就言不达意了。那怎么办呢？最好的方式是让那种意自己显现、现象和开显。所以，在孔子的名言思想中是有一现象学的思想识度的。

老子也注意到了言不尽意的问题。老子说："道可道，非常道；名可名，非常名。"（《老子》第一章）"知者不言，言者不知。"（《老子》第五十六章）"信言不美，美言不信。"（《老子》第八十一章）在老子看来，言与要表达的意之间总有间隙、距离，要用言来传达意是困难的，甚至是不可能的。这特别表现在言与"道"的关系上。《老子》第一章一开篇就说"道可道，非常道"。用名言、语言道出来、说出来的那个"道"就被对象化、概念化了，就成了一个干瘪的对象和符号，已不是活生生的、处在正在生成的境域之中的鲜活之道本身了。所以，老子一直未用名言来给"道"作定义式的规定，他对"道"多用状摹性描述，比如说："道之为物，惟恍惟惚。惚兮恍兮，其中有象；恍兮惚兮，其中有物；窈兮冥兮，其中有精；其精甚真，其中有信。自古及今，其名不去，以阅众甫。"（《老子》第二十一章）这种"恍兮惚兮""惚兮恍兮""窈兮冥兮"的"道"究竟是什么呢？就是一种正在生成中的、鲜活的境域、情境，它自我生成着，自我构成着，当场开显着，自我显现、显示着，绝不是"什么"的对象规定，不是概念存在。对于此种境域、势域之"道"，概念化的语言是束手无策的，根本表达不了它，只有富有现象学意蕴的那种"恍兮惚兮"的"道言"方能切中这个"道"。所以在老子这里也有现象学的思想识度。

还有庄子，他对言、意问题有深刻的体会和见解。《庄子·秋水》有言："可以言论者，物之粗也；可以意致者，物之精也；言之所不能论，意之所不能致者，不期精粗焉。"《说文》："粗，疏也。从米，且声。""精，择也。从米，青声。"粗和精原与米相关，粗即糙米，精即拣择出的精米。庄子这里所言的"粗"指物之外形或形状、体状；而"精"指物之精致之处，这大概与物的内在性有关，即可谓关于物的本性、本质之类。对于粗物即物之形，可用一般的名言来把握，即可对其作对象性、概念化的指称。对于精物即物的内在性质，当然不可直接指称之，但可用"意"即思想来把握，即把物的性质或质性提升、凝练为某一公式、定理、定律等予以规定和描述。把握物之粗、精的这两种方式——言、意虽然形式不同，实质却是一样的，即把握的都是对象性的东西，这种东西可以用名言概念来定谓，用"什么是什么"的语言形式来作出判定。还有一种人要把握的东西是那种"不期精粗焉"的存在。《说文》："期，会也。从月，其声。"期即约会。段玉裁注说："会者，合也。期者，要约之意，所以为会合也。"期就是约会、会合。"不期粗精"就是合不上精粗，也就是超越了精粗；这种不在精粗之内的东西是什么？如何把握呢？庄子没有直接说。但《庄子》中对此有论说，如《庄子·天道》言："世之所贵道者书也，书不过语，语有贵也。语之所贵者意也，意有所随；意之所随者不可以言传也。而世因贵言传书，世虽贵之，我犹不足贵也，为其贵非其贵也。故视而可见者形与色也，听而可闻者名与声也。悲夫，世人以形色名声为足以得彼之情！夫形色名声果不足以得彼之情，则知者不言，言者不知，而世岂识之哉？桓公读书于堂上。轮扁斫轮于堂下，释椎凿而上，问桓公曰：'敢问公之所读者何言邪？'公曰：'圣人之言也。'曰：'圣人在乎？'公曰：'已死矣。'曰：'然则君之所读者古人之糟魄已夫！'桓公曰：'寡人读书，轮人安得议乎！有说则可，无说则死。'轮扁曰：'臣也以臣之事观之。斫轮，徐则甘而不固，疾则苦而不入。不徐不疾，得之于手而应于心，口不能言，有数存焉于其间。臣不能以喻臣之子，臣之子亦不能受之于臣，是以行年七十而老斫轮。古之人与其不可传也死矣，然则君之所读者古人之糟魄已夫！'"庄子此段所论就是关于"言不尽意"的道理。言最终是用来表达意的。但真正的"意"却是活生生的当场产生和构成着的一种境域、势域的显现和开显，并不是对象性的"什么"，故无法用概念性的语言来定谓，完全要靠处在此境域中的人当下体会和把握之。斫轮老者所讲的他的斫轮经验就是此种境域。"斫轮，徐则甘而不固，疾则苦而不入。不徐不疾，得之于手而应于心，口不能言，有数存焉于其间。""甘"者滑也，"苦"者涩也，"徐"者宽也，"疾"者紧也。做轮子时凿孔与榫头要连接、套住，在凿与榫之间就有个徐、疾适度（"数"）的问题，要不徐不疾，准确地掌握住其度量、火候，才可做出合格的好轮子。但这个"数"或度恰恰不可被对象化和概念化，因为这样一来就将活着的、境域、势域化的"度"（"数"）从这个境域中分离、提离开了，这恰恰就无"度"或"数"可言了；这个不疾不徐、恰到好处的"度"只能在做轮子的过程中来体验和把握之，即"得之于手而应于心"，只能意会而不可言传。语言要表达的圣人之"意"原本就是此种境域、势境、势域，是处在形势中的、当场生成着的活的东西。但由于语言、名言抽象性、普遍性的特点，一用语言来表达、传达这个"意"，它就被提离开活的境域了，就被对象化了，就成为死的东西了。所以，轮扁才满有理由地说桓公读的书只是古人的糟粕而已。名言难以准确地把握圣人之意。同理，名言也难于把握"道"。老子说："道可道，非常道。"《庄子·知北游》一开篇讲了一则"道"不可道的故事：一个叫知的人北游以求"道"，他先碰见一个名叫无为谓的人，知就问这个无为谓"何思何虑则知道？何处何服则安道？何从何道则得道？"希望得到他的回答，但这个无为谓根本不理不睬，不应不答。知继续前行，碰到一个名叫狂屈的人，知向他问了同样的问题，狂屈听后说"我知道你所问的问题，我回答你"，但说完这句话后他马上说"当我正准备回答你时却忘了我要说的了"，知还是没有得到回答。知继续前行来到黄帝的宫殿中，他向黄帝问了同样的问题，黄帝答曰："无思无虑始知道，无处无服始安道，无从无道始得道。"知得到了黄帝的回答后，就说无为谓、狂屈都没有回答我，我也不知道，现在你回答了我，我知道了，咱们四个人中谁对呢？黄帝说："彼无为谓真是也，狂屈似之；我与汝终不近也。"为什么不应不答的反而

"真是"而应答了的却"终不近也"呢？关键就在于当对"道"作了回答后就将它对象化和概念化了，就将"道"作为一个理性对象来对待了，这时的"道"与人就成了两截子，人是根本得不到"道"的。故"道不可闻，闻而非也；道不可见，见而非也；道不可言，言而非也。知形形之不形乎！道不当名"（《庄子·知北游》）。既然言不能达意，言也不能把握"道"，那么人如何"得意""得道"呢？《庄子·外物》曰："荃者所以在鱼，得鱼而忘荃；蹄者所以在兔，得兔而忘蹄；言者所以在意，得意而忘言。吾安得夫忘言之人而与之言哉！"荃即筌，是鱼笱；蹄是兔罝。荃、蹄是捕猎鱼、兔的工具。使用荃、蹄的目的在于获得猎物。同理，使用语言的目的在于得到那个"意"。可见，庄子有明确的"言不尽意"和"得意忘言"的思想。

还有《易传》。《易传·系辞上》言："子曰：'书不尽言，言不尽意。'然则圣人之意其不可见乎？子曰：'圣人立象以尽意，设卦以尽情伪，系辞焉以尽其言，变而通之以尽利，鼓之舞之以尽神。'"按《易传》的看法，言是不能尽意的，即语言、名言那种东西表达不了和表达不出圣人的意愿和思想。那怎么办呢？难道圣人之意就没办法表示、表达了吗？人们从此也就无法知道圣人之意了吗？在《易传》的作者看来，圣人之意是能表达的，其方式当然不是名言概念那一套，而是"象"，"圣人立象以尽意"。《易经》中的六十四个卦图就是圣人立的"象"，就是用来展现和表达圣人之意的。所以，《易传》是"言不尽意"而"象尽意"论者。

先秦的"言不尽意"思想对后世深有影响，魏晋玄学中的"言意"论就是这一问题的继续。正始名士荀粲首先思考了言意问题。荀粲是荀彧幼子。《三国志·魏书·荀彧传》裴松之注引何劭《荀粲传》云："太和初，（粲）到东邑与傅嘏谈。嘏善名理而粲尚玄远，宗致虽同，仓卒时或有格而不相得意。裴徽通彼我之怀，为二家骑驿，顷之，粲与嘏善。夏侯玄亦亲。""太和"为魏明帝曹叡年号，系227—233年。这说明荀粲在正始玄学产生的前十余年就在与裴徽、傅嘏、夏侯玄等名士谈论玄学问题了。他谈了什么"玄远"问题呢？《荀粲传》曰："粲诸兄（按：即恽、俣、诜、凯四兄）并以儒术论议，而粲独好言道，常以为子贡称夫子之言性与天道不可得闻，然则六籍虽存固圣人之糠秕。粲兄俣难曰：'《易》亦云圣人立象以尽意，系辞焉以尽言，则微言胡为不可得而闻见哉？'粲答曰：'盖理之微者，非物象之所举也。今称立象以尽意，此非通于意外者也；系辞焉以尽言，此非言乎系表者也。斯则象外之意，系表之言，固蕴而不出矣。'及当时能言者不能屈也。"按荀粲之意，"性"与"天道"类的问题是超言绝象的，是"理之微者，非物象之所举也"的。他以为，至于《易传·系辞上》所谓的"圣人立象以尽意，系辞焉以尽言"之说，所"尽"的也只能是意内之意和言内之言，而那个"通于意外"的"意"和"言乎系表"的"言"则是无法被尽的。在荀粲看来，有两种性质和意义的"言"与"意"，一种为可言之言和可意之意，另一种则为不可言之言和不可意之意。前种言和意就是那种可对象化、概念化的东西；后种"言"和"意"则是不可被对象化、概念化的东西。那么，究竟什么是那种不可言之"言"和不可意之"意"呢？荀粲没讲明白，大概在当时的时代条件下也讲不明白。现在看来，这种只可意会不可言传的"言""意"就是那种处在和活在境域、势域中的，正在当场构成着、生成着的东西，这种东西只能自我显现，而不可言说之；把握此种境域的方式、方法就是海德格尔所谓的"形式指引"法。荀粲29岁就去世了，对言意问题未能作持续深入的探讨。

　　当时谈论"言不尽意"问题的还有个叫张韩的人。他有《不用舌论》[①]一文，云："论者以为心气相驱（同'驱'），因舌而言。卷舌翕气，安得畅理？余以留意于言，不如留意于不言，徒知无舌之通心，未尽有舌之必通心也。仲尼云：'天何言哉？四时行焉。''夫子之文章，可得而闻也；夫子之言性与天道，不可得而闻。'是谓至精，愈不可闻。"张韩是什么时候的人，已不可知。但他讲的"性与天道"之类的问题不可得而闻，其说与荀粲思想一致，故可将他视为荀粲"言不尽意"说的同类。在张韩看来，人用舌用气以发出声音，形成语言，但语言不足以传达"意"，至深至精的"道"或"理"是无法用语言来畅通的，"卷舌翕气，安得畅理？"人发出的言语以及写出的文字只是个代号、符号，它代表何意，往往要人来赋予，听语识字者要知道所赋予的意思，就得用心体察。更为重要的是，不仅要体察、意会语言文字的表层意思，还要意会其深层意蕴，要透过语言文字以把握其中活的真谛，这就叫"留意于言，不如留意于不

---

① 文见（清）严可均辑《全上古三代秦汉三国六朝文》第二册，中华书局1958年版，第2077页。

言"。张韩所谓的"不用舌",是为了强调"有舌之必通心"的重要。

对言意关系问题作了明确探索的人是王弼。他说:"夫象者,出意者也;言者,明象者也。尽意莫若象,尽象莫若言。言生于象,故可寻言以观象;象生于意,故可寻象以观意。意以象尽,象以言著。故言者所以明象,得象而忘言;象者所以存意,得意而忘象。犹蹄者所以在兔,得兔而忘蹄;筌者所以在鱼,得鱼而忘筌也。然则,言者,象之蹄也;象者,意之筌也。是故,存言者,非得象者也;存象者,非得意者也。象生于意而存象焉,则所存者乃非其象也;言生于象而存言焉,则所存者乃非其言也。然则忘象者乃得意者也,忘言者乃得象者也。得意在忘象,得象在忘言。故立象以尽意而象可忘也,重画以尽情而画可忘也。"(《周易略例·明象》)这里讲了三层意思:其一,关于言、象的来源。王弼在此说的不是一般的言象或名形问题,而是《易经》之卦象、卦名的来源问题。《易经》原是一部筮书,其构成与别的专用文字表述的书不同,它由六十四个卦图即卦象和用以解说这些卦象及含义的卦辞、爻辞构成。那么,为什么要有这些卦象和卦、爻辞呢?它们到底是依据什么而产生的呢?《易传·系辞下》说:"古者包牺氏之王天下也,仰则观象于天,俯则观法于地,观鸟兽之文与地之宜,近取诸身,远取诸物,于是始作八卦,以通神明之德,以类万物之情。"包牺氏即伏羲氏。这是说在伏羲氏之时,他仰观俯察,观鸟兽之纹与地之宜,远取于物,近取于身,从中体悟、感悟到了天地存在之"道""理",这就是圣人之"意",即圣人的思想。为了将此"意"表现、表达出来,圣人(伏羲)就画出了由"--"和"—"这两种符号组成的八卦,即☰、☷、☳等;后来(据说是文王)在八卦的基础上组成了由六画构成的六十四卦,如䷀、䷁等。王弼在此说的一个意思就是关于《易》之卦图(卦象)、卦名(及爻辞)的来源问题。这个来源是圣人先有其"意",然后才有用以表达和展现其意的卦象,再然后才有给这些卦象的命名和对每一卦各爻的解说,即其过程为:意→卦象→卦名。王弼所谓的"言生于象""象生于意"说的就是言、象的起源问题。其二,关于言、象之功用。言派生于象,象派生于意,言和象都源于意。故言、象的功用也就很清楚了,即都是为"意"服务,最终都是为了明"意"。这就如同筌、蹄一样,其功用就在于捕猎鱼、兔。如果没有了言、象这种工具,就捕获不到圣人之"意"了。王弼明确说:"意以象尽,象以言著","夫象者，出意者也；言者，明象者也。尽意莫若象，尽象莫若言"。其三，关于使用言、象的目的问题。之所以要有言、象，是为了把握圣人之"意"；如若把握不到圣人的"意"，那这个"言"和"象"就都失去了存在的意义。"言者，象之蹄也；象者，意之筌也。是故存言者，非得象者也；存象者，非得意者也。"只要能最终把握住圣人之"意"，象和言的目的就达到了，象、言也就可以忘掉了。"忘象者，乃得意者也；忘言者，乃得象者也。得意在忘象，得象在忘言。"如果为言而言，为象而象，那就会本末倒置而失去《易》之根本。可见，在言意关系问题上，王弼是个"象尽意"论者，即"意以象尽"，"立象以尽意"也。

竹林玄学的代表者嵇康主张"言不尽意"。嵇康作有《言不尽意》一文，已佚。但从其《声无哀乐论》一文中可以窥见嵇康"言不尽意"的基本思想。在嵇康看来，用名言来把握人的思想、意志等精神性的东西困难多多。他说，歌咏情、哭志哀，这是一般的情形，但有时歌不表示乐而表示哀，有时尽情一哭并不表示悲而却表示乐。故"殊方异俗，歌哭不同。使错而用之，或闻哭而欢，或听歌而戚。然而哀乐之情均也。今用均一之情，而发万殊之声，斯非音声之无常哉？"（《声无哀乐论》）声音既然无哀乐，并不能必然表现、表达人的情感，那么言不可尽意就是自然的了。嵇康又说："圣人卒入胡域，……或当与关接，识其言耶？或以律鸣管，校其音耶？将观气采色，知其心耶？（若观气采色，以知其心）此为知心自由气色，虽自不言，犹将知之。知之之道，可不待言也。若吹律校音，以知其心，假令心志于马而误言鹿，察者固当由鹿以知马也。此为心不系于所言，言或不足以证心也。若当关接而知言，此为孺子学言于所师，然后知之，则何贵于聪明哉？"（《声无哀乐论》）圣人入胡域，如何来了解胡人呢？靠"言"吗？靠"吹律管"吗？这都不行，因为言、律管都不能达其意和尽其言。这只能靠"观气采色"来知其心知其意。嵇康在此已意识到，人的心、意并不是那种可对象化的"什么"，如果这个"意"是那种"什么"的话，言语或语言是能予以把握的；"意"总与人所在的意境、境域、时机、形势等有关，它是当场显现着和构成着的，故不可对象化，不能用"什么是什么"那种判定方式来定谓，只能靠体会和体察。嵇康这个看法当然有一定道理。

还有郭象的"冥而忘迹"论，这也是"言不尽意"的思想。郭象的

"独化"论是魏晋玄学本体思想之巅峰。在言意问题上，郭象主张"寄言出意"。他说："求之于言意之表，而后至焉。""求道于言意之表则足。不能忘言而存意则不足。"（《庄子·则阳注》）"故夫昭昭者乃冥冥之迹也，将寄言以遗迹。"（《庄子·山木注》）这个"寄言出意"就是要透过"言"来直趋那个"意"。而这个"意"是什么呢？在郭象这里就是意域、意境、境域，绝不是对象化的东西，如若是对象化的东西，就可用名言来指称、定谓了，是用不着"寄言出意"的。所以，"寄言出意"的表现和实现就是郭象所谓的"冥而忘迹"，即"既忘其迹，又忘其所以迹者，内不觉其一身，外不识有天地，然后旷然与变化为体，而无不通也"（《庄子·大宗师注》）。这显然是一种心物合一、主客一体、无是无非、无古无今的"天人合一"的意境、境域。这种意境、境域当然不是那种对象性的言可以把握到的。"夫言意者'有'也，而所言所意者'无'也。故求之于言意之表，而入乎无言无意之域，而后至焉。"（《庄子·秋水注》）这个意境、境域只能是"无言无意之域"，即"旷然与变化为体而无不通也"，"旷然无不一，冥然无不往，而玄同彼我也"（《庄子·大宗师注》），"弥贯万物而玄同彼我，泯然与天下为一而内外同福也"（《庄子·人间世注》）。可见，在言意问题上郭象的追求比王弼、嵇康等更高。如果说在王弼、嵇康那里其"意"仍有意志、思想之所在的话，那么在郭象这里连这种意志、思想之"意"都要化去，使思想彻底地进入境域、意境中，使人与自己所在的对象世界浑然一体而同在。

"冥然忘迹"的这个意境当然不错。那么，人如何达到这个意境呢？即怎样"冥"、怎样"忘"呢？郭象讲了一种"既遣是非，又遣其遣；遣之又遣之以至于无遣，然后无遣无不遣"的"双遣"法。他说："夫有是有非者，儒墨之所是也；无是无非者，儒墨之所非也。今欲是儒墨之所非而非儒墨之所是者，乃欲明无是无非也。欲明无是无非，则莫若还以儒墨反复相明。反复相明，则所是者非是而所非者非非矣。非非则无非，非是则无是。"又说："夫自是而非彼，彼我之常情也。故以我指喻彼指，则彼指于我指独为非指矣。此以指喻指之非指也。若复以彼指还喻我指，则我指于彼指复为非指矣。此以非指喻指之非指也。将明无是无非，莫若反复相喻。反复相喻，则彼之与我，既同于自是又均于相非。均于相非，则天下无是；同于自是，则天下无非。何以明其然邪？是若果是，则天下不得复有非之者也；非若果非，则天下亦不得复有是之者也。今是非无主，纷然淆乱，明此区区者各信其偏见而同于一致耳。仰观俯察，莫不皆然。是以至人知天地一指也，万物一马也，故浩然大宁，而天地万物各当其分，同于自得，而无是无非也。"又说："今以言无是非，则不知其所言有者类乎不类乎？欲谓之类，则我以无为是，而彼以无为非，斯不类矣。然此虽是非不同，亦固未免于有是非也，则与彼类矣。故曰类与不类又相与为类，则与彼无以异也。然则将大不类，莫若无心，既遣是非，又遣其遣；遣之又遣之以至于无遣，然后无遣无不遣，而是非自去矣。"（《庄子·齐物论注》）郭象在此所说的"双遣"到底是什么？究竟如何来"遣"呢？其方就是在"是"与"非"的反复相照中既遣"是"又遣"非"，以达到无是无非之意境、境域。什么是"是"？是就是对，就是正确。但问题是你怎么知道这个就是"是"呢？你可以说"这是我认定的、判定的呀！"的确是你认定的、判定的，这也的确没有什么不对。但问题在于你为何就一下子能认定、判定这是个"是"呢？其根本依据就在于当你说这是个"是"时，你必定是将这个"是"与"非"作了比较、对比！你可以说"我并没有作比较呀，我就没有想那个'非'，我只是说'是'"，这只是你不自觉而已，其实你的确不自觉地想到"非"了，因为否则的话你不可能认定这是个"是"的。退一步讲，即使你能认定这是"是"，那这个"是"就只是个"是"而已，它的意义无法理解。所以，当你说这是个"是"时，当"是"在场、出场时，同时这个"非"亦在场，与"是"同时在场，它也出场了；正因为如此，"是"才可能，才可理解，"非"亦可能，亦才可理解。既然在现实世界中，在现实生活中，"是"与"非"同时在场，那么合理的做法就是"是"与"非"同存共在，两者同时都要。"是"与"非"怎么两者都要呢？这就只能使两者处在既是又非、既非又是，是是非非、非非是是，是非非是、非是是非的"中"或"居中"状态中，这只能是势域、境域、意境之所在。所谓"双遣"就是把那种单个的、单纯的"是"和"非"遣掉，使"是"与"非"处在是是非非、非非是是、是非非是、非是是非的对参中，以让其自己说话和自我开显。故郭象说："夫是非反复，相寻无穷，故谓之环。环中，空矣；今以是非为环而得其中者，无是无非也。无是无非，故能应夫是非。是非无穷，故应亦无穷。"（《庄子·齐物论注》）若从主体认知客体的认识角度来讲，所谓"双遣"就是先遣去对象,然后再将执行这个遣的"遣"自身也遣掉,即将主体自身也遣去,这时的思想就处在无有对象也无有主体的非客非主且亦客亦主的物我一体状态中,这同样是入意境和境域。总之,郭象要用"双遣"法来达到一种无主无客、无是无非的意境、境域,这就是"冥而忘迹"说。

至东晋,言意问题依然是清谈的主题之一。《世说新语·文学》云:"旧云:王丞相过江左,止道《声无哀乐》、《养生》、《言尽意》三理而已。然宛转关生,无所不入。"王丞相即东晋的开国宰相王导,他是东晋著名的政治家和清谈领袖。"言尽意"乃王导清谈的主题之一,也是东晋玄学的思想主题之一。但这个"言尽意"具体说的是什么?是在重弹欧阳建《言尽意论》的老调吗?抑或有其新说?今不得而知。《世说新语·文学》又说:"江左殷太常父子并能言理。"该条下刘孝标注曰:"《中兴书》曰:'殷融字洪远,陈郡人。……著《象不尽意》、《大贤须易论》,理义精微,谈者称焉。兄子浩亦能清言,每与浩谈,有时而屈,退而著论,融更居长。'"殷浩和他的叔父殷融都是东晋著名的清谈家,殷融著有《象不尽意》一文,这说明关于"象不尽意"及"言不尽意"的问题在东晋仍是经常被谈论的时代话题。但"象"如何"不尽意"呢?这个"象"是否就是《易》之"象"呢?因殷融之文已佚,故其说未可知。但可以肯定的是,东晋时期既有"言尽意"之谈,也有"言不尽意"或"象不尽意"之谈,言意问题仍是这一时代的主题之一。

东晋著名僧人僧肇著有《般若无知论》,仍涉及言意问题。僧肇是西域高僧鸠摩罗什的弟子。姚秦弘始三年(401年),西域龟兹国高僧鸠摩罗什来到长安,"集义学沙门五百余人于逍遥观",讲论大乘空宗中观学的般若思想,也就是龙树的"中论"思想。龙树是大约3世纪时人,他著有《中论》《十二门论》《大智度论》等,论述大乘空宗的中观思想。《中论》开篇言:"不生亦不灭,不常亦不断,不一亦不异,不来亦不去。能说是因缘,善灭诸戏论;我稽首礼佛,诸说中第一。"《中论》中还有一个"三是偈",说:"众因缘生法,我说即是空,亦为是假名,亦是中道义。"龙树为什么要主张这个"中"呢?这与佛教的一个根本主张和观点有关,即"物无自性"或"缘起性空"。常识说物是"有自性"的,即每个物都有自己是个"什么"的那种规定性或质性,比如说杯子就有自己的"杯子"之质性。而佛家却认为，物"有自性"的观点、看法并不对，是"无明"的表现，实际上物是"无自性"的。比如说我书桌上的这个杯子，它只是个东西，叫它"杯子"乃是为了称呼它给它起的一个名字。在什么情况下这个东西是个杯子呢？当我用它来装饮用水、盛茶或饮料时，它的确是一般意义上的杯子。但这个东西并不是天生只能装饮用水等，它可以有各种用途，比如可用它来装酒、装醋、装盐、装垃圾、装毒药、装金币……还可用它来压住纸张，用它来砸钉子，用它来打人，等等。当它被用来喝水时它是杯子，而当用它来装醋时就是个醋瓶子之类，等等。可见，桌子上的这只杯子并无先天的"自性"；它的规定性要得以存在和出现，必须与不同的条件因素相关联，这就是"因缘"。所以，世上的物的真正本性是其"因缘"性，而并不是那种所谓的"自性"。龙树的"八不"就是从物性的角度所揭示的"无自性"，即其"因缘"性。比如拿人的生死而言，常人看到的是人的或生或死的"生""死"性，这就是"自性"。但实际上人之"自性"并不是单一的"生"或单一的"死"。当你说"生"时，"死"已在场了、出场了，否则"生"不可把握，亦无"生"可言；说"死"时也一样。这表明，在人身上，"生"与"死"是同存共在的，因此这两者都要。结果只能是既生又死、既死又生、生生死死、死死生生、生死死生、死生生死的"中"状，这就是境域。所以，一切存在者的本性均是"无自性"，这就是其"因缘"性或"空"性。正因为物性是空的，所以才能缘起；也正因为物能缘起，所以才证明其性是空的。此乃佛家思想之真谛——"缘起性空"说。

僧肇宣扬和阐发的正是佛家这种"缘起性空"的中观思想。比如他在《肇论·不真空论》中说："然则万物果有其所以不有，有其所以不无。有其所有不有，故虽有而非有；有其所以不无，故虽无而非无。虽无而非无，无者不绝虚；虽有而非有，有者非真有。若有不即真，无不夷迹，然则有无称异，其致一也。"这里所说的就是物在本性上的"有""无"统一性，即"有—无"性。如果物之性为纯"有"，那么物就会一有到底，物就不会有生灭变化，世上当然没有这样的物存在；而如果物之本性为纯"无"，那么物就会一无到底，就会最终蒸发掉而成为虚无，世上当然也没有这样的物存在。物的存在总是有而无之和无而有之的有无相生、生生不息的，这就是其"有—无"性。僧肇又说："夫有若真有，有自常有，岂待缘而后有哉？譬彼真无，无自常无，岂待缘而后无也？若有不能自有，待缘而后有者，故知有非真有。有非真有，虽有不可谓之有矣。不无者，夫无则湛然不动可谓之无，万物若无，则不应起，起则非无，以明缘起，故不无也。"（《肇论·不真空论》）正因为"有"与"无"是统一的，故要把握"有"不可离开"无"，要把握"无"不可离开"有"，即要在"有""无"同时在场而构成的意境、境域中来把握二者。所以，"若应有即是有，不应言无；若应无即是无，不应言有。言有是为假有以明非无，借无以辩非有。此事一称二，其文有似不同。苟领其所同，则无异而不同。然则万法果有其所以不有，不可得而有；有其所以不无，不可得而无。何则？欲言其有，有非真生；欲言其无，事象既形。形象不即无，非真非实有。然则不真空义显于兹矣。"（《肇论·不真空论》）对事物"有—无"性意境、境域的把握，在人的思想、意识上表现、呈现出来，就是化去了一切对象性的"什么"，也没有那种日常思想活动中的名言概念，所具有的就是无思无虑的"意识流"本身，这就是僧肇所讲的"般若智"的大智慧。故僧肇云："欲言其有，无状无名；欲言其无，圣以之灵。圣以之灵，故虚不失照；无状无名，故照不失虚。照不失虚，故混而不渝；虚不失照，故动以接粗。"（《肇论·般若无知论》）这说的是"般若智"的性质。关于"般若智"的情状，僧肇云："《放光》云：'般若无所有相，无生灭相。'《道行》云：'般若无所知，无所见。'此辨智照之用，而曰无相无知者，何耶？果有无相之知，不知之照，明矣。何者？夫有所知则有所不知，以圣心无知，故无所不知。不知之知，乃曰一切知。故经云：'圣心无所知，无所不知。'信矣。是以圣人虚其心而实其照，终日知而未尝知也。故能默耀韬光，虚心玄鉴，闭智塞聪，而独觉冥冥者矣。然则，智有穷幽之鉴，而无知焉；神有应会之用，而无虑焉。神无虑，故能独王于世表；智无知，故能玄照于事外。智虽事外，未始无事；神虽世表，终日域中。所以俯仰顺化，应接无穷，无幽不察，而无照功。斯则无知之所知，圣神之所会也。然其为物也，实而不有，虚而不无，存而不可论者，其唯圣智乎！"（《肇论·般若无知论》）这就是那种知而无知、无知而知的"圣智"或"般若智"。对于此种知而无知之智，用语言文字一描述总免不了某种神秘感。这究竟是一种什么样的智慧呢？其实就是使意识进入自身的"流"之中。意识就是"意"和"识"，也就是思想，即"思"和

"想",故它本身不可能是不言不识、不思不想的,即它不可能真的无知,有如死人和植物人那样。那怎么使其无知呢?这就要将意念导入自然的流动中,有如意念随气而流那样,这就逼向了和逼到了"意识流"中,这时才有意识自然而然地存在和流动,这就是无知之知和知而无知。这类似于庄子所讲的"坐忘"之"忘",特别是其"道忘"之"忘"。

魏晋玄学由于究玄之需,对言意问题给予了充分注意,也有不少深刻的思想和探索。魏晋之后,很少专门、专题地研究言意问题,但这个问题却一直存在,且一直是中国古代哲学中的重要问题。例如,在隋唐佛学中就有此问题。佛学是什么思想和学问?它首先是一种宗教,其直接目的在教人成佛,使人从日常生活的因果轮回中超脱出来而进入不生不灭的"涅槃"境界。但要教人成佛,首先要解决和回答的一个问题是:人能否成佛,即人有没有成佛的可能性?佛教当然肯定人能成佛,人有成佛的可能性。那么,这个可能性是什么呢?当然不是人的肉体,而只能是人的心性。所以,隋唐佛教直接逼向了人的心性问题。任继愈先生说:"魏晋玄学把中国哲学从元气自然论推进到了本体论的阶段,南北朝时期,中国哲学已由本体论发展为心性论。这一认识过程体现了人类认识规律。汉代哲学致力于宇宙万物生成的探索,魏晋玄学进而探索世界的本体。由本体论再进一步探索,即进入心性论的领域。……隋唐哲学最突出的贡献在于把心性论研究推向新的高度。"[1] 将人的心性本体化,建构一心性本体论,这是隋唐佛学的思想任务。中国化了的隋唐佛学都明确肯定成佛的根据是人的心性。如天台宗认为:"夫一心具十法界,一法界又具十法界,为百法界;一界具三十种世间,百法界即具三千种世间。此三千在一念心,若无心则已,介尔有心,即具三千。"(智𫖮《摩诃止观》卷五上)唯识宗讲"万法唯识",这个"识"就是心。窥基在《成唯识论述记》卷一中说:"唯谓简别,遮无外境;识谓能了,诠有内心。识体即唯,持业释也。识性识相,皆不离心。心所心王,以识为主。归心泯相,总言唯识。唯遮境有,执有者丧其真;识简心空,滞空者乖其实。所以晦斯空有,长溺二边;悟彼有空,高履中道。"华严宗讲"法界缘起"论,认为宇宙万有是互为缘起的"幻相"。但"缘起"离不开心。法藏说:"达无生者,谓尘

---

[1] 任继愈主编:《中国哲学发展史》(隋唐),人民出版社1994年版,第22—23页。

是心缘，心为尘因，因缘和合，幻相方生。由从缘生，必无自性。何以故？今尘不自缘，必待于心；心不自心，亦待于缘。""尘相虚无，从心所生"，"离心之外，更无一法，纵见内外，但是一心所现"。（《华严经义海百门》）宗密解说华严宗的思想要旨说："统唯一真法界，谓总该万有，即是一心；然心融万有，便成四种法界。"（《法界观门注》）至禅宗，更是明确突出了心性问题，如慧能说："心生，种种法生；心灭，种种法灭。一心不生，万法无咎。""万法尽在自心，何不从心中顿见真如。"（《坛经·般若》）"菩提只向心觅，何劳向外求玄。"（《坛经·疑问》）"心量广大，犹如虚空，无有边畔。……世人性空，亦复如是。……自性能含万法是大，万法在诸人性中。"（《坛经·般若》）"汝今当信佛知见者，只汝自心，更无别佛。"（《坛经·机缘》）等等。可见，隋唐佛学诸派都以心性问题为其思想理论的基点。突出心性，要建构心性本体论，此乃隋唐佛学的根本目的和任务。隋唐佛学向心性的转向当然有十分重要的哲学价值。我们知道，汉代哲学的真正功绩和贡献在宇宙生成论，即主要解决包括人在内的天地万物是怎么来的，是由什么材料构成的，生成了的宇宙是个什么结构，等等。接着两汉的宇宙生成论思想，要问的问题就是生成了的宇宙为什么是这个样子？它为什么是如此这般地存在着和能如此这般地存在着？这就是说，宇宙万有如此这般地存在一定有其根据和原因在，否则它是不会如此这般存在的。探讨宇宙万有如此存在的原因和依据问题，这就是魏晋玄学的宇宙本体论思想。但玄学突出的是宇宙如此存在的原因和依据问题，而未能突出人的存在问题。人当然有身体，首先是一肉体，故将人的存在与万物的存在作同等的处理也有道理，所以魏晋玄学将人的存在纳入万物存在中予以处理也说得过去。但人乃一特殊存在。所以，当魏晋玄学探讨了宇宙万有之存在的原因和依据而建构了一宇宙本体论后，接下来的思想任务就是人的存在问题，这就要建立心性本体论，这就是隋唐佛学的任务。佛学明确认为，三千大千世界之存在的根源都在人的心性处。这种主张听起来很唯心，是典型的主观唯心论，却是有道理的。试想，在世上没有人时，宇宙是什么？人根本无法断定什么是宇宙、宇宙存在与否、宇宙有什么意义和价值等问题。人们常说"在人类出现前自然世界（即宇宙）早就存在了"，听起来这种说法蛮对，蛮有道理，实则不然，因为当你说人出现前宇宙如何如何时，人恰恰已出现了，人就在场，就在

第六章　名家的名言思想与中华民族的思维方式

世中，否则的话就根本无法言说宇宙。所以，从这个意义上讲，宇宙之存在、价值、意义等一切，均是由人赋予的，其存在之根源最终在人这里；要寻找宇宙存在的本体，归根结底在人这里，在人的心性上。明代王阳明有言："可知充塞天地中间，只有这个灵明〔按：即人的心〕，人只为形体自间隔了。我的灵明便是天地鬼神的主宰。天没有我的灵明，谁去仰他高？地没有我的灵明，谁去俯他深？鬼神没有我的灵明，谁去辨他吉凶灾祥？天地鬼神万物离却我的灵明，便没有天地鬼神万物了；我的灵明离却天地鬼神万物，亦没有我的灵明。如此便是一气流通的，如何与他间隔得？"（《传习录》下）王阳明此言所说的正是人心的本体论价值。

　　隋唐佛学的思想任务是建构心性本体论。那么，它是如何建构的呢？就隋唐佛学的思想路径言，这经过了天台宗的"一念三千"说、唯识宗的"八识"说、华严宗的"法界缘起"说，最后到禅宗的"自心"或"自性"说这几个前后相继的大阶段，至禅宗六祖慧能才建构完成了这个心性本体。这个过程并非三言两语可以说清。另外，我们在第一章谈儒家的心性本体论思想发展时已对佛学心性本体论的建构有所言述，此不再赘言。这里只是指出一点：隋唐佛学至禅宗慧能才以"无念为宗，无相为体，无住为本"（《坛经·定慧》）的"自心"或"自性"说完成了心性本体论的建构。现在我们要思考的问题是：究竟怎么来建构心性本体论呢？当然，要建立心性本体，所承担者、所操作者、所执行者仍是这个心性自身；且人的心性不能和不可能在自身之外去寻找一个东西来充作本体，因为在心性之外所寻找的东西其存在的原因和根据仍要心性来说明和赋予，故心性自己只能将自己或自身予以本体化。这到底怎么来做呢？这里必须要有相应的两步：第一步，心性先将自己提离出来，自己将自己对象化，这实际上是要求心性自己将自身一分为二，一个是被对象化了的心性，另一个是正在执行着这一对象化任务和进行着这一活动的正在当场构成着的非对象化的心性。这时的这个非对象化的心性实施着对对象化的心性的把握和认识，这时的心性知道有个自己存在，也可用对象性的概念方式对自己作出规定和认识。走了这第一步后，表面看来心性就把握住了自己，这不就是心性对自身的本体化吗？不就是心性本体论的建立吗？表面看来是，但实则不是。因为当心被对象化出来后，它就被提离开了活生生的、正在当场存在和活动着的、正在构成着自身的境域、意境了，这时它就死了，就起不了构造作用，就成了僵尸，要这样的心性本体也就无用了。真正有用的、能起主宰和构造作用的是那个生、活在当场构成境域中的心性自身。所以，第二步，这个被对象化出来的心性要再返回到那种非对象化的、正活在生存境域中的心性中来，以当场体察、体验、体悟、体会的方式来存在，这可谓心性本身之"独化"，这才是最终所需要的真正的心性本体。说到这里就有个问题，即当被对象化了的心性再返回到原来的活的境域中时，这不又转回来了吗，还不如直接一开始就说那种活的心性活动之境域就是心性本体不就行了吗，何必要第一步提离出来而第二步又返回来这样多此一举呢？答曰：这并非多此一举，也非故弄玄虚。心性不将自己对象化出来它就不知道有自己存在，更不要说自身是本体了；而将自己对象化出来后如果不返回到自身中，这个对象化了的心性就会缺乏营养而干涸死，还谈什么本体化呢！所以，心性既要将自身对象化出来，同时又要将自身收摄进来。这么一出一入，正好说明了和表现了心性的内在本性——对象性和非对象性、自身性和非自身性、我性和他性，等等；从存在论和本体论出发，我们不妨称心性的这种内在本性为其"有一无"性。正是心性本身的"有一无"性才使得心性可"独化"式地存在，这才有自本自根的心性本体。

很明显，这种心性本体是一种境域、意境、势域，而非对象存在。所以，把握此种境域就不可用那种对象性、概念化方式，不能用名言来定谓，而只能用直逼这个境域本身的"悟"或"顿悟"。所以禅宗反对读经礼佛。《五灯会元》卷七载有青原门下德山宣鉴禅师之语，曰："这里无祖无佛，达摩是老臊胡，释迦老子是干屎橛，文殊、普贤是担屎汉，等觉、妙觉是破执凡夫，菩提、涅槃是系驴橛，十二分教是鬼神簿，拭疮疣纸，四果三贤、初心十地是守古塚鬼，自救不了。"《古尊宿语录》卷四载有临济义玄禅师的话，曰："三乘十二分教皆是拭不净故纸，佛是幻化身，祖是老比丘，你还是娘生已否。你若求佛，即被佛魔摄，你若求祖，即被祖魔摄，你若有求皆苦，不如无事。……真佛无形，真法无相。你只么幻化上头作模作样，设求得者，皆是野狐精魅，并不是真佛，是外道见解。……你欲得如法见解，但莫受人惑，向里向外，逢着便杀，逢佛杀佛，逢祖杀祖，逢罗汉杀罗汉，逢父母杀父母，逢亲眷杀亲眷，始得解脱，不与物拘，透脱自在。"《五灯会元》卷五载，邓州丹霞的天然禅师"唐元和中至洛京龙门香山，与伏牛和尚为友。后于慧林寺遇天大寒,取木佛烧火向,院主诃曰:'何得烧我木佛?'师以杖子拨灰曰:'吾烧取舍利。'主曰:'木佛何有舍利?'师曰:'既无舍利,更取两尊烧。'主自后眉须堕落"。禅宗的所作所为看来有些匪夷所思,但目的是明确的,即化去或摆脱掉一切外在化、对象化的东西而直入"自心",使"心"径直回到自身而将自己本体化。

在禅宗处,那种概念化、对象性的语言文字是失效的和被鄙视的。禅宗中有大约1700多个公案,通过设喻和机智的问答来启示求法者契悟"自性"以成佛果。禅宗最反对人们问"什么是佛""什么是祖师西来意"之类的问题。因为当一问或一答"什么是佛"时,这个"佛"就被对象化了,就成了"自心"或"自性"面前的对象,这时的"自心"与"佛"就成了两截子,"自心"将永远契悟不到佛,成佛也就根本无望了。"乃白祖云:某甲有个会处。祖云:作么生?师云:说似一物即不中。"(《五灯会元》卷三"南岳怀让禅师"条)"问如何是第一义?师曰:我向你道是第二义。"(《五灯会元》卷十"清凉文益禅师"条)只要一用语言,只要一说,就落言筌中,就被对象化了,真正的"佛"就离你而去了。只有直指"自心"而"顿悟"成佛,才能直入涅槃而成佛果。可见,在以禅宗为代表的隋唐佛教中,也是主张"言不尽意"的。

至宋明理学,仍有言意问题在。理学分为程朱"理"学和陆王"心"学两大派。之所以有如斯之分化,关键在于对如何把握"理"或"天理"的方式、方法有不同理解和看法,这里就有名言能否把握"理"的问题。对于理学讲的那个"理"或"天理",不论是程(颐)朱(熹)还是陆(九渊)王(阳明)都是肯定和认同的,这没有异议。异议出在如何来认识和把握这个"理"上。程朱派认为要知道和把握这个"理",要通过格物致知、读书学习的进路,即"须是今日格一件,明日又格一件,积习既多,然后脱然自有贯通处"(《河南程氏遗书》卷十八)。"所谓致知在格物者,言欲致吾之知,在即物而穷其理也。……至于用力之久,而一旦豁然贯通焉,则众物之表里精粗无不到,而吾心之全体大用无不明矣。此谓物格,此谓知之至也。"(朱熹《四书章句集注·大学章句》)这种"格物致知"的方法就是那种对象性、概念化的名言之方。

而陆王派则坚决反对用对象性、概念化的方式方法来把握"理",认为那种方法是最终把握不住"理"或"天理"的,把握"理"只能靠心悟，即"切己自反"以趋"本心"。陆九渊说："近有议吾者云：'除了先立乎其大者一句，全无伎俩。'吾闻之曰：'诚然。'"（《陆九渊集》卷三十四《语录上》）这个"大者"就是"心"，为学先要把握住这个"自心"，然后才不致迷误方向。"学者须是打叠田地净洁，然后令他奋发植立。若田地不净洁，则奋发植立不得。古人为学即'读书然后为学'可见。然田地不净洁，亦读书不得。若读书，则是假寇兵，资盗粮。"（《陆九渊集》卷三十五《语录下》）先将这个"本心""自心"树立起来，再为学，这就叫"收拾精神，自作主宰"。"收拾精神，自作主宰。万物皆备于我，有何欠阙！""人精神在外，至死也劳攘，须收拾作主宰。收得精神在内时，当恻隐即恻隐，当羞恶即羞恶，谁欺得你？谁瞒得你？见得端的后，常涵养，是甚次弟。"（《陆九渊集》卷三十五《语录下》）陆九渊这种"先立乎其大"、发明"本心"之法，就是直接进入心的活动意境、境域中，在心的当下发生、当场构成中来自我开显和显现之。他很反对朱熹那种"终日簸弄经语"（《陆九渊集》卷一《与曾宅之》）的方法，说："圣人之言自明白，且如弟子入则孝，出则弟，是分明说与你入便孝，出便弟，何须得传注。学者疲精神于此，是以担子越重。到某这里，只与他减担，只此便是格物。"（《陆九渊集》卷三十五《语录下》）宋孝宗淳熙二年（1175年），朱熹和陆九渊在鹅湖聚会，就为学方法问题作了面对面的争论。陆九渊批评朱熹的"格物穷理"法是"支离事业"，有失学问根基（见《陆九渊集》卷三十四《语录上》）；而朱熹则认为陆九渊的"减担"法太过空疏，"其病却在尽废讲学而专务践履，于践履中要人提撕省察，悟得本心，此为病之大者"（《朱文公文集》卷三一《答张敬夫》之十八）。因各持己见，二人在为学方法上的分歧难以弥合，故聚会不欢而散。可见，为学方法对把握"天理"之关键和重要。

明代王阳明继承了陆九渊的"心"学主张和思想宗旨，提出了"知行合一"的为学方法。他说："理也者，心之条理也。是理也，发之于亲则为孝，发之于君则为忠，发之于朋友则为信。千变万化，至不可穷竭，而莫非发于吾之一心。"（《书诸阳卷》）"知是心之本体，心自然会知。见父自然知孝，见兄自然知弟，见孺子入井自然知恻隐。此便是良知，不假外求。"（《传习录》上卷"徐爱录"）这种"见父自然知孝"等"自然会知"的"心之本体"，绝不是那种对象化、概念性的知和知识，而是一种意境、境域中的当场生成和开显、显现，这种境域是根本不能用概念式的名言来把握的。对此，王阳明批评了朱熹的"格物"之法，云："朱子所谓格物云者，在'即物而穷其理'也。即物穷理，是就事事物物上求其所谓定理者也，是以吾心而求理于事事物物之中，析心与理为二矣。夫求理于事事物物者，如求孝之理于其亲之谓也。求孝之理于其亲，则孝之理其果在于吾之心邪，抑果在于亲之身邪？假而果在于亲之身，则亲没之后，吾心遂无孝之理欤？见孺子之入井，必有恻隐之理；是恻隐之理果在于孺子之身欤？抑在于吾心之良知欤？其或不可以从之于井欤，其或可以手而援之欤？是皆所谓理也，是果在于孺子之身欤，抑果出于吾心之良知欤？以是例之，万事万物之理，莫不皆然，是可以知析心与理为二之非矣。"（《传习录》中卷《答顾东桥书》）王阳明意识到，如果将"理"对象化，"理"就被提离开了人，就处在了人"心"之外，这样的"理"就与人无关了，还要它干什么呢？王阳明一再说朱熹那种把握"理"的方式方法是"析心与理为二"，这自然是把握不住"理"的。故王阳明肯定和强调，"理"不能用对象性、概念化的认知方法来获得。但王阳明也体会到，"理"亦不能只是人的纯主观想象或幻想，这样的"理"同样无用。他一再问，比如"孝"这个理到底在哪里？是单纯存在于父母身上吗？是单纯存在于儿女身上吗？如若是前者，那么一旦父母去世后世上就再不可能有"孝"之理了！如若是后者，那么儿女就不必对父母行"孝"了，因为在无父母时儿女的所作所为就仍是"孝"。这两种情形都不是真正"孝"的行为。"孝"之行只能存在于父母与儿女之间，即存在于由父母与儿女共同构成的"中间"或"中"的地带，这就是境域。这时的这个"孝"好像在父母那里但又好像在儿女这里，好像在儿女这里又好像在父母那里，当你觉得在父母身上时却正好在你自己身上，而当你觉得在你自己身上时却正好在父母身上。换言之，当你正要将这个"孝"予以对象化和概念化时，它却消去了自己的对象性而返回到了你自己"心"中；而当你正要将它予以主体化和意志化时，它却消去了自己的意志化、主体化而将自己外化了出去。这，正是"孝"之理和"孝"之行的本质、实质所在。这正是"孝"本身所具有的现象学识度。儒家所讲的"仁""义""礼""智""孝""信""忠"等伦理行为和所谓的"天理"，都有此种现象学的"中"或"居中"之识度，这根本不是那种概念化的名言所能把握的。在此意义上，可以说宋明理学中的"理"学派是"言尽意"论者，而"心"学派则是"言不尽意"论者。

　　以上是我们对宋明理学中所蕴涵和体现的言意问题的一种梳理和探讨。其实，理学中言意问题的深层根源在于"理"本体和"心"本体这两种本体论上。"理"学派主张"性即理"，这个"理"有对象化、概念化的质性特征，它是"天理"，具有神圣性和必然性、权威性，却缺少自我执行和实施的内在动力，故它因缺乏自身营养而最终要解体和转化。所以，当南宋朱熹刚刚建构起"理"学大厦时，与其同时的陆九渊就在"理"大厦的旁边建构起了"心"学大厦。"心"学派主张"心即理"，将"理"学对象化出去的"理"回收、涵摄在了"心"中，使"理"获得了自身的充分营养，使其执行和实施有了内在之动力。但这个"理"因此失去了外在的权威性和神圣性力量，故到了阳明"心"学的后学，从王艮到何心隐到李贽，"理"或"天理"被感性化和情欲化，童心、人欲逐渐取代了"天理"而泛滥开来，终于导致"心"学的解体。在宋明理学中，"理"学发展为"心"学，可谓"理"学之偏由"心"学来救治之；那么"心"学之偏又由谁来救治呢？"心"学又向"理"学发展吗？倘若真的如此的话，"理"学与"心"学之间这种走马灯似的转换终非长久之策，终究不能解决问题。冯友兰先生说要"接着宋明理学讲"而不是"照着讲"，这个提法和主张很好，但究竟如何来"接"呢？是接"理"学呢还是接"心"学呢？冯先生自己接的是"理"学。现在看来，直接接"理"学或直接接"心"学都不是万全之策，这样做未必能真正接上宋明理学。那么，问题究竟出在哪里？就出在人的意志自由或自由意志上，这也就是关于人的"无"即"自由"的本质。在前面讲儒家的心性本体论和道家的道德本体论时我们一再说过，宇宙中出现了人以后，人造就了和带来了一个属于自己的世界——人的世界或人文世界，这表明人的一切都由人自己来决定和作主，除了人自己之外别无他矣！这就是人的"无"即"自由"的本质。这一本质在人的社会生活中的展现和表现，就是人的意志自由或自由意志。没有人的自由意志，就没有人的伦理行为；但同时如果仅有人的自由意志，同样就没有人的伦理行为。因为，正因为人的意志是自由的，所以它既可以自觉自愿地执行和实施某一伦理行为，也可以自觉自愿地不执行和破坏某一伦理行为，比如说人既可以自觉自愿地来孝敬父母，也可以自觉自愿地来虐待父母，如果这两者都被认可，那世上还有"孝"道可言吗？所以，人们一方面要将伦理规范向人的自觉自愿的自由意志导入，使其获得内在动力；另一方面又要将人的自觉自愿的自由意志向外提升，使其对象化、神圣化和权威化、约束化。所以，当孔子当年为了复"礼"而将周公"制礼作乐"的礼、乐导入人的"仁"性本质后，就一直有个儒学伦理学本体化的问题，可以说至程朱"理"学这里才最终完成了这一艰巨任务。但这样一来又存在着使"理"失去执行的动力之危险，故又需"心"学来拯救之。刚才说了，"心"学本身亦存在着需要"理"学拯救之的可能和要求。这一情况表明，人的这个自由意志即"心"既要外化出去又不能完全地外化出去，既不能完全地外化出去又不能完全地不外化出去；就是说，这个"心"既要外化又要内化，既要内化又要外化。那么，这究竟怎么办呢？到底如何来"化"之呢？这里只有一途可走，这就是使"心"居"中"或"中"化。这正是现象学所揭示和所要求的"心"的意境和境域所在。这类似于王阳明所讲的"心"境，但比他所说的更根本和高级。到了这一步，宋明理学之"理"学和"心"学的融合才有希望和可能，"接着宋明理学讲"的任务才能落到实处。

以上我们论述了中国古代哲学中的言意思想。这种论述是无谓的聒噪吗？当然不是。这种论述旨在表明，中国古人和中国思想、中国哲学一直关心着、探讨着言意问题，一直在生活实践中和思想活动中从事着言如何表达意和意如何被展现的工作。这不就是中华民族的精神吗？！这种深层的思维方式上的运作和表现，正是一个有文化的民族最深刻和深厚的精神所在。有了从西方传统哲学中反叛出来的现代西方哲学现象学和存在论等的思想参照，我们发现中国古代思想和哲学中有甚为深厚的现象学的思想识度，这种传统的民族思维方式和民族精神，是今天全世界人民的极为宝贵的精神财富，有极大的思想意义和价值。对此，我们这里点到为止。

现在还是再回到名言问题上。中国古代有名家，古希腊有智者学派，现代西方哲学中有语言分析哲学派别。从中到西，从古到今，人们为何重视名言和讨论名言问题，为何不惜背上诡辩之名要探讨名言的含义？这都是基于一个共同目的或受同一个目的和目标的驱使，这就是表现和表达意，即思想。人是有思想、会说话的理性动物。会说话就要说点什么和能说点什么，不能和不可能什么都不说；有思想就要表现和展示之，不能和不可能对思想无任何的表现和展示；有理性就要探赜索隐，就要讲个所以然、为什么的道理出来，不能和不可能全凭本能来运作。人要表现、表达思想，思想要被表现、表达，这没有名言、语言万万不可和不行；不要说你在讲话、作文时少不得语言文字这些名言，即使你不讲话不作文而只默默沉思，依然少不得名言，否则你只能呆呆地犯傻充愣，根本沉思不了。所以，要表现、表达思想，即人要表现其意，没有名言不行、不可。这是言与意问题一个方面的内容。

　　言与意问题另一个方面的内容是，言能达意吗？言真的就能将人的思想、意志、意识和盘托出，完全地表现、表达出来吗？看来不行。这首先要看所谓的思想、意究竟是什么样的思想和意。如果这个思想和意是对象化的东西，是人面前的对象性存在，言是能达意的。西方传统哲学中的思想、意大多就是此种对象化之意，故是能用理性的概念推演法来表述的，从柏拉图到黑格尔均是如此。但如果这个思想和意不是那种被提离开了思想活动境域的、被对象化了的东西，而是正在形成和构成之中的，活在当场情境中的，在情势、境域中表现着的鲜活的存在自身的话，名言对此就无能为力了。我们前文引述《庄子·天道》中轮扁斫轮时那种"不徐不疾"的"数"，就无法用名言来传达和定谓，因为"说似一物即不中"（禅宗语），一说一言，这个"数"就不活了，就死去了，说之无益啊！所以，活的思想、意，一定是境域、势域、情境性的当场生出和构成，是不可和不能被提离开当场情境的，故那种对象性、概念化的名言是不能表达此种意的，在这里真的是"言不尽意"啊。中国古人早就认识到了这个问题，故孔子有"予欲无言"（《论语·阳货》）之说，老子有"玄览"（《老子》第十章）、"日损"（《老子》第四十八章）说，庄子有"忘"（有"坐忘"和"道忘"）、"朝彻"、"见独"（《庄子·大宗师》）及"心斋"（《庄子·人间世》）等之说，魏晋玄学等有"言不尽意"说，等等。故与西方传统哲学概念推演方法不同，中国传统哲学讲的是"出言寄意""忘言得意"的"冥而忘迹"的体悟之方，是让人在活的境域中直接体认和感受"道"的气息和形势，而不是用名言将它对象化出来予以规定之。

　　可见，要表现、表达"意"既不能无言又不能有言，既不能不用言又不能用言。言能成就意又能损害意，这真是"成也萧何败也萧何"！究竟怎么办呢？难道真的要将名言抛掉，将语言文字消除，使人类返回到没有发明出语言文字的野蛮蒙昧时代吗？此路当然不通！那么，就像传统西方哲学那样一概用名言概念那种推演法吗？看来此路也有问题。从西方传统哲学阵营中反叛而出的现代西方哲学的现象学、诠释学、存在论等哲学思想和方法证明，西方传统那种概念推演方式只能把握死的、被提离出来的、对象化了的东西，并不能抓住活着的境域和情境，而真正的思想、意不是对象性的存在，只能是情境，故用名言概念把握活的意境确是有隔的！

看来，文章只能作在名言自身上。又怎么作呢？我们先看一下现代数理逻辑和分析哲学思想的创始人弗雷格的一个思想。1892年弗雷格发表了《论意义和所指》一文，其中有段话这样说："一个专名的所指是我们用它去指称的对象本身；我们在这种情况下所具有的观念完全是主观的；意义处于所指对象和观念之间，它的确不再像观念那样是主观的，但也还不是对象本身。下面的类比也许可以阐明这些关系。一个人通过望远镜观察月亮。我把月亮本身比作所指；它是观察的对象，是以由物镜投射在望远镜内的实际影象和观察者视网膜上的影象为中介的。前者我比作意义，后者则有如观念或经验。望远镜里的光学影象确实是片面的，而且依赖于观察着的眼点；但是它仍然是客观的，因为它可被许多观察者所利用。无论如何，它能够被安排得使许多观察者同时利用它。但是每个观察者都会有他自己视网膜上的影象。由于观察者们的眼睛构造不同，即使几何图形的一致也难以达到，实际的符合一致则是完全不可能的。假定A的视网膜影象可为B所见，或A可以在镜子中看到自己视网膜上的影象，由此我们还可以进一步进行这种类比。这样我们也许可以指明一个观念本身如何能够被当作对象，但是，纵然如此，观察者所看到的也决不会是具有这个观念的人所直接看到的东西。"[①] 弗雷格所讲的用望远镜看月亮的例子说明了什么问题呢？这说明，天上那个客观的月亮如果不进入望远镜的镜筒中再进而进入观察者的视网膜中，人是不可能知道有个月亮的。人们老是言之凿凿地说人之外的对象存在是客观的，是不以人的意志为转移的，是与人无关的。但实际情况并非如此，如果人之外的对象真的根本与人无关，与人压根就不发生关系和联系，那么人是无法知道是否有这个对象的；人知道的

---

① 陈启伟主编：《现代西方哲学论著选读》，北京大学出版社1992年版，第300页。

对象一定是已经与人发生了关系的对象,就像这个已进入望远镜镜筒中和人的视网膜中的月亮一样。这乃人认识和把握对象时一方面的情形。还有另一方面的情形,这就是:对象要进入人的意识中,却不能完全地进入和彻底地进入,如果完全、彻底地进入了,对象就变成了人的主观感受,成了人自身的感觉状态,这实际上就消解了对象。比如拿那个月亮来说,有人看到月亮时高兴而有人忧愁,这就是将月亮主观感受化了,转化成了人的主观感受或心理感应、感受了。如果对象都成了各个人的主观的心理感受,那这个对象就失去了客观性而不可和不能在人们之间交流和传达,这也就没有认识活动可言了。所以,人认识和把握对象时总有个"中间"或"居中"的"中"性地带存在着,在这个中间地带中,那个所谓的"对象"既是外在的对象又非纯粹外在的对象而是主体感受,既是主体的感受但又非纯粹的内在心理而是客观的存在;简言之,所谓的"对象"就既是主观的又是客观的,是主客客主、客主主客的浑然一体存在。此乃海德格尔所谓的作为真正哲学活动之起点和终点的"人在世中"的"存在"本身。哲学或真正的思想所要把握的就是和正是这个"存在"本身,而不是那种或者偏于对象一边或者偏于主观一边而无有"居中"性或"中"性境域可言的对象性规定。

人类使用语言的目的和语言的任务就在于把握这个既非主非客又亦主亦客的主主客客、客客主主、主客客主、客主主客的"中"性地带。但由于受对象存在的根深蒂固的影响和日常生活的习惯左右,人们一打眼观察对象就将它对象化了,将它作为一个"什么"来对待;也习以为常地将语言概念化,用以配合这种"什么是什么"的对象性规定来把握对象。所以,日常生活中的那种对象性、概念化的思维方式的确不足以把握对象本身,即回不到事情本身。名家的那些看似反常识的、诡辩的命题,比如公孙龙的"白马非马"说,从反面冲击了日常生活和语言中那种对象性、概念化的思维方式,这当然是有重要意义的。但是,名家的思想一般都是破除性的,正面建设却不够。比如说,日常生活中所言的"白马是马"固然有对象性、概念化之嫌,但"白马非马"说亦因明显违背常识而鲜有思想作用和价值。如果天下人都认可了和遵循着"白马非马"的观念,那还有对马、对白马等的认识和把握吗?还有生活可言吗?因此,纯用日常生活中的观念固然不足以正确把握对象,而纯用名家那种有诡辩之嫌的观念亦不足以正确把握对象。看来，需要的不是那种对象性、概念化的名言，而是一种让语言自己说话的，自己开显、显现自身的语言。

这种语言是什么和叫什么呢？《论语·颜渊》载："齐景公问政于孔子。孔子对曰：'君君，臣臣，父父，子子。'公曰：'善哉！信如君不君，臣不臣，父不父，子不子，虽有粟，吾得而食诸？'"这里的"君君"等是什么意思？孔子未作解说。齐景公的理解是政治权力和地位上的事，亦未必尽合孔子之意。这个"君君"实际上就是让语言自己来说话，来自我开显、显现自己。"君君"这两个君字，有一个是名词，作名称用；另一个则是动词，作动作、作为用。"君君"即"君—君"。什么是"君"？"君"是个名言概念，是名称，即君王、君主、君临天下的统治者等。但"君"这个名不只是个名称，不只反映那样一个人；倘若只仅仅是个名称，只是指那个坐在皇帝宝座上的人，那么这个"君"就只是个称谓，只是一个对象性的东西，是个没有血肉的干尸、僵尸，是个有名无实的傀儡，这当然不是真正的君主。真正的君王、君主是正在做着君的事的人，即正在君临天下、发号施令、统治着万民的那个统治者，这就是动词意义的"君"了。所以，这个"君君"就恰当地表现了和展现了"君"自身的意义和含义。所谓"君"（第一个君字）就是正在君临天下、做着君的事的人（第二个君字）；或曰：正在发号施令、君临天下、统治着万民的那个人（第一个君字）就是被人们称为"君"的人（第二个君字）。所以，在"君君"这里，这两个"君"字均可作为名词和动词，也都可通可解。这说明，作为"名"的语言其自身并不是单纯的对象性的名称、名词，而同时就是正在做着事的、正处在情势境域之中的、当场生成和构成着的事情本身、境域本身。故这个"君君"就是让语言自己说话，让语言自己自我开显和显现。孔子所谓的"臣臣""父父""子子"亦如此。董仲舒在《春秋繁露·楚庄王》中说："屈伸之志，详略之文皆应之。吾见其近近而远远，亲亲而疏疏也；亦知其贵贵而贱贱，重重而轻轻也；知其厚厚而薄薄，善善而恶恶也；知其阳阳而阴阴，白白而黑黑也。物皆有合偶，偶之合之，仇之匹之，善矣。"董仲舒讲了"近近""远远"等十六个这样的词组，这就是让语言自己说话。董仲舒之所以重名号，要"深察名号"，其用意也正在这里。孔子和儒家都重《诗》，往往要引诗表意，要有个"诗云……"这正是因为《诗》有赋、比、兴的原则和说话方式，特别是这个"兴"是拟物起兴,这时从对象开始而自然地导入了人的主体感受,有一个对象与主体夹撑、托浮起来的浑然一体的势域和境域存在着。孔子这种"君君"之类的语言就是非对象化的境域之言,它正好是达意的合适工具。

还有老子。他说:"道可道,非常道;名可名,非常名。"(《老子》第一章)主张:"为道日损。损之又损,以至于无为。"(《老子》第四十八章)老子明确认识到,"道"不可作为对象对待,故难以用对象性、概念化的名言来定谓和把握。那用什么样的语言来把握之呢?老子用的是那种"惚兮恍兮,其中有象;恍兮惚兮,其中有物"的"惟恍惟惚"(见《老子》第二十一章)的"恍惚"之语。这很明显是对意境、境域的状摹和指称,这就是老子的"信言"(《老子》第八十一章)。我们可称之为"道言"。

庄子比老子在用何言来把握"道"的问题上思考得更明确和深入。《庄子·天下》在阐述庄子思想时说:"以谬悠之说,荒唐之言,无端崖之辞,时恣纵而不傥,不以觭见之也。以天下为沈浊,不可与庄语,以卮言为曼衍,以重言为真,以寓言为广。独与天地精神往来而不敖倪于万物。不谴是非,以与世俗处。"庄子明确认识到,"道"不是对象化的存在,故不能用概念规定的方式来把握。要把握"道"或要得"道",一定要化去"什么是什么"那种对象化的规定,而进入与"道"一体同在的境域中,即进入"道境"中。而进入"道"境的方式就是庄子讲的"忘"。他不仅讲"堕肢体,黜聪明,离形去知,同于大通"的"坐忘",还讲"鱼相忘乎江湖,人相忘乎道术"(《庄子·大宗师》)的"道忘"。"坐忘"是一种宁息静虑的心理训练,故带有被动性和消极性。而"道忘"就是"由技进乎道",即在出神入化地使用工具的过程中达到"以神遇而不以目视,官知止而神欲行"(《庄子·养生主》)的对象与主体一体化的浑一境域,这就是得"道",就是入"道"境。与此种"道忘"相一致的语言,就是庄子所谓的卮言、重言、寓言这"三言"。《庄子·寓言》曰:"寓言十九,重言十七,卮言日出,和以天倪。""寓言十九,藉外论之。""重言十七,所以已言也,是为耆艾。""卮言日出,和以天倪,因以曼衍,所以穷年。不言则齐,齐与言不齐,言与齐不齐也,故曰言无言。言无言,终身言未尝言,终身不言未尝不言。有自也而可,有自也而不可;有自也而然，有自也而不然。恶乎然？然于然。恶乎不然？不然于不然。恶乎可？可于可。恶乎不可？不可于不可。物固有所然，物固有所可；无物不然，无物不可。非卮言日出，和以天倪，孰得其久！"所谓"寓言"就是寄托寓意之言。所谓"重言"乃借重先哲时贤之言。所谓"卮言"即无心之言。《说文》："卮，圜器也。一名觛。所以节饮食。象人，卩在其下也。"卮乃圆形酒器，𠂉象人字，卩字在它的下面。卮器满后自然向外流溢。很明显，这些"言"均非对象化的概念之名言，它们都有境域、境界性。尤其是这个"重言"，人们一般理解为重（zhòng）言，即有身份、有分量的人所讲的言。但我更倾向于理解为重（chóng）言，即有如孔子的"君君"类之言，这是让语言自己说话的言，正是此种言富有现象学识度，更能表达和表现那种活着的、当场生成着的境域性。

至魏晋时代，玄学取代经学而成为时代的思想主流。玄学家大都重视言意问题，也都主张"言不尽意"，即一般意义、传统意义上的对象化的言是难于把握那个活"意"的。故郭象主张用"既遣是非，又遣其遣；遣之又遣之以至于无遣，然后无遣无不遣而是非自去矣"（《庄子·齐物论注》）的"双遣"法，这个"双遣"是"是非反复，相寻无穷，故谓之环。环中空矣。今以是非为环而得其中者，无是无非也。无是无非，故能应夫是非；是非无穷，故应亦无穷"（《庄子·齐物论注》）。这显然是一种类似"重言"法的让语言自己说话的方法。还有僧肇的那个"默耀韬光，虚心玄览，闭智塞聪，而独觉冥冥"（《肇论·般若无知论》）的"般若智"，也是一种类似"重言"的语言。

至初唐，有了"重（chóng）玄"学的道教思想。以成玄英为代表的道教"重玄"学认为："道者，虚通之妙理，众生之正性也。""道以虚通为义，常以湛寂得名。""至道虚通，妙绝分别，在假不假，居真不真。""至道深玄，不可涯量，非无非有，不断不常。"（成玄英《老子疏》）这样的"道"显然非名言所能把握。"大道虚廓，妙绝形名。"（《庄子·齐物论疏》）"夫至道凝然，妙绝言象，非无非有，不古不今，独往独来，绝待绝对。……故《老》经云寂寞而不致。"（《庄子·大宗师疏》）把握这种"道"的方式方法只能是入乎其中的境域体悟。成玄英说："寻夫生生者谁乎？盖无物也。故外不待乎物，内不资乎我，块然而生，独化者也。……使其自己，当分齐足，率性而动，不由心智，所谓亭之毒之，此天籁之大意者也。""体夫彼此俱空，是非两幻，凝神独见而无对于天下者，可谓会其玄极，得道枢要也。"(《庄子·齐物论疏》)配合或适合此种"道"境的语言形式就是"玄之又玄"的"重玄"法。成玄英说："有欲之人，唯滞于有；无欲之士，又滞于无。故说一玄，以遣双执。又恐学者滞于此玄，今说又玄，更祛后病。既而非但不滞于滞，亦乃不滞于不滞，此则遣之又遣，故曰玄之又玄。"(《老子疏》)在《庄子疏》中，成玄英多次论说此种"重玄"法或"双遣"法，谓："今论乃欲反彼世情，破兹迷执，故假且说无是无非，则用为真道。是故复言'相与为类'，此则遣于无是无非也。既而遣之又遣，方至重玄也。"(《庄子·齐物论疏》)"即有即非，即寂即应，遣之又遣，故深之又深。既而穷理尽性，故能物众物也。"(《庄子·天地疏》)"遣之又遣，乃曰至无。而接物无方，随机称适，千差万品，求者即供，若悬镜高堂，物来斯照也。"(《庄子·天地疏》)成玄英所说的"重玄"，也就是"玄玄"，即让"玄"自己来说话，来显现之，这就是境域。

　　隋唐佛教为了教人成佛，亦有个如何与"佛"合为一体的入境问题。隋唐诸宗都在寻求这个与"佛"一体的"涅槃"境界，但只有禅宗比较适当地进入了此种境界、境域。禅宗特别反对用对象性概念化的名言法来理解和把握"佛"，因为"说似一物即不中"(《坛经·机缘》)。禅宗有大量公案，所要破的就是概念化的名言法。怎么破呢？慧能讲过一个"三十六对"法。《坛经·付嘱》曰："师一日唤门人法海、志诚、法达、神会、智常、智通、志彻、志道、法珍、法如等，曰：'汝等不同余人，吾灭度后，各为一方师。吾今教汝说法，不失本宗。先须举三科法门，动用三十六对；出没即离两边；说一切法，莫离自性。忽有人问汝法，出语尽双，皆取对法，来去相因。究竟二法尽除，更无去处。……对法外境，无情五对：天与地对，日与月对，明与暗对，阴与阳对，水与火对，此是五对也。法相语言十二对：语与法对，有与无对，有色与无色对，有相与无相对，有漏与无漏对，色与空对，动与静对，清与浊对，凡与圣对，僧与俗对，老与少对，大与小对，此是十二对也。自性起用十九对：长与短对，邪与正对，痴与慧对，愚与智对，乱与定对，慈与毒对，戒与非对，直与曲对，实与虚对，险与平对，烦恼与菩提对，常与无常对，悲与害对，喜与瞋对，舍与悭对，进与退对，生与灭对，法身与色身对，化身与报身对，此是十九对也。"这"三十六对法"究竟在说什么和要说什么呢？其实讲的就是"中"道法门，即进入由两方或两边夹撑、托浮起来的"中"或"中间"地带或地域中，这是一种活的和正在生成的、形成的境域和势域，在这里才能如鱼得水，不会有对象化的外在的硬性规定。比如拿天、地来说，分别看，天和地都是对象规定，都是对象存在。然而，当你观察和把握天、地时，你何以能把握住它们呢？为什么能知道这是"天"、这是"地"呢？其实，当你看天说天时之所以能知道此是"天"，是因为有"地"在，即当"天"出场、在场时"地"也同时出场了、在场了，倘若世上只有个天而压根就没有地在，你是无法把握和知道这个"天"的。所以，"天""地"本来就同在场中，这二者本来就构成了一个活的境域、意域、意境，只有在这个境域中"天"和"地"才都能存在着。可见，慧能的这个"三十六对法"还真有些哲理和禅机在内，并非随便唬人。"师言：此三十六对法，若解用，即道贯一切经法，出入即离两边。自性动用，共人言语，外于相离相，内于空离空。若全着相，即长邪见；若全执空，即长无明。执空之人有谤经，直言'不用文字。'既云不用文字，人亦不合语言；只此语言便是文字之相。又云：'直道不立文字。'即此'不立'两字，亦是文字。见人所说，便即谤他言着文字。汝等须知，自迷犹可，又谤佛经；不要谤经，罪障无数。"（《坛经·付嘱》）人类要思想，不用语言文字是不可能的。这里的关键是营造一种让自身说话的语言——"重言"。慧能的这个"三十六对法"难道不是在营造和构造"重言"吗？！

宋明理学中亦有"重言"的思想和方法，这主要在"心"学一派中。比如当王阳明讲"知行合一"："知是行的主意，行是知的功夫；知是行之始，行是知之成。"（《传习录》上卷"徐爱录"）"行之明觉精察处便是知，知之真切笃实处便是行。"（《王阳明全集》卷六文录三《答友人问》）这里所说的就是一种"知—行"语言，是"知—行"之"重言"语。故王阳明说："知行原是两个字说一个工夫，这一个工夫须着此两个字方说得完全无弊病。若头脑处见得分明，见得原是一个头脑，则虽把知行分作两个说，毕竟将来做那一个工夫，则始或未便融会，终所谓百虑而一致矣。若头脑见得不分明，原看做两个了，则虽把知行合作一个说，亦恐终未有凑泊处，况又分作两截去做，则是从头至尾更没讨下落处也。"（《王阳明全集》卷六文录三《答友人问》）这个"知行原是两个字说一个工夫"，就是"知—行"语言的自我开显、显现，这是语言之境界和境界之语言。

可以看出，在中国古代思想和思维中，一直有一个让语言自己开显和说话的"道言""重言"之类的文化传统，这与西方那种以指称对象为能事的对象性概念化语言大相径庭。那么，如此富有思想深意的、在现代西方哲学现象学和存在论诠释学中才被发现和揭示出来的让语言自己说话的非对象性、概念化的"道言""重言"之语言形式，为何早在中国古人那里就有了，就被运用着和思维着呢？这个如此深厚、深刻的中华民族的思维方式和文化精神到底是基于什么而产生和形成的呢？这与中国的文字——汉字有深刻的内在关系。在全世界，仅有汉字是方块字和象形文字。东汉许慎在《说文解字》之《叙》中说："周礼：八岁入小学，保氏教国子，先以六书。一曰指事。指事者，视而可识，察而可见［意］，上下是也。二曰象形。象形者，画成其物，随体诘诎，日月是也。三曰形声。形声者，以事为名，取譬相成，江河是也。四曰会意。会意者，比类合谊，以见指撝，武信是也。五曰转注。转注者，建类一首，同意相受，考老是也。六曰假借。假借者，本无其字，依声托事，令长是也。"这说的是中国汉字构造和使用的六种方式。转注、假借说的是汉字的使用法，象形、形声（也叫象声）、指事、会意说的是汉字的构造法。百分之八十多的汉字是形、声字，即与事物的形象和对它的叫法相关。从中国汉字的演化来说，最早的是甲骨文，这些字基本上是简笔画，几乎都是象形字。后来出现了金文，再有了小篆，又有了秦隶和汉隶（特别是汉隶）这样的隶书，魏晋时代有了行书和草书，唐代有了楷书，这就是人们所说的正体字，至此汉字发展定型了。在汉字演化过程中，汉字在形体上不断规整和简化，但汉字是象形字这一原则和本质一直未变。汉字在根底上就是象形的，它有"象"的本性和特征在。有"象"就有开显和显现性，这个"象"既是实象又非实象，既是抽象又非抽象，即它既有实象那样的形式又没有实象那样的实在、夯实；既有抽象那样的符号化和空灵又没有抽象那样的纯符号化和思想化，它介于有无、虚实、抽象具体、一多等之间，本来就有一种意境和境域存在着。另外，汉字在形体之外还有声音，它是形—声之二维编码，同时传达和表征着两个维度（二维）的信息，这就比汉字以外的其他文字优越和有优势。"中西文字的创造和发展过程表明，在文字初创时期，中西都是以创造象形字作为文字的发端。就是说，在文字创造开始时期，中西并无区别。但是，在后来文字符号化的过程中，产生了区别。西方文字在符号化的发展中所走的道路，是完全抛弃'象形性'变成以声音为基础，在视觉上显示为一维的线性文字符号。与此不同，汉字所走的道路，则是在篆书之后，经过隶变扬弃'象形性'，从而仍然是以保留象形性为根基，在视觉上显示为拼形的二维平面文字符号。"① 汉字以外的其他文字都是拼音文字，其结构是一维的线性结构；只有汉字是形音文字，同时有形和音两个信息素，其结构是二维的平面结构。所以，不论就内涵本质和外型构造言，汉字都是二维性的。正是这种"二维性"，使得汉字在本质上是画，它本有显示、显现、显象或现象的作用和功能，不用人为地来赋予意义和含义，汉字本身就能自我显现、开显出其意义。同时，"中国的汉字在符号化中扬弃地保留着象形性根基，从神经心理学上看，使中国人在具有抽象思维能力的同时，还保留着长于'象思维'或表现为形象中心主义的思维特点。中国汉族人的这种思维特点，已为当代神经心理学的实验所证明。在用西文思维的西方人那里，其实验结果表现为左脑优势，而在使用汉文思维的中国汉族人这里，其实验结果则表现为左右脑均势。就是说，在接受母语文字刺激的自觉思维层面上，中国的汉族人，同西方人相比，多了象形一维"。正是这个多出的"象形一维""使中国汉族人长于'象思维'，并且这种'象思维'具有早熟的特点。它的最早的表现形式，在差不多三千年前的《周易》中就以完整的体系形成了"。② 可见，汉字本身是一种"象思维"，汉语就是自己能说话的"重言"。汉字和汉语的这一本质特征，深刻和深厚地塑造了中国古人早熟的能用以揭示和表现、表达意境、境域的"象思维"的思维方式和语言形式。

不言而喻，"象思维"的思维方式和"重言"式的语言形式，是中华民族最为深刻的思维方式，也正是中华民族最为深刻的民族精神！

---

① 王树人、喻柏林：《传统智慧再发现》上卷，作家出版社1996年版，第6页。
② 王树人、喻柏林：《传统智慧再发现》上卷，作家出版社1996年版，第7页。

第七章 《易》的"阴阳"论与中华民族"燮理阴阳"之道

《说文解字》："阴，暗也；水之南、山之北也。从𨸏，会声。""阳，高、明也。从𨸏，易声。""阴"和"阳"原为地域、地形观念，即水南山北为阴，水北山南为阳；又指幽暗和明亮。后来"阴阳"连用，指一切正反之性质和现象。中华先民很早就发现和注意到"阴"和"阳"这两种现象间的相反相成的性质和关系，将其提升为一种生活观念和处事原则、方略。《诗经·大雅·公刘》曰："笃公刘，既溥既长，既景乃冈，相其阴阳，观其流泉。"这是说周族的先祖首领公刘勤劳笃实，带领族人开垦了豳地的好多土地，并测定了太阳的影子以定方位，还考察了山南山北的地形，查明了水源和流向。这里的"相其阴阳"是一种生产、生活方式和观念。《尚书·周官》曰："立太师、太傅、太保，兹惟三公。论道经邦，燮理阴阳，官不必备，惟其人。"这是说周成王设立了太师、太傅、太保这三公，他们讲明治道，治理国家，调和阴阳。这里的"燮理阴阳"就是要使阴和阳调和，这样才能使人民和谐，社会安定，国家得治，这就是一种治道和处事方略。可见，早在周初"阴阳"观念和原则已经深入生活和社会。

至战国时期，在"术数"思想的基础上发展起一种哲学流派，这就是汉代人所称的阴阳五行家，又称为阴阳家或五行家。司马谈在《论六家之要旨》中说："尝窃观阴阳之术，大祥而众忌讳，使人拘而多所畏，然其序四时之大顺，不可失也。"（《史记·太史公自序》）班固在《汉书·艺文志》中说："阴阳家者流盖出于羲和之官。敬顺昊天，历象日月星辰，敬授民时，此其所长也。及拘者为之，则牵于禁忌，泥于小数，舍人事而任鬼神。"这里的"羲和"就是《尚书·尧典》所谓的"乃命羲和，钦若昊天，历象日月星辰，敬授人时"。羲和就是羲氏与和氏，都是重黎的后代，是掌管天地四时的官。阴阳家未必就来源于羲和之官，它也是战国之时产生的一个思想学派，它的特点是长于术数天文，但也不乏借天文知识来占星的迷信色彩。班固在《艺文志》中著录了"《宋司墨子韦》三篇"等"阴阳二十一家三百六十九篇"。这些著作大多已佚并不可考。阴阳家除了一些天文历法方面的思想和知识外，其说多为附会与迷信，思想价值很少。所以，在这里我们不关心、不谈论此类阴阳家。我们这里所谈的是源于《易》的"阴阳"观念和思想。《庄子·天下》曰："《易》以道阴阳。"可见，冠居"群经"之首的《易经》其主要内容就是"阴阳"之道。正是这个以《易》为基础的"阴阳之道"或"阴阳之赜"，才是中华民族文化和精神中十分重要的成分和因素。

一 《易经》的"--""—"观念和思想

人们通常所说的《周易》或《易》这本书，是包括《易经》和《易传》在内的。《易经》和《易传》虽然都是"易"系统，但二者的思想性质和表现形式并不同。《易经》是一部筮书，是占卜用的，它是以卦图为主体而配合以卦辞、爻辞来使用的。《易传》则是发挥《易经》哲理的哲学著作，完全没有卦图，是对《易经》"阴阳"之道和思想的引申、阐发。《周礼·太卜》中就有"《周易》"之称。这个"周"为代名，即周氏或周朝；"易"为变易。古代典籍多简称为《易》，即强调其书所言之"变化"大旨。西汉初，《易》被列为学官的"经"书之一，学者遂尊称为《易经》。后来《易传》被合于经内并行，故广义上的《周易》或《易》兼指"经""传"言。

《史记·龟策列传》云："蛮夷氐羌虽无君臣之序，亦有决疑之卜，或以金石，或以草木，国不同俗。"这说明占卜活动在人类社会发展初期是很普遍的现象，这种巫术礼仪早在原始社会各氏族部落就产生了。《周礼·太卜》曰："太卜掌《三易》之法，一曰《连山》，二曰《归藏》，三曰《周易》。其经卦皆八，其别皆六十有四。"这说明《周易》只是众多占卜书中的一种。郑玄注引杜子春云："《连山》，宓羲；《归藏》，黄帝。"《周易正义序》引郑玄《易赞》及《易论》云："夏曰《连山》，殷曰

《归藏》，周曰《周易》。"《玉海》引《山海经》云："伏羲氏得河图，夏后因之，曰《连山》；黄帝得河图，商人因之，曰《归藏》；列山氏得河图，周人因之，曰《周易》。"这些文献资料说明，周代以前就有与《周易》类似的筮书《连山》和《归藏》，其卦形符号均为八卦相重而成的六十四卦。清人顾炎武以为，重卦之事在周以前已有，并不始于文王。至周初的卦、爻辞写完以后，《周易》才被取名为"《易》"（见《日知录》卷一《三易》和《重卦不始于文王》）。

现在人们基本认定《周易》起源于周初。周初为什么要有这样一部书呢？这当然是夏商以来的占卜习惯使然。但这样解释未免太泛了。《易》在周初出现，肯定有时代的需要在。什么需要呢？《易传·系辞下》有言："易之兴也，其于中古乎？作易者其有忧患乎？""易之兴也，其当殷之末世，周之盛德耶？当文王与纣之事邪？"按这种说法，《易经》的产生肯定与西周统治集团有关，与时事政治有关，并非只涉及民间和上层那种泛泛的占筮习惯和传统。具体而言，就是与西周统治者们的"忧患"有关。什么"忧患"呢？当时最大的忧患莫过于"文王与纣之事"。《史记·周本纪》有"帝纣乃囚西伯于羑里"之说，司马迁言："西伯拘而演《周易》。"（《汉书·司马迁传》）周文王被商纣王拘囚之时，当然有"忧患"在。《易》之起源与这件事有关吗？看来是。但不尽然。因为《易传·系辞下》所说的"忧患"是时代性的和关系到整个西周统治集团的，并非仅是周文王自己的事。所以这个"忧患"就是"小邦周"取代"大国殷"而如何长治久安地存在的问题。周以一个小邦国取代了大国殷而成为天下的主宰者，这种以小代大的合法性、合理性何在呢？当然西周初统治者讲"以德配天"，认为"皇天无亲，惟德是辅；民心无常，惟惠之怀"（《尚书·蔡仲之命》）。但"以德配天"只是一种原则和政治倾向，如何将这种政治原则和民心向背的政治形势、趋势合情并合理地在人们的日常生活和行为习惯乃至人们的心理倾向中贯彻和体现出来呢？这才是真正的时代之需和治国之道。周初的统治者可以说是异常聪颖智慧之辈，他们发明出了《易》之占筮方式，这既是民族的和文化的传统，也是人民的行为和心理习惯，还是政治统治的方略艺术。《左传》僖公十五年（前645年）说："及惠公在秦，曰：'先君若从史苏之占，吾不及此夫！'韩简侍，曰：'龟，象也；筮，数也。物生而后有象，象而后有滋，滋而后有数。先君

第七章 《易》的"阴阳"论与中华民族"燮理阴阳"之道

之败德，及可数乎？史苏是占，勿从何益？'"晋国的韩简子认为，龟卜之占，是以象来看；筮草之占，是以数来推测。物体产生后就有了形象，有了形象后才能滋生、生长，生长之中才有数存在。这里揭示了占卜之道的某种依据。《易传·系辞下》曰："古者包牺氏之王天下也，仰则观象于天，俯则观法于地；观鸟兽之文与地之宜，近取诸身，远取诸物，于是始作八卦，以通神明之德，以类万物之情。"这个说法虽有传说的成分，但毕竟说明八卦的起源与人们对自然现象和社会现象的观察、概括有关，八卦大概就是对自然和社会现象的某种象征。用对自然和社会现象的某种象征来揭示、表现自然界和人类社会的存在之道，以说明和解说一些自然现象和社会现象存在的自然必然性和合理性，从而为当时的"小邦周"取代"大国殷"后的社会存在秩序作论证，这大概就是作《易》者为什么是西周初的统治集团以及"作易者其有忧患乎"之说的原因所在吧。利用深远的占卜传统、广泛的占卜方式和深厚的民众占卜心理和习惯，来宣扬和解说自然和社会的存在、运行之道，以取得稳定社会秩序、安抚民众心理、和谐社会生活的社会政治效果，这大概就是作《易》者的初衷和目的吧。

在《易》《诗》《书》《礼》《春秋》这些儒家经典中，《易》冠居"群经之首"，具有别的经典所没有的重要意义和思想文化价值。《四库全书总目·经部易类小序》言："《易》道广大，无所不包，旁及天文、地理、乐律、兵法、韵学、算术，以逮方外之炉火，皆可援《易》以为说，而好异者又援以入《易》，故《易》说愈繁。"一部筮书，为何具有如此广泛和强劲的影响力？笔者以为这与这部书卦图与卦、爻辞相结合、配合的独特形式有关。假如《易》只有六十四个卦图，而没有附于各卦图之下的卦辞、爻辞这些文字，那么这六十四个卦图就只是一种图式、符号，它们固然可被视为某一模式或形式，但都只是纯模式或纯形式，它的意义就不可理解甚或不可索解，它也就不会有"旁及"其他的作用和功能了。这就如同现在考古新发现的原始人的某些图腾符号，这些符号、图式在当时肯定是有意义和作用的，但现在只剩下了光秃秃的纯符号了，它们也就成了不可理解和无法索解的死符号而无意义和价值了。所以，《易》倘若只是光秃秃的六十四个卦图而无任何文字说明和解说的话，它就早早地死亡了，后世人不可能认识和解说它，更遑论其有占筮功而能"无所不包"了。反过来说，倘若《易》没有卦图而只是一些卦辞、爻辞这些简朴文字的话，这些卦、爻辞充其量就只是远古时代人们生活经验的记录，它们也仅有具体的、特定时代和地域环境下的具体的经验意义，不可能有超越时空的广泛、一般、普遍的永恒性意义和价值，也不可能被当作某种公式性、模式性的东西来运用。现在人们发现，《易》中那些古朴的卦、爻辞涉及很多上古时代人们婚、丧、嫁、娶、战争等生活事例，这些都只有具体的历史意义和价值，不可能在后世有模式性的普遍性，不可能具有后人判定吉凶、预测前程的标准功能。这些只有具体历史意义的卦、爻辞当然没有"广大""无所不包""旁及……以逮……"之功能和作用。但是，《易》的确有"广大""无所不包""旁及……以逮……"的永恒性功能和价值，具有超越时空的普遍意义在，为什么？这正是《易》这部书的结构、形式所致。《易》既非纯卦图亦非纯卦爻辞，而是由六十四个卦图和附着在这些卦图下的卦辞爻辞结合而成的一部奇特的占筮之书。由于六十四个卦图有下附的卦爻辞，故这些卦图才不是纯记号和符号，它们可索解，有具体意义及价值；又由于这些卦爻辞是附在相应的卦图下面，故这些原只是具体时空条件下具体的个别的生产、生活经验就被升华和超越了出来而有了普遍性、一般性和永恒性，成了某种标准和模式。可见，在卦图和卦、爻辞相连缀、结合的形式下，卦图这种具有抽象性意义的符号就有了具体性和转向了具体性；而卦、爻辞这种具有个别性意义的经验记录则具有了超越的一般性和转化成了一般性、普遍性。这就是为什么一部筮书具有"广大"的"无所不包"的功能和性质的原因所在。卦图和卦爻辞的结合使得《易》这部筮书远远超越了占筮功能，而有了社会生活的"代数学"性质和价值，有了深刻的哲学性，故能独居于"群经"之首。

　　《周易》成书后，其最突出的效用就是占筮。《周礼·太卜》所谓的"太卜掌《三易》之法"，是就占卜而言的。《左传》《国语》中有许多《易》筮事例，足以证明《易》的占卜性质和功用。且古代的政治大事大多都要占而后断，政治方略之筹划与占筮十分密切。那么，占筮真有通鬼神之功能吗？真能独觉冥冥而通幽冥吗？当然没有这回事！事实上，所谓"以通神明之德，以类万物之情"（《易传·系辞下》）的《易》的占筮功能，仅是一种在占筮形式和语词下的哲学思想和认识；就是说，真正影响人们思想，左右人们行动的因素是《易》这部筮书之外形下所包含和表露着的哲学内涵，要是抽掉了《易》内在的哲学意蕴，这部书就不可能成为

第七章 《易》的"阴阳"论与中华民族"燮理阴阳"之道

古代"太卜"所执掌的被上层统治者们奉为"圣典"的书籍了。朱熹虽极力强调"《易》本为卜筮而作",但也承认其中的哲学涵蕴,认为:"孔子恐理一向没卜筮中,故明其义。"(《朱子语类》卷六十六)清代皮锡瑞在《经学通论》中指出:"伏羲画卦,虽有占而无文,而亦寓有义理在内。……左氏杂采占书,其占不称《周易》者,当是夏、殷之《易》,而亦未尝不具义理;若无义理,但有占法,何能使人信用?观夏、殷之《易》如是,可知伏羲、文王之《易》亦如是矣。周衰而卜筮失官,盖失其义,专言祸福,流为巫史。左氏所载,焦循尝一一辨其得失,曰:《易》至春秋,淆乱于术士之口,谬悠荒诞,不足以解圣经,孔子所以韦编三绝而翼赞之也。……孔子见当时之人,惑于吉凶祸福,而卜筮之史加以穿凿附会,故演《易》系辞,名义理,切人事,借卜筮以教后人,所谓以神道设教。其所发明者,实即羲、文之义理,而非别有义理;亦非羲、文并无义理,至孔子始言义理也。"在皮锡瑞看来,从伏羲画八卦到周文王重而为六十四卦,《易》之中都有义理即哲学思想存在;及孔子作《系辞》等以附《易》,只是将《易》的义理明确阐发出来而已。这就表明,在《易》的占筮形式中本来就有义理即哲理存在着。

那么,《易》之义理或哲理究竟是什么呢?《庄子·天下》曰:"《易》以道阴阳。"这可理解为:《易经》是一部道"阴阳"的书,是一部关于"阴阳"之道的书。① 然而,《易经》中并未出现"阴""阳"这两个字和"阴阳"这一观念,它们《易传》才正式出现了,那么《易经》是如何来道说"阴阳"的呢?

其一,"- -""—"符号和卦图构成。《易经》的六十四个卦图是在八卦的基础上相重而构成的,而八卦则是由"- -""—"这两个符号按三重的组合原则构成的。所以《易经》中虽然未出现"阴阳"观念,但由"- -""—"相配而构成的卦图是最深刻的道"阴阳"或"阴阳"之道。

"- -"和"—"这两个符号代表什么?它们是怎么来的?对此迄今有不同说法,如原始文字说、数字说、女男生殖器说、结绳记事说,等等,

---

① 《庄子·天下》所言的《易》是《易经》还是《易传》?按理说《易经》中并未出现"阴阳"这一观念,这在《易传》中才正式出现了。但以《天下》所言"《诗》以道志,《书》以道事,《礼》以道行,《乐》以道和,《易》以道阴阳,《春秋》以道名分"的情况看,这里的《易》是与《诗》《书》《礼》《春秋》齐等的"经",故"《易》以道阴阳"之"《易》"当为《易经》。

似乎都有一定道理。笔者这里取结绳记事说，即"- -"和"—"这两个符号与远古时代人们的记事和计数活动有关。早在遥远的上古时期，只要有简单的生产和生活活动，就必有记事及计数要求和行为。现在民俗学的一些研究材料表明，即使最原始、落后的民族也离不开简单的记事活动。《老子》第八十章言："小国寡民，……使人复结绳而用之。"可见，结绳记事是远古时代人们重要的社会生活的内容和方式。那么，怎么来结绳记事呢？是不是一件事就在一根绳子上打一个结、两件事就打两个结……这样做当然可以，但没有用，因为这样做就失去了结绳记事的意义和价值。这种与实际事件的数量相等的绳上打结之法只是变换了一下事件存在的形式而已，并没能真正地将事件"记"下来。真正的"记事"是一种计数、计算活动，这里不仅有数目（几个）的问题，还有数目所处的位置（第几个）问题。光有数目，表现的是一种外在的分离、离散现象，这时这个数目只具有外在分离、分立的意义，每个数目都是平等、平权、等值的。显然，光有数目起不到计数和记事的作用，因为这时并未能将这些数目综合、统一起来而构成一个总体和整体，而所谓的计数、记事所需要的恰恰是总体和整体性，因为只有这个总体、整体才能将单个的、分离易散的事件（数目）保留和"记录"下来。所以计数活动中不仅要有数目（几个）还同时要有单位（第几个），数目是分散的而单位却是整体、统一的。例如"3"这个数，作为数目它就是个3，这时它与1、2、4等是平等的，只表示一个数字；但作为位置、单位言它就是第三个，这时它是将前面的1和2收揽、囊括在内的，它代表的是1和2的一个统一体。所以，在计数中，每个数既是数目同时又是单位，是数目与单位的统一，也是部分与整体、多与一等的统一。这里面有颇为深刻的时间性，是时间构架的存在表现。就是说，在计数即数数（前一个为动词，后一个为名词）活动中，每一个数字一方面要过去（动词意义），要逝去，因为如果它不过去而老待在这里的话，后面的数就上不来，就无法出现，就不会有计数活动发生了；但另一方面这里的每一个数字又不能完全地过去，完全地逝去，如果它完全地过去了，消逝了，那就没有它了，这样的话每个数字就都只是个开端，就根本不会有计数现象和活动存在了。所以，在计数活动中，每个数字既要过去又不能完全地过去，既不能完全地过去又不能完全地不过去，即它既过去了又未过去，既未过去又已过去了，这种前后相连、前牵

第七章 《易》的"阴阳"论与中华民族"燮理阴阳"之道

后扯的关系，就是"时间"的本质所在，这正是真正的计数活动和现象。结绳记事的方式和活动，正是直观地、自然地表现了和反映了计数活动中数目与单位相统一的时间本质。具体而言：当有一件事时就在一条绳子上打一个结以记录之，如果有两件事，就需要在一条绳子上打两个结，显然这两个结不能打在一条绳子的同一个地方，一定要在两个地方打两个结，且这两个结一定要有一个上或下、前或后的位置关系。正因为有这个位置关系，故这两个结在地位上就不平等了，如果第一个结代表着一件事的话，第二个结则可代表两件事；这样，绳子上的第一个结就代表1，第二个结就代表2，如果有三件事要记的话，这时就不用再打第三个新结了，因为这第一个结与第二个结相结合就能表示出三件事来。如果有第四件事要记时，就需要在绳上再打第三个结，这第三个结就代表4。当绳子上有了第一、第二、第三这三个结时，它们分别代表着数目1、2、4，这时如果有七件事，就用这三个结可以表示出来。如果有第八件事要记录，这时就需要再打第四个结，这第四个结就代表数字8。……就这样，可以将无数件事在绳子上用具有不同位置关系的结记录、记载下来。所以一条打了若干个结的绳子原本就是一个模具，即计数和记事的模具。现在将打有无数个结的一条绳子挂起来，从下向上给每个结标上它所代表的数目，即第一个结代表1，第二个结代表2，第三个结代表4，第四个结代表8，第五个结代表16，第六个结代表32，第七个结代表64，……这样，当需要记事时只要选择绳子上适当的结就可以了。比如说，现在有九件事需要记，那就用第一个结和第四个结就够了。再比如现在有二十七件事要记，那就用第一、第二、第四、第五这四个结就行了，等等。可见一条绳子上结的数目为1、2、3、4、5、6……而相应的代表的数字却为1、2、4、8、16、32……这根打了结的绳子就是一个计数和记事模板。

现在，如果要将这种直观的结绳记事现象转录在平面上即纸面上或板面上的话，怎么做呢？这就首先要将绳子上的结予以符号化，即用记号、符号来表示"结"。又怎么样将"结"记号、符号化呢？因为绳子上的每个结所代表的数字不同，是给每个结以一个不同的符号、记号吗？这当然可以，这就相当于给每个结命一个名字。这样做就是后来出现的中国的汉字了。当然也可以给每个结一个字母符号，这样的话就走向了拼音文字的道路。但是，用汉字或字母来将结绳符号化，这用于记事可以，这正是由结绳记事向书契文字转化的过程。《易传·系辞下》云："上古结绳而治，后世圣人易之以书契，百官以治，万民以察。"但是，此种给绳结命名并将它们予以文字化或字母化的方法用于计数却颇为繁琐或几不可能。上面已说过，计数活动是在时间构架中运作的，这时每一个数字必须处在既过去了又没过去，既没过去又过去了的前牵后扯、前后勾连的既断又连、既连又断的境势、境域中；从存在性质上来说，这里的每个数字就既是有又是无，是有无一体化的。所以，现在要将绳子上的"结"予以代号化、符号化，这个符号必须要能反应和表现出"结"本身的有无一体之性，这就是"- -"和"—"这两个符号。如果这里的"- -"代表有结——因为打了结后就将一根绳子分为两段了——的话，那么"—"则代表无结。无论"- -"与"—"这两个符号源于什么象征或出于什么灵感，但它们用于表示绳结的"有""无"状态和性质却是恰当的。现在有了"- -"和"—"这两个符号后，绳结上的计数和记事现象就可以被翻译、转化为平面上的符号形式了，这就是《易经》的不同层次和类型的卦图，如- -、—，这叫"两仪"；==、=-、-=、--，这分别是太阴、少阳、少阴、太阳，这叫"四象"；≡≡、≡=、≡-、==-、-=-、--=、-==、≡，这分别是坤、艮、坎、巽、离、震、兑、乾，这叫"八卦"。这些就是一画（一重）卦、二画（二重）卦、三画（三重）卦，当然还可以有四画卦，如≡≡等；有五画卦，如≡≡等；有六画卦，如≡≡等；有七画卦，如≡等；……在《易经》这部书中，有两仪、四象、八卦、六十四卦这几种图式，没有四画卦、五画卦、七画卦等图式。但《易经》是个开放的系统，只要有了"- -"和"—"这两个基础符号后，按二重、三重、四重……之原则可构造出无数的卦图图式来。

如果将这些卦图图式转换或翻译为数字，就是：若符号"- -"表示0，符号"—"就表示1，则==、=-、-=、==（分别为太阴、少阴、少阳、太阳）这四个二画卦图式就是00、01、10、11（从下向上，横式是从右向左）；而≡≡、≡=、≡-、=-、-=、-=-、--=、≡（分别为坤、震、坎、兑、艮、离、巽、乾）这八个三画卦图式就是000、001、010、011、100、101、110、111；而≡≡、≡≡（在六十四卦中叫坤、复）……的六画卦图式就是000000、000001……这是一种二进制的计数形式。转换为十进制，上面四个二画卦图式就是0、1、2、3；八个三画卦图式就是0、1、2、3、

4、5、6、7；六十四个六画卦图式就是0、1、2、3、……63。就是说，用"--"、"—"符号可表示0和1；用四个二画卦图式可表示0—3；八个三画卦图式可表示0—7；十六个四画卦图式可表示0—15；三十二个五画卦图式可表示0—31；六十四个六画卦图式可表示0—63。

不难猜想，《易经》的六十四个卦图，很可能就是上古时代人们的记事模式。形成这个模式的关键是"--"和"—"这两个符号的确定，因为有了这两个符号（而不是文字形式和规定）后才可将结绳记事之"结"转换为平面上的图式；进而就可以利用这种图式来表示数量了。无论《易经》"--"和"—"这两个符号为谁发明，是何时何地发明，它的出现的确是个伟大的创造。而且，"--""—"这两个符号以直观、明确的方式和形式表现了相反相成、对立统一的思想，这是非常深刻的。

其二，《易经》的占筮之方。有了"--"和"—"这两个基础符号后，经不同数量的重叠搭配，就能构造出《易经》的六十四个卦图来。再在每一个卦图下面附上用于说明、解说该卦的卦辞和解说每一爻的爻辞，就构成了独具形式的《易经》这部筮书了。《易经》这部书的直接目的和功能是占筮，即推断事情未来之发生、发展情况并预言其吉凶成败。《易经》这个配有卦爻辞的六十四个卦图即卦相，就是六十四个占筮模式。《易经》的所谓"占"或"占筮"，就是使人们在这六十四个模式中选择出某一个，以之作为对某事之谋划、谋断的依据。那么，依据某一卦式就真的能占断事态发展的未来走向吗？这当然是不可能的。因为影响和决定某一事态发展的条件和因素很多，事态之发展的变数也很大，是不可能确切判定和谋定的。所以，所谓的占断、算卦等往往起的是一种心理慰藉作用，即给人一种心理安慰，或鼓舞一下人的信心。故荀子说："卜筮然后决大事，非以为得求也，以文之也。故君子以为文，而百姓以为神。以为文则吉，以为神则凶也。"（《荀子·天论》）占卜实际上是文饰政事的一种手段，并非真的能知道事件的未来结果。故荀子说："善为易者不占。"（《荀子·大略》）

将《易经》的占筮行为和活动作为文饰政事之手段，视为一种文化现象，这是一种理性主义的态度和原则，这当然是对的。但是，《易经》毕竟是一部筮书，它的目的和功用就是占；况且，《易经》之存在的意义和价值正是在占中得以表现和展示的，如果没有了占，《易经》的生命力也就丧失了。朱熹确信:"《易》本为卜筮而作。"他说:"古人淳质,遇事无许多商量,既欲如此,又欲如彼,无所适从。故作《易》示人以卜筮之事,故能通志、定业、断疑,所谓'开物成务'者也。"又说:"上古民淳,未有如今士人识理义峣崎,蠢然而已,事事都晓不得。圣人因作《易》,教他占,吉则为,凶则否,所谓'通天下之志,定天下之业,断天下之疑'者,即此也。及后来理义明,有事则便断以理义。"又说:"且如《易》之作,本只是为卜筮。如'极数之来之谓占','莫大乎蓍龟','是兴神物,以前民用','动则观其变而玩其占'等语,皆见得是占筮之意,盖古人淳质,不似后世人心机巧,事事理会得。古人遇一事理会不下,便须去占。"(《朱子语类》卷六十六《易二·纲领上之下》)朱熹反复说《易经》之本质就在于占筮,这也是有道理的。所以,如若不懂《易经》的占筮之法,要知《易》理是很困难的。故朱熹曰:"《易》所以难读者,盖《易》本是卜筮之书,今却要就卜筮中推出讲学之道,故成两节工夫。"(《朱子语类》卷六十六《易二·纲领上之下》)所以,《易经》的占筮之法与其"--""—"构成之道是同等重要的。

那么,《易经》是如何来占筮的呢?就《易》之六十四卦的运用、使用原则来说,所谓"占"就是选择和确定某一卦图作为模式和依据以之来判定吉凶成败。又怎么选择卦图呢?难道是任意为之而随便撞到一个吗?这当然可以,但此种草率行为就使"占"失去了可信性和价值,也就没有"占"可言了。又如像抽签那样在默默祈祷中抽取或抽出某个卦图吗?这当然也可以,这起码在神秘性、神圣性的形式下有某种可信度可言;但终不可行,因为这样做时人们是在某种运气和命运主宰的观念下为之的,就大大降低了《易》的占筮功能和作用,这实质上也就等于取消了《易》的占筮作用和取消了《易》。因此,所谓"占"既不能纯偶然和随便,又不能纯必然和确定,太偶然和随便了就没有可信度了,太必然和确定了的话一切就都定死了,就没有未来想象的空间和余地了,这也同样没有可信度。"占"之所以是"占",就是要在偶然和必然、实与虚、有与无、神秘和明确、现实与理想、可望与不可望、可及与不可及等之间和"中"中来平衡和运作之,故这个"占"之中有很深的现象学识度和原则在,可谓是一种境域中的情境化的思想和方法。人们之所以要用《易经》来"占",就是相信和确信他在《易》的六十四个卦中所选取的某卦与所要

第七章 《易》的"阴阳"论与中华民族"燮理阴阳"之道

占断的事件之间有某种确定的必然联系，但这种联系又不能坐实、夯实，成为既成和既定的事实，而是冥冥之中的一个信号和预示，预示、预测着某事的未来走向。所以，《易经》的"占"不能像抽签那样选取卦式，而要有选取的必然性和确定性。这就是《易经》的"筮"法。《说文》："筮，《易》卦用蓍也。从竹，从巫。巫，古文巫字。"这是说，筮是《易经》占卦用的蓍草，是由竹和巫（古文巫字）会意而成。筮法不同于卜法。《说文》："卜，灼剥龟也，象炙龟之形。一曰：象龟兆之从（纵）横也。"卜法是煅烧龟甲以其裂纹来判定吉凶之方法，这有较大的偶然性。筮法则是一种运算方式和方法，即以一定方式和一定次数来分数（动词）蓍草并确定数字，再将所得到的数字对应性地转换到某卦的卦画上，最后得到某一卦式。当然，筮法在分数蓍草时亦有偶然性存在，比如说当把一定数量的一把蓍草揲分为两半时，每一半是多少根就是任意的和偶然的。但此种偶然性正是其必然性的需要和表现，如果一切都坐实、夯实了，都必然化了，其筮法也就失去了预测的意义和价值；正因为有这种偶然性中的必然，才使得筮法能虚实相倚而显示出可信的预测价值。

《易经》本为筮书，但其中却无筮法。为什么？笔者的猜想是，在用《易》占筮的早期，人们大概用的是有如抽签式的选取卦式的方法，到后来才逐渐发展出具有运算性的筮法吧？对《易经》之筮法予以明确说明的是《易传》。《易传·系辞上》言：

> 天一，地二，天三，地四，天五，地六，天七，地八，天九，地十。天数五，地数五，五位相得，而各有合。天数二十有五，地数三十，凡天地之数五十有五，此所以成变化而行鬼神也。大衍之数五十，其用四十有九。分而为二以象两，挂一以象三，揲之以四以象四时，归奇于扐以象闰，五岁再闰，故再扐而后挂。乾之策二百一十有六，坤之策百四十有四，凡三百有六十，当期之日。二篇之策万有一千五百二十，当万物之数也。是故四营而成易，十有八变而成卦。

这里讲了相关的三层意思：一是天地之数问题。这里将1—10这十个自然数配给天与地，天为奇数，即1、3、5、7、9；地为偶数，即2、4、6、8、10。天数之和为25，地数之和为30，天地数为55。这个55囊括了天地间的变化且变化莫测，即"成变化而行鬼神也"。这里为什么要讲"天地之数"？长期以来人们一直未能说出道理。高亨先生则指出，这个天地之数55与"变卦法"问题和方法有关。[①] 占筮成卦后，并不能直接依据这个所成之卦来进行占断，还要对该卦作变通才能用，这个变通就是变卦问题。高亨先生对此有详细说明（见其《周易古经今注》一书）。二是成卦问题。这就是如何经过一定数目和次数的运算来构成一个卦式。这个用于运算的数就是所谓的"大衍之数"即50，就是50根蓍草。这里为何不用"天地之数"55，而要用"大衍之数"50？人们对此一直有不同看法。之所以要用50，这可能是运算本身的需要。但在具体运算时要取出一个不用，只用49。对此，王弼解释说："演天地之数，所赖者五十也。其用四十有九，则其一不用也。不用而用以之通，非数而数以之成，斯易之太极也。四十有九，数之极也。夫无不可以无明，必因于有，故常于有物之极，而必明其所由之宗也。"（《易传·系辞上》韩康伯注引）在王弼看来，留下不用的这个"一"是"非数而数""不用而用"的，故具有本体"无"之意义和价值。王弼此说当然有哲学意义。但不直接用50而要用49，恐怕仍然与数字运算有关，即用49来运算或运演方可构成卦式。用49根蓍草怎么来推演而形成一个卦式呢？这里要经过三变，每一变又要经过四营，方可构造出一爻。所谓"四营"就是分二、挂一、揲四、归奇的四个步骤和推演过程。所谓"三变"是将49这个数反复运演三次。为什么要运演三次？这与49这个数及"四营"法的运算方法有关，因为经过三次反复运演后才可得到6、7、8、9这四个数中的一个。关于具体的推演程序，高亨先生在《周易古经今注》一书的第141—144页有详细说明。经过三变，每一变经四营后，总能得到或6或7或8或9这四个数中的一个。在6、7、8、9这四个数中，6、8为偶数，7、9为奇数；另，以7、8为不变之爻，6、9为可变之爻，且以"7"象春，以"9"象夏，以"8"象秋，以"6"象冬。所以，在6、8中以"6"为代表，在7、9中以"9"为代表。就是说，经三变后若得到的数是6或8的，一律取为"6"，用"- -"号来表示；若得到的数是7或9的，一律取为"9"，用"—"号来表示，这样就能得到某卦式中的一个爻了；经过十八变，就可取够六

---

① 高亨：《周易古经今注》，中华书局1984年版，第145—150页。

个爻，从而就能组构出一个卦式来。这就叫"四营而成易，十有八变而成卦"。三是六十四卦的总策数问题。《易经》共64卦，每卦6个爻，总共是384个爻。在这384爻中，阴、阳爻各占一半，即各为192爻。阳爻的每一爻是9揲，每一揲是4策，即$192 \times 9 \times 4 = 6912$策；阴爻的每一爻是6揲，每一揲是4策，即$192 \times 6 \times 4 = 4608$策；阳爻和阴爻的总策数为$6912 + 4608 = 11520$策。这个11520就是"当万物之数也"。

其三，关于矛盾对立和转化。《易经》中的"- -""—"这两个符号就是矛盾对立观念的直观表现，它代表着阴阳、天地、水火、男女、柔刚、上下、长短、轻重、对错、善恶、好坏等一切相反相成的对立和统一，这深刻揭示了天地万物及人类社会的存在之道。《易经》的六十四个卦式，除乾卦（☰）为纯阳，坤卦（☷）为纯阴外，其余的卦都是由"- -"和"—"搭配而成的，这深刻体现了阴阳互补、相反相成、对立统一之本质。就是乾、坤这两卦，也内在地构成了对立统一、相反相成之道。《易传·系辞下》曰："乾、坤其易之门邪。乾，阳物也；坤，阴物也。阴阳合德而刚柔有体，以体天地之撰，以通神明之德。"在卦象上《易经》中有乾卦与坤卦、泰卦与否卦、离卦与坎卦等，在卦象上直接表现着相反相成的对立统一。在《易经》的卦、爻辞中，有不少关于事物存在是相反相成、对立统一的论说，这涉及变化发展的观念和思想。比如《易经·乾》之爻辞以龙为象，从潜龙、见龙、在渊之龙、在天之龙到亢龙，说明了事物发展变化之道。又如《易经·泰》讲"小往大来"，讲"无平不陂，无往不复"；《易经·否》讲"大往小来"，讲"先否后喜"等，这就涉及事物的矛盾运动和转化问题。《易经·履》说："六三，眇能视，跛能履，履虎尾，咥人，凶。""九四，履虎尾，愬愬，终吉。"同是踩住了老虎尾巴，为何有凶有吉，结果不一样呢？就是因为前者是"眇能视，跛能履"，个人的积极主动性不够，而后者则"愬愬"之，以积极、警惕的态度来应对之，结果自然就不同了。这里不仅涉及事物存在过程中的矛盾转化问题，还关系到人的积极主动性。

《易传·系辞下》说八卦图式是包牺氏即伏羲氏画成的。据说伏羲先画出了八卦，后来周文王将八卦相重为六十四卦。八卦究竟是不是伏羲画的，这对后世来说已不重要了，反正是上古之人画出了作为六十四卦基础的八卦。这里的重要问题在于，上古之人究竟是如何画出八卦的？真的是圣人有未过先知之能而突然间心血来潮地画出了八个卦图吗？这当然是不可能的。古人画八卦是有一"仰则观象于天，俯则观法于地，观鸟兽之文与地之宜，近取诸身，远取诸物"的漫长观察、认识过程的。古人通过"近取诸身，远取诸物"的一番观察后，他究竟发现了什么天地万物的存在秘密，从而体悟到了天地存在的什么之"道"呢？他的最大、最深刻的发现就是天地间相反相成的对立统一之"道"，看到了诸如长短、高下、前后、大小、祸福、善恶、美丑、水火、天地、冬夏、昼夜等相反相成的现象，从中悟出了只有对立的存在和对立中的存在才是真正存在的道理即"道"或"理"，他将这种"道""理"用一种直观的、现象性的形式和方式表现出来，这就是"- -"和"—"这两个符号以及由此符号组构成的八卦、六十四卦之图象。这一做法是有极其重大的思想文化价值和哲学意义的。因为，当从自然和社会存在中发现了相反相成、对立统一、对立互补的现象后，必然要步入和逼进一个既非长亦非短且既是长又是短等等的"中"或"中间"、"居中"地带、地域；或者说，这种相反相成、对立统一的现象底层或根柢处一定有一个使两种相反现象所共有的根基，否则两种相反的现象是不可能存在的。这就是我们经常讲的：当你说长时，长出场了，它就在现场待着；同时短也出场了，也在现场待着，否则是不可能有长存在的。正因为长与短同时都在场，所以必然要形成一种存在张力，要形成、生成一种既是长又是短且既非长又非短的长长短短、短短长长、短长长短、长短短长的"中"或"居中"的地域和势域。这一点正是现代西方哲学中现象学和存在论的诠释学所揭示的真正"存在"本身。《易经》以"- -"和"—"这两种符号及其组配图式，直观、形象地揭示了这一相反相成、相辅相成的"中"或"居中"性存在；同时《易经》以"- -"和"—"来构成卦图（象）的过程，也是一种认识过程和思维过程，所以这里的"- -""—"符号及其由此组成的卦图，也是一种思维方式，即图形或图像或象思维方式。这种发源于《易经》图象的"象思维"方式，后来配合以"易之以书契"（《易传·系辞下》）的汉字之文化形式，塑造成了中国古代甚为深刻的"象思维"的文化现象，它的不可估量的潜在价值正待我们进一步发掘。应该说，《易经》"- -""—"符号及其图象所揭示的对立统一的现象和道理，正是它具有的哲学本体论价值和意义之处。

二 《易传》的"阴阳"之道

《易传》是解说《易经》的书,有《文言》、《彖传》上下、《象传》上下、《系辞传》上下、《说卦传》、《序卦传》、《杂卦传》凡七种十篇,被称为"十翼",即犹如《易》之"经"的"羽翼"也。《易传》解"经"各有侧重。《文言》分前后两节,分别解说乾、坤卦的象征意旨,所谓"文言"即文饰乾、坤二卦之言。《彖传》随《易经》上、下经分为上、下两篇,共六十四节,分释六十四卦卦名、卦辞及一卦之大旨。"彖"的意思是断,即断定一卦之义。《象传》亦随《易经》上、下经分为上、下两篇,是阐释六十四卦各卦的卦象及各爻爻象的。《系辞传》因篇幅较长而分为上、下篇,它对《易经》经文各方面的内容作了全面辨析,旨在阐发深微之《易》义。《说卦传》是阐说八卦象例的,先追述作《易》者用"蓍"衍卦之历史,再申说八卦之方位(宋人称为"先天""后天"方位),然后再说明八卦的取象特点。《序卦传》是解说六十四卦的编排次序的,以揭示诸卦间的相承之义。《杂卦传》之"杂",韩康伯说是"杂糅众卦,错综其义"。《序卦传》打散了《易经》的卦序,把六十四卦分为三十二组,两两对举以明卦旨,以表明事物的发展是在正反相对的因素中存在和进行的。《易传》虽是解说《易经》的,但有自己的思想,是理解《易经》经文的重要"津梁"。

说到《易传》,涉及两个重要问题。一是关于《易传》的作者。《易传》为谁所作?班固在《汉书·艺文志》中说:"宓戏氏……始作八卦,以通神明之德,以类万物之情。至于殷周之际,纣在上位,逆天暴物,文王以诸侯顺命而行道,天人之占可得而效,于是重《易》之爻,作上下篇。孔氏为之《彖》、《象》、《系辞》、《文言》、《序卦》之属十篇。故曰《易》道深矣,人更三圣,世历三古。"关于"三圣""三古",颜师古注云:"伏羲为上古,文王为中古,孔子为下古。"班固认为,从《易经》的八卦到六十四卦再到《易传》是前后相续的一个过程,是分别由伏羲、周文王、孔子这三位圣人完成的。《周易乾凿度》说:"垂黄策者羲,益卦演德者文,成命者孔也。"可见,孔子作《易传》乃汉儒之共同看法。至唐代,人们还是肯定《易传》是孔子所作。孔颖达《周易正义·序》之

《第六论夫子〈十翼〉》言:"其《彖》、《象》等《十翼》之辞,以为孔子所作,先儒更无异论,但数《十翼》亦有多家。"至北宋欧阳修作《易童子问》,对孔子作《十翼》之说提出质疑。他说:"昔之学《易》者杂取以资其讲说,而说非一家,是以或同或异,或是或非。""余所以知《系辞》而下非圣人之作者,以其言繁衍丛脞而乖戾也。""至于'何谓'、'子曰'者,讲师之言也;《说卦》、《杂卦》者,筮人之占书也;此又不待言而可以知者。"所以欧阳修认为,《易传》的《系辞传》《文言》《说卦传》《序卦传》《杂卦传》非出于一人之手,不可视为孔子作。但他对《彖传》和《象传》并未怀疑,似认为为孔子所作。此后,疑《易传》非孔子作者渐多。至清代,姚际恒《易传通论》、康有为《新学伪经考》等均认为《易传》非孔子作。如康有为言:"史迁《太史公自序》,称《系辞》为《易大传》,盖《系辞》有'子曰',则非出自孔子手笔,但为孔门弟子所作,商瞿之徒所传授,故太史谈不以为经而为传也。至《说卦》、《序卦》、《杂卦》三篇,《隋志》以为后得,盖本《论衡·正说篇》'河内后得《逸易》'之事,《法言·问神篇》'《易》损其一也,虽蠢知阙焉',则西汉前《易》无《说卦》可知。扬雄、王充尝见西汉博士旧本,故知之。《说卦》与孟、京'卦气图'合,其出汉时伪论无疑。《序卦》肤浅,《杂卦》则言训诂,此则歆所伪窜,并非河内所出,宋叶适尝攻《序卦》、《杂卦》为后人伪作矣(《习学记言》)。歆既伪《序卦》《杂卦》二篇,为西汉人所未见。又于《儒林传》云:'费直徒以《彖》、《象》、《系辞》、《文言》解说上下经';此云:'孔氏为之《彖》、《象》、《系辞》、《文言》、《序卦》之属十篇';又叙《易经》十二篇而托之为施、孟、梁丘三家;又于《史记·孔子世家》窜入'孔子晚而喜《易》,序《彖》、《系》、《象》、《说卦》、《文言》。'颠倒眩乱,学者传习,熟于心目,无人明其伪窜矣。"(《新学伪经考·汉书艺文志辩伪》)至20世纪二三十年代,学术界对《周易》作者及时代问题有过较大规模的讨论。此后的四十余年间人们对《周易》经、传的作者又有不同角度的探讨。现在,学界比较一致的看法是:《易经》的卦爻辞作于周初,《易传》则作于战国中晚期,经、传之作者并非一人,当是经过多人多时的加工编纂而成。

二是关于援《易传》入经始于何人的问题。《易传》的七种十篇原来都是单行的,后来被合入经文中并行,那么这个工作是谁做的呢?《三国志·魏志·高贵乡公传》中有曹髦与易学博士淳于俊的对话，曰："……帝又问曰：'孔子作《彖》、《象》，郑玄作注，虽圣贤不同，其所释经义一也。今《彖》、《象》不与经文相连，而注连之，何也？'俊对曰：'郑玄合《彖》《象》于经者，欲使学者寻省易了也。'帝曰：'若郑玄合之，于学诚便，则孔子曷为不合以了学者乎？'俊对曰：'孔子恐其于文王相乱，是以不合，此圣人以不合为谦。'"这是说，是东汉的郑玄合《彖传》《象传》于经文的。南宋晁公武《郡斋读书志》说："凡以《彖》、《象》、《文言》等参入卦中，皆祖费氏。东京荀、刘、马、郑皆传其学。王弼最后出，或用郑说，则弼亦本费氏也。"这是说是西汉的费直连传于经的。究竟是费直还是郑玄将传连于经？很难有定论。但可以确定，是汉代学者为诵习之便，编为经传参合本。后来，《易传》的学术价值不断提高，遂与"经"并驾齐驱了。

《易传》在解说《易经》时引申、发挥了《易经》的什么思想呢？或者说，《易传》的思想价值表现在哪些方面呢？

其一，"一阴一阳之谓道"说。《庄子·天下》说："《易》以道阴阳。"《易》的哲学价值就在于它揭示的是"阴阳"之道。但"阴阳"这一观念和概念并未出现在《易经》中，它在《易传》中才正式出现。然《易经》以"--"和"—"这两个符号来结构卦图之举的确道的就是阴阳之道。至《易传》明确提出"阴阳"概念并阐述了其"道"。所以，无论是《易经》还是《易传》，其思想实质都是"阴阳"之道。朱熹反复说："'易'字义只是阴阳。""《易》只消道'阴阳'二字括尽。""《易》只是个阴阳。"他认为："天地之间，无往而非阴阳，一动一静，一语一默，皆是阴阳之理。"(《朱子语类》卷六十五《纲领上之上·阴阳》) 陆九渊也说："一阴一阳即是形而上者。""《易》之为道，一阴一阳而已，先后、始终、动静、晦明、上下、进退、往来、阖辟、盈虚、消长、尊卑、贵贱、表里、隐显、向背、顺逆、存亡、得丧、出入、行藏，何适而非一阴一阳哉？"(《陆九渊集》卷二《与朱元晦》)

中国古人很早就注意到了"阴阳"现象。《诗经·大雅·公刘》有"相其阴阳"之说，但这里的"阴阳"指的是山的北面和山的南面，是就山的地形而言，还是一种经验的直观，尚未提升为理性观念。《易经》中的"--""—"这两个符号具有"阴阳"的含义，且与作为山北、南之地形的阴阳相比，已化去了实物性而有了符号性的抽象性和概括性，但似未脱去直观性，还不是理性观念。到了《易传》，就明确提出了"阴阳"概念，它虽然是对《易经》"- -""—"这两个符号的名称的表示、表征，却是一个理性的理念即概念，不是经验之直观而是理性之思想。故《易传》之"阴阳"概念的提出有重要的思想意义，表现了从《易经》到《易传》人们理性思维水平的提高。

《易传·系辞上》曰："一阴一阳之谓道。"这首次将"阴阳"提高到"道"的层次和地位，非常重要。这里的"道"当然是儒家思想意义上的"道"，与道家之"道"是有别的。但是，这个儒家思想意义上的"道"与道家的"道"有同等的哲学地位和价值，即"道"都是本原、本体、本根。故《系辞上》曰："形而上者谓之道，形而下者谓之器。""道"与"器"相对而言。器乃器物、器具，是有形有象的具体存在者。《说文》："器，皿也。象器之口，犬所以守之。"即器是食器，昍象器皿之口，以犬守之。"道"则不同于器，它非具体的存在者，而是超越了具体性的"存在"，故《易传》认为"道"乃"形而上者"，这个"道"就是西语"metaphysics"。作为"形而上"的"道"，不是形体性的东西，它是超越形体的。那么，它究竟是什么呢？难道真的是虚无吗？如果真是虚无的话人就根本无法理解了，要它也无益；它当然不是也不能是无法理解和把握的虚无，它总要能被人理解和把握住。《易传》在此就规定和揭示了"道"的可理解性和可把握性，这就是"道"的"一阴一阳"性或"阴阳"性。原来这个"道"表征、定谓的是"阴阳"。是山之北和山之南这样的具体东西吗？当然不是，这种山之北（阴）和山之南（阳）应该是"器"之类的东西，不在"道"之类；在"道"之类或让"道"来表征、定谓的阴阳只能是"阴阳"之性，即作为事物之存在的某一质性或性质。那么，所谓的"阴阳"性终究是事物的什么性质呢？统而言之，就是事物自身相反相成、对立互补、对立统一之性。事物的存在为何不是和不能是一种质性，而是相反的两种质性或性质呢？这与事物的存在结构有关。我们在前面几处都说过，世上倘若只有一个存在者，而其余的一切均是空无、虚无的话，那么仅有的这一个存在者就只能存在于空无、虚无中，它自身亦当成为空无、虚无，它根本就不能存在。一存在者要能存在，在它之外必要有他存在者存在，这个一存在者以他存在者为存在的前提条件，他存在者亦然,这样一存在者与他存在者就构成了一个存在结构或构架,正是在此种构架中一存在者与他存在者均能得以现实地存在。正因为是处在一个结构或构架中,故一存在者与他存在者必有联系、关系和作用、影响,一存在者所需要的(即它所没有的)正是他存在者所有的,而一存在者所不需要的(即它所能给予、给出的)正是他存在者所需求的,这样这个一存在者和他存在者才能构成一个关系构架,否则就根本构不成一存在构架。因此,处于存在构架中的每一存在者自身都有两种规定或属性,一种是自身所有的质性,另一种则是其自身所无的质性;简明地说,一是"有"性,一是"无"性。事物自身的此种"有无"性当然也是一种构架、结构,这是事物的内构架或结构。这个内构架可以说是一存在者与他存在者之存在的外存在构架的内化结果,也可以说外存在构架是每一事物自身中"有无"性之结构、内性或构架之外化的结果;这个外存在构架与内存在构架本来就是一种关系、结构、构架。在作了这一番看似啰唆的分辨之后,可以肯定,世上事物都有"有—无"性之本质、本性在,它不是也不可能是单一的一种质性,倘若这样的话事物就成了死东西,最终是存在不了的。老子明确揭示出事物之存在的"有—无"性内性和结构,并以"道"来定谓和表征此种内性(见《老子》第一章);《易经》和《易传》也揭示了事物之存在的"阴—阳"性之内性和结构,《易传》也以"道"来定谓和表征此种内性。所以,当《易传·系辞上》谓"一阴一阳之谓道"时,儒家的这个"道"和道家的"道"就都是"形而上者",是天地万物之存在的本质、本体,具有极重要的哲学理论价值。

"道"作为事物"阴阳"性的定谓和表征,它是如何存在和表现的呢?就是说,这个"道"是什么?它在哪里存在?它怎样存在?一般说到"道",无论是儒家的还是道家的,抑或是别的学派的,人们总把它作为观念、概念来对待和处理,认为它就是一个名称,一个概念,是人理性上、思想上的一个对象;理解和把握这样的"道"就是给其作定义,即用种加属差的方法来规定它。但很明显,这样认识和把握的"道"只是个对象,是个概念,是个理性上的存在者,它已被割裂开、提离开了活的事物本身,实际上已与事物的存在无关,故要这样的概念化的"道"是无意义的,是没用的。真正活着的"道"就在事物中,就在生存着、生长着的活的事物中,是与事物一体同在的活着的境域、情境,它当场开显和显示、显现、现象着自身，绝非对象性和概念化的规定。那么怎么来把握这种境域化了的"道"呢？即怎么才能入境呢？怎么才能有如现象学所说的"回到事情本身"呢？很显然，概念化的那种方式和方法是无能为力、南辕北辙的。这里唯一的道路就是从"道"的内在结构——"有—无"或"阴—阳"性入手。《老子》第一章说："道可道，非常道；名可名，非常名。无，名天地之始；有，名万物之母。故常无，欲以观其妙；常有，欲以观其徼。此两者同出而异名，同谓之玄；玄之又玄，众妙之门。"老子这里所说的就是"道"的内在结构和把握"道"的方式。"道"同时有"有""无"两种质性和规定，它正是由"有"与"无"同时夹撑、托浮起来的一种活转和境域，"道"就处在这个"有"与"无"的"居中"或"中间"地带，即处在"有—无"性的这个"—"（连线）上，或由"有""无"造成的空灵境域、形势、形式、关系姿态或姿态关系中。这个"道"倘若略有所偏，或倒在"有"上或倒在"无"上，就消解了，消失了，就无"道"可言了；只有在"有—无"这个"中"或"中间"地带上，"道"才活灵活现，生生不息，倒海翻江而上天入地，变化无穷。所以，当你说"道"是"有"时，它就转化为"无"；而当你说它是"无"时，它就转化为"有"，它乃有无无有，无有有无，有有无无，无无有有，在"有—无"的相互诉说中得以存在和表现。显然，在这里那种概念化的、"什么是什么"的对象化规定的形式和语言与"道"格格不入，相去天壤。而那种比喻性、寓意性、相关或双关性、模糊性等语言却是理解和把握"道"的对症良药。故《老子》第二十一章言："道之为物，惟恍惟惚。惚兮恍兮，其中有象；恍兮惚兮，其中有物；窈兮冥兮，其中有精；其精甚真，其中有信。自古及今，其名不去，以阅众甫。"这种恍恍惚惚、惚惚恍恍、窈窈冥冥、冥冥窈窈的语言，正能对应"道"的既有又无、既无又有，有有无无，无无有有的活的境域存在，才能切中和切入这个"道"，也才能理解和把握住这个有如幽灵鬼魅般的"道"。《庄子》中有"寓言""重言""卮言"这些非日常语言的语言，有所谓的"谬悠之说，荒唐之言，无端崖之辞"的恣纵不傥的风格和文风，这正是把握"道"的方式方法。《易传》没有具体论说"一阴一阳之谓道"的这个"道"是如何存在和表现的以及人们是如何来认识和把握它的问题。但当《易传》将"道"与"一阴一阳"相关联时，这个"阴—阳"性就是"道"的内在结

第七章 《易》的"阴阳"论与中华民族"燮理阴阳"之道

构或构架；由此而决定了认识和把握"道"的方式方法绝非概念化、对象性的方式，而只能是那种"情境反思"式的境域化方法，即在由"阴"和"阳"夹撑起来的、当场构造而成的中间地带的境遇中让"道"自我腾云乘雾、乘风破浪地生存和显现。表现在语言方式上，就是让"阴阳"自己来说话，就是在阴阴阳阳、阳阳阴阴、阴阳阳阴，阳阴阴阳的阴阳交互中对撑开一个具有中间性意义的"中"道情境、境域。正因为这里的"阴阳"不是和不能只是"阴"或"阳"，而是"阴—阳"性的，故分不出孰阴孰阳来，这时阴而阳之，阳而阴之，阴阳相生而生生不息，这就是"阴—阳"之神妙的功能和作用所在。故《易传·系辞上》云："阴阳不测之谓神。"这个"神"当然非神仙、鬼神，亦非神秘；乃神妙、神奇也。《易传·说卦传》云："神也者，妙万物而为言者也。"阴阳有何神妙、神奇之处呢？如果是"相其阴阳"的那种山形的阴面与阳面，自然就无什么神妙、神奇可言了；如果是人们经常说的阴气和阳气那样的气体，其存在和运行自然有变化在，但也不神奇和神妙。阴阳之所以神妙、神奇，正在于它的"不测"性。这个"测"就有如现代量子力学中"测不准原理"的那种"测"。即"阴—阳"之结构和本性表现为不是单一的"阴"或单一的"阳"，这种单一的"阴"或"阳"是被对象化了的东西，是可以测量准的；而是阴阳阳阴、阳阴阴阳、阴阴阳阳、阳阳阴阴，是阴中有阳、阳中有阴的，这样的"阴—阳"的确是"阴阳怪气"而难得测准的。《易传》用"阴阳不测之谓神"一语表现了和表达了与老子揭示"道"的"有—无"性一样的思想。

其二，"象"之"几"或"几象"。"象"在《易》中占有十分重要的地位。《易》就是观象、取象、成象之书。《易传·系辞下》云："古者包牺氏之王天下也，仰则观象于天，俯则观法于地，观鸟兽之文与地之宜，近取诸身，远取诸物，于是始作八卦，以通神明之德，以类万物之情。"这里的"观象于天""观法于地""观鸟兽之文与地之宜"之言皆是观象与取象。孔颖达说："云'仰则观象于天，俯则观法于地'者，言取象大也。'观鸟兽之文与地之宜'者，言取象细也。大之与细，则无所不包也。'地之宜'者，若《周礼》五土，动物植物各有所宜是也。"（《周易正义》之孔颖达疏）伏羲之类的圣人正是通过观天象，观地象，观大象，观细象，观远象，观近象，观物象，观人象，观己象，观他象，观鸟象，观兽象等，通过一系列的观象活动，发现了象中的"文"与"宜"之处，然后就取法于这种"文""宜"而画成了卦象，于是才有了八卦、六十四卦之类的卦图或卦象。故《易经》是一部观象、取象之书。《易传·系辞上》说："圣人有以见天下之赜，而拟诸其形容，象其物宜，是故谓之象。"又说："圣人立象以尽意。""是故夫象，圣人有以见天下之赜，而拟诸其形容，象其物宜，是故谓之象。"孔颖达解说："赜谓幽深难见，圣人有其神妙，以能见天下深赜之至理也。'而拟诸其形容'者，以此深赜之理，拟度诸物形容也。见此刚理，则拟诸乾之形容；见此柔理，则拟诸坤之形容也。'象其物宜'者，圣人又法象其物之所宜。若象阳物，宜于刚也；若象阴物，宜于柔也，是各象其物之所宜。六十四卦，皆拟诸形容，象其物宜也。"（《周易正义》孔颖达疏）所以，《易》之精神和思想当在其"象"上。

那么，《易》之"象"究竟是一种什么思想性质的"象"呢？是实象吗？是有形的形象吗？不是。实象、形象是有形有状的实存物之状态、状貌、状象，这种象是感性存在，是靠人的感觉经验来把握的。那么这个"象"是抽象吗？也不是。所谓抽象的东西是概念、范畴，是文字符号，是超越感性的，是靠理性思维来把握的。《易》之卦图、卦象之"象"，既非实象又非抽象，但似乎又既有点实象的味道又有点抽象的味道。说它是实象，是因为它不是纯正的符号文字，不是一种纯粹符号；它是符号，但不是有如西方的拼音文字之类的纯粹代号、记号那样的符号，它毕竟有某种形象或象形在，比如现在有人认为"- -"和"—"就是女阴男根之象征。所以说，由"- -"和"—"组构成的六十四个卦象之"象"并非纯代号，有形象、实象之意味。说它是抽象，是因为它毕竟是一种符号，不是实象、实物，它有类似于文字符号的形式，有一定的抽象性意味。所以说，《易》卦象之"象"是介于实象与抽象之间的象，或者说是介于实与虚、自然与人为之间的一种似象非象、非象似象的东西。故《易传·系辞下》云："是故《易》者象也；象也者，像也。"孔颖达解说："'象也者，像也'者，谓卦为万物象者，法像万物，犹若乾卦之象，法象于天也。"（《周易正义》孔颖达疏）《易传》这里理解的"象"即为"像"，即法像于实际之象，这就将"象"导向实象之途了。这样讲当然也能说得通，因为《易》"象"确有实象之意味并的确可以通向实象或实相。《易

第七章 《易》的"阴阳"论与中华民族"燮理阴阳"之道

传·系辞上》云:"是故天生神物,圣人则之;天地变化,圣人效之;天垂象,见吉凶,圣人象之;河出图、洛出书,圣人则之。"孔颖达解说:"'是故天生神物,圣人则之'者,谓天生蓍龟,圣人法则之以为卜筮也。'天地变化,圣人效之'者,行四时生杀,赏以春夏,刑以秋冬,是圣人效之。'天垂象,见吉凶,圣人象之'者,若璇玑玉衡,以齐七政,是圣人象之也。'河出图、洛出书,圣人则之'者,如郑康成之义,则《春秋纬》云:河以通乾出天苞,洛以流坤吐地符。河龙图发,洛龟书感。《河图》有九篇,《洛书》有六篇。"(《周易正义》孔颖达疏)这里的"天垂象"的"象",显然不是和不可能是实象,因为这种实象没有"垂"的意义和功用。何况,这里的"天垂象"的现象与"天生神物""天地变化""河出图、洛出书"类的现象是并列的、同类的,"天生神物"等不是一般的实物、实象。孔颖达疏所说的"璇玑玉衡,以齐七政"见《尚书·舜典》。璇玑玉衡乃北斗七星,《史记》说"北斗为玉衡",玉衡是杓,璇玑是魁。"天垂象"的这个"象"是抽象的符号吗?这里似乎有点此类意思,但也不是,因为抽象是理性符号和概念,这也无"垂"的意义可言,也没有"见"即显示、显现吉凶的功能。天垂的这个"象"既然能显示吉凶,那它肯定是似象而非象、非象而似象,是象而非象、非象而象的东西,这应该叫"象象"或"象—象",是"象"自己在说话的一种"象",这就是所谓的"纯象"或"几象"。这种"象"有实象之象而化去了实象之实,有抽象之象而化去了抽象之抽,它是构造于、生成于实象与抽象之间的一种境域之象,故它有"见"(xiàn)吉凶之功能。

说了这么多,那么这个既非实象又非抽象且既是实象又是抽象的《易传》之"象"究竟是什么呢?它实际上就是康德所讲的"先验想象力"的"象",是胡塞尔讲的意识的"边缘域""意识流"那种"域""流";其思维形式相当于拉斯克讲的"反思性范畴",有如海德格尔讲的"形式显示"或"形式指引",等等。现在我们引一段康德论纯粹悟性概念"图型"的话:"但纯粹悟性概念与经验的直观(实与一切感性直观),全然异质,决不能在任何直观中见及之。盖无一人谓范畴(例如因果范畴)可由感官直观之,且其自身乃包含在现象中者。然则直观如何能包摄于纯粹概念下,即范畴如何能应用于现象?""此必有第三者,一方与范畴同质,一方又与现象无殊,使前者能应用于后者明矣。此中间媒介之表象,必须为纯粹的，即无一切经验的内容，同时又必须在一方为智性的，在他方为感性的。此一种表象即先验的图型。"康德说这种"先验的图型"就是"时间"。"时间为内感所有杂多之方式的条件，因而为一切表象联结之方式的条件，包有纯粹直观中所有之先天的杂多，至时间之先验的规定，以其为普遍的而依据于先天的规律，故与构成时间统一之范畴同质。但在另一方面，因时间乃包含于'杂多之一切经验的表象'中，故又与现象无殊。是以范畴之应用于现象，乃有时间之先验的规定而成为可能者，此种时间之先验的规定乃悟性概念之图型为现象包摄于范畴下之媒介。"康德还指出，"图型自身常为想象力之所产"，即纯粹悟性概念的"图型"是由人的"想象力"这种能力所构成的。① 康德所讲的"图型"就是一种"象"，它是连接纯粹悟性范畴与感性直观之杂多的媒介或中间地带。《易传》在此所说的"象"就类似于康德所讲的"图型"，就是现象学所屡屡强调的"中间"或"中"之地域。但《易传》讲不出现象学及康德所讲的道理来，然而它却体悟到了"象"的有无、虚实、主客、心物等一体同在的境域性，它用一"几"字来表征此种境界、境域性。《易传·系辞上》曰："夫《易》，圣人之所以极深而研几也。唯深也，故能通天下之志；唯几也，故能成天下之务；唯神也，故不疾而速，不行而至。"《易传·系辞下》曰："子曰：'知几其神乎！君子上交不谄，下交不渎，其知几乎！几者，动之微，吉之先见者也。君子见几而作，不俟终日。'"孔颖达疏解说："'夫《易》圣人之所以极深而研几也'者，言《易》道弘大，故圣人用之，所以穷极幽深而研核几微也。""'唯几也，故能成天下之务'者，圣人用《易》道以研几，故圣人知事之几微，……几者离无入有，是有初之微。以能知有初之微，则能兴行其事，故能成天下之事物也。"王弼指出："几者去无入有，理而无形，不可以名寻，不可以形睹者也。唯神也不疾而速，感而遂通，故能朗然玄昭，鉴于未形也。合抱之木，起于毫末；吉凶之彰，始于微兆，故为吉之先见也。"（均见《周易正义》孔颖达疏、王弼注）《说文》言："幾（几），微也；殆也。从**丝**，从戍。戍，兵守也。**丝**而兵守者危也。"几，有细微、危机两义。《说文》曰："**丝**，微也，从二幺。""幺，小也。象子初生之形。"《易传》在此所

---

① ［德］康德：《纯粹理性批判》，蓝公武译，商务印书馆1960年版，第142—143页。

第七章 《易》的"阴阳"论与中华民族"燮理阴阳"之道

言的"幾（几）"，取的是微之义，即几微、几兆也。很明显，《易传》的"几"是个具有深刻意义的哲学范畴，它揭示的是事物发展变化过程中"动之微，吉之先见"的东西，这只能是事物的某种几兆、契几、几率、形势、趋势、势头、势机等，这就是一种"象"，即无形而有象的"几象"，它乃实中的虚和虚中的实，是有中的无和无中的有，是无象而象和象而无象。所以，这个"几"揭示、表征的正是处在实象和抽象之间的、具有显现和现象性质的"象"存在和"象思维"。这，正是由《易传》所发掘和揭示的《易经》之"象"的本体意义的不朽价值。

其三，宇宙系统论的框架和宇宙生成论的模式。《易传》是解说《易经》的书，但它的思想倾向却与荀子有关联。郭沫若认为："《易传》显明地是把荀子的话更展开了。它把他的见解由君臣父子的人伦问题扩展到了天地万物的宇宙观上去了。""《系辞传》至少其中的一部分也明明受了荀子的影响，从思想系统上可以见到它们的关系。"（郭沫若《青铜时代·周易之制作时代》）李泽厚说："《易传》的最大特点，我以为，便是沿袭了荀学中刚健奋斗的基本精神，舍弃了'天人之分'、'制天命而用之'的具体提法或具体命题，把它们改造为'天行健（或作"天行，乾"），君子以自强不息'，赋予自然以人的品德色彩，提到'一阴一阳之谓道'的形而上学的明确高度，创造性地建构了一个完整的世界观。"[1]《易传》之所以与荀子一致，是在于它将荀子的"明分使群"的"礼"论思想上升到形而上的高度，"建构了一个完整的世界观"。先秦儒学在孔、孟处主要突出的是心性问题，孔子的"仁"、孟子的"心"莫不重心性。突出心性问题当然有正确的一面，因为心性问题的内涵是人的自觉自愿的自由意志。人的伦理行为，甚或人的一切社会行为之成立的基础和前提就是人的自觉自愿的自由意志，人的意志如果是不自由的，人就不会对自己的行为负责，那就根本没有包括伦理行为在内的人的行为了。但是，如果只有意志自由，同样会消解和瓦解掉人的伦理行为等一切行为，因为正由于意志是自由的，是全由人自己的，故人既可以做忠君孝父之类的伦理行为，也可以做弑君弑父之类的反伦理行为，这两种行为对人的自由意志而言都是可能的和许可的。这显然不行。社会所提倡和允许的是基于自由意志的好

---

[1] 李泽厚：《中国古代思想史论》，人民出版社1986年版，第122页。

的、正面的伦理行为而不是相反,所以人的这个自由意志自身就逻辑地要求着和潜藏着意志非自由的一面或曰必然的一面;这实际上就是人的自由意志要将自身外化和向外提升,使其成为必然如此的东西,这就是自孔子创立儒学始就一直存在着的伦理学本体论或心性本体论的要求和问题。荀子"隆礼""重法"的外王路线的出现,乃至《易传》宇宙论世界观的建立,都是在儒学伦理学本体化的方向和道路上所作的努力及其成就。所以,要讲《易传》的"阴阳"之道思想,还有个宇宙论的世界观问题。

《易传》不仅用"一阴一阳谓之道"的命题规定和揭示了"道"的"阴—阳"性之内性和结构,还规定和揭示了"道"统天、地、人的广大悉备性。《易传·系辞下》曰:"《易》之为书也,广大悉备。有天道焉,有人道焉,有地道焉,兼三才而两之,故六。"这是说,《易》这部书的"道"是广大周备的,含天、地、人各领域的存在之"道"在内。三画卦的八卦中就含有"三才"之义,即初画象地,中画象人,上画象天;当三画卦的八卦重为六画卦的六十四卦后,各卦也含有"三才"的象征意义,即初、二象地,三、四象人,五、上象天。故"六者,非它也,三才之道也。道有变动,故曰爻;爻有等,故曰物;物相杂,故曰文;文不当,故吉凶生焉"(《易传·系辞下》)。《易》之"道"包揽着天、地、人。

就存在状象说,天、地、人有明显区别,各不相同。那么,《易》之"道"是如何兼"三才"的呢?《易传·说卦传》曰:"昔者圣人之作《易》也,将以顺性命之理,是以立天之道曰阴与阳,立地之道曰柔与刚,立人之道曰仁与义,兼三才而两之。故《易》六画而成卦;分阴分阳,迭用柔刚,故《易》六位而成章。"这是说,圣人在创作《易》时,是用它来顺含万物的性质和命运之变的,即所看到和揭示的是宇宙间事物的本性及必然变化的趋势,而并非宇宙万物之存在的具体状态及特征。所以,从这个"顺性命之理"出发,天、地、人的存在是可以沟通和合一的,因为天道之"阴阳"、地之道"柔刚"、人道之"仁义"这三者虽然在存在形式上有别,但作为各自领域的存在质性、性质、本性却是共通的和共同的,因此也就是相通的和相同的。可见,《易传》用来沟通、统一天、地、人三界的思想和方法是本体化的。

从"道"出发,天、地、人乃合二为一。正因为人与天(即天地)是合一的,所以人的存在和行为同时就有了两个标准和维度,这就是人自己

第七章 《易》的"阴阳"论与中华民族"燮理阴阳"之道

自觉自愿的"应然"性和天本身自然而然且必然如此的"必然"性。人既要发挥自己自觉自愿的自由意志的主体性，但不可和不能一味地发挥之，它同时要受到外在的宇宙存在必然性的制约和限制；反过来说，当人生在世时，人的所作所为一方面要合于宇宙存在的必然性，要遵循这种必然性，但另一方面又有自己的自由意志和主体力量，人不是自然必然性的奴隶，人非其他动物那样只能受制于宇宙必然性，人在遵循宇宙必然性的同时又能依自己的自由意志来作为。这种思想和理论，与宋明理学那种以"宇宙必然＝人世应然"为其根本内涵的"理"（或"天理"）本论的伦理学本体说岂无相通之处?! 只是在思想深度和理论成熟度上《易传》的这种天人一体的世界观逊于理学的"理"本论。正是从天人一体出发，《易传》将宇宙存在之性转化成了人的道德品质，或曰将人的德行品性赋予了宇宙存在。比如《易传·乾·象传》曰："天行健，君子以自强不息"；《易传·坤·象传》曰："地势坤，君子以厚德载物"；《易传·系辞上》曰："日新之谓盛德，生生之谓易"，等等，这种说法对《易传》来说似乎是自然的，并无人为的牵强之处。所以，《易传》自然讲到了人与天地参的问题，谓："夫大人者，与天地合其德，与日月合其明，与四时合其序，与鬼神合其吉凶。先天而天弗违，后天而奉天时。天且弗违，而况于人乎？况于鬼神乎？"（《易传·文言·乾》）

《易传》将天、地、人合为一体的"道"论，其思维方式和思想方法与两汉董仲舒的"天人感应"说颇为相似。比如董仲舒说："天亦有喜怒之气，哀乐之心，与人相副，以类合之，天人一也。春，喜气也，故生；秋，怒气也，故杀；夏，乐气也，故养；冬，哀气也，故藏。四者，天人同有之。"（《春秋繁露·阴阳义》）又说："是故春气暖者，天之所以爱而生之；秋气清者，天之所以严而成之；夏气温者，天之所以乐而养之；冬气寒者，天之所以哀而藏之。"（《春秋繁露·阳尊阴卑》）董仲舒赋予了四时运行秩序以道德性功能，为人的伦理行为建立了天地存在之序的必然性依据。只不过董仲舒讲得太过外在和直白了些，其外在类比的痕迹是很明显的。但董仲舒"天人感应"论的思维方式和思想倾向却与《易传》一致。可以说《易传》开了汉代天人思想的先河。

《易传》之统天、地、人的"道"论还有相应的两个重要思想成果，这就是它的宇宙系统论框架和宇宙生成论模式。《易传》在将天、地、人合而为"一"以后，构筑起了一个宇宙系统论的思想框架。在天地人这一系统中，天、地、人是这个总系统中的各分要素，由此而使得这三者各自之间有了关联和作用，且任一方的变动均会给系统总体带来作用和影响。这就如同一副象棋，当不处在棋盘中时各棋子是独立的且是没有关系的，一旦摆上了棋盘，各棋子就构成了一系统，这时的每个棋子之间都就有了关系，这个关系正是通过棋盘这个"系统"来存在和显现的。比如，当你动了一下一个卒子的位置后，你方的整个棋局或棋势就会发生变化，由此而使对方的棋局也要发生变化，你方的每颗棋子和对方的每颗棋子就会因棋局的变动而受到了牵连和影响。就这样，处在系统中的因素和系统本身相互作用和影响，构成了一幅活的境域和势域，这才是真正的"道"之所在。《易传》正有此宇宙系统论的思想。比如《说卦传》云："昔者圣人之作《易》也，幽赞于神明而生蓍，参天两地而倚数，观变于阴阳而立卦，发挥于刚柔而生爻，和顺于道德而理于义，穷理尽性以至于命。"这里将神明、天地、阴阳、刚柔、道德、性命等都囊括为一体，其存在是由蓍、数、卦、爻之协调运作来开启和维持的。这是人的文化世界的系统论。《序卦传》云："有天地然后有万物，有万物然后有男女，有男女然后有夫妇，有夫妇然后有父子，有父子然后有君臣，有君臣然后有上下，有上下然后礼义有所错（即措）。"这里从天地万物到礼仪规范是一个相互关联着的总系统，天地、万物、男女、夫妇、父子、君臣、上下、礼义相互关联和作用。这是人的社会结构和存在方面的系统论。《系辞上》云："《易》与天地准，故能弥纶天地之道。仰以观于天文，俯以察于地理，是故知幽明之故；原始反终，故知死生之说；精气为物，游魂为变，是故知鬼神之情状。与天地相似，故不违；知周乎万物而道济天下，故不过；旁行而不流，乐天知命，故不忧；安土敦乎仁，故能爱。范围天地之化而不过，曲成万物而不遗，通乎昼夜之道而知，故神无方而易无体。"这说的是《易》系统的总体功能。《易》能弥纶天地之道，能通天文地理，能明天地变化的深刻原因，能知事情之终始，能明生死之理，能晓事物变化的契机，能知鬼神之情；《易》"道"与天地并，与万物遍，故能乐天知命。这样，《易》就囊括了整个宇宙存在。在这个宇宙运行系统中，天地位焉，万物育焉，人文成焉，礼义在焉，自然存在之必然与人世存在之应然统一了。正因为如此，以"大人"为代表的人"与天地合其德，与日月合其

第七章 《易》的"阴阳"论与中华民族"燮理阴阳"之道

明,与四时合其序,与鬼神合其吉凶"(《易传·文言·乾》)这就不仅是现实的而且也是自然的,并无神秘和牵强。

《易传》的宇宙系统论思想不仅是一个天人合一的哲学思想模式,也是一种颇有价值的科学哲学观。成书于西汉的《黄帝内经》就将人与自然存在视为一个系统,又将人体自身视为一个系统,这样来辨证施治是颇有效果的;中医的针灸方式和经络理论,至今有很大的理论和实际价值。在汉代颇为流行的和典型的、表现在《礼记·月令》《吕氏春秋》《淮南子》中的宇宙系统论思想,不能不说与《易传》的系统思想有关。

与其宇宙系统论思想相关联和平行,《易传》还有一个比较典型的宇宙生成论的思想模式。这就是,《易传·系辞上》所谓的"是故,《易》有太极,是生两仪,两仪生四象,四象生八卦,八卦定吉凶,吉凶生大业"之说。这里直接说的是"八经卦"的形成问题。《易传》认为,在《易》创作之先有一混沌未分的"太极"存在,有太极分化出了"阴阳"两仪,有两仪再生出"太阳、少阴、少阳、太阴"这四象,由四象再生出"乾、坤、震、巽、坎、离、艮、兑(分别象征天、地、雷、风、水、火、山、泽)"这八卦。有了八卦后它的变化推演就可以判定吉凶;能判定吉凶就可产生盛大的事业。这整个生成过程就是:太极→两仪→四象→八卦。如果换成图式,此过程就是:☯(太极)→"--"、"—"(两仪)→☰、☱、☲、☳(分别叫太阳、少阳、少阴、太阴)(四象)→☰、☷、☳、☴、☵、☲、☶、☱(分别叫乾、坤、震、巽、坎、离、艮、兑)(八卦)。这一过程之基础就是"--"(阴)、"—"(阳)这两个符号,这两个符号两重就有了四象,三重就有了八卦,四重就有了十六卦,五重就有了三十二卦,六重就有了六十四卦,七重就有了一百二十八卦……这是个开放的构成系统。这个"太极"本身就是阴阳一体,故它与"道"是一致的,因为"一阴一阳之谓道"(《易传·系辞上》)。故"太极"生两仪等过程与"道"生两仪等过程是统一的。这样,《易传》的"太极生两仪……"之说和老子所谓的"道生一,一生二,二生三,三生万物。万物负阴而抱阳,冲气以为和"(《老子》第四十二章)之说就一致了,都有宇宙生成论的思想意义。

就"太极生两仪……"的生成形式看,它与老子"道生一……"的生成论一样,都是一理性思辨的过程,可谓是理性推演。但结合《易传》的其他论述来看，它的这个宇宙生成论思想和模式并非纯粹的理性推测，而是有经验观察的因素和基础的，可谓是一种理性推测和经验观察相结合的宇宙生成模式。且看《易传·系辞下》之言："古者包牺氏之王天下也，仰则观象于天，俯则观法于地，观鸟兽之文与地之宜，近取诸身，远取诸物，于是始作八卦，以通神明之德，以类万物之情。作结绳而为罔罟，以佃以渔，盖取诸'离'。包牺氏没，神农氏作，斫木为耜，揉木为耒，耒耨之利以教天下，盖取诸'益'。日中为市，致天下之民，聚天下之货，交易而退，各得其所，盖取诸'噬嗑'。神农氏没，黄帝、尧舜氏作，通其变，使民不倦；神而化之，使民宜之。易，穷则变，变则通，通则久。是以自天祐之，吉无不利。黄帝、尧、舜垂衣裳而天下治，盖取诸'乾''坤'。刳木为舟，剡木为楫，舟楫之利以济不通，致远以利天下，盖取诸'涣'。服牛乘马，引重致远以利天下，盖取诸'随'。重门击柝以待暴客，盖取诸'豫'。断木为杵，掘地为臼，臼杵之利，万民以济，盖取诸'小过'。弦木为弧，剡木为矢，弧矢之利以威天下，盖取诸'睽'。上古穴居而野处，后世圣人易之以宫室，上栋下宇，以待风雨，盖取诸'大壮'。古之葬者，厚衣之以薪，葬之中野，不封不树，丧期无数，后世圣人易之以棺椁，盖取诸'大过'。上古结绳而治，后世圣人易之以书契，百官以治，万民以察，盖取诸'夬'。"这里开始说的是八卦的起源，与仰观俯察的经验观察相合，可以说八卦起源于实际的生活、生产经验。圣人在生产、生活实践中经过广泛、多次的观察、总结，从中认识到了和体会出了某些道理，就将这些道理用卦图的形式表现出来。圣人体悟到的究竟是什么道理呢？前面我们讲卦图构成时已说过，这莫过于"结绳记事"中所蕴涵着的计数方式和书契方式。八卦乃生产、生活经验的记录和结果，那么六十四卦亦应如此。但此段在说到六十四卦时却倒了过来，认为这些卦不是源于生产、生活经验，反而人们的生产、生活方式、方法倒是依据某一卦象而来的，是先有了卦图、卦象，然后才有人们的生产、生活中的作为。比如它说，伏羲编结绳子制成罗网以捕鱼围猎，倒是受"离"卦的启发而为之的。离卦的卦象是☲，即离（八卦中的"离"）下离上。离的意思是附丽。这是说伏羲发明的罗网是吸取了"离"卦纲目相连而能附丽的象征意义才作出的。这种看法和讲法就让人迷惑了。难道早在伏羲发明网罟之前就有了完整的六十四卦吗？既已有了六十四卦，又何来后来的重八卦而为六十四卦之举呢？难道在没有网罟的时代，人们就不围猎捕鱼了吗？此说实在有违历史事实。不论怎么说，发明网罟在前，"离"卦的出现在后。大概是有了包括"离"卦在内的六十四卦之后，人们为了给六十四卦的各卦命名，在给"离"卦这一卦象命名时，是结合了结绳制网活动的经验和其中的道理吧！

《老子》中有一宇宙生成论思想模式（见《老子》第四十二章），《易传》中亦有。在先秦儒、道哲学中，均有一宇宙生成论模式，这很重要。人们认识和把握宇宙，当然是为了认识宇宙存在的原因和根据之所在，此乃宇宙本体论思想。但在认识和把握宇宙存在的原因和依据这一本体论之前，必须和必要先有一宇宙生成论思想，因为只有宇宙生成了，宇宙来了，宇宙存在了，然后方可进一步探讨这个已经存在着的宇宙之如此存在的原因和依据问题。就中国古代哲学的发展历程言，先秦是诸子创立和形成时期，出现了许多有原创性的思想，特别是儒、道思想，更是中国古代哲学思想的活水源头，影响深远。但就整个先秦哲学的性质而言，它乃社会政治哲学，即所论述和涉及的哲学问题均与社会政治问题相关，可以说是在社会政治问题中涉及了和逼进到了哲学问题。历史步入秦汉时期后，中国社会经春秋战国时期四百余年的演变、过渡，正式进入了封建制时代。与这个新的时代相适应，这就是在两汉经学这一文化形式下的汉代哲学的宇宙发生论思想。宇宙发生论以及与此相关的宇宙系统论、宇宙结构论（这往往表现为天文理论，如汉代的盖天说、浑天说、宣夜说三大天文理论）等是汉代哲学的中心内容，是汉代哲学的任务所在，也是其思想贡献所在。可以说，先秦儒、道的宇宙生成论模式为汉代哲学作了必要的思想准备，其思想价值是不可忽视的。

三 "阴阳"之赜与思想方法

《周易》是"五经"之一，属儒家经典。所以广义言《易》"道"或《易》学思想是儒家思想，故一般在讲先秦儒家思想时兼及易学的"阴阳"思想。因此，在讲到中华民族精神时也将《易》的"天行健，君子以自强不息"（《易传·乾·象传》）、"地势坤，君子以厚德载物"（《易传·坤·象传》）等思想视为儒学思想中的中华民族精神。这样理解和归属易学思想当然可以。然易"道"仍有自身的思想内容和特点，与广义的儒学仍是有区别的。《易》的最大特色和本质有如《庄子·天下》言是"道阴阳"的，它有自己的"阴阳"之道。可以说《易》的"阴阳"思想是整个中国古代"阴阳"思想的代表。所以我们这里将《易》的"阴阳"思想单列出来，并作为中国古代"阴阳"思想的代表。

说到《易》学中所体现、表现的中华民族精神问题，当然有不同的看法。比如张岱年先生认为，指导中华民族延续发展的中华精神集中表现于《周易》中的两个命题上，这就是"天行健，君子以自强不息"，"地势坤，君子以厚德载物"。"自强不息"，就是永远努力向上，绝不停止，表现了中华民族的拼搏精神，表现了一种不向恶劣环境屈服的顽强生命力。"厚德载物"，就是要有淳厚的德性，要能够包容万物，表现了中华民族的兼容并包精神。一个"自强不息"，一个"厚德载物"，这两点体现了中华民族的精神和气度。正因为有这样的精神和气度，中华民族的科学和文化才能在世界历史上一度处于领先地位。[①] 张岱年先生还将《易传》的基本思想概括为"日新""生生"，"刚健""自强"，"裁成""辅相"这几个方面，说："《易传》的中心观念是变易，宣扬'日新''生生'。这种变易观念应用于人生观，于是强调'刚健'，主张'自强不息'；应用于天人关系问题，于是提出了'裁成天地之道，辅相天地之宜'的天人协调学说。我认为，这些就是中华文化不断前进、不断发展的真实思想基础。"[②] 有人将《周易》中所包含的中华民族精神概括为："'自强不息'的进取精神""'厚德载物'的人文精神""'与时偕行'的创新精神""'尚中贵和'的和谐精神""'居安思危'的忧患意识"诸方面。[③] 当然还可以从不同方面和视角对《周易》思想中所表现的中华民族精神予以概述。

不过，笔者认为，《周易》作为"道阴阳"的书其思想特质和价值就在"阴阳"之道上，它对中华传统文化和精神的培育、影响也正在"阴阳之道"方面。中华先民从最初、最早的"相其阴阳"（《诗经·大雅·

---

① 张岱年等著：《中国文化传统简论》，浙江人民出版社1989年版，第54—55页。
② 张岱年：《〈易传〉与中国文化的优良传统》，见《周易纵横录》，湖北人民出版社1986年版，第19页。
③ 卞敏：《中华民族精神研究》，光明日报出版社2008年版，第73—92页。

第七章 《易》的"阴阳"论与中华民族"燮理阴阳"之道

公刘》),到后来的"论道经邦,燮理阴阳"(《尚书·周官》),再到"一阴一阳之谓道"(《易传·系辞上》),直到朱熹谓"天地之间无往而非阴阳,一动一静,一语一默,皆是阴阳之理"(《朱子语类》卷第六十五《易一·阴阳》),"阴阳"观念深深扎根于中华文化的血脉中,中华思想文化不断探寻着"阴阳"之赜。故"阴阳"观念和思想已积淀为中华民族的民族心理和思维方式、思想方法。笔者以为这才是深层的中华民族精神中的"阴阳"之道。

"阴阳"之道的问题,人们习惯于称之为辩证法思想。中国古代的"阴阳之道"思想,主要表现在"变易之常"和"动静之几(机)"两个方面。

其一,变易之常。"变"与"常"是中国古代哲学和思想文化中的重要观念。"变"是变动、变易、变化等;"常"则是常住、常轨、常衡、常式、不变等。事物的存在并非不变,也非瞬息万变而无常则,总是有变有常,变中有常,常中有变。中国古代的常变观是关于事物的变动性和常住性,有时也涉及变化的偶然性和必然性等问题。白天黑夜,春夏秋冬,日中日昃,月盈月亏,花开花落,草木荣枯,……从自然到社会一切均处在川流不息的变易中;同时,日出日落,循环不已,春夏秋冬,周而复始,日月历天,岁岁如此,……这一切的变中总有一种不变的秩序和常则在。因此,常变问题是中国古代思想文化中"察阴阳之赜"的一个重要方面。

中国古代的常变观有三方面的思想内容。一是认为万物皆变。中华先民早就看到了天地间变动不已的现象。例如《诗经·小雅·十月之交》云:"烨烨震电,不宁不令。百川沸腾,山冢崒崩。高岸为谷,深谷为陵。"《易经·泰》卦辞曰:"小往大来",其九三爻辞曰:"无平不陂、无往不复。"《易经·乾》以龙的潜、见(现)、跃、飞、亢等行为状态来说明事物的变化过程。《易经·渐》以鸿(一种水鸟)的渐进来象征事物的运动变化过程。《易经》之"易",本来就有变易之义。孔子曰:"逝者如斯夫,不舍昼夜。"(《论语·子罕》)这是孔子面对奔腾不息的河流发出的慨叹。孔子还说"四时行焉,百物生焉"(《论语·阳货》),天地万物处在生生不息的过程中。老子说:"合抱之木,生于毫末;九层之台,起于累土;千里之行,始于足下。"(《老子》第六十四章)认为一切皆处在变化中。老子虽然有"夫物芸芸，各复归其根。归根曰静，是曰复命"（《老子》第十六章）之说，但这种"归根"之"静"是以变易、运动为前提的。不过，从"道"的本质性、恒常性出发，老子认为天地万物的存在根柢处是静的。还有庄子，他说："万化而未始有极也"（《庄子·大宗师》），"消息盈虚，终则有始。……物之生也，若聚若驰，无动而不变，无时而不移"（《庄子·秋水》），"万物化作，萌区有状，盛衰之杀，变化之流也"（《庄子·天道》），"阴阳相照，相盖相治，四时相代，相生相杀。……穷则反，终则始，此物之所有"（《庄子·则阳》），等等。在庄子看来一切均处在变化中。在承认事物之变时，庄子曰："方生方死，方生方生；方可方不可，方不可方可"（《庄子·齐物论》），"臭腐复化为神奇，神奇复化为臭腐"（《庄子·知北游》）。事物是变化的，但变化是有条件的，不可能是纯粹的、无条件的瞬息万变。庄子在此有抹煞变化条件之嫌，这会走向有如古希腊克拉底鲁所谓的"人一次也不能踏进同一条河流"的诡辩论。还有荀子，他认为"列星随旋，日月递炤，四时代御，阴阳大化，风雨博施，万物各得其和以生，各得其养以成"（《荀子·天论》），自然界的一切均处在变化中。在说到人类社会现象时，荀子虽然认为社会秩序、社会之"道"有不变的一面，谓"天地始者，今日是也"（《荀子·不苟》）、"千岁必反，古之常也"（《荀子·赋》）、"古今一度也，类不悖，虽久同理"（《荀子·非相》），但他承认和肯定整个社会历史都是变化发展的，故他说："欲观圣王之迹，则于其粲然者矣，后王是也。"（《荀子·非相》）特别是《易传》，明确肯定从天地自然到人类社会一切都在变化中。它说："日往则月来，月往则日来，日月相推而明生焉；寒往则暑来，暑往则寒来，寒暑相推而岁成焉。往者屈也，来者信（伸）也，屈信相感而利生焉。"（《易传·系辞下》）"日中则昃，月盈则食。天地盈虚，与时消息。"（《易传·丰·彖辞》）"在天成象，在地成形，变化见矣。""富有之谓大业，日新之谓盛德，生生之谓易。"（《易传·系辞上》）《易传》提出了"易穷则变，变则通，通则久"（《易传·系辞下》）的《易》道原则，认为："《易》之为书也不可远，为道也屡迁，变动不居，周流六虚，上下无常，刚柔相易，不可为典要，为变所适。"《易》的原则也正是变动、变化的原则。

西晋郭象充分肯定了天地之变的普遍性。他说："夫无力之力，莫大于变化者也。故乃揭天地以趋新，负山岳以舍故，故不暂停，忽已涉新，则天地万物无时而不移也。世皆新矣，而自以为故；舟日易矣，而视之若旧；山日更矣，而视之若前。今交一臂而失之，皆在冥中去矣。故向者之我，非复今我也，我与今俱往，岂常守故哉？而世莫之觉，横谓今之所遇可系而在，岂不昧哉！"（《庄子·大宗师注》）郭象认为自然界的一切均处在变化中，同样人类社会的一切也处在变化中。他指出："夫先王典礼，所以适时用也。时过而不弃，即为民妖，所以兴矫效之端也。""夫礼义，当其时而用之则西施也，时过而不弃则丑人也。"（《庄子·天运注》）天地万物均处在变化中，"岂常守故哉？"

宋明时代的学者大都肯定天地之变的根本性和普遍性。例如，王安石说："尚变者，天道也。"（《临川先生文集》卷六十三《河图洛书义》）"有阴有阳，新故相除者，天也。有处有辨，新故相除者，人也。"（《杨龟山先生集·字说辨》引《王氏字说》）周敦颐说："太极动而生阳，动极而静；静而生阴，静极复动。一动一静，互为其根；分阴分阳，两仪立焉。"（《太极图说》）张载说："天道不穷，寒暑也；众动不穷，屈伸也；鬼神之实，不越二端而已矣。……游气纷扰，合而成质者，生人物之万殊；其阴阳两端循环不已者，立天地之大义。天大无外，其为感者，絪缊二端而已。"（《正蒙·太和》）张载还从本体论意义上论证了万物的变化，谓："太虚不能无气，气不能不聚而为万物，万物不能不散而为太虚。循是出入，是皆不得已而然也。"（《正蒙·太和》）程颢说："生生之谓易，是天之所以为道也。天只是以生为道。"（《河南程氏遗书》卷二上）又说："天地之大德曰生，天地絪缊，万物化醇，生之谓性，万物之生意最可观。"（河南程氏遗书》卷十一）程颐说："天地之化，一息不留；疑其速也，然寒暑之变甚渐。"（《河南程氏外书》卷十一）又说："凡天地所生之物，虽山岳之坚厚，未有能不变者也。故恒非一定之谓也，一定则不能恒矣。唯随时变易，乃常道也。"（《周易程氏传》卷三）他批评以"静"为天地之心的说法，认为："消长相因，天之理也。……一阳复于下，乃天地生物之心也。先儒皆以静为见天地之心，盖不知动之端乃天地之心也。非知道者，孰能识之？"（《周易程氏传》卷二）朱熹指出："凡一气不顿进，一形不顿亏，亦不觉其成，不觉其亏，盖阴阳浸消浸盛。"（《朱子语类》卷七十一）他举出了自然界变化的具体例子："常见高山有螺蚌壳，或生石中，此石即旧日之土，螺蚌即水中之物，下者却变而为高，柔者变而为刚，此事思之至深，有可验者。"（《朱子语类》卷九十四）明清之际的王夫之说："天地之德不易，而天地之化日新。今日之风雷非昨日之风雷，是以知今日之日月非昨日之日月也。风同气雷同声，月同魄日同照，一也。抑以知今日之官骸，非昨日之官骸，视听同喻，触觉同知耳。皆以其德之不易者类聚而化相符也。"又说："张子曰：日月之形，万古不变。形者言其规模仪象也，非谓质也。质日化而形如一，无恒器而有恒道也。江河之水今犹古也，而非今水之即古水；灯烛之光，昨犹今也，而非昨火之即今火。水火近而易知，日月远而不察耳。爪发之日生而旧者消也，人所知也。肌肉之日生而旧者消也，人所未知也。人见形之不变而不知其质之已迁，则疑今兹之日月为邃古之日月，今兹之肌肉为初生之肌肉，恶足以语日新之化哉？"（《思问录》外篇）王夫之认为，事物从形到质均在变化中；有时万物在形上虽未有变化或无有明显变化，但其内质时刻都在变化着。

在整个中国传统思想文化中，承认和肯定天地之化、万物之变是思想的主流。虽然也有一些言"静"的言论和思想，比如老子有"归根曰静"（《老子》第十六章）之说，王弼有"凡动息则静，静非对动者也；语息则默。默非对语者也。然则天地虽大，富有万物，雷动风行，运化万变，寂然至无，是其本矣"（《周易·复卦注》）之言，认为"静为躁君，安为动主"（《周易·恒卦注》）。特别是东晋的僧肇，他著《物不迁论》，说："夫人之所谓动者，以昔物不至今，故曰动而非静；我之所谓静者，亦以昔物不至今，故曰静而非动。""何则？求向物于向，于向未尝无；责向物于今，于今未尝有。于今未尝有，以明物不来；于向未尝无，故知物不去。……如此，则物不相往来，明矣。既无往返之微朕，有何物而可动乎？然则旋岚偃岳而常静，江河竞注而不流，野马飘鼓而不动，日月历天而不周，复何怪哉？"乍一看，这些论静者的言论，特别是僧肇所言，是典型的形而上学不变论。但笔者以为对这些主"静"之论当从另一个角度来看：如果观察者、认识者回到了事情本身，即进入了运动、变化本身中，与运动同步运动，与变化同步变化，那么此时的观察者所观测到的、所感受到的是什么呢？这难道不正是"静"吗？！从这个意义上来说，老子、王弼、僧肇等的"静"论岂是否定万物之变的？

二是认为变中有常。万物皆变,但万物是如何变的呢?是瞬息万变而不可捉摸吗?是随意乱变而无法把握吗?自然都不是。万物之变、之化是有其不易之则的,这就是变中之"常"。老子说:"夫物芸芸,各复归其根。归根曰静,是谓复命,复命曰常,知常曰明。不知常,妄作,凶。"(《老子》第十六章)芸芸万物是变化的,但不能和不会变而为空无,变来变去,它们仍是存在物,它们仍是有。就此而言,难道事物在变化中就没有一个"根"或"本"吗?看来是有的。所以老子说"夫物芸芸,各复归其根",这也不是反辩证法的不变论者,也并非唯心主义者。至于这个"根"是什么?在老子处当然就是"道"了。至于老子把回归到"道"这个"根"称为"静",正是返回到"道"本身的表现和要求。前面我们分析过老子"道"的内在结构,它乃"有—无"性(见《老子》第一章),这就决定了这个"道"既是有又是无,既是无又是有,是有有无无、无无有有,是有无无有、无有有无的,它不能单独处在"有"上,也不能单独处在"无"上,是处在"无—有"或"有—无"之间的"—"上,故它本身就是动,是有如黑格尔所谓的作为"有"(纯有)与"无"(纯无)之统一的"变"或"变易"(见黑格尔《逻辑学》第一部分第一章)。要把握这个"道"当然要回到它自身,即处在"道"的运动自身中,这时所表现出的状态就不是动而是"静"了。回到了"道"之"根",就返回到它本身,就到了"静",也就到了"道"必然的命运所在,这就叫"复命";能复于这个"命"就能"常";能知道这个"常"就是"明",即聪明睿智。如果不知道这个"常",最终就是不知道"道",那么其所作所为就会有凶险。老子其实在这里深刻地揭示了事物变化过程中的"常"即"道"。

《管子·形势》曰:"天不变其常,地不易其则,春秋冬夏不更其节,古今一也。"《管子·七法》曰:"天地之气,寒暑之和,水土之性,人民鸟兽草木之生物,虽甚多,皆均有焉,而未尝变也,谓之则。"《管子》明确承认"常""则"。但它的这个"常"尚无明确的哲学性。荀子很重视"常"。他说:"天行有常,不为尧存,不为桀亡。"(《荀子·天论》)这个"常"就是天之"道"。荀子尤重视人类社会中的"常",说:"以类行杂,以一行万。始则终,终则始,若环之无端也,舍是而天下以衰矣。天地者,生之始也;礼义者,治之始也;君子者,礼义之始也……君臣、父子、兄弟、夫妇,始则终,终则始,与天地同理,与万世同久,夫是之谓大本。"(《荀子·王制》)他所谓的这个"大本"就是人之"道"。韩非也讲"常"。他说:"夫物之一存一亡,乍死乍生,初盛而后衰者,不可谓常。""唯夫与天地之剖判也具生,至天地之消散也不死不衰者,谓常。"(《韩非子·解老》)在韩非看来,"常"就是不变的常则。但关于如何守"常",韩非则主张依具体形势而定。他说:"不知治者必曰'无变古,毋易常。'变与不变,圣人不听,正治而已。然则古之无变,常之毋易,在常古之可与不可。"(《韩非子·南面》)这是说,变还是不变,守常还是易常,要视客观情势而定,不可墨守成规。《韩非子·五蠹》中讲了一个"守株待兔"的故事,所讥讽的就是那种死守"常"的人。《易传》也主张有"常"。它说:"动静有常,刚柔断矣。""言天下之至动而不可乱也。"(《易传·系辞上》)这个"常"或"不可乱"者是什么呢?它说:"天下之动,贞夫一者也。"(《易传·系辞下》)"常"就是"一",也可以说就是"道"。《老子》第三十九章有言:"昔之得一者:天得一以清,地得一以宁,神得一以灵,谷得一以盈,万物得一以生,侯王得一以为天下贞;其致之。"有了这个"一"或"道",变中就有了恒久的东西。故《易传·恒·象传》曰:"恒,久也。刚上而柔下。""天地之道,恒久而不已也。""日月得天而能久照,四时变化而能久成,圣人久于其道而天下化成。观其所恒,而天地万物之情可见矣。"《吕氏春秋》也有"常"的思想,这就是它的"圜道"说。它说:"天地本轮,终则复始,极则复反,莫不咸当。"(《吕氏春秋·大乐》)"物动则萌,萌而生,生而长,长而大,大而成,成乃衰,衰乃杀,杀乃藏,圜道也。""水泉在流,日夜不休。上不竭,下不满,……圜道也。"(《吕氏春秋·圜道》)"日夜一周,圜道也。"(同上)"圜"即"圆",所谓"圜道"即《庄子·齐物论》所说之"道枢","枢始得其环中,以应无穷"。

从汉至唐,人们也多讲变中之"常"的问题。如西汉的董仲舒说:"天之道,有序而时,有度而节,变而有常。"(《春秋繁露·天容》)董仲舒这一"变而有常"的思想当然不错。但他说"常"主要是为了肯定封建纲常的不变性,认为:"道之大原出于天,天不变,道亦不变。"(《汉书·董仲舒传》)"王者有改制之名,无易道之实。""若其大纲、人伦、道理、政治、教化、习俗、文义尽如故,亦何改哉?"(《春秋繁露·楚庄王》)在董仲舒看来,封建社会的政治制度和礼仪规制是永恒不变的,这

第七章 《易》的"阴阳"论与中华民族"燮理阴阳"之道

就是他著名的"天道不变"说。但董仲舒也不是死守成规,他也讲"权"或"权变",认为"春秋固有常义,又有应变"(《春秋繁露·精华》),"春秋有经礼,有变礼"(《春秋繁露·玉英》)。但他还是认为,"权"也要在不变的"大道"内行使,否则就不可以行权了。他说:"权虽反经,亦必在可以然之域。不在可以然之域,故虽死亡,终弗为也。"(《春秋繁露·玉英》)三国魏王弼也讲"常",认为:"众之所以得咸存者,主必致一也;动之所以得咸运者,原必无二也。物无妄然,必由其理。统之有宗,会之有元,故繁而不乱,众而不惑。""夫动不能制动,制天下之动者,贞夫一者也。"(《周易略例·明象》)王弼承认变化,但认为变以不变(常)为主导,动以"静"为根。唐代的刘禹锡也讲"常",这就是他的"数""势"说。他指出:"天行恒圆而色恒青,周回可以度得,昼夜可以表候,非数之存乎?""(天形)恒高而不卑,恒动而不已,非势之乘乎?""夫物之合并,必有数存乎其间焉。数存,然后势形乎其间矣。……彼势之附乎物而生,犹影响也。"(《天论》中)这里的"数""势"就是"常"。还有柳宗元讲的那个历史发展中的"势"(见柳宗元《封建论》),也是"常"之所在。

宋明时代的理学家也大多很看重"常"。比如张载认为:"天地之气,虽聚散攻取百涂,然其为理也,顺而不妄。"(《正蒙·太和》)这个"顺而不妄"的"理"就是事物变化中的"常"。怎么把握这个"常"呢?张载说:"化而裁之存乎变,存四时之变,则周岁之比可裁;存昼夜之变,则百刻之化可裁。推而行之存乎通,推四时而行,则能存周岁之通;推昼夜而行,则能存百刻之通。"(《正蒙·天道》)这是说要从具体的运动变化中来裁化和认识这个变中之"常"。程颐说:"天地之化,虽廓然无穷,然而阴阳之度、日月寒暑昼夜之变,莫不有常,此道之所以为中庸。"(《河南程氏遗书》卷十五)这里的"常"就是变中不变的常则。他这里所说的"中庸"也指的是常则。程颐说:"中者,只是不偏,偏则不是中。庸只是常,犹言中者是大中也,庸者是定理也。定理者,天下不易之理也,是经也。"(《河南程氏遗书》卷十五)程颐将"常"等于"理",认为:"天下之理一也。……虽物有万殊,事有万变,统之以一,则无能违也。"(《周易程氏传》卷三)在"常"与"变"的关系中,朱熹更重视"常",认为:"能常而后能变,能常而不已,所以能变;及其变也,常亦只在其中。"(《朱子语类》卷七十二)他把这个"常"与纲常礼教相等同,说:"纲常千万年,磨灭不得。"(《朱子语类》卷二十四)明清之际的王夫之对中国古代的常变观有一定程度的总结,他指出:"居因其常;象,至常者也。动因乎变;数,至变者也。君子常其所常,变其所变,则位安矣。常以治变,变以贞常,则功起矣。象至常而无穷,数极变而有定。"(《周易外传》卷五)王夫之看到变中有常,常中有变,这揭示了变与常的辩证关系,其说有深刻的一面。故他主张"变合常全,奉常以处变"(《周易外传》卷五),要"执常以迎变,要变以知常"(《周易外传》卷六)。既要知变又要知常,在变中识常,在常中知变,常变统一才能正确地把握事物。

总之在中国古代思想文化中是肯定和重视"常"的。中国古人不像古希腊的克拉底鲁那样,认为事物之变是瞬息万变而不可识别和把握的,而是变中有不变(常)在,故变化是可以认识和把握的。中国古代虽然有庄子所谓的"故曰彼出于是,是亦因彼,彼是方生之说也。虽然方生方死,方死方生;方可方不可,方不可方可;因是因非,因非因是"(《庄子·齐物论》)之说,人们习惯于将这个"方"理解为时间副词"始""正在"等,故说庄子这里所言是相对主义的诡辩,是不承认有相对静止在。实际上这是个误解。《说文》:"方,并船也。象两舟省、总头形。""方"的本义是相并的两只船,其字的下方象两个舟字并为一个舟的形状,上方象两个船头用绳索总缆在一起的形状。故"方"是并、齐等含义。庄子在此揭示了生与死的相辅相成、对立统一性。就是说,当"生"存在,当它在场、出场时,"死"也同时存在着,也在场、出场了,生、死二者都在场,故生可以存在和理解,死也可以存在和理解;否则,如果只有生或只有死,这种单一的生或死就都不可存在和不可理解了。从这个意义上说,庄子的"方生"之说不仅有深刻的道理,亦有"常"的思想含义。但亦应看到,中国古人在说到"常"时往往为了突出人类社会的不变秩序,特别是封建社会的纲常名分,目的是为政治服务。但无论如何,中国古人是承认"变"也承认"常"的。

三是认为常则反复。变中有常。那么,与"变"相对而言的这个"常"究竟是什么?看来就是"不变";如果说"变"表示的是动的话,那这个"常"就是"静"。不错,中国古代思想中的确有此类的思想主张

第七章 《易》的"阴阳"论与中华民族"燮理阴阳"之道

和倾向,比如老子说"归根曰静"(《老子》第十六章);王弼说"静为躁君,安为动主"(《周易·恒卦注》),"然则天地虽大,富有万物,雷动风行,运化万变,寂然至无,是其本矣"(《周易·复卦注》);僧肇说"旋岚偃岳而常静"(《肇论·物不迁论》)。但前面我们分析过,这种"静"不只是指与运动相反、相对立的不动,而有"事情本身""运动本身"的含义,故有其深刻的一面。退一步讲,即使老子等人所说的这个"静"的确是指静止、不动,那在中国古代思想中也不是主流。中国古代思想的主流是承认和主张动的。那么,这个动中之"常"就莫过于事物运动变化中的某种形式、形势、趋势、趋向等了。这种意义上的"常"实际上就是运动、变化中的"反""复"或"反复"之谓。如《易经·泰卦》爻辞云:"无平不陂,无往不复。"《易经·复卦》爻辞云:"反复其道,七日来复。"这里已将"复"或"反复"视为一种具有普遍性的现象。《老子》第二十五章云:"有物混成,先天地生。寂兮廖兮,独立不改,周行而不殆,可以为天下母。吾不知其名,字之曰道,强为之名曰大。大曰逝。逝曰远,远曰反。"这里是给"道"的命名,当然也涉及"道"的存在方式问题。这个"反"同"返",与"复"义相同。这是说"道"广大无边而周流不息,周流不息而伸展遥远,伸展遥远且终返回本原。这说明"道"的运动或存在是从某一点开始且最终回到这一点,故"道"的运动是个圆圈,是个圆周,是环。这就是这里的"返"即"复"的深刻含义。《老子》第十六章云:"致虚极,守静笃,万物并作,吾以观其复。夫物芸芸,吾复归其根。归根曰静,是谓复命。复命曰常。"这是说事物的存在都要返回到"根",这就是"复命",这才可"常"。这也是说事物的存在在形式上是循环往复的,它的存在是螺旋式的圆圈,而不是直线式地伸展。《老子》第四十章云:"反者道之动。"这里的"反"历来有两解,一是认为"反"乃反对、反面;另一认为"反"同"返",即返回。按前一理解,是说"道"的存在和运动是向相反的方面转化;按后一理解,是说"道"的运动是返回到自身。无论从哪种意义上讲,在老子看来"道"的存在和运动都有相反相成、循环往复的"复"之含义。这关系到事物存在和变化的方向性、趋势性问题。

《易传》也讲"复"。《易传·复·彖传》说:"反复其道,七日来复,天行也。……复其见天地之心乎。"这认为"复"能体现、表现天地生化万物之"心"。《易传·泰·象传》说:"无往不复,天地际也。"际,《广韵》说是"边也,畔也"。这是说"复"或"反复"乃天地交接之边际。这表明,在反复中天地才能交接和沟通。《易传·系辞上》云:"变化者,进退之象也。""一阖一辟谓之变,往来不穷谓之通。"一阖一辟,一进一退。往来不穷,就是天地万物的变化之道和存在之道。

《吕氏春秋》讲"极"和"复"。认为:"阴阳变化,一上一下,合而成章,浑浑沌沌,离则复合,合则复离,是谓天常。天地车轮,终则复始,极则复反,莫不咸当。"(《吕氏春秋·大乐》)"极"乃极限、限度。事物的运动变化超过了一定限度后就会向相反的方面转化,即"全则必缺,极则必反,盈则必亏"(《吕氏春秋·博志》)。汉代扬雄也讲"反复",认为:"一判一合,天地备矣。天日回行,刚柔接矣。还复其所,终始定矣。一生一死,性命莹矣。"(《太玄·玄摛》)事物发展是有始有终,始则终,终则始,"还复其所"。而"还"和"复"是有"极"即限度的。扬雄指出:"阳不极则阴不萌,阴不极则阳不牙。极寒生热,极热生寒;信道至诎,诎道致信。其动也日造其所无而好其所新,其静也日减其所为而损其所成。"(《太玄·玄摛》)极则必反,事物达到极限就会开始新的运动。三国魏王弼也承认反复,认为:"凡物极则反,故蓄极则通。"(《周易·大畜卦注》)"畜"即"蓄",积聚、积蓄也。事物的变化积聚到一定的"极"即限度,就会向相反的方面转化和发展,即要"反"或"复"了。

北宋张载认为:"动而不穷,则往且来。"(《正蒙·乾称》)事物的运动及其往复是无穷的,往且来,来且往,变化不停。张载认为,这个往复的主体是"气","太虚无形,气之本体,其聚其散,变化之客形尔"(《正蒙·太和》)。运动是"气"的无穷变化过程。程颐讲"反复"最精到,认为:"物极必反,其理须如此。有生便有死,有始便有终。"(《河南程氏遗书》卷十五)他说:"物理极而必反,故泰极则否,否极则泰,……极而必反,理之常也。"(《周易程氏传·否卦》)"物理极而必反也。以近明之如人适东,东极矣,动则西也。"(《周易程氏传·睽卦》)"物极则反,事极则变。困既极矣,理当变也。"(《周易程氏传·困卦》)"物极必反"一语为程颐首用,后来成为表示事物运动变化辩证性的成语。朱熹也讲"反复"或"循环",认为:"刚柔变化,刚了化,化了柔,柔了变，变便是刚，亦循环不已。"（《朱子语类》卷七十四）事物的运动变化不是一去不复返，而是循环不已的。

清初的王夫之则说："天下之势，循则极，极则反。"（《春秋世论》卷四）这是说变化到了一定的极限就要向反面转化，即"反复"。他指出："势极于不可止，必大反而后能有所定。故《易》曰：'倾否，先否后喜。'否之已极，消之不得也，倾之而后喜。"（《宋论》卷八）这不但看到了"极"还看到了极"必大反而后能有所定"，即对立着的双方发展到极限后才能向反面转化，事物的发展趋势和前程才可以被决定和确定，也才会有新事物和新的运动历程出现。

可见，中国古代的大多数思想家是主张"循环""反复"之道的，他们已初步看到了事物变化、发展过程中的方向、趋势等方面的问题。中国古人虽然未能提升出有如黑格尔"正—反—合"的否定之否定的圆圈论思想和理论，但看到和注意到了变中之"常"和常中之"复"或"反"，这种思想是有一定深刻性的。

其二，动静之"几"（"机"）。中国古人肯定，天地万物是处在运动、变化、发展中的，宇宙本身就是个生生不息的大化流行。那么，天地万物得以变化的原因、根据何在呢？对此，中国古代思想文化中有不同说法。有的讲"阴阳"对立，有的讲"和实生物"，有的讲"物生有两"，有的讲"矛盾"，有的讲"物必有合"，有的讲"两一"，有的讲"无独有对"，有的讲"分合合分"，有的讲"分一为二"和"合二以一"，等等。但不论怎么讲，都主张天地万物的运动变化是有其内在根据和原因的。现在可用"动静之几（机）"一语对中国古代思想文化中关于事物变化的原因论方面的思想予以概括。

中国的"阴阳"观念和思想起源甚早，在早期直观经验性的"相其阴阳"（《诗经·大雅·公刘》）的基础上，成书于殷周之际的《易经》以"- -"和"—"这两个符号表示了深刻的"阴阳"思想。《易》的六十四个卦象就是用"- -""—"组合搭配而成的；在《易》卦系统中有乾与坤、泰与否、剥与复、损与益等相反相成的卦象和思想观念，深刻表现和揭示了天地万物相反相成、对立统一的本质和内性。事物之存在和变化发展正与其相反相成的"阴阳"本性相关。

至西周末年，伯阳甫就"阴阳之序"来解说地震现象。"幽王二年

(前780年），西周三川（即泾水、渭水、洛水）皆震。伯阳父（也作伯阳甫）曰：'周将亡矣！夫天地之气，不失其序；若过其序，民乱之也。阳伏而不能出，阴迫而不能烝，于是有地震。今三川实震，是阳失其所而镇阴也。阳失而在阴，川源必塞；源塞，国必亡。……'是岁也，三川竭，岐山崩。十一年，幽王乃天，周乃东迁。"（《国语·周语上》）与伯阳甫同时期的周太史伯提出了"和实生物，同则不继"的思想，认为："以他平他谓之和，故能丰长而物归之；若以同稗同，尽乃弃矣。……声一无听，物一无文，味一无果，物一不讲。"（《国语·郑语》）这个"和"是指不同物的结合和谐和，而"同"则是相同物的苟合、苟同。史伯认为，用阴协调阳就叫和谐，所以万物能丰富发展而归于统一；若用苟合来弥补苟合，就无所成了。至春秋时期，齐国的晏婴也讲"和"，他说："和如羹焉，水火醯醢盐梅以烹鱼肉，燀之以薪，宰夫和之，齐之以味，济其不及，以泄其过，君子食之，以平其心。……声亦如味，一气，二体，三类，四物，五声，六律，七音，八风，九歌，以相成也；大小，短长，疾徐，哀乐，刚柔，迟速，高下，出入，周疏，以相济也，君子听之，以平其心。……若以水济水，谁能食之？若琴瑟专壹，谁能听之？同之不可也如是。"（《左传》昭公二十年）这里的"和"是指不同性质、功能、力量等对立面的结合和协调，而"同"则是相同性质、功能、力量的凑合、苟合，故"和"则生物而"同"只会窒息物的生存发展。后来孔子将"和"作为人的处世原则，视为人生之道，认为："君子和而不同，小人同而不和。"（《论语·子路》）君子要以"和"或"中和"之道来处世，不可像小人那样只知苟同、苟合。史伯、晏婴等讲的"和"已是一种相辅相成、对立统一的思想。但在他们这里还有某种经验直观性，尚未揭示出事物内性上的对立统一和互补。

春秋时晋太史蔡墨说："物生有两，有三，有五，有陪贰。故天有三辰，地有五行，体有左右，各有妃耦。王有公，诸侯有卿，皆有二也。天生季氏，以贰鲁侯，为日久矣，民之服焉，不亦宜乎？鲁君世从其失，季氏世修其勤，民忘君矣，虽死于外，其谁矜之？社稷无常奉，君臣无常位，自古以然。故《诗》曰'高岸为谷，深谷为陵。'王后之姓，于今为庶，主所知也。在《易》卦，雷乘《乾》曰《大壮》䷡，天之道也。"（《左传》昭公三十二年）鲁昭公三十二年（前510年），鲁昭公被大夫季氏驱逐于外，于十二月死在了乾侯。当时晋国的赵简子向史墨提出了这样的问题："季氏出其君，而民服焉，诸侯与之，君死于外，而莫之或罪也。"史墨即以上段话作答。史墨认为"物生有两""有陪贰"是一种普遍现象和性质，无论是自然存在还是社会存在，都是在对立面的结合和统一中存在和发展的。这里已有对立面的统一是事物存在和发展的动力的思想萌芽。

春秋时期的孙武看到了军事领域中对立面的依存和转化。他看到了奇正、敌我、强弱、进退、攻守、虚实、利害、众寡、勇怯、迂直、动静、予取、分合、劳逸、治乱、易险、远近等相反相成的现象。他认识到将兵之道就是发挥将领的积极主动性以促成敌我双方力量的转化来谋取胜利。他提出"凡战者以正合，以奇胜"（《孙子兵法·势篇》）的作战原则，主张"奇正相生"以谋胜。以孙子为代表的军事辩证法思想是中国古代辩证法思想的一个重要方面。

在中国先秦时期，比较深刻地揭示了事物对立统一性的是《老子》和《易传》。老子看到了自然和社会中的一系列相反相成的现象。他说："天下皆知美之为美，斯恶矣；皆知善之为善，斯不善矣。故有无相生，难易相成，长短相形，高下相倾，音声相和，前后相随。"（《老子》第二章）"曲则全，枉则直，洼则盈，敝则新，少则得，多则惑。"（《老子》第二十二章）"物或损之而益，或益之而损。"（《老子》第四十二章）"物壮则老。"（《老子》第五十五章）"祸兮福之所倚，福兮祸之所伏。"（《老子》第五十八章）老子看到诸如有无、多少、大小、长短、轻重、高下、左右、前后、正反、生死、静噪、刚柔、强弱、福祸、荣辱、智愚、巧拙、成败、损益、得失、难易、美丑、善恶、攻守、进退、同异、虚实、治乱、古今、兴废、予夺、阴阳、张歙、华实、雌雄、吉凶、亲疏、贵贱、慈勇、讷辩等对立现象。这些对立现象又是统一的，是相反相成、相辅相成的。老子说："三十辐共一毂，当其无，有车之用。埏埴以为器，当其无，有器之用。凿户牖以为室，当其无，有室之用。故有之以为利，无之以为用。"（《老子》第十一章）这说的是有与无在功用上相反相成的道理。老子认为，车轮、器皿、房舍等东西之所以有作用，是由于其各自中空即无的存在，如果没有它们各自的空虚、中空、空无之处，这些东西也就不是它们自己了。这是从更深层面上揭示的事物存在的矛盾统一性。事物正是在其内在的对立统一的矛盾性作用下，才有了其变化和发展。对此，老子已有了比较明确的认识。他说："甚爱必大费，多藏必厚亡。"（《老子》第四十四章）"兵强则灭，木强则折。"（《老子》第七十六章）"图难于其易，为大于其细。"（《老子》第六十三章）"天下莫柔弱于水，而攻坚强者莫之能胜，其无以易之。弱之胜强，柔之胜刚，天下莫不知，而莫之能行。"（《老子》第七十八章）"贵以贱为本，高以下为基。"（《老子》第三十九章）"将欲歙之，必固张之；将欲弱之，必固强之；将欲废之，必固兴之；将欲夺之，必固与之。是谓微明。"（《老子》第三十六章）老子已看到，事物的发展变化并不是任意的，而是以其对立面为依据和趋向的。比如说，强大不能终强，它到了一定限度就要向弱小转化；弱小亦不可永为弱小，到了一定的限度和在一定的条件下弱小要向强大转化。世上的事物莫不如是。老子将事物存在和变化的这一性质概括为一个深刻命题，曰："反者道之动，弱者道之用。"（《老子》第四十章）这里的"反"既可为"反"也可为"返"。笔者倾向于将它理解为"反"，即反面、反对、反动等。这说明，"道"的运动是由于其自身"反"的本性、本质使然。结合《老子》第一章所言，"道"是有内在结构的，即"有—无"性，这正是"道"之本性、本质，正是在"有—无"这一相反相成之内性的作用和推动下，"道"自身才能自我启动和打开，才有其运动可言。否则的话"道"就只是个死概念了。

老子这种辩证法思想当用在处世上时，往往表现为以退为进的阴柔作用和性质。与此相反，《易传》的辩证法思想则表现为积极进取的阳刚作用和性质。《易传》以"阴阳"为宗纲，揭示了事物运动变化的原因和动力。它指出："乾，阳物也；坤，阴物也。阴阳合德，而刚柔有体，以体天地之撰，以通神明之德。"（《易传·系辞下》）乾卦象征天，是刚物；坤卦象征地，是柔物。阳刚与阴柔相结合而"成德"，此乃天地存在之道。关于"撰"，朱熹释曰"犹事也"。这是说天地之事就是阴阳之事，阴阳结合就能贯通神奇光明的德行。《易传》又说："乾，天也，故称乎父；坤，地也，故称乎母。震一索而得男，故谓之长男，巽一索而得女，故谓之长女；坎再索而得男，故谓之中男；离再索而得女，故谓之中女；艮三索而得男，故谓之少男；兑三索而得女，故谓之少女。"（《易传·说卦传》）乾、震、坎、艮都是阳卦，故都象征男；坤、巽、离、兑都是阴卦，故都象征女。由乾、坤这对"父母"生三男三女的过程就是"男女构精，万物化生"的过程。《易传》以阴阳的对立统一来说明天地万物的构成，这是深刻的思想。《易传》还从阴阳对立统一出发来说明天地万物之运动变化的原因问题。它说："一阖一辟谓之变。""刚柔相推而生变化。"（《易传·系辞上》）"刚柔相推，变在其中矣。"（《易传·系辞下》）阖辟结合、刚柔相济，就导致了运动和变化。《易传》将事物的阴、阳性视为其存在的根本质性，并提高到了"形而上"的本体高度予以规定，曰："一阴一阳之谓道。"（《易传·系辞上》）"道"就是"阴"与"阳"的和合统一，故"道"的内性或内在结构是"阴—阳"性。这与老子认为的"道"的内性或结构是"有—无"性（见《老子》第一章）的思想有异曲同工之妙。正因为"道"是阴阳阳阴的统一，是阴阴阳阳、阳阳阴阴的存在，故它是神妙和神奇的，"阴阳不测之谓神"（《易传·系辞上》）。"神也者，妙万物而为言者也。"（《易传·说卦传》）正是在事物"阴—阳"性之内性的神妙作用下，事物不仅要运动变化，其变化之方向和趋势亦由之决定。对此，《易传》以一些卦象为例作了说明。《序卦传》曰："泰者通也。物不可以终通，故受之以否。物不可以终否，故受之以同人。""剥者剥也。物不可以终尽；剥，穷上反下，故受之以复。""恒者久也。物不可以久居其所，故受之以遁。遁者退也。物不可以终遁，故受之以大壮。"事物的存在和运动不可能永远地通、否、尽、遁下去，到了一定限度即"极"就要向相反的方向和方面转化。在这里，《易传》注意到事物矛盾转化的条件性问题，这一思想是可贵的。它说："易，穷则变，变则通，通则久。"（《易传·系辞下》）这个"穷"就是"极"或极限，事物到了这个"穷"才能变，不是随便任何时候都能变的。那么，事物是如何达到这个"穷"的呢？《易传》认识到这有个量变的积累过程。它指出："善不积不足以成名，恶不积不足以灭身。"（《易传·系辞下》）"臣弑其君，子弑其父，非一朝一夕之故，其所由来者渐矣。"（《易传·坤·文言》）在谈到事物转化时《易传》很重视人的积极主动作用，如说："大哉乾乎，刚健中正，纯粹精也。"（《易传·乾·文言》）"天行健，君子以自强不息。"（《易传·乾·象传》）"至哉坤元，万物资生。"（《易传·坤·象传》）"地势坤，君子以厚德载物。"（《易传·坤·象传》）这正是人的刚健进取之道。但在说到社会制度和体制时，《易传》认为："天尊地卑，乾坤定矣。"(《易传·系辞上》)"天地之道，恒久而不已也"，"观其所恒，而天地万物之情可见矣"(《易传·恒·彖传》)。这就有不变论的味道了。

关于天地万物存在和变化原因问题的探讨，先秦思想是一个高峰。从两汉至隋唐，在事物运动变化之因问题上未有重要的思想创见，但这一问题仍在继续着。比如西汉董仲舒说："凡物必有合，合必有上，必有下；必有左，必有右；必有前，必有后；必有表，必有里。有美必有恶，有顺必有逆，有喜必有怒，有寒必有暑，有昼必有夜，此皆其合也。……物莫无合，而合各有阴阳。"(《春秋繁露·基义》)这个"合"就是对立事物的结合、统一，也就是阴阳之合。这正是天地万物的存在之道和变化之道。董仲舒还注意到"合"中对立面之间的相互渗透。他说："于浊之中，必知其清；于清之中，必知其浊。于曲之中，必见其直；于直之中，必见其曲。"(《春秋繁露·保位权》)这个见解显然是比较深刻的。但在说到社会秩序和纲常名教时，董仲舒还是走到了"天不变，道亦不变"(《汉书·董仲舒传》)的不变论。而且，在社会秩序中，"合"就不是对立双方的相互渗透，而是有尊有卑的。他认为："天之常道，相反之物也不得两起，故谓之一。一而不二者，天之行也。"(《春秋繁露·天道无二》)这种"相反之物不得两起"的有偏向的"合"就非事物的内在本性了。

在唐代佛教哲学中，华严宗讲"法界缘起"论。在讲"事事无碍"法界时，它提出了"六相圆融"说，认为总与别、同与异、成与坏这"六相"是相反相成、相互转化的。例如，它以房舍为例分析了成相与坏相的对立统一关系，谓："成相者，由此诸缘，舍义成故，由成舍故，椽等名缘。若不尔者，二俱不成。"房子是个成相，也是个总相，还是个同相；而构成房子的砖、瓦、椽子等就是别相，也是异相，还是坏相，即"坏相者，椽等诸缘，各位自法，本不作故"（均见《华严一乘教义分齐章》第四）。这个思想是有深度的。但它讲这些是为了体悟"理事无碍"的"理"，而不是把握事物存在和变化的原因，这就影响了其思想意义。

至宋明时代，关于天地万物之运动和变化原因问题的探讨达到了又一思想高峰。北宋王安石提出"耦之中又有耦"的思想，认为："盖五行之为物，其时，其位，其材，其气，其性，其形，其事，其情，其色，其声，其臭，其味，皆各有耦，推而散之，无所不通。一柔一刚，一晦一明，故有正有邪，有美有恶，有丑有好，有凶有吉，性命之理，道德之意，皆在是矣。

耦之中又有耦焉，而万物之变遂至于无穷。"（《临川先生文集》卷六十五《洪范传》）耦同偶，即对偶或偶对，就是对立面的相互配合。王安石认为，五行构成万物时，在形、性、色、位等方面都是由相反相成的对立面结合而成，且对立双方的每一方又有其对立面，此即"耦之中又有耦焉"。正是"耦中之耦"的对立统一使得"万物之变遂至于无穷"。

理学开创者周敦颐对事物的动静之"几"多有思索。他认为："太极动而生阳，动极而静；静而生阴，静极复动。一动一静，互为其根。"（《太极图说》）事物存在是动静的统一，这个统一的关节点就是"极"；到了这个"极"，动就向静转化且静就向动转化，动静是"互为其根"的。这一思想深刻揭示了事物在其存在性上是"动—静"性的。正是这个"动—静"性表明，事物的存在不是纯动的也不是纯静的，而是动静静动、静动动静、静静动动、动动静静的。故周敦颐说："动而无静，静而无动，物也；动而无动，静而无静，神也。动而无动，静而无静，非不动不静也。物则不通，神妙万物。"（《通书·动静》）正因为这个"动静"是动中有静、静中有动的趋势和可能，所以才有神妙、神奇之性质和功用，才能使动静生生不息。这种"神"也就是周敦颐所说的"几"。"寂然不动者，诚也；感而遂通者，神也；动而未形，有无之间者，几也。"（《通书·圣》）所谓的"几"正是"有"与"无"之间一种"居中"的形势和趋势，是有而无之，无而有之，有有无无，无无有有，有无无有，无有有无的，故是一种几兆、契几。如果说"神"是动、静之间相感而通的神奇、神妙、玄妙之性的话，那么"几"就是动静之间相感而通的征兆、苗头、势头、势机，"神"与"几"所表征的都是事物"动—静"性之本质。周敦颐对事物之动静性的揭示是比较深刻的。

张载对"动必有机"的问题作了认真思索。他说："凡圜转之物，动必有机。既谓之机，则动非自外也。"（《正蒙·参两》）张载肯定，凡运动一定有"机"，这个"机"就是事物的内在契机、枢机、动机、玄机、时机等东西，也就是事物运动的原因、动力、根据等所在，故运动一定是事物自身的性质、本质所致，而不是自外加给事物的。那么，事物内部的这个"动之机"是什么呢？张载提出了"一两"论。他指出："一物两体，气也。一故神（自注：两在故不测），两故化（自注：推行于一），此天之所以参也。"（《正蒙·参两》）"两不立，则一不可见；一不可见，则两之用息。两体者，虚实也，动静也，聚散也，清浊也；其究，一而已。"（《正蒙·太和》）这个"一"就是一体，统一，总体；这个"两"就是两方，两面，两头，两端等。用现在的哲学术语来说，这个"一"就是矛盾的同一性、一致性；而"两"就是矛盾的对立性、斗争性。这个"一""两"性也就是"合二而一"和"一分为二"的问题。事物的存在总是一而二、二而一的，是对立中的统一和统一中的对立，故是"参"。张载肯定天地万物均是对立统一的。"地所以两，分刚柔男女而效之，法也。天所以参，一太极两仪而象之，性也。"（《正蒙·参两》）张载认为，天地之源就是气的"太和"体，这个"体"本身就是相反相成的对立统一。"太和所谓道，中涵浮沉、升降、动静、相感之性，是生絪缊、相荡、胜负、屈伸之始。其来也几微易简，其究也广大坚固。"（《正蒙·太和》）"太和"者和之至也（王夫之注语）。这个"太虚"之"气"本身之所以能以"太和"之状出现，正是因为它自身涵蕴着相反相成的对立面，故这个"太和"之气总是处在生生不息的运动中，"气不能不聚而为万物，万物不能不散而为太虚。循是出入，是皆不得已而然也"（《正蒙·太和》）。张载的"一物两体"说不仅揭示了事物内在的矛盾性，为事物的运动变化确立了源泉和动力，而且对事物发展变化过程中的形式、方向、道路等问题亦有所涉及。张载将事物运动变化过程区分为"化"和"变"两个既区别又联系的阶段，认为："变言其著，化言其渐。"（《横渠易说·乾》）这是说变是显著的变化；化则是微小、渐次的变化；变有质变的意思，化则是量上的变化。关于由事物内在矛盾性所引起的事物运动变化的总趋势问题，张载提出了"仇必和而解"说，认为："气本之虚则湛，本无形，感而生，则聚而有象。有象斯有对，对必反其为；有反斯有仇，仇必和而解。"（《正蒙·太和》）在张载看来，气的本然态是清湛和一的，这就是"太和"，这时气自身内含的对立面之间达到了"和之至"状态；但气自身的浮沉、升降、动静等对立面之间是相感相通的，这就产生了动，动的结果是气聚而为万物，有了万物后万物间就有了外形上的区别和对立，这就有了"仇"即斗争，但对立斗争（仇）不能永远下去，其最终结果乃"和而解"，即要返回到气的"太和"之态。这个过程就是和—散—和的过程，可以说是一个否定之否定的过程。从这个意义来说，张载的"仇必和而解"思想有对事物存在和变化之方向和道路的一定程度的涉及和揭示，是有价值的。有人说张载的这个"仇必和而解"说是抹煞矛盾的斗争性，有人说这是一种否认质变的循环论思想，这些说法大概是现代哲学病的表现吧。

二程也讲事物的矛盾对立、斗争和转化问题。如说："天地万物之理，无独必有对，皆自然而然，非有安排也。""万物莫不有对，一阴一阳，一善一恶，阳长则阴消，善增则恶减。斯理也，推之其远乎？"(《河南程氏遗书》卷十一)"天地之间皆有对。""道无无对，有阴则有阳，有善则有恶，有是则有非，无一亦无三。"(《河南程氏遗书》卷十五)"理必有对待，生生之本也。有上则有下，有此则有彼，有质则有文，一不独立，二则为文。非知道者，孰能识之？"(《周易程氏传》卷二)二程看到了事物间的对立，也看到了对立面之间此消彼长而引起的变化。他们还看到，事物变化中是有"极"的，"极而必反"。程颐说："物理极而必反，故泰极则否，否极则泰。……极而必反，理之常也。"(《周易程氏传》卷一)这个"极"即极限、限度。事物变化到了一定的极限就要向反面转化。二程这种"无独必有对""物极必反"的思想当然是对的，有一定的深刻性。但在社会礼制上他们则主张不变论，如程颐曰："阴阳尊卑之义，男女长少之序，天地之大经也。……男在女上，乃理之常。"(《周易程氏传》上下篇义)

南宋朱熹是理学之集大成者。在关于事物存在和变化问题上，朱熹首先肯定事物矛盾对立的普遍性。他说："如天之生物，不能独阴，必有阳；不能独阳，必有阴，皆是对。"(《朱子语类》卷九十五)这是就事物之间而言的，它们都是相反相成、对立互补的。就每一事物自身而言，朱熹认为也是相反相成、对立统一的。他说："一便对二，形而上便对形而下。然就一言之，一中又自有对。且如眼前一物，便有背有面，有上有下，有内有外，二又各自为对。虽说无独必有对，然独中又自有对。"(《朱子语类》卷九十五)"独中又自有对"，这是就每一存在者自身来说的，指的是事物在内性、本性上相反相成的对立统一性。朱熹继承了张载的"一两"说，认为事物对立面之间是相互渗透的。他指出："阴阳虽是两个字，然却只是一气之消息。一进一退，一消一长，进处便是阳，退处便是阴；长处便是阳，消处便是阴。只是这一气之消长，做出古今天地间无限事来。所以阴阳做一个说亦得，做两个说亦得。"(《朱子全书》卷四十九

《理气一·阴阳》)"阴阳只是一气,阳之退便是阴之生,不是阳退了又别有个阴生。""阳长一分,下面阴生一分。又不是讨个阴来,即是阳消处便是阴。""一个阳,一个阴,每个便生两个。就一个阳上,又生一个阳,一个阴;就一个阴上,又生一个阴,一个阳。"(《朱子语类》卷六十五)"此只是一分为二,节节如此,以至于无穷,皆是一生两尔。"(《朱子语类》卷六十七)这等等的论说说明,阴阳是相互渗透的,阴中有阳,阳中有阴,阴中有一阴阳,阳中亦有一阴阳,是层层渗透的。从阴阳的相互渗透性出发,朱熹对张载的"一两"思想作了深刻解释,谓:"两在故一存也,两不立则一不可见。""非一,则阴阳消长无自而见;非阴阳消长,则一亦不可得而见矣。""'一'是一个道理,却有两端,用处不同。譬如阴阳,阴中有阳,阳中有阴,阳极生阴,阴极生阳,所以神化无穷。"(《朱子语类》卷九十八)这说明,"一"与"两"互为存在的前提条件,在"两"的基础上才有对立面之统一、一致可言,才有所谓的"一";同理,在"一"的基础上对立双方才可被认识和把握,才能存在,要是两个对立的东西没有一个"一"作基础,它们就根本无关系可言,也就压根无所谓"两"了。所以,"一"以"两"为基础而"两"以"一"为基础,它们是一两两一、两一一两、一一两两、两两一一的,总是处在相互构成和相互生成中。朱熹用了"神化"一词来表示"一"与"两"的内在关系,亦为恰当;"一"与"两"之间的确是神妙、神机的。

至明清之际,方以智提出了"二而一,一而二"的命题,揭示了对立统一的一般法则。他说:"一切法皆偶也。偶者执一奇耶?奇与偶对,亦偶也。"(《药地炮庄·齐物论评》)"虚实也,动静也,阴阳也,……尽天地古今皆二也。两间无不交,则无不二而一者。"(《东西均·三征》)"吾尝言天地间之至理,凡相因者皆极相反。……所谓相反相因者,相救相胜而相成也。昼夜、水火、生死、男女、生克、刚柔、清浊、明暗、虚实、有无、形气、道器、真妄、顺逆、安危、劳逸、剥复、震艮、损益、博约之类,无非二端。"(《东西均·反因》)方以智讲得更明白,天下的一切东西"无非二端",总是相反相成地存在着。他看到,相反者相成而相成者相反,他将此上升为一条存在法则,这就是"二而一,一而二"。他说:"有一必有二,二本于一。""合无不分,分无不合。"(《东西均·反因》)"二而一,一而二。分合,合分。可交,可轮。"(《东西均·张弛》)这与

第七章 《易》的"阴阳"论与中华民族"燮理阴阳"之道

我们今天所讲的"一分为二""合二为一"的思想一致。这是对对立统一思想的一个不错的表述。方以智还用了"交""轮""几"三个概念来说明事物矛盾运动的过程。他指出："交也者，合二而一也；轮也者，首尾相衔也；……几者，微也，危也，权之始也，变之端也。""交以虚实。轮续前后，而通虚实前后者曰贯，贯难状而言其几。"（《东西均·三征》）"交"指交会。是对立面之间的相感、相通和渗透；"轮"即轮续，指事物运动过程中的前后相连、相续；"几"乃几兆，是事物变化过程中微妙的契机、枢机、征兆等。事物运动过程是交、轮、几的统一、一体。"几"就在事物运动的"交"和"轮"中得以存在和表现着。

明清之际的王夫之也探讨了事物运动的原因问题。他看到了矛盾对立的普遍性。他说："天下有截然分析而必相对待之物乎？求之于天地，无有此也；求之于万物，无有此也；反而求之于心，抑未谙其必然也。""天尊于上，而天入地中，无深不察；地卑于下，而地升天际，无高不彻，其界不可得而剖也。……存必于存，邃古之存，不留于今日；亡必于亡，今日之亡，不绝于将来，其局不可得而定也。天下有公是，而执是则非；天下有公非，而凡非可是，……其别不可得而拘也。"（《周易外传》卷七）王夫之看到，天下之物没有截然分开而不发生关系的，事物均处在相对待之中。相对待就有互相作用，就有变化发展。王夫之还认识到，不仅事物之间是相对待的，事物自身中也是相对待的。他说："一气之中，二端既肇，摩之荡之，而变化无穷。"（《张子正蒙注·太和》）一气之中就有相反相成的两个方面，这就是阴与阳，即"无有阴而无阳，无有阳而无阴，两相倚而不离也"（《周易内传》卷五）。阴阳结合，"合两端于一体，则无有不兼体者也"（《周易内传》卷五）。一事物内部如果没有这种相反相成的矛盾对待，"若不互相资以相济，事虽幸成，且不知其何以成，而居之不安，未能自得，物非其物矣"（《张子正蒙注·动物》）。如果不基于事物相反相成的内在矛盾性，事物之存在以及运动变化就失去了依据，这样的事物即使能侥幸存在于一时半会，但终"非其物矣"。王夫之还对对立面之间的关系作了探讨。他认为，事物矛盾着的对立面之间有两方面的关系：一是"相峙而并立"，"判然各为一物，其性情、才质、功效，皆不可强之而同"（《周易内传》卷一、卷五）；二是"相倚而不相离"（《周易内传》卷五）。前者就是"分一为二"，后者则是"合二以一"。对立面之间的这两种关系又"其理并行而不相拂","合二以一者,为分一为二之所固有"(《周易外传》卷五),"非有一,则无两"(《张子正蒙注·太和》)。王夫之举了一个例子来说明矛盾对立的两方面的关系,谓:"呼之必有吸,吸之必有呼,统一气而为息,相因而非反也。"王夫之以"合二以一"和"分一为二"来阐发事物矛盾对立的关系和性质,这种思想已接近对立统一规律了。这是中国古代思想文化在探寻事物的"动静之几"方面所能达到的思想高度。

以上我们勾勒和叙述了中国古代思想文化中的阴阳之道。之所以要作这种近乎啰唆的述说,就是为了表明和证明,阴阳之道或察阴阳之赜的思想是中国古代思想中一个十分重要的方面和内容。从最初和最早的生产活动中"相其阴阳"(《诗经·大雅·公刘》)的经验直观活动,到后来社会生活中"论道经邦,燮理阴阳"(《尚书·周官》)的经邦济世的政治活动和理政理念,再到后来"一阴一阳之谓道"(《易传·系辞上》)的"形而上"思想的提出,再到尔后以阴阳之贯通、渗透为"动必有机"之"机"(几)的探寻和发展,"阴阳"观念和思想深深扎根于中国传统思想和文化中,它已内化为中华国民的心理习惯和生活方式,深层地影响着和培育着中华民族的民族行为和精神。中华传统文化中没那种纯阴或纯阳的观念、行为、习惯、方法、原则,而总是以阴济阳,以阳济阴,是以阴阳互补、渗透、贯通、协调、谐和、统一为理念和方式、方法的。例如,成书于汉代的《黄帝内经》一书是中医思想理论的经典,该书的一个基本思想和防病治病的原则、方法就是讲阴阳调和。它主张要"提挈天地,把握阴阳",要"淳德全道,和于阴阳"(《黄帝内经·上古天真论》);认为"四时阴阳者,万物之根本也。……阴阳四时者,万物之终始也,死生之本也,逆之则灾害生,从之则苛疾不起,是谓得道"(《黄帝内经·四气调神大论》)。"夫自古通天者生之本,本于阴阳。"(《黄帝内经·生气通天论》)"阴阳者,天地之道也,万物之纲纪,变化之父母,生杀之本始,神明之府也,治病必求于本。故积阳为天,积阴为地。阴静阳躁,阳生阴长,阳杀阴藏。"(《黄帝内经·阴阳应象大论》)"阴阳者,数之可十,推之可百;数之可千,推之可万,万之大不可胜数,然其要一也。"(《黄帝内经·阴阳离合论》)这等等的论说足以表明,在《黄帝内经》看来,调和阴阳乃是防病治病之根本,如果阴阳失调就必有疾病。从中医理论中的

第七章 《易》的"阴阳"论与中华民族"燮理阴阳"之道

阴阳之道可见中华民族精神中阴阳思想和作用之一斑。

阴阳之道是中华思想文化的重要内容之一，察阴阳之赜是中华民族精神的重要表现方面，这是毋庸置疑的。但问题在于，中华民族思想文化中的"阴阳之道"究竟是一种什么样的"道"？它是如何存在和表现的？人们又是如何来认识和把握它的呢？时至今日，人们基本上倾向于将"阴阳"理解为一对对立互补的概念、范畴，视为形态、性质、趋势等方面两种相反因素的相成或互补。这种理解的大方向当然没错。但问题在于此种理解是对象性和概念化的方式，即把"阴"和"阳"视为两种东西，对其予以概念化的规定或定谓。正因为将"阴""阳"对象化和概念化了，故这二者间的关系就被外在化了，虽说是一种对立统一的关系，却是外在的，是两种东西间的那种关联性关系，而不是阴与阳自身中的相互渗透、贯通的内在关系。这样理解的阴阳之道貌似哲学，看似辩证法，实则是社会学或政治学，实际上是一种社会或政治方略，鲜有哲学和辩证法之味，充其量只是一种直观性的经验操作。可以不无遗憾地说，这种概念化了的阴阳观念严重影响了对中华文化中富有深义的"阴阳之道"思想的认识和把握。

中国传统思想文化中的"阴阳"是一种"道"，是有如《易传》所言"一阴一阳之谓道""阴阳不测之谓神"的"道""神"，根本就不是对象化的两种东西，两种"什么"，什么、东西意义上的"阴阳"是实存，是不会有"神"的功能妙用的，因为"神无方"（《易传·系辞上》），"神也者，妙万物而为言者也"（《易传·说卦传》）。"方"者方所也。对象、实存意义上的阴阳恰恰是有方所的，是不会和不可能有无方之"神"的性质和功能的，故也不可能"妙万物"矣！"阴阳"之所以能是"形而上"的"道"，能有"神"之功效妙用，正是因为它不是对象规定，不是那种实存意义上的"什么"。那么，它究竟是什么呢？它乃"存在"本身，是一种存在的趋势、形势、势头、势机、契机，是一种纯姿态关系或关系姿态，是一种形势和形式，也就是一种势域、境域、境界所在，它是一种正在当场构成着和生成着的活的"存在"自身。这样讲说明白了此种"阴阳之道"的"道"性了吗？或许说明白了，也许未必。因为"阴阳"这种"道"性本来就不能用概念式的语言来作定谓，而要靠它自身来"说"，这就是其显现、现象性之所在。在这里，"阴"和"阳"都不是分立着的、单独的、对象化了的存在者，而是"阴—阳"性的存在，即"阴"和"阳"两方共同夹撑、架撑、托浮起来的"中"或"中间"地带，这是一种活的、正在生成着和构成着的情境、境域，根本分不出"阴"或"阳"孰是孰非，孰有孰无来。但这又不是说这个境域就完全没有任何性质了，它仍是有"阴"性和"阳"性的，但这种"阴""阳"性既不能单独存在又不可单独表现。那它到底是何方神圣呢？它就是"中"或"居中"，是形势和形式，是关系和姿态。佛家的"性空缘起"说与此有相似之处。如果要用话语来描述这种具有"中"性的"阴阳"之"道"的话，只能说：这个"阴—阳"性是既阴既阳又非阴非阳，既是阴又是阳且既不是阴又不是阳，是阴阳阳阴、阳阴阴阳、阴阴阳阳、阳阳阴阴，是阴阳相生而生生不息的。对于"阴阳"之"道"这种很难用概念性语言说清道明的"道"性，中国古人往往用"气"这个名称予以指称、比喻、隐喻之。《老子》第四十二章言："万物负阴而抱阳，冲气以为和。"冲即沖。《说文》："沖，涌摇也。"沖又通"盅"，空虚也。《玉篇·水部》："沖，冲虚。"这里的"冲"或作摇动貌，或作空虚态，指正在摇动、涌动着的气或冲虚、空虚之气。这种意义上的"气"显然不是那种静态意义上的、对象化了的气，而是正在涌动着的、翻腾舒卷着的活气，是亦阴亦阳又非阴非阳的阴阳一体之气。这种"气"本身就是当场生成着的和构成着的，本身就带有境域或曰本身就是境域。说到这个"气"，现代的中国人由于受某种概念化思想的左右和影响，一概将它视为一种客观实存的外在形态，这是一种莫大的失误和错误。"'气'这个词的好处是很有些隐喻冥通的意味，但如果被解释为宇宙论意义上的、在天地之先的鸿蒙元气，就有失去它的纯构成势态的危险。""从'气'这个词在中文中的极丰富的用法中可知，它确是历代中国人体会天道的'近譬'。每当人要表达那既非具体对象亦非一己观念、既非有形质者亦非抽象道理的微妙含义时，就不期然而然地求之于'气'这个有无之间的大象，因为它提供了一种表达和理解非现成者、余意不可尽者的可能。'天气'、'地气'、'节气'、'正气'、'邪气'、'阴气'、'阳气'、'灵气'、'运气'、'勇气'、'神气'、'骨气'、'怒气'、'土气'、'泄气'、'气数'、'气节'、'气色'、'气势'等等，简言之，'道'无处不在，那么以'气'为首的一族构境之词对于中国人来讲也无处不在，因为他从古至今就活在天道与天下的构成境域之中，而

第七章 《易》的"阴阳"论与中华民族"燮理阴阳"之道

'气'恰是对这种境域型的存在状态、生存状态和领会状态相当'称手'和'出神'的描述。"这个"气""究其源，它只意味着道本身，是突出道的缘构本性的'大象'之一。它既不抽象、也不形象，而是所谓'无状之状，无物之象'，与海德格尔解释康德时讲的'纯象'乃至龙树理解的'缘'类似，都是居于形而上下之间，反复于有无之间的本源构成。从不会有'独立的'构成，而只有居间周行的构成。这居间比观念本体论的'独立'要更本源。'道'永远居间。（就如同海德格尔讲的'Ereignis'永远居间一样。）无怪乎后人要表示那概念名相说不出、实物也举不出的更真实也更严格的居间状态时，就说'气'、'气色'、'气象'、'气数'、'气运'、'气势'等等。可以说，何处有道与天势，何处就有气、气象和气势"①。可见，"气"就是"阴—阳"存在的境或境域，这也就是"道"。《易传·系辞上》所谓"一阴一阳之谓道"正是用"气"之域表达了"道"的存在，这才是中国传统思想文化中真正的"阴阳"思想。这一具有"大象"意义的"阴阳之道"思想，与具有二维编码性质和功能的、富有"象思维"特征和作用的汉字相结合，深刻培育了中华民族的思维方式，这正是和才是最大的和最有用的中华民族精神！

---

① 张祥龙：《海德格尔思想与中国天道》，生活·读书·新知三联书店1996年版，第318、288页。

第八章　庄玄禅的生命体悟与中华民族的生活之道

"中华民族精神"是一个多方面、多层次、多内容的观念和概念，其中以庄子、嵇康、阮籍和禅宗为代表生命体悟思想是它的一个十分重要的内容。

《史记》有《老庄申韩列传》，司马迁将老子、庄子、申不害、韩非放在一起作传，这大概是从"君人南面之术"的意义上来立传吧。但就思想旨趣和倾向言，老子、申不害、韩非确有共同的思想倾向，都关涉到政治权术问题，可以说均属社会政治哲学思想。但庄子与他们不同。老、庄虽同为道家，但二人的思想旨趣并不一样，老子有贵柔、守雌、谦下、以退为进的权术思想，而庄子并无此道，庄子追求的是"独与天地精神往来"的"逍遥"自由，即绝对无待的精神自由和超越的人格独立。在两汉四百余年间，老子一直被重视，汉初有黄老之学，是社会主导思想；即使儒学被定于一尊后老子思想仍在民间广为研究和传播，据说两汉时期注《老子》者有六十余家，学术规模颇为可观。然庄子在两汉时代终未显，至魏晋玄学的竹林玄学时期，庄子始受到竹林贤者的重视，自此以后，庄学的思想影响日益扩大，深刻影响了中国思想文化和民族精神。如果说援庄入儒而产生了魏晋玄学中以嵇康、阮籍为代表的竹林玄学和以郭象为代表的中朝玄学的话，那么"引庄入佛终于产生禅宗，更是中国思想一大杰作"[①]。庄子寻找和追求的是人的人格独立和精神自由，竹林玄学体悟的是个体生命的意义和价值，禅宗寻求的则是人的生命解脱之道，庄、玄、禅是中国古代思想文化中的一条相关联的路线，是人的生命和生活之道。李

---

① 李泽厚：《试谈中国的智慧》，见李泽厚《中国古代思想史论》，人民出版社1986年版，第314页。

泽厚先生有《庄玄禅宗漫述》一文，阐发了中国传统思想中的此条路线，颇有见地。

笔者从中华民族精神这一视野出发，对庄子、竹林玄学和禅宗思想中的生命体悟和解脱之道予以论说。

一 庄子"独与天地精神往来"的"逍遥"自由

庄子的哲学思想究竟是什么？是世界观？是宇宙论？是认识论？是方法论？是历史哲学？是社会政治哲学？是人生观？是生命哲学？还是阿Q式的处世之道？……如果基于《庄子》的个别段落、语句和文字，这些方面都是庄子的思想内容。但如此解庄和治庄，明显有误，这是难见庄子思想整体面目的。庄子之所以是庄子，庄学之所以不同于孔学、孟学等诸子思想；甚至同作为道家思想的代表，庄学不同于老学，这是因为庄子思想的主流方向与别的思想学派和思想家不同。那么，就思想主流和主体来看，庄子哲学究竟是什么呢？李泽厚先生认为庄子哲学有"泛神论"色彩，"庄子尽管避弃现实，却并不否定生命，而无宁对自然生命抱着珍贵爱惜的态度，这就根本不同于佛家的涅槃，使他的泛神论的哲学思想和对待人生的审美态度充满了感情的光辉"[1]。他又说："庄子的哲学是美学。""这个充满了泛神论色彩的本体论在庄子哲学中并非真正的宇宙论。庄子的兴趣并不在于去探究或论证宇宙的本体是什么，是有是无，是精神是物质，也不在于去探究论证自然是如何生成和演化……这些问题在庄子看来毫无意义。他之所以讲'道'，讲'天'，讲'无为'、'自然'等等，如同他讲那么多'谬悠之说，荒唐之言，无端崖之辞'，讲那么多的寓言故事一样，都只是为了要突出地树立一种理想人格的标本。所以他讲的'道'并不是自然本体，而是人的本体。他把人作为本体提到宇宙高度来论说。也就是说，它提出的是人的本体存在与宇宙自然存在的同一性。""庄子哲学并不以宗教经验为依归，而毋宁以某种审美态度为指向。就实质说，庄子哲学即美学。他要求对整体人生采取审美观照态度；不计利害、是非、功过，忘乎物我、主客、人己，从而让自我与整个宇宙合为一

---

[1] 李泽厚：《美的历程》，中国社会科学出版社1984年版，第65页。

体。所谓'天地有大美而不言',所谓'无不忘也,无不有也,澹然无极而众美从之',都讲的是这个道理。所以,从所谓宇宙观、认识论去说明理解庄子,不如从美学上才能真正把握住庄子哲学的整体实质。"① 李泽厚先生以为庄子哲学是充满了泛神论色彩的本体论或是美学。笔者觉得这两者是一致的,从存在论的视野讲庄学是泛神论色彩的本体论,但从人如何认识和把握存在讲庄学则是美学,是人对对象的审美观照。

张祥龙先生对现代西方哲学中的现象学和存在论思想有精深理解,他从现象学视野来理解和把握庄子思想,别有见地。他说:"庄子承继老子,但有许多新思路和新境界的开显。老子视人的生存本身为道的意义来源。这生存总面对着无现成物可恃的'靡常'局面,所以不得不'自然而然',也就是必须关照自己的生发维持。而这种生发维持只能在虚柔至极的境域中实现,靠势态的周行构成。这样一个'混成'的、纯构成的道观或道论完全为庄子所接受。然而,庄子与孙子、韩非等人不同,并不只是将这种道观用于人生的某一方面,更没有像'黄老'学派那样将老子学说宇宙论化,而是继续深究人的生存本身的含义,将其中的内蓄之势变通和舒显到了个人经历的各个独特方面。而且,更关键的是,庄子对于这样一个道论中的纯构成机制特别敏锐,以各种方式来保持它的真切性。""《庄子》的一大特点就是将《老子》中隐含的前提揭示出来并加以论辩。老子道论的一个重要背景就是对'靡常'局面的深切体验。依此,则有无必相生而相成。但老子除了在二十三章中偶有涉及之外,几乎没有直接讨论这个终极局面。庄子则细致地论证了'靡常'或'非现成'形势的无可逃避。""庄子讲的'齐物',并非只是将是非、有无、大小、长短、彼我等同视之而已。要是那样的话,他的学说与天下篇中所讲的'齐万物以为首'、'公而不党,易而无私,决然无主'的彭蒙、田骈、慎到的学说就没有什么区别了。对于庄子,从观念上知道是非、成毁'通为一'是一回事,而真能入此通一之境、'得其环中'则是另一回事。关于'齐物'的论证使人认识到体制框架中的是非有无不足据,人所面对的是一个'方可方不可,方不可方可'的终极形势;然而,要能在这个形势中周行而不殆,得其'常道',则非透过有无是非而化入一个根本的生发境域,从而

---

① 李泽厚:《庄玄禅宗漫述》,见李泽厚《中国古代思想史论》,人民出版社1986年版,第178、185、189页。

第八章　庄玄禅的生命体悟与中华民族的生活之道

取得生存本身的构成势态不行。《庄子》中的'游'讲的就是进入了这种构成境域后的任势而游、依天乘时而游。这才是活的和有境界的齐物。"① 就先秦道家思想的大方向和趋势言,老子和庄子是一致的,都有一种"中"或"居中"的、当场构成着的、生生不息的情境或境域、势域在。但庄子更能入境,更能逼进此种人与对象一体同在之境域。这种境域、势域已远非对象性概念化的方式所能把握住,只能用"寓言""重言""卮言"之类的让语言自身说话的方式来达意,"洸洋自恣以适己"(《史记·老庄申韩列传》)。所以,"庄子是老子之后、惠能之前对于这样一个终极形势('至境')和构成枢机最敏感的思想家。'齐物论'一章是中国古代文献中最清晰地揭示这个形势与枢机的文字,相当于龙树《中论》在印度思想中的地位。它完全致力于从各个角度(有无、是非、彼我、生死、真伪、同异)剥离出被概念名言框架遮蔽的那非有非无、无可无不可的底蕴,彰显老子道中的'玄'意。《老子》一书中却缺少如此彻底的'防腐'机制,反而包含'有生于无'、'道生一、一生二、二生三'这些在孤立情况下容易引起误解的句子。所以,后世对《老子》的平板化、实体化的解释滔滔皆是,而对《庄子》,则难以使之就范或'器之',只能以'其言洸洋自恣以适己'、'过激'这样的话去敷衍。总之,庄子将老子思想中的纯构成含义进一步地深化,不同于孟子将孔子学说伦理化的做法,而更近乎龙树对释迦牟尼缘起说含义的追究"②。

时贤们对庄子哲学思想的性质和特征的揭示,对我们认识和理解庄子思想有良多启迪。现在我们要思索的第一个问题是:庄子这种深富境域性的人与天地万物之"齐"或"齐一"的思想是如何提出和形成的?是庄子心血来潮偶尔为之的吗?当然不是。这肯定与当时的社会、政治、生活环境或情势有关。胡适在谈先秦诸子各派形成时说:"吾意以为诸子自老聃孔丘至于韩非,皆忧世之乱而思有以拯济之故,其学皆应时而生,与王官无涉。"③ 此说中肯可信。春秋战国时期(前770—前221年)是由奴隶制向封建制转变时期,这涉及社会制度的根本变革,是一个天崩地坼的时

---

① 张祥龙:《海德格尔思想与中国天道》,生活·读书·新知三联书店1996年版,第307—308、311页。
② 张祥龙:《海德格尔思想与中国天道》,生活·读书·新知三联书店1996年版,第310页。
③ 胡适:《诸子不出于王官论》,见胡适《中国哲学史大纲》(卷上)之"附录"。

代。先秦诸子无不感受到时代变动所带来的冲击。孔子叹曰:"天下无道"(《论语·季氏》);老子批评说"法令滋彰,盗贼多有"(《老子》第五十七章);墨子说当时是"强执弱,众暴寡,富侮贫,贵傲贱,诈欺愚"(见《墨子·兼爱》等)的时代,"攻罚无罪之国,入其国家边境,芟刈其禾稼,斩其树木,堕其城郭,以湮其沟池,攘杀其牲牷,燔溃其祖庙,劲杀其万民,覆其老弱,迁其重器"(《墨子·非攻下》),这简直是强盗横行啊!孟子批评说"春秋无义战"(《孟子·尽心下》),说战国时期的兼并战争"争地以战,杀人盈野;争城以战,杀人盈城"(《孟子·离娄上》);韩非说"当今争于气力"(《韩非子·五蠹》),是以力气,更是以武力相争雄的时代,等等。身处战国时代的庄子对其时的社会环境深有感受,他说:"今世殊死者相枕也,桁杨者相推也,刑戮者相望也,而儒墨乃始离跂攘臂乎桎梏之间。噫,甚矣哉!其无愧而不知耻也甚矣!"(《庄子·在宥》)当时尸体堆积如山,戴镣铐者遍地存在,遭刑杀的满眼都是,真乃一副人间惨相。而那些所谓的治世者们却打着治理天下的幌子,利用社会的礼义规范来谋一己之私,"圣人不死,大盗不止。虽重圣人而治天下,则是重利盗跖也。为之斗斛以量之,则并与斗斛而窃之;为之权衡以称之,则并与权衡而窃之;为之符玺以信之,则并与符玺而窃之;为之仁义以矫之,则并与仁义而窃之。何以知其然邪?彼窃钩者诛,窃国者为诸侯,诸侯之门而仁义存焉,则是非窃仁义圣知邪?故逐于大盗,揭诸侯,窃仁义并斗斛权衡符玺之利者,虽有轩冕之赏弗能劝,斧钺之威弗能禁。此重利盗跖而使不可禁者,是乃圣人之过也。"(《庄子·胠箧》)这些斗斛、权衡、符玺等社会的衡器,失去了"平衡"社会秩序和生活的作用,它们与仁义礼信等社会规范一起都成了统治者手中的工具,为他们窃国谋私来服务。庄子多次慨叹当时的社会乱世,说"自三代以下者,天下何其嚣嚣也"(《庄子·骈拇》),"自三代以下者,匈匈焉终以赏罚为事"(《庄子·在宥》)。在这种"匈匈焉""嚣嚣也"的时代,个人大概只有"方今之时,仅免刑焉"(《庄子·人间世》)的奢望了。

包括庄子在内的先秦诸子就生存、生活于这样一个动荡和动乱的时代。这个时势对诸子来说都是一样的。那么,面对如斯的时势人究竟应该如何做呢?对此,先秦诸子思想就有了分野。以老、庄为代表的道家与儒、墨、法等诸家思想主张的最大不同就在于:面对动荡和动乱的时势,

第八章　庄玄禅的生命体悟与中华民族的生活之道

诸家均看重的是个人的积极努力，即主张个人以一种积极入世的态度来应对社会问题，以改造社会，治理社会，使其进入有序发展状态，即恢复或建立天下之"道"。比如说，面对天下"礼崩乐坏"的时势，孔子主张"克己复礼"（《论语·颜渊》），孔子尽管慨叹"道之将行也与，命也；道之将废也与，命也"（《论语·宪问》），但他并没有完全屈服于"命"而消极等待，而是以一种积极有为的态度来应对时势的。他带领弟子周游列国不辞劳苦地宣扬其"复礼"主张，要"知其不可而为之"（《论语·宪问》）。他认为"士不可以不弘毅，任重而道远。仁以为己任，不亦重乎？死而后已，不亦远乎？"（《论语·泰伯》。这是曾参的话，但曾子思想和孔子思想应是一致的）《论语·述而》载："叶公问孔子于子路，子路不对。子曰：'女奚不曰：其为人也，发愤忘食，乐以忘忧，不知老之将至云尔。'"这是孔夫子给自己画的像，即他自己是一个"发愤忘食，乐以忘忧，不知老之将至"的人。这种积极进取的形象跃然纸上。孔子曰："人能弘道，非道弘人"（《论语·卫灵公》），天下之"道"是靠人来弘扬光大的，而不是相反。故孔子一再教导弟子要"克己"以"复礼"，"人而不仁如礼何？人而不仁如乐何？"（《论语·八佾》）人如果不发现和发掘出自己的"仁"性本质，这些作为社会规范的"礼""乐"等就是无用的。孔子说："我欲仁，斯仁至矣。"（《论语·述而》）"为仁由己，而由人乎哉？"（《论语·颜渊》）"仁"这种品德是人发挥自己的主体意志力而得到的，根本不是由外力加给人的。"子曰：'志士仁人，无求生以害人，有杀身以成仁。'"（《论语·卫灵公》）"杀身成仁"，这充分表现出人的主体人格和意志力量。

　　与孔子一样，孟子也主张人要发挥自己的主体力量和从人的"仁""义""礼""智"之善性出发以成就社会的伦理规范和行为。孟子认为人之所以能实行"仁政"就在于人有一种"不忍人之心"的本性和主体力量在（见《孟子·公孙丑上》等）。他讲"养心莫善于寡欲"（《孟子·尽心下》）、"养吾浩然之气"（《孟子·公孙丑上》）、"求放心"（《孟子·告子上》）等修养方法，突出和依据的就是个人的主体力量。孟子讲的"大丈夫"精神亦如此，他说："居天下之广居，立天下之正位，行天下之大道。得志，与民由之；不得志，独行其道。富贵不能淫，贫贱不能移，威武不能屈，此之谓大丈夫。"（《孟子·滕文公下》）此种"大丈夫"精神的最高表现就是"舍生取义"之举,他说:"生,亦我所欲也;义,亦我所欲也,二者不可得兼,舍生而取义者也。"(《孟子·告子上》)孟子的"舍生取义"与孔子的"杀身成仁"一样,极大地高扬了人的主体人格和力量。

面对自然,荀子讲"制天命而用之"(《荀子·天论》),讲人的积极能动作用。在人性方面,荀子虽然说人性本恶(见《荀子·性恶》),但他认为人能通过自己的主观努力来"化性起伪",使人变善。他认为人这个群类"义以分则和,和则一,一则多力,多力则强,强则胜物;故宫室可得而居也,故序四时,裁万物,兼利天下"(《荀子·王制》)。荀子看到了人的社会性的力量,这与孔、孟不一样。但他的这种社会性的基础仍在人的个体性上,因为"凡禹之所以为禹者,以其为仁义法正也。然则仁义法正有可知可能之理,然而涂之人也皆有可以知仁义法正之质,皆有可以能仁义法正之具,然则其可以为禹明矣"(《荀子·性恶》)。涂之人之所以能成为大禹之类的圣人,是因为人自己有仁义之类的潜质。这实际上强调和突出的仍是人的个体人格和主体力量。

还有墨子,他从小手工业者的立场和利益出发,十分强调个人的工作责任和努力。他说:"今也王公大人之所以蚤朝晏退,听狱治政,终朝均分,而不敢怠倦者何也?曰:彼以为强必治,不强必乱;强必宁,不强必危,故不敢怠倦。今也卿大夫之所以竭股肱之力,殚其思虑之知,内治官府,外敛关市、山林、泽梁之利,以实官府而不敢怠倦者何也?曰:彼以为强必贵,不强必贱;强必荣,不强必辱,故不敢怠倦。今也农夫之所以蚤出暮入,强乎耕稼树艺,多聚叔粟,而不敢怠倦者何也?曰:彼以为强必富,不强必贫;强必饱,不强必饥,故不敢怠倦。今也妇人之所以夙兴夜寐,强乎纺绩织纴,多治麻统葛绪,捆布縿,而不敢怠倦者何也?曰:彼以为强必富,不强必贫,强必煖,不强必寒,故不敢怠倦。"(《墨子·非命下》)墨子认为,上自王公大人,下至农夫农妇,从各自的实际利益和需要出发,都应该凭自己的努力来做好各自的事情,这样社会就能正常运转了。如若个人都不努力,不做好自己该做的事,社会就不会正常,就不会有秩序。

法家讲法治,要依靠法治来治理天下,使天下有序和太平。而法的实施和执行都要靠个人的努力,在法家这里这个个人主要就是君主。韩非作为法家思想的集大成者,将商鞅之"法"、申不害之"术"、慎到之"势"

结合为系统的法家思想理论。韩非极大地突出和提高了君主的地位和权力。比如他在讲"术"时说:"术者,因任而授官,循名而责实,操杀生之柄,课群臣之能者也,此人主之所执也。"(《韩非子·定法》)这个"术"在这里就是权术,甚至是奸术,它的具体施为就是"审合形名""循名责实"。但此种"术"的运用、实施却极大地彰显了君主个人的地位和力量。

　　看似啰唆地讲诸子的这些思想,就是为了说明,在先秦诸子中除道家外别的思想派别面对当时"天下无道"的时势,都主张人为的力量,即通过个人甚至集团、阶层之力量来使社会有序化。道家与诸子思想在此方面不同,它看到的不是个人力量,而是整个社会的形势和力量。老、庄均看到,在个人力量和社会势力之间,社会力量、社会势力、社会形势起主导作用,个人力量,甚至集团的力量是左右不了社会势力的,只能受其作用。老子有言:"以无事取天下。吾何以知其然哉?以此:天下多忌讳,而民弥贫;民多利器,国家滋昏;人多伎巧,奇物滋起;法令滋彰,盗贼多有。故圣人云:'我无为而民自化,我好静而民自正,我无事而民自富,我无欲而民自朴。'"(《老子》第五十七章)这说明,个人的作为、努力以及技术的提高和进步,最终解决不了社会问题,并不会给社会带来秩序、安定和有效,反而会起到不良后果。故老子说:"将欲取天下而为之,吾见其不得已。天下神器,不可为也。为者败之,执者失之。"(《老子》第二十九章)"天下"这个神圣之器是不可以和不能靠人为的强力来得到的,人为的努力只能适得其反。"其政闷闷,其民淳淳;其政察察,其民缺缺。"(《老子》第五十八章)"太上,不知有之;其次亲而誉之;其次畏之;其次侮之。信不足焉,有不信焉!"(《老子》第十七章)"天下"好比一个强力弹簧,你越给力,其反弹力就越大越强,其结果也越严重,只会越来越动荡、颠簸得越厉害,难有平静;相反,你如果使力小,甚至不使力,"天下"这架强力弹簧反而会恢复和保持平静。故老子认为:"大道废,有仁义。"(《老子》第十八章)"失道而后德,失德而后仁,失仁而后义,失义而后礼。夫礼者,忠信之薄而乱之首。"(《老子》第三十八章)仁、义、礼、法这些东西并非治世良方和有用工具,它们离大"道"越来越远,离"世"或"社会"的本质亦越来越远,只能起反作用。可见,老子是不主张通过人为的努力来治理天下的。"故以智治国,国之贼;

不以智治国，国之福。"（《老子》第六十五章）"强梁者不得其死。"（《老子》第四十二章）

与老子一样，庄子也看到用个人努力的有为方式是最终治理不了和治理不好天下的。他说："昔者黄帝始以仁义撄人之心，尧舜于是乎股无胈，胫无毛，以养天下之形。愁其五藏以为仁义，矜其血气以规法度，然犹有不胜也。尧于是放讙兜于崇山，投三苗于三峗，流共工于幽都，此不胜天下也。夫施及三王而天下大骇矣。下有桀、跖，上有曾、史，而儒墨毕起。于是乎喜怒相疑，愚知相欺，善否相非，诞信相讥，而天下衰矣。"（《庄子·在宥》）"上诚好知而无道，则天下大乱矣。何以知其然邪？夫弓弩毕弋机辟之知多，则鸟乱于上矣；钩饵网罟罾笱之知多，则鱼乱于水矣；削格罗落罝罘之知多，则兽乱于泽矣；知诈渐毒颉滑坚白解垢同异之变多，则俗惑于辩矣。故天下每每大乱，罪在于好知。""世俗之所谓知者，有不为大盗积者乎？所谓圣者，有不为大盗守者乎？何以知其然邪？昔者齐国邻邑相望，鸡狗之音相闻，网罟之所布，耒耨之所刺，方二千余里。阖四竟之内，所以立宗庙社稷，治邑屋州闾乡曲者，曷尝不法圣人哉！然而田成子一旦杀齐君而盗其国。所盗者岂独其国邪？并与其圣知之法而盗之。故田成子有乎盗贼之名，而身处尧舜之安，小国不敢非，大国不敢诛，专有齐国。则是不乃窃齐国，并与其圣知之法以守其盗贼之身乎？"这就叫"彼窃钩者诛，窃国者为诸侯，诸侯之门而仁义存焉"。（《庄子·胠箧》）在庄子看来，用个人的努力，用社会惯用的仁义礼法这些制度规范来治理天下，只会越治越糟，只能成就个别人的一己私利，是治不好天下的。所以，他与老子所谓的"以智治国国之贼，不以智治国国之福"（《老子》第六十五章）的思想一致，认为治国不是用力用智，而是自然无为。庄子曰："故曰：'鱼不可脱于渊，国之利器不可以示人。'彼圣人者天下之利器也，非所以明天下也。故绝圣弃知，大盗乃止；摘玉毁珠，小盗不起；焚符破玺，而民朴鄙；掊斗折衡，而民不争；殚残天下之圣法，而民始可与论议。擢乱六律，铄绝竽瑟，塞师旷之耳，而天下始人含其聪矣；灭文章，散五采，胶离朱之目，而天下始人含其明矣；毁绝钩绳而弃规矩，攦工倕之指，而天下始人含其巧矣。削曾、史之行，钳杨、墨之口，攘弃仁义，而天下之德始玄同矣。彼人含其明，则天下不铄矣；人含其聪，则天下不累矣；人含其知，则天下不惑矣；人含其德，则天下不僻矣。彼曾、史、杨、墨、师旷、工倕、离朱,皆外立其德而以爚乱天下者也,法之所无用也。"(《庄子·胠箧》)这是说,抛弃了智慧,毁弃了仁义礼法,遗弃了技术和文明,社会才能安宁,天下才会得到治理。

老、庄的这种看法和主张对吗?治理天下难道不靠人的积极努力、奋发有为吗?人不去努力作为,不去改造环境与社会,社会自己能治好吗?真的会有神仙上帝来替人治理社会吗?世是人之世,社会是人的社会,所谓环境是由人的行为而造就的,没有人出现的那种纯自然环境不在人世之内,对人而言是无意义的。所以,老子和庄子的这些思想主张的确是有不合理的一面。

但又不能说这些思想主张是完全不合理的,是纯粹的胡说,它仍有合理的一面。这一面是什么呢?就是人的社会环境和社会性。每个人一来到这个世上,就处在了社会之境中,就处在了人所在的和所有的人的世界即人文社会中,如若少了这个人的社会,少了人的世域或世境,人就会成为有如狼孩一样的一般动物,就会倒退到动物世界即自然世界去,就无人可言了,也就根本没有所谓人的生活、人的活动乃至人的社会以及社会治理之类的问题和要求了。马克思主义认为,社会生产力是一种既得的物质力量,每代人一生下来就碰到了现存的生产力,是只能接受而不能自由选择的。人所处的这个社会,这个现存的社会环境和条件,这个人的世界或人的人文境域,就如同人所面对和碰到的既成的与现存的生产力状况和水平一样,是只能接受而不可选择的,这是人得以现实存在的根基所在。所以,人之存在的这个"世"或"世界"是人与生而来的,是人得以生存、生活的基础。德国现代哲学家海德格尔称此为"人在世中"或"在世中"。他说:"只有当一个存在者本来就具有'在之中'这种存在方式,也就是说,只有当世界这样的东西由于这个存在者的'在此'已经对它揭示开来了,这个存在者才可能接触现成存在在世界之内的东西。因为存在者只能从世界方面才可能以接触方式公开出来,进而在它的现成存在中成为可通达的。如果两个存在者在世界之内现成存在,而且就它们本身来说是无世界的,那么它们永不可能'接触',它们没有一个能'依'另一个而'存'。"[1]"在指向某某东西之际,在把捉之际,此在并非要从它早先

---

[1] 海德格尔:《存在与时间》(修订译本),陈嘉映、王庆节合译,生活·读书·新知三联书店2006年版,第65页。

被囚闭于其中的内在范围出去,相反倒是:按照它本来的存在方式,此在一向已经'在外',一向滞留于属于已被揭示的世界的、前来照面的存在者。有所规定地滞留于有待认识的存在者,这并非离开内在范围,而是说,此在的这种依寓于对象的'在外存在'就是真正意义上的'在内'。这就是说,此在本身就是作为认识着的'在世界之中'。"[1] "实际性这个概念本身就含有这样的意思:某个'在世界之内的'存在者在世界之中,或说这个存在者在世;就是说:它能够领会到自己在它的'天命'中已经同那些在它自己的世界之内向它照面的存在者的存在缚在一起了。"[2] "因此,'在之中'是此在存在形式上的生存论术语,而这个此在具有在世界之中的本质性建构。"[3] 海德格尔的论说有些晦涩,但思想是清楚的,即包括人在内的一切存在者均有个"世"或"世界"作为基础和根底,否则它们是无法存在和联系、作用的。老、庄思想,特别是庄子思想与海氏的"在世中"的思想有相似处。庄子认识到或意识到或体悟到,人的一切所作所为均在"世"中进行着、运行着,如果离开了这个"世"或"世界",人是不能存在、生存的,更遑论人对社会、对这个世界的改变了。正因为如此,在人与世这二者之间,人活动的基点、前提应在"世"上,而不是在单纯的个人身上。《庄子·天地》中有这样一则故事:"子贡南游于楚,反于晋,过汉阴,见一丈人方将为圃畦,凿隧而井,抱瓮而出灌,滑滑然用力甚多而见功寡。子贡曰:'有机械于此,一日浸百畦,用力甚寡而见功多,夫子不欲乎?'为圃者仰而视之曰:'奈何?'曰:'凿木为机,后重前轻,挈水若抽;数如泆汤,其名为槔。'为圃者忿然作色而笑曰:'吾闻之吾师,有机械者必有机事,有机事者必有机心。机心存于胸中则纯白不备,纯白不备则神生不定,神生不定者道之所不载也。吾非不知,羞而不为也。'子贡瞒然惭,俯而不对。"这个灌园老者看似顽固不化,宁愿吃力地抱瓮灌溉却不肯学习和接受当时颇为先进的桔槔工具,这看似反文明的表现。但这则故事的深意在于告诉世人,机械的出现会引起

---

[1] 海德格尔:《存在与时间》(修订译本),陈嘉映、王庆节合译,生活·读书·新知三联书店2006年版,第73页。
[2] 海德格尔:《存在与时间》(修订译本),陈嘉映、王庆节合译,生活·读书·新知三联书店2006年版,第65—66页。
[3] 海德格尔:《存在与时间》(修订译本),陈嘉映、王庆节合译,生活·读书·新知三联书店2006年版,第64页。

机事、机心，这样会破坏掉人所生存于其中的世"道"境域，会破坏人的生存根基，这个结果将是非常重大和严重的。后世的科技进步，特别是近现代的科技进步导致了某些生态环境不可恢复性的破坏，已对人的生存根基造成了严重影响，这难道还不足以引起世人的警醒吗？！

所以，庄子的那些不看重个人或人为努力而注重人生境域或人生存的社会环境的思想主张并非全错，也并非一味的保守倒退。当然你也可以说，人所赖以生存、生活的境域及社会环境不是由人和人的活动所造就的吗，为什么要本末倒置地先看重境域和环境呢？原因就在于人在造就境域或改变境域之前先得处在、生存在境域中，故境域之改变或造就仍离不开境域。从这个意义和视角来说，庄子强调从人的生存根基、生存境域出发的思想是有进步意义的。正因为看中和看重境域，故庄子一再强调那种所谓的上古"至德之世"。庄子曰："故至德之世，其行填填，其视颠颠。当是时也，山无蹊隧，泽无舟梁；万物群生，连属其乡；禽兽成群，草木遂长。是故禽兽可系羁而游，鸟鹊之巢可攀援而窥。夫至德之世，同与禽兽居，族与万物并，恶乎知君子小人哉！同乎无知，其德不离；同乎无欲，是谓素朴；素朴而民性得矣。及至圣人，蹩躠为仁，踶跂为义，而天下始疑矣；澶漫为乐，摘僻为礼，而天下始分矣。故纯朴不残，孰为牺樽！白玉不毁，孰为珪璋！道德不废，安取仁义！性情不离，安用礼乐！五色不乱，孰为文采！五声不乱，孰应六律！夫残朴以为器，工匠之罪也；毁道德以为仁义，圣人之过也。"（《庄子·马蹄》）"子独不知至德之世乎？昔者容成氏、大庭氏、伯皇氏、中央氏、栗陆氏、骊畜氏、轩辕氏、赫胥氏、尊卢氏、祝融氏、伏牺氏、神农氏，当是时也，民结绳而用之，甘其食，美其服，乐其俗，安其居，邻国相望，鸡狗之音相闻，民至老死而不相往来。若此之时，则至治已。今遂至使民延颈举踵曰，'某所有贤者'，赢粮而趣之，则内弃其亲而外去其主之事，足迹接乎诸侯之境，车轨结乎千里之外。则是上好知之过也。"（《庄子·胠箧》）这种"至德之世"的特点就是人完全在"世"或人能融入"世中"，人与自己所赖以生存的"世"或世域、世境一体同在，此时的人并不知有"世"，也不知有己，是完全适性、率性而安性的。"泰氏，其卧徐徐，其觉于于；一以己为马，一以己为牛；其知情信，其德甚真，而未始入于非人。"（《庄子·应帝王》）"夫赫胥氏之时，民居不知所为，行不知所之，含哺而熙，鼓腹而游，民能以此矣。"（《庄子·马蹄》）很明显，庄子对这种所谓的"至德之世"的上古社会是有所美化的。那时生产力水平极为低下，人们过的大概全是茹毛饮血的生活，并不真的快乐无比。但就人的生存境域而言，就人的生存境域、环境未被遮蔽和破坏而言，这时的人倒真的能安于和适于自己的朴素之性，能得其真性地生活。老、庄所讲的"道"，大概就是以此种上古社会的"至德之世"为存在原形的。这时的人大朴未亏，人的社会尽管原始但也大朴未亏，人与自己所在的"世"（既有自然之世也有社会之世）一体同在亦大朴未亏。老、庄的"道"之所以不能用对象性概念化的方式来认识和把握，就在于一用对象性的概念方式，"道"就被提离开了人，就被提离开活在当场的、正在当场构成着的境域，就不是"道"本身了。总之，在老、庄处，尤其在庄子这里，"道"是有境域性的，人的生存和生活也是有境域性的。

　　不是像其他学派那样就事论事地立足于人的所作所为来应对当时的社会时势，以试图解决社会的无序化问题，道家老、庄，尤其是庄子，敏感到了人之生存和生活的境域、势域和社会形势之"世"或"世界"，其思想被逼进了或者说闯进了人生存的境域中，这正是其思想特色之所在。那么，人如何才能处于此境界、境域中？或曰人如何才能把握住此种境域呢？肯定有这种生存境域是一回事，进入这种生存境域中，能够把握住或身临其境地感受到此种境域，这是另一回事。所以，现在我们要思索的第二个问题是：庄子是如何入境的？即他是怎么进入人生之境域的？从《庄子》看，基本上有两种途径和方式：一是基于心理训练和行为操作的修养功夫；二是基于让语言自己说话的认识活动。前者就是庄子在《大宗师》等篇中所讲的"忘"法；后者则是《齐物论》等篇所讲的"齐"法。

　　所谓意境、境界、境域等一定是一种活的、正在当场生成着和构成着的、正在开显和显现着的情境，这就是所谓的"事情本身"。对于这样一种境域、情境，是不能用对象化概念式的语言来把握的，因为当用名言概念这么一说一道时，这个活的境域就被止住了，就被提离开了当场的情境，就被对象化了，就成了人思想上的一个对象；这样被提离开了活的场境、用名言规定下来的对象性的东西实际上是个死东西，是根本没有活的生命可言的。庄子，还有老子、孔子、惠能等，是看到了名言方法的此种弊端的，故不给那种活的情境化的东西下定义，而是想方设法引导人们如

第八章　庄玄禅的生命体悟与中华民族的生活之道

何直面境域并入境。庄子意识到了一种"忘"的方式、方法,要用它来进入境域即入境。庄子曰:"若一志,无听之以耳而听之以心,无听之以心而听之以气。耳止于听,心止于符,气也者,虚而待物者也。唯道集虚。虚者,心斋也。"(《庄子·人间世》)这是以"气"为载体的"心斋"法。耳以听声为终止,心(即思想、意识等)以知符(符号,即名言概念)为终止,这些都是止于、停于对象身上,所得到、把握到的都是个"什么"意义的东西。而"气"就不同了,它是流动着的东西,是一种无形之形、无状之象,具有"虚"的特征,已化去了那种"什么"之规定。正如张祥龙先生所言:"'气'这个词的好处是很有些隐喻冥通的意味","它是感官与心识的统一所要求、所逼出的最根本的居间发生状态,不可能带有任何现成的性质"。"每当人要表达那既非具体对象亦非一己观念、既非有形质者亦非抽象道理的微妙含义时,就不期然而然地求之于'气'这个有无之间的大象,因为它提供了一种表达和理解非现成者、余意不可尽者的可能。"① "气"非形乃象,是无象之象,它的流动性和居间性正好是活着的人生意境、境域的象征和表现。与此"心斋"法类似的还有所谓的"守"法,庄子借女偊之口说:"吾犹告而守之,三日而后能外天下;已外天下矣,吾又守之,七日而后能外物;已外物矣,吾又守之,九日而后能外生;已外生矣,而后能朝彻;朝彻,而后能见独;见独,而后能无古今;无古今,而后能入于不死不生。杀生者不死,生生者不生。其为物,无不将也,无不迎也;无不毁也,无不成也。其名为撄宁。撄宁也者,撄而后成者也。"(《庄子·大宗师》)这里的"守"是一种心理训练和心灵内敛的过程,可谓是修"道"功夫,这与中唐道士司马承祯在《坐忘论》中所说的"收心""简事""真观"等修行方式相似。这种"守"法的目的和结果是使"心"化去其外在的对象规定而返回到自身,以达到"静观""玄览"之结果,处在一种无念之念、无知之知、无虑之虑的状态中;这也就是现象学所讲的让意识回到自身的"意识流"中。这就是一种入境。这种心理训练之方的最明确表现是庄子所说的"坐忘"法,他借孔子与颜回的对话说:"颜回曰:'回益矣。'仲尼曰:'何谓也?'曰:'回忘礼乐矣。'曰:'可矣,犹未也。'他日,复见,曰:'回益矣。'曰:

---

① 张祥龙:《海德格尔思想与中国天道》,生活·读书·新知三联书店1996年版,第317、318页。

'何谓也？'曰：'回忘仁义矣。'曰：'可矣，犹未也。'他日，复见，曰：'回益矣。'曰：'何谓也？'曰：'回坐忘矣。'仲尼蹴然曰：'何谓坐忘？'颜回曰：'堕肢体，黜聪明，离形去知，同于大通，此谓坐忘。'仲尼曰：'同则无好也，化则无常也。而果其贤乎！丘也请从而后也。'"（《庄子·大宗师》）这里所谓的"堕肢体，黜聪明，离形去知，同于大通"，当然是一种比拟性说法，是要人忘掉形体对象，也忘掉观念心知，即"离形去知"，这时的人就不在对象性、概念化的思维中，而进入无思无虑、随感而应的"意识流"中，这也就是入境。唐代成玄英在疏解"堕肢体……"一段时说："堕，毁废也；黜，退除也。虽聪属于耳，明关于目，而聪明之用，本乎心灵。既悟一身非有，万境皆空，故能毁废四肢百体，屏黜聪明心智者也。""大通，犹大道也。道能通生万物，故谓道为大通。外则离析于形体，一一虚假，此解堕肢体也。内则除去心识，悗然无知，此解黜聪明也。既而枯木死灰，冥同大道，如此之益，谓之坐忘也。"成玄英的疏倒也不错。但他将"坐忘"之"忘"理解为"枯木死灰"之态却未必对。如果说人在"坐忘"时其形体可做到"枯木死灰"的话，其"心"是绝不可和不能是"枯木死灰"的，因为倘若心如此的话它就死了，心已死的话人要么就成了死人，要么就成了植物人，这样的人压根是无"坐忘"可言的。"坐忘"之所以是一种"同于大通"的冥同大道的境界，这时的人一定是活的，是仍有心识的、思虑正常之人，不可能是心如死灰者。因为"心之官则思"（孟子语），心即思想天生就要思要想，现在却不让它思、想了，让它成了死灰，这可能吗？再说，要让心成为死灰，还得心来做这件事，而心要做使自己成为死灰这件事，它恰恰不是和不能是死灰，它正活在现场中。所以，一个有思有想的、正在思、想着的心如何做到"离形去知，同于大通"呢？庄子在此没有说具体的操作方式；而成玄英的疏干脆将"心""枯木死灰"化，这实则取消了所谓的"坐忘"法。郭象的注说："夫坐忘者，奚所不忘哉！既忘其迹，又忘其所以迹者，内不觉其一身，外不识有天地，然后旷然与变化为体而无不通也。"这个解说主张"坐忘"之"忘"是一种"既忘其迹，又忘其所以迹"的与天地万物旷然一体的境界、境域，这就未将"心"弄死，这是可取的。然郭象也未说出这个"忘"的操作方式。郭象虽然有"既遣是非，又遣其遣；遣之又遣之以至于无遣，然后无遣无不遣，而是非自去矣"（《庄子·齐物论注》)的"双遣"法,但这是针对"是非"而言的,说的不是"心"自身的"忘"法。笔者以为,后世道教的"导气""养气"法和后世佛教的"数念珠"的坐禅法,倒是庄子之"坐忘"之"忘"的操作、操持方式、方法。这是使"心"或意念随"气"或随"数"(动词)在流动,将"心"逐渐导入自己的"意识流"中,使心回到自身中,这就有了无思无虑、知而非知的自然而然的存在状态,这就是意境、境界、境域。这个问题前面几处谈过,无须赘言。

"坐忘"法作为一种心理训练和心念导引术是颇为有效的方式。但此种方法尚有消极后果。因为,心理训练和心念导引仍需心理、心念来进行操作,故"忘"的过程恰是心念之"不忘"的过程。另外,心念导引之结果不能使心念死去,心念要始终活着;心念活着又不能去思去想对象性的东西,即要超越对象,这时的心灵就趋向幻化之境,成为自由自在之形象,这就是所谓的"出入六合,游乎九州,独往独来,是谓独有"(《庄子·在宥》),也就是那种"乘云气,御飞龙,而游乎四海之外"(《庄子·逍遥游》)的神仙形象。这实际上是心灵或精神的幻化,并不能真正解决人怎样"忘"的问题。可见,庄子讲的"坐忘"法尚有不足。这怎么办呢?庄子又讲"道忘",即在得"道"中、在与"道"同体中达到"忘"之境。《庄子·大宗师》曰:"鱼相造乎水,人相造乎道。相造乎水者,穿池而养给;相造乎道者,无事而生定。故曰鱼相忘乎江湖,人相忘乎道术。"人在"道术"中"忘",此乃"道忘"。"人相忘乎道术"与"鱼相忘乎江湖"是同类的情境。鱼怎么"忘"于江湖呢?《庄子·秋水》曰:"鯈鱼出游从容,是鱼之乐也。"水是鱼生存、生活的境域,鱼在水中出游从容自在,自由快乐,这时的鱼反倒不觉得有水和水的重要。相反,"泉涸鱼相与处于陆,相呴以湿,相濡以沫,不若相忘于江湖"(《庄子·大宗师》)。鱼一旦离开了自己的生存境域——水,就只能靠哈气来湿润、靠吐口水来濡沫了,只能苟延残喘、垂死挣扎。鱼的生存要处于"水"这个境域中,否则就无法生存。那么,人的生存呢?不言而喻,人的生存也要境域化,否则亦不能生存。人的这个生存、生活之境域就是"道"。人与这个"道"是怎样的关系呢?庄子说:"鱼相造乎水,人相造乎道。"《说文》:"造,就也。从辵,告声。"将"造"训为成就,似有不妥。《小尔雅·广诂》:"造,适也。""造,进也。"这个解释合乎这里的意思,即象鱼适从于、进入水中一样，人亦应适从于、进入"道"中，与"道"融为一体，这也就叫得"道"，也就是"道忘"。

那么，人如何来进入"道"呢？或曰人如何才可得到这个"道"呢？可以说老、庄以及大多数贤人君子一生所求的就是此事。庄子在这里讲"人相忘乎道术"，即人在"道术"中来"忘"；换言之，得"道"是有"术"的。究竟是什么"术"呢？《庄子·养生主》说："庖丁为文惠君解牛，手之所触，肩之所倚，足之所履，膝之所踦，砉然向然，奏刀騞然，莫不中音，合于《桑林》之舞，乃中《经首》之会。文惠君曰：'嘻，善哉！技盖至此乎？'庖丁释刀对曰：'臣之所好者道也，进乎技矣。'"这个寓言故事讲的就是由"技"进于"道"的问题。这个"技"就是"术"，即技术，同时亦是艺术，就是人使用工具的技术和艺术。庖丁解牛当然是人的活动，是人的社会化的生活，绝非像野兽或未进入文明社会的野蛮人那样用肢体口牙将牛撕扯开，他要用生产工具——刀，用刀来解牛。这把刀在这位厨师手中已用到了出神入化的化境，"今臣之刀十九年矣，所解数千牛矣，而刀刃若新发于硎。彼节者有间，而刀刃者无厚；以无厚入有间，恢恢乎其于游刃必有余地矣。是以十九年而刀刃若新发于硎"（《庄子·养生主》）。当刀这个工具被用到化境时，以这个工具为中介，人与对象就进入了一体同在的境域或境界中，这时没有所谓的对象，亦无所谓的主体，只有审美式浑然一体的意境、境界，这就是入境，也就是得"道"。庖丁说："始臣之解牛之时，所见无非全牛者。三年之后，未尝见全牛也。方今之时，臣以神遇而不以目视，官知止而神欲行。依乎天理，批大郤，导大窾，因其固然，技经肯綮之未尝微碍，而况大軱乎！"（《庄子·养生主》）这就是把刀使用到化境时所达到的"官之止而神欲行"的由"技"进入"道"的过程。这就是由"技"入"道"，就是"道术"。《庄子》中讲了许多出神入化地使用工具的寓言故事，如"轮扁斫轮"（《天道》）、"痀偻承蜩""津人操舟""丈夫蹈水""梓庆削鐻""东野御车""工倕旋指"（《达生》）、"大马捶钩"（《知北游》）、"匠石运斤"（《徐无鬼》）等，这均涉及对工具出神入化地使用，以及在此种使用中所达到的入境或得"道"的结果。

"坐忘"和"道忘"都是"忘"，这说的是与修养方式有关的功夫问题。如果从思想理论上来讲，人究竟如何在认知、认识活动中来入境得

第八章　庄玄禅的生命体悟与中华民族的生活之道

"道"呢？这就是《庄子·齐物论》所讲的"齐"的问题和方法。《齐物论》一篇在庄子思想中颇为重要，张祥龙先生说："'齐物论'一章是中国古代文献中最清晰地揭示这个形势与枢机的文字，相当于龙树《中论》在印度思想中的地位。它完全致力于从各个角度（有无、是非、彼我、生死、真伪、同异）剥离出被概念名言框架遮蔽了的那非有非无，无可无不可的底蕴，彰显老子道中的'玄'意。"① 那么，庄子在《齐物论》中所论说的"齐"究竟是什么？它又是一种什么样的得"道"入境之方呢？

人在认识或把握对象时，对象与人必须同时出场、同时在场，即必有"齐"在。否则，如果把人归于对象或把对象归于人，就都不可能有真实的、现实的认识活动发生。庄子在《齐物论》中所讲的和要讲的一个重要思想和道理就是这个意义上的"齐"的原则。比如他说："啮缺问乎王倪曰：'子知物之所同是乎？'曰：'吾恶乎知之！''子知子之所不知邪？'曰：'吾恶乎知之！''然则物无知邪？'曰：'吾恶乎知之！虽然，尝试言之。庸讵知吾所谓知之非不知邪？庸讵知吾所谓不知之非知邪？且吾尝试问乎汝：民湿寝则腰疾偏死，鳅然乎哉？木处则惴慄恂惧，猨猴然乎哉？三者孰知正处？民食刍豢，麋鹿食荐，蝍蛆甘带，鸱鸦嗜鼠，四者孰知正味？猨猵狙以为雌，麋与鹿交，鳅与鱼游。毛嫱、西施，人之所美也；鱼见之深入，鸟见之高飞，麋鹿见之决骤。四者孰知天下之正色哉？自我观之，仁义之端，是非之途，樊然殽乱，吾恶能知其辩！'"（《庄子·齐物论》）人怎么知物？乍一看这不是个很简单的问题嘛。实则不然。当你说物如何如何时，你这时的思维方向和定势全在物这个对象上，实际上这是取消了"我"；如此一来，没有了这个"我"（或"你"或"他"），你怎么知物？你凭什么对物说三道四、说长道短呢！所以当啮缺问王倪"子知物之所同是乎"时，王倪说"吾恶乎知之！"反过来说，当你将认识的方向、重心聚焦在"我"身上时，这个"我"必被对象化出去，或者说这个"我"这时必要二分化，即一个是作为对象化了的"我"，另一个则是正在从事着认识活动的、执行着认识活动的"我"；这时你所能知的只是那个被对象化了的"我"，真正的、活的"我"你是无法知道的，它只能在当场自我显现、开显着。所以，当你要知自己时这个自己却未必能真的被

---

① 张祥龙：《海德格尔思想与中国天道》，生活·读书·新知三联书店1996年版，第310页。

知。啮缺当然没有直接问王倪说"你知道你自己吗"这样的问题,而是问"子知子之所不知邪?"但道理与问"你知道你自己吗?"是一样的,故王倪说"吾恶乎知之!"可见,用简单的对象化的方式来知物、知我均有问题,均是不可能的。这说明了这样一个问题:如果那种对象不与主体发生关系,完全地处在主体世界之外,主体是无法知道它的!那么,当对象完全地处在了主体之内,变成了主体自己的心理感受时,人就能认识(或把握)对象了吗?不行!既成了你自己的心理感受,那就成了你的,成了你私人的东西,还谈什么对对象的认识、把握呢?!王倪所讲的"正处""正味""正色"的问题说的就是这个道理。面对一个对象(比如说一块湿潮地),人有人的感受和体验,泥鳅有泥鳅的感受和体验,这些体验都是私人的、个别的,故不可交流;既不可交流,你如果问人和泥鳅各自对同一对象的认识如何,能有结果吗?在此有人会说,你不要拿人与泥鳅相比,这违犯了后期墨家所谓的"异类不比"(《墨子·经下》)的基本原则,你要将人与人相比,这是同类相比,应该能得到共同、统一的结论。此言差矣。就心理感受、个体的体验言,每个人均不相同。也有偶尔相同的,但那是偶然情况,并不能保证在任何情况下、在任何人之间都有相同出现;人的心理感受的相同是偶然的,而不同才是必然的、绝对的。所以,看来庄子把人与泥鳅等相比是不对的,但道理通的,即就人与人来说,如果对象成了人的心理感受、个体体验,人最终是不能知道对象的。那怎么办呢?唯一的办法只能是:逼进对象与人(主体)之间的"中"或"中间"地带、地域,因为只有这个"中"之域才是和才能是对象与主体之存在的共同根基,在这里主与客才能交换、交流和导通。《庄子·秋水》中有一则庄子与惠施"濠梁观鱼"的故事,当庄子说"鯈鱼出游从容,是鱼之乐也"时,惠施就说:"子非鱼,安知鱼之乐?"如果就人与对象的二分现象言,人不是鱼,鱼不是人,鱼是完全处在人之外的,人当然不可知道鱼了,包括鱼之乐与否在内,人都不会知道;同样道理,不仅人不能知鱼,一个人也不能知道他之外的他人!故惠施的话是有道理的。当然,世上的情况并非惠施所说的那样,人一来到这个"世上"就"在世中"生存着、生活着,"世"乃这个世上的一切存在者、生存者之存在、生存的境域、根基,在这个根基处不存在人与对象的彻底二分或对立,人与自己之外的对象本来就在一体中,在"中"之地域中,这时既是人又是对象,既不是人亦不是对象，是浑然一体之境界、境域。所以，庄子的那个"请循其本"说表面看来是诡辩，实则是讲人与万物的存在之根，讲人与物之生存的共同之"域"、之"境"、之"势"。这，就叫"人在世中"。《庄子·秋水》中借北海若之口说："以道观之，物无贵贱；以物观之，自贵而相贱；以俗观之，贵贱不在己。……"这里所讲的问题与以上王倪所讲的问题是一致的，即物如果成了人的心理感受，人是无法把握它的。《庄子·齐物论》中有"既使我与若辩矣……"一段，讲的仍是以上的道理。我与你辩论，你胜我、我胜你，在这两种情况下实际上等于将我化归于你或将你化归于我，这后果只能是有你没我或有我没你，这自然就失去了"辩"这一行为和现象的存在基础，当然无"辩"可言！如果叫个第三者的"他"来裁定，这个"他"如果既同意你又同意我，这等于没有裁定；这个"他"如果既不同意你又不同意我，这还是等于没有裁定；而如果这个"他"有裁定了，或同意你或同意我，那与没有裁定一样，因为在质上仍是"我胜若"或"若胜我"的情况，只不过"我"或"若"在量上有了增加而已；但量上的变化并未影响和改变其质。可见，这说的仍是人如何把握对象的问题，即对象完全在人之外或完全在人之内都将无认识可言。认识之所以是认识，就是因为对象既在主体之外但又不能完全地在主体之外，既在主体之内但又不能完全地在主体之内，对象与主体之间总有个势域、境域的"中"或"中间"地带，这乃认识之根。

《齐物论》中真正要"齐"的就是这个"中"根。比如说："物无非彼，物无非是。自彼则不见，自知则知之。故曰彼出于是，是亦因彼。彼是方生之说也。虽然，方生方死，方死方生；方可方不可，方不可方可；因是因非，因非因是。是以圣人不由而照之于天，亦因是也。"（《庄子·齐物论》）一个对象，比如物放在我们面前，我们对它能作出认识和把握，如说"这是彼"或"这是彼物"。那么，你怎么能说出"这是彼"？你怎么能知道这个物就是个"彼"呢？其实，当你说"这是彼"时，"此"已经出场了；你说"彼"时"彼"已出场，就在现场待着，同时"此"亦出场了，亦在现场待着。如果"此"不出场，没有"此"在现场，无论如何是不会有这个"彼"存在的。所以，管你意识到与否，管你自觉与否，当你说"彼"时同时就有"此"在，这在思维方式上本来就是"彼—此"性的。这里的"方"并不是时间副词，它是连词，其原义是指相并的两只船（见《说文解字》）。正因为彼、此之间是"方"性存在，是两个都要，就不能只说"此"而无"彼"，也不能只说"彼"而无"此"，这都不行和不对，都是认识活动中的非法之举。那么，"彼"与"此"这两个怎么才能都要呢？难道是将两个并列地摆在一起吗？这当然不行，因为并列摆在一起仍是两个对象，并未做到"两个都要"。所谓"两个都要"就是要在性质和形式上达到"彼—此"一体，即既是彼又是此，既非彼又非此，既亦彼亦此又非彼非此，彼彼此此，此此彼彼，彼此此彼，此彼彼此；这就是境域、势域，这在空间构架中是无法实现的，只能逼进时间构架，即进入时间本身。彼、此是这样，世上的任何存在者均如此，如生死、可否、长短、上下、前后、左右、是非……均如此。正因为这样，故庄子才说："是亦彼也，彼亦是也。彼亦一是非，此亦一是非。果且有彼是乎哉？果且无彼是乎哉？彼是莫得其偶，谓之道枢。枢始得其环中，以应无穷。是亦一无穷，非亦一无穷也。故曰莫若以明。"（《庄子·齐物论》）境域式的、处在时间构架中的"彼此"等就是一个"环""圆""圈"，就是"彼—此"之存在的"枢"或"枢机"，这就是"道"。庄子又说："道行之而成，物谓之而然。有自也而可，有自也而不可。有自也而然，有自也而不然。恶乎然？然于然。恶乎不然？不然于不然。恶乎可？可于可。恶乎不可？不可于不可。物固有所然，物固有所可。无物不然，无物不可。故为是举莛与楹，厉与西施，恢恑憰怪，道通为一。其分也，成也；其成也，毁也。凡物无成与毁，复通为一。"（《庄子·齐物论》）这是相对主义的诡辩吗？从概念方式看可以这么说。但这种理解谬之千里，根本不合庄子思想。"道"是境域本身，是由生死、彼此、然否等构造和夹撑、托浮起来的活的形式、势域、势道即世道。庄子认为在人类生存的原始起点上就是这种境域化了的"道"或"道境"。古人倒能与此境暗通冥合，后来随着社会的分化就不行了。"古之人其知有所至矣。恶乎至？有以为未始有物者，至矣，尽矣，不可以加矣。"（《庄子·齐物论》）古人切入、进入的是境域存在，而非对象之物。《齐物论》以"庄周梦蝶"来煞尾，人与境一体同在之势跃然如生！

"忘"也好，"齐"也罢，都是一种方式、方法，目的在于入境或得"道"。但当述说此种"忘""齐"之法时，用的还是概念化的语言，这仍有将境域、意境对象化之嫌。意境、境域、情境等是事情本身，是活在当场的存在，是正在当场构成的和生成着的东西，故它只能自我开显、显现，自己把自己显现出来，如其自身所是的那样自我开示。因此，用概念语言对其作描述终非善举良策，要有一种能自己说话的、自我开显的语言方式，这就叫"道言"。《庄子》中就有"道言"在，这就是它讲的"寓言""重言""卮言"等。《庄子·天下》概括庄周思想说："芴漠无形，变化无常，死与生与，与天地并与，神明往与！芒乎何之，忽乎何适，万物毕罗，莫足以归。古之道术有在于是者，庄周闻其风而悦之。以谬悠之说，荒唐之言，无端崖之辞，时恣纵而不傥，不以觭见之也。以天下为沈浊，不可与庄语，以卮言为曼衍，以重言为真，以寓言为广。独与天地精神往来而不敖倪于万物，不谴是非，以与世俗处。"这是说，庄子思想原本就在那种恍惚茫昧、变化无常的境域中，根本不是对象化的东西，故也无法用对象性概念化的语言来描述，而只能用"寓言""重言""卮言"这种语言来开示、开显之。关于这"三言"，《庄子·寓言》曰："寓言十九，藉外论之。亲父不为其子媒。亲父誉之，不若非其父者也；非吾罪也，人之罪也。与己同则应，不与己同则反；同于己为是之，异于己为非之。"所谓"寓言"就是寄托寓意之言，也就是托物起兴，这相当于《诗经》"赋比兴"之法中的比、兴法。朱熹解说说："比者，以彼物比此物也。兴者，先言他物以引起所咏之辞也。"（《诗经集传》）刘勰说："比者，附也；兴者，起也。"（《文心雕龙》）钟嵘说："言有尽而意无穷，兴也；因物喻志，比也。"（《诗品》）"比"与"兴"常连用，就是因物寄情，托物起兴。为什么要用"寓言"这种语言和方式呢？明明是自己的思想，是自己的想法、观念，何以非要寄寓于自己之外的物不可呢？从认识的原则来说，如果只有你自己的东西，只是你自己的心理感受或情感，而没有外物，是不会有认识活动的；现在将自己的情感寄托于外物，情感就被物化了，而物就被情感化了，这就有了"物我"之中间地带，认识才能进行。庄子在此以"亲父不为其子媒"之例以说明要用"寓言"的道理，也倒恰当。《寓言》又说："重言十七，所以已言也，是为耆艾。"所谓"重言"就是年长尊者之言，是有身份人讲的话，是指有见地有分量的话。但笔者以为这里的"重言"之"重"乃重复之"重"（chóng），所谓"重言"即由同一个字相重复之言，如"君君"等。前已说过，这个"君君"中一定有一个字为名词另一个字为动词，单个"君"字就只是个概念化了的死对象；实际的"君"不是概念化的对象，他是发号施令、君临天下那个正在统治着天下的人；反过来说，那个正在发号施令、君临天下的统治者才叫"君"。所以，"君君"中的这两个"君"字均可作名词和动词。这样，"君"就不只是个概念、名称，他是正处在统治天下的情境中的、正在做着君的事的人。可见，"君君"就是"君"自己在说话，这就是让语言自己说话，这就是情境化了的"道言"。我们经常所说的"说说""看看""瞧瞧""前前""后后""上上""下下""左左""右右""是是""非非""仁仁""亲亲"……都具有"重言"的性质和形式。《寓言》还说："卮言日出，和以天倪，因以曼衍，所以穷年。不言则齐，齐与言不齐，言与齐不齐也，故曰言无言。言无言，终身言，未尝言；终身不言，未尝不言。有自也而可，有自也而不可；有自也而然，有自也而不然。恶乎然？然于然。恶乎不然，不然于不然。恶乎可，可于可。恶乎不可？不可于不可。物固有所然，物固有所可，无物不然，无物不可。非卮言日出，和以天倪，孰得其久？万物皆种也，以不同形相禅，始卒若环，莫得其伦，是谓天均。天均者天倪也。"卮乃酒器。所谓"卮言"乃无心之言。什么是无心之言呢？就是无意识、无目的之言；也就是化去了"言"之对象和内容而留下了"言"之形式的言。这种"言"就是拉斯克所说的与"构成性范畴"或"领域范畴"不同的"反思范畴"，也就是海德格尔所讲的"形式指引"或"形式显示"法。这种言不关心对象的"什么"规定，而看重的是对象间的"关系"本身以及由这种"关系"本身所引起、形成的推动、流动之趋势和趋势之推动、流动，关心的是对象间的纯姿态关系或纯关系姿态，它把握的是"纯象"或"几象"。可见，这种"卮言"是与情境同一的境言、"道"言。总之，庄子的"寓言""重言""卮言"是"洸洋自恣"之言，是让语言自己说话的"道"言，正是这种言才能切进境域之中而又不止住它。

　　说了这么多，现在回到庄子"独与天地精神往来"的"逍遥"之游的自由上。庄子所要的就是"人在世中"这种浑然一体的境或境域，他要逼入此境中，如鱼入水一样自由自在地游动。这就是庄子所状摹的"神人""至人""真人""圣人"等形象。如他说："乘云气，御飞龙，而游乎四海之外"（《庄子·逍遥游》），"乘云气，骑日月，而游乎四海之外"（《庄子·齐物论》），"出入六合，游乎九洲，独往独来，是谓独有"（《庄子·在宥》），"若夫乘天地之正而御六气之辩，以游无穷者，彼且恶乎待哉！"（《庄子·逍遥游》）这种"游"当然不是身游，而是心游，是精神之自由。庄子曰："且夫乘物以游心，托不得已以养中，至矣。"（《庄子·人间世》）"不知耳目之所宜，而游心于德之和。"（《庄子·德充符》）"至人之用心若镜，不将不迎，应而不藏，故能胜物而不伤。"（《庄子·应帝王》）"游心于淡，合气于漠，顺物自然而无容私焉。"（《庄子·应帝王》）这就是庄子的"独与天地精神往来"的"逍遥游"的自由。这种精神自由用对象性概念化的方式不可理解。但从境域出发，从"道"境出发，难道不是很真切吗？！

二　嵇康、阮籍对生命的感悟

从庄子（约前369—前286年）生活的时代到魏晋时期，起码有五百余年时间。庄子思想在两汉四百余年间一直未显，但在魏晋之际甚为流行。关于庄学在魏晋之际得以流行的原因以及庄学与魏晋玄学的关系，李泽厚先生有论说。他指出："庄子则始终以个体身心为中心，认为只要个体完善了，自由了，天人关系和人际关系自然没问题。儒家是从人际关系中来确定个体的价值，庄学则从摆脱人际关系中来寻求个体的价值。所以庄子在魏晋之际突然大流行，是很自然的事。当时，旧的规范制度和社会秩序已经崩溃，战乱频仍，人命如草，'正是对外在权威的怀疑和否定，才有内在人格的觉醒和追求。也就是说，以前所宣扬和相信的那套伦理道德，鬼神迷信，谶纬宿命，烦琐经术等等规范、标准、价值，都是虚假的或值得怀疑，它们并不可信或并无价值，只有人必然要死才是真的，只有短促的人生中总充满那么多的生离死别、哀伤不幸才是真的。"[①]"所以，如果不计细节，从总体来看，魏晋思潮及玄学的精神实质是庄而非老，因为它所追求和企图树立的是一种富有情感而独立自足、绝对自由和无限超越的人格本体。"[②]李泽厚先生认为，魏晋玄学是"人格本体论"。李先生关于魏晋玄学是"人格本体论"，"玄学的精神实质是庄而非老"的看法

[①] 李泽厚：《美的历程》，中国社会科学出版社1984年版，第110页。
[②] 李泽厚：《庄玄禅宗漫述》，见李泽厚《中国古代思想史论》，人民出版社1986年版，第196页。

和论断，自有见地，亦多启示。但有些问题仍需思考。魏晋玄学被称为"新道家"①，可谓是道家思想在魏晋时期的复兴。说到道家，那自然离不了老子和庄子。但同为道家思想的代表，为什么老子思想在两汉时期得到了彰显而庄子思想却在两汉时代一点未显？作为整个魏晋玄学之开端的正始玄学所崇的仍是老而非庄，到了竹林玄学阶段庄学才始受重视，到西晋中期郭象玄学阶段庄学始大放光芒，振起一代玄风，这是为什么？

老、庄同为道家，但其思想致思的方向和理论重心并不一致。作为道家的老、庄，与儒、墨、法等派别的思想兴趣和方向有别。面对春秋战国时期天崩地坼般的社会大变动，儒、墨、法等派别将拯济天下的方案和途径均搁置在了个体甚至集团之自我努力的方向和方面，而道家则不是这样，它看到了或者说体悟到了社会总体或"社会"自身、"时代"自身的基础作用、地位和力量，认为个体力量得以起作用的前提基础正是这个时代和社会，而不是相反。在这一点上老、庄的思想兴趣和致思方向可以说一致。但这个"社会"自身、"时代"自身是什么？它怎么存在？以什么方式存在？在这些方面老、庄思想就有了分野。在老子看来，"朴散则为器"（《老子》第二十八章），"朴"这个未经雕琢的原始体，这个"道"离散后才有和方有人间的器（器具、器物等）出现和存在。老子这个思想所含意思是："朴"或"道"一定要散，一定要存在于和表现于其离散了、离散后的"器"中，否则这个"朴"或"道"就无法存在或不能存在，要说存在也只能是一个思想上的观念、概念而已。老子尽管有"失道而后德，失德而后仁、失仁而后义，失义而后礼。夫礼者，忠信之薄而乱之首"（《老子》第三十八章）之说，认为由"道"而"德"而"仁"而"义"而"礼"的过程是退化，是最好的"朴"或"道"的丧失，但无论如何"朴"或"道"是要散的和能散的。可以说，在老子这里，"道"之散乃其必然。庄子就不这么看了。他说："夫道未始有封"，"夫大道不称"，"古之人，其知有所至矣。恶乎至？有以为未始有物者，至矣，尽矣，不可以加矣。其次以为有物矣，而未始有封也。其次以为有封焉，而未始有是非也。是非之彰也，道之所以亏也。道之所以亏，爱之所以成。果且有成与亏乎哉？果且无成与亏乎哉？有成与亏，故昭氏之鼓琴也；无

---

① 冯友兰：《中国哲学简史》，北京大学出版社1985年版，第253页。

成与亏,故昭氏之不鼓琴也"。"故为是举莛与楹,厉与西施,恢诡谲怪,道通为一。其分也,成也;其成也,毁也。凡物无成与毁,复通为一。唯达者知通为一,为是不用而寓诸庸;因是已。"(均见《庄子·齐物论》)可以看出,庄子的致思方向与老子不同,他不认为"道"要散和能散,他始终坚持和把握的是"道"的"朴"性和"一"性;在他看来,"道"要是散了的话就没有它了。所以庄子才有"堕肢体,黜聪明,离形去知,同于大通"(《庄子·大宗师》)之类的向上而逼进到"道"的致思方式。庄子的思维方式不同于老子的"散",而是"合""一"。这是思想致思方向上的区别。

再看人如何来把握这个未曾有分和散开的"朴"或"道"。老、庄的"道"或"朴"的历史原型就是他们所体悟到的整个"社会"或"时代"自身,就是庄子所谓的"其行填填,其视颠颠""同与禽兽居,族与万物并"的"至德之世"(《庄子·马蹄》);也就是老子所谓的"结绳而用之"的"小国寡民"社会(《老子》第八十章)。这种"至德之世",这个"道"或"朴",放在认识上言,就是主体与对象浑朴为"一"的境域、境界。但问题是,当老、庄肯定此种境界、境域时,究竟知道不知道这种境域?如若不知道有这种境域,那么这种境域对人来说就等于没有,人类也就根本没有"道""朴"可言,这样的话老庄还能说什么呢?还用说什么呢?一切都没有了,人也就不是人了,人充其量就是一种本能性的动物。所以,当人说"道""朴"之境时人要知道它,要能把握到它。那么,如何来把握之呢?这里就有了两种把握方式,即"分"的方式和"合"的方式,或者说是由"合"到"分"和由"分"到"合"的方式。老子就是"分"式而庄子则是"合"式。浑然一体的"道"既然是浑然之"一",故就无对象与主体那种构架可言,因此也就无法认识和把握。而要认识和把握这个浑朴之"道",首先就得进入主、客二分的认识构架中,这就是将这个"道"作为对象来予以把握,这才能言说它,才能对其说长道短,说三道四,否则无法进行。老子对于"道"的把握就是如此。虽然老子知道"道"不可言说,"道可道,非常道"(《老子》第一章);"道"是浑然之"一","道之为物,惟恍惟惚"(《老子》第二十一章),但他还是说了,因为他还是将那种浑然之"一"("道")转化为"二",试图在这种二分中来逼进或体悟这个"一"。这就是老子所谓的"有无相生，难易相成……"（《老子》第二章）的"辩证法"思想；这种思想在《老子》中很明显也很重要，是老子的核心思想之一。尽管老子知道"道"不能道，知道"道"的"惚兮恍兮"的境域性，但问题在于老子毕竟讲"有无相生"等，毕竟进入了"分"式中，这种"分"无论如何就非境域自身了。庄子则不然，他是从"分"趋向"合"的，或曰是从"二"趋进到了"一"的。庄子思想的起始点就在分开着的、已散开了的尘世中，这在思维方式、认识方式上本来就是已有的主、客二分的构架；从这种构架出发要把握"道"，本来可以轻易地将"道"予以对象化、概念化来处理，但庄子没有这么做，他接受了和接过了老子之"道"后，目标和目的就在于如何能得到"道"。《庄子·知北游》一开篇讲的知北游求"道"的故事说的就是人如何才能得"道"的问题。庄子认识到，要立足于"主客二分"的这个构架，从中看到和体悟到"二"中之"一"，使人的思想进入境域中。《庄子·齐物论》之"齐"讲的实际上就是如何从"二"到"一"的问题；庄子所谓的"忘"（坐忘、道忘）讲的也是这个问题。由于庄子最后要进入的和要逼进的就是天人一体、浑然为一的"一"之境域、境界，故"境"在庄学中被保存了下来而没有散失掉，这正是庄高于老和优于老之处。人们所说的庄子哲学是美学、庄子发现了个人的人格独立和精神自由，等等，均指此而言。

由于老、庄思想本身的以上差异，故其现实的作用、功能和价值也就自然不同了。老子思想在两汉及至曹魏时期之所以能显，与其思想自身的特点及其时的社会形势有关。秦王朝建立后结束了春秋战国以来五百多年的分裂和社会无序化（即"天下无道"）的局面和状态，社会走向了大统一。秦王朝虽说是短命的（前后共十五年），但其经济、政治等封建化的体制却被尔后的汉王朝所承继。"汉承秦制"（《晋书·刑法志》），两汉继承和完善巩固了秦的封建制。这表现在社会之道上，就是有了一种社会的秩序、规范、规章、体制，这种东西是社会之为社会、天下之是天下的表现，就是老、庄道家所体悟到的"社会""天下"自身，这才是真正的、真实的个人和社会集团之生存、存在的根基所在。当道家所体悟到的"社会"自身以一种社会体制的形式和方式出现在社会实际中时，人们此时所需求和需要的就不再是去追求和向往它，而是如何转过来在此种"社会"中运作即生存和生活的问题。而老子那种由"朴"发散后的在相反相成的

第八章　庄玄禅的生命体悟与中华民族的生活之道

两种现象、行为、趋势中运作着的"辩证法"的"术",就不仅有可操作性而且有现实的需求和价值,故这种富有"君人南面之术"(班固语)的老子之"道"及思想就迎合了汉初社会形势而演化为"黄老思想",成为汉初七十年间的社会指导思想。后来儒学定于一尊后,老子的道家思想虽不被统治者用作指导思想了,但在汉代社会的大背景下它仍在民间被学习和使用着;直至曹魏时代,虽说已进入三国时期,整个天下由合而分了,但曹魏政权自身仍是个独立的"社会"体制,仍有"社会""天下"之"势"或"天命"在,故在此种情势下人们仍能和仍要在统一的社会和体制下来运作,老学就依然是可用的思想。但正始十年(249年)正月的"高平陵政变"后,曹魏政权内部却再也不一致,不统一了,司马氏和曹氏的政治斗争已趋于白热化,大批名士也被卷入政治斗争的旋涡中而作了牺牲品,"天下多故,名士少有全者"(《晋书·阮籍传》)。正是在此种社会无序的情势下,士人对这种"社会""天下"自身之思考又不得不被提出,人与"社会"的关系问题也就成了思想的潮流,人究竟是什么?人为何活着?人究竟应该怎么样生存和生活?这自然就逼到了人的独立和自由问题上。因此,庄学在魏晋之际"突然大流行"(李泽厚语),的确就是比较自然的了。

正始玄学思想资源是老学而竹林玄学的思想资源则是庄学。"正始玄音和竹林清音虽然都是谈玄清言,但二者的玄学性质和思想任务却并不相同。正始时代,曹魏政权专一,政治相对稳定。表现在社会制度上,名教的社会调节作用和功能依然存在。而当时的思想任务就是为现存的社会政治制度和依然有效的名教找到合理的存在根据,完成这一思想任务的哲学形式就是王弼的那种'崇本息末'、'守母存子'的'以无为本'的贵无论玄学。所以,以王弼为代表的正始玄学其思维的心灵是平和宁静的,其理论内容是和谐统一的,其理论形式是平衡思辨的。当时需要的就是那种以'无'为本的本体论理论,是那种以'一'('无')贯之的理论形式。这种理论的有效性就在于为'名教'建构起一个'自然'依据,并在'有'与'无'的抽象论证中来扬弃名教与自然的对立和冲突;在'体'与'用'如一不二的理论构架中来保证和强化名教的社会功能和作用。因此,正始之音在王弼身上所奏出的乐章就是'以无为本'的抽象的玄学理论。""竹林清音则不然。在竹林清音鸣奏的嘉平(齐王曹芳年号,249—

254年）到景元（魏元帝曹奂年号，260—264年）年间，司马氏加紧了取代曹氏政权的步伐，曹氏和司马氏两大政治集团间的斗争日趋激烈，政权力量在分化，政治动荡不安。表现在社会制度上，司马氏以名教为幌子，借名教之名而行反名教之实。……这就使得名教的社会调节作用和功能被极大的破坏了，使人们的观念产生了极大的混乱，思想处于极度的不安中。……竹林玄学就出现在这样一个名教失范、思想混乱的时代。所以，竹林士人天生就处在思想观念的分裂、对立、矛盾、冲突中。当然，面对嘉平至景元时期的社会现实，人们大可不必去管它，依然循着原有名教的老路走下去，不管名教在思想内容上的变化而只照着它的形式去做，……像何曾、钟会之辈，或者迂腐地抱着名教的形式不放，或者以名教为借口诛锄异己，他们当然不会感受到当时名教功能的失范所造成的思想震动。"

"但竹林七贤就不同了，特别是七贤中的嵇康、阮籍，他们对当时的社会政治而导致的名教失范倍感彷徨、苦恼、焦躁、不安。他们不愿随波逐流，不愿与司马氏集团在政治上同流合污。他们深切地感受到了当时的政治气候，感受到了其时的政治压力，但他们不屈从于压力，要在压力下挣扎、生存。因此，他们以文人的畅游方式回应了时代的紧张与冲突。……尤其是嵇康、阮籍，他们以文人特有的敏感和忧患，沉思并承担了名教失范后人们应该如何来行动这一时代所提出的紧迫的思想任务。如何解决当时名教失范的问题？摆在他们面前的路有两条：或者是整顿、改变当时的社会政治秩序以之使其与传统的名教要求相适应；或者是对当时的政治秩序无可奈何转而揭露其时名教的虚伪性、工具性以抛弃之。他们不是手握重兵的政要，不是权倾朝野的奸雄，他们自然无可奈何于司马氏的所作所为。他们能做的和要做的只是对当时名教作揭露和批判，以撕去名教的虚伪面纱，暴露名教的政治工具性的本质。因此，他们响亮地喊出了'越名教而任自然'（嵇康《释私论》）的口号，要抛弃已有的虚伪名教的束缚，按'自然'要求行动。这个'自然'有两重涵义：一是人自己的自然之性，二是天地的自然本质。人的自然本性也好，天地的自然本质也罢，都是社会名教的反面。当嵇、阮抛开名教而追求'自然'时，这个'自然'就是本体，是他们最高最后的哲学目标和原则。所以，竹林玄学的'自然'和正始玄学的'无'在哲学性质上都是本体之学，都是哲学理论。"

"但是，竹林玄学的'自然'本体论和正始玄学的'无'本论在哲学的存在性质和表现方式上却有质的区别。前已指出，正始玄学是在承认和肯定社会名教的社会调节作用和功能的基础上为名教的存在去寻找到一个本体依据，所以它是抽象的、思辨性的'无'本论，但这个'无'并没有彻底地离开有或不要有，而就在有之中，因此'无'本论在功能上是体用不二的。这就使得正始玄学在理论形态上比较系统、平衡，在思维心灵上显得比较宁静。但竹林玄学就不是这样了，它面对的是社会名教失范的情况。为了解决这种情况，它选择的道路是抛弃名教而任'自然'，即要建构'自然'本体论。正因为它抛开了名教而任'自然'，就使得这个'自然'本体失去了存在的现实基础，也缺乏现实的意义和力量。事实上，社会的名教是抛弃不掉的。如果没有了社会名教，也就不会有社会和个人的存在了；所建构起来的任何的本体理论也就没有存在的可能和必要了。所以，以嵇康、阮籍为代表的竹林玄学所建构的'自然'本体论是在抛开名教的形式下不得不将名教纳进来。这样，阮籍一方面在蔑弃礼法，另一方面却'言皆玄远，未尝臧否人物'（《世说新语·德行》），谨小慎微地按名教、礼法办事；嵇康一方面'轻贱唐虞而笑大禹'（《卜疑》）、'非汤武而薄周孔'（《与山巨源绝交书》），另一方面临死时又在《家诫》中谆谆劝诫儿子嵇绍要按礼法行事，并将儿子托给山涛照顾（见《晋书·山涛传》）。……这样，以嵇、阮为代表的竹林玄学的'自然'本体论是一个充满了矛盾和分裂意识的玄学理论。它既要抛开名教又不能彻底抛开名教，要去任'自然'但又不可纯任'自然'，'名教'与'自然'的紧张和对峙时时在他们的'自然'本体中表现出来。理论上的这种无法以'一'贯之的冲突和紧张造成了心灵上的极度烦恼和不安，激起了对生命的深切感悟，既有对生命的眷恋又有对它的蔑视，既有对生命的永恒价值的追寻又有对它的现实存在的放弃。正是这种种的矛盾，成就了竹林玄学独特的玄学品位和韵味，也成就了嵇康、阮籍不仅是哲学家而且是文学家的个性品质。反过来，心灵上的这种烦恼和不安的品质又造成了'自然'本体论在理论上的特殊性，即其思维的心灵是烦躁不安的，其理论内容是矛盾分裂的，其理论形式是'师心''使气'的。"[1]

下面就以嵇康、阮籍为代表的竹林玄学中的"越名教而任自然"和对

---

[1] 康中乾：《魏晋玄学》，人民出版社2008年版，第141—146页。

生命的感悟这两方面的思想予以概述。

以嵇康、阮籍为代表的竹林玄学的思想主题就是"越名教而任自然"说。嵇康对当时的名教持蔑视和否弃的态度。他说:"昔鸿荒之世,大朴未亏,君无文于上,民无竞于下,物全理顺,莫不自得。饱则安寝,饥则求食,怡然鼓腹,不知为至德之世也;若此,则安知仁义之端,礼律之文?及至人不存,大道陵迟,乃始作文墨,以传其意,区别群物,使有类族,造立仁义,以婴其心,制其名分,以检其外,劝学讲文,以神其教;故六经纷错,百家繁炽,开荣利之途,故奔骛而不觉。是以贪生之禽,食园池之梁菽,求安之士,乃诡志以从俗,操笔执觚,足容苏息,积学明经,以代稼穑。是以困而后学,学以致荣;计而后习,好而习成,有似自然。"(《难自然好学论》)嵇康认为,鸿荒上古之时人的本性朴而未亏,人按其真性情来生存和生活。这与庄子所谓的"居不知所为,行不知所之,含哺而熙,鼓腹而游"(《庄子·马蹄》)、"其卧徐徐,其觉于于,一以己为马,一以己为牛"(《庄子·应帝王》)的看法是一致的。在这样"大朴未亏"的时代,没有礼律之文,也根本不需要它。但后世不行了,"朴"亏了,人性也变了,圣人要按己意来治天下,于是"始作文墨,以传其意",各种礼律之文、名教规范就产生、出现了,这时人们都被卷进了名利、利益之途中而忙碌不休,人的真性情再也没有了。故嵇康说:"六经以抑引为主,人性以从欲为欢。抑引则违其愿,从欲则得自然。然则自然之得,不由抑引之六经;全性之本,不须犯情之礼律。""今若以讲堂为丙舍,以诵讽为鬼语,以六经为芜秽,以仁义为臭腐,睹文籍则目瞧,修揖让则变伛,袭章服则转筋,谭礼典则齿龋。于是兼而弃之,与万物为更始,则吾子虽好学不倦,犹将阙焉。则向之不学未必为长夜,六经未必为太阳也。"(《难自然好学论》)因为"六经以抑引为主,人性以从欲为欢",故儒家的"六经"是对人天性的压抑甚至是摧残,所以理应抛弃它,"六经未必为太阳"。在作于景元元年(260年)的《与山巨源绝交书》中,嵇康叙说了他的性格特点和行为习惯,以表明他天性就与社会礼法不相入。他说自己少时就"不涉经学。性复疏懒,筋驽肉缓,头面常一月十五日不洗,不大闷痒,不能沐也。每常小便而忍不起,令胞中略转乃起耳。又纵逸来久,情意傲散,简与礼相背,懒与慢相成。而为侪类见宽,不攻其过。又读庄老,重增其放,故使荣进之心日颓,任实之情转

第八章 庄玄禅的生命体悟与中华民族的生活之道

笃"。他指出:"人伦有礼,朝廷有法,自惟至熟,有必不堪者七,甚不可者二。"他说自己在七个方面与社会礼律的要求不合,特别在两个方面更有悖于礼教。所以,嵇康以不羁的行为来对抗那些虚伪的名教,比如他锻铁不辍以傲贵公子钟会(见《世说新语·简傲》和《晋书·嵇康传》),他为朋友吕安遭诬陷事"义不负心,保明其事"(《三国志·魏书·王粲传》注引《魏氏春秋》),入狱以揭露吕巽的虚伪无耻。同时,他大力揭露名教的虚假,主张抛弃虚伪的名教,竟喊出了"轻贱唐虞而笑大禹"(《卜疑》)、"非汤武而薄周孔"(《与山巨源绝交书》)、"越名教而任自然"(《释私论》)的违俗口号。

嵇康主张抛开名教而"任自然"。他在《释私论》中说:"夫称君子者,心无措乎是非,而行不违乎道者也。何以言之?夫气静神虚者,心不存于矜尚;体亮心达者,情不系于所欲。矜尚不存乎心,故能越名教而任自然;情不系于所欲,故能审贵贱而通物情。物情顺通,故大道无违;越名任心,故是非无措也。"和"名教"相对的是"自然",抛开名教后就转向了"自然"。这种"自然"是什么?在嵇康思想中有两方面的含义:其一,指人的自然之性。嵇康在《难自然好学论》中说"夫民之性,好安而恶危,好逸而恶劳。故不扰则其愿得,不逼则其志从。"人要饥食渴饮,求安好逸,这乃自然而然,不假雕饰。嵇康认为那个"大朴未亏"的鸿荒时代人的这种自然本性就能得以表现和实现,后来有了礼仪规范后人的自然之性就被压抑和扭曲了。故人要顺适这个自然之性。这是"任自然"的低层次含义。其二,"自然"是一种境界、意境、境域,即心无违道,与道同体。这是高层次的"任自然"。人怎么能不违于"道"而与"道"同体呢?这就要"心无措乎是非,而行不违乎道者也"。嵇康说:"乃心有是焉,匿之以私;志有善焉,措之为恶。不措所措,而措所不措,不求所以不措之理,而求所以为措之道。故时为措,而暗于措,是以不措为拙,以措为工。唯惧隐之不微,唯患匿之不密,故有矜忤之容以观常人,矫饰之言以要俗誉。谓永年良规莫盛于兹,终日驰思莫阕其外,故能成其私之体,而丧其自然之质也。于是隐匿之情必存乎心,伪怠之机必形乎事。若是,则是非之议既明,赏罚之实又笃。不知冒荫之可以无景,而患景之不匿。不知无措之可以无患,而患措之不以,岂不哀哉?!"(《释私论》)看来,"行不违乎道",与道同体,这与"心无措乎是非"有关。《说文》"措,置也。从手，昔声。"措者放置、搁置也。"心无措乎是非"就是心里不要搁置是和非，要去掉是非之断。那又怎么去掉是非之断呢？说不要是非就没有是非了吗？不要是非恰恰就是是非之断，正好就是是非。要使心去掉是非，只能处于"是"与"非"之"中"或"中间"地域，达到一种既是又非，既非又是，是非非是，非是是非，是是非非，非非是是之境。在这个由"是"与"非"对参、托浮起来的"中"境中，心就处在了一种"中"态，这就是入境，就是得"道"。这是嵇康思想富有意境的、深刻的方面。嵇康说："是以君子既有其质，又睹其鉴，贵乎亮达，布而存之，恶夫矜吝，弃而远之。所措一非，而内愧乎神；贱隐一阙，而外惭其形。言无苟讳而行无苟隐，不以爱之而苟善，不以恶之而苟非。心无所矜而情无所系，体清神正而是非允当。忠感明（于）天子，而信笃乎万民。寄胸怀于八荒，垂坦荡以永日。斯非贤人君子，高行之美异者乎！"（《释私论》）这就是"游心于寂寞"（《与山巨源绝交书》），"机心不存，泊然纯素，从容纵肆，遗忘好恶，以天道为一指，不识品物之细故也"（《卜疑》）。这就是体"道"之境界。这与庄子的"逍遥"思想有相通处。

还有阮籍，他对当时的名教也持否弃态度。他作有《大人先生传》一文，说："昔者天地开辟，万物并生；大者恬其性，细者静其形；阴藏其气，阳发其精；害无所避，利无所争；放之不失，收之不盈；亡不为夭，存不为寿；福无所得，祸无所咎；各从其命，以度相守。明者不以智胜，暗者不以愚败，弱者不以迫畏，强者不以力尽。盖无君而庶物尽，无臣而万事理。保身修性，不违其纪；惟兹若然，故能长久。"这是对上古社会的赞颂，认为当时人性率真，生活自然，并没有君臣之制和礼律之文。这难免对上古时代有溢美之词，但认为当时尚无礼法之制，人的自然天性尚未被压制、扭曲，当是对的。但后来名教出现了，原始和谐的自然的社会状态就被破坏了，社会就进到争斗之中。阮籍说："今汝尊贤以相高，竞能以相尚，争势以相君，宠贵以相加，驱天下以趣之，此所以上下相残也。竭天地万物之至以奉声色无穷之欲，此非所以养百姓也。于是惧民之知其然，故重赏以喜之，严刑以威之；财匮而赏不供，刑尽而罚不行，乃始有亡国、戮君、溃败之祸。此非汝君子之为乎？汝君子之礼法，诚天下残败、乱危、死亡之术耳，而乃目以为美行不易之道，不亦过乎！"（《大人先生传》）名教的出现不是对社会有益，而是有害。阮籍认为，社会中之所以有亡国、戮君、溃败之祸,正是名教之过。他对那些蝇营狗苟的名教之辈深恶痛绝,对那些"唯法是修,唯礼是克","上欲三公,下不失九州牧",一心要"扬声名于后世,齐功德于往古"(《大人先生传》)的伪君子作了无情鞭挞。阮籍说:"且汝独不见夫虱之处于裈之中乎!逃乎深缝,匿夫坏絮,自以为吉宅也。行不敢离缝际,动不敢出裈裆,自以为得绳墨也。饥则啮人,自以为无穷食也。然炎丘火流,焦邑灭都,群虱死于裈中而不能出。汝君子之处寰区之内,亦何异夫虱之处裈中乎?悲夫!"(《大人先生传》)这些名教之徒,虚伪之士,就是钻在裤裆中的虱子。阮籍作有《猕猴赋》,将名利之徒比为一群猴类,说:"体多似而匪类,形乖殊而不纯。外察慧而内无度兮,故人面而兽心;性褊浅而干进兮,似韩非之囚秦;扬眉额而骤呻兮,似巧言之伪真;藩从后之繁众兮,犹伐树而丧邻;整衣冠而伟服兮,怀项王之思归;耽嗜欲而眄视兮,有长卿之妍姿;举头吻而作态兮,动可增而自亲;沐兰汤而滋秽兮,匪宋朝之媚人;终嗤弄而处绁兮,虽近习而不亲;多才伎其何为兮,固受垢而貌侵;姿便捷而好技兮,超超腾跃乎岑岩。"社会上的名利之徒不正是这样一群上蹿下跳的猕猴吗,他们寡廉鲜耻,摇尾乞怜,苟且偷生,唯利是图。在阮籍看来,这种虚伪的社会名教理应蔑弃。阮籍不仅批判名教,还以行为之放达来对抗名教。比如他不顾"嫂叔不通问"(《礼记·曲礼》)的礼制而与其嫂话别,他饮酒于邻家美妇的酒垆并醉眠其旁,他闻邻家才色女未嫁而卒就往哭吊,他居母丧而食肥豚饮美酒,裴楷来吊唁他母亲而他箕踞不为礼(均见《世说新语·任诞》)。阮籍、嵇康等竹林贤士以行为的放达表示了对礼法的蔑视。

那么,在否弃了"名教"后怎么办呢?阮籍也主张"任自然"。他借"大人先生"之口说:"夫大人者,乃与造物同体,天地并生,逍遥浮世,与道俱成,变化散聚,不常其形。天地制域于内,而浮明开达于外。"(《大人先生传》)他又说:"故至道之极,混一不分,同为一体,乃失无闻。伏羲氏结绳,神农教耕,逆之者死,顺之者生。又安知贪洿之为罚,而贞白之为名乎!使至德之要,无外而已。大均淳固,不贰其纪,清静寂寞,空豁以俟,善恶莫之分,是非无所争。故万物反其所而得其情也。"(《达庄论》)此乃自然之世,亦人之自然之情性,还是人自然的处世之境域。在此种自然之世中,"明于天人之理,达于自然之分,通于治化之体,审于大慎之训。故君臣垂拱，完太素之朴；百姓熙怡，保性命之和"（《通老论》）。社会是安宁的，人性是自然的，人率性而行，大朴未亏。在这样的社会环境中，环境就是生存之境域，人的自然之性就升华为"自然"之体，"道者法自然而为化，侯王能守之，万物将自化。《易》谓之太极，《春秋》谓之元，《老子》谓之道"（《通老论》）。这时"道"就是"自然"，也就是人怡然自得的精神境界，即"时不若岁，岁不若天，天不若道，道不若神；神者，自然之根也"（《大人先生传》）。

以上乃嵇康、阮籍"越名教而任自然"的思想。嵇、阮提出这一思想主张，喊出不无激愤之情的这一口号，在正逢司马氏打着名教旗号行篡夺曹魏政权之实的嘉平至景元年间是可以理解的。以"自然"为本体，要建构"自然"本体论，这在思想理论上也未尝不可和不行。但问题就出在他们要越过"名教"，撇开"名教"而纯任"自然"上。"名教"表面上看是社会的礼律规范，但它实际上、实质上代表、表现的是社会自身。人不是动物，人一生下来就已处在了人的社会中，故人与其他动物天生有别。那么，人与动物区别的表现何在呢？人不是动物，起码要有个存在的样子、方式，以示人与动物不一样；如果人的生存连个起码的样子、方式都没有，何以与禽兽相区别呢？名教正是人生存、生活的样子、方式，没有了名教这种人的生存形式，人就不是人了，也就无人类社会可言了。所以，你对社会名教可以批评，可以揭露政治化了的名教的丑恶本质和负面作用，但不能不要社会名教。再说，当你要反名教，要越过名教时，首先你得处在名教中，你得先按名教来生存和处世，如果你不先在名教中，不立足于名教这个根基，你连个人都不是和不可能是了，还谈什么"越名教"呢？你本来就是禽兽之类，还有什么"任自然"可言呢？所以，竹林玄学这一"越名教而任自然"的思想纲领本身是有矛盾的。《世说新语·任诞》载："王孝伯问王大：'阮籍何如司马相如？'王大曰：'阮籍胸中垒块，故须酒浇之。'"嵇康、阮籍等心中有"垒块"在，才要用行为上不合名教的怪诞来排遣之。他们思想上究竟有什么解不开的郁结呢？这就是他们既恨名教又爱名教的矛盾冲突。他们想抛开名教，但又不愿和不想最终抛弃掉名教；他们想维护名教，想按名教办，但又不想维护当时那种被政治化了的名教，不想和不愿按当时的名教办。想不要名教而又心不甘情不愿，要改变被政治化了的名教却又无能为力，嵇康、阮籍这些士子总

第八章　庄玄禅的生命体悟与中华民族的生活之道

处在心灵的纠结和冲突、挣扎中。他们表面上恨名教，骨子里却正爱着它；这个"恨"有恨铁不成钢的味道。他们从小受的是儒学教育，他们是信社会名教的；但现实的名教成了政治工具，成了政治斗争的帮凶，本被寄予厚望的名教却越来越不成器了，所以使得他们因爱生恨。这就不难理解：自己"轻贱唐虞而笑大禹"（《卜疑》）、"非汤武而薄周孔"（《与山巨源绝交书》）的嵇康，于景元三年（262年）因朋友吕安事下狱后，在狱中作《家诫》，对当时十岁左右的儿子嵇绍叮咛备至，要儿子"不须作小小卑恭，当大谦裕；不须作小小廉耻，当全大让。若临朝让官，临义让生，若孔文举求代兄死，此忠臣烈士之节"；"壶榼之意，束脩之好，此人道所通，不须逆也"。这是明确教导儿子要遵守礼法，按社会名教行事。《晋书·山涛传》说："康后坐事，临诛，谓子绍曰：'巨源在，汝不孤矣。'"写过《与山巨源绝交书》的嵇康，明知山涛在朝为官，是礼法之士，死前却让儿子随从山涛，这不是分明让儿子走礼法之路吗？还有阮籍，已虽放达，但制止儿子学已样，要儿子按礼法办。《世说新语·任诞》曰："阮浑长成，风气韵度似父，亦欲作达。步兵曰：'仲容已预之，卿不得复尔。'"其实，阮籍在正始时期并不反对名教，且十分推崇它。比如他在《通易论》中说："《易》顺天地，序万物。方圆有正体，四时有常位，事业有所丽，鸟兽有所萃，故万物莫不一也。阴阳性生，性故有刚柔；刚柔情生，情故有爱恶。爱恶生得失，得失生悔吝，悔吝著而吉凶见。……是故圣人以建天下之位，定尊卑之制，序阴阳之适，别刚柔之节。顺之者存，逆之者亡，得之者身安，失之者身危，故犯之以别求者，虽吉必凶；知之以守笃者，虽穷必通。"这里不是分明在宣扬社会礼法的作用和必要性吗，哪里有反名教的意思！阮籍后来走上了放达不羁、蔑视礼法之路，是因政治形势所迫，并非出于自己的心愿，这就在心中结起"垒块"来了。鲁迅在《魏晋风度及文章与药及酒之关系》一文中说，嵇康、阮籍这些人"因为他们生于乱世，不得已，才有这样的行为，并非他们的本态。但又于此可见魏晋的破坏礼教者，实在是相信礼教到固执之极的"。诚如斯言。

问题正在这里。表现上恨名教，要"越名教"，内心深处却爱名教，要守名教。这种爱恨交加、既爱又恨、既恨又爱的心理冲突，会在阮籍、嵇康身上产生苦闷、迷惘、焦虑、彷徨，使心灵难以平静，生命难以安顿，这就逼到了对个体生命之意义和价值的深切体悟。人一生究竟如何生活？是浑浑噩噩、唯唯诺诺地度过，还是应该有自己的自由和独立，有尊严地度过？人的自然生命总是有限的，无论是帝王将相还是凡夫走卒，最终都要死去，都要化为灰土而回归自然，但人又都不想和不愿吃喝等死，人总要和总想图点什么，干点什么，追求点什么，那么人到底要追求什么呢？求长生不老、生命永驻吗？有之，但谁曾能真的不老呢？求及时行乐，醉生梦死吗？亦有之，但肉体之乐总是有限度的，且乐极生悲，此种乐并非人生的长久之计。那么，人到底要做什么和应该怎么做呢？一句话，人的一生是做有人格、有精神的自由之君子，还是做无人格、无自由的奴隶和无操守的小人？嵇康、阮籍之辈在苦苦思索着、寻求着。嵇康在《卜疑》中发出了这样的叹息："吾宁发愤陈诚，谠言帝庭，不屈王公乎？将卑懦委随，承旨倚靡，为面从乎？宁恺悌弘覆，施而不德乎？将进趣世利，苟容偷合乎？宁隐居行义，推至诚乎？将崇饰矫诬，养虚名乎？宁斥逐凶佞，守正不倾，明否臧乎？将傲倪滑稽，挟智任术，为智囊乎？宁与王乔、赤松为侣乎？将进伊挚而友尚父乎？宁隐鳞藏彩，若渊中之龙乎？宁舒翼扬声，若云间之鸿乎？宁外化其形，内隐其情，屈身隐时，陆沉无名，虽在人间，实处冥冥乎？将激昂为清，锐思为精，行与世异，心与俗并，所在必闻，恒营营乎？宁寥落闲放，无所矜尚，彼我为一，不争不让，游心皓素，忽然坐忘，追羲农而不及，行中路而惆怅乎？将慷慨以为壮，感概以为亮，上干万乘，下凌将相，尊严其容，高自矫抗，常如失职，怀恨怏怏乎？宁聚货千亿，击钟鼎食，枕藉芬芳，婉娈美色乎？将苦身竭力，剪除荆棘，山居谷饮，倚岩而息乎？宁如伯奋、仲堪，二八为偶，排挤共、鲧，令失所乎？将如箕山之夫，颖水之父，轻贱唐虞，而笑大禹乎？宁如泰山之隐德潜让，而不扬乎？将如季札之显节义慕，为子臧乎？宁如老聃之清净微妙，守玄抱一乎？将如庄周之齐物，变化洞达，而放逸乎？宁如夷吾之不吝束缚，而终在霸功乎？将如鲁连之轻世肆志，高谈从俗乎？宁如市南子之神勇内固，山渊其志乎？将如毛公、蔺生之龙骧虎步，慕为壮士乎？此谁得谁失？何凶何吉？"嵇康在此以"宏达先生"之口气向"太史贞父"一连问了二十八个问题，他询问人的一生到底该怎么做，是与统治者合作，以积极猎取功名，甚至昧着良心以攀高位，追求富贵呢，抑或是保持个人的精神自由和人格独立，有人格有尊严地度过一生呢？没有人能回答他的这些问题，能中他的心意。他在苦苦思索着，在心灵的沉重煎熬中彷徨、徘徊着，在理想和现实的冲突中艰难挣扎着。这，就是嵇康。

阮籍亦然。面对当时肮脏的政治气候他无可奈何，他徘徊、呻吟、高喊、挣扎，以行为之怪诞和放达来发泄着心中的苦闷，借酒浇散着心中的"垒块"。阮籍作有五言《咏怀诗》八十二首，曰："朝阳不再盛，白日忽西幽。去此若俯仰，如何似九秋。人生若尘露，天道邈悠悠。齐景升丘山，涕泗纷交流。孔圣临长川，惜逝忽若浮。去者余不及，来者吾不留。愿登太华山，上与松子游。渔父知世患，乘流泛轻舟。"（其三十二）"捷径从狭路，僶俛趋荒淫。焉见王子乔，乘云翔邓林。独有延年术，可以慰我心。"（其十）"天纲弥四野，六翮掩不舒。随波纷纶客，泛泛若浮凫。生命无期度，朝夕有不虞。列仙停修龄，养志在冲虚。飘飘云日间，邈与世路殊。荣名非己宝，声色焉足娱。采药无旋返，神仙志不符。逼此良可惑，令我久踌躇。"（其四十一）"人言愿延年，延年欲焉之？黄鹄呼子安，千秋未可期。独坐山岩中，恻怆怀所思。王子一何好，猗靡相携持。悦怿犹今辰，计校在一时。置此明朝事，日夕将见欺。"（其五十五）"鸿鹄相随飞，飞飞适荒裔。双翮临长风，须臾万里逝。朝餐琅玕实，夕宿丹山际。抗身青云中，网罗孰能制？岂与乡曲士，携手共言誓。"（其四十三）"鸴鸠飞桑榆，海鸟远天池。岂不识宏大，羽翼不相宜。招摇安可翔，不若栖树枝。下集蓬艾间，上游园囿篱。但尔亦自足，用子为追随。"（其四十六）……这里有高远的理想，也有尘世的混同，现实与理想，出世与入世的矛盾苦苦纠结着阮籍的心灵世界。他既有脱离红尘的志向，又有眷恋尘世的情怀。人生到底该如何做？有谁能知道答案呢！阮籍自己在挣扎着，呻吟着。阮籍的处世方式与嵇康不同，嵇康颇有傲骨，以至于最后为此付出了生命。阮籍面对无可奈何的现实，以柔性方式来对付之。他除了借酒来浇心中的"垒块"外，就是顺势而为，谨慎从事。《晋书·阮籍传》说他"发言玄远，口不臧否人物"，这是他应对现实的一种方略。《世说新语·德行》说："晋文王（按：即司马昭）称阮嗣宗至慎，每与之言，言皆玄远，未尝臧否人物。"嵇康在《与山巨源绝交书》中说他自己"刚肠疾恶，轻肆直言，遇事便发"，他说"阮嗣宗口不论人过，言每师之，而未能及"，故"吾不如嗣宗之贤"。这说明阮籍的确做事谨慎。他本来是一个有性情、有思想的人，在当时的环境下却不能不压抑住自己的性情和思想，这在内心岂能无苦闷？这，就是阮籍。

总之，以嵇康、阮籍为代表的竹林名士是在特殊政治背景下，以一种苦闷、迷惘的心情，甚至还有逆反的心理，来从事玄学清谈以应对时势的。故竹林清音与正始玄音不同，正始玄音是哲理性的思辨，是将社会政治问题提升到宇宙存在的高度来为现实社会的秩序作论证的，而竹林清音则对现实社会的政治统治秩序已失去信心，它不关心现实统治秩序的宇宙论依据之类的问题，关心的是个体如何在"天下多故，名士少有全者"（《晋书·阮籍传》）的时势下来为人处世的问题，故它的清音是人的内心世界的道白，是个体内在心声的表白。刘勰《文心雕龙·才略》说："嵇康师心以遣论，阮籍使气以命诗，殊声而合响，异翮而同飞。"这倒合乎嵇康、阮籍之诗人文学家的气质和品质。嵇、阮的文人品性及对个体内心世界的追寻、抒发，的确与庄子思想有遥相呼应处，是人对自己的内在世界和精神自由的再发现和认识。人们说魏晋时代是人觉醒的时代，这种觉醒主要表现在竹林清音中。

三 禅宗的"自性"或"自心"本体

两汉四百余年间未显的庄学，在魏晋之际却大为流行；它首先是竹林玄学的思想资源，成就了竹林玄学，其后更是西晋中朝时期郭象玄学的思想资源，成就了郭象的玄学思想。作为魏晋玄学开端的王弼玄学是通过注《老》（还有注《易》）来形成的，而作为魏晋玄学之峰巅和终结的郭象玄学则是通过注《庄》来形成的。可以说，庄学成就和完成了魏晋玄学。尔后，庄学继续影响和成就着中国思想文化，"《庄子》内篇中的思想对后来中国佛教禅宗的产生有关系"[①]。"引庄入佛终于产生禅宗，更是中国思想一大杰作。"[②] "佛家中观缘起性空的无我论传入后，庄学与之结合而启发了禅宗空廓洒脱、无处可住而又不处不有意象的境界。"[③] "禅，是中国佛教把道家思想接枝在印度思想上，所产生的一个流派。"[④] 可见，庄学亦成

[①] 李泽厚：《庄玄禅宗漫述》，见李泽厚《中国古代思想史论》，人民出版社1986年版，第178页。

[②] 李泽厚：《试谈中国的智慧》，见李泽厚《中国古代思想史论》，人民出版社1986年版，第314页。

[③] 张祥龙：《海德格尔思想与中国天道》，生活·读书·新知三联书店1996年版，第319页。

[④] ［日］铃木大拙：《禅佛教入门》，李世杰译，协志出版公司1970年版，第12页。

第八章　庄玄禅的生命体悟与中华民族的生活之道

就了中国佛教中的禅宗。禅宗是最富中国特色的、最有社会影响的佛教宗派，它产生后几乎成了中国佛教的代名词。从这个意义上也可略带夸张地说庄学成就了中国佛学。

"禅"是梵语dhyana的音译，全名为"禅那"或"驮衍那"，意译为"弃恶""静虑""思维修""功德丛林"等。音意合译为"禅定"。禅宗，是因以禅定作为修习之途而得名的。又因为它奉菩提达摩为中国禅的始祖，故称"达摩宗"；还因为它主张"教外别传，不立文字，直指人心，见性成佛"，以觉悟众生自心而彻见本有佛性为主旨，故又称"佛心宗"，简称为"心宗"。因它与天台、华严等的"教门"相对，故也称"宗门"。禅宗据说是由佛祖释迦牟尼直接传下来的[1]，但实际创始人是慧能[2]。禅宗

---

[1] 《五灯会元》卷一说："世尊在灵山会上拈花示众，是时众皆默然，唯迦叶尊者破颜微笑。世尊曰：'吾有正法眼藏，涅槃妙心，实相无相，微妙法门，不立文字，教外别传，付嘱摩诃迦叶。'"因此摩诃迦叶就是禅宗在印度的初祖，其第二十八祖为菩提达摩。达摩为印度南天竺僧人，于南朝宋末（一说为梁普通或大通元年）航海到广州，后到北魏，入嵩山少林寺"面壁而坐，终日默然"达九年，世称壁观婆罗门。达摩乃中国禅宗初祖。中国禅宗的传法世系是：菩提达摩——慧可（487—593年）——僧璨（?—606年）——道信（580—651年）——弘忍（601—674年）——慧能（638—713年）。中国禅宗的真正创始人是慧能。慧能后经几代传播，禅宗发展为五大支派，即沩仰宗、临济宗、曹洞宗、云门宗、法眼宗，都创立于唐末五代时期。

[2] 慧能是个不识字的和尚，俗姓卢，原籍范阳（今河北涿州市）。他父亲曾在范阳做官，被贬后流落岭南，他就生于岭南新州（今广东新兴东）。他三岁丧父，靠卖柴养母度日。一日慧能于卖柴途中闻人诵《金刚经》，有悟，他听说弘忍在黄梅弘扬此经，遂于龙朔元年（661年）至黄梅参见。一见面弘忍问他："汝何方人，欲求何物？"慧能曰："弟子是岭南新州百姓，远来礼师，惟求作佛，不求余物。"弘忍曰："汝是岭南人，又是獦獠，若为堪作佛？"慧能曰："人虽有南北，佛性本无南北，獦獠身与和尚不同，佛性有何差别？"弘忍知他有根基，"更欲与语，且见徒众总在左右，乃令随众作务"。于是慧能就去碓房舂米。有一天，弘忍让众弟子"各作一偈，来呈吾看，若悟大意，付汝衣法，为弟六代祖"。时有神秀作偈曰："身是菩提树，心如明镜台。时时勤拂拭，勿使惹尘埃。"弘忍看后说："汝作此偈，未见本性，只到门外，未入门内，如此见解，觅无上菩提了不可得。"后来慧能听人读神秀之偈，亦作一偈请人代书于壁，曰："菩提本无树，明镜亦非台。本来无一物，何处惹尘埃。"众见此偈，惊讶不已。弘忍"见têm人惊怪，恐人损害，遂将鞋擦了偈，曰：'亦未见性。'众人以为然"。后弘忍叫慧能"三鼓入室，祖以袈裟遮围，不令人见，为说《金刚经》。至'应无所住而生其心'，慧能言下大悟：'一切万法，不离自性。'……三更受法，人尽不知"。受法后慧能南下，回岭南隐居达十六年。唐高宗仪凤元年（676年）（一说为武则天垂拱年间）慧能在南海法性寺遇见印宗法师，"值印宗法师讲《涅槃经》。时有风吹幡动，一僧曰'风动'，一僧曰'幡动'，议论不已。慧能进曰：'不是风动，不是幡动，仁者心动。'一众骇然。印宗延至上席，征诘奥义"。慧能于是在法性寺落发，智光法师为授具足戒。第二年他回到韶州（今韶关），住曹溪宝林寺，为众说"直指人心，见性成佛"的顿教法门。门人法海将慧能的言论汇编为《六祖法宝坛经》，简称为《坛经》（全名为《南宗顿教最上大乘摩诃般若波罗蜜经六祖慧能大师于韶州大梵寺施法坛经》）。这是中国佛教中仅有的一部能称为"经"的著作，影响甚大。

虽说源于印度，但实际上是地道的中国产物。吕澂说："禅宗是佛学思想在中国的一种发展，同时是一种创作。在印度的纯粹佛学里固然没有这种类型，而它的基本理论始终以《起信论》一类的'本觉'思想贯穿着，又显然是凭借中国思想来丰富它的内容的。"[①] 禅宗尤重心性，主张自家体验而反求诸己，以直悟心性本体。更重要的是，禅宗将人对自己的心性本体的体悟与日常生活结合、融合起来，主张在日常生活中直悟自心或自性以见性成佛。此乃"青青翠竹，尽是真如；郁郁黄花，无非般若"（《祖堂集》卷三"慧忠国师"条）。禅机禅意尽在平常日用的生活中。

以慧能为代表的禅宗真正实践了"直指人心，见性成佛"的修持宗旨。慧能认定，成佛的真正根据就在人之"心"，就是人自己的"自心"或"自性"。慧能有言："无上菩提，须得言下识自本心，见自本性，不生不灭。于一切时中，念念自见，万法无滞，一真一切真，万境自如如，如如之心，即是真实。若如是见，即是无上菩提之自性也。"（《坛经·行由》）（这是慧能转述弘忍的话，可视为慧能思想）"善知识，世人终日口念般若，不识自性般若，犹如说食不饱。口但说空万劫，不得见性，终无有益。……本性是佛，离性无别佛。""善知识，心量广大，遍周法界，用即了了分明，应用便知一切。一切即一，一即一切。去来自由，心体无滞，即是般若。善知识，一切般若智，皆从自性而生，不从外入。""善知识，不悟即佛是众生，一念悟时众生是佛，故知万法尽在自心，何不从自心中顿见真如本性？……若识自心见性，皆成佛道。""善知识，我于忍和尚处，一闻言下便悟，顿见真如本性。是以将此教法流行，令学道者顿悟菩提，各自观心，自见本性。……三世诸佛，十二部经，在人性中，本自具有。……若识自性，一悟即至佛地。"（《坛经·般若》）"汝当今信佛知见者，只汝自心，更无别佛。"（《坛经·机缘》）"菩提只向心觅，何劳向外求玄？听说依此修行，西方只在眼前。"（《坛经·疑问》）可以看出，慧能很肯定人的"自心""自性"，认为这是成佛的真正依据。《坛经·行由》载："（五祖）为说《金刚经》，至'应无所住而生其心'，慧能言下大悟：'一切万法，不离自性。'遂启祖言：'何期自性本自清净，何期自性本不生灭，何期自性本自具足，何期自性本无动摇，何期自性能生万

[①] 吕澂：《禅宗》，见吕澂《中国佛教的特质与宗派》，大乘文化出版社1978年版，第341页。

法.'祖知悟本性，谓慧能曰：'不识本心，学法无益；若识自本心，见自本性，即名丈夫、天人师、佛.'"慧能以一个不识字的和尚，能听五祖说法而很快开悟，就在于他一下子契悟到了自己的"自心""自性"，体悟到了"自心"的"本自清净""本不生灭""本自具足""本无动摇""能生万法"的本性和功用。这里将"自心""自性"直接提升到了体、原、本之地位，将成佛的根据导入人的"心""性"上。这是禅宗这个"宗门"区别于其他佛教宗派之"教门"的显著特点和标志。后来的黄檗希运（？—885年）禅师对禅宗"自心即佛"思想有精到而通俗的疏解，我们不妨摘引几段看看：

> 诸佛与一切众生，唯是一心，更无别法。此心无始已来，不曾生不曾灭，不青不黄，无形无相，不属有无，不计新旧，非长非短，非大非小，超过一切限量、名言踪迹对待，当体便是，动念即乖。犹如虚空，无有边际，不可测度。唯此一心即是佛，佛与众生更无别异。但是众生著相外求，求之转失，使佛觅佛，将心捉心，穷劫尽形终不能得。不知息念忘虑，佛自现前。此心即是佛，佛即是众生。为众生时此心不减，为诸佛时此心不添。乃至六度万行河沙功德，本自具足，不假修添。遇缘即施，缘息即寂。若不决定信此是佛，而欲著相修行以求功用，皆是妄想，与道相乖。此心即是佛，更无别佛，亦无别心。此心明净犹如虚空，无一点相貌。举心动念，即乖法体，即为著相。无始已来无著相佛，修六度万行欲求成佛，即是次第。无始已来无次第佛，但悟一心，更无少法可得，此即真佛。佛与众生一心无异，犹如虚空无杂无坏。如大日轮照四天下，日升之时明遍天下，虚空不曾明；日没之时暗遍天下，虚空不曾暗。明暗之境自相陵夺，虚空之性廓然不变。佛及众生心亦如此。若观佛作清净光明解脱之相，观众生作垢浊暗昧生死之相，作此解者，历河沙劫终不得菩提，为著相故。唯此一心，更无微尘许法可得，即心是佛。（《筠州黄檗山断际禅师传心法要》）

> 如今学道人，不悟此心体，便于心上生心，向外求佛，著相修行，皆是恶法，非菩提道。供养十方诸佛，不如供养一个无心道人，何故？无心者无一切心也。如如之体，内如木石不动不摇，外如虚空

> 不塞不碍。无能所，无方所，无相貌，无得失，趋者不敢入此法，恐落空无棲泊处，故望崖而退。例皆广求知见，所以求知见者如毛，悟道者如角。……诸大菩萨所表者，人皆有之，不离一心，悟之即是。今学道人，不向自心中悟，乃于心外著相取境，皆与道背。……此心即无心之心，离一切相。众生诸佛更无差别。但能无心，便是究竟。学道人若不直下无心，累劫修行终不成道，被三乘功行拘系，不得解脱。（《筠州黄檗山断际禅师传心法要》）
>
> 此心是本源清净佛，人皆有之，蠢动含灵，与诸佛菩萨，一体不异。只为妄想分别，造种种业果。本佛上实无一物，虚通寂静，明妙安乐而已。深自悟入，直下便是，圆满具足，更无所欠。纵使三祇精进修行，历诸地位，用语一念证时，只证无来自佛，向上更不添得一物，却观历劫功用，总是梦中妄为。（《筠州黄檗山断际禅师传心法要》）

这里明确强调，"诸佛与一切众生，唯是一心"，"唯此一心即是佛，佛与众生更无别异"，"此心即是佛，佛即是众生"。成佛的依据全在"自心"或"自性"。这就是禅宗的"自心"或"自性"本体。

禅宗径直以人的"自心"或"自性"为本体，这可谓是一种十分重要的哲学贡献。关于"本体"，以前提得不少，比如孔子的"仁"、孟子的"心"、老子和庄子的"道"、王弼的"无"、竹林玄学的"自然"、裴𬱟的"有"、郭象的"独化"等，这些在一定意义和一定层次上均是本原、本体。在前面不少地方我们也说过，"本体"思想是人类本性的表现，即人的"无"即"自由"本性、本质的表现。因为人的出世带来了一个属于自己的世界，即人文世界或人类社会，这个世界源于"无"且归于"无"，没有也不能有任何别的东西作为这个人的世界存在的依据和基础，它的存在依据和基础就是自己。故人世的一切均是由人自己作的主，人自己才是真正的"自本自根"者，才是"自因"，也才是"自由"即全由自己作主；正因为如此，人才能为和才要为自己的一切行为负责，这才有人类社会的诸种伦理规范和礼法规制可言，也才有人类社会自身可言。倘若人的社会或人的世界源于"有"且归于"有"，它就永远在"有"的链条中，它的一切均会受制于它之外东西，它就不是"无"即自由，由此人的行为就不是由自己作主，人也就不能和不会为自己的行为负责了，一切社会礼仪规范就都将失效，也就终无人类社会存在。所以，人需要本体这是人的"无"即"自由"之本性、本质的表现和要求。但问题是什么样的"本体"方是人类社会的真正本体呢？很明显，这只能是人的"自心"或"自性"。在人类出现前自然界可以存在，现代地质科学和天体科学均可证实自然世界先于人类而存在。但无可否认的一个基本事实是：在人类出现前，自然世界是没有意义和价值的！它存在着，仅此而已。至于它的存在是什么、它有什么意义、有何作用、有何影响等问题均谈不到，也根本无法谈到，自然世界本身不会谈它自己的存在意义。是人，是人出现后，是人来到了这个自然世界后，这个自然世界才有了意义和价值，它的存在才有了"存在"性可言。人们总是振振有词地说"在人类出现前自然界早已存在了"。但请问：当你说这个话时人类出现了没有？倘若人类尚未出现，此话是谁说的？是鬼或神在说此话吗？如果是鬼、神说的，那与人有何关系呢？人终究还是不知道人出现前到底有没有自然世界呀！所以，当人在说人出现以前自然界如何如何时，人恰恰已经出现了，已经"在世中"了。可见，如果没有人自然世界就根本无意义可言。是人，也只有人才赋予了自然世界的存在及其意义和价值。自然世界的真正根基在人这里。但这个根基是人的什么呢？显然不是人的肉体，因为人的肉身在存在本质上正是属于自然世界的，它与自然界的存在者一样在本质上是"有"，是处在生灭变化中的。这个根就是人自己的心性，即"自心"或"自性"。因此说，禅宗发掘出人的"自心"或"自性"本体，这是有重要哲学价值的。如果这个"自心"或"自性"被伦理化、道德化、观念化、抽象化等了，虽然也能作本体，但这总有非自身之嫌，是终难见自己的真面目的。只有返回到"心""性"自身，方是返本归根，这才是真本体。此乃禅宗"自心"或"自性"本体的意义！

既然是"自心""自性"，那就一定得回到"心""性"自身，一点也不允许将这个"心""性"提离开自身，否则将万劫不复。慧能对这个问题是有所体悟的，故他讲心的"三无"，即"无念""无相""无住"。他说："善知识，我此法门，从上以来，先立无念为宗，无相为体，无住为本。无相者，于相而离相；无念者，于念而无念；无住者，人之本性。"（《坛经·定慧》）这是说，人的"心"（"性"）一定不能和不可被观念化、概念化、对象化，因为这样一来"心"就被提离开了自身，被提离开自己正在生、活着的当场境域或情境，就被对象化了，就非自身了，也就死了，要这个死心是没有用的。当然，要将"心"对象化而提离开自身，仍要"心"来操作，舍此无有他者能将"心"从自己正在当场存在着的情境、境域中提离开。而当"心"把自己从情境中提离开后这就是"心"的一分为二，即一个是正在从事着活动的、仍在当场生成和构成中的、活的"心"，这可称为主体心；另一个则是被对象化了的、已离开了活的情境、境域而处在了主体心对面的死"心"，这可称为对象心。对象心当然作不了本体，对其无论作怎样的规定和描述都不行，且愈描愈黑，离本性、本体愈远。只有活着的主体心能作本原、本体。慧能对"心"的"三无"性解释说："念念之中，不思前境，若前念、今念、后念念念相续不断，名为系缚。于诸法上，念念不住，即无缚也。此是以无住为本。善知识，外离一切相，名为无相。能离于相，即法体清净。此是以无相为体。善知识，于诸境上心不染，曰无念。于自念上常离诸境，不于境上生心。若只百物不思，念尽除却，一念绝即死，别处受生，是为大错，学道者思之。……善知识，云何立无念为宗；只缘口说见性，迷人于境上有念，念上便起邪见，一切尘劳妄想从此而生。自性本无一法可得，若有所得，妄说祸福，即是尘劳邪见。故此法门立无念为宗。善知识，无者无何事？念者念何物？无者，无二相，无诸尘劳之心；念者，念真如本性。真如即是念之体，念即是真如之用。"（《坛经·定慧》）可见，所谓"无住"就是使心念不停留、不束缚在前念、今念、后念的某一具体念上，一旦心念停留于某一具体念上，即住于一法，这个心念就会著相，就显出"什么"的对象来，心也就成了死的。所谓"无相"就是使心念不被名相所束缚，一入名相，心体就会被染，就会被对象化和固定化，心体就会死去，故"无相"才可达到法体清净，心体才会净洁空廓而显出自己的本相。所谓"无念"就是使心体常离诸境而不于境上生心，心一染上外境，就有了对象规定，心就被分裂为主体心与对象心了，这时心能知的和所知的只是对象心这个死心，活心仍在不可知和不被把握中，故这个"无念"并不是人为地压住心念不让其运作，这样会"一念绝即死"，也就没有心体可言了；而是使心体"无二相"，即处于无分别相中，此方是真如本心。这里的"无住""无相""无念"说的是一回事，即让心体不处在对象化的、名相式的分别中，不使"心"成为某种对象性、现成化了的"什么"，而使心体回到自身，返回到自己正在当场构成着和生成着的、正活在当下情境中的情态中，这时的"心"就是念而无念，无念而念；体而无体，无体而体；住而无住，无住而住，此乃"心"之活的本体。这就是"心"的"存在"本身，"心"的"是"本身。慧能在讲"佛性"时就表现出此种"自心"或"自性"的思想见地。他说："佛言：善根有二。一者常，二者无常，佛性非常非无常，是故不断，名为不二；一者善，二者不善，佛性非善非不善，是名不二；蕴之与界，凡夫见二，智者了达其性无二。无二之性，即是佛性。"（《坛经·行由》）这种"非常非无常""非善非不善"的"佛性"，就是人的"自心"或"自性"本体。人的"自心""自性"正是非念非不念、非住非不住、非相非不相、非体非不体的具有"中"性的存在，这才是真正的本或体。可见，禅宗的"自心"或"自性"本非概念规定，而是回到"心""性"自身的本体。

关于这个"自心"或"自性"本体的特征、特性，黄檗禅师曾论说说："此法即心，心外无法；此心即法，法外无心。心自无心，亦无无心者。将心无心，心却成有，默契而已。绝诸思议，故曰言语道断，心行处灭。……此本源清净心，常自圆明遍照，世人不悟，只认见闻觉知为心；为见闻觉知所覆，所以不睹精明本体。但直下无心，本体自现，如大日轮升于虚空，遍照十方更无障碍。故学道人唯认见闻觉知施为动作，空却见闻觉知，即心路绝无入处。但于见闻觉知处认本心，然本心不属见闻觉知，亦不离见闻觉知；但莫于见闻觉知上起见解，亦莫于见闻觉知上动念；亦莫离见闻觉知觅心，亦莫舍见闻觉知取法。不即不离，不住不著，纵横自在，无非道场。世人闻道诸佛皆传心法，将谓心上别有一法可证可取，遂将心觅法，不知心即是法，法即是心，不可将心更求于心，历千万劫终无得日。不知当下无心，便是本法。"（《筠州黄檗山断际禅师传心法要》）黄檗禅师认为"本源清净心"并不是个单独、孤立的存在，倘若如此，它就成了一个对象，成了空无、虚无，成了没有，这样的"心"当然不是"自心"，根本作不了本原、本体。这个"本源清净心"本来就在"见闻觉知心"中存在着和表现着，在"心"的见闻觉知活动中方能体现、显现出"清净本源"的存在本性和作用；心在其"见闻觉知"的过程中方在构成着、生成着自己的"清净本源"之体、性。"心之官则思"（孟子语），心本来就要思要想且能思能想，如果硬性地压住它而不让它来思来想，心就不是心了，它也就不存在了，就是死心。再说，你要压住心不让其思、想，这还得要心来做，这不正好表明"心"自身是无法被压住的，无法不思不想的吗？思、想一定是在当场构成着、生成着的情境中，故这个"自心""本心""自性"之"心"一定要与其"见闻觉知"的心之用相结合，一定要在心之用中存在和开显、显现。"本源清净心"在"见闻觉知心"中存在，当然不能随它而往，否则就像常人一样只有见闻觉知心了；"本源清净心"在"见闻觉知心"中存在，但不是顺着心的见闻觉知之为而为，而是将心见闻觉知活动中的"是什么"的这个"什么"化掉而只留下"是"本身，这就是海德格尔所谓的"形式显示"之方。黄檗禅师当然说不到这种思想，但他已有此方面的意思。他认为，"本源清净心"不可孤立，它要存在于"见闻觉知心"中，但不可用心的见闻觉知来泯灭、覆盖心的"精明本体"性，而要在见闻觉知心的"不即不离，不住不著，纵横自在"中开显之，这才是真的"自心"本体。

佛教有一基本思想原则，即"物无自性"；此乃佛教真言。世上之物都是性"空"的，即它并没有那种先天的、不变的、必然如此的自性、本性，物之"性"是在具体条件、环境中得以存在和产生的，这个条件、环境就是"缘"或"因缘"。这就是佛家的"性空缘起"或"缘起性空"说。世上的物无自性，同样人也无自性。但以慧能为代表的禅宗在此却讲起了"自心""自性"，且言之凿凿地说成佛的最终依据就是"自心""自性"之本体。那么，禅宗的"自心"或"自性"说与佛教的基本主张和原则相矛盾冲突吗？非也！在禅宗这里，这个"自心"恰恰是无有"自心"，"自性"恰恰是无有"自性"；即"自心"就是"无自心""自性"就是"无自性"。正因为人之"心"天生乃无有必然如此的、非如此不可的规定性，它才能依缘、随缘而起，才有见闻觉知等活动和行为可言，否则的话，"心"天生就被定死了，就根本不会有随缘的见闻觉知活动了，故"心"真正的本性就是"无性"，也就是"无心"。这就是禅宗"无心"即"自心"的心本体。

以"无心"为心之本性，这就发现和确定了"心"的"有—无"性之存在结构。人本来就有"心"，故"心"一出现、一出世就是存在，就是有，就有"有"性在。常人和常识也就只看到"心"的这一"有"性而已；相应地，也就只知心之各种各样的尘世认知活动并往而不返，这就

第八章　庄玄禅的生命体悟与中华民族的生活之道

泯灭了"心"的本性。其实，当"心"出现了、存在了时，即当它有"有"性时，它在本性、本质上却是"无"性的，即它天生并无有非如此不可和非如此不能的规定性，它是随缘而起的，是处在因缘关系和情境中的存在，故它是"无"和"无"着。因此，现实的"心"是一个"有—无"性结构。这一结构表明：心是既有又无，既无又有，即有即无，非有非无，有无无有，无有有无，有有无无，无无有有，这自然就进入和被逼进一个"有""无"相生的"居中"或"中"的境界、境域中，具有了情境性和当场构成性。正因为如此，这个"自心"或"自性"才是"自本自根"的本原、本体。所以，隋唐佛学到禅宗处，才用心捉住了心，使"心"显现出了自己的真面目，心本体才可谓建构起来了。

　　以"自心"或"自性"为本体，这是禅宗的第一个思想贡献。但人究竟怎样获得这个本体的"自性"或"自心"呢？这个"自心"本体与别的本体不同，非心的那些本体尚可用心去把握，起码可以放在心的面前作定性处理，本体的性质尚不会改变。但"心"本体或"自心"本体不行，因为这个"心"本来就活在当下、当场构成着的情境、境域中，就在当场显现中，它不是对象化的概念规定，所以这个"心"并不能把自己作为对象来把握之；如果"心"采取对待其他本体那样的方式来对待自己，它势必要将自身对象化出来而成为自己面前的对象存在，但这样一来这个能被认识和把握的心就成了死心，而那个正在从事着认识、把握活动的"心"自身却仍未显山露水而露出真容，它仍未被把握住。可见，"自心"本体要把握住自己就根本不能用通常那种主客二分的方式方法，而只能反其道而行之，即将那个"心"收摄回到自身，回到自己正在当下构成着的活动和情境中，这就叫入境；用现象学的思想和语言来说就是使意识（心）返回到自身的"意识流"中而与流偕行；用中国传统哲学话语来说就叫"天人合一"或"主客合一"。禅宗主张的就是此种把握心的方式，它称之为"顿悟"法门。这个"顿"是什么意思？一般将它解说为情态副词，即"立刻""忽然"义。就此而言，所谓"顿悟"就是立刻、马上、当下开悟。所谓"放下屠刀，立地成佛"就指"顿悟"之意。《说文》："顿，下首也。从页，屯声。"这是说"顿"是以头叩地的意思。这说明了什么意思呢？头乃上，以头叩地指由上趋下，是一种反向运行的动作。《中文形音义综合大字典》说："顿，（形声）（会意）甲文、金文顿字阙。小篆顿：从页，屯声，本义作'下首'解（见《说文》，许著），乃头叩地之意，故从页。又以屯象草（艸）木初生曲屈难出形，本义作'难'解，因有曲屈难进意；下首则身曲屈而止步不进，故顿从屯声。"[1] 就这个解说看，"顿"有曲屈艰难义。这取的是"顿"的"屯""页"构成义。《说文》："屯，难也。象艸木之初生，屯然而难。从中贯一，一，地也；尾曲。""页，头也。从𦣻，从儿。""屯"和"页"构成为"顿"，就是以首叩地之义，取此动作中所含的曲屈难进义。另外，"顿"与"渐"相对，取停下、停顿义，有突然停下之义。综合这些解说，"顿悟"除了一般所谓的马上、立刻开悟之意思外，还应有艰难曲折的悟、在突然停顿中领悟的含义。人的心即意识在正常活动的过程中并不是断裂开来的无数碎片或碎块，而是一条前后相连接着的、贯通为一体的一条"流"，这就是意识的"时间流"。不过在日常的认识活动中，这个意识的"时间流"是以对象存在为载体的，即它分布在、体现在对象前后相连接的状相上，显不出自身的"流"本身。如果在一条正在流动的水流中突然挡一下，这个水流就会产生一种反冲和反激力，此反力与向前的正力相碰撞就激荡起旋涡流，这个"流"是非线性的流，是涡流，是环流，这就是"流"本身。意识（心）流大概也可以有此种结果和效果存在和发生。意识（心）在突然一下子的停顿中能激起一种反冲力而使意识由线流变成涡流、环流，由此而回到"意识流"自身中，使意识（心）流而无流，无流而流。心或意识能达到这个状态，就如庄子说的"枢始得其环中，以应无穷"（《庄子·齐物论》），这就叫使"心"返回到自身中，这就叫"自心"。这种返回当然不是轻而易举的，而是曲屈艰难的，这当为"顿"之"悟"吧。

慧能为代表的南宗禅其突出特点就在这个"顿悟"方式、方法上。慧能反复强调，谓："凡夫即佛，烦恼即菩提。前念迷即凡夫，后念悟即佛；前念著境即烦恼，后念离境即菩提。""不悟即佛是众生，一念悟时众生是佛。故知万法尽在自心，何不从自心中顿见真如本性。"（《坛经·般若》）"佛向性中作，莫向身外求。自性迷即是众生，自性觉即是佛。"（《坛经·疑问》）关于"顿悟"法门，当然不是始自慧能，东晋时的竺道生就有此说。但慧能从他的"自心"本体出发使"顿悟"方法的修行论与本体

---

[1] 高树藩编纂：《中文形音义综合大字典》，中华书局1989年版，第2053—2054页。

论统一了起来，使"自心是佛"和"顿悟成佛"成为一个问题的两个方面，这乃慧能之功。慧能之后，"自心"本体和"顿悟"方法相结合、统一，成为禅宗的基本理论和方法。例如，黄檗禅师与求法者有一次对话，云："问：何者是佛？师云：汝心是佛。佛即是心，心佛不异，故云即心即佛。若离于心，别更无佛。云：若自心是佛，祖师西来如何传授？师云：祖师西来，唯传心佛。直指汝等心本来是佛，心心不异，故名为祖。若直下见此意，即顿超三乘一切诸位，本来是佛，不假修成。云：若如此，十方诸佛出世，说于何法？师云：十方诸佛出世，只共说一心法。所以佛密付与摩诃大迦叶，此一心法体，尽虚空遍法界，名为诸佛理。论这个法，届是汝于言句上解得他，亦不是于一机一境上见得他，此意唯是默契得，这一门名为无为法门。若欲会得，但知无心忽悟即得。若用心拟学取，即转远去。若无歧路心，一切取舍心，心如木石，始有学道分。……但莫生异见，山是山，水是水，僧是僧，俗是俗，山河大地日月星辰，总不出汝心。三千世界，都来是汝个自己，何处有许多般。心外无法，满目青山，虚空世界，皎皎地无丝发许与汝作见解。所以一切声色，是佛之慧目。"（《黄檗断际禅师宛陵录》）这里说到了两层意思：一是"佛即是心""即心即佛"。这是就"自心"本体来说的。二是"若欲会得，但知无心忽悟即得"。这是就"顿悟"方法来说的。求法者问黄檗禅师，如果心即是佛，那么佛怎么向人说法呢？这个问题等于说，如果心即是佛，那么人如何才能得到"自心"呢？黄檗禅师说这要靠"无心忽悟"，就是"顿悟"，如果靠"拟心学取"，就会"即转远去"，是无法得到"自心"的，也就使"心"无法返回到自身中，当然也就不能成佛了。靠"顿悟"使"心"直契清净本体，方是修行正道。

由于作为本体的"自心"是在自身中，是回到了自身中，故是不可和不能被对象化的，也是不可用名言概念来言说的，"说似一物即不中"（《坛经·机缘》）啊。因此，禅宗在说这种"顿悟"法门时，不是用概念定义和理论论证的方法，而是用设喻、比拟等方式，设法引导求法者入境，进入活的、正在当场构成着、生成着的情境、境域中，在当下体会、体察中豁然开悟，抓到禅机，领会禅意。《古尊宿语录》卷一有马祖道一禅师悟道的故事，云："马祖居南岳传法，独处一庵，唯习坐禅，凡有来访者都不顾，师往彼亦不顾。师观其神宇有异，遂忆六祖谶，乃多方而诱导之。一日将砖于庵前磨,马祖亦不顾,时既久,乃问曰:作什么?师云:磨作镜。马祖云:磨砖岂得成镜?师云:磨砖既不成镜,坐禅岂能成佛?祖乃离座云:如何即是?师云:譬牛驾车,车若不行,打牛即是?打车即是?又云:汝学坐禅?为学坐佛?若学坐禅,禅非坐卧;若学坐佛,佛非定相。于无住法,不应取舍。汝若坐佛,即是杀佛。若执坐相,非达其理。马祖闻斯示诲,豁然开悟。"砖头与铜镜是两种不同质的东西,无论怎么打磨砖头,并不能改变砖头的质地,砖是不会变为铜镜的。用此例子,怀让禅师要让马祖明白,坐禅与心悟是两码事,成佛在于心悟,如果只坐禅而不心悟,终难成佛果。这也就是佛家所谓的"定""慧"双修之法。坐禅只是途径和手段,目的并不在于为坐而坐,为禅定而定,而是为了收摄心念,反观内照,使"心"从对象上返回到自身,即得到"自心"。马祖得道后有人问他"如何是修道"时,他说:"道不属修。若言修得,修成还坏,即同声闻。若言不修,即同凡夫。"有人又问他"作何见解,即得达道?"他说:"自性本来具足,但于善恶事上不滞,唤作修道人。取善舍恶,观空入定,即属造作。更若向外驰求,转疏转远。但尽三界心量。一念妄想,即是三界生死根本;但无一念,即除生死根本,即得法王无上珍宝。无量劫来,凡夫妄想,谄曲邪伪,我慢贡高,合为一体。故经云:'但以众法合成此身。'起时唯法起,灭时唯法灭。此法起时不言我起,灭时不言我灭。前念、后念、中念,念念不相待,念念寂灭,唤作海印三昧,摄一切法。如百千异流,同归大海,都名海水。……一切众生从无量劫来,不出法性三昧,长在法性三昧中。著衣吃饭,言谈祇对,六根运用,一切施为,尽是法性。不解返源,随名逐相,迷情妄起,造种种业。若能一念返照,全体圣心。汝等诸人,各达自心,莫记吾语。纵饶说得河沙道理,其心亦不增;总说不得,其心亦不减。说得亦是汝心,说不得亦是汝心。乃至分身放光现十八变,不如还我死灰来。"(《古尊宿语录》卷一)只要"心"从外境上的事相返回到自身,处于念而无念、无念而念的"流"中,就是"自心"本体,就是得道。

禅宗中有一千七百多个公案(常见的有五百左右),通过设喻和机智问答,启示求法者以契悟"自心""自性"来成佛果。比如《景德传灯录》卷八有一则"瓶中出鹅"的故事,云:"宣州刺史亘大夫问南泉:'古人瓶中养一鹅,鹅渐长大,出瓶不得。如今不得毁瓶,不得损鹅,和尚作么生出得?'泉召大夫，陆应诺。泉曰：'出也。'陆从此开解，即礼谢。"一只小鹅养在瓶中，今已养大；在瓶不毁、鹅不损的情况下，怎么将瓶中的大鹅弄出来呢？作为一件事实来讲，这无法做到。难道人真有神仙之术，在瓶不毁、鹅不损的情况下用手一指就能将鹅弄到瓶外吗？这当然不可能！倘若顺着这个思路一味地想下去，那会陷入死胡同而不可救拔。南泉普愿禅师解决这个问题的方式是：他高叫了一声"（陆）大夫"，陆亘听见后就本能地应答了一声，这时南泉普愿就说"这不是出来了吗?!"南泉的这种解答看来也确实使人费解，这不就是叫了一声"（陆）大夫"，而陆大夫本能地应了一声嘛；瓶中的鹅不是照样还在里面嘛，这有什么出不出的呢？但仔细思想，南泉普愿的做法还真有点禅机在。就现在的这个鹅言，它已养在瓶中，生在瓶中，它"就在瓶中"，这就是它的存在；如果现在没有这个瓶子了，这只鹅也就不是它了，它就不存在了。这，就是海德格尔说的人与世界那种本原的和本然的关系，即"人在世中"，在这个源头处，在此根基处，原本就没有"人"与"世界"的分别（分别是后来的事，是已离开源头的情况）存在，人与自己所在的世界总是息息相关、水乳交融的，根本分不出也不必分出孰是孰非来，这就是人之存在的真正根基。物的存在亦然，也必有这一根基，否则是存在不了的。这只鹅如果从小不养在这只瓶中而养在别处，那另当别论；这只瓶子如果不是用来养鹅的而是作他用，那亦另当别论，在这两种情况下均无现在"瓶中之鹅"的事存在，也根本谈不到瓶中出鹅的事。但问题是这只鹅从小就养在了这只瓶中，故瓶子就是这只鹅的生存环境、境域，它离不开这只瓶子，否则就没有它了。但在日常生活中的人们，由于受现象世界对象性思维方式的浸染、熏习太多、太久且太深，一看问题就在"我"和"对象"的二分构架中运作，就已经将人自己从原本一体同在、浑然天成的世界中分离出来、对立起来了，这实际上使人的生存、生活已失去了基础、根基，但人自己尚不自知，悲夫！南泉普愿叫了一声"（陆）大夫"，陆亘自然而应声，这就是日常生活中那种日常惯用的思维方式，此种思维方式本来就在人与对象相二分、相对立的构架中，这时人是人，对象乃对象，没有什么关系和联系存在，更遑论人与对象的一体同在、难分彼此、无有是非的境域了；正是在这种意义上，瓶乃瓶，鹅即鹅，瓶非鹅也，鹅非瓶也，鹅与瓶有何相关呢？这不等于说鹅已出来了吗?！所以，南泉的做法是有禅机的。陆亘的悟性也很好，能从南泉的回应中体会到对象与主体（人）在根基处的浑然同在，这就回到了"事情本身"，这就是"自我""自心""自性"等的本体所在。

《五灯会元》卷十四有道楷禅师"开悟"的故事，曰："谒投子于海会，乃问：'佛祖言句，如家常茶饭，离此之外，别有为人处也无？'子曰：'汝道寰中天子敕，还假尧舜禹汤也无？'师欲进语，子以拂子撼师口曰：'汝发意来，早有三十棒也。'师即开悟，再拜便行。子曰：'且来，阇黎。'师不顾，子曰：'汝到不疑之地邪？'师即以手掩耳。"这是道楷禅师于海会参见投子义青禅师的故事。家常之言实乃真言真意。现象世界本就是富有禅机禅意之"世"，它就像家常之言一样，本就最真切和真实，如果想在此现象世界之外另觅本体世界，那这个本体世界就悬空了，也就非真本体了。道楷禅师原不明白这个道理，于是投子义青禅师就用皇帝的敕令来启迪他。皇帝的敕令是天下人都得遵守的圣旨，是全天下最高的指令，在它之外别无指令来作主宰了。听了这个比喻，道楷禅师好像还未通悟，还想再问什么，投子义青禅师就说"汝发意来，早有三十棒也"，这是阻止道楷再说什么，以至于使思维（思想）在对象性认识中往而不返而迷失方向。这下道楷明白了，他直指"自我"以契"自心"本体。

禅宗最反对人们问"什么是佛？""何为祖师西来意？"之类的问题，因为当一说"什么是佛"时，"佛"就被对象化了，就成了人"自心"面前的一个对象，它与这个"自心"就成了两截子，这样一来"自心"就永远契悟不到"佛"。"乃白祖云：某甲处有个会处。祖云：作么生？师云：说似一物即不中。"（《五灯会元》卷三"南岳怀让禅师"条）"问如何是第一义？师曰：我向你道是第二义。"（《五灯会元》卷十"清凉文益禅师"条）"说似一物即不中"，一说就落入言筌，就入对象之套，就不是原本的东西了，真正的"佛"就是"自心"本体，是不可言说的。

然而，如果真的什么都不说而全天下都是哑巴，那么人世也就非人世，人也就不是人了，这也就无佛法可言了。所以，虽说"自心""佛"这些东西不可说，但为了宣扬佛法，为了引导人契悟"自心"本体而开悟成佛以入"涅槃"之境，还得说，还要说点什么。禅宗的公案就是一种"说"的方式。关于这个"说"本身，禅家有"四料理""四宾主""五位君臣"等方式。有记载说："师因僧问'五位君臣旨诀？'师云：'正位即

第八章 庄玄禅的生命体悟与中华民族的生活之道

空界，本来无物。偏位即色界，有万象形。正中偏者，背理就事。偏中正者，舍事入理。兼带者，冥应众缘，不堕诸有，非染非净，非正非偏，故曰虚玄大道，无著真宗。从上先德，推此一位，最妙最玄，当详审辨明。君为正位，臣为偏位，臣向君是偏中正，君视臣是正中偏，君臣道合是兼带语。'僧问：'如何是君？'师曰：'妙德尊寰宇，高明朗太虚。'曰：'如何是臣？'师曰：'灵机弘圣道，真智利群生。'曰：'如何是臣向君？'师曰：'不堕诸异趣，凝情望圣容。'曰：'如何是君视臣？'师曰：'妙容虽不动，光烛本无偏。'曰：'如何是君臣道合？'师曰：'混然无内外，和融上下平。'"（《五灯会元》卷十三"曹山本寂禅师"条）这里以君、臣关系为喻，讲了正、偏、正中偏、偏中正、兼带（即不偏不正）这五种思维方式。这五种方式各有用途，但好的应是"兼带"位，它所达到的是"混然无内外，和融上下平"的那种体与用圆融如一的意境、境界。到了此时，自当"顿悟"。要注意的是，一说到"顿悟"，一说到返回"自心""自性"，人们往往脱开、脱掉、撇开现象世界，认为"自心"与现象无涉了，就只是自己，这实则大大错了。如果"自心"离开了现象世界，它就成了光秃秃的孤家寡人，就不能存在了，也就不是本体了。倘若用此种思维方式来看待"自心"本体和谋求"顿悟"成佛，那只会入迷途斜道，是开悟不了的。《五灯会元》有这样一则记载："师［按：即百丈怀海禅师］每上堂，有一老人随众听法。一日众退，唯老人不去。师问：'汝是何人？'老人曰：'某非人也。于过去迦叶佛时［按：传说过去七佛中的第六位］，曾住此山，因学人问："大修行人还落因果也无？"某对云："不落因果。"遂五百生堕野狐身，今请和尚代一转语，贵脱野狐身。'师曰：'汝问。'老人曰：'大修行人还落因果也无？'师曰：'不昧因果。'老人于言下大悟，作礼曰：'某已脱野狐身，住在山后。敢乞依亡僧津送。'……食后师领众至山后岩下，以杖挑出一死野狐，乃依法火葬。"（《五灯会元》卷三"百丈怀海禅师"条）人世必有因果在，世人必处因果中，否则就不是世人，亦无人世可言。倘若不是世人，亦无人世存在，那还有什么修行可言？还有什么佛法可言？还有什么开悟可言？一切都将化为乌有，无从谈起了。只要是人，只要是有血肉之躯者而非虚无缥缈之神鬼，它一定在因果中存在，一定有生有灭。这个野狐僧（暂这样称之）错就错在认识、领会错了这层意思，认为大修行的人不在因果中，——如果大修行的人真的不在因果中，也就不是人了，就无所谓修行不修行了。——他因这个错误认识和领会，一下子就堕在了畜生类，达五百年之久。百丈怀海禅师的回答是"不昧因果"，这与"不落因果"之言仅一字之差，但意思截然相反。"不昧因果"者，是承认有因果，承认现实之人——无论是凡夫俗子、帝王将相还是有道真人——均在因果中存在；正因为人都在因果中，故修行才有必要和可能。得道之人和凡夫俗子的区别就在于，后者落入因果中而完全受因果制约故不得解脱，前者则在因果中但不受因果制约而能脱离因果、出离因果，故可得解脱成佛。这就说明一个道理：要出因果必在因果中。在因果中怎么出因果呢？这当然不是简单地宣布不在因果中，也不是幻想有神仙将你一下子提出了因果关系，这里的关键在于人的思想和认识，在于你如何认识和把握"因"与"果"的关系。龙树《中论·观因果品》对"因""果"关系作了精湛论说。我们平时总说"因果""因果"的，但"因""果"究竟是什么关系？是如何存在和表现的呢？大概就不去追究了。"因果是一者，是事终不然；因果若异者，是事亦不然。"（《中论·观因果品》）如果"因""果"是个"一"，那就无所谓"因""果"这两者，这就意味着若世上仅有一个存在者，那么这个仅有的一个存在者就无法存在，就取消了因果关系；如果"因""果"是个"异"，那就表明因是因，果是果，因与果不相干，这样的话因、果各自只有自己，这仍等于说世上仅有一个存在者，这个存在者仍无法存在，也就取消了因果关系。所以，说"因""果"是"一"是"异"都不对，都不是"因果"自身的真正关系和规定。再说，"若因与果因，作因已而灭；是因有二体，一与一则灭。若因不与果，作因已而灭；因灭而果生，是果则无因"（《中论·观因果品》）。人们常说"因生果"，"有果必有因"。那么，"因"中有没有"果"存在？如果"因"中本无"果"在，无论如何"因"也不能生出个"果"来；如果"因"中本有"果"在，既然"果"已经有了，已经在了，还要"因"何用？所以，说"因"中有"果"还是无"果"，都将取消"因"，因此也就取消"果"，即不会有"因果"关系和观念了。反过来说，"果"中有没有"因"存在？如果"果"中无"因"，表明"果"与"因"无涉，那就不需要"因"了；如果"果"中有"因"，那还叫什么"果"，那就没有"果"了。所以，说"果"中有"因"还是无"因"，都将无"因果"关

第八章　庄玄禅的生命体悟与中华民族的生活之道

系和观念。还有，"若言过去因，而于过去果，未来现在果，是则终不合。若言未来因，而于未来果，现在过去果，是则终不合。若言现在因，而于现在果，未来过去果，是则终不合。若不和合者，因何能生果；若因不空果，因何能生果"（《中论·观因果品》）。"因"与"果"之间总有个时间上的先后、传递关系，一般说"因"在前而"果"在后。这样一来就有问题了，"因"与"果"就处在了两个时间点上，就难以统一；而"因""果"若不统一，何言"因"生"果"呢！如果说"因"是过去的"因"，那么它合乎逻辑地就只可生出过去的"果"，未来之"果"和现在之"果"就无"因"可言；同理，若"因"是现在的"因"和未来的"因"，那就只能生现在的"果"和未来的"果"，过去之"果"就无"因"可言了。总之，"因"与"果"不可能在一个时间点上。可以看出，"因果"关系并不简单，人们通常理解的因果关系并不一定对。其实，"因"与"果"不可能在空间构架中运作，它们本来就在时间构架中，即处在前牵后扯的关系中，这就是既是因又是果，既非因又非果，是因果果因、果因因果、因因果果、果果因因，这就是由"因"与"果"夹撑、托浮起来的"中"或"居中"之境域。只有处在"因"与"果"的这个"中"域中，才既在因果中又不在因果中，这就叫"不昧因果"。同样道理，要把握"自心"本体离不开现象世界，要既在现象世界中又不在现象世界中，这才有"自心"本体可言，这才是"顿悟"。

禅宗所说的这个"顿悟"最终是悟人的"自心"或"自性"本体，即使"心"回到自身中。"心"即意识、思想，它的本能、本性就是思、想。现在，当"心"返回到自身时，它的这个思、想的功用、功能、本性仍不能丢掉，否则就不是心了。换言之，当"心"返回到自身后，这个"自心"仍是个正常心，即是个能思能想的心，而不是已死之心，即不是有如植物人一样的心（或意识、意念）。正常的心思、想的是它面前的对象，是对象化了的存在；心既然返回到自身成了"自心"，它当然就不能思、想对象了，不能表现为对象性存在了，但它思、想的功能、本性仍要在，否则就成死心，就是非心了。不思、想对象而仍要思、想的心是一种什么心呢？就是无思无虑的心，是思而不思、不思而思之心，是无想而想、想而无想之心。这样说这个"自心"未免有些玄乎，但作为本体的"自心"理应如此，这就是它的"存在"本性。这就有如现象学讲的情境反思，也就是海德格尔讲的"形式指引"或"形式显示"法。这又是一种什么思维之方呢？就"心"（意识）来说，就是"心流"或"意识流"，即心（意识）不是回到它自己的刚性对象，而是回到了自己柔性流动的"流"中，进入一种意识的推动趋势、态势、形势、形态中，进入一种纯姿态关系或纯关系姿态中，即进入其存在"形式"中，或"纯象""几象"中。这样说仍免不了有些玄味。总之一句话，心（意识）这时要进入"时间"自身中。因为"流"乃时间性存在，它不可能在空间的间断"点"上，而必在时间的连续"线"或"环线""圆线"中。当心（意识）真的进入这种时间"流"中而与这个"流"一起同步地流动、流逝时，这时的心却不知有"流"在，也就不知有生灭在，这就是永恒，就是超越因果，就是超脱生死，就是入涅槃，就是解脱。所以，禅宗"顿悟"的秘密就是跃进"时间"中，就是领悟"时间"自身。这就是瞬刻的永恒化。李泽厚先生说："禅宗这种既达到超越又不离感性的'顿悟'究竟是甚么呢？这个'好时节'、'本无烦恼'、'忽然省悟'又到底是什么呢？我以为，它最突出和集中的具体表现，是对时间的某种神秘的领悟，即所谓'永恒在瞬刻'或'瞬刻即可永恒'这一直觉感受。这可能是禅宗的哲学秘密之一。"[①] 禅宗要使"自心"本体处在既亦有亦无又非有非无的"中"中，使"心"之念在既亦思亦虑又非思非虑的"中"中，这就离不开对"时间"本身的进入和领悟，就是使意识（心）进入自身的"意识流"中而与"流"偕行。当然，禅宗并未讲出这些"意识流""时间"自身之类的理论，但它的"顿悟"思想的确有此方面的意思，有对"时间"自身的领悟与把握。所以，禅宗很有生活意趣，很有自然的生机。禅宗有许多诗章，吟诵了大自然的生机与禅意、禅趣。如说："青青翠竹，尽是真如；郁郁黄花，无非般若。"（《祖堂集》卷三）如说："春雨与春云，资生万物新。青苍山点点，碧绿草匀匀。雨霁长空静，云收一色真。报言修道者，何物更堪陈。"（《汾阳录》卷下）如说："江月照，松风吹，永夜清宵更是谁？雾露云霞遮不得，个中犹道不如归。复何归？落叶团团团似镜，菱角尖尖尖似锥。"（《五灯会元》卷十七"黄龙惟清禅师"条）如说："春有百花秋有月，夏有凉风冬有雪。若无闲事挂心头，便是人间好

[①] 李泽厚：《庄玄禅宗漫述》，见李泽厚《中国古代思想史论》，人民出版社1986年版，第207页。

时节。"(《无门关》第十九则）当人之"自心"领悟到了大自然的勃勃生机、盎然生意时，人心就进入和融入了大自然的生机涌动和涌流中，就与大自然的生机一起生生不息地流动着，这也就与整个宇宙的大化流行同步流行着。这，才是真正的不生不灭，是永恒，是涅槃，是佛果，是真如本体，是……

四 庄禅互补与中华民族的生活之道

中华民族已有五千年的历史；在中国、印度、埃及和古巴比伦这四大文明古国中，只有中国从古到今血统未断，一脉相承，这在世界历史和文化中是独无仅有的。中华古国何以能传承至今而生生不息？除了长期的地域结构上的交通、融合和凝聚之外，最为关键的内在因素就是中华民族在心理和文化上的长期融和、积淀、内化和认同，有着共同的民族心理习惯和生活方式及文化认同和归属。中国古代的文字、书法、绘画、音乐、舞蹈、诗歌、建筑、饮食、服饰等，都独具特色和独步世界，这深刻影响和塑造了中华民族的精神，铸造成了中华民族的灵魂。我们可以从多方面、多层次、多视角来发掘和总结中华民族精神的内涵。但笔者以为有一点和一个方面是最为根本的，这就是中华民族的生活之道。"生活"者，"生"与"活"也。《说文》："生，进也。象艸（草）木生出土上。"李孝定《甲骨文字集释》："生，契文作ㄓ。从屮从一，一，地也。象艸木生出地上。"《说文》"活"读 guó，"活，水流声。从水，昏声。"《广韵·末韵》："活，不死也。"所以，活也是生存、有生命的意思。故"生""活"是同义的，都是动词，都指生存、生命、生殖、生植、活命、活动，等等。"生"与"活"这两个表示生命存在体之存在的动作、状态、过程等的词给合为一个词组"生活"，倒成了名词、概念，指人或生物的那种生存活动和状态。与世界上任何民族一样，中华民族的人民、民众从古至今都生活着、生存着、生养着、生息着，每天每时每刻都在生、活着。但都是人，都过着生活，各民族却有不同的生活方式和生存之道，有着不同的生活内容、价值、意义以及效果、影响、作用；甚至于人与动物乃至植物都是生命体，都要生要活并在生在活着，但人的生、活与动物有本质之别，为什么？就是因为人的生、活有人文意义、价值、内涵在。动物的生、活则属于自然世界的本能式的生存活动，而人的生、活则不是，是属于人文世界的文化式的生存活动。而且，同是人文世界的文化式的生、活，不同地域、不同时期的不同民族又有不同的内容和形式、方式，这就有了不同的生活品味和品位了。中华民族历史悠久，血脉相传，其中积淀、汇聚、凝结、结晶了自己的文脉，这就是中华民族的生存、生活方式，生存、生活之道。所以，中华民族的生存、生活之道才是中华民族最为深厚的精神所在。

那么，什么又是中华民族的生活之道呢？怎么理解和认识中华民族的生活之道？关于中华民族的生活之道，当然可以从不同角度和方面予以分疏解说，比如说自强不息的奋斗精神，厚德载物的包涵、宽容精神，勤劳朴实、任劳任怨的吃苦耐劳精神，勤俭节约、珍惜天物的节约精神，崇尚道德、注重礼仪的礼仪精神，宽以待人、以和为贵的中和精神，杀身成仁、舍生取义的卫道精神，诚实守信的诚信精神，返朴归真、崇尚自然的尚朴精神，人与天地参、天人合一的超越精神，摩顶放踵的兼爱精神，克己奉公、守法重信的法治精神，等等。中国古代的儒、道、兵、墨、法等诸家思想中都有中华民族精神的源头和内容，可谓丰富多彩，深刻厚实。这些都是中华民族的生活之道，是中华民族生活之道的内容和方式。但这样分析和认识中华民族的生活之道有些只见树木不见森林之感和之憾，难见中华民族生活之道的全貌与实质。中华民族的生活之道固然要体现、贯彻、落实在中华民族生活的方方面面，但部分毕竟不同于整体，部分之间的外在相加并不等于融和、融贯在各部分中的总体、一般，"多"与"一"既相联系、结合、贯通，但亦有本质的区别，由"多"到"一"或由"一"到"多"一定有个质的跃迁和区别。所以，"中华民族的生活之道"应该是个具有自己内涵的独立概念，并不同于中华民族生活的方方面面的具体内容。那么，这个中华民族的"生活之道"究竟是什么呢？一言以蔽之，就是中华民族的生活方式。"方"者方面、方向也；"式"者模式、形式、式样、样式也。"方式"者乃事、物之存在的形式、趋势、势域、样式等之谓也。事也好，物也罢，只要它在这个世上，只要它有了，出现了，存在了，它就一定有个存在的样子、样式、形式，绝不可能什么样式、形式都没有；它不仅只有样式、形式，同时它是个活的存在者，它正活着和存在着，因此它必有一生、活着的方向、趋向、趋势、势态、态

第八章 庄玄禅的生命体悟与中华民族的生活之道

势、势力、势域、境域,这才是基础的和根子性的东西,有如海德格尔讲的"命运""天命"思想。海氏说:"每一 Dasein 总都就作为实际 Dasein 而存在,我们把实际 Dasein 的这一事实性称作 Dasein 的实际性。""实际性这个概念本身就含有这样的意思:某个'在世界之内的'存在者在世界之中,或说这个存在者在世;就是说:它能够领会到自己在它的'天命'中已经同那些在它自己的世界之内向它照面的存在者的存在缚在一起了。"[①] 在谈"历史性的基本建构"时海氏又说:"溺乐、拈轻避重这些自行提供出来的近便的可能性形形色色、无终无穷,而生存的被掌握住的有终性就从这无穷的形形色色中扯回自身而把 Dasein 带入其命运的单纯境界之中。我们用命运来标识 Dasein 在本真决心中的源始演历;Dasein 在这种源始演历中自由地面对死,而且借一种继承下来的、然而又是选择出来的可能性把自己承传给自己。""但若命运使然的 Dasein 作为在世的存在本质上在共他人存在中生存,那么它的演历就是一种共同演历并且被规定为天命。我们用天命来标识共同体的演历、民族的演历。天命并非由诸多个别的命运凑成,正如共处不能被理解为许多主体的共同出现一样。"[②] 海氏的这个"天命"概念多少有些晦涩,但大意还是明确的,这就是指人及一切事、物之存在着的那种势域、境域、形势、趋势、势态、势机等之所在。没有这个"世"或"势"或"势域"在,个别的存在者就没有了存在之根,是终究难以存在的。人的生活之道的这个"道",这个生活的"方式",就是这种带有总体性、整体性的,具有势域、趋势、姿态、关系性的东西,可以说是生活的方方面面,是生活的具体内容的根本、根基之所在。

啰唆、聒噪了这么多,那么,作为中华民族精神之根本内容和表现的中华民族的生活之道的这个"道"究竟是什么?就是中华民族的生活心理、生活观念、生活思想以及体现、表现这些生活心理、观念、思想等的生活行为和方式。说到这个问题,就涉及对中华民族思想文化具有深刻影响的儒、道、禅思想以及儒道、庄禅互补问题了。儒道思想对中华思想文

[①] 海德格尔:《存在与时间》(修订译本),陈嘉映、王庆节合译,生活·读书·新知三联书店 2006 年版,第 65—66 页。

[②] 海德格尔:《存在与时间》(修订译本),陈嘉映、王庆节合译,生活·读书·新知三联书店 2006 年版,第 434、435 页。

化的思想格局具有决定性奠基作用。倘若只有儒或只有道，中华文化将不会是传承至今的如斯格局和内容。儒重人的伦理关系和人的自觉自愿的自由意志的心性本质，道则重人的超越、自由和人"大朴未亏"的本原的真"朴"本性、本质。儒对现实社会秩序的肯定和维护，积极的入世情怀，对心性本体的寻求和建构等，与道对现实社会秩序的批判和否弃，逍遥的出世情怀，对具有超越意义的"道—德"本体的追寻和建构等，互融互补，使得中华思想文化既不因肯定现实世界，粉饰现存制度而庸俗滞重，也不因否弃现实存在，批判现存体制，追求个体自由和人格独立而超越玄虚。中华文化既是务实的，人情伦理的，重德厚生的，积极入世的，也是尚朴崇虚的，自由逍遥的，意境高远的，使生命能得超越性安顿的。那种"腓无胈，胫无毛，沐甚雨，栉疾风"的、摩顶放踵苦行僧式的思想文化，在中国文化中不占主流，甚至占不了什么地位；而那种狂热的宗教情怀和上帝膜拜，死心塌地地寻求超越天国的宗教文化，在中国也没有基础和市场。中国文化中没有"两个世界"的观念、倾向、情怀、思想、理论，有的只是"一个世界"的思想、理论和文化。中华文化向人们指出和证明，只有现实世界或现实尘世才是唯一真实的和有价值、有意义的世界，人生命的安顿和人的终极解脱就在这"一个世界"中，从孔子的"未能事人，焉能事鬼""未知生，焉知死"(《论语·先进》)、"敬鬼神而远之"(《论语·雍也》)的观念和信条，到庄子的"乘天地之正而御六气之辩，以游无穷者，彼且恶乎待哉"(《庄子·逍遥游》)的"自由"观念和主张，再到慧能的"自性平等，众生是佛""若不识众生，万劫觅佛难逢"(《坛经·付嘱品》)的思想，都主张在现今世界中、在尘世中实现自己的生命解脱和生命安顿的终极价值，并没有悬虚的上帝天国。这难道不正是中华民族最为基本的生活之"道"吗？

但儒、道及儒道互补都是一种文化系统，是有一定思想度的文化和理论，故其思想理论多是在或只能在知识阶层即士子中传播，其思想传播范围和所发生的效用当是有限的；尽管儒家的伦理道德思想就在百姓日用中，每个人在每时每刻的日常生活中都少不了伦理关系与行为，但作为思想、理论，对其思想价值的理解和认识，百姓则知之甚少或日用而不知；至于道家那种"玄览"(《老子》第十章)、"日损"(《老子》第四十八章)的"闻道"(《老子》第四十一章)之教和"乘物以游心，托不得已

第八章　庄玄禅的生命体悟与中华民族的生活之道

以养中"(《庄子·人间世》)的"逍遥"之"游",就是饱学之士也未必就能理解其思想真谛而贯彻、实现在自己的生活中。所以,儒、道思想及其互补作为中华民族生活之"道"其传播和影响面毕竟是有限的,可以说这还不是真正广泛的中华民族生活的生活之道。具有广泛影响意义的中华民族的生活之道是什么呢?这就是庄、禅思想,或曰以庄、禅思想为主而积淀、形成的中华民众的生活观念、文化心理、生活习俗、行为习惯及方式。

庄学是什么?前面我们已说过,它不是人们所谓的世界观、宇宙论、认识论等"哲学",它是在春秋战国时势下"忧世之乱而思有以拯济之"(胡适语)的社会政治思想和理论,这与先秦诸子的思想倾向和性质是一致的。但与诸子思想不同的是,庄学发现了或者说体悟到了人的存在及人的生存、生活根本的社会势域性和条件性,就是说,在人的生存及其活动后面有一种必然的、类似于"天命"的社会形势和社会条件,这是人得以生存、生活的根底,犹如鱼之生存、生活的"水",鸟之飞翔的"气"一样,这是托载着、托浮着、托乘着每个人生存的势域,是人生活的"水""气",是人一生下来就必须有的、在人的一生中都息息相关而须臾不可离的、人无法选择而必须接受的"命""命运""天命",没有它人的生存、生活将成无源之水、无本之木,是万万不能的。当然,每个人的生存行为和活动是可以反过来影响和改变这个社会的境域和时势的,但就总体言,就人生存、生活的前提条件言,必须先有这个时势、势域、境域、环境在,而不是相反。笔者以为这就是庄学中最本质的思想,也是庄子思想的秘密所在,是庄子思想对中华文化乃至世界文化最大的贡献。说到对人的生存、生活境域、势域的发现和肯定,不只是庄子,老子亦然,可以说在庄子之前老子对人的生存势域就有所发现和认识,这就是他所谓的未散之"朴",也就是"道"。但人如何来把握这个势域之"道"?如何能逼进到"道"这个境域、势域中?老、庄有了区别。老子虽然知道这个"道"本是"朴",是未散的,当他要把握它时却是在"朴散"(《老子》第二十八章)中来进行的,即从"一"与"他"之夹撑、托载起来的"居中"或"中"的势域地带退滑到了一、他这两个存在点上,在一、他这种对象化了的存在者之间来描述或表现这种"中"性势域,这就有了类似于西方哲学中"辩证法"的思想和方法,而这一方法的运用也就有了社会政治性的

"术"的味道了。这可以说是老子思想的不纯之处。庄学优长于老学的地方就在于，它没有在"道"的势域、境域性上退却，没有在"道"的"中""朴"地带上让思想打滑，庄子思想守住了和扣住了这一"道"境、"道"域的"中"性地带，他要破名相思维那种以"是什么"的"什么"为标的的思想偏失，要用"齐"的方法将思想紧紧卡守在由"一"和"他"夹撑、托浮起来的"中"的地带或地域、境域、势域中，并要用"忘"（"坐忘"和"道忘"等）的手段和方法来让思想逼入这个"中"的势域中以身临其境地感受、感觉它，与它同呼吸共命运。更为可贵的是，庄子发现了或者说涉及了具有普遍意义和价值的得"道"或曰进入"中"之境域地带的途径和方法，这就是对生产工具出神入化地使用。当把工具使用到化境时，以工具为中介和手段，人与对象就进入既亦此亦彼又非此非彼的、彼此此彼、此彼彼此、彼彼此此、此此彼彼的彼此一体同在的"始得其环中"（《庄子·齐物论》）的境地，这就是"道"，即"由技进乎道"（见《庄子·养生主》）的入"道"或得"道"。庄子的这一方法非常重要，也非常有价值。因为这说明和证明，"道"原来就不是个观念对象，不是和不能用名言概念的方式来予以认识和把握，因此所谓得"道"并不是个学问、知识的问题，并不是谁的学问大，谁识文断字多，谁的理论高明，谁就能得到"道"；相反，真正得"道"、入"道"者是世上三百六十行中每一行业的每个人，那种目不识丁、没有高头讲章和理论体系的凡夫俗子，在使用工具的生产、生活中通过对工具出神入化地使用就能得"道"成"真"，就能实现人生命的终极安顿，就能实现生命的意义和价值。这是非常有普遍性和现实性、可操作性的思想和理论，可以说这才是具有全民族性甚至具有全世界性、全人类性的真正人的生活之"道"。从这个意义上说，庄子思想之功是至伟的。

但非常遗憾的是，庄子这一具有重大意义和价值的思想却迟迟显不出来；虽然有所谓的儒道互补，有道家思想借、乘儒学为一尊的东风来发挥一定的作用，但庄子思想却姗姗来迟而迟迟发挥不了应有的作用，特别是庄子那种在出神入化地使用工具中来达到"道忘"以得"道"的思想，几乎长久被埋没了。在两汉四百余年间，庄子几被遗忘。至魏晋之际，庄学在竹林玄学中始受重视而得以彰显，至西晋末郭象玄学时庄学始"振起玄风"（《晋书·向秀传》）、"大畅玄风"（《晋书·郭象传》），对玄学关于宇宙本体思想的建构完成起了十分重要的作用。但在竹林玄学和郭象玄学处，庄学的真正思想内涵和意义并未得到彰显和发扬光大。就是说，竹林玄学和郭象玄学对于庄学的着眼点和显扬仍在社会政治方面，并未发掘出更为重要和根本的、具有真正生活意义和价值的、通过出神入化地使用工具在"道忘"中得"道"的思想。很明显，竹林玄学中的嵇康、阮籍之所以看重和看中庄子思想，正在于庄子思想中对现实社会的批判和对"至德之世"的向往，他们援引庄学有明显的政治目的和个人倾向，并未发掘出庄学的真谛。那么郭象呢？他发掘出了庄学的思想真谛了吗？也未必。"寄言出意"是郭象注《庄》的一种思想原则和方法。他说："鲲鹏之实，吾所未详也。夫庄子之大意在乎逍遥游放，无为而自得。故极小大之致，以明性分之适。达观之士，宜要其会归，而遗其所寄，不可事事曲与生说，自不害其弘旨皆可略知耳。"（《庄子·逍遥游注》）"夫庄子推平天下，故每寄言出意，乃毁仲尼，贱老聃，上掊击乎三皇，下痛病其一身也。"（《庄子·山木注》）郭象用这种"寄言出意"的原则和方法，究竟从《庄子》中挖掘出了什么"意"呢？这就是他的"独化"本体论和"名教"即"自然"的思想。郭象在注《庄》时倒很自觉、明确地沉思了究竟什么才是本体和才能是本体的问题。他说："谁得先物者乎哉？吾以阴阳为先物，而阴阳者即所谓物耳。谁又先阴阳者乎？吾以自然为先之，而自然即物之自尔耳。吾以至道为先之矣，而至道者乃至无也，既以无矣，又奚为先？然则先物者谁乎哉？而犹有物，无已。明物之自然，非有使然也。"（《庄子·知北游注》）可见，郭象明确考察过何者是本体、何者能作本体的问题。到底何者能是本体呢？郭象指出："无既无矣，则不能生有；有之未生，又不能为生。然则生生者谁哉？块然而自生耳。自生耳，非我生也。我既不能生物，物亦不能生我，则我自然矣。"（《庄子·齐物论注》）这是他对他之前的"无"本体和"有"本体的考察。考察的结果是：既然"无"就是无有、没有，它何以能生有呢？若不能生有，有何资格作有（存在）的本体呢？这讲不通。郭象这里所说的"无"，其形式当然就是王弼的"以无为本"的"无"，但事实上已与王弼的"无"相去有间，而是已经过竹林玄学"越名教而任自然"的"自然"论过滤了的、被推向了极端的"无"，这就是与"有"已无关系的那种"至无"。在王弼处既讲"以无为体"又讲"以无为用"。被竹林玄学的"自然"论推向了极端的"无"就是郭象这里说的"无既无矣"的"至无"。可见,"无"不能作本体。那么"有"呢,能作本体吗?"有之未生,又不能为生。"这是接着裴頠"自生"论的"有"论说的,即既然"有"是自生、自尔、自有的,它不是别的什么生出来的,那它就没有"生"的性质和功能;它既然没有"生"的性质功能,它自然就不能生其他的有,故与别的有(存在)就没关系了,何以能作别的有的本体呢?这也讲不通。所以,在郭象看来,那种"无"论和"有"论均有问题,均不可作本体。那么,究竟什么能是本体呢?郭象有言:"世或谓罔两待景,景待形,形待造物者。请问:夫造物者有邪?无邪?无也,则胡能造物哉?有也,则不足以物众形。故明乎众形之自然而后始可与言造物耳。是以涉有物之域,虽复罔两,未有不独化于玄冥者也。故造物者无主而物各自造,物各自造而无所待焉,此天地之正也。故彼我相因,形景俱生,虽复玄合而非待也。明斯理也,将使万物各反所宗于体中,而不待乎外。外无所谢而内无所矜。是以诱然皆生而不知所以生,同焉皆得而不知所以得也。"(《庄子·齐物论注》)这就是"独化"本体的提出。一讲到"独",一定涉及本体界,因为现象界是无"独"可言的。在这里,郭象提出这一"独化"本体似有一种无可奈何的心情,好像追不出什么是本体了,他就不得不说"未有不独化于玄冥者也",即世上的每一存在者都有着、在着且都变化着,如此而已,仅此而已。但实际上这个"独化"本体富有思想深度,因为它将其前的"无"本体和"有"本体综合、整合在了一个思想体系中,这就是"独化"本体的内在结构:"有—无"性。这表明,那种单纯的"无"和单纯的"有"均有所偏,均不是真正的本体;真正的本体必是"有"与"无"的内在统一,是"有"与"无"托浮和构造出来的当场显现着的活的情境、境域,这时既是有又是无,既不是有又不是无,是有无无有、无有有无、有有无无、无无有有的,是有而无之,无而有之,有无相生而生生不息的。所以,在郭象"独化"论这里,魏晋玄学的本体论思想达至峰巅。且这个"独化"本体具有现象学的思想识度,具有"本体"自身的特征和性质。可以说"独化"论是郭象对庄子境域性之"道"思想的重要继承和发挥。这是郭象在继承庄子思想方面的一个贡献。

郭象的另一个贡献就在于将庄子的"道"境思想或境域思想接引到"名教"与"自然"的关系问题上,将"名教"与"自然"整合、统一起

第八章 庄玄禅的生命体悟与中华民族的生活之道

来,形成了"名教"即"自然"的社会政治理论和人生价值理论。在魏晋时期,由于"天下多故"(《晋书·阮籍传》)的时势原因,使得"名教"与"自然"的关系一度很突出和紧张。所谓"名教"就是以儒学思想为主体的社会礼教规范的方方面面,广义的"名教"尚包括社会的政治、法律等思想;不仅包括政治、法律等方面的思想,也包括政治、法律之体制,俨然就是社会的整个上层建筑之所在。所谓"自然"是以道家思想为主导的自由、自然、独立、超越等的人格独立和精神自由。在人类社会中,人既然一来到这个世上就必定要处在已有的社会形式和形势这一境域中,压根就不能离开社会这个机体,所以不能不和不得不遵守社会的"名教",这可谓是天经地义的。然而,人天生就不是一般的动物,不像一般动物那样仍与自然世界同质而未能将自身提离出来,人一来到这个"世"上就带来了一个属于自己的世界,即人类社会或人文世界,人已经把自身提离开了自然世界,这个所谓提离开的表现就是人有目的、计划、办法、理想、追求、目标,等等,即人有意识、有思想,也就是有意志自由或自由意志。既有自由意志,这个自由意志就要表现,就要追求自由、独立和超越现实的理想,即要求"自然",这也可谓是天经地义的、神圣的。可见,守"名教"和求"自然"都必须、必要、必然,都天经地义和神圣,二者缺一不可。这怎么办呢?这可以说是魏晋玄学中一个重大的问题和难题。玄学家们是怎么解决这个问题的呢?先有王弼在其"无"本论主张下的"名教"出于"自然"说,即认为社会"名教"之存在的根据、根基在于"自然",这个"自然"也就是他的"无"本体。比如王弼在注《老子》"朴散则为器,圣人用之则为官长"一语时说:"朴,真也。真散则百行出,殊类生,若器也。圣人因其分散,故为之立官长,以善为师,不善为资,移风易俗,使复归于一也。"(《老子注》第二十八章)"朴"要存在就得散,"散"乃"朴"的存在方式。"朴"既然散了和必要散,就必有"百行出,殊类生"的结果。就人类社会来说,本来就是各种人的一个群体,本就是"百行""殊类"的,这在其后、其上就必有一个"朴"在,否则就不会有人群的存在,而"名教"就是用来约束、调整、规范、范导人群之存在的,故它是人群存在的必然要求和表现。这就论证了"名教"的"自然"("朴")的来源。至竹林玄学时期,因司马氏集团以"名教"为手段来行篡夺政权的政治时势所迫,嵇康、阮籍将"名教"与"自然"

对峙起来，揭露了"名教"的虚伪性和工具性，喊出了"越名教而任自然"（嵇康《释私论》）的口号。到了裴頠，为了纠正竹林玄学末流有意违背和破坏"名教"的行为之失，他大力提倡"名教"，反对王弼乃至老子的"无"论，这可谓又将"名教"与"自然"对峙起来，而要越"自然"而任"名教"了。嵇、阮和裴頠在"名教"与"自然"的关系上均有所偏，这当然不是对"名教"与"自然"关系问题的合理解决。

郭象将庄子的"道"境思想运用在或落实在"名教"与"自然"的关系上，或者说他将自己的"独化"本体思想运用在"名教"与"自然"关系上，比较合理地解决了这一问题。首先，郭象并非一味地粉饰"名教"，他清醒地看到了"名教"的政治性、工具性和其社会危害性。他说："言暴乱之君，亦得据君人之威以戮贤人而莫之敢亢者，皆圣法之由也。向无圣法，则桀、纣焉得守斯位而放其毒，使天下侧目哉！"又说："夫轩冕斧钺，赏罚之重者也。重赏罚以禁盗，然大盗者又逐而窃之，则反为盗用矣。所用者重，乃所以成其大盗也。大盗也者，必行以仁义，平以权衡，信以符玺，劝以轩冕，威以斧钺，盗此公器，然后诸侯可得而揭也。是故仁义赏罚者，适足以诛窃钩者也。"（《庄子·胠箧注》）郭象明确认识到，"名教"这个礼仪规制，完全可以为统治者所利用来禁锢人的行为，它是帮凶，它为虎作伥。但是，不能因为"名教"的工具性性质，不能因它能被统治者所用，就彻底否弃它；这就如同人吃五谷能生百病，因此就禁食五谷一样，此种做法是错的。

所以，其次，郭象肯定了"名教"存在的合理性和必要性。他指出："夫圣人之道，悦以使民，民得性之所乐则悦，悦则天下无难矣。""夫圣人统百姓之大情而因为之制，故百姓寄情于所统而自忘其好恶，故与一世而得淡漠焉。乱则反之，人恣其近好，家用典法，故国异政，家殊俗。"（《庄子·天下注》）这是说，圣人统治天下并不是凭一己之主观好恶来任意为之，而要顺着并就是顺着百姓之情的，这表明社会统治本有人情和人性基础在。那么，这个人性基础是什么呢？郭象认为正好就是人的仁义礼法之本性。他说："夫仁义自是人之情性，但当任之耳。""恐仁义非人情而忧之者，真可谓多忧也。"（《庄子·骈拇注》）"夫仁义者，人之性也。"（《庄子·天运注》）"刑者，治之体，非我为。""礼者，世之所以自行耳，非我制。""知者，时之动，非我唱。""德者，自彼所循，非我作。"（《庄子·大宗师注》）"法律者，众之所为，圣人就用之耳，故无不当，而未之尝言，未之尝为也。"（《庄子·寓言注》）"赏罚者，失得之报也。夫至治之道，本在于天而未极于斯。"（《庄子·天道注》）可见，仁义礼法这些东西并非只是强加给人的外在规范，它原来就是人的本性，是人之为人的本质所在，如果人没有了这种本性、本质，那就与禽兽无异了。将"仁""义""礼"这些社会规范导入人的心性中，作为人之为人的本性，这当然并非郭象发明，孔、孟等早有此说，但郭象在当时的社会背景下通过注《庄》来重新肯定这一思想，自有时代意义。更重要的是，郭象不是直接从儒家立场和思想出发来讲人的"仁""义"等人性的，而是在解读庄子思想时这么做的，从庄子思想出发能引申、解读出"仁""义"的人性之本，这本身就有重要的思想价值，就有"名教"与"自然"统一的思想倾向和意义。

因此，第三，郭象认定人的"仁""义"之性就是天理之自然，"名教"与"自然"乃一致、统一。他说："臣妾之才，而不安臣妾之位，则失矣。故知君臣上下，手足外内，乃天理自然，岂真人之所为哉！"（《庄子·齐物论注》）又说："自不遗身忘知与物同波者，皆游于羿之彀中耳。虽张毅之出，单豹之处，犹未免于中地，则中与不中，唯在命耳。而区区者各有所遇，而不知命之自尔。故免乎弓矢之害者，自以为巧，欣然多己，及至不免，则自恨其谬而志伤神辱，斯未能达命之情者也。夫我之生也，非我之所生也，则一生之内，百年之中，其坐起行止，动静趣舍，情性知能，凡所有者，凡所无者，凡所为者，凡所遇者，皆非我也，理自尔耳。而横生休戚乎其中，斯又逆自然而失者也。"又说："既禀之自然，其理已足。则虽沉思以免难，或明戒以避祸，物无妄然，皆天地之会，至理所趣。必自思之，非我思也；必自不思，非我不思也。或思而免之，或思而不免，或不思而免之，或不思而不免。凡此皆非我也，又奚为哉？任之而自至也。"（《庄子·德充符注》）在郭象看来，人的"仁""义"等本性就决定了、左右了人相应的行为，有了相应、相符的表现，这乃自然而然，不加修饰，没有雕琢，朴性自然，这正是人性与"自然"的统一。郭象在此的做法其实涉及中国思想文化中的一个重大问题，即伦理学本体化问题。伦理学的存在或表现形式是那些礼仪规范，它是一种社会规范和人为规定。但这些规则、规定不能自己起作用，这要人来操作、执行；而人要操持伦理规范，就有个自觉自愿的自由意志问题，否则就无伦理行为可言。但自由意志正因为是自由的，所以就有个自觉自愿地执行或自觉自愿地不执行的问题在，而伦理行为又必须自觉自愿地来执行，不能和不可不执行，这就需要将人的自觉自愿的自由意志升华、提升出来而予以本体化，这就是伦理学本体化，就是人的心性本体论的建立问题。这个问题一直是儒学发展中的重大问题，也是中国古代哲学中的重大问题。郭象这里所讲的"名教"与"自然"的统一问题，实际上涉及的就是这个问题。但郭象不像宋明理学家那样做，他省去了为什么要将"名教"（伦理学）予以"自然"（本体论）化的道理，径直将"名教"予以"自然"化，认为人的人性之必然就是人的行为之自然，合目的性与合自然性是一致的。另外，郭象在此讲"自然"时涉及"命"，似乎走到了命定论。但笔者以为并非如此表面和简单。当你对这个"自然"不是予以简单的概念化规定，不是作为对象来对待，而是回到"自然"本身的时候，这就进入了境界或境域、势域。所以，这个"命"恰恰有海德格尔讲"天命"之类的意义在。这正是郭象思想具有现象学识度的一面，也是其思想富有深度的一面。

　　正因为如此，因而，第四，郭象认为入世与出世是统一的，这就是他的"内圣外王"之"道"。他说："夫圣人虽在庙堂之上，然其心无异于山林之中，世岂识之哉？""天下虽宗尧，而尧未尝有天下也。故窅然丧之，而尝游心于绝冥之境，虽寄坐万物之上，而未始不逍遥也。"（《庄子·逍遥游注》）"夫理有至极，外内相冥，未有极游外之致而不冥于内者也，未有能冥于内而不游于外者也。故圣人常游外以冥内，无心以顺有，故虽终日挥形而神气无变，俯仰万机而淡然自若。"（《庄子·大宗师注》）寄坐于庙堂之上，这是王天下的表现，也是"名教"之极致的表现；心在山林之中，这是出世之举，是内圣的表现，是"自然"之致。这两种看似不同的和对立的行为和思想，却原来是相通、内通的，这个"通"的基础和表现当然不在这两者的对象规定上，从对象存在上言这两者是无法"通"的，而在其由二者夹撑、托载、托浮起来的"中"或"居中"的境域、势域中，这时的"内圣"与"外王"，或"自然"与"名教"这二者既是彼又是此，既不是彼又不是此，是此彼彼此、彼此此彼、彼彼此此、此此彼彼的，这就是"始得其环"的意境，就是"道"，即"内圣外王"

第八章　庄玄禅的生命体悟与中华民族的生活之道

之"道"。

"内圣外王之道"这一提法和概念虽出于《庄子》（见《庄子·天下》），但庄子并未构造出一种人世中"内圣外王"的"道"。庄子的"道"侧重于意境，重在人格独立和精神自由之意境、境界、境域上。庄子有对现实社会的批判，但未构造出人世中圣、王一体的可操作的"道"来。不错，庄子也讲"圣人"，但他的"圣人"与"至人""神人""真人"等并列，并无"王"即人世间之王的内涵，他讲尧、舜等这些人世的王者是圣人，但他的侧重点并不在于讲"王"与"圣"的一致，而突出的仍是具有超越性价值和功能的出世的一面。总之，庄子没有构建出用以在尘世立足和运作的"内圣外王"之"道"。庄子的"道"中有使用工具这一"技术性"维度，这非常重要和关键。但这一思想并未开显在现实社会的现实生活中。到了魏晋玄学，庄学始显。庄学首先在竹林玄学中放出了思想光彩。然竹林玄学看重和发扬的是庄学中对现存社会制度的批判和超越的一面。至郭象玄学，始将庄学中关于"道"的"技术性"真谛开显在社会政治生活中，此乃郭象讲的"名教"即"自然"意义上的"内圣外王"之"道"。庄子讲的是对生产工具出神入化地使用，在这种使用中达到人与对象的一体、合一，这就是由"技"入"道"。不论郭象自觉与否，他把庄子使用生产工具的技术性之"技"引入、发挥在了社会问题上，这其实就是对"名教"的运用、使用，可谓对"名教"的出神入化地运用、使用和操作。这话听起来有点玄怪，"名教"又不是那种实体性的生产工具，如何能使用，如何能出神入化地使用、操作呢？其实是可以使用、操作的，亦能出神入化地使用。"名教"是社会规范，但就它的社会存在和作用来说，它正是社会工具，是工具岂能不使用、操作？岂能不出神入化地使用？当然，使用"名教"与使用实体工具是有区别的，方式、方法不同，但这并非说就不可和不能使用"名教"。其实，每个人在社会生活中的所作所为、接物待人、与人相处等就是在使用、运用、操作"名教"，若不使用它，人可谓寸步难行，连一时一刻人的生活都不能过。而且，就使用"名教"的程度和频率言，这远远超过了对生产工具的使用。就像对工具的使用若达不到化境就不会有由"技"入"道"的效果一样，对"名教"的使用亦然，普通人当然在每日每时使用着"名教"，却是一般的泛泛使用，故入不了境，进不了"道"。圣人就不一样了，他像那些技术高超的工匠使用工具一样，能将"名教"使用到出神入化的化境，故能入"道"，这就叫"内圣外王之道"。如果你要问圣人究竟如何使用"名教"并能出神入化地使用之，这只有你自己就是那个使用"名教"的圣人时你才能知道，否则问也是白问，说也是白说。可见，郭象玄学是有重要思想价值的，它对庄学的传承有不小的贡献。

但话又要说回来，郭象的"内圣外王之道"对庄子"技术性"之"道"思想的继承、引申仍是有局限的。其一，这种对"名教"的使用虽然人人为之，但要认真使用，特别要出神入化地使用，这只能是少数政治家，甚至是特别有政治天赋的大政治家的事，故郭象的"内圣外王之道"在运用范围上甚有限制，其作用也有限制，甚至比庄子那种出神入化地使用生产工具的范围和作用还要小还要有限。其二，"名教"虽然是社会性的，其存在和应用面异常广泛，但一谈到对"名教"的使用问题，就不是和不能只是社会问题和社会领域中的事了，它专属于政治问题和政治领域。而一旦被牵引到了政治领域，其"名教"的使用就有了浓厚的政治色彩和气氛，使用"名教"者的政治背景、家族出身、文化教养、政治立场、政治态度、思想倾向等都严重地影响着这一使用，将显不出或者说几乎显不出这种使用中出神入化的技术性的维度，所以"名教"大多就成了政治的工具，变成了政治帮凶，成了为虎作伥者。因此，一到政治领域中，"名教"的使用只是政治工具和手段，不会有什么"内圣外王之道"那种"道"在。其三，因此，郭象的这个"内圣外王之道"思想看似一种意境、境域、境界，实际上却是一种"术"，是政治术。所以，看来郭象继承的是庄，实则骨子里是老，大有老子"君人南面之术"之义；甚至与法家"术"的思想亦内在相通。这就难免让这个看似意境高远的"内圣外王之道"在实际实行、实施中沦为只是一种权谋、权术，甚至于是诈术、诡道。这样一来，这个"内圣外王之道"不仅无益于人的社会生存和生活，甚至对人的社会生存和生活还是有害的。这说明，庄学在魏晋时期的玄学中，特别在郭象玄学中的传承、发展是有限的和不到位的，庄子的"道"思想并未能真正融贯在人的生活中，还没有成为中华民族的生活之道。

引庄入佛后产生了禅宗，这是中国思想文化中的伟大创造。禅宗将庄子"技术性"的"道"融进了人的生活中，使"道"成了生活的艺术，成了生命的体悟。日本的禅学大师铃木大拙说："禅，是中国佛家把道家

第八章　庄玄禅的生命体悟与中华民族的生活之道

思想接枝在印度思想上，所产生的一个流派。"① "禅是中国人彻底把握佛教教义以后所得到的东西，这可由两个无可争论的历史事实加以证明：第一，创立禅宗以后，支配中国的，就是这个宗派，而其他宗派除了净土宗以外，都不能继续存在；第二，佛教演变出禅宗以前，从来没有与中国本土思想发生过密切关系，这里我所指的本土思想是儒家思想。"② 这是说，禅宗思想与印度的佛教思想、中国的道家思想（当为庄子思想）、中国的儒家思想都有关，是将道家庄子思想接枝于印度佛教思想上而产生的能与儒家思想相沟通的一种宗教，是生活的宗教。铃木大拙还分析了印度思想传统与中国思想传统的特质，说明了禅宗的生活化特性及思想内涵。他指出："禅是中国土地上最自然的产物，尽管两个民族的环境有许多差别，然而佛教却从印度成功地移植到中国来了。一般地说，中国是一个最讲求实用的民族，而印度却是一个喜欢幻想和倾向高度思辨性的民族。""印度人精于分析，也富于诗人的想象力；中国人则重视世俗生活，他们辛勤工作，从不想入非非。他们的日常生活是耕田、捡柴、挑水、买卖、孝顺父母、履行社会义务，以及展开一套最复杂的礼仪。在某种意义上说，讲求实用，就是重视历史，纵观时间的进程而如实地记录它留下的痕迹。中国人可以说自己是伟大的历史记载者——与印度人之缺乏时间感正好相反。"所以，"印度人丰富的想象力，产生了超自然主义和奇妙的象征主义，而中国人的讲求实践以及喜欢生活中的具体日常事实，则产生了禅"③。可以说，禅是宗教形式中的生活艺术，生活之道。"禅，是不是属于宗教？在一般所理解的意思来说，禅并不是宗教，因为禅并没有可作礼拜对象之神，也没有可执行的任何仪式，也不持有死者将转生去的叫做来世的东西，而且一个很重要之点，即：禅是连灵魂都不持有的。"④ 似宗教而非宗教的"禅"是什么呢？"禅是中国人用以促进、认识和吸收佛教觉悟说的唯一形式。"⑤ "对中国佛教

---

① ［日］铃木大拙：《禅佛教入门》，李世杰译，协志出版公司1970年版，第12页。
② ［日］铃木大拙：《禅与生活》，刘大悲、孟祥森译，时代出版传媒股份有限公司2010年版，第38页。
③ ［日］铃木大拙：《禅与生活》，刘大悲、孟祥森译，时代出版传媒股份有限公司2010年版，第31、32、43页。
④ ［日］铃木大拙：《禅佛教入门》，李世杰译，协志出版公司1970年版，第12—13页。
⑤ ［日］铃木大拙：《禅与生活》，刘大悲、孟祥森译，时代出版传媒股份有限公司2010年版，第42页。

徒来说，如果佛的内心体验不应用理智或分析方法，也不应用超自然方式而应在实际生活中直接印证的话，这便是唯一的方式。因为，就我们实地经历生活来说，生活是超乎概念和观念的。要了解生活，就必须透入生活里面并亲身接触生活；将生活中某一片断拿来观察，就扼杀了生活；当你认为已发现生活的精髓时，生活就不再存在了，因为它不再是活生生的而是僵化的和枯萎的。由于这个缘故，所以自从达摩来到中国以后，中国人就想如何以适于自己感情和思想的方式来充分表现觉悟说，直到慧能以后，中国人才满意地解决了这个问题，而建立禅宗的伟大工作才算完成。"[1] 铃木大拙的论说说明，禅虽属宗教形式，但却是生活之道。当然，禅宗的生活之"道"与庄子"技术性"的"道"是有内在思想关连的，否则就无所谓引庄入佛而产生了禅宗之说了。

那么，禅宗的生活之"道"是什么呢？简言之，就是发现了生活本身，直指生活本身，回到了生活本身。"生活"者"生"与"活"也，即"生—活"也。世上的每个人每时每刻都在生、活中，都生着、活着，一刻一秒也不能停止这个生与活，否则就不生不活，就无有生活了。很明显，"生活"并不是个名称，并非一个名词概念，并不是一个单独的对象规定，生活是行为，是动作，是动态的事件形成过程，是正在当场出现、当场构成、当场产生着的活生生的情境、境域、势域，是生生活活、活活生生、生活活生、活生生活的当场开示、开显、显现。所以，世人每日每时每刻都在制造着生活、创造着生活、构成着生活、感受着生活、享受着生活，同时亦在消耗着生活、消费着生活、解体着生活、取消着生活，正是在这种构成中解体和解体中构成、生成中去消且去消中生成、享受中承受且承受中享受、感受中消受且消受中感受等构成与消解的过程中，才有丰富多彩、形形色色、有声有色、有滋有味的生活。这，就是生活，就是使用生活和对生活的使用，这就是人生，就是人的生命，就是人的存在，就是人的社会和社会的人。禅宗的思想真谛和魅力就在于对生活自身的发现和进入。因此上，才有了禅宗独特的思想特点和风格、内容。

其一，它蔑视、反对和要破除一切对象性、概念化的思维方式。《五灯会元》卷七有德山宣鉴禅师之语，曰："这里无祖无佛，达摩是老臊胡，

---

[1] ［日］铃木大拙：《禅与生活》，刘大悲、孟祥森译，时代出版传媒股份有限公司2010年版，第37—38页。

释迦老子是干屎橛,文殊、普贤是担屎汉,等觉、妙觉是破执凡夫,菩提、涅槃是系驴橛,十二分教是鬼神簿、拭疮疣纸,四果三贤、初心十地是守古塚鬼,自救不了。"《古尊宿语录》卷四有临济义玄禅师的话,曰:"三乘十二分教皆是拭不净故纸,佛是幻化身,祖是老比丘,你还是娘生已否。你若求佛,即被佛魔摄,你若求祖,即被祖魔摄,你若有求皆苦,不如无事。……真佛无形,真法无相。你只么幻化上头作模作样,设求得者,皆是野狐精魅,并不是真佛,是外道见解。……你欲得如法见解,但莫受人惑,向里向外,逢着便杀,逢佛杀佛,逢祖杀祖,逢罗汉杀罗汉,逢父母杀父母,逢亲眷杀亲眷,始得解脱,不与物拘,透脱自在。"作为一名佛教徒,一位有道禅师,如此评说佛祖、菩萨等佛教的崇奉对象,如此诋毁佛家的经论著作,这确实在古今中外的宗教史上绝无仅有,也确令人匪夷所思。这究竟是为了什么?就是为了破除偶像崇拜,破除对象性、概念化的思维方式。因为,在对象性、概念化的思维方式下,包括"佛"在内的一切东西均被对象化了,成了人主体即"心"面前的对象,人与这个东西就被打成了两截子;这样一来,要成佛就永无可能。什么是成佛?就是自己成为佛,佛就是己,己就是佛,佛己一体,难分彼此;倘若"佛"只是你思想上的一个观念,一种概念规定,一种理性上(思想上)的存在对象,那么这个"佛"就永远在你之外,你就是对"佛"再怎样地顶礼膜拜,你就是能将所有的佛教经卷倒背如流,这个"佛"仍在你之外,你依然成不了佛。《五灯会元》卷五载:"(邓州丹霞天然禅师)唐元和中至洛京龙门香山,与伏牛和尚为友。后于慧林寺遇天大寒,取木佛烧火向,院主诃曰:'何得烧我木佛?'师以杖子拨灰曰:'吾烧取舍利。'主曰:'木佛何有舍利?'师曰:'既无舍利,更取两尊烧。'主自后眉须堕落。"木佛、石佛、铁佛、铜佛、金佛、玉佛……无论何物所作的佛,均是一个死东西,一尊偶像而已,虽然它外形似佛,但质地乃一木、石等而已。请问,如果你以此种木、石之物为顶礼膜拜之对象,把你自己的一切观念、信念、理想、向往、追求等都寄托在这个木、石上,你的生命、生活还有意义吗?你的生命、生活还是人的生命、生活吗?你与木、石又有何异?这样来追求生命的价值,寻求生命的解脱之道,寻找人生、生活的意义,岂非本末倒置?你难道不是将自己降低到了动物的存在水平,甚至降到了一般物的存在水平了吗?所以,崇奉那种偶像之"佛"是无益的，非但无益，甚至有害。从这个意义上来看，天然禅师取木佛烧火取暖之举就不怎么骇俗和怪异了；不仅不怪异，里面的确有启迪人生的禅意在。禅之所以是禅，禅宗之所以能在众多佛教宗派中异军突起而独树一帜，就在于它对那种传统的、根深柢固的、习以为常的对象性、概念化方式的破除和矫正。《祖堂集》卷二"惠能和尚"条载："有人问曰：'黄梅意旨何人得？'师云：'会佛法者得。'僧曰：'和尚还得也无？'师云：'我不得。'僧曰：'和尚为什摩不得？'师云：'我不会佛法。'"《古尊宿语录》卷十二"池州南泉普愿禅师语要"条说："池州崔使君问五祖大师云：'徒众五百，何以能大师独受衣传信，余人为什么不得？'五祖云：'四百九十九人尽会佛法，唯有能大师是过量人。所以传衣信。'"《五灯会元》卷第五"石头希迁禅师"条说："时门人道悟问：'曹溪意旨谁人得？'师曰：'会佛法人得。'曰：'师还得否？'师曰：'不得。'曰：'为甚么不得？'师曰：'我不会佛法。'"禅宗六祖慧能因直悟本心、顿悟真性而继承了五祖弘忍的衣钵，并发扬光大了禅宗。那么，慧能为什么说他"不知佛法"呢？五祖也说他门下的五百弟子中只有慧能一人不懂佛法，所以才要让他来传衣受信？希迁禅师明明懂佛法却为何说他自己"不会佛法"呢？那么，"佛法"到底是什么？究竟什么才是"懂佛法"或"会佛法"？这里对"佛""佛法"就有两种理解，一种是概念式、对象式、定义式的理解或知道；另一种则是情境式、境域式、势域式、当场生成式、情境反思式的理解和知道。若用前种方式，佛、佛法只能是观念、概念，它就是死东西，这于人无益且还有害。若是后一方式，人与佛乃一体同在，人则佛矣，佛则人矣，人人佛佛，佛佛人人，人佛佛人，佛人人佛，这就是自己是佛，佛乃自心、自性。当然，成佛的表现只能在这后一种方式中。对慧能来说，正因为他开悟了，成佛了，所以才没有那种对象意义上的"什么"性的"佛"在，才不知道这种"佛"；这种"不知"才是真正的"知"。可以看出，禅宗这种反对概念化、对象性思维的思想，与西方现代哲学中海德格尔的存在论思想倒可相通款曲。1900、1901年胡塞尔发表了两大卷《逻辑研究》，这标志着现象学运动的开始。但对《逻辑研究》所用的概念化的描述方法和思想倾向，那托普提出了两条反对意见，即现象学的反思（即那种概念化的描述）会使生活经验不再被活生生地体验着，而是被观看着；同时，对经验的任何描述都不可避免地是一种普遍化和抽象化，根本不存在直接描述。就是说，一描述就非得将那个被描述者提离开当场活的境域不可，这就不是事情本身了。对那托普的这两条意见，海德格尔倒高度重视，于是发展出了不同于胡塞尔现象学的诠释化的现象学，这就是海氏的存在论。① 海氏的"存在"论思想原则和那种"形式指引"的思维方式，与禅宗破对象性、概念化思维方式的立场和思想理路倒内在一致。

其二，禅宗以"公案"这种独特的话语方式来既破概念化思维又营造情境反思或境域化思想。"公案"是禅宗十分独特的悟道方式和语言形式。禅宗有大约一千七百多个公案，被常用的公案也有五六百则。禅宗为什么要用"公案"？因为它是一种独特的语言形式。大体上说，禅宗的"公案"类似于拉斯克等所说的"反思范畴"、海德格尔的"形式指引"或"形式显示"的语言形式；这与庄子所说的"寓言""重言""卮言"亦有相通处。《五灯会元》卷第一"释迦牟尼佛"载："世尊在灵山会上，拈花示众。是时众皆默然，唯迦叶尊者破颜微笑。世尊曰：'吾有正法眼藏，涅槃妙心，实相无相，微妙法门，不立文字，教外别传，付嘱摩诃迦叶。'"这是说，禅这个宗是由佛祖亲传下来的，它本"不立文字，教外别传"，即既无那些佛理可讲，也无那些佛规组织可言。那这还是宗教吗？还是思想吗？还有理论吗？还能传播和传承吗？当然，它仍是宗教，是思想，是哲学，有理论，可传播和传承，否则的话它何以能流传到现在呢？那么，这种无文字的传播如何传播呢？是像史前史那样靠故事、传说等形式向下传播吗？可以这样。但这仍要用语言文字，只不过不是那种书写的符号文字，而是声音文字罢了。其实，在禅宗这里，只是没有或不要那种概念化的文字，而不是彻底不要语言文字。慧能在教导弟子们如何讲说佛法时指出："自性动用，共人言语，外于相离相，内于空离空。若全著相，即是邪见；若全执空，即长无明。执空之人，有谤经：'直言不用文字。'既云不用文字，人亦不合语言。只此语言，便是文字之相。又云：'直道不立文字。'即此'不立'两字，亦是文字。见人所说，便即谤他，言'著文字'。"（《坛经·法门》）如果真的不用文字了，也就无人类语言了；若无有语言或彻底取消了语言，人类也就不存在了，人就退回到动物世界

---

① 见张祥龙《海德格尔传》，商务印书馆2007年版，第94—95页。

去，还有何文明可言，有何思想可言，有何道理可讲，有何开悟之类可言呢？一切的一切都将化为乌有。所以，禅宗所谓的"不立文字"只是不立那种名言概念化了的文字，而是要立一种特殊形式的文字，一种能达意、表意的文字。禅宗的"公案"就是这种特殊形式的文字。

说它特殊，就是因为此类语言文字具有象征、比拟、比喻、比兴、冥会暗通的功能，它表示、表达的往往不是那种"是什么"的"什么"，而是情境、境域式的"怎样""如何"。我们现在来看几个"公案"例子，体会一下这里面的禅机和道理。

> 有侍者会通，忽一日欲辞去。师问曰："汝今何往？"对曰："会通为法出家，和尚不垂慈诲，今往诸方学佛法去。"师曰："若是佛法，吾此间亦有少许。"曰："如何是和尚佛法？"师于身上拈起布毛吹之，通遂领悟玄旨。（《五灯会元》卷第二"鸟窠道林禅师"条）

这则公案说的是怎样得到"佛法"。关于"佛法"，当然可以作为对象来讲，将"佛法"作为一个名词、概念来给予解释。但无论解说者怎样解说，这对听者来说，"佛法"始终是一个概念，一个观念，一个理性上、思想上的对象；即使你对这个"佛法"的意思知之甚深，但仍只是一种关于佛法的知识，这对你的成佛，与你的修行生活等，是不相干的。所以，鸟窠禅师没有用概念式的语言作解说，他只是作了一个动作：从衣裳上拈下一丝布毛吹起。但会通看到这一动作，却领悟玄旨而开悟了。这究竟说明了什么呢？这表明：气托浮布毛，布毛乘气而浮动，自然而然，浑然天成，难分彼此。人与自己所处的这个世界难道不正是难分彼此的一体同在吗？人难道不是每时每刻地"在世中"吗？难道这不正是人的生存、生活吗？不正是生活的真谛吗？不正是生、活的意义和价值吗？还有别的生命、生活能让人去从事吗？能悟到这一层，你说开悟了没有呢？！

> 澧州药山惟俨禅师……博通经论，严持戒律。一日，自叹曰："大丈夫当离法自净，谁能屑屑事细行于布巾邪？"首造石头之室，便问："三乘十二分教某甲粗知，尝闻南方直指人心，见性成佛。实未

第八章　庄玄禅的生命体悟与中华民族的生活之道

明了，伏望和尚慈悲指示。"头曰："怎么也不得，不怎么也不得，怎么不怎么总不得。子作么生？"师罔措。头曰："子因缘不在此，且往马大师处去。"师禀命恭礼马祖，仍伸前问。祖曰："我有时教伊扬眉瞬目，有时不教伊扬眉瞬目，有时扬眉瞬目者是，有时扬眉瞬目者不是。子作么生？"师于言下契悟，便礼拜。祖曰："你见甚么道理便礼拜？"师曰："某甲在石头处，如蚊子上铁牛。"祖曰："汝既如是，善自护持。"（《五灯会元》卷第五"药山惟俨禅师"条）

这则公案说的是如何开悟而见性成佛。惟俨禅师先见石头希迁禅师，石头的回答与后来的马祖道一的回答实则一样，但惟俨在石头处未开悟，在马祖处却开悟了，其开悟的表现就是他明白了他在石头处时就如同一只蚊子落在了一个铁牛身上。这不是一件小小的事情吗，有什么悟不悟的呢？这里的确有禅机禅意。一只蚊子落在一头牛身上，它就能叮吸牛的血而生存、生活；若落在一个铁牛（一块铁）身上，是吸不了血的，是生存不了的。这不说的仍是生存之境域问题吗？！人在世中生存着、生活着，就像一只蚊子在一头牛身上，蚊子与牛是处在一种一体之境中的；尽管牛可以不要蚊子而能生存（这是另一个生存境域问题了），但蚊子离了牛却不行，因为这就没有生存、生活之域了。所以，人在这个世上，每日每时，每时每刻都"在世中"，与世一体同在，难分彼此，息息相关，同呼吸、共命运，故只有你或只有世都不行，这就是石头所谓的"怎么也不得，不怎么也不得，怎么不怎么总不得"的意思。马祖所言亦如此，有时扬眉瞬目表示有见有感，有时扬眉瞬目表示无见无感，有时扬眉瞬目则喜，有时扬眉瞬目则怒，有感无感，或喜或怒，这都在人与世的情境、境域中存在着、运作着，离了情境、情域，一切都无存。能悟到这一层，岂能不懂生命存在的意义？还要到哪里去见性成佛呢？！

鼎州德山宣鉴禅师，……一夕侍立次，潭［按：龙潭崇信禅师］曰："更深何不下去？"师珍重便出。却回曰："外面黑。"潭点纸烛度与师。师拟接，潭复吹灭。师于此大悟，便礼拜。潭曰："子见个甚么？"师曰："从今向去，更不疑天下老和尚舌头也。"（《五灯会元》卷第七"德山宣鉴禅师"条）

公案中这件事实属平常，却又神秘。神秘乎？这就看你怎么看这则公案。夜深天黑，路不好走，看不见物，这的确是太平常、太自然的事。德山说外面黑，龙潭就给他点了一支纸烛。纸烛一照，众物皆现，众相毕出，差别、对立、抵牾的世界因此就显出来了，这不正是众生眼里的世界吗？不就是凡夫之所见吗？佛家所谓的开悟，禅作为一种思维修，要化解的恰恰就是众生眼里的对立、差别相，回到人与世界一体同在的那种境域中去。而这种浑然一体之境域，在没有烛光的夜晚不正就存在着和表现着吗？！所以，当德山正要去接龙潭手中的纸烛时，龙潭却一口吹灭了它，这时众物、众生的那种差别相不就没有了吗？人与天地万物一体同在的意境、境域不就呈现出来了吗！德山一下子体悟到了这一点，岂能不开悟！舌头是说话时的工具，是用来说话的，但一说往往落入言筌，进入分别、差别、对立相。然而，如果悟到了天人一体的源头、根基，再回头来看世间相，听世间音，却就不会为日常的话语所迷惑，就有"青青翠竹，尽是真如；郁郁黄花，无非般若"（《祖堂集》卷三）之感了。所以，当德山开悟后礼拜龙潭，龙潭问他"子见个甚么？"时，德山说："从今向去，更不疑天下老和尚舌头也。"不论你说什么，都能透出天人一体之境矣！

  邓州香严智闲禅师……在百丈时性识聪敏，参禅不得。洎丈迁化，遂参沩山。山问："我闻汝在百丈先师处，问一答十，问十答百。此是汝聪明灵利，意解识想，生死根本。父母未生时，试道一句看。"师被一问，直得茫然。归寮将平日看过底文字从头要寻一句酬对，竟不能得，乃自叹曰："画饼不可充饥。"屡乞沩山说破，山曰："我若说似汝，汝已后骂我去。我说底是我底，终不干汝事。"师遂将平昔所看文字烧却。曰："此生不学佛法也，且作个长行粥饭僧，免役心神。"乃泣辞沩山，直过南阳睹忠国师遗迹，遂憩止焉。一日，芟除草木，偶抛瓦砾，击竹作声，忽然省悟。遽归沐浴焚香，遥礼沩山。赞曰："和尚大慈，恩逾父母。当时若为我说破，何有今日之事？"乃有颂曰："一击忘所知，更不假修持。动容扬古路，不堕悄然机。处处无踪迹，声色外威仪。诸方达道者，咸言上上机。"（《五灯会元》卷九"香严智闲禅师"条）

"偶抛瓦砾，击竹作声"，这也的确很平常，可以说每个人在每天的生活中都屡见不鲜。智闲禅师为什么能从这件平凡之事中一下子就开悟了呢？他到底悟到了和悟出了什么"道"呢？莫过于悟出了大自然的禅机禅意。天地万物，自然生长，一年四季，花开花落；天上白云飘飘，地上水声汩汩，树上鸟鹊叫，水里青蛙鸣，风吹草木动，雨落大地苏……这一切的一切多么自然，多么平常，但又多么韵致，多么神妙，真乃到处有"真如"，无时不"般若"。如果能有如此之情怀，能识"自然"之"道"法，何愁心不入涅槃，意不达佛法。所以，智闲禅师在偶抛瓦砾而听到击竹之声时一下子就开悟了，悟到了"父母未生时"的真机；父母未生时，人当然尚未出世，还未来到这个世上，自然就无有分别相可言，一切都是天然、自然，都是朴，是"道"。这不正是人与天地一体同在的那种意境、境域吗？！

问："如何是祖师西来意？"师［按：即赵州从谂禅师］云："亭前柏树子。"僧云："和尚莫将境示人。"师云："我不将境示人。"僧云："如何是祖师西来意？"师云："亭前柏树子。"（《祖堂集》卷第十八"赵州和尚"）

问："如何是祖师西来意？"师云："床脚是。"

问："如何是祖师西来意？"师云："东壁上挂葫芦多少时也。"

问："如何是祖师西来意？"师云："如你不唤作祖师意，犹未在。"

问："如何是祖师西来意？"师云："栏中失却牛。"

问："如何是西来意？"师云："因什么向院里骂老僧？"

问："如何是西来意？"师云："板齿生毛。"

问："如何是西来意？"师云："什么处得者消息来？"

问："如何是佛法大意？"师云："礼拜着。"

问："如何是佛法大意？"师云："你名什么？"

问："如何是祖师的意？"师涕唾。

师因到临济，方始洗脚，临济便问："如何是祖师西来意？"师云："正值洗脚。"（《古尊宿语录》卷十四"赵州（从谂）真际禅师语录之余"）

这里的"祖师"指菩提达摩，他是印度禅宗第二十八祖，是中国禅宗初祖。达摩是南天竺僧人，于南朝的宋末（一说为南朝梁普通元年，即520年，一说为大通元年，即527年）航海到广州，后往北魏，入嵩山少林寺。达摩到东土，自然是传播佛法来的。那么，他传的是什么佛法？或者说佛法是什么？这正是出家人所追寻的根本大事。但对出家修行者而言，就不是仅知道一下"佛法"这个概念、观念的知识性问题，而是要得到佛法、要成佛的，这当然就不是个概念、知识的问题，一定是个如何成为佛、如何正在成为着佛的问题，这只能是"我与佛为一"的那种即佛即我的情境、意境、境域所在。正因为如此，禅师们在回答"如何是祖师西来意？"的提问时就根本未用"什么是什么"那种概念化的定义规定，因为这种方式方法根本就牛头不对马嘴，解决不了成佛问题；而是用启发的方式来让所问者自己体会，自己开始。赵州从谂回答说祖师西来意是"庭前柏树子""板齿生毛""正值洗脚"，等等，而洞山良价回答则是"麻三斤"，这是回答吗？这算哪门子的回答呢？用概念化、定义化的方式来看，这简直是胡说八道。但这正是为了破那种概念化的方式，是让人入境，让人在情境中得以开悟。说祖师西来意是"庭前柏树子"，对此种说法可以有两种说解：庭前的柏树，这不是个外在的对象嘛，佛若果成了这种柏树一样的东西，根本就是人之外的存在，就与人无关涉。这是从否定的意义上说明"佛""佛法"不能直接作为对象来问来说，因为"说似一物即不中"，一说就只能是第二义的东西而非"第一义"的本体了。但还可以这样来理解：庭前柏树子在人之外，本与人无涉，但当你一说它时它就不是你之外的东西了，就与你相关涉，就进入你的感觉经验中了，就是你正在看到的和正在看着的东西，这不就是正在当场构成着、生成着、开显着、显现着的活的情境吗？！人如果能如此地来看待佛和领会佛，不就与佛同在场而当场构成着嘛，这时你不就明白何为佛、何为佛法了嘛，不就知道什么是祖师西来意了嘛，还疑惑什么呢？所以，关于祖师西来意是"庭前柏树子""麻三斤"之类的回答，正富有禅意、禅机。

铃木大拙说："公案是'一种建立判断标准的众所周知的文献'。"[①]那么，禅宗公案建立的是一种什么"判断标准"呢？显然不是日常语言中

[①] [日]铃木大拙：《禅与生活》，刘大悲、孟祥森译，时代出版传媒股份有限公司2010年版，第99页。

那种概念化的"是什么"式的判断,而是关于"是"本身的判断,"存在"自身的判断。这如何理解?这实际上就是拉斯克所讲的"反思范畴"问题,就是海德格尔说的"形式显示"问题。拉斯克是海德格尔的师兄。他把范畴分为"构成性范畴"和"反思范畴"两类。构成性范畴是由形式与质料的关系决定的,即此类范畴被它所规范的质料或内容所限定,故它有自己的内容领域,不管这个内容是感觉领域还是非感觉的抽象领域。而反思范畴是由主体与客体的关系引发出的,并不直接被具体的质料内容所限定。拉斯克说:"逻辑上赤裸的和前客观的某物只位于那'直接的'、非折射的、不涉及理论的投入体验之前。与此相对,它总是作为对象而遭遇到反思。这样就表明了一种可认知性,它涉及范畴的可遭遇到自身的状态。当然,在这种反思中只需要最少的对象性。在这种情况中,质料就是只作为一个'某物'或'存有'而取得合法化。至于关于这种'存有'的纯粹'反思'范畴在更具体的状态中意味着什么,则还需要确定。"①反思范畴的重心在主体与对象间或对象间的关系上,淡化了或者说化去了对象的"什么"质性,故此种范畴似乎空无所指,却暗含着"最少"的"范畴质料",不过此种范畴质料应被理解为逻辑形式本身的产物和艺术产品。拉斯克称:"它是纯粹的幽灵、'普遍内容'的纯模型、纯粹的'某个东西'的纯模型。"②这种"反思范畴"的例子是:"有""同一性""持存""区别""某物",等等。在语言中,它还表现为诸如"和""或""与""另外""总括""多""种""组""群""普遍""特殊""超出"等形式。可见,构成性范畴表达、表现的是存在者的对象性的性质、规定、状态等方面。而反思范畴则表达、表现的是对象间的关系、联系和存在之趋势、姿态等方面,故在原来认为不可说之处,反思范畴却能以构意的方式显示出微小的和独特的形式与意义。构成性范畴无法表达投入体验的含义,但反思范畴则能与此种质朴的、投入体验的、当场构成着的、活的情境打交道,能表现、反映出此种境域性来。吸收了拉斯克"反思范畴"的思想,在继承和改造胡塞尔"形式化"思想的基础上,海德格尔提出了他"形式显示"的现象学方法。早在古希腊时期人们就能自觉地运用普遍化、抽象化方法,比如"人—哺乳动物—动物—生物—物—存在"就

---

① 转引自张祥龙《海德格尔传》,商务印书馆2007年版,第92页。
② 转引自张祥龙《海德格尔传》,商务印书馆2007年版,第91页。

是一个普遍化、抽象化的过程。人们一直认为，这种普遍化可以一直进行下去，一直到最后、最大的那个概念（一般是"存在"）。后来胡塞尔指出，这种看法并不对，其实那种普遍化的方式是进行不到底的，到了一定的程度，这种普遍化、抽象化就被形式化所打断。① 比如说，在"红—颜色—感觉性质—本质"这一思维过程中，"红—颜色—感觉性质"这是普遍化过程，但"感觉性质—本质"则是形式化，因为前一个过程中有"事物域"的限定，后一个过程则没有。所谓"本质"乃事物的根本属性、质性。它看似一个对象性存在，实则却不是。因为，倘若世上仅有一个存在者的话，它只是它，无本质不本质可言；在一存在者与他存在者的关系中，才有所谓的"一"与"他"的区别，也才有"一"或"他"的质性、本质可言。比如说，如果世上只有一个人存在，这个人无所谓"仁"这一本质可言，只有在一人与他人的关系中才有"仁"这种人性、本性之本质可言。因此，说"这石头是一块花岗岩"和说"这石头是一个对象"，这两个句子具有不同的逻辑类型，前者的"花岗岩"是事物性的，而后者的"对象"则是形式性的。这样，我们通常所说的"对象""某物""一""多""普遍""特殊""和""或""其他"等概念都是形式范畴。然而，在现实生活中，由于受对象性思维的影响，人们往往忽视了或看不到这种"形式化"或"形式范畴"的意义，往往把它视为有对象域的东西，即将形式化概念视为"形式本体论的范畴"。正是为了防止和阻止将"形式化"退化为"形式本体论"，海德格尔提出了"形式显示"或"形式指引"法："它［即'形式显示'］属于现象学解释本身的方法论的方面。为什么称它为'形式的'？［因为要强调］这形式状态是纯关系的。显示则意味着要事先显示出现象的关系——不过是在一种否定的意义上，可以说是一种警告！一个现象必须被这样事先给出，以致它的关系意义被维持在悬而未定之中。"② 这种"形式显示"是从人的最原发的生活体验的"被推动着的趋向或趋向着的推动"和这体验本身的朝向姿态中获得表达的意义的。在海德格尔看来，人的真正的生存根基就是"人在世中"那种

---

① 参见胡塞尔《逻辑研究》第一卷末章，倪梁康译，上海出版社2006年版，第531页；和《纯粹现象学和现象学哲学的观念》第一卷（中译本名为《纯粹现象学通论》），李幼蒸译，商务印书馆1992年版，第13页。

② 转引自张祥龙《海德格尔传》，商务印书馆2007年版，第101—102页。

第八章　庄玄禅的生命体悟与中华民族的生活之道

"实际生活体验",它本身就是情境化、境域式的,而这里的"境域"或"形势""形式"所意味着的就是各种原发的方向或关系姿态,比如"In-""Um-""Mit-",等等。① 对比、对照拉斯克讲的"反思范畴"和海德格尔讲的"形式显示"的思想和方法,来看禅宗的"公案",不难理解,禅宗的"公案"实际上就是一种"形式显示"法,只不过它未明确讲出其中的方法论的方式和意义而已。禅宗用"公案"要达到的目标、目的就是将人的思想、思维引入人与对象一体同在的那种活的、正在当场构成着和显示着、开显着的情境、境域中,以达到开悟成佛。

其三,禅宗的生活情趣和生活艺术。禅宗虽属宗教,禅师们虽是出家的和尚,但它却十分钟情于人世的生活,要在人的日常生活中见性成佛,证成佛果,以实现人生命的终极存在意义和价值。可以说,最钟情生命和生活,最热爱生命和生活,最懂得生命和生活,最能创造生命和生活,最能享受生命和生活的人,就是参禅者的这些和尚高僧们。日常的人们天天在生活中,每时每刻过的是生活,却将生活习俗化和庸俗化了。而这些参禅者们才能真的领会生活并享乐生活,他们在日常生活中以一种不日常的形式(出家当和尚)提升了生活和实现了自己的生活意义。这在世界所有宗教中是绝无仅有的。

契悟佛理,开悟成佛,证成佛果,这就是禅宗所谓的修"道"。修"道",这当然是人的事,对人来说才有可能和有意义。为什么呢?因为人有"心",人有一颗能判定是非、好坏、善恶、对错的心,有一颗恻隐、羞恶、辞让的情感之心。然而,恰恰是这种是非心、情感心却产生了分别相,人把自己与其所在的世界分裂为二,不得弥合、合一,由此也使得心灵总处在二分、对立和争斗中而不得安定、安宁。看来,倘若没有这种是非、情感之"心"人就成了一般的动物,这将无修行、成佛等活动和行为可言;而有了此种"心",又使人与世界处于分裂中,使心充满了抵牾和不安,这正是佛所要消除的东西。所以,在人修行成佛的开端点上,既要人的"心"但又不能完全地要这个"心",既不能完全地要这个"心"但又不能完全地不要这个"心";换言之,"心"全有不行,全无亦不行,这就只能将"心"逼进(或曰"心"只能将自身逼进)"居中"或"中"

---

① 以上所述参考、引用了张祥龙《海德格尔传》,商务印书馆2007年版,第87—103页的论述。特此注明。

的地带、地域、境域中，使"心"具有"有—无"之性质和情态。这是佛教修行的前提和基础，否则就会因方向错误而难成正果。用禅师们的话来说，这就叫"平常心是道"。有一次赵州从谂禅师问南泉普愿禅师："如何是道？泉曰：'平常心是道。'师曰：'还可趣向也无？'泉曰：'拟向即乖。'师曰：'不拟争知是道？'泉曰：'道不属知，不属不知。知是妄觉，不知是无记。若真达不疑之道，犹如太虚，廓然荡豁，岂可强是非邪？'师于言下悟理。"（《五灯会元》卷第四"赵州从谂禅师"条）当赵州问"如何是道"时，南泉答曰"平常心是道"，这让赵州一下子摸不着头脑，究竟怎么个"平常心"呢？故赵州请求南泉说具体些，这其实就是解说一下什么是"平常心"或"平常心"是什么，但如此一来这个"平常心"恰恰就有所取舍、有所着落了，就正好不平常了，故南泉说"拟向则乖"。但如果完全不拟向，心完全空寂、死寂了，这就连有没有个"道"都不知道了，还讲什么"道"呢？讲什么出家修行呢？故赵州就说"不拟怎知是道？"那么，到底拟不拟呢？这就将"心"逼到了"中"的境域地带；心究竟知道"道"还是不知道"道"？结果只能是既知又不知，既不知又知，知时是不知，不知时是知，这就是南泉所谓的"道不属知，不属不知。知是妄觉，不知是无记。若真达不疑之道，犹如太虚，廓然荡豁"。这不正是情境、境域吗？所以，赵州听了此话后一下子就开悟了，"师于是顿领玄机，心如朗月。自尔随缘任性，笑傲浮生，拥毳携筇，周游烟水矣"（《祖堂集》卷十八"赵州和尚"条）。关于这种"平常心"之"道"，马祖道一禅师亦有所言。"一日谓众曰：'汝等诸人，各信自心是佛。此心即是佛心。达磨大师从南天竺国来至中华，传上乘一心之法，令汝等开悟。……故《楞伽经》以佛语心为宗，无门为法门。夫求法者应无所求。心外无别佛，佛外无别心。不取善，不舍恶，净秽两边俱不依怙。达罪性空，念念不可得，无自性故。故三界唯心。森罗万象，一法之所印。凡所见色，皆是见心。心不自心，因色故有。汝但随时言说，即事即理，都无所碍。菩提道果，亦复如是。于心所生，即名为色。知色空故，生即不生。若了此意，乃可随时。著衣吃饭，长养圣胎，任运过时，更有何事？'"（《五灯会元》卷第三"江西马祖道一禅师"条）"佛"不是对象，不是观念、概念，它就在人心中，"心外无别佛，佛外无别心"。但问题是这个"心"是何样的？凡夫之心不也是心吗，为何凡夫就不是佛呢？

第八章 庄玄禅的生命体悟与中华民族的生活之道

因为凡夫之心是有拟的,是有执著的心,故凡夫非佛。佛心之"心"是"不取善,不舍恶,净秽两边俱不依怙"之心,这就是"中"性之心,它本来就在当场生成的境域中,本来就处在亦是亦非且非是非非的当场构成和显现中。有了这种"中"性的佛"心",自然能悟道,自然就开悟成佛。故马祖说:"道不用修,但莫污染。何为污染?但有生死心,造作趣向,皆是污染。若欲直会其道,平常心是道。谓平常心无造作,无是非,无取舍,无断常,无凡无圣。经云:'非凡夫行,非贤圣行,是菩萨行。'只如今行住坐卧,应机接物尽是道。道即是法界,乃至河沙妙用不出法界。若不然者,云何言心地法门?云何言无尽灯?一切法皆是心法,一切名皆是心名。万法皆从心生,心为万法之根本。"(《景德传灯录》卷二十八"江西大寂道一禅师语")这个"平常心"的质性和状态、表现就是"无造作,无是非,无取舍,无断常,无凡无圣",这正是"中"性的境域之心。有了这种"平常心","行住坐卧、应机接物尽是道"矣。

从"平常心"出发,禅宗将"道"生活化,或曰将生活"道"化了,使"道"融在了日常生活中。这是禅宗的禅风特点,也是它的禅机和生命力。"襄州居士庞蕴者,……唐贞元初谒石头。……一日,石头问曰:'子见老僧以来,日用事作么生?'士曰:'若问日用事,即无开口处。'乃呈偈曰:'日用事无别,唯吾自偶谐。头头非取舍,处处没张乖。朱紫谁为号,北山绝点埃。神通并妙用,运水及般〔搬〕柴。'头然之。"(《五灯会元》卷第三"庞蕴居士"条)"平常心"即"道心","日用事"乃"禅事"。正是在平平凡凡、平平常常的日用中,人的自然生命在自我开显着,自我创生着,在生着活着,在实现着自己的生存意义和价值。这不用刻意追求,也不用说三道四,一追求反非,一说道反无。庞蕴居士懂得这点,故用"运水搬柴"来解"道"的神通妙用;这与马祖所谓的"著衣吃饭"同有禅意。有僧人对赵州从谂禅师说:"学人乍入丛林,乞师指示。师曰:'吃粥了也未?'曰:'吃粥了也。'师曰:'洗钵盂去。'其僧忽然省悟。"(《五灯会元》卷第四"赵州从谂禅师"条)人们究竟如何来修行悟道、证成佛果呢?这只能在世中,正如慧能六祖所言:"佛法在世间,不离世间觉;离世觅菩提,恰如求兔角。"(《坛经·般若》)想在世间之外去求佛,是根本不可能的。既然求佛、开悟只能在人世间进行,故其所作所为就一定离不开人的生活,只能在日常生活中体悟之。僧求赵州从谂指点修行之道，赵州指给他的就是最简单但也最平凡和最基本的生活之道：该吃饭时去吃，不吃就没有生命了，还谈何修行！吃完饭了，就去洗碗，因为生命在继续，生活在继续，下次还得吃饭，还得用碗。就是在此吃饭洗碗、洗碗吃饭的生、活中人的生命在构成着，生命的意义在生成着，生命的价值在彰显着，这不正是佛法吗？不正是道吗?！"师问新到：'曾到此间么？'曰：'曾到。'师曰：'吃茶去。'又问僧，僧曰：'不曾到。'师曰：'吃茶去。'后院主问曰：'为甚么曾到也云吃茶去，不曾到也云吃茶去？'师召院主，主应喏。师曰：'吃茶去。'"（《五灯会元》卷第四"赵州从谂禅师"条）"赵州吃茶"是禅门中的著名公案。这究竟有什么著名处呢？就是因为它太平凡、太不著名了，所以才很不平凡和很著名。吃茶吃饭，担水劈柴，睡觉工作，每个人尽管社会地位不同，身份各异，智力有别，能力相殊，但在这些方面是一样的，谁也少不了日常生活中的吃喝拉撒这些所谓的日常小事，谁也不能不、不得不每天从事这些日常小事，且只有这些小事才最经常、最基本地构成着人的生命、生活的意义和真谛。儒家的《中庸》说："极高明而道中庸。"极高明者乃极中庸者，只因平凡故才伟大。把每一天的穿衣吃饭、喝水吃茶、担水运柴的事做好，在自然的行为中让自己的生命生成着、构成着，让自己的生活生着、活着，这难道不正是生命的意义和价值吗，不正是生活的意义和价值吗?！这难道不就是"道"吗?！无门慧开禅师赞颂"赵州吃茶"的公案说："只为分明极，翻令所得迟；早知灯是火，饭熟已多时。"（《无门关》第七则）正因为"吃茶去"的行为太平凡，太简单，太基本了，反而使人熟视无睹，反倒不明其中的真谛真意；但恰恰是这些最最日常的生活之事却深含禅机和深富禅意！《景德传灯录》卷六"越州大珠慧海禅师"条载："有源律师来问：'和尚修道，还用功否？'师曰：'用功。'曰：'如何用功？'师曰：'饥来吃饭，困来即眠。'曰：'一切人总如是，同师用功否？'师曰：'不同。'曰：'何故不同？'师曰：'他吃饭时不肯吃饭，百种须索；睡时不肯睡，千般计校，所以不同也。'律师杜口。"吃饭睡觉，何人不为？人生在世，谁无此举？饥食困眠，谁人能免？这真是再平凡不过、再平常不过、再自然不过了；然而这却最真实不过，最基本不过，最富深意不过，是最有禅机禅意之处。正是在这种饥食困眠的平凡之举中，却有生命的存在，有生活的存在；生命在构成，生活在产生，人的生命的意义在构成着、生成着，生命的价值在实现着。这，不正是人的开悟吗?！有一僧将卧轮禅师①的偈"卧轮有伎俩，能断百思想。对境心不起，菩提日日长"给慧能看，能曰："此偈未明心地。若依而行之，是加系缚。因示一偈曰：惠能没伎俩，不断百思想。对境心数起，菩提作么长。"（见《坛经·机缘》）人之心（意识）本来就要思要想，能思能想，这是心的本性，如果人为地让心不思不想，也就无心存在了，这样的话还有何修道可言呢？问题在于不要让这个心受到污染而偏陷于对象性一途去，要让它处在自然而然的运作中，处在其思想的"中"性地域和情境中，这就叫"心"的知而无知、思而无思、虑而无虑，就是佛家的般若之智。但"心"如何能做到知而无知、思而无思的般若智慧呢？禅宗是将"心"融进生活中，与生活的节律、脉搏一起跳动，使其生活化，这就是生活操作或操作生活，就是修行，就是自然功夫或功夫自然，就是得"道"。禅宗能做到这一步，能将"道"导入生活中而生活化，这岂能无普遍性和生命力?！

在中华民族的思想文化和生活中，有儒、道、墨、法、名、兵、农、阴阳等原创性思想，又有从外泊入的佛教等思想，这些都是中华民族精神中的丰富资源和土壤、营养；更有儒道互补和庄禅互补的思想资源，更深厚地培养、滋生了中华民族的生活，使中华民族的生存、生活深富艺术特色。这，笔者以为才是中华民族精神的最重要和最宝贵之处！

---

① 卧轮禅师，本名昙伦（546—626 年），为慧可弟子端禅师门人，《续高僧传》卷二十有传。

结束语　中华古学向何处去？

以上我们对儒、道、兵、墨、法、名、阴阳、庄玄禅等各思想在中华民族精神之滋生、哺育、营养中的作用等问题作了一些初步梳理和研究。在结束这一研究时，笔者想以"中华古学向何处去？"为题总括性地考察一下中国传统哲学思想的主要问题和未来出路。这可以说正是我们现在研究中国古学的期望和目的所在。

一　中国古代的形而上学或本体论思想

泱泱中华，皇皇古国，历时五千，人杰地灵，文化灿烂，典籍浩瀚。在中国、印度、埃及、古巴比伦这四大文明古国中，只有中国血统未断、血脉延续而传承至今；中国古代的文明和文化在世界文明、文化史上占有极重要的地位。就中国古代的哲学思想言，在世界哲学史上独树一帜，占有极重要的地位。那么，中国古代哲学是什么呢？即中国古代哲学有哪些方面的思想呢？对此，当然可以从不同的方面和视角予以梳理、发掘、总结。比如说从社会政治方面，从宇宙观方面，从历史观方面，从认识论方面，从方法论方面，从伦理学方面等来予以总结。但笔者以为哲学问题的核心内容在形而上学或本体论方面。黑格尔在《哲学史讲演录》第四卷讲述沃尔夫哲学思想时谈到了沃尔夫对哲学的分类，即他把"哲学"分为"理论哲学"和"实践哲学"两大类，而"理论哲学"又分为"逻辑（理智逻辑）"和"形而上学"两类；"形而上学"类中有"甲、本体论""乙、宇宙论""丙、理性灵魂学，即心灵学、灵魂哲学""丁、自然神学"这些方面。[①] 可见，本体论

[①] 黑格尔：《哲学史讲演录》第四卷，贺麟、王太庆译，商务印书馆1978年版，第188—189页。

结束语　中华古学向何处去？

属于形而上学，是形而上学的内容，它与形而上学是一致的。康德说："人类精神一劳永逸地放弃形而上学研究，这是一种因噎废食的办法，这种办法是不能采取的。世界上无论什么时候都要形而上学；不仅如此，每人，尤其是每个善于思考的人，都要有形而上学，而且由于缺少一个公认的标准，每人都要随心所欲地塑造他自己类型的形而上学。至今被叫做形而上学的东西并不能满足任何一个善于思考的人的要求；然而完全放弃它又办不到。"① 黑格尔说得更明确："一个有文化的民族竟没有形而上学——就像一座庙，其他各方面都装饰得富丽堂皇，却没有至圣的神那样。"② 1929年7月24日，海德格尔在弗莱堡大学作了题为"形而上学是什么？"的教授就职演讲，认为："形而上学属于'人的本性'。形而上学既不是学院哲学的一个部门，也不是任意心血来潮的一块园地。形而上学是此在（Dasein）内心的基本现象。形而上学就是此在本身。因为形而上学的真理寓于此深不可测的底层，所以就是最接近它的紧邻也经常有把它认得大错特错的可能。因此没有任何一门科学的严格性赶得上形而上学的严肃性。""只要人生存，哲学活动就在以一定方式发生。哲学——我们这样称呼它——就是把形而上学带动起来，在形而上学中哲学才尽性，并尽其明确的任务。"③ 哲学作为一门学科，研究、探讨的问题尽管有许多，其思想内容关涉到方方面面，但哲学的神经和头脑是形而上学或本体论问题。庙与房子的根本区别就在于前者中供奉着的是神灵而后者则不是，一所房子尽管陈旧甚至破烂，只要里面供奉有神灵它就是庙；而一座庙各方面都雕龙绣凤而堂皇无比，但如若将神像移走，一旦里面没有了神，它就只是房子。同样道理，如果哲学思想中少了形而上学、本体论的内容，它就少了灵魂，也就不是真正的哲学了。因此，研究、梳理中国古代哲学思想，应以其形而上学、本体论思想为核心内容。

那么，在从先秦诸子到宋明理学的思想发展过程中，中国古代哲学表现、展示出了怎样的形而上学、本体论的问题和思想呢？

中国的春秋战国时期是德国现代哲学家雅斯贝尔斯所说的世界思想文

---

① 康德：《任何一种能够作为科学出现的未来形而上学导论》，庞景仁译，商务印书馆1982年版，第163页。
② 黑格尔：《逻辑学》上卷，杨一之译，商务印书馆1966年版，第2页。
③ 《海德格尔选集》上，孙周兴选编，上海三联书店1996年版，第152页。

化史上的"轴心时代"① 之一，此时诸子蜂起，百家争鸣，产生了儒、道、墨、法、名、阴阳等思想学派。但就哲学思想的性质言，先秦诸子哲学都是政治论的社会哲学，或者说其哲学思想均是社会政治哲学，是从社会政治问题中涉及和引申出了哲学问题。胡适说："诸子自老聃孔丘至于韩非，皆忧世之乱而思有以拯济之故，其学皆应时而生。"② 所以，在先秦哲学中，尚没有明确、自觉的形而上学、本体论思想。但就在其社会政治哲学中，却涉及了或者说摊出了形而上学、本体论的问题。比如说孔子的"仁"、老子与庄子的"道"、孟子的"心"等就具有明确的形而上的本体论性质。孔子说："人而不仁，如礼何？人而不仁，如乐何？"（《论语·八佾》）"礼""乐"是一种社会规范和制度，它们约束、限制人的行为。但就是这种约束、限制人的行为的社会规范却要人来实行之，要人自觉自愿地来执行、奉行，否则就无这些社会规范可言。人要执行、实施社会规范，就一定要有一种内在性的本质、本性在，孔子认为这就是"仁"这种东西。在《论语》中"仁"字有 109 见，但孔子始终未给它作定义，"仁"基本上都是在人的当下行为中构成、生成着的当场显示着的东西，并非那种对象性的概念规定。但无论怎样理解这个"仁"，有一点却是可以肯定的，即"仁"是人存在、生存、生活的基础、本性，即人之存在的最终依据、根据，没有了它，人就不是人了，还遑论什么实施礼、乐呢?！所以，尽管孔子未说但我们有理由肯定这个"仁"就是本原、本体；"仁"学具有形而上学、本体论的意义。后来孟子讲人的"恻隐之心"等"心"（见《孟子·公孙丑上》等），也具有形而上的本体意义。

如果说先秦儒家（以孔、孟为主）从人的伦理化的人性出发摊出了"仁""心"这种心性本体的话，那么先秦道家则从社会存在、宇宙（天地）存在出发摊出了一个"道"本体。当老子说"有物混成，先天地生。寂兮寥兮，独立不改，周行而不殆，可以为天下母；吾不知其名，字之曰道，强为之名曰大"（《老子》第二十五章），庄子说"故为是举莛与楹，

---

① 雅斯贝尔斯于1949年出版了《历史的起源与目标》一书，提出了"轴心时代"概念，认为公元前800—前200年为世界历史的"轴心时代"，这一时期世界历史上"充满了不平常的事件"。从思想文化这个角度看，这一"轴心时代"的"不平常事件"就是在一些古老的文明民族中产生了具有原创性的思想，这成为尔后这个民族乃至世界思想文化发展的滥觞。古希腊、中国春秋战国时期就处于这个"轴心时代"。

② 胡适：《诸子不出于王官论》，见胡适《中国哲学史大纲》（卷上）之"附录"。

厉与西施，恢恑憰怪，道通为一"（《庄子·齐物论》）时，这个"道"明显有天地万物之存在的本原、本体含义，它乃包括人的存在在内的天地万物之存在的本体。

可见，在先秦诸子中，特别在儒、道处，的确涉及、摊出了一个形而上的本体问题。同时，儒道不仅涉及、摊出了一个形而上的本体问题，还涉及儒家的"心—性"形而上学本体论和道家的"道—德"形而上学本体论的建构问题。儒家的孔、孟看到，伦理等社会规范的实施必以人的自觉自愿的意志自由为前提，否则就无伦理行为和社会规范可言。然而，既然人的意志是自由的，故它就既可以和可能自觉自愿地实施那种"礼""乐"规范，亦可以和可能自觉自愿地不实施甚或破坏那种"礼""乐"规范。如果这样下去，就会最终解体掉、消解掉伦理行为和社会规范。为了"复礼"，为了奉行和实行伦理规范，以孔、孟为代表的先秦儒家发现和摊出了人的心性本体。但恰恰是这种心性本体却逻辑地隐含着消解掉伦理规范的可能。这怎么办呢？思想自身的逻辑逼着儒家既要立足于人的心性本体，又要将这种心性本体提升、外化、升华出来使其成为超越了人的内在心性的宇宙存在，这样它就有了必然性和外在的权威性、约束力，这就不是单纯的那种自由意志可以奉行也可以不奉行的自由选择问题了，而成了理应如此、定当如此的必然性存在问题。所以，在孔、孟以后的儒学思想发展中，一直有一个"心—性"本体论的建构完成问题。这是儒家思想发展中的内趋力和内在趋动线。

道家的"道"是包括人在内的天地万物存在的宇宙存在本体。既然这个"道"是人及万物存在的本原、本体，那么人和万物的存在必要依赖它，它必要体现、表现、下放、移散在人和万物身上，否则它就不是本体了。所以，当道家老、庄讲这个"道"本体时，一直有一个绕不开的问题存在着，这就是这个本体之"道"如何体现、下贯到万事万物中。老子说"朴散则为器。"（《老子》第二十八章）"朴"乃"道"。未雕琢的原始木材为朴。朴一定能散并一定要散，否则的话世上别想有器物，也别想有人类和人类社会存在了。《庄子·知北游》中有"东郭子问于庄子曰：'所谓道，恶乎在？'"的一段对话，庄子说"道""无所不在"，蝼蚁、梯稗、瓦甓，甚至于天下最污秽物屎溺中，都有"道"在。可见，老、庄是承认"道"的可"散"性的，即这个整全、整体之"道"一定要和一定能

"散"布于万事万物中。那么,"道"怎么"散"呢?这就是由"道"而"德"的问题。老子曰:"道生之,德畜之……万物莫不遵道而贵德。"(《老子》第五十一章)庄子曰:"物得以生谓之德","形非道不生,生非德不明"(《庄子·天地》)。可见,"道"之"散"的表现就是"德"。"德"这个概念儒、道等都用,尽管其含义至今未全被揭示清楚。在道家这里"德"的含义是明确的,所谓"德"即得于"道"。《管子·心术上》说:"德者,道之舍……德者得也,得也者,谓其所得以然也。"《韩非子·解老》说:"道有积而德有功,德者道之功。"王弼说:"德者,得也。当得而无丧,利而无害,故以德为名焉。"(《老子注》第三十八章)在道家这里,"德"是"道"走向万物的途径和方式,是"道"本体的存在方式,没有"德"这个方式,这一环节,"道"本体就起不了作用,也就意味着没有"道"本体了。所以,在道家处始终有一个"道—德"本体论或形而上学的建构问题,可以说后来汉初的黄老之学、受庄子思想影响的竹林玄学和郭象玄学、引庄入佛后产生的禅宗,都是道家"道—德"形而上学之建构任务的尝试和继续。

总之,先秦诸子中以儒、道为主体涉及和摊出了形而上的本体问题,其思想富有尝试性和深厚、长久的影响力。

以西周为代表的夏、商、周时代是中国社会的奴隶制时代。春秋战国时期(整个东周,前770—前221年)是奴隶制解体和封建制形成时期,是社会大变动时期。从前221年秦王朝建立,中国进入了中央集权制的、以家庭为基本生产和组织单位的男耕女织、自给自足的以小农经济为基本经济结构的封建制时代。中国的封建制时期很长,从秦王朝建立到清朝灭亡(前221年—1911年)的2100余年均是封建体制。与这一时代变化和要求相一致,中国古代哲学也走向了漫长的发展、变化过程。马克思主义认为,哲学属社会意识形态,它受社会经济基础(经济结构)的制约,它在奴隶制时代才得以产生。中国古代哲学亦然。产生、形成于春秋战国时期的诸子思想,就是中国古代哲学之产生的标志。但中国古代哲学并不是中国奴隶制的哲学,它不是也没有为中国的奴隶制服务,因为当时奴隶制已处在解体中了。中国古代哲学倒是全心全意地为中国封建社会服务的哲学。从这个意义上说,中国古代哲学是中国封建社会的哲学,这是它的主体存在形式和内容。所以,继先秦诸子后,在从秦汉到宋明清的漫长社会发展过程中，中国古代哲学开始了它的发展历程，中国古代哲学中的形而上学、本体论思想理论展开了自己的发展、演化过程。

秦王朝建立了小农经济的社会经济结构（经济基础）和郡县制的中央集权的社会政治结构（政治体制），确立了中国封建社会的经济、政治体制形式，功不可没。但它那种"以吏为师""以法为教"（见《韩非子·五蠹》）严刑峻法的指导方针却不合乎当时封建社会稳定、发展的客观要求，所以在不到十五年（前221—前207年）的时间中就灭亡了。"汉承秦制"（《晋书·刑法志》）。西汉王朝建立后，在汉初的六十余年间，以清静无为的黄老思想为指导，与民休息，安定社会，发展生产，使社会经济得到了发展；同时，在政治上采取"众建诸侯而少其力"（见《汉书·贾谊传》）、"削藩"（见《汉书·吴王濞传》）、"推恩"（见《史记·主父偃传》）等措施，控制了诸侯王的势力，稳固和强化了中央政权。前140年汉武帝刘彻即位，此时西汉王朝在经济、政治上都得到稳固，而以什么思想为主导的问题就成了当务之急。经董仲舒上策提议，汉武帝获准后，罢黜百家而独尊儒术，儒学从此被定为了一尊。

儒学成为西汉的统治思想，这看来是人为的，即因董仲舒建议、汉武帝同意而成了事实。但其实这不是人为的因素，而有封建社会和儒学思想自身的双重原因。汉初是有指导思想的，这就是黄老之学；而且因黄老之学的实行，汉初社会得到了稳定和发展，迎来了"文景之治"这样的社会盛世，取得了良好的社会和政治效果。既然如此，汉武帝即位后为何要改变以黄老思想为指导的国策而定儒学为一尊呢？关键问题在于黄老思想只是在汉初特定社会条件下用于稳定社会、恢复和发展生产的一种策略，它并不合乎中国封建社会的经济结构（经济基础）。中国封建社会是以农业和家庭生工业的结合为背景的、以一家一户为生产单位的、男耕女织、自给自足的小农经济或自然经济。在这种经济结构中，家庭是最基本的生产单位和生产组织形式，家庭关系的和谐与否直接关系到社会生产的进行问题。所以，从西汉立国始，就一直以"孝弟力田"为基本国策（见《汉书》的《惠帝纪》《高后纪》《文帝纪》等），黄老思想只是为配合这一国策的实行而被采用的一种策略和方式，并非真正的西汉王朝的指导思想。因此，汉武帝即位后，就明确转为以儒学为指导思想。儒学的核心思想内容是伦理思想，主要调节的是以家庭关系为核心的人际关系。和谐家庭关系，巩固家庭组织，这正是社会生产得以进行的前提和基础。故儒学成为封建社会的主导思想是必然的。董仲舒和汉武帝的做法迎合了汉代社会的需要，也迎合了整个中国封建社会的需要。

　　将儒学定为一尊，这在政治上、政策上易于做到，或者说很容易做到，这只需皇帝下诏就能很快办到。但从哲学上讲，什么是"一尊"？"一尊"就是本原、本体，就是形而上学。所以，所谓"儒学定于一尊"的真正哲学问题就是将儒学本体化。将儒学本体化，这实际上就是将儒学伦理学本体化，即将儒学讲的伦理规范那套东西提升到宇宙存在的高度予以确定。因为伦理学问题最终涉及人自觉自愿的意志自由问题，所以将伦理学本体化最终关系到人的心性本体论，这就是儒学的心性形而上学问题。董仲舒的那个"天人感应"论就是一种尚未完成的儒学伦理学本体论。因为，要完成儒学的伦理学本体化，起码涉及两方面的基础性问题：一是关于宇宙本体化问题；二是关于人的本体化，即关于人的心性本体化问题。只有这两个问题一定程度地解决了或完成了，才有可能将伦理学提升到宇宙存在的高度而予以本体论化。而要有宇宙本体化和心性本体化的问题和思想，这又得先涉及一个前提性的和基础性的问题，这就是有关的宇宙生成问题。因为只有包括人、天地、万物的一切存在在内的宇宙产生了、形成了、来了、有了以后，才能和才有关于宇宙存在的原因和根据问题即本原、本体问题，进而才有关于人存在的本原、本体问题。所以说，董仲舒要完成关于儒学伦理学本体化的任务，起码先要有三方面的工作要做：宇宙生成论、宇宙本体论、心性本体论。董仲舒未能完成真正意义上的儒学伦理学本体化的任务，但他毕竟做了儒学伦理学本体化的工作，这就是他的通过类比、附会，甚至还有些神秘性的相感、感应，将天与人纳在了一个存在体系中的那种"天人感应"的宇宙系统论思想和理论。董仲舒"天人感应"论那种附会、类比的生硬性是明显的，作为哲学上的天人理论其理论上的不成熟性、牵强性也是昭然的。但他的这一理论是成功的和有用的天人系统论，它将人的存在与自然（天）的存在搁置在一个大系统中，人、天、地、万物的一切存在都是这个系统中的存在元素、要素，故它们之间的影响、作用就是自然的和必然的，这就如同一个棋盘上的各枚棋子一样，只有在这个棋盘上各棋子间反馈性的作用和功能方是昭然的。董仲舒就是以系统论的思想方式，在"天人感应"论的思想形式中论证了儒家

"三纲"规范的宇宙论的存在基础和根据，这就是他的"王道之三纲，可求于天"（《春秋繁露·基义》）之说。这就是董仲舒那种尚不成熟的儒学伦理学本体化的思想和理论。

（秦）汉帝国处在中国封建社会的开端处，它在经济、政治、思想文化乃至风习方面有为中国封建社会建制立章的丰功伟绩。这在哲学上也表现了出来，即汉代哲学气势不凡，气度宏大，这就是史学家司马迁所提出的"究天人之际"的宏大思想任务或哲学任务。这一任务作为哲学任务之所以宏大，是因为它明确将天人纳在了一起来考察。在先秦诸子中，虽然也有宇宙论上的天人问题，如在《易传》、荀子那里就有，但就整体思想倾向言却仍以社会政治问题为主。至汉代，新的封建制开始了，哲学思想的任务也就不同于先秦，汉代哲学以恢宏的气势要将天与人纳入一个体系中。虽然汉代哲学未能完成关于天人问题的探讨，但这一做法意义非凡。因为没有人的宇宙其存在是没有意义的，而没有宇宙的人也不是现实社会的现实人，人的存在与天（自然界）的存在本来就是不可分的。汉代哲学要"究天人之际"，其运思方向是正确的，气势是宏大的，内容是广博的；但正因其如此，其思想文化形式，也包括哲学的形式却是驳杂的。就文化形式说，汉代哲学是经学；就思想内容说，汉代哲学是宇宙系统论；就认识形式和方法说，汉代哲学是类比性的经验论；就社会和政治需要说，汉代哲学是儒学伦理学的本体化；就思想性质说，汉代哲学是具有一定神学目的性的理论；若从中国古代哲学思想发展的历史和逻辑来说，汉代哲学则是比较典型的宇宙发生论思想。与中国封建社会的发展开端相一致，汉代哲学的真正思想在宇宙生成论上。它要完成和解决的问题是：我们所在的这个宇宙是怎么形成的，是由什么材料构成的，宇宙的存在结构是什么，等等。《淮南子》、王充等都有关于宇宙形成的思想，尤其是东汉科学家张衡，他在《灵宪》中比较系统地论说了宇宙由气构成的过程。汉代还有盖天说、浑天说、宣夜说三大天文理论，这说的就是宇宙的存在结构问题。这些思想和理论多有猜测性，尚非科学的宇宙起源思想和理论，但作为一种哲学思想，有十分重大的意义，因为它是汉代人们对宇宙起源的思想，它解决了一个中国古代哲学发展中十分重要和基础性的问题：宇宙形成、产生问题。

至魏晋时代，为了改变汉代经学在形式上日益繁琐，在内容上因宣扬谶纬迷信而荒诞不经的现象，援道入儒后产生了玄学思想。关于魏晋玄学的产生，不只是对两汉经学的反动，它有历史的、政治的、地域风习的等各方面因素，这里对此问题不予涉及。这里只是指出，魏晋玄学是接着两汉经学而来的一种新的思想文化形态，也是一种新的哲学形态。关于魏晋玄学的哲学性质，迄今人们一致的看法是：它乃本体之学。但它是什么本体呢？李泽厚先生认为它是"人格本体论"，"人（我）的自觉成为魏晋思想的独特精神，而对人格作本体建构，正是魏晋玄学的主要成就"。"与庄子哲学一样，玄学实际上是用人格的本体来概括、统领宇宙的。魏晋玄学的关键和兴趣并不在于去重新探索宇宙的本源秩序、自然的客观规则，而在于如何从变动纷乱的人世、自然中去抓住根本和要害，这个根本和要害归根结蒂是要树立一个最高统治者的'本体'形象。"① 李泽厚先生的看法自有道理。但笔者还是同意汤用彤先生所言，即魏晋玄学是宇宙本体论，玄学"已不复拘拘于宇宙运行之外用，进而论天地万物之本体"。"于是脱离汉代宇宙之论（Cosmology or Cosmogony）而留连于存存本本之真（ontology or theory of being）。"② 魏晋玄学是接着汉代哲学而来的。如果撇开诸多思想枝节就中国古代哲学中形而上学、本体论的思想发展而言，由汉代哲学的宇宙生成论到魏晋玄学的宇宙本体论乃思想发展之必然。我们所在的宇宙生成了，来了，它就存在了和存在着。那么，这个宇宙为什么存在？为什么能存在和存在着？这话乍一听觉得奇怪，既然宇宙生成了，来了，那它当然就存在了和存在着，这哪里还有"为什么存在"之言呢！但这里恰恰就有宇宙为什么存在的问题。这是说，我们的宇宙来了，存在了，它就必有存在的原因和依据，倘若它没有如此存在的原因和依据，那它就必不能如此这般地存在。所以，接着宇宙生成论的一定是宇宙本体论。实际上，在宇宙生成论中就逻辑地蕴涵着宇宙本体论，因为如果没有一个本体性的开端点，宇宙是没法起源和生成的。现在宇宙起源了，生成了，接着追寻其存在的原因、依据问题，乃思想和逻辑之必然。

那么，魏晋玄学是如何来建构宇宙本体论的思想理论的呢？何晏、王弼，特别是王弼，借助《老子》的思想材料，建立了一个"以'无'为

---

① 李泽厚：《庄玄禅宗漫述》，见李泽厚《中国古代思想史论》，人民出版社1986年版，第191、193、195页。

② 汤用彤：《魏晋玄学论稿》，上海古籍出版社2005年版，第38、39页。

本"的"无"本论。为什么要讲以"无"为本？王弼的"无"实际上就是老子的"道"，是对"道"的抽象性、普遍性、一般性之存在特性的表征。老子的"道"是本原、本体，这是王弼所认可和接受的。那么，"道"为什么能作天地万物存在的本原、本体呢？看来，以"道"为本体是人为的，如《老子》第二十五章就说"字之曰道"，即"道"是人给"有物混成，先天地生"的东西命的一个名。但是，一旦这个"道"被选出来充任本体后，它自身必有某种质性或维度，否则人想让它作本体它也无法胜任。"道"自身的这个质性是什么？就是它的抽象性、普遍性、一般性之质性。因为，"道"要作本体，它的一个基本功能就是要能统揽住事物，要能将一切存在包揽无余，这就必须、必然要求它具有一般性、普遍性、抽象性。《老子》第十四章说："视之不见名曰夷，听之不闻名曰希，搏之不得名曰微。此三者不可致诘，故混而为一。其上不皦，其下不昧，绳绳不可名，复归于无物，是谓无状之状，无物之象，是谓惚恍。"这说的就是"道"的抽象性、普遍性、一般性的质性。但在老子处，"道"的一般性等含义毕竟是不突出的。当王弼在魏晋之时接过了老子"道"本论时，所面临的一个首要问题就是要明确解决"道"为何能作本体、有什么资格作本体之类的问题。王弼在《老子指略》中说："夫物之所以生，功之所以成，必生乎无形，由乎无名。无形无名者，万物之宗也。不温不凉，不宫不商。听之不可得而闻，视之不可得而彰，体之不可得而知，味之不可得而尝。故其为物也则混成，为象也则无形，为音也则希声，为味也则无呈。故能为品物之宗主，苞通天地，靡使不经也。若温也则不能凉矣，宫也则不能商矣。形必有所分，声必有所属。"这不说得很明确嘛，只有那种"不温不凉，不宫不商"的一般、普遍才能作本体，才可"苞通天地，靡使不经"，而那些具体的、特殊的东西则没有"苞通天地"之功能。在王弼所在的时代，人们把这种普遍性、一般性称之为无形、无名、无状、无象，简称为"无"。所以说，王弼的"无"实则与"道"相同，它是对"道"的抽象性、普遍性、一般性之特性的表征。

可见，王弼的"无"本论确有一定道理，可以作为本体论的思想理论。但"无"毕竟是一个单面向的概念和规定，如果它不与"有"相联系和结合，它最终就起不了作用。王弼大概觉察到了这一点，故他既讲"以无为体"又讲"以无为用"（见王弼《老子注》第一章、第十一章、第三十八章等)。如果"以无为体"突出的是"无"的话,那么"以无为用"突出的就是"有"的问题了。这说明,在王弼的"无"本论中潜涵有"有"与"无"的矛盾。而正是这一"有、无"之矛盾,一方面是这个"无"本体之发生演化的内在机制和动力;同时,另一方面亦在这个"无"本论体系中潜伏和预示着玄学演化的方向和途径,这就是:这个"无"本论要向两途趋进,一途是将"无"纯化而推向极致,另一途则将"有"纯化而完全落实在其上。前一途是由竹林玄学来承接的。无论竹林玄学出现的政治背景如何,也无论竹林贤士的思想动机怎样,但当他们打起"越名教而任自然"(见嵇康《释私论》)的思想旗帜时,它要越过"名教"而纯任"自然";这实质上就是不管"有"而纯任"无",其结果只能将"无"推向极端而成为"至无""空无",这样的话"无"本论也就寿终正寝了。而后一途则是由裴頠的"有"本论来承接的。裴頠讲"总混群本,宗极之道"的群有、众有之"有";这就将问题的存在依据全部落在了"有"上,这样一来除了"有"还是"有",其思想和理论力度除了说"有"是自有、自生外,就再无什么可言了,这也就将"有"推向极端而使其寿终正寝了。可见,竹林玄学的"自然"本论和裴頠的"有"本论,各自承接了王弼"无"本论中潜伏的发展途程的一个方面,只是展开了"无"本论中的思想矛盾,但并未解决这一矛盾。不过,这为下面对矛盾的解决作了必要的思想准备。郭象玄学的出现就是解决这一矛盾的。

郭象明确思考过究竟什么是本体的问题(见《庄子·知北游注》等)。他认真沉思了其前的"无"本体和"有"本体,谓:"无既无矣,则不能生有;有之未生,又不能为生,然则生生者谁哉?""世或谓罔两待景,景待形,形待造物者。请问:夫造物者有邪?无邪?无也,则胡能造物哉?有也,则不足以物众形。"(《庄子·齐物论注》)在郭象看来,那种单一的、单纯的"无"和"有"均有所偏,均不能作本体。那究竟什么才能作本体呢?他说:"是以涉有物之域,虽复罔两,未有不独化于玄冥者也。"(《庄子·齐物论注》)他提出了"独化"概念。表面看,郭象提出这个"独化"概念有种无可奈何的心态,似乎是追不出什么"本体"来了,才不得不承认现象界的每一事物都是自己并都处在变化中而已;而且,这个"独化"似乎指的就是现象界每一事物之存在着、变化着的状象,并无什么深刻处。但实际上,这个"独化"范畴有深刻的思想意义。它一方面将其前的"无"本论与"有"本论整合在了一起,说明单纯的"无"和单纯的"有"均不是本体,而正是"有"与"无"的统一,即"有—无"正是本体;另一方面表明,这个"独化"是有内在结构的,即其"有—无"性之本性、本质,故它并非指现象界事物的存在状象,而是真正的本原、本体。这表明,天地万物的存在既是有又是无,是有有无无、无无有有,是有无无有、无有有无,是有而无之无而有之,是有无相生的生生不息。这不正是宇宙存在的本质、本原、本体吗?!郭象"独化"论是魏晋玄学关于宇宙本体论思想的峰巅。

魏晋南北朝后,中国历史进入隋唐时代。与这一历史进程相协调,中国古代哲学继魏晋玄学后进入了隋唐佛学阶段。在思想文化界,隋唐时代是儒、道、释三教并存的格局。但佛学能代表当时思想发展的最高水平,故以隋唐佛学来概称当时的哲学。佛教是一种宗教,其直接目的是教导人成佛。但这首先关系到一个问题:人有没有成佛的依据和可能。佛教当然肯定人有成佛的可能性。那么这个可能性是什么呢?当然不可能是人的肉体,这只能是人的心性。故隋唐佛教直逼人的心性存在。任继愈先生说:"魏晋玄学把中国哲学从元气自然论推进到本体论的阶段,南北朝时期,中国哲学已由本体论发展为心性论。这一认识过程体现了人类认识规律。汉代哲学致力于宇宙万物生成论的探索,魏晋玄学进而探索世界的本体。由本体论再进一步探索,即进入心性论的领域,……隋唐哲学的最突出的贡献在于把心性论研究推向新的高度。"[①] 可见,心性问题是隋唐哲学的核心所在。魏晋玄学是宇宙本体论,它在考察宇宙存在的原因和依据时,把人视为与别的存在一样的一种存在来对待和处理了。这样做也对,因为人作为一种肉体存在与其他存在的确有共同的一面。但这样做又不对,因为人毕竟是一种特殊的存在,人要关心自己生命的意义和价值,人要为自己的存在建构本体,这就涉及心性本体论了。所以,隋唐佛学的实质内容是关于心性本体论的建构问题。

隋唐佛教有诸多派别。但比较重要的和在心性本体论建构方面有一定作用和贡献的是天台宗、唯识宗、华严宗、禅宗这四个宗派,它们依次历史地和逻辑地构成了心性本体论之建构的相关环节。产生比较早的是天台

---

① 任继愈主编:《中国哲学发展史》(隋唐),人民出版社1994年版,第22—23页。

宗，它的基本思想有"一念三千""一心三观""三谛圆融"等。特别是"一念三千"说，是天台宗的思想标的。智𫖮说："此一法界具十如是，十法界具百如是。又一法界具九法界，则有百法界，千如是。"（《法华玄义》卷二上）"夫一心具十法界，一法界又具十法界，百法界。一界具三十种世间，百法界即具三千种世间，此三千在一念心。若无心而已，介尔有心，即具三千。"（《摩诃止观》卷五上）天台宗的"一念三千"说有两个方面的重要思想意义：一是它将天地万物一切存在的存在原因和依据统归于"一心"或"心"。人出现前天地万物当然有了、存在了，但在没有人时它们的存在没有意义和价值，人出现后，是人使得天地万物才有了存在的意义和价值。人们老言之凿凿地说在人出现前天地万物早就存在了。但当你在说此话时人恰恰已经出现了，人就在场，否则无人能说此话。所以，天地万物之存在的依据在人这里，在人的心性上。这正如王阳明所言："我的灵明便是天地鬼神的主宰，天没有我的灵明，谁去仰他高？"（《传习录》下）人们常把此说视为主观唯心主义，这是有偏失的。二是它是构建心性本体论的思想开端。三千大千世界存在的最后、最终依据在人的心性上，这在哲学原则上是对的。但只有这个原则尚不行，这还关系到三千大千世界与心（性）的关系、关联问题，即这个三千世界到底是存在于心内还是心外。如若完全在心内，那么这无异于说一切外在存在都是人心的化生，实则就没有了外在世界；如若完全在心外，那就是说大千世界与人最终无关，人也就不可能知道并无须知道这个大千世界了。显然，在这两种情况下都将否弃掉大千世界，而一旦没有了大千世界，人也就不是现实存在的人了，人的心性也就不再是现实的心性了，这还有什么心性本体问题呢？所以，在天台宗处，当它说"一念三千"时，一方面将大千世界收摄于心，这是有积极意义的；但另一方面却一直有个心与三千大千世界的关系纠结着，心被这个三千大千世界缠缚着，心无法回到自身，这还有何心（性）本体问题呢？看来人的心性完全地撇开大千世界不行，完全地将大千世界收摄为己有也不行。这怎么办呢？

　　比天台宗稍后出现的唯识宗在解决天台宗所面临的问题方面前行了一步，这就是它的"八识"说。唯识宗认为"万法唯识"，这与天台宗"一念三千"的思想原则是一致的，即都将自然世界存在的原因、依据放在了人的心性上。但解决心（性）与自然世界（大千世界）的关系的方式、途径却不同。天台宗虽然在原则上说"一念三千",即三千大千世界的存在依据在人心上,但它在处理心与大千世界的关系时是在既定心和既定三千世界的既定关系中来运作的,故这时的心始终是与其之外的世界打交道,心始终往而不返。这个方向当然与心本论相违。唯识宗就改变了心向外的方向,将大千世界化归到了心(即"识")之内在运作,这就是其眼、耳、鼻、舌、身、意、末那、阿赖耶这八种"识"。前五识是感觉,是起了别(区别)作用的,第六识"意"即意识,对"一切法"而起,具有了别不同之法及其相互关系的功能,这相当于综合感觉而形成的知觉、思维等。第七识"末那"(Manas)是第六识的根源,其作用是将第八识"阿赖耶"(Alaya)当作实我的自我意识。这表明第七识是认识者既定的内在观念结构,它不像第六识那样随外境流迁,而是内在的自我。第八识"阿赖耶"是最终、最后的本原,也称为"根本识"。梵文Alaya(阿赖耶)是"藏"的意思,有能藏、所藏、执藏三义。可以看出,唯识宗不是像天台宗那样在心与对象世界(三千大千世界)的二分关系中来讲"心"的本体意义,而全在心(即"识")中来讲心与对象世界的关系以表现"识"(心)的本体作用。在唯识宗这里,外在世界已非与人无关涉的、处在人之外的那种存在了,它与人紧密相关;但同时,这个外在世界也不就是人的心理感受,它仍有一种在人与人之间可交流的"客观"性在。这就是"识"有了某种"居中"或"中"的意义。这可以说是唯识宗思想中最深刻、鲜活的东西。但因它繁琐的名相分析和心理分析,倒掩盖了其思想理论的"中"性本质;后世多看重它的名相分析,也未发掘出其中这一"中"性本质,惜乎!唯识宗虽然将外在世界还原在了"识"中,并通过分析"识"的八种状态、作用和表现,论证了"识"("阿赖耶识")的本原、本体性,但"识"的本体性尚是存在性质上的规定和表现,还不是存在状态上的规定和表现。心体如果只是存在性质上的,这就只表明了心本体的一种可能性、理论性,还不是和不能是现实的心本体。这又怎么办呢?

稍后的华严宗可以说就是逻辑地承接唯识宗心(识)本论问题的。华严宗的思想旗帜是"法界",可以说它讲的是"法界"本体。但这个"法界"并未离开心。法藏说:"明缘起者,如见尘时,此尘是自心观。尘为自心现也,离心之外,更无一法。"(《华严经义海百门》)宗密在《法界观门》注中说:"统唯一真法界,谓总该万有,即是一心。然心融万有,便成四种法界：一是事法界，界是分义，一一差别，有分齐故；二是理法界，界是性义，无尽事法同一性故；三是理事无碍法界，具性、分义，性、分无碍故；四是事事无碍法界，一切分齐事法，一一如性融通，重重无尽故。"这表明，"一真法界"乃一切存在之本原、本体。这个"一真法界"本来是超言绝相而不可言说的，但为了使人悟入此境，它还要被说，这就有了"所证之境"与"能证之智"之分。"能证之智"是一种"法界观"；"所证之境"就是"法界"的具体存在和表现方式，也就是"法界"的种类，这就是事、理、理事、事事这四种，这就是"法界"的存在状态。但无论"法界"（或"一真法界"）如何存在和表现，终未离开人心，"统唯一真法界，谓总该万有，即是一心"。所以华严宗的"法界"本体仍是心本论。与唯识宗相比，华严宗思想中有明确的辩证法思想。它在讲"理事无碍法界"时阐发了"理一分殊"的思想，认为世上的每一事物中均有一个完全、整体的"理"在，这正是本原、本体的存在状态。在讲"事事无碍法界"时论说了"六相圆融"（六相：总、别、同、异、成、坏）、"一多依持"的思想，揭示了事物之总、别等的相反相成的辩证本性。这些思想对后来中国哲学的发展很有影响。华严宗之所以要讲辩证法，是为了揭示天地万物（它所谓的"事"）之存在的状态以及依据。从隋唐佛学建立心性本体这个意义来说，如果不从大千世界之存在的存在状态上来说明和揭示其存在的依据即本体，而只从其存在性质上予以说明和揭示，当然是不够的，当然就不是真正、现实的本体。也可以说，华严宗是把唯识宗收摄于"识"中的世界显示、显化了出来，揭示了大千世界自身相反相成的本质，由此也揭示了心与对象（大千世界）之间相反相成的存在本质。既然心与对象之间在存在本性上是相反相成的，那么"心"自身就必有一种内在的、结构性的存在本性；说得具体一点，就是"心"本身一定有自我性、自身性和对象性、为他性等之内性结构。有了心自身的内在结构，心才能自本自根地存在，才能是本体。这恰是华严宗"辩证法"思想的贡献所在。但华严宗自己尚未将"心"的内在结构和其本体性明确揭示出来。

揭示心性内在存在结构并明确完成心性本体的建构任务，这是由禅宗来做的。禅宗大讲人的"自心""自性"，认为人成佛的根据就是它，同样人存在的根据也是它。那么，人的"自心""自性"是什么心、性呢？

慧能有言:"我此法门,从上以来,先立无念为宗,无相为体,无住为本。无相者,于相而离相;无念者,于念而无念;无住者,人之本性。"他进而解说:"念念之中,不思前境。若前念、今念、后念,念念相续不断。名为系缚。于诸法上念念不住,即无缚也。此是以无住为本。""外离一切相,名为无相。能离于相,即法体清净,此是以无相为体。""于诸境上心不染,曰无念。于自念上常离诸境,不于境上生心。若只百物不思,念尽除却,一念绝即死,别处受身。是为大错,学道者思之。……无者,无何物?念者,念何物?无者,无二相,无诸尘劳之心;念者,念真如本性,真如即是念之体,念即是真如之用。"(《坛经·定慧》)这说明,心乃无念与有念、无相与有相、无住与有住的统一,故真正的"自心"就是"无自心"。可见,心原本就有一个"有—无"性的存在结构;因其如此,故"心"存在时既不是有又不是无,但既是有又是无,它有无无有、无有有无、有有无无、无无有有,有无相生而生生不息,这一定是"居中"或"中"的境域性存在。就思维方式来说,心在此时就回到了"事情本身"即回到了自身,这个自身就是"意识流",就是有如海德格尔所说的"形式显示",也有如萨特说的"反思前的我思",等等。到了这一步,"自心"本体就建构完成了。

总之,隋唐佛教经天台宗、唯识宗、华严宗、禅宗这些宗派的努力,建构起了一心性本体论。

唐以后,中国封建社会步入后期发展阶段,这有宋、元、明、清诸朝代。与后期封建社会的经济、政治形势相适应,中国哲学发展为宋明理学。宋明理学是直接承接隋唐佛学的。但理学的视野更宽,学术气势更宏大,内容也更全面和厚重,它实际上综合了汉代经学、魏晋玄学和隋唐佛学这诸阶段的思想内容。宋明理学究竟是什么性质的哲学思想呢?李泽厚先生指出,宋明理学是伦理学本体论,或者说"宋明理学是一种伦理学主体性的本体论"[①]。就是说,宋明理学要将儒家讲的"三纲五常"那套伦理规范和原则本体化,使其成为有如宇宙存在那样的必然如此的东西,成为外在的权威和力量。这不正是汉代董仲舒想做、应做而未能做好和做成的任务吗?!经董仲舒建议和汉武帝同意后,儒学被定为一尊。这个"尊"

[①] 李泽厚:《宋明理学片论》,见李泽厚《中国古代思想史论》,人民出版社1986年版,第236页。

的哲学意义就是本体论的建立；在儒学这里就是伦理学本体化问题。但由于时代条件所限，董仲舒完成不了伦理学本体论的理论任务，而只建立了一种"天人感应"的宇宙系统论理论，不过这也为儒学伦理学找到了一种宇宙存在的依据，但毕竟却有明显的比附性痕迹，有神学目的性意味。经汉代的宇宙生成论、魏晋玄学的宇宙本体论、隋唐佛学的心性本体论的发展和思想准备，至宋明时代，才有可能从本体层面上来建构伦理学本体论，这就是作为后期中国封建社会统治思想的理学。理学经北宋三先生（孙复、胡瑗、石介）的准备和北宋五子（周敦颐、邵雍、张载、程颢、程颐）的"造道"工作，至南宋朱熹集大成为以"理"为核心的理学思想体系。"朱熹庞大体系的根本核心在于建立这样一个观念公式："应当'（人世伦常）＝必然（宇宙规律）。朱熹包罗万象的'理'世界是为这个公式而设：万事万物之所以然（'必然'）当即人们所必需（'应当'）崇奉、遵循、服从的规律、法则、秩序，即'天理'是也。尽管与万物同存，'理'在逻辑上先于、高于、超越于万事万物的现象世界，是它构成了万事万物的本体存在。"[①] 朱熹的这个"理"或"天理"是人世伦常，是人应当遵守的社会规范和原则；同时它也是宇宙存在的必然，是宇宙必然如此的存在本原，这二者是可以画等号的。这就将儒家伦理学宇宙论化了，这就是伦理学本体论的建构完成。在董仲舒那里，还要用"天之亲阳而疏阴，任德而不任刑也。是故仁义制度之数，尽取之天。天为君而覆露之，地为臣而持载之；阳为夫而生［主］之，阴为妇而助之；春为父而生之，夏为子而养之；……王道之三纲可求于天"（《春秋繁露·基义》）这种比附式的、牵强的方式来将伦理原则予以宇宙存在化，而在以朱子为代表的"理"这里，人世伦常就是宇宙存在，二者在存在本质、本性上是一致的、相通的。

为什么要将伦理学本体论化？这是伦理原则本身的逻辑要求，最终是人自觉自愿的自由意志的内在要求。伦理行为必须以人的自觉自愿的自由意志的存在为前提和基础，否则就无伦理规范和行为可言了；但正因为人的自觉自愿的自由意志是自由的，故它既可以自由地来执行那种伦理规范，也可以自由地来违反和破坏那种伦理规范。所以，如若任由自由意志

---

① 李泽厚：《宋明理学片论》，见李泽厚《中国古代思想史论》，人民出版社1986年版，第232—233页。

自由地来运作，这既可以使伦理行为的实行因人的自觉自愿性而有了基础和内在动力，但同时也因自由意志无约束力的自由运作而使得伦理行为被违背和破坏，这当然不行。为了保证人的伦理行为和规范实行的必然性，就必要和必须将人的自由意志外化出来而予以宇宙存在化，这就是所谓的伦理学本体论或伦理学主体性的本体论。朱熹或程（颐）朱（熹）的"理"学正是如此，这就是程朱"性即理"之谓和之义。但如此一来就有问题了，当把人的自由意志外化、升华出来而予以宇宙存在化时，即当将伦理学本体化后，伦理原则获得了外在存在的权威性和力量，但因此而丧失了被执行的内在动力，这就有失去伦理原则的危险。这就是"心"学出现和反对"理"学的原因。在南宋陆九渊和明代王阳明看来，将"理"予以宇宙存在化，这是将"理"提出了心外，心就管不上它了，人还怎么能按这个"理"或"天理"来办呢？故王阳明多次批评程朱之"理"学是"析心与理为二"（见《传习录》中），这就消解了"理"或"天理"了。因之，正当朱熹在构筑"理"学思想大厦时，陆九渊同时就构建"心"学大厦了。至明代王阳明，"心"学终成气候，大有取代"理"学之势。然到了阳明后学，"心"本体却向人的感性欲望趋进，至王艮、颜山农、李卓吾等人，"心"学终与人的自然本能欲望合流而趋于解体了。

宋明理学由"理"学向"心"学的趋动和"心"学的解体表明这种伦理学本体论自身仍潜伏有问题，或曰儒家的心性本体论或形而上学仍有问题。不将人的自由意志外化、提升出来予以本体化，会导致伦理原则的消解；而如果将伦理原则还原给人，完全还原给人的自由意志，同样会导致伦理原则的消解。看来宋明理学中的"理"学和"心"学均非理学之完全、成熟、最后完成的形式和理论，确实需要再接着理学讲。又怎么接，接什么呢？这不好说，也说不好。倘若试着说几句的话，这里必须要有一个和会有一个"中"或"居中"的思想和方法论原则。即人的心或自由意志既不能被完全地外化出去又不可完全地不外化出去，这就有一个既要外化又不要外化，既不要外化又要外化的"中"的势域、境域在。就儒学伦理学说，既要宇宙论化又不要宇宙论化，既不要宇宙论化又要宇宙论化。这是在说无谓的虚言吗？当然不是。这里有个现象学的思想识度和原则。这是接着宋明理学的中国古代哲学的下一步出路。这条路可行吗？怎么行？需要探索，再探索。

二　中国古代情境反思的思维方式

　　人类需要形而上的本原、本体，这是人的存在本性使然。人作为一肉体生命，当从自然界经漫长的发展进化而来，这已为大量的科学事实所证实。但人的出现带来了一个自己的世界，即人类社会或人文世界，这却是独特的创生，人文世界不是也不会从自然界进化出来，在人出现前，自然世界中没有人文世界，即人的世界是"无"；有了人后人的世界就有了，但当人死了后人的这个世界对死者言又成了"无"了。所以，人的世界、人的存在作为"有"，其开端和终结却均是"无"，可以说人是在前后"无"的夹撑、支撑、托浮中而得以有，得以存在的，这可谓人是存在、生存、生活于"无"中的，或者说人的存在本性、本质就是"无"。人存在的"无"本质究竟说明了或表明了什么呢？这表明，人的存在并没有人之外的什么东西来限制和左右，人一切的一切都是人自己的所作所为，即人是"自由"的，一切均由人自己来作主。所以，人的存在的"无"即"自由"本质，就是人自己为自己作主，自己是自己存在的本和根。哲学上所说的形而上的本体就是人将自己的"无"即"自由"之本性、本质以文化、思想的形式确定下来，表现出来而已。难怪黑格尔说一个有文化的民族如果没有形而上学就等于一座庙里没有了神灵（见黑格尔《逻辑学》"第一版序言"）一样。

　　人需要一个本体，这是必然的。但这个本体是什么？它是如何存在的？它在哪里存在？人们对此历来有不同看法。就西方传统哲学来说，在古希腊的柏拉图、亚里士多德那里以成熟的思想形式表现出来的就是那种对象性、概念化的本体。从柏拉图的"理念"、亚里士多德的"实体"到黑格尔的"绝对理念"或"绝对精神"，均是概念式本体。这种"本体"既然是人之外的对象，是在人之外存在的，那它与人有何关系呢？它怎么能作为人的生存、生活的本原、本体呢？要说它是人的"本体"，也充其量只能是人之外的样式、模式而已，不可能就在人的生、活本身中。西方传统哲学这种"本体"思想的弊端，直到20世纪初才为德国现代哲学家胡塞尔所指出（维特根斯坦的分析哲学在此方面亦有功绩），他要改变此种做法，提出了"回到事情自身"的哲学原则，并提出了一种相应的思想方法——现象学。后来海德格尔纯化了胡塞尔的现象学思想和方法，形成了他的诠释学的存在论思想理论。在现象学、存在论思想看来，所谓"本体"不是也根本不能是处在人及事情之外的那种样式、式样，人只能看着并仿照一下它而已，本体本来就是存在于人活的生、活之中的、处在事情之中的"本"与"体"，它就活在、当场生成在、构成在事情自身之中，随着活的事情的存在而存在和显示、显现。这就是胡塞尔所谓的"事情本身"；也就是海德格尔所谓的"存在"本身，而不是那种对象化了的存在者。本体论上的此种思想原则无疑是正确的。

但人怎样来把握这种活在事情本身中的本体呢？这需要一种什么形式的哲学思想和理论呢？1900年和1901年，胡塞尔出版了两卷本《逻辑研究》，这是现象学思想的开山之作，在这里他提出了"回到事情本身"的现象学原则。但如何体现和贯彻"事情本身"的原则呢？胡塞尔用的却是那种概念化的描述法。后来那托普给胡塞尔这种描述性的现象学提出了两条意见：一是现象学的描述或反思会使活的生活经验不再被活生生地体验着，而是被观看着。就是说，这种方法止住了、停住了活的、正在当场产生着、构成着、出现着的生活经验，将活的经验提离开了其活的生存境域，将它变成人思想、理性上的一个对象了。二是要描述生活经验就要用语言，就要用那种普遍化和抽象化了的语言，但这根本不能直接描述生活经验，所以现象学所许诺的纯描述达不到，即要回到"事情本身"是做不到的。海德格尔认真对待这两条意见，在胡塞尔"形式化"思想和拉斯克"反思范畴"思想的基础上，形成了他自己"形式显示"的现象学思想和方法，这种方法可以反思和逼近及逼进活的生活经验中，把握住那种当场生成和构成着的情境化的本原、本体。从西方哲学两千多年的思想发展来看，西方哲学有两种类型的本体：一种是对象性的本体，另一种则是情境化的本体；相应的也有把握本体的两种方式、方法：一种是概念规定法，另一种是让语言自己说话的、自己显示的情境反思法。

对比西方哲学来看中国传统哲学，中国哲学在思想方向上和主流上是境域式的情境反思方法，把握的是那种活的、正在当场构成着、开显着的境域本体。当然，中国传统哲学中也有那种对象性的本体思想，即将本体视为一种思维对象来予以概念化地把握，比如荀子讲的那种"天"、墨子讲的"天志"之"天"、王充的"气"或"元气"、王弼的"无"，甚至程朱的那个"理"或"天理"等,在形式上都有某种对象化之嫌。但这不是中国传统哲学的主流思想和主流本体形态。时至今日,人们往往用西方传统概念化的方式来疏解中国古代哲学思想,将其统统视为概念化思想,将中国古代哲学中的本体一律解说为对象实体或对象实存,比如一说到夏商周时代的"天",就肯定它是一个客观唯心主义的概念,是某种实存着的主宰力;一说到孔子的"仁",就肯定它是主观唯心主义概念,不是对人的存在的正确揭示;一说到老庄的"道",就振振有词地说它是一个客观唯心主义概念,是对天地万物存在的一种主观猜想,是错误的;而一说到比如王充的"气"、荀况的"天"、柳宗元和刘禹锡的"天"、张载的"气",等等,则肯定它们是唯物主义概念,是对事物正确的反映,是对人类思想有贡献的。这种做法,一定程度上歪曲了中国传统哲学。从"五四"到如今,马上就整一百年了,扪心自问,平心而论,我们继承了自己民族的思想精华了吗?连自己的精华是什么都不知道,谈何继承?谈何创新?如今看到古老的中华民族这个礼仪大邦无礼义廉耻了,无亲情孝道了,无礼让之风了,人们着急了,眼先青了后红了,才记起中国原来还有礼仪在,还有那些教育人如何做人的儒学在,还有能净化、纯净人的心灵,能清洁和清醒人的思想的道、禅思想在,所以国人在饿坏了、渴死了,在急红了眼的情况下,又从对自己传统文化的否定转而不加区别的赞扬和肯定,一时间到处都在讲起国学来,都教幼儿读起了经,一下子祭起了许多国学"大师",动不动就称某某先生为"国学大师",吹捧得让人听了觉得汗颜。我们的"国学"究竟是什么之学?中国古人讲的那些东西究竟有什么用?能在哪里用?能怎样来用?要拯救国学,要继承国学,这个愿望是好的。但总得先知道一点我们的国学是什么样的"道"吧?如果仍然像已往近百年以来的那种做法,将孔子的"仁"等一概视为一个唯心的概念,那么,口号喊得再响,温度炒得再热,"国学"也是无用的。

中华民族是一个有文化的古老的文明民族。这样一个民族不能没有,也不可能没有自己的形而上学、本体论。但中华民族的形而上学不是西方那种概念化、对象化了的实体性的形而上学,不是西方那种对象性的本体,它是境界性形而上学,是意境化、境域化了的本体,这种形而上学,这种本体根本没有被提离开当时当地的活的情势、情境、境域、势域,是活着的、正在生着活着的、当场生成着、构成着、产生着、出现着、显示着、开显着、显现着、现象（均作动词）着的东西。这就是有如海德格尔说的"存在"本身，而不是那种作为对象存在的存在者。对于那种对象化了的存在者，可以用"什么是什么"的那种"什么"来予以规定和定性、定谓，因为这种东西实质上已是个死的、不可能变的东西，故能命名，能概念化，即可用那种下定义的、概念化的方式予以把握。但那种活着的、正在当场构成着和显现着、现象着的活生生的情境、境域、情势，就根本不能用"什么"性的概念化方式来规定和把握，因为如此一来非将那种正在活着的情境弄死不可，这正如那托普批评胡塞尔描述性的现象学时所说的一描述（一概念化）就会止住那种活着的经验，就将它弄死了。要这种死东西当然没有用，甚或有害！佛家有句真言，说"物无自性"，或曰"性空"，这揭示的就是那种本来就活在情境、境域中的东西，这就是"存在"或"本体"。举个例子：我面前放在桌案上的这个乳白色的、圆柱体的东西是什么？你可以脱口而出说"是杯子"。不错，这的确叫"杯子"。但"杯子"只是给它的一个指称，给它的一个名字。就"杯子"这个名称、概念言，它就是个杯子，不管你用它与否，不管是过去、现在还是将来，它都是杯子；不论它好着还是坏了，无论它能用还是不能用，它都是杯子。这个永远是"杯子"的东西，难道不是个死东西吗？！对一个没有使用杯子经验的人来说（比如对一个从未用过杯子的残疾人来说），听到了"杯子"这个名字，知道了"杯子"这个概念，就明白了杯子这个东西了吗？根本不行。你要知道这个"杯子"所指的东西是什么，就得在实际的使用中来把握，比如用它来喝茶、喝水、喝饮料等，这时它是一个杯子。但正是因为杯子处在使用着的环境、境域中方是杯子，所以这个杯子天生就不是死的，即它并没有那种永远如此、无有变化的性质或质性在，即并无那个"什么"在；叫它"杯子"只是个名称、指称，并不就是它的质性所在。比如说，我现在不用它来喝水、喝茶了，而用它装垃圾，行吗？行！我用它装酒，行吗？行！我用它装盐，行吗？行！我用它装醋，行吗？行！我用它盛毒药，行吗？行！我用它装钱币，行吗？行！我用它打人，行吗？行！……在此种种不同的作用中，当"杯子"所指的这个东西与不同的东西相接触和结合时，它在具体的情境中呈现出那个"什么"来，比如它是个垃圾盒、酒杯、盐盒、醋瓶子、毒药罐、钱盒、凶器，等等，你说它到底是个什么呢？在什么样的情境、境域下它就是什么。这个

"什么"并不是固定的和第一性的，它实际上是第二位的，比它更根本、更本质、更本原的东西是情境、是境域，这才是第一性的存在。这个境域也就是佛家讲的"缘"或"因缘"。故佛家说"物无自性"，这也就叫"缘起性空"或"性空缘起"，正因为物在本性上是"空"的（而不是那种已被"什么"填满了的存在），所以才能缘起；也正因为物是缘起的，所以才是性"空"的。这里的"空""无"等所揭示的就是包括人的存在在内的一切存在者的本质、本性。显然，对这种原本就不是"什么"的物的本性，当然不能用那种只能表达和表现"什么"的概念化了的方式来把握。那要用什么把握呢？当然这仍要用语言，但用的是非概念化的语言，这就是情境反思，就是拉斯克所讲的与"构成性范畴"不同的"反思范畴"，更是海德格尔所说的"形式显示"。关于这些思想，三言两语说不清楚，我们在此也无暇作详细介绍和论说。但只指出一点：这些都是让语言自己来自我显现、开显，就是让语言自己来说话。那种活的生活经验、活的情境是自我当场构成着的和开显着的，故语言与此种开显一样，一起来开显、显现，即让它自己说话。所以，情境本体以及情境反思的方式、方法就是中国古代形而上的本体论的思想和方法。

比如孔子的"仁"。"仁"是什么？它当然不是概念。作为概念言，"仁"就是人的本质、本性。这样说"仁"也没有错，但这样一来"仁"就成为一种对象性存在了，只是说人有此种本质、本性而已，至于人的此种本质、本性究竟怎么样存在，除了说"仁"之外还是"仁"，无论这个人是好是坏，也不管这个人干什么事，甚至于当这个人已经死了，已经不过人的生活时，只要你说他是人，只要你承认、认可他或曾经是人或现在是人或将来是人，他都有这个"仁"在。这不很明显嘛，这样的"仁"是死的，人要这种概念化了的"仁"有何用呢?！可见，孔子的"仁"不是概念，不能作为概念、范畴来理解和对待。"仁"一定在人的行为中，在人的行动中存在，它必是活的，就活在人活生生的生、活经历、经验中。"仁"在哪里？世上如果只有一个人，无论如何无"仁"这种行为可言。世上至少得有两个人，才有人的行为有没有"仁"可言，"仁"这种东西方能存在。《说文》曰："仁，亲也。从人，从二。"这是说"仁"的本义为亲爱，它是由"人"和"二"会意而成的，即二人偶为"仁"。既然"仁"在两个人的关系、联系中才能出现和存在，所以"仁"这种行为就既与你有关又与我（或他）有关，既不能单独落在你身上也不能单独落在我身上，但又要既在你身上又在我自上；换言之，这个"仁"既是你又是我，既非你又非我，是我你你我、你我我你，是你你我我、我我你你，这就是其"你—我"（或"你—他""我—他"）性。这就是"中"或"中间""居中"地带，就是地域、境域、情境之所在。因此，"仁"是本体，但它不是概念化了的本体，它乃境域本体，情境本体。孔子的《论语》有一种淳厚的於穆不已的气象，即所谓的"圣人气象"。"仁"表现的恰是这种活的气象。

正因为"仁"是情境性的存在，是一种在当场、当下的情境中正在构成着、生成着、开显着、显现着的情境自身，故把握它的方式、方法只能是情境反思式的，而不是那种概念、观念化了的反思。所谓概念反思是用概念来表示、表达的一种对象化了的反思。而情境反思则是境域中的反思，是与流偕行的反思，即人正处在此种情境中却同时反思着它。这可能吗？作为对象化思维当然不行。但如果化解了对象，而留下的是那种纯象，或者是那种纯姿态关系或纯关系姿态，是由两个东西构成、生成的，托浮、夹撑起来的势境、势域，是那种推动着的趋势和势趋性的推动的话，那么，既在这种情境中又反思着此种情境的做法就是可能的。海德格尔所讲的"形式显示"说的就是这种情境反思。孔子当然不知道这些，也根本未讲什么情境反思之类的问题。但因"仁"本身的情境本体的要求，孔子却自觉不自觉地用到了情境反思的思维方式。《论语》中"仁"字出现了109次，但孔子始终未给它作概念化的定义，都是在当场的境域中，在当下的情境中来予以抒发其含义的。孔子在给学生说"仁"的含义时，他和学生都正在感受着、体验着此种含义，并以自己的行为当场构成着、生成着、产生着此种含义。孔子最爱引《诗》，"子曰"往往与"诗云"相连用。他说："诗，可以兴，可以观，可以群，可以怨。"（《论语·阳货》）《诗》有赋、比、兴的功能，这个"比"与"兴"，特别是这个"兴"，有托物起兴之功用，在这里人的主观之情借物得以传达和显示，人与物已处在一种审美化了的情境感中。所以，孔子往往用《诗》之句来传达和表达他的感受、感想，而不只是用概念方式予以指称和规定。另外，孔子还有一种让语言自己说话的"道言"方式，这就是他所谓的"君君，臣臣，父父，子子"（《论语·颜渊》）之谓。什么是"君"？孔子没有给它下定义，而说了个"君君"。人们一般将这两个"君"字均作名词概念看，这大失"君君"之深意。这个"君君"乃"君—君"，是由两个"君"字夹撑、托载、承载、托浮起来的一种存在境域或势域。这是说，所谓"君"就是那个正在发号施令、君临天下的人，即正在做着君主之事的人，而不是也不能只是个坐在皇帝宝座上的傀儡，或只是个有"君"名而无君实的空衔。所以这个"君—君"中的两个"君"字都既是名词也是动词。若第一个"君"为名词而第二个为动词，这表示所谓君主就是那个正在发号施令、君临天下的人；若第一个"君"为动词而第二个为名词，则表示只有那个正在君临天下、发号施令着的人才叫做君主。这个"君君"就是让语言自己来说话。"臣臣""父父""子子"亦然。孔子这里有气象，有情境，有让语言说话的"道言"。《孟子》一书虽辩锋犀利，文风强劲，但却多是辩名析理式的概念化方式，已少有"於穆不已"的圣人气象了。到了《荀子》，更是那种所谓唯物主义的概念化方式了。不过，在汉儒董仲舒处，还表现出了此种用于表达情境的"道言"方式，如他说："吾见其近近而远远，亲亲而疏疏也；亦知其贵贵而贱贱，重重而轻轻也；又知其厚厚而薄薄，善善而恶恶也；又知其阳阳而阴阴，白白而黑黑也。"（《春秋繁露·楚庄王》）董仲舒在这里讲了"近近""远远"等十六个这样的语式，这是无谓的语词堆砌吗？当然不是，这是让语言自己说话的方式。这就是表示境域本体的情境式或情境反思的思维方式。

　　老、庄的"道"也是境域本体。时至今日，人们一直将"道"视为一个概念、范畴，看作一个理性观念或对象，将其定性为客观唯心主义的概念，这极大极严重地遮蔽了"道"的境域性，惜乎！何谓或何为"道"？它显然不是某种对象实体。老子曰："道可道，非常道。"（《老子》第一章）老子自己看得很清楚，"道"是可以用名言概念来道说的，但一旦说后就将它对象化了，就将它作为一个东西定在了那里，它实际上就成了死东西，要这个死东西当然无用。那个真正的"道"一定是活的，一定是活在、显现在、构成在、生成在当下境域中的东西，所以是不可用概念性的语言来说三道四，说长道短的。那怎么办呢？难道就闭口不言了吗？当然还得言，还要说；如果什么都不说，什么都不言，人类也就不是人类了，也就根本无所谓"道"可言了。只不过不能用概念化之言，而要用非概念之言，这就是老子的"恍惚"或"惚恍"之言（见《老子》第二十一章)。恍与惚同义,恍惚指模糊、不清晰、不分明之态。这是说,"道"这个东西①不像那种对象性存在是个具体的"什么",能清清楚楚地指出来,它并不清晰可见和可辨,是模糊的和似有非无、似无非有、似有非有、似无非无,有无无有、无有有无,有有无无、无无有有的"存在",根本无法用"是什么"的"什么"那种对象性、概念化的方式和概念语言来予以定谓,而只能用"恍惚"的、模糊性的语言予以指称。这种语言恰好能揭示"道"的"有—无"性存在结构。故《老子》第一章就开宗明义地指出:"道可道,非常道;名可名,非常名。无,名天地之始;有,名万物之母。故常无,欲以观其妙;常有,欲以观其徼。此两者同出而异名,同谓之玄;玄之又玄,众妙之门。"这是说:"道"是不可言说、道说的。为什么呢?这是由"道"的存在本性和存在结构所决定的,这个本性结构就是其"有—无"性。"道"的存在本性不只是"有"也不只是"无",如果只是个"有"而无"无"或只是个"无"而无"有"这一种本性、本质,那就可用那种"是什么"的对象性、概念化语言来予以规定和把握了。但"道"在本质、本性上偏偏是"有—无"性的,它既非有又非无且既是有又是无,是有无无有、无有有无的,这一定是一个由"有"和"无"夹撑、托载、托浮、乘浮起来的境域性的"中"的地带,是一个"有"与"无"正在翻滚、滚动、缠绕、纠结、挣扎、生存中当场生成着、构成着的活生生的情境、境域、势域。这种境域不能停住或止住,一停下来就马上土崩瓦解而烟消云散了,就灰飞烟灭而荡然无存了。对这样一个活的情境、境域,只能让其自我显现、开显出来,即让它自己来说话,来自我道白。老子在此之所以说"道"的"有""无"性都是"玄",那是用"玄"这个形容词来状摹"有""无"的幽深性态,说明这里的"有""无"并非现象界事物那种有、无,即有与没有(无)之状态,因为现象界事物的有、无是对象化了的存在者,作为"道"之存在本性的"有""无"不是对象性的"是什么"的那种"什么",而是由"有"与"无"托乘起来的一种势域、境域,是正在生、活着的情境。对此,如果

---

① 人们往往将老子"道之为物"的"物"理解为物质、事物,这自然有望文生义之嫌。《左传》定公十年曰:"叔孙氏之甲有物,吾未敢以出。"杜预注:"物,识也。"这是说"物"乃标识、标记、记号也。"道之为物"即"道"这个标识、标记。这与《老子》第二十五章所谓"吾不知其名,字之曰道"之义一致。

只用一个"玄"来予以表征、指称的话，那正好就将其对象化了，定住了，定死了，就无活的境域可言了，故而还需用一"玄"来将此种对象引入、导入、引导进正在当场构成着、当场生成着的活的情境、势域中，这就叫"玄之又玄"，或叫"玄玄"或"玄—玄"。《说文》："玄，幽远也。黑而有赤色者为玄。象幽而入覆之也。"玄乃赤黑、深厚、幽远、神妙等之谓。"玄玄"的意思是说：所谓"玄"就是那种正在玄中或正在玄着的状态；或曰那种正在玄中并正在玄着的那种活的状态才叫"玄"。这与孔子的"君君"说是一致的意思。这都是让语言自己来说话。语言自己说的这个"话"，若从对象性的"是什么"的视角看是不清晰的和模糊的；但就境域、势域来看恰恰是清晰的。说到"恍惚"，人们只知道或只说它是似有似无的不清晰，但这只是它的一层含义；它同时还有精思、精想之义。《中文形音义综合大字典》说："甲文、金文恍字阙。小篆恍从心，光声，本指'恍惚'一词而言；恍惚之本义作'精想'解（见《玉篇》），乃指深思有独得而言，故恍从心。又以光有烛照明彻之意，精想乃思虑明彻，故恍从光声。"[①] 可见，所谓"恍惚"只是从对象性的角度看是恍惚的，若从"道"的境域性角度看恰恰是精想、精思的精确、精到语言。《老子》第四十八章提出"为学日益，为道日损，损之又损，以至于无为"的"损"的"为道"之方。"损"什么呢？要损的就是那种对象性的思维方式和语言，而要获得的就是与"道"的境域性相一致的和若合符节的让自己说话的"恍惚"之言或"道"言。

　　还有庄子的"道"，也是境域性的。《庄子·大宗师》有一段言"道"的话，曰："夫道，有情有信，无为无形；可传而不可受，可得而不可见；自本自根，未有天地，自古以固存；神鬼神帝，生天生地；在太极之上而不为高，在六极之下而不为深，先天地生而不为久，长于上古而不为老。"这看似对"道"的解说和规定，是一种概念化的对待"道"的方法。但实际上是情境反思地把握"道"的方式、方法。"道""有情有信"，这个"情"字表示的就是情境、境域所在，对象性的东西只能是"是什么"的"什么"，无"情"可言；正因为"道"不是对象存在而是情境存在，故才有所谓的"信"可言，若是对象，就只能是"知"的问题，无什么

[①] 高树藩编纂：《中文形音义综合大字典》，中华书局1989年版，第498页。

"信"可言。正因为"道"是情境、境域式的存在,所以才"可传而不可受,可得而不可见"。传,今读 chuán,传递、传达、传播、传授等等之谓。但"传"的本义是 zhuàn,《说文》:"传,遽也。从人,专声。"传指传车驿马。朱骏声《通训定声》:"以车曰传,以马曰遽。"传遽均指驿站所备的车马,引申为驿站。可见,本为驿站的这个"传"原就有"中"或"居中"之义,驿站本是连接上一站和下一站的中间地方。"道"是情境,人与"道"已处在"在……之中"的方式和境域中,所以才可传和能传。而"受"就不然了。《说文》:"受,相付也。从爪,舟省声。"受的本义是互相交付。《说文》:"爰,物落;上下相付也。从爪,从又。"爰的原义是物体下落,或上手交付给下手,故由"爪"由"又"会意。可见,"受"指对象性东西的相受、传递。"道"乃境域、情境,故可以"传"之;因它不是对象性的东西,故不可以"受"之。正因为这样,"道"也就"可得而不可见"矣。但恰恰是这种"有情有信,无为无形;可传而不可受,可得而不可见"的"道",才是天地万物存在的"根"或"本",是永恒存在的。庄子说:"道行之而成。"(《庄子·齐物论》)这里的"道"是道路,这是说道路是因人的行走而形成、产生的。这看似极为平常,因人蹚路而踩踏出了一条道,这有何深意呢?但恰恰有深意在!这说明"道"本就不是那种现成的东西,是人正在走着的、正在形成和产生中的、正在自我构成着的"存在",这不正是"道"的情境、境域之本义吗?!海德格尔说:"'道路'(Weg)很可能是一个语言中古老和原初的词,它向深思着的人发话。在老子的诗化的(dichtenden,诗意的)思想之中,主导的词在原文里是'道'(Tao)。它的'原本的'或'真正切身的'(eigentlich)含义是'道路'。但是,因为人们将这道路轻率和浮浅地说成是连接两个地点的路径,他们就仓促地认为我们讲的'道路'不适合于'道'的含义。于是'道'(Tao)就被翻译为'理性'、'精神'、'理智'(Raison)、'意义'或'逻各斯'。"[①] 海德格尔又说:"在阿伦玛尼—斯瓦本方言中,今天还管开辟一条道路,譬如穿过积雪的原野,叫做 We-gen。这个作及物动词使用的动词意味着:形成一条道路,准备去形成一条道路。这样看来,Be-wegen(Be-wegung)就不再意味着仅仅在一条已经

[①] 转引自张祥龙《海德格尔思想与中国天道》,生活·读书·新知三联书店1996年版,第424页。

现成的道路上来回搬运什么，而是意味着：首先产生通向……的道路，并且因而就'是'道路。"① 所以，"道"并非对象性的、已成为死的（即已经形成好的）那种概念，而是正在形成中、构成中、产生中的活的道路，这就是"道"境！故庄子曰："故为是举莛与楹，厉与西施，恢恑憰怪，道通为一。"（《庄子·齐物论》）莛为小草茎，楹是大柱子，厉是丑癞女，西施是大美人，各种各样的东西在对象化的存在上是千差万别的，当然无法齐同；但如果在其存在的"道"境这里，则是齐一的，"道通为一"。

所以，庄子的"道"与老子的"道"一样，不是对象，不是概念，而是境域。那么，如何认识或把握这种境域之"道"呢？显然不能用那种"是什么"的概念化方法，而只能用情境反思法。庄子讲的"无听之以耳而听之以心，无听之以心而听之以气……气也者虚而待物者也。唯道集虚；虚者，心斋也"（《庄子·人间世》）的"心斋"法，讲的"外天下""外物""外生""朝彻""见独""无古今""不死不生"的"守"法（见《庄子·大宗师》），讲的"堕肢体，黜聪明，离形去知，同于大通"的"坐忘"法（《庄子·大宗师》），等等，都是意境性、体悟性的情境反思之方。对此别处已有述说，此不赘言。这里要说的是，庄子不仅有此种"坐忘"式的心理体验方法，更有可操作的、更富普遍性和实用性的"道忘"之法，此即"孔子曰：'鱼相造乎水，人相造乎道，相造乎水者，穿池而养给；相造乎道者，无事而生定。故曰鱼相忘乎江湖，人相忘乎道术。'"（《庄子·大宗师》）水乃鱼生活、生存之境域，在此种境域中鱼才能生存、生活着并自然而然地存在着；一旦"泉涸，鱼相与处于陆，相呴以湿，相濡以沫，不如相忘于江湖"（《庄子·大宗师》）。在失去了生存境域后，鱼就只能"相呴以湿、相濡以沫"地来苟延残喘了。人的生存、生活亦然，亦要在境域中方可，这个境域就是"道"。所以，所谓"道忘"就是在得"道"中"忘"，在"道"境中"忘"。那么这个"道"或"道"境是什么呢？庄子讲到了"由技进乎道"的"技"方。这个"技"就是使用生产工具（见《庄子·养生主》的"庖丁解牛"故事）的技术或艺术，即将工具使用到心手合一的出神入化的化境，例如庖丁解牛时所用的刀就如此，这时人与对象就合为一体，浑然天成，就营造出了一种情

---

① 海德格尔：《在通向语言的途中》修订本，孙周兴译，商务印书馆2004年版，第262页。

境、境域来。《庄子》中讲了许多使用工具到化境的寓言故事，除了那个著名的"庖丁解牛"外，还有"匠石运斤""痀偻承蜩""丈夫蹈水""梓庆削木""工倕旋指""大马垂钩""轮扁斫轮"等，均是出神入化地使用工具的寓言故事。由"技"入"道"，这种方法显然有极大的普遍性和可用性，这对三百六十行的各类人均有用和有效，都可得"道"。同时，从制造和使用生产（劳动）工具中将自身从自然世界中提离、提升出来而成就了一个人的社会或人文世界，并在制造和使用生产工具中从自然世界中获得必需的生存资料得以生活、生存，这不正是人（类）起源和生存的方式吗？这不正涉及人的存在本质吗？所以"道忘"作为得"道"之方具有极为重要的哲学本体论价值。如果将庄子的此种情境反思式的得"道"之方转换到语言上，那就是他的"寓言""重言""卮言"之"三言"（见《庄子》的《寓言》《天下》篇）的思想理念。这个问题就暂不说了。

还有禅宗，也是情境本体和相应的情境反思的思维方式。禅宗讲"自心""自性"（见慧能《坛经》），这就是本体。那么，这是一种什么"本体"呢？是那种对象性的"什么"吗？当然不是。如果以对象化的"什么"为本原、本体，就永远别想成佛，只能去下地狱。因为，对象化了的"佛"永远是你面前的对象，你与它是两截子的，你怎么能变成佛呢？《五灯会元》卷四"赵州从谂禅师"条说，当僧人问赵州"如何是祖师西来意？"时，他却说"庭前柏树子"。这里的"祖师"是印度禅宗第二十八祖、中国禅宗初祖菩提达摩。赵州之言算哪门子回答问题，简直就是牛头不对马嘴嘛。但这实际上就是在认真地、真正地回答问题。关于这个"庭前柏树子"之说可作两解：一是它乃一对象存在，即院子前的那棵柏树；二是它乃非对象存在，不是院落前的那棵柏树，而是已进入你的感觉、思想、意识中的那个柏树，你与这个柏树已处在既不是你又不是柏树但同时既是你又是柏树的一体同在的情境、境域中。若作前种理解，赵州的回答意在否定，是告诉问话的那位僧人，"佛"不能作对象化理解，若作对象化理解和认识，"佛"就成了你之外的一个对象存在，就像你面前的那棵柏树一样，你非它，它非你，它压根就与你无关，这样的"佛"有什么用呢？修这样的"佛"岂不像"磨砖作镜"（马祖道一禅师开悟之公案。见《五灯会元》卷三"南岳怀让禅师"条）一样乃白费力气而不可能，所以佛不可作对象化对待。若作后种理解，赵州的回答却意在肯定，是说要理解达摩西来传佛的用意，即理解什么是"佛"，就要像认识、理解庭前的柏树那样做。庭前有一柏树，这是你之外的客观存在，看似与你不相干。但真的一点都不相干吗？不是，当你说它时它正好就与你相干了和相干着，它已在你的感知中，在你的思想中、意识中了，否则的话，若它真的与你毫不相干，你就根本不知道有没有一棵柏树存在，你根本就说不出"庭前柏树"这句话来。所以，当你说对象如何如何时，实际上你与对象已一体同在了，你与对象均已处在"在……之中"的结构中，这就是意境、境域、情境之所在。"佛"也一样，当你说"佛"是什么或问什么是"佛"时，实际上你与佛已在一体之中，已是你中有佛、佛中有你了。只要你能理解这点，理解到这一层面，你不就可以开悟成佛了吗？这就是禅宗教人的"顿悟"法门，就是禅宗"公案"的作用和价值所在。

  禅宗中有一千七百余公案（常被用的大约五六百），都是教导、引导人来开悟的。开什么、悟什么呢？就是开悟、顿悟那种佛"理"而成佛。什么又是佛之"理"呢？这就是那个人与自己所处的世界一体同在、"人在世中"之理；你要将自己与你所在的世界分开，这原本是不可能的，但因受无明的影响，你却将你与世界分割了、分裂了，分开了，这就使生命、生活失去了存在的根柢，所以在回过头来寻求生命存在的依据和生活的意义时，其实不用寻找，人的生命、生活原本就充满了意义，就富有生机。《五灯会元》卷七"德山宣鉴禅师"条载有龙潭崇信禅师因吹灭了一支已点燃的纸烛而使德山宣鉴禅师开悟的故事："一夕侍立次，潭曰：'更深何不下去？'师珍重便出。却回曰：'外面黑。'潭点烛与师。师拟接，潭复吹灭。师于此大悟，便礼拜。潭曰：'子见个甚么？'师曰：'从今向去，更不疑天下老和尚舌头也。'"这是一桩生动的"开悟公案"。德山宣鉴到底开始到了什么？他开悟到的就是人与世界浑然天成的意境、境界。太阳落山了，大地一片漆黑寂静，万籁俱寂，万物自安，浑然一体，难分彼此。这本来已经是人与世界一体同在的意境禅机了，但德山宣鉴不明此理，不晓此禅机、禅意，他像常人一样看到的仅是与白天相反的黑夜，还在有分别相的对象世界中驻足着。龙潭崇信禅师于是给了他一支纸烛，纸烛一照，万物即见，万象立呈，差别相尽显，这不又回到白天那种日常的世界中了嘛。当德山正要接烛，持烛而行，打算继续过那种日复一日、年复一年的年年月月、天天时时的日常生活时，龙潭却一下子吹灭了纸烛，突然一下子又回到了万物众相俱灭、一切归"一"的一体之境中，德山一下子就抓住了此次机会，体悟到了人与天地万物浑然天成、一体同在的境界、境域、意境、情境，就一下子悟到了禅机禅意，故开悟了。等到开悟后，你再说什么差别，再用概念化的语言来说什么对象化规定，都只不过是一种痴见而已，已不复影响那种无差别相的本原、本体存在了。所以，当龙潭问开悟后的德山"子见个甚么？"时，德山说："从今向去，更不疑天下老和尚舌头也。"还有香严智闲禅师"一日，芟除草木，偶抛瓦砾，击竹作声，忽然省悟"（《五灯会元》卷九"香严智闲禅师"条）。偶抛瓦砾，击到竹上，竹作声响，这不很平常嘛，为何香严智闲禅师却能闻声开悟，这神秘吗？从概念思维看有点神秘莫解。但如果从情境思维看，却合情合理，禅意盎然，无有神秘。瓦砾碰竹，竹击作响，乃自然、天然、浑然，这时瓦竹一体，瓦触竹，竹接瓦，瓦瓦竹竹、竹竹瓦瓦、瓦竹竹瓦、竹瓦瓦竹，非竹非瓦而亦竹亦瓦，瓦也竹也，竹也瓦也，孰此孰彼，一体具在；有区别乎？有差别乎？有主体对象之分乎？一切都没有了。能体悟到这一点，人与世界的关系不也就明白了吗？！这不正是父母未生你时你自己的真面目吗？！岂有他哉？！岂有疑乎？！难怪香严禅师在听到瓦砾击竹之声后开悟了。

所以，禅是生活，是活生生的生与活，是引人入境的"思维修"之方。禅宗主张在担水劈柴、著衣吃饭、睡觉劳作中来顿悟禅机，抓住禅意，以成佛果。有僧人对赵州从谂禅师说："学人乍入丛林，乞师指示。师曰：'吃粥了也未？'曰：'吃粥了也。'师曰：'洗钵盂去。'其僧忽然省悟。"（《五灯会元》卷四"赵州从谂禅师"条）人生在世，免不了穿衣吃饭，上自帝王贵胄，下到凡夫走卒，只要是人，只要不是鬼神，只要活着，就得吃得穿，得睡觉得劳作，这是人最最基础的活动，是一切社会生活的起点和支点。人饥了要吃粥，吃了饭要去洗碗，下次用碗再食粥，食过了再去洗碗……人生就这样日复一日地生活着。这不太简单了吗，太平凡了吗，太没趣味了吗，太没意义了吗？的确有点，但也不尽然。正是在这种貌似平凡、平淡的日常生活中，却蕴涵有无穷禅意，无限禅机。正是在这种平平常常、自自然然的生存、生活中，能达到和达到了人与世界的一体同在，人与大化流行的同流同行，这才有人的生命和才是人的生命，这就是人生存的意义和价值。关键在于你如何看待这种日常生活，如果你能以一颗道心来视察生活，生活岂非"道"哉！《景德传灯录》卷六"越州大珠慧海禅师"条载，有人问大珠慧海禅师"如何用功？"时，师曰："饥来吃饭，困来即眠。"问的人就说："一切人总如是，同师用功否？"慧海说"不同"，因为"他吃饭时不肯吃饭，百种须索；睡时不肯睡，千般计较。所以不同也"。吃饭睡觉，人人所为，但禅师们却以此为修道功夫，得成正果，而凡人只是吃睡而无缘开悟，差别究竟何在？就在于能否以一颗平常心来对待之；能以一颗平常心来对待吃饭睡觉，能自然然地吃和睡，这就得临禅机，能会禅意，就能开悟；若被对象化的"什么"占据了心意，吃饭时不肯吃，睡觉时不得眠，成天生活在差别、二分、对立的世界中，岂能开悟？《五灯会元》卷四"赵州从谂禅师"条载：从谂"他日向泉曰：'如何是道？'泉曰：'平常心是道。'师曰：'还可趣向也无？'泉曰：'拟向即乖。'师曰：'不拟争是道？'泉曰：'道不属知，不属不知。知是妄觉，不知是无记。若真达不疑之道，犹如太虚，廓然荡豁，岂可强是非邪？'师于言下悟理"。这个"平常心"并不平常，它乃"平""常"之"心"也。《说文》"平，语平舒也。从亏，从八。八，分也。""常，下帬也。从巾，尚声。"平是指语气平直舒缓貌；常指下身的裙子，状下垂舒展貌。可见，平常原指平直、舒展之态。平常之心就是"心"的平和舒展态。心何以才能平和舒展呢？这一定是心的无思无虑状，是处在思而无思、虑而无虑的"意识流"中的心，这与老子的"恍惚"说、庄子的"忘"说是暗合的。《无门关》第十九则对这种"平常心"颂之曰："春有百花秋有月，夏有凉风冬有雪。若无闲事挂心头，便是人间好时节。"无闲事之心，饥来吃、困来眠，自然之心，就是"平常"之心，也就是"道"心。这不正是在时间构架中运作着的情境反思的思维吗？李泽厚先生说："禅宗这种既达到超越又不离开感性的'顿悟'究竟是甚么呢？这个'好时节'、'本无烦恼'、'忽然省悟'又到底是什么呢？我以为，它最突出和集中的具体表现，是对时间的某种神秘的领悟，即所谓'永恒在瞬刻'或'瞬刻即可永恒'这一直觉感受。这可能是禅宗的哲学秘密之一。"[①]

总之，与中国古代哲学是形而上的情境本体相一致，中国古代哲学的

---

① 李泽厚：《庄玄禅宗漫述》，见李泽厚《中国古代思想史论》，人民出版社1986年版，第207页。

思维方式是情境反思式的。当然，中国古代哲学中也有某些经验式的、概念化的思维方式，但此非中国古代哲学思想之主流。

三 中国古代的"字"

对照西方传统哲学来看，情境、境域本体和情境反思是比那种对象、实体本体和概念反思优越和高级的本体和思维方式。在西方传统哲学中，占优势的一直是那种概念式的实体本体和概念反思的思维方式，从柏拉图、亚里士多德时代直到20世纪初，在约2500年间都是如此。在现代西方哲学中，有现象学、存在论这样的哲学思想和理论，才有了情境、境域本体和情境反思的思维方式，这在海德格尔存在论哲学中最为明显和突出。海氏认为西方哲学两千余年来所探讨的均是存在者的问题，而统统遗忘了、遗漏了关于"存在"自身的问题，故传统西方哲学那种概念化的实体本体均是无根的本体，这种本体思想和理论并不能揭示事物真正存在的原因，因而也不是事物存在的真正的和真实的本体。真正、真实的本体只能是那种活在现实事物之中的、与事物一体同在的、正在当场生成着和构成着的、自我显现和开显着的本体，这就是"存在"自身，就是境域、情境本体。把握此种本体的方法就是海德格尔所谓的"形式显示"法。

西方哲学经过两千余年的漫长发展，至现代才提出来的情境本体和相应的情境反思之方，早在中国古代思想中就已出现和存在了，中国古人就以这种本体思想和思维方式来看待世界、看待生活，指导着人生和实践着生命的意义和价值。无论是孔子的"仁"学，还是老庄的"道"学，或是佛教禅宗的"禅"学，都是情境本体和情境反思之方。这种本体思想表现在中国古人的世界观中，就是"一个世界"的思想和信念、信条。尽管时至今日中国民间仍相信神灵世界存在，相信来世再生的因果报应，但中国古代的主流思想并非如此。中国古典文化的思想主流和精华是相信一个世界，中国古人并不相信有个超现实的神仙世界存在，并不钟情于神鬼存在，相信和钟情的是现实的这一个世界，相信人今生今世生命的意义和价值就实现于这个现实世界中，主张在今生今世这一个世界中以那种"实践（实用）理性"即情境反思方式来把握生命的意义以实现自己的生命价值。总之，中国古代哲学思想的主流大势是那种情境形上本体和情境反思方式。

　　这就值得沉思：对西方思想和哲学而言如此深奥的本体论和思想方式，却在中国古人那里早就出现了、运用了和习以为常了；中国古人觉得此种本体和把握它的思维方式是自然的，并没有什么不可测的神秘感，反而觉得这可感可知，可亲可近。倒是愈向后发展，特别是到了现时代，我们这些中华先民的子子孙孙反而隔膜了、冷漠了我们古代的本体思想和思维方式，倒觉得它生疏、模糊，太情感化而不可定谓和捉摸，故往往将它视为是中国古人的主观臆想，统统贴上"唯心主义"（或"主观唯心主义"或"客观唯心主义"）的标签而予以另眼看待，认为它不是对事物的正确反映、揭示，所以终究指导不了人对世界（既有客观世界也有主观世界）的改造，是无用的。关于我们对古代本体思想的看法上的偏失，这里仅是提到，不予理论。我们这里的问题是：中国古人为什么能习以为常地有此种本体论思想？这是中国古人的个人因素吗？比如说幸好先秦时期有了孔子、老子、庄子这些不平凡的智者，才有了"仁"学、"道"学之类的思想和那种情境本体论，倘若没有这些人的话中国古代就不会有情境本体论的思想了吗？我们不能否认，这与个人因素有关，但恐怕不是个人因素全能决定得了的。因为，倘若只是个人因素，即使有少数天才提出了、创建了此种情境本体论思想，别人也接受不了呀，此种本体思想也传播、流行不开，等这几个人一死，不就没有此种本体论思想了吗？后世人也就根本不会知道有此种思想了吗？历史事实当然不是这样的。即使这些本体论思想是孔子、老庄等少数几个人的个人创造，但别人尚能认可和接受，这无论如何就不只是个人的原因了。看来这里有深层的民族原因存在。这个原因是什么呢？鄙人以为是中华汉字，即中华民族的思维方式与其"字"有浓厚关联，可以说是汉字造就了、成就了中华民族情境反思的思维方式和相应的那种情境本体论思想。

　　汉字的这个"字"是什么？《说文》："字，乳也。从子在宀下，子亦声。""宀，交覆深屋也。象形。"这是说，"字"的本义是生育，由"子"在"宀"下会意而成。段玉裁注曰："人及鸟生子曰乳。"妇人在深屋下生子，这就是"字"。可见，"字"字本来就是一种亲子关系，是亲代与子代间的一种关系结构。亲子关系，这不是在空间中的那种外在的关系，而是时间中前后牵涉、继起的内在关系。所以这种亲子关系本身是时间性的。这有如"计数"活动，计数活动本身就是前牵后扯、前牵后挂、前后相继的时间性存在和展现。被计到的每一个数其自身都既要过去又不能完全地过去，既不能完全地过去又不能完全地不过去，它过去了却没过去，没过去却过去了，在这种过去与不过去之间总有个"中"或"居中"的境域地带存在着。"字"字作为表现亲子关系的一个代号、象征、表征，其本身就是时间性的，是一种前牵后扯、前连后挂的结构和关系，这时前中有后，后中有前，前后后前，后前前后，前前后后，后后前前，真乃"剪不断，理还乱"也，这就是浑然一体的境域、情境。故时间性是汉字之"字"本身的本性、本质。

再就汉字的构形言，它乃平面性的二维结构。世界上除汉字外所有文字均是拼音字，是由字母符号构成的，字母本身只是个符号、代号，并不表意，表意的是声音。但汉字则不是这样的。一般来说，汉字的这个"字"也是一种符号、代号，但它不是那种字母性的符号，而是形意符号或构形符号。东汉许慎《说文解字·叙》曰："周礼：八岁入小学，保氏教国子，先以六书。一曰指事。指事者，视而可识，察而可见［段注说'可见'应为'见意'］，上下是也。二曰象形。象形者，画成其物，随体诘诎，日月是也。三曰形声。形声者，以事为名，取譬相成，江河是也。四曰会意。会意者，比类合谊，以见指撝，武信是也。五曰转注。转注者，建类一首，同意相受，考老是也。六曰假借。假借者，本无其字，依声托事，令长是也。"许慎认为，周代已有"六书"。"六书"就是文字构造和使用的六种方式。"六书"中的转注和假借是用字之法，非造字之法。实际上的汉字造字（构造）之法是象形、形声、指事、会意这四种。但在这四种构字法中，以"象形"法为根本。东汉班固在《汉书·艺文志》的"小学"类中说："……古者八岁入小学，故周官保氏掌养国子，教之六书，谓'象形'、'象事'、'象意'、'象声'、'转注'、'假借'，造字之本也。"班固所言与许慎所言一致，但班固将造字中的"指事""会意""形声"这三法称为"象事""象意""象声"，这与"象形"就统一起来，这说明汉字的构造均以"象"为基础。《说文》："象，长鼻牙，南越大兽，三年一乳，象耳牙四足之形。""象"字的本义是指大象，甲骨文、金文中的象字都突出的是象的长鼻子特征。后来"象"字有了形象义，指有形可见之物；还有了象征、摹拟、描绘等含义。《易传·系辞上》："见乃谓之象","拟诸其形容,象其物宜,是故谓之象";《易传·系辞下》:"象也者,像此者也","是故《易》者象也,象也者像也"。可见,"象"字既有取象之义,还有象征、摹拟、描绘之义。所以这个"象"字一方面有实像的内容,可指对象性的实体存在;另一方面有形象、象征、取象的内容,指的是某一实体存在的那种象貌、状象、形象。比如"山"字,它就是实体之山的象形、取象。汉字构字法以"象"为根基,从象形、象声、象事、象意四个方面来构造一些符号、记号、以象征、表征、表示、指示某种、某类东西。由于是象征,故它一方面具有实物、实体性,但又非那种实物者,而是一种消解掉了实物那种实体的质性但保留下了实物、实体之形状、形式。比如说甲骨文中的"马",它就是一匹马的形状、形象,不会是牛、猪等别的东西;但这个甲骨文"马"字当然不是那种真实的马,而只是个符号、代号,是只能在思想上、理性上存在的东西;然而,这个甲骨文"马"又不同于拼音文字那种纯符号(比如英文的horse),它能自我显示、显现自己的存在之形,即能现象,能表现出自己的存在意义,而不需要人为地来规定和赋义。总之,汉字的构造之法是"象",它以象形为主,象声、象事、象意四管齐下,这就全面地状摹和表达了事物的存在和人的存在以及人与物的存在关系。因而,汉字以外的拼音文字由字母符号构成,其存在形式是一维的线性,即只能是朝一个方向书字的一条线,如 horse,等等;由于拼音文字中的字母只是纯符号、代号而不表意,表意的只有声音这一个维度,故它只能靠声音这一维来传达信息,声音如果失去了,失传了,这个文字也就死了,其意思就没有了。所以,汉字以外的拼音文字在存在形式(书写形式)上是线性的和一维的,在存在内容上也是一维的,它只有一个声音来传递意思,只有一个信息量。但汉字却是二维的。汉字的存在形式(书写形式)是平面而不是一条线,汉字是平面结构,有左右或左中右结构和上下或上中下结构,总有长宽这两个维度在。由于形式上二维的平面性结构,汉字天生就是象,是图象,是图画,是一幅画,甲骨文上的字基本上都是简笔画。人们常说"书画同源"。这对汉字来说确是如此。但对汉字以外的拼音文字言就不是了,西方的"书"与"画"并不一样,西方的"书"是一维的线性存在,但"画"却绝不是和不能是一维的线,它一定是二维的平面。汉字的这种二维平面性,本然地决定了汉字的这个"字"具有构象和表意的功能,它自

结束语 中华古学向何处去？

己就能将自身的含义显现、彰显、开显出来。所以，汉字在传递、表达思想时是二维的，即它用形和声这两个维度同时来传递信息、表达意向。现代神经心理学的实验证明，在用拼音文字思维的西方人那里，左脑优势明显；而在用汉字思维的中国汉族人这里，左右脑是均势的。① 人脑的左半球是管抽象思维的，而脑的右半球是管形象思维的。汉字的作用表明，中华汉族人具有抽象思维和形象思维都有优势的心理、生理机能。

所以，在古老的中华先民那里，老早就产生了、形成了那种情境性、境域性的形象思维或情境反思的思维方式，因此上也就出现了那种情境化的形上本体。这里的深厚根基在中国的汉字上。汉字塑造了、培育形成了中华民族富有特色的情境反思的方式、方法。使西方人觉得不乏神秘、神奇性的形象化了的情境存在，对中华古人来说则天然和自然，并无什么神秘性。西方的文字直接表现不出形象，无法表意，无法将抽象的思想、观念实现为形象化了的存在而直接显示、显现出来，思想的意思、意义要人赋予之。比如说"man"这个字，这是由"m""a""n"这三个字母、代号、代码构成的，这三个字母只是字母，本身并不表意，由它们组合构成的这个"man"究竟表示什么？这个"man"自身显不出来，它的意义要人为地规定和赋予。到底赋予什么呢？这当然全是人为的了。但中国的汉字就不是这样，比如"𠂉"（甲骨文、金文中的"人"）字，它的形状、形式就有表意功能，它表征、象征着人这种动物，绝不会表象狗、猪、羊、山等形状、形体。"man"可以赋予人、马、狗等内容，但"𠂉"绝不行，它只显现人这种动物。故汉字本来就具有"象"的本性和特征，用其思维、思想就是一种"象思维"方式，这与西方那种概念化方式有质的不同。这个"象思维"之"象"是什么象呢？是实象吗？是抽象吗？好像都是但又都不是，它乃形象，这介于实象与抽象之间，具有虚实相间的二重性。它一方面有形状、形象，这可意谓实；但另一方面这种形、状、象又具有符号、代号性，这又意谓着虚，故说它实时却虚，说它虚时却实，此乃实虚虚实，虚实实虚，实实虚虚，虚虚实实，实而虚之，虚而实之，虚实相生地现场构成着和生成着，显现着和开显着，这就是活的情境和境域。或者说，"象思维"的"象"是有无、动静、彼此、生死……的一体

---

① 王树人、喻柏林：《传统智慧再发现》上卷，作家出版社1996年版，第7页。

同在，它本身就构象构意，就是那种生生不息的活的情境。有了此种"象思维"或情境反思的思维方式，还能形成不了情境本体？！

具有如此优越性的汉字是如何形成的呢？许慎在《说文解字·叙》中说："古者庖牺氏之王天下也，仰则观象于天，俯则观法于地，视鸟兽之文与地之宜，近取诸身，远取诸物，于是始作易八卦，以垂宪象。及神农氏结绳为治而统其事，庶业其繁，饰伪萌生。黄帝之史仓颉，见鸟兽蹄迒之迹，知分理之可相别异也，初造书契。""仓颉之作书，盖依类象形，故谓之父；其后形声相益，即谓之字。[文者，物象之本；]字者，言孳乳而浸多也。著于竹帛谓之书，书者，如也。以迄五帝三王之世，改易殊体，封于泰山者，七十有二代，靡有同焉。"一般都说文字是由黄帝的史官仓颉所造。依许慎所言，看来造字并不直接始于仓颉，可溯源于伏羲氏画八卦，后来仓颉作了整理、规范的工作，这里面当然也有发明创造。《易传·系辞下》的说法与许慎所言类似，曰："古者包牺氏之王天下也，仰则观象于天，俯则观法于地，观鸟兽之文与地之宜，近取诸身，远取诸物，于是始作八卦，以通神明之德，以类万物之情。……上古结绳而治，后世圣人易之以书契，百官以治，万民以察。盖取诸夬。"这里说的是由结绳记事到书契的演变过程。到底是由画八卦到后世之书契，还是由结绳而治到后来的书契？画八卦与结绳记事孰先孰后，是何关系？在此许慎与《易传》的作者都未作考辨。《易传》乃战国中期的作品。东汉许慎在作《说文解字·叙》时大概是抄了《易传·系辞下》的这一段文字。《汉书·律历志》言："自伏羲画八卦，由数起。"这个"数"是什么？甲骨文缺，小篆为"𢎳"，象人用一只手在绳上打结子。看来"数"与结绳记事有直接关系。若伏羲画八卦由数起的话，那么结绳记事当最早；《易》卦的起源当与结绳记事有关，后来的书契文字及计数方式也与其有关。笔者陋见是：先有结绳记事活动，后来将这种实物性的纪事形式移植、翻译到了平面上，这就是那种卦图图式；从卦图图式这里当同时向两途趋进：一途是中国古代的算筹计数和运算之方，这是算术之路；另一途是中国古代的文字，这是书契之道。

远古时代的中华先民当然是原始蒙昧的，不可能有数字、文字之类的文明文化形式。但不论怎么说，只要不是真正的动物，只要有了使用哪怕是最最简单、原始的生产工具的劳动活动，中华先民就步入了文明、文化

结束语　中华古学向何处去？

的门槛，就有了哪怕是萌芽式的文化形式，这就是史书一再提到的"结绳记事"活动。原始人既然是人，既然是社会中的人，他们既然要生存就要获取生活资料和分配生活资料，这就必然少不了一定的"记事"，否则就不是人和人的社会了。所以，"记事"形式和活动是原始人基本的社会活动和社会生活之一。怎么"记事"呢？最早、最原始的方式莫过于"结绳"了，即在一根绳子上打结来记下所发生的事件。又如何来"结绳"呢？是一件事在绳子上打一个结，两件事在绳子上打两个结，……依次地纪（记）下去吗？这当然可以，但实则没用，因为这样的"记"并无意义，还不如直接看事件罢了，何必要多此一举地在绳子上打上与事件相同的结呢？要作有用和有意义的"记事"，绳结的结与结之间就一定不能是空间性的平列，而一定是时间性的连续和继起，即是一个整体、一体。这就有了这样的结绳法：由下向上，第一个结表示一个东西，代表"1"；第二个结就不能仍代表、表示一个东西了，而是表示两个东西，代表"2"；第三个结就不能表示一个东西，而是表示着包括前两个结在内的、再加自身的总和，即代表"4"；依此法，第四个结就代表"8"；第五个结代表"16"；第六个结代表"32"；等等。在此，结与结是平列的，每个结都代表一个结，这是结的分散、离散性；但同时结与结之间是递进的、包含的、综合的、总体的关系，即后结包揽、统一着前结，故从第一个结开始的每个结都综揽着它前面的结，这明显是时间性的继起，而非空间性的平列。故"记事"乃空间与时间的统一，且是以时间构架为主导的。这就是我们现在数数（前一个字为动词）时所具有的数目与单位的统一。当然，古人并不明白结绳记事中的这种单位统率着数目，或时间统治着空间的时间性本质，也不能有意来揭示这一点，但这种"结绳记事"的操作性直观本身却表现、显现了"记事"中的时间性本质。这说明，早在最最原始的"结绳记事"这里就孕育下了以后计数和文字的萌芽。

　　结绳记事是一种活动，是一种实物性的直观活动，这还不是那种可记录、记载下来的文化方式。若始终运作在此种实物化的结绳方式中是不会有人的文明和进步的。随着社会的发展，文明的进步，必然要出现一定的文化形式。这就需要将这种在三维空间中操作活动的"结绳记事"予以符号化和形式化，即将此种三维的实体活动转化为二维平面上的"纪（记）事"形式和方式。怎么转化呢？这就首先需要记号、符号、代号，即将实体转化为形式符号。《易》卦图的出现就是作这一工作的。首先人们用了"--"和"—"这两个符号,如果"—"代表是一根直绳而没有打结的话,那么"--"则代表一根绳子上打了一个结(把一根绳分为两段了);当然,也可以认为"--"代表没有结,而"—"代表有一个结。但不论怎么,有了"--"和"—"这两个符号后,就可通过符号间的横、纵搭配来将一条绳子上的所有结还原、转换、翻译到平面上了。比如说,如果一条绳上有一个结或没有一个结,就单用"--"和"—"这两个符号来表示;如果绳子上有1—3三个结,就要将"--""—"这两个符号两重,如☷、☳、☵、☰这可表示00(0)、01(1)、10(2)、11(3);如果绳子上有1—7七个结,就要将"--""—"这两个符号三重,如☷、☶、☵、☴、☳、☲、☱、☰,这可表示000(0)、001(1)、010(2)、011(3)、100(4)、101(5)、110(6)、111(7);依次类推,就可将结子上的结全部转换、翻译到平面上,成为平面上的一种计数或记事形式。《易》的八卦、六十四卦的卦图,可谓就是不同数目绳结的平面表示模式。这大概就是《汉书·律历志》所谓的"伏羲画八卦,自数起"的历史情由吧。

  由"结绳"到"卦图",完成了由实物向文化形式的转化,这是进入文明、文化的关键一步。从这一步起,中华文化就同时向两个途径趋进:一条是"数字"系统,这就是中国古代的算术,它有《九章算术》《周髀算经》那样的理论著作,也有汉代以来的算筹、明代以来的算盘等计算工具。总之,中国古代的"数字"学是有不少和不小成就的。它虽然未形成有如古希腊欧几里得《几何原本》那样的演绎推理的几何体系和方法,但它突出的却是计算活动;"数"与"形"有别,"数"是时间性存在,而"形"则是空间性的。中国古代的"数字"学正好与中国传统文化那种境域性、情境性特征相契合。

  另一条路则是"文字"系统。这当是《易传·系辞下》所谓的"上古结绳而治,后世圣人易之以书契"的情形。计数、数字是社会生活的一个方面。社会生活是复杂的,方方面面的,当然不能只有计数、记数系统,应有更广泛、更多样、更庞大、更全面的表现社会生活的系统和文化形式,这就是文字,就是汉字这种表意文字。许慎说:"庶业其繁,饰伪萌生。黄帝之史仓颉,见鸟兽蹄迒之迹,知分理之可相别异也,初造书契。"(许慎《说文解字·叙》)为了应付复杂多样的社会生活的事务,黄帝的史官仓颉看见鸟兽的足迹纹理是可以相区别的,就造出了文字。"仓颉之初作书,盖依类象形,故谓之文;其后形声相益,即谓之字。[文者,物象之本;]字者,言孳乳而浸多也。著于竹帛谓之书,书者,如也。"(许慎《说文解字·叙》)仓颉造字的首要之法是"依类象形",即象形文字,这就是"文","文者,象物之本"。所以,汉字的根本、根基乃象形字。后来在象形字的基础上形旁与声旁互相补充,有了形声文或象声文,这是文与文相结合而滋生出来的,这就叫"字","字者,言孳乳而浸多也"。从汉字的形成可见,汉字的基础和主体是"象形文",这是能够用"形"来表意的文字,具有典型的形象思维或"象思维"的功能。汉字的这种"形"或"象"本身就具有"中"或"居中"的境域、境界、情境性。它既是实象、实形,又是抽象的观念,是有形而又无形,此乃老子所谓的"无状之状,无物之象,是谓惚恍"(《老子》第十四章)。恰恰是这种既实象又抽象,既实又虚,既有又无,既动又静,既显又隐等"中"性的境域规定,才是事物的真正"存在"自身。1892年德国的弗雷格发表了一篇文章,名为《论意义和所指》,文中他讲了一个用望远镜看月亮的例子。天上的月亮是实存者,这个月亮如果不进入人的视觉中,不进入人的视网膜上,不与人结合,那么人就不会知道这个月亮,这个月亮也就与人无关,它的存在与否人根本说不了,它的存在也就没有任何意义。所以,人不能知道他的感觉、思想之外的那种月亮。人所知道和能知道的月亮一定是与人有联系的、已进入了人的感觉、思想中的月亮。但是,如果进入人感觉、思想中的这个月亮进得太深了,完全变成了人的心理感受和主观想象,那么这种月亮就成了各人的私人品性,就无法在人们之间交流,这最终等于没有月亮存在。可见,天上的月亮与人之间一定有个"中"或"居中"的地带,这正是"人—月"之"中"间地带,就是境域;处在这个"中"之境域中的月亮一方面是已与人发生了关系的、处在了人的意识中的月亮,但另一方面又非人自己的私有感受或私有品,它具有"客观的"共同的可交流性。弗雷格没有像我说的这样讲,他说的是那种已进入了望远镜镜筒中的月亮,他说正是镜筒中的月亮才能使不同的观看者看到同样的结果。[1] 但弗雷格的意思很明确,在人认识和把握对象时,

---

[1] 弗雷格的文章见陈启伟主编《现代西方哲学论著选读》一书,北京大学出版社1992年版。

一定有个既是人又是对象且既不是人又不是对象的"中"的境域存在着，这才是真正自本自根的本原、本体之所在。西方那种对象性概念化了的拼音文字本身只是代号而不表意，故开显、显现不出它所说的对象的"中"性情境性，反而严重遮蔽了、消解了这种情境、境域性。中国的汉字则不然，它不仅有形和声这两个维度来同时传递信息，且它的"形"是"象"，不只是代号、符号，是表意之"象"，它本身就有显现、开显性，是非此非彼又亦此亦彼的彼彼此此、此此彼彼的统一，是有如庄子所谓的"果且有彼是乎哉？果且无彼是乎哉？彼是莫得其偶，谓之道枢；枢始得其环中，以应无究"（《庄子·齐物论》）的"道"之"枢"。总之，中国的汉字具有情境反思或情境思维之功能。

正是这种历史悠久的、具有情境反思功能的汉字，深厚、广博地塑造了中华先民情境反思的思维方式，开发出了中国传统哲学中那种情境化、境域化的形上本体。中国传统哲学中的这一资源是异常丰富和重要的，这是我们的哲学瑰宝！

四　中华古学向何处去？

近代以前的中华民族是独立的，自强的，它为世界贡献了四大发明；它的那种情境本体和情境反思的思想方式是有用的，从未有人说它落后，说它唯心，说它不能客观地和正确地指导生活。但随着西学东渐，中华传统的思想格局和理路被打破了，中华古学受到了极为严重和严峻的冲击、挑战。明万历十年（1582年）意大利传教士利玛窦（Matteo Ricci，1552—1610年）来到中国。明末清初来华传教的还有傅汎际（Francois Furtano，1587—1653年）、南怀仁（Ferdinand Verbiest，1623—1688年）、利类思（Ludovico Buglio，1606—1682年）等。这些传教士中最重要的人是利玛窦。他是一位聪明的和有思想洞察力的西方传教士。他认识到，为了向中国传播西方的宗教，首先要将中国所缺少的西方文化的强项，比如天文学、地学、几何学、逻辑学等，先翻译介绍到中土文化界，先从思维方式、思想方法方面影响和改造中国传统文化，再传播西方的宗教等信仰。在利玛窦的翻译中，对中国主流思想文化带来比较强劲震动的，是他与徐光启合作翻译的《几何原本》。它是西方那种概念式理性思维方式和逻辑推演体系的典型代表。这种推理论证严密、具有强大的逻辑力量的理性推演系统，的确是中国传统思想文化中所没有的，也是中华士子不得不信的思想和理论。我们来看看梁启超对该书的评价。他说，那时"中外学者合译或分撰的书籍，不下百数十种。最著名者，如利、徐合译之《凡何原本》，字字精金美玉，为千古不朽之作，无用我再为赞叹了。"[1] 以《几何原本》为代表的西学的确有其长处，也的确是中土文化中所缺少的；特别是它讲的道理和推论体系之精严，足以抗衡中国传统文化中那种情境本体和情境反思的思想方法。明末清初以后，西方文化源源不断地传到中国。1840年鸦片战争后，古老的中华大门被西方商品经济的重炮轰开了，中国成了半殖民地半封建的国家，救亡图存成了中国近代的重大任务。遂有李鸿章、左宗棠等的洋务运动，有康有为、梁启超的维新变法活动，还有孙中山等人的革命活动，等等。这是政治上的救亡图存。在思想文化上人们也在积极进行着启蒙与救亡的活动，先有19世纪70—90年代以王韬、郑观应等人为代表的早期改良主义思潮，主张"变器不变道"，要以"中学"为体、"西学"为用；再有19世纪末以康有为、梁启超、谭嗣同、严复等为代表的"君主立宪"的维新变法思潮，它以西方进化论和实证科学经验论的方法论为指导，主张变封建制为"君主立宪"的资产阶级政治体制；后有以章太炎、孙中山等为代表的资产阶级革命思潮，他们以西方自然科学和哲学思想为思想理论指导，主张推翻封建体制而建立资产阶级的民主政治体制。1919年"五四"运动后，马克思主义传入中国，李大钊、陈独秀等一批知识分子接受了马克思主义，以其为思想指导来谋划改造中国的出路，这就有了1921年中国共产党的成立和随后领导的中国革命，有了1949年中华人民共和国的建立，以及后来一系列的社会主义建设运动等。就这样，从近代以来西方的科学成果、实证方法、经验加理性的思想方式一路向中国输进，西方文化逐渐地、多层次多方面地渗透到了中国思想文化的各领域，还原掉了或者说取代了中国传统的思想文化，从"五四"运动的"打倒孔家店"、废除旧体诗文的"文学改良"活动，到至今尚有影响的"废除汉字""文字要走拼音化道路"的汉字改革活动，中国传统的思想内容和思维方式被一再销蚀和消泯，西方那种概念化的理

---

[1] 梁启超：《中国近三百年学术史》，东方出版社1996年版，第9页。

性方式日益壮大起来，现在已成了我中华国民的主体思想方式。更有甚者，人们用西方文化和哲学思想方式来观照、剪裁、砍削中国文化和哲学，认为中国传统文化，特别是中国传统哲学，是模糊的、情绪化和情感化的，是以伦理道德为主体的，是缺乏理论论证的和少有理论体系的，只是一些人生格言式的片言只语，用西方哲学的标准来看这就不是哲学思想。时下"中国哲学史"方面的著作不少，但大多拿中国哲学作为西方哲学的材料和注脚，将中国哲学辟分为唯物唯心的本体论、认识论、辩证法（或形而上学）、历史观等几块来予以解说，看看哪些合于西方的哲学思想标准，哪些不符合。不用多言，用此种方式来对待我们自己的哲学思想，岂能有好结果?! 其结果不是继承中国古代哲学思想的遗产，使其走向现代化，而只能是数典忘祖地断送了中国传统哲学的性命！

笔者于此只想说：其一，中国古代哲学是一块含有美玉的璞，现在需要加工、雕琢，使之成器，让自身显出它应有的光彩。其二，要打磨中国传统哲学需要工具，若继续用现在还在用的那种取自西方传统哲学的概念化的工具，只能有如庸医治病，结果会断送了中国哲学的小命的。笔者赞同西方现代哲学中的现象学、存在论、解释学等思想和方法是有深厚力度的哲学思想，是加工、打磨中国古代哲学的可用工具。所以，先好好学习西方现代哲学中现象学等的思想和方法，再来对治和开发中国古代哲学的思想资源，或许情况能好些吧。

参考文献

（西汉）司马迁撰：《史记·太史公自序》，上海古籍出版社1986年版。
（东汉）班固撰：《汉书·艺文志》，上海古籍出版社1986年版。
（先秦）老子著，（魏）王弼注：《老子》，上海古籍出版社1989年版。
（魏）王弼著，楼宇烈校释：《王弼集校释》上下，中华书局1980年版。
（晋）郭象注，（唐）成玄英疏：《南华真经注疏》上下，曹础基，黄兰发点校，中华书局1998年版。
（汉）董仲舒撰：《春秋繁露》上中下，[清]凌曙注，中华书局1975年版。
（南唐）静筠二禅师编撰：《祖堂集》上下，孙昌武、[日]衣川贤次、[日]西口芳男点校，中华书局2007年版。
（宋）程颢、程颐：《二程集》上下册，王孝鱼点校，中华书局1981年版。
（宋）黎靖德编：《朱子语类》全八册，王星贤点校，中华书局1986年版。
（宋）陆九渊：《陆九渊集》，钟哲点校，中华书局1980年版。
（宋）普济：《五灯会元》全三册，苏渊雷点校，中华书局1984年版。
（宋）赜藏主编：《古尊宿语录》上下，萧萐父、吕有祥、蔡兆华点校，中华书局1994年版。
（宋）张载：《张载集》，章锡琛点校，中华书局1978年版。
（宋）周敦颐：《周敦颐集》，陈克明点校，中华书局1990年版。
（宋）朱熹注：《周易本义》，上海古籍出版社1987年版。
（明）王守仁撰：《王阳明全集》（全二册），上海古籍出版社1992年版。
（清）国庆藩：《庄子集释》1—4册，王孝鱼点校，中华书局1961年版。
（清）孙诒让：《墨子閒诂》上下，孙以楷点校，中华书局1986年版。
（清）王先谦撰：《荀子集解》上下，沈啸寰，王星贤点校，中华书局1988年版。

（清）严可均辑：《全上古三代秦汉三国六朝文》第1—4册，中华书局1958年版。

陈鼓应：《庄子今注今译》，中华书局1983年版。

陈启伟主编：《现代西方哲学论著选读》，北京大学出版社1992年版。

冯友兰：《中国哲学简史》，北京大学出版社1985年版。

冯友兰：《中国哲学史新编》上卷，人民出版社1988年版。

高亨：《周易大传今注》，齐鲁书社1998年版。

高亨：《周易古经今注》，中华书局1984年版。

胡适：《中国哲学史大纲》卷上，商务印书馆1919年版，1987年上海印影本。

黄寿祺、张善文撰：《周易译注》，上海古籍出版社2001年版。

李梦生撰：《左传译注》上下册，上海古籍出版社1998年版。

李学勤主编：《十三经注疏·周易正义》，北京大学出版社1999年版。

李泽厚：《历史本体论·己卯五说》（增订本），生活·读书·新知三联书店2006年版。

李泽厚：《中国古代思想史论》，人民出版社1986年版。

李泽厚：《中国近代思想史论》，天津社会科学院出版社2003年版。

庞朴：《公孙龙子研究》，中华书局1979年版。

任继愈主编：《中国哲学发展史》，人民出版社1994年版。

汤用彤：《魏晋玄学论稿》，上海古籍出版社2001年版。

王树人、喻柏林：《传统智慧再发现》，作家出版社1996年版。

伍非百：《中国古名家言》，中国社会科学出版社1983年版。

杨伯峻译注：《论语译注》，中华书局1980年版。

杨伯峻译注：《孟子译注》，中华书局1960年版。

张岱年：《文化与哲学》，教育出版社1988年版。

张祥龙：《海德格尔传》，商务印书馆2007年版。

张祥龙：《海德格尔思想与中国天道》，生活·读书·新知三联书店1996年版。

[德] 海德格尔：《存在与时间》（修订本），陈嘉映、王庆节译，生活，读书，新知三联书店2006年版。

[德] 黑格尔：《逻辑学》上卷，杨一之译，商务印书馆1966年版。

［德］胡塞尔:《纯粹现象学和现象学哲学的观念》（第一卷），商务印书馆 1992 年版。
［德］胡塞尔:《逻辑研究》（第二卷），倪梁康译，上海译文出版社 2006 年版。
［德］康德:《纯粹理性批判》，蓝公武译，商务印书馆 1960 年版。
［德］康德:《任何一种能够作为科学出现的未来形而上学导论》，庞景仁译，商务印书馆 1982 年版。
［美］詹姆斯:《心理学原理》，唐钺译，北京大学出版社 2013 年版。
［英］罗素:《西方哲学史》上卷，何兆武、李约瑟译，商务印书馆 1966 年版。

后　　记

　　2015年6月笔者的国家社科基金项目"中国传统哲学与中华民族精神研究"获准立项。2019年12月结题，获优秀等级。出版时经中国社会科学出版社建议改为《先秦诸子与中华民族精神》。

　　本书的出版得到了陕西师范大学马克思主义学院的帮助，任晓伟、闫文浩、屈桃、刘力波、吴朝、张亚泽在院里资金有限的情况下出资帮助，特向他们表示感谢。

　　本书原为手写体，我爱人董淑娟、女儿康楠帮我输入，才使工作较顺利地进行。在本书出版之际，特向她们表示感谢。

　　文章千古事，得失寸心知。尽管自己做了诸多努力，但仍存在许多问题，希望广大读者不吝赐教。

康中乾

2023年4月10日